개혁교의학 개요

세계
기독교
고전

57

OUR REASONABLE FAITH

개혁교의학 개요

헤르만 바빙크 | 원광연 옮김

CH북스
크리스천
다이제스트

차례

제 1 장

사람의 최고선

하나님이, 오직 하나님 한 분만이, 사람의 최고선(最高善)이시다.

일반적인 의미에서 하나님께서 그의 모든 피조물들의 최고선이시라고 말할 수 있을 것이다. 하나님이야말로 만물의 창조주시요 지탱자이시며, 모든 존재와 모든 생명의 근원이시요, 모든 것들의 풍성한 샘이시니 말이다. 모든 피조물들은 매 순간마다, 오직 홀로 하나이시요 영원하시며 편재(遍在)하시는 존재이신 그분으로 말미암아 존재하는 것이다.

그러나 최고선에 대한 관념에는 피조물 자신들이 이 선을 선으로 인식하고 누린다는 사상이 내포되어 있는 것이 보통이다. 물론 무생물(無生物)과 이성이 없는 피조물들에게는 이것이 해당되지 않는다. 무생물은 오로지 존재만 있고 생명의 본질을 전혀 가지고 있지 못하다. 그리고 식물 같은 피조물들은 생명의 본질은 지니고 있으나 지각(知覺)이 전혀 없다. 동물들은 존재와 생명 이외에 일종의 지각 같은 것을 갖고 있기는 하지만, 그것은 오로지 눈에 보이는 감각적인 주변의 것들에 대해서만 감지할 수 있는 그런 지각인 것이다. 그것들은 땅의 일들은 지각하나 하늘의 일들은 지각할 수가 없다. 실제로 눈에 보이는 상태로 일어나는 일이나 유쾌한 일, 그리고 유익한 일들은 지각하나, 참되고 선하며 아름다운 것에 대한 개념은 전혀 없다. 감각적인 지각과 감각적인 욕구가 있어서 감각적인 것들에 의해서 만족을 얻으나, 영적인 세계로는 들어갈 수가 없는 것이다.

그러나 사람의 경우는 이런 것과는 매우 다르다. 그는 애초부터 하나님의 형상과 모양을 따라 창조함을 받은 피조물이요, 따라서 이러한 신적 기원과 신적 근사성(近似性: kinship)은 절대로 지우거나 파괴할 수가 없는 것이다.

물론 사람이 죄로 인하여 하나님의 그 형상 속에 포함되어 있는 바 영광스러운 속성들 — 지식과 의와 거룩함 — 을 잃어버리긴 했으나, 그럼에도 불구하고 창조 시에 사람에게 베풀어진 그것들이 적게나마 그에게 아직 남아 있다. 그러므로 이런 것들은 사람에게 죄책을 구성하는 데만이 아니라, 사람의 과거의 위엄을 입증하고 또한 사람의 신적 부르심과 천상적(天上的)인 운명을 계속해서 생각나게 하기에도 충족한 것이다.

사람의 모든 사고와 모든 일에 있어서, 또한 그의 전 삶과 활동에 있어서, 사람은 육신적인 세계가 제공하는 것으로는 도저히 만족을 할 수 없는 존재다. 물론 육신적인 질서에 속한 시민이지만, 동시에 그는 이 질서를 뛰어넘어서 초자연적인 질서에까지 이른다. 그의 발을 땅에 든든히 딛고 서 있으면서도, 그는 머리를 높이 들어올리고 눈으로 위를 바라본다. 그는 눈에 보이는 세상의 것들에 대한 지식을 갖고 있지만, 동시에 눈에 보이지 않는 영원한 것들도 지각하고 있다. 이 땅에 속하여 있고, 감각적이며, 덧없이 사라질 것들에 대해 욕심을 품지만, 그러면서도 천상적이며, 영적이며, 영구한 것들에 대해서도 욕망을 갖는 것이다.

사람의 이러한 감각적인 지각과 감각적인 의식은 동물들과 공통적인 것이다. 그러나 이런 것들보다 우선하여 사람에게는 지성과 이성이 부여되어 있으므로, 그것을 통하여 생각하여 감각적인 형상들의 세계 바깥으로 자기 자신을 끌어 올려서 무형의 사상 세계와 영원한 관념 세계로 나아갈 수가 있다. 사람의 생각과 앎은 물론 그의 두뇌에 한정되는 것이긴 하지만, 그럼에도 불구하고 본질상 전적으로 영적인 활동으로서, 눈으로 보는 것들과 손으로 만지는 것들을 훨씬 초월하는 것이다. 그런 사고를 통해서 그는, 눈으로 보고 손으로 만질 수는 없으나 형체를 지닌 땅의 세계 이상으로 본질적인 실체를 소유한 그런 실질적인 세계와 연결을 형성한다. 그가 진정으로 구하는 것은 손에 잡히는 실체가 아니라, 영적인 진리이니, 곧 유일하며 영원하며 썩지 않는 진리다. 그의 지성은 오직 그런 절대적인 진리 안에서만 안식을 찾을 수 있는 것이다.

이와 더불어 사람은 짐승과 감각적인 욕망을 공유한다. 따라서 그는 음식과 음료의 필요를, 빛과 공기, 일과 휴식의 필요를 느끼는 동시에, 자기의 육체적 존재를 온 땅에 의존하고 있는 것이다. 그러나 이런 욕망의 수준을 훨씬 넘어서서, 그에게는 이성과 양심에 인도함을 받아 그것과는 다른 더 고상한 선에게로 도달하는 그런 의지가 있다. 기분 좋고 유익한 것들도 처지와 시간에 따라 나름대로 가치가 있지만, 그런 것들은 그를 만족시키지 못한다. 그는 상황 때문에 선하게 되는 그런 선이 아니라 그 자체로서 선한 그런 선을 필요로 하고 그것을 구한다. 곧, 불변하고 영적이며 영원한 선 말이다. 그리고 다시 말하지만, 그의 의지는 오직 그런 최고의 절대적인 신적 선하심에서만 안식을 찾을 수 있는 것이다.

성경의 가르침에 따르면, 이 두 가지, 이성과 의지는 모두 사람의 마음에 뿌리를 두고 있다. 그 마음에 대해서 잠언 저자는, 거기서부터 생명의 근원이 나기 때문에 그것을 부지런히 지켜야 한다고 말씀한다(4:23). 육신의 심장(heart)이 피의 순환의 기원이요 또한 원동력이듯이, 마음이야말로 영적으로 윤리적으로 사람의 고상한 삶의 근원이요, 우리의 자의식(自意識), 하나님과의 관계, 또한 그의 율법에 대한 우리의 굴복의 좌소(座所)요, 요컨대, 영적이며 도덕적인 우리의 본성 전체의 좌소인 것이다. 그러므로 우리의 이성적이며 의지적인 삶의 모든 것이 마음에 그 기원을 두고 있고, 또한 마음의 다스림을 받는 것이다.

이제 우리는 전도서 3:11에서 하나님께서 세상을 사람의 마음속에 두셨음을 배우게 된다. 하나님께서는 그의 시간 속에서 모든 것을 아름답게 만드시며, 그가 정해 놓으신 바로 그 순간에 모든 일이 일어나게 하시므로, 역사 전체와 그 각 부분들이 하나님의 경륜과 일치하며 또한 그 경륜의 영광을 드러내는 것이다. 그리하여 하나님께서는 이 세계 전체 속에 사람을 두시고 또한 사람의 마음속에 시간을 두셔서, 그로 하여금 외형적으로 눈에 보이게 드러나 있는 것들 속에 안주하지 말고 대신 자연과 역사의 흘러가는 과정 속에서 하나님의 영원한 생각들을 구하여 그것을 알게 되도록 하신 것이다.

이러한 데시데리움 아이테르니타티스(desiderium aeternitatis), 즉 하나님이 사람의 마음속에 — 그의 존재의 가장 깊은 은밀한 곳에, 그의 인격의 핵심에 — 심어 놓으신 '영원한 질서를 향한 동경'이야말로 세상의 질서에 속한 모든 것이 사람을 만족시킬 수 없다는 논란의 여지 없는 사실의 원인이다. 사람은 감각적이요 지상적이요 유한하며 죽을 수밖에 없는 존재이면서도, 동시에 영원한 것에 끌리고 그것을 향해 가게 되어 있는 것이다. 사람이 아내와 자녀들과 집과 논밭과 보화와 재산을 — 아니 온 세상을 — 얻더라도, 그 영혼을 잃어버린다면 그 사람에게 아무런 유익이 없는 것이다(마 16:26). 온 세상을 다 얻는다 해도 한 사람의 가치보다 못하기 때문이다. 자기 동생의 영혼을 구속(救贖)할 수 있을 만큼, 또한 하나님께 그 동생을 위하여 속량금을 지불할 수 있을 만큼 재물이 많은 부자는 단 한 사람도 없다. 영혼을 구속하는 일이 너무도 고귀한 일이므로 그 어떠한 피조물도 행할 수가 없는 것이다(시 49:7-9).

* * * * *

사실, 오로지 감각적인 쾌락과 이 땅에 속한 보화의 문제에 대해서만은 기꺼이 이 점을 인정하는 사람들이 많다. 그들은 그런 것들이 사람을 만족시킬 수 없고 또한 그의 고상한 운명에 어울리지도 않는다는 것을 기꺼이 인정하는 것이다. 그러나 소위 이상적인 가치들 — 과학, 예술, 문화, 진선미(眞善美)를 추구하는 일, 다른 사람을 위한 삶, 그리고 인류를 섬기고자 하는 갈망 등 — 에 대해서는 판단이 전혀 달라지는 것을 본다. 그러나 이런 것들 역시 없어지고 말 세계에 속하는 것이다. 성경은, 그 세계와 그 세계에 대한 정욕도 지나가는 것이라고 말씀하고 있다(요일 2:17).

과학, 지식, 혹은 학문은 분명 좋은 선물임에 틀림없다. 빛들의 아버지께로부터 오는 것이요 따라서 높이 존중할 것들이다.

바울은 세상의 지혜가 하나님께는 어리석은 것이라고 말하며(고전 3:19), 또한 다른 곳에서는 철학에 대해 경계하는데(골 2:8), 이때 그는, 하나님의 일반 계시와 특별 계시 속에서 하나님의 지혜를 인정하지 않으므로(고전 1:21) 그 모든 상상들이 허망하게 되어버린(롬 1:21) 그런 거짓되고도 허망하게 상상하는 지혜를 염두에 두고 있는 것이다. 그러나 그런 경우를 제외하고는 바울을 비롯하여 성경 전체가 지식과 지혜를 매우 중요한 것으로 높이 바라보고 있다. 그것은 그렇지 않을 수가 없다. 왜냐하면, 하나님이 홀로 지혜로우시며, 그가 자기 자신과 만물에 대해 완전한 지식을 갖고 계시며, 그가 지혜로 세상을 세우셨고, 그가 교회에게 그 지혜의 갖가지 풍성함을 알게 하셨고, 그리스도 안에 모든 지혜와 지식의 보화가 감추어져 있으며, 또한 성령께서 지혜와 지식의 영으로서 하나님의 은밀한 것들을 통달하신다는 사실들을 성경 전체가 증거하고 있기 때문이다(잠 3:19; 롬 11:33; 고전 2:10; 엡 3:10; 골 2:3). 그런 사상을 기반으로 전개되는 책이라면 결코 지식을 낮게 평가할 수 없고, 또한 철학을 경멸할 수가 없다. 오히려 그 반대로, 지혜는 보석보다 나으며, 또한 사람이 바랄 수 있는 온갖 것들도 지혜와는 비교할 수도 없는 것이다(잠 13:11). 지혜야말로 지식의 하나님이신 그분의 선물인 것이다(잠 2:6; 삼상 2:3).

그러나 성경이 요구하는 것은 하나님을 경외하는 것을 그 출발점으로 삼는 그런 지식이다(잠 1:7). 지식이 그 원리와 단절되어도 거짓으로 지식이라는 이름을 가질 수는 있겠지만, 그러나 점차로 하나님께 어리석은 것이 되는 그런 세상적인 지식으로 전락해 갈 것이다. 어떠한 과학이나 철학이나 지식이든 간에 그것이 자기의 가장된 모습으로도 설 수 있고 얼마든지 하나님을 그 전제에서 제외시킬 수 있다고 생각하게 되면, 그것은 그와 정반대의 것이 되어 버리고, 그리하여 그것에 대해 기대하는 모든 사람에게 환멸을 주고 마는 것이다.

이 점은 쉽게 이해할 수 있다. 왜냐하면 첫째로, 과학이나 철학은 언제나 특별한 성격을 지니고 있어서 소수만의 전유물이 되어 버릴 수 있기 때문이다. 이 소수의 선택된 자들이 그들의 전 생애를 배움에 몰두하지만, 그들 역시 그 전체 중에서 극히 작은 부분만 다룰 수 있을 뿐, 그 나머지 부분에 대해서는 여전히 문외한(門外漢)일 수밖에 없다. 그러므로 지식이 아무리 만족을 준다 한들, 이처럼 특별하고도 제한된 성격 때문에, 창조 시에 인간 본성에 심어져서 각 사람에게 있는 그 전반적인 깊은 필요들은 절대로 만족시킬 수가 없는 것이다.

둘째로, 철학도 쇠퇴의 시기가 지나면 반드시 다시 부흥기로 접어들지만, 언제나 비범하고도 과장된 기대를 갖고서 출발한다. 그런 시기에 철학은 그것이 계속해서 진지하게 탐구하면 그것을 통해서 세상의 수수께끼를 풀게 될 것이라는 소망 속에서 나아간다. 하지만 언제나 이런 청년기의 지나친 의욕은 곧 사라지고 노년기의 환멸이 찾아오게 된다. 그러므로 연구를 진행하는 동안 문제점들이 줄어들기는커녕 오히려 더 늘어나는 것이다. 자명(自明)한 것 같았던 것들이 새로운 미스테리로 밝혀지고, 그리하여 모든 지식은 결국 또다시 사람의 이 땅의 삶이 수수께끼요 삶과 운명이 미스테리라는 슬프고도 때로는 절망스런 고백으로 귀결되고 마는 것이다.

그리고 셋째로, 철학이나 과학이 지금 성취할 수 있는 정도보다 훨씬 더 확실한 상태에 도달할 수 있다손 치더라도, 그것은 여전히 사람의 마음에 만족을 주지 못한다는 점을 기억하는 것이 좋을 것이다. 왜냐하면, 덕(德)이 — 도덕적 기초가 — 없는 지식은 죄가 사용하는 도구가 되어 더 큰 악을 조장하고 시행하게 되며, 그렇게 되면 지식으로 가득 찬 머리가 결국 부패한 마음을 섬기는 데로 나아가게 되고 마는 것이다. 이런 의미에서 사도는 이렇게 쓰고 있다: "내가 예언하는 능력이 있어 모든 비밀과 모든 지식을 알고 또 산을 옮길 만한 모든 믿음이 있을지라도 사랑이 없으면 내가 아무것도 아니요"(고전 13:2).

예술도 마찬가지다. 예술 역시 하나님의 선물이다. 주님 자신이 진리와 거룩함만이 아니라 영광이기도 하시며 또한 그의 지으신 만물 위에 그의 이름의 아름다움을 펼치시는 분이시듯이, 그는 또한 그의 성령으로 말미암아 예술가들에게 지혜와 총명과 지식을 부여하여 온갖 일들을 하게 하시는 분이기도 하다(출 31:3; 35:31). 그러므로 예술이란 우선 무엇을 행하고 만드는 능력이 사람에게 있다는 증거인 것이다. 이 능력은 영적인 성격을 지니며, 사람의 깊은 소원, 그의 높은 이상, 그리고 조화를 향한 그의 열렬한 갈망 등을 표현하는 것이다. 게다가 예술은 그 모든 작품들 속에서 이상 세계를 우리 앞에 그려내므로, 그 작품들 속에서 이 땅에서 우리의 존재의 불화(不和)가 만족스러운 조화로 정화된다. 그리하여 이 타락한 세상에서 지혜로운 자들로 말미암아 흐려져 버린 아름다움이 예술가의 단순한 눈에 발견되고 그를 통하여 드러나는 것이다. 그리고 예술은 이렇게 해서 우리에게 다른 더 높은 실체의 그림을 그려주기 때문에, 우리 삶에 위로가 되며, 영혼을 경이감으로 높이 오르게 해 주며, 우리 마음을 소망과 기쁨으로 가득 채워주는 것이다.

그러나, 예술이 이런 일을 할 수 있다고는 하지만, 예술이 드러내는 아름다움을 누릴 수 있는 것은 오직 상상 속에서만 되는 일이다. 예술은 이상과 현실 사이의 간격을 좁혀줄 수가 없다. 예술은 그 비전의 저기 너머(yonder)를 우리의 현 세상의 여기(here)로 만들 수가 없다. 예술은 멀리서 가나안의 영광을 보여 주기는 하나, 우리를 안내하여 그 더 나은 나라로 들어가게도 못하며 우리를 그 나라의 시민으로 만들지도 못하는 것이다. 예술은 대단한 것이다. 하지만 그것이 전부는 아니다. 그 분야에 뛰어난 사람이 한때 그렇게 불렀으나, 예술은 가장 거룩하고 가장 숭고한 것도, 유일한 종교도, 인간의 유일한 구원도 아닌 것이다.

문화, 문명, 인도주의, 사회의 삶 — 이를 어떻게 부르든 상관없다 — 역시 사람의 최고선으로 규정할 수는 없다. 인도주의적인 사상에서 일종의 진전이 있고, 박애주의에 있어서도 발전이 있다고 말할 수 있는 권한이 어느 정도 우리에게 있다는 것은 부인할 수 없는 사실이다. 과거 시대에 가난하고 병든 자들, 비참하고 핍절한 자들, 과부와 고아들, 정신병자들과 투옥당한 자들이 흔히 받았던 처우와 현 시대에 그들이 받는 일반적인 처우를 비교해 보면, 분명 행복과 감사를 느끼지 않을 수 없을 것이다. 온유함과 긍휼의 정신이 생겨나 잃어버린 자들을 찾고 눌린 자들에게 연민의 정을 갖게 만든 것이다. 그러나 이것과 더불어서, 현 시대는 무서운 악행, 배금주의(拜金主義), 매춘, 알코올중독 등의 가증한 짓들을 화려하게 보여 주고 있어서, 우리가 과연 발전하고 있는가 퇴보하고 있는가 하는 질문에 대답하기가 당혹스러운 지경이다. 어떤 순간에는 낙관적이다가도, 그 다음 순간에는 또다시 깊은 비관론에 빠져드는 것이다.

그것은 그렇다 치고, 한 가지 분명한 사실은 인류를 위한 섬김의 삶과 이웃을 사랑하는 삶이 하나님의 법에 뿌리박고 있지 않으면, 그것이 그 힘과 그 성격을 잃어버리고 만다는 것이다. 결국, 이웃에 대한 사랑은 인간의 마음에서 자발적으로 본성적으로 나오는 그런 자기를 입증하는(self-vindicating) 것이 아니다. 오히려 그것은 굉장한 의지력을 요하며 또한 끊임없이 자기 걱정과 자기 이익을 추구하는 그 어마어마한 힘을 제치고 유지되어야 할 그런 하나의 느낌이요 행동이요 봉사인 것이다. 더욱이, 이웃을 향한 그런 사랑이 그 당사자인 이웃 자신에게서도 별로 지지를 받지 못하는 경우가 태반이다. 사람들은 일반적으로 그렇게 사랑할 만하지 못하다. 그렇기 때문에 수고와 힘겨운 싸움이 없이는 그들을 우리 자신과 같이 사랑하고 높이 받들어 줄 수가 없는 것이다. 사실, 그 사랑이 하나님의 법에 기초하고 그 법으로 우리에게 부과되고, 또한 그 하나님이 우리에게 그의 모든 계명에 따라서 올바로 살고자 하는 열심을 베풀어주지 않으시면, 도저히 이웃을 향한 사랑 자체가 유지될 수 없는 것이다.

* * * * *

그러므로, 아우구스티누스(Augustine)의 결론이 백 번 타당하다. 그는 말하기를, 사람의 마음이 하나님을 위하여 창조되었으므로 그의 아버지의 마음속에서 안식하기까지는 결코 안식을 찾을 수 없다고 하였다. 아우구스티누스가 또한 선언한 바와 같이, 모든 사람들이 진정 하나님을 구하고 있지만, 모두가 올바른 방법으로 구하는 것도, 올바른 곳에서 구하는 것도 아닌 것이다. 그들은 이 아래에서 찾고 있는데, 하나님은 저 위에 계시다. 그들은 이 땅에서 하나님을 찾으나, 그는 하늘에 계시다. 그들은 하나님을 멀리서 찾고 있으나, 그는 가까이에 계시다. 그들은 돈에서, 재물에서, 명예에서, 권력에서, 열정에서 하나님을 찾고 있으나, 그는 높고 거룩한 곳에 계시며 통회하고 마음이 겸손한 자와 함께 계시는 것이다(사 57:15). 그런데도 그들은 혹시 그를 느끼고 그를 발견할까 하여(행 17:27) 그를 찾아다닌다. 그들은 그를 찾으면서도 동시에 그에게서 도망하는 것이다. 그들은 하나님의 길에 대한 지식에는 관심이 없다. 그러면서도 그들은 하나님 없이 가지를 못한다. 스스로 하나님께로 이끌리면서도 동시에 하나님에게서 떨어져나가는 것이다.

파스칼(Blaise Pascal: 1623-1662)이 그렇게도 심오하게 지적한 바와 같이, 바로 여기에 인간의 위대함과 비참함이 존재하는 것이다. 사람은 진리를 사모하는 동시에 본성적으로 거짓되다. 그는 안식을 동경하면서도 이런저런 것들에 자신을 던진다. 그는 영구하고 영원한 복락을 사모하면서도 순간의 쾌락에 사로잡힌다. 그는 하나님을 구하면서도 피조물 속에 자신을 잃어버린다. 그는 집의 아들로 출생하였으면서도 낯선 땅에서 돼지가 먹는 열매로 배를 채우고 있다. 그는 생수의 샘을 저버리고, 물을 담을 수 없는 구멍 뚫린 웅덩이를 파고 있다(렘 2:13). 그는 마치 꿈에서는 먹으나 잠에서 깨면 그 영혼이 여전히 주려 있는 굶주린 사람과도 같다. 또한 그는 마치 꿈에서는 물을 마시고 있으나 잠에서 깨면 여전히 곤비하며 그 영혼이 갈증을 느끼는 목마른 사람과도 같은 것이다(사 29:8).

과학으로는 사람에게 있는 이런 모순을 설명할 수가 없다. 과학은 오로지 사람의 위대함에만 관심을 둘 뿐 사람의 비참함은 안중에도 없고, 아니면 사람의 비참함에만 관심을 둘 뿐 그의 위대함은 안중에도 없는 것이다. 과학은 인간을 너무 치켜세우거나, 아니면 인간을 지나치게 짓밟는데, 이는 그것이 인간의 신적인 기원에 대해서도, 인간의 그 깊은 타락에 대해서도 전혀 모르기 때문이다. 그러나 성경은 그 두 가지를 모두 알고 있고, 그리하여 사람과 인류에게 그 빛을 비추어 주며, 인간의 모순을 조화시키며, 안개를 깨끗이 걷어주며, 감추어진 것들을 드러낸다. 사람은 오로지 하나님 안에서만 풀 수 있는 하나의 수수께끼인 것이다.

제 2 장

하나님을 아는 지식

하나님이 사람의 최고선이시라는 것 — 이것은 성경 전체가 증언하는 사실이다.

성경은 하나님께서 사람을 그의 형상과 모양으로 창조하셔서 사람이 하나님을 그의 창조주로 올바로 알게 하고, 그를 마음을 다하여 사랑하며, 그와 함께 영원한 복락 속에서 살도록 하셨다는 기사로 시작한다. 또한 성경은 새 예루살렘의 거민들이 하나님을 직접 대면하며 그의 이름을 이마에 새기게 될 것이라는 묘사로 마무리한다.

이 두 순간 사이에 하나님의 그 길고 넓은 계시가 주어져 있다. 이 계시는 유일하며 위대하고 포괄적인 은혜 언약의 약속 — 내가 너희에게 하나님이 되고 너희는 내 백성이 되리라는 — 을 그 내용으로 한다. 그리고 이 계시의 중심점, 곧 정점(頂點)은 바로 임마누엘, 곧 우리와 함께 계시는 하나님 (God-with-us)이시다. 약속과 그 성취는 함께 나아가는 법이다. 하나님의 말씀이 그 계시의 시작이요, 원리요, 씨앗이며, 그 씨앗이 충만히 실현되게 되는 것이 바로 그 계시의 행위 속에서 이루어지는 것이다. 태초에 하나님께서 그의 말씀으로 만물을 부르사 존재하게 하셨듯이, 새 하늘과 새 땅도 그가 자기의 말씀으로 생겨나게 하실 것이요 그 속에서 하나님의 장막이 사람들 가운데 있게 될 것이다.

그렇기 때문에, 말씀이 육신이 되신 그리스도께서 은혜와 진리가 충만하다고 말씀하는 것이다(요 1:14).

그는 태초에 하나님과 함께 계셨고 그 자신이 하나님이셨던 바 말씀이시며, 그러므로 그는 사람들의 생명이요 빛이셨다. 아버지께서 그리스도와 생명을 공유하시고 또한 그리스도 안에서 그의 생각을 표현하시기 때문에, 하나님의 충만한 존재가 그리스도 안에서 드러난다. 그는 아버지를 우리에게 선포하시고 그의 이름을 우리에게 나타내실 뿐 아니라, 자신 안에서 아버지를 보이시고 또한 우리에게 주시는 것이다. 그리스도는 표현되는 하나님이시요 주어지는 하나님이시다. 그는 자기 자신을 계시하시는 하나님이시요 자기 자신을 나누시는 하나님이시며, 따라서 진리로 충만하고 은혜로 충만하신 것이다. 내가 너희에게 하나님이 되리라 하신 약속의 말씀에는 그 말씀을 하신 그 순간부터 내가 너희 하나님이라는 성취가 내포되어 있다. 하나님께서는 그의 백성들이 그들 자신을 하나님께 드리게 하기 위하여 자기 자신을 그 백성들에게 주시는 것이다.

성경에서 우리는 하나님께서 "나는 너희 하나님이라"는 선언을 끊임없이 반복하시는 것을 보게 된다. 창세기 3:15의 원 약속(mother-promise)으로부터 시작하여, 모든 복락과 모든 구원을 포괄하는 이 풍성한 증언이 거듭거듭 반복되고 있다. 족장들의 삶에서도, 이스라엘 백성의 역사에서도, 혹은 신약의 교회의 역사에서도 계속 나타나는 것이다. 그리고 이에 응답하여 시대를 통틀어서 교회는 그 믿음의 끝없이 다양한 언어로써 감사와 찬양을 표현하고 있다. 곧, 주는 우리의 하나님이시며 우리는 주의 백성이요 주의 초원의 양들이라는 고백이 그것이다.

교회의 편에서 토로하는 이 믿음의 선언은 과학적인 교리도, 계속 반복되는 연합의 형식도 아니요, 오히려 깊이 느낀 현실의 고백이요 또한 삶의 체험에서 우러나오는 현실에 대한 확신의 고백인 것이다. 신구약 성경에 나타나는 선지자들과 사도들, 그리고 그 후의 그리스도의 교회에 등장하는 성도들은 가만히 앉아서 추상적인 개념을 갖고 하나님에 대하여 철학적인 사색을 한 것이 아니라, 하나님이 그들에게 어떤 분이시며 그에게 어떤 은혜를 받았는지를 삶의 온갖 구체적인 상황 속에서 고백한 것이다. 그들에게 하나님은 이성적으로 분석할 수 있는 차가운 개념이 결코 아니었다. 그는 살아 계시고 인격적인 존재요, 그들 주위의 세계보다도 무한히 더 현실적인 실체이셨다. 사실, 그들에게 그는 유일하시며 영원하시며 예배할 만한 존재이셨던 것이다. 그들은 삶 속에서 그 하나님을 생각했고, 그 하나님의 장막에서 살았으며, 마치 그 하나님의 면전에 있는 것처럼 그렇게 행했고, 그 하나님의 궁정에서 그를 섬겼으며, 또한 그 하나님의 성소에서 그에게 예배했던 것이다.

그들의 체험의 순전함과 깊이는 하나님이 그들에게 어떤 분이신지를 표현하기 위해 사용한 언어에서 잘 드러난다. 그들에게는 단어들을 사용하는데 긴장이 없었다. 그들의 마음에서 샘솟아 나는 것들이 입술에서 넘쳐흘렀고, 인간 세계와 자연 세계가 풍부한 언어를 제공해 주었기 때문이다. 그들에게 하나님은 왕이시며, 주(主)이시며, 용사시며, 대장이시며, 목자시며, 구주시며, 구속자시며, 도우시는 자시며, 의원(醫員)이시며, 아버지셨다. 그들은 모든 복락과 복지, 진리와 의, 생명과 자비, 힘과 능력, 평화와 안식을 그 하나님에게서 찾았다. 하나님은 그들에게 태양이요 방패이셨고, 빛과 불이셨고, 샘과 물의 근원이셨고, 반석과 피난처이셨고, 높은 망대이셨고, 상급과 그늘이셨고, 성(城)과 성전이셨다. 세상에서 제공받는 그 모든 세세한 좋은 것들이 그들에게는 하나님의 백성을 위하여 하나님께서 베푸시는 그 구원의 측량할 길 없는 풍성함의 형상이요 모양이었던 것이다.

그리하여 다윗은 시편 16:2에서 여호와께 다음과 같이 말씀하고 있다: "주는 나의 주님이시오니 주 밖에는 나의 복이 없다 하였나이다." 또한 아삽은 시편 73편에서 이렇게 노래하였다: "하늘에서는 주 외에 누가 내게 있으리요 땅에서는 주 밖에 내가 사모할 이 없나이다. 내 육체와 마음은 쇠약하나 하나님은 내 마음의 반석이시요 영원한 분깃이시라"(25-26절). 성도들에게는, 하나님이 없으면 하늘의 그 모든 복락과 영광도 헛되고 김빠진 것이 되며, 반대로 하나님과의 교제 속에서 살 때에는 이 땅의 그 어떠한 것에 대해서도 개의치 않는다. 하나님을 향한 사랑이 다른 모든 선을 향한 사랑을 무한히 초월하기 때문이다.

바로 이런 것이 하나님의 자녀들의 체험이다. 그들이 그러한 체험을 가지게 된 것은 하나님께서 친히 그 사랑하시는 아들 안에서 자기 자신을 즐거워하도록 그들에게 내어 주셨기 때문이다. 이런 의미에서 그리스도께서는 영생, 즉 구원의 총체가, 유일하신 참 하나님과 또한 그가 보내신 예수 그리스도를 아는 데 있다고 말씀하신 것이다(요 17:3).

그리스도께서 이 말씀을 하신 때는 정말 경사스런 순간이었다. 그는 겟세마네 동산에 들어가 자신의 영혼의 마지막 씨름을 하시기 위하여 기드론 시내를 건너가시려 하는 찰라였다. 그러나 거기까지 나아가시기 전에, 그는 자신이 우리의 대제사장으로서 당하실 그 고난과 죽으심을 대비하셨고 또한 아버지께 기도하신다. 아버지께서 자신의 고난과 그 이후에 그를 영화롭게 하셔서, 아들이 자신이 죽기까지 드리는 순종으로 말미암아 곧 얻게 될 그 모든 복들을 내어 주심으로써 그도 아버지를 영화롭게 하게 해 달라고 구하시는 것이다. 아들은 이렇게 기도하실 때에, 아버지 자신의 뜻과 선한 의도 외에는 아무것도 바라시는 것이 없으셨다. 아버지께서는 그 아들에게 모든 육체에 대한 권세를 주셨으므로 그 아들은 아버지께서 그에게 주신 모든 자들에게 영생을 주시는 것이다. 그러한 영생은 다른 것이 아니라 바로 유일하신 참 하나님과 또한 그 하나님을 나타내시기 위해 보내심을 받은 예수 그리스도를 아는 것인 것이다(요 17:1-3).

* * * * *

여기서 예수께서 말씀하시는 앎, 곧 지식이란 분명 특별한 성격을 지니는 것이다. 그것은 사람이 얻을 수 있는 모든 다른 지식과는 다르며, 이는 정도(程度)의 차이가 아니라 원리와 본질의 차이인 것이다. 이 점은 두 종류의 지식을 서로 비교해 보기 시작하면 곧바로 드러난다. 예수께서 말씀하신 하나님을 아는 지식은 창조된 것들을 아는 지식과 그 기원과 대상, 그리고 그 본질과 효과에 있어서 다른 것이다.

첫째, 그 기원부터가 다르다. 그 지식은 전적으로 그리스도께 의존하는 것이기 때문이다. 어떤 의미에서 다른 모든 지식은 우리 자신의 통찰과 판단으로, 우리 자신의 노력과 연구를 통해서 얻어진다고 말할 수 있다. 그러나 유일하신 참 하나님을 아는 지식의 경우, 우리는 마치 어린아이들처럼 그리스도께서 그 지식을 우리에게 주시도록 해야만 하는 것이다. 그 지식은 그리스도 이외에는 그 어디서도 찾을 수 없다. 탁월한 철학자들에게서도, 학교들에서도 얻을 수가 없다. 오직 그리스도만이 아버지를 아셨다. 그는 태초에 하나님과 함께 계셨고, 그의 품에 안기셨고, 그를 직접 대면하여 보셨다. 그 자신이 친히 하나님이셨고, 하나님의 영광의 광채시며, 그의 본체의 형상이셨고, 그 아버지의 사랑하시며 온전히 기뻐하시는 독생하신 아들이신 것이다(마 3:17; 요 1:1; 히 1:3). 아버지의 존재의 그 어떠한 것도 아들에게서 감추어져 있지 않다. 아들도 동일한 본성과 동일한 속성과 동일한 지식을 공유하시기 때문이다. 아들 외에는 아버지를 아는 자가 없는 것이다(마 11:27).

그런데 이 아들이 우리에게 오셔서 우리에게 아버지를 선포하셨다. 그는 그 아버지의 이름을 사람들에게 나타내셨다. 그가 육신이 되셔서 이 땅에 나타나신 것은 "우리로 참된 자를 알게" 하시기 위함인 것이다(요일 5:20). 우리는 하나님을 알지 못했고 그의 길을 알고자 하는 관심도 없었다. 그런데 그리스도께서 우리로 하여금 아버지를 알게 하신 것이다. 그는 철학자도, 학자도, 예술가도 아니셨다. 그의 일은 아버지의 이름을 우리에게 나타내시는 것이었다. 그리고 이 일을 그는 자신의 평생을 통해서 완전히 이루셨다. 그는 그의 말씀, 그의 일, 그의 삶, 그의 죽으심, 그의 인격, 등 그의 존재와 행위에 속한 모든 것들에서 하나님을 나타내신 것이다. 그는 아버지께서 행하시는 것을 보신 것 이외에는 절대로 아무것도 말씀하거나 행하지 않으셨다. 아버지의 뜻을 행하는 것이 그의 양식이었다. 그를 본 자는 누구든지 아버지도 본 것이었다(요 4:34; 8:26-28; 12:50; 14:9).

그가 베푸신 하나님에 대한 계시는 의지할 만한 것이다. 왜냐하면 그는 보내심을 받은 예수 그리스도이시기 때문이다. 그가 예수라는 이름을 친히 하나님께로부터 받으신 것은 그가 그의 백성을 죄에서 구원하실 자이셨기 때문이다(마 1:21). 또한 그가 그리스도라 칭함을 받는 것은 그가 아버지의 기름부음받은 자로서 하나님 자신에 의해서 그의 모든 직분들을 위하여 선택되시고 자격을 갖추신 분이기 때문이다(사 42:1; 마 3:16). 그가 보내심을 받은 자이신 이유는, 많은 거짓 선지자들과 제사장들처럼 그가 자기 자신의 이름으로 오거나 자기 자신을 높이거나 자기 자신의 공로를 구하지 않으셨기 때문이다. 과연 그렇다. 아버지께서 세상을 지극히 사랑하셔서 그의 독생자를 주셔서 누구든지 그를 믿는 자마다 멸망치 않고 영생을 얻도록 하셨으므로, 그 때문에 그가 보내심을 받은 것이다(요 3:16).

그러므로 그를 영접하고 믿는 자들에게는 하나님의 자녀라는 이름을 지닐 권세와 자격이 주어진다(요 1:12). 그들은 하나님께로서 난 자들로서, 신적인 성품을 공유하며, 그의 아들 그리스도를 보면서 하나님을 아는 자들이다. "아버지 외에는 아들을 아는 자가 없고 아들과 또 아들의 소원대로 계시를 받은 자 외에는 아버지를 아는 자가 없느니라"(마 11:27).

둘째로, 하나님을 아는 지식은 그 대상에 있어서도 다른 모든 지식과 다르다. 다른 지식의 경우는, 특히 현 시대에 와서는 그 범위가 매우 넓어지고 있으나, 여전히 피조물 주변을 맴돌며, 세상의 것들로 제한되어 있고, 따라서 절대로 영원자(永遠者: the eternal)를 찾을 수가 없다. 물론, 하나님의 영원한 능력과 신격에 대한 계시가 자연물 속에도 있는 것은 사실이다. 그러나 거기서 나오는 하나님 지식은 미약하고, 희미하며, 오류와 뒤섞여 있고, 게다가 큰 가치를 지니지 못하는 것이다. 사람들이 자연으로부터 하나님을 알면서도, 그를 하나님으로 영화롭게 하거나 찬양하지 않았고, 그 생각이 허망하여져서 썩지 않는 하나님의 영광을 우상으로 바꾸어 피조물처럼 만들어 버렸기 때문이다. 세계는 하나님을 나타내는 계시이면서도 동시에 하나님을 감추는 은폐(concealment)인 것이다(롬 1:20-23).

그러나 여기 이 대제사장적인 기도에서(참조. 요 17장), 다른 지식은 제쳐두고 그 대신 감히 하나님을 아는 지식에 대해 말씀하는 분이 전면으로 등장하는 것이다! 하나님이 인간의 지식의 대상이시라니, 과연 그 누가 그것을 가늠할 수 있겠는가? 무한하신 분이시요 불가해한 분이시며, 시간으로나 영원으로나 측량할 수도 없고, 그의 임재 앞에서는 천사들도 그 날개로 얼굴을 덮으며, 가까이 가지 못할 빛에 거하시며 아무도 본 사람이 없고 볼 수도 없는 그런 하나님을 대체 사람이 어떻게 알 수 있단 말인가? 그 숨결이 코에 있고 무(無)보다 못하고 허망함보다 못한 사람이 대체 그런 하나님을 어떻게 알 수 있단 말인가? 아무리 최고의 지식을 가졌다 해도 그저 헝겊을 덕지덕지 붙인 누더기 이상 아무것도 아닌 그런 사람이 하나님을 어찌 알겠는가? 간접적으로 아는 온갖 지식(knowledge *about*)을 갖고 있다고 하지만, 직접 아는 지식(knowledge *of*)이 대체 얼마나 되는가? 사물을 그 기원과 본질과 목적까지 다 아는 그런 지식을 얼마나 갖고 있는가? 온통 미스테리의 주변을 맴

돌고 있는 것이 아닌가? 미지의 것들의 경계선 상에 항상 서 있는 것이 아닌가? 그러니 그렇게 보잘것없고 연약하며 오류가 많고 어리석은 사람이, 높으시고 거룩하시며 홀로 지혜로우시며 전능하신 하나님을 대체 어찌 알겠느냐는 말이다.

그런 지식은 우리의 한계 바깥에 있다. 하지만 아버지를 보셨고 또한 그를 우리에게 선포하신 그리스도께서 그 지식을 말씀하시는 것이다. 우리는 그를 의지할 수 있고 그의 증거는 참되며 전적으로 받아들일 만한 가치가 있는 것이다. 그러므로, 오 사람이여, 하나님이 누구신지를 알고 싶으면, 지혜 있는 자나 선비들이나 이 시대의 변론가에게 묻지 말고, 그리스도를 바라보고 그의 말씀을 들을지어다! 너희 마음으로, "누가 하늘에까지 올라가며 누가 깊은 곳까지 내려갈까?"라고 말하지 말라. 그 말씀이, 바로 그리스도께서 선포하시는 말씀이, 너희 가까이 있음이라. 그 자신이 말씀이시요, 아버지의 완전한 계시이신 것이다. 그의 모습처럼, 아버지도 그러하시다. 즉, 그리스도와 마찬가지로 의로우시며 거룩하시며 은혜와 진리가 충만하신 것이다.

그의 십자가에서 구약의 믿음의 충만한 내용이 드러난다. 곧 시편 기자의 말처럼, "여호와는 긍휼이 많으시고 은혜로우시며 노하기를 더디하시고 인자하심이 풍부하시도다.… 우리의 죄를 따라 우리를 처벌하지는 아니하시며 우리의 죄악을 따라 우리에게 그대로 갚지는 아니하셨으니, 이는 하늘이 땅에서 높음 같이 그를 경외하는 자에게 그의 인자하심이 크심이로다. 동이 서에서 먼 것 같이 우리의 죄과를 우리에게서 멀리 옮기셨으며 아버지가 자식을 긍휼히 여김 같이 여호와께서는 자기를 경외하는 자를 긍휼히 여기신다"는 사실이다(시 103:8-13). 그리고 그리스도의 말씀의 거울에 비추어 그의 영광을 보면서, 우리는 황홀경 속에 이렇게 외친다: 우리가 그를 아는 것은 그가 먼저 우리를 아셨기 때문이요, "우리가 [그를] 사랑함은 그가 먼저 우리를 사랑하셨음이라"(요일 4:19).

이러한 기원과 내용은 또한 하나님을 아는 지식의 특유한 본질을 결정지어준다.

위에서 언급한 그 대제사장적인 기도의 한 구절에서, 예수께서는 그저 정보로만 그치는 그런 지식이 아니라 진정한 앎(knowing)이 되는 그런 지식을 말씀하신다. 이 두 가지는 서로 현격한 차이가 있다. 식물이나 동물, 혹은 사람이나 나라 등에 대한 몇 가지 정보를 책에서 얻었다고 해서, 그런 주제에 대해서 직접적인 인격적 지식을 가졌다고 할 수는 없는 것이다. 그런 정보는 그저 다른 사람이 그 주제에 대해서 제시해 놓은 묘사에 근거하는 것일 뿐이다. 이런 의미에서 정보는 그저 머릿속에서만 일어나는 사건이다. 그러나 진정한 앎이란 인격적인 관심의 요소와 개입(介入)과 마음의 활동을 내포하는 것이다.

그런데, 그리스도께서 주신 하나님을 아는 지식에 관한 묘사를 말씀 속에서 찾을 수 있고, 그렇기 때문에 예수께서 뜻하신 하나님을 아는 진정한 앎과는 본질적으로 다른 하나님에 대한 정보를 갖게 될 가능성도 얼마든지 있다. 그러므로 주의 뜻을 아는 일종의 지식은 있으나, 그 뜻을 행하고자 하는 마음의 준비가 뒤따르지 않는 경우도 가능한 것이다(눅 12:47-48). 사람들이 주여, 주여, 하면서도 천국에 들어가지 못할 수도 있다(마 7:21). 사랑에 길을 내어주는 것이 아니라, 마치 마귀들의 믿음처럼 그저 두려워하고 떨기만 하는 그런 믿음이 있다(약 2:19). 말씀을 행하기를 원치 않고 그저 그 말씀을 듣기만 하여 두 배나 채찍에 맞게 될 그런 사람들이 있는 것이다(약 1:22).

이와 관련하여 예수께서 하나님을 아는 지식을 말씀하실 때에는, 자기 자신이 소유하시는 지식과 종류가 유사한 그런 지식을 염두에 두고 계신 것이다. 그는 직업적인 신학자도, 신학 박사나 신학 교수도 아니셨다. 그러나 그는 하나님을 직접 개별적으로 보고 생각하심으로써 그를 아셨고, 자연에서나 그의 말씀에서나 그의 섬김에서나, 어디서나 그를 보셨고, 다른 무엇보다도 그를 사랑하셨고, 모든 일에서, 심지어 십자가에서 죽기까지 그에게 순종하셨다. 진리를 아는 그의 지식은 모두가 진리를 행하는 그의 실천과 항상 함께 하는 것이었다. 지식과 사랑이 함께 온 것이다.

과연, 하나님을 안다는 것은 그에 관하여 많은 것들을 아는 것에 있는 것이 아니다. 오히려 그리스도 안에서 그를 바라보는 것에, 우리의 삶의 길에서 그를 대면하는 것에, 또한 우리의 영혼의 체험 속에서 그의 덕과 그의 의와 거룩함과 그의 사랑과 은혜를 알게 되는 데에 있는 것이다.

그렇기 때문에 이 지식에는, 다른 모든 지식과는 달리, 믿음의 지식이라는 이름이 붙여지는 것이다. 이 지식은 학문적인 연구와 사색의 산물이 아니라 어린아이 같은 단순한 믿음의 산물이다. 이 믿음은, 다른 이들에게는 물론 나에게도 죄 씻음과 영원한 의와 구원이 오직 그리스도의 공로로 말미암아 순전히 은혜로 하나님께로부터 값없이 주어진다는 것을 아는 확실한 지식임은 물론 든든한 확신이기도 한 것이다. 작은 어린아이들처럼 되는 자들만이 천국에 들어갈 것이다(마 18:3). 오직 마음이 청결한 자들만이 하나님을 볼 것이다(마 5:8). 오직 물과 성령으로 난 자들만이 그 나라에 들어갈 수 있다 (요 3:5). 하나님의 이름을 아는 자들은 그를 의지하며 신뢰하는 법이다(시 9:10). 하나님을 사랑하는 정도만큼 하나님을 아는 것이다.

하나님을 아는 지식을 이런 식으로 이해하면, 그 지식이 역사하여 그 결과로 영생이 주어진다는 것이 결코 놀랄 일이 아니다. 지식과 생명(혹은, 삶)이 서로 별 관계가 없어 보이는 것은 사실이다. 전도서 기자가 참되게 말씀하고 있지 않은가: "지혜가 많으면 번뇌도 많으니 지식을 더하는 자는 근심을 더하며", "많은 책들을 짓는 것은 끝이 없고, 많이 공부하는 것은 몸을 피곤하게 하느니라"(전 1:18; 12:12).

지식은 힘이다. 이 정도는 우리도 이해할 수 있다. 모든 앎은 물질에 대한 정신의 승리요, 땅이 사람의 주권에 굴복하는 것이다. 하지만 그 지식이 삶이 되어야 하는데, 그것을 누가 이해할 수 있겠는가? 그런데, 심지어 자연계에서도 지식을 통해서 삶의 깊이와 풍성함이 더해진다. 포괄적인 지식을 가질수록, 그 삶이 더욱 강렬해진다. 무생물은 알지 못하며 또한 살지도 않는다. 그러나 동물의 경우 의식이 발전될 때에, 그 동물의 삶에도 내용과 범위가 주어지는 것이다. 사람들의 경우에는 가장 많은 것을 아는 사람의 삶이 가장 풍성한 삶이다. 정신이상자나 유약한 자나 단순한 자나 발육이 덜된 자의 삶이 대체 무엇인가? 사상가와 시인의 삶과 비교할 때 그런 삶은 초라하고 제한적인 것이다. 하지만, 여기서 갖가지 차이점들을 찾을 수 있지만, 그것은 그저 정도의 차이에 지나지 않는다. 삶 그 자체가 지식으로 인하여 변하지를 않는 것이다. 그리고 가장 탁월한 학자의 삶이나 단순하기 그지없는 일꾼의 삶이나 필연적으로 죽음으로 끝나게 되어 있다. 그것은 이 세상의 제한된 공급원으로부터만 양식을 얻기 때문이다.

그러나 그리스도께서 말씀하시는 이 지식은 피조물을 아는 것이 아니라, 유일하신 참 하나님을 아는 것이다.

눈에 보이는 것들을 아는 지식이 삶을 풍요롭게 할 수 있다면, 하물며 하나님을 아는 지식이야 삶에 얼마나 더한 것을 주겠는가? 하나님은 사망의 하나님도 죽은 자의 하나님도 아니시며, 생명의 하나님이시며 산 자의 하나님이시니 말이다. 하나님이 그의 형상을 따라 재창조하시고 또한 그의 교제 속으로 회복시키신 모든 사람들은 바로 그 사실로 인하여 사망의 수준 위로 올려지는 것이다. 예수께서는 말씀하시기를, "나는 부활이요 생명이니 나를 믿는 자는 죽어도 살겠고 무릇 살아서 나를 믿는 자는 영원히 죽지 아니하리라"고 하셨다(요 11:25-26). 그리스도 안에서 하나님을 알게 되면, 그와 더불어 영생과 흔들림 없는 기쁨과 하늘의 복락을 누리게 된다. 이것들은 그저 효과만이 아니다. 하나님을 아는 지식 그 자체가 곧바로 새롭고 영원하며 복된 삶인 것이다.

기독교 교회는 옛부터 신학(Theology 혹은 Divinity)이라 불려온 그 지식 혹은 학문의 체계의 성격을 이러한 성경의 가르침을 좇아서 결정하였다. 신학이란 하나님의 계시에서 하나님을 아는 지식을 이끌어내는 학(學)으로서, 하나님의 성령의 인도하심을 받아 연구하고 사고하며, 그리고 하나님께 영광이 되도록 그 내용을 묘사하는 것이다. 그러므로 모름지기 참된 신학자는 하나님을 힘입어, 하나님을 통하여, 하나님에 대하여 말씀하며 또한 하나님의 이름에 영광이 되도록 그 일을 행하는 사람인 것이다. 학식 있는 사람과 단순한 사람 사이에는 그저 정도의 차이밖에는 없다. 두 부류의 사람 모두에게 "주도 한 분이시요 믿음도 하나요 세례도 하나요 하나님도 한 분이시니 곧 만유의 아버지시라. 만유 위에 계시고 만유를 통일하시고 만유 가운데 계시도다"(엡 4:5-7).

이런 견지에서, 칼빈(John Calvin: 1509-1564)은 그의 제네바 요리문답(Geneva Catechism)의 첫 질문을 "사람의 제일 된 목적이 무엇인가?"로 잡고, 그 질문에 대해 분명하고도 확실하게 대답하고 있다: "그를 창조하신 하나님을 아는 것이다." 이와 마찬가지로 웨스트민스터 요리문답(Westminster Catechism)도 그 교훈을 "사람의 제일 된 목적이 무엇인가?"라는 질문으로 시작하고, 또한 그 질문에 대해서 간단하면서도 풍성하게 답하고 있다: "하나님을 영화롭게 하며 영원토록 그를 즐거워하는 것이다."

제 3 장
일반 계시

만일 사람이 하나님을 아는 지식을 가질 수 있다는 것이 참이라면, 이 사실은 하나님 편에서 자기 자신을 모종의 방식으로 사람에게 알게 하기를 자의(自意)로 선택하셨다는 것을 전제하는 것이라 할 것이다.

하나님을 아는 지식을 우리 자신에게, 즉 우리 자신의 발견, 탐구, 혹은 사색의 덕분으로 돌릴 수는 없다. 값없고, 강요되지 않은 호의적인 행동으로 그 지식이 우리에게 주어지지 않았다면, 우리가 우리 자신의 노력을 기울여서 그 지식을 얻을 수 있는 가능성이 전혀 없었을 것이다.

그러나 창조된 사물에 대한 지식의 경우는 상황이 약간 다르다. 물론 그런 지식을 얻는 일에 있어서는 우리가 전적으로 하나님께 의존하는 것이지만, 그럼에도 불구하고 하나님께서는 창조 시에 사람에게 온 땅을 정복하고 다스릴 사명을 주셨고 또한 그 사명을 이룰 수 있도록 능력을 부여하셨고 그 일에 대한 관심도 주신 것이다. 사람이 자연 위에 서 있어서, 자연 현상을 측정하고, 연구할 수 있으며, 일정한 범위 내에서는 인공적으로 사물을 만들어 낼 수도 있다. 말하자면, 사람은 자연으로 하여금 어쩔 수 없이 자신을 드러내게 하여 그 비밀들을 발견할 수가 있다는 말이다.

그러나, 이러한 능력은 갖가지 면에서, 또한 갖가지 방식으로 제한을 받는다. 과학이 현상들 속으로 깊이 파고들어 사물의 본질에 접근할수록, 미스테리가 더욱 늘어나며 알 수 없는 것들이 사방을 둘러싸는 것을 알게 되는 것이다. 인간 지식의 한계를 깊이 수긍하는 나머지, "우리는 모르겠다"라고 하거나 때로는 "절대로 모를 것이다"라고 하고 싶은 느낌을 갖는 사람이 하나 둘이 아닌 것이다.

무생물에 대한 연구에서부터 이미 그러한 인간 지식의 한계가 드러난다면, 생명이 있고 살아 있는 이성적인 존재들에 대한 연구에서는 그 점이 더욱더 두드러질 수밖에 없다.

이 분야에서는 우리가 인위적으로 어떻게 해 볼 수 없는 실체들을 접촉하기 때문이다. 그 실체들이 자기들 나름대로 객관성을 지니고 우리 앞에 서 있으므로, 우리가 우리 자신에게서 발견하는 바와 일치하는 한도 내에서만 그것들을 알 수가 있는 것이다. 생명, 의식, 느낌, 지각, 이해, 이성, 욕망, 의지 같은 것들은 분해했다가 다시 조립할 수 있는 성질의 것들이 아니다. 이것들은 본질상 기계적인 것이 아니고, 유기적인 것들이다. 그러므로 그것들이 자기들을 제시하는 대로 취할 수밖에는 없으며, 또한 그 불가사의한 본질 그대로 그것들을 존중할 수밖에는 없다. 생명을 분해한다는 것은 곧 생명을 죽이는 것이 되고 마는 것이다.

이러한 사실은 사람 자신의 본질 문제에서 가장 현격하게 드러난다. 물론 사람이 육체적인 존재이고 따라서 그런 면에서 우리의 지각을 피할 수 없다는 것이 사실이지만, 우리가 지각하는 것은 사람의 겉으로 드러난 면일 뿐이고, 그 겉으로 드러나 있는 면 뒤에서, 그 겉모양으로는 제대로 표현되지 않는 불가사의한 생명이 번뜩이고 있는 것이다. 물론 제한된 범위 내에서는, 다른 사람에게서 자기의 본성의 내적인 면을 끄집어낼 수 있는 능력이 사람에게 있다. 그러나 사람은 자기의 표정을 철저하게 관리하여 자기 속의 상태를 전혀 드러내지 않을 수도 있고, 자기의 생각을 감추도록 말을 할 수 있으며, 또한 자기 속에 있는 바와 상충되는 그런 태도를 행동으로 드러낼 수도 있다. 그리고 그런 온갖 교묘한 속임수를 경멸하는 정직한 사람을 대하더라도, 그를 알기 위해서는 어쩔 수 없이 그 사람이 자기 편에서 선택하여 드러내는 것에 주로 의존할 수밖에는 없는 것이다. 사실 때로는 그 사람이 무의식중에 자기를 드러내기도 하며, 자기 자신을 완전하게 통제할 수가 없기 때문에 본의 아니게 자기 자신의 모습을 드러내는 경우도 많다. 여하튼, 우리가 그 사람의 본 모습을 다소나마 알기 위해서는, 언제나 그 사람 편에서 자기의 삶으로, 자기의 말과 행실로 — 의도적으로든 아니든 간에 — 자기의 모습을 바깥으로 드러내어 그 인격의 미스테리를 표현해야만 하는 것이다. 사람이 타의에 의해서나, 의식적으로 혹은 의도적으로 자기 자신을 우리에게 나타내어야만 비로소 그 사람에 대한 지식이 가능해지는 것이다.

이런 점들을 생각해 보면, 인간이 하나님을 아는 지식을 가졌다고 말할 수 있는 조건이 어떤 것인지를 올바로 깨닫게 된다. 하나님은 절대적으로 독립적인 분이시며, 완전한 주권을 지니고 계신 분이시다. 그는 그 어떤 점에서도 우리에게 의지하지 않으시는 분이시며, 오히려 우리가 본성적으로, 이성적으로, 도덕적으로, 절대적으로 그에게 의지하고 있다. 그러므로 우리는 하나님을 통제할 수 있는 능력이 전혀 없는 것이다. 우리로서는 그를 우리의 연구와 사색의 대상으로 삼을 방법이 없는 것이다. 그가 친히 자신을 알려주시지 않는 한, 우리로서는 그를 찾을 수가 없다. 그가 자기 자신을 주시지 않는 한, 우리는 그를 받을 수가 없는 것이다. 더욱이 하나님은 눈에 보이지 않는다. 그는 가까이 가지 못할 빛에 거하시므로, 그를 본 사람도, 그를 볼 수 있는 사람도 아무도 없다. 그가 자기 자신을 감추시거나 숨기시면, 한 마디로 우리는 우리의 육체적인 혹은 영적인 지각의 경계 내로 그를 불러올 수가 없다. 그리고 지각이 전혀 없으면, 지식도 물론 불가능한 것이다.

마지막으로, 더 말할 필요도 없는 사실이지만, 하나님은 전능하신 분이시다. 그는 그의 피조물들뿐 아니라 자기 자신까지도 완전히 통제하고 계신다. 우리 인간들은 고의든 아니든 간에 언제나 다소나마 우리 자신을 드러내 보이지만, 하나님은 오직 그가 뜻하시는 한도 내에서만, 또한 그가 뜻하시기 때문에만, 자기 자신을 드러내 보이시는 것이다. 말하자면, 하나님이 그의 의식과 자유의 영역 바깥에서 타의에 의해서 자기 자신을 드러내 보이는 일 따위는 있을 수가 없다. 하나님은 자기 자신을 완전하게 통제하시며, 따라서 그의 선하신 뜻의 범위 내에서만 자기 자신을 계시하시는 것이다.

그러므로, 하나님을 아는 지식은 오직 하나님 편에서 베푸시는 계시를 근거로 해서만 가능하다. 하나님께서 자유로이 자기 자신을 나타내기를 선택하실 때에만, 또한 그런 한에서만, 하나님을 아는 지식이 사람에게 가능해지는 것이다.

* * * * *

이렇게 하나님이 자기를 나타내시는 것을 보통 계시(啓示: revelation)라는 용어를 사용하여 지칭한다. 성경은 이를 나타내는 다양한 동사들을 사용하고 있다. 예를 들면, 나타내시다, 말씀하시다, 명령하시다, 일하시다, 알게 하시다, 등이 그것이다. 이는 계시가 항상 똑같은 방식으로 일어나는 것이 아니고, 다양한 형태로 온다는 것을 시사한다. 사실상, 말씀이든 행위든 간에 하나님의 모든 일들이 하나의 위대하며 포괄적이며 항상 계속되는 하나님의 계시의 부분과 요소를 구성하는 것이다. 만물의 창조와 유지와 통치, 이스라엘을 부르시고 인도하심, 그리스도를 보내심, 성령을 부으심, 하나님의 말씀을 성경으로 기록하심, 교회를 유지하시고 전파하심 같은 것들이 모두 하나님의 계시가 우리에게 오는 방식들이요 형식들이며, 그것들 하나하나가 하나님에 대해 무언가를 우리에게 말씀해 주는 것이다. 이런 의미에서, 존재하는 모든 것이, 일어나는 모든 일이, 하나님을 — 그분을 아는 것이 영생이다 — 아는 지식에로 인도해 줄 수 있고, 또한 인도해 마땅한 것이다.

이 계시는 — 일반 계시든 특별 계시든 간에 — 다음과 같은 특징들을 지닌다.

첫째로, 언제나 그것은 자유로이 활동하시는 하나님 자신에게서 오는 것이다. 다른 모든 일에서도 그렇듯이, 이 일에서도 그는 절대적인 주권자시며, 따라서 완전한 자유로 행하신다. 사실 인격적이며 자의식을 지닌 하나님을 고백하기를 거부하면서도 하나님의 계시를 논하는 자들이 몇몇 있기는 하다. 그러나 이것은 계시라는 단어에다 그 일상적인 의미와 모순을 일으키는 의미를 부여하는 것이다. 신을 오로지 비인격적이며 무의식적이며 전능한 어떤 힘으로만 보는 자들의 시각에서는, 그 힘이 타의에 의하여 드러나는 일은 논할 수도 있을지 모르나, 진정한 계시는 논할 수가 없다. 왜냐하면 계시란 하나님의 완전한 의식과 자유를 전제로 하는 개념이기 때문이다. 계시라는 이름에 합당한 계시라면 모두가, 하나님이 인격적으로 존재하시며, 그가 자기에 대해 의식하고 계시며, 또한 그가 자기 자신을 피조물들에게 알려 주실 수 있다는 사상에서 파생되어 나오는 것이다. 하나님을 아는 우리 인간의 지식은 바로 하나님이 자기 자신에 대해 갖고 계시는 지식에 기초를 두며 거기에 기원을 두는 것이다. 하나님에게 자의식과 자기 지식이 있음을 전제로 하지 않는 한, 그 어떠한 하나님에 대한 지식도 사람에게 불가능하다. 이를 부인하게 되면, 다음 두 가지의 불합리한 결론 중 어느 하나에 도달할 수밖에 없다. 곧, 하나님을 아는 지식이 아예 가능하지 않다고 보든지, 아니면 하나님이 오직 사람에게서 자의식을 얻으신다고 보든지, 둘 중의 하나인데, 후자의 결론은 사람을 하나님의 자리에 올려놓는 것이다.

그러나 성경은 전혀 다른 것을 가르친다. 물론 사람이 가까이 갈 수 없기는 하지만, 하나님의 거처는 빛이다(딤전 6:16). 따라서 그는 자기 자신을 완전하게 아시며, 따라서 자기 자신을 우리에게 계시하실 수 있는 것이다. "아버지 외에는 아들을 아는 자가 없고 아들과 또 아들의 소원대로 계시를 받는 자 외에는 아버지를 아는 자가 없느니라"(마 11:27).

둘째로, 하나님께로부터 나오는 계시는 모두가 하나님의 자기 계시(self-revelation)이다. 하나님이 그 계시의 기원이시요 또한 그가 그 계시의 내용이시기도 하다는 말이다. 그리스도 안에서 우리에게 주어진 최고의 계시도 마찬가지다. 예수께서 친히, 자신이 아버지의 이름을 사람들에게 나타내셨다고 말씀하시니 말이다(요 17:6). 아버지 품 속에 있는 독생자께서 하나님을 우리에게 나타내신 것이다(요 1:18). 또한 하나님께서 친히 자기 자신에 대해서 주신 다른 모든 계시도 마찬가지다. 자연과 은혜에서, 창조와 중생에서, 세상과 역사(歷史)에서 나타나는 하나님의 모든 역사하심들은 하나님의 불가해하며 경배할 만한 존재의 일면을 우리에게 가르쳐 주는 것이다. 물론 모두가 똑같은 방식으로 혹은 똑같은 정도로 가르쳐 주는 것은 아니다. 그것들 사이에 무한한 다양성이 있다. 어떤 역사(役事)는 그의 의로우심을 말씀하며, 또 어떤 역사는 그의 긍휼하심을 가르쳐 준다. 어떤 역사에서는 하나님의 전능하신 권능이 환히 비쳐 나오며, 또 어떤 역사에서는 그의 신적인 지혜가 비치기도 하는 것이다.

그러나 하나님의 역사하심 전체가 다 각기 나름대로 어느 정도만큼 하나님을 우리에게 선포하며, 그의 덕과 속성들, 그의 존재와 스스로 구별되심, 그의 생각과 말씀, 그리고 그의 뜻과 그의 선하신 의도를 접하게 해 주는 것이다.

이와 관련해서, 우리는 하나님의 계시가 그 내용이 아무리 풍성하다 할지라도, 절대로 하나님의 자기 지식과 동일한 것으로 생각해서는 안 된다는 것을 잊지 말아야 할 것이다. 하나님의 자기 지식 혹은 자의식은 그의 존재만큼이나 무한하며, 따라서 그 본질상 피조물의 편에서 파악될 수 있는 것이 아니다. 피조 세계에 나타나는 하나님의 계시는 — 그의 손으로 지으신 만물에서 객관적으로 나타나는 것이든, 혹은 주관적으로 이성적인 피조물들의 의식 속에서 나타나는 것이든 간에 — 언제나 하나님이 자기 자신에 대해 갖고 계신 그 무한한 지식의 아주 작은 부분에 해당하는 것일 뿐이다. 그러나, 하나님이 그의 계시를 통해서 함께 나누시며 따라서 이성적인 피조물들이 그 계시로부터 얻을 수 있는 그런 지식은, 물론 제한되고 유한하며 또한 영원토록 그런 상태로 있을 것이긴 하지만, 그럼에도 불구하고 진정한 지식이요 건전한 지식이다. 하나님은 그의 모습 그대로를 그의 역사하심 속에서 계시하시며, 그의 계시로부터 우리는 그를 알기를 배워 간다. 그러므로 피조물을 넘어서서 높이 올라가 하나님 자신에게 도달하기 전에는 사람에게 안식이 있을 수 없는 것이다. 계시를 공부함에 있어서 우리의 관심사는 하나님을 아는 것에 있을 수밖에 없다. 계시의 목적은 특정한 소리를 가르치고 특정한 말을 하는 데 있는 것이 아니다. 그 주된 목적은 피조물들을 통과하여 우리를 창조주에게로 인도하는 것이요, 그리하여 아버지의 품 속에서 안식하도록 하는 데 있는 것이다.

셋째로, 하나님께로부터 나오며 하나님을 그 내용으로 하는 계시는 또한 하나님을 그 목적으로 둔다. 이 계시는 하나님에 관한 것이요 하나님을 통한 것이요, 또한 하나님을 위한 것이기도 하다. 하나님이 자기 자신을 위하여 만물을 지으셨으니 말이다(롬 11:36; 잠 16:4). 하나님께서 그의 계시를 통하여 함께 나누시는 바 그를 아는 지식이 하나님의 자기 지식과 본질적으로 다른 것이기는 하지만, 그럼에도 불구하고 그 지식은 너무도 풍성하고 광범위하고 깊어서 이성적인 피조물로서도 그 의식으로 그 전체를 다 가늠할 수가 없다. 천사들이 이해(理解)의 면에서 사람을 훨씬 능가하며, 또한 그들이 하늘에 계신 아버지의 얼굴을 항상 바라보지만(마 18:10), 그럼에도 불구하고 그들은 복음을 전한 자들에게서 우리에게 알려지는 것들을 살펴보기를 사모한다(벧전 1:12). 그리고 하나님의 계시를 더욱더 깊이 생각할수록, 사람들은 바울과 더불어 다음과 같이 외치지 않을 수 없게 된다: "깊도다 하나님의 지혜와 지식의 풍성함이여! 그의 판단은 헤아리지 못할 것이며 그의 길은 찾지 못할 것이로다!"(롬 11:33). 그러므로 계시는 그 마지막 목적이 사람에게 있을 수가 없고, 부분적으로 사람을 지나치고 그를 넘어서서 날아오르는 것이다.

사람이 계시에서 중요한 위치를 차지한다는 것은 물론 사실이다. 계시가 인류에게 주어지는 것은 그들이 주를 찾도록 하며, 그리하여 혹 그를 더듬어 찾아 발견하게 하기 위함이다(행 17:27). 그리고 사람들로 하여금 믿고 영생을 얻도록 하기 위해서 복음을 모든 사람들에게 전파하는 것이다(막 16:15-16; 요 3:16). 그러나 이것이 계시의 최종적이며 가장 높은 목적일 수는 없다. 하나님은 사람 속에 머물러 계실 수가 없으시니 말이다. 오히려 사람으로 하여금 하나님을 알고 섬기게 하는 것은, 그가 모든 피조물들에 앞장서서 하나님의 모든 역사하심에 대하여 그에게 합당한 영광을 돌리게 하기 위함인 것이다. 사람을 통하여 지나가든, 혹은 그와 더불어 있든, 그의 계시 속에서 하나님은 친히 찬송을 준비하고 계시며, 그 자신의 이름을 영화롭게 하시며, 또한 그의 피조 세계 속에서 그 자신이 보시는 앞에서 자신의 탁월한 모습과 완전하신 모습을 펼치고 계시는 것이다. 계시가 하나님에 관한 것이요 하나님을 통한 것이므로, 그 목적과 목표 또한 그를 영화롭게 하는 데 있는 것이다.

이처럼 하나님에 관한 것이요 그를 통한 것인 이 계시 전체는 그 중심점과 동시에 그 정점(頂點)을 그리스도께 두고 있다. 하나님의 최고의 계시는 번쩍이는 궁창도, 막강한 자연도, 이 땅의 어느 왕이나 천재도, 혹은 철학자나 예술가도 아니요, 바로 사람의 아들(人子)이시다. 그리스도는, 태초에 하나님과 함께 계셨고 또한 스스로 하나님이셨던 말씀이 육체가 되신 분이시요, 아버지의 독생자시요, 하나님의 형상이시며, 그의 영광의 광채시요 그 본체의 형상이시며, 그를 본 자는 아버지도 본 것이다(요 14:9). 그리스도인은 이러한 믿음으로 선다. 그는 하나님께서 보내신 예수 그리스도 안에서 하나님을 알기를 배워왔다. "어두운 데에 빛이 비치라 말씀하셨던 그 하나님께서 예수 그리스도의 얼굴에 있는 하나님의 영광을 아는 빛을 우리 마음에 비추"신 것이다(고후 4:6).

그러나 이러한 높은 시야를 갖고서 그리스도인은 앞으로, 뒤로, 사방으로 주위를 바라본다. 그러는 가운데 그리스도께로 말미암는 하나님을 아는 지식에 비추어서 자연과 역사(歷史)를 바라보면, 그는 그리스도 안에서 그의 아버지로서 알고 예배하기를 배운 바로 그 동일한 하나님의 흔적을 어디서나 발견하게 된다. 의로운 해(日)가 떠올라서 그에게 땅 끝까지 펼쳐지는 놀라운 경관을 활짝 열어주며, 그 빛으로 말미암아 과거의 밤에까지 거슬러 보며, 그 빛을 통하여 그는 만물의 미래까지 꿰뚫어보게 되는 것이다. 그의 앞이나 뒤가 깨끗하게 보인다. 물론 이따금씩 구름 때문에 하늘이 흐려지기도 하지만 말이다.

하나님의 말씀의 빛으로 모든 것을 보는 그리스도인은 절대로 그의 안목이 편협하지 않다. 그는 마음과 정신이 넓다. 그는 자신이 그리스도의 것이요 또한 그리스도는 하나님의 것이므로, 온 땅 전체를 바라보며 그 모든 것을 자기 것으로 삼는다(고전 3:21-23). 그는 그리스도 안에 나타난 하나님의 계시 — 그 덕분에 그가 생명과 구원을 얻는 그 계시 — 가 특별한 성격을 지니고 있다는 그의 믿음을 소홀히 할 수가 없다. 이런 믿음 때문에 그가 세상에서 배제되는 것이 아니고, 오히려 자연과 역사 속에서 하나님의 계시를 추적하고, 진선미를 분별하고 그것들을 사람들의 거짓되고 죄악된 혼합물들과 분리시키는 수단들을 사용하는 그런 위치에 있게 되는 것이다.

그리하여 그리스도인은 하나님의 계시를 일반 계시와 **특별** 계시로 구분하게 된다. 일반 계시에서는 하나님이 일상적인 현상과 일상적인 사건의 경로를 사용하신다. 그리고 특별 계시에서는 비범한 수단들, 사건들, 예언, 이적 등을 사용하셔서 사람에게 자기 자신을 알게 하시는 경우가 많다. 일반 계시의 내용은 특히 권능, 지혜, 그리고 선하심의 속성들이요, 특별 계시의 내용은 특히 하나님의 거룩하심과 의로우심, 자비하심과 은혜다. 전자는 모든 사람들을 향한 것으로, 일반 은혜를 수단으로 하여 죄의 분출을 억제하는 역할을 하며, 후자는 복음 아래에서 사는 모든 이들에게 오는 것으로서 특별 은혜를 수단으로 하여 죄 사함과 새로운 삶을 그 영광으로 두는 것이다.

그러나, 이 둘은 본질적으로 구분되지만, 또한 서로 매우 긴밀하게 연결되어 있다. 둘 다 하나님과, 그의 주권적인 선하심과 호의에 기원을 둔다. 일반 계시가 있는 것은, 태초에 하나님과 함께 계셔서 만물을 지으셨고 또한 어두움 속에 빛으로 나타났고 또한 세상에 오는 각 사람에게 빛을 비춘 그 말씀 덕분이다(요 1:1–9). 그리고 특별 계시도 그 동일한 말씀이 그리스도 안에서 육체를 입고 이제 은혜와 진리가 충만하게 된 덕분이다(요 1:14). 두 계시 모두 은혜가 그 내용이다. 물론 일반 계시는 일반 은혜가, 특별 계시는 특별 은혜가 그 내용이지만, 둘 다 서로 불가분의 관계로 엮어져 있는 것이다.

특별 은혜를 가능하게 하고, 그것을 위해 길을 예비하며, 후에는 그것을 뒷받침하는 것이 바로 일반 은혜다. 그리고 특별 은혜는 일반 은혜를 그 자신의 수준으로 인도하고 또한 실질적으로 섬기게 한다. 마지막으로, 두 계시는 모두 인류의 보존을 그 목적으로 지닌다. 전자는 인류를 유지시킴으로써, 후자는 인류를 구속함으로써 그들을 보존시키며, 이렇게 해서 둘 다 하나님의 모든 탁월하심을 영화롭게 하는 목적을 섬기는 것이다.

* * * * *

이 두 계시의 — 특별 계시만이 아니라 일반 계시까지도 — 내용이 모두 성경에 들어 있다. 일반 계시는 물론 자연에서 오는 것이지만, 그럼에도 불구하고 성경 속에 나타나 있다. 왜냐하면 우리 인간의 지성이 어둡기 때문에 성경이 없이는 우리가 자연에서 그 계시를 읽어낼 능력이 절대로 없었을 것이기 때문이다. 성경이 세상을 지나가는 우리의 길에 빛을 비추어 주며, 또한 우리의 손에다 자연과 역사를 참되게 읽는 법을 새겨 주는 것이다. 성경이 없었다면 하나님을 보지 못했겠지만, 성경이 있기에 그곳에서 하나님을 보게 된다. 성경의 비추임을 받아서, 하나님의 탁월하신 모습들이 그의 손으로 지으신 만물 속에 널리 퍼져 있는 것을 보게 되는 것이다.

성경이 가르치는 창조 그 자체도 자연 속에 주어진 하나님의 계시를 드러내 보여 준다. 창조 그 자체가 하나의 계시 행위요, 그 후의 모든 계시의 시초요 또한 최초의 원리이기 때문이다. 만일 세계가 영원 전부터 홀로 서 있었거나 혹은 영원 전부터 하나님과 더불어 서 있었다면, 그것은 하나님의 계시일 수가 없었을 것이다. 세상이 그랬다면 오히려 영원 전부터 하나님의 자기 계시를 가로막는 장애 요인이 되었을 것이다. 그러나 성경과 함께, 세상이 창조된 사실을 믿는 자들은 누구나 하나님께서 세상 전체에서 자기 자신을 계시하신다는 것을 고백하게 된다. 삼라만상이 각기 그 지으신 분을 증거하며, 또한 각기 특별한 의미에서 그분의 지으신 것이라 불릴 수 있는 정도에 비례하여 더욱더 그 사실을 증거하는 것이다.

세상이 절대적인 의미에서 하나님의 지으신 것으로서, 처음부터 언제나 그 본질과 그 존재가 그 지으신 하나님께 의존하기 때문에, 피조물 하나하나마다 하나님의 탁월하심과 완전하심의 일면을 드러내 준다. 자연에서 나타나는 하나님의 계시를 부인하거나, 혹은 예를 들어서 오로지 사람의 마음이나 느낌에만 한정시키게 되면, 그 즉시 하나님의 창조 사실을 인정하지 않고 자연이 사람의 마음속을 지배하는 것과는 다른 힘에 의해서 지배를 받는다고 말하게 되고, 그리하여 노골적으로든 아니면 은밀하게든 다신론(多神論)이 다시 인간의 사고 속에 도입될 위험성이 있게 된다. 성경은 창조를 가르침으로써 하나님의 계시를 뒷받침하며, 동시에 하나님의 통일성과 세상의 통일성을 뒷받침하는 것이다.

더 나아가서, 성경은 태초에 하나님이 세상을 존재케 하셨음을 가르칠 뿐 아니라, 이 세상이 순간순간마다 계속해서 그 동일하신 하나님에 의해서 유지되며 지배를 받는다는 사실을 가르친다. 그는 세상 위에 무한히 높이 계실 뿐 아니라, 동시에 그의 전능하시고 편재(遍在)하시는 권능으로 그의 모든 피조물들 속에 거하신다. "그는 우리 각 사람에게서 멀리 계시지 아니하니, 이는 우리가 그를 힘입어 살며 기동하며 존재함이니라"(행 17:27-28). 그러므로, 세상으로부터 우리에게 오는 계시는 하나님이 오래 전에 이루신 일을 생각나게 하는 것일 뿐 아니라, 그것은 그 하나님이 지금 우리의 시대에 뜻하시고 행하시는 바를 증거하는 것이기도 한 것이다.

우리가 눈을 들어 높이 바라보면, 이것들을 창조하시고 또한 무수하게 지어내신 분을 바라보게 됨은 물론, 그가 그의 위대한 권능으로 그 모든 것들을 이름으로 부르시는 것을 보게 된다. 그가 능력이 무한하시고 그 중에 하나도 빠진 것이 없기 때문이다(사 40:25). 하늘이 하나님의 영광을 선포하고, 궁창이 그의 솜씨를 보여 준다(시 19:1). 그는 옷을 입음 같이 빛을 입으시며, 하늘을 휘장 같이 치시며, 물 속에 자기 누각의 들보를 얹으시며 구름으로 그의 수레를 삼으시고 바람 날개 위로 거니신다(시 104:2-3). 산들과 골짜기들이 그가 정하여 주신 곳에 세워지며, 그는 그의 누각에서부터 산과 골짜기들에 물을 부어 주신다(시 104:8, 13). 그는 그가 하시는 일의 결실로 땅을 만족시키시며, 가축을 위한 풀과 사람을 위한 채소를 자라게 하시며, 땅에서 먹을 것이 나게 하시고 또한 사람의 마음을 기쁘게 하는 포도주를 주신다(시 104:13-15). 그는 권능으로 띠를 띠시고 그의 힘으로 산을 세우시며, 바다의 시끄러운 소리들을 고요하게 하신다(시 65:6-7). 그는 공중의 새들을 먹이시고, 들풀들을 영광으로 입히신다(마 6:26-30). 그는 그의 해(日)를 악인과 선인에게 비추시며, 비를 의로운 자와 불의한 자에게 내려주신다(마 5:45). 그는 사람을 천사보다 조금 못하게 하시고 영화와 존귀로 관을 씌우시며, 또한 그의 손으로 만드신 것들을 다스리게 하시는 것이다(시 8:5-6)!

더 나아가서, 하나님은 자연에서 뿐 아니라 역사 속에서도 그의 경륜을 시행하시고 그의 일을 세우신다. 그는 인류의 모든 족속을 한 혈통으로 만드셔서 온 땅에 살게 하셨다(행 17:26). 그는 첫 인류를 홍수로 멸하시며, 동시에 노아의 가족을 통해서 인류를 보존케 하신다(창 6:6-9). 그는 바벨탑 사건 때에 사람의 언어를 혼잡케 하사 그들을 지면에 흩으신다(창 11:7-8). 지극히 높으신 자가 민족들에게 기업을 주실 때에, 아담의 자손들을 나누실 때에, 이스라엘 자손의 수효대로 백성들의 연대와 거주의 경계를 정하셨다(신 32:8; 행 17:26). 물론 그가 이스라엘 자손을 택하사 그의 특별 계시를 받을 자들로 삼으시고, 이방 민족들을 자기들의 길을 가게 방임하셨으나(행 14:16), 그럼에도 불구하고 그는 그들을 소홀히 하지도 않으셨고, 그들을 자기 운명에 내버려두지도 않으셨다. 오히려 반대로, 그는 자기를 증언하지 아니하신 것이 아니니, 곧 그들에게 하늘로부터 비를 내리시며 결실기를 주시는 선한 일을 하사 음식과 기쁨으로 그들의 마음을 채우신 것이다(행 14:17). 하나님께서 그를 알 만한 것을 그들에게 보이셔서, 그것이 그들 속에 드러났는데(롬 1:19), 이는 그들로 하여금 혹 하나님을 더듬어 찾아 발견하게 하려

하심이다(행 17:27).

이 일반 계시를 통해서 하나님께서는 민족들을 보존하시고 또한 그들을 때가 찬 경륜으로 인도하셨는데, 이는 하늘에 있는 것이나 땅에 있는 것이 다 그리스도 안에서 통일되게 하기 위함이었다(엡 1:10). 하나님께서는 각 나라와 족속과 백성과 방언으로부터 그의 교회를 모으시며(롬 11:25; 엡 2:14 이하; 계 7:9), 또한 모든 나라에서 구원받는 사람들이 하나님의 성(城)의 빛 가운데로 다니며 땅의 왕들과 땅의 백성들이 자기 영광과 존귀를 가지고 그리로 들어가게 될 그 세상의 종말을 준비하시는 것이다(계 21:24-26).

신학 활동을 통해서 사람들은 하나님의 존재에 대한 자연과 역사의 모든 증거들을 정리하여 그것들을 여러 그룹으로 분류하기를 시도해왔다. 그리하여 때때로 하나님의 존재에 대한 여섯 가지 증거들에 대해 논하게 된 것이다.

첫째로, 세상은 언제나 너무도 막대하고 범위가 넓으면서도 공간과 시간이라는 형식에 매여 있으므로 성격상 시간적이며, 우연적이고 의존적이며, 따라서 영원하며 본질적이며 독자적인 존재가 그 모든 것들의 최종적인 원인으로 존재하여야 한다는 것을 계속해서 입증하고 있다는 것인데, 이는 우주론적 논증(cosmological argument)이다.

둘째로, 세상은 그 법과 규례들에서, 그 통일성과 조화에서, 그리고 그 모든 피조물들의 조직에서, 우연을 근거로 설명하면 우스꽝스러워질 수밖에 없고 따라서 전지(全知)하시며 전능하신 존재를 상정할 수밖에 없는 하나의 목적을 드러내 주는데, 그가 무한하신 지혜로 그 목적을 세우셨고 또한 그의 전능하고 편재하는 권능으로 그것을 이루기를 도모하신다는 것이다. 이는 목적론적 논증(teleological argument)이다.

셋째로, 모든 사람의 의식 속에는 어떤 지고한 존재 — 그보다 높은 존재는 생각할 수 없고 또한 스스로 존재하는 것으로 모든 사람이 생각하는 존재 — 에 대한 지각이 있다. 만일 그런 존재가 존재하지 않는다면, 사람에게 있는 가장 높고 가장 완전하며 가장 불가피한 관념은 착각이 되어 버리고 말며, 사람은 자기 의식의 타당성에 대해서 신뢰를 잃어버리고 말 것이다. 이것은 존재론적 논증(ontological argument)이다.

넷째 논증은 셋째 논증의 귀결로서, 곧 사람은 이성적인 존재일 뿐 아니라 동시에 도덕적인 존재라는 것이다. 사람은 자기 양심 속에서 자기 위에 높이 서 있어서 무조건적인 복종을 요구하는 하나의 법에 매여 있다는 것을 느낀다. 그리고 그런 법은, 보존할 수도 있고 멸망시킬 수도 있는 어떤 거룩하고 의로운 법 제정자(law-giver)를 전제로 한다. 이것은 도덕적 논증(moral argument)이다.

이 네 가지 논증에다 대개 두 가지가 첨가되는데, 그것들은 민족들의 유사성 혹은 일치성과 인류의 역사를 근거로 제기되는 것들이다. 종교가 없는 민족이나 나라가 없다는 것은 정말 놀라운 현상이다. 이를 부인하는 논지를 제시한 학자들이 몇몇 있기는 하나, 역사적인 탐구를 통해서 그들의 견해가 그릇되었다는 것이 더욱더 입증되어 왔다. 무신론적인 종족이나 민족들은 하나도 없다. 이 현상은 매우 중요하다. 왜냐하면 이런 종교적 지각의 절대적 보편성의 사실로 인해서 우리는 다음 두 가지 입장 중 하나를 택할 수밖에 없기 때문이다. 곧, 이 점에서 인류 전체가 어리석은 미신에 빠져 있다고 보든가, 아니면 이렇게 하나님을 알고 섬긴다는 사실이 — 비록 모든 사람들 가운데서 왜곡된 형태로 나타나지만 — 하나님의 존재에 근거를 두는 것이라고 보든가 둘 중의 하나를 택해야 하는 것이다.

이와 마찬가지로, 인류의 역사도 성경의 빛 속에서 보면, 만물이 어떤 지고(至高)한 존재에 의해서 지배를 받는다는 사실을 보여 주는 하나의 계획과 일정한 패턴을 드러낸다. 물론 이런 사고가 개인과 민족들의 삶 속에서 온갖 반론과 난제들에 부딪히는 것은 사실이다. 하지만 더욱 놀라운 사실은, 역사를 진지하게 연구하는 사람은 누구나 역사 속에서 사상과 계획이 분명히 드러난다는 것을 가정하여 연구를 진행시키며, 또한 그런 사상과 계획을 발견하고 제시하는 것을 그의 과제로 삼는다는 점이다. 역사와 역사철학은 모두 하나님의 섭리에 대한 믿음에 기초하고 있는 것이다.

이런 모든 소위 "증거들"이 있지만, 이것들로는 사람으로 하여금 믿게 하기에는 부족하다. 사실상, 과학이나 철학에는 그런 일을 이룰 수 있는 증거가 거의 없다. 수학과 논리학 등, 형식적인 학문에서는 이것이 가능할지도 모른다. 그러나 자연 속에서 — 그리고 역사 속에서는 더욱더 — 실질적인 현상들을 접하는 순간, 하나의 일반적인 법칙으로 제시된 그런 논증과 결론들이 온갖 의심과 반대에 부딪히게 되는 것이다. 종교와 윤리학, 법학과 미학(aesthetics)의 경우에는 믿음을 가져야 할까, 혹은 갖지 말아야 할까 하는 문제가 탐구자 자신의 태도에 달려 있는 경향이 더 농후하다. 모든 반대의 증거에도 불구하고, 바보는 여전히 그 마음에 하나님이 없다고 말하며(시 14:1), 또한 이교도들은 하나님을 알면서도 그를 영화롭게도 하지 않고 감사하는 마음도 없을(롬 1:21) 가능성이 얼마든지 있는 것이다.

위에 열거한 신(神) 존재 증명들은 그저 논리적으로 사고하는 존재로서의 사람만을 위한 것이 아니라, 이성적이고 도덕적인 존재로서의 사람을 위한 것이기도 하다. 이 논증들은 비단 사람의 분석적이며 논리적으로 사고하는 정신에게만 호소하는 것이 아니고, 그의 마음과 감정, 그리고 그의 이성과 양심에게도 호소하는 것이다. 그러므로 그것들은 믿음을 강건하게 하며, 사람 바깥에 주어진 하나님의 계시와 또한 사람 속에 주어진 계시 사이를 연결시켜 주는 것으로서 나름대로 가치를 지니는 것이다.

* * * * *

결국, 자연과 역사 속에 나타나는 하나님의 계시는, 사람 자신 속에 그것에 대해 반응하는 무엇이 없으면 사람에게 아무런 효과를 낼 수가 없다. 사람이 가슴속에 아름다움에 대한 느낌을 갖고 있지 않은 이상, 자연과 예술의 아름다움은 사람에게 아무런 기쁨도 줄 수 없다. 사람이 자기 속에서 나오는 양심의 소리를 인정하지 않으면, 도덕법도 그에게는 아무런 반응도 일으킬 수가 없다. 사람 자신이 생각하는 존재가 아니면, 하나님이 그의 말씀으로 세상 속에 구체화시키신 사상들이 그에게는 도저히 납득될 수가 없을 것이다. 또한 하나님께서 사람의 영혼 속에 자신의 존재에 대한 지울 수 없는 지각을 심어 놓지 않으셨다면, 하나님의 솜씨로 지으신 모든 것들에 나타나는 그의 계시도 사람으로서는 전혀 알 수 없는 것이 되어 버릴 것이다. 그러나 논란의 여지 없는 분명한 사실은, 하나님께서 친히 자연 속의 외부적인 계시에다 내부적인 계시를 덧붙여 놓으셨다는 것이다. 종교를 역사적으로 심리적으로 조사해 보면, 사람 속에 본래부터 심겨져 있는 그런 지각을 근거로 하지 않으면 종교를 도무지 설명할 수 없다는 사실이 거듭거듭 드러나는 것이다. 탐구자들은 언제나 연구의 마지막에 가서는 처음에 거부했던 명제 — 즉, 사람이 그 밑바닥에서부터 종교적인 존재라는 것 — 로 다시 되돌아가는 것이다.

성경은 그 점에 대해서 그 어떠한 의심도 남기지 않는다. 하나님께서는 만물을 지으신 후 사람을 창조하시되, 그의 형상과 모양대로 그를 창조하셨다(창 1:26). 사람은 하나님의 소생이다(행 17:28). 비유에 나오는 탕자처럼 아버지의 집에서 도망해온 상태에 있지만, 사람은 아무리 멀리서 헤매고 있어도 여전히 자신의 기원과 목적지에 대한 기억을 지니고 있는 것이다. 사람이 아무리 깊이 타락해 있다 해도, 그에게 여전히 하나님의 형상이 조금은 남아 있다. 하나님은 사람의 바깥에서 자기를 계시하시며, 또한 그의 속에서도 그 자신을 계시하신다. 하나님은 인간의 마음과 양심 속에 하나님 자신에 대한 증거 없이 두지를 않으시는 것이다.

이처럼 사람 속에 주어지는 하나님의 계시를, 일반 계시를 보충해 주는 것으로 그것과는 전혀 다른 새로운 계시로 보아서는 안 된다. 그것은 일반 계시와 동떨어진 전혀 독자적인 지식의 근원이 아니다. 오히려 그것은 하나님의 솜씨에서 하나님을 찾으며 그의 계시를 깨닫는 하나의 능력, 감수성, 혹은 하나의 성향이다. 마치 눈이 빛과 색깔을 감지하게 해 주며 또한 귀가 소리를 인지하도록 해 주는 것처럼, 그것은 우리 속에 있는 신적인 것에 대한 의식으로서, 그것이 우리 바깥에 있는 신적인 것들을 보도록 만들어 주는 것이다. 그것은 칼빈의 말처럼, 신성에 대한 지각(a sense of Divinity)이요, 혹은 바울의 묘사처럼 눈에 보이지 않는 하나님의 것들, 즉 눈에 보이는 창조 세계의 사물들 속에 있는 하나님의 영원한 권능과 신성을 보는 능력인 것이다.

이처럼 본래부터 있는 신성에 대한 지각을 분석하면, 그것이 두 가지 요소로 되어 있다는 것을 알게 된다. 첫째로, 절대적 의존감이 그 특징을 이룬다. 정신과 의지 밑에, 우리의 사고와 행동의 밑에, 우리의 자아 존재와 상호 의존하며 또한 그것과 일치하는 자아 의식(self-consciousness)이 있다. 우리가 생각하기 전에, 우리가 무엇을 뜻하기 전에, 우리가 있고, 우리가 존재하는 것이다. 우리는 명확한 방식으로 존재하며, 또한 이 명확한 존재에 대한 지각이, 우리가 현재의 모습으로 존재하고 있다는 지각이, 이 존재와 불가분리로 연합되어 있는 것이다. 그리고 이처럼 거의 동일하게 연합되어 있는 자아 존재와 자아 의식의 핵심이 바로 의존감(feeling of dependency)이다. 우리의 가장 은밀한 자아 속에서, 우리는 — 이성의 혜택이 없이, 즉 모든 이성적 사고 이전에 — 우리 자신을 창조된 존재요 제한된 존재요 의존적인 존재로 의식하고 있는 것이다. 우리는 주위의 모든 것에 — 영적 세계와 물질 세계 전체에 — 의존하고 있다. 사람은 우주의 "의존자"(依存者: a dependent)인 셈이다. 그리고 더 나아가서, 그는 다른 모든 창조된 만물과 더불어, 유일하시고 영원하시고 참되신 분이신 하나님께 절대적인 의미에서 의존하는 것이다.

그러나 신성에 대한 이런 지각에는 또 다른 구성 요소가 있다. 만일 그 지각이 그저 절대적인 의존감 이외에 아무것도 아니고, 능력으로 이 의존감을 불러일으키는 존재는 아주 불명확한 상태로 남아 있다면, 그 의존감은 사람을 무기력한 반역이나 극기하는 수동적인 체념으로 이어질 수밖에 없을 것이다. 그러나 이 신성에 대한 지각은 그 속에, 사람이 스스로 의존을 느끼는 바로 그 존재의 본질에 대한 지각이 내포되어 있는 것이다. 그것은 더 높은 절대적인 능력에 대한 지각이요, 그저 운명이나 필연과 같은 맹목적이고 생각 없고 무감각한 어떤 힘에 대한 지각이 아니다. 오히려 그것은 완전히 의롭고 지혜로우며 선한 지고한 능력에 대한 지각이다. 그것은 "영원한 능력"에 대한 지각이요 동시에 "신성"(Godhead), 즉 하나님의 절대적 속성에 대한 지각인 것이다(참조. 롬 1:20). 그러므로 이 의존감은 실망과 절망을 자아내는 것이 아니라, 오히려 사람으로 하여금 신앙을 갖고 신성을 섬기고 존귀히 여기도록 격려하는 것이다. 다시 말해서, 사람이 신적 존재를 상태로 의식하는 의존감은 종류가 매우 특별하다. 그 속에 자유의 요소가 있고 또한 자유로운 행동을 지향하는 성향이 있다. 그것은 노예의 의존감이 아니라, 아들의 — 물론 잃어버린 아들이기는 하지만 — 의존감이다. 그러므로 칼빈이 말한 대로, "신성에 대한 지각은 동시에 신앙(religion)의 씨앗인 것이다."

제 4 장

일반 계시의 가치

일반 계시의 가치를 따질 때에, 그것을 지나치게 과대 평가하든지, 아니면 지나치게 과소 평가할 위험이 크다. 하나님께서 그의 특별 계시에서 베푸신 그 은혜의 풍성함에 주의를 고정시키게 되면, 때로 거기에 완전히 매료되는 나머지 일반 계시의 의의와 가치를 완전히 무시해 버릴 소지도 있다. 그리고, 자연과 인간 세계에 주어진 하나님의 일반 계시의 덕성에서 나타나는 진선미를 생각하게 되면, 그리스도의 인격과 사역에서 우리에게 드러나는 바 특별 은혜가 그 영광과 우리 영혼의 눈에 대한 호소력을 상실해버릴 수도 있는 것이다.

이처럼 좌우로 치우칠 위험이 기독교 교회 내에 언제나 있어왔고, 그때마다 일반 계시나 특별 계시가 무시되거나 부인되어왔다. 그 둘 중의 하나가 이론적으로 부인되고, 실제로도 힘을 발휘하지 못하는 일이 다반사였던 것이다. 지금에 와서는 과거 시대보다는 일반 계시를 부당하게 대우할 유혹이 그렇게 강하지 않은 것이 사실이다. 그러나 특별 계시를 계속해서 좁게 만들어서, 예를 들어서, 그리스도의 인격으로 제한시키거나 그보다 더 나아가서 특별 계시 자체를 아예 부인하고 그것을 일반 계시의 한 부분으로 만들어버릴 유혹이 사방에서 더욱 강하게 다가오고 있는 것이다.

이처럼 한 편으로 치우친 입장 모두 경계해야 한다. 게다가 성경에 비추어서 인류의 역사를 바라보고 그것을 통해서 사람들이 일반 계시에서 어떤 유익을 얻는지를 배운다면 금상첨화일 것이다. 그렇게 되면, 이 일반 계시를 통해서 사람들이 이런저런 방향에서는 상당히 많은 것을 이루었지만, 다른 면에서는 그들의 지식과 능력이 피할 수 없는 한계에 부딪쳐왔다는 사실이 밝히 드러나게 될 것이다.

첫 사람 아담과 하와가 낙원에서 하나님의 명령을 어겼을 때에, 그들에 대한 형벌이 곧바로 주어진 것도 아니고, 완전한 힘을 발휘한 것도 아니었다. 그들이 죄를 범한 바로 그날에 그들이 죽은 것이 아니었다. 그들은 계속 살아 남았다. 그들이 곧바로 지옥으로 보내진 것이 아니고, 여전히 땅 위에서 임무를 부여받았다. 그들의 계보가 망하지 않았다. 오히려 여인의 후손에 대한 약속을 받은 것이다. 간단히 말해서, 하나님께서는 이미 아시고 어떤 조건을 세워놓으셨으나, 사람은 그것을 도무지 예상할 수가 없었던 것이다. 그것은 매우 특별한 성격을 지니는 조건이다. 그것은 진노와 은혜, 형벌과 축복, 심판과 오래 참으심이 서로 뒤섞여 있는 그런 조건이다. 그것은 여전히 자연 속에와 사람들 가운데 존재하는 것으로, 그 속에 가장 날카로운 대조적인 면들을 포괄하는 그런 조건인 것이다.

우리는 이상스런 세계 속에 살고 있다. 곧, 놀랄 만큼 대조적인 것들이 가득한 그런 세상을 살고 있다. 높은 것과 낮은 것, 위대한 것과 사소한 것, 숭고한 것과 어리석은 것, 아름다운 것과 추한 것, 비극적인 것과 희극적인 것, 선한 것과 악한 것, 진리와 거짓 등, 이 모든 것들이 도저히 깊이를 가늠할 수 없는 상호 관계 속에 뒤엉켜 있는 것이다. 삶의 무게와 허망함이 차례로 우리를 사로잡는다. 지금은 우리가 낙관적인 생각에 고무되지만, 그 다음에는 비관적인 생각에 빠진다. 웃는 사람 뒤에 슬피 우는 사람이 계속해서 뒤따른다. 눈물 속의 웃음이라고 잘 표현되어온 그런 유머의 증표 속에 온 세상이 서 있는 것이다.

이러한 세상의 현 상태의 가장 깊은 원인은 바로 이것이다. 즉, 사람의 죄 때문에 하나님께서 끊임없이 그의 진노를 드러내시면서도, 그 자신의 선하신 뜻 때문에 언제나 그의 은혜를 다시 나타내시고 계신다는 사실이다. 우리가 주의 진노에 소멸되지만, 아침이면 다시 그의 인자하심에 만족하게 된다 (시 90:7, 14). "그의 노염은 잠깐이요 그의 은총은 평생이로다. 저녁에는 울음이 깃들일지라도 아침에는 기쁨이 오리로다"(시 30:5). 저주와 축복이 너무도 서로 의존하고 있어서 때로는 그 둘이 서로 같아지는 것 같기도 하다. 이마에 땀을 흘리며 일하는 것은 저주이기도 하고 동시에 축복이기도 하다.

저주와 축복은 둘 다 십자가를 지향한다. 십자가야말로 동시에 최고의 심판이요 또한 가장 풍성한 은혜인 것이다. 그렇기 때문에 십자가가 역사의 중심점이요 또한 모든 반대되는 것들의 화목인 것이다.

이러한 조건이 타락 이후 즉시 생겨나게 되었고, 또한 아브라함을 부르신 사건이 있기까지의 첫 기간 동안 이 조건이 매우 특별한 성격을 지녔다. 창세기 1장부터 11장까지는 지극히 중요하다. 이는 세계 역사 전체의 출발점이요 동시에 기반을 이루는 것이기 때문이다.

* * * * *

여기서 즉시 주목해야 할 사실은, 일반 계시와 특별 계시가 서로 구분되기는 하지만 서로 완전히 동떨어져 있는 것이 아니라 끊임없는 상호 관계 속에 있다는 것이요 또한 둘 다 동일한 사람들, 즉 그 당시 존재하던 인류 전체를 향하여 주어졌다는 것이다. 그때에 특별 계시는 몇몇 개인이나 혹은 단일 민족을 제한하여 그들에게만 주어진 것이 아니고, 그 당시 살고 있던 모든 사람들에게 주어졌다. 세상의 창조, 사람을 지으심, 낙원과 타락의 역사, 죄에 대한 형벌, 하나님의 은혜에 대한 최초의 선언(창 3:15), 또한 공적인 예배(창 4:26), 문화의 시작(창 4:17), 홍수, 바벨탑 사건 등, 이 모든 것들이 인류가 세상에서 여정을 계속하는 동안 지니고 나아간 보배들이었다. 그러므로 이런 사건들에 대한 전승들이 — 물론 매우 왜곡된 형식을 취하는 경우가 다반사이지만 — 이 땅의 여러 다른 민족들에게서 나타난다는 것이 전혀 놀랄 일이 아니다. 인류의 역사는 그 시작이 공통이며 폭넓은 공통의 기초 위에 세워진 것이다.

이러한 하나됨과 공통성에도 불구하고, 사람들 사이에 곧 분리가 나타났다. 그 원인은 종교였다. 곧, 사람이 하나님과 갖는 관계가 원인이었다. 여호와를 섬기는 것은 아직 매우 단순했다. 인류가 그저 몇몇 가문으로만 구성되어 있는 동안에는 우리가 아는 것 같은 그런 공적인 예배의 가능성은 없었다. 그러나 하나님을 섬기는 일은 희생 제물과 기도의 형식으로, 그 당시 가능한 최고의 것들을 예물로 하나님께 드리는 형식으로 처음부터 존재하고 있었다(창 4:3-4). 성경은 사람들이 어떻게 해서 그런 희생 제물을 드리게 되었는지를 말씀하지 않으므로, 희생 제물의 기원에 대한 학자들의 해석도 오늘날 매우 구구하다. 그러나 분명한 것은 첫 희생 제물들이 하나님께 대한 의존감과 그에 대한 감사에서 나온 것이라는 점이다. 따라서 그 희생 제물들은 상징적인 성격을 띠는 것들이었다. 그것들은 사람이 하나님께 자신을 거룩히 구별하여 드리며 굴복한다는 표현이었다. 중요한 것은 예물들 그 자체가 아니라 그 예물로 표현되는 사람의 마음이었다. 마음과 예물 모두에 있어서, 아벨은 가인보다 더 나은 제사를 드렸고(히 11:4), 그리하여 여호와께서 그것을 열납하신 것이다. 그러나 처음부터 아담의 자손들 가운데 구별이 있었다. 의인과 불경한 자들이, 죽임당한 자들과 죽인 자들이, 교회와 세상이 서로 구별되었던 것이다. 그리고, 가인이 살인을 저지른 후에도 하나님께서 여전히 그를 보살피사 그를 찾으셔서 회심할 것을 권면하셨고 그리하여 심판 대신 그에게 호의를 베푸셨으나(창 4:9-16), 여전히 그 갈라진 틈은 치유되지 않았다. 분리의 역사가 계속해서 진행되어 잠정적으로 가인 자손과 셋자손의 분리에서 그 절정을 이루었다.

* * * * *

가인 자손들 중에서는 대대로 불신앙과 배도(背道)가 계속해서 굉장한 속도로 증가해갔다. 물론 그들이 아직 우상을 섬기는 우상 숭배에까지는 이르지 않은 것은 사실이다. 성경은 홍수 이전의 사람들 사이에 우상 숭배의 존재에 대해서는 전혀 언급을 하지 않는다. 이런 거짓 종교의 형식들은 처음부터 있었던 것이 아니고 후대에 와서 생겨나는데, 그것들은 가인 자손들이 그 마음속에 종교적인 지각을 억누르고 있었음을 보여 주는 증거들이라 하겠다. 가인 자손들은 아직 미신에는 빠지지 않았고, 불신앙에 빠진 것이다. 그들은 이론적으로는 아니나 실천적으로 하나님의 존재와 계시를 부인하는 상태에 이른 것이다. 그들은 마치 하나님이 전혀 존재하지 않는 것처럼 살았고 행동했다. 그들은 장차 인자(人子)가 오실 때에 있게 될 그런 상태와 같이, 먹고 마시고 장가들고 시집가며 살았다(마 24:37-38). 그리고 그들의 정력을 문화에 쏟았고 거기서 구원을 추구했다(창 4:17-24). 한동안 수백 년이나 지속되었던 긴 수명을 즐겼고(창 5:3 이하), 풍성한 재능과 거대한 육체적 힘을 소유했고, 검(劍)의 위력을 자랑하면서(창 4:23-24), 그들은 자기들의 팔이 자기들을 구원할 수 있을 것으로 상상했다.

셋 가문 중에서는 하나님을 아는 지식과 하나님께 드리는 예배가 오랜 동안 순전하게 보존된 것이 사실이다. 사실, 성경은 셋의 아들 에노스 때에 와서 사람들이 여호와의 이름을 부르기 시작했다고 보도하고 있다(창 4:26). 이는 사람들이 그때에 와서 비로소 희생 제사와 기도로 하나님께 예배드리기 시작했다는 뜻은 아니다. 왜냐하면 그 이전에도 그런 일이 이미 있었기 때문이다. 가인과 아벨에게서도 희생 제사에 대한 보도가 있다. 물론 기도에 대한 언급은 전혀 없지만, 그도 역시 처음부터 하나님을 섬기는 일의 필수적인 부분이었음을 의심할 수가 없다. 왜냐하면 기도가 없이 하나님을 섬긴다는 것은 생각할 수 없는 일이기 때문이다. 과연, 희생 제물을 드리는 것 자체가 구체화된 기도요, 또한 언제나 어디서나 기도가 반드시 뒤따르는 것이다. 또한 창세기 4:26의 표현은 이때에 와서 비로소 사람들이 처음 하나님을 여호와라는 이름으로 부르기 시작했다는 의미도 아니다. 여호와라는 이름이 그때에 이미 알려졌느냐 하는 문제와는 별개로, 그 이름 속에 표현된 하나님의 본성은 그보다 훨씬 후대에 모세에게 비로소 계시되기 때문이다(출 3:14). 여기서 여호와의 이름을 불렀다는 말은 십중팔구, 이 시기에 셋 자손들이 가인 자손들로부터 별개의 그룹으로 분리해 나가서 여호와의 이름을 고백하기 위하여 공적인 모임을 가졌으며, 가인 자손들과는 구별되게 그들이 공적으로 연합하여 하나님께 드리는 예배를 충실하게 지켰음을 드러내 보였다는 의미일 것이다. 그들의 기도와 예물들은 더 이상 개개인이 혼자서 드린 것이 아니었고, 하나의 연합된 그룹의 증거의 표현이기도 했던 것이다. 가인 자손들이 세상을 숭배하는 데에 빠져서 거기서 구원을 추구한 정도만큼, 셋 자손들은 악한 세대 중에서 하나님께 자기들을 맡겼고 기도와 감사로, 설교와 고백으로 그의 이름을 불렀던 것이다.

이러한 공적인 설교를 통해서 회개에 대한 부름이 계속해서 가인 자손들에게 전해졌다. 심지어 셋 자손들 가운데 신앙적·도덕적 부패가 끼어 들어서 그들 역시 세상과 뒤섞이기 시작할 때에도, 이런 일이 계속되었다. 에노스의 손자의 이름은 마할랄렐이었는데(창 5:15), 이는 "하나님을 찬양함"이라는 뜻이며, 에녹은 하나님과 함께 동행했다(창 5:22). 라멕은 그의 아들 노아가 출생할 때에, 여호와께서 땅을 저주하신 것 때문에 그들이 손으로 수고하며 애써 일하는 문제에 대해서 그 아들이 위로를 줄 것이라는 자신의 소망을 피력하기도 했다(창 5:29). 그리고 드디어 노아가 의를 전파하는 자로서 등장하였고(벧후 2:5), 그 당시 사람들에게 그리스도의 영으로 말미암아 구원의 복음을 선포하였던 것이다(벧전 3:19-20).

그러나 이런 성도들은 갈수록 점점 더 예외적인 존재들이 되었다. 셋 자손과 가인 자손이 서로 혼인을 했고, 육체적인 강건함 면에서 지난 세대를 능가하는 자손들을 낳게 되었다(창 6:4). 인류의 부패가 만연되었고, 사람의 마음의 계획이 어릴 때부터 악하였고, 그들로 인하여 땅에 부패가 가득하였다(창 6:5, 12-13; 8:21). 하나님께서 오래 참으심으로 아직 120년을 연장시키셨고(창 6:3; 벧전 3:20), 또한 노아의 설교를 통해서 하나님께서 피할 길을 제시하셨으나, 고대의 인류는 그 처참한 운명을 향해 계속 나아갔고 결국 홍수의 물로 멸망하고 만 것이다.

* * * * *

이 끔찍한 홍수 심판을 통해서 노아와 그의 가족 등 모두 여덟 명만이 살아남았고, 그 이후 홍수 이전과는 여러 가지 면에서 다른 세대가 등장하게 된다. 성경의 묘사에 따르면 그 홍수는 인류 역사상 유일무이한 사건으로서 오로지 세상이 완전히 뒤섞이게 될 그 마지막 날의 일과 유사한 것이다(창 8:21 이하). 이 홍수는 세상을 정죄하고 신자들을 구원하는 세례에 비견되는 것이다(벧전 3:19-20).

한 언약이 종결됨으로써 새로운 세대가 개시된다. 홍수 이후 노아가 제단을 쌓고 거기서 하나님께 희생 제사를 드려서 그 마음의 감사와 기도를 표현하자, 여호와께서는 친히 말씀하시기를, 다시는 그런 심판을 땅에 내리지 않으실 것이요 자연의 과정 속에 고정된 질서가 있게 하실 것이라고 하신다.

하나님께서 사람의 마음의 생각이 어려서부터 악하다는 것을 고려하신 결과였다(창 8:21). 이 말씀은, 사람의 마음으로 생각하는 모든 계획이 항상 악할 뿐이라는 창세기 6:5의 말씀과 아주 유사하면서도 굉장히 다르다. 창세기 6:5의 말씀은 땅을 쓸어버리실 것(extirpation)을 고려하는 것이요, 창세기 8:21의 말씀은 땅을 보존하실 것(preservation)을 고려하는 것이다. 전자의 경우는 고대 인류의 부패한 마음이 표현되던 악행을 강조하는 것이요, 후자의 경우는 사람에게 — 따라서 홍수 이후의 사람에게도 — 항상 계속해서 있는 악한 본성을 강조하는 것이다.

그러므로 후자의 말씀은 여호와께서 그의 피조물들을 그들의 방식대로 그냥 내버려두실 경우에 그들에게 기대할 것이 과연 무엇인지를 아신다는 것을 말씀하고자 하시는 것 같다. 그렇게 내버려두시면, 언제나 동일한 상태로 있는 사람의 마음이 다시 온갖 사악한 죄들로 터져 나와서 끊임없이 그의 진노를 촉발시킬 것이고, 그로 하여금 다시 한 번 세상을 멸하시도록 부추길 것이었다. 여호와께서는 바로 이것을 행하기를 원치 않으시는 것이다. 그리하여 그는 이제 사람과 자연에 대하여 고정된 법을 제시하시고, 그 둘이 나아갈 과정을 정하여 세우셔서 그것으로 그들을 한정지으시고 그들을 가두어 주시는 것이다. 이 모든 일이 홍수 이후에 하나님께서 그의 창조 세계와 세우신 언약 속에서 일어나며, 따라서 그 언약을 가리켜 자연 언약(covenant of nature)이라 부르는 것이다.

그런데, 넓은 의미에서 이 언약도 하나님의 은혜에서 오는 것임은 사실이다. 그러나 이것은 그리스도 안에서 교회와 더불어 세워지는 보통 은혜 언약이라 불리는 것과는 그 원리에 있어서 다르다. 이 자연 언약은 사람의 마음의 생각이 어려서부터 악하다는 것을 고려하신 데 근거하는 것이다. 그리고 이 언약은 창조 시에 주어진 축복 — 곧, 생육하고 번성하며 짐승들을 다스리는 축복(창 9:1-3, 7) — 의 회복을 그 내용으로 하며, 그 목적을 위하여 생명을 취하지 말라는 명령이 거기에 뒤따른다(창 9:5-6). 이 언약은 제2의 인류의 조상인 노아와 더불어 세워지며, 또한 그 안에서 인류 전체와 더불어 세워지며, 사실 생물과 무생물을 다 통틀어서 창조 세계 전체와 더불어 세워지는 것이다(창 9:9 이하). 이 언약은 한 가지 자연 현상, 즉 무지개로 확증되는

데(창 9:12 이하), 그 확증의 목적은 홍수와 같은 심판이 다시 있지 않게 그것을 피하며 또한 인류와 세상의 지속적인 존재를 보장하기 위함이다(창 8:21-22; 9:14-16).

* * * * *

이렇게 해서 사람과 세상의 생명과 존재가 전과는 다른 더 든든한 기반 위에 있게 된다.

그 기반은 이제 더 이상 창조의 행위와 창조의 법칙이 아니다. 오히려 하나님의 긍휼하심과 오래 참으심에서 나오는 새롭고도 특별한 행위가 기반이 된다. 하나님께서 사람에게 생명과 존재를 허락하시도록 스스로를 묶으시는 것은 그의 창조의 규례 때문이 아니다. 그것은 사람이 이미 어기지 않았는가? 창조 세계의 타락과 반역에도 불구하고, 하나님께서는 그것을 유지하도록 이 언약으로 말미암아 친히 스스로를 묶으신다. 이 언약의 조건에 의해서 하나님은 세상과 그 생명을 유지시키셔야 할 의무를 지시는 것이다. 이 언약에서 하나님은 그의 피조물들에게 그들이 계속해서 존재할 것에 대한 보장으로 그의 이름과 존귀를, 그의 참되심과 신실하심을, 그의 말씀과 약속을 주셨다. 그러므로 사람과 세상을 다스리는 규례들이 자연 전체와 맺으신 이 은혜로운 언약 속에 든든하게 고정되어 있는 것이다(창 8:21-22; 욥 14:5-6; 26:10; 시 119:90-91; 148:6; 사 28:24 이하; 렘 5:24; 31:35-36; 33:20, 25).

이 자연 언약으로 말미암아 홍수 이전에 존재했던 것과는 전혀 다른 사물의 질서가 생겨난다. 예전에 작용했었고 또한 홍수에서도 작용했던 그 엄청난 자연의 힘이 이제 억제되었다. 이전 시기에 살았던 무시무시한 짐승들도 이제 멸망하였다. 과거에 온 우주를 뒤흔들었던 그 엄청난 재난들이 사라지고 이제 사건들의 과정이 일정해졌다. 인간의 수명이 짧아졌고, 사람의 힘이 줄어들었고, 그의 본성이 원숙해졌고, 누그러져서 사회의 요구 사항들에 순응하게 되었고, 또한 다스림을 받게 되었다. 이 언약으로 말미암아 자연과 사람에 대해 금지 사항과 제한 사항들이 주어진 것이다. 법과 규례가 어디서나 나타났다. 각종 규제와 방어 장치들이 있어서 불법의 흐름을 늦추게 되었다. 질서, 척도, 숫자가 창조 세계의 특징을 이루는 지표가 되었다. 하나님께서는 사람 속의 야수성(野獸性)을 억제시키시며 그리하여 그에게 예술과 과학에서, 국가와 사회에서, 일과 소명에서 자기의 재능과 정력을 개발하도록 기회를 주시며, 이렇게 해서 하나님께서는 역사를 가능한 것으로 만들어 주는 조건을 이루시는 것이다.

* * * * *

그러나 하나님께서는 바벨에서 언어를 혼잡하게 하심으로써 다시 한 번 이 역사에 개입하신다. 홍수 이후 인류는 처음에 아르메니아의 고산 지대인 아라랏 땅에서 살았고, 거기서 노아는 농사 짓는 사람이 되었다(창 9:20). 사람들의 숫자가 늘어나면서, 그 중 일부가 티그리스 강과 유브라데 강 유역을 따라 동쪽으로 퍼져나가서 시날 평지 혹은 메소포타미아에 이르게 되었다(창 11:2). 그들은 여기 정착하여 살았는데, 그들이 부와 권력이 커지자 곧바로 자기 자신들의 이름을 내고 동시에 인류의 흩어짐을 막고자 높은 탑을 지을 계획을 세우게 된다. 그들은 생육하고 번성하여 온 땅을 정복하라는 하나님의 명령을 거슬러, 외형적인 중심 체제를 구축하여 그것으로 연합을 유지하고 또한 막강한 힘을 자랑하며 인간을 영화롭게 하는 것을 그 모든 목적으로 삼는 세계 왕국으로 인류 전체를 묶는 것을 그들의 이상으로 삼은 것이다. 역사상 최초로, 하나님과 그의 나라를 대적하여 온 인류가 그 힘과 지혜를, 그 모든 예술과 과학과 문화를 집중시켜 하나로 조직하고자 하는 사상이 여기서 등장하는 것이다. 이것은 그 이후 거듭거듭 등장하는 사상으로서, 그것을 실현시키는 것이야말로 시대마다 온갖 소위 위대한 인물들의 목표였던 것이다.

그러므로 하나님께서 개입하셔서 이런 세상 왕국의 건설을 위한 노력을 영원히 불가능하게 만드실 필요가 있게 된다. 하나님은 언어를 혼잡케 하심으로 그 일을 행하신다. 그때까지는 세상의 언어가 오직 하나였던 것이다. 과연 이 시기에 그 혼란이 일어났는지는 명확하게 보도되어 있지 않다. 하지만 그 당시 사람들 사이에 생리적이며 심리적인 차이가 생겨나, 사물들을 달리 보고 이름 짓기를 달리하기 시작했으며, 그 결과로 여러 민족과 족속들로 나뉘어졌고, 또한 그들 스스로 온 땅에 사방으로 흩어지게 되었던 것은 분명하다. 여기서 또한 이러한 언어의 혼잡이 이미 노아의 자손들의 계보들이 족속과 가문들로 나뉘어진 사실(창 10:1 이하)과 또한 노아의 후손들이 아르메니아에서 시날로 옮겨간 사실(창 11:2)에서부터 이미 준비되고 있었다는 사실을 기억해야 할 것이다. 흩어짐에 대한 위협과 두려움이 이미 오랜 동안 심각하게 대두되지 않았더라면, 바벨탑의 계획 자체가 생겨나지 않았을 것이다.

성경은 이렇게 해서 민족들과 족속들과 언어와 방언들이 생겨난 사실을 설명하고 있다. 인류가 그렇게 놀랍게 구분되었다는 것은 정말 유례가 없고 설명이 불가능한 사실이다. 똑같은 부모에게서 나서 똑같은 정신과 영혼을 지니고 있고, 똑같은 혈육을 공유하고 있는 사람들이 서로에게 등을 돌리고 서로를 낯선 자로 대하게 되었으니 말이다. 서로 이해하지도 못하고, 서로 의사소통도 되지 않는다. 더욱이 인류는 여러 종족들로 나뉘어 서로의 존재에 도전하며, 서로를 파괴하고자 하는 결연한 의지를 갖고서, 시대시대마다 냉전 혹은 노골적인 전쟁 속에서 살고 있는 것이다. 종족 본능, 민족 의식, 적대감, 미움 등이 사람들 사이를 갈라놓는 중대한 요인들이다. 이것은 과연 깜짝 놀랄 만한 형벌이요 끔찍한 심판이다. 그리고 이러한 상태는 그 어떤 사해동포주의나 평화조약으로도, 그 어떤 "보편적인" 언어로도, 그 어떤 세계 정부나 국제 문화로도, 해결될 수가 없는 것이다.

인류가 다시금 하나가 되는 일이 과연 있게 된다면, 그것은 바벨탑 같은 것을 중심으로 외형적으로 기계적으로 뭉치는 것으로 이루어지는 것이 아니라, 내부로부터의 변화로 말미암아 하나의 동일한 머리 아래 모이는 것으로(엡 1:10), 모든 사람들을 새 사람으로 만드는 평화를 일구는 창조를 통해서(엡 2:15), 성령으로 말미암는 중생과 새롭게 됨을 통해서(행 2:6), 또한 모든 사람들이 하나의 동일한 빛 속에서 행하게 됨으로써(계 21:24) 이루어질 것이다.

인류의 참된 하나 됨은 속에서 시작하여 이루어져 가는 내적인 역사를 통해서만 회복될 수 있으며, 따라서 그것은 처음 언어의 혼잡이 내적으로 작용하여 근본적으로 흐트러진 바로 그 하나 됨을 다시 회복하는 것이다. 참된 하나 됨을 이룰 여지를 남겨두기 위해서 가짜의 하나 됨이 근본적으로 뒤집어진 것이다. 세계 국가가 깨어진 것은 하나님의 나라가 이 땅에 존재하도록 하기 위함이었다. 그러므로 이때로부터 민족들이 나뉘어져서 지면에 흩어지게 된다. 그리고 이 모든 민족들 중에서, 이스라엘이 하나님의 계시를 짊어질 민족으로 택함받는다. 지금까지 서로 관련을 맺고 있었던 일반 계시와 특별 계시가, 십자가의 발 아래에서 다시 서로 만나기까지 잠정적으로 서로 분리된다. 하나님의 도와 규례에 따라 행하도록 이스라엘이 분리되며, 또한 여호와께서는 다른 민족들을 자기들의 길을 가도록 허용하시는 것이다(행 14:16).

* * * * *

물론 하나님께서 이 민족들에 대해서는 전혀 관여하지 않으시고 그들을 전적으로 자기들의 운명에 내버려두셨다는 식으로 해석해서는 안 된다. 그런 생각은 그 자체가 이미 불합리한 것이다. 왜냐하면 하나님은 만물의 창조주시요 지탱자이시며 통치자이시며, 따라서 그의 전능하심과 편재하는 능력이 없이는 그 어떠한 것도 존재하거나 일어나지 않기 때문이다.

더욱이, 성경은 하나님께서 다른 민족들을 소홀히 하셨다는 사상과는 전혀 반대되는 것을 거듭거듭 말씀하고 있다. 지극히 높으신 하나님께서 열방에게 그 기업을 나누어주실 때에, 아담의 자손들을 분리하실 때에, 그는 이스라엘 자손의 수효대로 그들의 경계를 정하셨다(신 32:8). 땅을 분할하실 때에 하나님은 이스라엘을 생각하셨고, 그들의 수효를 따라 그 경계를 할당하셨으나, 다른 민족들에게도 기업을 주셨고, 그들을 위해서도 경계를 세우신 것이다. 그는 온 인류를 한 혈통으로 지으셨고, 그들이 한 곳에 다 함께 모여 살지 않고 온 지면에 흩어져 살게 하셨다. 그는 땅을 혼돈하게 창조하지 아니하시고 사람이 거주하도록 지으셨기 때문이다(사 45:18). 그리하여 하나님은 또한 여러 민족들의 기한과 그들의 거주의 경계를 미리 구분해 놓으셨다. 모든 민족들의 연대와 거주의 경계가 하나님의 경륜에 의하여 결정되며 또한 그의 섭리로 주어지는 것이다(행 17:26).

하나님께서 지나간 세대에는 모든 민족으로 자기들의 길을 가게 방임하셨으나, 그는 자기 자신을 증거하지 않고 그냥 계신 것이 아니다. 그는 하늘로부터 비를 내리시고 결실기를 주셔서 음식과 기쁨으로 그들의 마음을 만족하게 해 주셔서 그들에게 선한 일을 행하신 것이다(행 14:16-17). 악한 자와 선한 자에게 해가 비치도록 하셨고, 의로운 자와 불의한 자에게 똑같이 비를 내리셨다(마 5:45). 자연과 역사 속에 주어지는 그의 계시를 통하여, 그는 모든 사람의 마음과 양심에 그의 음성을 들려주셨다(시 19:1). 세상의 창조 이래로, 하나님은 그의 보이지 아니하는 것들, 곧 그의 영원하신 능력과 신성을 그가 지으신 만물을 통해서 드러내 보이셨다(롬 1:19-20).

이방 민족들은 이스라엘 자손의 경우처럼 율법을 받지 못했고, 그리하여 구체적인 의미에서는 율법이 없는 상태에 있었다. 그러나 그들도 율법에 명령된 것을 때때로 행함으로써 그들의 도덕적 본성 속에 자기들이 자기들 자신에게 율법이 되며 따라서 율법이 그들의 마음속에 기록되었음을 보여 준다. 이러한 사실은 그들의 행위에 뒤따라 양심의 음성이 이어지고 그들 속에서 생각들이 일어나 서로 고발하고 서로 변명한다는 사실을 통해서 확실히 입증된다(롬 2:14-15).

그러므로 이방인들에게 종교적이며 도덕적인 지각이 있다는 사실이, 하나님께서 그들을 계속해서 돌보아오셨다는 것을 입증해 준다. 태초에 하나님과 함께 계셨고 또한 하나님이셨던 그 말씀으로 말미암아 만물이 지어졌으며, 사람들의 빛과 생명이 그 말씀 속에 있었다. 그들의 존재와 의식과 그들의 이해는 모두 그 말씀 덕분에 있게 된 것이다. 이는 비단 그 기원과 원리가 그 말씀에 있다는 뜻만이 아니라, 시간이 지나가면서 그들이 계속적으로 그 하나님의 말씀에 의해서 지탱되었다는 뜻이다. 하나님의 말씀은 만물을 지으신 자이심은 물론, 만물의 지탱자요 통치자로서 세상 속에 남아 계셨기 때문이다. 그리하여 그 말씀은 그들에게 생명을 주셨으며, 또한 의식, 이성, 그리고 지성을 통하여 세상에 나오는 모든 이들 하나하나를 비추어 주신 것이다(요 1:3-10).

* * * * * *

　이러한 성경의 증언에 대해 역사가 확인의 인(印)을 쳐준다. 타락이 있은
후 얼마 지나지 않아서부터 가인 자손들 중에서 온갖 발명과 갖가지 계획들
이 왕성하게 일어나기 시작했고(창 4:17 이하), 홍수 이후 시날 평지에 정착
한 사람들은 곧 높은 수준의 문화를 이루었다. 창세기 10:10에 의하면 함의
손자요 구스의 아들인 니므롯이 바벨 왕국의 시조(始祖)였다. 성경은 그를 여
호와 앞에 용감한 사냥꾼으로 말씀한다. 그는 비범한 육체적 힘을 사용하여
맹수들을 잡아 죽이고, 시날 평지를 안전하게 거주할 수 있는 곳으로 만들고
그리로 이주하였으며, 사람들을 그리로 불러들여서 그곳을 거처로 삼았던
것이다. 이런 식으로 그는 바벨, 에렉, 악갓, 갈네 등 시날 평지에 여러 성(城)
들을 세웠다. 그리고 그곳을 거점으로 하여 앗수르 땅까지 영역을 확장시켰
고, 니느웨, 르호봇, 갈라, 레센 등의 성들을 건설하였다.
　그러므로 성경에 따르면, 시날 평지의 가장 오랜 거주민들은 셈족이 아니
라 함족이었다. 그리고 앗수르에서 출토된 설형문자로 된 기록들을 토대로
한 최근의 앗수르학의 연구 결과가 이 사실을 확인해 주고 있다. 곧, 시날의
최초의 거주민들이 수메르의 한 부족이었다고 가르치는데, 이들을 셈족의
일부로 볼 수는 없는 것이다. 시날의 이 초기 거주민들은 후에 셈족이 이주
하면서 망하고 만다. 이들이 그 후 자기들의 언어를 보존한 것은 사실이나,
얼마 지나지 않아서 수메르의 문화에 휩쓸렸고 그리하여 그들 스스로가 수
메르인과 하나가 되었고, 이들이 후에 갈대아인이 된 것이다. 특히 바벨 성
의 왕 함무라비(Hammurabi) ― 이는 어쩌면 창세기 14:1의 아므라벨과 동일
인물일 것이다 ― 가 바벨을 수도의 지위로 끌어올리고 시날 땅 전역을 자기
에게 복속시켰을 때에 셈족들이 주류를 이루게 되었다. 창세기 10장도 동일
한 사실을 표현하고 있다. 11절에서 함족 니므롯이 앗수르 땅으로 가서 거기
서 성들을 건설했다고 보도하고 있지만, 22절에서는 앗수르, 즉 앗수르에 살
던 사람들이 아르박삿, 룻, 아람의 친척들이었고 그들은 셈의 후손들이었음
을 말씀하고 있는 것이다.
　시날 땅에서 발견하는 문명의 질이 ― 즉, 과학과 예술, 도덕성과 법체계,

상업과 산업에 관한 한 — 너무나도 높기 때문에, 발굴된 자료를 살펴보면 볼수록 우리는 놀라움을 금치 못하게 된다. 그 문명이 언제, 어떻게 일어났는지는 정확히 알 수가 없다. 하지만 이 증거로 볼 때에, 과거로 거슬러 올라갈수록 사람들이 더 거칠고 더 야만적이라는 일반적인 관념은 완전히 무너지고 만다. 소위 "원시" 사람들의 미개한 상태에 대한 온갖 해괴한 사고들을 버리고, 역사를 통해서 지도를 받아 과거를 파악하기를 시도하게 되면, 노아 이후의 가장 오랜 시대의 인류가 니므롯 같은 사람들의 주도 아래 지극히 높은 수준의 문화를 유지했다는 성경의 사상이 확증되는 것을 보게 되는 것이다.

더욱이 이 문명은 시날 땅에만 국한된 상태로 남아 있지 않았다. 언어의 혼잡 이후로 인류가 점점 흩어져감에 따라, 그들은 땅의 전역으로 흩어져 폭넓게 정착하였다. 그리하여 어떤 부족들은 문화와 문명의 중심에서 점점 더 멀리 떠나가, 아시아와 유럽과 아프리카의 거칠고 황량한 오지(奧地)들에서 보금자리를 찾기도 했다. 그러므로, 이 부족들과 사람들이 다른 민족들과의 왕래가 끊긴 채 고립되어 있었고, 또한 거칠고 제멋대로인 자연과 항상 싸우는 삶을 살고 있었으므로, 그들이 처음에 갖고 나온 문화 수준에서 발전된 것이 전혀 없었고, 혹은 어떤 경우에는 심지어 그보다 훨씬 수준이 낮아지기도 했다는 것이 전혀 무리가 아닌 것이다. 역사학에서는 이런 사람들을 "원시인들" 혹은 "미개인들"이라 부른다. 하지만 그런 호칭들은 부정확한 것으로 사실을 오도할 소지가 많다. 왜냐하면 이 모든 사람들에게서 우리는 문명의 기본 요소가 되는 특징들과 요건들을 발견하기 때문이다. 그들은 모두 인간들로서 다른 자연의 존재들과는 분명 구별된다. 그들 모두가 의식과 의지, 이성과 지성, 가족과 공동체, 연장들과 장식들을 지니고 있는 것이다.

더 나아가서, 이 민족들은 서로 차이가 너무나도 커서 "개화된 사람들"과 "미개한" 사람들 사이의 경계선을 긋기가 불가능할 정도다. 남아프리카의 토인들이나 폴리네시아인들, 그리고 흑인들 사이에도 굉장한 문화적 차이가 나타나고 있다. 그러나 서로 얼마나 어떻게 다르든 간에, 그들에게는 공통적인 관념들과 전통들 — 예를 들면, 홍수에 관한 — 과 희망들을 지니고 있는데, 이것은 그들의 공통적인 기원을 시사하는 것이다.

인도인과 중국인, 페니키아인과 이집트인 등, 소위 "개화된" 사람들에게서는 이것이 더욱 확실하게 드러난다. 이들 모두에게서 발견하는 세계관 (Weltanschauung)의 기초들이 시날 땅에서 발굴된 사료들에게서 주목하게 되는 것들과 동일한데, 이것이 모든 문화의 기원이요, 인류의 요람인 것이다. 인류가 퍼져나간 것은 중앙 아시아에서였고, 인류는 개화된 사람들에게 공통이 되는 그 문화의 요소들을 그 중심에서부터 취하여 갔고, 각 민족들이 독자적으로 그것들을 더 발전시켜 나간 것이다. 바벨론의 고대 문화야말로 그 문서들과 천문학, 수학, 날짜 계산법 등과 더불어서 우리의 문화가 세워진 기초가 되고 있는 것이다.

* * * * * *

그러나 한편, 이 문명사 전체를 종교적·도덕적 관점에서 바라보면, 그것으로부터 깊은 불만족감과 환멸을 얻게 된다. 사도 바울은 그 점에 대해서 말씀하기를, 이방인들이 일반 계시를 통해서 하나님을 알면서도 하나님을 하나님으로 영화롭게도 하지 않았고, 감사하지도 않았으며, 오히려 그들의 생각이 허망하여져서 미련한 마음이 어둡게 되었고, 스스로 지혜롭다고 이야기하면서 썩지 않는 하나님의 영광을 썩어질 사람과 새와 짐승과 네 발 달린 동물과 기어다니는 동물 모양의 우상으로 바꾸어버렸다고 한다(롬 1:21-23). 여러 민족들의 종교들에 대한 공정한 역사적 연구도 동일한 결론에 이른다. 물론 그릇된 철학의 도움을 받아서 여러 형태의 종교들을 연구하여 인류의 감정 속에 있는 종교성의 본질에 대해 불투명한 결론에 이를 수도 있고, 그리하여 사도 바울의 결론의 심각성에 대해 그냥 눈을 감아버릴 수도 있다. 그러나 아무리 그렇더라도 다음과 같은 사실은 그대로 남아 있다. 곧, 인류는 그 문명의 기나긴 여정을 통해서 하나님을 영화롭게 하지도 않았고 그에게 감사하지도 않았다는 사실이 그것이다.

시날 평지의 가장 초기의 거주민들 가운데서도 우리는 창조주 대신 피조물을 경배하는 모습을 접하게 된다. 어떤 이들의 견해에 따르면, 바벨론 사람들의 종교의 근저에는 ― 다른 종교들의 경우도 마찬가지지만 ― 여전히 하나님의 유일성의 관념이 자리잡고 있었으며, 피조물들에게 적용되기 이전에 그런 신관(神觀)이 그들 사이에 존재했음이 틀림없다고 한다. 그러나 사실상, 바벨론 사람들의 종교는 온갖 종류의 피조물들을 영화롭게 하는 것이었다. 그것들을 신들로 간주하였던 것이다. 하나이신 참 하나님을 섬기는 데에서 어떻게 이렇게 피조물들을 영화롭게 하는 데에로 변천했는지는, 역사적 사료가 없으므로 분명히 알 수가 없다.

그러나, 다영론(多靈論: polydemonism) ─ 온갖 종류의 영들을 영화롭게 하는 것으로, 물신신앙(物神信仰: fetishism), 정령신앙(精靈信仰: animism), 토템신앙(totemism) 등이 이에 속한다 ─ 에서 다신론(多神論: polytheism) ─ 온갖 종류의 신들을 영화롭게 하는 것 ─ 을 거쳐서 유일신론(唯一神論: monotheism) ─ 유일신을 영화롭게 하는 것 ─ 으로 발전했다는 논리는 입증되지 않은 제멋대로의 가정이다. 그런 발전이 일어났다는 것을 어디서도 볼 수가 없다. 이스라엘은 아주 독특한 예외에 속한다. 그러나 역사가 거듭 거듭 가르쳐 주는 것은 사람들이 한 분 하나님을 고백하는 데에서 여러 신들을 영화롭게 하는 데에로 타락할 수 있다는 것이다. 우리는 그것을 이스라엘 역사에서, 많은 기독교 교회들의 역사에서, 또한 우리 자신들이 살고 있는 이 시대에서도 분명히 볼 수 있다. 한 분 하나님을 믿는 믿음이 버려지면, 온갖 종류의 다신론적인 관념들과 미신적인 행위들이 곧바로 이어지는 것이다.

더 나아가서, 대개 종교들을 개화된 사람들의 "고등" 종교와 미개한 사람들의 "하등" 종교로 구분하지만, 사실상 둘 사이에 큰 차이가 나타나지 않는다. 물론 세련된 면에서는 차이가 나지만 동일한 관념과 행위들이 모든 이교도들 사이에서 계속해서 나타나며, 기독교 민족들에서도 그 동일한 관념과 행위들이 여러 가지 다양한 형태들로 나타나는 것이다. 현대에 일부에서 기독교 신앙이 부패하면서, 이런 동일한 관념과 행위들이 거기서도 다시 나타나는 것을 보게 된다.

그러면 이런 관념들과 행위들은 무엇인가? 우선 첫째로, 우상 숭배와 형상(形像) 숭배가 있다. 이것은 모든 민족들 가운데 존재한다. 우상 숭배란 한 분 이신 참 하나님의 자리에 다른 무엇을 가져다 놓고 그것을 섬기거나, 그 하나님과 더불어 다른 무엇을 함께 놓고 그것을 동시에 섬기는 것을 의미한다.

때로는 예컨대 바벨론 사람들의 종교에서 보듯이, 궁창의 해와 달과 별 등의 피조물들이 그 대상이 되기도 하는데 이를 적절히 성신(星辰) 종교(astral religion)라 부를 수 있다. 그런가 하면 때로는 헬라 사람들 같은 경우에서 나타나는 것처럼 영웅들, 천재들, 혹은 위인들을 일종의 중재적 존재들로, 즉 신과 인간 사이의 중간쯤에 해당하는 존재들로 생각하기도 한다. 때로는 중국인들의 종교에서 보듯이, 조상들이 죽은 후에 전혀 다른 높은 상태로 들어가는 것으로 보고 그들을 숭배의 주요 대상으로 삼기도 한다. 그리고 때로는 이집트의 종교에서 보듯이 수송아지나 악어 등의 짐승들을 하나님 대신 숭배하기도 하며, 때로는 영이나 혼들이 온갖 종류의 생물과 무생물 속에 일시적으로 혹은 영구적으로 거하는 것으로 생각하기도 한다. 개화된 사람들의 종교나 미개한 사람들의 종교나 모두 숭배의 대상이 이런 식으로 정해지는 것이다.

그러나 우상숭배가 어떤 형식을 취하든 간에, 그것은 언제나 창조주 대신 피조물을 숭배하는 모습을 드러낸다. 하나님과 세상 사이의 구별이 사라진 것이다. 하나님의 거룩하심, 즉 그가 모든 피조물들과 구별되시며 또한 그것들로부터 절대적으로 초월해 계시다는 것, 바로 이것이 이방인들에게 사라지고 없었던 것이다.

둘째로, 그런 우상숭배에 사람과 세상에 대한 온갖 그릇된 생각들이 뒤따라 이어진다. 이방인들 가운데서는, 종교는 독자적이며 스스로 서 있는 것이 아니고, 삶의 모든 부분과, 국가와 사회, 예술과 과학과 밀접하게 관련을 맺고 있는 것이다. 그저 태도와 느낌의 상태들로만 되어 있는 종교는 그 어디서도 발견할 수 없다. 종교란 사람이 하나님과 맺는 관계로서, 다른 모든 관계들을 지배하는 것이요, 따라서 사람과 세상, 만물의 기원과 본질과 목적에 대한 명확한 견해를 상정하는 것이다. 신들에 대한 믿음에 수반되는 종교적인 관념들은 언제나 과거와 미래에 대한 태도를 지닌다. 모든 종교들에는 낙원에 대한 회고와 미래에 대한 기대가 있고, 사람과 세상의 기원과 미래에 대한 관념들이 있다. 처음에 존재했던 황금기에 이어서 은과 철, 그리고 진흙의 시대가 이어진다는 관념이 있고, 또한 사람의 불멸성(不滅性), 죽음 이후의 삶, 그리고 종말에 모두에게 있을 심판과 그때에 의로운 자들과 불의한 자들이 당할 운명들에 대한 관념들이 있다. 종교들마다 이런 갖가지 관념들을 여러 가지로 달리 강조하고 있다. 중국인들의 종교는 과거를 바라보며, 조상들을 숭배한다. 이집트인들의 종교는 미래를 바라보며, 죽은 자들과 함께 자신을 묻는 것으로 사실 죽음의 종교였다. 그러나 정도는 각기 다르나 모든 종교들 속에 이런 요소들이 제각기 자리를 잡고 있는 것이다.

이 모든 종교적 현상들에서 우리는 온갖 오류와 어리석음이 진리의 요소와 뒤섞여 있다는 공통된 사실을 보게 된다. 창조주와 피조물 사이를 구별짓는 선(線)이 지워졌고, 그리하여 세상과 사람 사이, 영혼과 육체 사이, 그리고 천국과 지옥 사이의 경계가 그 어디에서도 올바로 그어지지 못했다. 어디를 보더라도, 육체적인 것과 도덕적인 것이, 물질적인 것과 영적인 것이, 이 땅에 속한 것들과 하늘에 속한 것들이 서로 혼동되고 뒤섞여 있다. 하나님의 거룩하심에 대한 지각이 없으므로, 죄에 대한 지각도 함께 결핍되어 있다. 이교의 세계는 하나님을 알지 못하며, 세상과 사람도 알지 못하며, 또한 죄와 비참도 알지 못하는 것이다.

셋째로, 열방의 모든 종교들의 또 한 가지 특징은 인간의 힘으로 구원을 얻고자 노력한다는 것이다. 우상숭배는 자연히 자기 의지에 근거한 종교(a self-willed religion)로 이어진다. 한 분이신 참 하나님께 드리는 예배가 사라지면, 사람이 근거를 둘 객관적이며 역사적인 계시가 없어지게 되고, 그렇게 되면 사람은 자기가 만들어낸 신들이나 영들로 하여금 억지로 자기들을 드러내도록 압박하려 하기 마련이고, 그리하여 우상숭배에는 언제나 미신과 점술, 마술이 뒤따른다. 그리고 주술사나 점술사나 사제들이나 신탁 등의 도움을 받아서, 그리고 점성술이나 해몽 등의 수단을 사용하여, 사람의 편에서 신들의 뜻을 알고자 애쓰는 수고를 가리켜 주술(divination)이라 부르며, 또한 형식화 된 기도, 자의로 드리는 제사, 혹은 매질 등의 행위들을 수단으로 하여 신들의 뜻을 자기 자신에게 적용시키기 위해 들이는 노력을 가리켜 마술이라 부른다.

이런 것들은 자연히 아주 다양한 현상으로 나타난다. 그러나 이 모든 것들이 여러 종교들에서 제 위치를 차지하고 있고, 이교에서는 필수적인 구성 요소가 되고 있는 것이다. 사람이 중심이요, 어디까지나 사람이 자기의 구원을 얻기를 추구하는 것이다. 이 종교들 어디에서도 구속(화목)과 은혜의 진정한 본질에 대한 이해를 찾아볼 수 없는 것이다.

* * * * *

이런 대략적인 스케치를 통하여 이교들 전반의 특징을 살펴보긴 했으나, 몇몇 종교들에서 변형들이 발생하였으므로, 그것들을 별도로 주목하여 간단하게나마 살펴보는 것이 합당할 것이다. 어떤 사람들의 종교가 한 편으로 온갖 천하고 조잡한 형태의 미신과 주술로 그 성격을 잃게 되고, 또 한 편으로는 문화나 문명이 속히 발전될 때에, 반드시 갈등이 일어나기 마련이다. 그리고 그런 갈등으로부터, 화해를 시도하고 그 깊은 부패의 상태로부터 종교를 끌어올리려고 애쓰는 사람들이 나타나는데, 이는 하나님의 섭리인 것이 분명하다. 주전 7세기 이전에 페르시아에 살았던 차라투스트라(Zarathustra: 조로아스터)가 바로 그런 사람이었다. 주전 6세기 중국에서 살았던 공자(孔子)도 그런 사람이었다. 또한 주전 5세기 인도의 불타(Buddha)와 주후 7세기 아라비아의 마호메트가 그런 사람들이었다. 그리고 그 외에도 일일이 이름을 다 거론할 수 없는 많은 사람들이 있었다.

이 사람들이 세운 종교들이 여러 가지 면에서 그들이 자라 나온 부족 종교들보다 훨씬 더 우월하다는 사실에 대해서는 이견의 여지가 없다. 다른 문화의 영역에서도 그렇지만 종교에 있어서도 진화론과 쇠퇴론은 모두 한쪽으로 치우친 것으로서, 이 모든 일에서 드러나는 온갖 현상들을 다 포괄하기에는, 최소한 그것들을 한 가지 공식으로 포괄하기에는, 매우 부적절하다. 번성기와 쇠퇴기가, 부흥기와 쇠락기가 모든 민족들의 역사에서, 모든 삶의 영역에서 끊임없이 나타나는 것이다.

더욱이, 이 사람들이 의도적인 사기꾼들이라거나, 사탄의 도구나 일꾼들이라고 말할 수는 없다. 그들은 성실한 사람들이었고, 부족의 신앙 혹은 대중적인 신앙과 그들 자신이 깨달은 종교적 의식 사이의 갈등으로 인하여 영혼으로 씨름했던 사람들이었다. 그들에게 허락된 빛을 통해서 그들은 참된 행복을 얻는 더 나은 길을 시도했던 것이다.

그러나 이런 개혁된 종교들 역시 대중들의 우상숭배와 정도 차이만 있을 뿐, 근본적으로는 동일한 것이라는 사실을 인정할 수밖에 없다. 사실 그들은 거짓 종교의 나무에서 야생 가지들을 잘라낸 사람들이다. 그러나 그 나무를 완전히 뿌리째 뽑아내지는 않았다. 차라투스트라는 그의 설교에서 선과 악 사이의 대조를 강조했다. 그러나 그는 이런 대조가 그저 윤리적인 것만이 아니라 우선적으로 물질적인 성격을 띤다고 생각했다. 그리하여 그는 어쩔 수 없이 선한 신과 악한 신을 구분하게 되었고, 그리하여 자연 세계와 인간 세계와 동물의 세계 등 모든 것에까지 확대되는 이원론(dualism)을 창안하게 되었고, 그 결과로 인하여 삶이 절단되는 실질적인 효과가 생기게 되었다. 공자가 주창한 유교(儒敎)는 하나의 국가 종교로서, 그 자체 속에 자연의 신들과 조상 숭배가 함께 결합된 종교적 요소들이 복합적으로 어우러진 것이었다. 불교(佛敎)는 처음에는 사실상 전혀 종교가 아니었고, 고통을 악의 근원으로 제시하며, 존재를 고통의 근원으로 제시하며, 금욕과, 의식(意識)을 무로 돌리는 것과, 존재를 없애는 것을 구원의 길로 제시하는 하나의 철학이었다. 그리고 마호메트는 유대교와 기독교를 알고 있었고, 물질적인 사고를 가진 당대의 사람들에게 임박한 심판이 임할 것이라는 열정적인 믿음을 가졌고, 그리하여 한 분 하나님에 대한 고백에 이르렀고, 또한 종교적이며 도덕적인 개혁을 일으켰다. 그러나 그의 개인적인 삶에서는 종교 설교가의 모습이 점점 정치가와 법 제정자의 모습으로 바뀌어 가고, 그리하여 그가 세운 종교는 하나님과 사람 사이의 교제에 대한 여지를 전혀 남기지 않았다. 하나님과 사람이 서로 분리된 원인에 대해서도, 또한 양자의 화목의 길에 대해서도 전혀 이해가 없었기 때문이다. 이슬람교에서는, 감각적인 욕망들을 전적으로 만족시키는 것이 하늘의 구원인 것이다.

* * * * *

　그러므로, 일반 계시 전체를 조감해보면, 한 편으로는 그것이 큰 가치를 지녔었고 또한 풍성한 열매를 낳았으나, 다른 한 편으로는 인류가 그 계시의 빛을 통해서 하나님을 발견하지 못했다는 사실을 발견하게 된다. 모든 사람들에게 종교적이며 윤리적인 감각이 있는 것이나, 진리와 거짓, 선과 악, 의와 불의, 아름다움과 추함에 대해서 어느 정도의 각성이 있는 것이나, 모든 사람들이 결혼과 가정, 사회와 국가의 관계 속에서 사는 것이나, 짐승으로 전락하지 않도록 안팎으로 온갖 통제 장치들을 통해서 억제를 받는 것이나, 이런 한계의 테두리 내에서 사람들이 온갖 종류의 영적이며 물질적인 것들을 생산하고 분배하며 누린다는 것이나, 모두가 일반 계시 덕분이다. 요컨대, 인류는 일반 계시에 의해서 그 존재가 보존되며, 그 통일성이 유지되고, 그 역사를 지속시키고 발전시킬 수 있게 되는 것이다.

그러나 이런 모든 사실에도 불구하고, 사도 바울의 말씀처럼 "이 세상이 자기 지혜로 하나님을 알지 못한다"(고전 1:21)는 사실이 그대로 남아 있다. 바울이 세상의 지혜를 말할 때에, 그는 지극히 진지하게 그 말을 하는 것이다. 일반 계시의 빛 속에서 세상은 지혜의 보고(寶庫)를 모아들였다. 즉, 이 땅의 삶에 속한 일들에 관한 지혜를 다 누렸다는 뜻이다. 그러나 세상이 이처럼 지혜를 받았으므로, 세상은 더욱더 핑계할 수가 없다. 왜냐하면 정신과 이성 등 합리적이며 도덕적인 능력이라는 하나님의 선물들이 인류에게 결핍되지 않았다는 것이 그로써 입증되기 때문이다. 사람의 지혜는, 사람이 그 정신의 어둠과 그 마음의 완악함 때문에, 그에게 주어진 선물들을 올바로 사용하지 못했다는 것을 반증해 주는 것이다.

빛이 어둠 속에 비친 것은 사실이지만 어둠이 그것을 깨닫지 못했다(요 1:5). 말씀, 즉 로고스가 세상 가운데 계셨으나, 세상은 그를 알지 못했다(요 1:10). 나름대로 지혜가 있었지만, 세상은 여전히 하나님을 알지 못했던 것이다(고전 1:21).

제 5 장

특별 계시의 방식

일반 계시가 불충분하다는 사실은 특별 계시가 필연적으로 있어야 함을 드러내 준다.

그러나 이 필연성을 올바로 이해해야 한다. 이것은 하나님께서 내적으로 그의 존재로 인해서나 혹은 외적인 상황으로 인하여 억지로라도 자기 자신을 특별한 방식으로 계시하셔야만 하는 의무를 지니게 되셨다는 뜻이 아니다. 모든 계시는, 특히 성경을 통하여 그리스도 안에서 우리에게 오는 계시는, 하나님의 은혜의 행위요, 값없이 베풀어지는 그의 뜻의 경륜이요, 또한 받을 자격이 없는 우리들에게 베풀어지는 그의 사랑의 증표다. 그러므로 특별 계시가 필연적이라거나 불가결하다는 말은 곧, 그런 계시가 하나님께서 친히 그의 피조 세계를 위하여 정해 놓으신 그 목적과 불가분리의 관계로 연결되어 있다는 의미일 뿐이다. 죄로 파괴된 창조 세계를 회복하고, 사람을 그의 형상을 따라 재창조하고, 그리하여 그로 하여금 다시 한 번 하늘의 영원한 복락 가운데서 살게 하는 것이 하나님의 선하신 뜻이라면, 특별 계시가 필요하게 된다. 그런 목적을 위해서는 일반 계시가 불충분하기 때문이다.

사실, 특별 계시가 필연적인 것이 되는 것이 우선적으로 이 목적 때문인 것만은 아니다. 세상과 사람이 그렇게 되는 일에 일반 계시가 불충분하다는 것을 인식하게 될 때에, 우리는 또한 이런 인식조차도 특별 계시에 기인하는 것임을 보게 되는 것이다. 본성적으로 우리는 우리 자신과 우리의 능력들과, 세상과 그 보화들로써 우리의 구원에 충족하다고 생각한다. 이교들도 이 원칙의 예외가 아니다. 오히려 이 원칙을 확증해 주는 것이다. 그 모든 종교들이 사제들과 예언자들과 신탁(神託) 같은 것들을 논하며, 또한 그런 것들을 특별한 계시의 수단들로 보아 거기에 호소하는 것은 사실이다. 이러한 사실 자체가, 일반 계시로서는 부족하며 자연과 역사에서 주어지는 것과는 좀 다르고 좀 더 친밀한 하나님의 계시가 필요하다는 것을 각 사람이 마음으로 느낀다는 논지를 입증해 주는 강력한 증거가 되는 것이다. 그러나 이교들이 호소하는 이 특별한 계시들은 동시에, 하나님과의 교제를 상실한 사람은 자연 속에서 그의 계시를 깨달을 수 없으며, 따라서 그 사람은 자기 자신의 방식 대로 하나님을 더듬어 찾게 된다는 사실도 분명히 밝혀준다. 그리하여 그 사람은 진리의 지식에서 점점 더 멀어지게 되고, 우상숭배와 불의를 섬기는 일에 더욱더 깊이 사로잡히게 되는 것이다(롬 1:20-32).

결과적으로, 자연과 역사, 그리고 마음과 양심에 주어지는 하나님의 일반 계시를 올바로 이해하기 위해서도 하나님의 특별 계시가 필요해진다. 일반 계시의 순전한 내용에서 온갖 종류의 인간의 오류를 씻어내고 그리하여 그 계시를 정당한 가치대로 파악하기 위해서는 특별 계시가 필요한 것이다. 우리가 성경의 빛에 인도함을 받아 나아갈 때에 비로소, 일반 계시가 인간의 삶 전체를 위하여 풍성한 의의가 있으며 또한 그럼에도 불구하고 사람의 합당한 목적을 이루는 데에는 그 풍성한 것이 부족하고 불충분하다는 것을 처음 인식하게 되는 것이다.

그러므로, 우리가 분명한 통찰과 정당한 질서를 갖추어 다루기 위해서 먼저 일반 계시와 그 불충분성에 대해 논하고 이제 그 다음으로 특별 계시를 다루게 되지만, 마치 일반 계시를 다룰 때에는 특별 계시를 한 쪽으로 제쳐두고 그 내용을 전혀 주목하지 않는 것처럼 생각해서는 안 된다. 오히려 반대로, 일반 계시를 논의할 때부터 이미 특별 계시가 우리를 인도해 주며 또한 문제의 접근에 빛을 비추어 주는 것이다.

그러므로, 이제 특별 계시를 살펴 볼 때에, 우리는 소위 전제 없는 조사(a pre-suppositionless investigation)를 시행하는 것이 아니다. 우리는 오늘날 의심하는 자들이 하듯이, 갖가지 종교 전반을 다 살펴서 이것들이 과연 우리 마음에 필요하다고 여겨지는 그런 하나님의 특별 계시를 주는지를 찾아내려 하지 않는다. 거짓 종교들이 거짓되다는 것을 우리가 배워서 알고 있고, 또한 우상숭배나 주술이나 점술, 불신앙과 미신 등이 — 조잡한 형태를 취하든 아주 세련된 형태를 취하든 간에 — 죄악된 것들이라는 것을 알게 되었다는 사실 그 자체가 그리스도 안에서 우리에게 베풀어지는 특별 계시의 덕분인 것이다. 그러므로, 특별 계시를 한 쪽으로 제쳐둔다든지 혹은 일시적으로나 방법론적인 의도에서 그것을 무시해 버린다면, 우리를 밝혀주는 빛을 고의 적으로 꺼뜨리는 것이 되는 것이다. 그렇게 한다면, 그것은 우리가 빛보다 어둠을 사랑하며 우리의 생각과 계획들이 밝히 드러나는 것을 꺼리고 있다는 것을 스스로 입증하는 것이 될 것이다(요 3:19-21).

사실, 일반 계시 자체도 특별 계시의 필요성과 필연성을 어느 정도까지는 드러낼 수 있다. 특별 계시의 가능성에 대하여 여러 가지 강력한 근거들을 지시해줄 수 있는 것이다. 모든 계시를 실질적으로 부인하는 유물론과 범신 론을 인정하는 경우가 아니라면, 그리고 세상을 지으시고 사람에게 불멸의 영혼을 주셨고 그를 영원한 구원을 얻도록 하셨고 또한 그의 섭리로 만물을 지탱시키시고 다스리시는 인격적인 하나님의 존재를 진정 믿는 사람이라면, 특별 계시의 가능성에 대하여 반대할 근본적인 이유가 없기 때문이다. 창조 자체가 계시다. 아주 특별하며, 절대적으로 초자연적인 놀라운 계시다. 따라서 창조의 관념을 수용하는 사람은 누구나 원칙적으로 그 이후의 모든 계시의 가능성을, 심지어 성육신의 계시까지도 포함하여, 인정하는 것이다. 그러나, 일반 계시가 특별 계시의 필연성과 가능성에 대한 근거를 제시하는 데에 공헌하기는 하지만, 그러나 그 계시의 실재성(實在性: reality)에 대해서는 아무것도 제시하지 못한다. 왜냐하면 그것은 전적으로 하나님의 값없는 선물에 의존하기 때문이다. 특별 계시의 실재성은 오직 그 자신의 존재에 의해서만 입증될 수가 있다. 그 계시를 깨닫고 인정할 수 있는 것은 오로지 그 자체의 빛에 의해서만 되는 것이다.

* * * * *

먼저는 선지자들을 통해서, 그리고 그 후에는 아들을 통해서 하나님께서 우리에게 말씀하셨고(히 1:1) 또한 우리가 논증과 증거에 의해서가 아니라 어린아이 같은 믿음으로 받아들이는 이 특별 계시는 일반 계시와 계속적인 관계 속에 서 있으면서도 동시에 본질적으로 그것과 구별되는 것이다. 그러한 구별, 혹은 차이는, 앞에서 지나가면서 약간 언급했고 이제 더 상세하게 다루게 되겠지만, 특히 그것이 일어나는 방식(manner)과 그것이 포괄하는 내용, 그리고 그것이 지향하는 목적에서 드러난다.

특별 계시가 발생하는 방식과 항상 동일한 것이 아니고, 하나님께서 사용하시는 수단에 따라서 달라진다. 그렇기 때문에 그것은 다음과 같은 여러 가지 묘사들로 그 특징이 드러난다: 나타내심, 드러내심, 보여 주심, 알게 하심, 선포하심, 가르치심, 등. 특히 **말씀하심**이라는 묘사가 관심을 불러일으킨다. 성경은 또한 창조와 섭리에 나타나는 하나님의 역사하심을 묘사하는 데 이 단어를 사용한다. 하나님께서 빛이 있으라고 말씀하셨고, 그리하여 빛이 있었다(창 1:3). 말씀으로 하늘이 지음받았고, 하늘의 만상이 그의 입의 기운으로 지음받았다(시 33:6). "그가 말씀하시매 이루어졌으며, 명령하시매 견고히 섰도다"(시 33:9). 여호와의 소리가 물 위에 있고, 우렛소리를 내시며, 그 소리가 백향목을 꺾으며, 광야를 진동하게 하며, 원수로 도망하게 하며, 그들을 멸하신다(시 29:3-9; 104:7; 사 30:31; 66:6). 하나님께서 인격적이며 의식이 있으며 생각하는 존재로서 그의 권능의 말씀으로 만물을 존재하게 하시고 사람의 정신에 생각을 불어넣으셔서 그의 형상과 모양으로서 읽고 이해할 수 있게 하신 사실을 볼 때에, 창조와 섭리에서 나타나는 이 모든 하나님의 역사하심을 **말씀하심**이라 올바로 부를 수 있다. 그런 하나님께서는 그의 지으신 만물 중에서도 특별히 사람에게 말씀하실 것이 있으실 것이다.

하나님의 지으신 만물 속에서 역사하는 이 하나님의 음성에 대해서는 거의 이견이 없다. 특별 계시를 부인하는 사람들 중에서도 창조에 나타난 하나님의 계시를 논하기를 좋아하는 이들이 많다. 그러나 그런 사람들 중에도 상당한 차이가 나타난다. 어떤 이들은 이 계시를 주로 자연에서 찾고, 또 어떤 이들은 역사 속에서, 그리고 유명한 위인들에게서 찾으며, 또 어떤 이들은 종교들의 역사와 각종 종교의 지도자들에게서 찾으려 하는 것이다. 또 어떤 이들은 자연이든 역사든 사람의 외부로부터 오는 계시를 강조하는 경향을 띠며, 또 어떤 이들은 사람의 마음과 정신과 양심 속에서 일어나는 계시를 강조한다. 종교와 계시가 서로 밀접하게 연관되어 있다 — 사실상 그 둘이 내용이 동일하며 결국 동일한 문제의 두 면에 지나지 않는다 — 는 사고가 오늘날 점점 더 지지를 얻어가고 있다. 그리하여 하나님과 사람의 관계에 있어서, 계시는 신적인 요소요 종교는 인간적인 요소라고 간주하는 것이다. 곧, 하나님은 사람의 종교의 모든 범위를 친히 사람에게 계시하시며, 사람은 하나님이 자기 자신에 대해 계시하시는 만큼만 종교를 소유한다는 사고인 것이다.

그러나 이러한 사고는 하나님과 사람을 동일시하며 결국 계시와 종교도 동일시하는 범신론(汎神論)에 그 뿌리를 두고 있다. 이 견해를 주장하는 자들은 하나님의 진정한 계시를 — 자연과 역사에서 주어진 것이든, 아니면 세상과 사람 속에서 주어지는 것이든 — 논할 수가 없다. 왜냐하면 계시를 올바로 이해하자면, 앞에서 언급한 바와 같이 계시란 하나님이 자기 자신을 의식하신다는 것을, 그가 자기 자신을 아신다는 것을, 그러므로 그가 자신의 선한 뜻에 따라서 자기 자신에 대한 지식을 그의 피조물들과 함께 나누실 수 있다는 것을 전제로 하는 것이기 때문이다. 그런데 범신론적인 견지에서는, 하나님의 인격성이나, 하나님의 자기 인식과 자기 지식, 그리고 그의 합리적인 뜻이 모두 부인되어 버린다. 그런 견지에서 보면, 하나님은 만물 속에 있는 본질과 에너지 이상 아무것도 아닌 것이다. 그러므로 아무리 잘 보아도 범신론은 하나님의 무의식적이고 본의 아닌 활동과 역사(役事) 이외에는 논할 수가 없는 것이다. 그런 식의 하나님의 활동과 역사라면, 사람의 정신에 하나님에 관한 사상이나 관념, 혹은 지식을 제시해 주는 것일 수가 없으며, 기껏해야 그저 사람의 마음에 특정한 기분이나 느낌, 혹은 태도를 불러일으키는 정도밖에는 할 수가 없을 것이다. 그렇게 되면 사람은 이것들을 취하여, 완전한 독립성과 자유 속에서 자기의 교양과 교육의 범위만큼 그것들을 말로 구체화시킬 수밖에 없게 될 것이다. 그렇다면 실질적으로 이것은 인류와 개개인 속에 있는 종교를 하나님이 자기 자신에 대해 인식하시며 자기 자신을 아시게 되는 하나의 과정으로 만들어 버리는 것이 된다. 그렇게 되면, 하나님이 사람에게 말씀하시는 것도 아니요, 사람에게 자기 자신을 계시하시는 것도 아닌 것이 되고 만다. 오히려 사람이 하나님께 하나님 자신에 대해 계시하는 형국이 되는 것이다.

이러한 범신론적 사고에서 여전히 하나님의 계시 혹은 음성 등의 용어를 사용하더라도, 그런 용어들은 그 범신론의 철학에서 비롯된 것들이 아니다. 그런 용어들은 그 사고에는 있을 자리가 없고, 오히려 그것과는 다른 성경에서 파생된 세계관과 인생관에서 빌려온 것들이다. 그러니 그런 용어들을 사용하는 것 자체가 오류인 것이다. 성경은 일반 계시조차도 하나님이 **말씀**하시는 것이라 부른다. 곧, 하나님께서 그 계시 속에서 무언가 말씀하실 것이 진정 있으시며 또한 그것을 말씀하신다는 사고에서 그런 표현이 나오는 것이다. 그리하여 성경은 하나님과 사람이 서로 근본적으로 다르며 또한 종교와 계시 역시 서로 근본적으로 다르다는 사상을 견지한다. 만일 하나님이 자기의 생각을 갖고 계시며 그가 자기 자신을 아시며 그런 자기의 생각을 만물 속에 각기 정도가 다르게 표현해 놓으셨다면, 과연 사람이 자기의 어둔 정신으로 그런 하나님의 생각들을 오해하여 헛된 상상에 빠질 가능성이 얼마든지 있게 된다. 그렇게 되면, 종교는 계시의 다른 면이기는커녕, 오히려 계시를 그릇 이해하는 죄악된 오류가 되어 버리는 것이다.

* * * * *

성경은 하나님의 일반 계시를 있는 그대로 해석하고 또한 그것을 하나님의 말씀 혹은 음성이라 부름으로써, 하나님의 특별 계시에서 주어질 좀 더 본질적인 **말씀**(speaking)을 위하여 길을 열어 놓고 있다. 성경 전체가 하나님을 자기 자신을 완전히 의식하시는 분으로, 생각하실 수 있고 따라서 말씀하실 수 있는 분으로 제시하는 것이다. 우리는 시편 94:9에 나타나는 질문을 기억한다: "귀를 지으신 이가 듣지 아니하시랴? 눈을 만드신 이가 보지 아니하시랴?" 이 질문에다, 성령의 의도와 의미와 일치하게 다음과 같은 질문을 덧붙일 수 있을 것이다: 자기 자신을 완전히 아시는 이가 자기에 대한 지식을 피조물들에게 전하실 수 없으랴? 이 가능성을 부인하게 되면, 그것은 성경이 계시하는 대로의 하나님을, 곧 중생의 하나님은 물론 창조와 섭리의 하나님도 부인하는 것이 된다. 반대로, 일반 계시에 나타나는 하나님의 음성 혹은 말씀을 깨닫는 자는 — 즉, 성경적인 선한 의미에서 깨닫는 자는 — 누구든지 특별 계시에서 나타나는 하나님의 음성에 대해 반대할 기본적인 권리를 상실하게 되는 것이다. 하나님께서 일반적인 방식으로 말씀하시니, 특별한 방식으로도 그가 자기 자신을 계시하실 수 있기 때문이다. 상징적인 의미에서도 말씀하실 수 있으니, 직설적인 의미에서도 말씀하실 수 있다. 하나님이 만물의 창조주(Creator)이시니, 그는 또한 재창조주(Re-Creator)이실 수도 있는 것이다.

일반 계시에 나타나는 하나님의 **말씀하심**과 특별 계시에 나타나는 말씀하심은 서로 현격한 차이가 있다. 일반 계시의 경우는 사람으로 하여금 하나님의 손으로 지으신 만물 속에서 그의 생각들을 찾도록 하시는 데 반해서, 특별 계시에서는 하나님께서 친히 그런 생각들을 직접 표현하시며 그런 방식으로 사람의 정신에게 제시하시는 것이다. 이사야 28:26에서 우리는 하나님이 파종하려고 밭을 가는 자에게 적당한 방법을 보이사 가르치셨다는 말씀을 접하게 된다. 그러나 파종하는 자에게 그런 가르침이 글로나 여러 말로나, 학교의 수업 같은 것으로 주어지는 것이 아니다. 오히려 그것은 공기와 땅, 시간과 장소, 곡식과 씨앗 등의 성격을 포함한 모든 자연의 법칙에 포함되어 있고 표현되어 있는 그런 가르침인 것이다. 농부가 해야 할 일은 그런 자연의 법칙들을 모두 아는 일이며, 그렇게 함으로써 하나님께서 그 법칙들 속에서 가르치시는 가르침을 배우게 되는 것이다. 이런 일에서 그는 실수와 오류를 범할 소지가 많다. 그러나 결국에 그 가르침을 터득하게 되면 그것에 대해서 하나님께 감사해야 한다. 만물이 하나님께로부터 온 것이요, 하나님이야말로 말씀과 행위에서 위대하신 분이시니 말이다.

일반 계시에서는 그런 객관적인 가르침이 그 목적에 잘 부합된다. 하나님께서 그 계시로써 의도하시는 것은 사람을 이끄사 그를 더듬어 찾아 발견하도록 하기 위함이며(행 17:27), 그를 발견하지 못할 경우 핑계하지 못하도록 하기 위함이다(롬 1:20). 그러나 특별 계시의 경우 하나님은 이리저리 더듬으면서도 하나님을 발견하지 못하는 사람을 향하여 측은함을 가지시며, 그리하여 하나님께서 친히 사람을 찾으시며 자기가 누구이신지를 사람에게 말씀하시는 것이다. 이런저런 사실들로부터 연역하고 추리하여 하나님이 누구이신지를 알도록 그 일을 사람에게 맡겨두시지 않고, 그가 친히 수많은 말씀으로, 이를테면 "내가 여기 있고 내가 이런 분이다"라는 것을 사람에게 말씀하시는 것이다. 물론 특별 계시에서도 하나님이 자연과 역사의 사실들을 사용하셔서 그의 갖가지 탁월하신 모습들을 계시하시는 것이 사실이다. 그리고 그 사실들이 — 많은 경우 이적들이 이에 해당된다 — 단순히 계시를 보충한다거나 혹은 계시에 덧붙여진 것들이 아니라 계시의 필수적인 요소인 것도 사실이다. 그러나 해석은 우리에게 맡겨둔 채 순전히 그런 사실들만 주어진 적은 한 번도 없다. 그 사실들 주위에 언제나 하나님의 말씀이 가득 둘러싸고 있다. 말씀으로 진행되며, 말씀이 뒤따르며, 말씀으로 뒷받침되는 것이다. 특별 계시의 중심 내용은 그리스도의 인격(person)과 사역(work)이다. 이 그리스도께서 오시기 수세기 전부터 구약 성경에서 선포되고 묘사되며, 그가 나타나셔서 그의 사역을 이루시고 나자 다시 신약 성경의 기록들 속에서 그가 해석되고 설명되는 것이다. 결국 특별 계시는 그리스도께로 이끄는 선(線)을 따라가면서 그 선과 병행을 이루고 또한 연결을 맺으며, 동시에 또한 하나님의 말씀인 성경에로 이끄는 것이다.

물론 일반 계시도 정당한 의미에서 말씀하심이라 부를 수 있으나, 이런 이유 때문에 특별 계시가 일반 계시보다 훨씬 더 정당한 의미에서 말씀하심이라 부를 수 있는 것이다. 히브리서의 첫 절은 구약과 신약의 하나님의 계시 전체를, 선지자들과 아들의 계시 전체를 말씀하심이라는 말로 포괄하고 있다. 그러나 곧바로 이 계시가 여러 시대에 여러 방식으로 주어졌다는 사실을 덧붙이고 있다. "여러 시대에"(한글 개역 개정판은 "여러 부분과"로 번역하고 있다: 역자주)라는 표현을 통해서는, 계시가 한순간에 완전하게 임한 것이 아니라 여러 가지 계속되는 사건들을 통해서 — 그러므로 오랜 역사 전체를 통해서 — 주어졌음을 말씀하고 있다. 그리고 "여러 모양으로"라는 표현을 통해서는, 갖가지 신적인 계시들 모두가 동일한 방식으로 주어진 것이 아니라 시간과 장소, 그리고 방식도 다르게 다양한 형식으로 주어졌음을 말씀하고 있다.

* * * * *

성경의 여러 군데에서(예컨대, 창 2:16, 18; 4:6; 6:13; 12:7; 13:14) 우리는 여호와께서 나타나셔서 말씀하시고 명령하셨다는 사실만 있고, 그것이 어떤 방식으로 주어졌는지에 대해서는 아무런 언급이 없는 것을 보게 된다. 그러나 다른 본문들에서는 계시의 방식에 대해 약간의 빛을 얻을 수가 있는데, 이를 통해서 우리는 하나님께서 계시의 목적으로 사용하신 수단에 두 종류가 있다는 것을 알 수 있다.

첫째로, 외부적이며 객관적인 성격을 띠는 수단들이 있다. 하나님께서는 그런 수단들을 통해서 이를테면 외부로부터 사람에게 나아오시며, 사람에게 나타나셔서 그에게 말씀하시는 것이다. 하나님은 아브라함, 모세에게 자주 그렇게 나타나셨고, 이스라엘 백성에게도 시내산 위에서, 장막 위에서, 지성소 안에서, 구름 기둥과 불기둥 속에서 그렇게 나타나셔서 자신의 임재를 드러내셨다(창 15:17; 출 3:2; 13:21; 19:9; 33:9; 레 16:2 등). 그리고 어떤 때에는 천사들을 통하여 자기의 말씀하실 바를 선언하기도 하시며(창 18:2; 32:1; 단 8:13; 슥 1:9 이하; 마 1:20 등), 특히 하나님의 이름을 지닌 언약의 사자를 통하여 그렇게 하기도 하셨다(출 23:21). 또한 이스라엘에게 자신을 계시하실 목적으로 제비뽑기를 사용하기도 하시며(잠 16:33), 우림과 둠밈을 사용하기도 하셨다(출 28:30). 때로는 귀에 들리는 음성으로 말씀하기도 하시며(출 19:9; 신 4:33; 5:26; 마 3:17; 벧후 1:17), 혹은 증거판에 그의 율법을 친히 기록하기도 하셨다(출 31:18; 25:16).

이적들도 이 계시의 수단에 속하는 것으로 보아야 할 것이다. 성경에서는 이적이 아주 중요한 위치를 차지하고 있다. 오늘날에는 이적들이 사방에서 극심한 공격을 받고 있다. 성경적인 인생관과 세계관을 거부하는 자들을 상대로 성경의 이적들을 변호하려 애쓰는 일은 허사일 것이다. 만일 하나님이 존재하지 않는다면(무신론과 유물론의 논지가 바로 이것이다), 혹은 하나님이 그저 세상과 하나일 뿐이고 인격적이며 독립적인 존재를 지니고 있지 않다면(범신론이 이를 주장한다), 혹은 창조 이후 그가 세상에서 물러나시고 세상이 자기 나름대로 움직여가도록 내버려두셨다면(이는 이신론[理神論: deism]의 주장이다), 이적이 불가능하다는 것이 자명해지는 것이다. 그리고 애초부터 이적의 불가능성이 분명하다면, 이적의 실재성에 대한 논지가 필요 없게 되고 마는 것이다.

그러나 성경은 하나님과 세상과 또한 그 둘 사이의 관계에 대해서 전연 다른 사상을 갖고 있다. 우선, 성경은 하나님이 의식적이요 의지를 지니고 계신 전능하신 존재로서 온 세상을 그 에너지와 법칙들과 더불어 존재케 하셨고 또한 그 과정에서 그의 권능을 결코 완전히 소진하지 않으신 분이시라는 것을 가르친다. 그는 자기 자신 속에 생명과 힘을 무한히 풍성하게 보유하시고 지니신 분이시다. 그에게는 너무 어렵거나 기이한 일이 하나도 없다(창 18:4). 그에게는 모든 일이 가능한 것이다(마 19:26).

게다가 성경은 세상을 그 각 부분들이 그 드러나는 형식에서만 차이가 있고 모두 동일한 본질에 속하여 있는 하나의 단위(a unit)로 보지 않는다. 오히려 성경은 세상을 그 각 지체들이 전체에 속해 있으면서도 모두 각기 다른 속성들을 지니고 있고 각기 다른 기능들을 부여받은 하나의 유기체(an organism)로 보는 것이다. 하나의 세상 속에 갖가지 존재들이 있으며, 그 각각의 존재들은 모두 동일한 신적 권능에 의해서 유지되며 지배를 받으면서도 각기 본질이 다른 것이다. 이처럼 풍성한 세상은 물질과 정신, 육체와 영혼, 땅과 하늘을 포괄하며, 무기체와 유기체, 무생물과 생물, 비이성적 존재와 이성적 존재, 광물과 식물과 동물, 인간과 천사들이 다 거기에 포함된다. 그리고 사람의 존재 내에서도 그의 머리와 그의 마음, 그의 이성과 그의 양심, 그의 생각과 그의 감정 사이에 각기 구별이 있는 것이다. 만물이 서로서로 의존하는 것은 사실이다. 모두가 몸의 지체들이다. 각자가 전체 속에서 자기 나름대로의 위치와 기능을 지니고 있는 것이다.

셋째로, 성경은 하나님과 세상이 물론 서로 다르지만, 그러나 절대로 분리되지 않는다는 것을 가르친다. 하나님은 과연 홀로 유일무이하시며 완전하시고 독립적인 존재이시다. 그러나 그는 세상으로부터 격리되지 않으시며, 오히려 반대로 우리가 그 안에서 그를 힘입어 살며 기동하며 존재하는 것이다(행 17:28). 그는 물론 태초에 만물을 존재케 하신 창조주이시다. 그러나 그는 동시에 그의 전능하고 무소부재(無所不在)한 능력으로 만물을 지탱시키시고 다스리시는 만유(萬有)의 주인이요 소유주시요 왕이시요 주(主)이시다. 그는 태초에는 물론 그 이후로도 계속해서 만물의 제일 원인이시다. 그가 사용하셔서 일하시는 제이 원인들은 각기 다르지만, 모든 피조물의 제일 원인은 오로지 하나님이신 것이다.

우리가 이런 기본 개념들에서 성경에 동의하여 유신론의 견고한 근거 위에 든든히 서 있게 되면, 이적의 가능성에 대해서 의심하거나 혹은 그것을 공격할 근거가 전혀 없는 것이다. 왜냐하면 유신론에 근거하면, 자연과 역사의 모든 현상 하나하나가 하나님의 행위요 그의 역사하심이며, 그런 의미에서 그 하나하나가 다 이적이기 때문이다. 소위 이적이란 만물 속에서 역사하는 그 동일한 신적 능력이 특별히 나타나는 것 이외에 아무것도 아니다. 이 능력이 여러 가지 방식으로 활동하며, 갖가지 법칙에 따라서 갖가지 다른 수단들(제이 원인들)을 사용하여 갖가지 결과들이 나타나는 것이다.

그러므로 돌에게는 나무가 자랄 수 있다는 것이 놀라운 일이며, 나무에게는 짐승이 움직일 수 있다는 것이 놀라운 일이며, 짐승에게는 사람이 생각할 수 있다는 것이 놀라운 일이며, 또한 사람에게는 하나님께서 죽은 자를 살리실 수 있다는 것이 놀라운 일이라는 말이 있는데, 전혀 일리가 없는 말은 아닐 것이다. 하나님께서 그의 무소부재하고 전능한 능력을 통하여 만물들을 그의 수단으로 사용하여 일하실 수 있다는 것이 과연 사실이라면, 그는 그 동일한 능력으로 방식을 달리하여 — 즉, 자연과 역사의 정상적인 과정 속에서 우리에게 친숙해져 있는 그런 방식과 다르게 — 얼마든지 일하실 수 있는 것이다. 이적은 자연 법칙을 침해하는 것이 아니다. 물론 명확하게 분류하지는 않지만 성경은 그런 자연의 법칙들을 충실히 인정하고 있다. 예를 들어서, 성경은 모든 자연의 법칙들이 하나님께서 노아와 맺으신 자연 언약으로 확고히 세워졌음을 말씀하고 있다(창 8:22). 그러나 사람이 그의 이성과 의지로 땅을 정복하고 그의 문화를 수단으로 자연을 지배하고 통제하듯이, 하나님께서도 이 창조된 세계를 그의 경륜을 시행하는 데 쓰여지도록 만들 능력을 지니고 계시다. 이적이 입증하는 바는 세상이 하나님이 아니요 주 여호와께서 하나님이시라는 사실인 것이다.

* * * * *

사람이 타락하지 않았다면, 이런 모든 논지나 주장이 전혀 필요 없었을 것이다. 사람이 하나님의 지으신 것들을 근거로 하나님을 알았을 것이요 또한 그를 인정했을 것이기 때문이다. 만일 죄가 없었더라면 과연 이적이 있었겠느냐는 질문을 구태여 제기하지 않더라도, 우리는 여기서, 만일 이적들이 있었다면 본질도 목적도 달랐을 것이라는 점을 지적하는 것으로 충분할 것이다. 실제로 일어난 것으로 성경이 보도하는 이적들은 그 나름대로 특별한 성격과 목적을 지니고 있는 것들이니 말이다.

구약 성경에서는 심판과 구속이 동시에 나란히 이적들의 목적으로 나타난다. 그러므로 홍수는 그 당시의 불경건한 세대를 멸하는 수단인 동시에, 노아와 그의 가족을 방주 속에 보존하는 수단이기도 하다. 모세와 및 여호수아와 관계되어 일어난 이적들 — 애굽의 재앙들, 홍해를 건넌 사건, 시내산에서 율법이 제정된 사건, 가나안 침략과 정복 등 — 은 하나님의 원수들을 심판하는 목적이 있었고, 동시에 그의 백성들에게는 약속의 땅에서 그들의 안정된 집을 세우는 목적을 지녔던 것이다. 그 후에는 이교도 신앙이 여호와 예배를 전적으로 억압하던 아합과 이세벨의 시대에 엘리야를 통해서 일어나며, 여호와와 바알 사이에 결정적인 대결이 이루어지는 갈멜산 위에서 그 절정에 이른다.

구약 성경의 모든 이적들은 소극적으로는 불경건한 민족들에게 심판을 가하며, 적극적으로는 이스라엘 백성들 가운데 하나님의 계속적인 계시를 위하여 자리를 만들고 보존한다는 공통적인 특징을 지닌다. 이로써 그 이적들은 목적을 이루었다. 곧, 모든 우상 숭배를 대적하여, 이스라엘 백성의 언약의 하나님이 하나님으로 알려지게 되고 인정된 것이다: "이제는 나 곧 내가 그인 줄 알라. 나 외에는 신이 없도다 나는 죽이기도 하며 상하게도 하며 낫게도 하나니 내 손에서 능히 빼앗을 자가 없도다"(신 32:39; 4:35; 사 45:5, 18, 22). 그리고 이 목적이 이루어지자, 곧바로 충만한 계시가 그리스도의 인격(person of Christ) 안에서 뒤따라 나타나게 된다.

이러한 그리스도의 인격은 그 기원에 있어서나, 그 본질에 있어서나, 그 말씀과 역사(役事)에 있어서나 그 자체가 하나의 이적이다. 그것은 과연 세계사의 이적이다. 그러므로 그가 행하시는 이적들은 독특한 본질을 지니고 있다. 우선 그는 지상 생애 동안 친히 수많은 이적들을 행하신다. 그는 자연을 다스리는 자신의 능력을 드러내 보이시는 이적들(물로 포도주를 만드신 이적, 수많은 무리를 먹이신 이적, 폭풍을 잠잠케 하신 이적, 바다 위를 걸으신 이적 등)을 행하셨고, 죄의 결과들, 즉 질병과 삶의 온갖 재난들을 다스리시는 그의 능력을 드러내 보이시는 이적들을 행하셨고, 또한 죄 그 자체를, 즉 죄책과 그 오염, 그리고 사탄의 지배권을 다스리시는 그의 능력을 드러내 보이는 이적들(죄를 사하심, 그리고 사탄과 악령들을 내어쫓으신 이적 등)을 행하셨다. 이 세 종류의 이적들을 통해서 그리스도의 유일무이하신 인격이 표현된 것이다. 그러나 한 가지, 즉 무화과나무를 저주하신 일을 제외하고는, 예수의 모든 이적들은 구속의 성격을 띠는 것들이다. 그가 세상에 오신 것은 세상을 정죄하기 위함이 아니라 구원하기 위함이었던 것이다(요 3:17). 그리스도께서는 이적을 행하심에 있어서도 선지자, 제사장, 왕으로서 적극적으로 행하시며, 이적을 통해서도 그는 아버지께서 그에게 부여하신 일을 행하시는 것이다(요 4:34; 5:36; 9:4).

이러한 그리스도의 인격은 그가 행하신 이적들 이외에도, 그의 안에서, 또한 그에게 행하여진 이적들에서 더욱 선명히 드러난다. 특히 이 이적들에서 그가 누구이신가를 잘 보게 되는 것이다. 초자연적으로 잉태되신 일, 그의 이적적인 삶과 죽음, 그의 부활, 승천, 그리고 하나님 우편에 앉으심 등, 이 모든 것들이야말로 지극히 고유한 구속적인 이적들인 것이다. 이 이적들은 죄와 그 모든 결과들, 사탄과 사탄의 모든 통치권을 다스리는 그의 절대적인 권능을, 심지어 그가 친히 행하신 일들보다 훨씬 더 잘 보여 준다. 그리고 이 이적들은 그리스도의 이 권능이 구속적인 성격을 지닌 중생케 하는 능력이요, 이 능력은 새 하늘과 새 땅에서 비로소 최종적인 승리를 얻게 될 것임을 다른 어떠한 역사들보다 더 잘 보여 주는 것이다.

사도 시대에 첫 증인들을 통해서 행해진 이적들은 높이 올리신 그리스도의 역사하심으로 볼 수 있다(행 3:6; 4:10). 세상이 거부하여 십자가에 못 박고 죽여서 이제 죽은 자로 여겨진 그 예수께서 여전히 살아 계시며 또한 그가 하늘과 땅의 모든 권세를 지니고 계시다는 것을 드러내 보이기 위해서 그 이적들이 필요했던 것이다. 구약 성경의 이적들은 여호와께서 하나님이시요 그 외에는 다른 신이 없다는 것을 보여 주었다. 그리고 신약 성경의 이적들은 유대인들이 십자가에 못 박은 나사렛 예수 그리스도를 하나님께서 다시 살리사 왕이요 구주로서 그의 우편에 앉히셨음을 보여 주는 것이다(행 4:10; 5:30-31). 이 목적이 이루어지고, 교회가 — 성령의 교제를 통하여, 아들 안에서 주어진 아버지의 이 계시를 믿고 고백하는 교회가 — 세상에 세워지자, 눈에 보이는 외형적인 이적들은 중지되었고, 대신 중생과 회심이라는 영적인 이적들이 교회 속에서 계속되어왔고 또한 앞으로도 이방인의 충만한 수가 들어와 온 이스라엘이 구원받기까지 계속될 것이다. 성경에 따르면, 이 시대의 마지막 종말이 이르면, 그리스도께서 재림하시고, 죽은 자들이 다시 살아나며, 심판이 있고, 새 하늘과 새 땅이 임하는 이적들이 더 일어날 것이다.

모든 계시의, 또한 그 계시에 속한 이적들의 목적과 목표는 타락한 인류의 회복과 세상의 재창조, 그리고 하나님을 하나님으로 인정하게 함에 있다. 그러므로 이적이란 계시에 속한 이상스럽고 특이한 요소도 아니요, 계시에 임의적으로 덧붙여진 요소도 아니다. 오히려 이적은 계시의 필수적이요 불가결한 요소인 것이다. 이적들 그 자체가 계시다. 하나님은 말씀과 행위를 수단으로 하여 자신의 모든 탁월하심과 완전하심을 사람들에게 알게 하시는 것이다.

* * * * *

이처럼 외형적이고 객관적인 성격을 띤 첫 번째 종류의 수단에 이어서, 두 번째 종류의 수단이 뒤따른다. 곧, 사람의 내부에서 일어나는 주관적인 모든 수단들이 이에 속한다. 하나님께서는 바깥에서부터 사람에게 말씀하기도 하시지만, 동시에 사람의 속에서 말씀하기도 하시는 것이다.

이것들 가운데 가장 첫째 가는 것은 구약 성경의 중보자인 모세에게 임한 독특한 계시일 것이다. 그것에 대해서 성경은, 주께서 모세를 대면하여 마치 친구와 이야기하듯이 말씀하신 그런 계시로 묘사하고 있다(출 33:11).

구약 성경에서 모세의 역할은 매우 특별한 것이었다. 그는 선지자들 위에 높이 서 있었다. 하나님은 환상(幻想)이 아니라 직접적인 대화로써 그에게 말씀하셨다. 모세는 꿈속에서가 아니라 직접 하나님을 보았다. 그는 하나님의 존재나 그의 얼굴은 보지 못하였으나 그의 형상을 보았으며, 하나님의 영광이 지나간 다음 그 후면을 보았다(민 12:8; 출 33:18-23).

이런 종류의 수단에는 꿈도 있고(민 12:6; 신 13:1-6), 환상, 즉 육안이 외부 세계에 대해 닫혀 있고 영안(靈眼)으로 신적인 일들에 대해 열려 있는 상태(민 12:6; 신 13:1-6)도 이에 속하며, 특히 하나님의 영으로 말미암아 사람의 마음이 감동을 받는 일도 이에 속한다(민 11:25-29; 삼하 23:2; 마 16:17; 행 8:29; 고전 2:12; 벧후 1:21). 이 마지막의 계시 수단은 구약 성경에서도 자주 일어나는데, 일시적으로 위로부터 선지자에게 임하는 성령의 역사하심으로 나타나고 있다. 그러나 신약 성경에서는, 성령이 부어지신 후부터 그런 감동(inspiration)이 계시의 수단으로 더 비근하게 일어나며 또한 더 유기적이고 영구적인 성격을 취하는 것이다.

이 두 종류의 계시 수단은 현현(顯現: manifestation)과 감동으로 각기 분류할 수 있을 것이다. 그러나 이때에 우리가 기억해야 할 것은, 현현이란 결코 그저 행위로만 이루어지는 것이 아니라는 사실이다. 거기에는 생각과 말씀이 함께 포함되는 것이다. 또한 우리는 여기서 뜻하는 감동이란 선지자들과 사도들이 계시를 글의 형태로 기록할 때에 누린 그런 성령의 활동(성경의 영감)과는 다른 것이며, 또한 모든 신자들에게 있는 내적인 조명하심과도 다른 것이라는 점을 기억해야 할 것이다.

제 6 장
특별 계시의 내용

특별 계시가 사람들에게 임하는 여러 가지 방식에 대해 살펴보았으니, 이제는 그 내용을 살펴보기로 한다. 일반 계시를 공부할 때처럼, 여기서도 특별 계시의 역사를 간단하게 조감해 보는 것이 가장 좋을 것이다. 이렇게 하면 구태여 별도로 다루지 않더라도 그 목적도 함께 분명히 드러날 것이니 말이다.

특별 계시는 아브라함에게서 시작된 것이 아니고, 타락 이후부터 곧바로 주어졌다. 그러므로 아브라함이 셈의 8대 손인 데라의 아들이라는 점을 주목하는 것이 중요하다. 그리고 셈에 대해서는 여호와께서 그의 하나님이셨고 계속해서 그러하셨다는 것이 보도되고 있다(창 9:26). 홍수 이전 시대의 셋의 가문의 경우처럼, 홍수 이후에는 셈의 가문을 통해서 하나님을 아는 지식이 가장 길게 또한 가장 순결한 상태로 보존되었다. 그리하여, 여호와께서 아브라함을 부르셨을 때에, 그 하나님은 자신을 다른 하나님으로서가 아니라 아브라함이 이미 알고 있고 고백하고 있는 그 동일한 하나님으로서 나타내신 것이다. 여하튼, 우리는 성경의 다른 구절들을 통해서도, 즉 멜기세덱에 대해 말씀하는 구절들에서도(창 14:18-20), 참 하나님을 아는 지식이 완전히 잃어버려진 상태에 있었던 것은 아니라는 사실을 알게 된다. 게다가, 블레셋 왕 아비멜렉이나 헤브론의 헷 자손들이나 또한 애굽의 바로 등이 아브라함의 하나님을 인지하였고 존귀히 여겼다는 사실도 보고되고 있는 것이다(창 20:3; 21:22; 23:6; 26:29; 40:8; 41:16, 38-39).

언어가 혼잡케 되어 인류가 갈라진 이후, 사람들 사이에 자라난 것은 무신앙(無信仰)이 아니고 미신과 우상 숭배였다. 애굽에서도(출 18:9-12), 가나안에서도(창 15:16; 18:1 이하), 바벨론에서도 그랬다. 심지어 셈의 자손들 가운데서도 참된 신앙이 사라지고 우상 숭배가 생겨났다. 여호수아 24:2과 24:14-15에 의하면, 이스라엘의 조상인 아브라함과 나홀과 하란의 아버지 데라가 강 건너편에 살면서 다른 신들을 섬겼고, 창세기 31:19, 24과 35:2-4에 의하면 라반이 자기 가족의 특별한 신상을 지녔고 또한 그것들을 매우 소중히 여겼다는 것을 알 수 있다. 따라서 라반을 가리켜 아람 사람, 즉 수리아 사람이라 부르는 것이다(창 31:20; 신 26:5).

인류가 미신과 불의에 빠지는 것을 방지하고, 노아와 맺은 자연 언약이 깨어지는 것을 막으며, 또한 인류를 위한 하나님의 목적이 좌절되는 것을 방지하기 위하여, 이제 하나님은 아브라함과 더불어 전혀 다른 조처를 취하신다. 다시 전면적인 홍수로 사람들을 멸하실 수는 없는 일이다. 그러나 다른 백성들은 자기들의 방식대로 행하도록 내버려두고, 한 사람과 — 또한 그 사람 속에서 한 민족과 — 언약을 세우시고 그 언약을 통하여 그의 약속을 추구하시고 그것을 이루어 가시며, 또한 그 목적이 성취될 때에 다시금 온 인류를 그 축복 속에 포함시키실 수는 있는 일이었다. 일시적으로 한 민족을 구별하시는 일이 모든 인류의 영구적인 통일을 위한 수단이 되는 것이다.

그리하여 아브라함에게서 계시사(啓示史)의 새로운 시대가 열리게 된다. 이 계시 가운데 족장들에게 주어진 부분은 사실 그 이전에 주어진 것에 맞추어진 것이요 또한 그 이전의 계시를 그 자체 속으로 흡수시킨 것이며, 동시에 거기서 더 전진하는 것이요 더 발전하는 것이다. 그러므로 이 새로운 계시를 그 자체의 특징 속에서 이해하는 것이 매우 중요하다. 이것이 더 중요한 것은 아브라함에게 주어진 계시와 아브라함의 신앙이 이스라엘에게 주어지는 계시를 위하여 결정적인 역할을 하며 따라서 이스라엘의 신앙의 골자를 이루는 것이기 때문이다.

오늘날에 와서는 많은 사람들이 이스라엘의 신앙의 골자를 올바르게 이해하는 길을 가로막아왔다. 우선 그들은 족장 시대의 역사적인 가치를 전면 부인하면서, 아브라함, 이삭, 야곱 등을 예컨대 호메로스(Homer)의 일리아드(Iliad)에서 칭송하는 그런 반신(半神)적인 존재들이나 영웅들처럼 취급한다. 그 다음 그들은 이스라엘의 신앙이 물활론(物活論: animism), 물신론(物神論:

fetishism), 조상 숭배, 다영론(多靈論: polydemonism) 혹은 다신론(多神論: polytheism) 등 아주 조잡한 이교도적 형태의 종교에서 기원된 것으로 생각한다. 그리고 세 번째로, 그들은 이스라엘의 신앙의 골자가, 후대에, 특히 기원전 8세기의 선지자 시대에 있었던 것처럼, 윤리적 유일신론(唯一神論)으로 ― 즉, 전능하시면서도 정의롭고 선한 존재이신 한 분 하나님을 인정하는 것으로 ― 구성되어 있다는 점을 지적하고자 애쓴다.

구약 성경에 대한 이러한 현대의 사고는 이스라엘의 신앙 전체를, 그리고 다른 민족들의 신앙도 함께, 특별 계시의 혜택이 없이 그저 순전히 자연적인 기초 위에서 서서히 점진적으로 발전되어 가는 것으로 설명하고자 하는 하나의 노력으로 간주할 수 있을 것이다. 그러나, 모든 성경은 그런 견해를 반대하며, 현대의 사고를 이스라엘의 신앙의 기원도 그 본질도 올바르게 이해하려는 노력에서 실패한 것으로 철저히 배격하는 것이다.

이스라엘의 신앙의 기원은 이런 경로를 통해서 찾을 수 있는 것이 아니다. 선지자들이 매번 새로운 다른 신을 들고 나왔다는 논리는 사실이 아닌 것이다. 그들은 언제나, 아브라함과 이삭과 야곱의 하나님이시요 그들의 조상들의 하나님이시며 이스라엘의 하나님이시요 또한 그 백성들이 언약의 조건들로서 반드시 섬기고 예배해야 할 의무를 진 바로 그 동일하신 하나님의 이름으로 말씀을 선포한 것이다. 많은 이들이 이런 사실에 무게를 두어야 한다고 느끼고서 선지자들에게로부터 거꾸로 모세에게까지 거슬러 올라가서 그를 이스라엘 신앙의 진정한 창시자로 간주한다. 그러나 모세 역시 전혀 낯선 어떤 미지의 신의 이름으로 나타난 것이 아니요, 또한 그렇게 나타날 수도 없었다. 만일 그렇게 나타났다면, 그는 결코 백성들에게서 호응을 얻지 못했을 것이다. 오히려 그는 자기 자신을 그 백성들과 그들의 역사에 맞추었고, 그리하여 그는 족장들과 언약을 맺으셨었고 이제 그 약속을 실현시키실 그 신실하신 하나님의 이름으로, 또한 그의 명령을 받아, 그 백성들을 불러모아 애굽에서 건져낸 것이다. 과연, 이스라엘의 신앙의 기원에 대해 진지하게 살펴보게 되면, 우리는 성경과 더불어 족장 시대에까지 거슬러 올라가지 않을 수 없는 것이다.

이스라엘의 신앙의 골자와 본질을 이해하기를 바라면, 이 시대로 거슬러 올라가야만 한다. 이 골자는 분명 소위 윤리적 유일신론에 있는 것이 아니다. 이스라엘의 신앙에 이 요소가 포함되는 것은 사실이다. 이스라엘의 신앙이 하나님이 한 분이시며 전능하시며 의로우시고 거룩하신 존재이심을 주장하기 때문이다. 그러나 이스라엘의 신앙을 결정적으로 특징지어 주는 것은 그것이 아니다. 그런 요소는 이스라엘 신앙의 내용이라기보다는 그 전제였고, 그 신앙의 중심과 핵심은 다른 것이었으니, 곧 한 분이시요 영원하시며 의로우시고 거룩하신 하나님이 친히 언약 속에서 자신을 이스라엘의 하나님으로 규정지으셨다는 사실이었다.

* * * * *

사도 바울이 바로 그렇게 이해하였다. 로마서 4장에서(이를 갈 3:5 이하와 비교하라) 바울은 아브라함이 하나님께로부터 받은 바 특징적인 것이 무엇인지를 묻는다. 그리고 창세기 15:6을 근거로 그 질문에 대답한다. 그는 그 특징적인 것이 행위에 있지 않고 믿음의 의에 있다고 말씀한다. 다시 말해서, 죄 사함의 은혜에, 공로가 없이 베풀어지는 하나님의 사랑에 있다는 것이다. 훗날 다윗이 죄 사함이 죄인에게 축복이 되는 것으로 생각했듯이 말이다.

게다가 사도는, 이런 큰 은혜의 선물이 아브라함이 할례를 받은 상태에서 주어진 것이 아니고 그보다 훨씬 전에 주어졌으며(창 15:6), 할례를 제정한 일은 그보다 십사 년이 지난 후에 이루어진 것으로(창 17장) 믿음의 의를 전제로 하는 것이며 그 의의 표징이요 인(印)으로서의 역할을 한 것이라고 주장한다. 결국, 죄 사함, 그리고 구원 전체는 율법과 율법의 요구와는 전연 별개의 것이다. 또한 이 은혜가 적용된 보편적인 범위도 마찬가지다. 아브라함에게 그가 여러 민족의 아버지요 세상의 후사가 될 것이라는 약속이 임한 사실은 율법으로 말미암은 것이 아니고, 율법이 있기 오래 전에 율법과는 별개로 주어진 것이었다.

사도의 논지 전체가 구약 성경의 역사에 의존하는 것이다. 그리고 그 역사의 전면에 서 있는 것은 바로 이것이니, 곧 아브라함이 하나님에 대해서 무엇을 알고 있었고 그 하나님을 위해서 무엇을 했느냐가 아니라, 하나님이 아브라함에게 무엇을 주셨느냐 하는 것이다. 첫째로, 아브라함을 찾으시고 그를 부르시고, 그를 가나안으로 인도하신 분이 바로 하나님이시다. 둘째로, 자신이 아브라함과 그의 자손에게 하나님이 되시겠다고 약속하신 분이 바로 하나님 자신이시다. 셋째로, 그 하나님은 아브라함에게, 눈에 보이는 현실과는 정반대로, 그에게 후손이 있을 것이요 큰 민족의 아버지가 될 것이요 또한 그 민족이 가나안을 그 기업으로 받을 것임을 약속하신다. 넷째로, 하나님은 아브라함이 그의 후대에 가서 땅의 모든 민족들에게 복이 될 것이라고 말씀하신다. 그리고 다섯째로, 하나님은 이 약속을 언약의 보증과 더불어 제시하시며, 할례의 표징으로 인치시고, 아브라함의 믿음을 시험한 이후 그 약속을 맹세로 확증하신다(창 12:1-3, 7; 13:14-17; 15:1 이하, 17-21; 17:1 이하; 18:10; 22:17-19).

이 모든 약속들이 다 아브라함에게 베푸신 하나님의 계시의 내용을 구성한다. 이 모든 것들의 중심에 한 가지 위대한 약속이 있으니, 곧 "내가 네 하나님이 되며 네 백성의 하나님이 되리라"는 것이 그것이다. 이 약속들은 그 백성과 이스라엘 땅을 통하여 그리스도에게까지 확대되며, 그리스도 안에서 온 인류와 온 세상에까지 확대된다(롬 4:1 이하). 율법이 아니라 복음이, 요구가 아니라 약속이 그 계시의 핵심인 것이다. 그리고 인간의 편에서는 그것과 일치하는 것이 믿음이요 또한 믿음의 행위, 혹은 믿음의 행실이다(롬 4:16-22; 히 11:8-21). 약속은 믿음이 아니고서는 우리의 것이 될 수가 없고, 믿음은 의로운 행실로 표현되는 것이다(창 17:1). 아브라함은 믿는 믿음의 모범이요, 이삭은 온유한 믿음의 모범이요, 또한 야곱은 싸우는 믿음의 모범인 것이다.

이스라엘 백성의 본질과 소명이 이미 족장들의 역사 속에서부터 우리를 위해 묘사되고 있다. 땅의 열방들이 자기들 멋대로 행하며 일반 계시로 그들에게 주어진 것을 발전시켜가고 있는 동안, 하나님의 창조의 역사하심(창 18:10; 신 32:6; 사 51:1-2)이 아브라함에게서 한 민족을 부르셔서 존재케 하신 것이다. 아브라함과 마찬가지로 이 백성도 믿음으로 말미암아 살아야 하고, 그 기업의 땅이 자기들 자신의 힘 덕분이 아니라 오로지 하나님의 은혜 덕분임을 인정해야 했다. 그리고 이삭처럼 그 백성이 여호와의 구원의 약속을 신실하게 기억할 때에, 그리고 야곱처럼 그 약속의 성취를 향하여 싸우며 나아갈 때에야 비로소 그들이 주변의 열국들을 다스리는 복을 누리게 될 것이었다. 인간적인 계산이나 계획으로는 그 약속의 성취를 촉진시킬 수가 없고, 인간의 연약함과 죄도 결코 그 성취를 방해할 수가 없는 것이다. 심지어 죄를 범하시는 동안에도, 하나님은 그의 목적이 이루어지도록 역사하신다. 그러므로 고난을 통해 연단을 받고 힘이 깨어진 상태에서 오직 믿음과 기도의 싸움을 통해서 승리를 이룰 때에 비로소 이스라엘이 야곱처럼 그 여호와의 약속과 축복에 참여하게 되는 것이다. "당신이 내게 축복하지 아니하면 가게 하지 아니하겠나이다"(창 32:26; 호 12:4).

* * * * *

이 약속은 그 이후에 주어지는 구약 성경에 나타난 모든 계시들의 내용이기도 하다. 그것이 정교하게 되고 발전하는 것은 물론이다. 그리고 이 약속은 또한 이스라엘 신앙의 핵심이요 골자로 남는다. 사실, 하나님이 그때에 제정하신 시내산 언약과 율법적인 경륜이 새 시대의 시발점을 이룬다. 그러나 이스라엘의 신앙과 구약의 경륜의 본질을 이해하기 위해서는, 과거 아브라함에게 주어진 그 약속이 후대의 율법의 경륜으로 인하여 폐지된 것이 아니라는 확신을 깊이 갖는 것이 필수적이다.

사도 바울이 다시 이 점을 우리에게 분명하게 가르치고 있다.

갈라디아서 3:15 이하에서 바울은 아브라함과 그 후손에게 주어진 약속을, 일단 확정된 이후에는 그 누구도 감히 폐기할 수 없는 하나의 약정(an agreement) 혹은 유언과 비교한다. 아브라함에게 주어진 하나님의 약속과 거기에 포함되어 있는 모든 혜택도 마찬가지다. 그 약속들은 값없이 주어진 하나님의 경륜이다. 그것들은 이를테면 하나님이 아브라함과 그 후손에게 행하신 것이요, 따라서 하나님의 인도하심에 의하여 때때로 그 후손의 손에 들려져야 하는 것이다. 아브라함에게서 혈연적으로 나온 모든 사람들이 전부 이 은혜를 받는 후손에 속한 것이 아니다. 하갈과 그두라가 낳은 자손들

(창 17:20; 25:2)은 그런 사람들이다. 성경은 "씨들", 즉 여러 세대들이나 여러 족속들에 대해 말씀하지 않고, 오로지 야곱에게서 나오게 될 하나의 "씨", 한 세대를 말씀하는 것이다. 그리고 그것은 바로 약속의 아들 이삭에게서 나올 씨요, 세대요, 백성이며, 결국 탁월하신 씨인 그리스도에게서 나는 씨인 것이다.

하나님께서는 언약을 통한 약속으로 아브라함과 그의 씨에게 그의 구원의 소유물들(properties)을 양도하셨는데, 이는 그 소유물들이 언젠가는 그리스도께 속할 것이며, 그의 소유가 되며, 또한 그리스도께서 그것들을 온 세상에서 모아들인 교회에게 주실 것임을 시사하는 것이다. 결과적으로 언약을 통해서 아브라함에게 주신 약속은, 결코 인간적인 조건에 의존하지 않고 오직 하나님의 주권적인 경륜에 의해서 주어진 것이므로 후에 주어지게 되는 보충적인 율법에 의해서 결코 폐기될 수가 없는 것이다. 만일 그것이 폐기되었다면, 하나님께서는 자기가 친히 하신 약속을, 그 자신의 역사하심을, 그 자신의 언약과 맹세를 무효화시키신 것이 되는 것이다.

결국 두 가지 가능성밖에는 없다. 그 약속에 포함된 혜택들을 우리가 그 약속을 근거로 받든지, 아니면 그 혜택들을 율법을 근거로 해서나, 은혜를 통해서나 아니면 공로를 통해서나, 믿음을 통해서나 아니면 행위를 통해서 받게 되든지, 둘 중의 하나일 것이다. 할례가 제정되기 전에 아브라함이 이미 약속을 근거로 믿음의 의를 받은 것이 분명하다. 이스라엘 백성들은 족장 시대와 애굽의 노예 기간에 이르기까지 수백 년 동안을 오직 그 약속을 근거로 동일한 은혜를 받은 것이 분명하다. 왜냐하면 율법이 아직 없었기 때문이다. 그리고 하나님께서는 그 약속을 아브라함과 그의 자손에게 주셨는데, 그 약속은 그리스도에게도 해당되는 것이요, 또한 그의 안에서 온 인류에게 주어지는 것이었음이 분명하다. 그리하여 하나님은 그 약속을 하나의 영원한 언약으로 주셨고 고귀한 맹세로 확증해 주신 것이다(창 3:17; 히 6:13 이하). 이 모든 것이 사실이라면, 하나님께서 훗날 이스라엘에게 주신 율법이 하나님의 그 약속을 폐기하는 일은 불가능한 일이었던 것이다.

* * * * *

그러나, 이것이 사실이라면 다음과 같은 질문이 더 중요해진다. 곧, 그렇다면 하나님께서는 어째서 율법을 이스라엘에게 주셨는가 하는 것이 그것이다. 다시 말하면, 율법으로 시작되는 그 은혜 언약의 경륜의 의미와 중요성은 무엇이며, 또한 이스라엘의 신앙의 본질 혹은 골자는 무엇인가 하는 것이다. 이런 질문이 바울의 시대에도 중요했고, 오늘날 우리의 시대에도 그에 못지않게 중요하다.

사도 시대에는, 이스라엘의 신앙의 골자를 율법에서 찾고 그리하여 이방인들이 이스라엘을 통하여, 즉 할례와 율법 준수를 통하여, 기독교로 나아올 것을 요구하는 사람들이 있었다. 그리고 이와는 달리 율법을 천박한 신에게 속한 것으로 보며 또한 천박한 신앙적 입장을 대변하는 것으로 보면서 율법을 멸시하는 이들도 있었다. 그 당시에 율법주의(nomism)와 반율법주의(antinomism)가 함께 존재하면서, 서로 정반대되는 양극단의 입장을 대변하고 있었던 것이다.

물론 명칭도 다르고 나타나는 형태도 다르지만, 오늘날에도 동일한 태도들이 존재하고 있다. 어떤 이들은 이스라엘의 신앙의 골자를 윤리적 율법주의 ― 즉, 하나님이, 우리에게 오직 그의 계명들을 지킬 것만을 요구하시는 그런 거룩하신 하나님이시라는 것을 인정하는 태도 ― 에서 찾는다. 그리고 이 사람들은 기독교의 골자도 동일한 시각으로 바라보면서, 양자 사이의 차이를 무시한다. 즉, 개화된 유대인과 개화된 그리스도인이 서로 정확히 동일한 신앙을 고백한다고 보는 것이다. 그러나 이와는 달리, 영적인 자유라는 높은 위치에 서서, 천하고 편협하며 케케묵은 율법주의적 유대교를 멸시하는 이들도 있다. 이들은 유대인의 손에서 인류를 해방시키는 것을 최고의 이상으로 여긴다. 그들은 모든 악을 추적하여 유대교에게로 돌리며, 모든 선을 인도 유럽 종족(Indo-European race)에서 찾는다. 그리하여 셈족의 정서와 반(反) 셈족의 정서가 서로를 대적하며, 그러면서도 극단적인 경우에는 그것들이 동일한 오류 속에서 만나는 일이 잦은 것이다.

바울의 경우를 보면, 율법의 의미와 의도의 문제가 그에게 너무도 중요했기 때문에 그의 서신서들에서 거듭거듭 그 문제를 다루고 있다. 그 문제에 대해 바울이 제시한 해결은 다음과 같다.

첫째로, 율법은 약속에 덧붙여진 것이요, 후에 주어진 것이요 따라서 본래 약속과 연관된 것이 아니었다는 것이다. 약속이 주어진 후 오랜 세월이 지나서야 비로소 율법이 선포되었다. 그리고 율법이 주어졌다 해도, 그것은 일시적이요 잠정적인 성격을 띠는 것이었다. 약속은, 혹은 은혜 언약은 영원하지만, 율법은 아브라함의 참된 자손인 그리스도께서 오셔서 그 안에서 그 약속이 성취되고 그가 그 약속의 내용을 받으셔서 나누어주실 때가 오기까지만 지속되는 것이었다(롬 5:20; 갈 3:17-19).

둘째로, 율법의 일시적이며 잠정적인 성격은 이미 그 기원에서부터 표현되고 있다. 율법의 기원이 하나님께 있는 것은 사실이다. 그러나 하나님은 그것을 이스라엘 백성 한 사람 한 사람에게 직접 주신 것이 아니다. 온갖 종류의 매개 수단들이 있었던 것이다. 하나님의 편에서는, 율법은 천사들을 통해서, 번개와 우레 가운데서, 캄캄한 구름 속에서, 큰 나팔 소리와 더불어 주어진 것이었다(출 19:16-18; 히 12:18; 행 7:38, 53; 갈 3:19). 그리고 두려움에 휩싸여 산 아래에서 서 있을 수밖에 없었던 이스라엘 백성의 편에서 보면, 모세가 부르심을 받아 중보자의 역할을 감당했고, 그가 하나님과 말씀하며 율법을 받은 것이다(출 19:21 이하; 20:19; 신 5:22-27; 18:16; 히 12:19; 갈 3:19-20). 그러나 약속은 그렇지 않다. 약속은 천사를 통해서 전달되지 않았고, 하나님의 아들로 말미암아 친히 우리에게 주어진 것이다. 또한 우리 편에서 볼 때에, 우리에게 주어지는 율법을 받기 위하여 우리가 누군가를 지명하여 중보자의 역할을 하게 한 일이 없다. 그리스도 안에서 모든 신자들 개개인이 그 약속에 참여하게 되는 것이다(요 1:17; 갈 3:22, 26).

셋째로, 율법은 하나님께로부터 오는 것이므로 거룩하며 의롭고 선하며 신령한 것이다. 비록 죄가 율법을 그 기회로 삼기는 하지만, 율법은 어떤 의미에서도 죄의 기회나 죄의 원인이 되지 않는다. 사실상, 율법 그 자체는 전혀 힘이 없는 것은 아니다. 율법이 생명에로 향하는 것이기 때문이다. 율법이 사람에게 아무런 힘을 주지 못하는 것은 사람의 죄악성 때문인 것이다. 그러나 그렇다고 해서, 율법과 약속이 서로 정도의 차이가 아니라 종류의 차이가 있다는 것을 부인하는 것은 아니다. 율법이 약속을 대적하는 것도, 약속과 충돌하는 것도 아닌 것은 사실이다. 그러나 그렇다 할지라도 율법은 약속에 속한 것도 아니요 또한 믿음에 속한 것도 아니다. 그러므로 율법이 약속을 폐기하기 위하여 주어진 것일 수가 없는 것이다. 율법은 약속과 본질도 다르고, 또한 그 목적도 다른 것이다(롬 7:7-14; 8:3; 갈 3:17, 21).

넷째로, 하나님께서 율법을 주신 특별한 목적은 이중적인 성격을 띤다. 첫째로, 율법은 범법(犯法)함을 인하여(갈 3:19), 즉 범법 행위를 더 심각하게 만들기 위해서 약속에 덧붙여진 것이다. 율법이 주어지기 전에도 죄가 있었던 것은 사실이다(롬 15:12-13). 그러나 그때의 죄는 다른 것이었다. 바울이 일반적인 죄와 구별하여 말하는 그런 의미에서 "범법함"은 아니었던 것이다. 그러나, 아담이 생명 혹은 사망을 좌우하는 명령을 받은 것처럼(롬 5:12-14), 이스라엘의 경우에도 계명을 순종하는가 혹은 불순종하는가에 따라서 생명을 기업으로 받을지 혹은 사망을 받을지가 좌우되었는데, 이때에는 죄가 다른 성격을 띠게 된다.

이 죄는 생명 혹은 사망의 여부를 결정짓는 율법을 어기는 죄이므로, "범법함"이 되는 것이었다. 그것은 언약을 깨뜨리는 성격을 띠며, 하나님께서 아담과 맺으신 행위 언약에서 세우셨고 또한 이스라엘과 맺으신 시내산 언약에서 세우신 바 그 독특한 관계에서 벗어나게 하며 그 관계를 어긋나게 하는 성격을 띠는 것이었다. 그런 율법이 없어도 죄는 여전히 죄로 남아 있지만, 그러나 "범법함"은 없는 것이다(롬 4:15). 이방인들의 죄는 분명 죄다. 그러나 그 죄들은 이스라엘의 경우와는 달리 언약을 깨뜨리는 것이 아니다. 그리고 이스라엘의 경우처럼 하나님이 율법을 주신 일이 없으므로, 이방인들의 경우는 그 율법이 없이 정죄를 받는 것이다(롬 2:12).

다시 말하지만, 이스라엘의 경우 죄가 범법함이 될 수 있었던 것은, 그들이 생명의 약속과 사망의 위협이 덧붙여진 율법을 하나님께로부터 받았기 때문이다. 그러므로 말하자면 그것을 가능하게 만든 것이 바로 율법이었다 하겠다. 결국 이런 의미로 볼 때에 바울로서도, 시내산의 율법이 비록 거룩하며 결코 죄의 원인이 아니지만 그럼에도 불구하고 "범법함"을 더하게 하기 위하여 약속에 덧붙여졌다고 말할 수 있으며, 또한 그 율법이 죄의 힘이며 또한 욕망을 부추기는 것이라거나, 죄가 계명을 기회로 삼아 범법함이 된다거나, 그런 율법이 없다면 죄가 잠자고 죽어 있게 된다거나, 또한 율법이 범죄(offense)를 ─ 즉, 일반적인 의미에서의 죄가 아니라, 본질적으로 언약을 어기고 깨뜨리는 성격에 속한 특별한 죄들이란 의미에서 범죄를(갈 3:19; 롬 5:13, 20; 7:8; 고전 15:56) ─ 많게 만든다고도 얼마든지 말할 수 있는 것이다. 그러나 율법이 존재하는 결과로 이 모든 것들이 일어나는 것이므로, 율법은 반드시 진노를 불러일으키며, 즉 신적인 형벌을 위협하며, 모든 사람들과 그들의 모든 행위에 대해 심판을 선언하며, 사람을 의롭다 하기는커녕 오히려 모든 사람들을 저주 아래 놓으며 하나님의 진노를 당하도록 만들게 되어 있다(롬 3:19-20; 4:15; 갈 3:10-12). 그러므로, 구약 시대에 죄 사함과 영생을 얻은 사람들이 있다면, 그것은 율법 덕분이 아니라 약속 덕분이었던 것이다.

그러나, 범법함을 증가시키고 심판을 가중시키는 이런 부정적인 목적도 지니지만, 율법은 동시에 긍정적인 목적도 지닌다. 율법은 죄에다 범법함, 언약을 깨뜨림, 불성실함 등의 성격을 부여함으로써, 그 모든 것을 죄로 만들고, 또한 마음의 은밀한 욕심을 죄로 드러나게 만듦으로써, 즉 하나님의 율법과 모순을 일으켜 하나님의 진노와 죽음의 저주를 받아 마땅하게 만듦으로써(롬 3:20; 7:7; 고전 15:56), 그렇게 함으로써 율법은 약속이 필연적으로 있어야 한다는 사실을 분명하게 드러내며, 또한 과연 죄인이 의롭다 하심을 받는 일이 가능할진대 율법이나 율법의 행위에 근거한 것이 아닌 무언가 다른 의(義)가 있어야 한다는 사실(갈 3:11)을 입증해 주는 것이다. 그러므로 율법은 약속과 모순이 되는 것이 아니라, 약속을 끊임없이 성취에 이르도록 하기 위해 하나님께서 사용하시는 수단의 역할을 감당하는 것이다. 마치 감옥에 갇힌 자가 통제를 받고 움직일 자유를 상실하듯이, 율법이 이스라엘을 제한하고 통제하는 것이다. 율법은 마치 "초등 교사"처럼, 이스라엘을 손으로 붙잡고 나아가며, 언제나 어디서나 이스라엘을 따라다니며, 한순간이라도 시야에서 벗어나도록 내버려두지 않았다. 보호자요 후원자로서 율법은 이스라엘로 하여금 약속의 필연성과 그 영광을 알고 사랑하기를 배우도록 하기 위하여, 그들을 철저하게 주시하기를 계속하였다. 말하자면, 율법이 없었다면, 약속과 그 성취가 아무것도 아닌 것이 되어 버렸을 것이다. 그렇게 되었다면, 이스라엘은 곧바로 이교도 신앙으로 빠져 들어갔을 것이고, 하나님의 계시와 그 약속은 물론 자신의 신앙과 또한 열방 중의 그 위치까지도 잃어버리고 말았을 것이다. 그러나 이제 율법이 이스라엘을 품어 안아서 지켜왔고, 그들을 격리시키고 홀로 유지시켜왔고, 붕괴되지 않도록 그들을 보호하여왔으며, 그리하여 하나님께서 그의 약속을 순전하게 보존하시고 더 넓은 범위를 주시고 발전시키시고 증가시키시며, 언제나 그 성취를 향해 가까이 가도록 하실 수 있는 하나의 명확한 영역을 창조해 놓았으며, 이렇게 해서 율법은 약속의 성취를 위해 섬겨온 것이다. 율법은 모든 사람을 하나님의 진노 아래와 죽음의 선고 아래 가져다 놓았고, 모든 사람을 죄의 범위 속에 묶어 둠으로써, 아브라함에게 주어졌고 그리스도 안에서 성취되는 그 약속이 모든 신자들에게 베풀어지며 그리하여 이 모든 신자들이 자녀로서 얻을 기업에 이르도록 해 주는 것이다(갈 3:21; 4:7).

* * * * *

이런 사도 바울의 관점을 취하면, 구약의 하나님의 계시나, 이스라엘의 신앙이나, 율법의 의의나, 역사와 예언의 의의나, 시편과 지혜서들의 의의에 대해 정말로 환하게 바라볼 수 있게 된다.

모세의 등장과 함께 정말 새로운 시대가 하나님의 계시와 이스라엘 역사 속으로 들어오게 된다. 그러나 아브라함에게 주어진 계시가 그 이전의 하나님의 선언들을 깨뜨리는 것이 아니고 오히려 그것들을 흡수하고 계속하듯이, 율법 아래에서 베풀어지는 하나님의 은혜의 경륜도 율법 이전에 베풀어진 하나님의 은혜의 경륜을 계속하는 것이다. 율법은 약속에 덧붙여진 것으로서 약속을 무효화시키거나 폐기시킨 것이 아니라, 오히려 약속을 그 자체 속에 취함으로써 약속의 발전과 성취에 기여한 것이다. 약속이 주된 것이고, 율법은 거기에 종속되는 것이다. 약속이 목표요, 율법이 그 수단이다. 하나님의 계시의 핵심과 이스라엘의 신앙의 중심은 율법에 있는 것이 아니라 약속에 있는 것이다. 그리고 그 약속이 하나님의 약속이므로, 그것은 속이 빈 소리가 아니요 권능이 충만한 말씀이요 하나님을 기쁘시게 하는 모든 일을 이루고자 하는 의지의 표현이다(시 33:9; 사 55:11). 그러므로 이 약속은, 그리스도 안에서 성취되기까지 이스라엘의 역사를 추진하는 힘인 것이다.

이사야 29:22에 의하면, 아브라함은 갈대아 땅에서 하나님의 부르심을 받아 구속함을 받으며 그 이후 하나님의 값없으신 경륜으로 말미암아 언약의 약속을 받는데, 이와 마찬가지로 이스라엘도 먼저 여호와의 인도하심을 받아 애굽으로 가서 바로에게 종노릇하는 처지가 되었다가 그 후에 이 비참한 처지에서 구속함을 받아 하나의 민족으로서 시내산에서 하나님과의 언약 속에 들어가게 된다. 애굽에서의 종노릇, 하나님의 강력한 손과 펴신 팔로 말미암아 이 종노릇의 상태에서 해방된 일, 그리고 시내산 언약 등, 이 세 가지 사건들이야말로 이스라엘 역사의 기반이요 또한 이스라엘의 종교적·윤리적 삶이 서 있는 기둥인 것이다. 이것들은 세대세대마다 기억하며 살아간 사건들로서, 역사서에서나 시가서에서나 예언서에서 끊임없이 언급되고 있으므로, 아무리 급진적인 비평가라 할지라도 그 역사적 실재성을 부인할 수가 없는 것이다.

더욱이 이 의미심장한 사건들은, 율법이 약속을 폐기하기 위해 주어지지 않았고 또한 그럴 수도 없었다는 증거를 제시해 준다. 오히려 반대로, 하나님이 불타는 가시떨기 속에서 모세에게 나타나셔서 그를 부르셨는데, 그때 그 하나님은 전혀 낯선 미지의 하나님이 아니셨고, 아브라함과 이삭과 야곱의 하나님이셨고, 그 백성의 괴로움을 보셨고 그들의 부르짖음을 들으신 하나님이셨고, 또한 그는 신실한 자란 뜻의 여호와라는 이름을 취하신 분으로서 이제 그의 약속을 이행하사 그 백성을 그 비참한 종노릇에서 구원하시기 위해 강림하시는 그런 하나님이셨던 것이다(출 3:6 이하). 그러므로 이스라엘은 호렙산에서 비로소 처음 하나님의 백성이 된 것도 아니고, 율법을 근거로 하여 그의 백성으로 인정받은 것도 아니다. 이스라엘은 이미 약속을 근거로 하나님의 백성이 되어 있었고, 또한 그 동일한 약속을 근거로 이제 그 비참한 상태에서 구속받게 된 것이다. 비참한 상태와 또한 구속이 시내산에서의 율법 제정보다 앞서는 것이다. 그리고 아브라함이 그의 부르심을 통하여 구속받고 어린아이 같은 믿음으로 하나님의 약속을 받은 다음 그 약속에 따라서 하나님의 면전에서 거룩하게 행하여야 했던 것처럼(창 17:1), 이스라엘도 하나님의 강한 팔로 애굽의 종의 상태에서 자유함을 받은 후에, 시내산에서 새로운 순종을 의무로서 교훈받게 된 것이다. 모세를 통하여 그 백성에게 주어진 율법은 감사의 율법이었다. 그것은 구속의 결과로 임한 것이요 약속을 전제로 하며 그 약속에 근거하는 것이었다. 하나님께서는 그의 강한 역사로 그 백성을 그의 영광의 처소로 인도하셨다(출 15:13). 그는 독수리 날개로 그 백성을 안으사 그들을 자기에게로 데려 가신 것이다(출 19:4; 신 32:11-12). 그리하여 율법이 다음과 같은 전문(前文)과 함께 제시되는 것이다: "나는 너를 애굽 땅, 종 되었던 집에서 인도하여 낸 네 하나님 여호와니라"(출 20:2; 신 5:6).

그러나 이러한 언약의 관계에는 이제 좀 더 구체적인 순종의 질서가 요구된다.

그저 몇 가문들이 아브라함에게 주어진 약속의 축복을 누렸던 족장 시대에는 더 구체적인 규정이 필요가 없었다. 그리고 그 백성이 종노릇하는 괴로움 속에서 한숨 쉬며 살던 애굽에서는 구체적인 규정이 있을 여지가 없었다. 그러나 이제 이스라엘이 구속되었고, 자기 자신의 손으로 살아가는 자유로운 독립 백성이 되었다. 그러므로 이스라엘이 이 새로운 처지에서도 여전히 하나님의 백성이요 민족으로 남아 있으려면, 은혜 언약이 하나의 민족적인 언약의 형태를 취해야 했을 것이고, 약속도 ― 그것이 유지되고 더 발전되기 위해서는 ― 율법의 도움을 받아야 했을 것이다.

이것이 더더욱 필요했던 것은 이스라엘이 ― 바울이 말하듯이 ― 아직 어린아이의 상태에 있었기 때문이다. 이스라엘은 애굽에서 아주 힘겨운 학교를 통과했고, 종살이의 경험을 통하여 속박의 상태를 깊이 알았고, 또한 도움과 뒷받침이 필요하다는 것을 깊이 절감하였다. 그러나 이스라엘이 즉시 독립을 위한 준비가 되어 있었던 것이 아니었다. 출애굽 시에나 광야에서나, 모세의 모든 지혜와 온유함이 그 백성에게 필수적인 지도력을 공급해야 했던 것이다(민 12:3). 이 이스라엘을 가리켜 거듭거듭 목이 곧은 백성이라 부르는데, 이는 그들이 계속해서 하나님의 명령에 순종하지 않을 것이기 때문이다(출 32:9; 33:3; 34:9; 신 9:6 등). 광야에서나 후에 가나안에 들어가서나, 이스라엘은 계속해서 어린아이의 모습을 드러내 보인다. 이 백성은 지각 있고 이성적인 백성이 아니었다. 자신에 대한 깨달음이나, 짚어보는 자세나, 철학적인 정신, 추상적 사고력 같은 것이 없었다. 게다가 이들은 느낌과 감정에 따라 움직이는 백성이었던 것이다.

결국 이스라엘은 한 편으로는 온갖 감동들을 매우 잘 받아들이고 느낌의 세계에 매우 민감한 상태였고, 따라서 이 땅과 하늘의 권능의 영향을 받기에 매우 좋은 상태가 되어 있었다. 이런 점에서 하나님께서 친히 그들을 그의 계시를 받아 지니는 자들로 삼으신 것이다. 이스라엘의 이런 성격을 우리는 성경에 나타나 있는 모든 하나님의 사람들에게서 접하게 된다. 그들은 여호와의 부르심을 존귀히 여겼고, 그 부르심에 겸손하게 어린아이같이 응한 것이다: "내가 여기 있나이다. 여호와여, 주의 종에게 말씀하옵소서. 주의 말씀을 따라 내게 이루어지이다!" 그들은 여호와의 말씀을 받고, 그것을 지키며 마음속에 그것을 보존한 것이다. 그러나 반면에, 출애굽기 32:8에 나타나는 대로 이스라엘은 "내가 그들에게 명령한 길을 속히 떠나게" 될 소지가 많았다. 곁길로 빠지고, 꾸준하지 못하며, 변덕스럽고, 기분에 따라 이리저리 방황하는 성향이 있었고, 어떤 인물이나 사건으로 인해 쉽게 기울어지고, 열정적이며, 불타는 증오로 증오하고, 어머니의 사랑보다 더한 깊고 부드러운 사랑으로 사랑하며, 지금은 죽을 것 같이 괴로워하다가도 곧바로 기쁨에 넘쳐서 하늘에까지 솟아오르며, 서방의 고요함을 지니지 못하고 언제나 동방의 격정에 끓어오르며, 파와 마늘(민 11:5) 등의 자극성 있는 음식이나 팥죽(창 25:34), 맛있는 고기(창 27:14 이하)를 좋아하고, 화려한 색깔과 호화로운 의복과 향(香)과 보석들과(수 7:21; 사 3:18 이하), 햇빛에 반짝이는 모든 것들에 매혹되는 그런 사람들이었다. 다 코스타(Da Costa: 유대 철학자: 1585-1640)와 하이네(Heine: 유대계 독일의 시인: 1797-1856)가 모두 이스라엘 자손인 것이다.

이스라엘이 그런 사람들이니 만큼, 약속을 수단으로 하여 땅의 모든 족속들에게 복이 되어야 할 그 부르심을 이행하기 위해서는, 그들이 율법의 보호와 징계 아래 있어야 했다. 그리고 율법의 본질이 이러한 요구에 부응하는 것이다.

첫째로, 율법은 약속에서 나온 것도, 믿음에서 나온 것도 아니고, 다만 약속에 덧붙여진 것으로서 그 약속을 폐기하는 것이 아니라 그것의 성취를 위하여 길을 마련하는 역할을 하는 것이다. 오늘날에는 율법의 역할과 약속의 역할을 서로 뒤바꾸려 하는 사람들이 많다. 그들은 율법과 선지자에 대해서 논하지 않고, 선지자와 율법에 대해서 논하면서, 모세오경에 기록된 율법들이 모세 이후 여러 세기가 지난 후에야 비로소 주어진 것이며, 그 상당 부분은 심지어 바벨론 포로 이후에 주어진 것이라는 견해를 주장한다. 이렇게 보면, 하나님의 계시와 이스라엘의 신앙의 주류를 이루는 것이 율법이 아니라는 것을 주장하게 된다. 약속이 율법보다 선행하며 최고의 자리를 차지하고 있었고, 율법은 약속의 수단이었던 것으로 보게 되는 것이다. 그렇다면, 모세의 율법을 후대의 제이의, 제삼의 편집자들이 재검토하여 그 시대의 정황에 맞추어 삽입이나 추가의 방법으로 율법을 풍성하게 만들었다는 것이 얼마든지 가능하게 된다. 율법은 그 전체가 일시적이요 잠정적인 성격을 지녔기 때문이다. 모세부터도 이미 신명기에서 여러 가지 수정을 가한 바 있다. 그러나 예언이 율법보다 선행한다는 이런 견해는 사실에도 어긋나고, 율법의 본질에도, 예언의 본질과 기능에도, 또한 건전한 추론에도 역행하는 것이다. 기원전 8세기보다 훨씬 오래 전부터 이스라엘에 성전과 제사장과 희생제사 등이 있었다는 것이나, 사회적·정치적 삶을 위해서는 물론 이것들을 유지할 목적으로 율법과 규정들이 필요했다는 것은 분명 의심의 여지 없는 사실이다. 예배 의식이나 규정이 없는 종교는 어디서도 상상할 수 없고, 특히 고대 세계와 이스라엘의 경우는 더더욱 그러하다. 게다가, 출애굽기부터 신명기까지 기록된 율법과 같이 그렇게 내용이 풍성하게 기록되어 있는 율법은 모세의 시대에는 존재했을 여지가 없다는 반론이 제기되지만, 그런 반론은 함무라비 법전(the law of Hammurabi)의 발견 이후 그 모든 힘을 잃어버리고 만다. 함무라비는 주전 2,250년 전의 인물로 바벨론을 오십오 년 동안 통치한 사람이었던 것이다.

둘째로, 율법의 내용이 하나님께서 부여하신 바 그 목적과 일치한다. 율법의 가치를 결정하기 위해서, 그것을 오늘날 기독교 국가에서 사용되는 법들과 비교할 수는 없다. 왜냐하면, 모세의 율법이 ─ 특히 그 원리들이 ─ 지금도 여전히 의의를 갖고 있기는 하나, 하나님께서 친히 그 율법을 하나의 잠정적인 법으로 의도하셨으므로 때가 차서 그것이 성취되면 그 연약함과 무용함 때문에 폐기될 것이었다는 것을 우리가 잘 알고 있기 때문이다.

마찬가지로, 이스라엘의 율법을 예를 들어서 고대의 바벨론의 법과 비교하는 것도 판단의 기준이 될 수 없다. 물론 그렇게 비교하는 것도 나름대로 유익하기는 할 것이다. 온갖 유사점과 차이점들을 주목함으로써 여러 가지 점에서 모세의 율법을 다소나마 더 잘 이해할 수 있게 될 것이니 말이다. 그러나 이스라엘은 하나님께서 특별히 구별하여 세우신 독특한 민족이었고, 약속을 지닌 백성으로서 나아가도록 운명지워진 민족이었다. 그러므로 이스라엘은 이런 목적을 늘 염두에 두고 특별한 삶을 살아야 했던 것이다.

이스라엘에게 주어진 여호와의 율법을 이런 시각에서 바라보면, 다음과 같은 특질들이 드러나게 된다:

첫째로, 그것은 철두철미하게 종교적이다. 예를 들어서, 공적인 예배를 규정하는 부분 등, 그저 몇몇 부분에 있어서만 그런 것이 아니고, 그 전체가, 즉 윤리적 · 시민적 · 사회적 · 정치적 규정들에 있어서도, 종교적인 성격을 띠는 것이다. 율법 전체 위에 다음과 같은 말씀이 있는 것이다: "나는 너를 애굽 땅, 종 되었던 집에서 인도하여 낸 네 하나님 여호와니라"(출 20:2). 율법은 그저 추상적인 유일신론에 근거하는 것이 아니고, 하나님과 그 백성 사이의 역사적인 관계 — 이는 하나님께서 친히 이루신 관계다 — 에 근거하는 것이다. 그것은 하나의 언약적인 법으로서 이스라엘이 약속의 요구에 따라서 살아야 할 그런 삶을 규정하는 것이다. 하나님이 모든 계명들을 주신 자시며, 또한 오직 그를 위하여 그 모든 계명들을 지켜야 하는 것이다. 다음과 같은 사상이 율법 전체를 관통하고 있다: 여호와께서 먼저 너를 사랑하셨고, 너를 찾으셨고, 너를 구속하셨고, 너를 그의 언약 속으로 취하여 들이셨으니, 너는 마음을 다하고 뜻을 다하고 힘을 다하여 네 하나님 여호와를 사랑하여야 한다(신 6:5; 10:12). 이것이야말로 첫째 가는 큰 계명인 것이다(마 22:37-38).

둘째로, 그것은 철두철미하게 도덕적이다. 대개 율법을 도덕법, 시민법, 의식법 등, 세 가지 부분으로 구분한다. 이것은 좋은 분류법이다. 그러나 이렇게 구분하면서도, 우리는 율법 전체가 도덕적인 원리들에 의해서 영감되고 유지된다는 점을 잊어서는 안 된다. 그 도덕적인 원리들을 특정한 사례에 적용시키는 것이 우리가 우리 시대에서 행하여야 할 적용과 다른 경우가 많다.

예수께서는 친히 이르시기를, 모세는 사람들의 마음의 완악함 때문에 결혼한 여인에게 이혼 증서를 주는 일을 허용했다고 하신다(마 19:8). 그러나 모세의 율법 전체를 관통하는 정신은 바로 사랑의 정신이다. "네 이웃 사랑하기를 네 자신과 같이 사랑하라"(레 19:18). 이는 둘째 계명이요(마 22:39), 여기에서 온 율법이 성취되는 것이다(롬 13:8; 갈 5:14; 딤전 1:5). 이 사랑은 약한 자와 눌린 자, 가난한 자, 외인들, 과부와 고아들, 남종과 여종들, 귀머거리와 소경, 노인 등에게 베푸는 긍휼로 나타나는데, 이는 고대의 그 어떤 다른 법에서도 볼 수 없는 것이다. 이스라엘의 도덕법은 눌린 자들의 관점에서 씌어진 것이라는 말은 매우 올바른 것이다. 이스라엘은 자신이 애굽에서 외인이요 종이었었다는 사실을 절대로 잊지 않았던 것이다.

셋째로, 이스라엘의 율법은 거룩한 법이며, 또한 이러한 특징은 비단 구체적으로 거룩법(혹은 성결법)이라는 이름을 지니는 부분(레 17-26장)에만 국한된 것이 절대로 아니다. 그리고 현재 기억에 남아 있는 고대의 법 중에서, 이처럼 죄를 깊고도 심오하게 죄로 바라보는 것은 하나도 없다. 이 죄를 가리켜 과실, 죄책, 타락함, 반역 등 여러 명칭으로 부르며, 또한 언제나 죄를 결국 하나님을 거슬러, 언약의 하나님을 거슬러 저지른 것으로 간주하는 것이다. 그리하여 죄는 언제나 "범법함"의 성격을, 언약을 깨뜨리는 성격을 띠는 것이다. 그러나, 그 모든 죄에 대한 용서가 있다. 그러나 이스라엘이 그 용서를 자신의 선행이나 희생 제사로 얻을 수 있다는 의미는 아니다. 죄 용서는 약속으로 말미암아 오는 것이기 때문이다. 그것은 율법의 혜택이 아니라, 복음의 혜택이다. 그것은 희생 제사를 통해서 벌어들이는 것이 아니라, 믿음을 통하여 어린아이 같은 겸손으로 받는 것이다(출 33:19; 34:6, 7, 9; 민 14:18-20).

그러나 이 본문들에서 하나님의 값없는 은혜를 그렇게도 힘있게 선포하고 있으나, 놀랍게도 바로 그 다음에 하나님의 심판에 대한 선언이 덧붙여지고 있다. 하나님께서는 죄지은 자들을 죄없는 것으로 여기지 않으시고, 아비의 허물을 삼사 대까지 자손에게 갚으실 것이라는 것이다(출 34:7; 민 14:18). 여호와께서 그 백성의 죄들을 순전히 은혜로 약속을 통하여 용서하시기 때문에, 그는 은혜로 말미암아 그렇게도 큰 유익을 받은 그 백성이 그 언약의 길로 행할 것을 바라시는 것이다. 그런데 만일 이스라엘이 그렇게 하지 않으면, 하나님께서는 그들이 저지른 죄의 본질에 따라서 다음 세 가지 중 한 가지를 취하여 보응하신다. 어떤 경우들에는 율법이 그 희생 제사로 다시금 화목될 수 있는 가능성을 열어 놓는다. 그렇게 되면, 백성의 과실이 더 이상 다른 결과를 초래하지 않게 된다. 그리고 또 어떤 경우들에는, 율법이 이런저런 시민적 형벌을 규정해 놓고 있으며, 때로는 심지어 — 물론 비교적 희귀하기는 하나 — 죽음의 형벌을 규정하고 있기도 하다. 그리고 훨씬 더 비근하게는, 하나님께서 친히 그 백성을 찾아오셔서 질병이나 포로로 끌려감 등으로 심판을 베푸신다. 그 백성이 범죄할 때에 하나님께서 그들을 향하여 사용하시는 이 세 가지 방도는 약속을 폐기하는 것도, 약속을 성취하는 것도 아니고, 오로지 하나님께서 그의 약속을 그 백성들에게 성취시키며 또한 심지어 배도(背道)와 범죄의 날에도 여호와의 신실하심을 드러내시는 수단일 뿐이다.

땅의 모든 족속들 중에서 여호와께서는 오직 이스라엘만을 아셨고, 따라서 그들의 모든 범죄들에 대해서 그들을 벌하시는 것이다.

마지막 넷째로, 모세의 율법은 또한 자유의 법이기도 하다. 율법이 상당한 자유를 전제로 하며 또한 베풀고 있는 것이다. 이 점은 이스라엘 백성 편에서 자발적으로 하나님의 언약을 받아들이고 자발적으로 하나님의 율법을 자신에게 지운다는 놀라운 사실에서 곧바로 드러난다. 하나님께서는 자기 자신과 자신의 언약을 그 백성에게 억지로 부과하지 않으시고, 자발적으로 받아들이도록 그 백성을 초청하기까지 하시는 것이다(출 19:8; 24:3, 7; 신 5:27; 수 24:15-25). 게다가, 율법은 기존의 권한과 관계들과 갈등을 일으키지 않고, 그것들을 전제로 하며 인정하는 것이다. 시내산에서 율법이 주어지기 전부터, 이스라엘은 어느 정도의 조직을 갖추고 있었다. 예를 들어서, 혈연적으로 가족과 가문과 일족과 지파 등으로 구분되어 있었고 족장을 중심으로 조직되어 있었던 것이다. 이 네 가지 소 단위마다 각기 우두머리나 대표가 있었다. 그리고 이 백성의 대표들은 장로들, 혹은 방백들(princes)이라 불려졌고, 이들 모두가 이스라엘 회의를 구성하였다(수 7:14). 이 장로들의 회의들 중에는 이미 애굽에서부터 있었던 것도 있었고(출 4:29; 3:16이하), 출애굽 이후에는 여호와의 말씀을 듣기 위해서(출 19:7), 모세의 제안들을 통과시키기 위하여(신 1:22-23), 혹은 그들 스스로 모세에게 제안하기 위하여(신 1:22-23) 자주 모였다. 이 장로들의 회의 외에도, 이스라엘 백성에게는 두 가지 형태의 관리들이 있었다. 첫째로, 시민 질서에 관계되는 사안을 주장하는 "감독들"이 있었는데, 이들은 애굽에서부터 이미 적극적으로 활동하고 있었다(출 5:6, 10, 14, 19; 민 11:16; 신 1:15; 16:18; 수 23:2). 둘째로는 "수령들"(혹은 사사들)이 있었는데, 이들은 율법의 문제에서 모세를 돕도록 뽑은 자들이었다(출 18:21, 23; 신 1:13 이하). 후일에는 이 수령들은, 감독들처럼, 장로들이 각 성(城)에서 지명하여 선출하였다.

이런 조직 하에서는, 가족이 출발점이요 기초가 되었다. 오늘날에도 유대인들 사이에서는 가족이 매우 존귀한 위치를 차지하고 있다. 이처럼 가족이 이스라엘 내에서 중요한 위치를 차지하고 있기 때문에, 다른 그 어떤 고대 민족들의 경우보다도 아내가 높임을 받았다. 이 문제에서 결정적인 것은 — 올바로 지적된 바 있거니와 — 과연 이스라엘에서 남자가 — 남편으로서든, 아들이나 남자 형제로서든, 아니면 주로 시민이나 용사로서든 — 가족의 구성원으로 우위를 점하고 있었느냐 하는 것이다. 그리스나 로마의 경우는 시민이나 용사로서의 남자의 존재를 높이 받들었고, 결국 여자가 뒤로 밀려나서 남자보다 못한 존재로 여겨졌다. 그러나 이스라엘에서는 남자는 무엇보다도 우선 가족의 일원으로 여겨졌으며, 또한 그의 임무는 무엇보다도 우선 가족을 돌보는 일이었던 것이다. 그러므로, 남편이 아내보다 훨씬 높은 위치에 있었던 것이 아니고, 아내의 옆에 있었던 것이다. 아내도 남편과 더불어 자녀들에게 존경과 사랑을 받을 위치에 있었고(출 20:2) 또한 아내 자신의 권한에 따라서 남편의 칭송을 받기에 합당한 위치에 있었던 것이다(잠 12:4; 31:10 이하).

* * * * *

이처럼 전적으로 족장 중심이요 귀족적인 형태의 정치 형태는 그것이 율법을 통해서 인정되고 확인되기 전부터 이미 이스라엘에 존재하고 있었다.

수많은 율법의 규정들이 결혼에 관계된 것들로서 거룩한 삶을 유지하고 가족을 보호하기 위한 것들이다. 또한 제사장직과 왕직으로부터 족장 중심의 통치 형태를 보호하는 규정들도 있다. 장로들과 감독들과 수령들은 제사장들과 레위인들과 구별된다. 제사장은 오직 최고의 법정에만 참석하였는데(신 17:8-13; 19:17-18), 이는 율법을 올바로 해명하는 일 ― 이는 제사장에게 주어진 임무였다(레 10:8-11; 겔 7:26; 44:23; 렘 18:18) ― 이 그 최고 의사결정 기구에서 무게 있는 결정을 취하는 데에 매우 중요했기 때문이다.

통치 체제 전반에서 이스라엘은 상하 계급 체제(hierarchy)와는 정반대의 성격을 지녔다. 그러므로 율법을 빙자한 독재 정치가 끼어들 여지가 없었다. 이스라엘이 후에 하나님께 왕을 구했으나(삼상 8:7), 그 왕은 다른 민족들의 왕의 예와는 다른 왕이어야 했다. 곧, 하나님의 율법에 매여 있어야 했고, 또한 하나님의 뜻을 실행하는 자가 되어야 했던 것이다(신 17:14-20). 결국 최종적인 의미에서 볼 때에, 하나님이 왕이시요 그가 율법 제정자시요 이스라엘의 수령이셨기 때문이었다(출 15:18; 19:6; 민 23:21; 신 33:5; 삿 8:22 이하; 삼상 8:7; 사 33:22; 시 44:5; 68:25 등). 이는 하나님께서 일반적으로 수령들을 사용하셔서 말씀을 전하셨고, 수령들은 판단이 철저하게 공평하여야 했고, 사람들을 차별하지 말고 오직 율법의 표준에 의해서 판단을 내려야 했다는 사실에서 표현되었다. 또한 여호와께서 왕이시라는 사실은, 많은 범죄들의 경우 하나님께서 직접 형벌을 내리셨다는 사실에서 가장 강력하게 표현되었다. 율법의 수많은 규정들은 그것을 어길 경우마다 구체적인 형벌이 명시되어 있는 것은 아니고, 그저 강력한 권고와 경고의 성격을 띤 것들이었다. 그것들은 양심에 호소하는 것들이었고, 따라서 이스라엘에게 상당한 자유를 맡겨둔 것이었다. 형벌의 형태도 주로 태형(笞刑)으로 제한되어 있었고, 무거운 범죄의 경우(신성모독, 우상숭배, 주술, 부모 저주, 살인, 간음)는 돌로 쳐서 죽이는 형이 부과되어 있었으며, 강제 심문, 고문, 격리 수용, 유배, 재산 몰수, 화형, 교수형 등에 대해서는 전혀 언급이 없었다. 이스라엘이 언약의 길로 행하면, 그 백성이 여호와께로부터 풍성한 복을 받을 것이고, 여호와의 음성을 청종하지 않으면, 그의 저주가 임하여 온갖 재난을 받게 되어 있었다(신 28:29).

하나님께서 율법을 이스라엘에게 주신 목적이 이러한 율법의 특질들에서 분명해진다. 여호와께서는 시내산 언약을 제정하시면서 친히 이 목적을 분명히 밝히셨다. 곧, 모세를 통해서 이스라엘 백성에게, "너희가 내 말을 잘 듣고 내 언약을 지키면 너희는 모든 민족 중에서 내 소유가 되겠고 너희가 내게 대하여 제사장 나라가 되며 거룩한 백성이 되리라"(출 19:5-6)고 말씀하신 것이다. 땅의 모든 민족 중에서 하나님께 택함받은 민족이 되기 위해서는 이스라엘이 스스로 그 언약의 길로 행하여야 했다. 이스라엘은 자신의 공로나 자격으로 인하여 택함받은 것이 아니라, 하나님의 주권적인 사랑하심과 조상들에게 베푸신 맹세에 의해서 택함받았기 때문이었다(신 7:6-8). 이스라엘이 이 은혜로운 특권을 받은 것은 민족들을 멸시하고 자기 자신을 그들 위에 높이 세우게 하기 위함이 아니었다. 이스라엘은 오히려 제사장 나라가 되어, 민족들을 향하여 제사장의 임무를 수행하며, 그들에게 하나님을 섬기는 지식을 전해 주고, 또한 오직 그런 식으로 민족들을 통치하게 하기 위함이었던 것이다. 이스라엘 자신이 먼저 거룩한 나라여야만, 하나의 민족으로서 여호와께 온전히 자신을 구별하여 드리고 그의 음성을 듣고 그의 언약의 길로 행하여야만, 이러한 소명을 이루고 수행할 수 있는 것이다.

그러나 이스라엘이 부르심을 받은 이 거룩함은 아직 신약 성경에서 받게 되는 그 충만하고 깊은 의미는 지니지 못하고 있었다. 이 거룩함은 도덕적인 것은 물론, 레위기 17-26장에서 묘사되는 거룩법에서 특히 분명히 드러나는 대로, 의식적인 거룩함도 포함하는 것이다. 그러나 여기서 우리는 율법의 도덕적인 부분과 의식적인 부분들이 서로 상충되지 않는다는 점을 간파해야 한다. 그것들은 동전의 양면과도 같은 것이다. 내적으로 외적으로, 믿음으로 행실로, 시내산에서 그 백성에게 주어진 그 율법의 모든 도덕적·사회적·의식적인 면들에 부합하여 살 때에, 비로소 이스라엘이 거룩한 백성이 되는 것이다. 그리고 이 백성이 — 여호와께서 알고 계셨던 바대로 — 그 부르심에 신실하게 따르지 못하고, 그 역사를 통틀어서 계속해서 불순종과 타락의 죄를 범하게 되면, 여호와께서는 세상의 다른 어떤 민족의 경우보다 훨씬 더 무거운 형벌로 다스리실 것이었다. 그리고 그런 형벌의 마지막에, 여호와께서 다시 그 백성들에게 돌아오셔서 그들을 불쌍히 여기사, 그들의 마음과 그 자손들의 마음에 할례를 받게 하셔서 그들이 온 마음과 뜻을 다하여 여호와를 하나님으로 사랑하게 하실 것이었다(신 4:29-31; 30:1 이하). 하나님은 그 백성을 자기들 마음대로 행하도록 내버려두실 수가 없다. 왜냐하면 그는 원수들을 대적하여 그 자신의 이름과 존귀를 세우기를 원하시기 때문이다(신 32:26 이하). 이스라엘의 불성실함에도 불구하고, 또한 그들의 불성실함을 통하여, 여호와께서는 분명 자신의 신실하심을 세우시며, 그의 말씀의 순전함과 그의 도모하심의 불변함, 그리고 그의 언약의 굳건함을 세우실 것이었다. 그는 자신이 하나님이시며 자기 외에는 다른 신이 없음을 분명히 입증해 보이실 것이었다(신 32:39). 그리하여 율법이 약속에서 시작한 것처럼, 또한 약속으로 끝을 맺는다. 처음 출발점으로 되돌아가는 것이다.

* * * * *

그러므로 성경은 이처럼 언약의 관점에서 이스라엘 역사 전체를 바라본다. 구약의 역사서의 목적은 이스라엘 백성의 모든 흥망성쇠를 완전히 일관성 있게 서술하는 데 있는 것도, 모든 사건들 사이의 이런저런 연관점들을 추적해 내는 데 있는 것도 아니다. 이 책들에서 성경이 묘사하고 있는 것은 오히려 하나님 나라의 진전이다. 그것과 별로 혹은 전혀 관련이 없는 내용은 모두 간략하게 언급하고 지나가든지 아니면 아예 무시해 버린다. 그리고 반대로, 그 나라에 의의가 있는 것은 무엇이든 길게 상세히 다루는 것이다. 이스라엘 역사를 통해서 성경은 우리에게 하나님이 그의 백성들에게 과연 누구시며 어떤 분이신가를 가르치고자 하는 것이다. 그러므로, 성경에 나타난 이스라엘에 관한 역사적 기술들을 가리켜 여호와의 일기(日記) 혹은 일지(日誌)라 불러온 것은 어느 정도 타당성이 있다 하겠다. 말하자면, 여호와께서는 이스라엘에 대하여 무엇을 체험하셨고 또한 어떻게 그들을 돌보셨는지를 날마다 기록으로 남겨두신 것이다.

초기에 그 백성이 하나님의 놀라운 역사의 영향을 받아 살던 시절에는, 그들이 하나님의 율법을 신실하게 지켰다. 그런 놀라운 역사들을 통해서 여호와께서 자신이 유일하고 참되신 하나님이심을 정말로 확연하게 증명하셨으므로(출 6:6; 18:18), 그 백성이 다른 신들을 생각하지 않았다. 모세의 입에서 나오는 여호와의 말씀을 들을 때에 그들은 모두 한 목소리로 대답했다: "여호와께서 명령하신 대로 우리가 다 행하리이다"(출 19:8; 24:3, 7; 신 5:27). 그리고 훗날 이스라엘이 가나안을 기업으로 받고 난 후, 백발의 여호수아가 이스라엘에게 누구를 섬길지를 선택하라고 요구했을 때에도, 이스라엘은 흔쾌히 대답했다: "우리가 결단코 여호와를 버리고 다른 신들을 섬기기를 하지 아니하오리이다"(수 24:16; 삿 2:7).

그러나 여호수아를 비롯하여 하나님의 권능의 역사들을 직접 목도한 백성의 어른들이 죽고, 여호와도, 이스라엘을 위하여 행하신 그의 권능의 역사도, 알지 못하는 새로운 세대가 일어나자, 그 백성들은 그들을 애굽에서 이끌어내신 그 조상들의 하나님이신 여호와를 버리고 이웃 민족들이 섬기는 다른 신들을 따랐다(삿 2:6-13). 물론 이스라엘이 우상 숭배를 만들어낸 것은 아니었다. 스스로 거짓 종교를 만들어내지 않았고, 그 대신 이교도들의 신들을 취하거나 이교도들이 사용하는 우상들을 채용하여 여호와를 섬겼던 것이다. 애굽에서도, 광야에서도, 이스라엘 백성은 애굽 사람들의 우상 숭배에 빠졌고(출 16:28; 수 24:14; 겔 20:7, 13), 후에 가나안에 들어와서는 가나안 사람들의 신들, 베니게 사람들의 신들(바알, 아세라, 아스다롯), 그리고 앗수르 사람들의 신들(불이나 별 등)을 섬기는 죄를 범하였다(삿 10:6; 왕하 21:3, 5, 7; 23:5-15; 렘 7:24-31; 겔 20:21; 22:3). 이스라엘은 계속해서 첫째 계명과 둘째 계명을 어겼고, 그렇게 함으로써 언약의 기반들을 거스른 것이다.

율법의 백성들의 영웅들인 사사들의 시대부터, 이미 이스라엘의 역사는 한편으로는 배도와 형벌과 두려움으로 얼룩지고, 그리고 또 한편으로는 구원과 축복이 임하는 역사였다(삿 2:11-23). 그 시기는 여러 지파들이 민족의 대의에 대한 비전을 잃어버리고 각기 독자적으로 일을 벌이며, 사람마다 자기 소견에 옳게 보이는 대로 행하는(삿 17:6; 21:25) 그러한 혼란의 시기였다. 사무엘의 사역을 통해서, 또한 왕 제도를 세움으로써 이런 상태에 종지부가 찍힌 것은 사실이다. 그러나 솔로몬 이후 민족의 하나됨이 완전히 깨어져서,

열 지파가 스스로 다윗의 왕 가문에서 분리되었다. 여로보암은 단에 특별한 제단을 세워서 형상들을 예배하게 하고 정당한 제사장직을 폐지시킴으로써 이러한 정치적 분열을 종교적인 분열로 만들어 버렸다. 그리하여 그는 "이스라엘로 범죄하게 한" 왕이 되었다. 약 이백오십 년 동안 에브라임 왕국의 역사는 점점 더 여호와에게서 멀어지는 역사가 되었다. 선지자들이 외치는 음성에도 불구하고, 결국 열 지파가 포로로 끌려감으로써 그 역사가 절정에 이르게 된다. 사실, 유다 왕국은 다윗의 가문에 의해서 계속해서 통치를 받았다는 점에서, 또한 공인된 성소와 정당한 제사장 제도를 계속해서 보유했다는 점에서 이스라엘 왕국보다 훨씬 더 높은 특권을 받았다. 그러나 유다 왕국에서도, 경건한 왕들을 통하여 많은 개혁의 역사들이 있었으나, 배도와 불경함이 점점 더 커져서 결국 심판이 임하고야 말았다. 이스라엘 왕국의 패망 이후 약 140년만에 유다 왕국도 그 독립적인 존재를 잃고 말았다.

그러나 이처럼 이스라엘 백성이 끊임없이 배도를 자행한 사실 때문에, 하나님께서 그 동안 그들 중에 그의 은혜로우신 택하심으로 남은 자들을 보존시키셨다는 사실을 간과해서는 안 된다. 이스라엘 중에 여호와의 언약을 신실하게 지킨 알맹이가 있었던 것이다. 심지어 엘리야가 활동했던 암흑기에도, 바알에게 무릎을 꿇지 않은 칠천 명이 있었다. 이들은 시편에서 묘사하는 대로 경건한 자들이요, 의로운 자들이며, 신실한 자들이요, 핍절한 자들이요 가난한 자들이었다. 그들은 계속해서 야곱의 하나님을 신뢰하였고 그의 언약을 거짓으로 대하지 않았다. 그들은 사슴이 시냇물을 찾아 헤매듯이 하나님을 사모하였고, 다른 거처보다 하나님의 성전을 더 좋아했고, 하나님의 율법을 깊이 묵상했고 그의 약속들을 붙잡았다. 그들에게는 율법이 짐이 아니라 기쁨이었고, 밤낮으로 율법을 즐거워했다. 그들은 이 율법을 지키는 일이야말로 세상의 민족들 앞에서 지혜와 지식이라는 모세의 말씀을 되풀이했다. 그들은 율법의 강령들을 들으면서 이렇게 부르짖었다: "이 큰 나라 사람은 과연 지혜와 지식이 있는 백성이로다 … 오늘 내가 너희에게 선포하는 이 율법과 같이 그 규례와 법도가 공의로운 큰 나라가 어디 있느냐"(신 4:6-8).

세월이 악해질수록, 이 남은 자들은 더욱더 그 약속을 견고히 붙들었다.

하나님께서는 그의 손으로 지으신 것들을 버리지 않으실 것이었다. 그의 이름과 명성을 인하여 하나님은 자신이 주권적인 은혜로 조상들과 맺으신 그 언약을 깨뜨리실 리가 없었다. 그리고 그들 중에서 하나님은 선지자들, 시편 기자들, 지혜자들을 불러내셔서 하나님의 말씀을 선포하게 하시고, 하나님의 약속의 의미를 더욱더 선명하게 드러내게 하셨다. 깊고 깊은 재난 속에서도, 그들은 머리를 높이 들었다. 여호와의 영의 빛으로 말미암아 그들은 미래를 바라보았고, 그리하여 다윗의 자손이시요 주(主)이시며, 이새의 줄기에서 나신 임마누엘이시며, 의의 가지시며, 여호와의 종이시며, 언약의 사자이신 그분의 새로운 날에 대하여, 그리고 새 언약과 성령의 부으심에 대하여 예언하였다. 구약 성경은 타락 이후 여자의 후손에 대한 약속으로 시작하며 (창 3:15), 또한 언약의 사자의 강림에 대한 선언으로 마치는 것이다(말 3:1).

* * * * *

바벨론 포로 이후에도 이스라엘에 그런 남은 자가 남아 있었다(말 3:16). 바벨론 포로로 말미암아 사실상 그 백성은 하나의 백성으로서 씻음을 받아 우상숭배에서 영구적으로 벗어났고, 에스라와 느헤미야의 견고한 통치 아래 있게 되었다. 그러나 이러한 상태는 새로운 위험이 생겨날 소지가 있었다. 율법의 조문만을 맹목적으로 탐구하고 옛 언약의 본질과 정신에 대해서는 전혀 관심을 두지 않는 성경과 관련한 스콜라주의가 발전되어 갔고, 바리새파, 사두개파, 에세네파 등의 분파들이 일어나서 신적인 계시를 임의적으로 다루어 영적 이스라엘을 육체적 이스라엘로 대치시켜 버린 것이다. 그럼에도 불구하고, 말라기와 세례 요한 사이의 사백 년 동안, 그 백성에 대한 하나님의 인도하심은 계속되었다. 바벨론 포로 이후 이스라엘은 다시는 완전한 정치적 독립을 누리지 못했다. 주변의 열강들이 차례로 팔레스타인을 침략하여, 그들은 차례로 메대 바사에, 마게도냐와 애굽에, 수리아와 로마의 속국이 되었다. 그 백성은 자기 땅에서 종의 상태로 있었던 것이다(느 9:36-37).

그러나 이런 정치적 예속 상태는 다소간 유익이 되기도 했다. 이스라엘이 자기 자신의 성격과 부르심에 대해 더욱더 생각하기 시작했고, 신적인 계시를 영적으로 소유하고 있다는 것에 다시 한 번 자부심을 가졌고, 이를 자신의 고유한 특권으로 생각하였고, 그 계시를 모으고 보존하는 일에 최대한의 관심을 기울였다. 더욱이, 자신의 영적 특권에 대한 이런 의식이 이스라엘에게 너무도 절실해져서, 그로 말미암아 그들의 성격이 형성된 것은 물론, 모진 박해 아래서도 민족적 독립성을 유지할 수 있게 되었다. 이스라엘은 세상의 그 어떤 다른 민족보다 고통을 받았고 억압을 받은 것이다.

팔레스타인 내에서나 바깥에서나, 이스라엘은 그 자신의 모습을 유지했다. 그들의 구약 성경은 이방인들의 모든 지혜를 모은 것보다 더 풍성한 보배였다. 이스라엘은 예루살렘을 수도로 삼은 국제적인 사회를 이루었다. 회당을 통해서 그들은 우상을 섬기는 민족들에게 형상이나 제단이 없고, 희생 제사와 제사장 제도가 없는 종교의 광경을 보여 주었다. 그들은 어디서나 이스라엘의 하나님의 하나이심과 순결하심을 선포했고, 민족들에게 복이 될 영광스러운 미래에 대한 지울 수 없는 소망을 가슴에 품었다. 그리하여 이스라엘은 이교도들 가운데 있게 될 기독교 세계(Christendom)를 위하여 길을 열어 놓은 것이다. 그리고 그 내부에 하나님의 은혜로 말미암아 수많은 신실한 백성들이 보존되었고, 시므온과 안나 등 많은 이들이 이스라엘의 구속을 조용히 기대하며 기다리고 있었다. 주님의 모친 마리아는 이 성도들 가운데 가장 영광스러운 실례다. 이스라엘이 그녀를 통하여 그 최종의 운명을 이루게 된다. 즉, 어린아이 같은 믿음으로 하나님의 최고의 계시를 받아 그것을 지키게 되는 것이다. "주의 여종이오니 말씀대로 내게 이루어지이다!"(눅 1:38).

* * * * *

이렇게 해서 구약의 계시 전체가 그리스도에게 집중된다. 새로운 율법이나, 교리나, 제도가 아니라, 그리스도께 집중되는 것이다. 그분이야말로 하나님의 완성된 계시이시다. 인자(人子)야말로 하나님의 독생하신 아들이신 것이다. 구약과 신약의 관계는 율법과 복음의 관계와 같은 것이 아니다. 오히려 그것은 약속과 성취의 관계요(행 13:12; 롬 1:2), 그림자와 몸의 관계요(골 2:17), 형상과 실체의 관계요(히 10:1), 흔들리는 것과 흔들리지 않는 것의 관계요(히 12:27), 종노릇과 자유의 관계다(롬 8:15; 갈 4장). 그리고 그리스도께서 구약 계시의 진정한 내용이시므로(요 5:39; 벧전 1:11; 계 19:10), 그는 새 언약의 경륜에 있어서 그 머릿돌이요 면류관이시다. 그는 율법의 성취시요, 모든 의의 성취시요(마 3:15; 5:17), 모든 약속 — 이는 그리스도 안에서 예가 되고 아멘이 된다(고후 1:20) — 의 성취시요, 이제 그의 피로 세워지는 바 새 언약의 성취이시다(마 26:28).

이스라엘 백성 그 자체가 — 그 모든 역사와, 그 직분과 제도들과, 그 성전과 그 제단, 그 희생 제사와 의식들과, 그 예언과, 시와 지혜의 가르침과 더불어 — 그리스도 안에서 그 목표를 이루며 목적을 성취하는 것이다. 그리스도께서는 그 모든 것들의 성취이시다. 우선 그의 인격과 나타나심에서 그러하시며, 그 다음에는 그의 말씀과 행위에서 그러하시며, 그의 탄생과 생애에서 그러하시며, 그의 죽으심과 부활에서 그러하시며, 그의 승천과 하나님 우편에 앉으심에서 그러하신 것이다.

그러므로, 그가 나타나셔서 그의 사역을 마치신 이후에는, 하나님의 계시가 더 늘어나거나 확충될 수가 없다. 오로지 사도들의 증거로 명확히 해명되고, 또한 모든 민족에게 선포될 수 있을 뿐이다. 그 계시가 완전해졌으므로, 이제는 그 내용이 인류 전체의 소유가 될 때가 온 것이다. 구약에서는 모든 것이 그리스도께로 인도되었으나, 신약에서는 모든 것이 그에게서 파생된다. 그리스도야말로 시대를 바꾸는 전환점이신 것이다. 아브라함에게 하신 그 약속이 이제 모든 민족들에게로 나아간다. 땅에 있는 예루살렘이, 위에 있어서 우리 모두의 어머니가 되는 예루살렘에게 길을 내어 주는 것이다(갈 4:26). 이스라엘이 모든 언어와 백성들 가운데서 불러낸 교회로 대치된다. 이는 때가 차서 이루어지는 경륜이요, 중간의 막힌 담이 허물어지고, 유대인과 이방인이 새 사람이 되며, 모두가 한 머리이신 그리스도 아래에 함께 모이는 경륜인 것이다(엡 1:10; 2:14-15).

그리고 이 경륜은 이방인의 충만한 수가 들어오고 이스라엘이 구원받기까지 계속된다. 그리스도께서 그의 교회를 모으시고, 그의 신부를 예비하시고,

그의 나라를 이루시면, 그가 그것을 아버지께 드려서 하나님이 만유 가운데 만유가 되시게 하실 것이다(고전 15:28). "내가 네 하나님이 되고, 네가 내 백성이 되리라." 바로 이것이 그 약속의 내용이었다. 그런데 이 약속이, 과거에도 계셨고 지금도 계시고 장차도 계실 그리스도 안에서, 또한 그로 말미암아 새 예루살렘에서 완전히 성취되는 것이다(계 21:3).

제 7 장

성경

일반 계시든 특별 계시든, 계시에 대한 우리의 지식은 성경으로부터 온다. 계시와 성경, 이 둘 사이의 관계를 이해하는 것이 중요하다. 한편으로는, 이 둘 사이에 중요한 차이가 있다. 예를 들어서, 계시는 그것을 기록한 성경보다 훨씬 오래 전부터 있었다. 모세 이전에도 분명 계시가 있었으나, 성경은 없었다. 더욱이, 그 계시는 후에 글로 기록된 것보다 훨씬 더 많은 것을 담고 있었다. 선지자의 글들도, 예컨대 아모스 같은 선지자의 글을 보면, 그것들이 당시 사람들에게 입으로 말한 내용의 짧은 요약 정도밖에는 안 되는 경우가 많다. 또한 구약의 선지자들과 신약의 사도들 중에 — 그들은 모두 특별 계시의 통로였다 — 아무런 기록을 남기지 않은 사람들이 많다. 뿐만 아니라, 예수에 대해서도, 그가 행하신 일이 너무 많아서 "만일 낱낱이 기록된다면 이 세상이라도 그 기록된 책을 두기에 부족하다"고 분명하게 지적하기까지 하는 것이다(요 20:30; 21:25). 또한 하나님께서는 선지자들과 사도들이 글을 쓰는 동안 그 전에는 알지 못했고, 따라서 다른 사람들에게 사전에 전하지 않은 내용들을 계시하기도 하셨다. 예를 들어서, 사도 요한이 밧모 섬에서 미래에 관하여 받은 계시가 — 최소한 그 일부는 — 이에 해당할 것이다.

그러므로 성경은 계시 그 자체가 아니요, 계시의 묘사요 기록으로서, 그것을 통해서 계시를 알 수 있는 것이다. 그러나, 성경을 계시의 기록이라 할 때에, 또 다른 오류를 범하지 않도록 경계해야 한다. 계시와 성경을 구별할 뿐 아니라, 그 둘을 서로 분리시키고 서로 격리시키는 자들이 있기 때문이다. 그들은 하나님이 성경보다 앞서서 계시에서 특별한 방식으로 활동하셨음을 인정한다. 그러나 그 계시를 기록하는 일은 전적으로 그것을 기록하는 사람들에게 맡겨졌고, 따라서 그 기록하는 일은 하나님의 특별 섭리의 경계 바깥에서 이루어졌다고 주장하는 것이다. 이렇게 보면, 성경은 계시의 기록이기는 하나, 우연적이며 결함이 있는 기록이 되어 버린다. 그렇게 되면 결국 우리가 큰 어려움을 무릅쓰고 성경을 일일이 조사하여 그 중에 어떤 부분이 특별 계시에 속하고 또 그 중에 어떤 부분이 거기에 속하지 않는지를 가려내야 하게 되며, 그렇게 되면, 하나님의 말씀과 성경을 서로 구별하게 되는 것이다. 성경이 하나님의 말씀이 아니라 하나님의 말씀이 성경 속에 포함되어 있다는 표현이 바로 이러한 견해에서 나오는 것이다.

그러나 이 문제를 그렇게 보는 것 그 자체가 별로 개연성이 없다. 왜냐하면, 그것은 말씀과 성경의 관계를 매우 기계적으로 해석하는 것임은 물론, 하나님께서는 특별 계시를 — 이 계시는 아브라함의 자손에게 주어진 것이나 그리스도 안에서 온 인류를 위하여 지정해 놓으신 것이다 — 주고자 하실 때에 그 순결한 상태를 그대로 보존하고 또한 그 계시를 모든 사람이 접하도록 하기 위하여 특별한 조치들을 취하셨다는 사실을 간과하는 것이기 때문이다. 기록된 말씀은 입으로 발설된 말씀과 다음과 같은 점에서 차이가 있다. 기록된 말씀은 공중으로 사라지지 않고 계속 살아 있다. 그것은 구전(口傳)처럼 거짓으로 꾸며낼 수가 없으며, 말씀을 듣는 몇몇 사람들에게만 주어지지 않고, 그 전해지는 범위가 제한이 없으며 땅 끝까지 이르러 모든 사람들에게 전파될 수 있는 것이다. 입으로 발설한 말씀을 글로 기록함으로써 그 말씀을 영구하게 하며, 그 말씀이 변조되지 않도록 보호하며, 또한 그 말씀이 널리 반포되도록 하는 것이다.

그러나 이런 인간적인 논증에 길게 시간을 끌 필요가 없다. 특별 계시는 하나님께 속한 것이나 성경은 하나님의 특별한 보호와는 관계 없이 생겨난 것이라는 견해는 성경 자체의 증거와 정면으로 충돌하는 것이다. 성경은, 성경 그 자체가 하나님의 말씀이기도 하다는 것을 거듭거듭 매우 강력하게 선언하고 있다. 성경을 그보다 앞서는 계시와 구별해야 하는 것은 사실이지만, 그렇다고 해서 그 계시와 분리해서는 안 되는 것이다. 성경은 계시에 덧붙여진 인간적이며 우연적이며 임의적이며 결함 있는 보조물이 아니라, 그 자체가 계시를 구성하는 부분이다. 사실상, 성경이야말로 계시의 성취요 모퉁잇돌이요 관석(冠石)인 것이다.

＊ ＊ ＊ ＊ ＊

　이 사실을 절실하게 느끼기 위해서, 다음과 같은 성경의 분명한 자증(自證)
을 살펴보기로 하자.
　첫째로, 하나님은 그의 선지자들에게 계시를 입으로 선포하라고 명하기도
하시지만, 또한 그 계시를 기록할 것을 자주 명하신다. 출애굽기 17:14에서
모세는 여호와께로부터, 아말렉과의 전쟁과 승리의 기사 — 이는 이스라엘
에게는 지극히 중요한 싸움이었다 — 를 기록하라는 명령을 받는다. 하나님
의 구원의 역사하심을 기록한 책에 그 일을 기록하여 기념하게 하라고 하신
것이다. 또한 출애굽기 24:3, 4, 7과 34:27에서 모세는 하나님께서 이스라엘
과 맺으신 언약에 따라서 율법과 규례들을 기록할 의무를 부여받는다. 그리
고 이스라엘이 여리고 건너편 모압 평지에 이르러, 광야의 방황이 거의 막바
지에 이르렀을 무렵, 모세가 여호와의 명령에 따라서 이스라엘 자손들의 여
정을 기록한 사실이 분명히 나타나고 있다(민 33:2). 그 외에도, 모세는 신명
기 32장에서 노래를 부르는데, 그 노래를 기록하여 이스라엘 자손에게 가르
쳐서, 훗날 배도의 때에 그것이 그들을 대적하는 증거가 되게 할 것을 여호
와께서 명령하신 사실이 분명히 기록되어 있다(신 31:19, 22). 이와 비슷하
게, 선지자들의 경우에도 그들이 받은 계시를 기록하라는 명령이 주어지고
있다(사 8:1; 30:8; 렘 25:13; 30:2; 36:2; 겔 24:2; 단 12:4; 합 2:2). 물론 그런 명
령들은 성경의 일부분에만 관계되는 것이지만, 그럼에도 불구하고 그 명령
들은 하나님께서 아무도 그의 말씀에 가감하지 말 것을 요구하셨고(신 4:2;
12:32; 잠 30:6) 또한 그의 계시를 글로 기록하는 일을 특별히 보살펴셨음을
강조하고 있는 것이다.
　둘째로, 모세와 선지자들 스스로 그들이 말씀을 입으로만이 아니라 글로
써도 선포해야 한다는 사실을 완전히 인식하고 있었다. 모세는 특별한 사명
을 위해 부르심을 받았다. 곧, 이스라엘 백성의 지도자로서 부르심을 받았다
(출 3장). 그러나 여호와께서는 마치 사람이 친구에게 이야기하듯이 그를 직

접 대면하여 말씀하시며(출 33:11), 그의 모든 율례와 규례들을 그에게 알려 주신다. 율법 하나하나마다 일일이 하나의 서문처럼, "여호와께서 이르시기를", "그때에 여호와께서 말씀하시되" 등의 말씀들이 나타나는 것이다(출 6:1, 10, 13 등). 모세의 책들에서는, 사실 성경 전체에서도 그렇지만, 율법을 주시는 일 전체가 여호와께서 하신 일로 제시되고 있는 것이다. 여호와께서는 야곱에게 그의 말씀을 보여 주셨고, 그의 율례와 그의 법도를 이스라엘에게 보여 주셨다. 하나님은 다른 그 어떠한 민족에게도 그렇게 하지 않으셨고, 다른 민족들은 그의 행사를 알지 못했던 것이다(시 147:19-20; 103:7). 선지자들 역시 자기들의 예언의 근원이 어디에 있는가를 잘 알고 있었다. 그들은 여호와께서 그들을 부르셨다는 것을 잘 알고 있었고(삼상 3장; 사 6장; 렘 1장; 겔 1-3장; 암 3:7-8; 7:15), 그들이 여호와께로부터 계시를 받았음을 잘 알고 있었다(사 5:9; 6:9; 22:14; 28:22; 렘 1:9; 3:6; 20:7-9; 겔 3:16, 26, 27; 암 3:8 등). 아모스 선지자의 말은 선지자들 모두의 확신이었다: "주 여호와께서는 자기의 비밀을 그 종 선지자들에게 보이지 아니하시고는 결코 행하심이 없느니라"(암 3:7; 창 18:17과 비교하라). 그러나 그들은 또한 그들이 기록할 때에, 그것이 그들 자신의 말이 아니라 여호와의 말씀을 선포하는 것이라는 것도 잘 알고 있었다. 모세가 율법을 기록할 때에 한 것처럼, 선지자들도 그들의 예언들을 소개하면서 "여호와께서 말씀하시되", "여호와의 말씀이 내게 임하여 이르기를" 등의 문구를 사용하거나, 아니면 여호와의 "이상", "말씀", "계시" 등의 표현을 쓰는 것이다(사 1:1; 2:1; 8:1; 13:1; 렘 1:2; 2:1; 4:11; 겔 1:1; 2:1; 3:1; 단 7:1; 암 1:3, 6, 9 등).

셋째로, 신약 성경에도 증거가 나타난다. 예수와 사도들이 모세와 이사야와 다윗과 다니엘 등을 통해서 주어진 구약 성경의 말씀들을 거듭거듭 인용하고 있는 것이 사실이다(마 8:4; 15:7; 22:43; 24:15). 그런데 그들은 "기록되었으되"(마 4:4), "성경에 이름과 같이"(요 7:38), 혹은 "성령이 이르신 바와 같이"(히 3:7) 등의 문구를 사용하여 그 인용문들을 소개하는 경우가 많다. 이런 방법을 통해서 그들은, 구약 성경이 물론 여러 부분들로 이루어져 있고 여러 다른 저자들을 통해서 기록되었지만, 그럼에도 불구하고 그 성경이 유기적으로 하나를 이루며 또한 그 기록된 형태에 있어서 하나님 자신이 저자이심을 분명히 시사하고 있는 것이다. 예수와 사도들은 이 사실을 그저 간접적으로 표현하는 것으로만 그치지 않으시고, 지극히 명확한 말로써 직접적으로 말씀하기도 하신다. 예수께서는 성경을 폐하지 못한다 — 즉, 그 권위를 없애지 못한다 — 고 선언하시며(요 10:35), 더 나아가서 그 자신이 율법과 선지자를 폐하러 오신 것이 아니라 완전하게 하려 함이라고 선언하신다(마 5:17; 눅 6:27). 사도 베드로는, 예언의 말씀이 확실하고 신실하며 우리의 길에 등불이 되는데, 이는 구약 성경이 미래에 대한 사사로운 예언과 해석에 근거하는 것이 아니기 때문이라고 쓰고 있다(벧후 1:19). "예언은 언제든지 사람의 뜻으로 낸 것이 아니요 오직 성령의 감동하심을 받은 사람들이 하나님께 받아 말한 것임이라"(벧후 1:21; 참조. 벧전 1:10-12). 이와 동일한 의미에서 바울은 구약을 구성하는 성경은 — 우리가 그리스도를 믿는 믿음으로 탐구하고 읽을 때에 — 우리로 하여금 구원에 이르는 지혜가 있게 한다고 증언하고 있다. 성경에 포함된 책들 하나하나가 하나님의 감동으로 주어진 것이며, 따라서 교훈과 책망과 바르게 함과 의로 교육하기에 유익하다는 것이다(딤후 3:15-16).

넷째로, 신약 성경에 대해서는, 비록 예수께서 친히 기록된 문서를 남기지는 않으셨으나 사도들을 택하시고 부르시고 자격을 구비시키셔서, 특히 그가 떠나신 후에, 세상 속으로 나아가 그의 증인들이 되도록 하셨다는 사실을 지적할 수 있다(마 10:1; 막 3:13; 눅 6:13; 9:1; 요 6:70). 그는 이 임무를 위해서 그들에게 특별한 은혜들과 권능들을 주셔서 이 사명을 감당케 하신다(마 10:1, 9; 막 16:15 이하; 행 2:43; 5:12; 롬 15:19; 히 2:4), 좀 더 구체적으로 말하자면 그들에게 성령을 베푸셔서, 성령이 예수께서 그들에게 말씀하신 모든 내용을 기억나게 하시고(요 14:26), 그들을 모든 진리 가운데로 — 또한 장차 있을 일들에 대한 진리 가운데로 — 인도하시게 하신 것이다(요 16:13). 그러므로 예수를 증언하는 것은 사도들 자신이 아니다. 오히려 그들 속에서와 그들을 통해서 예수를 증언하는 분은 바로 성령이신 것이다(요 15:26-27). 아들이 아버지를 영화롭게 하기 위해 오신 것처럼, 성령께서도 아들을 영화롭게 하기 위해 오신 것이며, 또한 그 일을 위하여 성령께서는 아들이 말씀하고 행하신 모든 내용들을 아들에게서 받으신 것이다(요 16:14).

사도들은 예루살렘과 유대와 사마리아에 살던 그 당시 사람들과 동족들에게만이 아니라, 땅 끝까지 이르러 모든 사람들에게 그리스도를 증언할 사명을 받고 있었다(마 28:19; 막 16:15; 행 1:8). 온 세상으로 나아가라는 명령에는 **성경을 기록하여** 예수를 증거하라는 명령도 포함되어 있다. 물론 그런 명령을 사도들이 직접 받은 것은 아니지만 말이다. 그러나 아브라함에게 임한 약속이 그리스도 안에서 인류 전체에게 미치는 것이라면, 그것이 글로 기록되어 모든 시대에 걸쳐서 보존되며 모든 사람들에게 배포되지 않고서는 그 목적이 이루어질 수가 없는 일이었다. 따라서 사도들은 그들의 선교 사역 중에 성령의 인도하심을 받아 지극히 자연스럽게 펜을 들었고, 그리스도 예수 안에서 나타났었던 은혜와 진리의 충만함을 서신들과 편지들의 수단으로 증거한 것이다. 입으로 하는 선포만이 아니라 그들의 글에서도, 하나님께서 그리스도 안에서 계시하셨고 또한 성령으로 말미암아 알게 해 주신 그 진리를 드러내는 것이 그들의 분명한 목적이었던 것이다.

마태는 다윗의 자손 예수 그리스도의 족보, 즉 역사책을 기록한다(마 1:1). 마가는 복음이 하나님의 아들 예수 그리스도로 시작되었고, 그에게서 기원되었다는 점을 말한다(막 1:1). 누가는 사도들의 증언을 근거로 해서 성도들 가운데서 가장 확실하게 믿고 있던 일들에 대해서 사려 깊게 조사하여 데오빌로에게 확신을 주도록 질서 있게 제시하고 있다(눅 1:1-4). 요한은 우리가 예수께서 하나님의 아들 그리스도이심을 믿고, 또한 그의 이름을 힘입어 생명을 얻게 하기 위하여 그의 복음서를 기록하며(요 20:31), 또한 요한일서에서는 자신이 선포하는 것이 눈으로 보고 귀로 듣고 자세히 보고 손으로 만진 바 생명의 말씀이라고 말한다. 그리고 그렇게 선포하는 것이 우리가 사도들과 더불어, 또한 아버지와 그의 아들 예수 그리스도와 더불어 사귐을 누리게 하기 위함이라고 말한다(요일 1:1-3). 바울은 자신이 예수 그리스도께로부터 직접 사도로 부르심을 받았으며(갈 1:1), 또한 그의 복음을 계시를 통해서 그리스도께로부터 받았음을 확신하고 있을 뿐 아니라(갈 1:12; 엡 3:2; 딤전 1:12), 그 입의 말씀과 펜으로 쓴 말씀을 통해서 자신이 하나님의 말씀을 선포하고 있음을 확신하고 있다(살전 2:13; 살후 2:15; 3:14; 고전 2:4, 10-13; 고후 2:17). 그는 누구든지 다른 복음을 전하는 자는 저주를 받으리라고까지 이야기한다(갈 1:8). 그리고 모든 사도들이 그들의 전하는 바를 받아들이느냐 거부하느냐에 따라서 영생이냐 영원한 죽음이냐가 결정되는 것으로 가르치며, 또한 사도 요한은 계시록 마지막 장에서 이 책들의 예언에 무엇을 덧붙이거나 혹은 무엇을 제하여 버리면 무서운 형벌을 받게 될 것이라고 경고하고 있는 것이다(계 22:18-19).

* * * * *

계시를 기록하는 일이 이루어지게 하시는 성령의 구체적인 활동을 가리켜 일반적으로 영감(靈感: inspiration)이라 부른다(딤후 3:16). 이 영감의 본질에 대해서는, 자연에서 빌려온 현상과 비교함으로써, 또한 성경 그 자체의 구체적인 설명들을 통해서 어느 정도 깨달을 수가 있다. 일반적으로 인간은 다른 이들의 생각을 자기 정신 속에 집어넣는 능력도 있고, 또한 다른 이들의 인도를 받아 생각을 진행시키는 능력도 있다. 교훈과 교육 전체가 바로 이런 능력에 근거하며, 모든 학문과 모든 지식도 마찬가지다. 그처럼 생각이 한 사람에게서 다른 사람으로 전해지는 일은 대개 몸짓이나 표시, 혹은 입으로 하는 말이나 글로 쓴 말을 수단으로 하여 이루어진다. 그런 식으로 해서 다른 누군가의 생각에 영향을 받게 되면, 대개 의도적으로 그것들을 연구하며 거기에 상당한 수고를 들이게 되고, 그 사람의 생각과 사상을 우리 자신의 영적 삶의 일부로 만들려고 한다. 그러나 최면(催眠)이나 암시 등의 현상이 있는 것을 볼 때에, 우리편에서 아무런 활동이 없이도 다른 사람의 생각과 사상이 우리의 의식 속에 들어와 우리의 의지와 행동을 명령할 수도 있다는 것이 입증된다. 이렇게 해서 사람들이 최면술사의 뜻을 그대로 시행하는 수동적인 도구로 바뀌어 버릴 수 있는 것이다. 성경도 그렇게 가르치고, 우리의 경험으로도 확인되는 사실이지만, 인간이 악령의 영향력과 권세에 사로잡힐 수도 있다. 그렇게 되면 그 사람은 자기 스스로 말하고 행동하는 것이 아니라, 생각과 행동이 그 악령에게 지배를 받는 것이다. 예를 들어서, 마가복음 1:24에서는 더러운 귀신이 사람을 사로잡고는 예수께서 하나님의 거룩한 자라는 것을 그 사람을 통해서 이야기하는 것을 볼 수 있다.

성령의 영감의 본질에 대해 다소나마 빛을 비추어줄 수 있는 또 다른 현상은 소위 예술가들의 영감이다. 위대한 사상가들이나 시인들은 모두 자기들의 가장 아름다운 최고의 작품들이 자기들의 노력 덕분이 아니라 전혀 새로운 영감이 갑자기 떠오른 덕분이라는 것을 경험을 통해서 알고 고백해왔다. 물론 그렇다고 해서 예비적인 조사와 성찰이 없었던 것은 아니다. 천재성이 있다고 해서 노력과 근면이 필요 없게 되는 것은 아닌 것이다.

물론 대개의 경우 그런 영감을 경험하는 일에 있어서 반드시 연구가 필수적인 조건이기는 하지만, 그때에 경험하는 그 새로운 통찰은 그 연구의 논리적인 귀결이라거나 열매라는 식으로 설명할 수는 없는 것이다. 사람의 창조성에는 언제나 어떤 은밀한 능력이 작용하는데, 이는 논리적으로 따져서 설명할 수가 없는 것이다. 니체(Friedrich Nietzsche: 1844-1900)는 여동생에게 보낸 편지에서 이러한 은밀한 능력에 대해서 말한 바 있다: "그런 영감들이 얼마나 강력한지 너는 모를 것이다. 사람은 열정적인 정신의 환각 상태로 가득 채워지고, 자기가 옮겨져서 자기 바깥에 있는 것처럼 느끼게 되고, 아무것도 들리지 않고 아무것도 보이지 않는다. 그저 받아들일 뿐이다. 마치 번개와 같이 순간적으로 생각이 떠오른다. 모든 일이 나도 모르는 사이에 일어난다. 자유와 독립과 권능과 신성의 폭풍 속에서 생겨나듯 하는 것이다. 그것이 내가 경험한 영감이다."

일반 사람들이나 예술가들의 정상적인 삶에서도 이런 일들이 일어난다면, 하나님이 피조물들의 생각과 의지에 영향을 주신다는 사실을 공격할 아무런 근거가 없을 것이다. 하나님은 그의 영을 통하여 그의 창조 세계에서 역사하시며, 그 속에 임재하신다(창 1:3; 시 33:6; 104:30). 그리고 이 피조물들 가운데서도 사람이야말로 전능하신 하나님의 숨결로, 또한 하나님의 영으로 말미암아 지음받은 존재다(욥 33:4; 시 139:1-16). 하나님 안에서 우리가 살고 기동하며 존재하는 것이다(행 17:28). 우리의 생각과 의지와 행동이 ― 심지어 죄악된 처지에서조차도 ― 하나님의 다스림 아래서 일어나며, 모든 일이 하나님의 뜻의 계획에 따라서 일어난다(엡 1:11). "왕의 마음이 여호와의 손에 있음이 마치 봇물과 같아서 그가 임의로 인도하시느니라"(잠 21:1). 사람의 길은 여호와의 눈 앞에 있고, 여호와께서 그의 모든 일들을 인도하신다

(잠 5:21; 16:9; 19:21; 21:2). 그리고 이와는 전혀 다르고 훨씬 더 친밀한 방식으로, 하나님께서는 성령으로 말미암아 그의 자녀들의 마음속에 거주하신다. 하나님께서는 그 성령으로 말미암아 그 자녀들을 그리스도를 주(主)로 고백하게 하시며(요일 4:3), 하나님께로부터 그들에게 베풀어지는 것들을 알게 하시며(고전 2:12; 요일 2:20; 3:24; 4:6-13), 지혜와 지식의 은사들을 주시며(고전 12:8), 또한 하나님의 선하신 뜻대로 그들이 소원을 갖고 행하도록 그들 속에서 역사하시는 것이다(빌 2:13).

　세상과 교회에 미치는 이런 모든 하나님의 영의 역사들은 선지자와 사도들에게 임한 영감과는 같은 것이 아니다. 그러나 그런 영감을 한층 분명히 해명하는 데에 도움을 줄 수가 있다. 만일 모든 피조물들 속에 하나님의 영께서 거주하시고 활동하신다는 것이 그저 명목상으로만이 아니라 진정으로 존재한다면, 그리고 그것과는 다른 특별한 의미에서 성령께서 하나님의 자녀 속에 거하신다면, 영감이라 불리는 그 특별한 활동을 불가능하다거나 있음직하지 않다고 볼 근거가 전혀 없는 것이다. 그러나 동시에, 세상과 교회에서 역사하시는 하나님의 영의 활동과, 또한 선지자와 사도들에게서 역사하신 활동이 서로 구별된다는 점을 인식하는 것이 필수적이다. 로마서 8:14과 베드로후서 1:21을 서로 비교해 보면 그런 구별이 분명히 드러난다. 로마서의 구절에서 바울은 "무릇 하나님의 영으로 **인도함**을 받는 사람은 곧 하나님의 아들이라"고 말씀하는데, 베드로는 베드로후서에서 하나님의 거룩한 사람들, 즉 선지자들이 성령의 **감동하심**을 받아 예언을 한 것임을 선언하고 있다. 성령의 인도하심은 모든 신자들이 누리는 것으로서 정신을 조명하시며, 의지와 성향을 지배하시고 이끄시는 것이 거기에 속한다. 이런 영향력으로 말미암아 정신과 의지가 하나님을 기쁘시게 하는 바에 대한 지식과 능력과 또한 그것을 행하고자 하는 열심을 받게 되는 것이다. 그러나 성령의 "감동하심"은 오로지 선지자들과 사도들에게만 주어진 것으로서, 그들이 받은 바 하나님의 뜻에 관한 계시를 사람들에게 알리고자 하는 마음과 열심을 불어넣는 것이다.

　이러한 영감의 특별한 성격은 신약에서 구약을 언급하면서 계속해서 사용하는 문구에서 암시되고 있다. 곧, 구약에 기록된 내용을 가리켜 주께서 선지자를 **통하여** 말씀하신 것이라고 하는 것이다(마 1:22; 2:15, 17, 23; 3:3; 4:14 등). 이 문구에 사용된 헬라어 표현은 주님을 그 말씀의 출처요 기원으로 제시하며, 또한 선지자들을 그 말씀의 수단 혹은 대리자들로 제시하는 것이다. 이러한 구분은 하나님께서 선지자들의 **입을 통하여** 말씀하셨다는 본문들에서 더욱 예리하게 드러난다(눅 1:70; 행 1:16; 3:18; 4:25). 그러므로 이 문제에서 성경이 가르치는 진리는 이것이니, 곧 하나님이 — 혹은 그의 성령이 — 그 말씀의 진정한 주인이시며, 다만 선지자들과 사도들을 대리자들로 사용하셔서 그 말씀을 표현하셨다는 것이다.

* * * * *

그러나, 이런 암시들을 근거로 선지자들과 사도들이 정신과 의지를 적극적으로 발휘하지 않고 그저 일종의 말하는 입으로서만 성령을 섬긴 수동적인 대리자들이었다는 식으로 생각한다면, 그것은 성경을 오해하는 것일 수밖에 없다. 하나님께서는 그가 지으신 것들을 존귀히 여기시며 따라서 그의 이성적인 피조물들을 마치 이성적이 아닌 것처럼 대하시는 경우가 절대로 없으며, 뿐만 아니라 성령께서도 영감을 기계적으로 보는 관념을 명백하게 배격하시는 것이 사실이기 때문이다. 선지자들이 성령의 감동하심을 받았으나, 그들 **스스로**가 말한 것이다(벧후 1:21). 그들이 글로 기록해 놓은 말씀들을 가리켜 거듭거듭 그들의 말씀으로 간주하고 있다(마 22:43, 45; 요 1:23; 5:46; 롬 10:20 등). 그들이 그 직분을 위하여 예비되었고 구별되고 자질을 갖추었다는 말씀이 여러 군데 나타나고 있다(렘 1:5; 행 7:22; 갈 1:15). 그리고 말씀을 받을 때뿐 아니라 그 받은 계시를 기록할 때에도, 그들은 스스로 의식을 지니고 있었다. 성령의 감동하심으로 인하여 그들 자신의 활동이 억제되는 것이 아니라, 오히려 촉진되고, 힘을 얻고, 순결해지는 것이다. 그들 스스로 부지런히 조사하며(눅 1:3), 사전에 받은 계시를 되살리며 그것에 대해 깊이 생각하기도 하며(요 14:26; 요일 1:1-3), 역사적 전거(典據)들을 사용하기도 한다(민 21:14; 수 10:13 등). 예를 들어서 시편 기자들은 자기들의 체험에서 찬송을 위한 자료를 찾기도 하며, 성경에 속한 모든 책들에서 기록자의 개인적인 성향이나 그의 성품의 특별한 면, 개인적인 성장과 교육, 언어와 스타일 등이 그대로 표현된 것이다. 성경을 공부하면 통일된 하나님의 말씀을 가르침받는 것은 물론, 그 말씀들을 기록한 여러 다른 사람들을 또한 접하게 된다. 열왕기서와 역대기가 서로 얼마나 다르며, 이사야와 예레미야가, 마태복음과 누가복음이, 또한 사도 요한과 베드로와 바울이 또한 서로 얼마나 다른가!

* * * * *

여기서 제시하고 있는 대로 영감을 생각하면, 성경의 인간적인 면을 지극히 정당하게 대하게 된다. 성경은 한순간에 그 전체로서 완전하게 우리에게 주어진 것이 아니다. 오히려 그것은 오랜 세월에 걸쳐서 점차 자라났다. 현재 우리가 갖고 있는 구약 성경은 서른아홉 권으로 되어 있다. 그 중에 다섯 권은 율법서요, 열두 권(여호수아부터 에스더까지)은 역사서요, 다섯 권(욥기부터 아가까지)은 시가서(詩歌書)요, 열일곱 권은 선지서들이다. 이런 순서는 물론 연대기순이 아니다. 여러 역사서들이, 예를 들어서 에스라, 느헤미야, 에스더는 여러 시가서들과 선지서들보다 상당히 후대의 것들이며, 선지서들 중에도 예를 들어서 요엘, 오바댜, 아모스, 호세아 등 짧은 책들이 이사야, 예레미야, 에스겔, 다니엘 등 긴 책들보다 시기적으로 앞서는 것들이다. 그러므로 이러한 순서는 연대에 근거한 것이 아니라 그 내용의 본질에 근거한 것이다. 그리고 이 모든 책들은 여러 세기를 거치는 동안, 다양한 상황 속에서, 또한 아주 다양한 사람들의 수고를 통하여, 점진적으로 생겨난 것이다.

신학에는, 성경의 특정한 책이 어떤 상황에서 생겨났고, 누가 기록했으며, 누구를 위하여 기록했는가 하는 등등의 문제를 연구 조사하는 특별한 분야가 별도로 있다. 이 분야의 연구를 악용하는 사례들이 많아, 이 분야가 오명(汚名)을 쓰게 되었다. 우리 모두 아마도 "고등 비평"이 성경의 한 페이지 한 페이지를 조직적으로 찢어냈다는 이야기를 한두 번쯤 들었을 것이다. 그러나 이렇게 악용한 일이 있다고 해서 그 분야 자체가 악한 것이 되는 것은 아니다. 성경을 전체적으로, 또한 각 부분을 올바로 이해하기 위해서는, 성경이 어떻게 해서 점차로 생겨나게 되었으며 그 각 책들이 어떤 정황 속에서 기록되었는지를 정확히 아는 일이 무엇보다도 중요하다. 그런 지식이 있으면 결국 하나님의 말씀을 해석하는 일에 큰 유익을 얻게 된다. 이를 통해서 하나님의 성령의 영감이 하나님의 거룩한 사람들의 삶과 생각 속에 깊이, 그리고 광범위하게 역사했음을 배우게 되는 것이다.

오랜 세월 동안, 즉 모세의 때까지는 성경도 없었고, 기록된 하나님의 말씀도 없었다. 그런 책의 존재에 대해서 최소한 우리는 지식이 전혀 없다. 물론, 모세의 때 이전에도 어떤 말씀이나 사건 — 특별 계시의 역사를 위하여 매우 중요한 말씀이나 사건 — 에 대한 어떤 기록 같은 것들이 있어서, 그것들을 훗날 모세가 취하여 그의 책들 속에 보존시켰을 가능성도 전혀 없는 것은 아니다.

얼마 전까지는 그런 가능성을 주장하는 일은 어리석은 것으로 취급되었을 것이다. 왜냐하면, 그 당시만 해도 모세 시대에는 글을 쓰는 기술을 몰랐다고들 생각했기 때문이다. 그러나 바빌로니아와 이집트 등지에서 여러 가지들이 발견됨으로써, 이제 우리는 더 많은 정보를 얻었고, 그리하여 모세 시대 훨씬 이전에도 글을 쓰는 기술이 있었고 또한 그 기술이 많이 사용되었다는 것을 알게 된 것이다.

우리는 글로 기록된 여러 사건들과 여러 법들을 알고 있다. 모세보다 수백 년 이전에 이미 글을 쓰는 일이 행해졌다. 그러므로, 모세가 역사를 기록하고 율법을 제정하기 전에 그 이전에 기록된 자료들을 사용했다는 주장이 전혀 불합리하지 않은 것이다. 예를 들어서, 창세기 14장의 기사는 기록된 전승에 근거했을 가능성이 매우 높다.

그러나 이것을 확실히 알 수는 없고, 따라서 일반적으로 우리는 모세 이전에는 기록된 하나님의 말씀이 없었다고 말할 수 있다. 물론 하나님의 말씀은 있었다. 특별 계시가 타락 이후 즉시 시작되었고, 따라서 그런 의미에서 믿음과 삶의 규범 같은 것이 있었기 때문이다. 인류에게 하나님의 말씀이 없었던 적은 없었다. 처음 시초부터 사람은 언제나 자연과 양심에 나타나는 하나님의 일반 계시는 물론 말씀과 역사에서 나타나는 특별 계시를 소유해온 것이다. 그러나 하나님의 말씀이 즉시 기록된 것은 아니다. 그것은 가문과 세대를 거쳐 구두로 전해졌고, 부모로부터 자식에게로 전수되었다. 땅의 인구가 적었고, 사람들이 아직 장수의 복을 누렸고, 혈연 관계와 가족 의식, 그리고 과거에 대한 존중이 오늘날보다 훨씬 더 큰 의미를 지녔던 고대에서는, 이런 형태로 연속성을 유지하는 것만으로도 하나님의 말씀을 순전하게 보전하고 전수하는 데에 충분했던 것이다.

그러나 그 후 사람들이 지면에 널리 퍼지기 시작하고, 온갖 우상숭배와 미신에 빠져들게 되자, 구전(口傳)만으로는 충분하지 못했다. 하나님의 말씀을 기록하기 시작한 것은 모세였다. 기존의 기록된 보도들이 있어서 그가 그것들을 취하여 자신의 기록에 포함시켰을 수도 있다. 이미 말했듯이, 이에 대한 분명한 사실은 우리로서는 알 수가 없다. 그러나, 소위 모세오경에서 모세 자신이 기록한 내용을 언급하는 구절이 매우 적다는 점을 생각해 보면, 그 같은 가능성이 더욱 커진다(출 17:14; 24:4, 7; 34:27; 민 33:2; 신 31:9, 22). 그러므로 모세오경의 여러 부분들이 모세 이전에 이미 부분적으로 존재하고 있었고, 모세 자신이, 혹은 그의 명령을 받아 다른 사람들이 그것들을 개정하였을 가능성이 높고, 혹은 나중에 모세의 사망 후에 그의 정신과 자세를 그대로 따르는 사람들이 기존의 내용을 편집하고 덧붙였을 가능성도 많은 것이다. 초기에는 모세의 사망에 관한 보도(신 34장)와 관련하여 이 마지막에 언급한 가능성을 일반적으로 수용했다. 그러나 창세기 12:6하; 13:7; 36:31하 등에 나타나는 보충된 부분들도 여기에 확대해서 포함시켜야 할 것이다. 이것은 말씀의 신적 권위를 손상시키는 것이 아니며, 또한 성경에 계속해서 나타나는 바 "모세의 율법", 혹은 "모세의 글"이라는 표현(왕상 2:3; 왕하 14:6; 말 4:4; 막 12:26; 눅 24:27, 44; 요 5:46-47)과도 절대로 모순되는 것이 아니다. 일부분이 그가 다른 자료에서 이끌어냈고, 그의 명령을 받아 다른 사람들이 기록했고, 혹은 후대의 사람들이 그의 정신으로 편집한 부분이 있다손 치더라도, 모세오경은 모세의 글이나 모세의 율법 그대로 남아 있는 것이기 때문이다. 바울 역시 대체로 자기가 직접 편지들을 기록하지 않았고, 대필자의 손을 빌려서 기록하게 했던 것을 볼 수 있다(고전 16:21). 그리고 다윗이 성시 영창(psalmody)의 체재를 처음 세운 사람이라고 하여, 시편 전체를 다윗의 것으로 간주하기도 하는데, 시편 가운데 다윗이 아닌 다른 저자들의 저작이 많은데도 불구하고 그렇게 보는 것이다.

* * * * *

이러한 모세의 율법 제정을 기초로 하여, 즉, 하나님께서 족장들과 맺으셨고, 시내산에서 이스라엘을 위하여 확인하셨고, 또한 모세의 율법 속에 제정하신 바 하나님의 언약을 기초로 하여, 성령의 인도하심을 받아 이스라엘의 후기의 역사 속에 세 가지 거룩한 문헌이 등장하게 되는데, 곧, 시가서, 예언서, 그리고 "지혜" 문헌(wisdom literature)이 그것이다. 이러한 성령의 특별한 은사들이 셈족에게, 특히 이스라엘 백성에게 독특한 자연적인 은사들과 함께 발휘되었다. 그러나 성령의 특별한 은사들은 자연적 은사들을 초월하는 것으로서 하나님의 나라를 섬기며 온 인류의 유익을 위하는 하나의 소명이 부여된 것이다.

예언은 아브라함에게서 시작되며(창 18:17; 20:7; 또한 암 3:7; 시 105:15을 보라), 야곱과(창 49장), 모세와(민 11:25; 신 18:18; 34:10; 호 12:13), 미리암(출 15:20; 민 12:2)에 의해서 시행되지만, 사무엘과 그 이후 시대에 이르러 특별히 두드러지게 되고, 바벨론 포로 이후의 시대에까지 이스라엘 역사를 통들어 계속 시행된다. 선지자들의 책들은 히브리어 구약 성경에서 두 가지로 크게 구분되고 있는데, "전"선지서(earlier prophets)와 "후"선지서(later prophets)가 그것이다. 여호수아, 사사기, 사무엘상하, 열왕기상하가 전선지서에 해당한다. 이 책들을 전선지서라 칭하는 이유는, 선지자들이 그 책들을 기록했고 또한 후대의 선지자들보다 시기적으로 앞서는 선지자들에 대해 말씀하기 때문이다.

다시 말하면, 성경에 그들의 책들이 들어 있는 네 명의 대선지자들과 열두 명의 소선지자들 이외에도 이스라엘에 선지자들이 많았다는 것이다. 위에서 언급한 역사서에는 선지자들의 이름으로 가득 차 있고 때로는 그들의 활동들에 대하여 상세히 묘사하기도 한다. 드보라, 사무엘, 갓, 나단, 아히야, 아사랴, 하나니, 예후, 엘리야, 엘리사, 훌다, 그리고 유다 왕국의 최초의 순교자인 사가랴 등 많은 선지자들이 언급되며, 이름이 나타나지 않고 언급되는 경우도 있다(예컨대, 대하 25장). 이런 인물들은 기록된 예언을 하나도 남기지 않았다. 때로는 심지어 선지자 학교가 언급되기도 하는데(삼상 10:5-12; 19:19 이하; 왕하 2:3, 5; 4:38, 43; 6:1), 거기서 여러 선지자들의 아들들이나 제자들이 함께 영적인 활동을 하며 하나님을 위한 임무들을 수행하였다. 여호수아, 사사기 등의 책에 언급되는 예언적인 역사 기록들이 이 학교들에서 나왔을 가능성이 매우 높다. 역대상하에는 선지자들의 역사 기록들에 대한 언급이 몇 차례 나타나고 있다(대상 29:29; 대하 9:29; 20:34 등).

역사서에 그 활동들이 묘사되어 있는 선지자들을 가리켜 오늘날 흔히 행동하는 선지자(prophets in deed)라고 하고, 후대의 선지자들을 말씀의 선지자(prophets of word)라고 하여, 이 둘을 서로 구분한다. 모두가 말씀을 전했고, 모두가 증거하였다. 히브리어 원어가 이러한 사실을 지적해 주며(출 4:16; 7:1), 선지자들의 가르침의 근본적인 특징들이 이미 초기의 선지자들의 증언에도 나타나고 있다. 그러나 초기의 선지자들은 두 가지 점에서 후대의 선지자들과 구별된다. 첫째로, 그들은 이스라엘 백성 내부의 긴급 사태에만 관심을 가졌고, 다른 민족들에 관한 문제는 아직 시야에 들어 있지 않았다. 그리고 둘째로, 그들은 미래보다는 현재에 더 많은 주의를 기울였다. 그들의 권고와 위협의 말씀은 주로 직접적이며 실천적인 목적을 지니고 있었다. 그 시기는 다윗과 솔로몬의 통치 이후 약간 시간이 경과한 때로서 이스라엘이 하나님의 언약을 지키고 하나님의 길로 행하리라는 소망이 남아 있는 그런 때였던 것이다.

그러나 주전 9세기부터 이스라엘은 점차로 주변 민족들의 이교도적인 풍조에 연루되어, 그 부르심과 나아갈 길이 있음에도 불구하고 스스로 거기에 너무 연루되자, 선지자들은 주변의 민족들도 시야에 두게 되었다. 배도의 현실에서 그들은 더 이상 하나님의 약속들이 완전히 성취될 것을 기대하지 않는다. 그 대신 그들은 메시야의 미래에서, 하나님께서 친히 임하게 하실 미래 속에서, 그 성취를 찾는다. 이 후대의 선지자들은 그들의 망대 위에서 땅의 사방을 바라보며, 그들 스스로 읽는 대로가 아니라 성령의 빛에 따라서 시대의 표적들을 지적한다(벧전 1:4; 벧후 2:20-21). 그들은 이스라엘의 형편을 ─ 종교적 · 윤리적 · 정치적 · 사회적 상황은 물론, 에돔, 모압, 앗수르, 갈대아, 애굽 등의 이방 민족들과의 관계까지도 ─ 여호와께서 그의 백성들과 맺으시고 그 안에 그들을 상대로 서 계신 그 중심적인 언약을 기준으로 하여 판단하는 것이다. 그리고 그들은 모두 각기 자기의 본성과 자기의 시대와 자기의 방법에 따라서 본질적으로 동일한 하나님의 말씀을 선포한다. 그들은 이스라엘의 죄악과, 죄에 대한 하나님의 형벌을 선포하며, 하나님의 언약의 불변함, 그의 약속의 신실함, 그들의 모든 불의에 대한 용서를 증거하여 여호와의 백성들을 위로하며, 또한 모든 사람들을 이끌어, 하나님께서 다윗 가문의 한 왕의 통치 아래서 그의 권세를 이스라엘과 모든 민족들에게까지 확대시키실 그 기쁨의 미래를 바라보게 하는 것이다.

그리하여 그들이 하나님의 이름으로 선포하는 말씀이 그 당시의 시대를 훨씬 넘어서는 의미를 지니게 된다. 그 말씀은 더 이상 그 옛날 이스라엘에서 그 한계와 목적을 갖지 않고, 오히려 땅 끝까지 확대되는 내용과 의미를 가지며 또한 인류 자신에게서만 그 성취가 임할 수 있는 것이다. 그리고 이제 그 선지자들의 말씀이 글로써 기록된다. 주전 9세기부터, 즉 요엘과 오바댜의 시대로부터, 선지자들은 그들의 예언의 내용을 기록으로 남기게 되고, 때로는 그 일을 위하여 하나님의 분명한 명령을 받기도 한다(사 8:1; 합 2:2; 사 36:3). 그들은 그들의 말씀이 마지막 때까지, 영원에 이르기까지 남아 있게 하며(사 30:8) 또한 후 세대들이 그 말씀을 순전하게 인정하게 되도록 하는(사 34:16) 분명한 목적을 갖고서 그렇게 하는 것이다.

* * * * * *

또한 노래(시편)들이 예언과 함께 병행되고 있다. 노래 역시 아주 오래 전부터 있었다. 이스라엘에서는 노래와 음악이 매우 사랑을 받았다(삼상 18:7; 삼하 19:35; 암 6:5 등). 역사서에 여러 주제들에 관한 노래들이 보존되어 있다. 검(劍)의 노래(창 4:23-24), 우물의 노래(민 21:17-18), 헤스본 정복의 노래(민 21:27-30), 홍해를 건넌 것을 기념하는 노래(출 15장), 모세의 노래(신 32장), 드보라의 노래(삿 5장), 한나의 노래(삼상 2장), 사울과 요나단의 죽음에 즈음한 다윗의 애가(삼하 1장), 아브넬을 위한 다윗의 애가(삼하 3:33-34), 그리고 많은 노래들이 들어 있었던 것으로 보이는 야살의 책(수 10:13; 삼하 1:18) 등이 있다. 더욱이 선지자들의 책에도 여러 노래들이 보도되고 있다. 예를 들어서, 이사야 5장의 포도원의 노래, 이사야 14장의 패망한 바벨론 왕을 조롱하는 노래, 이사야 38장의 히스기야의 찬양, 요나서 2장의 요나의 기도, 하박국의 찬양의 노래 등이 있다. 이 노래들 중 많은 것들이 시편과 밀접하게 관련되어 있어서, 어느 것이 어느 것에게로 전수되었는지를 가늠하기가 매우 어렵다. 또한 노래와 예언도 서로 밀접하게 관련되어 있고, 심지어 그 형식에서도 그런 관련성이 나타나고 있다. 둘 다 성령의 권능의 영감에서 나왔으며, 둘 다 자연과 역사의 세계 전체를 시야 속에 두며, 둘 다 모든 것을 하나님의 말씀의 빛 속에서 보며, 둘 다 메시야의 왕국을 선포하며, 둘 다 시(詩)의 언어와 형식을 사용하는 것이다. 시편 기자가 하나님의 뜻과 경륜의 신비 속에 이끌려 들어가면, 그는 선견자가 되고, 선지자의 영혼이 하나님의 약속들로 말미암아 새로움을 얻으면 그의 예언이 시의 경지로 높이 올려지는 것이다(대상 25:1-3). 아삽을 가리켜 선견자로 부르며(대하 29:30), 사도행전 2:30에서는 다윗을 선지자라 부른다.

그러나 물론 이 둘 사이에 차이점도 있다. 미리암의 노래와 모세의 노래(신 32장), 또한 모세의 시(시 90)가 시편의 시들을 미리 준비시켜 주었다. 그러나 시편은 사무엘의 통치 아래 여호와께 드리는 예배가 부흥된 이후, 이스라엘의 노래 잘하는 자(삼하 23:1)인 다윗의 시편들에서 꽃을 피웠다. 다윗의 시편은 그 이후의 솔로몬, 여호사밧, 히스기야의 시들과 또한 바벨론 포로기와 그 이후 시대의 시들에게 전형이 되는 근본적인 형식들로 이루어져 있다. 시편 72편 마지막 부분에서 다윗의 시편들을 가리켜 다윗의 "기도"라 부르고 있는데, 이것은 모든 시편들에게 고유한 특징이 된다. 시편에 속한 시들도 서로 상당히 다른 점이 나타난다. 어떤 시들은 찬양과 감사의 노래요, 어떤 것들은 탄식과 간구의 노래이기도 하다. 어떤 시들은 찬송의 성격을 지니기도 하며, 어떤 것들은 애가(哀歌)의 성격을 띠기도 하고, 어떤 것들은 예언적 교훈의 성격을 띠기도 한다. 자연에 나타난 하나님의 솜씨를 찬양하는 시도 있고, 역사 속에 나타난 하나님의 역사를 찬양하는 시도 있다. 시편은 과거와 현재를 다루고, 미래를 다루는 경우도 많다. 그러나 시편에는 언제나 기도의 기본 구조가 들어 있고, 그것이 모든 시편의 특징이 된다. 예언의 경우, 성령께서 선지자를 사로잡으시고 그를 통제하시고 감동하신다면, 시편의 경우는 그 동일한 성령께서 시편 기자를 그 자신의 깊은 영적 삶 속으로 인도하시는 것이다. 시편은 언제나 시편 기자 자신의 개인적인 영적 상태가 계기가 되어 노래로 나타난다. 그러나 그런 영혼의 상태를 언제나 여호와의 영께서 형성시키시고 이루신 것이다.

다윗이 만일 인상적인 성격을 지니고 풍성한 삶의 경험을 지닌 사람이 아니었다면, 그는 이스라엘의 노래 잘하는 자가 될 수 없었을 것이다. 바로 슬픔과 두려움, 시험과 욕망, 박해와 구원 등의 온갖 다양한 경험들 속에서 그가 가졌던 마음의 상태, 혹은 영혼의 상태가 자연과 역사, 제도와 설교, 심판과 구속 등으로 나타나는 하나님의 객관적인 말씀과 역사하심이라는 멜로디를 연주하는 현(絃)들이었던 것이다. 이와 같이 하나님의 객관적인 계시와 그의 주관적인 인도하심의 하모니가, 노래로 울려 퍼지며, 하나님의 임재 앞에서 불려지듯 불려지며, 하나님의 영광을 위해 헌상되며, 또한 함께 찬양하도록 모든 피조물들을 부르며, 하늘과 땅에 있는 모든 것들이 그 화음을 탈 때까지 계속해서 노래하며, 그리하여 모든 시대와 모든 세대를 통틀어서 인간의 영혼이 느끼는 가장 깊은 체험들의 가장 풍성한 표현이 되는 것이다. 시편은 그리스도 안에서 주어진 하나님의 계시와 관련하여 성령을 통하여 우리 마음에서 일어나는 바를 입으로 발설하도록 가르쳐 주는 것이다. 이런 의의가 있기 때문에 시편 기자들이 시편들을 노래한 것이요, 또한 모든 시대의 교회의 입술로 시편을 노래하게 만든 것이다.

* * * * *

예언과 시편 외에 호크마, 즉 잠언 혹은 지혜 문학이 있다. 요담의 우화(삿 9:7 이하), 삼손의 수수께끼(삿 14:14), 나단의 비유(삼하 12장), 드고아의 여인의 행동(삼하 14장) 등에서 드러나듯이, 이것 역시 자연적인 은사에 기초하는 것이다. 그러나 이 지혜 문학은 특별히 솔로몬에게서 그 고유한 성격을 갖게 되었고(왕상 4:29-34), 그 이후 바벨론 포로기 이후까지 다른 지혜자들의 잠언에서(잠 22:17 이하), 욥기, 전도서, 아가서 등에서 계속되었다. 예언은 이스라엘과 다른 민족들의 역사 속에서 나타나는 하나님의 뜻을 드러내며, 시편은 하나님의 종들의 영혼 속에서 하나님의 뜻을 실행할 때에 나오는 메아리를 표현하며, 또한 잠언이나 지혜 문학은 그 하나님의 뜻을 실제적인 삶과 행실과 관련짓는다. 이 지혜 문학 역시 신적인 계시라는 기반에 근거를 둔다. 그리고 그 출발점은 여호와를 경외함이 지혜의 근본이라는 것이다(잠 1:7). 그러나 이 문학은 계시를 민족들의 역사나 영혼의 주관적인 체험과 관련짓지 않고, 일상적인 생활, 남자와 여자, 부모와 자식, 친구와 사회, 사업과 직업의 생활에 적용시킨다. 이것은 예언처럼 높은 차원에서 활동하지도 않고, 예언처럼 멀리 바라보지도 않는다. 그리고 시편처럼 그렇게 깊이 탐구해 들어가지도 않는다. 그러나 이것은 삶의 온갖 잡다한 일들 — 사람들이 하찮은 것으로 여겨서 관심조차 두지도 않는 그런 경험들 — 을 주목하며, 사람들을 그런 경험들의 수준 위로 끌어올린다. 하나님의 섭리의 의로우심을 믿는 믿음으로 그렇게 하는 것이다. 그리하여 지혜 문학은 인간적인 면에서 전반적인 의의를 지니는 것으로 성령의 인도하심을 받아 모든 시대에 걸쳐서 보존되는 것이다.

모세의 책들 속에 원칙적으로 제시되어 있는 바 하나님의 계시와 그의 율법과 그의 뜻이 구약 시대에 선지자들의 선포와, 노래하는 자들의 노래와, 지혜자들의 잠언 속에서 완전히 드러나는 것이다.

이렇게 해서 구약의 경륜 하에서, 선지자직과 제사장직과 왕직이 그 부르심을 완수하였다. 그리고 그리스도 안에서 이 거룩한 문헌이라는 고귀한 보화가 온 세상의 공통적인 소유가 된 것이다.

* * * * *

약속이 그 성취에서 절정이 이르듯이, 구약 성경도 신약 성경에서 그 절정에 이른다. 그 중 하나가 없으면 다른 하나로서는 불완전하다. 구약은 오직 신약에서 드러나며, 신약의 핵심과 본질이 이미 구약 속에 포함되어 있는 것이다. 그 둘 사이의 관계는 마치 주춧대와 주상(鑄像), 자물쇠와 열쇠, 그림자와 몸의 관계와도 같다. 구약(舊約)과 신약(新約)이라는 명칭은 처음에는 하나님께서 그리스도 이전과 이후에 그의 백성들에게 주신 은혜 언약의 두 경륜을 지칭하는 것이었다(렘 31:31 이하; 고후 3:6 이하; 히 8:6 이하). 그리고 후에 그 용어들이 그 언약의 두 경륜의 묘사와 해석을 구성하는 두 가지의 기록들을 각기 지칭하는 것으로 그 의미가 바뀌어졌다. 출애굽기 24:7에서는 이스라엘과 맺으신 하나님의 언약의 선언 혹은 선포인 율법을 가리켜 언약서라 부르고 있고(왕하 23:2와 비교하라), 고린도후서 3:14에서 바울은 이미 구약을 읽은 사실을 말씀하고 있는데, 여기서 구약이란 그 언약서를 지칭하는 것이다. 이런 예들에서 나타나듯이, 언약이라는 단어가 점점 성경에 포함된 글들, 혹은 책들 — 은혜의 옛 경륜과 새 경륜을 해석해 주는 책들 — 을 가리키는 뜻으로 사용되게 되는 것이다.

구약과 마찬가지로, 신약도 여러 가지 책들로 이루어져 있다. 신약은 다섯 권의 역사서(사복음서와 사도행전), 스물한 권의 교리서(사도들의 서신서들), 그리고 한 권의 예언서(요한 계시록)로 이루어져 있다. 그리고 구약에 속한 서른아홉 권의 책들이 천 년 이상의 세월에 걸쳐서 생겨났는데 반해서, 이 스물일곱 권의 신약 성경은 모두 주후 1세기의 후반부에 기록되었다.

복음서가 신약 성경 맨 처음에 들어 있는데, 이 순서는 연대기적인 것이 아니라 자료의 성격에 따른 것이다. 사도들의 여러 편지들이 시기적으로 더 이르지만, 복음서들을 맨 앞에 놓은 것은 그것들이 후의 사도들의 모든 수고의 기초가 되는 그리스도와 그의 사역을 다루기 때문이다. 복음이라는 단어는 처음에는 기쁘고 유쾌한 메시지를 뜻하는 일반적인 단어였다. 그런데 신약 시대에 와서 예수 그리스도께서 선포하신 좋은 소식을 뜻하는 것으로 사용되게 되었다(막 1:1). 그러다가 후대에 가서야 비로소 이그나티우스(Ignatius), 유스티누스(Justinus) 등 교회의 저자들이 그리스도의 그 기쁜 메시지를 포함하고 있는 책 혹은 기록들을 지칭하는 뜻으로 사용하게 된다.

신약 성경에는 네 권의 그런 복음서들이 있다. 물론 네 개의 서로 다른 복음이 있는 것은 아니다. 복음은 예수 그리스도의 복음 하나밖에는 없기 때문이다(막 1:1; 갈 1:6-8). 그런데 그 하나의 복음이, 그 하나의 구원의 복된 소식이 네 사람에 의하여, 네 가지 시각에서, 네 가지 형식으로 각기 다르게 묘사되었다. 이런 사실이 현존하는 성경의 그 네 가지 책에 붙여진 명칭에서 잘 표현되고 있다. 곧, 마태가 전한 복음서(Gospel *according* to Matthew), 마가가 전한 복음서(Gospel *according* to Mark) 등이 그것이다. 곧, 각기 바라보는 면은 다르지만, 사복음서 안에 하나의 복음이, 그리스도와 그의 사역의 한 가지 형상이 묘사되고 있다는 것이다. 그리하여 고대 교회에서는 사복음서 기자들을 계시록 4:7의 네 생물에 비하기도 했다. 마태는 사람으로, 마가는 사자로, 누가는 송아지로, 요한은 독수리로 본 것이다. 이는 마태복음 기자는 그리스도를 그의 인간적인 현현의 모습대로 묘사하였고, 마가복음 기자는 그의 선지자적 성격을, 누가복음 기자는 그의 제사장적인 성격을, 그리고 요한복음 기자는 그의 신적인 성격을 각각 묘사했기 때문이었다.

마태는 세리 레위와 동일 인물로서 그리스도께서 사도의 직분을 위하여 택하신 사람이었는데(마 9:9; 막 2:14; 눅 5:27), 이레나이우스(Irenaeus)에 의하면, 주후 64년경 그가 팔레스타인에서 특별히 유대인들과 팔레스타인의 유대인 그리스도인들을 위하여, 예수께서 참으로 그리스도시며 구약 성경의 모든 예언들이 그에게서 성취되었음(마 1:1)을 그들에게 증명해 보이기 위하여, 본래 아람어로 그의 복음서를 기록하였다고 한다.

마가는 예루살렘에 집을 갖고 있었던 것으로 보이는 마리아(행 1:13; 2:2)의 아들(행 12:12)이었다. 마가는 처음에는 바울을 섬겼고, 후에는 베드로도 섬겼으며(벧전 5:13), 전승에 의하면, 로마의 그리스도인들이 그에게 예수 그리스도의 복음의 시작에 관한 기사를 제시해 줄 것을 요청받았는데(참조. 막 1:1), 그가 예루살렘에 거주하며 베드로와 함께 다녔으므로 그 문제에 대해서 잘 알고 있었기 때문에 그 요청이 확대되었다고 한다. 그는 로마에서 그 요청을 받아들여서, 주후 64–67년경에 마가복음을 기록한 것으로 보인다.

바울이 사랑하는 의원이라 부르는 누가(골 4:14)는 안디옥 출신이었을지도 모른다. 그는 주후 40년경부터 그곳의 교회에 소속되어 있었다. 그는 바울과 함께 여행한 동역자였고 마지막까지 그를 충실히 도왔다(딤후 4:11). 그는 그리스도의 생애와 사역에 관한 역사서를 기록하였고(누가복음서), 팔레스타인과 소아시아와 그리스와 로마에까지 복음이 처음으로 퍼져나가는 일에 관해서도 역사서를 기록하였다(사도행전). 그는 대략 70-75년경에 사도행전을 기록하여, 데오빌로라는 사람에게 보냈는데, 그는 사회적으로 지위가 높은 자로서 복음에 관심을 가진 사람이었다.

이 세 복음서는 분명 서로 밀접한 연관을 갖고 있다. 그것들은 예수의 가르침과 생애에 관해서 첫 제자들 사이에 생생하게 살아 있던 전승에 근거한 것들이다. 그러나 네 번째 복음서는 종류가 다르다. 예수께서 사랑하신 제자인 요한은 예수의 승천 이후 예루살렘에 남아 있었고, 야고보와 베드로와 더불어 교회의 세 기둥 가운데 한 사람이었다(갈 2:9). 후에 그는 예루살렘을 떠났고, 그의 생애 말기에 이르러 바울의 후계자로서 에베소에 갔고, 거기서 도미티아누스 황제 치세이던 95-96년경 밧모 섬으로 유배되었고, 100년에 순교하였다. 요한은 선교 사역에 중요한 역할을 담당한 사람은 아니었다. 그는 새 교회들을 세우지 않았고, 기존의 교회들을 순전한 진리의 지식으로 보존하는 데에 온 힘을 쏟았다. 일세기 말이 다가오면서 교회의 사정도 점점 달라져갔다. 기독교 교회와 이스라엘, 율법, 할례 등과의 관계에 대한 갈등이 끝났고, 유대인들의 문제에 있어서 교회가 독자적인 입장을 취하고 있었고, 점점 더 그리스-로마 세계로 침투해 들어가고 있었다. 그리고 다른 영적인 기류들, 특히 영지주의(Gnosticism)와의 접촉이 생기게 되었다. 그리하여 요한은 교회가 반기독교 세계로부터, 말씀의 성육신을 부인하는 경향으로부터 오는 이런 위험 요소들을 안전하게 극복하도록 인도하는 것을 목적으로 삼은 것이다(요일 2:22; 4:3). 이러한 반기독교적 경향에 반대하여, 요한은 그의 글들 — 모두가 80년부터 95년 사이에 씌어진 것들이다 — 에서 육체가 된 말씀으로서의 그리스도의 충만한 모습을 그리고 있다. 그의 복음서에서 요한은 그리스도께서 이 땅에 머무실 때에도 성육신하신 말씀이셨음을 시사하였고, 또한 그의 서신서들에서는 그리스도께서 지금의 교회 안에서도 여전히 성육신하신 말씀이심을 시사하고 있다. 그리고 계시록에서는, 그리스도께서 미래에도 계실 것임을 말씀하고 있다.

지금까지 언급한 신약의 책들은 모두 성령의 인도하심을 받아 역사적인 계기를 통해서 기록되었다. 또한 바울과 베드로의 글들도, 야고보와 유다의 글도 마찬가지다. 예수의 승천 이후, 예루살렘 교회의 박해 이후, 사도들은 유대인들과 이방인들에게 복음을 전함은 물론, 그들이 세운 교회들과 함께 남아서 계속해서 교제하며 함께 머물렀다. 그들은 그 교회들의 영적 상태에 대해서 구두로나 글로 보고들을 접하였고, 그 교회들의 성장에 관심을 가졌고, 사도적인 심령으로 모든 교회들을 보살핀 것이다(고후 11:28). 그리하여, 그들은, 가능하다면 개인적으로 그 교회들을 방문해야 한다는 부르심을 느꼈고, 혹 방문하지 못한다면, 서신이나 편지를 통해서라도 교회들을 안위하고 그들을 경계하거나 격려하여 이를 통하여 그들을 구원에 이르는 진리 안으로 더 깊이 인도해야 한다는 부르심을 느꼈던 것이다.

그들의 사도적 사역 전체가 그러했듯이, 이처럼 성경을 기록하는 그들의 수고도 사도적 사역의 역사적이며 유기적이며 본질적인 부분을 이루는 것으로서 기독교 교회의 기초요 기반이었다. 복음서와 사도들의 서신서들은 선지자들의 글들처럼 어떤 계기를 통해서 기록된 것들이다. 그러나 동시에 그것들은 그 당시 교회들의 일시적이요 국지적인 관심사를 훨씬 뛰어넘어서 모든 시대의 교회들에게까지 적용되는 것이다.

성경 전체가 비록 역사적 정황 속에서 생겨났으나, 아우구스티누스(Augustine)의 말처럼 그것은 하늘에 계신 하나님께로부터 이 땅의 그의 교회에게 보내진 편지인 것이다. 그러므로, 성경의 각 책들의 기원을 살피는 "역사적 탐구"가 ─ 그것을 악용하지 않고도 얼마든지 그런 탐구를 진행할 수가 있다 ─ 성경의 신적 성격을 해치기는커녕, 오히려 그런 연구야말로 하나님께서 그의 예술 작품을 존재하게 하신 그 놀라운 방식들을 우리에게 가르쳐주기에 정말로 합당한 것이다.

* * * * *

이처럼 성경 각권의 기원을 간단히 살펴보는 것으로 성경 연구가 끝나는 것은 물론 아니다. 그것은 그저 시작일 뿐이다. 점차 성경에 관하여 연구하는 온갖 종류의 학문들이 자라나게 되었다. 그 모든 학문의 목적은 성경의 의미를 보다 잘 이해하도록 하는 데 있다. 여기서는 이 후속적인 연구들에 대해서 몇 가지를 언급하는 것으로 만족해야 하겠다.

첫째로, 각 책마다 개별적인 기원을 갖고 있다는 것 외에도, 그 책들이 결국 하나의 문집 혹은 정경(正經: Canon), 즉 믿음과 생활의 규범이 되는 책들의 목록 속에 자리를 차지하게 되었다는 것을 알 수 있다. 그런 "문집"(collection)은 한 권의 책 내에서도 이미 존재했었다. 예를 들어서, 시편과 잠언은 여러 사람들이 기록한 것으로 점차로 하나의 책으로 수집된 것이다. 나중에 그 여러 권의 책들이 하나로 수집되어 성경이라 불리게 된 것이다. 그러나, 교회가 이 정경을 만들었다거나, 교회가 선지자들과 사도들의 기록들에 정경의 권위를 부여했다는 식으로 생각해서는 안 된다. 오히려 이 글들이 작성된 그 순간부터 즉시 교회에서 권위를 지니게 되었고 교회 안에서 믿음과 생활의 규범으로서 활동한 것이다. 하나님의 말씀은 처음에는 기록되지 않았고 후에 가서 기록된 것으로서, 그 권위는 사람에게서나 신자들의 권위에서 비롯되는 것이 아니라. 오직 그 권위를 부여하시고 또한 그것을 인정하게 하시는 하나님께로부터 오는 것이다.

나중에, 선지자들과 사도들의 책들이 증가하고 또한 그것들과 더불어 선지자들과 사도들이 기록하지 않은 다른 책들이 생겨나 일부 그룹에서 선지자와 사도들의 저작으로 주장되는 일이 생기자, 교회가 진정한 정경을 거짓된, 외경에 속한, 위경에 속한 책들과 구별지어서 참된 정경들의 목록을 이끌어낼 필요가 생기게 되었다. 그리스도 이전에 구약 성경의 책들에 대해서도 그런 일이 있었고, 그리스도 이후 4세기에 신약 성경에 대해서도 그런 일이 이루어졌다. 이 문제를 탐구하여 성경의 정경성에 빛을 비추어 주는 특별한 학문이 있는 것이다.

둘째로, 선지자와 사도들이 기록한 원본이 단 하나의 예외도 없이 유실되었다는 점을 주목할 필요가 있다. 우리는 필사본들만 갖고 있을 따름이다. 구약의 경우 이 필사본들 가운데 가장 오래된 것이 9세기, 10세기의 것이고, 신약의 경우는 주후 4세기와 5세기의 것들이다. 다시 말해서, 원본과 현존하는 필사본들 사이에 여러 세기의 시간적 간격이 있는 것이다. 이 기간 동안 본문은 긴 역사를 지나면서 사소한 혹은 그보다 큰 변화들을 겪게 되었다. 예를 들어서 — 이 복잡한 문제의 한 가지 면만을 언급하자면 — 히브리의 원본에는 모음(母音)이나 구두점이 없었고, 여러 세기 후에 가서 비로소 이것들이 필사본에 도입되었다. 우리가 지금 사용하는 장(章)들로 구분한 일은 13세기에 처음 행해졌고, 각 절(節)로 구분하는 일은 16세기에 이루어졌다. 이런 유의 문제들을 위해서도, 원문을 "확립시키고" 그것을 해석의 근거로 제시하는 모든 유용한 수단들을 사용하는 별도의 특별한 학문이 필요한 것이다.

셋째로, 구약은 히브리어로, 신약은 헬라어로 각각 기록되었다는 점을 주목해야 한다. 그러므로 성경이 이 언어들을 이해하지 못하는 사람들에게 배포되는 순간 번역본이 필요하게 되었다. 주전 3세기경부터 구약 성경을 헬라어로 번역하는 작업이 시작되었다. 그리고 후대에 이르러 구약과 신약을 여러 고대의 언어로 번역하는 작업이 이루어졌고, 또한 현대의 여러 언어들로 번역하는 작업이 계속되었다. 19세기에 이교도들을 향한 선교의 부흥이 있은 후, 이 번역 작업이 정력적으로 추진되었고, 현재 4백 가지 이상의 언어로 성경의 일부 혹은 전체가 번역되어 있다(2002년 말 현재 2,303개 언어로 번역되었다:역주). 이 번역본들을, 특히 고대의 번역본들을 연구하는 것도 성경을 적절히 이해하는 데에 매우 중요하다. 왜냐하면 번역 하나하나가 결국은 일종의 해석이기 때문이다.

마지막 넷째로, 성경을 해석하는 일에 굉장한 배려와 노력이 들여졌다. 고대의 유대인들의 시대에도 그랬고, 그 이후 오늘날 우리 시대에 이르기까지 기나긴 세월 동안 그러했다. 해석자마다 자기 나름대로 사사로운 성향이 있으며, 따라서 해석의 상당 부분에 치우친 점이 있는 것이 사실이지만, 그럼에도 불구하고 성경 해석사(解釋史)는 괄목할 만한 발전을 지적해 주고 있다. 각 세기마다 자기에게 해당하는 몫의 공헌을 이루어 발전이 이루어져 내려온 것이다. 결국 최종적으로 판단할 때에, 흔히 나타나는 인간적인 실수를 사용해서라도 하나님의 말씀을 유지시키시고 그의 생각들이 세상의 지혜를 무너뜨리고 승리하게 하시는 분이 바로 하나님 자신이라 할 것이다.

제 8 장

성경과 신앙고백

　사도 시대와 그 이후 시대에 기독교의 본질에 대하여, 그리고 유대인 및 이방인과의 관계에 대하여 견해의 차이가 없었던 적이 없다. 그러므로 기독교 교회 전체에서 한결같이 성경을 하나님의 말씀으로 받아들여왔다는 것은 더욱 놀라운 사실이 아닐 수 없다.

　우선 구약 성경의 경우가 그렇다. 예수와 사도들의 가르침에는 구약을 언급하며 구약에 호소하는 예가 끊임없이 나타나고 있다. 마치 그런 일이 세상에서 가장 자연스러운 일이기라도 한 것처럼, 거의 알아차리지 못하는 사이에 유대인의 구약의 권위가 예수와 사도들의 가르침을 통해서 기독교 교회에 전수된 것이다. 복음은 구약을 전제로 하고 있다. 사실, 구약이 없었다면 복음이 받아들여질 수도 인정받을 수도 없었을 것이다. 복음이란 결국 구약의 약속들의 성취이므로, 구약이 없다면 복음도 허공에 뜰 수밖에 없는 것이다. 구약은 복음이 딛고 서 있는 주춧대요, 복음이 자라나온 뿌리라 하겠다. 복음이 가는 곳마다 구약 성경도 함께 나아갔고, 아무런 반대도 받지 않고 즉시 하나님의 말씀으로 사용되었다. 다시 말하면, 성경이 없는 신약의 교회라는 것은 없었다는 것이다. 처음부터 교회는 율법과 시편과 선지자들을 소유하고 있었던 것이다.

　이러한 구약 성경에 사도들의 글들이 곧 첨가되었다. 이 글들 중 복음서와 공동 서신서 같은 것들은 온 교회를 위하여 기록된 것들이다. 그리고 몇몇 서신서들의 경우처럼, 로마나 고린도나 골로새 등에 있는 특정한 교회들을 위하여 기록된 글들도 있다.

　이 글들이 사도들과 사도적 인물들에게서 나왔으므로, 처음부터 이 글들이 기독교 교회들로부터 높임을 받았고 모임들에서 큰 소리로 읽혀졌고 때로는 다른 교회들에게도 보내어져서 함께 읽혔다는 것은 지극히 자연스런 일이다. 그리하여, 예를 들어서, 사도 바울은 친히 자기가 골로새 교회에게 보내는 편지를 라오디게아 교회에도 보낼 것을 요구하며, 또한 골로새의 그리스도인들이 그가 라오디게아 교회에게 보낸 편지도 — 이는 에베소서일 가능성이 높다 — 주목할 것을 요구하는 것이다(골 4:16). 그리고 베드로후서 3:15-16에서 베드로는 그의 독자들이 최근 바울에게서 받은 편지를 언급할 뿐 아니라 바울의 다른 편지들에 대해서도 언급하는데, 그 편지들이 베드로 자신이 제시하는 것과 동일한 교리를 가르치나 때로는 어려운 부분이 있어서 배우지 못한 연약한 사람들이 잘못 이해하고 왜곡시킬 소지가 있음을 말하기도 한다. 물론 이 시기에 바울 서신들의 "문집"이 있었다고는 생각할 수가 없다. 하지만 바울의 저작들이 그것들이 각기 보내진 지역 교회들에서뿐만 아니라 그보다 훨씬 넓은 범위에서도 알려져 있었다는 것은 분명히 알 수 있다. 자연히, 이 초기의 교회들은 대부분 사도들과 그들의 제자들에게서 복음에 대한 지식을 얻었던 것이다.

그러나 그들이 사망하고 그들의 설교가 끊어지자, 자연히 사도들의 저작들이 더욱더 소중해졌다. 2세기 중반의 증언을 통해서, 우리는 복음서들이, 그리고 후에는 서신서들까지도, 신자들의 집회에서 정규적으로 읽혀졌으며, 이런저런 진리의 증거로 여겨졌고, 구약의 책들과 동등하게 순결한 것으로 인정되었다는 것을 알게 된다. 2세기 말에 이르러, 신약의 책들이 구약의 책들과 더불어 "성경 전체"(the whole Scripture)로, "믿음의 기둥과 터"로, "그 성경"(the Holy Writ)으로 여겨지고, 예배 모임에서 정규적으로 읽혀지게 되었다(이레나이우스[Irenaeus], 알렉산드리아의 클레멘트[Clement of Alexandria], 터툴리안[Tertullian]).

몇몇 저작들 — 히브리서, 야고보서, 유다서, 베드로후서, 요한이서, 요한삼서, 요한계시록을 비롯해서 후에 외경으로 간주된 몇몇 책들 — 에 대해서는 오랜 기간 동안 그것들을 성경으로 간주해야 할지, 하지 말아야 할지에 대해서 의견의 차이가 있었던 것은 사실이다. 그러나 이 문제에 있어서도, 점차로 견해들이 더욱 선명해졌고 의견의 일치가 있게 되었다. 이렇게 보편적으로 인정된 저작들을 함께 모아서 정경(正經: Canon: 믿음의 진리의 규범을 뜻함)이라는 이름으로 묶게 되었고, 360년 라오디게아 교회회의(the Synod of Laodicea)에서, 396년 누미디아(Numidia)의 히포 레기우스(Hippo Regius)에서, 그리고 397년 카르타고(Carthage)에서 정경으로 규정되고 확립되었다.

이 구약과 신약 성경이, 모든 기독교 교회들이 그 위에서 서로 교제하며 그들의 입장을 세우거나 혹은 입장을 세운다고 주장하는 바 선지자와 사도들의 근간(根幹)을 구성하는 것이다. 모든 교회들은 공식적인 고백 가운데서 이 성경들의 신적 권위를 인정해왔고 또한 그것들을 믿음과 생활의 신뢰성 있는 규범으로 알고 사용하여왔다. 이 점에 대해서는 기독교 교회들에서 한 번도 견해의 차이나 갈등이 없었다. 과거에는 하나님의 말씀으로서의 성경에 대한 공격이 외부에서 — 예컨대, 2세기의 켈수스(Celsus)와 포르피리오스(Porphyry) 등의 이교도 철학자들의 공격을 들 수 있다 — 이루어졌다. 기독교계 내부에서는 그런 공격이 전혀 없다가 18세기에 가서 비로소 나타나기 시작하는 것이다.

* * * * *

그런데 교회가 하나님께로부터 이 성경을 받은 것은 그저 그것에 기대기 위함도 아니요, 이 보배를 땅 속에 파묻어 두기 위함은 더더욱 아니다. 오히려 그 반대로, 교회는 이 하나님의 말씀을 보존하고, 그것을 해명하고, 그것을 선포하고, 그것을 적용하고, 그것을 번역하고, 그것을 외부에 널리 퍼뜨리고, 그것을 권장하고, 그것을 수호하도록 부르심을 받고 있다. 다시 말해서, 성경 속에 제시되어 있는 하나님의 사상들이 언제나 어디서나 인간의 사상들에 대하여 승리를 거두게 할 사명을 부여받은 것이다. 교회가 부르심을 받은 일은 그 전부가 하나님의 말씀을 수종들고 시행하는 데 있는 것이다. 신자들의 집회에서 그 말씀이 선포되고 해석되며 적용될 때에, 언약의 표징 속에서 함께 나누어지고 또한 권징 가운데서 유지될 때에, 그것이 바로 이 하나님의 말씀을 섬기는 것이다. 그리고 보다 넓은 의미에서 보면, 말씀을 섬기는 이러한 일에는 더 많은 것들이 포함된다. 예를 들어서, 우리의 마음과 삶에서, 우리의 직업과 사업에서, 집과 들판과 사무실에서, 학문과 예술에서, 국가와 사회에서, 구제와 선교의 일에서, 삶의 모든 영역과 길에서, 이 말씀을 적용하고, 시행하며, 규범으로 삼는 것이다. 교회는 진리의 기둥과 터이어야 한다(딤전 3:15). 즉, 세상을 대적하여 진리를 떠받치고 그것을 유지하며 굳게 세우는 하나의 주춧대요 기초가 되어야 한다는 말이다. 이것을 무시하고 잊어버리면, 교회는 그 의무를 태만히 하는 것이요 또한 그 존재 자체를 해치는 것이다.

교회가 이 점에서 느슨해지면, 곧바로 하나님의 말씀의 의미에 대하여 다른 의견이 생겨나게 된다. 성령이 교회에게 약속되었고 또한 모든 진리에로 인도하는 인도자로 주어졌으나, 그렇다고 해서 이것이 교회 전체나 혹은 그 일부분이 무오성(無吳性: infallibility)을 선물로 부여받았음을 시사하는 것은 결코 아니다. 사도 시대의 교회들에서부터 이미 이교도 신앙이나 유대교에서 비롯된 갖가지 이단들이 일어났다. 그 이후의 시대를 통틀어서, 이것들이 교회를 계속해서 위협하는 두 가지 암초들로 작용하게 되며, 따라서 교회는 항상 각성하여 조심스럽게 이것들을 피하여야 했던 것이다.

우로나 좌로나 치우친 그런 이단들에 대적하여, 교회는 단호하고도 분명하게 목소리를 내고, 또한 하나님께서 친히 그의 말씀 속에 허락하신 진리가 무엇인지를 진술할 의무가 있다. 교회는 소규모의 회의와 대규모의 회의(공의회)를 통해서, 교회의 확신에 따라서 신적 진리로 지켜야 할 내용이 무엇인지를, 그리하여 당면 사안에 대한 교회의 가르침으로 지켜야 할 내용이 무엇인지를 확실히 세움으로써 그 일을 행하여왔다. 이렇게 해서 성경에 세워진 진리는, 그것을 믿고 포용하는 모든 사람들의 편에서는 하나의 신앙고백(a confession)으로, 하나의 신조(信條: a creed)로 이어진다. 신앙고백은 모든 신자들의 의무요 또한 그들의 마음에서 우러나오는 명령이기도 하다. 온 마음과 심령으로 참되게 믿는 사람은 고백하지 않을 수가 없다. 즉, 그를 자유하게 한 그 진리를 증언하며, 또한 그 진리로 말미암아 그 마음속에 심겨진 소망을 증언하지 않을 수가 없다는 말이다(마 10:32; 롬 10:9-10; 고후 4:13; 벧전 3:15; 요일 4:2-3). 그러므로 모든 신자와 모든 교회는 — 성령의 증거하심이 거기에 있는 한 — 하나님의 말씀이 진리임을 고백하는 법이다. 그리고 오류들과 이단들이 점점 교묘해짐에 따라서, 교회는 자기가 고백하는 진리를 제시하는 데에 더욱더 주의를 기울이게 되고 또한 그 신조를 명확하고도 애매하지 않은 형태로 진술하지 않을 수 없게 된다. 자연히, 구두로 하는 고백이 어쩔 수 없는 상황에 밀려서 기록된 고백이 되는 것이다.

우리가 알다시피, 그런 교회적인 고백을 형성하고 유지하는 갖가지 근거들에 대해 반대를 제기한 자들이 있었다. 예를 들어서, 네덜란드의 항변파(抗辯派: the Remonstrants)는 신앙고백이 성경의 유일한 권위와 양심의 자유를 해치며 지식의 성장을 저해한다고 주장하였다. 그러나 이런 반론들은 오해에서 비롯된 것들이다. 신앙고백이나 신조들의 기능은 성경을 뒤로 밀어놓는 데 있는 것이 아니라, 성경을 유지시키고 개개인의 변덕스런 처사에 대항하여 성경을 보호하는 데 있는 것이다. 그리고, 고백과 신조들이 양심의 자유를 해치기는커녕, 오히려 연약하고 무지한 심령들을 곁길로 가게 만들려는 온갖 종류의 이단 사설들에 대항하여 양심을 견고히 지키는 것이다. 그리고 마지막으로, 신앙고백들은 지식의 성장을 저해하는 것이 아니라 올바른 경로로 자라도록 지켜주며, 신앙고백고백들 자체가 믿음의 유일한 규범인 성경을 근거로 점검받고 개정되는 것이다. 그런 점검과 조사는 — 물론 정당하고도 합법적인 방식으로 이루어져야 하지만 — 어느 때에나 행해질 수 있는 것이다.

기독교 신조들 가운데 시기적으로 가장 오랜 것은 사도신경(使徒信經: The apostolic creed)이다. 물론 사도들이 직접 이것을 작성한 것은 아니나, 2세기 초엽부터 이것이 존재하게 되었다. 이것은 마태복음 28:19의 세례의 명령에서 발전된 것으로, 본래는 현재의 것보다 약간 짧았으나, 기본적으로는 동일했다. 이것은 기독교가 근거를 두는 위대한 사실들에 대한 짤막한 요약으로서, 계속해서 모든 기독교계의 공통적인 근거와 깨뜨릴 수 없는 연합의 끈으로 역할을 해오고 있다. 이 사도신경에 네 개의 고백들이 추가되었는데, 그것들 모두가 전교회적인(ecumenical) 성격을 띠는 것들이었고, 많은 교회들이 그것들을 받아들였다. 그것들은 다음과 같다: 325년의 니케아 공의회(the Council of Nicea)의 신조; 개혁주의 신앙고백의 제9항에서 니케아 신조로 불리나, 사실은 니케아 신조가 확장된 것으로 — 물론 그 속에 니케아 신조를 포괄하고 있다 — 그보다 훨씬 후대에 생겨난 신조; 451년의 칼케돈 공의회 (the Council of Chalcedon)의 신조; 그리고 마지막으로, 아타나시우스 신조 (the Creed of Athanasius)로 잘못 명칭이 붙여진 신조.

이 모든 신앙고백들 속에 그리스도와 삼위일체에 관한 교리가 세워져 있는데, 이는 초기 몇 세기 동안 그것들이 문제로 제기되었기 때문이다. 그대는 그리스도를 누구라 생각하는가? — 이것이야말로 주의 말씀을 근거로 교회가 스스로 답변하고 또한 온 세상을 상대로 지켜가야 했던 절대절명의 문제였던 것이다.

유대교적인 견해 쪽에 선 사람들은 모두 예수를 한 인간으로, 하나님이 보내신 사람이요, 비범한 은사들을 지녔고, 예언적인 심령으로 힘을 발휘했고, 행위와 말씀에 능한 사람으로 보았다. 그러나 그는 어디까지나 사람 이상 아무것도 아니었다. 그리고 이교도적인 견해 쪽으로는, 예수를 신들의 아들로, 하늘에서 온 신적인 존재로, 구약의 천사들처럼 잠시동안 이 땅에 그림자 같은 몸(a shadow-body)으로 자신을 나타낸 그런 신적인 존재로 여기는 자들이 있었다. 그러나 이들은 그가 아버지의 독생자로서 육신이 되신 분이심을 고백하기를 원치 않았다. 이 두 이단들을 대적하여, 교회는 성경의 가르침을 좇아서 한 편으로는 그리스도께서 바로 그 하나님의 독생자이셨음을 주장하며, 또 다른 한 편으로는 그가 진정으로 육체로 오셨음을 주장해야 했던 것이다. 교회는 명확한 정의(定義)의 문제에 대하여 오랜 씨름 끝에 신조들 속에서 그런 믿음을 그렇게 고백한 것이다. 교회는 사도 요한과 일치하여, 하나님의 아들이 육체로 오셨음을 부인하는 모든 반그리스도적 가르침을 배척하였다(요일 2:18, 22; 4:2, 3). 이렇게 해서 기독교 교회는 그런 신조들을 작성하고 공인함으로써, 기독교 신앙의 본질과 핵심을, 그 고유한 성격을 유지한 것이다. 그리고 그렇기 때문에 이런 신앙고백들을 제정한 공의회들과 교회회의(大會: synods)들이 온 기독교 세계에 그렇게도 위대하고 근본적인 중요성을 지니는 것이다. 사도신경이 요약하고 있는 기독교의 사실들에서, 그리고 그리스도의 인격(person) 교리와 삼위일체의 교리에서, 기독교 교회들 모두가 의견의 일치를 보며, 이로써 유대교와 이교를 대적하여 하나의 단위로 연합되는 것이다. 안타깝게도 교회들이 서로 분열되는 현상이 있다 해도, 이러한 연합을 잊어버리거나 무시해서는 안 되는 것이다.

그러나, 이러한 공통적인 기초에서 곧 온갖 이견(異見)들과 분열들이 일어났다. 2세기 후반에는 권징을 통해서 몬타누스파(Montanists)가 분리되었고, 3세기 중반에는 노바티아누스파(Novatianism)가 분리되었으며, 4세기에는 도나투스파(Donatism)가 분리되었다. 그리고 이보다 더 심각하게, 동방 교회와 서방 교회가 점차 서로 분열하게 되었다. 여러 가지 요인들이 거기에 작용했다. 우선, 그리스 사람들과 라틴 사람들 사이에 반목이 있었고, 콘스탄티노플(Constantinople)과 로마(Rome) 사이에 긴장이 계속되었으며, 총대주교와 교황 사이에 수위권 다툼이 계속되었다. 여기에 교리와 예배에 관한 갖가지 사소한 이견들이 있어 서로 대립하였다. 그 가운데서 가장 중요한 문제는, 하나님의 존재에 있어서 성령께서 오직 성부로부터만 나오신다는 그리스 교회의 고백이었다. 서방 교회는 성령께서 성부와 또한 성자로부터 나오신다고 가르쳤던 것이다. 이들 사이의 분열이 짧은 간격을 두고 계속 있다가, 1054년에 완전히 분열되었다. 동방 교회는 자신들이 초대 교회의 가르침을 더 충실하게 유지하고 있다고 생각하여 스스로를 정교회(Orthdox Church)라 여겼는데, 이 교회는 온갖 분파들이 형성되고(아르메니아파 그리스도인들[the Armenian Christians], 시리아의 네스토리우스파[Nestorians], 페르시아의 도마파 그리스도인[the Thomas-Christians], 단성론(單性論)을 주장하는 시리아의 야곱파[Jacobites], 이집트의 콥트파[Coptics], 레바논의 마론파 [Maronites] 등), 또한 1453년 이슬람교가 콘스탄티노플을 장악함으로 인하여 굉장한 손실을 겪었다. 그러나 동시에, 슬라브족들의 회심으로 동방 교회는 중요한 이득을 얻었고, 그리스, 터키, 러시아, 불가리아, 유고슬라비아, 루마니아 등에 정교회로서 계속해서 존재하고 있다.

* * * * *

서방에서는 로마의 주교들의 지도 하에 가톨릭 교회가 여러 세기를 거치면서 그 세력을 계속해서 확장시켰다. 콘스탄티누스 황제(the Emperor

Constantine)의 회심으로 말미암아 오랜 박해와 증오의 시기가 지나가고, 안식과 특권을 누리는 시기가 이어졌다. 교회의 세속화가 일사천리로 진행되었고, 콘스탄티누스의 회심으로부터 종교개혁에 이르기까지 교회는 별로 이룬 것이 없었다. 처음 몇 세기 동안 교회가 이교를 저항하고 정복시켰듯이, 후에도 교회는 여러 민족들과 유럽의 문명의 회심을 위해 온 힘을 기울였고, 기독교의 위대한 진리들과 교회의 독립성을 확고히 유지하는 데에 힘을 쏟았고, 기독교 예술과 학문의 발전에 효과적으로 협력하였다. 그러나, 이런 위대한 공로와는 관계 없이, 교회는 널리 세력을 확장해 가는 동안 본래의 사도적 기독교가 지시하는 것과는 다른 방향으로 나아갔다. 이런 사실은 특히 다음 세 가지 점에서 잘 드러난다.

우선, 가톨릭 교회는 전통을 점점 더 높이 치켜세워서, 성경 다음가는 ― 그리고 때로는 성경과 버금가는 ― 신앙의 독자적인 규범의 위치에다 올려놓았다. 미사, 성직자의 독신, 성자로 공인하는 일, 마리아의 무죄한 잉태 등, 수많은 로마 교회의 교리들과 관행들이 그 어떠한 성경 본문으로도 입증되거나 지지를 받을 수가 없다. 그럼에도 불구하고, 그런 교리들과 관행들이 "전통"을 근거로 유지되는 것이다. 이 전통에 대해서, 물론 "어디서나, 언제나, 누구나 믿어야만" 비로소 전통이 될 수 있다고 주장하나, 어떤 것이 전통인지 아닌지를 결정하는 것은 결국 로마의 교황인 것이다.

이렇게 로마는 성경과 교회의 관계 전체를 바꾸어 놓았다. 성경은 필수불가결한 것이 아니고 그저 교회에 유익한 것일 뿐이다. 그러나 교회는 성경에 필수불가결한 것이다. 왜냐하면 교회가 성경을 믿을 만한 가치가 있는 것으로 선언하여 그것에 권위를 부여하지 않으면, 성경이 전혀 권위가 없는 것이기 때문이다. 그리하여 성경은 그 자체가 애매모호한 것으로서 교회가 그것을 명확하게 해 주어야 하는 것이 되어 버린다. 성경은 교회에 앞서는 것도, 교회의 기초를 구성하는 것도 아니다. 오히려 교회가 성경에 앞서며, 성경이 의지하는 기초가 되는 것이다. 선지자와 사도들이 영감의 은사를 받았으나, 교황도 똑같은 은사를 받았다. 그리하여 교황의 직분으로 "교황좌 선언"(*ex cathedra*: 교황의 권위에 의하여)을 발할 때에 성령께서 그것을 특별히 뒷받침하므로, 그것이 무오하게 되는 것이다. 교회는 그 자체로서 충족하며, 필요하다면, 성경이 없이도 얼마든지 잘 나아갈 수가 있고, 교회야말로 구원의 유일하고 참되며 완전한 중보자인 것이다. 교회는 또한 성례들 속에 포함되어 있는 은혜의 혜택들의 소유자요 분배자이다. 교회야말로 은혜의 수단이요, 지상의 하나님의 나라요 왕국이다.

둘째로, 가톨릭 교회는, 물론 복음의 핵심 ― 하나님의 값없는 은혜, 믿음으로 말미암는 칭의 등 ― 을 완전히 잃어버리지는 않았다 할지라도, 매우 불순한 요소들로 그것을 뒤섞어 버렸고, 그리하여 율법과 복음의 구별을 혼란케 하였다. 본래의 복음이 왜곡되는 이런 현상은 이미 초기부터 나타나고 있다. 그러나 후대로 오면서 그런 현상이 급속히 파급되어 공식적인 인준을 얻게 되었다. 아우구스티누스와 펠라기우스(Pelagius)의 싸움 ― 이는 지금도 계속되고 있다 ― 에서, 로마 교회는, 특히 종교개혁 이후의 로마 교회는, 그저 명목상으로만이 아니라 실질적으로 점점 더 펠라기우스 편을 들어왔다. 하나님께서 복음을 듣는 사람에게 죄와 자기 자신에게서 얼굴을 돌이켜 하나님과 은혜를 향하고 또한 이러한 회심의 상태 속에서 끝까지 보존될 능력을 주시는 것은 사실이다. 그러나 스스로 원하고 스스로를 보존하는 일은 사람 자신이 기여하는 것이다. 그러므로 선행을 통하여 천국에 들어가는 일을 스스로 이루어야 한다는 것이다.

로마 교회는 그 선행들은 두 가지로 분류한다. 모든 사람에게 적용되는 정규적인 계명들을 지키는 행위와, 그리스도께서 율법에 덧붙이신 권면들을 충족시켜 주는 행위들(독신, 청빈, 순종)이 그것이다. 첫 번째 길도 좋은 길이다. 그러나 두 번째 길이 더 낮고, 더 어려우면서도 더 짧고 더 안전하다. 첫 번째 길은 평신도를 위한 길이요, 두 번째 길은 종교적인 사람들 ― 수도사들과 수녀들 ― 을 위한 길이다. 누구든지 이 선행의 길을 걸으면 교회로부터 성례들을 통하여 언제나 자기에게 합당한 만큼 은혜를 얻게 될 것이다. 그리고 마지막으로, 끝까지 인내하면, 천국에 ― 회심 때나 죽음의 때가 아니라 연옥에서 고통의 기간을 거친 후에 ― 이를 것이다.

셋째로, 가톨릭 교회는 곧 성직자와 평신도를 서로 구별하기 시작하였다. 정당한 의미에서 제사장들은 일반 신자들이 아니라 성직자들이다. 그리고 이 성직자들도 갖가지 계층으로 분류하였다.

신약에서는 **장로**와 **감독**(혹은, 주교)이 모두 동일한 직분자를 지칭하는 것으로 서로 혼용되었다. 그러나 2세기부터 이런 동질성이 무시되었고, 감독은 집사와 장로들(사제들)보다 훨씬 높이 올려졌고, 점차 사도들의 계승자요 전통의 보존자로 간주되게 되었다. 이 주교들은 휘하에 참사회원(canons), 사제, 지도 신부(chaplain) 등을 거느리며, 대주교, 수도대주교, 그리고 교황을 그 위에 모시는 것이다. 이러한 완전한 교회적인 성직위계 구조는 교황에게서 절정에 이르는데, 1870년 로마의 바티칸 공의회(the Vatican Council of Rome)에서 교황의 무오성(無誤性)이 공식으로 선언되었다. 그는 온 교회의 "아버지"("pope"는 "papa", 즉 아빠라는 뜻이다)요, "사제장"(司祭長: chief-priest)이요, 베드로의 후계자요, 그리스도의 대리자요, 최고의 입법적 사법적 권위요, 또한 대규모의 직원단(추기경[cardinals], 고위 성직자[prelates], 행정관[procurators], 서기[notaries] 등)의 도움을 받아 온 교회를 통치하는 사람이다.

처음에는 올바른 방향에서 약간 이탈하기 시작하는 데서 비롯된 이 오류들은 세월이 흐를수록 더욱더 악화되었다. 그들은 이러한 오류들을 발전시켜왔고 지금도 계속해서 발전시키고 있어서, 결국 옛 기독교 가톨릭 교회는 언제나 더욱더 극단적인 교황권 지상주의(ultramontanist) 색채를 띠게 되고, 로마 교회(즉, 로마의 교회에 복속되는 교회)요, 교황주의 교회가 되어왔으며, 이 교회 안에서는 예수의 모친 마리아와 교황이 그리스도의 대리자로서 힘을 발휘하여 그리스도의 인격과 사역을 점점 더 뒤로 감추어오고 있는 것이다.

* * * * *

그러나 교회의 이러한 부패 현상을 막고자 하는 정력적인 노력들이 끊임없이 새롭게 일어났다. 중세 시대에는 특히 상황을 개선시키고자 애를 쓰는 인물들과 그런 경향들이 계속 있었다. 그러나 이런 모든 운동들이 그 당시에는 거의 성공을 거두지 못했다. 어떤 운동들은 실질적으로 거의 효과를 거두지 못했고, 어떤 운동들은 강제로 진압되고 피로써 제거되기도 했다. 16세기의 종교개혁을 상대로도 이런 억압과 말살의 수단들이 사용되었으나, 그 당시는 그런 수단들이 성공하지를 못했다. 그리하여 개혁을 위한 때가 무르익었다. 교회가 영적으로 윤리적으로 수준이 너무나도 낮아서 교회에 속한 백성들에게조차 더 이상 신뢰를 받지 못하게 되었다. 이런 식으로 계속 갈 수는 없다는 인식이 팽배해 있었고, 무언가가 일어나기를 바라는 소망이 강하게 퍼져 있었고, 수많은 선민들이, 예컨대 이탈리아의 백성들이, 신앙과 기독교를 비방하고 조롱하는 완전한 불신앙에 빠져있기도 했다. 만일 종교개혁이 없었다면 교회가 과연 어떻게 됐을지 생각조차 하기가 어렵다. 종교개혁이야말로 로마 교회에게도 하나의 축복이었고, 오늘날까지 계속해서 축복이 되고 있는 것이다.

그러나 종교개혁만이 새로운 시대가 선포한 유일한 놀라운 운동은 아니었다. 종교개혁 이전에도, 종교개혁과 병행하여, 또한 그 이후에도 다른 운동들이 있었는데, 그 하나하나가 각기 나름대로 종교개혁만큼 중요성을 띠는 것이다. 인쇄술의 발견과 화약의 발견, 중류 계층의 부상, 아메리카의 발견, 문학과 예술의 부흥, 새로운 자연 과학과 철학 — 이 중요한 운동들과 사건들 모두가 다시금 자의식이 각성되고 있다는 증거였고, 또한 중세로부터 새로운 시대로의 전환의 증거들이었다.

그리고 종교개혁이 물론 그 자체의 원리에서 비롯되었고 또한 그 자체의 목적을 향해 나아갔지만, 그럼에도 불구하고 종교개혁은 이 모든 운동들의 영향과 지원을 받아 일어난 것이다.

더 나아가서, 중요한 사실은 종교개혁이 로마 교회를 반대하면서 스스로 문제의 뿌리를 파헤쳐 그것을 다루었다는 것이다. 외형적인 형식의 개선으로 만족하지 않았고, 부패의 원인을 제거할 것을 고집했던 것이다. 그러기 위해서는 확고한 출발점과, 신뢰할 만한 규범 혹은 기준, 그리고 적극적인 원리가 필요했다. 로마 교회가 전통들을 주장한 반면에, 종교개혁은 이것을 그리스도의 말씀에서 찾았다. 종교개혁은 그 말씀이야말로 그 자체만으로도 그대로 받아들일 가치가 있으며, 교회의 삶과 복지에 필수적이며, 또한 스스로 충족하고 명확하다는 것을 주장하였다. 로마 교회가 인간의 구원을 선행과 연관지은 데 반대하여, 종교개혁은 이것을 그리스도의 사역에서 찾았다.

그리스도의 사역이야말로 완전하며 인간이 보충할 필요가 전혀 없다고 주장한 것이다. 그리고, 교황이 그리스도의 무오한 대변자라는 로마 교회의 주장에 반대하여, 종교개혁은 이것을 교회에게 부어지시며 하나님의 자녀들을 모든 진리 가운데로 인도하시는 그리스도의 영에게서 찾은 것이다.

종교개혁이 이러한 적극적인 원리를 발견한 것은 과학적 조사와 추론을 통해서가 아니라, 죄악에 짓눌린 마음이 드디어 하나님의 값없는 은혜 안에서 화목과 용서함을 찾은 체험을 통해서였다. 종교개혁은 철학적 과학적 운동이 아니라 종교적이요 도덕적인 성격을 띤 운동이었다. 분열과 분리의 사건에서 항상 일어나듯이, 많은 사람들이 불순하고 비열한 동기들을 지니고서 이 운동에 가담하였다. 그러나 종교개혁의 중심과 핵심에 있던 사람들은 로마의 멍에 아래에서 고뇌하고 있던 수고하고 무거운 짐 진 자들이었다가 이제 구주의 발 아래에서 다시금 안식을 찾은 자들이었다.

루터(Martin Luther: 1483-1546)는 이러한 죄 용서의 체험만으로 충분했다. 그로서는 "은혜로우신 하나님"을 발견한 것만으로도 충분했다. 물론, 루터는 이런 새로운 시각을 얻고서, 자연적인 것이 언제나 속된 것으로 보았던 로마교인보다 온 세상을 더욱더 자유롭게, 또한 더욱 폭넓게 바라보았다. 그러나 그는 오직 믿음으로 말미암아 자신이 얻은 칭의에 완전히 안주하였고, 속된 모든 것들 ― 예술과 과학, 국가와 사회 ― 은 그것들 스스로 나아가도록 내버려두었다. 루터는 종교개혁을 설교의 직분을 회복시키는 것으로 제한하였다. 일단 사람이 어떻게 구원을 얻는가 하는 질문에 대해서 성경에서 답변을 찾은 다음에는, 거기서 노력을 중단시켜버린 것이다.

그러나, 스위스에서 종교개혁을 일으킨 츠빙글리(Huldrych Zwingli: 1484-1531)와 칼빈(John Calvin: 1509-1564)에게는 루터가 중단해버린 부분이 그들의 사역의 시작일 뿐이었다. 그들 역시 합리적인 논리에 의해서가 아니라, 죄와 은혜, 죄책과 화목의 체험을 통해서 종교개혁에 이르렀다. 이러한 체험은 그들의 출발점이 되었다. 그러나 그들은 거기서 안주하지도 않았고 길을 멈추지도 않았다. 그들은 앞으로 뒤로 더 파고 들어갔다. 죄 용서에서 표현되는 하나님의 은혜 이면에 하나님의 주권이 자리잡고 있다. 그의 모든 탁월하심과 완전하심 중에 계시는 무한하시고 예배받으시기에 합당하신 그 하나님의 주권이 거기에 있는 것이다. 그들은 만일 하나님이 구원 사역에서 주권자이시라면, 그는 언제나 어디서나 — 재창조에서나 창조에서나 — 주권자이시라는 것을 깨달았다. 하나님이 사람의 마음에 왕이 되셨다면, 사람의 머리와 손에서도, 집과 사무실과 들판에서도, 국가와 사회에서도, 예술과 과학에서도 왕이 되신 것이다. 사람이 어떻게 구원을 얻는가 하는 질문만으로는 부족했고, 그보다 더 높고 더 깊고 모든 것을 포괄하는 또 하나의 질문에까지 나아가야 했으니, 곧 어떻게 해야 하나님께서 그에게 합당한 영광을 받으시는가 하는 질문이 그것이다. 그리하여 츠빙글리에게 있어서는, 그리고 칼빈의 경우는 그보다 훨씬 더, 십자가의 피에서 마음의 평안을 찾았으면 이제 비로소 종교개혁의 일이 시작된 것뿐이었다. 말하자면, 온 세계가 그들 앞에 활짝 열려 있었다. 그 나름대로 그냥 굴러가도록 내버려둠을 당하기 위함이 아니라, 하나님의 말씀과 기도로 말미암아 침입을 당하고 거룩해지기 위함이었다. 그들은 그들이 살고 있던 교회와 도시를 향해 나아갔고 가장 인접한 곳에서부터 그 일을 시작하였다. 그들은 설교의 직분을 회복시킴은 물론, 예배와 교회의 권징까지도 회복시켰다. 그들은 일요일의 종교적 생활만이 아니라, 일주일 동안의 시민 생활과 사회 생활까지도 개혁시켰다. 거기서부터 그들의 종교개혁은 다른 땅과 다른 곳에로 퍼져나갔다. 루터의 종교개혁은 주로 독일과 덴마크, 스웨덴, 그리고 노르웨이에 한정되었다. 그러나 칼빈의 종교개혁은 이탈리아와 스페인, 헝가리, 폴란드, 스위스, 프랑스, 벨기에, 그리고 네덜란드, 잉글랜드, 스코틀랜드, 미국과 캐나다에서까지 받아들여졌다. 예수회 사람들(Jesuits)의 반동종교개혁(counter-reformation)에 의해서 여러 나라에서 도전받고, 공격을 당하고, 파괴되는 일이 없었다면, 종교개혁이 영원토록 로마 교회의 세계 지배권에 종지부를 찍었을 것이다.

* * * * *

그러나 그런 정복은 허용되지 않았다. 종교개혁은 처음부터 로마 교회의 공격을 받았다. 트렌트 공의회(the Council of Trent)에서 로마는 스스로 의도적으로 의식적으로 종교개혁과 맞붙었고, 그 이후 거기서 취한 방향을 계속 고수하였다. 더욱이, 종교개혁은 내부의 분열과 끝없는 논쟁들로 인해서 스스로를 약화시켰다. 그와 더불어, 16세기 초반부터 소치니주의 (Socinianism)와 재세례주의(Anabaptism)가 등장하였다. 이 둘은 자연과 은혜가 서로 양립할 수 없는 갈등 속에 있다는 동일한 기본 사상에서 파생되었다. 그리하여 그들은 은혜를 희생시키고 자연을 살리든가, 자연을 희생시키고 은혜를 살리든가, 둘 중의 한 가지를 택하였다. 이처럼 창조와 재창조, 인간적인 것과 신적인 것, 이성과 계시, 땅과 하늘, 인류와 기독교 세계 — 이런 대조되는 것들을 계속해서 더 제시할 수 있겠지만 — 가 서로 똑같이 반목하고 있다는 사상이 그 후에도 적극적으로 계속되었고, 오늘날까지도 적극적으로 계속되고 있는 것이다. 16세기에 일어난 분열과 분리만이 아니었다. 그 이후에도 계속해서 그 숫자가 증가했다. 17세기에 들어서서 네덜란드에서는 항변파(Remonstrantism)가 등장하였고, 잉글랜드에서는 독립주의 (Independentism), 독일에서는 경건주의(Pietism)가 등장하였다. 그리고 18세기에 와서는 여기에 모라비안주의(Moravianism), 감리교(Methodism), 스베덴보리주의(Swedenborgianism) 등이 가세했고, 또한 같은 세기에 자연신론 (Deism, 혹은 이신론[理神論])의 홍수가 모든 교회들에 범람하였다. 19세기 초 프랑스 혁명 이후, 로마 교회와 개신교 교회들 모두에 강력한 신앙 부흥이 일어났다. 그러나 분열은 계속되었다. 다비주의(Darbyism), 어빙주의 (Irvingism), 몰몬교(Mormonism), 심령주의(Spiritism) 등, 온갖 분파들이 교회들에게서 조각조각 떨어져나가서 그들 스스로도 약화되고, 내적인 의심과 무관심의 자세에 휩싸여버렸다. 그리고 교회들의 바깥에서, 일원론(一元論)의 강력한 세력이 유물론의 형태로나 범신론의 형태로 그 힘을 결집시켜서 기독교 신앙 전체에 마지막 치명적인 타격을 가하였다.

그러므로 그리스도의 교회의 통일성과 보편성을 이룰 모든 희망이 사라져버린 것 같다. 그러나 한 가지 위로가 있으니, 그리스도께서 모든 나라와 족속과 민족과 언어에서 그의 백성을 모으신다는 것이다. 그가 그들 모두를 모으실 것이요, 그들이 그의 음성을 들을 것이며, 그들이 한 우리에 있어 한 무리가 되어 한 목자에게 있게 될 것이다(요 10:16).

제 9 장

하나님의 존재

지금까지 우리는 하나님께서 은혜로 우리에게 베푸신 계시의 본질을 논했고, 그 계시가 어떻게 존재하게 되었으며, 또한 신조와 신앙고백들의 인도를 받아서 어떻게 우리가 그 계시를 알게 되었는지를 간략하게 다루었다. 이제는 그 계시의 내용을 제시하고, 우리의 정신과 마음이 지식과 삶에 있어서 그 계시의 덕분으로 얻는 바가 무엇인지를 체계적으로 지적하는 일이 남아 있다. 말하자면, 지금까지 말한 내용에서 우리가 계시라는 건축물을 외부로부터 바라보고 그 건축술에 대해 어느 정도 알아보았다면, 이제부터는 그 성소 안으로 직접 들어가서 그 속에 담겨 있는 지혜와 지식의 보고를 눈으로 보며 누리게 될 것이다.

이 계시의 풍성한 내용을 여러 가지 방식으로 전개시킬 수 있고, 또한 그 갖가지 부분들을 여러 가지 다른 패턴으로 제시하여 살펴볼 수도 있다는 것은 굳이 주장할 필요조차 없는 사실이다. 이런 방식들과 다루는 순서들에 대해서는 굳이 논의할 필요가 없을 것이다. 여기서는 기독교 교리의 내용을 다룰 수 있는 — 그리고 흔히 다루어지는 — 두 가지 방법들만을 논하기로 한다.

첫째로, 우리는 참된 믿음을 마음에 지니고 계시의 내용을 스스로 취한 그리스도인에게로 직접 나아가서 그가 어떻게 해서 진리의 지식에 이르렀으며, 이 지식의 내용이 무엇이며, 이 지식의 결과로 그의 생각과 삶에 미친 열매가 무엇인가를 그에게 물을 수 있을 것이다. 이것이 우리의 하이델베르크 요리문답(Heidelberg Catechism)이 취하는 시각이다. 그 요리문답 속의 화자(話者)는 그리스도인이다. 사나 죽으나 그의 유일한 위로가 되는 것이 무엇인지에 대해서, 그리고 이런 위로 가운데서 복되게 살고 죽기 위해서는 무엇을 알아야 하는지에 대한 여러 가지 요점들을 그가 포괄적으로 명확하게 제시하는 것이다. 이것은 아주 멋진 방법이다. 신학 교과서에서 실제로 사용하도록 가장 추천할 만한 방법이다. 이 방법은 여러 가지 이점이 있다. 진리를 그리스도인의 삶의 전체와 직접 관련지어주며, 학문적인 논쟁과 한가한 사색들에서 보호해주며, 또한 각 교리를 접근함에 있어서 항상 그것이 정신과 마음에 어떤 가치가 있는지를 지적해주는 것이다. 이 모든 것을 믿는 것이, 내가 그리스도 안에서 하나님 앞에서 의롭다 하심을 받았고 영생을 상속으로 받을 자라는 사실이, 과연 여러분에게 무슨 유익과 위로를 주는가 하는 것이다.

그러나 믿음의 진리들을 다루는 또 하나의 주요한 방법이 있다. 그리스도인에게로 나아가 그가 무엇을 믿는지를 이야기해 달라고 요구하는 방법만 있는 것이 아니다. 우리 자신을 그리스도인의 입장에 놓고서 우리 자신과 다른 사람들에게 성경을 근거로 우리의 믿음의 내용에 대해 제시할 수도 있는 것이다. 이렇게 하면, 우리의 신앙고백을 우리에게 제시되는 질문에 따라서 전개하지 않아도 되는 것이다.

이 두 번째 방법에 따르면, 우리 자신이 우리 믿음의 내용을 적극적으로 제시할 수 있다. 그렇게 되면 우리가 진리의 지식에 이르게 된 그 순서를 그대로 따르는 것에는 관심을 갖지 않고, 오히려 믿음의 진리들 그 자체가 객관적으로 제시되고 있는 순서를 추적하며, 그것들이 서로 어떻게 관계되며, 그 모든 진리들을 지배하는 원리가 무엇인지를 추적하는 데에 관심을 갖게 된다. 개혁주의 신앙고백(the Reformed Confession of Faith)이 이 순서를 따르고 있다. 그 신앙고백에서도 그리스도인이 화자(話者)다. 그러나 그는 자기에게 질문이 던져지기를 기다리지 않고, 그 스스로 자신의 믿음의 내용을 설명한다. 하나님의 말씀 안에서 또한 그의 성령을 통하여 하나님께서 교회들에게 말씀하시는 바를 마음으로 믿고 그의 입으로 고백하는 것이다.

물론 이 두 가지 방법은 서로 정반대의 입장에 서 있는 것이 아니다. 오히려 이 둘은 상호 보완의 관계에 있으며, 둘 다 큰 가치가 있다. 우리가 요리문답과 더불어 신앙고백을, 또한 신앙고백과 더불어 요리문답을 소유하고 있다는 것이야말로 개혁교회들과 또한 개혁주의 기독교 학교들에게는 소중한 특권이라 할 것이다. 이 두 가지가 함께 우리에게 제시하는 것은 객관적이며 주관적인 진리요, 신론적이요 인간론적인 진리인 것이다. 이 둘이 이렇게 서로 어우러져서 머리와 마음이 그것들을 통해서 하나가 되며, 그리하여 하나님의 진리가 우리의 정신과 우리의 삶 모두에게 복이 되는 것이다.

계시의 내용을 제시하는 이 두 가지 방법들이 서로 반대되는 것이 아니고 오히려 서로를 보완하고 균형을 이룬다는 사실은, 요리문답에서는 물론 신앙고백에서도 화자가 그리스도인이라는 사실에서 충분히 입증된다. 요리문답에서나 신앙고백에서나 그리스도인은 홀로 있지 않고 그의 모든 형제자매들과 함께 하는 교제 가운데 있다. 그것들 속에서 교회가, 신자들의 몸이, 자신을 표현하는 것이다. 우리 모두가 마음으로 믿고 입으로 고백한다 — 이것이 신앙고백의 초두에 나타나는 말들이요, 또한 그렇게 계속하며 또한 그렇게 끝을 맺는다. 하나님에 관한 교리와 영혼의 영원한 구원에 관한 교리의 요약을 포함하는 것이야말로 참된 기독교 신앙고백인 것이다.

이 두 가지, 즉 하나님에 관한 교리와 영혼의 영원한 구원에 관한 교리는 서로 전혀 관계가 없는 독자적인 교리들이 아니라, 오히려 불가분리의 관계로 서로 엮어져 있다. 하나님에 관한 교리는 동시에 영혼의 영원한 구원에 관한 교리이며, 후자의 교리에 전자의 교리가 포함되어 있는 것이다. 아들이신 예수 그리스도의 얼굴에서 하나님을 아는 것, 이것이 영생이니 말이다(요 17:3).

이러한 하나님 지식은 우리가 일상 생활이나 학교로부터 얻는 지식과 정도(程度)가 다른 것이 아니라 종류 자체가 다른 것이다. 그것은 종류가 특별한 지식이다. 앞의 제2장에서 지적한 바와 같이, 그 지식은 그 원리와 대상과 효과가 다른 모든 종류의 지식과 전연 다르다. 이 지식은 머리의 지식인 동시에 마음의 지식이다. 이 지식은 우리를 더 "유식하게" 만들어주는 것이 아니라 우리를 더 지혜롭게, 더 낫게, 더 복되게 만들어 준다. 미래에도 지금 이 땅에서도, 그 지식은 우리를 복되게 만들어 주며, 우리에게 영원한 생명을 주는 것이다. 우리가 알아야 할 세 가지 것들의 목적이 그저 우리로 하여금 후에 복되게 죽게 하는 것에만 있는 것이 아니다. 죽는 순간부터 복되게 살게 하는 것에도 목적이 있는 것이다.

　아들을 믿는 자에게는 영생이 있다(요 3:16). 마음이 청결한 자는 복이 있다. 그들에게는 후에 하나님을 볼 것이라는 약속이 있기 때문에, 그들은 이미 이 땅에서부터 복이 있는 자들이다(마 5:8). 그들은 소망으로 구원을 얻은 것이다(롬 8:24).

* * * * *

　일단 우리 마음에 영생의 원리를 받은 다음에는, 우리에게 그 생명을 베푸신 그분에 대해서 더 많은 것을 알고자 하는 갈망이 언제나 있기 마련이다. 우리의 구원의 샘이신 그분을 더욱더 바라보게 되는 것이다. 우리가 마음으로 누리는 위로로부터, 또한 하나님을 아는 그 지식이 우리 자신과 우리의 삶에 끼치는 유익과 열매로부터, 우리는 언제나 그 영원하신 분을 예배하는 데에로 돌아가게 된다. 그리고 그렇게 되면, 우리는 언제나 하나님이 우리를 위해서 존재하시는 것이 아니라 우리가 그를 위하여 존재하는 것이라는 것을 더욱더 분명하게 지각하게 된다. 우리의 구원을 대수롭지 않게 여길 수가 없다. 이 구원이야말로 하나님께 영광을 돌리는 수단이니 말이다. 하나님을 아는 지식이 우리에게 생명을 주지만, 우리에게 주어진 그 생명이 다시 우리를 하나님을 아는 지식에게로 되돌아가게 하는 것이다. 우리는 우리의 모든 복지와 우리의 모든 영광을 하나님 안에서 찾는다. 그가 우리의 예배의 대상이 되시며, 우리의 노래의 주제가 되시며, 우리의 삶의 힘이 되시는 것이다. 만물이 하나님에게서 나오고, 하나님으로 말미암으며, 하나님께로 돌아간다는 것(롬 11:36) — 이것이 우리 마음에 최고의 사실이 되고 우리의 행위의 표어가 된다. 우리 자신과 우리 주위의 모든 피조물들이 하나님께 영광을 돌리는 수단이 되는 것이다. 처음에는 진리가 우리에게 생명을 주기 때문에 진리를 사랑하지만, 그 후에는 진리 그 자체 때문에, 그것이 그 영원하신 분에 관하여 우리에게 계시한다는 사실 때문에, 진리가 우리에게 더욱더 귀하게 된다. 믿음의 교리 전체가 — 그 전체로나 그 부분으로나 — 하나님을 찬양하는 하나의 선언이 되며, 그의 탁월하신 면모를 드러내는 것이 되며, 그의 이름을 영화롭게 하는 것이 된다. 요리문답이 신앙고백으로 우리를 이끄는 것이다.

그러나, 보잘것없고 연약하며 죄악된 우리 같은 피조물들이 무한하시며 영원하신 하나님을 안다는 것이 과연 무슨 의미인가를 조금이라도 생각하게 되면, 깊은 경외감과 거룩한 부끄러움이 우리에게 가득하게 된다. 그리고 그렇게 되면, 가까이 가지 못할 빛에 거하시고(딤전 6:16), 스스로 빛이시며 어둠이 조금도 없으시며(요일 1:5), 아무도 본 사람이 없는 그분에게서, 죄악된 인간의 어두워진 마음에 빛이 임할 수 있다는 것이 과연 사실인가? 라는 느낌이 든다.

이 질문에 대해서 부정적으로 대답한 사람들이 과거에 많았고, 지금도 많다. 그러나 하나님을 알 수 있다는 것을 이렇게 부인하는 태도는 두 가지 매우 다른 정신 자세에서 오는 것일 수 있다. 오늘날의 이런 회의적인 정서는 순전히 합리적이며 추상적이며 과학적인 논리의 결과다.

인간 정신이 지닐 수 있는 지식은 오로지 경험적으로 관찰할 수 있는 현상에만 제한된다고 하며, 따라서 한 편으로 신(神)이 인격성과 정신과 의지를 갖고 있다고 주장하면서 또 다른 한 편으로 그럼에도 불구하고 그가 무한하며, 영원하며, 절대적으로 독립적인 존재라고 주장한다는 것은 모순이라는 식으로 주장하는 것이다.

이에 대해서 우리는, 자연과 역사 속에서 일반적인 방식으로 하시든, 아니면 그의 아들 안에서 특별한 방식으로 하시든, 하나님이 자기 자신을 계시하지 않으셨다면, 사람에게 하나님을 아는 지식이 있을 수 없다는 사실을 지적하여, 얼마든지 답변할 수 있다. 그러나 만일 하나님이 그렇게 자기 자신을 계시하셨다면, 그가 자신을 계시하신 정도만큼 그를 알 수가 있다는 것이 지극히 자연스런 귀결일 것이다. 그러나 하나님이 전혀 어떠한 수단으로도 자기 자신을 계시하지 않으셨다고 주장하게 되면, 그것은 곧, 세상이 하나님과 더불어, 하나님과는 별개로, 영원 전부터 존재해왔고, 따라서 하나님이 세상 속에서나 세상을 통해서 자기 자신을 계시하실 수 없었다는 논리로 귀착될 것이다. 그리고 그렇게 되면, 우리가 다시는 하나님에 대해서 이러쿵저러쿵 이야기해서는 안 된다는 논리가 성립될 것이다. 왜냐하면 그런 이야기는 사실상 아무런 근거가 없는 헛된 소리에 지나지 않을 것이기 때문이다. 결국 소위 불가지론(不可知論: 하나님을 알 수 없다는 논지)은 실질적으로 무신론(無神論: 하나님의 존재를 부인하는 논지)과 똑같다는 것이 드러나는 것이다.

그러나 이렇듯 하나님을 알 수 있다는 것을 부인하는 자세는 또한 자기 자신이 비천하며 아무것도 아니라는 깊은 자각에서도, 또한 그와 더불어 하나님의 무한히 위대하심과 그 위압적인 위엄에 대한 깊은 자각에서도 생겨날 수 있다. 이런 의미로 볼 때에, 우리가 아무것도 모르며 그 지식이 우리에게 너무나도 놀랍다는 것을 인정하는 것은 과연 모든 성도들의 고백이었다. 교회의 교부들과 스승들이 하나님에 대해 생각하는 가운데, 엄밀하게 판단하면 하나님이 어떤 분이신가 하는 것보다는 오히려 하나님이 어떤 분이 아니신가 하는 것을 훨씬 더 잘 알 수 있다는 식의 진술을 하는 경우를 흔히 볼 수가 있다. 칼빈은 어디에선가 독자들에게, 그들의 힘으로 하나님의 비밀들을 그에게서 억지로 빼앗으려 하지 말라고 권면하고 있다. 그런 신비들은 우리의 미약한 능력으로는 도저히 헤아릴 수 없기 때문이라는 것이다. 그리고 예를 들어서 본델(Vondel)이나 빌더다익(Bilderdijk) 같은 시인들도 모든 것을 초월하는 이러한 하나님의 위대하심을 찬양하였다.

하나님의 숭고한 위엄과 인간의 미천함을 이렇게 겸손하게 고백하는 것도 어떤 의미에서 하나님을 알 수 있다는 것을 부인하는 것이라 할 수 있겠지만, 그러나 오해를 피하기 위하여 성경을 따라서 하나님을 알 수 있다는 것(God's knowableness)과 하나님을 측량할 수 있다는 것(His fathomableness)을 서로 구분해야 할 것으로 여겨진다. 성경과 같은 정도로, 또한 같은 방식으로, 모든 만물 위에 계신 하나님의 절대적인 초월하심을 뒷받침하며 동시에 피조물과 그 창조주 사이의 긴밀한 관계를 뒷받침해 주는 책이 세상에 없기 때문이다.

* * * * *

성경의 첫 페이지에서부터 하나님이 그의 피조물들 위에 절대적으로 초월하시다는 것이 우리의 주목을 끈다. 아무런 부담이나 피곤함이 없이 하나님은 오직 그의 말씀으로 온 세상을 불러 존재하게 하신다. "여호와의 말씀으로 하늘이 지음이 되었으며 그 만상을 그의 입 기운으로 이루었도다"(시 33:6). "그가 말씀하시매 이루어졌으며 명령하시매 견고히 섰도다"(시 33:9). "하늘의 군대에게든지 땅의 사람에게든지 그는 자기 뜻대로 행하시나니, 그의 손을 금하든지 혹시 이르기를 네가 무엇을 하느냐고 할 자가 아무도 없도다"(단 4:35). "보라, 그에게는 열방이 통의 한 방울 물과 같고 저울의 작은 티끌 같으며 섬들은 떠오르는 먼지 같으리니, 레바논은 땔감에도 부족하겠고 그 짐승들은 번제에도 부족할 것이라. 그의 앞에는 모든 열방이 아무것도 아니라. 그는 그들을 없는 것같이, 빈 것같이 여기시느니라. 그런즉 너희가 하나님을 누구와 같다 하겠으며, 무슨 형상을 그에게 비기겠느냐"(사 40:15–18). "무릇 하늘 위에서 능히 여호와와 비교할 자 누구며, 용사의 자식들 중에서 여호와와 같은 자 누구리이까"(시 89:6). 그를 진정으로 칭할 합당한 이름이 없다. 그의 이름은 기묘자, 곧 놀라움일 뿐이다(창 32:29; 삿 13:18; 잠 30:4). 하나님이 우레 속에서 말씀하시며 욥 앞에 그의 위엄을 드러내시자, 욥은 겸손히 머리를 조아리고 이렇게 말할 수밖에 없었다: "보소서, 나는 비천하오니 무엇이라 주께 대답하리이까? 손으로 내 입을 가릴 뿐이로소이다"(욥 40:4). 하나님은 위대하시므로 우리가 그를 알 수 없다(욥 36:26). 그런 지식이 너무도 기이하고 높으므로, 우리가 능히 미치지 못하는 것이다(시 139:6).

그런데 이처럼 고귀하시고 높으신 하나님께서 그의 모든 피조물들과 — 심지어 가장 천하고 작은 것들과도 — 친밀한 관계를 갖고 계신다. 성경이 우리에게 제시하는 것은 철학자들이 제시하는 것처럼 하나님에 대한 추상적인 개념이 아니다. 성경은 바로 그 살아 계신 하나님을 우리 앞에 제시하며 우리로 하여금 그의 손으로 지으신 것들 속에서 그를 보게 하는 것이다. 우리는 눈을 들어서 만물을 지으신 이가 누구신가를 보아야 한다. 만물이 그의 손으로 지음받은 것이요, 그의 뜻과 그의 행위로 말미암아 생겨난 것이다. 그리고 그것들이 모두 그의 능력으로 지탱되고 있다. 그러므로 만물이 그의 탁월하심의 증표요 그의 선하심과 지혜와 권능의 표시인 것이다. 그리고 피조물들 가운데 오직 사람만이 그의 형상과 모양대로 창조함받았다. 오직 사람만이 하나님의 소생이라 불려지는 것이다(행 17:28).

이러한 친밀한 관계가 있기 때문에, 하나님은 그의 피조물들에 빗대어 이름으로 불려지실 수도 있고, 또한 우리가 의인화법(擬人化法)을 써서 (anthropomorphically) 그에 대해서 이야기할 수도 있다. 성경은 하나님의 그 비할 데 없는 위대하심과 위엄을 지극히 높여서 말씀하면서도, 동시에 생명이 넘치는 모형들과 형상들에 빗대어 그에 대해서 말씀하고 있다. 성경은 하나님의 눈과 귀, 그의 손과 발, 그의 입과 입술, 그의 심장과 폐부에 대해서도 언급하고 있다. 그리고 온갖 속성들 — 지혜와 지식, 의지와 권능, 의와 긍휼 등 — 을 그에게 부여하며, 또한 기쁨과 슬픔, 두려움과 고뇌, 열심과 질투, 후회와 진노, 미움과 화 등의 감정들을 그에게 돌리고 있다. 뿐만 아니라 성경은 그가 바라보시고, 생각하시고, 들으시고, 보시며, 기억하시고, 잊으시고, 냄새를 맡으시고, 맛을 보시며, 앉으시고, 일어나시고, 찾아오시고, 버리시고, 복을 주시고, 징계하시는 일에 대해서도 말씀하고 있다. 성경은 하나님을 태양, 빛, 샘, 근원, 반석, 피난처, 칼, 사자, 독수리, 용사, 건축자, 왕, 사사, 농부, 목자, 사람, 아버지 등으로 빗대어 말씀하기도 한다. 요컨대, 온 세상에 있는 것들 중에서 지탱시켜 주고 피난처와 도움이 되는 모든 것들이, 근원적으로 하나님 안에서 넘치도록 풍성하고도 완전하게 발견되는 것이다. 하늘과 땅에 있는 모든 족속에게 이름을 주신 분이 바로 하나님이시다 (엡 3:15). 그분이야말로 존재의 태양이시요 모든 만물들은 그에게서 나오는 광선(光線)들인 것이다.

그러므로 우리로서는 하나님을 아는 이 문제에 있어서 하나님의 존재에 관한 이런 두 종류의 진술들을 확고히 붙들며 그 하나하나를 정당하게 대하는 것이 매우 중요하다. 모든 피조물 위에 뛰어난 하나님의 절대적 초월하심을 희생시키면, 다신론(多神論: 여러 신들을 섬기는 이교)이나 범신론(汎神論: 모든 것을 신으로 받아들이는 종교)에 빠지게 되는데, 이 둘은 역사의 교훈에 따르면 서로 밀접하게 관련되어 있고 그 하나에서 다른 하나로 쉽게 넘어갈 수 있는 거짓 종교들인 것이다.

그리고 하나님이 그의 피조물들과 친밀한 관계를 맺고 계시다는 사실을 희생시키면, 이신론(계시를 베풀지 않는 하나님을 믿는 것), 혹은 무신론(하나님의 존재를 부인하는 것)의 암초에 좌초되고 마는데, 이 두 가지 종교는 다른 종교들과 마찬가지로 서로 무수한 공통적인 특성을 지니고 있다.

성경은 이 두 가지 특징들을 견고히 붙들고 있고, 따라서 기독교 신학도 그 발자취를 그대로 따라왔다. 하나님은 실제로 우리가 진정으로 부를 수 있는 합당한 이름이 없으시다. 그리하여 그는 스스로 이름을 붙이시며, 우리로 하여금 수많은 이름들로 그를 부르도록 하신다. 그는 무한히 높으신 분이시요, 동시에 그의 모든 피조물들과 더불어 사시는 분이시다. 어떤 의미에서는 그의 속성들 모두가 다른 존재들이 함께 공유할 수 없는 것들이요, 또 어떤 의미에서는 그 속성들 모두가 다른 존재들이 함께 공유할 수 있는 것들이다. 우리로서는 이를 도저히 헤아릴 수가 없다. 그 어떤 사람도 하나님의 존재에 합당하도록 그를 정의할 수가 없다. 그의 모습을 충만히 표현하는 그런 이름은 찾을 수가 없는 것이다. 그러나 위에서 개관한 한 종류의 특징들이 다른 종류의 특징들과 서로 모순을 일으키는 법은 없다. 하나님이 지극히 높으신 고귀하신 분이시요 또한 영원 속에 사시기 때문에, 그가 또한 통회하고 마음이 겸손한 자들과 함께 거하기도 하시는 것이다(사 57:15). 하나님이 자기 자신을 계시하신 것은 그의 계시로부터 하나님에 관한 철학적인 개념을 이끌어내도록 하기 위함이 아니라, 참되고 살아 계신 하나님을 우리의 하나님으로 받아들이고 그를 인정하며 고백하도록 하기 위함이라는 것을 우리가 잘 알고 있다. 그러나 이런 것들이 지혜롭고 슬기 있는 자들에게는 감추어져 있고, 어린아이들에게는 계시되었다(마 11:25).

그러므로 하나님의 계시를 통하여 하나님에 대해 우리가 얻는 지식은 믿음의 지식이다. 그 지식이 하나님의 존재와 동일하지 않다는 의미에서 보면, 그 지식은 충분한 것이 못된다. 하나님은 그의 모든 피조물들보다 무한히 높이 계시기 때문이다. 그 지식은 순전히 상징적인 것도 아니다. 즉, 실제와 전혀 일치하지 않는 것이 아니라는 뜻이다. 오히려 이 지식은 각인(刻印)의 성격을 띠거나(ectypal: 인쇄에서 원본과 똑같은 것이 찍혀 나오는 식으로) 혹은 유비성(analogical: 형식상 일치하거나 유사함)을 띤다 하겠다. 그 지식은, 하나님이 절대적인 위엄을 지니심에도 불구하고 하나님과 또한 그의 손으로 지으신 모든 만물들 사이에 존재하는 바 유사성과 관계에 근거를 두기 때문이다. 하나님이 자연과 성경에서 우리에게 베푸시는 바 자기 자신에 관한 지식은 제한된 것이요, 유한한 것이요, 단편적인 것이다. 그러나 그럼에도 불구하고 그 지식은 여전히 참되며 순결한 것이다. 하나님은 그의 말씀 속에서, 특별히 그리스도 안에서와 그리스도를 통해서, 자신을 계시하신 그 모습 그대로이시다. 바로 그런 하나님을 우리 마음이 필요로 하는 것이다.

* * * * *

하나님에 관하여 가르치는 성경의 모든 자료를 취하여 그의 초월하심과 또한 피조물들과 관계를 맺으심 모두를 그대로 유지하고자 하는 노력으로 인하여, 기독교 교회는 일찍부터 하나님의 존재의 속성들을 두 그룹으로 구별하게 되었다. 초대 교회 이래로 이 두 그룹들을 여러 가지 다양한 명칭들로 불러왔다. 로마 교회는 아직도 소극적(negative) 속성과 적극적(positive) 속성이라는 명칭을 선호하며, 루터 교회는 무활동적(quiescent) 속성과 활동적(operative) 속성이라는 명칭을, 또한 개혁 교회들은 비공유적(非共有的: incommunicable) 속성들과 공유적(共有的: communicable) 속성들이라는 명칭을 선호한다. 그러나 각 교회들마다 명칭은 달라도 결국 동일한 것을 지칭하는 것이다. 각 그룹의 속성들의 목적은 하나님의 초월성(超越性: transcendence: 그가 세상과 구별되시며 세상보다 무한히 높이 계시다는 것)과 또한 하나님의 내재성(內在性: immanence: 그가 세상 속에 거하시며 세상과 교류하신다는 것)을 주장하는 데 있다. 그러나 이런 점에서 볼 때에, 가톨릭 교회와 루터 교회가 채용하는 명칭보다는 비공유적 속성들과 공유적 속성들이라는 개혁 교회의 명칭이 이 목적에 더 잘 부합된다 하겠다. 첫째 그룹의 속성들을 주장함으로써 다신론과 범신론을 방지하며, 둘째 그룹의 속성들을 주장함으로써 이신론과 무신론을 방지하게 된다.

이런 속성들에 대한 우리의 모든 명칭들이 부적절하기는 하지만, 개혁 교회가 사용하는 명칭들을 계속해서 사용하지 못하도록 막을 만한 설득력 있는 반론이 아직 없다. 그러나 여기서 우리는 비공유적 속성들과 공유적 속성들이 서로 완전히 분리되어 마주 보고 서 있는 것이 아니라는 점을 기억해야 한다. 그러나 동시에 그 둘이 서로 구별된다는 점도 무시해서는 안 된다. 하나님의 비공유적 속성들의 경우, 하나님께서는 그것들 모두를 절대적인 방식으로 — 또한 도저히 공유할 수 없도록 그 정도(程度)에 있어서도 무한하게 — 소유하고 계시기 때문에, 이렇게 구별하지 않을 수가 없는 것이다. 하나님의 지식, 지혜, 선하심, 의로우심 등이 그의 피조물들 속에 있는 어떤 덕목들과 공통적인 특정한 특징들을 지니는 것은 사실이다. 그러나 그것들도 독자적이며, 불변하며, 영원하며, 편재(遍在)하며, 단순한 방식으로 — 혹은 한 마디로 말해서 절대적으로 신적인 방식으로 — 하나님께 고유한 것들이다.

우리는 인간으로서 사람들의 존재와 그 속성들을 서로 구별할 수 있다. 한 인간이 그의 팔이나 다리를 잃어버릴 수도 있고, 잠들어 있거나 병들었거나 의식을 잃은 상태에 있을 수도 있다. 그러나 그렇다고 해서 인간이기를 그만두는 것은 아니다. 그러나 하나님께는 이런 일이 불가능하다. 그의 속성들이 그의 존재와 일치하며, 각 속성이 그의 존재인 것이다. 그는 지혜로우시고 참되시고, 선하시며 거룩하시고, 의로우시며 자비로우실 뿐 아니라, 동시에 그 자신이 지혜이시며 진리이시며 선하심이시며, 거룩하심이시며, 의이시며, 자비이신 것이다. 그러므로 그는 사람의 모든 속성들의 근원이요 원천이시기도 하다. 그는 그가 소유하시는 모든 것이시며, 따라서 피조물들이 소유하는 모든 것들의 근원이시다. 그는 과연 모든 선의 풍성한 근원이신 것이다.

* * * * *

하나님의 비공유적 속성들은, 하나님 안에 존재하는 모든 것이 그의 안에 절대적으로 신적인 방식으로 존재하며 따라서 피조물들이 함께 공유할 수 있는 것이 아니라는 점을 밝히 드러내 준다. 이 속성들은 하나님의 절대적 지고하심과 비할 데 없으심을 확인해 주는 것들로서, 엘로힘, 혹은 하나님이라는 이름에서 가장 충실하게 표현된다. 신(神)이라는 명칭이 성경에서 피조물들에게도 적용되는 것은 사실이다. 성경은 이방의 우상들을 신들로 언급할 뿐 아니라 — 예컨대, 하나님 앞에 다른 신들을 두지 말라고 금하는 데에서 이를 볼 수 있다(출 20:3) ─ 모세를 아론과(출 4:16) 바로에게(출 7:1) 하나님이 되는 것으로 칭하며, 또한 백성의 지도자들을 신들로 말씀하고 있고(시 82:1, 6), 실제로 그리스도께서도 시편의 이 명칭에 호소하셔서 자기 자신을 변호하시는 것이다(요 10:33-35).

그러나 이런 표현들은 다분히 파생적이요 모방적인 성격을 띤다. 하나님이라는 이름은 본래부터 그리고 본질적으로 오직 하나님께만 속하는 것이다. 우리는 언제나 그 이름과 더불어서, 인격적이면서도 동시에 모든 피조물들보다 높이 계시고 또한 영원하신 권능이신 그런 어떤 존재를 상정하게 되는 것이다.

하나님은 바로 그런 분으로서 비공유적 속성들을 소유하시는 것이다. 그것들은 오직 하나님께만 고유하며 그에게만 합당하며, 피조물들에게는 없고, 피조물들과 공유할 수도 없는 것들이다. 모든 피조물들은 의존적이요, 가변적이며, 복합적이며, 시공간에 종속되어 있기 때문이다. 그러나 하나님은 아무것에 의해서도 결정되지 않으시며 다른 모든 것이 그로 말미암아 결정된다는 의미에서(행 17:25; 롬 11:36) **독자적이시다**(independent). 하나님은 **불변하시며**(unchangeable) 영원토록 동일하시다. 모든 변화와 바뀌는 현상은 피조물 때문이요 또한 피조물이 하나님을 상대하는 관계 때문에 생기는 것이다(약 1:17). 하나님은 단순하시며(simple), 복합적이 아니시고, 영과 물질, 생각과 범위, 존재와 특성들, 이성과 의지 등의 온갖 뒤섞임에서 자유로우시며, 그가 지니신 모든 것이 또한 순결한 진리요 생명이요 빛이다(시 36:9; 요 5:26; 요일 1:5). 그는 시간을 초월하시면서도 그의 영원하심으로 시간의 매 순간마다 침투하신다는 점에서 영원하시다(시 90:2). 또한 하나님은 모든 공간을 초월하시면서도 그의 전능하심과 항상 있는 힘으로 모든 공간을 일일이 지탱시키신다는 점에서 편재하시다(시 139:7; 행 17:27, 28).

오늘날에는 이런 비공유적 속성들의 종교적 가치를 전면 부인하며, 그것들을 그저 형이상학적인 추상적 개념들 이외에 아무것도 아닌 것으로 취급하는 사람들이 적지 않다. 그러나 이러한 속성들을 희생시키면 곧바로 범신론과 다신론으로 나아가는 문이 열린다는 사실이, 그들의 주장과는 정반대의 사실을 입증해준다.

하나님이 독자적이시며 불변하시고, 영원하시며 편재하시며, 단순하시고, 모든 혼합에서 자유하시다는 것을 주장하지 않으면, 하나님은 곧바로 피조물의 위치로 끌어내려져서 세상 전체와, 또한 세상의 권세 중의 하나와 완전히 동일시되어 버리고 만다. 그렇기 때문에 계시하시는 하나님을 세상에 내재하는 하나의 힘으로 바꾸거나 혹은 한 분이신 참 하나님 대신 다신론을 고백하기를 선호하는 사람들의 숫자가 끊임없이 늘어나고 있는 것이다. 하나님의 하나이심과 단일하심이 비공유적 속성들과 직결되는 것이 분명하다(신 6:4; 막 12:29; 요 17:3). 하나님 옆이나 하나님 밑에 어느 누구도, 또한 어느 것도, 그의 모습을 할 수 없어야 비로소 하나님이 한 분 하나님이시요 유일하신 하나님이신 것이다. 그리고 그가 독자적이시며 불변하시고 영원하시며 편재하셔야만 비로소 그가, 우리가 무조건적인 믿음으로 고백하며 절대적으로 신뢰하는 바 우리의 완전한 구원의 하나님이실 수가 있는 것이다.

* * * * *

한편, 이 비공유적 속성들 외에도 더 필요한 것이 있는 것이 사실로 남아 있다. 하나님이 독자적이시요 불변하시며 영원하시고 편재하시다는 것을 안다 한들, 그가 자비하시며 은혜로우시며 긍휼이 풍성하시다는 지식이 없다면 그것이 우리에게 무슨 유익이 되겠는가? 비공유적 속성들이 하나님 안에 있는 모든 것이 그의 안에 존재하는 **방식**에 대해서 말씀해 주는 것은 사실이다. 그러나 그것들은 신적 존재의 내용에 대해서는 우리를 그냥 어둠 속에 내버려두는 것이다. 그러나 공유적 속성들은 그렇지 않다. 그것들은 그렇게 무한히 높으시며 숭고하신 이 하나님께서 그의 모든 피조물들 속에 거하시며, 그의 모든 피조물들과 관계하시고, 그의 피조물들이 파생적이며 제한적인 방식으로 소유하고 있는 그 모든 덕목들을 소유하고 계신다는 것을 말해 주는 것이다. 그 하나님은 멀리 계신 하나님이실 뿐 아니라 동시에 가까이 계신 하나님이시기도 하다. 그는 독자적이시고 불변하시며 영원하시며 편재하실 뿐 아니라, 지혜로우시고 능력이 있으시며, 의로우시고 거룩하시며, 은혜로우시고 자비하시다. 그는 엘로힘이실 뿐 아니라 또한 여호와이신 것이다.

비공유적 속성들이 하나님을 뜻하는 엘로힘이라는 이름 속에서 잘 표현되는 것처럼, 공유적 속성들은 여호와라는 이름 속에서 그 모습을 잘 드러낸다. 이 이름의 어원이나 본래의 의의는 우리에게 알려져 있지 않다. 요게벳이라는 이름에서 암시되는 것처럼, 그 이름은 십중팔구 모세의 시대보다 조금 전에 존재했을 것으로 보인다. 그러나 하나님은 그때에 그의 백성들에게 아직 이 이름으로 자기 자신을 알리지 않으셨다. 아브라함에게는 하나님께서 엘샤다이, 즉 전능하신 하나님으로, 모든 자연의 힘을 굴복시키시고 그것들로 하여금 은혜를 섬기도록 하시는 분으로 자신을 계시하셨다(창 17:1; 출 6:2). 그러나 이제 수백 년의 세월이 흘렀고 하나님께서 조상들과 맺으신 그의 언약과 그들에게 하신 약속을 잊어버리신 것처럼 보이게 되자, 그는 모세에게 자기 자신을 여호와로 알리신다. 곧, 조상들에게 나타나셨던 분과 동일하시고, 그의 언약에 신실하시고, 그의 약속을 지키시며, 오랜 세월 동안 그의 백성을 상대로 언제나 자기 자신 그대로 계신 그런 하나님으로 자신을 계시하신 것이다. 여호와라는 이름의 의미가 이제 "나는 스스로 있는 자"(I am that I am)가 되며, 그 이름이 이스라엘과의 관계에서 나타나는 하나님의 불변하신 신실하심을 지목하는 것이다. 여호와는 그의 주권적인 사랑에 따라 그의 백성을 택하셨고 그들을 자기 것으로 만드신 언약의 하나님이시다. 그러므로, 하나님이라는 뜻의 엘로힘이라는 이름이 세상 위에 주권자로서 높이 계신 영원하신 존재를 지칭하는 반면에, 주(主)라는 뜻의 여호와라는 이름은 이 동일하신 하나님이 자발적으로 자기 자신을 거룩하시며 은혜로우시며 신실하신 하나님으로 그의 백성에게 계시하셨음을 드러내주는 것이다.

이스라엘과 그 후 오늘날에 이르기까지의 모든 종교적 갈등은 본질적으로 하나님이 누구이신가 하는 이 문제에 관한 것이다. 이교도들과 초기와 후기의 수많은 철학자들은 여호와는 그저 이스라엘의 하나님일 뿐이라고 말한다. 곧, 민족의 신이요, 제한된 신이요, 별로 중요하지 않은 신이라는 것이다. 그러나 모세와 엘리야와 모든 선지자들과, 또한 그리스도와 그의 모든 제자들은 그것과 정반대되는 입장을 취하여, 오직 이스라엘의 족장들 및 그 백성들과 언약을 맺으신 여호와만이 하나이시요 영원하시며 참되신 하나님이시며 그 외에는 결코 다른 신이 없다고 주장한다(사 43:10-15; 44:6). 그러므로 여호와야말로 진짜 하나님의 참되고 특징적인 이름이다(사 42:8; 48:12). 스스로 낮추셔서 그 백성들에게 내려오시고, 통회하고 마음이 겸손한 자들과 함께 거하시는 언약의 하나님이 동시에 높고 거룩하신 하나님이신 것이다(사 57:15).

그러므로 이 두 종류의 속성들은 서로 모순이 없다. 사실, 비공유적 속성들이 공유적 속성들을 조명해주고 보강해준다 할 수 있다. 예를 들어서, 하나님의 사랑을 생각해 보라. 만일 사람들이 사랑이라 부르는 속성이 어떤 의미에서 하나님 안에 있는 사랑을 닮은 복사판이나 형상이나 모양이 아니라면, 사랑에 대해서 논하도록 허용되지도 않고, 그것에 대해서 논할 수도 없을 것이다. 하나님의 사랑과 인간의 사랑 사이에 무언가 유사점이 있어야지, 그렇지 않으면 하나님의 사랑에 대한 우리의 생각이나 논의가 모두 헛된 소리가 되고 말 것이다. 사람 가운데 있는 가장 순결하고 가장 강력한 사랑이라도 하나님께 있는 사랑의 지극히 미약한 그림자에 지나지 않는다. 그러므로 이것이 비공유적 속성들을 이해하도록 우리를 가르쳐 주며, 또한 비공유적 속성들을 통해서 우리는 하나님의 사랑이 피조물들의 사랑을 무한히 초월한다는 사실을 배우게 되는 것이다. 하나님께 있는 사랑은 독자적이며, 불변하며, 단순하며, 영원하며, 편재하는 것이니 말이다. 그 사랑은 우리에게 의존하는 것도, 우리로 말미암아 부추겨지는 것도 아니고, 하나님의 존재의 그 깊음으로부터 자유롭고도 순결하게 흘러나오는 것이다. 그 사랑은 변화도 없고, 떨어지거나 일어나지도 않으며, 나타나지도 사라지지도 않으며, 회전하는 그림자조차 없다. 그 사랑은 하나님의 존재의 다른 소유물들이나 속성들과 더불어 있는 하나의 소유물로서 다른 것들과 절대로 모순을 일으키지 않음은 물론, 신적 존재 자신과 일치하기도 하는 것이다. 하나님은 사랑이시며, 그 자신으로서 전적으로 완전하게, 또한 그 자신의 존재와 함께 계시는 것이다. 이 사랑은 시간과 공간의 제약을 받지 않고 오히려 그 위에 서 있으며, 영원으로부터 하나님의 자녀들의 마음속에 내려와 임하는 것이다. 그런 사랑이니 만큼, 그것은 절대적으로 신뢰할 만하다. 죽음까지도 포함하여 어떠한 필요에서도 우리 영혼이 그 사랑에서 안식할 수 있는 것이다. 그런 하나님의 사랑이 우리를 위한다면, 누가 우리를 대적하겠는가? 모든 공유적 속성들에 대해서도 똑같은 말을 할 수 있다. 하나님의 피조물들 속에 하나님께 속한 지식과 지혜, 선하심과 은혜, 의와 거룩함, 그리고 뜻과 권능의 희미한 모습들이 있는 것이다. 그러나 그 모든 것들은 유한한 것으로 하나님의 속성들의 하나의 형상이다. 보이는 것들은 보이지 않는 것들로 말미암아 된 것이다(히 11:3). 그러나 모든 속성들이 독자적이며, 불변하며, 단순하며, 무한한 방식으로 하나님 안에 있다. 오직 여호와만이 하나님이시요, 그분이야말로 우리를 그의 백성으로 그의 기르시는 양으로 만들어 주신 분이신 것이다(시 100:3).

공유적 속성들은 그 수가 너무나 많아서 여기서 그 모두를 열거하고 설명한다는 것이 불가능하다. 그것들을 정당하게 다루기 위해서는, 하나님이 그의 피조물들에게, 특히 그의 백성들에게 무엇이며 어떤 분이신가에 대해서 어떤 생각을 갖게 하기 위하여 성경이 사용하는 그 모든 이름들과 형상들과 비유적인 표현들을 다 활용해야 할 것이다. 앞에서 지나가면서 언급한 바와 같이, 성경은 눈과 귀, 손과 발 등의 신체의 기관들을 하나님께 돌린다. 또한 인간의 지각, 감정, 결단, 행동도 하나님의 것으로 말씀하고 있다. 또한 사람들 사이에 있는 그런 직분들과 직업들의 명칭들을 하나님께 적용시켜서, 하나님을 왕으로, 법 제정자로, 사사로, 용사와 영웅으로, 농부와 목자로, 남편과 아버지로 부른다. 성경은 또한 생물계와 무생물계의 모두를 불러서 하나님을 우리에게 진정 와닿도록 돕게 하며, 그를 사자, 독수리, 태양, 불, 샘, 방패 등에 빗대어 지칭하기도 한다. 이런 모든 화법들이 우리로 하여금 하나님을 알도록 돕고 또한 하나님의 존재의 전충족성(全充足性: all-sufficiency)을 깊이 각인시키기 위한 노력인 것이다. 우리 인간이 영적으로 육체적으로 존재하는 데에는 외부 세계 전체가 필요하다. 우리 스스로는 비천하고 연약하며 또한 아무것도 가진 것이 없기 때문이다. 그런데 영혼과 육체의 요구에 따라서 시간과 영원을 위하여 우리에게 필요한 이 모든 것이 하나의 예외도 없이 하나님 안에서 — 근원적이시고, 완전하시며, 무한하신 하나님 안에서 — 우리에게 주어지는 것이다. 하나님이야말로 최고선이시며 모든 선한 것들의 넘쳐흐르는 샘이신 것이다.

성경이 이 모든 신적 존재의 묘사들과 명칭들을 사용하여 우리에게 심어

주고자 하는 것은 무엇보다도, 자기 자신을 이스라엘에게 계시하셨고 또한 그리스도 안에서 계시하신 그 하나님 여호와께서 과연 참되시며 살아 계신 하나님이시라는 사실에 대한 도저히 지울 수 없는 인식인 것이다. 이교도들의 우상들과 철학자들의 우상들(범신론적이며 다신론적인 우상들, 이신론적이며 무신론적인 우상들)은 사람이 손으로 만든 것들이어서, 말도 하지 못하며 보지도 못하고, 듣지도 못하며, 맛을 보거나 가지도 못한다. 그러나 이스라엘의 하나님은 하늘에 계시며 그가 원하시는 모든 일을 행하신다. 그는 유일한 하나님이시며(신 6:4), 참되신 하나님이시며(요 17:3), 영원히 살아 계시는 하나님이시다(신 5:26; 요 3:10; 단 6:27; 행 14:15; 고후 6:16; 딤전 3:15; 6:17). 사람들은 하나님을 자기들이 원하는 대로 대할 수 있도록 그 하나님을 죽은 하나님으로 만들기를 원한다. 그러나 성경의 메시지는 그것이 그릇된 것이요 하나님이 분명 존재하신다는 것이다. 그는 참 하나님이시요, 그는 지금도 살아 계시고 영원토록 살아 계시는 분이시다. 그러므로 살아 계신 하나님의 손에 빠져 들어가는 것은 무서운 일이 아닐 수 없는 것이다(히 10:31).

그렇게 살아 계신 하나님이신 그는 동시에 순결한 생명이시요 모든 생명의 원천이시며(시 36:9; 렘 2:13), 또한 영이셔서(요 4:24), 온갖 몸의 기관들이 그에게 빗대어지지만 그는 육체가 없으시다(신 4:12, 16). 그러므로 그를 대신하여 형상이나 우상이나 그 비슷한 모양을 절대로 만들어서는 안 된다(신 4:15-19). 그는 눈으로 볼 수 없는 분이시다(출 33:20; 요 1:18; 6:46; 딤전 6:16). 영이신 그는 의식을 지니고 계시며, 자기 자신에 대해 완전한 지식을 갖고 계시고(마 11:27; 고전 2:10), 또한 그 자신 안에서와 그 자신을 통하여, 시간 속에 있는 것들과 일어날 모든 것에 대해서 — 그것들이 아무리 사소하고, 혹은 감추어져 있다 할지라도 — 완전한 지식을 갖고 계시다(사 46:10; 렘 11:20; 마 10:30; 히 4:14). 영이신 그는 의지를 지니시며, 그것을 사용하셔서 그가 기뻐하시는 모든 일(은밀한 뜻이나 경륜)을 행하시고(시 115:3; 잠 21:1; 단 4:35), 또한 무엇이 우리의 행동을 다스리는 규범이 되어야 할지(계시된 뜻 혹은 계명)를 결정하신다(신 29:29; 마 7:21; 12:50). 그리고 마지막으로, 영이신 그는 권능을 지니시며, 그것을 사용하셔서 그 어떠한 반대에도 불구하고 그가 계획하신 바를 시행하시며, 그렇기 때문에 그에게는 불가능이 없다

(창 18:14; 렘 22:37; 슥 8:6; 마 19:26; 딤전 6:15).

그러나 이 지식이나 의식, 이 의지나 권능은 임의적인 것이 아니다. 그것들은 그 모든 부분들이 윤리적으로 결정된다. 이 점은 성경에서 하나님의 것으로 돌리는 지혜에서 잘 표현된다(잠 8:21-31; 욥 28:20-28; 롬 16:27; 딤전 1:17). 하나님은 지혜를 사용하셔서, 그가 창조와 재창조 시에 그들을 위해 세워 놓으신 목적에 따라서 모든 일이 되어지고 이루어지도록 하시는 것이다(시 104:24; 엡 3:10; 롬 11:33). 나아가 이러한 도덕적인 현실은 한 편으로 선하심과 은혜에서도 표현되며, 또 한 편으로는 거룩하심과 의로우심에서도 표현되는데, 이 모든 것들이 다 하나님의 속성들인 것이다. 하나님은 그저 완전히 지혜로운 자(the All-wise)시요 완전히 능하신 분(the All-mighty)이신 것만이 아니라 또한 완전히 선하신 자(the All-good)시요 홀로 선하신 분(the Alone-good)이시며(마 5:45), 그는 완전하시고 또한 피조물의 모든 선한 것들의 근원이시다(시 145:9). 이러한 하나님의 선하심은 그 자체가 온 세상에 미치지만(시 145:9; 마 5:45), 그것이 향하는 대상이 갖가지 형태를 띠므로 그것에 따라서 모습이 바뀐다. 그리하여 죄 지은 자들에게 나타날 때에는 그것을 가리켜 오래 참으심 혹은 인내라 부르며(롬 3:25), 죄 사함을 받는 자들에게 나타날 때에는 은혜라 부르며(엡 2:8), 또한 하나님이 그의 피조물을 향한 은혜의 발로로 자기 자신을 그들과 나누실 때에는 사랑이라 부른다(요 3:16; 요일 4:8). 그리고 이러한 하나님의 선하심이 그의 자비하심을 누리는 자들에게 나타날 때에는 인자(loving-kindness) 혹은 자비라 부르며(창 39:21; 민 14:19; 사 54:10; 엡 2:7), 그 선하심과 그것에서 오는 모든 혜택들이 값없는 선물이라는 의미가 강조될 때에는 선하신 뜻(good will) 혹은 기뻐하심이라 부르는 것이다(마 11:26; 눅 2:14; 12:32; 살후 1:11).

* * * * *

하나님의 거룩하심과 의로우심은 하나님의 이 선하심과 은혜와 더불어 나아간다. 하나님을 가리켜 거룩한 자라 부르는 것은 그가 모든 피조물보다 높이 계시기 때문이기도 하거니와 특히 그가 세상의 죄악되고 부정한 모든 것들과 떨어져 계시기 때문이다. 그러므로 그는 값없는 은혜로 택하사 그의 소유가 되게 하신 그 백성들에게 거룩할 것을 요구하시며(출 19:5-6; 레 11:44-45; 벧전 2:9), 또한 그리스도께서 그들을 위하여 친히 자신을 거룩하게 하셔서 그들도 역시 진리 안에서 거룩하게 되도록 하신 것처럼(요 17:19), 그도 그리스도를 통하여 그 백성 안에서 자신을 거룩하게 하시는 것이다(엡 5:26-27). 그리고 하나님의 의로우심과 공의(justice)가 그의 거룩하심과 밀접하게 연관되어 있다. 거룩하신 자이신 그는 죄와는 교제를 가지실 수가 없기 때문이다. 그는 죄를 미워하시고(시 45:7; 욥 34:10), 죄에 대하여 진노하시며(롬 1:18), 자신의 존귀를 위하여 질투하시며(출 20:5), 따라서 어떤 경우라도 죄악된 것을 죄 없는 것으로 간주하실 수가 없는 것이다(출 25:5, 7). 그의 거룩하신 본성에 따라서, 하나님은 또한 자신의 바깥에서, 즉 피조물의 세계에서, 전력을 기울여 의(義)를 지키시며, 또한 모든 사람을 그 행위대로 보응하신다(롬 2:2-11; 고후 5:10).

오늘날 하나님께서는 사람들의 죄악된 생각과 행위에 전혀 주의를 기울이지 않으신다고 스스로도 믿고 다른 사람들도 그렇게 믿도록 만들려는 사람들이 있다. 그러나 성경이 제시하는 참되시고 살아 계신 하나님은 이것에 대해 전혀 달리 생각하신다. 하나님은 원죄(原罪)와 자범죄(自犯罪)에 대하여 끔찍하게 진노를 발하시며, 또한 의로운 심판으로 그것들을 이 세상에서 벌하시고 또한 영원토록 벌하시기를 원하시는 것이다(신 27:26; 갈 3:10).

그러나 하나님은 그의 공의에 의하여 불경건한 자들을 벌하시기만 하는 것이 아니다. 성경은 놀랍게도, 이 동일한 공의에 따라서 그가 성도들에게 구원을 베푸신다는 사실을 가르치고 있는 것이다. 그 성도들 역시 그들 스스로는 죄인들이며 다른 이들보다 전혀 나을 것이 없는 것이 사실이다. 그러나 불경건한 자들은 자기들의 죄들을 숨기거나 그냥 무시해버리지만, 성도들은 그 죄들을 인정하고 그것들을 고백한다. 이것이 그들의 서로 다른 점이다. 성도들 역시 스스로 죄가 있고 부정하지만, 그 원인에 관한 한, 하나님의 편에 있고, 세상을 대적하고 있다. 그러므로 그들은 은혜의 언약의 약속에, 하나님의 말씀의 진리에, 하나님께서 친히 그리스도 안에서 이루신 의에 호소할 수 있는 것이다.

그 의와 관련지어 생각할 때에, 우리는 심지어 담대하게 — 그러나 경건한 자세로 — 하나님께서 그의 백성의 죄들을 용서하시며 그들에게 영생을 베푸실 의무를 지고 계시다고까지 말할 수 있다(시 4:2; 7:10; 31:2; 34:22; 35:24; 51:16; 103:17; 요일 1:9). 그리고 하나님께서는 그의 백성으로 하여금 그를 기다리도록 하시며, 그들의 믿음을 오랜 기간 동안 시험하시는 경우가 많지만, 그 다음에는 그들의 완전한 구속이 이어지며, 그리하여 하나님의 **성실하심**(integrity)과 **신실하심**(faithfulness)이 더욱더 은혜롭게 드러나는 것이다(창 24:27; 32:10; 수 21:45; 삼하 7:28; 시 57:3; 시 105:8).

여호와의 인자하심이 영원하므로(시 138:8), 그는 그의 백성들에 관한 일을 완전히 이루실 것이다. 주는 자비하시고 은혜로우시며 오래 참으시며 선하심과 진실하심이 풍성하신 분이시니 말이다(출 34:6; 시 86:15; 103:8; 145:8).

"어떤 사람은 병거, 어떤 사람은 말을 의지하나, 우리는 여호와 우리 하나님의 이름을 자랑하리로다"(시 20:7; 참조. 렘 9:23; 고전 1:31; 고후 10:17). "이 하나님은 영원히 우리 하나님이시니 그가 우리를 죽을 때까지 인도하시리로다"(시 48:14). 그는 복되신 하나님이시요, **영화로우신** 하나님이시며(딤전 6:15; 엡 1:17), 따라서 여호와를 자기 하나님으로 삼는 백성은 복이 있는 것이다(시 33:12).

제 10 장

삼위일체

영원하신 하나님은 그의 삼위일체의 존재(His triune existence)에서, 그의 속성들에서보다도 오히려 더 풍성하고도 생명력 있게 자기 자신을 계시하신다. 이 거룩한 삼위일체 안에서, 그의 존재의 각 속성이 그 자체 속에 들어가고, 이를테면, 가장 충만한 내용을 얻으며, 가장 심오한 의미를 지니게 되는 것이다. 하나님이 어떤 분이시며 하나님이 누구신가를 알기 위해서는 이 삼위일체를 반드시 깊이 생각해야 한다. 그래야만 비로소 우리가 하나님이 누구신가를 알게 됨은 물론, 더 나아가서 그가 잃어버린 인류를 위하여 어떤 분이신가를 알게 되는 것이다. 오직 하나님을 언약의 삼위일체 하나님으로, 성부, 성자, 성령으로, 알고 그렇게 고백할 때에 비로소 이것을 알 수 있는 것이다.

우리의 신앙고백의 이 부분을 논함에 있어서, 거룩한 경외감과 어린아이 같은 경이감이 우리의 접근의 특징과 자세가 되는 일이 필수적이다. 여호와께서 광야의 떨기나무 가운데로부터 나오는 불꽃 속에서 나타나신 일은, 모세로서는 그야말로 무시무시하고 도저히 잊을 수 없는 사건이었다. 모세가 불꽃은 있으나 타지는 않는 것을 멀리서 보고, 그곳으로 급히 가려하자 여호와께서는 그를 말리시면서, "이리로 가까이 오지 말라. 네가 선 곳은 거룩한 땅이니 네 발에서 신을 벗으라"고 말씀하셨다. 이 말씀을 들은 모세는 크게 두려워했고, 하나님을 보지 않으려고 얼굴을 가렸다(출 3:1-6).

하나님께서 그의 말씀 속에서 자기 자신을 삼위일체의 하나님으로 계시하시는 것을 보는 우리에게도 그러한 거룩한 공경심이 있어야 마땅할 것이다. 이 사실을 연구하면서 우리는, 이것이 하나님을 어떤 추상적인 개념을 갖고서 하나님을 해명하는 교리도 아니요 신의 본질에 대한 과학적인 명제를 다루는 것도 아니라는 사실을 항상 기억해야 하는 것이다. 우리는 우리 자신이나 다른 이들이 여러 가지 사실들에다 맞추어 놓은 인간적인 구성을 다루고 있는 것도 아니요 그것을 다시 분석하고 논리적으로 해명하고자 하는 것도 아니다. 오히려 삼위일체를 다루는 일은 곧, 하나님 자신을 대하는 일이요, 유일하시며 참되신 하나님을, 그의 말씀 속에서 그렇게 자신을 계시하시는 그분을 대하는 일이다. 바로 "나는 아브라함의 하나님, 이삭의 하나님, 야곱의 하나님이니라"(출 3:6)라고 모세에게 말씀하신 그분을 대하는 것이다. 바로 그 하나님이 또한 그의 말씀 속에서 자기 자신을 성부, 성자, 성령으로 우리에게 계시하시고 드러내시는 것이다.

그리하여 기독교 교회는 언제나 하나님의 계시에 근거하여 삼위일체이신 하나님을 고백해왔고, 또한 하나님을 그런 분으로 받아들여왔다. 사도신경에서도 그렇게 고백하고 있다. 그 신조에서 그리스도인은 그저 자신이 하나님에 대해서 생각하는 바를 말하고 있는 것이 아니다. 하나님의 개념을 제시하는 것도, 하나님이 이런저런 속성들을 지니고 계시다거나 그가 이런저런 지혜 속에 존재하신다는 식으로 말하는 것도 아니다. 그는 오히려, '하나님 아버지를 내가 믿사오며, 그 외아들 우리 주 예수 그리스도를 믿사오며, 성령을 믿사오니' 라고 고백한다. 곧, '내가 삼위일체 하나님을 믿나이다' 라고 고백하는 것이다. 이렇게 고백하면서 그리스도인은 하나님이 살아 계시고 참되신 하나님이시요, 그가 성부, 성자, 성령 하나님이시요, 또한 그가 전적으로 굴복했고 또한 온 마음을 다 드려 의지하는 신뢰의 하나님이시라는 사실을 표현하는 것이다. 하나님은 과연 그의 생명과 구원이 되시는 하나님이시다. 성부, 성자, 성령으로서, 하나님은 그를 창조하셨고, 그를 구속하셨고, 그를 거룩하게 하셨고, 그를 영화롭게 하셨다. 그리스도인은 모든 것을 그분께 의존하는 것이다. 그 하나님을 믿고, 그를 신뢰하며, 그에게서 모든 것을 기대한다는 사실이 그의 기쁨이요 위로인 것이다.

그 신조에서 그리스도인이 계속 하나님에 대해 고백하는 내용은 갖가지 추상적인 용어들로 제시되는 것이 아니라, 과거와 현재와 미래의 하나님의 행하심들을 통해서 묘사되고 있다. 그리스도인의 신앙고백을 이루는 것은 바로 하나님의 행위들이요, 이적들인 것이다. 그리스도인이 이 신조에서 고백하는 것은 길고도 넓고 또한 높은 역사다. 그것은 그 길이와 폭에 있어서 온 세상을 다 포괄하는 역사다. 세상의 시작과 진행 과정과 종말을, 그 기원과 발전과 종착점을, 창조의 시점에서부터 시대의 마지막 성취에 이르기까지를 모두 포괄하는 역사인 것이다. 교회의 고백은 하나님의 권능의 행위들의 선포인 것이다.

그런 행위들은 무수하며 또한 그 특징들도 굉장히 다양하다. 그러나 그 행위들은 또한 철저한 통일을 이루고 있기도 하다. 그것들은 서로 관련을 가지며, 서로를 준비시켜주며, 서로에게 의존하고 있다. 그 행위들에는 질서와 패턴과 발전과 앞으로 향하는 움직임이 있다. 창조로부터 구속을 통하여 성화(聖化)와 영화(榮化)에로 나아가는 것이다. 그 마지막이 시작으로 되돌아가지만, 그러면서도 동시에 마지막은 시발점보다 훨씬 높이 서 있는 정점(頂點)이 된다. 하나님의 행위들은 밑에서부터 위를 향하여 나선형으로 올라가는 하나의 원을 형성하며, 수평선과 수직선의 조화를 드러내며, 위로 나아가는 동시에 앞으로도 나아가는 것이다.

하나님이 그 모든 행위들의 설계자요 건축자시요, 그 행위들의 근원이시요 마지막 목적이시다. 모든 것들이 그에게서 나오며, 그로 말미암고, 그에게로 돌아간다. 그분이야말로 그 모든 것들의 조성자(造成者)시요, 회복자시요, 성취자이신 것이다. 하나님의 행위들의 통일성과 다양성은 바로 하나님의 존재 속에 내재하는 통일성과 다양성에서 비롯되며 또한 그리로 돌아가는 것이다. 하나님의 존재는 동시에 그의 인격에 있어서, 그의 계시에 있어서, 그의 영향력에 있어서 삼중적이다(threefold). 하나님의 역사하심은 모두가 깨어짐이 없는 전체를 이루며, 그러면서도 풍성한 다양성과 변화를 지니고 있다. 교회의 고백은 세계 역사 전체를 포괄한다. 그 고백 속에는 창조와 타락, 화목과 죄 용서의 순간들이, 그리고 갱신과 회복의 순간들이 포함되어 있다. 그것은 삼위일체의 하나님께로부터 비롯되며 또한 모든 것을 다시 그에게로 이끌어가는 고백인 것이다.

그러므로 거룩한 삼위일체야말로 우리의 신앙고백의 중심이요 핵심이며, 우리의 종교를 구별짓는 표지요, 그리스도의 모든 참된 신자들의 찬송이요 위로인 것이다.

지난 오랜 세월 동안 영적인 싸움에서 바로 이 고백이 관건이 되어왔다. 거룩한 삼위일체에 대한 고백이야말로 기독교 교회가 안전히 보존하고 수호하도록 책임을 맡은 보배로운 진주인 것이다.

* * * * *

하나님의 삼위일체에 대한 이런 고백이 기독교 신앙에 있어서 그렇게도 중심적인 위치를 차지한다면, 그것이 어떠한 근거 위에 서 있으며 또한 어떤 근원에서 교회 속으로 흘러 들어왔는가를 아는 일이 매우 중요할 것이다. 오늘날 그 고백이 인간의 논리와 학식의 산물이라고 주장하며 그리하여 그것을 신앙적 삶에 전혀 가치가 없는 것으로 여기는 사람들이 적지 않다. 그들의 주장에 따르면, 예수께서 선포하신 그 본래의 복음은 하나님의 삼위일체라는 교리에 대해서 아무것도 몰랐다고 한다. 즉, 그 용어 자체나 그 용어가 표현하고자 의도하는 그 실체에 대해서 아무것도 몰랐고, 따라서 예수의 본래 단순한 복음이 헬라 철학과 관계를 맺게 되면서 그 철학에 의해서 변조되어, 기독교 교회가 그리스도의 인격을 그의 신성 속에 흡수시켰고, 결국 성령도 하나님의 존재 속에 집어넣게 되었으며, 그리하여 교회가 한 분 하나님의 존재 속에 삼위가 계심을 고백하게 된 것이라는 주장이다.

그러나 기독교 교회 자체는 언제나 이런 것과는 전연 다른 생각을 지녀왔다. 교회는 삼위일체 교리가 교묘한 신학자들의 발견도, 복음과 헬라 철학의 결합의 산물도 아니요, 복음과 하나님의 말씀 전체 속에서 실질적으로 귀결된 하나의 고백이요 교리로, 간단히 말해서, 하나님의 계시로부터 추론된 기독교 신앙으로 보았다. 한 분 하나님의 존재밖에는 없는데, 어째서 성부, 성자, 성령을 거론하는가 하는 질문에 대해서, 하이델베르크 요리문답은 간결하고도 결론적인 답변을 제시하고 있다. 곧, 하나님이 그의 말씀 속에서 자신을 그렇게 계시하셨기 때문이라는 것이다(25문). 하나님의 계시야말로 교회의 이 고백이 의지하는 확고한 근거다. 하나이며 거룩한 공교회의 이 교리가 자라오고 세워져온 근원이 바로 이 계시인 것이다. 하나님께서 자기 자신을 삼위일체의 하나님으로 계시하셨다. 그가 그렇게 존재하시기 때문이다. 그가 자신을 그렇게 계시하셨으니, 그는 그렇게 존재하시는 것이다. 하나님의 계시에 나타나는 삼위일체는 그의 존재의 삼위일체를 거꾸로 지적해 주는 것이다.

이 계시는 한순간에 나타난 것이 아니다. 한 시점에 제시되고 완성된 것이 아니다. 오히려 이 계시에는 기나긴 역사가 있으며, 오랜 세월 전체에 퍼져 있다. 그것은 창조에서 시작되었고, 타락 후 이스라엘에 관한 은혜의 약속들과 행위들에서 계속되었고, 그리스도의 인격과 사역 속에서, 성령의 부으심과 교회의 설립 속에서 그 절정에 이르렀다. 이 계시는 온 역사 전체를 통틀어 스스로를 유지하고 있으며, 온갖 반대 속에서도 성경의 지울 수 없는 증거와 교회의 확고한 신앙고백 속에서 유지되고 있다. 계시가 이렇게 오랜 역사를 지니고 있으므로, 하나님의 삼위일체의 존재에 대한 고백에도 진보와 발전이 있다. 하나님은 전혀 변함이 없이 언제나 동일하신 분으로 남아 계시다. 그러나 계시의 진전 속에서, 하나님은 그 백성들과 천사들에게 언제나 점점 더 분명하고도 더 영광스럽게 자기 자신을 드러내신다. 하나님의 계시가 계속될수록, 우리의 지식도 자라는 것이다.

* * * * * *

옛 언약 시대에 하나님께서 자기 자신을 계시하기 시작하실 때에 전면으로 드러난 것은 분명 하나님의 단일성, 하나이심이었다.

사람의 죄로 인하여 하나님에 대한 순결한 지식이 잃어버려졌기 때문이다. 바울이 심오한 뜻으로 말하듯이, 진리가 불의 속에 있었던 것이다. 하나님이 지으신 것들 속에서 하나님을 알 만한 것들이 있음에도 불구하고 그것들이 사람들의 생각에 의해서 허망해지고 그들의 마음의 어리석음 때문에 어두워졌다. 그리하여 인류는 우상숭배와 형상물 예배에 빠져버린 것이다 (롬 1:18-23).

그러므로 계시가 하나님의 단일하심에 강조점을 두어 시작하는 것이 필요하였던 것이다. 계시는 인류에게 이렇게 외치는 것 같다: "너희가 절하는 신들은 참된 하나님이 아니다. 유일하신 참 하나님이 계시니, 곧 태초에 하늘과 땅을 지으신 바로 그 하나님이시요(창 1:1; 2:1), 아브라함에게 전능하신 하나님으로 자신을 알리신 그 하나님이시요(창 17:1; 출 6:3), 모세에게 여호와로, 스스로 있는 자로 나타나신 그 하나님이시요(출 3:14), 또한 주권적인 사랑으로 이스라엘 백성을 택하시고 그들을 부르시고 그의 언약 속으로 받아들이신 그 하나님이시다(출 19:4 이하)." 그러므로 무엇보다도 그 계시는 다음과 같은 내용을 지니고 있으니, 곧, 오직 여호와께서 엘로힘이시요, 즉 주만이 하나님이시요, 그 이외에는 다른 하나님이 없다는 것이다(신 4:35, 39; 수 22:22; 삼하 7:22; 22:32; 왕상 18:39; 사 45:5, 18, 21 등).

이스라엘 백성에게도 하나님이 한 분이시라는 계시가 절대적으로 필요했다. 이스라엘은 사방으로 이교도들에게 둘러싸여 있었으며, 그 이교도들에 의해서 항상 배도와 여호와께 불성실함에 빠질 유혹을 받고 있었다. 더욱이, 바벨론 포로기에 이르기까지 율법의 금지와 선지자들의 경고가 있음에도 불구하고 이스라엘 백성의 상당 부분은 스스로 이방의 우상숭배에 매력을 느꼈고, 계속해서 거기에 빠져 들어갔다. 그러므로 하나님께서는, 이제 모세에게 나타나시고 또한 모세를 통하여 그의 백성을 구속하기를 원하시는 여호와가 바로 아브라함과 이삭과 야곱에게 전능하신 하나님으로 자신을 알리셨던 하나님과 동일한 분이시라는 사실을 친히 강조하신 것이다(출 3:6, 15). 그의 율법을 이스라엘에게 주실 때에 그는 율법 앞에 다음과 같은 내용을 전문(前文)으로 써 넣으셨다: "나는 너를 애굽 땅, 종 되었던 집에서 인도하여 낸 네 하나님 여호와니라"(출 20:2). 그리고 이어서 제일 계명과 제이 계명에서 모든 우상 숭배를 철저하게 금하셨다(출 20:3-5). 우리 하나님 여호와가 유일하신 하나님이시므로, 이스라엘은 마음을 다하고 뜻을 다하고 힘을 다하여 그를 사랑하여야 했다(신 6:4-5). 오직 여호와만이 이스라엘의 하나님이시요, 따라서 이스라엘은 오직 그분만을 섬겨야 했던 것이다.

그러나, 하나님의 유일하심이 그렇게 강력하게 강조되며, 이를테면 이스라엘의 기본 율법의 첫 번째 강령이었음에도 불구하고, 하나님의 계시에서 그의 존재의 충만함이 점점 드러남에 따라서 신격의 그 통일성 내에 구별이 있다는 사실이 점점 드러나게 된다. 히브리 원어로 하나님을 지칭하는 데에 보통 사용되는 이름 자체가 그런 의미를 지니고 있다. **엘로힘**이라는 이름은 복수형이며, 따라서, 물론 과거에 일반적으로 생각하던 것처럼 그것이 신적 존재의 삼위를 지목하는 것은 아니지만, 강렬한 복수의 성격을 지닌다는 점에서 하나님 속에 있는 생명과 능력의 충만함을 지적해 주는 것이다. 또한이와 더불어, 하나님께서는 때때로 자기 자신을 복수형으로 지칭하기도 하시는데, 이로써 그 자신 내부에 인격적인 성격을 띠는 구별이 있음을 드러내시는 것이다(창 1:26–27; 3:22; 사 6:8).

이보다 더 의미심장한 것은 하나님이 그의 창조와 섭리에서 그의 말씀과 영으로 말미암아 모든 것을 존재케 하신다는 구약 성경의 가르침이다. 그는 크나큰 수고와 노력을 기울여서 자기 손에 주어진 자료들을 갖고서 무언가를 만들어내는 인간이 아니시다. 그는 그저 말씀으로만 모든 것을 무(無)로부터 존재하게 하시는 것이다.

창세기 1장에서 우리는 가장 고상한 방식으로 이 진리를 가르침받으며, 또한 다른 곳에서도 이 진리가 말씀과 노래 속에 지극히 영광스럽게 표현되고 있다. "그가 말씀하시매 이루어졌으며, 명령하시매 견고히 섰도다"(시 33:9). 그가 그의 말씀을 보내사 얼음을 녹이신다(시 147:18). 그의 음성이 물 위에 있으며, 광야를 흔들며, 산들을 송아지 같이 뛰게 하며, 삼림을 벗기시는 것이다(시 29:3–10).

하나님의 역사하심에 대한 이 고귀한 기사에는 두 가지 진리가 포함되어 있다. 첫째는, 하나님이 전능하신 자로서 그저 말씀만으로 만물을 생기게 하시는 분이시요, 그의 말씀이 법이며(시 33:9) 그의 음성이 능력이신 분(시 29:4)이시라는 것이다. 둘째는, 그 하나님이 의도를 가지고, 미리 생각하시고 일을 행하시며, 최고의 지혜로 그의 모든 일들을 행하신다는 것이다. 하나님이 말씀하시는 그 말씀은 능력이다. 그러나 그것은 또한 생각을 전달하는 도구이기도 하다. 그는 그의 권능으로 땅을 지으셨고, 그의 지혜로 세계를 세우셨고, 그의 명철로 하늘을 펴셨다(렘 10:12; 51:15). 그가 그의 모든 것들을 지혜로 지으셨으므로 땅이 그의 풍성함으로 가득하다(시 104:24). 이러한 하나님의 지혜는 그의 외부로부터 그에게 온 것이 아니라, 태초부터 그에게 있었던 것이다. 그는 태초에 그의 일을 행하시기 전부터 그의 길의 원리로서 그것을 소유하셨다. 그가 하늘을 지으시며 궁창을 해면에 두르시고, 구름을 위에 세우시고, 깊은 샘들을 조성하실 때에, 지혜가 이미 거기에 있어서 그와 더불어 역사하여 날마다 그의 기쁨이 되었고 항상 그 앞에서 즐거워하였다(잠 8:22-31; 욥 20:20-28). 하나님은 자신이 세상을 창조하신 그 지혜 안에서 즐거워하신 것이다.

이 말씀과 지혜와 더불어, 하나님의 영이 창조의 중보자로서 그 모습을 드러내신다. 하나님이 친히 지혜이신 동시에 지혜를 소유하시며, 그리하여 그것을 공유하시고 또한 그의 일들 속에서 그것을 드러내실 수 있는 것과 마찬가지로, 그 자신이 그의 존재에 있어서 영이시며(신 4:12, 15) 또한 그가 영을 소유하시며, 그 영으로 말미암아 세상 속에 거하실 수 있고, 그 안에 언제나 어디에나 임재하실 수 있는 것이다(시 139:7). 그 어느 누구를 자신의 모사(謀士)로 두지 않으시고, 여호와께서는 그의 영으로 모든 것을 존재하게 하셨다(사 40:13 이하). 태초에 그 영이 수면 위에 운행하셨고(창 1:2), 창조된 모든 것들 속에서 활동하시는 것이다. 하나님은 그 영으로 말미암아 하늘을 맑게 하시며(욥 26:13), 지면을 새롭게 하시며(시 104:30), 사람에게 생명을 주시고(욥 33:4), 사람의 코에 숨결을 유지하시며(욥 27:3), 사람에게 깨달음과 지혜를 주시며(욥 32:8), 풀을 시들게 하시며 꽃들이 지게 하시는 것이다(사 40:7). 요컨대, 여호와의 말씀으로 말미암아 하늘이 지음받았고, 하늘의 만상이 그의 입의 기운으로 말미암아 이루어진 것이다(시 33:6).

* * * * *

이러한 하나님의 스스로 다양하심(self-diversity)은 재창조의 역사들에서 더 확연히 드러난다. 거기서는 자기 자신을 계시하시고 또한 구속과 구원의 경이로운 일들 속에서 자기 자신을 알리시는 분이 엘로힘이 아니라 여호와이시며, 그저 일반적인 하나님이 아니라, 여호와 즉 언약의 하나님이신 것이다. 하나님은 여호와로서 그의 백성들을 구속하시고 인도하시며, 그의 말씀으로만 말씀하시고 뜻을 전달하시는 것이 아니라 언약의 사자(여호와의 사자)를 통해서도 그렇게 하신다. 이 사자는 이미 족장들의 역사에서도 나타난다. 곧, 하갈에게도(창 16:6 이하), 아브라함에게도(창 18장), 야곱에게도(창 28:13 이하) 나타나시는 것이다. 이 사자는 특히 이스라엘을 애굽의 노예 상태에서 해방시키는 데에서 하나님의 은혜와 권능을 나타내신다(출 3:2; 13:21; 14:19; 23:20-23; 32:34; 33:2; 민 20:16). 이 여호와의 사자는 그 중요성에 있어서 창조된 천사들과 동일한 수준에 서 있는 것이 아니다. 오히려 그는 하나님의 특별한 계시요 나타나심이다. 한편으로 그는 하나님과 분명히 구별되신다. 하나님이 그를 가리켜 자신의 사자로 말씀하시는 것이다. 그러나 다른 한편으로, 그는 하나님 자신과 이름이 하나이며, 권능이 하나요, 구속과 복이, 예배받으심과 존귀가 하나인 것이다. 창세기 16:13에서는 그가 하나님으로 불리며, 창세기 31:13에서는 벧엘의 하나님이라 불리며, 하나님 혹은 여호와와 함께 위치를 바꾸시며(창 28:20, 22; 출 3:4), 그 자신 속에 하나님의 이름을 지니신다(출 23:21). 그는 모든 악에서 구속하시며(창 48:16), 이스라엘을 애굽 사람들의 손에서 건지시며(출 3:8), 물을 가르시고 바다를 말리시며(출 14:21), 하나님의 백성들을 보존하시고 그들을 안전하게 가나안으로 이끄시며, 원수들에게 승리를 거두게 하시며(출 3:8; 23:20), 마치 하나님 자신에게 하듯 그에게 절대적으로 순종하여야 할 분이요(출 23:20), 또한 언제나 여호와를 경외하는 자들을 둘러 진을 치고 계시는 분이시다(시 34:7; 35:5).

이처럼 재창조의 일에서 여호와께서 그의 구속의 활동들을 이 언약의 사자를 통해서 시행하시는 것처럼, 그는 그의 영으로 말미암아 그의 백성들에게 온갖 종류의 힘과 선물들을 주신다. 구약 성경에서는, 여호와의 영이 모든 생명과 모든 행복과 모든 능력의 근원이시다. 그는 사사들에게 용기와 힘을 베푸신다. 옷니엘에게도(삿 3:10), 기드온에게도(삿 6:34), 입다에게도(삿 11:29), 또한 삼손에게도(삿 14:6; 15:14) 그렇게 하셨다. 그는 제사장들의 의복과 장막과 성전을 만드는 자들에게 예술적인 지각을 베푸시며(출 28:3; 31:3-5; 35:31-35; 대상 28:12), 또한 모세와 더불어 백성의 짐을 지는 장로들에게 지혜와 명철을 주신다(민 11:17, 25). 그는 선지자들에게 예언의 영을 주시며(민 11:25, 29; 24:2-3; 미 3:8), 하나님의 모든 자녀들에게 갱신과 거룩함과 인도하심을 베푸신다(시 51:12-13; 143:10).

요컨대, 출애굽 때에 여호와께서 이스라엘에게 주셨던 말씀과 약속과 언약은 그후에도 계속해서 존재했고, 심지어 바벨론 포로기 이후인 스룹바벨의 때에도 여전히 견고히 서 있었으므로, 백성들은 두려워할 필요가 없었다는 것이다(학 2:4-5). 여호와께서 이스라엘을 애굽으로부터 인도하실 때에, 그는 이스라엘의 구원자가 되셨다. 그의 백성들을 향한 이러한 하나님의 성향은 그들의 모든 압제 속에서 여호와 자신이 압제를 받으시며(그는 자기 백성의 고통을 자기 자신의 고통으로 여기셨다) 그리하여 그가 그의 사자를 보내사 그들을 보존시키셨다는 사실로 표현되었다. 그는 그의 사랑과 은혜로 그들을 구속하셨고 그들을 취하셔서 그 자신의 것으로 여기사 그들을 끝까지 이끄셨다. 그는 그의 거룩의 영을 그들에게 보내사 여호와의 길로 그들을 인도하셨다(사 63:9-12). 옛 언약의 시대에, 여호와께서는 대제사장을 통하여 이스라엘 백성들에게 삼중적인 복을 내리셨으니, 곧 지켜주시는 복과 은혜의 복과 평화의 복이 그것이다(민 6:24-26).

이렇게 해서 점차적으로, 그러나 더욱더 분명하게, 하나님의 존재 내의 삼중적인 구별이 하나님께서 이스라엘을 인도하신 역사 속에서 이미 표현되는 것이다. 그러나 구약 성경에는 장차 더 높고 더 풍성한 계시가 있으리라는 약속들이 주어져 있다. 여하튼, 이스라엘은 여호와의 말씀을 배척했고, 그의 성령을 근심케 했다(사 63:10; 시 106편). 그리하여 언약의 사자를 통해서, 또한 여호와의 영을 통해서 드러내는 하나님의 계시로는 부적절하다는 것이 드러났다. 하나님이 그의 언약을 확증하시고 그의 약속을 이행하시기 위해서는, 그보다 더 높은 또 다른 계시가 필요하게 된 것이다.

그런 계시는 선지자들에 의해서 선포되었다. 장차 마지막 때에, 여호와께서 이스라엘 가운데서 모세와 같은 한 선지자를 불러내실 것이며, 여호와께서 그 선지자의 입에 그의 말씀을 두실 것이다(신 18:18). 이 사람은 영원히 멜기세덱의 서열을 따르는 제사장일 것이며(시 110:4), 그는 다윗의 가문에서 날 한 왕이요(삼하 7:12-16), 이새의 줄기에서 날 한 가지요(사 11:1), 판결하며 정의를 구하는 왕이 될 것이다(사 16:5). 그는 사람이요 한 여인의 아들이며(사 7:14), 고운 모양도 풍채도 없을 것이지만(사 53:2 이하), 동시에 그는 임마누엘이시요(사 7:14), 여호와 우리의 공의(렘 23:6), 언약의 사자(말

3:1), 그의 백성들에게 나타나시는 여호와 자신이실 것이다(호 1:7; 말 3:1). 그리고 그는 기묘자, 모사, 전능하신 하나님, 영존하시는 아버지, 평강의 왕이라는 이름을 지니신다(사 9:6).

이처럼 여호와의 종이 나타나심에 이어서 성령의 보다 풍성한 경륜이 뒤따른다. 지혜와 총명의 영이요 모략과 재능의 영이요 지식과 여호와를 경외하는 영이신 성령이 메시야 위에 거하실 것이다(사 11:2; 42:1; 61:1). 그가 모든 육체에게 — 아들과 딸들에게, 노인들과 젊은이들에게, 남종과 여종들에게 — 부어지실 것이며(욜 2:28-29; 사 32:15; 44:3; 겔 36:26-27; 슥 12:10), 그가 하나님의 백성들에게 새 마음과 새 영을 주셔서 그들로 하여금 그의 율례를 따라 행하며 그의 법도를 지키고 행하도록 하실 것이다(겔 11:19-20; 36:26; 렘 31:31-34; 32:38-41).

이렇듯 하나님의 충만한 계시가 그의 삼위일체의 존재를 드러내는 데 있을 것임을 구약 성경 자체가 지적해 주고 있는 것이다.

* * * * *

이 약속과 선언을 신약 성경의 성취가 충실하게 만족시켜 준다. 이런 점에서 볼 때에도, 하나님의 단일성 혹은 하나이심이 모든 계시의 출발점이 된다(요 17:3; 고전 8:4; 딤전 2:5). 그러나 이 하나이심에서부터 하나님의 존재의 차이가 신약 성경에서 훨씬 더 선명하게 드러난다. 이 일은 먼저 성육신, 속죄, 그리고 부으심이라는 위대한 구속의 사건들에서 나타나며, 그 다음에는 예수와 그의 사도들의 교훈에서 나타난다. 구원의 일은 처음부터 마지막까지 하나의 전체로서 하나님의 일이다. 그러나 거기에는 세 가지 높이 두드러지는 순간들이 있고 — 선택, 죄 사함, 새롭게 함 — 이 세 가지가 하나님의 존재의 삼중적인 원인을 — 즉, 성부와 성자와 성령을 — 각각 지적해 주는 것이다.

그리스도께서 잉태되신 일이 이미 하나님의 삼중적인 활동을 보여 준다. 성부께서 성자를 세상에 주시며(요 3:16), 또한 성자 자신이 하늘로부터 강림하시며(요 6:38), 또한 성자께서 성령으로 말미암아 마리아에게 잉태되시는 것이다(마 1:20; 눅 1:35). 예수께서 행하신 일들은 성부께서 그에게 보여 주신 것들이었고(요 5:19; 8:38), 또한 성령의 능력으로 그가 그 일들을 이루신 것이다(마 12:28). 그가 죽으실 때에도, 그는 자기 자신을 영원한 성령 안에서 하나님께 드리신다(히 9:14). 부활 역시 성부께서 그를 일으키신 것이요(행 2:24), 또한 동시에 예수께서 자신이 거룩의 영에 따라서 아버지의 아들이심을 증명해 보이시는 바 그 자신의 행위인 것이다(롬 1:3). 그리고 부활하신 후, 사십 일째 되는 날 그는 성령 안에서 하늘로 오르사 천사들과 권세들과 능력들을 자기 자신에게 굴복시키시는 것이다.

예수님과 사도들의 가르침은 이러한 사건들 그 자체가 주는 교훈들과 충실하게 일치하고 있다.

예수께서는 아버지를 선포하시고 그의 이름을 사람들 가운데 알게 하시기 위하여 이 땅에 오셨다(요 1:18; 17:6). 만물의 창조주이신 하나님께 아버지라는 이름을 붙이는 일은 이교도들에게서도 볼 수 있는 현상이다. 아버지라는 용어의 이러한 의미는 성경 여러 곳에서도 뒷받침되고 있다(눅 3:38; 행 17:28; 엡 3:15; 히 12:9). 게다가, 구약 성경은 아버지라는 호칭을 이스라엘과 하나님의 신정적(神政的) 관계를 지칭하는 뜻으로도 몇 차례 사용하고 있다. 그가 자신의 놀라운 능력으로 그 관계를 세우셨고 유지하셨기 때문이다(신 32:6; 사 63:16). 그러나 신약 성경에서는 하나님께 적용되는 이 아버지라는 이름에 지극히 영광스러운 새로운 빛이 비추어진다. 예수께서는 언제나 자기 자신과 하나님의 관계와, 다른 사람들과 ― 예컨대, 유대인들이나 제자들 ― 하나님의 관계 사이에 근본적인 차이가 있음을 암시하신다. 예를 들어서, 그는 제자들로부터 기도를 가르쳐달라는 요청을 받으시고, 기도를 가르치시면서, 분명하게 "너희는 기도할 때에 … 우리 아버지여 … "라고 말씀하신다. 그리고 부활하신 후, 막달라 마리아에게 장차 자신이 승천하실 일을 선언하실 때에도 그는 이렇게 말씀하신다: "내가 내 아버지 곧 너희 아버지, 내 하나님 곧 너희 하나님께로 올라간다"(요 20:17). 다시 말하면, 하나님이 그 자신의 아버지시라는 것이다(요 5:18). 성부께서 성자를 아시고 그를 사랑하시므로, 오직 성자만이 그 정도만큼 성부를 아시고 사랑하실 수 있는 것이다(마 11:27; 막 12:6; 요 5:20). 따라서, 사도들 가운데서는 끊임없이 하나님을 가리켜 우리 주 예수 그리스도의 아버지로 일컫는다(엡 1:3). 성부와 성자의 이러한 관계는 시간 속에서 발전된 것이 아니라 영원 전부터 존재하는 것이었다(요 1:1, 14; 17:24). 그러므로 하나님께서 아버지이신 것은 무엇보다도 먼저 지극히 독특한 의미에서 그가 성자의 아버지이시기 때문이다. 이것이 그의 근원적이요, 특별한 인격적 특성인 것이다.

또한 파생적인 의미에서 하나님을 가리켜 모든 피조물들의 아버지라 부르기도 한다. 하나님이 그들의 창조자이시요 지탱자이시기 때문이다(고전 8:6 등). 이스라엘이 선택과 부르심으로 인하여 그의 소유이기 때문에 그를 가리켜 이스라엘의 아버지라 부르는 것이요(신 32:6; 사 64:8), 또한 성자를 향한 성부의 사랑이 교회와 모든 신자들에게도 관계되기 때문에, 또한 그들이 그의 자녀로 영접받았고 또한 성령으로 말미암아 그에게로 났기 때문에(요 1:12; 롬 8:15) 그를 가리켜 교회와 모든 신자들의 아버지라 부르는 것이다(요 16:27; 17:24).

그러므로 성부께서는 언제나 아버지시요, 하나님의 존재 안에서, 하나님의 경륜 속에서 그리고 모든 창조와 섭리, 구속과 성화의 일들 속에서 주도권을 시행하시는 분이시다. 그는 아들에게 생명을 주어 그 속에 있게 하셨고(요 5:26), 또한 성령을 보내신다(요 15:26). 선택과 기쁘신 뜻이 그의 것이다(마 11:26; 엡 1:4, 9, 11). 그에게서 창조, 섭리, 구속, 새롭게 하심이 나온다(시 33:6; 요 3:16). 특별한 의미에서 나라와 권세와 영광이 그에게 있다(마 6:13). 그는 특히 주 예수 그리스도와 성령과 구별되어 하나님이라는 이름을 지니신다. 과연 그리스도께서 친히 중보자로서 그를 자신의 아버지라 부르시며, 또한 그의 하나님이라 부르신다(마 27:46; 요 20:17). 그리고 그리스도 자신이 하나님의 그리스도라 불려지고 있다(눅 9:20; 고전 3:23; 계 12:10). 한 마디로 말해서, 하나님의 존재의 첫 번째 분은 아버지이시다. 왜냐하면 "만물이 그에게서 났"기 때문이다(고전 8:6).

하나님이 아버지시라면, 그로부터 생명을 받으셨고 또한 그의 사랑을 함께 나누시는 아들이 또 계시다. 구약 성경에서는 하나님의 아들이라는 명칭이 천사들에게도(욥 38:7), 이스라엘 백성에게도(신 1:31; 8:5; 14:1; 32:6, 18; 호 11:1), 또한 그 백성의 신정적(神政的) 왕에게도 사용된다(삼하 7:11-14;

시 2:7). 그러나 신약에 와서는 이 명칭이 더욱더 깊은 의미를 지닌다. 그리스도께서 매우 독특한 의미에서 하나님의 아들이시기 때문이다. 그는 천사들과 선지자들보다 높이 계시며(마 13:32; 21:27; 22:2), 또한 그 자신이 친히, 아버지 외에는 아들을 아는 자가 없고, 또한 아들 외에는 아버지를 아는 자가 없다고 말씀하신다(마 11:27). 천사들 및 사람들과는 구별되어, 그는 아버지 자신의 아들이시요(롬 8:32), 아버지께서 기뻐하시는 사랑하시는 아들이시요(마 3:17), 아버지께서 생명을 주어 그 속에 있게 하신(요 5:26) 독생자이신 것이다(요 1:18).

이처럼 성부와 성자 사이의 매우 특별하고 독특한 관계는 성령의 초자연적인 잉태를 통해서나, 세례시의 기름부음을 통해서나, 부활과 승천을 통해서나, 시간 속에서 발전된 것이 아니고 — 물론 많은 사람들이 이를 주장해왔으나 — 영원 전부터 존재한 관계다. 그리스도 안에서 인간의 본성을 입으신 그 아들은 태초에 말씀으로 하나님과 함께 계셨고(요 1:1), 그때에 이미 하나님의 형체를 지니셨으며(빌 2:6), 영광을 충만히 옷 입으셨고(요 17:5, 24), 그때에 이미 하나님의 영광의 광채시요 그의 본체의 형상이셨으며(히 1:3), 그렇기 때문에 그는 때가 차매 보내심을 받아 세상에 임하실 수 있으셨던 것이다(요 3:16; 갈 4:4; 히 1:6). 그리하여 창조와(요 1:3; 골 1:16) 섭리와(히 1:3) 구원 전체의 이루심(고전 1:30)이 그의 일로 돌려지는 것이다. 피조물들은 지으심을 받았고 창조함을 받았으나, 그는 그렇지 않으시고, 그 대신 모든 피조물들의 장자(長子), 즉 모든 피조물을 상대로 맏아들의 지위와 권한을 지니신 아들이신 것이다(골 1:15). 그리하여 그는 죽은 자들의 장자이시며, 많은 형제들의 장자이시며, 만물의 으뜸이시다(롬 8:29; 골 1:18). 때가 차서 그가 종의 형체를 입으셨으나, 그는 하나님의 형체 속에 계셨다. 그는 생명에 있어서나(요 5:26), 지식에 있어서나(마 11:27), 권능에 있어서나(요 1:3; 5:21, 26), 존귀에 있어서나(요 5:23), 모든 면에서 성부 하나님과 동등하셨다(빌 2:6). 그 자신이 하나님이시요, 영원토록 만물 위에 찬양을 받으실 분이시다(요 1:1; 20:8; 롬 9:5; 히 1:8-9). 만물이 아버지께 속한 것처럼, 그것들이 또한 아들로 말미암아 있는 것이다(고전 8:6).

* * * * *

성부와 성자, 두 분은 성령 안에서 서로 연합되시며 또한 성령을 통하여 모든 만물 속에 거하신다. 그의 본성에 따르면 하나님 자신이 영이시요(요 4:24) 또한 거룩하신 것이 사실이다(사 6:3). 그러나 성령은 영이신 하나님과는 분명히 구별되신다. 비유적으로 말하자면, 사람이 그의 눈에 보이지 않는 본성에 있어서는 영이며 동시에 영을 소유하고 있고, 또한 영을 통해서 자기 자신을 지각하며 자의식이 있는 것처럼, 하나님도 본성적으로 영이시며 영을 소유하고 계시며, 그 영은 그의 존재의 깊은 곳까지 살피시는 영이다(고전 2:10). 그렇기 때문에 그 영을 가리켜 하나님의 영 혹은 거룩한 영(곧, 성령)이라 부르는 것이다(시 51:12; 사 63:10-11). 그리고 이 영은 천사나 인간 혹은 다른 피조물의 영과는 전혀 다르다. 물론 그가 하나님께로부터, 성부와 성자로부터 구별되시지만, 그 영은 두 분과 가장 친밀한 관계 속에 서 계시다. 그는 전능자의 기운으로(욥 33:4), 그의 입의 기운으로(시 33:6) 불리시며, 성부와 성자에게서 보내심을 받으며(요 14:26; 15:26), 또한 두 분 모두에게서 나오신다. 성부에게서만이 아니라(요 15:26), 또한 성자에게서도 나오시며, 그렇기 때문에 그는 그리스도의 영, 혹은 아버지의 영이라 불리시는 것이다(롬 8:9).

성령은 이렇듯 성부와 성자로 말미암아 주어지거나 보내심을 받거나 부으심을 받지만, 그는 사람들에게 그들의 소명 혹은 직분에 합당하게 하는 능력 혹은 은사로 그 모습을 드러내시는 경우도 많다. 예를 들어서, 사도행전 여러 곳에서는 성령을 예언의 은사와 연관시켜 말씀한다(8:15; 10:44; 11:15; 15:8; 19:2). 그러나 그렇다고 해서, 여러 사람들이 행하듯이, 성령이 하나님의 은사 혹은 능력 이상 아무것도 아니라는 식으로 생각해서는 안 된다. 다른 여러 곳에서는 그가 자신의 이름을 지니시고, 인격적인 특징들을 지니시고 인격적인 행동을 하시는 하나의 인격자로서 그 모습을 분명히 보이시는 것이다. 그리하여 요한복음 15:26과 16:13, 14에서 (성령으로 번역된 헬라어 단어는 중성 명사인데도) 그리스도께서는 남성 대명사를 사용하신다: "그가 나를 증언하실 것이라", "그가 내 영광을 나타내리라." 같은 곳에서 그리스도께서는 그를 보혜사(保惠師)라고 부르시는데, 요한일서 2:1에서는 이 명칭을 그리스도에 대해 사용하고 있는데, 거기서는 그것을 대언자(代言者: 영어 성경은 'advocate')로 번역하고 있다.

이 개별적인 이름들 외에도, 온갖 종류의 개별적인 특징들이 성령께 돌려지고 있다. 예를 들면, 자아성(自我性: 행 13:2), 자아 의식(행 15:28), 자기 결단 혹은 의지(고전 12:11) 등이 그것이다. 게다가 온갖 인격적인 활동들이 그의 것으로 묘사되고 있는데, 살핌(고전 2:11), 들음(요 16:13), 말함(계 2:17), 가르침(요 14:26), 기도함(롬 8:27) 등이 그것이다. 이 모든 것은 그가 성부와 및 성자와 동일한 위치에서 제시된다는 사실에서 가장 분명하고도 숭고하게 드러난다(마 28:19; 고후 13:14).

위의 마지막 요점이 가장 중요한데, 이는 성령께서 그저 인격자만이 아니라 바로 하나님이시라는 사실을 시사해 준다. 그리고 성경이 이러한 고백을 하는 데 필요한 모든 자료를 제시해 준다. 우리로서는 그저, 앞에서 지적한 바와 같이 하나님과 그의 영 사이에 구별이 있지만, 이 두 분은 성경에서 위치들을 서로 바꾸는 경우가 잦으므로, 하나님이 말씀하시고 행하시든 성령께서 말씀하시고 행하시든 결국 동일한 것이라는 사실을 주목하기만 하면 될 것이다. 사도행전 5:3-4에서는 성령께 거짓말하는 일을 가리켜 하나님께 거짓말하는 것이라 칭한다. 고린도전서 3:16에서는 신자들을 가리켜 하나님의 성전이라 부르는데, 곧 하나님의 영이 그들 속에 거하시기 때문이라고 한다. 게다가, 영원하심(히 9:14), 편재하심(시 139:7), 전지하심(고전 2:11), 전능하심(고전 12:4-6) 등의 갖가지 하나님의 속성들과, 또한 창조(시 33:6), 섭리(시 104:30), 구속(요 3:3) 등 갖가지 하나님의 일들이 성부와 성자는 물론 성령께도 돌려지고 있다. 결국 성령께서는 그 두 분과 동일한 영광을 공유하신다. 그는 구원의 원인자(原因者)로서 성부와 및 성자와 동일한 위치를 취하신다(고후 13:14; 계 1:4). 우리가 세례를 받고(마 28:19) 축복을 받는 것이(고후 13:14) 성령의 이름으로 되어지는 것이다. 더 나아가서, 성령을 거슬러 망령되이 행하는 것은 사하심을 받지 못하는 죄다(마 12:31-32). 다시 말해서, 모든 것이 아버지께 속하며, 아들로 말미암아 있는 것처럼, 그 모든 것들은 성령 안에 존재하는 것이다.

삼위일체 교리의 이 모든 요소들이 성경 전체에 퍼져 있는 것을, 말하자면, 예수께서 그의 전도 명령에서, 그리고 사도들이 그들의 축도에서 함께 모은 것이라 할 수 있다. 부활하신 후 승천하시기 전에, 그리스도께서는 사도들에게 나아가 모든 족속들을 제자로 삼고, 한 이름으로 그들에게 세례를 베풀 것을 명하시는데, 그 이름 속에서 세 주체들이 계시된다. 성부, 성자, 성령은 그들의 하나되심과 그들의 구별되심에서 하나님의 완전한 계시의 충만이시다. 그러므로, 사람의 선과 구원 전체가 아버지의 사랑과 아들의 은혜와 성령의 교제 속에 포함되어 있는 것이다(고후 13:14; 벧전 1:2; 요일 5:4-6; 계 1:4-6). 기쁘신 뜻, 미리 아심, 권능, 사랑, 나라, 힘은 아버지의 것이다. 중보자직, 화목, 은혜, 구속은 아들의 것이다. 중생, 새롭게 함, 성화, 구속은 성령의 것이다.

그리스도께서 성부와 가지시는 관계는 성령이 그리스도와 가지시는 관계와 완전히 일치한다. 아들이 아무것도 자기 스스로 말씀하거나 행하시지 않고 모든 것을 아버지께로부터 받으시듯이(요 5:26; 16:15), 성령께서도 모든 것을 그리스도께로부터 취하신다(요 16:13-14). 아들이 아버지를 증거하며 아버지를 영화롭게 하시듯이(요 1:18; 17:4, 6), 성령도 아들을 증거하시며 그의 영광을 나타내신다(요 15:26; 16:14). 아들로 말미암지 않고서는 아버지께로 갈 자가 없는 것처럼(요 14:6), 성령으로 말미암지 않고서는 예수를 주시라 말할 자가 아무도 없다(고전 12:3). 성령으로 말미암아 우리가 성부 및 성자와 교제를 갖는 것이다. 하나님께서 친히 그리스도로 말미암아 우리 마음 속에 거하시는 것이 바로 성령 안에서 되는 일이다. 그러니 이 모든 것이 사실이라면, 성령께서는 성자 및 성부와 더불어, 유일하신 참 하나님이시며, 또한 하나님으로서 영원토록 찬송과 영광을 받으셔야 마땅할 것이다.

* * * * *

이러한 성령의 교훈에 대해, 기독교 교회는 삼위일체에 대한 고백 가운데서 예와 아멘으로 답했다. 교회가 이처럼 풍성하고도 영광스러운 고백에 이르기까지 힘겹고 오랜 영적 싸움이 없지 않았다. 여러 세기 동안 하나님의 자녀들의 영적 생활의 가장 심오한 체험과 또한 교회의 교부들과 교사들의 가장 대담한 지성이 성경이 계시하는 이 요점을 이해하는 데에 사용되었고, 또한 교회의 고백 속에 순결하게 재생시키는 데에 사용되었다. 만일 성령께서 진리 안으로 교회를 이끌지 않으셨더라면, 그리고 만일 터툴리안(Terullian)과 이레나이우스(Irenaeus), 아타나시우스(Athanasius)와 세 사람의 카파도키아 교부들(Cappadocians), 아우구스티누스(Augustine), 그리고 힐라리우스(Hillary) 등 탁월한 경건과 지혜의 은사들을 지닌 사람들이 이 문제에서 올바른 경로를 지키지 않았더라면, 교회는 기초를 놓는 이 노력에서 성공을 거두지 못했을 것이 분명하다.

이 영적 싸움에는 기독교의 고유한 본질이 걸려 있었다. 교회는 양쪽에서 그 자신이 세워진 견고한 기초에서 뒤틀려지고 세상에 의하여 뒤집혀질 위험에 노출되어 있었다.

한 편에는, 336년에 사망한 알렉산드리아의 장로 아리우스(Arius)의 이름으로 불리는 아리우스주의(Arianism)의 위협이 있었다. 아리우스는 오직 성부만이 영원하시고 참되신 하나님이시라고 주장하였다. 그분만이 충만한 의미에서 발생하지 않으셨기(was ungenerated) 때문이라는 것이다. 그리고 로고스이시며 그리스도 안에서 육체가 되신 성자에 대해서는, 그는 이 그리스도가 발생되었기(was generated) 때문에 그는 하나님이실 수가 없고, 피조물일 수밖에 없다고 가르쳤다. 물론 다른 피조물들보다 먼저 지으심을 받은 것은 사실이지만, 그럼에도 불구하고 다른 피조물들처럼 하나님의 뜻으로 말미암아 지음받은 피조물인 것은 분명하다는 것이다. 그리고 이와 동일한 방식으로, 아리우스는 성령도 하나님의 피조물이거나 아니면 하나님의 한 성질(quality) 혹은 속성이라고 주장하였다.

다른 한 편에서는, 3세기 초에 로마에 살았던 사벨리우스(Sabellius)라는 사람의 이름으로 불리는 사벨리우스파가 활동하였다. 사벨리우스는 성부, 성자, 성령이란 한 분 하나님의 세 가지 이름에 불과하다고 주장했다. 하나님이 그의 계시가 갖가지 형태와 현상 속에서 발전되면서 그런 식으로 연차적으로 자기 자신을 알리셨다는 것이다. 성부의 형태로는, 하나님께서 창조자와 율법 제정자로서 활동하셨고, 이어서 성자의 형태로 구속자로서 활동하셨다. 그리고 지금은 성령의 형태로 교회의 재창조자로서 일하신다는 것이다.

아리우스주의는 성자와 성령을 신적 존재의 바깥에 두고 이들을 피조물의 수준으로 낮춤으로써 하나님의 하나이심을 유지하고자 했던 반면에, 사벨리우스주의는 삼위에게서 독립성을 제거함으로써 동일한 결과에 이르고자 했고, 삼위를 동일한 신적 존재의 연차적인 계시의 양태로 변형시킴으로써 그 일을 이룬 것이다. 아리우스에게서는 유대교적이요 이신론적이며 합리주의적인 사고 방식이 특징적으로 표현되며, 사벨리우스에게서는 이교도적인 범신론과 신비주의의 사고가 표현되고 있다. 교회가 훗날 하나님의 삼위일체의 고백 속에 진술될 그 진리에 대하여 분명하게 정리하려는 바로 그 순간부터 이 두 가지 다른 성향들이 좌우에서 함께 일어났고, 오늘날까지도 그것들이 교회의 고백과 더불어 존재하고 있는 것이다. 교회와 교회의 각 지체들은 언제나, 한쪽으로는 신적 존재의 하나이심을, 그리고 다른 쪽으로는 그 신적 존재 내의 삼위들을 부당하게 대하는 일이 없도록 조심하고 경계해야 한다. 하나이심이 삼위의 구별에 희생되어서도, 삼위의 구별이 하나이심에 희생되어서도 안 된다. 그 분리할 수 없는 연관 속에서와 또한 그 순결한 관계 속에서 그 둘을 유지하는 것이 — 이론적으로만이 아니라 실제의 생활 속에서도 — 모든 신자들의 소명인 것이다.

이 요건을 만족시키기 위해서, 초기의 기독교 교회와 기독교 신학은 성경에서 문자 그대로는 찾을 수 없는 갖가지 말들과 표현들을 사용하였다. 교회는 하나님의 **본질**(essence)에 대해서, 그리고 그 본질 안의 **삼위**(persons)에 대해서 논하기 시작했고, **삼위일체적**(triune, trinitarian), **본질적**(essential)이며 **위격적**(personal) 특징들, 성자의 **영원한 발생**(eternal generation), 또한 성부 및 성자로부터의 성령의 **발출**(proceeding) 등에 대해서 논하였다.

교회와 기독교 신학이 그런 용어들과 표현법들을 사용하지 말아야 할 이유는 전혀 없다. 하나님이 교회에게 성경을 주신 것은 아무 생각 없이 그저 그 내용을 되풀이하도록 하기 위해서가 아니라 그 풍성한 내용을 충만히 이해하며 또한 그 이해한 바를 자기 자신의 언어로 진술하여 하나님의 놀라우신 역사를 선포하도록 하기 위함인 것이다. 더욱이, 반대자들을 대항하여 성경의 진리를 유지하고 오해와 오류에 대항하여 그것을 보존하기 위해서는 그런 용어들과 표현들이 필요하다. 이런 용어들과 표현 방식들을 별 생각 없이 배격함으로써 결국 신앙고백으로부터 여러 가지로 이탈하는 현상으로 이어졌음을 지나간 오랜 세월의 역사가 잘 가르쳐 주는 것이다.

이 용어들을 사용하면서, 우리는 동시에 그것들이 사람에게 속한 것이어서 한계가 있고, 결점이 있고, 오류의 가능성이 있다는 것을 항상 기억해야 할 것이다. 교부들은 언제나 이 점을 인식하였다. 예를 들어서, 그들은 신적 존재 내의 세 가지 존재 방식을 지칭하는 뜻으로 사용된 삼위(persons)라는 용어가 그 문제에 관한 진리를 정당하게 표현하지는 못하며 다만 진리를 유지하고 오류를 제거하는 데 도움을 줄 뿐이라고 하였다. 그 단어가 사용된 것은 그것이 모든 면에서 정확하기 때문이 아니라, 그보다 더 나은 다른 단어를 찾지 못했기 때문이라는 것이다. 이 문제에 있어서 그 단어는 거기에 담긴 사상에 훨씬 못 미치며, 또한 그 사상은 하나님의 존재의 실체에는 훨씬 못 미치는 것이다. 하나님의 존재의 현실을 이렇게 부적절한 형식으로밖에는 보존할 수가 없지만, 중요한 것은 단어가 아니라 그것이 표현하고자 하는 실체 그 자체라는 것을 절대로 잊어서는 안 될 것이다. 마지막 영광이 나타나면, 그때에는 그보다 더 나은 다른 표현들이 반드시 우리의 입술로 발설될 것이다.

* * * * *

삼위일체의 고백 속에 담겨 있는 하나님의 존재의 실체 그 자체가 정신과 마음 모두에게 최고로 중요한 것이다. 무엇보다 먼저, 교회는 그 고백으로 말미암아 하나님의 존재의 단일성(unity)과 다양성을 모두 유지한다. 하나님의 존재는 하나이시다. 하나님이시며 또한 하나님으로 불려지실 수 있는 존재는 오직 한 분밖에는 없다. 창조와 구속에서도, 자연과 은혜에서도, 교회와 세상에서도, 국가와 사회에서도, 언제 어디서나 우리는 한 분이시며 살아 계시며 참되신 하나님을 고백한다. 세상의 단일성, 인류의 단일성, 진리의 단일성, 덕의 단일성, 의의 단일성, 미(美)의 단일성이 바로 하나님의 단일성에 의존하는 것이다. 하나님의 단일성을 부인하거나 무시하면 바로 그 순간 다신론(多神論)에로 향하는 문이 열리고 마는 것이다.

그러나 성경과 교회의 고백에 의하면, 하나님의 이러한 단일성 혹은 하나이심은 내용이 없는 단일성도, 외톨이로 있다는 뜻의 단일성(a solitariness)도 아니다. 그것은 생명과 힘이 충만한 단일성이다. 그 단일성에는 차이, 구별, 혹은 다양성이 내포되어 있다. 그 다양성이 하나님의 존재의 삼위 혹은 세 가지 양상 속에 표현되는 것이다. 이 삼위는 그저 계시의 세 가지 양태에 불과한 것이 아니라, 존재의 세 가지 양상인 것이다. 성부, 성자, 성령이 하나의 신적 본질과 특성들을 공유하며, 그들이 한 존재인 것이다. 그러면서도 각 위가 자기 자신의 이름과 자기 자신의 고유한 특징을 지니고 계시며, 그것을 통하여 다른 위들과 구별되신다. 성부만이 아버지 되심을 지니시며, 성자만이 발생을 지니시며, 성령만이 성부와 성자로부터 발출되는 성질을 소유하시는 것이다.

하나님의 모든 역사하심에 나타나는 삼위의 질서가 신적 존재의 이러한 존재 질서와 그대로 일치한다. 성부는 만물이 그로부터 기원되는 분이시요, 성자는 만물이 그로 말미암아 있는 분이시요, 성령은 만물이 그 안에 있는 분이시다. 창조에서나 구속에서나 재창조에 있어서, 모든 것들이 성부로부터, 또한 성자와 성령으로 말미암아 오는 것이다. 그리고 성령 안에서, 성자로 말미암아, 성부께로 돌려진다. 그러므로, 우리는 성부께는 그의 선택의 사랑을, 성자께는 그의 구속의 은혜를, 그리고 성령께는 그의 중생케 하시며 새롭게 하시는 능력을 빚지고 있는 것이다.

둘째로, 교회는 이 고백을 지켜가면서 이신론(계시 없는 하나님을 믿음)과 범신론, 다신론의 이단들과 유대교와 이교의 이단들에 대하여 강력한 입장을 취한다. 인간의 마음에는 언제나 두 가지 성향이 있다. 곧, 하나님을 멀리 계시고 떠나 계시는 분으로 생각하며, 자기 자신과 세상을 하나님과는 상관없이 독자적인 것으로 생각하는 성향이 있고, 또한 하나님을 세상 속으로 끌어내려서 세상과 동일시하며, 그리하여 자기 자신과 세상을 신격화하는 성향이 있는 것이다. 첫 번째 성향이 우리 속에 힘을 발휘하면, 자연에서나 우리의 소명에서나 우리의 일에서나 우리의 학문이나 예술에서나, 또한 구속의 일에서나 하나님이 없이도 할 수 있다고 생각하는 데까지 나아가게 된다. 그리고, 두 번째 성향이 우리를 지배하면, 하나님의 영광을 이런 저런 피조물의 형상으로 바꾸고, 세상, 태양, 달, 별, 예술, 학문, 국가 등을 신격화시키게 되고, 또한 피조물의 — 보통 우리 자신의 — 형상 속에서 우리 자신의 위대함을 예배하게 된다. 첫 번째의 경우는 하나님이 그저 멀리 계시기만 하며, 두 번째의 경우는 하나님이 그저 가까이 계시기만 할 뿐이다. 첫 번째의 경우는 하나님이 세상 바깥에, 세상 저 너머에, 세상과는 관계 없이 계시며, 두 번째의 경우는 하나님이 세상 속에 계시며 세상과 동일한 것이다.

그러나 교회는 둘 다 고백한다. 하나님은 세상보다 위에 계시고, 본질적으로 세상과는 구별되시면서도 그의 전 존재로 세상에 임재해 계시며, 시공간의 어느 위치에서도 세상에서 떠나 계시지 않는 분이시라는 것이다. 그는 동시에 멀리 계시며 가까이 계신 분이시다. 그는 동시에 모든 피조물 위에 높이 계시며 또한 모든 피조물들에게로 깊이 내려오신다. 그는 그의 뜻으로 우리를 피조물로 존재하게 하신 우리의 창조주이시며, 우리는 그와는 근본적으로 다른 피조물들이다. 그는 우리의 행위로가 아니라 그의 풍성하신 은혜로 말미암아 우리를 구원하시는 구속자이시다. 그는 마치 그의 성전에 거하시듯 우리 속에 거하시는 우리의 성화자(聖化者: Sanctifier)이시다. 삼위일체 하나님으로서 그는 한 하나님이시며, 또한 그는 우리 위에, 우리를 위하여, 우리 속에 계시는 것이다.

마지막 셋째로, 교회의 이러한 고백은 영적 삶을 위해서도 지극히 중요하다. 때로는 삼위일체의 교리가 그저 철학적으로 추상화 된 하나의 교의(教義)일 뿐 신앙과 삶에는 전혀 가치가 없다는 식의 주장이 아주 부당하게 주장되기도 한다. 그러나 개혁주의 신앙고백은 이런 것과는 전연 다른 견해를 취한다. 그 신앙고백 11항에서 교회는 하나님이 한 본체시며 또한 삼위이심을 진술하고 있다. 이 사실을 우리는 성경의 증거에서, 또한 삼위 하나님의 여러 활동들에서 — 특히 우리 속에서 지각하는 활동들에서 — 알 수 있다. 삼위일체에 대한 우리의 믿음은 느낌과 경험에 근거를 두는 것이 아니다. 그러나 우리가 그것을 믿을 때에, 그 교리가 하나님의 자녀들의 영적 체험과 친밀한 관계 속에 있다는 것을 지각하게 되는 것이다.

삼위일체를 믿으면, 신자들이 만물의 창조자이시며, 그들에게 생명과 숨과 모든 것들을 주신 성부 하나님의 역사하심을 배우고 알게 된다. 그들에게 거룩한 계명들을 주셔서 그들로 하여금 그 안에서 행하도록 하신 율법 제정자이신 그를 알게 되며, 또한 사람의 모든 불의에 대해서 끔찍한 진노를 발하시며 결코 죄인을 죄 없다 하시지 않는 심판자이신 그를 배워 알게 되며, 또한 마지막으로, 그리스도로 말미암아 그들의 하나님이시요 아버지가 되셔서 그들의 육체와 영혼의 모든 필요를 공급하시며 또한 이 눈물 골짜기에서 당하는 모든 악들을 선으로 바꾸어 주실 것을 믿어 의심치 않는 그런 아버지이신 그를 배우고 알게 되는 것이다. 그들은 그가 전능하신 하나님으로서 이를 행하실 수 있고 또한 그가 신실하신 아버지로서 그 일을 행하기를 원하신다는 것을 배워 알게 된다. 그리하여 그들은, "전능하사 천지를 창조하신 하나님 아버지를 믿사오며"라고 고백하는 것이다.

이리하여, 그들은 또한 아버지의 독생자시요 성령으로 마리아에게서 나신 성자의 역사하심을 배워 알게 된다. 그가 그들의 최고의 선지자요 스승이시요 그들의 구속에 관하여 하나님의 은밀하신 경륜과 뜻을 그들에게 완전하게 계시해 주신 분이심을 배워 알게 되며, 그가 자기 몸을 단번에 희생시키셔서 그들을 구속하셨고 여전히 계속해서 그들을 위하여 아버지께 간구하시는 유일한 대제사장이심을 배워서 알게 되며, 또한 그가 그의 말씀과 성령으로 그들을 다스리시며 또한 그들이 얻은 구속의 상태 속에 그들을 보존시키시는 그들의 영원한 왕이심을 배워서 알게 된다. 그리하여 그들은, "하나님의 독생자 우리 주 예수 그리스도를 믿사오니"라고 고백하는 것이다.

또한 그들은 그들 속에 역사하시는 성령의 사역을 인식하기를 배우게 된다. 그는 그들을 중생시키시며 모든 진리 가운데로 인도하시는 분이시다. 그들은 그가 그들의 믿음을 통하여 그들로 하여금 그리스도 안에서 그의 모든 은택들을 누리게 하시는 바 믿음의 역사자(役事者: Operator)이심을 배워 알게 되며, 그가 그들 속에서 말할 수 없는 탄식으로 기도하시며 또한 그들의 영과 더불어 그들이 하나님의 자녀임을 증거하시는 보혜사(保惠師: Comforter)이심을 배워 알게 되며, 또한 구속의 날까지 그들을 보존하시는 그들의 영원한 기업의 보증이심을 배워 알게 된다. 그리하여 그들은, "성령을 믿사오며"라고 고백하는 것이다.

그러므로 삼위일체의 고백이야말로 기독교 신앙의 총체라 할 수 있다. 그것이 없이는 창조도, 구속도, 성화도 순결하게 유지될 수가 없는 것이다.

이 고백에서 이탈하게 되면, 언제나 교리의 다른 요목들에 관한 오류로 이어지게 된다. 그러므로 신앙의 여러 강령들에 대한 그릇된 사고들이 삼위일체 교리에 대한 그릇된 사고에서 비롯될 수도 있는 것이다. 하나님의 놀라운 역사들이 성부, 성자, 성령의 위대한 역사임을 인식하고 고백할 때에야 비로소 그 놀라운 일들을 참으로 선포할 수 있는 것이다.

성부의 사랑과 성자의 은혜와 성령의 교통 안에 사람의 구원 전체가 내포되어 있는 것이다.

제 11 장
창조와 섭리

그리스도인의 삶을 위한 삼위일체 교리의 실질적인 의의는, 성경이 우리에게 추상적인 신 개념을 제시하기를 원치 않고 오히려 우리 모두가 살아 계시고 참되신 하나님을 인격적으로 대면하기를 원한다는 사실에서 충분히 드러난다. 성경은 우리의 사고와 개념들을 끊어내고 우리를 하나님 자신에게로 인도해 준다. 이렇게 해서 성경은 하나님에 대해서 논쟁을 벌이지 않고, 그를 우리에게 제시하고 그의 손으로 이루신 모든 일들 속에서 그를 보여 준다. 성경은 마치, "너희 눈을 높이 들어서 이 모든 것들을 지으신 분을 바라보라"고 말하는 것 같다. "창세로부터 그의 보이지 아니하는 것들 곧 그의 영원하신 능력과 신성이 그가 만드신 만물에 분명히 보여 알려"지는 것이다(롬 1:20). 우리는 하나님의 지으신 것들과 별개로 독자적으로가 아니라, 자연과 은혜 속에 있는 그의 일들 속에서, 또한 그것을 통해서, 하나님을 알고 그를 영화롭게 하기를 배우는 것이다.

그렇기 때문에 성경은 끊임없이 하나님의 놀라운 일들을 지적해 주는 것이다. 성경은 그 일들에 대한 묘사인 동시에 그것들에 대한 찬양의 노래다. 우리로 하여금 살아 계시고 참되신 하나님을 알게 하기를 원하기 때문에, 거의 매 페이지마다 그의 권능의 역사들을 말씀하는 것이다. 살아 계신 하나님은 동시에 **활동하시는**(operative) 하나님이시다. 그는 일하지 않으실 수가 없고, 언제나 일하신다(요 5:17). 모든 하나님의 생명이, 특히 충만히 복되고 영원한 하나님의 생명이 능력이요, 에너지요, 활동인 것이다. 지으신 분의 모습처럼, 그의 지으신 것들도 마찬가지이다. 하나님이 만물을 지으신 자시요 창조주이시므로, 그의 지으신 것들이 위대하고 놀라우며(시 92:5; 139:14), 참되고 신실하며(시 33:4; 111:7), 또한 의로우며 자비한 것이다(시 145:17; 단 9:14). 창조와 만물의 유지가 그의 일에 속한다. 하늘과 땅, 인류와 수많은 백성들, 이스라엘 가운데서 이스라엘을 위하여 행해진 이적들, 그리고 그의 종을 통하여 이루시는 일들이 모두 그의 일인 것이다(창 2:2, 3; 출 34:10; 욥 34:19; 사 19:25; 요 9:4). 그 모든 것들이 그를 찬양한다(시 145:10). 그는 반석이시니 그가 하신 일이 완전한 것이다(신 32:4).

더 나아가서, 그 모든 하나님의 일들은 무관심하게나 강제에 의해서가 아니라, 의도적으로 자유로이 존재하게 된다. 이는 하나님이 그의 말씀으로 만물을 지으시고 지탱시키시며 다스리신다는 사실에서 분명히 드러난다. 그가 말씀하심으로, 명령하심으로, 그것들을 존재하게 하시는 것이다(시 33:9). 태초에 하나님과 함께 계셨고 또한 스스로 하나님이셨던 그 말씀으로 말미암아 만물이 지은 바 되었으니 지은 것이 하나도 그가 없이는 된 것이 없다(요 1:3). 욥기 28:20 이하와 잠언 8:22 이하에서는 그 진리를, 마치 하나님이 세상을 창조하심에 즈음하여 먼저 지혜와 상의하시고 생각하시고 살피신 후에 만물을 지혜와 더불어 지으신 것처럼 제시하고 있다(시 104:24; 렘 10:12). 성경은 이 문제를 달리 표현하기도 한다. 하나님이 그의 뜻 혹은 경륜(counsel)에 따라서 모든 것을 있게 하시는 것으로 말씀하는 것이다. 다시 말하면, 하나님의 모든 일들이, 창조의 일들과 구속의 일들이, 그의 생각의 산물임은 물론 그의 의지의 산물이기도 하다는 것이다. 인간적으로 말하자면, 우리는 하나님의 일들 하나하나에 앞서서 정신의 고려와 의지의 결정이 선행한다고 말할 수 있다. 성경의 어떤 구절들은 경륜이라는 단어를 사용하며(시 33:1; 잠 19:21; 사 46:10; 행 2:23), 어떤 구절들은 도모 혹은 작정이라는 단어를 사용하며(창 41:32; 시 2:7; 사 10:23; 14:27), 어떤 구절들에서는 목적이라는 단어를(렘 51:12; 롬 8:28; 9:11; 엡 1:11; 3:11; 딤후 1:9), 또 어떤 구절들에서는 계획이라는 단어를(행 10:42; 13:48; 17:31; 롬 8:29, 30; 엡 1:5, 11), 또 어떤 구절들에서는 하나님의 기뻐하심이라는 단어를 사용하기도 한다(사 49:8; 53:10; 60:10; 61:2; 마 11:26; 엡 1:5, 9). 사도 바울은 하나님의 기뻐하시는 뜻과 계획을 말하기도 한다(엡 1:5, 11).

하나님의 경륜에 대하여 성경은 그것이 탁월하고 놀라우며(사 28:29; 렘

32:19), 독자적이며(마 11:26), 불변하며(히 6:17), 무너지지 않는다(사 46:10)
고 가르치며, 또한 하나님이 만유 위의 주권자이시며 또한 그리스도를 십자
가와 죽음에로 넘겨준 불의한 자들의 범죄에 대해서도 주권으로 역사하셨음
을 가르치고 있다(행 2:23; 4:28). 사람의 죄악된 생각과 행위들을 포함하여
모든 사물들과 사건들을 하나님이 영원 전부터 알고 계셨고 또한 그의 경륜
속에 고정시켜 놓으셨다고 해서 그 사물들과 사건들 자체의 성격이 사라지
는 것이 아니라, 각기 자기의 종류와 본질과 그 주변의 맥락과 정황 속에 오
히려 세워지고 보장된다. 하나님의 그 경륜 속에는 죄와 형벌만이 아니라,
자유와 책임, 의무감과 양심, 법과 정의도 다 포함되어 있는 것이다. 우리 눈
앞에서 일어나는 모든 일들이 각기 특정한 처지와 상황 속에 있게 되는데,
그 일들이 이 하나님의 경륜 속에서도 똑같은 처지와 상황 속에 있는 것이
다. 그런 상태들이 그 결과들과 마찬가지로 그 경륜 속에 규정되어 있으며,
목적에 못지않게 그 수단도, 결과는 물론 그 방법도, 기도의 응답은 물론 기
도 자체도, 칭의, 성화, 영화는 물론 믿음 자체도, 다 그 경륜 속에 이미 들어
있는 것이다. 그 경륜에 따라서, 하나님은 그의 독생자를 주셔서 누구든지
그를 믿는 자마다 영생을 얻게 하신 것이다.

　이런 식으로, 성경의 의미를 좇아서, 또한 성령을 좇아서 이해하면, 언제
나 지혜로우신 하나님의 경륜에 대한 고백이야말로 풍성한 위로의 근원이
된다. 그런 고백을 통해서 우리는 인류와 세상을 지배하는 것이 그저 맹목적
인 우연도, 어두컴컴한 운명도, 불합리하고 악한 의지도, 굴절이 없는 자연
의 힘도 아니요, 모든 일을 다스리는 것이 전능하신 하나님, 곧 자비하신 아
버지의 손에 있다는 사실을 알게 되는 것이다. 이를 이해하는 데에는 분명
믿음이 필요하다. 이것을 보지 못하기 때문에, 사람들이 수수께끼에 싸여 이
땅을 헤매고 있는 것이다. 그러나 삶의 갖가지 씨름 속에서 우리를 한결같이
유지시켜주는 것은 바로 믿음이다. 그리고 그 믿음 때문에 우리가 소망과 확
신을 갖고서 미래 속으로 움직여간다. 언제나 지혜로운 하나님의 경륜이 영
원토록 서 있고 또한 영원토록 힘을 발휘하기 때문이다.

　이런 여호와의 경륜은 맨 처음 세상의 창조에서 시행되었다. 오직 성경만
이 우리에게 하나님의 경륜을 알려주듯이, 오직 성경만이 우리에게 만물의

기원을 보여 주며, 하나님의 창조적인 전능하심을 말씀해 준다. 만물의, 사람과 동물과 식물의, 그리고 온 세계의 기원에 관한 의문은 지극히 오래된 의문이지만, 언제나 지극히 적절한 의문으로 남아 있다. 과학으로는 그 의문에 대해 해답을 줄 수가 없다. 과학 그 자체도 피조물이요 시간의 산물이다. 과학은 사물들의 지으심을 받은 그대로의 모습을 기초로 하여 논리를 세우며, 그것이 탐구하는 그것들의 존재를 전제로 한다. 그러므로, 그 사안의 본질상, 과학은 사물들이 아직 없었던 때로는 거슬러 올라갈 수 없다. 과학은 사물들이 실체를 부여받은 그 순간에까지 침투해 들어갈 수가 없는 것이다.

따라서, 경험이나 경험적 탐구로는 사물의 기원에 대해서 아무것도 밝혀낼 수가 없다. 뿐만 아니라 철학의 사색 역시 지나간 세월을 통틀어서 세상에 대한 설명을 추구해왔으나 결국 실패하고 말았다. 철학자들은 생각하다 못해서, 결국 세상은 기원이 없으며 세상이 영원토록 존재해왔고 그렇게 계속 존재할 것이라는 사실에 안주해 버리는 경우가 많았다. 철학자들마다 서로 다른 방향에서 달리 사색했으나 결국은 그런 결론에 이른 것이다. 이 세상이 우리가 알고 있는 그대로 영원하다거나, 영원토록 그런 상태로 있을 것이라고 생각하는 사람은 그리 많지 않다. 몇몇이 이를 주장하지만, 그들의 해석에 너무나 많은 난제들이 있기 때문에 현재로는 전반적으로 배격되고 있는 형편이다. 그 대신, 진화론(進化論) 혹은 발전론이 지지를 얻어왔다. 이 사상에 의하면, 존재하는 것은 아무것도 없고, 모든 것이 생성한다(生成: becoming)고 한다. 그러므로 우주 전체가 무언가 시작도 없고 중단도 없는 광경을 제시하며, 결국 우주 전체가 하나의 계속적인 과정(a continuing process)이라는 것이다.

진화는 분명 놀라운 것이다. 그러나 그것은 항상, 진화하는 주체가 ― 그 속에 발전의 배아(胚芽)를 지니고 있는 그 무엇이 ― 이미 존재한다는 것을 전제로 할 수밖에는 없다. 자연히 진화 그 자체는 사물을 존재하게 하는 창조적인 힘일 수가 없다. 아무리 잘 보아도 그것은 사물들이 일단 존재하게 된 다음에 겪게 되는 과정의 표현에 불과한 것이다. 결국 진화론은 사물의 기원에 대한 설명이 될 수가 없다. 사물들이 영원 전에 진화되지 않은 상태로 존재했다는 사고에 근거하는 것이기 때문이다. 진화론은, 도저히 입증할 수 없고 따라서 믿음에 근거할 수밖에 없는 하나의 가정에서 출발한다. 이 점에 있어서 이것은 하나님의 손으로 만물이 창조되었다는 이론과 유사한 것이다.

그러나 이러한 무언의 가정조차도 진화론을 정당화시켜주지 못한다. 진화론은 사물들이 진화되지 않은 상태로 항상 존재해왔다고 주장할 수 있다. 그러나 그렇더라도, 그것은 사물들이 본래 존재했었고 또한 그것으로부터 현재의 세상이 형성되어 나온 바 그 본래의 진화되지 않은 상태를 밝혀야만 한다. 이에 대해서는 두 가지 사고의 풍조에 따라서 두 가지 중 한 가지로 답변하고 있다. 일반적으로 우리는 세상에서 두 가지 타입의 현상들을 볼 수 있다. 우리는 대개 이것들을 영혼과 물질로, 영과 육체로, 보이지 않는 것들과 보이는 것들로, 물리적인 현상과 정신적인 현상이라 부른다. 그러나 이런 식의 이원론(dualism)은 만족스럽지 못하다. 오늘날 사람들은 일원론의 (monistic) 경향이 있어서, 모든 것을 한 가지 원리를 근거로 이끌려 하는 것이다. 그리하여 진화론자들은 두 방향 가운데 어느 한 가지를 택하여 사물의 기원적인 본질을 설명할 수가 있게 된다.

첫째로, 그들은 물질이 우선적이며, 영원하며 언제나 에너지를 가능성으로 지니고 있다고 말할 수 있다. 이것은 유물론(唯物論: materialism)의 방향이다. 이것은 물질이 영원한 세상의 구성 요소로서 본래부터 불변한 것이라고 주장하며, 그리하여 에너지를 물질에 근거하여, 영혼은 육체에 근거하여, 정신적인 것을 물리적인 것에 근거하여 해명하려 한다. 그러나 둘째로, 다른 입장을 취하여 에너지가 주된 것이며 그것이 존재하는 만물의 근거라고 주장하며, 물질은 그 에너지의 표현 혹은 현현(顯現)이며, 육체가 영혼을 창조하는 것이 아니라 영혼이 육체를 창조한다고 이야기할 수도 있다. 이것은 범신론, 혹은 다신론의 방향이다. 이것은 에너지야말로 만물의 영원한 기초 원리라고 주장하며, 현 세상을 그 에너지라는 구성 요소를 근거로 해명하려 한다. 범신론은 이 근원적인 에너지가 세상에 편만한 것으로 보고, 영에 속하든 정신에 속하든 간에, 거기에 온갖 아름답고 휘황찬란한 이름들을 부여한다. 그러나 이런 이름들을 사용하기는 하지만, 범신론은 그런 이름들이 보통 의미하는 것과는 다른 어떤 것을 염두에 두고 있다. 범신론은 이성과 지혜,

지성과 의지를 지닌 인격적인 신을 상정하지 않는다. 오히려 그것은 무의식적이며, 비이성적이며, 의지가 없는 하나의 힘을 상정하며, 그 힘이 그 자체의 진화 과정을 거치면서 오직 사람 속에서만 의식, 이성, 의지가 되는 것으로 보는 것이다. 그 영원한 에너지 그 자체가 영이 아니고, 그것이 발전 과정 속에서 영이 될 수도 있기 때문에 영이라 불리는 것일 뿐이다.

유물론과 범신론의 두 가지 가능성 모두 세상의 진화의 시초에 하나의 원리가 존재했다는 것을 전제로 한다. 어떤 사람은 그 원리를 주로 물질적인 것으로 보고, 또 어떤 사람은 주로 정신적인 것으로 보므로, 그 원리에 대해서는 분명한 사상을 형성할 수가 없다. 그 원리는 적극적인 면보다는 소극적인 면이 훨씬 더 지배적이다. 사실상 그것은 전혀 구체적이지 못하다. 그저 무엇이라도 될 수 있는 가능성만이 있을 뿐이다. 그것은 하나의 절대적 가능성(무한한 가능성)이요, 추상적인 사고가 신격화된 것이다. 가장 밑바닥에서 보면, 그것은 유일하신 참 하나님이 계시지 않는 가운데서 무언가를 상상하는 것이요, 그런 상상을 근거로 과학자가 자신 있게 세상을 설명하지만, 그것은 결국 이방인들의 신들만큼도 신뢰할 만한 것이 못되는 것이다.

성경은 이런 것과는 전혀 다른 입장을 취한다. 성경이 사물의 기원에 관하여 말씀하는 바는 과학적 탐구의 결과로서 제시되는 것도, 세상에 대한 철학적 해명을 위하여 제시되는 것도 아니고, 오직 그것(성경)을 통하여 유일하시며 참되신 하나님을 알게 되고, 오직 그에게 우리의 모든 신뢰를 드리도록 하기 위하여 제시되는 것이다. 성경은 세상이 아니라 하나님께로부터 나오는 설명이다. 그것은 세상이 아니라 오직 하나님의 영원하심을 주장한다. "산이 생기기 전, 땅과 세계도 주께서 조성하시기 전 곧 영원부터 영원까지 주는 하나님이시니이다"(시 90:2). 그는 과거에도 계셨고, 현재도 계시며 장차도 계시는 여호와시요, 말로써 도저히 설명할 수 없는 분이시요, 불변한 존재의 충만이시다. 그와는 완전히 다르게, 세상은 **생성되어왔고**(has become), 언제나 **생성되고 있다**(is becoming). 성경이 가장 중점적으로 경계하는 것은 하나님을 그의 창조 세계와 혼동하는 일이다. 성경은 모든 불신앙을 뿌리째 뽑아낼 뿐 아니라, 모든 거짓 믿음과 미신도 뽑아내는 것이다. 하나님과 세상은 본질적으로 서로 다르다. 이 둘은 창조주와 피조물로 서로 분리되어 있는 것이다.

　온 세상은 피조물로서 그 기원이 하나님께 있다. 하나님과 더불어 존재하는 영원한 물질 혹은 영원한 정신 같은 것은 없다. 하늘과 땅과 만물들이 하나님에 의하여 존재하게 되었다. 성경에 나타나는 창조하다라는 단어의 의미가 바로 이것이다. 좀 더 일반적인 의미로, 성경은 이 단어를 유지의 일에도 사용한다(시 104:30; 사 45:7). 그러나 좁은 의미로, 성경은 이 단어를 통해서 하나님이 만물을 무(無)로부터 존재하게 하셨음을 나타내는 것이다. 물론 하나님이 만물을 무로부터 지으셨다는 실질적인 표현은 성경에 나타나지 않는 것이 사실이다. 마카베오 2서에서 비로소 그것이 처음 나타날 뿐이다(7:28). 게다가 이 무로부터라는 표현은 오해의 소지도 있다. 무라는 것은 존재하지 않는 것이며, 따라서 만물이 존재하게 된 원리나 기원이 될 수가 없고, 결국 아무것도 무로부터 올 수가 없는 것이다. 이와 반대로 성경이 말씀하는 것은 세상이 하나님의 뜻으로 말미암아 존재하게 되었다는 것이요(계 4:11), 또한 보이는 사물들은 나타나는 것들로 지음받은 것이 아니라는 것이다(히 11:3). 그러나 동시에, 무로부터라는 표현을 그 통상적인 의미로 취하면, 그것이 이단들을 대항하는 데에 놀라운 역할을 담당하게 된다. 세상이 하나님과 더불어 영원 전부터 함께 존재해온 어떤 재료나 물질이나 에너지로 지어졌다는 것을 그것이 부인해 주기 때문이다. 성경에 의하면, 하나님은 그저 세상을 이루신(formed) 분만이 아니라 세상을 창조하신 분이시다. 인간적으로 말하자면, 처음에는 하나님이 홀로 존재하셨고 그 후에 온 세상이 그의 경륜과 뜻으로 말미암아 존재하게 되었다고 말할 수 있을 것이다. 세상의 존재 이전에 절대적인 비존재(非存在: non-being)가 선행하며, 이런 의미에서 우리는 하나님이 세상을 무로부터 지으셨다고 올바르게 말할 수 있는 것이다.

　성경의 명확한 가르침은 바로 이것이니, 곧 하나님이 영원 전부터 존재하셨으나(시 90:2) 세상은 그 시작이 있다는 것이다(창 1:1). 하나님이 세상이 조성되기 전에 이런저런 일들을 행하셨다는 — 예정하시거나 사랑하셨다는 — 보도를 여러 번 접하게 된다(요 17:24; 엡 1:4). 그는 그의 말씀만으로 만물들이 생겨날 정도로 능력이 지극하시며(시 33:9), 또한 없는 것들을 마치 있는 것처럼 불러내시는 분이시다(롬 4:17). 그는 오직 그의 뜻으로 말미암아 세상에게 존재를 주신 분이시다(계 4:11). 그는 천지와 그 속에 있는 모든 만물을 지으신 분이시다(출 20:11; 느 9:6). 만물이 그에게서 나오고 그로 말미암고 그에게로 돌아간다(롬 11:36). 그러므로 그는 천지의 전능하신 주재(主宰)로서(창 14:19, 22), 모든 일들을 그 기뻐하시는 대로 행하시며, 그의 권능은 한이 없으시며, 그에게 모든 피조물들이 절대적인 의미로 의존하는 분이신 것이다(시 115:3; 단 4:35). 성경은 하나님과 공존하는 형태가 없는 영원한 물질 같은 것에 대해서는 전혀 아는 바가 없다. 하나님이야말로 존재하는 모든 것들과 일어나는 모든 일들의 유일한 절대적인 원인이신 것이다. 보이는 사물들이 나타나는 것들로 지음받은 것이 아니요, 온 세상이 하나님의 말씀으로 말미암아 지음받은 것이다(히 11:3).

* * * * *

만일 영원하시고 복되신 존재이신 하나님이 그의 뜻으로 세상을 창조하셨다면, 그가 어째서, 무슨 목적으로 그렇게 행하셨는가 하는 의문이 자연히 생겨나게 된다. 이 질문에 대한 답을 찾기 위해서, 과학과 철학은 세상을 하나의 필연으로 만들고 또한 그것을 하나님의 존재로부터 연역해내려는 시도를 끊임없이 해왔다. 여기서도 두 가지 가능성이 제시되었다. 어떤 이들은 마치 하나님이 너무나 충만하고 너무나 풍성하여서 그런 충만한 처지를 잘 통제할 수가 없었고, 자기 자신의 존재를 다스릴 능력이 없었으며 따라서 마치 시냇물이 샘에서 흘러나오듯, 혹은 그릇에 물이 가득 차서 흘러 넘치듯, 세상이 그에게서 끊임없이 흘러나왔다는 식으로 답변하였다. 그리고 또 어떤 이들은 그와는 정반대의 입장을 취하여, 하나님 자신이 궁핍하고 공허하였고, 굶주린 욕망의 의지를 소유하였으며, 따라서 그가 자기 자신을 채우고 자신의 필요를 공급하기 위해서 세상을 존재하게 하셨다고 하였다. 이 두 가지 견해에 따르면, 하나님의 충만이 흘러 넘친 것이든, 하나님의 필요를 보충해준 것이든 간에, 세상은 하나님께 하나의 필연이었다.

그러나 이런 답변은 성경과는 전혀 어긋난다. 성경은 이런 것과는 매우 다르고 정반대되는 관점을 취하기 때문이다. 그 두 입장에 따르면, 무게 중심이 하나님에게서 세상에게로 옮아가 있고, 하나님이 세상을 위하여 존재하시는 것이 되는 것이다. 하나님이 더 작은 존재요, 세상이 더 큰 존재다. 세상이 풍요 때문에나 결핍 때문에 어쩔 수 없는 상태에 있는 하나님을 세상이 구원해 주니 말이다. 오늘날에도 명망 있는 사상가들이 이런 식의 사고를 갖고 있으나, 이것은 그야말로 망령된 사고라 아니할 수 없다. 성경은 처음부터 마지막까지 하나님의 편에서 말씀하는 하나님의 말씀으로서, 하나님이 세상을 위해 존재하시는 것이 아니라 온 세상과 그 모든 피조물들이 하나님을 위하여, 그의 영광을 위하여 존재하는 것임을 분명하고도 힘있게 또 강조하여 선언하고 있는 것이다.

분명히 단언하지만, 하나님은 스스로 완전히 충족하시고(all-sufficient) 또한 완전히 복되신(all-blessed) 분이시다. 그는 그 어떤 식으로도 자기 자신의 완전을 위하여 세상이나 피조물이 필요치 않으신 분이시다. 사람이 과연 하나님께 유익이 될 수 있겠는가? "네가 의로운들 전능자에게 무슨 기쁨이 있겠으며 네 행위가 온전한들 그에게 무슨 이익이 되겠느냐?"(욥 22:2-3). 사람이 의롭다 해도 그에게 아무런 이익이 되지 못하며, 또한 사람이 범죄해도 그 때문에 하나님이 허약해지시는 것이 아니다. 그는 "무엇이 부족한 것처럼 사람의 손으로 섬김을 받으시는 것이 아니니 이는 만민에게 생명과 호흡과 만물을 친히 주시는 이심이라"(행 17:25). 그러므로 성경은 하나님이 오직 그의 뜻으로 역사하셔서 만물을 존재하게 하셨다는 사실을 그렇게도 강하게 강조하는 것이다.

하나님의 존재 안에는 그로 하여금 세상을 존재하도록 만든 어떤 필연이나 힘 같은 것은 절대로 없었다. 창조는 그 전체가 하나님의 자유로우신 행위인 것이다. 물론 하나님의 의로우심이 창조 속에 나타나는 것은 사실이지만, 창조를 하나님의 의로우심의 불가피한 귀결이라고 설명할 수는 없다. 하나님이 대체 어떻게 그 어떤 것에게 떠밀리실 수가 있단 말인가? 또한 하나님의 선하심이나 사랑이 물론 세상에 나타나 있기는 하지만, 그렇다고 해서 창조를 거기서 연역해 낼 수도 없다. 삼위일체 하나님의 사랑의 생명은 하나님 자신 이외에 다른 것을 사랑의 대상으로 요구하지 않기 때문이다. 과연, 창조의 원인은 한 마디로 오직 하나님의 자유로우신 능력이요, 그의 기뻐하시는 영원한 뜻이요, 그의 절대적인 주권에 있는 것이다(계 4:11).

물론 그렇다고 해서, 세상의 창조가 비이성적인 행위라거나 그저 임의로 행해진 일이었던 것은 아니다. 다른 문제들에서도 그렇거니와, 이 문제에서도 우리는 하나님의 주권과 그의 기뻐하시는 뜻을 모든 모순의 종착점으로 여기고 그 안에서 안식하여야 한다. 그렇게 하면 고요한 확신과 어린아이 같은 순종을 갖게 될 것이다. 언제나 그렇거니와, 창조의 행위에 대해서도 하나님께서 그의 지혜로우시고도 거룩한 이유들을 지니고 계신 것이다.

성경은 우선, 창조를 삼위일체 하나님의 행위로 제시함으로써 이 점을 입증시켜 주고 있다. 하나님은 사람을 지으실 때에, 자기 자신과 더불어 잘 고려하시고서 이렇게 말씀하신다: "우리의 형상을 따라 우리의 모양대로 우리가 사람을 만들자"(창 1:26). 이렇게 해서 하나님의 모든 일들이 신적인 고려에 근거하는 것이 드러나는 것이다. 창조 이전에 하나님은 지혜와 더불어 의논하셨다(욥 28:20 이하; 잠 8:22 이하). 그리고 정하신 때에 그가 태초에 그와 함께 계셨고 또한 하나님 자신이셨던 말씀으로 말미암아 만물을 창조하셨고(요 1:1-3; 또한 엡 3:9; 골 1:16; 히 1:2을 보라), 또한 하나님의 깊은 것까지 감찰하시며 피조물들에게 생명을 주시며 또한 하늘을 맑게 하시는 성령 안에서 그것들을 창조하셨다(욥 26:13; 33:4; 고전 2:10). 그러므로 시편 기자는 이렇게 외치고 있다: "여호와여, 주께서 하신 일이 어찌 그리 많은지요! 주께서 지혜로 그들을 다 지으셨으니 주께서 지으신 것들이 땅에 가득하니이다"(시 104:24).

더 나아가서, 성경은 하나님께서 만물을 창조하셨고 그가 그 자신의 존귀를 위하여 만물을 지탱시키시며 다스리신다는 것을 가르쳐 준다. 세상이 지어진 목적이 세상 그 자체에 있을 수가 없다. 왜냐하면 그 목적을 세우는 일이 그 수단보다 앞서기 때문이다. 그러므로 성경은 일반적으로, 모든 것이 하나님께로부터 오므로, 모든 것이 하나님으로 말미암고 하나님께로 돌아간다는 것을 가르친다(롬 11:36). 또한 성경은 하늘이 하나님의 영광을 선포하며(시 19:1), 하나님이 바로에게서(출 14:7) 또한 나면서부터 소경된 자에게서(요 9:3) 영광을 얻으시며, 그가 자기 이름을 위하여 모든 은혜를 베푸시며(사 43:25; 엡 1:6), 그리스도께서 아버지를 영화롭게 하기 위하여 오셨고(요

17:4), 또한 언젠가는 모든 자들이 무릎을 꿇고 모든 입으로 고백하여 그에게 영광을 돌릴 것임을 가르침으로써(빌 2:10-11) 그 사실을 더욱 구체적으로 전개시키고 있다. 하나님의 삼위일체의 존재의 탁월하심을 그의 피조물들 속에 나타내시고 그리하여 그 피조물들 속에서 스스로 영광과 존귀를 받으시는 것이야말로 하나님의 기뻐하시는 뜻이다. 물론 이처럼 그 자신이 영광을 받으시기 위하여, 반드시 세상이 필요한 것은 아니다. 왜냐하면 피조물이 스스로 충족한 상태에서 독자적으로 하나님의 존귀하심을 높이는 것이 아니라, 하나님께서 친히 피조물들을 수단으로 해서나 혹은 피조물이 없이 자기의 이름을 영화롭게 하시며 친히 기뻐하시기 때문이다. 그러므로 자기에게 결핍된 어떤 것을 피조물에게서 찾으려 하는 일 따위는 하나님께 절대로 해당되지 않는 것이다. 아니다. 온 세상 전체는 하나님께서 자신의 탁월하심이 드러나는 것을 보시는 하나의 거울과도 같은 것이다. 그는 언제나 최고선으로서 스스로 안식하고 계시며, 그 자신의 복되심으로 말미암아 영원토록 복된 상태로 계시는 것이다.

* * * * *

성경은 하나님이 무로부터 세상을 존재하게 하셨다는 것뿐 아니라, 창조가 일어난 방식에 대해서도 무언가를 말씀해 준다.

성경은 태초에 하나님이 천지를 창조하셨다는 보도와 함께 시작한다(창 1:1). 태초란 곧, 지으심을 받은 그것들이 존재하기 시작한 시점을 가리킨다. 하나님 자신에게는 태초가 없고, 있을 수도 없다. 또한 하나님과 함께 계셨고 또한 친히 하나님이셨던 말씀에게도 태초가 있을 수 없다. 그분 역시 영원 전부터 계셨기 때문이다. 이 태초란 곧 창조된 것들이 존재하게 된 시점을 지칭하는 것이다. 시간과 공간도 그때부터 존재하기 시작했다. 물론 이 둘은 하나님께서 그의 권능으로 별도로 존재하게 하신 독자적인 피조물들은 아니다. 창조 기사에서 그런 식의 기사를 읽을 수가 없다. 그러나 그럼에도 불구하고 시간과 공간은 창조된 존재들에게는 필수불가결한 존재 형식이다. 오직 하나님만이 영원하시며 편재하시다. 피조물들은 피조물들이기 때문에,

물론 방식은 각기 다르겠지만, 역시 시간과 공간에 예속될 수밖에 없다. 시간은 어느 한 사물이 순간의 연속 속에서 계속 존재할 수 있도록 해 준다. 하나가 또 다른 하나 다음에 있게 해 주는 것이다. 공간은 어느 한 사물이 모든 면으로 펼칠 수 있도록 해 준다. 하나가 또 다른 하나 옆에 존재하게 해 주는 것이다. 그러므로 시간과 공간은 피조물들의 필연적인 존재 양식으로서 피조물들과 동시에 존재하기 시작한 것이다. 그것들은 피조물보다 먼저 텅 빈 형식들로서 존재해 있어서 피조물들로 가득 채워지기를 기다리고 있었던 것이 아니다. 아무것도 없을 때에는 시간도 공간도 없었던 것이다. 그것들은 독자적으로, 피조물들과 더불어 지어진 것이, 말하자면 부속물로서 바깥에서부터 덧붙여진 것이 아니다. 오히려 그것들은 피조물들이 제한되고 유한한 피조물들로서 필연적으로 그 속에서 존재할 수밖에 없는 형식들로서 피조물들 속에, 또한 피조물들과 함께 창조된 것이다. 하나님은 세상을 시간 속에서 지으신 것이 아니라 — 마치 세상이 이미 존재하고 있는 형식이나 조건 속으로 지으심을 받기라도 한 것처럼 — 시간과 더불어 세상을 지으셨고 세상과 더불어 시간을 지으셨다는 아우구스티누스의 말은 과연 옳았다 할 것이다.

그 다음, 창세기의 첫 절은 태초에 하나님이 하늘과 땅을 창조하셨다고 보도하고 있다. 여기서 하늘과 땅이란 다른 곳에서의 의미와 동일하다(창 2:1, 4; 출 20:11). 즉, 태초부터 하나님의 뜻에 따라 두 부분으로 나뉘어진 온 세상, 온 우주 전체를 뜻하는 것이다. 그 두 부분이란 땅, 곧 땅 위에 있는 모든 것과 땅 속에 있는 모든 것들과, 그리고 땅 바깥에, 땅 위에 있는 모든 것을 포괄하는 하늘이다. 이런 의미에서 궁창과 공기와 구름들(창 1:8, 20), 하늘의 천체들을 이루는 별들(신 4:19; 시 8:3), 그리고 하나님과 천사들의 거처인 셋째 하늘, 혹은 하늘들의 하늘(왕상 8:27; 시 2:4; 115:16; 마 6:9)이 모두 하늘에 속한다. 그러므로, 하나님이 태초에 하늘과 땅을 창조하셨다는 창세기 첫 절의 보도를 단순히 그 다음에 이어지는 모든 창조의 기사를 뭉뚱그려 주는 하나의 작은 설명문(說明文) 정도로 이해해서도(첫 번째 해석) 안 되며, 또한 창세기 1:1에 나타난 그 하나님의 역사하심이 하늘과 땅을 그 완전한 상태로 존재하게 했음을 시사하는 것으로 이해해서도(두 번째 해석) 안 되는 것이다.

첫 번째 해석은 2절에 또한이라는 접속사로 시작한다는 사실로 반박된다: "또한 그 땅이 혼돈하고 공허하며"(한글 개역 개정판에는 "또한"이 번역되어 있지 않다: 역자주). 그러므로 2절의 사실이 1절에서 보도한 사실에 이어서 계속 덧붙여지고 있는 것이다. 그리고 두 번째 해석도 받아들일 수 없다. 왜냐하면 궁창으로서의 하늘은 창세기 1:8에 가서야 비로소 나타나며, 또한 하늘과 땅이 창세기 2:1 이전에는 아직 "이루어진" 것이 아니기 때문이다.

또한 하나님의 거처인 하늘들의 하늘에 대해서는, 물론 절대적인 확신을 갖고 말할 수는 없지만, 십중팔구 그것이 창세기 1:1에 보도되어 있는 하나님의 첫 번째 창조 행위로 말미암아 존재하게 되었고 그때에 천사들도 존재하게 된 것으로 생각할 수가 있다. 욥기 38:4-7에서 여호와께서는 폭풍우 속에서 욥에게 대답하시기를, 그가 땅의 기초를 놓으시고 모퉁잇돌을 놓으실 때에 아무도 없었고, 그가 새벽별들의 노래와 하나님의 아들들의 기뻐하는 소리와 더불어 그 일을 이루셨다고 하신다. 그러므로 땅이 이루어지고 사람이 창조될 때에 천사들이 거기에 있었던 것이다.

그 이외에는 하늘들의 하늘과 천사들의 창조에 대해서 별로 보도되는 바가 없다. 1절에서 간결하게 언급한 다음, 창세기의 기사는 2절에서 땅이 이루어지는 일을 계속 더 폭넓게 보도하고 있다. 그렇게 일을 마무리하는 일이 혹은 정리하는 일이 필요했다. 왜냐하면 땅이 이미 지으심을 받은 상태지만, 잠시 동안 혼돈하고 공허한 상태 속에 어둠에 싸여 있었기 때문이다. 우리는 땅이 혼돈한 상태가 — 형체가 없는 상태가 — 되었다는 뜻으로 본문을 읽지 않는다. 어떤 사람들은 그렇게 받아들인다. 그리하여 그들은 천사들의 타락으로 인하여, 이미 완전히 이루어진 땅에게 심판이 임한 것으로 생각하는 것이다. 그러나 창세기 1:2은 그저, 땅이 형체가 없는 상태였다는 것을, 즉 형체도 없고 모양도 없는 상태로, 빛과 어둠으로 구분되지 않은 상태로, 물과 마른 땅과 바다 등의 여러 개체들로 구분되지 않은 상태로 존재하였다는 것을 보도할 뿐이다. 오직 창세기 1:3-10에서 묘사하는 하나님의 역사가 땅의 그런 혼돈된 상태를 종식시킨 것이다. 그러므로 1:2은 다만 본래 창조된 땅이 공허하였음을 보도하는 것뿐이다. 그 땅은 나무나 식물 등의 장식물들이 없었고, 아직 생명 있는 존재가 서식하지도 않았다. 창세기 1:11 이하에 정리되어 있는 하나님의 역사하심이 이러한 땅의 공허함을 종식시킨 것이다. 하나님은 땅이 공허한 상태로 있도록 창조하신 것이 아니라, 거기에 사람들이 살게 하도록 창조하신 것이다(사 45:18). 그러므로 혼돈하고 공허한 땅을 정리하고 완성시키는 하나님의 역사는 두 가지로 구분된다. 첫 번째의 역사는 빛의 창조로 시작된다. 빛으로 말미암아 존재에 구분과 구별이 생기고, 형체와 모양, 명암과 색상이 생기는 것이다. 두 번째의 역사는 해, 달, 별 등 빛을 담는 광명체들의 형성과 더불어 시작되는데, 이로 인하여 땅에 생물들이 — 새와 고기와 짐승과 사람이 — 거주하게 되는 것이다.

성경의 증언에 의하면 창조의 모든 역사가 엿새 동안에 완결되었다(창 1:2; 출 20:11; 31:17). 그러나, 그 엿새에 대하여 상당히 다른 견해들과 자유로운 사색들이 있어왔다. 아우구스티누스 같은 탁월한 분도 하나님이 모든 것을 즉시 완전하게 이루셨으며, 엿새는 여섯 개의 이어지는 시간들이 아니라 그저 피조물들의 계층과 질서를 바라보는 여러 가지 시점(視點)들이라고 보았다. 그런가 하면, 창조의 날들은 24시간보다 훨씬 더 긴 시간으로 보아야 한다고 주장하는 이들도 많다.

성경은 날에 대하여 밤과 아침으로 재는 것으로 매우 단호하게 말씀한다. 이 날이 이스라엘의 주간과 절기의 월력의 기초가 되는 것이다. 그러나 동시에, 이 창세기의 날들을 지구의 회전으로 결정되는 우리의 일상적인 시간 단위와는 다른 것으로 생각하지 않을 수 없도록 만드는 정보들이 성경에 포함되어 있다.

첫째로, 창세기 1:1-2의 내용이 첫 날에 앞서는 것인지 아니면 그날에 포함되는 것인지를 확실히 알 수가 없다. 그 내용을 첫 날에 앞서 있었던 일로 보는 가정에 대해서는, 5절에서 첫 날이 빛의 창조와 함께 시작되며 그 저녁과 밤 이후에 그날이 그 다음 아침에 끝난다는 사실이 뒷받침해 준다. 그러나 창세기 1:1-2의 사건들을 첫 날에 속하는 것으로 본다 할지라도, 그날은 한동안 어둠에 싸여 있는 아주 이상스런 날이라는 인상을 지울 수가 없다. 그리고 빛이 창조되기 이전에 있었던 그 어둠의 상태가 얼마나 오래 지속되었는가에 대해서는 아무 데서도 언급되지 않는다.

둘째로, 첫 사흘(창 1:3-13)은 우리의 날들과는 매우 달랐을 것이 틀림없다. 우리의 24시간으로 된 하루는 지구의 자전과, 또한 그 자전에 따르는 태양과의 관계의 변화에 의해서 생겨나는 것이지만, 그 첫 사흘은 그런 식으로 구성되었을 수가 없기 때문이다. 빛의 나타남과 사라짐으로 그날들이 서로 구분된 것은 사실이다. 그러나 창세기는 나흘째에 가서야 비로소 해와 달과 별이 형성되었다고 보도하고 있는 것이다.

셋째로, 두 번째의 사흘은 일상적인 방식으로 구성되었을 가능성이 높다. 그러나 천사들의 타락과 사람들의 타락, 그리고 그 이후에 일어난 홍수 등으로 인하여 우주에 온갖 변화가 발생되었다는 점을 고려하고, 게다가 모든 영역에서 생성의 기간이 정상적인 성장의 기간과 상당히 차이가 있다는 점을 주목할 때에, 그 두 번째의 사흘 역시 우리의 사흘과 여러 가지 점에서 달랐다고 보는 것이 개연성이 높은 것 같다.

마지막으로, 창세기 1장과 2장이 여섯째 날에 일어났다고 보도하고 있는 일이 너무 많아서 오늘 우리가 알고 있는 24시간 내에 도무지 다 채워 넣을 수가 없다는 점도 고려할 만하다. 성경에 따르면, 짐승들의 창조(창 1:24-25), 아담의 창조(창 1:26, 27), 동산에 각종 나무를 두신 일(창 2:8-14), 시험적인 명령을 주신 일(창 2:16-17), 짐승들을 아담에게로 이끌어 오셔서 그로 하여금 이름을 짓게 하신 일(창 2:18-20), 그리고 아담을 잠들게 하시고 하와를 창조하신 일(창 2:21-23) 등이 모두 그날에 일어난 것이다.

이런 모든 일이 가능성이 있지만, 그럼에도 불구하고 그 엿새는 천지와 그 만상이 지음받은 창조의 주간으로 남아 있다. 이 날들은 피조물들이 차례로 존재하게 된 시간적인 순서를 시사하며, 아울러 이 피조물들이 서로서로 맺고 있는 계층 관계를 시사하기도 한다. 그 어떠한 과학적 탐구라도 이 관계를 뒤집을 수는 없다. 형체가 없는 것이 형체가 있는 것보다 계층과 질서 상 선행하며, 무기물이 유기물보다 선행하며, 식물이 동물보다 선행하며, 동물이 사람보다 선행하는 것이다. 사람은 창조의 면류관이다. 땅을 만드시고 준비하신 것이 사람을 위한 것이요 또한 사람에게로 집중되는 것이다. 그리하여 성경은 하늘의 창조와 천사들의 창조에 대해서는 별로 말씀하지 않고 관심을 주로 땅으로만 제한시키고 있다. 천문계 속에 놓고 보면, 지구는 매우 작고 미미한 존재일 수도 있다. 질량과 용적 면에서도 다른 수많은 행성들과 해와 별들에 훨씬 못 미칠 수도 있다. 그러나 신앙적이며 도덕적인 의미로 보면, 그것은 여전히 우주의 중심이다. 오직 지구만이 사람의 거처로 선택되었고, 모든 악의 세력을 상대로 하는 큰 싸움이 치러질 장(場)으로 택함받았다. 지구가 천국의 건설을 위한 장소로 사용되도록 택함받은 것이다.

성경에서는 창조된 모든 것들을 천지와 만물이라는 명칭으로, 혹은 세상이라는 단어로 묶어서 지칭한다(창 2:1). 우리 성경에 그냥 세상이라고 번역된 원어들은 때로는 물리적인 지구를 지칭하기도 하고(삼상 2:8; 잠 8:31), 때로는 사람의 거처로서의 땅이라는 뜻을 더 내포하기도 한다(마 24:14; 눅 2:1). 그리고 이 원어들은 유한하며, 변화하는 세상의 본질을 나타내기도 하고(시 49:2; 눅 1:70; 엡 1:21), 또한 모든 피조물들 전체를 통칭하는 뜻을 지니기도 한다(요 1:10; 행 17:24). 여기서 마지막 두 가지 의미가 특히 내용이 풍부하다. 다시 말하면, 세상을 언제나 두 가지 관점에서 — 그 폭과 그 길이로 — 바라볼 수 있다는 것이다.

우선, 세상은 하나의 단위요, 일관성 있는 하나의 전체이지만, 동시에 그 통일성 중에서도 풍부한 다양성들이 나타난다. 태초에 세상이 창조되고 형성된 때부터, 세상은 하늘과 땅, 보이는 것들과 보이지 않는 것들, 천사와 사람, 식물과 동물, 생물과 무생물, 영적 존재와 비영적 존재들을 다 포괄하는 것이다. 이 모든 피조물들은 또다시 무한한 갈래로 구별된다. 천사들 중에도 보좌와 권세와, 통치와 권력들이 있다. 인류 가운데도 남자와 여자, 부모와 자녀, 통치자들과 신하들, 족속과 나라, 언어와 방언이 있다. 그리고 이와 다소 비슷하게, 식물과 동물도 — 그리고 어떤 의미에서는 광물도 — 또다시 유(類)와 종(種), 속(屬), 과(科) 등으로 세분된다. 한계가 있기는 하지만, 이 피조물들은 하나님께로부터 받은 고유한 본질을 보유하며(창 1:11, 21 이하), 그런 상태로 자기들의 법칙에 모두 종속된다. 이것들은, 그 중 하나가 다른 것에 뒤이어 창조되었고 그리하여 더 높거나 낮은 질서 속에서 계속 존재하고 있다는 의미에서 서로에 뒤이어(after) 존재하지만, 동시에 서로 옆에(next) 존재하여 지금까지 계속해서 그 모습 그대로를 유지해오는 것이기도 하다. 창조는 그 전체로 보나 각 부분들을 보나 획일적이 아니라 다양한 성격을 띠며, 지극히 풍부하고도 지극히 아름다운 다양성을 드러내 보이는 것이다.

동시에 세상은 시간의 길이와 깊이에서도 그 존재가 계속되고 있다. 하나님이 지으신 모든 것이 매우 좋았다는 사실은(창 1:31), 그 모든 것이 장차 될 수 있는 상태가 — 또한 장차 되어야 할 상태가 — 이미 되어 있었다는 뜻이 아니다. 사람이 하나님의 형상대로 창조되었음에도 불구하고, 부르심과 목적을 부여받았으므로 그것을 행위를 통해서 이루어야 했듯이, 세상도 처음 창조될 때에는 그 종말이 아니라 출발점에 서 있었던 것이다. 그 앞에 기나긴 역사가 놓여 있었고, 그 역사를 통해서 그것이 하나님의 탁월하신 것들을 점점 더 풍성하게 그리고 더 선명하게 드러내게 되어 있었던 것이다. 그러므로 창조와 그 이후의 발전은 서로 이반(離反)되는 것이 아니다. 오히려 창조는 모든 발전의 출발점이다. 하나님이 세상을 그 풍성한 다양성 속에 있도록, 그리고 그 다양성 속에서도 피조물들이 각 종류들마다 그 고유한 본질들을 지니고 또한 그 본질 속에서 그 자체의 사상과 속성과 법칙을 소유하도록 창조하셨기 때문에, 오로지 그렇게 창조하셨기 때문에 진화가 가능한 것이다. 모든 진화는 이 창조를 그 출발점으로 — 그리고 동시에 그 방향과 목적으로 — 취하는 것이다. 죄가 이 진화 혹은 발전에 혼란을 초래하긴 했으나, 그럼에도 불구하고 하나님께서는 그의 경륜을 이루시고, 세상을 지탱시키시며, 그것을 그 목적지까지 이끌고 가시는 것이다.

성경이 세상에 대해서 이렇게 말씀할 때에, 이는 오로지 세상이 하나밖에는 없다는 것을 전제로 하는 것이다. 그러나 이 문제에 대해서 철학자들은 아주 다른 논지들을 제시한다. 여러 개의 세상이 서로 병존하며 또한 지구만이 아니라 다른 행성들에도 이성을 지닌 생물이 살고 있다고 주장하는 이들이 과거뿐 아니라 지금도 많이 있다. 그리고 그들은 그 여러 개의 세상이 시간적으로 하나씩 연속으로 이어졌다고 주장하기도 했다. 그러므로 현재의 세상이 유일한 것이 아니고, 그 이전에 무수한 다른 세상들이 있었고, 후에도 다른 세상들이 계속 이어질 것이라고 한다. 심지어 어떤 이들은 지금 현재 존재하고 있는 모든 것이 그 이전의 세상에서도 완전하게 존재했고 또한 후에 올 세상에서도 다시 똑같이 존재하게 될 것이라는 주장을 덧붙이기까지 한다. 요컨대, 존재하는 모든 것들이 계속적인 과정 속에 존재하며, 모든 것이 나타남과 사라짐, 일어섬과 가라앉음, 융성과 쇠퇴의 영원한 법칙에 종속된다는 것이다.

그러나 성경은 이런 모든 상상들을 조용히 지나쳐 버린다. 성경은 태초에 하나님이 이 세상을 창조하셨으며, 그 이후 세상이 기나긴 역사를 통하여 지나오며, 이러한 역사적 과정 이후에는 하나님의 백성들을 위하여 남아 있게 될 영원한 안식에 들어갈 것임을 말씀하는 것이다. 성경은 다른 행성들에 생물이 사는 일 따위에 대해서는 아무것도 말하지 않는다. 물론 세상의 다양함이 무한하여, 사람들만이 아니라 천사들도 있고, 땅이 있을 뿐 아니라 하늘도 있다는 것을 성경이 가르치는 것은 사실이다. 그러나 그 이외의 문제에 대해서는, 오직 사람만이 하나님의 형상대로 창조되었고 하나님의 아들이 천사들의 본성이 아니라 인류의 본성을 취하셨고, 천국이 이 땅에 펼쳐지며 실현된다는 입장을 지키고 있는 것이다.

이와 더불어, 성경은 세상이 유한하다(finite)는 것을 말씀한다. 이는 우선 세상에게 시작이 있고 또한 시간과 더불어 창조되었음을 시사한다. 세상이 얼마나 오래 존재해왔느냐 하는 질문은 여기에 더해주는 것도, 빼는 것도 없다. 세상이 수천 년 혹은 수백만 년 동안 존재해왔다 하더라도, 하나님이 영원히 존재하시듯 그렇게 세상이 영원토록 존재해온 것이 되는 것은 아니다. 세상은 여전히 일시적이며, 제한되며, 시간과 더불어 병존하는 것에 지나지 않는 것이다. 여기서 중요한 것은, 성경이 세상이 시작이 있었음을 가르칠 뿐 아니라 또한 종말이 있음을 가르친다는 사실이다. 물론 세상의 현재의 형체는 종말을 맞게 될 것이다. 이 세상의 형체는 사라지지만, 그 본질과 골자는 그대로 있게 되는 것이다. 그러나, 세상과 사람과 천사들이 미래에 영원토록 계속해서 존재하겠지만, 그들은 여전히 피조물들이요 결코 하나님이 소유하시는 영원성은 함께 공유하지 못할 것이다.

세상은 시간 속에 존재하며 또한 계속해서 시간 속에서 존재할 것이다. 그러나 또 다른 경륜 하에서는 지금 이 땅에서 적용되고 있는 것과는 전혀 다른 측정 기준이 적용될 것이다. 또한 세상은 시간적으로 제한될 뿐 아니라, 공간에 있어서도 제한되어 있다. 새로운 과학이 우리의 시야를 무한히 확장시켜 놓은 것은 사실이다. 우리 조상들 때보다는 세상이 놀랍게 커져버렸다.

별들의 숫자와 크기를 들으면 현기증이 날 정도다. 그리고 그 별들 하나 하나가 그 자체로 하나의 세상이요, 지구와 그 별들 사이의 거리 또한 도저히 상상할 수 없을 정도로 멀다. 그러나 아무리 그렇더라도, 세상이 하나님의 영원하심과 같은 의미로 영원한 것이 될 수는 없다. 이 세상을 넘어서는 시간과 공간을 생각할 수 없다. 어디에선가 우주의 가장자리에 이를 수 있고 거기서 텅 빈 허공 속을 바라볼 수 있다는 상상은 도무지 불가능한 것이다. 시간과 공간은 그 범위가 세상과 동일하다. 세상의 범위만큼 확대되며, 시간과 공간이 존재하는 범위 내에서 창조된 사물들이 채워져 있는 것이다. 유한한 부분들이 아무리 말할 수 없이 크다 할지라도, 그것을 다 모아도 결코 무한에 이를 수는 없다. 오직 하나님만이 영원하시며, 편재하시며, 무한하신 것이다.

마지막으로, 성경은 세상이 좋다(good)고 가르친다. 오늘날에는 그런 말을 하는 데에 상당한 용기가 필요하다. 18세기의 분위기는 매우 낙관적이었던 것이 사실이다. 그 당시 사람들은 모든 것을 밝은 쪽에서 바라보았다. 그들은 하나님께서 가능한 최고의 상태로 세상을 창조하셨다고 가르침받은 것이다. 그러나 19세기와 20세기에 와서는 매우 다른 인생관, 세계관, 사회관이 형성되었다. 오늘날 시인들과 철학자들과 예술가들은, 세상에 속한 모든 것이 비참한 상태에 있으며, 세상 그 자체가 할 수 있는 만큼 나빠져 있으며, 이 상태에서 조금만 더 나빠도 도저히 존재할 수가 없을 정도라고 가르치고 있다. 존재하는 모든 것은 오로지 전멸시키기(全滅: annihilation)에만 합당할 뿐이라는 사고를 가진 사람들이 무수히 많다. 물론 세상에서 얻을 수 있는 약간의 쾌락을 누릴 만큼 누리기를 바라는 사람들도 아직 있지만(내일 죽을 것이니 함께 먹고 마시자), 실망과 세상에 대한 환멸에 굴복해 버리고, 아니면 미래의 사회주의적인 유토피아를 꿈꾸거나, 무덤 이후의 복락을, 혹은 열반(涅槃: a nirvana)을 — 최소한 현재의 세상이 줄 수 없는 그 무엇을 — 상상하는 사람들이 많은 것이다.

그러나 성경은 이 문제에 대하여 다른 견해를 취한다. 성경은 먼저 하나님의 솜씨로 지어진 형태에서는 세상이 좋았고, 매우 좋았다고 말씀한다(창 1:31). 그러나 그 다음 둘째로, 성경은 죄가 들어온 이후 땅이 저주를 받고,

사람이 부패와 사망에 종속되며, 모든 피조물이 공허함에 종속되어 있다는 사실을 덧붙인다. 그 어디서도 인생의 연약함과 덧없음을, 존재하는 모든 것들의 미미함과 하찮음을, 고난의 깊이와 심각성을 성경만큼 감동적으로 생생하게 가르치는 예를 찾아볼 수가 없다. 그러나 성경은 거기서 멈추지 않는다. 거기서 더 나아가서 셋째로, 이 타락하고 죄악되고 허망한 세상에서도 하나님의 기뻐하시는 뜻이 성취되고 있음을 가르치는 것이다. 성경은 세상이 현재 인도함 받아 나아가고 있는 이 종착점 때문에, 이 세상이 다시 좋다고 일컬어질 것임을 가르치며, 또한 죄가 있음에도 불구하고 세상이, 현재도 하나님께서 그의 속성들을 영화롭게 하시는 수단이요 또한 그가 그의 이름의 존귀를 위하여 사용하시는 도구이며, 미래에도 그럴 것임을 가르치는 것이다. 그리고 마지막으로, 성경은 우리가 우리의 뜻을 하나님의 존귀에 굴복시키고 그의 영광을 위하여 섬길 때에 이 세상이 그 모든 고통과 압제에도 불구하고 우리에게 다시 좋아진다는 영광스러운 약속을 제시함으로써 세상에 관한 가르침을 결론짓는다. 하나님을 사랑하는 자들에게는 모든 일이 합력하여 선을 이룬다(롬 8:28). 그들은 심지어 환난 중에서도 영광 돌리기를 배우며(롬 5:3), 그들의 믿음이야말로 세상을 이기는 승리인 것이다(요일 5:4).

* * * * *

이런 모든 논의들은 자연히 곧바로 창조로부터 섭리에로 이끌어 준다. 세상 전체나 혹은 그 피조물 하나하나가 하나님의 창조의 역사로 말미암아 존재하게 된 그 순간부터, 그것들은 곧바로 하나님의 섭리의 보살피심 아래 있게 된다. 여기에는 점진적인 전환도, 어떤 틈이나 간격도 없다. 피조물들은 피조물들이기 때문에, 자기 자신으로부터(out of) 발전해 갈 수도 없고, 또한 한순간도 자기 자신으로 말미암아(through) 존재할 수도 없다. 섭리가 창조와 더불어 나아간다. 이 두 가지는 서로 동반 관계에 있는 것이다.

그리하여 창조와 섭리는 서로 밀접한 연관이 있고 서로 긴밀한 관계를 맺고 있다. 그리고 이신론의 온갖 위협에 맞서서, 창조와 섭리의 이 불가분리의 연관성을 주장하는 것이 지극히 중요하다. 이신론은 본래의 창조는 기꺼이 받아들이지만, 그 나머지에 대해서는 하나님이 세상으로부터 떠나셨고 세상이 스스로 돌아가도록 내버려두셨다고 주장한다. 그렇게 되면, 창조의 개념은 그저 세상에게 그 독자적인 존재를 주는 것 이상 아무런 의미가 없게 되는데, 칸트(Immanuel Kant: 1724-1804)나 다윈(Charles Darwin: 1809-1882) 같은 사람이 여전히 이런 사상을 받아들이고 있다. 이들은 하나님은 세상을 창조하실 때에 세상에게 전적인 독자성을 부여하셨고 또한 은사들과 에너지들을 적절히 부여하셨기 때문에 세상 그 자체로서도 얼마든지 완벽하게 존재할 수가 있고, 그 어떠한 상황에서도 자기 자신을 구원할 수 있다고 주장하였다. 아주 친숙한 비유에 따르면, 세상은 마치 시계와도 같아서, 한 번 태엽을 감아 놓으면 옆에서 감독하지 않아도 스스로 잘 돌아간다는 것이다. 이런 사고는 자연히, 세상에는 계시가 전혀 필요 없고, 필요한 진리만으로도 그 자체의 힘과 그 자체의 고유한 재원으로도 얼마든지 유지될 수 있다는 사고로 이어졌다. 그리하여 이신론은 합리주의(rationalism) — 이성이 그 자체의 재원을 통해서 모든 진리에 도달할 수 있다는 사고 — 를 몰고 왔다. 그리고 똑같은 방식으로, 이신론은 펠라기우스주의(Pelagianism) — 즉, 사람의 의지 자체로도 구원을 성취할 수 있다는 사상 — 를 불러일으켰다. 이신론에 따르면, 사람의 이성뿐 아니라 그의 의지도 독자적으로 창조되었고, 영구한 능력과 에너지를 부여받았으므로, 결국 중보자의 구원 사역이 쓸데없게 되는 것이다.

이러한 이신론의 경향을 볼 때에, 창조와 섭리 사이의 관계를 붙잡는 것이 필수적인 일인데, 성경이 바로 그렇게 하고 있다. 성경은 섭리의 역사를 살리고 보존하는 활동으로(욥 33:4; 느 9:6), 새롭게 하며(시 104:30), 말씀하며(시 33:9), 뜻하며(계 4:11), 일하며(요 5:17), 그의 능력의 말씀으로 만물을 붙들며(히 1:3), 보살피며(벧전 5:7), 심지어 창조하는 활동(시 104:30; 사 45:7)으로까지 말씀한다. 세상을 창조하신 후에 하나님이 세상을 홀로 버려 두고 멀리 떠나셔서 그냥 바라보고만 계신 것이 아니라는 사실이 이 모든 표현들을 통해서 암시되고 있다. 세상이 창조된 이후 살아 계신 하나님을 한 쪽으로 밀어두거나 뒤로 물러나 계시게 하는 것은 결코 합당치 않은 일이다. 섭리라는 단어는 바로 하나님이 세상에게 그 필요한 것을 공급하시는 것을 뜻하는 것이다(창 22:8; 삼상 16:1; 겔 20:6; 히 11:40). 그것은 비단 하나님의 생각의 행위만이 아니라, 그의 의지의 행위이기도 하다. 그가 의지로 그의 경륜을 실행하시는 것이다. 섭리란 순간순간마다 하나님이 세상을 지키사 존재하게 하시는 것을 뜻하는 것이다.

그렇기 때문에, 대개 섭리의 첫 활동으로 간주되는 유지 활동(maintenance)은 수동적인 감독이 아니다. 세상이 스스로 존재하도록 허용하시는 것이 아니라, 하나님이 친히 세상이 존재하도록 만드신다는 것이다. 이것이 바로 진정한 의미에서의 유지 활동이다. 하이델베르크 요리문답은 아주 멋지게도 이 섭리를 하나님의 전능하시며 어디에나 임하는 능력으로 묘사하고 있다. 하나님은 그런 능력으로, 마치 손으로 하듯, 여전히 하늘과 땅과 모든 피조물들을 떠받치고 계시다는 것이다. 처음 세상을 존재하게 하실 때와 마찬가지로, 그 세상을 계속해서 존재하게 하시는 데에도 덕, 힘, 전능함, 그리고 신적인 힘이 하나님께로부터 나와서 역사하는 것이다. 그런 힘을 받지 않고서는 그 어떠한 피조물도 단 한순간도 존재할 수가 없다. 하나님이 그의 손을 떼시고 그의 힘을 거두어 가시는 순간, 피조물은 다시 무(無)의 상태로 빠져 들어가고 마는 것이다. 하나님이 그의 말씀과 그의 영을 보내시지 않으면(시 104:30; 107:25), 하나님이 말씀하시고 명령하시고 뜻하시지 않으면, 그 어떠한 것도 생겨날 수가 없고, 존재의 상태로 남아 있을 수가 없는 것이다.

이러한 하나님의 힘은 멀리서 오는 것이 아니라 아주 가까이에서 온다. 그 힘은 어디에나 있는 힘인 것이다. 하나님은 그의 모든 탁월하심과 그의 전 존재와 더불어 온 세상과 그 모든 피조물 속에 임재하신다. 우리는 그를 힘입어 살며 기동하며 존재하는 것이다(행 17:28). "그는 우리 각 사람에게서 멀리 계시지 아니하도다"(행 17:27). 그는 가까운 데 계시는 하나님이시요 먼 데 계신 하나님이 아니시다. 아무도 여호와께서 보시지 못하도록 은밀한 곳에 자신을 숨길 수가 없다. 그는 천지에 충만하신 것이다(렘 23:23-24). 과연 누가 그의 영을 떠나거나 그의 임재로부터 피할 수 있겠는가? 그는 하늘에도 계시고 죽은 자들의 세계에도 계시고, 바다 끝에도 계시고 깊은 흑암 속에도 계신다(시 139:7 이하). 그의 유지 활동, 그의 지탱시키시는 능력은 온 피조물에 다 퍼진다. 들의 백합화에게도(마 6:28), 공중의 새들에게도(마 6:26), 또한 심지어 머리카락에까지도(마 10:30) 퍼지는 것이다. 피조물 하나하나가 하나님의 능력으로 말미암아 그 본질대로 존재한다. 피조물의 현재의 존재 자체도 하나님에게서 나오고, 하나님으로 말미암아 있는 것이다(롬 11:36). 그(아들)로 말미암아 하나님이 모든 세상을 지으신 그 아들이 그 이후로도 그의 능력의 말씀으로 만물을 붙드시며(히 1:2-3), 만물에 앞서서 계신 그분으로 말미암아 만물이 서 있으며(골 1:17), 또한 그의 성령으로 말미암아 만물이 창조되고 새롭게 되는 것이다(시 104:30).

* * * * *

창조와 섭리가 이처럼 긴밀한 관계 속에 있기 때문에, 섭리를 가리켜 때로는 계속적인 혹은 점진적인 창조라 부르기도 한다. 물론 좋은 의미로 그런 용어를 사용할 수도 있으나, 결코 오해가 생기게 해서는 안 된다. 창조와 섭리 사이의 연관성과 관계를 진지하게 강조하는 것만큼이나, 둘 사이의 구별에 대해서도 똑같이 강조해야 하기 때문이다. 창조만을 지나치게 강조하다 보면 이신론에 빠지게 되고, 창조와 섭리의 구별을 무시해 버리면 범신론에 빠지게 될 소지가 있다. 범신론이란 하나님과 세상 사이의 근본적인 차이를 무시하고, 그 둘을 서로 동일한 것으로 보거나 혹은 동일한 존재의 두 가지 면으로 보는 입장이다. 그러므로 범신론에 의하면, 하나님은 이 세상의 본질이며, 세상은 하나님의 현현(顯現)이 되어 버린다. 둘 사이의 관계가 마치 바다와 파도, 실체와 실체의 형식들, 동일한 우주의 보이는 면과 보이지 않는 면의 상호 관계와도 같이 되어 버리는 것이다.

성경은 이신론의 이단도, 이 범신론의 이단도, 모두 철저하게 배격한다. 이는 하나님이 창조의 일을 시작하시는 것만이 아니라 그 일을 완성하시며, 또한 창조의 일로부터 안식하시는 것으로 제시한다는 사실에서도(창 2:2; 출 20:11; 31:17) 충분히 분명하게 드러난다. 창조 시에 무언가가 이루어지며 또한 완성되는 것이다. 앞에서 언급한 바 있는 하나님의 안식은 물론 하나님이 모든 일에서 손을 떼셨음을 뜻하는 것이 아니다. 왜냐하면 섭리도 그의 일이기 때문이다(요 5:17). 안식은 다만 창조에서 지정된 그 특정한 일에서 손을 떼신 것을 의미하는 것이다. 창조와 섭리가 이렇듯 일과 안식의 관계로 서로 나란히 서 있는 것으로 생각할 수 있다면, 그 둘이 아무리 서로 밀접하게 관련되어 있다 할지라도 그 둘이 서로 구별되는 것이 틀림없을 것이다. 창조란 무언가를 무로부터 존재하게 하는 것을 시사하며, 유지(維持:보존)란 이미 주어진 존재를 지속하도록 만드는 것을 의미한다. 그러므로 창조가 세상을 독자적으로 구성하는 것이 아니다. 왜냐하면 독자적인 피조물이란 그 용어부터가 모순이기 때문이다. 오히려 창조는 하나님의 본질과는 구별되어야 할 어떤 본질을 세상에 부여하는 것이라 할 것이다. 하나님과 세상이 서로 분리되어야 한다는 것은 그저 이름이나 형식의 문제만이 아니라 본질의 문제요, 존재의 문제인 것이다. 마치 영원이 시간과 다르듯이, 무한한 존재가 유한한 존재와 다르듯이, 창조주가 피조물과 다르듯이, 그렇게 하나님과 세상이 서로 다른 것이다.

하나님과 세상이 이렇게 본질상 다르다는 사실을 붙드는 것이야말로 최고로 중요한 일이다. 이 차이를 가볍게 여기거나 부인하는 자는 누구든지 거짓 신앙을 만드는 것이요, 하나님을 피조물의 위치로 끌어내리는 것이요, 이는 바울이 이방인들이 하나님을 알면서도 그를 영화롭게도 하지 않고 감사하지도 않았다고 하며 그들에게 돌리는 것과 본질상 동일한 죄를 범하는 것이다(롬 1:21). 그러나 이러한 차이를 필수적으로 붙들어야만 하는 또 다른 이유가 있다.

만일 하나님이 세상과 동일하며 또한 인류와 본질적으로 구별되는 것이 아무것도 없다면, 사람의 모든 생각과 행동이 곧바로 직접 하나님의 책임으로 돌려져야 할 것이다. 그렇게 되면 죄 역시 하나님의 책임이 되어 버린다. 요컨대, 더 이상 죄라는 것이 없게 된다는 말이다. 물론 성경이 한 편으로 사람의 모든 생각과 행위들과 또한 죄까지도 하나님의 다스림 아래 서 있음을 아주 강력하게 진술하는 것은 사실이다. 사람은 절대로 하나님께로부터 벗어나 독자적으로 있는 존재가 아니다. 하나님께서 하늘에서 굽어보사 모든 인생을 살피신다(시 33:13). 하나님이 그들 모두의 마음을 지으시며 그들의 행위들을 살피신다(시 33:15). 그가 그들의 거처를 정하시며(신 32:8; 행 17:26), 그가 그들의 모든 움직임을 헤아리시며(잠 5:21; 렘 10:23). 그가 하늘의 군대에게든지 땅의 사람에게든지 그의 뜻대로 행하시는 것이다(단 4:35). 우리는 마치 토기장이의 진흙처럼, 또한 켜는 자의 손에 들린 톱처럼, 하나님의 손 안에 있는 것이다(사 29:16; 45:9; 렘 18:4; 롬 9:20-21). 사람이 죄인이 되면, 죄인이 되었다는 사실로 말미암아 그가 하나님께로부터 자신을 해방시키는 것이 아니다. 그때에는 하나님께 의존하는 것이 전혀 다른 성격을 띠게 된다. 그 합리적이고 도덕적인 본질을 잃고 피조물의 굴복이 되어 버린다. 죄에게 종이 되는 사람은 자기 자신을 비하시킬 뿐이요, 하나님께서 쓰시는 도구가 되는 것이다. 그리하여 성경은, 하나님이 사람의 마음을 완악하게 하시며(출 4:21 이하; 신 2:30; 수 11:20; 롬 9:18), 그가 선지자들의 입에 거짓말하는 영을 집어넣으시며(왕상 22:23), 사탄을 수단으로 하여 다윗으로 하여금 백성을 계수하도록 부추기셨고(삼하 24:1; 대상 21:1), 시므이로 하여금 다윗을 저주하게 하셨고(삼하 16:10), 그가 사람들을 마음의 정욕대로 더러움에 내버려두시며(롬 1:24), 그가 사람들에게 미혹의 역사를 보내사 거짓 것을 믿게 하시며(살후 2:11), 또한 그가 그리스도를 많은 사람을 망하게 하는 표적으로 세우신다(눅 2:34)는 말씀을 얼마든지 할 수 있는 것이다.

그러나, 하나님의 섭리가 죄도 감찰한다는 사실과는 관계 없이, 성경은 또한 죄의 원인은 하나님에게가 아니라 사람에게 있으며 따라서 죄는 하나님의 책임이 아니라 사람의 책임으로 보아야 한다는 점을 확고하고도 단호하게 주장하고 있다. 여호와께서는 의로우시며 거룩하시며 거짓과는 거리가 먼 분이시다(신 32:4; 욥 34:10). 그는 빛이시며, 그에게는 어둠이 조금도 없다(요일 1:5). 그는 아무도 유혹하지 않으신다(약 1:13). 그는 선하고 순결한 모든 것이 넘치도록 흘러나오는 샘이시다(시 36:10; 약 1:17). 그는 그의 율법에서와(출 20장) 모든 사람의 양심에서(롬 2:14-15) 죄를 금하시며, 악행을 즐거워하지 않으시고(시 5:5), 그것을 미워하시고 그것에 대하여 진노를 발하시며(롬 1:18), 또한 이 땅에서의 형벌과 영원한 형벌로 그것을 경계시키시는 분이시다(롬 2:8).

죄가 처음부터 마지막까지 하나님의 통치 아래 있으며, 또한 그럼에도 불구하고 죄가 사람의 책임이라는 이러한 성경의 두 갈래의 가르침은, 하나님과 세상이 한 편으로는 서로 분리되어 있지 않으면서도 동시에 또 한 편으로는 서로 본질적으로 구별된다는 논지가 성립해야만 비로소 서로 조화를 이룰 수 있는 것이다. 신학이 섭리를 다룰 때에 유지는 물론 **협력**(cooperation)을 논하는 것이 바로 이를 올바로 다루기 위한 것이다. 이 용어를 통해서 신학이 의도하는 바는 곧 하나님이 일어나는 모든 일의 제일 원인이시지만 하나님 아래서, 또한 하나님으로 말미암아, 피조물들이 제이의 원인들로서 적극적으로 활동하며, 제일 원인과 협력한다는 사실을 정당하게 드러내고자 하는 것이다. 심지어 무생물들에 대해서도 그런 제이의 원인들을 논할 수 있다. 물론 하나님이 그의 해를 악인과 선인 위에 떠오르게 하시고 의인과 불의한 자에게 똑같이 비를 내리시지만(마 5:45), 그는 이때에 해와 구름을 사용하시는 것이다. 그러나 하나님과 피조물 사이의 구별은 이성적인 피조물들의 경우에 훨씬 더 힘을 발휘한다. 이성적인 피조물들은 하나님께로부터 이성과 의지를 부여받았으므로 이것들을 사용하여 그들 스스로를 지도하고 다스려야 하기 때문이다. 물론 이 이성적인 피조물들의 경우도, 그 모든 존재와 생명, 모든 재능과 힘이 하나님께로부터 오는 것이며, 따라서 그 재능과 힘을 어떻게 사용하는가 하는 것과는 상관 없이, 그들은 하나님의 섭리의 다스림 아래 있는 것이 사실이다.

언제나 그렇지만, 여기서 제일 원인과 제이 원인, 곧 하나님과 사람을 서로 구별해야 한다. 선을 행할 때에 그 일을 그의 기뻐하시는 뜻에 따라서 역사하시고, 또한 행하고자 하는 의지를 이루시는 분은 하나님이시다. 그러나 그럼에도 불구하고 사람 역시 스스로 뜻을 품고 행동하는 것이다. 악을 행하는 경우에도 마찬가지다. 하나님이 그것을 위하여 생명과 에너지를 부여하시지만, 오직 사람이 죄를 짓고 그리하여 죄책을 지는 것이다. 하나님의 섭리가 삶 속에서 우리에게 제기하는 수수께끼들은 우리로서는 도저히 풀 수가 없다. 그러나 하나님과 세상이 절대로 분리되지 않으며 그러면서도 언제나 서로 구별된다는 고백이 그 수수께끼를 풀어야 할 방향을 지시해 주며, 또한 해답을 찾아가는 동안 좌로나 우로나 치우치는 일이 없도록 막아주는 것이다.

* * * * *

이렇게 이해하면, 창조와 섭리의 교리는 격려와 위로가 풍성하다. 인생에는 우리를 짓누르고 우리에게서 살고 행동할 힘을 빼앗아가는 것이 너무도 많다. 우리의 인생 길에서 온갖 괴로움과 실망거리들이 놓여 있다. 끔찍한 참사와 재난들이 일어나 수백 수천의 생명들이 이름 없이 고통 속에서 죽어가기도 한다. 뿐만 아니라 일상적으로 평온하게 나아가는 삶 속에서도 이따금씩 하나님의 섭리에 대해 의혹을 불러일으키는 것들이 있는 것이다. 미스테리야말로 모든 인류의 몫이 아닌가? 불안과 두려움의 벌레가 모든 존재들을 갉아먹고 있다. 하나님이 그의 피조물들과 논쟁을 벌이시며, 또한 우리가 그의 진노로 멸망하며 그의 분노로 인하여 무서워 떠는 것이 과연 사실이 아닌가? 그렇다. 비단 불신자들과 경박스런 자들만이 아니라 하나님의 자녀들까지도, 그리고 지극히 경건한 자들까지도, 이런 심각한 현실의 끔찍스러움에 사로잡혀 있는 것이다. 그리고 때로는, 하나님이 아무런 목적도 없이 사람을 땅에 창조하셨다는 것이 있을 수 있는가라는 의문이 마음에서 북받쳐 올라 입술로 터져 나오기도 한다.

그러나 이 침체에 빠져 있는 그리스도인은 다음 순간 하나님의 창조와 섭리를 믿는 믿음으로 다시 머리를 높이 들어올린다. 마귀가 아니라 하나님이, 전능자시요 우리 주 예수 그리스도의 아버지이신 그분이 세상을 창조하신 것이다. 세상은 그 전체나 각 부분이 다 오로지 하나님의 손으로 지으신 것이다. 그리고 이렇게 세상을 창조하신 다음, 그는 세상을 그냥 내버려두지 않으셨다. 그의 전능하며 편재하는 능력으로 세상을 지탱하시는 것이다. 그는 만물이 모두 협력하여 모든 것이 그가 정해 놓으신 그 목적에 모아지도록 그렇게 다스리시고 통치하신다. 하나님의 섭리에는 유지와 협력과 더불어, **통치**(governance)라는 세 번째 면이 포함되어 있는 것이다. 그는 만왕의 왕이시요 만주의 주시며(딤전 6:15; 계 19:6), 그의 왕권은 영원무궁하도록 지속된다(딤전 1:17). 세상과 그 역사(歷史)와 인류의 삶과 운명을 통제하는 것은 우연도, 필연도, 임의의 역사(役事)도, 강제력도, 그저 변덕이나 운명도 아니다. 모든 제이의 원인들 뒤에서 전능하신 하나님과 신실하신 아버지의 전능한 뜻이 역사하고 있는 것이다.

그러나 이러한 사실은 스스로 하나님의 자녀임을 아는 사람 이외에는 그 누구도 진정 마음으로 믿고 입으로 고백할 수가 없는 것이다. 섭리를 믿는 믿음은 구속을 믿는 믿음과 가장 밀접한 관계 속에 있는 것이다.

물론 하나님의 섭리가 자연과 역사 속에 나타나는 일반 계시로부터 어느 정도 분별해 낼 수 있는 그런 진리들에 속하는 것은 사실이다. 이교도들 중에서도 그것을 아주 멋지게 표현하고 묘사한 경우도 많다. 어떤 사람은 신들이 모든 것을 다 보고 들으며, 그들이 어디에나 있으며, 또한 그들이 모든 일을 보살핀다고 말하기도 했다. 그리고 어떤 사람은 우주의 질서와 운행이 신에 의해서, 또한 그를 위하여 유지된다고 말하기도 했다. 그러나 그들 중 어느 누구도, 만물을 유지하시고 통치하시는 하나님이 그의 아들 그리스도로 말미암아 자기의 하나님이요 자기의 아버지가 되신다는 그리스도인의 고백은 알지 못했다. 그리하여 이교도 세계에서는 신의 섭리에 대한 믿음이 의심으로 흔들리고, 또한 삶의 다사다난(多事多難)함의 사실에 비추어서 그 믿음이 부적절한 것으로 여겨지는 경우가 많은 것이다. 18세기는 매우 낙관적이어서, 신이 가능한 최고의 세상을 창조하셨다고 주장하였다. 그러나 1755년 무서운 지진으로 인하여 리스본 시(city of Lisbon) 대부분이 파괴되는 사건이 일어나자, 많은 사람들이 신의 섭리를 망령되이 조롱하고 그 존재를 부인하기 시작했다. 그러나 죄 사함과 그의 영혼의 구속에서 하나님의 사랑을 체험한 그리스도인은 사도 바울과 더불어, 환난이나, 곤고나, 박해나, 기근이나, 적신(赤身)이나, 위험이나, 칼도, 결코 그 사랑에서 끊지 못하리라고 자신 있게 말하는 것이다(롬 8:35). "만일 하나님이 우리를 위하시면 누가 우리를 대적하리요?"(롬 8:31). "비록 무화과나무가 무성하지 못하며 포도나무에 열매가 없으며 감람나무에 소출이 없으며 밭에 먹을 것이 없으며 우리에 양이 없으며 외양간에 소가 없을지라도, 나는 여호와로 말미암아 즐거워하며 나의 구원의 하나님으로 말미암아 기뻐하리로다"(합 3:17-18).

그리스도인은 그처럼 마음에 기쁨이 충만한 가운데서, 땅을 불러 함께 여호와를 찬송하는 것이다: "여호와께서 다스리시나니 땅은 즐거워하며 허다한 섬은 기뻐할지어다!"(시 97:1).

제 12 장

사람의 기원, 본질, 그리고 목적

창세기 1장에 나타나는 천지 창조의 기사는 사람의 창조에로 귀결된다. 하늘과 땅, 해와 달과 별, 식물과 동물 등 다른 피조물들의 창조는 아주 간략하게 보도되며, 천사들의 창조는 아예 언급조차 되지 않는다. 그러나 사람의 창조에 이르러서는, 사람의 창조 사실만이 아니라 그 창조의 방식까지도 상세하게 묘사하며, 또한 2장에 가서 다시 그 주제로 돌아가 더욱 폭넓게 보도하는 것이다.

이처럼 사람의 기원에 대하여 구체적으로 주목하고 있다는 사실이 이미 사람이 창조 사역 전체의 목적이요, 목표요, 머리요 면류관이라는 사실의 증거가 된다. 그리고 갖가지 상세한 내용들이 사람이 피조물들 중에서 가장 높은 수준과 가치를 지녔음을 보여 주고 있다.

우선, 사람의 창조에 앞서서 하나님의 특별한 경륜이 나타난다. 다른 피조물들을 생기게 할 때에는 하나님이 그저 말씀하셨고 그 말씀으로 그것들이 생겨났다는 보도밖에는 없다. 그러나 사람을 창조하실 때에는, 그는 먼저 자기 자신과 더불어 의논하시고 스스로 사람들을 그의 형상과 모양대로 지으시기로 정하신다. 이러한 사실은 특히 사람의 창조야말로 하나님의 논의에, 그리고 하나님의 지혜와 선하심과 전능하심에 의존하는 것임을 시사해 준다. 물론 우연에 의해서 생겨난 것은 아무것도 없다. 그러나 다른 피조물의 창조에서보다 유독 사람의 창조에서 하나님의 논의와 결단이 훨씬 더 명확하게 드러나는 것이다.

더 나아가서, 이 하나님의 구체적인 논의에서도, 사람이 하나님의 형상과 모양대로 창조되며 따라서 다른 모든 피조물들과는 전적으로 달리 사람이 하나님과 특별한 관계 속에 있다는 사실이 특별히 강조되고 있다. 하나님의 형상대로 창조되었으며 따라서 하나님의 형상을 드러낸다는 내용은 다른 피조물들에 관한 묘사에서는, 심지어 천사들에 대해서까지도, 전혀 나타나지 않는 것이다. 다른 피조물들도 하나님의 속성들 가운데 이런저런 것들을 희미하게 보여 주는 암시나 흔적 같은 것들을 소유할 수도 있을 것이다. 그러나 하나님의 형상과 모양대로 창조되었다는 사실은 오직 사람에 대해서만 확실히 선언되고 있는 것이다.

성경은 더 나아가서 하나님이 한 사람이 아니라 사람들(복수)을 그의 모양대로 창조하셨다는 사실을 강조하고 있다. 창세기 1:27 마지막 부분에서 그들이 남자와 여자로 지칭되고 있다. 남자만도, 여자만도 아니라 그 둘이 모두, 서로 의지하는 이 두 사람이 하나님의 형상을 지닌 자들인 것이다. 그리고 28절에서 선포되는 축복에 따르면, 그들 자신만이 그처럼 형상을 지닌 자들인 것이 아니라는 사실이 드러난다. 그들의 후손들도 하나님의 형상을 지닌 자들인 것이다. 인류의 각 부분과 전체가 하나님의 형상과 모양대로 유기적으로 창조되는 것이다.

마지막으로, 성경은 사람이 하나님의 형상대로 창조되었다는 것이 구체적으로 모든 짐승들을 다스리는 데에서와 또한 온 땅을 정복하는 데에서 표현되어야 한다는 사실을 명확하게 언급하고 있다. 사람은 하나님의 소생이기 때문에 땅의 왕이다. 하나님의 소생이라는 것과 세상의 상속자라는 두 가지 사실들이 창조에서부터 이미 서로 불가분리의 관계로 밀접하게 관련을 맺고 있는 것이다.

* * * * *

창세기 1장의 인간 창조 기사는 2장에 가서 더 확대되고 보다 더 상세히 전개된다(창 2:4하─25). 창세기 2장을 잘못 제2의 창조 이야기로 지칭하는 경우도 있다. 하늘과 땅의 창조가 이 장에서 전제되고 있고 또한 4절 하반절에서도 언급되고 있는데, 이는 하나님이 땅의 흙으로 사람을 지으신 방식을 소개하기 위한 것이다. 2장 전체의 강조점은 사람의 창조에 있고 또한 사람의 창조가 일어난 방식에 있는 것이다. 창세기 1장과 2장의 큰 차이는 2장에서 사람을 지으신 일에 대해서 이렇게 상세히 보도한다는 데 있는 것이다.

1장은 하늘과 땅의 창조에 대해서 말씀하며 그 일이 사람을 지으시는 일에까지 이어진다. 여기서는 사람이 하나님의 전능하심에 의하여 존재하게 된 마지막 피조물이다. 그는 피조물들 중에서 마지막으로 지음받아 자연의 주(主)로서, 땅의 왕으로 서 있다. 그러나 2장에서는 4절 하반절 이하에서 사람을 출발점으로 삼아 사람에게서 시작하며, 그를 만물의 중심에 세우고, 그 다음에 사람의 창조 시에 어떤 일이 일어났으며, 또한 그 일이 남자와 여자에게 어떻게 일어났고, 그를 위하여 어떤 거주처가 지정되었으며, 그에게 무슨 사명이 부여되었으며, 그의 목적과 운명이 무엇인지를 보도하고 있다. 1장은 사람을 창조의 목표 혹은 목적으로 말씀하며, 2장은 사람을 역사의 시작으로 다루는 것이다. 1장의 내용은 창조라는 말로 집약할 수 있고, 2장의 내용은 낙원이라는 말로 집약할 수 있을 것이다.

2장에서 사람의 기원에 관하여 1장에 포함된 내용을 확충하여 말씀하는 것은 구체적으로 세 가지다.

첫째로, 사람의 첫 거주지에 대해서 상당히 폭넓게 다루고 있다. 1장에서는 사람이 하나님의 형상대로 창조되었으며 또한 그가 온 땅을 다스리는 주(主)로 지명되었음을 개괄적으로 진술한다. 그러나 사람이 지면의 어느 곳에서 처음 생명의 빛을 보았고 또한 그가 처음 거주한 곳이 어딘가에 대해서는 아무것도 언급하지 않는다. 그런데 2장에서 이것들을 말씀해 준다. 하나님이 하늘과 땅을 지으시고, 또한 해와 달과 별, 각종 식물과 공중의 새들, 그리고 땅과 물의 짐승들을 다 지으셨으나, 아직 사람이 거처할 구체적인 장소가 아직 정해지지 않고 있었다. 그리하여 하나님은 사람을 창조하시고 그를 위하여 팔레스타인의 동쪽에 있는 에덴에 한 동산 혹은 낙원을 예비하시기 전에 안식하신다. 그 동산에 대한 내용이 아주 구체적으로 제시되고 있다. 하나님은 모든 종류의 나무들이 그곳의 땅에서 자라게 하신다. 모두 보기에도 아름답고 먹기에도 좋은 것들이다. 이 나무들 중 두 가지가 구체적으로 거명되는데, 곧 동산 가운데에서 자라는 생명 나무와 선악을 알게 하는 나무가 그것이다. 그곳에는 에덴에서부터 흘러 내려오는 강이 하나 있었는데, 그 강이 그 동산을 통과하여 흐르고 거기서부터 비손, 기혼, 힛데겔, 그리고 유브라데 등 네 개의 줄기로 갈라져 흘렀다.

에덴과 에덴 동산이 과연 어느 곳에 위치했는지를 알기 위해서 사람들은 오랜 세월 동안 굉장한 노력과 수고를 들여왔다. 에덴에서 발원하여 동산을 통과하여 흘렀던 그 강에 대해서, 네 개로 갈라진 강들에 대해서, 에덴이라는 이름과 그 지경에 대해서, 그리고 거기에 위치한 동산에 대해서 갖가지 견해들이 제시되었다. 그러나 그 모든 견해들은 다 어디까지나 추측일 뿐이었다. 확실한 증거를 통해서 사실이 입증된 것은 하나도 없다. 그러나, 두 가지 해석이 다른 해석들보다 개연성이 높은 것으로 보인다. 첫째의 해석은 에덴이 아르메니아(Armenia) 북부 지역에 있었다는 것이고, 둘째는 그보다 훨씬 남쪽인 바빌로니아에 위치했다는 것이다. 이 둘 중 어느 것이 옳은지는 결정하기가 매우 어렵다. 성경에 제시된 상세한 묘사가 과연 이 지역이 어디에 위치하는지를 결정하는 데 적절하지 못하기 때문이다. 그러나 아담과 하와가 에덴에서 쫓겨난 후 그들에게서 난 사람들이 처음에는 대략 그 주변에 머무르고 있었으며(창 4:16), 또한 홍수 이후 노아의 방주가 아라랏 산 위에 닿았으며(창 8:4), 또한 홍수 이후의 새로운 인류가 바벨로부터 온 땅으로 퍼져갔음을(창 11:8-9) 기억하게 되면, 인류의 요람이 된 첫 거주지가 북으로는 아르메니아, 그리고 남으로는 시날에 이르는 지역이었다는 것이 거의 틀림없게 된다. 현대의 학자들의 연구 결과도 이러한 성경의 가르침을 한층 더 강화시켜 주었다. 과거에는 역사적 탐구를 통해서 인류의 최초의 고향에 대해서 온갖 추측들이 제기되었고, 지구의 온 지역을 차례로 그 후보지로 제시하였으나, 점점 더 성경의 가르침에로 돌아가고 있다. 인종학(人種學: ethnology)도, 문명사(文明史)도, 언어학도, 모두 인류의 요람이 있던 대륙으로 아시아를 지목하는 것이다.

창세기 2장에서 주목을 끄는 두 번째 특징적인 내용은 사람에게 잠정적인 명령이 주어진다는 것이다. 본래 이 첫 사람은 그냥 사람(하-아담)으로 불렸다. 한동안 그 사람 혼자만 있었고, 그를 닮은 다른 사람이 없었기 때문이다. 그런데 창세기 4:25에 오면 아담이라는 이름이 정관사가 없는 상태로 나타난다. 거기서 처음 그 이름이 개인의 이름이 되는 것이다. 이 사실은 한동안 유일한 인간으로 존재하게 되는 그 첫 사람이 인류의 시작이요 기원이요 머리였음을 분명히 시사해 준다. 그런 그에게 두 가지 사명이 주어졌다. 첫째로, 에덴 동산을 경작하고 보존하는 것이었고, 또한 둘째로, 선악을 알게 하는 나무를 제외한 동산의 모든 나무의 열매를 자유로이 먹는 일이었다.

첫 번째 사명은 그와 땅과의 관계를 규정해 주며, 두 번째 사명은 그와 하늘의 관계를 규정해 준다. 아담은 땅을 정복하고 그것을 다스려야 했으며, 두 가지 의미로 그 일을 해야 했다. 우선 땅을 경작하고, 갈아서 하나님이 사람이 사용하도록 거기에 저장해 두신 모든 보화들이 돋아나도록 해야 했으며, 또한 그 땅을 살피고 보호하고 지켜서, 온갖 악이 그 땅을 위협하지 못하도록 해야 했다. 요컨대, 현재 피조물 전체가 부패 속에서 탄식하고 있는데, 그런 것이 끼어 들지 못하도록 안전하게 지켜야 했다는 말이다.

그러나, 그가 자기를 하늘과 연합시켜 주는 끈을 끊지 말아야만, 그가 계속해서 하나님의 말씀을 믿고 그의 명령에 순종해야만, 이러한 사명을 이룰 수가 있는 것이다. 그러므로 이 두 가지 사명은 본질적으로 하나다. 아담은 땅을 다스려야 했는데, 게으름과 피동적인 자세로써가 아니라 그의 머리와 가슴과 손의 일을 통해서 그 일을 이루어야 했던 것이다.

그러나 다스리기 위해서는 섬겨야 했다. 그의 창조주시요 그에게 법을 주신 하나님을 섬겨야 했던 것이다. 일과 안식, 다스림과 섬김, 이 땅의 소명과 하늘의 소명, 문명과 신앙, 문화와 의식(cultus), 이 모든 것들은 처음부터 항상 함께 나아가는 것이었다. 이것들이 함께 묶여져서 하나의 소명을 이루며, 위대하고 거룩하고 영광된 사람의 목적을 이루는 것이다. 모든 문화는, 즉 농업이든, 목축이든, 상업이든, 산업이든, 과학이든 간에, 사람이 땅을 정복하기 위하여 하는 모든 일은 다 단일한 하나님의 소명을 성취하는 것이다. 그러나 사람이 진정 그런 소명을 이루는 상태에 있기 위해서는 하나님의 말씀에 의존하며 순종하는 가운데 그 일을 진행해 가야 한다. 신앙이야말로 삶 전체에 활력을 주며 또한 그것을 거룩하게 하여 하나님을 섬기는 것이 되도록 만드는 원리인 것이다.

창세기 2장에 나타나는 세 번째 구체적인 내용은 남자에게 여자를 주신 것과 결혼의 제정에 관한 것이다. 아담은 이미 많은 것을 받은 상태였다. 땅의 흙으로 지음받았으나, 그는 하나님의 형상을 지닌 자였다. 그는 아름다운 곳이요 또한 온갖 좋은 것들을 보고 먹을 수 있는 풍성한 곳인 동산에 거주하고 있었다. 그는 그 동산을 경작하며 땅을 다스리는 유쾌한 사명을 부여받고 있었고, 하나님의 명령에 따라 선악을 알게 하는 나무를 제외한 모든 나무를 자유로이 먹으며 활동하여야 했다. 그러나 아무리 풍성하고 아무리 감사한 것이 많아도, 이 첫 사람은 만족하지 못했고, 완성되지 못했다. 그 원인을 하나님께서 친히 말씀하신다. 그가 혼자 있다는 것이 그 원인이었다. 사람이 혼자 사는 것이 좋지 않다는 것이다. 사람의 본성이 그렇지 못하고, 또한 그렇게 살도록 창조되지 않았던 것이다. 사람은 자기 자신을 표현하고, 자기 자신을 드러내고, 자기 자신을 줄 수 있어야 한다. 자기 마음을 쏟아 붓고, 자기의 느낌을 전해야 한다. 자기를 이해할 줄 알며 함께 느끼고 함께 살 수 있는 어떤 존재와 더불어 자기의 생각을 나누어야 하는 것이다. 혼자 산다는 것은 빈곤이요, 버려짐이요, 점점 쇠약해짐이다. 혼자 산다는 것은 정말 얼마나 외로운가!

그리고 사람을 이렇듯 표현과 교류의 필요성을 지닌 상태로 창조하신 하나님만이 그의 권능의 위대하심과 은혜로 그 필요를 공급하실 수 있다. 오직 하나님만이 그를 위하여, 그와 함께 지내며 그와 관계하며 그의 어울리는 배필이 되어 그를 돕는 자를 창조하실 수 있는 것이다. 19절부터 21절까지의 기사에서는, 하나님이 들의 모든 짐승들과 공중의 새들을 아담에게로 데려오셔서 그것들 중에 과연 아담의 배필이요 동반자로서 그를 섬길 존재가 없는지를 보게 하셨음을 말씀해 준다. 이 구절들의 목적은 동물들과 사람이 지어진 연대적 순서를 제시하기 위함이 아니라, 이 두 종류의 피조물들이 서로를 향하여 서 있는 실질적인 순서, 계급, 관계의 차서(次序)를 제시하는 데 있는 것이다. 이러한 계급의 관계는 아담이 동물들의 이름을 지었다는 사실에서 처음 암시되고 있다.

그러므로 아담은 모든 피조물들을 이해하였다. 그들의 본질을 꿰뚫어보았고, 그들을 분류하고 나눌 수 있었고, 그 하나하나를 그에 합당한 위치에 놓을 수 있었다. 그렇기 때문에 만일 그가 그 모든 피조물들 중에서 자기 자신과 친근한 존재를 발견하지 못했다면, 그것은 무지의 결과도 아니요 교만이나 어리석은 허풍 때문도 아니었다. 오히려 그것은 그와 다른 모든 피조물들이 서로 **종류**가 다르다는 사실에서, 즉 정도(程度)가 아니라 본질이 다르다는 사실에서 비롯되었다. 물론 동물과 사람 사이에 온갖 유사점들이 있는 것은 사실이다. 둘 다 육체를 지닌 존재들이요, 둘 다 음식과 음료에 대한 온갖 필요와 욕구를 지니고 있으며, 둘 다 자녀를 생산하며, 둘 다 시각, 청각, 후각, 미각, 촉각 등 오감(五感)을 지니고 있으며, 둘 다 인식, 각성, 지각 등을 지니고 있는 것이다. 그러나 그럼에도 불구하고 사람은 짐승과는 다르다. 그에게는 이성과 지성, 그리고 의지가 있으며, 그리하여 그에게는 신앙, 도덕성, 언어, 법, 과학, 예술이 있다. 사람이 땅의 흙에서 지어진 것은 사실이지만, 그는 위로부터 생기를 받은 것이다. 그는 육체적인 존재다. 하지만 동시에 영적이며, 이성적이며, 도덕적인 존재이기도 한 것이다. 아담이 자기와 친근하여 배필이 될 수 있는 존재를 다른 피조물들 중에서 하나도 찾지 못한 것은 바로 그 때문이다. 그는 그것들에게 모두 이름들을 지어주었다. 그러나 그것들 중에 사람이라는 높고 고귀한 이름에 합당한 것은 하나도 없었던 것이다.

이렇게 사람이 자기가 찾는 존재를 발견하지 못하고 있을 때에, 그 자신의 생각이나 뜻과는 전혀 관계 없이, 그리고 그의 편에서 아무런 노력도 하지 않은 상태에서, 사람으로서는 도저히 얻을 수 없는 그것을 하나님이 그에게 주신 것이다. 우리에게 오는 최고의 것들은 선물들로 오는 법이다. 그것들은 우리의 수고나 대가가 전혀 없이 우리 수중에 들어오는 것이다. 그것들은 벌어들이거나 노력으로 차지하는 것이 아니다. 아무런 수고도 없이 그냥 얻는 것이다. 남자가 땅 위에서 얻을 수 있는 가장 풍성하고 가장 고귀한 선물은 바로 여자다. 그리고 그는 깊은 잠 속에서, 전혀 무의식중에 있어서 의지의 노력도, 손의 수고도 하지 않은 상태에서, 이 선물을 얻는다. 물론 찾아다니고, 두리번거리고, 탐문하며, 필요하다는 인식을 갖는 것이 그보다 앞서 있었던 것은 사실이다. 마찬가지로 기도도 있었다. 그러나 그때에 하나님은 홀로 주권적으로, 우리의 도움이 없이 그 선물을 베풀어주신다. 마치 하나님이 친히 여자를 손으로 이끌어 남자에게 데려다 놓으시는 것과도 같은 것이다.

아담이 잠에서 깨어 자기 앞에 있는 여자를 볼 때에, 가장 먼저 그를 사로잡은 것은 바로 놀라움과 감사의 감정이다. 그는 그녀에게 낯선 느낌이 전혀 들지 않고, 그녀가 자기와 동일한 본성을 지닌 것을 즉시로 알아차리는 것이다. 그의 인식은 문자 그대로 그가 자기에게 필요하나 결핍되어 있다고 느꼈고 그러면서도 자기 스스로는 채워줄 수 없었던 바로 그것에 대한 인식이었다. 그리고 그의 놀라움은 지면에서 최초로 울려 퍼진 결혼 축가에서 잘 표현되고 있다: "이는 내 뼈 중의 뼈요, 살 중의 살이라. 이것을 남자에게서 취하였은즉 여자라 부르리라"(창 2:23). 그리하여 아담은 인류의 근원이요 머리가 된다. 여자는 그저 그와 더불어(alongside of him) 창조된 것만이 아니라 그에게서(out of him) 창조되었다(고전 11:8). 아담의 몸이 땅에서 취한 흙으로 이루어졌듯이, 아담의 갈빗대가 하와의 생명의 기초인 것이다. 첫 남자가 땅의 흙에서 취한 바 되어 위로부터 임한 생기를 통하여 살아 있는 존재가 되었듯이, 아담의 갈빗대에서 취한 바 된 첫 여자도 하나님의 창조적인 전능하심으로 말미암아 인간이 된 것이다. 그녀는 아담으로부터 나왔으나 아담과는 또 다른 사람이다. 아담과 친밀한 관계에 있으나 그와는 별개의 존재다. 아담과 같은 종(種)에 속하면서도, 그와는 다른 그녀 자신의 고유성을 지니고 있다. 그녀는 의존적 성격을 지니면서도 또한 자유롭다. 그녀는 아담보다 나중에, 아담에게서 지음받았으나, 그녀를 지으신 것은 오직 하나님이시다. 그리고 그녀는 남자를 도와서 땅을 정복하는 사명을 가능하게 하는 사명을 부여받았다. 그녀는 그를 돕는 배필이다. 남자의 정부(情婦: mistress)나 노예가 아니라, 개별적이고 독립적이며 자유로운 존재로서, 남자로부터가 아니라 하나님께로부터 존재를 부여받은 자요, 하나님께 책임을 다하는 자요, 또한 아무런 노력도 없이 그냥 선물로 그에게 주어진 존재인 것이다.

* * * * *

성경은 이렇게 해서 사람의 기원을, 남자와 여자의 기원을 보도하고 있다. 그것이 결혼의 제정과 인류의 시작에 대한 성경의 가르침이다. 그러나 오늘날 이와는 전혀 다른 해석이 과학의 이름으로, 또한 과학의 권위로 제기되고 있다. 그리고 이러한 새로운 해석이 점점 더 침투해 들어가서 급기야 일반 대중에게까지 미치고 있으므로, 또한 이 문제가 세계관과 인생관에 중대한 영향을 미치므로, 이에 대해서 잠시 주의를 기울여, 이 새로운 해석이 근거하는 그 기초를 다시 점검하고 평가하는 일이 필요할 것이다.

인류의 기원에 대한 이러한 성경의 보도를 인정하지 않게 되면, 그것에 대해 무언가 다른 논지를 제시할 필요가 생기게 된다. 사람이 존재하고 있으니, 그가 어디서부터 왔느냐 하는 질문을 피할 수가 없는 것이다. 사람이 하나님의 창조적인 전능하심에서 비롯되지 않았다면, 무언가 다른 데에서 비롯되었을 것이다. 그렇게 되면 사람이 그보다 앞서는 한층 저급한 존재들로부터 점점 자신을 발전시켰고 그리하여 존재의 질서에서 현재의 높은 위치에 이르게 된 것이라고 말하는 것 이외에는 해결책이 없어진다. 그리하여, 진화(進化: evolution)가 바로 오늘날 피조물들의 기원과 본질에 대한 모든 문제점들을 해결해 주는 마법의 단어가 되고 있는 것이다. 이는 지극히 자연스런 현상이다. 창조의 가르침을 인정하지 않기 때문에, 진화론자로서는 태초에 무언가가 존재하고 있었다는 것을 인정할 수밖에는 없다. 왜냐하면 무(無)로부터는 아무것도 생겨날 수가 없기 때문이다. 그러나 진화론자는 이런 사실을 염두에 두고서, 물질과 에너지와 운동이 영원히 존재했다는 전적으로 임의적이며 불가능한 가정을 전제로 삼는다. 그리고 거기에다, 우리의 태양계가 생겨나기 전에, 세계는 그저 가스로 된 혼돈의 덩어리로 되어 있었다는 논지를 덧붙인다. 그리고 이것이 진화의 시발점으로서, 거기서부터 점차로 현재의 세계와 거기에 속하는 모든 존재들이 발전되어온 것이라고 한다. 태양계와 지구가 생겨난 것도 진화에 의한 것이다. 진화를 통해서 지면의 각 층들과 광물질들이 생겨났다. 끝없이 오랜 세월에 걸친 진화에 의해서 무생물로부터 생물이 생겨났다. 진화를 통해서 식물과 동물과 사람이 생겨나게 되었다고 한다. 그리고 인간에게서 성적인 구별, 결혼, 가정, 사회, 국가, 언어, 종교, 도덕, 법, 과학, 예술 등, 모든 문명의 가치들이 정규적인 질서를 갖추어 생겨나게 된 것도 진화로 말미암아 이루어진 일이라고 한다. 물질과 에너지와 운동이 영원히 존재했다는 이 한 가지 가설을 근거로 하기만 하면, 더 이상 신(神)을 상정할 필요가 없고, 그렇게 되면 세상에 관한 모든 것이 자명해진다고 한다. 과학이 신을 완전히 불필요하게 해 준다는 것이다.

진화론은 계속해서 사람의 기원에 관한 자체의 논지를 다음과 같은 방식으로 전개한다. 땅이 식어서 생물이 탄생하기에 적절하게 되자, 그 당시의 정황 하에서 생명이 생겨났다고 한다. 십중팔구, 처음에는 생명이 없는 단백질 복합체들이 스스로 형성되었고, 그 다음 그것들이 갖가지 영향을 받아 갖가지 개체들로 발전되었고, 이 단백질 개체들이 서로 복합되고 뒤섞여 최초의 생명의 배아(胚芽)가 되는 원형질(protoplasm)이 생겨나게 되었을 것이라고 한다. 그리고 거기서부터 시작하여 수억 년의 세월에 걸쳐서 생물의 발생 과정과 생물의 발달 과정이 진행되었다는 것이다.

이 원형질이 오늘날 식물이든 동물이든 사람이든 간에 모든 생명체들의 기본 구성 요소로 인정되고 있는 세포의 단백질 핵을 형성하였고, 그리하여 최초의 유기체인 단세포 원형 동물(protozoa)이 생겨났다고 한다. 그리고 시간이 흐르면서 그것들이 움직일 수 있느냐 움직일 수 없느냐에 따라서, 식물과 동물로 발전하였다. 동물 중에서는 적충류(滴蟲類: infusoria)가 가장 하등에 속하는데, 이것들에서부터 갖가지 중간적인 변화의 단계들을 거치면서 점차적으로 척추 동물, 무척추 동물, 연체 동물 등으로 알려진 고등 동물들이 생겨나게 되었고, 거기서 다시 척추 동물들이 어류, 양서류, 조류, 포유류 등 네 가지 부류로 갈라졌다고 한다. 그리고 이것들이 다시 부리 동물, 유대류(有袋類), 태반 동물 등 세 가지로 갈라지며, 태반 동물은 다시 설치류(齧齒類), 유제류(有蹄類), 맹수류(猛獸類), 영장류(靈長類) 등으로 갈라지고, 영장류가 다시 반(半)원숭이류, 원숭이류, 유인원류(類人猿類) 등으로 분류된다는 것이다.

진화론자들에 의하면, 사람의 물리적 조직을 이 갖가지 동물들과 비교해 보면, 사람은 종류 상으로 척추 동물, 포유류, 태반 동물, 영장류에 속하며, 영장류 중에서도 아시아의 오랑우탄, 긴팔원숭이, 그리고 아프리카의 고릴라와 침팬지 등으로 대표되는 모든 유인원류와 가장 가깝게 닮았다고 한다. 그리하여 이것들을 사람의 가장 가까운 친척으로 간주한다. 물론 이것들은 크기나 형태 등이 사람과 다르지만, 그 기본적인 육체적 구조가 사람과 흡사하다. 사람은 현존하는 이런 원숭이류로부터 나온 것은 아니고, 오래 전에 멸종된 유인원으로부터 나온 것이다. 이 진화론에 따르면 원숭이류와 사람은 인척간이요 같은 유에 속하지만, 원숭이류는 사람에게 형제 자매라기보다는 조카나 질녀와도 같은 존재라는 것이다.

이런 것이 바로 진화론의 사고다. 진화론에 의하면 실제로 지금까지 되어진 과정이 그렇다고 한다. 그러나 진화론자는 또한 이 모든 일이 어떤 식으로 일어났는지에 대해 무언가 논지를 제시해야 할 필요성을 느꼈다. 식물과 동물과 사람이 서로 단절이 없는 일련의 존재 양식을 취하였다고 말하는 것은 그래도 쉬운 일이었다. 그러나 진화론자로서는 그런 발전이 실제로 가능했다는 것을, 예를 들어서 원숭이가 점차로 사람이 되는 일이 가능했다는 것을 입증시킬 수 있도록 무언가를 해야 한다고 느꼈다. 1859년 찰스 다윈(Charles Darwin)이 바로 그런 증명을 시도했다. 그는 식물과 동물이 — 예컨대, 장미와 비둘기가 — 인공적인 도움을 받은 자연 도태(natural selection)에 의해서 상당한 변형을 보이게 될 수 있다는 것을 주목했다. 그리하여 그는 자연에서도 역시 그런 자연 도태가 작용했을지도 모른다는 생각에 착안하게 되었다. 인간이 개입하여 통제하지 않고도 무의식적이며, 임의적인 자연 도태가 작용할 수 있다는 것이었다. 이런 생각을 하게 되자, 그에게 하나의 빛이 비쳐왔다. 자연 도태 이론을 수용함으로써, 어떻게 식물과 동물이 점차 변화의 과정을 거치게 되었는지, 어떻게 그것들이 그 조직 자체의 결점을 극복하고 보완하여 유리하게 할 수 있었는가를, 또한 그렇게 해서 그것들이 생존 경쟁에서 다른 것들과 경쟁하여 성공을 거두기에 더 낫도록 스스로를 잘 대비해 갔다는 점을 그 자신이 잘 해명할 수 있는 위치에 있게 되었다고 생각한 것이다.

다윈에 의하면, 언제나 세상의 어디서나 생명은 생존 경쟁 속에 있다. 표면으로만 보면, 자연 속에 평화가 있는 것처럼 보일 수도 있으나, 이것은 겉으로만 그렇게 보이는 것일 뿐이다. 오히려, 생명과 생명 유지를 위하여 필수적인 요건을 얻기 위한 끊임없는 경쟁이 그 속에 있는 것이다. 땅에 생겨난 모든 존재들이 필요한 양식을 공급하기에는 그 땅이 너무나 작고 열악하기 때문이다. 그리하여 무수한 조직체들이 그런 필요한 요건의 결핍 때문에 멸망하며, 오로지 가장 강한 존재만 살아남는다(적자 생존). 그리고 이 가장 강한 존재들이 — 이들은 자기들만의 어떤 고유한 특성들을 발전시켰기 때문에 다른 것들보다 우월하게 되었다 — 점차로 자기들이 습득한 그 유리한 특성들을 후손들에게 전수한다. 그리하여 진전이 있고, 계속해서 높이 올라가는 발전이 있다는 것이다. 다윈에 의하면, 자연 도태와, 생존 경쟁과, 또한 기존의 특성과 새로 습득한 특성들을 후손에게 전수한 일이, 새로운 종(種)의 출현과 동물로부터 사람에게로의 전환을 설명해 준다는 것이다.

* * * * *

이 진화론을 평가함에 있어서, 무엇보다도 필수적인 일은, 진화론자들이 근거로 제시하는 사실들과 또한 그 사실들을 바라보는 그들 자신의 철학적 사고를 서로 분명하게 구분하는 일이다. 그 사실들이란 곧, 사람이 다른 생물들과 — 좀 더 구체적으로는 고등 동물들과, 그리고 그것들 중에서도 특히 원숭이들과 — 온갖 특성들을 공유한다는 것이다. 이 사실들은 그 대부분이 다윈 이전에도 알려져 있던 것들이다. 육체적 구조에 있어서나 몸의 몇 가지 기관들에 있어서나 그 기관들의 활동에 있어서나, 오감에 있어서나, 지각과 인식 등에 있어서 그것들이 서로 유사하다는 것은 눈으로 보면 누구든지 알 수 있는 것으로, 부정할 수 있는 것이 아니기 때문이다. 그러나 최근 해부학, 생물학, 생리학, 심리학 등이 과거보다 훨씬 더 철저하게 그런 유사한 특성들을 조사하였다. 그리하여 유사한 특성들의 숫자와 중요성이 훨씬 증대되었다. 그리고 다른 학문들이 사람과 동물 사이의 이런 유사점들을 확증하고 확대하는 데에 기여하였다. 예를 들어, 발생학(embryology)은 임신 초기에는 인간의 모습이 물고기나, 양서류, 그리고 하등 포유류와 비슷하게 닮았음을 제시하였다. 고대의 상태와 상황들을 연구하는 고고학은 유골이나 뼈, 두개골, 장식물 등, 인간의 잔재들을 발견하였는데, 그 결과 여러 세기 전 이 땅의 어느 지역에 살던 사람들이 아주 단순한 삶을 살았음이 밝혀지기도 했다. 그리고 인종학(ethnology)은 문명화된 국가들로부터 정신적으로 육체적으로 완전히 동떨어진 부족들과 민족들이 있었음을 가르쳤다.

사방에서 여러 가지 자료들이 모아져 이런 사실들이 알려지자, 철학이 이것들을 종합하여 하나의 가설 — 즉, 만물이, 특히 사람이 점진적으로 진화되었다는 가설 — 을 만드느라 바삐 움직였다. 이 가설은 그 사실들이 발견된 후에 생겨난 것도, 그 사실들 때문에 생겨난 것도 아니고, 그보다 오래 전부터 있었고, 여러 철학자들에게서 지원받아오던 것이었다. 그런데 이제 그 가설이 새로이 발견된 사실들에게 적용된 것이다. 그들의 주장대로, 옛 가설이, 옛 이론이, 이제 확실성이 밝혀진 사실들 위에 든든히 서게 된 것이다. 그 사실들로 말미암아, 영원히 존재해온 물질과 에너지의 문제를 제외하고는 이제 세상의 모든 수수께끼들이 해결되었고 모든 비밀들이 발견되었다고들 쾌재를 부른 것이다. 그러나 이 진화론 철학이라는 이 교만한 건축물은 제대로 세워진 것이 아니다. 그것에 대한 공격이 시작되자, 곧 무너지고 만 것이다. 한 탁월한 철학자는 말하기를, 다윈주의(Darwinism)는 1860년대에 등장하여 1870년대에 승리의 행진을 벌였고, 1890년대에 이르러 몇몇에 의해서 의문이 제기되어, 그 후 세기가 바뀌면서 많은 이들의 강력한 공격을 받게 되었다고 한다.

최초의 가장 예리한 공격은, 몇 가지 종들이 존재하게 된 방식에 대한 다윈의 이론에 대해 제기되었다. 생존 경쟁과 자연 도태로는 만족할 만한 설명이 되지 못했다. 식물계와 동물계에서 맹렬한 싸움이 있는 경우가 많고, 또한 이 싸움이 동식물의 본성과 존재에 상당한 영향을 미치는 것은 사실이다. 그러나 그렇다고 해서 이 싸움이 새로운 종(種)들이 생겨나게 할 수 있다는 것은 결코 입증되는 것이 아니다. 생존 경쟁은 수고와 노력을 하게 만들어서 성향들과 능력들을 강건케 하고, 기관들과 가능성들을 강건케 하는 데 기여할 수 있다. 기존의 것을 발전시킬 수는 있으나, 있지도 않은 어떤 것을 새로이 생겨나게 할 수는 없는 것이다. 게다가, 누구든 자기의 경험을 통해서 아는 사실이지만, 언제나 어디서나 경쟁이 없이 존재하는 것이 없다는 말은 과장된 것이다.

세상에는 미움과 적대감만 있는 것이 아니다. 사랑과 협력과 도움도 있다. 언제든 어디서든 모든 것들이 모든 것들을 상대로 싸움 중에 있지 않은 것이 없다는 논리는, 자연의 어디에나 평화와 안정이 있다는 18세기의 목가적인 사고만큼이나 한 쪽으로 치우친 것이다. 자연이라는 큰 테이블에는 수많은 것들이 앉을 여지가 있고, 하나님이 사람에게 거처로 주신 지구는 도저히 다 채울 수 없을 만큼 자리가 풍성하다. 그러므로, 생존 경쟁과는 아무런 관계가 없는 사실들과 현상들이 무수하게 많은 것이다. 예를 들어서, 달팽이의 껍질의 갖가지 색깔과 모양이나, 여러 척추 동물의 하복부의 검은 색이나, 나이가 들수록 머리카락이 희어지는 것이나, 가을에 나뭇잎에 단풍이 드는 현상 같은 것이 과연 생존 경쟁과 무슨 관계가 있는지를 아무도 지적해 줄 수가 없다. 그리고 이 생존 경쟁에서 반드시 가장 강한 쪽이 승리하며, 가장 약한 쪽이 항상 패배한다는 것도 사실이 아니다. 소위 우연, 혹은 운명, 불행한 처지가 그런 모든 계산을 무색하게 만드는 경우가 많기 때문이다. 때로는 강한 사람이 한창 때에 사라지며, 육체적으로 연약한 남자나 여자가 노년에까지 이르는 경우도 있는 것이다.

이런 점들을 고려하여, 한 네덜란드의 학자는 다윈의 자연 도태론 대신 또 다른 이론을 제시하기도 했다. 곧, 돌연변이 이론이 그것인데, 이에 따르면, 종(種)의 변화가 정규적으로 점진적으로만 일어나는 것이 아니라, 때로는 갑작스럽게, 몇 단계를 뛰어넘어서 일어나기도 한다는 것이었다. 그러나 이 이론에 대해서 제기되는 의문점은 이 변화들이 과연 새로운 종을 형성하는 변화인가, 아니면 기존의 종 내에서의 변화인가 하는 점이다. 그리고 그에 대한 대답은 종이 과연 무엇을 뜻하는가에 달려 있는 것이다.

20세기에 이르러서는, 생존 경쟁, 자연 도태, 적자 생존만이 아니라, 습득한 특성들이 전수된다는 것까지도 그 지지 기반을 잃었다. 천성적인 특성들이 부모로부터 자녀에게로 전수된다는 것은 그 문제의 본질상, 다윈주의를 지지하기보다는 오히려 공격하는 경향이 있다. 왜냐하면 그것은 종이 변하지 않게 계속 유지되는 것을 시사하기 때문이다. 오랜 세월 동안 사람은 끝까지 사람을 낳고, 다른 것을 낳지 않는다. 습득한 특성의 전수를 천성적인 특성의 전수와 구별하여 다루는 문제에 대해서는 현재 견해들이 너무나 서로 다르므로 확실하게 제시할 수 있는 것이 아무것도 없다. 그러나 이것만은 확실하다. 곧, 습득한 특성들은 부모에게서 자녀에게로 전수되지 않는 경우가 매우 많다는 것이다. 예를 들어서, 여러 세기 동안 몇몇 민족들이 할례를 행하였으나, 그 이후의 후손들에게서는 그 흔적조차 찾을 수가 없다. 후손에게 물려줌으로써 전수가 이루어지는 일은 오로지 특정한 경계 이내에서만 나타나며, 종류를 바꾸게 만드는 효과는 없는 것이다. 인위적으로 변화가 가해지면, 그것은 인위적으로 유지해야만 하고, 그렇지 못하면 다시 잃어버리고 만다. 요컨대 다윈주의는 유전이나 변화를 제대로 설명해주지 못한다. 유전도, 변화도, 그것들이 존재한다는 것을 부인할 수가 없다. 그러나 그것들의 상호 관계는 아직 우리의 지식의 한계 바깥에 있는 것이다.

그러므로, 다윈주의, 즉 좁은 의미에서의 다윈주의 — 종의 변화를 생존 경쟁과 자연 도태와 습득한 특성들의 전수로 설명하는 노력 — 는 점점 과학자들에 의해서 폐기되고 말았다. 다윈의 이론에 대한 최초의 가장 탁월한 반대자들 중 한 사람의 예언이 문자 그대로 실현되었다. 그의 예언은, 이 이론이 생명의 신비를 설명하고자 시도하지만 그것이 심지어 19세기 말까지도 지속되지 못할 것이라는 것이었다. 그러나 더 중요한 것은 다윈의 이론에 대해서만이 아니라 진화론 그 자체에 대해서도 비판이 제기되었다는 사실이다. 사실은 사실 그대로 남아 있으므로 결코 무시할 수가 없다. 그러나 이론은 그것과는 다르다. 생각이 사실들에 기초하여 세운 것이 이론이다. 그런데 점점 더 분명해진 것은 진화론이 사실과 부합되지 않았고 심지어 사실과 모순을 일으키기까지 했다는 것이다.

예를 들어서 지질학은, 하등 동물과 고등 동물이 서로 순차적으로 존재한 것이 아니라 사실상 어느 시대든 서로 동시에 존재했다는 사실을 밝혀주었다. 고고학은 유기체의 여러 종들 사이의 중간 단계의 존재를 결정적으로 입증해 줄 만한 증거를 단 하나도 제시하지 못했다. 물론 다윈의 이론에 따르면 극도로 미세한 변화들이 극도로 점진적인 진화를 통해서 이루어졌다고 하나, 그런 중간 단계들이 대량으로 있어야 마땅한 것이다. 사람과 원숭이의 중간 단계를 찾기 위해서 온갖 노력을 다 기울여왔으나, 그런 것은 발견되지 않았다. 발생학이 사람의 태아의 여러 발달 단계에서 다른 동물의 태아와 외형적인 유사점이 나타난다는 점을 지적하는 것은 사실이다. 그러나 이런 유사점은 외형적인 것에 불과하다. 왜냐하면 동물의 태아에서 절대로 인간이 출생하는 법이 없고 인간의 태아에서 동물이 출생하는 법이 없기 때문이다. 다시 말하면, 사람과 동물은 잉태될 때부터 — 물론 그때에는 그 본질적인 차이를 볼 수가 없지만 — 계속해서 다른 방향으로 나아가는 것이다. 생물학은 지금까지 생명이 스스로 발생했다는 논지에 대한 증거를 거의 제시하지 못했고, 그리하여 이제는 많은 사람들이 그것이 불가능하다는 것을 수용하고 특별한 생명력 혹은 생명 에너지의 관념으로 되돌아가고 있다. 물리학과 화학은 그 탐구에 들이는 수고에 비례하여 그 무한히 작은 세계 속에서 더욱더 많은 비밀들과 놀라운 현상들을 발견해 냈고, 그리하여 많은 이들로 하여금 만물의 기본 구성 요소가 물질이 아니라 에너지라는 사고로 다시 돌아가게 만들었다. 그리고 의식과, 의지의 자유, 이성, 양심, 언어, 종교, 도덕 등이 오로지 진화의 산물임을 설명하기 위해서 온갖 수고를 기울여왔으나 ─ 더 이상 증거는 제시하지 않겠지만 ─ 결국 전혀 성공을 거두지 못하였다. 과학에게는 이런 모든 현상들의 기원이 ─ 물론 다른 것들의 경우도 마찬가지지만 ─ 여전히 어둠에 싸여 있는 것이다.

마지막으로 중요한 사실은, 사람이 역사 속에 등장했을 때에 그는 몸과 영혼이 이미 사람이었고, 이미 언제나 어디서나 인간적인 특성과 활동들을 ─ 그 기원을 발견하고자 과학이 애를 쓰고 있다 ─ 모두 소유하고 있었다는 점이다. 이성과 의지, 합리성과 양심, 사상과 언어, 종교와 도덕, 결혼 제도와 가정 등이 없는 인간이란 그 어디서도 찾아볼 수 없는 것이다. 그런데 만일 이 모든 특성들과 현상들이 점차로 진화되었다면, 그런 진화는 선사(先史) 시대 ─ 즉, 우리가 직접적으로 아는 것이 아무것도 없고 그리하여 그저 몇 가지 사실들을 기초로 하여 이리저리 추측하는 정도밖에는 할 수 없는 그런 시대 ─ 에 일어났을 것이 틀림없다. 그러므로, 어떤 학문이든, 그 선사 시대의 사실들을 빌려와서 거기서 사물들의 기원들을 발견하기를 원한다면, 문제의 본질상 반드시 추측과 가정과 추리에 의존할 수밖에는 없다. 여기서는 엄밀한 의미에서 증거 제시의 가능성은 전무한 것이다. 진화론 전체도 물론이거니와 사람이 짐승에게서부터 진화되어 왔다는 이론도 역사 시대에서 제시되는 사실들로는 조금도 뒷받침을 얻지 못한다. 그런 이론들이 기초로 하여 세워진 모든 요소들 중에서 결국 남는 것은 하나의 철학적인 세계관밖에는 없고, 그것이 하나님을 시야에서 제외시켜 버린 채 모든 것들과 모든 현상들을 자기의 체계대로 해명하고자 하는 것이다. 진화론 주창자 중 한 사람이 이 점을 솔직하게 시인한 바 있다. 진화와 기적 중의 어느 하나를 선택해야 하는데, 기적이 절대로 불가능하기 때문에 우리로서는 진화를 택하지 않을 수 없다는 것이다. 그러니 사람이 하등 동물로부터 진화하였다는 이론은 면밀한 과학적 조사에 근거하는 것이 아니라 오히려 유물론적인 철학, 혹은 범신론적인 철학의 가정 이외에 아무것도 아니라는 것을 그런 발언이 잘 드러내 주고 있는 것이다.

* * * * *

사람의 기원 문제는 사람의 본질 문제와 매우 밀접하게 관련되어 있다. 오늘날 많은 사람들이 사람과 세상이, 그 기원이나 과거의 발전 상태가 어떠했든지 간에 현재와 같은 모습을 하고 있고 또 그렇게 남아 있을 것이라고 말하고 있다.

이 입장은 물론 전적으로 옳은 것이다. 우리가 올바르게 생각하든 그릇되게 생각하든 전혀 관계 없이, 실체는 그래도 남아 있는 것이다. 그러나 사물의 기원 역시 마찬가지다. 우리가 아무리 세상과 인류가 특정한 방식으로 — 예컨대, 자생(自生)을 통하여 오랜 세월에 걸쳐서 지극히 미세한 변화를 수없이 겪어서 점진적으로 — 생겨났다고 상상하더라도, 그런 상상 때문에 실제의 기원을 바꿔지는 것이 아닌 것은 물론이다. 세상은 우리가 바라거나 생각하는 방식으로 생겨난 것이 아니고, 그것이 본래 생겨난 방식대로 생겨난 것이다. 그러나 우리가 사물의 기원에 대해 갖고 있는 관념은 사물의 본질에 대해 갖고 있는 관념과 불가분리의 관계에 있다.

첫 번째 것이 잘못되면, 두 번째 것도 옳을 수가 없다. 만일 지구와 자연계 전체가, 모든 피조물들과 인간이 하나님이 없이 순전히 세상의 에너지의 진화를 통해서 생겨났다고 생각한다면, 그런 생각은 반드시 세상과 사람의 본질에 대한 우리의 사고에 가장 큰 영향을 미치게 될 것이 뻔한 일이다.

세상과 사람은 분명 우리의 해석과는 전혀 관계 없이 자기들의 모습대로 있을 것이다. 그러나 우리에게는 그것들이 전혀 달라진다. 우리가 그 기원에 대해, 그것들이 생기게 된 경위에 대해 어떻게 생각하느냐에 따라서 그것들의 가치나 의미가 커지기도 하고 줄어들기도 하는 것이다.

이것은 너무도 명백하여 더 이상 확실한 조명이나 확증이 필요 없다. 그러나 사물의 기원에 대하여 우리가 좋아하는 대로 생각할 수 있다는 사고가 계속해서 다시 등장하는 사고이기 때문에 — 예컨대, 성경, 이스라엘의 신앙, 그리스도, 신앙, 도덕 등에 대해서 그런 사고가 계속해서 나타나고 있다 — 사람의 본질에 대해서도 그런 사고를 갖는 것이 그릇된 것임을 다시 한 번 지적하는 것이 유익할 것이다. 그 일은 별로 어렵지 않다. 왜냐하면, 만일 사람이 하나님이 없이 오로지 맹목적인 자연의 활동력을 통해서 스스로 점차 진화되었다면 사람은 본질적으로 짐승과 다를 바 없을 것이 자명해질 것이고, 따라서 사람이 아무리 고도로 발달되었다 할지라도 여전히 짐승으로 남아 있을 수밖에 없는 것이기 때문이다. 그렇게 되면 육체와는 구별된 영혼이라든가, 도덕적 자유라든가 영혼의 불멸 같은 것이 있을 여지가 전혀 없어진다. 그리고 종교, 진리, 도덕, 아름다움 등도 그 적절한 (절대적인) 성격을 잃어버리게 되는 것이다.

이런 결과들은 우리가 진화론의 주창자들에게 억지로 부과하는 것이 아니고, 진화론 자체로부터 파생되어 나오는 지극히 자연스런 귀결이다. 예컨대 다윈 자신도, 미혼 여성이 꿀벌과 동일한 조건에서 교육받았을 경우 그들은 일벌들이 하듯이 자기 형제들을 죽이는 일을 신성한 의무로 생각할 것이고, 어머니들도 방해자가 나타나지 않도록 출산 능력이 있는 딸들을 죽이려 할 것이라고 말한다. 그러므로 다윈에 의하면 도덕법 전체가 상황의 산물일 뿐이요 따라서 상황이 바뀌는 대로 변하는 것이 되고 만다. 그렇게 보면 선과 악도, 심지어 진리와 거짓도 상대적인 관념이요, 그 의미와 가치도 마치 유행처럼 시간과 장소의 변화에 따라 바뀌는 것이 되는 것이다. 또한 다른 사람들에 의하면, 종교도 일시적인 도움밖에 아무것도 아니라고 한다. 자연과의 싸움에서 자신이 부족하므로 도움을 받기 위해 사용하는 것으로 사람들에게 일시적으로 아편과 같은 역할을 할 수 있으나, 사람이 완전한 자유 속에 이르면 자연히 소멸되고 사라질 것이라는 것이다. 죄와 범죄, 살인 같은 것은 사람의 죄책(罪責)을 구성하는 것이 아니고 사람이 과거에 처하여 살던 미개한 상태의 후속 효과이며, 따라서 사람이 발전하고 사회가 개선되면 그만큼 줄어들게 되어 있다고 한다. 따라서 범죄자들은 어린아이들로, 동물로, 혹은 정신나간 타입으로 간주해야 하고 또한 그렇게 다루어야 하며, 감옥을 없애고 갱생원(更生院)을 세워야 한다고 한다. 요컨대, 만일 사람이 하나님이 지으신 것이 아니라 짐승에게서 스스로 점진적으로 진화되어 나왔다면, 그는 모든 것이 자기의 덕분이요, 자기가 자기의 법 제정자요, 주인이요, 주(主)가 되는 것이다. 이처럼 (유물론적 혹은 범신론적) 진화론으로부터 파생되는 내용들이 현대 과학에서는 물론 현대의 문학, 미술, 정치에서도 아주 분명하게 표현되고 있는 것이다.

그러나 현실은 이런 것과는 전혀 다른 것을 가르쳐 준다. 원하기만 하면, 사람은 자기가 스스로 모든 것을 했고, 그 어떠한 것에게도 매이지 않는다고 믿도록 만들 수 있다. 그러나 모든 면에서 그는 여전히 의존적인 피조물로 남아 있다. 그는 자기가 좋아하는 대로 할 수가 없다. 육체적인 존재에 있어서도, 그는 호흡, 혈액 순환, 소화, 생식을 위하여 세워져 있는 법칙들에 매여 있다. 이런 법칙들을 거슬러 행하고 그것들에 주의를 기울이지 않으면, 건강을 해치고 심지어 목숨을 잃기까지 한다. 사람의 영적인, 정신적인 삶도 마찬가지다. 사람은 자기가 좋아하는 대로 생각할 수가 없고, 자기가 생각해 내지도, 세워놓지도 않았으나 생각의 행위 자체에 함축되어 있고 그 속에서 표현되고 있는 여러 가지 법칙들에 매여 있다. 만일 이 생각의 법칙들을 따르지 않으면, 그는 스스로 오류와 거짓의 그물에 걸리고 마는 것이다. 또한 자기가 좋아하는 대로 의지를 갖고 행동할 수도 없다. 그의 의지는 이성과 양심의 통제 아래 있어서, 만일 이러한 통제를 무시하고 자신의 의지와 행동을 변덕과 독단의 수준으로 전락시키게 되면, 후회와 자책감, 회한, 쓰라린 자괴감, 그리고 양심의 찔림이 있게 될 것이 확실한 것이다.

그러므로, 육체의 삶에 못지않게, 정신적인 삶도 변덕이나 우연과는 다른 어떤 것 위에 세워져 있는 것이다. 그것은 무법(無法)과 무통제(無統制)의 상태가 아니라 모든 면에서, 그리고 그 모든 활동에 있어서 법칙들에 의해서 결정되는 것이다. 그것은 진, 선, 미의 법칙에 의해 통제를 받으며, 따라서 그것이 스스로 자생한 것이 아님을 입증하는 것이다. 요컨대, 사람은 처음부터 그 자신의 본성과 그 자신의 본질을 지니고 있으며, 이것들을 아무런 거리낌없이 거스를 수는 없는 것이다. 그러므로 이 문제들에서는 인간의 본성이, 진화론을 주창하는 자들이 (인간 본성에 대해, 인간의 불변하는 속성들에 대해, 사람을 위해 제시된 사고와 윤리의 법칙들에 대해, 또한 타고난 종교성에 대해) 계속해서 제기하는 이론보다는 훨씬 더 강한 것이다. 그러므로 사람의 본질에 대한 사고가 사람의 기원에 대한 사고와 상충되고 마는 것이다.

그러나 성경에서는 이 두 사고가 서로 완벽한 일치를 이룬다. 사람의 본질이 그의 기원과 일치하는 것이다. 사람의 몸이 물론 땅의 흙으로 지음받았으나, 위로부터 생기를 받아 하나님으로 말미암아 창조함을 받았으므로, 그는 자기의 본성을 지닌 독특한 존재다. 그의 존재의 본질은 바로, 하나님의 형상과 그의 모양을 드러낸다는 데 있는 것이다.

* * * * *

이러한 하나님의 형상은 사람을 동물과 천사 모두와 구별지어 준다. 동물 및 천사와 공통적인 특성들을 지니기도 하지만, 사람은 자신의 고유한 본성을 지니고 있다는 점에서 그것들과는 다른 것이다.

물론 동물들도 하나님으로 말미암아 창조함받았다. 자기들 스스로 생겨난 것이 아니라 하나님의 구체적인 말씀과 능력으로 말미암아 존재하게 된 것이다. 게다가 그것들은 식물들과 마찬가지로 즉시 갖가지 종류대로 창조되었다. 모든 사람들은 한 부모에게로부터 혈통을 받아 내려오며, 그리하여 한 인류를 구성하고 있다. 그러나 동물의 경우는 그렇지 않다. 그것들에게는, 이를테면, 갖가지 조상들이 있는 것이다. 그러므로 오늘날까지도 동물학은 모든 동물을 거꾸로 추적해 들어가 최초의 한 가지 유형(類型)을 발견해 내는 데 성공을 거두지 못하고 있는 것이다. 동물은 처음부터 일곱 가지, 혹은 네 가지 주요 유형으로 나누어 분류하고 있는 것이다.

아마도 그렇기 때문에 대부분의 유형의 동물들이 온 지면에 흩어져 있지 않고, 특정한 지역들에 살고 있는 것이 사실인 것 같다. 물고기들은 물에서 살고, 새들은 공중에서 살며, 뭍짐승들은 대부분 명확하게 한정된 영역 내에서 산다. 예를 들면, 북극곰은 오로지 북극에만 있고, 오리너구리는 오로지 오스트레일리아에만 있다. 창세기에서도 하나님이 식물들과 동물들을 각기 종류대로 — 즉, 그 유형에 따라 — 창조하셨음을 분명히 명시하여 진술하고 있다(1:11, 12, 21). 물론 그렇다고 해서 하나님께서 태초에 창조하신 유형들이 린네(Linnaeus)식 동식물 분류법과 정확히 일치하는 것은 물론 아니다. 우선 우리의 분류법은 언제나 오류의 가능성을 지니고 있다. 왜냐하면 우리의 동물학이 여전히 결점이 있어서 변종(變種: variants)을 유형으로, 혹은 유형을 변종으로 간주하는 경향이 있기 때문이다. 동물의 유형에 대한 인위적인 과학적 개념은 확실히 세우기가 매우 어려우며, 따라서 언제나 우리가 항상 찾고 있는 자연적인 유형의 개념과는 항상 매우 다른 것이다. 더욱이, 오랜 세월이 흐르는 동안 수많은 동물의 종(種)들이 멸종되거나 몰살되었다. 현재 남아 있는 얼마 안 되는 잔재들을 — 그것이 온전하든 무너져버린 상태든 간에 — 근거로 볼 때에, 예컨대 매머드 등, 갖가지 종류의 동물들이 현재는 사라지고 없으나, 한 때는 무수하게 많았다는 것이 분명하다. 그리고 세 번째로 기억해야 할 것은, 온갖 영향을 받아 동물계에 큰 변화와 변이가 일어났기 때문에 우리로서는 거꾸로 거슬러 올라가 본래의 유형을 추적해낸다는 것이 힘든 일이며 심지어 불가능한 일이라는 사실이다.

더 나아가서, 식물 창조와 동물 창조에 있어서 놀라운 사실은 그것들이 하나님의 권능의 역사로 생겨난 것은 물론이며, 그 하나님의 역사 속에서 자연이 매개의 역할을 했다는 점이다. 창세기 1:11-12에서 우리는 하나님께서 "땅은 풀과 씨 맺는 채소와 각기 종류대로 씨 가진 열매 맺는 나무를 내라"고 말씀하셨고, 그 말씀이 그대로 이루어졌다는 보도를 접하게 된다. 이는 창세기 1:20의 경우도 마찬가지다: "물들은 생물을 번성하게 하라. 땅 위 하늘의 궁창에는 새가 날으라." 또한 24절도 마찬가지다: "땅은 생물을 그 종류대로 내되 가축과 기는 것과 땅의 짐승을 종류대로 내라 하시니 그대로 되니라." 그러므로 매 경우마다, 하나님께서는 자연을 도구로 사용하신 것이다. 물론 하나님께서 자연적인 조건을 부여하시고 마련하셨지만, 각기 종류가 다른 그 모든 피조물들을 낸 것은 바로 땅인 것이다.

이러한 독특한 동물들의 기원이 그것들의 본질에 약간의 빛을 비추어 준다. 이러한 기원이 동물들의 경우에 사람의 경우보다 훨씬 더 땅에게와 자연에게 밀접한 관련을 맺고 있음을 입증해 주는 것이다. 동물들은 생물이요,

따라서 무생물과는 구별되는 것이 사실이다. 그렇기 때문에 그것들을 가리켜 "생물"(living souls: 즉, 살아 있는 혼들)이라 부르는 것이다(창 1:20, 21, 24). 일반적인 의미의 생명의 원리에 있어서는 동물들 역시 혼을 지니고 있다(창 2:19; 9:4; 10, 12, 16; 레 11:10; 17:11). 그러나 동물들에게 있는 이 혼의 살아 있는 원리는 여전히 자연, 그리고 물질의 신진 대사에 밀접하게 매여 있어서 그 어떠한 독립성이나 자유에도 이를 수가 없으며, 또한 물질의 신진 대사 혹은 순환과 분리되어서는 결코 존재할 수가 없는 것이다. 그러므로, 동물이 죽으면 동물의 혼도 함께 죽는 것이다. 결국, 동물은, 최소한 고등 동물은, 사람과 동일한 감각 기관들을 가졌고, 사물을 지각할 수가 있다(듣고, 보고, 냄새 맡고, 맛을 알고, 느낀다). 이미지를 형성하여 그 이미지들을 서로 연관지을 수도 있다. 그러나 동물들은 이성이 없으며, 따라서 이미지를 구체적이고 개별적인 실체들과 분리시킬 수가 없다. 이미지들을 변형시킬 수도 없고, 그것들을 개념화시킬 수도 없고, 개념들을 서로 연관시켜 판단을 형성시킬 수도 없고, 판단들로부터 추리를 할 수도, 어떠한 결단에 이를 수도 없고, 의지의 행위를 통해서 그 결단을 실행할 수도 없는 것이다. 동물들에게는 지각과 이미지들이 있으며 그 이미지들을 함께 복합시킬 수도 있으며, 본능, 욕망, 격정도 있다. 그러나 사람에게 고유한 고상한 욕망과 지식은 없으며, 또한 이성도 의지도 없는 것이다. 이 모든 사실은 동물들에게 언어나 종교나 도덕성이나 미적 감각이 없다는 사실에서 잘 표현된다. 그들은 신(神)관념도, 눈에 보이지 않는 것들이나 진선미에 대한 관념도 없는 것이다.

그러므로 사람은 동물의 수준보다 훨씬 높이 올라 있는 것이다. 사람과 동물 사이에는 점진적인 전환이 없고, 커다란 간격이 있다. 사람의 본성과 그의 고유한 본질을 구성하는 것, 즉 그의 이성과 그의 의지, 그의 사고와 언어, 그의 종교와 도덕성 등은 동물에게는 없는 것이다. 그러므로 사람은 동물을 이해할 수 있어도 동물은 사람을 이해할 수가 없다. 오늘날 심리학이 사람의 영혼을 동물의 영혼에 맞추어 해명을 시도하고 있으나, 이것은 올바른 질서를 역전시키는 것이다. 사람의 영혼이야말로 동물의 영혼을 이해하는 열쇠다. 동물은 사람이 지닌 것을 지니지 못하나, 사람은 동물에게 고유한 모든 것을 다 지니고 있는 것이다.

그렇다고 해서 사람이 오늘날 동물의 본성을 철저하게 다 안다는 뜻은 아니다. 사람에게는 온 세계가 하나의 문젯거리며, 그것을 풀기 위해서 계속해서 노력하고 있다. 그러므로 동물도 하나의 살아 있는 미스테리인 것이다. 동물의 존재 의의는 결코 그것들이 사람에게 유익하며, 양식과 피난처와 의복과 장식물을 제공해 준다는 데 있는 것이 아니다. 땅을 정복하고 다스리는 일에는, 사람이 탐욕과 이기주의로 마음대로 모든 것을 자기의 유익을 위해 써야 한다는 것보다 훨씬 더한 의미가 담겨 있는 것이다. 동물의 세계는 또한 우리의 학문과 예술, 우리의 종교와 도덕성을 위해서도 의의가 있다. 하나님은 동물을 통해서 우리에게 많은 것을 말씀하신다. 하나님의 생각과 말씀들이 온 세계로부터 — 심지어 식물계와 동물계에서까지도 — 나와서 우리에게 말씀하는 것이다. 식물학과 동물학이 이런 생각들을 추적해 내므로, 이런 학문들은, 물론 자연과학 전반이 다 그렇듯이, 영광스런 학문들로서 그 누구도 — 그리스도인으로서는 분명 — 멸시해서는 안 되는 것들이다.

더욱이, 동물의 세계가 사람에게 얼마나 풍성한 도덕적 의의가 있는가! 동물은 밑의 영역을 향하고 있으니, 사람은 반드시 그보다 높이 수준을 올려야 하고 절대로 그리로 빠져 들어가서는 안 된다. 이성의 빛을 무디게 만들고, 하늘과의 끈을 깨버리고, 땅의 모든 정욕을 만족시키기를 추구하게 되면, 사람이 동물이 될 수 있고, 심지어 동물보다 못하게 될 수도 있는 것이다. 동물들은 우리의 덕행과 악행의 상징이다. 개(犬)는 충성의 상징이요, 거미는 근면의 상징이요, 사자는 용기의 상징이요, 양은 무죄함의 상징이요, 비둘기는 순결의 상징이요, 사슴은 하나님을 향하여 갈급한 심령의 상징이며, 또한 여우는 간교함의 상징이요, 구더기는 비참함의 상징이요, 호랑이는 잔인함의 상징이요, 돼지는 탐욕의 상징이요, 뱀은 마귀의 간교함의 상징이요, 또한 사람과 형체가 흡사하게 닮은 원숭이는 위로부터 난 영혼이 없이 육체적인 조직만 있는 것이 과연 어떠한지를 잘 보여 주고 있다. 사람은 원숭이에게서 자기 자신의 모습을 보는 것이다.

* * * * *

사람이 하나님의 형상으로 말미암아 자기 밑의 동물들과 다른 것처럼, 그는 또한 그 하나님의 형상 때문에 자기보다 위에 있는 천사들과도 구별된다. 천사들의 존재는 오직 성경에만 나타나는 것으로 과학적 논증을 통해서는 입증할 수가 없다. 과학은 그들에 대해 아무것도 아는 바가 없고, 그 존재를 입증할 수도 없고, 반대로 그들이 존재하지 않는다는 것도 입증할 수가 없다. 그러나 놀라운 사실은 사람보다 위에 어떤 존재들이 있다는 믿음이 모든 민족들과 모든 종교들에서 나타나며, 천사들의 존재에 대한 성경의 증언을 거부하는 자들도 온갖 미신적인 형식을 통해서 이 세상 밖의 존재들에 대한 믿음으로 되돌아가고 있다는 점이다. 오늘날의 세대가 이 점을 너무나도 풍족하게 입증해 주고 있다. 이제는 천사들과 마귀들의 존재를 구태여 주장할 필요가 없게 되었다. 잠재력, 신비한 자연의 능력, 유령, 귀신, 죽은 자의 방문, 생명이 있는 별, 생명체가 살고 있는 행성, 화성인간 등에 대한 믿음이 사회의 여러 부류에서 일어나 있는 것이다. 고대나 현대의 이러한 현상들과 관련하여 흥미로운 것은 성경이 그것들을 반대하는 입장을 취한다는 점이다. 그것들의 근저에 거짓이 자리잡고 있든 참이 자리잡고 있든 간에, 성경은 모든 점술(레 19:31; 20:27; 신 18:10-14), 사술(신 18:10; 렘 27:10; 계 21:8), 점성술(레 19:26; 사 47:13; 미 5:11), 강신술(신 18:11), 신탁(레 19:26; 신 18:10), 마술(신 18:11; 사 47:9) 등을 절대로 금하며, 그리하여 모든 불신앙은 물론 모든 미신을 종식시키고 있다. 기독교와 미신은 서로 철천지원수들이다. 과학이나, 계몽, 혹은 문명에는 미신을 막아줄 안전 장치가 하나도 없다. 오직 하나님의 말씀만이 그것들을 막아줄 수 있는 것이다. 성경은 사람을 가장 깊게 하나님께 의존하게 만들지만, 그렇게 함으로써 모든 피조물로부터 사람을 해방시켜 준다. 성경은 사람을 자연과 올바른 관계 속에 있게 하고, 그리하여 진정한 자연과학을 가능하게 해 주는 것이다.

그러나 성경은 천사들이 있다는 것을 가르쳐 준다. 천사들이란 인간적인 상상에 의해서 만들어진 신비한 존재도 아니요, 신비한 세력이 인격화된 것도 아니요, 죽은 자들이 이제 더 높은 수준으로 올라가 있는 것도 아니요, 하나님이 창조하신 영적인 존재들로서, 하나님의 뜻에 복종하며 하나님을 섬기기 위해 부르심을 받은 존재들이다. 그러므로 그들은 성경의 빛 속에서 우리가 명확한 관념을 가질 수 있는 존재들로서, 이교들의 신화적인 존재들과는 전혀 공통점이 없는 것이다. 지식에 있어서 천사들은 사람보다 월등히 높고(마 18:10; 24:36), 권능에 있어서도 그렇다(시 103:20; 골 1:16). 그러나 그들은 동일하신 하나님과 동일하신 말씀으로 말미암아 지은 바 되었고(요 1:3; 골 1:16) 또한 동일한 이성과 동일한 도덕성을 지니고 있으므로, 예를 들어서, 선한 천사들에 대해서는 그들이 하나님의 말씀의 소리를 듣고 그의 뜻을 행한다고 말씀하며(시 103:20-21), 또한 악한 천사들에 대해서는 그들이 진리에 서지 못하며(요 8:44), 간계로 타락하게 하며(엡 6:11) 또한 그들이 죄를 범한다고(벧후 2:4) 말씀하는 것이다.

그러나, 물론 이처럼 공통점도 있으나, 천사와 사람 사이에는 굉장한 차이가 존재한다. 우선 천사들은 육체와 혼을 지닌 것이 아니라 순전한 영들이다(히 1:14). 물론 그들이 육체의 모습으로 나타나는 경우가 많으나, 그들이 여러 가지 모습으로 나타난다는 사실(창 18:2; 삿 18:3; 계 19:14)은 그런 모습들이 일시적인 것들이요 또한 사명의 본질에 따라서 바뀐다는 사실을 시사해 주는 것이다. 사람과 동물은 생령(生靈: living soul)이라 불리지만, 천사들을 가리켜 생령이라 부르는 경우는 한 번도 없다. 혼(soul)과 영(spirit)은 다음과 같은 점에서 서로 다르다. 혼도 본성적으로 영적이요, 눈에 보이지 않고, 형체가 없으며, 사람에게 있어서도 영적으로 독립적인 개체를 이루나, 그것은 언제나 육체와 결부되는 영적 힘 혹은 영적 개체로서, 육체와 어울리며, 육체가 없이는 불완전하고 미비한 상태라는 것이다. 혼은 육체의 생명을 위하여 마련된 영인 것이다. 그러므로 혼은 동물에게, 특히 사람에게, 합당한 것이다. 사람이 죽을 때에 육체를 잃어버리지만, 그는 계속해서 존재한다. 그러나 힘을 잃은 상태로 존재하는 것이며, 따라서 마지막 날의 부활은 그 모자라는 것이 회복되는 것이다. 그러나 천사들은 혼이 아니다. 그들은 절대로 육체적인 삶을 위해 의도된 존재가 아니요, 땅이 아니라 하늘을 거처로 부여받은 존재들이다. 그들은 순전한 영들이다. 이러한 점들 때문에 천사들은 사람에 비해서 큰 이점을 지닌다. 왜냐하면 그들은 지식과 권능에 있어서 훨씬 높은 위치에 있으며, 사람보다 시공간과 훨씬 더 자유로이 관계하는 위치에 있으며, 좀 더 자유로이 옮겨 다닐 수 있고, 따라서 하나님의 명령들을 이 땅에서 수행하는 데 탁월한 구비 조건을 갖추고 있는 것이다.

그러나 — 이것이 사람과 천사의 두 번째 차이인데 — 그런 이점들은 반대되는 면이 있다. 천사들이 순전한 영들이므로, 그들끼리의 관계가 상대적으로 느슨하다. 그들은 본래 모두 함께 창조되었고, 모두 계속해서 함께 살아 있을 것이다. 그들은 하나의 유기적인 전체나, 한 세대를 구성하지 않는다. 그들 사이에 자연적인 질서가 있는 것은 사실이다. 성경에 의하면, 무수한 천사들이 있고(신 33:2; 단 7:10; 계 5:11), 이들이 그룹들(창 3:24), 스랍들(사 6장), 통치, 권세, 능력, 주권(엡 1:21; 골 1:16; 2:10) 등 여러 부류로 나뉘어 있다. 그리고 이 그룹들 내에도 계급의 구별이 있다. 그들 중에 미가엘과 가브리엘이 특별한 위치를 차지하고 있다(단 8:16; 9:21; 10:13, 21; 눅 1:19, 26). 그럼에도 불구하고, 그들은 한 유(類: race)를 구성하지 않으며, 서로 혈연 관계도 없고, 서로를 낳지도 않는다. 인류(mankind)라는 말은 쓸 수 있으나, 천사류(angelkind)라는 말은 쓸 수가 없는 것이다. 그리스도께서 인간의 본성을 입으셨을 때, 그는 즉시 모든 사람들과 피로써 인척 관계가 되셨으며, 육체를 따라 그들의 형제가 되신 것이다. 그러나 천사들은 서로의 옆에서 살며, 각자가 다른 천사들이 아니라 자기 자신에 대해서만 책임을 지므로, 그들 중의 일부가 타락하고 또 일부는 하나님께 신실한 상태로 있을 수가 있는 것이다.

사람과 천사의 세 번째 차이는 두 번째 차이와 연관되어 나타난다. 천사들이 영들이요 땅과 관련을 맺지 않기 때문에, 그들은 서로 혈연 관계도 없고, 따라서 부모나 자녀, 형제, 자매 등의 구별, 그리고 친척 관계라든가 친구 관계, 사상과 감정, 욕망과 의무 등 천사들이 아무것도 모르는 것이 가득한 것이다. 그들이 사람들보다 능력이 강하기는 하겠으나, 그들도 그렇게 다재다능한 것만은 아니다. 그들은 사람들보다 관계도 훨씬 적으며, 감정적인 삶의 풍성함과 깊이에 있어서는 사람이 천사를 훨씬 능가하는 것이다. 예수께서는 마태복음 22:30에서 결혼 제도가 이 세대에서 끝날 것임을 말씀하신다. 그러나 그럼에도 불구하고 이 땅에서의 성적인 관계들이 굉장한 정도로 인류의 영적 보화들을 증가시켜 주었고, 부활 때에도 이 보화들이 잃어버려지는 것이 아니라 영원토록 보존될 것이다.

게다가, 하나님이 우리에게 주신 가장 풍성한 계시가 성부의 이름으로, 우리와 같이 되셨고 우리의 선지자요 제사장이요 왕이신 성자의 이름으로, 또한 교회 안에 부어지시고 또한 그로 말미암아 하나님이 우리 속에 거하시는 성령의 이름으로 주어진다는 사실을 생각한다면, 천사가 아니라 사람이 하나님의 형상대로 창조함을 받았음을 느끼게 된다. 천사들은 하나님의 권능과 지혜와 선하심을 경험하나, 인간은 그의 영원하신 긍휼하심을 함께 나누는 것이다. 하나님은 천사들의 주(主)시지만, 그들의 아버지는 아니시다. 그리스도께서 그들의 머리이시지만, 그들의 화목주(和睦主)나 구주는 아니시다. 성령께서도 그들을 보내시는 자요 인도자이시지만, 그는 절대로 그들이 하나님의 자녀요 후사임을, 그리스도와 함께 후사된 자들임을, 그들의 영과 더불어 증거하지 않으시는 것이다. 그리하여 천사들의 눈은 땅을 향한다. 하나님의 가장 풍성한 은혜가 거기서 나타났으며, 하늘과 땅 사이의 싸움이 거기서 싸워지며, 교회가 성자의 몸으로 형성되어 언젠가 결정적인 타격이 행해져서 하나님의 마지막 승리가 이루어지게 되는 일도 바로 거기서 이루어지기 때문이다. 그리하여 그들은 구원의 신비가 이 땅에서 드러나는 것을 보기를 사모하며 또한 교회로부터 갖가지 하나님의 지혜를 배워 알기를 사모하는 것이다(엡 3:10; 벧전 1:12).

따라서 천사들은 우리와 무수한 관계를 맺고 있고, 우리도 그들과 여러 면으로 관계를 맺고 있다. 천사들의 존재와 활동을 믿는 믿음은, 하나님을 신뢰하고 마음을 다하여 그를 사랑하고 경외하고 존귀하게 하는 그런 믿음과 동일한 가치가 있는 것이 아니다. 그 어떠한 피조물이나 천사에게도 신뢰를 두어서는 안 되며, 천사들을 경배하거나 그 어떤 식으로도 그들에게 신앙적 존귀를 돌려서도 안 되는 것이다(신 6:13; 마 4:10; 계 22:9). 사실, 성경에는 각 사람을 섬기도록 지정된 수호 천사(guardian angel)에 대해서나, 혹은 천사들이 우리를 대신하여 드리는 간구에 대해서는 한 마디도 없다. 그러나 그렇다고 해서 천사들의 존재를 믿는 것이 전혀 가치가 없다는 뜻은 아니다. 오히려 그 반대로, 계시가 주어졌을 때에, 그들은 중요한 역할을 담당했다. 그리스도의 생애 가운데서도 중요한 전환점마다 그들이 나타났고, 또한 언젠가는 하늘 구름을 타신 그리스도와 더불어 나타날 것이다. 또한 그들은 언제나 섬기는 영들로서 구원의 상속자가 될 성도들을 위해 일하도록 부르심을 받은 존재들이다(히 1:14). 죄인이 회개할 때 그들이 기뻐한다(눅 15:10). 그들은 신실한 자들을 살피며(시 34:7; 91:11), 소자들을 보호하며(마 18:10), 역사를 통하여 교회가 나아가는 것을 뒤따르며(엡 3:10) 하나님의 자녀들을 아브라함의 품에 품는다(눅 16:22).

그러므로 우리는 그들을 존경의 자세로 생각하고 이야기해야 하며, 회개함으로 그들에게 기쁨을 주어야 한다. 또한 하나님을 섬기고 그의 말씀을 순종하는 데에서 그들의 모범을 따라야 한다. 그들에게 우리의 마음과 삶으로, 온 교회에서, 하나님의 각종 지혜를 보여 주어야 한다. 그들의 교제를 기억하여야 하며, 그들과 함께 하나님의 권능의 역사들을 선포해야 한다. 자, 이렇게 사람과 천사들이 서로 차이가 있으나 모순이 없다. 차이가 있으나 또한 연합이 있다. 구별이 있으나 동시에 교제가 있는 것이다. 우리가 살아 계신 하나님의 도성 시온산에, 하늘의 예루살렘에 이르게 되면, 그때에 또한 천만 천사들에게로 나아가서 죄로 말미암아 깨어진 연합과 사랑의 끈을 다시 매게 될 것이다(히 12:22). 천사들이나 우리나 하나님의 풍성한 창조 세계에서 각자 위치가 있으며, 그 위치에서 각기 고유한 기능을 발휘하는 것이다. 천사들은 하나님의 아들들이요, 권능의 영웅들이요, 강력한 군대이며, 사람은 하나님의 형상으로 창조되었고 하나님의 세대(generation)요 그의 가족(race)인 것이다.

* * * * *

하나님의 형상이 사람을 구별짓는 특징적인 표지라면, 그 내용에 대해서 우리 스스로 분명한 생각을 가져야 마땅할 것이다.

창세기 1:26에서 우리는 하나님이 사람을 그의 형상과 그의 모양대로 창조하셨고 그에게 모든 피조물들을, 특히 모든 생물들을 다스리게 하셨음을 보게 된다. 거기서 세 가지를 주목할 필요가 있다. 첫째로, 하나님과 사람의 일치(correspondence)가 형상과 모양이라는 두 단어에서 표현되고 있다. 이 두 단어들이 본질적으로, 내용적으로 서로 다르다고 보는 이들이 많으나, 이것들은 서로를 확충시켜 주고 서로를 뒷받침해 주는 역할을 한다. 사람이 실패한 하나님의 초상화나, 하나님과 다소 유사점이 있는 존재가 아니고, 하나님의 완전하고도 전적으로 일치하는 형상이라는 사실을 이 두 단어가 함께 진술해 주는 것이다. 사람의 모습은 하나님의 축소판이요, 하나님은 무한히 큰 사람의 모습이시다. 하나님의 모습이 사람의 모습이기 때문이다. 사람은 하나님 아래에 무한히 낮은 위치에 서 있고, 따라서 절대로 하나님과 비슷한 처지일 수가 없다. 피조물인 사람은 절대적으로 하나님께 의존하는 존재다. 그러나 동시에 사람으로서 그는 자유로우며 독립적인 존재다. 그러므로, 제한과 자유, 의존과 독립, 하나님과의 무한한 거리와 하나님과의 친밀한 관계, 이런 것들이 인간 속에 도저히 알 수 없는 방식으로 복합되어 있는 것이다. 그렇게 미천한 피조물이 어떻게 동시에 하나님의 형상일 수 있는지 — 이것은 그야말로 우리의 이해의 한계를 무한히 뛰어넘는 사실인 것이다.

둘째로, 창세기 1:26에서 우리는 하나님이 사람들(복수형이 사용됨)을 그의 형상과 모양대로 창조하셨음을 보게 된다. 애초부터 하나님의 의도는 한 사람이 아니라 사람들을 그의 형상으로 창조하시는 것이었다. 그러므로 그는 즉시 사람을 남자와 여자로 창조하셨고, 서로 분리되지 않고 서로 관계를 맺고 교제 가운데 있도록 두 사람을 지으신 것이다(27절). 남자에게서만도, 여자에게서만도 아니고, 두 사람 모두에게서, 또한 특별한 방식으로 각자에게서, 하나님의 형상이 표현되는 것이다.

고린도전서 11:7에서 바울은 남자는 하나님의 형상과 영광이고 여자는 남자의 영광이라고 말씀하는데, 이를 근거로 종종 반론이 제기되기도 한다. 이 본문을 잘못 오용하여 여자에게 있는 하나님의 형상을 부인하고 여자를 남자보다 훨씬 낮은 수준으로 전락시키는 것이다. 그러나 바울은 거기서 남자와 여자를 서로 떼어서 말씀하는 것이 아니라, 그들의 결혼 관계에 대해서 말씀하는 것이다. 그렇기 때문에 그는 여자가 아니라 남자가 머리라고 말씀하면서, 남자가 여자에게서 난 것이 아니요 여자가 남자에게서 났다는 사실에서 그 근거를 찾는다. 남자가 먼저 창조되었고, 먼저 하나님의 형상으로 지음받았으며, 그에게 처음 하나님이 그의 영광을 드러내신 것이다. 그리고 여자가 이 모든 것을 함께 공유하지만, 남자로부터, 남자를 통해서, 남자를 매개로 하여 그렇게 된 것이다. 그러므로 남자는 직접적으로 하나님의 형상이요 영광이며, 여자는 남자의 영광이라는 점에서 파생적인 방식으로 하나님의 형상과 영광인 것이다. 창세기 1장의 내용에 창세기 2장의 내용을 반드시 첨가해서 읽어야 한다. 창세기 2장에서 여자가 창조되는 방식이 바로 남자와 마찬가지로 여자가 하나님의 형상을 받는 방식인 것이다(창 1:27). 이러한 사실에는 하나님의 형상이 여러 사람들에게, 또 인종의 구분도, 재능도, 능력도 각기 다른 모든 사람들에게 — 요컨대 온 인류에게 — 있다는 진리와, 또한 더 나아가서 이 형상이 새로운 인류, 즉 그리스도의 교회에서 충만히 드러나게 될 것이라는 진리가 담겨 있는 것이다.

셋째로, 창세기 1:26은 하나님이 그의 형상대로 사람을 창조하신 데에는 목적이 있었음을 가르쳐 준다. 즉, 사람은 모든 생물들을 다스리며, 생육하고 번성하여 땅을 정복하여야 했던 것이다. 이러한 정복이라는 의미를 현재 일반적으로 사용되는 문화라는 용어로 파악한다면, 가장 넓은 의미에서 문화란 하나님이 사람을 그의 형상대로 창조하신 목적이라고 말할 수 있을 것이다. 제의(cultus)와 문화(culture), 종교와 문명, 기독교와 인류가 서로 상충되는 부분이 거의 없기 때문에, 하나님의 형상이 사람에게 베풀어진 것이 그로 하여금 온 땅을 다스림으로써 그 형상을 드러내도록 하기 위함이었다고 말하는 것이 더 옳을 것이다. 그리고 이렇게 땅을 다스리는 일에는 사냥, 낚시, 농사, 목축 등 그 옛날 사람들의 일뿐 아니라, 무역과 상업, 경제, 광물 채취, 산업 개발, 과학과 예술 등도 포함된다. 그런 문화는 사람에게서 끝나는 것이 아니라, 하나님의 형상이요 또한 하나님의 영이 그 모든 행하는 일에 각인되어 있는 사람 안에서, 다시금 처음이요 마지막이신 하나님께로 되돌아가는 것이다.

* * * * * *

하나님의 형상의 내용 혹은 의미는 그 이후의 계시에서 더 밝히 드러난다. 예를 들어서, 타락 이후에도 여전히 사람이 하나님의 형상으로 불려지고 있다는 것은 놀라운 일이다.

창세기 5:1-3에서 우리는 다시 한 번 하나님이 사람을, 남자와 여자를 모두, 그의 형상대로 창조하셨고, 하나님이 그들을 복주셔서 아담이 자기의 모양과 자기의 형상과 같은 아들을 낳았음을 보게 된다. 창세기 9:6에서는 사람이 하나님의 형상대로 지으심을 받았다는 이유로 사람의 피를 흘리는 일이 금지되고 있다. 시편 8편의 기자는 하늘과 땅에 충만히 드러나는 여호와의 영광과 위엄을 노래하며, 또한 그 영광과 위험이 하나님의 손으로 지으신 모든 것들을 다스리는 미천한 사람에게서 가장 찬란하게 드러난다는 것을 말씀하고 있다. 바울은 아덴의 아레오바고에서 말씀할 때에, "우리가 그의 소생이라"는 그들 중의 시인들의 말을 시인하며 인용하고 있다(행 17:28). 야고보서 3:9에서 사도는 혀의 사악함을 드러내기 위해서 다음과 같은 대조법을 사용하고 있다: "이것으로 우리가 주 아버지를 찬송하고 또 이것으로 하나님의 형상대로 지음을 받은 사람을 저주하나니." 성경은 이처럼 타락한 사람을 하나님의 형상이라 부를 뿐 아니라, 계속해서 그를 하나님의 형상으로 간주하고 그렇게 대하고 있다. 성경은 끊임없이 사람을, 그 생각과 행위와 말에 대해서 하나님께 책임이 있으며 또한 하나님을 섬겨야 하는 이성적이며 도덕적인 존재로 바라보고 있는 것이다.

그러나 이런 보도와 더불어, 사람이 죄로 말미암아 하나님의 형상을 잃어버렸다는 사상이 나타나고 있다. 물론 이 사상이 어디서나 많은 말씀들을 통해서 직접 진술되는 것은 아니다. 그러나 죄악된 사람에 관한 성경의 가르침 전체로부터 이 점을 분명하게 연역해 낼 수 있는 것이다. 죄가 — 이에 대해서는 뒤에 가서 더 구체적으로 다룰 것이다 — 사람에게서 무죄, 의, 거룩함을 빼앗았고, 그의 마음을 부패시켰고, 그의 지성을 어둡게 하였고, 그의 의지를 악에게 끌리도록 만들었고, 그의 몸과 그 모든 지체들로 불의를 섬기도록 만들었다. 따라서 사람은 변화되어야 하고, 거듭나야 하며, 의롭다 하심을 받아야 하고, 정결하게 씻음받아야 하고, 거룩하게 되어야 한다. 사람은 친히 하나님의 형상이신 — 우리는 반드시 그의 형상을 본받아야 한다(롬 8:29) — 그리스도와의 교제 속에서만 이 모든 은택들을 누릴 수 있다(고후 4:4; 골 1:15). 따라서 믿음으로 말미암아 그리스도와의 교제 속에 있게 되는 새 사람은 하나님을 따라 의와 진리의 거룩함으로 지으심을 받으며(엡 4:24),

자기를 창조하신 이의 형상을 따라 지식에까지 항상 새로워지는 것이다(골 3:10). 지식과 의와 거룩함 등, 그리스도와의 교제를 통해서 신자가 얻는 것들은 하나님께 그 기원과 모범과 최종적인 목적이 있으며, 또한 그것들이 다시금 사람을 이끌어 신의 성품에 참여하게 만드는 것이다(벧후 1:4).

성경의 이런 가르침에 근거하여, 개혁주의 신학에서는 보통 하나님의 형상을 넓은 의미의 형상과 좁은 의미의 형상으로 구분하여 이해한다. 만일 타락과 불순종 이후 사람이 계속해서 하나님의 형상과 소생으로 불려지고, 그러면서도 특별히 하나님을 닮은 덕성들이 죄로 말미암아 잃어버려졌고 오직 그리스도와의 교제 속에서만 다시 회복될 수 있다면, 하나님의 형상이 지식, 의, 거룩함의 덕성보다 더한 그 무엇을 포괄해야만 이 두 가지 명제가 서로 모순 없이 양립할 수가 있다. 개혁주의 신학자들은 이 점을 인식하였고, 루터파 신학자들과 로마 교회의 신학자들과는 달리 이 점을 유지한 것이다.

루터파 신학자들은 하나님의 형상을 넓은 의미와 좁은 의미로 구분하지 않는다. 혹은 구분을 한다 할지라도, 거기에 많은 비중을 두지 않고, 그 의미도 중요하게 이해하지 않는다. 그들에게는, 하나님의 형상이란 원시 의(原始義: original righteousness), 즉 지식, 의, 거룩함의 덕성 이외에 아무것도 아니다. 그들은 하나님의 형상을 좁은 의미로만 인식하며, 이 하나님의 형상을 인간 본성 전체와 관련지을 필요성을 인식하지 못한다. 그리하여 사람의 종교적 도덕적 삶을 특별하고 고립된 영역으로 간주하게 된다. 그리고 그 삶은 사람이 국가와 사회, 예술과 학문 속에 부르심을 받아서 영위하는 삶과는 관계도 없고, 그것에 대해 아무런 영향도 미치지 못하는 것이다. 루터파 그리스도인들은 죄 용서를 누리고 믿음으로 말미암는 하나님과의 교제를 누리게 되면, 그것으로 족하게 여긴다. 거기서 안주하고 그것을 누리지만, 이 영적인 삶이 뒤로는 하나님의 작정과 택하심과 관계를 맺으며, 앞으로는 사람의 이 땅의 부르심 전체와 관련된다는 사실에 대해서는 개의치 않는 것이다.

그리고 다른 방향에서는 이런 사고로부터, 사람이 죄로 말미암아 원시 의를 잃어버렸을 때에 하나님의 형상 전체를 잃어버린 것이라는 사고가 뒤따른다. 그에게는 아무것도 남아 있는 것이 없다고 보며, 그리하여 그에게 여전히 남아 있는 이성적이며 도덕적인 본성을 소홀히 하게 되고 해치게 되는 것이다.

이와 반대로 로마 가톨릭 교회 사람들은 하나님의 형상을 넓은 의미와 좁은 의미로 — 물론 그런 단어들을 잘 사용하는 것은 아니지만 — 구별한다. 그리고 그들 역시 이 둘 사이의 관계를 찾기 위해 고심한다. 그러나 그들에게는 이 관계가 내적인 것이 아니라 외적인 것이다. 그것은 진정한 관계가 아니라 인위적인 것이요, 유기적인 관계가 아니라 기계적인 것이다. 로마 교회 사람들은 마치 지식, 의, 거룩함의 덕성(좁은 의미에서의 하나님의 형상)이 없이도 사람을 생각할 수 있고 또한 사실상 그런 것이 없이도 사람이 존재할 수 있기라도 한 것처럼 문제를 다룬다. 그런 것이 없이도, 사람이 여전히 어느 정도 종교 생활과 도덕 생활이 가능하다. 그러나 본성적인 종교와 본성적인 도덕성에서 비롯될 수 있는 종류만 가능하며, 거기서 비롯될 수 있는 정도만큼만 가능한 것이다. 말하자면, 그것은 오로지 이 땅으로만 제한된 종교와 도덕성이요, 하늘의 복락과 직접 하나님을 뵈옵는 데로는 결코 길을 열어줄 수 없는 것이다. 게다가, 추상적으로는 좁은 의미의 하나님의 형상을 소유하지 않은 본성적인 사람도 본성적인 종교와 본성적인 도덕법의 의무들을 이행하는 일이 가능하지만, 사실상 그것은 매우 어려운 일이다. 사람은 물질적이며, 육체적이요, 감각적인 인격체이기 때문이다. 욕심이 언제나 사람의 이 감각적인 본성의 특징을 이루는 것이다. 그런 정욕 또는 욕심은 그 자체가 죄는 아니나, 죄를 짓도록 유혹하는 계기가 되는 것이 분명하다. 이 감각적인 성품은 본성적으로 육체적이고, 영을 대적하며 그것을 항상 위협하기 때문이다. 이성과 의지가 육체의 힘에 압도되도록 항상 위협하는 것이다.

로마 가톨릭 교회 사람들의 사고에 의하면, 이 두 가지 이유 때문에, 하나님은 그의 주권적인 사랑으로 자연인에게 좁은 의미의 하나님의 형상을 덧붙이셨다고 한다. 이 형상이 없이 사람을 창조하실 수도 있었다. 그러나 그렇게 하실 경우 사람이 쉽게 육체의 정욕에 먹이가 되고 말 것임을 미리 보셨기 때문에, 또한 사람을 이 땅에서 가능한 것보다 더 높은 복락의 상태로 — 즉, 하늘의 영광에게로, 하나님 자신의 직접적인 임재 속으로 — 사람을 높이기를 원하셨기 때문에, 하나님께서는 자연인에게 원시 의를 덧붙이셨고 그리하여 그를 그의 본성의 상태로부터 더 높은 초자연적인 고지(高地)로 올려놓으신 것이다. 그렇게 해서 두 가지 목적이 이루어졌다. 첫째로, 사람은 이제 이 초자연적으로 덧붙여진 것 덕분에 육체로부터 나오는 정욕을 쉽게 통제할 수 있게 되었고, 둘째로, 원시 의(좁은 의미의 하나님의 형상)로 말미암아 자기에게 제시된 초자연적인 의무들을 완수함으로써 사람이 그의 능력에 맞추어서 초자연적인 구원을 성취할 수 있게 된 것이다. 그러므로, 로마 가톨릭 교도들에게는, 원시 의에 초자연적으로 덧붙여진 그 형상이 두 가지 목적을 이룬다. 곧, 육체를 제어하며, 하늘에 대해 공로를 쌓도록 길을 열어 주는 것이다.

개혁주의 신학자들은 로마 가톨릭 교회와 루터파의 입장들 중간적인 관점을 취한다. 성경에 따르면, 하나님의 형상은 원시 의보다 더 크고 더 포괄적인 개념이다. 죄로 말미암아 이 원시 의가 잃어버린 바 되었으나, 사람은 계속해서 하나님의 형상과 소생이라는 명칭을 지니고 있다. 사람에게는 그가 본래 창조된 바 하나님의 형상이 아주 미량(微量)이나마 남아 있다. 그러므로 그 원시 의는 인간의 본성에 별개로 독자적으로, 그리고 인간의 본성 그 자체와는 전혀 관계 없이, 덧붙여진 것일 수가 없다. 사람이 처음에는 — 생각으로든 실제로든 상관 없이 — 순전히 본성적인 존재로 존재했고 그에게 후에 원시 의가 위로부터 부여되었다는 것은 사실이 아니다. 오히려, 생각에서도 창조에서도, 사람은 그 원시 의와 함께 있었던 것이다. 사람을 생각하면 그런 의를 동시에 생각하게 된다. 그것이 없이는 사람을 생각할 수도, 사람이 존재할 수도 없는 것이다. 따라서 좁은 의미의 하나님의 형상은 넓은 의미의 형상과 본질적으로 관련을 맺고 있는 것이다. 사람이 하나님의 형상을 지니기만 한다는 말은 정확한 발언이 아니다. 사람 자체가 하나님의 형상인 것이다. 하나님의 형상은 사람과 동일하며, 사람의 인간성과 내포하는 의미가 같은 것이다. 죄의 상태에서라도 사람은 그 정도만큼 사람으로 남아 있고, 그 정도만큼 하나님의 형상의 잔재를 보존해오고 있으며, 그 정도만큼 하나님의 형상을 잃어버렸고, 그 정도만큼 그가 진실하고 온전한 사람의 상태를 잃어버린 것이다.

결국, 좁은 의미의 하나님의 형상은 사람의 영적 온전함, 혹은 영적 건강

이외에 아무것도 아니다. 인간의 육체와 영혼이 병들어도, 심지어 정신적으로 미친 상태에 있을 때에도, 사람은 여전히 사람이다. 그러나 그 때에는 사람의 조화에 속한 그 무엇을 잃어버렸고 그 대신 그 조화를 깨뜨리는 그 무엇을 받은 것이다. 이와 마찬가지로, 사람이 죄로 말미암아 원시 의를 잃어버렸어도, 그는 계속해서 사람이다. 그러나 그는 사람과는 분리될 수 없는 그 무엇을 잃어버렸고, 그 대신 그것과는 어긋나는 낯선 것을 받은 상태에 있는 것이다. 그러므로, 하나님의 형상을 잃어버렸다고 해서 사람이 아닌 다른 무엇이 된 것은 아니다. 그의 이성적이며 도덕적인 본성이 그대로 보존되고 있는 것이다. 그가 잃어버린 그것은 애초에 그의 본성에 속하지 않았던 것이 아니었다. 그리고 그가 그 대신 받은 그 무엇이 그의 온전한 본성을 사로잡고 부패시킨 것이다. 원시 의가 사람의 영적 온전함이요 건강이었듯이, 죄는 사람의 영적 질병이다. 성경이 묘사하듯이, 죄는 도덕적 부패요, 영적 죽음이요, 죄와 허물 속의 죽음인 것이다.

하나님의 형상을 이렇게 바라보면, 성경의 가르침 전체가 그 모습을 유지하고 나아가게 된다. 이렇게 바라볼 때에 자연과 은혜, 창조와 구속이 서로 관계를 맺으면서도 동시에 서로 구별된다는 사실이 그대로 유지되는 것이다. 감사하게도 이러한 이해는 하나님의 은혜를 탁월하게 인식한다. 곧, 타락 이후에 하나님의 은혜가 임하여, 그로 말미암아 사람이 사람으로 남게 되었고 계속해서 이성적이며 도덕적이며 책임 있는 존재로 대접을 받게 되었음을 인정하는 것이다. 그리고 동시에 이는 사람이 하나님의 형상을 잃어버린 이후, 전적으로 부패하였고 또한 모든 악으로 기울어지는 성향을 지녔다는 것도 인정한다. 우리의 삶과 역사가 이 사실을 얼마든지 확증해 준다. 아무리 저급한 상태에 있고, 아무리 깊은 타락의 상태에 있을지라도, 인간의 본성은 여전히 인간의 본성으로 남아 있기 때문이다. 사람이 아무리 고도의 성취를 이룰지라도, 그는 여전히 작고, 미천하며, 죄악되고 불순한 것이다. 오직 하나님의 형상만이 사람을 참되고 온전한 인간으로 만드는 것이다.

* * * * *

여기서 하나님의 형상의 내용을 간략하게 살펴보자면, 첫 번째로 주목하게 되는 것은 바로 사람의 영적 본성이다. 사람은 육체적인 존재이지만, 또한 영적 존재이기도 하다. 그에게는 혼(soul)이 있는데, 그것은 본질상 하나의 영(spirit)이다. 이 점은 인간의 혼의 기원과 본질과 기간에 대한 성경의 가르침에서 분명히 드러난다. 그 기원에 대해서는, 아담이 동물들과는 달리 위로부터 생기를 받았음을 성경이 보도하고 있으며(창 2:7) 어떤 의미에서 모든 사람이 그와 같은 상태인 것이다. 바로 하나님께서 각 사람에게 그의 영을 주시며(전 12:7), 사람 안에 영을 지으시며(슥 12:1), 그리하여 육체의 아버지들과는 달리 자신을 영들의 아버지라 부르시기(히 12:9) 때문이다. 이러한 인간의 혼의 특별한 기원이 그 본질도 결정해 준다. 성경이 몇 차례에 걸쳐서 동물들에게도 혼이 있음을 언급하는 것은 사실이다(창 2:19; 9:4 등). 그러나 몇몇 번역본들이 그렇게 취하고 있듯이, 이 경우들에서는 일반적인 의미에서의 생명의 원리를 지칭하는 것이다. 사람에게는 동물의 혼과는 다르고 더 높은 혼이 있다. 그 혼은 본질상 영적인 성격을 띤다. 이는 성경이 동물에게는 절대로 적용시키지 않는 하나의 고유한 영을 사람에게 적용시킨다는 사실에서 분명히 드러난다. 동물들도 하나님의 영으로 말미암아 창조함 받았고 또한 유지된다는 점에서 그들 역시 영을 지니고 있다고 할 수 있다(시 104:30). 그러나 동물들에게는 자기 자신의 독자적인 영이 없고, 사람에게는 있는 것이다(신 2:30; 삿 15:19; 겔 3:14; 눅 23:46; 행 7:50; 고전 2:11; 5:3-4). 이러한 영적인 본성 때문에, 사람의 혼은 불멸하다. 동물의 경우처럼 육체가 죽을 때에 함께 죽는 것이 아니라, 영을 주신 하나님께로 돌아가는 것이다(전 12:7). 사람의 혼은 육체처럼 죽일 수 있는 것이 아니다(마 10:28). 영으로서 계속해서 존재하는 것이다(히 12:9; 벧전 3:19).

혼의 이러한 영적 본성이 사람을 동물의 수준보다 훨씬 높이 올려 주며, 또한 천사들과 유사점이 있도록 만들어 준다. 물론 사람은 감각적인 세계에 속하고, 땅에 속하여 있다. 그러나 그의 영 덕분에 그는 땅을 멀리 초월하며, 영들의 영역에서 당당하게 자유로이 걷는 것이다. 이러한 영적 본성으로 말미암아 그는 영이시며(요 4:24) 또한 영원 속에 거하시는(사 57:15) 하나님과 관계를 맺는 것이다.

둘째로, 하나님의 형상은 사람의 영이 부여받은 능력들과 권세들 속에서 나타난다. 고등 동물들도 지각을 통해서 이미지를 형성시키고 이 이미지들을 서로 관련지을 수 있는 것은 사실이다. 그러나 동물은 그 이상은 할 수가 없다. 그러나 사람은 이미지의 수준보다 훨씬 높이 올라가 개념과 관념의 영역으로 들어간다. 생각은 뇌의 움직임으로 이해할 수는 없고 반드시 영적인 활동으로 간주해야 하는데, 이런 생각을 수단으로 하여 사람은 구체적인 사실들로부터 일반적인 사실을 추리해 내고, 눈에 보이는 것들의 수준으로부터 눈에 보이지 않는 것들의 수준으로 올라가며, 진선미의 관념을 형성하고, 하나님의 영원한 능력과 신성을 하나님의 피조물들로부터 배워서 안다. 또한 사람의 의지 역시 그의 죄악된 정욕과는 구별되어야 하는데, 이 의지를 수단으로 해서 그는 물질계로부터 자신을 해방시키고 눈에 보이지 않는 초감각적인 실체들에게로 나아간다. 심지어 그의 감정도 절대로 유익이 되고 즐거운 물질계 내의 일에만 작용하지 않고 산수적인 계산으로는 도저히 가능할 수 없는 관념적이며 영적인 것들에 의해서 자극을 받는 것이다. 이런 모든 능력들과 활동들은 사람이 자기 자신을 아는 자의식(自意識)을 출발점으로 삼고 또한 거기에 중심을 두며, 또한 자의식을 수단으로 하여 자기 존재와 자기의 이성적이며 도덕적인 본성의 고유성에 대한 지울 수 없는 감각을 지니는 것이다. 그 이외에도, 이 모든 특수한 능력들은 언어와 종교에서, 도덕과 법에서, 학문과 예술에서 외형적으로 표출되는데, 이 모든 것들은 — 물론 그 밖에도 많은 것들이 있지만 — 사람에게만 고유한 것이요, 동물의 세계에서는 전혀 찾아볼 수 없는 것들이다.

이런 모든 능력과 활동들은 하나님의 형상의 특징들이다. 자연 계시와 성경 계시에 따르면, 하나님은 무의식적이며 맹목적인 힘이 아니라, 인격적이며, 자의식적이며, 알고 의지하는 존재이시기 때문이다. 성경은 심지어 분노나 질투, 연민, 긍휼, 사랑 등의 감정과 기질조차도 아무런 거리낌 없이 하나님께 돌리며, 하나님 자신이 수동적으로 당하는 그런 감정들이 아니라 그의 전능하시고 거룩하시며 사랑이 풍성하신 존재의 활동들로서 묘사하는 것이다. 만일 사람의 그런 능력과 활동들이 하나님의 형상대로 창조된 것이 아니라면, 성경이 하나님에 대해서 그렇게 인간에 빗대어 말씀할 수는 없었을 것이다.

셋째로, 사람의 육체도 마찬가지다. 육체도 하나님의 형상에서 제외되지 않는다. 성경이 하나님이 영이심을 분명히 말씀하며(요 4:24) 또한 그 어디서도 하나님께 육체가 있다고 말씀하지 않는 것은 사실이다. 그러나, 하나님은 육체도 창조하셨고, 감각적인 세계 전체도 창조하신 분이시다. 물질적인 것들을 포함해서 모든 만물이 하나님과 함께 계셨던 그 말씀 속에 그 기원과 존재를 두고 있다(요 1:3; 골 1:15). 더 나아가서, 육체는 영의 모든 활동의 원인은 아니지만, 그럼에도 불구하고 그 활동들의 도구가 된다. 듣는 것은 귀가 아니고, 그 귀를 통해서 사람의 영이 듣는 것이다.

그러므로 우리가 육체를 통하여, 육체의 기관들을 통하여, 행하는 모든 활동들이 하나님께로 돌려질 수 있다. 성경은 하나님의 손과 발을, 그의 눈과 귀를 말씀함으로써, 사람이 육체를 통해서 이룰 수 있는 모든 일들이 근원적으로 또한 완전하게 하나님 덕분인 것이다. "귀를 지으신 이가 듣지 아니하시랴? 눈을 만드신 이가 보지 아니하시랴?"(시 94:9). 그러므로 육체가 영의 도구와 수단이 되어 섬기는 정도만큼, 그것이 하나님이 세상에서 일하는 방식을 비슷하게 드러내며, 우리로 하여금 그 하나님의 방법에 대해 무언가 생각을 갖게 하는 것이다.

* * * * *

이 모든 것들은 넓은 의미의 하나님의 형상에 속한다. 그러나 하나님과 사람의 유사점은, 좁은 의미의 하나님의 형상이라 불려지는 바 첫 사람에게 부여된 원시 의에서 훨씬 더 강력하게 드러난다. 성경은 이 원시 의를 강조함으로써, 하나님의 형상에서 가장 중요한 것은 그것이 존재한다는 사실이 아니라 그것이 무엇이냐 하는 것임을 선언한다. 중요한 것은 우리가 생각하고 미워하고 사랑하고 뜻한다는 것이 아니다. 사람과 하나님의 유사성은 우리가 무엇을 생각하며 뜻하는가 하는 데에서, 우리의 미움과 사랑의 대상이 무엇인가 하는 데에서 그 의의를 찾는 것이다. 이성과 의지의 능력이, 성향과 반감의 능력이, 사람에게 주어진 것은 그로 하여금 그것들을 올바로 — 즉,

하나님의 뜻에 따라 그의 영광을 위하여 — 사용하도록 하기 위함이다. 마귀들 역시 생각과 뜻의 능력을 보유하고 있으나, 그들은 이 능력들을 오직 하나님을 향한 미움과 적대감을 위해서만 사용한다. 마귀들은 심지어 하나님의 존재를 믿는 믿음 — 그 자체가 매우 좋은 것이다 — 을 갖고서도 그저 떨고 그의 심판을 두려워하는 것 이외에 아무것도 하지 못하는 것이다(약 2:19). 예수께서는 스스로 아브라함의 자손으로 여기며 하나님을 아버지로 부르는 유대인들에 대해서 말씀하시기를, 그것이 과연 사실이라면 그들이 아브라함의 일들을 행할 것이요 하나님이 보내신 자를 사랑할 것이라고 하셨다. 그러나 그들이 그와 정반대의 일을 하고 예수님을 오히려 죽이려 하고 있으니, 그들이 과연 아버지 마귀에게 속하여 그의 뜻을 행하려 한다는 것을 스스로 드러낼 뿐이라고 하셨다(요 8:39-44). 유대인들이 아무리 예리한 분별력과 에너지를 가졌으나 그들이 드러내 보인 욕망과 그들이 행한 일들이 그들을 마귀와 유사한 자들로 만들어 준 것이다. 그러므로, 사람이 하나님을 닮았다는 것은, 주로 사람이 이성과 지성, 마음과 의지를 소유하고 있다는 사실에 있는 것이 아니다. 오히려 그러한 사실은 가장 근본적으로, 순결한 지식과 완전한 의와 거룩함에서 표현된다. 그런데 그것들이 좁은 의미의 하나님의 형상을 구성하며, 처음 창조될 때에 사람이 바로 그것을 부여받았던 것이다.

첫 사람에게 주어진 지식은 그가 하나님과 자기 자신과 세상에 대해 모든 것을 알고 있어서 더 이상 배울 것이 없었다는 사실에 있는 것이 아니다. 천사들의 지식도, 성도들의 지식도, 모두 자라나는 것이다. 그리스도께서 지상 생애 마지막까지 가지셨던 지식도 역시 마찬가지였다. 첫 사람 아담의 그 근원적인 지식은 오히려 아담이 자기의 상황과 소명에 대한 적절한 지식을 부여받았고 또한 이 지식이 순결한 지식이었음을 시사해 준다. 그는 자기의 온 영혼으로 진리를 사랑하였다. 거짓말과 오류와 의심과 불신앙과 불확실함 등 온갖 끔찍한 결과들은 아직 그의 마음에 없었다. 그는 진리 안에 서 있었고, 그는 모든 것을 사실 그대로 보고 인식했던 것이다.

진리에 대한 그런 지식의 열매는 의와 거룩함이었다. 거룩함은 첫 사람이 모든 죄의 더러움이 없이 창조되었음을 의미한다. 그의 본성은 전혀 흠이 없었다. 악한 생각이나, 악한 계획이나 욕심이 그의 마음에서 일어나지 않았다. 그는 무지하거나 단순하지는 않았다. 그러나 그는 하나님을 알고 있었고, 자기 마음속에 기록된 하나님의 법을 알고 있었으며 온 영혼으로 그 법을 사랑하였다. 의(義)란, 마음으로 진리를 알았고 또한 그의 뜻과 모든 욕망에서 거룩한 상태에 있는 그 사람이 그로 말미암아 하나님의 법에 전적으로 일치하며, 그의 공의의 명령들을 전적으로 만족시키며, 또한 그의 면전에서 하등의 죄책이 없이 서 있었음을 뜻한다. 진리와 사랑이 차례로 평화를, 하나님과의 평화와 우리 자신의 평화와 온 세상과의 평화를 가져다준다. 스스로 올바른 위치에, 자기가 속한 제 위치에 서 있는 그 사람이 또한 하나님은 물론 모든 피조물들과도 올바른 관계 속에 서 있는 것이다.

첫 사람이 창조함을 받은 이러한 상태와 상황에 대해서는 이 이상 더 어떤 생각을 형성할 수가 없다. 머리와 마음이, 정신과 의지가 모두 순결하고 죄가 없었는데, 이는 우리 모두의 경험의 한계를 완전히 초월하는 상태인 것이다. 우리가 잠시 멈추어 서서 죄가 어떻게 우리의 모든 생각과 말에, 우리의 모든 선택과 행동에 끼어 들었는지를 생각해 보면, 과연 진리와 사랑과 평화의 상태가 사람에게 가능한가 하는 것에 대해 우리 마음에 의심마저 일어날 수 있다. 그러나 성경은 모든 의심을 정복하고 승리를 거둔다. 성경은 우선, 태초에는 물론 역사의 중간에서도 반대자들에게 다음과 같은 질문을 정당하게 제기할 수 있는 인물을 제시하고 있다: "너희 중에 누가 나를 죄로 책잡겠느냐?"(요 8:46). 그리스도는 사람이시요 완전한 사람이셨다. 그는 죄도 범하지 아니하시고 그 입에 거짓도 없으셨다(벧전 2:22). 둘째로, 성경은 첫 부부가 하나님의 형상대로 의와 거룩함으로 창조되었으며, 그것이 그들이 안 진리의 열매였음을 가르치고 있다. 그리하여 성경은 죄가 인간의 본질에 속하는 것이 아니며 따라서 인간 본성으로부터 제거되고 분리될 수 있는 것임을 주장하는 것이다.

만일 죄가 인간의 본성 때문에 그 기원에서부터 그에게 끼어 들었다면, 자연히 죄로부터 구속하는 일이 불가능하게 된다. 그러면 죄로부터의 구속은 곧 인간 본성을 말살시키는 것이 되어 버릴 것이기 때문이다. 그러나 인간이 죄 없이 존재할 수가 있고, 또한 그런 죄 없는 거룩한 인간이 실제로 존재한 바 있다. 그리하여, 인간이 타락하여 부패하고 오염되었을 때에, 둘째 아담이 죄 없이 일어나 타락한 사람을 그의 죄책에서 해방시키며 그 모든 오염을 깨끗이 씻으셨다. 하나님의 형상에 따라 사람을 창조하신 일과 사람의 타락의 가능성의 사실 속에 그가 구속되고 재창조될 수 있다는 가능성이 내포되어 있는 것이다. 그러나 첫 번째 사실을 부인하면 두 번째를 인정할 수가 없다. 타락을 부인하게 되면, 곧바로 인간의 구속받을 수 없음을 냉담하게 전할 수밖에 없어지는 것이다. 타락할 수 있기 위해서는 사람이 먼저 올바로 서 있었어야 한다. 하나님의 형상을 잃어버리기 위해서는 그가 먼저 그것을 소유하고 있었어야 하는 것이다.

* * * * *

하나님의 형상대로 사람을 창조한 사실 — 창세기 1:26, 28에서 보도하듯이 — 의 가장 근접한 목적은 사람이 땅을 가득 채우며, 정복하고 다스리는 데 있었다. 그런 다스림은 하나님의 형상의 구성 요소는 아니다. 그리고 어떤 이들의 주장처럼 그것이 그 형상의 내용 전체를 이루는 것도 아니다. 더 나아가서, 그것이 임의적으로 우연히 덧붙여진 것은 절대로 아니다. 오히려 그 반대로, 이 다스림이 강조되고 있다는 사실과 또한 그것이 하나님의 형상대로 이루어진 창조와 긴밀한 관계에 있다는 사실은, 하나님의 형상이 그 다스림 속에서 표현되며 그 다스림을 통해서 더욱더 자신을 해명하고 드러낸다는 것을 결정적으로 시사해 준다. 더욱이, 이 다스림에 대한 묘사에서는 그것이 어느 정도까지는 사람에게 하나의 재능으로서 즉시 주어졌으나 그 대부분은 미래에 가서야 비로소 성취될 것임이 명확하게 진술되고 있는 것이다. 여하튼, 하나님은 자기의 형상과 모양대로 "사람들"을 지으실 것을 말씀하심은 물론(창 1:26), 첫 부부를, 남자와 여자를, 지으신 후, 그들을 복주시고 말씀하시기를, "생육하고 번성하여 땅에 충만하라 땅을 정복하라"고 하셨고(창 1:28), 또한 이어서 아담에게 동산을 경작하며 지키는 구체적인 과제를 주신 것이다(창 2:15).

이 모든 사실들은 사람이 한가하게 놀기 위해서가 아니라 일하기 위해서 창조되었음을 분명하게 가르쳐 준다. 그는 현 상태에서 안주해서는 안 되며, 넓고 넓은 세상으로 곧바로 나아가서 그의 말과 뜻의 능력에 그것을 정복시켜야 했다. 그에게는 이 땅에서 행할 크고도 골고루 미치며 풍성한 과제가 주어져있었다. 그 과제는 여러 세기 동안의 많은 수고가 있어야만 이룰 수 있는 그런 과제였다. 그는 까마득히 먼 미래에까지 그런 방향을 취하여야 했고, 그 일을 마지막까지 추구해야 했다. 요컨대, 첫 사람이 창조된 그 상태와 또한 그가 이행하도록 부르심을 받은 그 목표 사이에는 엄청난 차이와 넓고 넓은 간격이 있었다는 것이다. 이 목표는 그의 본성과 밀접하게 관련되어 있고, 또한 그의 본성은 그의 기원과 밀접하게 관련되어 있었으나, 그것들 사이에는 언제나 구별이 있었다. 그 목표에 이르기 위하여 애쓰고 수고함으로써 사람의 본성이, 그의 존재의 본질이 ─ 그가 창조함을 받은 바 그 하나님의 형상이 ─ 끊임없이 더 풍성해지고 계속해서 그 내용을 더욱 충만히 드러내도록 되어야 했다. 말하자면, 하나님의 형상이 땅 끝까지 퍼져나가야 했고, 사람이 손으로 하는 모든 일들에 각인되어야 했던 것이다. 사람은 땅을 경작하여 그것이 더욱더 하나님의 속성들의 계시가 되도록 해야 했던 것이다.

그러므로 땅을 다스리는 일이 사람이 부르심을 받은 가장 근접한 목적 ─ 물론 유일한 목적은 아니나 ─ 이었다. 문제의 본질이 이 점을 시사해 준다. 일이 진정 일이라면 그것은 그 자체를 최종적인 목적으로 할 수가 없고, 언제나 무언가를 생겨나게 하는 후속적인 목표가 있는 것이다. 그 목표가 이루어지면 일은 끝난다. 아무런 의도도, 계획도, 목적도 없이 그냥 일을 한다면, 그것은 이성적인 사람으로서는 전혀 합당치 않은 공연한 일이 될 뿐이다. 그냥 무작정 앞을 향하여 계속 나아가기만 하는 발전은 발전이 아니다. 발전이란 의도와 행동의 경로를, 최종의 목적과 목표를 상정하는 것이다. 그렇다면, 사람이 창조 시에 일을 하도록 부르심을 받았다면, 그것은 바로 그 자신과 그로부터 나오게 될 후대의 사람들이 일한 후에 안식에 들어간다는 것을 암시하는 것이다.

칠 일 단위의 주(週)를 제정한 사실이 이러한 확신을 확증해 준다. 창조 시에 하나님은 일곱째 날 그의 모든 일에서 물러나 안식하셨다. 하나님의 형상으로 지음받은 사람은 그 창조된 때부터 즉시 이 점에서도 하나님의 모범을 따를 권리와 특권을 부여받고 있다. 그에게 부여된 일은, 즉 땅을 가득 채우고 땅을 정복하는 일은, 하나님의 창조 활동을 미미하게 모방하는 것이다. 사람의 일 역시 진지한 검토가 있은 후에 행해지는 것이요, 명확한 활동 과정을 따르는 것이요, 또한 분명한 목표를 지향하는 것이다. 사람은 무의식적으로 계속 움직이는 기계가 아니다. 아무런 변화 없이 계속해서 방아를 돌리고만 있는 것이 아니다. 사람은 그의 일에 있어서도 여전히 사람이요, 하나님의 형상이요, 무언가를 창조하고자 애쓰고 마지막에 자신의 손으로 행한 것들을 뒤돌아보며 보람을 찾는 이른바 생각하는 존재요, 의지를 행동으로 옮기는 존재인 것이다. 하나님 자신의 일도 그랬듯이, 사람의 일도 안식과 누림과 즐거움으로 마쳐진다. 안식의 면류관을 쓰는 엿새 동안의 한 주간이 사람의 일을 위엄이 있게 해 주며, 그를 지각 없는 생물의 단조로운 움직임보다 높이 올려주며, 그 일에 하나님의 소명의 인(印)을 찍어 주는 것이다. 그러므로 안식일에 하나님의 목적과 일치하여 하나님의 안식에 들어가는 자는 누구든지 하나님이 그의 일을 즐거이 쉬신 것처럼 그렇게 즐거이 일에서 쉬는 것이다(히 4:10). 이는 개개인에게도 해당되고 또한 교회와 인류 전반에도 해당된다. 세상도 세상 나름대로 행할 일이 있는 법이고, 그 일 다음에는 안식이 이어지며 안식으로 그 일이 결말지어지는 것이다. 하나님의 백성에게는 안식이 남아 있다. 매 안식일은 그 안식의 실례요 그 안식을 미리 맛보는 것이며, 동시에 그 안식에 대한 예언이요 또한 보증인 것이다(히 4:9).

그렇기 때문에 하이델베르크 요리문답은, 하나님이 사람을 그의 형상대로 선하게 창조하신 것은 창조주 하나님을 올바로 알고, 마음을 다하여 그를 사랑하며, 영원한 복락 가운데서 그를 찬송하며 그에게 영광을 돌리며 그와 함께 살도록 하기 위함이라고 올바로 진술하고 있다. 사람의 마지막 목적은 그 영원한 복락, 하늘에서 땅에서 하나님께 영광을 돌리는 데 있는 것이다. 그러나 이러한 목표에 도달하기 위해서는 먼저 이 땅에서 주어진 사명을 준수해야 했다. 하나님의 안식에로 들어가기 위해서는 먼저 사람이 하나님의 일을 마쳐야 하는 것이다. 하늘로 향하는 길은 땅을 통과하여, 땅을 넘어서 나아가는 것이다. 안식에로 들어가는 일이 엿새 동안의 일을 통해서 열리는 것이요, 일을 통해서 영생에 들어가는 것이다.

* * * * *

　지금까지 살펴본 사람의 목적에 대한 이러한 가르침은 전적으로 창세기 1:26~3:3에서 표현되는 사상에 근거하는 것이다. 그러나 2장의 나머지 부분에서 또 한 가지 중요한 구성 요소가 거기에 덧붙여지고 있다. 하나님은 사람을 낙원에 두시고, 동산의 모든 나무의 열매는 마음대로 먹을 수 있게 하셨으나, 하나의 예외를 두셨다. 선악을 알게 하는 나무를 예외로 두신 것이다. 그리고는 그 나무의 실과를 먹지 말 것이요, 그것을 먹는 날에는 정녕 죽을 것이라고 말씀하셨다(창 2:16-17). 그 모든 **명령**에다 이제 한 가지 **금지** 사항이 덧붙여지고 있는 것이다. 아담은 그 명령들을 자기 자신의 마음을 읽음으로써도 알았고, 또한 하나님의 말씀을 통해서도 알았다. 아담이 그 명령들을 만들어낸 것이 아니다. 하나님이 그의 속에 지으셨고, 그에게 전해 주신 것이다. 사람은 종교적으로 도덕적으로 자율적(自律的)인 존재가 아니다. 그 자신이 자기에게 법이 되는 것도 아니요, 자기가 좋아하는 대로 행해서도 안 된다. 오직 하나님이 그의 유일한 법 제정자시요 재판장이신 것이다(사 33:22). 아담이 받은 모든 명령들은 이제 한 가지 요구 사항으로 귀결된다. 즉, 그가 하나님의 형상으로서 창조되었으므로 그의 모든 생각과 행동에서, 그의 삶과 일을 통틀어서, 하나님의 형상으로 남아 있어야 한다는 것이다. 사람은 자신의 삶 속에서는 물론 자신의 결혼 관계에서, 가정에서, 엿새 동안의 일에서, 일곱째 날의 안식에서, 생육하고 번성하는 데에서, 땅을 정복하고 다스리는 데에서, 그리고 동산을 경작하고 지키는 데에서, 언제나 하나님의 형상으로 남아 있어야 했다. 아담은 자기의 길을 가서는 안 되었고 하나님이 그에게 지정하신 그 길을 걸어야 했던 것이다.
　그 모든 명령들이 아담에게 상당한 자유를 주었고 또한 온 땅을 활동 범위로 주었으나, 그 명령들에 한 가지 금지 사항이 붙여져 있었다. 선악을 알게 하는 나무의 실과를 먹지 말라는 이 금지 사항은 하나님의 형상에 속하는 것도, 그 형상의 구성 요소도 아니고, 오히려 그와 반대로 그 형상의 경계를 고정시켜 주는 것이다. 아담이 이 금지 명령을 위반하게 되면, 하나님의 형상을 잃어버리게 되고, 하나님과의 교제 바깥으로 내어 쫓기게 되고, 죽임을 당하게 된다. 그러므로 이 명령을 통해서 사람의 순종이 시험되는 것이다. 사람이 하나님의 길을 따르는지 아니면 자기의 길을 가는지, 그가 올바른 길을 계속 가는지 혹은 곁길로 빠지는지, 아버지의 집에서 하나님의 아들로 남아 있는지 혹은 자기에게 주어진 재물을 취하여 먼 나라로 가는지를 이 명령이 입증해 줄 것이다. 그리하여 대개 이 금지 명령을 가리켜 시험적인 명령(probationary command)이라 부른다. 그렇기 때문에 그 명령이 어떤 의미에서 임의적인 내용을 담고 있기도 했다.

아담과 하와는 어째서 유독 그 나무의 실과만 먹지 말아야 하는지 그 이유를 알 길이 없었다. 다시 말해서, 그 내용의 의미를 깊이 있게 파악하고 이해했기 때문이 아니라, 오로지 하나님이 그렇게 명령하셨기 때문에, 그의 권위에 근거하여, 순전하게 순종하는 자세로, 그들의 의무로 여기고서 그 명령을 지켜야 했던 것이다. 그렇기 때문에 그 먹지 말라고 명한 그 나무가 선악을 알게 하는 나무라 불려진 것이다. 무엇이 선하고 무엇이 악한지를 사람이 자기 마음대로 임의적으로 결정하고 싶어하는지, 아니면 그 문제에 대하여 하나님이 주신 명령에 전적으로 인도함을 받아 그것을 지키려 하는지를 그 나무가 증명해 주도록 되어 있었던 것이다.

그러므로, 첫 사람에게는 무언가 해야 할 일들이 주어져 있었고, 동시에 무언가 해서는 안 될 일이 주어져 있었다. 일반적으로 둘 중에 후자의 요구 사항이 더 어려운 법이다. 예컨대, 사람들은 자기의 건강을 위해서라면 무엇이든 다 기꺼이 행하고자 하지만, 아무리 건강을 위하는 것이라도 무언가를 포기하는 일은 잘 하려들지를 않는다. 그저 약간 자기를 부인하는 것뿐인데도 그것을 견디지 못하는 것이다. 금지된 것에는 무언가 알 수 없는 매력이 있다. 그 매력 때문에 이유를 따지고 내용을 따지고 방법을 따지게 되고, 그리하여 의심이 생겨나고, 온갖 상상이 일어나는 것이다. 이 금지 명령에서 촉발되는 이 유혹을 첫 사람이 이겨야 했던 것이다. 그것은 그가 싸워야 할 믿음의 싸움이었다. 그러나 그는 하나님의 형상대로 창조되었으므로 그는 또한 굳건히 서서 그 싸움을 이길 수 있는 힘도 부여받은 것이다.

그러나, 사람의 목표 혹은 나아갈 종착지가 그의 창조와는 구별되어야 한다는 사실이, 이레 동안의 주를 제정한 일에서보다는 그 시험적인 명령에서 더욱 선명하게 드러난다. 아담은 아직 시발점에 서 있어서, 그가 될 수 있었던 상태나 마지막에 되어야 했을 상태에는 아직 이르지 못하고 있었다. 그는 낙원에 살고 있었으나, 아직 하늘에는 이르지 못했다. 그의 마지막 종착지에 이르기에는 아직도 갈 길이 멀었다. 그는 자신의 "작위"(作爲: commission)와 "부작위"(不作爲: ommission)를 통해서 영생을 얻어야 했다. 요컨대, 이 첫 사람이 창조된 무죄의 상태와 그가 장차 나아가야 할 그 영광의 상태는 서로 굉장히 달랐다는 것이다. 이러한 차이의 본질은 나머지 계시를 통해서 우리에게 더 밝히 드러나게 된다.

　　아담은 밤낮의 변화에 따라 자고 깨는 일에 의존했으나, 하늘의 예루살렘에는 밤이 없고(계 21:15; 22:5) 어린양의 피로 구속함을 받은 자들이 하나님의 보좌 앞에 서 있고 그의 성전에서 밤낮으로 그를 섬기게 될 것이다(계 7:15). 첫 사람은 엿새 동안 일하며 하루를 쉬는 삶에 매여 있었으나, 하나님의 백성들에게는 후에 영원한 안식이 남아 있다(히 4:9; 계 14:13). 무죄의 상태에서 사람은 날마다 음식과 음료가 필요했으나, 장차 하나님께서 배(腹)와 음식을 다 폐하실 것이다(고전 6:13). 첫 사람 아담과 하와는 부부였고, 그들에게는 생육하고 번성하라는 복이 주어졌다. 그러나 부활 때에는 사람들이 결혼도 하지 않고 하늘의 하나님의 천사들과 같아질 것이다(마 22:30). 첫 사람 아담은 흙으로 지어졌고 자연적인 육체를 지녔고 생령이 되었으나, 부활 때의 신자들은 신령한 몸을 받고 하늘에 속한 이의 형상을, 주되신 그리스도의 형상을 입게 될 것이다(고전 15:45-49). 아담은 한눈을 팔고, 죄를 짓고, 타락하고, 죽을 수 있도록 창조되었으나, 신자들은 심지어 이 땅에서도 원칙적으로 이런 가능성을 넘어서 있다. 그들은 더 이상 죄를 지을 수가 없다. "하나님께로부터 난 자마다 죄를 짓지 아니하나니 이는 하나님의 씨가 그의 속에 거함이요 그도 범죄하지 못하는 것은 하나님께로부터 났음이라"(요일 3:9). 그들은 "말세에 나타내기로 예비하신 구원을 얻기 위하여 믿음으로 말미암아 하나님의 능력으로 보호하심을 받"기 때문에(벧전 1:5), 마지막까지 타락할 수가 없다. 그리고 그들은 죽을 수가 없다. 그리스도를 믿는 사람들은 이미 이 땅에서 영원히 썩지 않을 생명을 지니고 있기 때문이다. 그들은 영원히 죽지 아니할 것이요, 죽어도 살 것이다(요 11:25-26).

그러므로 첫 사람을 바라볼 때에, 우리는 양 극단을 경계해야 한다. 우리는 성경에 근거하여 첫 사람이 하나님의 형상대로 참된 지식과 의와 거룩함으로 즉시 창조되었음을 주장해야 한다. 그는 처음에는 작은 순진한 어린아이였다가 나중에 성인으로 자라난 것이 아니다. 그는 육체적으로는 성숙했으나 영적으로는 아무런 내용도 없이 진리와 거짓 사이에서, 선과 악 사이에서, 중립적인 입장에 있었던 것도 아니다. 또한 그가 본래는 동물적인 존재였으나 점점 동물의 존재에서 진화하여 싸움과 노력의 결과로 마침내 사람이 된 그런 존재인 것은 더더욱 아니다. 그런 식의 이해들은 성경의 가르침은 물론 건전한 사고와도 완전히 모순된 것이다.

그러나 다른 한 편으로, 기독교 교리와 설교에서 자주 나타나는 것처럼 첫 사람의 상태를 과장해서도 안 된다. 하나님이 사람을 아무리 동물의 수준보다 높이 두셨다 할지라도, 첫 사람은 아직 그가 도달할 수 있는 최고의 수준에는 도달하지 못했던 것이다. 그는 죄를 짓지 않을 수 있는 상태(able-not-to-sin)에 있기는 했으나, 아직 죄를 지을 수 없는 상태(not-able-to-sin)에는 이르지 못했다. 그는 아직 썩지 않고 죽지 않는 영생을 소유하지는 못했고, 그 대신 하나의 조건을 이행하는 여부에 따라서 그 존재와 기한이 좌우되는 하나의 예비적인 불멸의 상태(a preliminary immortality)를 부여받았을 뿐이었다. 그는 하나님의 형상으로서 창조되었다. 그러나 그는 여전히 이 형상과 그 모든 영광을 잃어버릴 수 있었다. 그가 낙원에 산 것은 사실이다. 그러나 이 낙원은 하늘이 아니었고, 따라서 그 모든 아름다움과 더불어 첫 사람에게서 버려질 수도 있는 상태였다.

아담이 영적으로 물질적으로 모든 풍요를 누리고 있었으나, 거기에는 한 가지 결핍된 것이 있었으니, 절대적인 확실성(absolute certainty)이 바로 그것이었다. 그것이 없는 한 우리의 안식과 우리의 즐거움은 아직 완전한 것이 못된다. 사실상, 오늘날 세상이 사람이 소유한 모든 것을 확실히 보장하기 위해 온갖 노력을 기울이고 있는 것이 이 점을 충분히 입증해 준다. 신자들에게는 금생과 내생이 보장되어 있다. 그리스도께서 그들을 보장하시며 그의 손에서 아무도 빼앗기도록 허용하지 않으실 것이기 때문이다(요 10:28).
온전한 사랑이 그들에게서 두려움을 내어쫓으며(요일 4:18), 그들의 주이신
그리스도 예수 안에 있는 하나님의 사랑에서 끊을 것이 아무것도 없다는 것
을 확신하게 하는 것이다(롬 8:28-29). 그러나 낙원에 있는 사람에게는 이런
절대적인 확실성이 없었다. 그가 하나님의 형상대로 창조함받았으나, 그는
영구하게 그런 선한 상태 속에서 세움받지 못하고 말았다. 그가 아무리 많이
가지고 있었으나, 그는 자기 자신을 위해서도, 자기 후손을 위해서도, 그 모
든 것들을 잃어버릴 수 있었다. 그의 기원이 하나님께 있었고, 그의 본성도
하나님의 본성과 관련되어 있었으며, 그의 마지막 종착지도 하나님의 직접
적인 임재 속에서 누릴 영원한 복락이었다. 그러나 그 정해진 종착지에 그가
과연 도달할 것인지는 그 자신의 선택과 그 자신의 의지에 달려 있었던 것이
다.

제 13 장

죄와 사망

창세기 3장에서부터 벌써 사람의 타락과 불순종에 대한 말씀이 나타나고 있다. 그가 하나님의 명령을 범하는 죄를 지은 것은 그가 창조된 후 그리 오래되지 않은 때였을 것으로 보인다. 창조와 타락은 공존하지 않았고, 따라서 서로 똑같은 것으로 보아서는 안 된다. 그것들은 본성과 본질에서 서로 차이가 있다. 그러나 연대기적으로 보면 그 둘은 서로 아주 근접해 있다.

사람의 처지가 그랬고, 또한 십중팔구 천사들의 세계도 그러했을 것이다. 성경은 천사들의 창조와 타락에 대해 상세한 말씀을 하지 않는다. 그저 사람과 그의 타락에 대해 올바로 이해하기에 필요한 만큼만 말씀하며, 우리의 호기심을 만족시켜 줄 만한 더 자세한 말씀은 삼가는 것이다. 그러나 천사들이 존재한다는 것과, 그 가운데 많은 숫자가 타락했다는 것과, 또한 이 타락이 세상이 시작될 시기에 일어났다는 것은 알 수 있다. 어떤 이들은 천사들의 창조와 타락의 시기를 훨씬 더 이른 시기로 보아서 창세기 1:1 이전의 시기로 잡기도 하지만, 성경은 그런 추측에 대해 전혀 근거를 제시하지 않는다.

세상 창조의 시작이 창세기 1:1에서 일어나고, 창세기 1:31에서는 하나님이 그 창조하신 온 세상을 보시고 — 비단 땅만이 아니라 — 그 지으신 모든 것을 가리켜 좋다고 말씀하신다. 그렇다면, 천사들의 반역과 불순종은 여섯째 날의 창조 이후에 일어난 것이 틀림없을 것이다.

그러나, 천사들의 타락은 사람의 타락보다 시기적으로 앞서는 것이 확실하다. 죄는 땅에서 처음 생겨난 것이 아니라, 하늘에서, 하나님의 직접적인 임재 가운데서, 그의 보좌 앞에서 생겨난 것이다. 하나님을 저항하고자 하는 생각과 소원과 의지가 먼저 천사들의 마음속에 일어났다. 교만이 가장 주된 죄요 따라서 이것이 천사들의 타락의 시초요 원리가 되었을지도 모른다. 디모데전서 3:6에서 바울은 교회의 회원이 된지 얼마 되지 않은 사람은 교만해져서 마귀의 정죄에 빠지기 쉬우니 그런 사람은 감독으로 뽑지 말라고 교회에게 권면하고 있다. 만일 이 마귀의 심판 혹은 정죄가 그가 하나님을 대적하여 자신을 높였을 때에 빠져 들어간 그 심판을 뜻한다면, 마귀에게서도 죄가 자신을 높이는 것과 교만에서 시작되었다는 사실을 보여 주는 하나의 시사를 여기서 보게 되는 것이다.

여하튼, 천사들의 타락은 사람의 타락보다 먼저 일어났다. 사람은 자기 혼자서 하나님의 법을 범하게 된 것이 아니었고, 그렇게 하도록 외부로부터 부추김을 받은 것이다. 여자가 뱀의 꾀임에 속아서 범죄를 저질렀다(고후 11:3; 딤전 2:14). 여기서 뱀을 하나의 상징적인 현현으로 보아서는 안 되고, 실제의 뱀으로 보아야 할 것이다. 이 뱀이 들짐승 중에 가장 간교하고 지혜로웠다고 분명히 말씀하고 있기 때문이다(창 3:1; 마 10:16). 그러나, 계속해서 전개되는 계시로 볼 때에, 마귀적인 능력이 뱀을 이용하여 사람을 속이고 그를 곁길로 빠지게 만들었다는 것도 이에 못지않게 분명히 이해할 수 있다. 구약의 몇 군데에서 이미 사탄이 사람을 대적하는 자요 미혹하는 자라는 것을 읽을 수 있다(욥 1장: 대상 21:1; 슥 3장).

그러나 그 어둠의 무서운 능력은 하나님의 하늘의 빛이 그리스도 안에서 세상에 처음 비쳐졌을 때에 처음 드러났다. 이곳 땅 위의 세상 이외에 또 다른 죄악된 세상이 있다는 것이 그때에 밝히 드러난 것이다. 무수한 마귀들과 악령, 더러운 영들, 그리고 더 악한 귀신들(마 12:45)이 신민(臣民)들이요 사탄이 우두머리인 그런 영적인 악의 세계가 있다. 이 사탄은 여러 가지 이름을 갖고 있다. 그는 사탄으로 불리기도 하지만, 망령된 자인 마귀로 불리기도 하고(마 13:39), 원수(마 13:39; 눅 10:19), 악한 자(마 6:13; 13:19), 참소하는 자(계 12:10), 시험하는 자(마 4:3)로도 불리고, 추함 혹은 무가치함을 뜻하는 벨리알(고후 6:15), 에그론의 파리 신(fly-god)의 이름이었던 바알세불 혹은 바알세붑으로도 불리고(왕하 1:2; 마 10:25), 귀신의 왕(마 9:34), 공중의 권세 잡은 왕(엡 2:2), 이 세상의 임금(요 12:31), 이 세상의 신(고후 4:4), 큰 용 곧 옛 뱀이라고도 불린다(계 12:9).

이 어둠의 세계는 창조 때부터 존재한 것이 아니고, 사탄과 그의 천사들의 타락 때에 생겨났다. 베드로는 천사들이 죄를 범했고 하나님의 형벌을 받았다고 개략적으로 말씀하나(벧후 2:4), 유다는 유다서 6절에서 좀 더 구체적으로 그들의 죄의 본질을 암시하면서, 그들이 자기들에게 부여된 지위를 지키지 않고 하늘에서 자기 처소를 떠났음을 선언하고 있다. 그들은 하나님이 그들에게 부여하신 지위에 만족하지 않고 그보다 더 큰 것을 바랐다. 이러한 반역은 처음에 일어났다. 왜냐하면 마귀는 처음부터 범죄하였으며(요일 3:8), 처음부터 마귀는 사람을 부패시키는 것을 목적으로 삼았다. 예수께서는 사탄이 처음부터 살인한 자요 진리가 그 속에 거하지 않는 거짓말쟁이라고 분명히 진술하시는 것이다(요 8:44).

바로 이 사탄으로부터 사람에게 유혹이 임하였다. 그것은 선악을 알게 하는 나무의 실과를 먹지 말라는 하나님의 명령과 결부되어 임하였다. 사도 야고보는 하나님은 시험을 받지도 않으시고 친히 아무도 시험하지 않으신다고 증언하고 있다(약 1:13). 이 말씀은 하나님이 아무도 테스트하지 않으신다는 뜻이 아니다. 성경은 하나님이 그렇게 행하시는 경우들을 자주 보도하고 있다. 아브라함, 모세, 욥, 그리스도에게서도, 혹은 첫 사람 아담에게서도 그런 시험이 나타나는 것이다. 그러나 누군가가 그 테스트에서 실패하게 되면, 그는 곧바로 실패의 책임을 하나님께로 돌리고서 하나님이 자기를 유혹했다고, 즉 자기를 넘어뜨리려는 의도를 갖고서 자기를 시험했다고 하거나, 혹은 반드시 실패할 수밖에 없는 테스트를 자기에게 부과했다고 이야기하는 경향이 있다.

타락 이후에 아담이 곧바로 이런 식의 반응을 보인 것을 보게 된다. 각 사람에게 그런 경향이 은밀하게 내재되어 있는 것이다. 야고보는 이러한 경향에 대응하여, 하나님은 유혹을 받는 수준을 완전히 넘어 계시고 또한 그는 절대로 아무도 유혹하지 않으신다는 것을 결정적으로 확고하게 진술하고 있는 것이다. 그는 절대로 타락하게 하고자 하는 의도를 갖고서 누군가를 시험하시는 법도 없고, 또한 사람이 감당할 능력에 벗어나는 시험을 주시는 법도 없다(고전 10:13). 아담에게 그 시험적인 명령을 주신 것은 그의 순종이 분명히 드러나도록 하기 위함이었고, 또한 그 명령은 결코 그의 능력의 범위를 넘어서는 것이 아니었다. 인간적으로 말하자면, 그는 그 명령을 쉽게 지킬 수 있었다. 그 명령이 아주 가벼운 것이었고, 그에게 주어진 모든 것들에 비해서 결코 무겁지 않은 것이었기 때문이다.

그러나 하나님이 언제나 선을 의도하시는 것을 사탄은 언제나 악을 위해서 이용한다. 그는 그 시험적인 명령을 악용하여 그것을 하나의 유혹으로 만들어 버리고, 그것을 이용하여 첫 사람의 순종을 은밀하게 공격하며, 그리하여 사람으로 하여금 타락하도록 조장하는 것이다. 우선 그는 하나님이 주신 금지 명령을 그저 임의적으로 덧붙여진 부담으로, 근거 없이 사람의 자유를 제한하는 것으로 제시한다. 그리하여 하와의 영혼에 그 명령의 신적 기원과 정의로움에 대해서 의심의 씨앗이 심겨지는 것이다. 그리고 그 다음, 하나님이 그 명령을 주신 것이 사람이 하나님처럼 되지 않도록, 하나님처럼 선과 악을 알게 되지 않도록 하기 위함이라는 생각을 넣어주어서, 그 의심이 불신앙으로 발전되게 만든다. 이러한 불신앙은 다시 그런 범죄가 사망의 길이 아니라 영생의 길로, 하나님과 동등하게 되는 길처럼 보이도록 상상을 불러일으킨다. 그리고 그 상상이 사람의 성향과 노력에 작용하였고, 그리하여 금지된 나무가 또 달리 위장하고 있는 것처럼 보이게 된다. 곧 눈에 욕심이 되고, 마음에게는 정욕이 된 것이다. 그렇게 정욕을 품게 되자, 의지는 사라지고 죄악된 행위가 뒤따라 일어난다. 하와가 그 나무의 실과를 취하여 먹었고, 자기와 함께 사는 남편에게도 주어 그도 먹게 한 것이다(창 3:1-6).

* * * * *

성경은 타락의 역사와 죄의 기원의 역사를 이렇듯 단순하면서도 심오한 심리적 방식으로 보도하고 있다. 죄는 여전히 이런 방식으로 생겨나고 있다. 지성을 어둡게 하는 데서부터 시작하고, 상상을 부추기고 마음의 정욕을 자극하여 결국 의지의 행동에서 그 절정에 이르게 하는 것이다. 첫 사람의 첫 범죄와 그 이후의 다른 모든 죄들은 서로 현격한 차이가 있는 것이 사실이다. 나중의 죄들은 사람의 죄악된 본성을 전제로 하고, 그것을 접촉점으로 삼는다. 그러나 아담과 하와에게는 그런 본성이 존재하지 않았다. 그들은 하나님의 형상으로 창조되었기 때문이다. 그러나 그럼에도 불구하고 그들이 타락할 수도 있는 방식으로 창조되었다는 사실을 기억해야 할 것이다. 죄는 그 본질상 언제나 불합리성과 임의성을 지니는 것이다. 누군가가 죄를 범하면, 그는 언제나 자기 자신을 변명하고 정당화하려 하나, 결코 그 일에 성공을 거두지 못하는 법이다. 죄에게는 결코 합리적인 근거나 기초가 없는 것이다. 악을 행하는 자가 죄악된 행동을 하는 것은 어쩔 수 없이 상황 때문에, 혹은 자기의 기질 때문에 그렇게 되는 것이라고 주장하는 이들이 오늘날 있는 것이 사실이다. 그러나 그런 내적인 혹은 외적인 불가피성은 언제나 개인의 양심 속에서는 압도적인 모순에 사로잡히게 된다. 물론 나름대로 이유가 있기는 하겠으나, 죄는 이성적으로든 심리적으로든 결코 기질이나 행동의 탓으로 돌려지지 않는 것이다.

특히 사람이 낙원에서 범한 최초의 죄의 경우에 이것이 그대로 적용된다. 오늘날에는 정황이 바뀌는 경우가 많다. 물론 그것이 죄를 정당화시키지는 못하나, 죄책의 양은 그것에 따라서 바뀌게 된다. 그러나 첫 부부의 죄의 경우에는 죄책을 경감시킬 수 있는 요인으로 호소할 수 있는 상황이 단 하나밖에는 없었다. 사실상, 그 사건의 정황으로 제시될 수 있는 모든 것들 — 그 시험적인 명령을 그들에게 알려준 특별 계시나, 그 시험적인 명령이 자기 부인을 아주 조금밖에는 요구하지 않는다는 것이나, 범죄에 대해 엄중한 형벌의 위협이 주어졌다는 점이나, 그 명령의 거룩한 본질이나, 그것을 어길 경우 나타날 결과의 끔찍스러움 등 — 이 죄책의 범위를 경감시키기는커녕 오히려 더 가중시키는 것이다.

타락의 가능성에 대해서는 약간의 빛을 비출 수 있으나, 그 가능성이 현실로 전환되는 일은 어둠 속에 감추어져 있다. 성경은 이러한 전환을 이해할 수 있는 것으로 용인하고자 하는 노력을 조금도 하지 않는다. 그러므로 성경은 죄에게 합당한 죄악성을 전혀 수정하지 않고 죄가 그것을 그대로 지니고 있도록 만드는 것이다. 죄라는 것이 분명 있지만, 그것은 불법적인 것이라는 것이다. 죄는 하나님의 법과 또한 우리 자신의 양심의 증거와 모순되는 가운데 있고, 또한 영원토록 그런 상태에 있을 것이다.

창세기 3장의 타락 기사는 이 두 가지를 제시함으로써, 즉 한 편으로는 죄의 존재에 이르게 되는 심리적인 기사를 ─ 우리 각자 우리 자신의 삶 속에서 매 순간마다 이 기사의 진실성을 체험한다 ─ 제시하고, 또 다른 한 편으로는 죄를 그 불합리하고 불의한 본성 속에서 확실히 서 있게 함으로써, 지나간 오랜 세월 동안 인간의 지혜가 죄의 기원이라는 주제에 대해 제시해온 모든 것들의 수준을 무한히 뛰어넘고 있는 것이다. 죄와 비참이 있다는 것은 구태여 성경에서만 알 수 있는 것은 아니다. 그것은 날마다 매 순간마다 피조물 전체의 탄식에서 뚜렷하게 들려오는 사실이다. 온 세상이 타락의 증표 속에 서 있는 것이다. 혹시 우리 주위의 세상이 타락의 사실을 선포하지 않는다 해도, 양심의 소리를 통해서 순간순간마다 그 사실을 되살리게 된다. 양심의 소리가 계속해서 우리를 참소하며, 마음의 빈곤이 무언가 모를 화(禍)를 증언하는 것이다.

그렇기 때문에 언제나 어디서나, 다음과 같은 질문이 인류에게서 그칠 줄을 모르는 것이다. 어째서 악이 존재하는가? 어째서 죄의 악과 비참의 악이 존재하는가? 이러한 질문이, 심지어 사람의 기원에 관한 질문보다 더, 사람의 생각을 가득 채워왔고 사람의 마음과 머리를 매 시간마다 압박해온 것이다. 그런데 인간의 지혜가 그 질문에 대해 제시한 해결책을 성경이 제시하는 단순한 해답과 비교해 보라.

자연히 인간의 지혜가 제시하는 해결책들은 결코 똑같지 않을 것이다. 그러나 그 해결책들은 서로 어느 정도 일정한 관계를 드러내므로, 그것을 따라 분류할 수가 있다. 가장 흔하게 제시되는 해결책은, 죄가 사람 속에 사는 것도, 사람의 바깥에서부터 들어오는 것도 아니요, 사람의 바깥쪽에 밀착되어 있는 것이라는 것이다. 이러한 사상은 그 본질상, 사람을 선한 것으로 보고, 그의 마음을 부패하지 않은 상태로 본다. 악은 상황과 환경 속에, 사람이 태어나고 자라온 사회 속에 있다는 것이다. 이런 상황을 제거하고, 사회를 개혁하면 ─ 예를 들어서, 재화(財貨)를 모든 사람에게 동등하게 분배하면 ─ 자연히 사람이 선하게 될 것이라고 한다. 그렇게 되면 사람이 악을 행할 더 이상의 이유가 없어질 것이라는 것이다.

죄의 기원과 본질에 대한 이러한 사고는 수많은 사람들의 지지를 받아왔다. 사람은 언제나 자기의 죄책을 상황의 탓으로 돌리는 경향이 있기 때문이다. 그러나 18세기 이래로 사람들이 정치적 · 사회적 부패에 눈을 떠서, 국가와 사회를 급진적으로 뒤집어엎는 것을 모든 악에 대한 유일한 만병통치약으로 찬양하게 되면서, 특히 이 견해가 높임을 받았다. 그러나 19세기에 들어와서, 사람이 본성적으로 선하다는 사고의 허구성에 사람들이 다시 한 번 눈을 뜨게 되었다. 현재에는 사람의 본성이 급진적으로 악해서 그 구원의 가능성에 대해 절망하는 사람들의 숫자가 결코 적지 않은 것이다.

그리하여 죄의 기원을 사람의 감각적인 본성에서 찾는 새로운 설명이 유행처럼 일어나게 되었다. 사람은 혼을 갖고 있으나 또한 육체도 갖고 있다. 영이면서 동시에 육체이기도 하다. 육체는 그 자체가 항상 특정한 죄악된 성향과 이끌림을 갖고 있고, 불순한 정욕과 저급한 감정을 갖고 있어서 자연히 영의 이미지와 관념과 이상과는 반대되는 입장에 서 있다는 것이다. 사람이 날 때부터 몇 년 동안은 계속해서 일종의 식물적이며 동물적인 삶을 살고, 또한 구체적인 이미지를 기준으로 사는 어린아이의 상태에 있기 때문에, 해마다 육체가 주도적인 요소로 작용하여 영을 자기에게 굴복시키는 것이 자명해진다고 한다. 이 견해에 의하면, 아주 서서히 영이 육체의 세력에서 자신을 해방시키게 된다고 한다. 그러나 비록 매우 더디기는 하지만, 육체적인 삶에서 영적인 삶으로 발전하는 일이 인류와 개개인에게서 계속된다는 것이다.

죄의 기원에 대해서 사상가들과 철학자들은 계속해서 이와 비슷한 방식으로 진술해왔다. 그러나 좀 더 최근에 와서는 그들이, 사람 자신이 동물로부터 내려왔고 그리하여 그의 마음이 여전히 동물적이라는 이론으로부터 강력한 지지를 받아오고 있다.

어떤 이들은 이 사실을 근거로, 사람은 영원토록 동물로 남아 있을 것이라고 추정하기도 한다. 그러나, 사람이 이미 자신의 기원과 비교할 때에 굉장히 찬란하게 발전해왔으니, 미래에도 계속해서 더 전진할 것이고, 그리하여 어쩌면 천사가 될 수도 있다는 식의 소망을 피력하는 이들도 있다. 여하튼, 사람이 동물에게서 내려왔다는 것이 죄의 문제에 대해 놀라운 해결책을 제시하는 것 같았다. 사람이 동물에게서 내려왔다면, 옛 동물이 사람 속에서 계속 작용하며 때때로 예의의 억제를 거스르는 것은 지극히 자연스러운 일이요 또한 전혀 놀랄 필요가 없는 것이다.

그러므로, 많은 사람들에 따르면, 죄는 과거의 영향의 잔재요, 과거의 동물적 상태의 잔재 이상 아무것도 아니다. 관능, 도둑질, 살인 등은 동물들 가운데 있었던 옛 사람들에게 흔히 있던 일들인데, 그것들이 현재에 개개인에게서, 소위 범죄자들 사이에서 거꾸로 다시 나타나는 것이라는 것이다. 그러나 이렇게 고대의 옛 행위들에 다시 넘어지는 이 사람들을 범죄자로 생각하는 것은 적절치 못하고, 오히려 퇴보자(退步者)들로, 연약하고, 병들어 있고, 다소간 정신 나간 사람들로 보아야 하며, 따라서 그들을 감옥에서 벌해서는 안 되고 오히려 병원에서 치료해야 한다는 것이다. 죄는 사람이 자신의 동물적인 선재(先在)로부터 취하여 온 하나의 질병으로서 겨우 서서히 이겨가고 있는 것이라는 것이다.

만일 이런 식의 논증을 그 논리적인 귀결에까지 밀고 나가서, 죄를 감각성에서, 육체에서, 동물적 기원에서 설명하려 하게 되면, 자연히 과거에 자주 주장된 바 있는 하나의 사고에 이르게 된다. 즉, 죄는 물질을, 혹은 좀 더 일반적으로 표현하자면, 모든 피조물들의 유한한 존재성을, 그 출발점으로 취한다고 보는 사고가 그것이다. 이 사고에 의하면, 영과 물질은 마치 빛과 어둠처럼 서로를 반대한다. 그런 반대는 영원하며, 그 둘은 절대로 서로 참되고 완전한 교류에 이를 수가 없다. 그렇게 보면, 물질은 창조된 것이 아니다. 빛의 신(神)이 이 어두운 것을 창조하셨을 수가 없다는 것이다. 그것은 신과 더불어 영원토록, 혼돈의 상태로, 어둠 속에서, 모든 생명과 빛으로부터 단절된 채로 존재한 것이 분명하다. 나중에 신이 그것에다 형체를 부여하여 이 세상을 세우는 데 사용했지만, 그것 자체는 여전히 영적인 관념을 취하거나 그런 관념으로 돌아갈 능력이 없는 상태 그대로 있는 것이다. 어둠 그 자체는 사고의 빛을 허용하지 않는 법이기 때문이라는 것이다.

어떤 사상가들은 이 어두운 물질을 그 자체의 신적 기원에까지 추적해 들어간다. 그렇게 되면 두 신(神)이 등장하게 된다. 곧, 빛의 신과 어둠의 신이, 선한 신과 악한 신이, 영원 전부터 함께 공존해오고 있는 것이 되는 것이다. 또 어떤 이들은 선과 악이라는 두 가지 영원한 원리를 단일한 신격에서 비롯된 것으로 추리하며, 그리하여 신을 이원적인 존재로 만들어 버리려 한다.

그 신에게는 무의식적이며 어둡고 은밀한 기초가 있고 거기서부터 의식적이고 선명하며 밝은 본성이 표출된다는 것이다. 그의 은밀한 기초가 세상의 어둠과 악의 근본 기원이며, 그의 밝은 본성이 모든 빛과 생명의 근원이라는 것이다.

이제 여기서 한 걸음만 더 나아가면, 오늘날 몇몇 철학자들의 가르침에 도달하게 된다. 곧, 신 그 자체는 어두운 본질이나 맹목적인 힘, 혹은 영원한 굶주림이나 임의적인 의지 이외에 아무것도 아니며, 이것은 오직 인류 안에서만 의식을 갖게 되고 빛이 된다는 것이 그것이다. 이것은 성경의 계시가 가르치는 것과는 정반대되는 주장인 것이 분명하다. 성경은 하나님은 빛이시며 그에게는 어둠이 전혀 없고 태초에 만물이 말씀으로 말미암아 지음받았다고 말씀한다. 그러나 현 시대의 철학은 말하기를, 신은 어둠이요 자연이요, 혼돈이며, 오로지 세계와 인류 안에서만 그에게 빛이 비쳐온다고 하며, 그러므로 사람이 신으로 말미암아 구원받을 필요가 있는 것이 아니라 구원받아야 할 것은 신이요, 신이 사람에게 구해야만 구원을 얻을 수 있다는 것이다.

물론, 그 이론을 주장하는 모든 사람들이 이런 궁극적인 결론을 철저하게 이끌어내는 것도, 모두가 그렇게 퉁명스럽게 표현하는 것도 아니다. 그러나 죄의 기원에 대해 위에서 언급한 견해를 주장하는 사람들은 결국 그러한 결론에 이를 수밖에 없는 것이다. 서로 간의 생각이 얼마나 차이가 있든지 간에, 죄의 기원과 좌소(座所)를 피조물의 의지에서 찾는 것이 아니라 사물의 구조와 본질에서, 그리하여 그 구조와 본질의 원인이 되는 창조주에게서 찾는다는 점에서는 모두 일치하는 것이다. 만일 죄가 상황 속에, 사회 속에, 감성 속에, 육체 속에, 물질 속에 있다면, 그 죄에 대한 책임은 그 모든 것들의 창조자요 지탱자이신 그분께로 돌아가게 되고, 사람은 완전히 자유로워진다. 그렇게 되면, 죄는 타락의 때에 시작된 것이 아니라 창조의 때에 시작된 것이 된다. 그리고 그렇게 되면, 창조와 타락이 동일한 것이 되고, 또 그렇게 되면 존재 그 자체가 죄가 되는 것이다. 도덕적 불완전성이 유한성과 동일한 것이 되며, 그렇게 되면 구속이 절대로 불가능해지거나 아니면 열반의 상태에서 현실을 완전히 제거하는 데에서 그 구속이 절정에 이르게 될 것이다.

그러나 하나님의 지혜는 이러한 인간의 사색보다 무한히 높다. 인간의 사색은 하나님께 책임을 묻고 사람을 변호한다. 그러나 하나님의 지혜는 하나님을 정당화시키고 사람에게 죄책을 묻는다. 성경은 처음부터 마지막까지 하나님을 변호하고 사람을 책망하는 책이다. 성경은 하나의 위대하고 강력한 신정설(神正說: theodicy)을 선포하며, 하나님의 모든 속성들과 그의 모든 역사들을 들어 하나님을 정당화시키는 것이요, 또한 모든 사람들의 양심의 증언이 이와 일치하고 있다. 물론 죄가 하나님의 섭리의 경계 바깥에서 진행되는 것은 아니다. 또한 타락도 하나님의 예지(豫知)와 경륜과 뜻의 범위 바깥에서 일어난 것이 아니다. 죄의 발전과 역사 전체가 하나님으로 말미암아 인도함 받는 것이며 또한 마지막에 이르기까지 그의 지도하심에 매여 있는 것이다. 죄가 하나님을 무계획하고 무능한 분으로 만드는 것이 아니다. 죄를 상대로 해서도 하나님은 여전히 하나님이시요, 지혜와 선하심과 권능이 완전하신 분이신 것이다.

사실 하나님은 선하시며 권능이 있으신 분이시므로 악으로부터 선을 이루시는 분이시요, 또한 악으로 하여금 그 본질과 어긋나서 하나님의 이름을 영화롭게 하고 그의 나라를 세우는 데에 협력하도록 만드실 수 있는 분이다. 그러나 그럼에도 불구하고 죄는 여전히 그 죄악된 성격을 계속 유지하는 것이다. 만일 특수한 의미에서, 죄가 하나님의 뜻의 범위 바깥에 있기 때문에 하나님이 죄를 뜻하셨다고 말할 수 있을지 모르지만, 그렇다면 죄가 전혀 생겨나거나 존재할 수가 없을 것이다. 우리가 언제나 기억해야 할 것은 오히려 하나님이 그 죄를 죄로서 — 비정상적인 것이요, 절대로 있지 말았어야 할 것이요, 부당한 것이요, 따라서 하나님의 명령과 상충되는 것으로서 — 뜻하셨다는 사실이다.

성경은 이렇게 하나님을 변호하면서도 동시에 죄의 본질을 그대로 유지시킨다. 만일 죄의 기원이 창조주의 뜻에 있는 것이 아니고 그 뜻보다 선행하는 본질 혹은 존재에 있다면, 죄는 곧바로 그 도덕적 성격을 잃어버리게 되고, 하나의 물리적이며 자연적인 것이 되어 버리며, 만물의 존재와 본질과 완전히 밀착된 하나의 악이 되어 버릴 것이다. 그렇게 되면, 죄는 하나의 독립적인 실체요, 근원적인 원리가 되며, 그 옛날 질병을 그렇게 간주했던 것처럼 일종의 악한 물질이 되어 버릴 것이다. 그러나 성경은 죄는 그런 것이 아니고 그럴 수도 없다는 사실을 가르쳐 준다. 하나님이 만물의 창조주시므로, 그는 물질의 창조주시기도 하다. 그리고 창조의 일을 마치신 후 그는 자기가 지으신 모든 것들을 보시고 좋다고 여기신 것이다.

그러므로 죄는 사물의 본질에 속하는 것이 아니다. 그것은 도덕적 성격을 띠고 윤리적인 영역에서 작용하는 하나의 현상으로서, 하나님이 그의 뜻으로 이성적인 사람을 위하여 세우신 윤리적 규범에서 이탈하는 것이다. 최초의 죄는 시험적인 명령을 범하는 것이었고, 따라서 그 시험적인 명령과 더불어 동일한 신적 권위에 근거하는 도덕법 전체를 범하는 것이었다. 불법, 불순종, 불의, 불경건함, 하나님을 대적함 등, 성경이 죄를 지칭하는 데 사용하는 여러 가지 명칭들 모두가 동일한 방향을 가리키고 있다. 바울은 죄를 아는 것이 율법으로 말미암는다고 분명히 말씀하고 있다(롬 3:20). 요한은, 지극히 큰 죄든 지극히 작은 죄든 상관 없이, 모든 죄는 불의요 무법이요 불법임을 선언하고 있는 것이다(요일 3:4).

불법이 죄의 성격이라면, 그런 성격은 사물 — 물질이든, 영이든 — 의 본성이나 본질에 있는 것일 수가 없다. 왜냐하면 사물의 본질과 존재는 오직 하나님께로서 비롯된 것이요, 그분은 모든 선한 것들의 근원이시기 때문이다. 그러므로 악은 오로지 선(善)보다 나중(中)에 올 수밖에 없고, 선을 통해서나 선을 근거로 해서만 존재할 수밖에 없고, 오로지 선을 부패시키는 것일 수밖에 없는 것이다. 심지어 악한 천사들의 경우도, 물론 죄가 그들의 본성 전체를 부패시켰으나, 그럼에도 불구하고 피조물들로서는 선한 것이다. 더욱이, 사물의 본질과 존재의 상태로서의 선은 죄로 말미암아 다른 방향으로 뒤틀려지고 더럽혀질지언정 완전히 말살되지는 않는다. 죄로 말미암아 사람이 자기의 존재나 자기의 인간 본성까지 잃어버린 것은 아니다. 여전히 영혼과 육체를, 이성과 의지를, 그리고 온갖 감정과 관심들을 지니고 있는 것이다.

그런데, 그 자체로는 선하며 또한 빛들의 아버지께로부터 내려오는 이 모든 선물들을 사람들이 하나님을 대적하는 무기로 사용하며 또한 불의를 도모하는 데 사용하는 것이다. 그러므로 죄는 단순히 무엇이 결핍되어 있거나 부족한 것만이 아니다. 심지어 사람이 본래부터 소유하고 있던 것이 결핍되어 있는 상태만도 아닌 것이다. 마치 부자가 굉장한 손해를 당하여 가난해져서 이제 과거 풍요롭던 처지보다 훨씬 못한 처지를 감당해야 하는 것 같은 그런 상태가 아니다. 죄는 그보다 더한 것이다. 죄란, 사람이 진정 사람답게 되기 위해서 반드시 있어야 할 그런 것을 빼앗긴 상태요, 동시에 사람에게 합당치 않은 하나의 결점 혹은 부적절함이 거기에 덧붙여지는 상태인 것이다.

현대 과학에 따르면, 질병은 그 자체가 하나의 구체적인 물체나 물질이 아니요, 오히려 변화된 상황 속에서 살아 있는 어떤 것이라고 한다. 사실상 생명의 법칙은 건강한 몸과 똑같이 그대로 남아 있지만, 그 생명의 기관들과 기능들이 그 정상적인 활동을 방해받는 상태인 것이다. 심지어 죽은 시체에서도 그 기능이 중단되지 않는다, 다만 거기서 시작되는 활동은 파괴적이요 분해시키는 활동이라는 것이 다를 뿐이다. 이와 동일한 의미에서, 죄는 그 자체가 하나의 물체가 아니고, 말하자면, 사람에게 주어진 모든 재능과 에너지들을 방해하는 것이요, 그것들을 전혀 다른 방향으로, 하나님께로 향하는 것이 아니라 하나님께로부터 멀어지는 쪽으로, 작용하도록 만드는 것이다. 이성과 의지, 관심, 감정, 정열 등, 이런저런 심리적 · 육체적 능력들 모두가 한때는 의(義)의 병기들이었는데, 이제는 그것들이 죄의 불가사의한 작용으로 말미암아 불의(不義)의 병기로 바뀌어 버렸다. 사람이 창조 시에 받은 하나님의 형상은 물체가 아니었다. 그러나 그럼에도 불구하고 그것은 사람의 본성에 정말로 합당하고 절실한 것이었는데, 이제 그것을 잃어버려서 완전히 일그러지고 흉한 모습이 되어 버린 것이다.

만일 누군가가 사람의 현재의 모습을 안팎으로 볼 수 있다면, 그는 사람에게서 하나님보다는 사탄을 닮은 특징들을 발견하게 될 것이다(요 8:44). 영적 건강 상태가 영적 질병과 사망의 상태로 바뀌어 버렸다. 그러나 본래 사람의 존재를 구성하는 요소는 오히려 영적 건강이다. 그러므로 성경은 죄의 도덕적 본질을 강조함으로써 또한 사람의 구원 가능성을 가르치는 것이다.

죄는 세상의 본질에 속하는 것이 아니고, 오히려 사람으로 인하여 세상에 도입된 어떤 것이다. 그렇기 때문에 모든 피조물보다 강한 하나님의 은혜의 권능으로 말미암아 세상에서 죄가 다시 제거될 수 있는 것이다.

* * * * * *

사람이 범한 최초의 죄는 오랫동안 홀로 있지 않았다. 그것은 사람이 한 번 행한 후에 다시 흔들어 떨어버릴 수 있는 그런 것이 아니었다. 그 죄를 범한 이후에는 결코 사람이 아무 일도 없었던 것처럼 지낼 수가 없었다. 사람이 생각과 상상 속에, 그의 욕망과 의지 속에 죄를 품은 바로 그 순간, 그에게는 엄청난 변화가 일어난 것이다. 이것은 타락 직후 아담과 하와가 자기 자신들을 하나님께로부터, 또한 서로에게서부터 숨기려 했다는 사실에서 분명히 드러난다. 그들의 눈이 밝아져 자기들이 벌거벗은 것을 알게 되었다(창 3:7). 한순간에 갑자기 그들은 전혀 달라진 관계 속에서 서로를 마주하고 서 있었다. 과거에는 한 번도 그렇게 바라본 적이 없는, 전혀 다른 시각으로 서로를 보게 되었다. 그들은 감히 예전처럼 그렇게 자유롭고도 거리낌없이 서로의 눈을 쳐다볼 수가 없었다. 그들 스스로 죄책과 부정함을 느꼈고, 그리하여 서로에게서 자기 자신을 숨기기 위해 무화과나무 잎으로 몸을 가렸다. 그러면서도 그들은 서로 같은 상황에 있었고, 그리하여 하나님의 얼굴로부터 몸을 감추어야 할 필요를 함께 느꼈고, 함께 두려움을 가졌고, 그리하여 동산 나무 사이에 함께 숨은 것이다

무화과나무 잎은 자기들 자신의 부끄러움과 치욕을 서로에게서 부분적으로 숨겨주었으나, 여전히 하나님의 얼굴을 대면할 자신이 없었고, 그리하여 그들은 동산의 나무 숲 속으로 도망하였다. 부끄러움과 두려움이 그들을 사로잡았다. 그들이 하나님의 형상을 잃어버렸고 그리하여 하나님의 면전에서 스스로 죄책과 부정함을 느낀 것이다.

언제나 그것이 죄의 결과다. 하나님과 우리 자신과 동료 사람들을 상대할 때에, 내적이며 영적인 자유와 자발심을 잃어버리는 것이다. 왜냐하면 그런 것들은 오로지 무죄의 의식만이 우리 마음에 불러일으킬 수 있는 것들이기 때문이다. 그러나 그 최초의 죄의 끔찍함은 그 영향이 첫 부부에게로부터 모든 인류에게로 퍼져간다는 사실에서 더욱더 생생하게 드러난다. 잘못된 방향으로 나아가는 첫 걸음을 이미 내디뎠고, 그리하여 아담과 하와의 모든 후손들이 그와 똑같은 경로를 따르는 것이다. 죄의 보편성은 각 사람의 의식에

확실한 힘을 발휘하는 하나의 사실이다. 그것은 성경의 가르침을 통해서나 경험의 증거를 통해서 의심의 여지 없이 확고히 세워지는 사실인 것이다.

모든 장소와 모든 시대에서 이러한 죄의 보편성에 대한 증언들을 모으는 일은 전혀 어렵지 않다. 가장 단순한 사람이나 가장 학식 있는 사람이나 모두가 이에 대해 동의한다. 그들은, 죄 없이 출생한 사람은 아무도 없다고 말할 것이다. 모든 사람이 각기 약점과 결점들을 지니고 있다. 사람의 질병 가운데는 지성이 어두워지는 것도 포함되는데, 이것은 오류가 불가피하다는 것을 의미할 뿐 아니라 또한 오류를 사랑하는 것을 의미하기도 한다. 양심이 자유로운 사람은 하나도 없다. 양심이 우리 모두를 반역자로 만드는 것이다. 인류가 져야 할 가장 무거운 짐은 바로 죄책의 짐이다. 바로 이와 같은 소리들이 인류 역사의 모든 방면에서 우리의 귀에 들려오는 것이다. 사람이 본성적으로 선하다는 근본 원리를 주장하는 사람들이라도 조사를 다 해보고 나면 결국 모든 죄와 악행의 씨앗이 각 사람의 마음속에 감추어져 있다는 것을 시인하지 않을 수 없게 되고 만다. 철학자들도 모든 사람들이 본성적으로 악하다는 사실을 제시해오고 있는 것이다.

* * * * *

인류가 자기 자신에 대해서 선언해온 이러한 판단을 성경이 확증해 주고 있다. 창세기 3장에서 타락의 기사를 제시한 이후, 성경은 그 다음의 장들에서 죄가 어떻게 인류 속에 퍼져가고 증가했으며, 또한 어떻게 결국 홍수 심판이 불가피한 상태에까지 이르게 되었는지를 계속해서 추적하는 것이다. 그 홍수 이전의 세대들에 대하여 성경은 말씀하기를, 사람의 죄악이 세상에 가득하였으며 그의 마음으로 생각하는 모든 계획이 항상 악할 뿐이었고, 땅의 모든 육체가 부패하였고 땅이 하나님 앞에서 부패하였다고 한다(창 6:5, 11, 12). 그러나 그 큰 홍수로도 사람의 마음에는 전혀 변화가 일어나지 않았다. 그 홍수 이후에도 하나님은 노아의 가족에게서 나오게 될 새로운 인류에 대해서 말씀하시기를, "사람의 마음이 계획하는 바가 어려서부터 악함이라"고 하시는 것이다(창 8:21).

구약의 모든 성도들이 이러한 하나님의 증언에 전적으로 동의하고 있다. 욥은 아무도 더러운 것에서 깨끗한 것을 낼 수 없다고 탄식한다(욥 14:4). 솔로몬은 성전을 봉헌하며 드리는 기도에서, "범죄치 아니하는 사람이 없사오니"라고 고백하고 있다(왕상 8:46). 시편 14편과 53편에서는, 여호와께서 하늘에서 인생을 굽어 살피셔서 지각이 있어 하나님을 찾는 자가 있는가를 보려 하셨으나, 아무도 보지 못하고 오로지 더러움과 불의만을 보실 뿐이라고 말씀한다. "다 치우쳐 함께 더러운 자가 되고 선을 행하는 자가 없으니 하나도 없도다"(14:3; 53:3). 그 누구도 여호와의 얼굴 앞에 설 수가 없다. "주의 눈 앞에는 의로운 인생이 하나도 없나이다"(시 143:2). "내가 내 마음을 정하게 하였다 내 죄를 깨끗하게 하였다 할 자가 누구냐?"(잠 20:9). 한 마디로, 선을 행하고 전혀 죄를 범하지 않는 의인은 세상에 하나도 없다는 것이다(전 7:20).

이 모든 진술들은 너무나도 일반적이며 보편적인 성격을 띠고 있어서 전혀 예외를 허용하지 않는다. 그것들은 자기들의 죄나 다른 이들의 죄에 대해 별로 개의치 않는 악인들이나 불경건한 자들의 입에서 나오는 것들이 아니라, 자기들이 하나님 앞에서 죄인들임을 배워 알고 있는 경건한 자들의 마음에서 우러나오는 진술들이다. 그리고 그들은 다른 사람들에 대해서만, 즉 이방인들처럼 명백히 죄 가운데서 살며 하나님을 아는 지식이 없는 사람들에 대해서만 이런 판단을 하는 것이 아니다. 사실 그들은 자기들 자신과 자기 백성들에게서 시작하는 것이다.

성경은 성도들을 완전한 거룩함으로 이 땅을 산 사람들로 묘사하지 않는다. 오히려 때때로 매우 심각한 범죄를 스스로 저지르기도 하는 죄인들로 그들을 묘사하는 것이다. 성도들이란 바로 자기들의 대의가 의로움을 의식하면서도 자기들의 죄책을 깊이 느끼는 자들이요, 여호와 앞에 나아와 겸손히 죄를 고백하는 자들인 것이다(시 6편; 25편; 32편; 38편; 51편; 130편; 143편). 심지어 그들이 백성들을 탄핵하여 증거하며 그들의 배도와 불성실함을 선언할 때에도, 마지막에 가서 그들은 자기 자신들을 그 백성 중의 일원으로 여기며 그들과 한 목소리로 고백하는 것이다: "우리는 수치 중에 눕겠고 우리의 치욕이 우리를 덮을 것이니 이는 우리와 우리 조상들이 청년의 때로부터 오늘까지 우리 하나님 여호와께 범죄하여 우리 하나님 여호와의 목소리에 순종하지 아니하였음이니이다"(렘 3:25; 참조. 사 6:5; 53:4-6; 64:6; 단 9:5 이하; 시 106:6).

신약 성경 또한 이러한 온 인류 전체의 죄악된 상태에 대해 추호의 의심도 허용하지 않는다. 복음의 선포 전체가 그런 상태를 전제로 세워져 있는 것이다. 요한은 천국이 가까웠음을 전하면서, 사람들에게 회개하고 세례를 받을 것을 요구한다. 할례나 희생 제사나 율법 준수로는 하나님 나라에 들어가는 데 필요한 의를 이스라엘 백성에게 베풀어 줄 수가 없었기 때문이다. 그리하여 그 백성들은 예루살렘과 온 유대로부터 그에게로 나아가 요단 강에서 세례를 받고 죄를 고백하였다(마 3:5, 6). 그리스도께서도 이와 똑같이 하나님의 나라를 선포하셨고, 그 역시 오직 중생, 믿음, 회개만이 그 나라에 들어갈 수 있는 길을 열 수 있음을 증거하셨다(막 1:15; 6:12; 욥 3:3).

마태복음 9:12-13에서 예수께서는 건강한 자에게는 의사가 쓸데없다고 하셨고, 또한 그가 의인을 부르러 온 것이 아니요 죄인을 부르러 오셨다고도 말씀하셨다. 그러나 전후의 문맥을 보면, 예수께서는 바리새인들을 염두에 두고 계셨음을 알 수 있다. 여기서 말씀하는 건강한 자나 의인이란, 예수께서 세리와 죄인들과 함께 식사하시는 것을 폄론하며, 스스로를 높이 여기며, 또한 자기들의 의로움으로 인하여 예수님의 사랑을 구할 필요를 전혀 느끼지 못하는 바리새인들을 지칭하는 것이다.

13절에서 예수께서는, 만일 하나님이 그의 율법에서 원하시는 것이 외형적인 희생 제사가 아니라 내적인 신령한 긍휼이라는 것을 이해했다면, 바리새인들이 세리나 죄인들은 물론 자기들 자신까지도 죄악되며 부정하다는 확신을 갖게 되었을 것이요, 또한 그들에게 회개가 필요하다는 것도 깨닫게 되었을 것임을 분명하게 진술하고 계신다. 그는 한동안 이스라엘 집의 잃어버린 양에게로 수고를 제한하시지만(마 15:24), 부활하신 후 제자들에게 온 세상으로 나아가 모든 백성들에게 복음을 전하라는 명령을 주신다. 그의 이름을 믿는 모든 사람들이 구원을 받을 것이기 때문이다(막 16:15-16).

이와 일치하여, 사도 바울은 로마서 서두에서 온 세상이 하나님 앞에 죄악되며 따라서 율법의 행위로 의롭다 하심을 얻을 육체가 하나도 없다는 포괄적인 논지를 제시하고 있다(롬 3:19-20). 하나님을 모르고 그를 영화롭게 하지 않은 이방인들만이 아니라(롬 1:18-32), 스스로 교만하여 있지만 밑바닥에서는 동일한 죄를 범하고 있는 유대인들까지도(롬 2:1-3:20), 모든 사람들이 다 함께 죄 가운데 있다(롬 3:9; 11:32; 갈 3:22). 이는 모든 입을 막고 오직 하나님의 긍휼하심만이 그들의 구원에서 영광을 받으시게 하기 위함인 것이다.

이러한 보편적인 죄악성이 신약의 복음 선포의 근본적인 기초가 되기 때문에, 세상이라는 단어가 그로 인하여 매우 좋지 못한 의미를 취하게 되는 것이 사실이다. 그 자체로만 보면, 세상은, 그리고 그 속에 있는 모든 것은, 하나님께서 창조하신 것이다(요 1:3; 골 1:16; 히 1:2). 그러나 죄로 말미암아 그것이 너무나 부패해져서 이제는 하나의 적대적인 세력으로서 하나님을 대적하는 자리에 있는 것이다. 세상은 말씀으로 말미암아 지어졌음에도 불구하고 그 말씀을 알지 못한다(요 1:10). 세상 전체가 악 속에 처하여 있으며(요일 5:19), 사탄을 그 왕으로 삼아 그 밑에 있으며(요 14:30; 16:11), 또한 세상의 모든 정욕과 자랑은 다 사라져 가는 것이다(요일 2:16). 누구든지 세상을 사랑하면 아버지의 사랑이 그 사람 속에 있지 않으며(요일 2:15), 누구든지 세상과 벗이 되고자 하는 자는 하나님과 원수가 되는 것이다(약 4:4).

* * * * * *

인간과 세상이 처하고 있는 이 끔찍한 상태는 자연히 그 기원과 원인이 무엇이냐 하는 의문을 불러일으킨다. 최초의 죄가, 또 보편적인 죄악성이, 각 사람이 — 그리스도를 제외한 모든 사람이 — 날 때부터 지니게 되는 그 온 인류의 죄책과 부패의 상태가, 대체 어디서부터 오는 것인가? 낙원에서 범한 그 최초의 죄와 그 이후에 세상을 가득 채우게 된 그 불법의 홍수는 서로 어떤 관련이 있는가? 그리고 만일 관련이 있다면, 그런 관련의 본질은 어떤 것인가?

펠라기우스와 더불어 그런 관련성을 완전히 부인하는 사람들도 있다. 그들의 주장에 따르면, 죄악된 행위는 그 자체로만 서 있는 것이요, 인간 본성에 어떤 변화를 가져오는 것이 아니며, 따라서 그 다음 순간에는 얼마든지 선한 행동이 뒤따를 수 있는 것이라고 한다. 그들은 아담이 비록 하나님의 명령을 어겼으나, 그 이후에도 그의 내적 본성과 기질과 의지가 동일한 상태로 남아 있었고, 이 첫 부부에게서 나온 모든 자손들이 아담이 본래 지음받은 것과 동일하게 무죄의 상태로 출생한다고 본다.

그들은 계속해서, 죄악된 본성, 혹은 죄악된 기질이나 습성 같은 것은 없다고 주장한다. 모든 본성은 하나님으로 말미암아 창조된 것으로 선한 상태로 남아 있기 때문이라는 것이다. 다만 죄악된 행위만이 있을 뿐이고, 더구나 이것들이 끊임없이 계속되는 것도 아니고, 계속해서 선한 행위와 교차될 수 있고, 또한 의지의 완전한 자유 선택을 통해서 그 사람 자신과 관련되는 것이라고 한다. 죄악된 행동으로부터 그 당사자에게나 그 주변의 다른 이들에게 전해질 수 있는 유일한 영향은 나쁜 모범을 보이는 것뿐이다. 죄악된 행동을 하게 되면, 그런 행동을 다시 할 가능성이 많아지고, 또 다른 사람들이 우리의 나쁜 모범을 따르게 될 소지가 많아진다는 것이다. 인류의 보편적인 죄악성은 다름이 아닌 모방(imitation)과 관련지어 설명해야 옳다는 것이다. 물려받은 죄 같은 것은 절대로 없다. 모든 사람이 다 무죄의 상태로 출생하며, 다만 대개 사람들이 보여 주는 나쁜 모범이 당대에나 후손들에게 나쁜 영향을 주는 것뿐이라는 것이다. 관습과 습성의 부추김을 받아, 모두가 똑같이 죄악된 경로를 따르지만, 몇몇 개개인들이 그런 관습의 힘을 저항하여 독자적인 길을 걸으며 이 땅에서 거룩하게 사는 일이 불가능한 것이 아니라는 것이다.

그러나, 인류의 보편적인 죄악성을 이런 식으로 설명하려는 노력은 그 요점 하나하나가 성경과 모순을 일으킬 뿐 아니라, 너무도 피상적이고 부적절하여 최소한 이론상으로는 그 어떤 사람에게서도 전적인 지지를 받기가 어렵다. 우리 자신의 경험과 우리 자신의 삶의 사실들이 이를 반박하기 때문이다. 마치 더러운 의복을 벗기도 하고 입기도 하는 것처럼 죄악된 행동이 그렇게 우리의 외부에 있는 것이 아니라는 것을 우리 모두가 경험으로 알고 있다. 죄악된 행동은 우리의 내적인 본성과 긴밀하게 연관되는 것으로 그 본성에 지울 수 없는 흔적을 남기는 것이다. 죄악된 행동을 한 후에는 매번 그 이

전과는 다른 모습일 수밖에 없다. 죄가 우리를 죄악되게 만들며, 우리를 부정하게 만든다. 그것이 정신과 마음의 평안을 빼앗아가며, 그 뒤에 후회와 회한이 뒤따르며, 악을 향하여 기우는 성향을 우리에게 확인시켜 주며, 또한 마지막으로 죄의 권세에 더 이상 저항하지 못하고 지극히 가벼운 유혹에까지도 굴복해 버리는 그런 상태 속에 빠지게 되는 것이다.

더 나아가서, 죄가 오로지 바깥에서부터 사람을 휘어잡는다는 주장은 우리의 경험과 정면으로 배치된다. 나쁜 모범이 엄청난 영향을 미칠 수 있는 것은 사실이다. 악한 부모에게서 나서 불경건하며 규범이 없는 환경 속에서 자라난 자녀들에게서 그런 것을 볼 수 있다. 그리고 반대로, 경건한 부모에게서 나서 신앙적으로 도덕적으로 건전한 환경 속에서 자라난다는 것만큼 큰 축복이 없다. 그러나 이런 현상은 문제의 한 쪽 면에 불과하다. 만일 어린 아이 자신이 그 마음속에 악을 향하는 성향을 지니지 않았다면, 나쁜 환경이 그 어린아이에게 그렇게 악한 영향을 주지는 못했을 것이다. 또한 만일 어린 아이가 날 때부터 모든 선을 지향하는 순전한 마음을 받았더라면, 좋은 환경이 그 아이에게 영향을 미치지 못하는 경우가 별로 없을 것이다.

우리는 이보다 더 분명한 것을 알고 있다. 환경은 단순히 죄가 우리 속에서 발전하게 되는 계기일 뿐이다. 죄의 뿌리는 우리 마음속 더 깊은 곳에 박혀 있다. 예수께서는, 악한 생각이나, 음란, 도둑질, 살인 등 온갖 불의한 것이 사람의 마음에서 나온다고 말씀하셨다(막 7:21-23). 이는 각 사람의 경험으로 확증되는 진술이다. 우리의 의지도 없고 알지도 못하는 사이에 불순한 생각과 상상이 우리의 의식 속에서 일어난다. 어떤 경우에, 역경이나 반대에 부딪힐 때에는, 깊이 감추어져 있던 사악함이 겉으로 드러나게 되고, 때로는 그 때문에 우리 스스로도 깜짝 놀라서 우리 자신에게서 피하고 싶은 마음마저 생기기도 한다. "만물보다 거짓되고 심히 부패한 것은 마음이라. 누가 능히 이를 알리요?"(렘 17:9).

마지막으로, 만일 나쁜 모범을 모방하는 것이 인간의 죄의 유일한 기원이라면, 죄가 절대적으로 보편성을 띤다는 사실을 해명할 수가 없어지게 된다. 그리하여, 펠라기우스는 여기저기서 사람들이 죄 없이 살았었을 것이라고 가르쳤다. 그러나 그런 예외들은 오로지 펠라기우스의 입장이 타당성이 없다는 것에 더 밝은 빛을 드리워줄 뿐이다. 왜냐하면, 그리스도 자신을 제외하고는, 이 땅에서 죄로부터 완전히 자유로운 사람은 하나도 없었기 때문이다.

이런 판단을 하기 위해서 모든 사람을 일일이 다 알아야 할 필요는 없다. 우선 성경이 가장 명확하게 이러한 기조로 말씀하고 있고, 또한 인류의 역사 전체가 이것을 증명해 준다. 또한 우리 자신의 마음이 다른 사람들 속에 살아 있는 마음을 이해하는 열쇠가 된다. 우리 모두가 같은 성정을 지니고 있고, 우리 모두가 자연적이며 동시에 도덕적인 연합을 이루고 있는 것이다. 모든 사람들에게 공통적인 하나의 인간 본성이 있으며, 이 본성은 죄악되고 부정한 것이다. 나쁜 나무가 나쁜 열매에서 비롯되는 것이 아니라, 나쁜 열매가 나쁜 나무에서 비롯되는 것이요, 나무에 그 책임이 있는 것이다.

어떤 이들은 이러한 논지의 올바름을 인정하여 펠라기우스의 가르침에 약간의 수정을 가하였다. 이들은 죄의 절대적인 보편성이 순전히 나쁜 모범을 따른 결과인 것만은 아니라는 것을 인정한다. 그리고 도덕적인 악이 그저 사람의 바깥에서부터 들어오는 것만이 아니라는 것도 인정하고, 또한 사람이 잉태되고 출생하는 때부터 죄가 사람의 내부에 거하며 또한 자신의 부패한 본성을 부모로부터 취한다는 것도 어쩔 수 없이 고백한다. 그러나 그들은 사람 속에 본성적으로 있는 이러한 도덕적인 부패가 죄 자체는 아니며 죄책의 성질을 지니는 것도 아니고 따라서 형벌을 받을 만한 것이 아니라고 주장한다. 다만 사람이 성장하면서 그 부패성 속에 있기를 자유로이 묵인하고, 말하자면, 그것에 대한 책임을 수용하고, 또한 자유 의지로 그 부패성을 죄악된 행위로 전환시킬 때에 비로소 사람 속에 내재하는 그 도덕적 부패성이 죄와 죄책과 유죄가 된다는 것이다.

* * * * *

이러한 반(半)펠라기우스주의(semi-Pelagianism)의 견해는 상당히 양보하는 것이긴 하나, 면밀히 생각해 보면, 이것 역시 여전히 부적절하다는 것이 드러난다. 왜냐하면 죄는 언제나 불법성(unlawfulness)과 부당성

(illegitimacy)으로 구성되는 것으로서, 하나님께서 이성적이며 도덕적인 피조물들을 위하여 세우신 법을 어기고 벗어나는 데에 있기 때문이다. 그렇게 법에서 이탈하는 일은 사람의 행위에서도 일어날 수 있고, 동시에 그의 기질과 성향에서도 표현될 수 있다. 곧, 사람이 잉태되어 출생할 때부터 지니고 있는 그의 본성 속에서도 표현될 수 있다는 말이다. 반펠라기우스주의는 이 점을 시인하고서 사람의 선택과 행동보다 선행하는, 이른 바 도덕적 부패성을 거론한다. 그러나 이 부패성을 진지하게 취급하면, 현재 인간의 본성 속에 내재해 있는 그 도덕적 부패성이 결국 죄와 죄책이며 따라서 형벌의 대상이라는 결론을 피할 수 없게 되는 것이다. 오로지 두 가지 가능성밖에는 없다. 인간 본성이 하나님의 법과 일치하는 상태에 있으며 또한 마땅히 되어야 할 모습대로 있는 것이 그 한 가지 가능성이다. 이 경우는 인간 본성은 도덕적 부패성이 없다. 이 경우가 아니면, 한 가지 가능성밖에는 없다. 즉, 인간 본성이 도덕적으로 부패해 있고, 하나님의 법과 일치하지 못하고, 따라서 불법하며 부당하며, 결국 사람에게 죄책을 지우고 형벌을 받아 마땅한 상태로 만들어 놓게 되는 것이다.

이런 논리를 반대할 변명거리는 거의 없다. 그런데도, 여전히 많은 사람들이, 사람이 날 때부터 지니고 있는 도덕적 부패성을 욕심(lust)이라는 애매한 용어로 묘사함으로써 그 부패성의 불가피성에서 도피하려고 애를 쓰고 있다. 물론 이 용어를 사용하는 것 자체는 그릇된 것이 아니다. 성경도 그 용어를 자주 사용하고 있다. 그러나 기독교 교회에서 점점 일어난 금욕주의적 경향의 영향을 받아, 신학에서는 이 단어를 매우 제한적인 의미로 사용하는 경우가 많았다. 그 단어를 순전히 무언가를 만들어내는 열정(procreative passion) — 이것은 사람에게 지극히 적절한 것이다 — 을 지칭하는 것으로 생각하는 경향이 생겼고, 그리하여 이 열정이, 물론 창조 시에 사람에게 주어져서 그 자체가 죄악된 것이 아니나 그럼에도 불구하고 죄를 지을 수 있는 계기가 될 가능성이 높다는 식의 생각에 이르게 된 것이다.

이러한 욕심의 개념을 문제삼은 것은 칼빈(Calvin)이었다. 그는 사람이 날 때부터 지니고 있는 도덕적 부패성을 욕심이라는 명칭으로 부르는 것 자체는 반대하지 않았다. 그러나 그는 그 단어의 의미를 올바로 이해하기를 원했다. 그는 욕구(desire)와 욕심을 서로 구분하는 것이 필요하다고 생각했다. 욕구는 그 자체는 죄악된 것이 아니다. 그것들은 창조 시에 사람에게 주어진 것들이다. 사람이 제한되고 유한하며 의존적인 피조물이기 때문에, 무수한 필요를 갖게 되고 결과적으로 무수한 욕구도 갖게 된다. 배고플 때에는 음식을 바라게 되고, 목마를 때에는 물을 원하게 되고, 피곤할 때에는 쉼을 원한다. 사람 속의 영적인 것들도 마찬가지다. 사람의 정신은 진리를 사모하도록 창조되었고, 사람의 의지도, 하나님이 창조하신 본성 덕분에 선을 원한다. 잠언 11:23은 의인의 욕구는 오직 선할 뿐이라고 말씀한다. 솔로몬은 재물이 아니라 지혜를 원했고, 이것이 하나님 보시기에 좋았다(왕상 3:5-14). 그리고 시편 42편 기자는 사슴이 시냇물을 찾기에 갈급함 같이 그 자신이 하나님을 찾기에 갈급하다고 노래하는데, 이 역시 선하고 고귀한 욕구인 것이다.

그러므로 욕구는 그 자체로서는 죄악된 것이 아니지만, 마치 정신과 의지처럼 죄로 말미암아 그것이 부패하였고 그리하여 여호와의 법과 상충되게 되어 버린 것이다. 엄밀하게 말해서 본성적인 욕구들이 아니라, 죄로 말미암아 망가져서 규범이 없고 지나쳐버린 욕구들이 죄악된 욕구들인 것이다.

그리고 둘째로, 죄들(sins)이 결코 사람의 감각적이며 육체적인 본성에만 제한되는 것이 아니라는 사실을 여기에 덧붙여야 한다. 죄들은 사람의 죄악된 영적 본성의 특징이기도 하다. 성적(性的)인 열정만 본성적인 욕구가 아니다. 그 이외에도 본성적인 욕구에 속하는 것들이 많다. 성적인 열정 그 자체는 죄악된 것이 아니다. 창조 시에 사람에게 주어졌기 때문이다. 그리고 오로지 성적 열정만 죄로 인하여 부패한 것이 아니다. 본성적이고 영적인 모든 욕구들이 다 죄 때문에 고삐가 풀려 마음대로 풀어져버렸기 때문이다. 사람의 선한 욕구들이 악한 욕구들로 변형되어 버린 것이다.

사람의 도덕적 부패성을 이런 의미에서 욕구 혹은 욕심으로 부른다면, 그 죄악된 성격과 그 죄책이 분명해지는 것은 물론이다. 바로 이 욕심을 여호와의 구체적인 계명이 분명하게 금지하는 것이다(출 20:17). 또한 바울도, 율법이 탐내지 말라 하지 아니하였더라면 그가 죄를 알지 못하였으리라는 등, 여러 가지로 이를 말씀하고 있다(롬 7:7). 바울이 자기 자신을 알게 되고, 그의 행위는 물론 그의 성향과 욕구들을 하나님의 율법의 표준에 맞추어 재어보자, 그 성향과 욕구들이 금지된 것들에게로 향하는 지극히 부패하고 부정한 상태라는 것이 확실히 드러났다. 바울에게 있어서는 하나님의 율법이 죄를 아는 유일한 출처요 죄를 재는 유일한 기준이다. 마음속의 소원이나 상상으로는 죄가 무엇인지를 알 수가 없고, 오직 하나님의 율법을 통해서만 알 수 있는 것이다. 사람의 외형적인 삶과 내면적인 삶이, 육체와 영혼이, 말과 행실이, 생각과 성향이, 하나님 앞에서 어떠해야 할지를 결정해 주는 것이 바로 율법이기 때문이다. 그런데 이 율법의 잣대로 재어 보면, 사람의 본성이 부패하여 있고 또한 그의 욕심이 죄악되다는 것에 의심이 있을 수가 없다. 사람의 생각과 행동만이 죄악된 것이 아니라, 잉태될 때부터 그 자신이 죄악된 것이다.

결국, 욕구 그 자체는 죄악된 것이 아니나 의지를 통해서 죄악된 것이 된다는 주장은 심리적으로도 맞지 않는 입장이다. 그런 입장을 취한다는 것은, 곧 사람의 의지가 욕구와는 관계 없이 중립적인 상태에 있으며 그 자체는 아직 죄로 인하여 부패되지 않은 상태이며, 따라서 욕구를 따를지 따르지 않을지를 자유로이 결정할 수 있는 처지에 있다는 식의 불합리한 생각을 포용하는 것이 되어 버리는 것이다. 경험에 의하면, 여러 경우에, 사람이 유행이나 공동체의 지위 등 온갖 요인들을 고려하여 자기의 이성과 의지를 수단으로 하여 자기의 죄악된 욕구와 맞서고, 그리하여 그것이 죄악된 행동의 형태를 취하지 못하도록 막는 일이 분명히 가능하다는 것이 사실이다. 자연인에게도 역시 충동과 의무, 욕구와 양심, 욕심과 이성 사이의 싸움이 있는 것이다.

그러나 이러한 싸움은, 중생한 사람이 육체와 영 사이에서, 옛 사람과 새 사람 사이에서 계속해서 겪는 싸움과는 근본부터가 다르다. 자연인에게서 나타나는 싸움은 욕심이 터져 나오지 않도록 외부에서 그것을 막는 싸움이다. 그러나 이 경우 마음속의 보루(堡壘)에까지는 침투해 들어가지 못하고, 악을 그 뿌리까지 공략하지도 못한다. 따라서 그 싸움이 악한 욕심을 억제하고 그것을 제한시키는 데는 도움이 되지만, 그것을 내적으로 깨끗이 씻거나 새롭게 할 수는 없다. 욕심의 죄악된 성격을 전혀 바꾸지를 못하는 것이다. 그 뿐만이 아니다. 이성과 의지가 때때로 욕구와 욕심을 억누를 수도 있지만, 이것들이 오히려 욕구에 억눌려 그것을 섬기게 되는 때도 자주 있는 것이다. 이성과 의지는 본질상 그 욕구를 대항하지 않고 오히려 그것을 즐거워한다. 욕구를 부추기고 조장하며, 그것을 정당화하고 변호하는 것이다. 이성과 의지가 욕심에 이끌려 사람이 완전히 독립성을 잃어버리고 열정의 노예가 되어 버리는 경우가 비일비재하다. 악한 생각과 악한 욕구들이 마음에서 일어나서 지성을 어둡게 하고 의지를 오염시키는 데로 나아가는 것이다. 마음은 너무나도 미묘하여 지성을 가진 머리를 얼마든지 속일 수 있는 것이다.

* * * * *

사람의 보편적인 죄악성을 해명하려는 이 두 가지 노력은 모두 결국, 각 사람의 타락에서 그 원인을 찾는 데로 귀착된다. 펠라기우스주의에 의하면, 각 사람은 다른 모든 사람들과 별개로 타락한다고 한다. 사람은 다른 이들의 나쁜 모범을 따르기로 자유로이 선택함으로써 타락하는 것이라는 것이다. 반(半)펠라기우스주의에 의하면, 각 사람은 오직 자기 자신으로 인하여 타락한다고 한다. 왜냐하면 그 자신의 선택에 의해서 욕구를 — 이것은 조상에게서 물려받았으나 죄악된 것은 아니다 — 취하여 그것을 죄악된 행위로 전환시키기 때문이라는 것이다. 그러나 이 두 가지 설명 모두 모든 사람의 양심에 확실한 도덕적인 현실을 부당하게 처리하는 것이요, 또한 둘 다, 인류의 절대적인 보편적 죄악성이 어떻게 인간의 의지의 결정들에서 수억 번씩 계속해서 나타나는지를 설명하지 못하고 그냥 지나치는 것이다.

그런데도 최근 들어서, 물론 형식은 새로워졌고 달라졌지만, 이런 노력들을 지지하는 사람들이 수없이 많이 생겨났다. 물론 과거에도 사람의 선재(先在)를 믿는 사람들이 있었다. 그러나 최근 들어서 불교의 영향이 이러한 신념에 상당한 힘을 실어주었다. 불교의 가정은 사람들이 영원토록 살아왔고, 혹은 이 땅에 그 모습을 드러내기 훨씬 전부터 살아왔다는 것이요, 그것이 아니면 — 이것은 철학적인 형식을 취하지만 — 이 땅에서의 사람의 감각적인 삶을, 눈에 보이지는 않으나 지극히 상상이 가능한 그런 사람의 존재 형식과 구별지어야 한다는 것이다.

이러한 사고에다 또 다른 사고가 첨가된다. 곧, 사람들이 각각 개별적으로

이 현실에서나 상상의 선재 상태에서 모두 타락하였고, 그 타락에 대한 형벌로 이 땅에서 이 천한 물질적인 몸뚱이를 지고 이 땅에서 살아야만 하고 그렇게 하여, 행위에 따라 상급을 받게 될 장차 올 또 다른 내세(來世)를 위하여 자신을 준비시켜야 한다는 것이다. 그리하여 이 땅의 삶 이전에든, 그 동안이든 그 이후에든 인간의 삶 전체를 지배하는 법은 오직 한 가지밖에는 없게 된다. 곧, 보상(requital)의 법이 그것이다. 각 사람이 자기의 행위로 벌어놓은 것을 받았고, 받고 있고, 또 받게 될 것이라는 것이다. 각자가 심은 그대로 거둔다는 것이다.

이러한 인도 철학적인 사고는 다음과 같은 이유로 아주 괄목할 만하다. 곧, 그것은 이 땅의 삶에서 각 개개인이 스스로 타락한다는 것은 도저히 생각할 수조차 없다는 가정에 근거하여 소리 없이 전개된다는 것이다. 그러나 그것은 펠라기우스주의의 이론만큼도 죄악의 보편성을 해명하지를 못한다. 그저 난제를 잠시 뒤로 제쳐두기만 할 뿐이다. 이 땅에서의 삶으로부터 선재의 삶(전생)에게로 미루어 놓는데, 그 삶은 우연의 일치인지 모르겠으나, 아무도 그것에 대해 기억하지 못하고 단 하나의 근거도 존재하지 않고 사실상 순전히 공상에 지나지 않는 삶인 것이다. 더 나아가서, 각 사람이 이 땅에서 행한 것에 따라 보상을 받을 것이라는 가르침은 가난한 자들과 병든 자들, 비참하고 핍절한 상태에 있는 사람들에게는 정말 힘겨운 가르침이 아닐 수 없다. 그들에게는 아무런 보상이 없으니 말이다. 그러니 그런 가르침은 성경이 말씀하는 하나님의 은혜의 빛과 대조적으로 캄캄한 어둠 속에 서 있는 것이다.

그러나 — 특히 이와 관련하여 주목해야 할 점이지만 — 이러한 인도 철학은 다음과 같은 점에서 펠라기우스주의의 가르침과 완전히 일치한다. 곧, 보편적인 죄악성의 기원을 각 개개인의 개별적인 타락에서 찾는다는 점이다. 두 견해 모두, 인류가 영원히, 혹은 최소한 여러 세기 동안을, 함께 살아왔으나 각자가 그 기원이나 본질 면에서는 전혀 관계가 없고 그저 각자가 자기의 운명을 돌아보는 것일 뿐인 그런 임의적인 영혼들의 집합이라는 데에 의견이 일치하고 있다. 그들 각자가 자기 혼자 타락한 것이요, 자기가 자기에게 합당한 보응을 받는 것이요, 각자가 자기 자신을 구원할 능력이 있고 또한 구원을 시도하는 것이다. 사람들을 진정으로 함께 뭉뚱그려주는 것은 그들 모두에게 함께 있는 비참이요, 따라서 동정과 연민이 가장 최고의 덕목인 것이다. 그러나 그 이론은 다음과 같은 명백한 결과를 낳는다. 즉, 이 땅에서 운 좋은 삶을 사는 자들은 보상의 법에 호소할 수 있고, 그리하여 자기들의 덕성을 자랑할 수 있으며, 또한 불행한 삶을 사는 자들 — 이들은 그 보상의 법에 의하여 자기들에게 합당한 것을 받았을 뿐이다 — 을 경멸의 눈초리로 내려볼 수가 있게 되는 것이다.

* * * * *

성경을 이해하고 그것이 인류의 보편적 죄악성의 문제에 대해 비추어 주는 빛을 바르게 알기 위해서는 이런 것들에 대해 선명한 견해를 가져야 한다. 성경은 공상이나 상상으로 만족하지 않고, 양심에 확고히 세워져 있는 사실들을 인정하고 그것들을 높이 기린다. 성경은 이 땅의 삶 속으로 들어오기 전의 영혼의 선재에 대한 공상을 제시하지도 않고, 개개인에만 해당되는 그런 타락에 대해서도 — 그것이 이 땅의 삶 이전에 일어났든 그 삶 동안에 일어났든 상관 없이 — 전혀 아는 바 없다. 불교와 펠라기우스주의의 개인주의적인 주장 대신, 성경은 인류에 대해 유기적인 견해를 제시하는 것이다.

인류는 그저 우연히 사방에서 모여든 개개의 영혼들이 합쳐진 것이 아니다. 서로 계속해서 접촉하기 때문에 싫든 좋든 서로 하나로 어울릴 수밖에 없는 그런 개체들이 뭉쳐 있는 그런 것이 아니라는 말이다. 오히려 인류는 하나의 연합체(a unity)요, 여러 지체가 있는 한 몸이요, 여러 가지가 있는 한 나무요, 여러 시민이 있는 한 왕국이다. 인류는 미래에 가서야 무언가 외적인 결합을 통해서 그런 연합체가 되는 것이 아니다. 처음부터 인류는 연합체였고, 분리와 분열이 있음에도 불구하고 여전히 연합체다. 인류는 그 기원이 하나요 본성이 하나이기 때문이다. 인류는 한 혈통에서 나왔기 때문에 물리적으로 하나다. 인류는 본성적인 통일성을 근거로 하나의 하나님의 법 아래, 행위 언약의 법 아래 있기 때문에 법적으로 윤리적으로 하나다.

이러한 사실을 근거로 하여 성경은 인류가 그 타락에 있어서도 하나임을 연역해 낸다. 성경은 첫 페이지부터 마지막 페이지까지 인류를 그렇게 바라보는 것이다. 사람들 사이에 지위나 신분이나 직책이나 영광이나 재능 등의 구별이 있다 해도, 혹은 이스라엘이 다른 민족들과 구별되어 여호와의 기업으로 택함받는다 해도, 이것은 오로지 하나님의 은혜로 말미암은 것이다. 오직 이러한 은혜가 구별을 하는 것이다(고전 4:7). 그러나 그들 자신으로는 모든 사람들이 하나님 앞에서 같다. 그들 모두가 죄인들이요, 공통적인 죄책을 지며, 동일한 부정으로 얼룩져 있고, 동일한 죽음에 종속되어 있고, 또한 동일한 구속을 필요로 하고 있기 때문이다. "하나님이 모든 사람을 순종하지 아니하는 가운데 가두어 두심은 모든 사람에게 긍휼을 베풀려 하심이로다"(롬 11:32). 교만을 부릴 권리를 가진 사람도 하나도 없고, 절망으로 자신을 포기할 권리를 가진 사람도 하나도 없는 것이다.

이것이 인류에 관한 성경의 지속적인 견해라는 점에 대해서는 더 이상 왈가왈부할 필요가 없다. 이미 앞에서 사람의 보편적 죄악성에 대해서 다룬 내용에서 충분히 확실하게 드러나기 때문이다. 그러나 법과 도덕성의 면에서 인류가 유기적으로 하나라는 점에 대해서는 사도 바울이 특별히 깊이 다루고 있다.

로마서에서 그는 먼저 온 세상이 하나님 앞에서 정죄받을 처지에 있다는 사실을 제시하고(롬 1:18-3:20), 이어서 모든 의와 죄사함, 모든 화목과 모든 생명이 그리스도로 말미암아 이루어졌고 또한 그 안에서 신자들에게 주어진다는 사실을 설명한 다음(롬 3:21-5:11), 5장 12-21절에서 (6장에서 믿음으로 말미암은 의의 도덕적인 열매들을 묘사하기에 앞서서) 우리가 그리스도로 말미암아 얻는 그 구원의 내용 전체를 다시 한 번 정리하여 결론을 내리면서, 이 구원을 세계 역사의 맥락 속에서, 아담 안에서 우리에게 지워진 모든 죄책과 비참한 상태와 대비시키는 것이다.

그는 한 사람으로 말미암아 죄가 세상에 들어왔고, 그와 더불어 사망이 모든 사람에게 이르렀다고 말씀한다. 그 첫 사람이 지은 그 죄는 다른 죄들과 성격상 현격한 차이가 있었다. 그 죄를 가리켜 범죄라 부르면서, 그것이 아담 이후 모세 시대까지 사람들이 지은 죄들과 질적으로 다른 것이었다고 하며(롬 5:14), 또한 그 죄를 허물로(롬 5:15 이하), 불순종으로(롬 5:19) 부르면서, 그것이 그리스도의 절대적인 순종과 예리하게 대조를 이루는 것으로 말씀하는 것이다(롬 5:19).

그러므로 아담이 지은 죄는 그 자신으로만 한정되는 것이 아니었다. 그 죄는 온 인류 속에서, 온 인류를 통해서 계속해서 작용해온 것이다. 성경은 한 사람으로 말미암아 죄가 그 한 사람 속에 들어온 것이 아니라 세상 속에 들어왔다고 말씀하며(롬 5:12), 그리하여 사망이 모든 사람에게 이르렀는데 모든 사람이 그 한 사람 안에서 죄를 지은 것이니 그것이 당연한 일이라고 말씀하는 것이다.

이런 것이 바울의 사고라는 것은, 그가 아담으로부터 모세 시대까지 살았던 사람들의 — 이들은 아담과 같은 범죄를 저지를 수가 없었다(그 당시에는 적극적인 율법이, 구체적인 조건과 경고 사항이 붙어 있는 그런 언약의 율법이 없었기 때문에) — 사망을 아담의 범죄로부터 이끌어낸다는 사실에서 알 수 있다. 그러나 만일 로마서 5:12 이하가 이에 대해서 여전히 일말의 의혹을 남겨두고 있다면, 고린도전서 15:22의 바울의 말씀이 그런 의혹을 말끔히 제거시켜 줄 것이다.

거기서 바울은, 모든 사람이 자기들 자신이나 그 부모나 조부모 안에서 죽은 것이 아니라 아담 안에서 죽었다고 말씀하고 있으니 말이다. 다시 말해서, 사람들이 죽음에 종속되는 것이 자기들이나 자기들의 선조들이 개인적으로 죄책을 졌기 때문이 아니라, 그들 모두가 이미 아담 안에서 죽었기 때문이라는 것이다. 이들 모두가 죽는다는 것이 아담의 죄와 사망에서 이미 결정되었다는 것이다. 본문의 요지는 아담 안에서 온 인류가 죽을 처지(mortal)가 되었고, 객관적인 의미로는 아담 안에서 그들이 이미 죽은 것이라는 것이다. 이를테면, 사형 집행은 후에 일어나지만, 아담 안에서 이미 사망 선고가 선언되었다는 것이다. 그러므로 바울은 죄의 삯인 사망 이외의 다른 사망을 전혀 인정하지를 않는 것이다(롬 6:23). 모든 사람이 아담 안에서 죽었다면, 그들 모두가 또한 아담 안에서 죄를 범한 것이다. 아담의 범죄로 말미암아 죄와 사망이 세상에 들어와 모든 사람에게 이르렀는데, 이는 그 아담의 범죄가 독특한 성격을 띤 것이었기 때문이다. 그것은 구체적인 법을 어긴 것이요, 또한 아담 개인이 아니라 인류의 머리로서의 아담이 그 범죄를 행한 것이다.

로마서 5:12-14의 바울의 논지를 이렇게 이해해야만 아담의 범죄의 결과들에 대한 그 다음 구절들의 논지를 정당하게 처리할 수 있게 된다. 그 논지 전체가 한 가지 기본 관념에서 전개되어 나간 것이다. 한 사람(아담)의 범죄로 말미암아 많은 사람(후손들)이 죽었다(15절). 죄를 지은 이 한 사람으로 말미암아 죄책(즉, 재판장이신 하나님이 선언하시는 심판 혹은 선고. 한글 개역 성경은 이를 '정죄'로 번역하고 있다: 역자주)이 온 인류에게 하나의 심판이 되었다(16절). 그 한 사람의 허물로 말미암아 사망이 세상의 모든 사람들 위에 지배하게 되었다(17절). 한 사람의 범죄로 말미암아 심판이 모든 사람에게 임하여 모든 사람이 정죄에 이르렀다(18절). 그리고 마지막으로, 한 사람의 불순종으로 말미암아 많은 사람(아담의 모든 후손들)이 죄인이 되었다. 그 불순종으로 말미암아 그들 모두가 즉시 하나님 앞에서 죄인들로 서게 된 것이다(19절).

바울의 논지를 이렇게 해석하는 것이 합당하다는 사실은 그가 아담과 그리스도를 서로 비교하는 데에서 확증된다. 로마서 5장의 문맥에서 바울은 아담의 죄의 기원은 다루지 않고, 그리스도로 말미암아 성취된 구원의 충족함만을 다룬다. 이 구원의 찬란한 영광의 모습을 드러내기 위해서 그는 그것을 아담으로부터 인류에게 드리워진 죄와 사망과 비교하고 대비시킨다. 다시 말해서 아담은 이 문맥에서 장차 오실 자의 전형이요 모형으로 역할을 하고 있는 것이다(14절).

한 사람 아담 안에서 그의 범죄로 말미암아 인류가 정죄를 받았고, 한 사람 예수 그리스도 안에서 그 인류가 하나님의 법적인 선고를 통해서 자유와 의롭다 함을 얻었다. 한 사람으로 말미암아 죄가 하나의 세력 혹은 권세로서 세상에 들어와 모든 사람을 지배했고, 이와 마찬가지로 한 사람이 인류 속에 하나님의 은혜의 통치를 이루었다. 한 사람으로 말미암아 사망이 죄의 지배의 증거로서 세상에 들어왔고, 한 사람 그리스도 예수 우리 주로 말미암아 은혜가 영생으로 인도하는 의를 이루어 통치하기 시작한 것이다. 아담과 그리스도의 비교가 이처럼 모든 적용들 속에서 그대로 유지된다. 오직 한 가지 다른 점이 있다면, 죄가 강력하고 힘이 있으나, 은혜는 그 풍성함에 있어서 그보다 훨씬 더 우월하다는 것이다.

기독교 신학은 성경의 이러한 사상을 원죄론(原罪論) 속에서 다루어왔다. 이 교리에 대해 반론을 제기하거나, 부정하거나, 조롱할 수도 있을 것이다. 그러나 그렇다고 해서 성경의 증언이 멈추어지거나, 그 가르침이 기초하고 있는 그 사실들이 폐기되는 것도 아니다. 인류가 — 그 전체나 그 개별적인 구성원이나 — 하나님 앞에서 죄책이 있으며, 도덕적으로 부패한 본성을 지니며, 항상 썩어짐과 사망에 종노릇한다는 사실을 세계 역사 전체가 증명해 주는 것이다. 따라서 원죄에는 첫째로, 원시의 죄책(original guilt)의 사실이 포함된다. 아담으로부터 난 그 많은 사람이 그 첫 사람 안에서 그의 불순종으로 말미암아 하나님의 의로운 심판에 의하여 죄인들이 된 것이다(롬 5:18).

둘째로, 원죄에는 원시의 오염(original pollution)이 포함된다. 모든 사람이 죄 안에서 잉태되며 불의 가운데서 출생하며(시 51:7), 젊은 시절부터 악하다(창 6:5; 시 25:7). 더러운 것에서 깨끗한 것이 나올 수 없기 때문이다(욥 14:4; 요 3:6). 이 얼룩 혹은 오염은 모든 사람에게 퍼질 뿐 아니라 개개인의 존재 전체를 완전히 뒤덮는다. 그것은 마음을 공격한다. 마음은 만물보다 부패하며, 죽음에 이르도록 병들어 있고, 절대로 그 음흉함을 가늠할 수 없으며(렘 17:9), 생명의 근원이 거기서부터 나며(잠 4:23), 또한 모든 불의의 근원이기도 하다(막 7:21-22). 그리고 이 오염은 중심을 이루는 마음에게서 더 나아가서 지성을 어둡게 만들고(롬 1:21), 의지에 작용하여 악으로 기울게 하고 진정한 선을 행하지 못하도록 만들며(요 8:34; 롬 8:7), 양심을 흐리게 하고 더럽히며(딛 1:15), 눈과 귀, 손과 발, 입과 혀 등 모든 지체들과 더불어 온 몸을 불의의 병기로 만들어 버리는 것이다(롬 3:13-17; 6:13). 이 죄는 각 사람을 그 자신의 "작위(作爲)의 죄"(sins of commission)로 말미암아 사망과 부패에 종노릇하게 만드는 것은 물론, 그가 잉태되는 순간부터 그렇게 되도록 만드는 것이다(롬 5:14). 모든 사람이 아담 안에서 이미 죽은 것이다(고전 15:22).

이러한 원죄가 어렵게 보일 수도 있다. 그러나 그것은 인간의 삶 전체를 지배하는 하나의 법에 근거한다. 그 법의 존재는 아무도 부인할 수가 없고, 또한 그 법이 자기들에게 이로운 한 어느 누구도 그것에 대해 반론을 제기하지 않는 것이다.

부모가 그 자녀들을 위하여 이렇게 저렇게 재산을 모았을 경우, 그들이 사망한 후에 그 자녀들은 자기들에게 남겨진 그 재산을 상속받기를 거부하는 법이 없다. 그들이 그 재산을 벌어들인 것도 아니고, 그들의 행실로 볼 때에 그 재산을 사용할 가치가 없는 사람들인 경우에도, 그것을 불의하게 사용하고 흥청망청 낭비해버릴지언정 그 유산을 받기를 반대하는 법은 없는 것이다. 그 부모에게 자녀가 없을 경우에는 오촌 조카나 육촌 형제 등 먼 친척들까지 나서서 그 유산을 챙기려 한다. 생전에 그들에 대해서 별로 알지도 못했고 관심도 기울인 적이 없었지만, 그들은 아무런 양심의 거리낌이 없이 그 예기치 않게 자기들에게 남겨진 유산의 몫을 나누어 갖는 것이다. 이런 것은 물질적인 재산에 해당되는 이야기다. 그러나 영적인 재산도 있다. 지위와 계층, 명성과 존귀, 학문과 예술 등, 자녀들이 그 부모로부터 물려받는 것들이 허다하다. 그것을 벌어놓은 것이 아니면서도 아무런 저항 없이, 오히려 감사한 마음으로 그것들을 그대로 받아들이는 것이다. 그러므로, 그러한 상속의 법이 가족들마다, 세대마다, 민족마다, 국가와 사회에서, 과학과 예술에서, 모든 인류에게서 일반적으로 통용되고 있다고 말할 수 있다. 한 세대가 모아 놓은 재산을 그 다음 세대가 이어받아 살아가며, 후대가 그 조상들이 이루어 놓은 일들을 삶의 모든 영역에서 취하여 사용하는 것이다. 그리고, 자기에게 이득이 되는 한 그 어느 누구도 하나님이 정해 놓으신 이 은혜로운 법에 대해 저항하지 않는 것이다.

그러나, 이 상속의 법칙이 개인에게 불이익을 초래할 때에는 모든 상황이 바뀐다. 자녀들이 가난한 부모들에게서 생계를 지원해달라는 요구를 받으면, 그들은 즉시 그 부모들과의 모든 관계를 단절하고 교회의 구제 기금이나 공공 원호 자금에다 그들을 맡겨버린다. 가족의 일원이 자기들이 보기에 자기들보다 훨씬 기우는 계층의 사람과 결혼을 했거나, 혹은 명예를 더럽히는 일을 했을 경우, 피를 나눈 친척들은 즉시 그 사람을 궁지에 몰아넣고 불쾌감을 그대로 표시한다. 공통성과 상호 관계에서 나오는 이익은 누리면서도 거기에 따르는 의무는 거부하는 경향이, 정도는 다르지만 각 사람에게 다 있다. 그러나 그런 경향 그 자체가 사람들 가운데 그런 특권과 의무의 공통성이 있다는 사실에 대한 강력한 증거가 된다. 하나됨이, 연대성(連帶性:

solidarity)이, 공통성이 분명 존재하고 있고, 어느 누구도 그 존재와 역할을 부인할 수가 없는 것이다.

물론 이 연대성이 어떻게 작용하며 영향력을 발휘하는지에 대해서는 우리가 잘 모르는 것이 사실이다. 예를 들어서, 부모의 물질적·영적 재산이 자녀들에게 물려지는 상속의 법칙에 대해서도 우리는 여전히 잘 모르고 있다. 그 신비를 이해할 수 없다. 어떻게 한 개인이 공동체에서 나서 자라나고, 독립과 자유의 지위에까지 성장해서 그 공동체 내에서 자기 자신의 막강하고 영향력 있는 지위를 취하게 되는가 하는 것은 신비에 싸여 있다. 공동체와 연대성이 어디서 끝나고, 개인의 독립성과 개인의 책임이 어디서부터 시작되는지, 우리로서는 그 경계선을 그을 수가 없다. 그러나 그럼에도 불구하고, 그런 연대성이 존재한다는 사실은, 또한 작은 공동체에서든 큰 공동체에서든 간에 사람들이 진정한 연대감으로 연합되어 있다는 사실은 없어지지 않는다. 개개인들이 있지만, 또한 온 가족들을, 세대들을, 민족들을 강력한 하나의 연합체로 묶어주는 눈에 보이지 않는 끈이 있다. 개개인의 영혼이 있지만, 또한 은유적인 의미이긴 하지만, 대중의 "혼"이, 민족의 "혼"이 있다. 개개인의 특징들이 있지만, 또한 어느 한 부류의 사람들에게만 고유하게 나타나는 사회적인 특성들도 있다. 개개인의 특수한 죄들이 있지만, 또한 일반적이며 사회적인 죄들이 있다. 그러니 개개인의 죄책이 있지만, 또한 공통적인 사회적 죄책도 있는 것이다.

사람들 사이의 관계들에서 온갖 방식으로 표현되는 이 연대성은 소수가 다수를 대표한다는 관념을 수반하는데, 이는 지극히 자연스런 일이다. 우리 스스로 모든 일에 다 참여할 수도 없고, 모든 일을 직접 다 처리할 수도 없다. 사람들은 온 땅에 널리 퍼져 있고, 서로서로 굉장히 먼 거리에서 살고 있다. 그들은 동시에 다 함께 사는 것이 아니고, 한 세대에서 다음 세대에로 계승하여 사는 것이다. 더욱이, 사람들 모두가 똑같이 유능하고 지혜로운 것이 아니고, 재능과 능력이 서로 무한히 다르다. 그러므로 매 순간마다 몇몇 사람들이 많은 사람들을 대신하여 생각하고 말하고 결정하고 행동하도록 부름을 받는 것이다. 사실상, 재능과 능력의 차등이 없이는, 대표와 대리의 현상이 없이는, 공동체 자체가 불가능하다. 무수히 다른 구성원들이 없다면, 그리고 그 구성원 모두가 그들을 위하여 생각하고 그들 모두의 이름으로 결정을 내리는 하나의 우두머리의 지배를 받는 일이 없다면, 개인의 존재는 불가능한 것이다. 가족의 경우는 아버지가 그런 역할을 담당하며, 조직체에서는 기관장이, 어떤 협의체에서는 회장이, 군대에서는 장군이, 선거구에서는 의원이, 한 왕국에서는 왕이, 각기 그런 역할을 담당하는 것이다. 그리고 그 대표자들의 처신의 결과를 그 밑에 있는 모든 사람들이 그대로 따르고 수용하는 것이다.

그러나, 이 모든 일은 인류 중 그저 제한된 적은 부류에만 관계되는 것이다. 그런 부류 속에서는 한 사람이 어느 정도 다수의 복이 될 수도 있고 저줏거리가 될 수도 있으나 그 영향력은 상당히 제한된 범위 내에만 미친다. 나폴레옹 같은 막강한 사람조차도, 그의 통치권과 영향력이 그 이상 거대할 수가 없었으나, 세계 역사에서는 그저 작은 자리만, 덧없이 지나가는 자리만, 차지할 뿐이다. 그러나 성경은 전적으로 특별한 위치를 차지한 두 사람을 논하고 있다. 그들은 모두 인류 전체의 머리의 자리에 있었고, 그 권세와 영향력이 어느 한 민족이나 가문에게만, 어느 한 국가나 대륙에게만 미친 것이 아니라, 온 인류 전체에, 땅 끝까지, 영원토록 미친 것이다. 이 두 사람은 바로 아담과 그리스도다. 한 사람은 시초에 서 있고, 또 한 사람은 역사의 중심에 서 있다. 첫 사람은 옛 인류의 머리요, 둘째 사람은 새 인류의 머리이시다. 첫 사람은 세상에서 죄와 사망의 기원이요, 둘째 사람은 의와 생명의 근원이요 샘이신 것이다.

이 두 사람을 서로 비교하는 것은, 인류의 머리에서 그 두 사람이 차지하는 그 절대적으로 독특한 위치 때문이다. 그들 사이에는 위치, 의의, 그리고 영향 면에서 유사성이 있다. 가족과 부족과 민족 등에서 나타나는 연대성의 모든 형태들이 그들에게서 나타나는 것이다. 그리고 이러한 유사점들은 모두 아담과 그리스도에게서 나와서 온 인류에게 미친 그 영향이 어떤 것인지를 밝히 해명하도록 만들어 준다. 그리고 이 유사점들은 어느 정도는, 우리의 최고의 삶에서 — 즉, 종교적 · 도덕적 삶에서 — 작용하는 상속의 법칙과 조화시켜 주기도 한다. 이 법칙이 홀로 서 있는 것이 아니라 인류의 유기적인 존재의 각 부분들에도 일반적으로 적용되기 때문이다. 그래도 아담과 그리스도는 전적으로 독특한 위치를 차지하고 있다. 그들은 인류 전체에 대해서 다른 어느 누구도 — 그 어떠한 세계의 정복자나 최고의 천재들조차도 — 지니지 못한 그런 특별한 의의를 지니는 것이다. 아담이 남긴 유산으로 인해서 우리 모두가 그의 범죄에 가담한 것이요, 오직 이것이야말로 우리가 그리스도 안에서 하나님과 완전히 화목되는 일을 가능하게 하는 것이다.

결국 동일한 법이 첫 사람 안에서 우리를 정죄하고 또한 둘째 사람 안에서 우리를 사하는 것이다. 만일 애초부터 우리가 아담의 정죄를 함께 나누어 가질 수 없었다면, 그리스도 안에 있는 은혜로 다시 영접을 받는 일도 있을 수가 없는 것이었다. 우리가 아무런 수고도 들이지 않았는데도 우리에게 선물이나 유산으로 주어지는 그 유익한 것들을 취하는데 아무런 거리낌이 없다면, 악한 것이 유산으로 주어진다 해도 우리로서는 그것에 대해 왈가왈부할 권리가 없는 것이다. "우리가 하나님께 복을 받았은즉 화도 받지 아니하겠느냐?"(욥 2:10). 그러므로 아담에게 죄책을 떠넘기지 말고, 우리를 그토록 사랑하신 그리스도께 감사하도록 하자. 낙원을 뒤돌아보지 말고 앞을 향하여 십자가를 바라보자. 그 십자가 뒤에는 절대로 썩지 아니할 면류관이 있는 것이다.

* * * * *

사람이 그 속에서 잉태하여 출생하는 바 그 원죄는 정지해 있고 수동적으로 작용하는 것이 아니라, 오히려 거기서부터 온갖 죄들이 생겨나는 뿌리이며, 죄를 계속해서 퍼올리는 더러운 샘이며, 항상 사람의 마음을 그릇된 방향으로 몰아가는 하나의 힘으로서, 하나님으로부터, 하나님과의 교제로부터 멀어지게 하고, 썩어짐과 부패를 향하여 나아가도록 만드는 것이다. 그러므로 이 원죄는, 흔히 자범죄(actual sins)라 부르는 죄들 — 고의적이든 아니든 개개인이 하나님의 율법을 거슬러 저지르는 모든 범죄들이 여기에 포함된다 — 과 구분해야 한다. 그 모든 죄들은 기원이 동일하다. 모두가 사람의 마음에서 나오는 것이다(막 7:23). 거듭남과 새로워짐으로 말미암아 변화되지 않는 한, 언제든 어디서든 인간의 마음은 다 동일한 것이다. 아담의 모든 후손들에게는 하나의 인간 본성이 있는데 그것은 죄악되고 오염된 것으로, 모든 사람이 다 거기에 해당된다. 따라서 어느 누구도 다른 사람에게서 자신을 분리시키고, "내게서 떠나가라, 나는 너보다 더 거룩하다"라고 말할 이유가 전혀 없는 것이다. 스스로 의롭다 하는 자들의 교만이나, 지체 높은 자들의 교만이나, 지혜 있다는 자들의 자기를 높이는 태도는, 모든 사람들이 함께 공유하는 그 악한 인간 본성에 비추어 볼 때, 절대로 정당화될 수 없는 것이다. 사람에게 존재하는 수천 가지의 죄들 가운데서, 어느 누구도 자기와는 아무 상관이 없다고 말할 수 있는 것이 단 하나도 없는 것이다. 모든 불법의 씨앗들이, 가장 극악한 범죄의 씨앗까지도, 우리 모두가 지니고 있는 우리의 마음속에 있는 것이다. 범죄자들이 유별난 부류가 아니다. 우리 모두가 구성원인 그 사회에서부터 그런 사람들이 나오는 것이다. 그들은 각 사람의 은밀한 중심 속에서 계속해서 일어나고 있는 고뇌와 갈등을 겉으로 표출한 것에 불과한 것이다.

이렇듯 죄들이 모두 동일한 뿌리에서 나오므로, 개개인의 삶 속에서 나타나는 죄들이나, 가족의 삶에서 나타나는 죄들이나, 한 세대나 그룹, 민족이나 사회에서 나타나는 죄들이나, 또한 인류 전체에게서 나타나는 죄들이나, 모두가 유기적으로 서로 연관을 맺고 있다. 그 죄들이 무수하기 때문에, 일부에서는 그것들을 분류하고 구분하기를 시도하기도 했다. 그들은 일곱 가지 주된 죄들을 거론하였다. 곧, 교만, 탐욕, 무절제, 부도덕, 게으름, 시기, 분노가 그것이다. 혹은 그 죄들을 범하는 데 사용하는 수단에 따라서, 생각으로 하는 죄, 말로 범하는 죄, 행동으로 범하는 죄 등으로, 혹은 가벼운 죄나 영적인 죄 등으로 분류하기도 했다. 때로는 명령에 따라서, 첫째 돌판을 범하는 죄들과 둘째 돌판을 범하는 죄들로 — 즉, 하나님을 거스르는 죄들과 이웃과 우리 자신들을 거스르는 죄들로 — 분류하기도 하고, 혹은 그 죄들이 표현되는 형식에 따라서, 작위(作爲)의 죄와 부작위(不作爲)의 죄로 분류하기도 하며, 죄의 정도에 따라서 은밀한 죄와 공적인 죄, 인간적인 죄와 마귀적인 죄로 분류하기도 했다.

그러나, 그 죄들이 아무리 서로 다를지라도, 그것들은 절대로 제각기 순전히 임의적인 개체로, 제각기 완전히 홀로 동떨어져서 있는 것이 아니다. 그 밑바닥에서는 언제나 서로 관련을 맺고 있으며, 어느 한 죄가 다른 죄에 영향을 미치고 그 표시를 남기는 것이다. 질병에 걸려 있을 때에 건전한 생명의 법칙이 계속해서 작용하지만 동시에 방해를 받는 형태로 작용하는 것처럼, 사람의 생명과 인류의 생명의 유기적인 성격이 죄 속에서 표현된다. 그 죄가, 생명이 본래 의도했던 것과는 정반대되는 방향으로 발전해 가도록 그렇게 표현되는 것이다.

죄는 마치 미끄러운 평지와도 같아서, 그 위로 길을 제대로 갈 수가 없고, 또한 중도에 그저 아무 곳에서나 돌아서서 가던 길을 바꿀 수도 없다. 어느 유명한 시인은 악한 행위의 저주스러움에 대해서 심오하고도 멋진 표현으로 말하기를, 그것이 계속해서 악을 낳는다고 하였다. 성경은 이 문제에 대해서 밝은 빛을 비추어 준다. 야고보서 1:14-15에서 성경은 사람 속의 죄악된 행위가 유기적인 방식으로 생겨난다는 사실을 잘 설명해 주고 있다. 사람이 악에게 유혹을 받을 때에, 그 원인은 하나님에게 있는 것이 아니라 그 사람 자신의 욕심에 있으며, 이 욕심이야말로 죄의 어머니이다. 이 욕심이 그 자체로 가만히 있어도 저절로 죄(즉, 생각으로나 말로나 행동으로 저지르는 죄악된 행위)가 생겨나는 것은 아니다. 먼저 잉태하여야 하고, 임신해야 한다. 곧 욕심이 이성과 의지와 합쳐질 때에 그런 일이 발생하는 것이고, 그때에, 욕심이 의지로 말미암아 임신할 때에, 거기서 죄악된 행위가 생겨나는 것이다. 그리고 이 죄가 다시 자라나고 발전하여 성숙하게 되면, 그것이 사망을 낳는 것이다.

개별적인 죄들이 다 그러하고, 온갖 죄들이 그렇게 서로 연관되어 있는 것이다. "누구든지 온 율법을 지키다가 그 하나를 범하면 모두 범한 자가 되나니"라는 2:10의 말씀이 이 사실을 지적해 주고 있다. 그 특정한 한 가지 계명을 제정하신 하나님이 율법의 모든 계명들을 제정하신 것이다. 그 한 가지 계명을 어기는 것이 그 모든 계명들을 주신 분을 공격하는 것이요, 그의 모든 권위와 권능을 무시하는 것이 되는 것이다. 그 기원과 그 본질이 하나이므로, 율법은 그 전체가 하나의 법이다. 그것은 하나의 유기적인 몸으로서, 그 지체 중 하나라도 범하게 되면 전체가 망가져 버리는 것이다. 그것은 하나의 사슬과도 같아서, 그 중 어느 부분이라도 연결이 끊어지면, 전체가 끊어져 버리는 것이다. 계명 중 어느 하나를 범하는 자는 원칙적으로 나머지 모든 계명들을 다 무시하는 것이 되고, 그리하여 계속 더 악한 데로 나아가게 된다. 그런 사람은 예수님의 말씀처럼 죄의 종이나 혹은 죄의 노예요(요 8:34), 혹은 바울의 말씀처럼 죄의 권세 아래로 팔린 상태에 있어서(롬 7:14), 노예가 그를 산 주인에게서 자유롭지 못한 것처럼 죄에게서 자유롭지 못한 것이다.

이러한 유기적인 관점은 인생의 특정한 분야들에서 드러나는 죄들에게도 적용된다. 개인의 죄도 있지만, 공통적인, 사회적인 죄도, 특정한 가문, 민족의 죄도 있다. 사회의 어느 계층이나 지위도, 어떠한 직업이나 사업도, 어떠한 직위나 직업도 그 자체의 위험 요소를 안고 있고, 또한 그 자체의 특수한 죄들을 지니고 있는 것이다. 도시 사람들의 죄들은 시골 사람들의 죄들과 다르고, 농부들의 죄들은 상인들의 죄들과 다르며, 식자(識者)들의 죄들은 무식자들의 죄들과 다르고, 부자들의 죄들은 가난한 자들의 죄들과 다르며, 어린 아이들의 죄들은 어른들의 죄들과 다르다. 그러나 이러한 사실은 각 영역마다 나타나는 그 모든 죄들이 서로에게 의존하고 있다는 점을 보여 준다. 특정한 악행들이 특정한 연령층이나, 특정한 세대, 특정한 계층에서 아주 규칙성 있게 나타난다는 것이 통계 조사로 나타나는데, 이것이 그 사실을 확인해 준다. 그런 특정한 악행들이 나타날 때에 우리는 우리가 속한 제한된 그룹의 죄들을, 그것도 아주 적은 부분만을 아주 피상적으로만 알아차릴 뿐이다. 그러나 겉으로 드러나는 모습의 본질을 꿰뚫어볼 수 있다면, 그래서 사람들의 마음속에서 그 죄들의 뿌리를 추적해 낼 수 있다면, 십중팔구 우리는 죄 속에도 통일성이, 관념이, 계획이, 패턴이 있다는 — 한 마디로, 죄 속에도 체계(system)가 있다는 — 결론에 도달하게 될 것이다.

성경은 죄의 기원과 그 발전과 그 성취를 사탄의 왕국과 연관지음으로써, 그 베일의 한쪽 모서리를 들어올려 준다. 사탄이 사람을 미혹하여 그를 타락에 빠지게 했으므로(요 8:44) 그는 도덕적인 의미에서 세상의 임금이요 이 세대의 신이 되었다(요 16:11; 고후 4:4). 물론 그리스도로 말미암아 정죄를 받아 내어쫓겨서(요 12:31; 16:11) 주로 이방 세계에서 활동하고 있지만(행 26:18; 엡 2:2), 사탄은 계속해서 외부로부터 교회를 공격하고 있다. 그러므로 교회는 전신갑주를 입고 사탄을 대적해야 한다(엡 6:11). 그리고 그는 모든 재원을 다 정비하여 마지막 때에 다시 한 번 그리스도와 그의 나라에 대하여 최종적으로 결정적인 공격을 감행할 것이다(계 12장 이하). 한 가지 죄에 대해서나, 특정한 사람이나 사람들의 죄들에 대해서만 주의를 기울이면 죄의 진정한 본질을 알 수가 없다. 오로지 성경이 제시하는 빛의 도움을 받아 인류 속에 있는 죄의 영역 전체에 주의를 기울일 때에야 비로소 죄의 진정한 본질과 의도가 무엇인지를 처음 이해하게 되는 것이다. 원리와 본질을 볼 때에 죄는 하나님을 향한 적개심이요, 또한 그 죄는 바로 세상의 주권적인 지배를 목표로 하는 것이다. 그리고 모든 죄는 제각기 — 그것이 하나님의 법을 범하는 것이므로 — 그 체계 전체와 관련되어 있는 이러한 최종의 목표를 이루는 데 이바지하는 것이다. 세계 역사는 그저 맹목적으로 작용하는 하나의 진화 과정이 아니다. 그것은 위에 속하는 성령과 아래에 속하는 영 사이에서, 그리스도와 적그리스도 사이에서, 하나님과 사탄 사이에서 계속해서 벌어지는 하나의 무서운 드라마요, 영적인 싸움이요 전쟁인 것이다.

* * * * *

그러나, 죄를 이렇게 바라보는 것에 주안점을 두어야 하지만, 그렇다고 해서 그 때문에 한쪽으로 치우쳐서 갖가지 죄들을 구분하는 것을 아예 무시해 버릴 유혹에 빠져서도 안 된다. 죄들이, 마치 덕성들처럼, 모두가 하나요 나뉘어지지 않는 것이요, 또한 누구든지 그 가운데 하나를 범하면 원칙적으로 모든 것을 범한 것이 되는 것은(약 2:10) 사실이다. 그러나 그렇다고 해서 모든 죄들이 그 종류나 정도에 있어서 동등하다는 말은 아니다. 실수나 무지에 의한 죄들과 고의적으로 범한 죄들이 서로 차이가 있고(민 15:27, 30), 첫째 돌판을 어긴 죄들과 둘째 돌판을 어긴 죄들이 서로 차이가 있고(마 22:37-38), 육체적인 죄들과 영적인 죄들이, 인간적인 죄들과 마귀적인 죄들이 서로 차이가 있는 것이다. 계명들마다 서로 내용이 다르고, 그 계명들을 범하는 상황도, 의지의 개입의 정도도 각기 다르기 때문에, 모든 죄들이 똑같이 심각한 것도 아니고, 똑같은 형벌을 받게 되어 있는 것도 아니다. 도덕법을 어긴 죄들이 의식법을 어긴 죄들보다 더 무겁다. 순종이 제사보다 낫기 때문이다(삼상 15:22). 굶주림 때문에 저지른 도둑질은 욕심 때문에 저지른 도둑질보다 훨씬 경미하다(잠 6:30). 분노에도 각기 정도의 차이가 있다(마 5:22). 또한 이웃의 부인을 보고 마음속에 음욕을 품는 것이 이미 간음을 저지르는 것이지만, 그런 음욕과 싸워 이기지 못하고 거기에 굴복하여 행위로 간음을 저지르는 것은 그보다 훨씬 더 악한 것이다.

이처럼 죄들 사이의 구별을 무시하게 되면, 성경과 현실 모두와 모순을 일으키게 된다. 도덕적인 의미에서 사람들이 동등하게 태어나는 것은 사실이다. 애초에 그들은 모두 동일한 죄책을 지고 있으며, 동일한 얼룩으로 더러워져 있다. 그러나 자라나면서 서로 굉장히 달라진다. 신자들도 때때로 심각한 죄에 빠지므로, 끊임없이 자기 속에 있는 옛 사람의 본성과 싸워야 하며, 따라서 이 땅에서는 완전한 순종의 미미한 시작 정도만을 이룰 수 있을 뿐이다. 그리고 그리스도의 이름을 알지 못하는 자들이나 그를 믿지 않는 자들 중에는 모든 불경건한 충동에 그대로 굴복하며 죄를 물처럼 마시는 자들이 있다. 그러나 그들 중에는 존경받는 시민 생활과 높은 윤리적 삶을 통해서 스스로를 차별화하며, 심지어 그리스도인들에게까지 덕의 모범이 되는 사람들도 많다. 각 사람의 마음속에 악의 씨가 자리잡고 있는 것은 사실이다. 그러므로 우리 자신에 대한 지식이 커질수록, 우리가 본성적으로 하나님과 우리 이웃을 미워하기가 쉽고 선을 행하지 않고 모든 악에게 기울어지는 성향을 지니고 있다는 고백이 참이라는 것을 더욱더 인식하게 된다. 그러나 이 악한 성향이 모든 사람들에게서 똑같은 정도의 악행으로 표현되는 것은 아니다. 넓은 길을 걷는 모든 사람들이 다 똑같은 속도로 걷는 것이 아닌 것이다.

이러한 차이가 생기는 원인은 사람에게 있는 것이 아니고, 하나님의 억제시키는 은혜에 있다. 마음은 모든 사람에게서 동일하다. 언제나 어디서나 모든 사람에게서 동일한 악한 상상과 욕심들이 생겨난다. 마음의 생각들이 젊어서부터 악하기만 한 것이다. 만일 하나님이 인류를 버리셔서 그들을 그 마음의 정욕에 내버려두셨다면, 세상은 온통 지옥이 되었을 것이요 인간 사회나 인간의 역사 자체가 불가능해졌을 것이다. 그러나 마치 땅 속의 불이 그

딱딱한 지각(地殼)을 통해서 통제되어 그저 이따금씩 특정한 곳에서만 무서운 화산 폭발을 통해서 분출되듯이, 인간의 마음의 악한 생각들과 욕심들이 사회 생활을 통해서 사방으로부터 억눌려지고 억제되는 것이다. 하나님은 사람에게 마음대로 행하도록 자유를 주지 않으셨고, 그의 속에 있는 야수(野獸)를 붙들어 매어놓으심으로써, 인류를 향하신 하나님의 경륜을 유지해 가시고 그것을 시행해 가시는 것이다. 그는 사람 속에서 본능적인 사랑, 무리를 향한 동경심, 종교성과 도덕성, 양심과 법 개념, 이성과 의지 등이 작용하도록 계속해서 역사하신다. 그리고 그는 사람을 가족과 사회와 국가 속에 두시고, 그 모든 것들의 제재를 받게 하시며, 사회의 여론이나 예의 관념, 일에 대한 느낌, 훈련, 형벌 등을 통해서 시민적으로 존경할 만한 삶을 살도록 그를 제어하시고 교육하시는 것이다.

사람이 죄악되지만, 여전히 이런 갖가지 강력한 영향력 아래에서 많은 선(善)을 이룰 수 있다. 하이델베르크 요리문답은 사람은 그 어떠한 선을 행하기에도 전적으로 무능하며 모든 악에게로 기울어진다고 말씀하는데, 여기서 말하는 선이란 『항변파들에 대한 반론』(Articles against the Remonstrants)이 분명히 진술하는 대로, 구원 얻는 선(saving good)을 뜻하는 것이다.

그런 구원 얻는 믿음에 대해서는 사람이 본성적으로 전적으로 무능하다. 마음을 살피시는 하나님 앞에서 완전히 순결하며, 영적인 의미에서와 문자적인 의미에서 율법의 요구와 전적으로 일치하며, 그러므로 그 율법의 약속에 따라서 영생과 하늘의 복락을 얻을 수 있는 그런 내적이며 영적인 선은 사람이 행할 수가 없다. 그러나 그렇다고 해서 사람이 하나님의 일반 은혜로 말미암아 많은 선을 행할 수 없다는 말은 절대로 아닌 것이다. 사람은 자신의 개인 생활에서 그의 이성과 의지를 사용하여 악한 상상들과 욕심들을 억제시키고 스스로 덕을 행할 수가 있다. 또한 공동체 생활과 사회 생활을 통해서 자기의 의무들을 정직하고도 성실하게 이행하며 복지와 문화, 학문과 예술을 증진시키는 데 이바지할 수도 있다. 한 마디로, 사람이 본성적으로 악하지만 그럼에도 불구하고 그는 하나님이 그 주위에 부여해 놓으신 모든 영향력들을 사용하여 이 땅에서 사람으로서 살아갈 수가 있다는 것이다.

그러나 이런 모든 영향력들은 그 사람을 내적으로 새롭게 하기에는 부족하며, 불의를 그 사람의 속에다 가두어두기에도 부족하다는 것이 자주 드러난다. 이는 구태여 각 사회마다 존재하는 범죄의 세계와 관련짓지 않아도 얼마든지 알 수 있는 사실이다. 침략, 정복, 식민지화, 종교 전쟁, 인종 전쟁, 대중의 혁명, 국가적 봉기 등에서도 인간의 마음속에 있는 불의가 겉으로 표출되는 영역이 무한하다는 것이 여실히 드러난다. 문화가 세련되게 발전한다고 해서 불의가 제거되는 것이 아니다. 오히려 더 뻔뻔스럽게 불의를 시행하도록 조장하는 경향이 더 크다. 겉으로 지극히 고귀하게 보이는 행동들도 면밀히 조사해 보면, 이기심과 야망에서 비롯되는 온갖 악한 동기들이 개입되어 있는 경우가 비일비재한 것이다. 인간의 마음의 사악함과 교묘함에 대해서 조금이라도 이해하는 사람은 세상에 악이 그렇게 많다는 것에 전혀 놀라지 않는다. 오히려 세상에 아직 그렇게 선이 많이 남아 있다는 것에 놀라며, 인류가 그런데도 그들을 통해서 그렇게도 많은 것을 이루시는 그 하나님의 지혜로우심에 고개를 숙여 경배하는 것이다. 여호와의 인자와 긍휼이 무궁하시므로 우리가 진멸되지 않는 것이다(애 3:22). 밖으로 터져 나오려고 애쓰는 사람들의 죄와, 또한 그것을 묶어두고 인간의 생각과 행동이 하나님의 경륜과 계획을 이루는 데 이바지하도록 하시는 하나님의 은혜 사이에 싸움이 계속되고 있는 것이다.

* * * * *

이러한 하나님의 은혜는 사람을 겸손하게 할 수 있다. 아합이나(왕상 21:19), 니느웨의 백성들의(욘 3:5 이하) 경우 생각으로만 겸손해졌으나, 그것도 하나님의 은혜의 역사인 것이다. 그러나 사람은 또한 결국 그런 은혜를 대적하는 자리에 설 수도 있다. 그런 경우에는 성경이 마음의 완악해짐이라 부르는 그런 무서운 현상이 생겨나게 되는 것이다. 바로가 이것의 전형적인 실례다. 성경의 다른 인물들에게서도 나타나지만, 완악해짐의 본질과 과정이 가장 선명하게 드러나는 것은 바로의 경우다. 그는 막강한 왕국의 수장이요 막강한 왕으로서 마음이 교만하여 하나님의 권능의 표적들 앞에서도 머리를 숙이기를 원치 않았다. 하나님의 권능의 표적들이 하나씩 차례로 나타났고, 이적적인 능력과 파괴력이 점점 더 커져갔다. 그러나 그런 것과 발맞추어서, 바로 역시 더욱더 악해지고 완악해져갔다. 이 이적적인 권능 앞에 굴복하고 절하고자 하는 그의 마음의 충동들이 그 순수성을 더욱 잃어갔고, 결국 눈 앞에서 벌어지는 사실들을 똑똑히 바라보면서도 자기의 최후의 몰락을 향해 곧바로 돌진해 나아간 것이다.

이 바로의 드라마 속에서 우리는 굉장한 영적 싸움을 보게 된다. 하나님 편에서는 물론 사람의 편에서도 볼 수가 있다. 여호와께서 바로의 마음을 완악하게 하셨다고도 말씀하며(출 4:21; 7:3; 9:12; 10:20, 27), 또한 어느 때에는 바로 자신이 자기 마음을 완악하게 했다고도 하고(출 7:14; 9:7; 9:35), 혹은 그의 마음이 완악해졌다고도 말씀한다(출 8:15, 19, 32; 9:34). 이 완악해짐의 현상 속에 하나님의 역사하심이 있고, 사람의 역사함이 있다. 하나님의 은혜의 역사하심이 계속해서 점점 심판의 역사하심으로 바뀌어가고, 한편 인간의 저항의 활동 역시 점점 더 의식적으로 결연하게 하나님을 대적하는 쪽으로 바뀌어가는 것이다. 다른 곳의 성경들도 이러한 완악해짐을 동일하게 묘사하고 있다. 신명기 2:30, 여호수아 11:20, 이사야 63:17에서는 여호와께서 완악하게 하시며, 그리고 다른 곳들에서는(삼상 6:6; 대하 36:13; 시 95:8; 마 13:15; 행 19:9; 롬 11:7, 25) 사람들이 스스로 완악해진다. 이 둘 사이에 언제나 상호 작용이 있고, 싸움과 씨름이 있는 것이다. 그런 상호 작용은 일반 계시와 관계된다. 그러나 심판과, 사람 사이의 분열과 분리를 가져오는 특징을 지니는 것은 바로 특별 은혜인 것이다(요 1:5; 3:19; 9:39). 그리스도께서는 망하게 하는 일과 다시 일으키는 일을 위하여 세우심을 받는다(눅 2:34). 그는 구원의 반석이시며 또한 부딪칠 돌이시다(마 21:44; 롬 9:32). 복음은 사망에 이르는 냄새이기도 하고 생명에 이르는 냄새이기도 하다(고후 2:16). 그것은 지혜롭고 슬기 있는 자들에게는 숨겨지고, 어린아이들에게는 나타난다(마 11:25). 그리고 이 모든 일에서 하나님의 경륜과 그의 기뻐하시는 선한 뜻과 또한 동시에 신앙적·도덕적 삶의 법이 분명히 드러나는 것이다.

완악해짐의 죄는 성령을 훼방하는 데에서 그 절정에 이른다. 예수께서는 바리새인들에게 심각한 방해를 받으시고서 그것에 대해 말씀하신다. 눈멀고 벙어리요 귀신 들린 한 사람을 고치시자, 무리들이 크게 놀라서 이렇게 외쳤

다: "이는 다윗의 자손이 아니냐?"(마 12:23). 즉, 조상들에게 하나님이 약속하신 메시야가 아니냐는 뜻이었다.

그러나 그리스도께 베풀어진 이 찬양은 바리새인들에게 증오와 적개심만을 일으킬 뿐이었다. 그들은 오히려 정반대로 예수가 다름 아닌 귀신의 왕 바알세불을 힘입어 귀신을 내어쫓은 것이라고 선언하였다. 그리하여 그들은 완전히 정반대의 입장을 취한 것이다. 그리스도를 하나님의 아들 메시야로 인정하고 그가 하나님의 성령으로 말미암아 귀신을 내어쫓고 하나님 나라를 이 땅에 세우신 것을 인정하기는커녕, 그들은 예수가 사탄과 연루된 자요 그의 일이 귀신의 일이라고 말하는 것이다. 이러한 끔찍한 신성모독에 대하여 예수께서는 그의 위엄을 유지하신다. 그런 주장이 얼마나 불합리한지를 지적하시며 반박하시고, 마지막에 다음과 같은 엄중한 경고를 덧붙이고 계시는 것이다: "사람에 대한 모든 죄와 모독은 사하심을 얻되 성령을 모독하는 것은 사하심을 얻지 못하겠고, 또 누구든지 … 성령을 거역하면 이 세상과 오는 세상에서도 사하심을 얻지 못하리라"(마 12:31-32).

그 말씀 자체와 또한 전후의 문맥은 성령을 모독하는 것이 처음에나 중도에 일어나는 것이 아니라 마지막에 일어나는 것임을 시사해 준다. 그것은 하나님이 계시하신 진리에 대해 의심하거나 불신하는 것도, 성령에 대해 저항하여 그를 근심케 하는 것도 아니다. 이런 죄들은 신자들도 얼마든지 범하기 때문이다. 성령을 모독하는 죄는 오직 하나님의 풍성한 계시와 성령의 강력한 조명하심을 의식하고 있어서 사람이 그의 마음과 양심으로 그 신적 계시가 참되다는 것을 충만히 납득하고 있을 때에만 일어날 수 있는 것이다(히 6:4-8; 10:25-29; 12:15-17).

성령을 모독하는 죄는 오히려 이런 것이다. 즉, 그런 사람이 모든 객관적인 계시와 주관적인 조명하심에도 아랑곳하지 않고, 또한 자신이 진리를 진리로 알았고 맛보았음에도 불구하고, 고의적인 의도를 갖고서 그 진리를 거짓말이라 부르고 그리스도를 사탄의 도구로 선언해 버리는 것이다. 여기서 인간적인 죄가 마귀적인 죄가 되는 것이다. 그 죄는 의심과 불신앙을 뜻하는 것이 아니다. 오히려 후회와 기도의 가능성을 완전히 끊어버리는 그런 죄인 것이다(요일 5:16). 의심과 불신앙, 후회와 기도의 순간을 이미 완전히 넘어서 버린 상태다. 성령께서 성부와 성자의 영으로 인정받고 계신데도 불구하고, 마귀적인 사악함으로 그를 모독하는 것이다. 이러한 절정의 상태에서는 죄가 그 수치의 자취를 다 떨어내 버리고, 겉에 둘러싼 모든 포장을 다 내어던지고서 너무도 노골적으로 그 벌거벗은 모습을 그대로 드러내며, 모든 이성적인 것들을 다 경멸하고, 순전히 악만을 즐거워하는 자세로, 하나님의 진리와 은혜를 상대로 대적하는 것이다. 그러므로 성령을 모독하는 일에 관한 이 가르침에서 예수께서 우리에게 전하시는 이 말씀은 정말로 지엄한 권고인 것이다. 그러나 그 가르침 속에 담겨 있는 위로를 잊어서는 안 된다. 이 성령을 모독하는 죄 하나만 용서받을 수 없는 죄라면, 다른 모든 죄들은, 아무리 크고 심각한 죄라도, 다 용서받을 수 있으니 말이다. 인간의 통회의 행위를 통해서가 아니라 하나님의 풍성하신 은혜로 말미암아 그 죄들을 용서함 받을 수 있는 것이다.

* * * * *

죄가 오직 은혜를 통해서만 용서받을 수 있고 씻음받을 수 있다면, 이는 죄 그 자체로는 형벌을 면치 못한다는 뜻이 된다. 성경은 세상에 죄가 들어오기 전에도 이미 죄를 죽음의 형벌로 경고하고 있는데, 이 역시 이런 가정에서 나온 것이다(창 2:17). 더 나아가서, 성경은 계속해서 죄를 향한 하나님의 심판을 선포한다. 그 심판이 이 세상의 삶에서 시행되든(출 20:5), 혹은 마지막 심판의 날에 시행되든(롬 2:5-10) 간에, 심판을 선포하는 것이다. 하나님은 의로운 자시요 거룩한 자로서 모든 악을 미워하시며(욥 34:10; 시 5:5; 45:7), 죄 있는 자를 죄 없다 하시는 법이 없으시며(출 34:7; 민 14:18), 모든 불의에 대해서 진노와(롬 1:18), 저주와(신 27:26; 갈 3:10), 화로 갚으시며(나 1:2; 살전 4:6), 모든 사람을 그 행위대로 갚으실 것이다(시 62:12; 욥 34:11; 잠 24:12; 렘 32:19; 겔 33:20; 마 16:27; 롬 2:6; 고후 5:10; 벧전 1:17; 계 22:12). 각 사람의 양심이 그의 악한 생각과 말과 행동에 대해서 판단하고, 그에게 죄책감과 회한의 마음을 갖게 만들고 심판에 대한 두려움을 갖게 만듦으로써 이를 증거한다. 모든 사람들 가운데서 정의를 시행하는 것도 이러한 죄가 형벌을 면치 못한다는 관념에 기초하는 것이다.

그러나 인간의 마음이 항상 이런 지엄한 판단과 갈등을 일으킨다. 그 자신이 죄로 말미암아 정죄를 받는다고 느끼기 때문이다. 그리고 과학과 철학이 마음을 부추겨서 행위와 상급, 악과 형벌을 서로 분리시킬 지극히 매력적인 이유들을 제시하게끔 만드는 경우도 많다. 예술을 그 자체를 위해서 하듯이, 선(善)도 상급에 대한 소망을 위해서가 아니라 선 그 자체를 위해서 행하여야 하며, 악도 그것과 결부되는 형벌 때문이 아니라 그 자체 때문에 회피해야 한다는 식으로 생각하게 하는 것이다. 덕행에 대한 상급이라는 것도, 죄에 대한 형벌이라는 것도 없다. 죄에 대한 형벌이란 자연법에 따라서 불가피하게 그 결과로 초래되는 결과밖에는 없다. 덕스러운 사람이 마음에 평화가 있는 것처럼 죄인에게는 죄책과 불안, 두려움의 의식이 있다. 그리고 술 취하는 죄나 성적인 죄를 지을 경우에는 건강이 나빠지는 것밖에는 없다는 것이다.

현대에 들어와서 죄지은 마음 혹은 실수를 범하는 마음에 대한 이러한 철학이 진화론에 호소하여 지지를 얻고 있다. 진화론에 따르면 사람은 동물에서 비롯된 존재요, 따라서 그의 존재의 중심에 언제나 동물성이 남아 있고, 그렇기 때문에 사람이 현재의 모습대로 행동하는 것이 불가피하며, 이미 그렇게 결정지어져 있다고 한다. 사람은 자유로운 이성적·도덕적 존재가 아니다. 자기 행동에 대한 책임도 그에게는 없다. 그의 행동을 근거로 사람을 죄악되다고 주장할 수가 없다. 그는 불가피하게 현재의 모습을 지닐 수밖에는 없다는 것이다. 향기로운 냄새를 풍기는 꽃들이 있고 또한 불쾌한 냄새를 풍기는 꽃들이 있듯이, 그리고 온순한 동물이 있고 사나운 맹수가 있듯이, 사람들 중에도 사회에 유익이 되는 자들이 있고, 또한 사회를 해롭게 하는 자들이 있다. 그렇기 때문에 사회는 자기 보존을 위해서 그 해로운 개개인을 격리시키고 가두어둘 권리가 있으나, 이것은 형벌이 아니다. 어떤 사람도 다른 사람에 대해 판단을 내리고 정죄할 권리가 없다. 범죄자들은 악한 것이 아니라 정신이상의 상태에 있는 자들이다. 그런 사람들은 허약함을 물려받았거나, 부족한 환경에서 자라났고 사회 자체에 의해서 결점이 있도록 양육받은 것이다. 그러므로 그런 사람들은 감옥에 있어서는 안 되고, 병원이나

요양소에 있어야 하고, 인간다운 대접과 의학적인 치료와 교육적인 치료를 받아야 한다는 것이다.

사실을 공정하게 따지자면, 이러한 새로운 범죄 이론은 부분적으로 과거에 사람들이 가졌던 또 다른 극단적인 입장에 대한 하나의 반작용으로 보아야 할 것이다. 오늘날의 사람들이 범죄자들을 정신이상자로 취급한다면, 과거에는 정신이상을 비롯해서 모든 다른 불행을 전부 범죄로 간주했고, 그렇게 죄를 지어 형벌을 받아 마땅하다고 간주되는 사람들에게 극심한 고통을 줄 수 있는 온갖 방법들을 고안해 내는 데 모든 지혜를 짜내는 경우도 많았다. 그러나 이런 극단적인 현실이 새로운 이론을 만들어내는 쪽으로 기여하기는 하나, 그 새로운 이론을 정당화시키지는 못하는 것이다. 새로운 이론도 한쪽으로 치우치기는 옛 이론과 마찬가지다. 죄의 심각성을 공정하게 처리하지 못하며, 사람에게서 도덕적 자유를 빼앗아가며, 그를 기계의 수준으로 전락시키며, 사람의 양심과 죄책감과 더불어 그의 도덕적 본성을 대담하게 무시하며, 원칙적으로 법의 권위와 통치와 시행의 모든 기초를 무시하고 있으니 말이다.

과학이 죄의 불가피성을 입증하는 데에 들이는 그 모든 노력들이 구태여 없더라도, 양심이 완전히 마비된 상태에 있지 않은 사람이라면 누구든지 자신이 선을 행할 의무가 있으며 그릇된 행동에 대해 스스로 책임이 있다는 것을 느끼기 마련이다. 상급에 대한 소망이 선을 행하는 유일하고 가장 중요한 동기인 것은 분명 아니며, 또한 형벌에 대한 두려움이 악을 삼가는 유일한 동기인 것도 분명 아니다. 그러나 누구든 이런 부차적인 동기들에 의하여 그저 겉보기에만 선을 행하고 악을 삼간다 할지라도, 그 사람은 그런 동기들을 멸시하고 계속해서 자기의 충동에 이끌려 살아가는 사람보다는 더 나은 처지에 있는 것이다.

더욱이, 덕과 행복, 또한 죄와 형벌이 서로 겉으로 드러나는 보응의 결과에서 불가분리의 관계로 연관되어 있을 뿐 아니라, 애초부터 도덕적인 의식 속에 그것들이 함께 들어 있는 것이다. 선을 참되게 진정으로 사랑하는 것은, 즉 하나님과의 충만한 교제는, 사람의 전부가, 내적으로 외적으로, 그 교제 속에 들어가 있다는 것을 뜻한다. 그리고 그와 똑같이 포괄적으로, 죄는 그 절정에서 사람의 영혼과 육체 전체의 부패를 시사해 주는 것이다.

* * * * * *

하나님이 죄에 대해 지정하신 형벌은 죽음이다(창 2:7). 그러나 이러한 임시적인 육체의 죽음만 있는 것이 아니다. 그 외에도 많은 형벌들이 뒤따라온다.

사람이 죄를 짓자마자, 그의 눈이 밝아졌다. 자기의 벌거벗음을 부끄러워하여 두려움으로 하나님을 피하여 숨었다(창 3:7-8). 사람에게서는 부끄러움과 두려움이 죄와 반드시 함께 있게 된다. 죄를 짓는 즉시, 자신이 죄악되며 자신의 죄로 더러워졌다는 것을 느끼기 때문이다.

형벌과 관계되는 죄책, 그리고 도덕적인 부패인 오염과 더러워짐이 타락 직후에 생겨난 결과들이다. 그러나 이 자연스러운 형벌들에다 하나님은 명확한 형벌들을 덧붙이신다. 여자는 여자로서, 또한 어머니로서 형벌을 받는다. 고통 중에 아이를 출산할 것이요, 그러면서도 언제나 남자를 향해서 욕심을 가지게 될 것이라는 것이다(창 3:16). 그리고 남자는 특별히 그에게 맡겨진 의무에서 형벌을 받는다. 곧, 땅을 경작하고 손으로 일하는 문제에서 형벌을 받는 것이다(창 3:17-19). 죽음이 범죄에 이어서 곧바로 일어나지 않는 것은 사실이다. 심지어 수백 년 동안 연기되기까지 한다. 하나님은 인류를 향한 그의 의도들을 폐기하지 않으시기 때문이다. 그러나 그에게 허락되는 삶은 싸움과 근심이 가득 차 있는 고통의 삶이 되며, 죽음을 준비하는 것이요, 사실상 계속적인 죽음이 되어 버리는 것이다. 사람은 죄 때문에 그저 언제 죽을지 모르는 처지가 된 것만이 아니라, 죽음의 과정을 시작하게 된 것이다. 그의 삶은 죽음과의 짧고도 허망한 싸움 이외에 아무것도 아니다.

이 사실은 성경이 인생의 연약함과 덧없음과 허망함에 대해 제기하는 여러 탄식들에서 잘 드러나고 있다. 사람은 타락 이전부터 흙이었다. 육체로 말하자면, 사람은 땅의 흙으로 지어졌고, 땅에 속하며 생령이었다(고전 15:45, 47). 그러나 그 첫 사람의 삶은 영화(靈化)되고 영광을 입도록, 영의 지배를 받아 하나님의 법을 지키도록 의도된 것이었다. 그러나 이제 범죄의 결과로 그 법이 시행되게 된다: "너는 흙이니 흙으로 돌아갈 것이니라"(창 3:19).

영이 되는 대신, 사람은 죄로 말미암아 육체가 되어 버렸다. 이제 그의 삶은 하나의 그림자요, 꿈이요, 한순간이요, 한 계단이요, 밀려왔다가 사라지는 바다의 한 파도요, 잠시 비쳤다가 사라지는 광선이요, 피었다가 곧 져버리는 한 떨기 꽃이 되어 버린 것이다. 그것은 과연 생명이라는 충만하고도 영광스런 이름으로 부를 만한 가치가 없는 것이 되어 버렸다. 그것은 끊임없이 죄 안에 있는 죽음이요(요 8:21, 24) 죄와 허물 속의 죽음인 것이다(엡 2:1).

속에서부터 바라볼 때에 삶의 모습이 그렇다. 내적으로 썩었고, 황폐해졌고, 죄로 말미암아 와해되어 버렸기 때문이다. 그리고 바깥에서 보더라도, 삶은 사방에서 끊임없이 위협을 받고 있다. 범죄한 직후, 사람은 낙원에서 쫓겨났다. 그 자신의 힘으로는 다시 그리로 돌아갈 수가 없다. 그는 살아갈 권리를 빼앗겼으므로 그런 안식과 평화의 장소는 그 타락한 인간에게 적합한 곳이 아니기 때문이다. 그는 넓은 세상 속으로 나아가 이마에 땀을 흘리고 그의 소명을 이행해야만 빵을 벌 수가 있다. 타락하지 않은 사람은 낙원에서 편안히 있고, 하늘에서 복되게 살지만, 죄악된 사람은 땅을 거처로 삼는다. 땅이 그의 타락의 결과를 공유하며, 그로 인하여 저주를 받고, 또한 그와 더불어 허무한 데 굴복하는 것이다(롬 8:20).

그리하여 내적인 것과 외적인 것이 다시 한 번 일치한다. 사람과 그의 환경 사이에 조화가 있는 것이다. 우리가 살고 있는 땅은 하늘이 아니고, 그렇다고 해서 지옥도 아니다. 그것은 하늘과 지옥 사이에 서 있고, 양쪽의 특질들을 일부 지니고 있다. 사람들의 죄들과 삶의 재난들 사이의 관계를 구체적으로 꼬집어 지적할 수는 없다. 예수님 자신도 이것에 대해 경계하고 계신다. 빌라도가 희생 제물과 갈릴리 사람들의 피를 섞었는데, 예수님은 그들이 다른 사람보다 더 죄가 있는 것이 아니라고 말씀하시며(눅 13:1-3), 또한 눈먼 상태로 태어난 아들이 자기의 죄나 그 부모의 죄 때문에 형벌을 받은 것이 아니라 하나님의 역사하심을 드러내기 위해서 그런 고난을 받은 것이라고 말씀하신다(요 9:3). 그러므로 우리는 환난과 재난이 어느 누구에게 일어난다고 해서 그 사실을 근거로 그 사람의 죄책이 그런 결과를 가져왔다는 식으로 추리해서는 안 된다. 욥의 친구들이 그렇게 주장했으나, 그것은 잘못된 것이었다.

그러나 모든 성경의 가르침에 의하면, 타락한 인류와 부패한 땅 사이에 어떤 관련이 있는 것은 분명하다. 그 둘은 서로 조화를 이루도록 창조되었고, 둘 다 허무한 데 굴복하였고, 둘 다 원칙적으로 그리스도로 말미암아 구속함을 받고, 또한 함께 일으킴을 받고 영화롭게 될 것이다. 현 세상은 최상도 최악도 아니요, 타락한 사람에게 좋은 세상인 것이다. 땅 자체가 가시와 엉겅퀴를 내기 때문에, 땅이 사람으로 하여금 일을 하도록 만들며 그를 썩지 않도록 보존시켜 주며, 그리하여 사람의 마음 깊은 곳으로부터 장차 영속적인 선과 영원한 행복이 있을 것이라는 꺼지지 않는 소망을 갖도록 만든다. 물론 금방 사라지고 또한 불안이 가득한 삶이지만, 이러한 소망이 그를 살아 있게 만들어 주는 것이다.

본성적으로 여전히 사람에게 속하는 삶 전체가 죽음의 썩어짐에 종노릇하고 있다. 사람이 강건하면 70년이나 80년 동안 싸움을 계속할 수 있겠지만, 삶이 그보다 더 일찍 끊어지는 경우가 많고, 젊은 시절에, 꽃다운 유년기에, 심지어 출생 직후에 생명이 다하는 경우가 비일비재하다. 성경은 이 죽음이 하나님의 심판이며, 죄의 형벌이라고 말씀하는데, 온 인류와 각 개개인이 마음으로 이 말씀이 진리임을 느끼고 있다. 심지어 소위 원시인들까지도 사람이 본질상 죽는 존재라는 관념에서 출발하고 있다. 그러므로 증명을 요하는 것은 불멸성이 아니요, 오히려 죽음이 설명을 요하는 것이다. 그럼에도 불구하고, 고대에나 좀 더 최근 들어서나 많은 사람들이, 죽음이란 외부로부터 격렬하게 오는 어떤 외적인 것이 아니라 하나의 내적인 와해의 과정이며, 따라서 지극히 자연스럽고 불가피한 현상임을 주장해왔다. 이 견해에 따르면, 죽음 그 자체는 끔찍스러운 것이 아니다. 생명의 본능이 죽음에 대항하여 싸우기 때문에 사람에게 그렇게 보일 뿐이라는 것이다. 과학이 더 발전하여 더 많은 영역을 정복하게 될수록, 비정상적으로 일찍 죽는 것을 막는 데에 더 관심을 집중시킬 것이고, 에너지가 더 높은 수준에 이르지 못할 때에 비로소 자연적인 죽음이 오도록 만들 것이다. 그렇게 되면 사람들은 마치 식물이 시들고 동물이 기운이 다하는 것처럼 그와 똑같이 평화롭고도 고요하게 죽게될 것이다.

그러나 그런 식으로 논하는 사람들이 다소 있기는 하나, 이와는 전혀 다른 논지를 제시하는 이들도 있다. 과학자들끼리도 죽음의 원인과 본질에 대해서 전혀 의견의 일치가 없는 것이다. 죽음을 자연스럽고 필연적인 삶의 종말로 보는 사람들이 있는가 하면, 죽음을 삶보다 오히려 더 큰 수수께끼로 보는 이들도 많고, 살아 있는 존재들이 필연적으로 죽어야만 하는 이유가 단 하나도 없다고 주장하는 이들도 있다. 그들은 심지어 우주가 유기적으로 하나의 광대한 생물체였고, 죽음이 그 이후에 그 모습을 드러냈으며, 아직도 죽지 않는 생물들이 존재한다고 말하기까지 한다. 그리고 오늘날 혼의 선재를 믿으며 죽음을 사람이 더 높은 삶에로 올라가기 위해 거치는 하나의 형식의 변화로 — 마치 애벌레가 나비로 바뀌듯이 — 간주하는 이들이 그런 언어를 열렬하게 받아들이고 있는 것이다.

이러한 견해들의 차이는 과학이 사물의 가장 깊은 최종적 원인에까지 꿰뚫고 들어갈 수가 없으며 또한 생명도 설명하지 못할 뿐더러 죽음도 설명하지 못한다는 사실을 여실히 입증해 준다. 생명이나 죽음이나 모두 과학에게는 여전히 미스테리로 남아 있다. 어떠한 설명을 제시하고자 시도하는 순간, 죽음의 현실이나 생명의 현실에 대해 부당하게 처리할 위험에 부딪히는 것이다. 과학은 말하기를 생명은 본래 영원했다고 말하지만, 그렇게 되면 죽음이 어디에서 왔느냐 하는 문제를 답변해야 한다. 그리하여 죽음을 그저 하나의 모습일 뿐이요, 형식의 변화라고 설명한다. 그리고 그렇지 않으면 죽음을 아주 자연스런 것으로 이해하려는 시도를 하게 되는데, 그렇게 되면 생명을 어떻게 처리할지를 모르는 처지에 빠지게 되고, 그리하여 어쩔 수 없이 불멸성을 부인하게 되는 것이다. 이 두 가지 경우 모두 생명과 죽음 사이의, 죄와 거룩함 사이의 경계선을 지워버리고 마는 것이다.

죽음이 죄에 대한 대가라는 고백은, 과학으로 입증되지도 않지만, 그렇다고 해서 거꾸로 그 허구성이 입증되는 것도 아니다. 그 문제는 순전히 과학적 탐구의 영역 바깥에 있는 것이다. 더 나아가서 이 고백은 과학의 증거를 필요로 하지도 않는다. 하나님의 증언에 기초하는 것이요 또한 사람들이 평생토록 죽음에 대한 두려움에 매여 있다는 사실로도 확증되는 것이다(히 2:15). 그러므로, 죽음의 필연성을 입증하기 위해서나 혹은 죽음의 정당성을 변호하기 위해서 무슨 말을 하든지 간에, 죽음은 자연스러운 것이 아니다. 그것은 사람의 본질과 운명에 비추어 볼 때에도, 그가 하나님의 형상대로 창조함받은 사실과 관련지을 때에도 부자연스런 현상이다. 하나님과의 교제는 죽음과 동시에 병존할 수가 없기 때문이다. 하나님은 죽은 자의 하나님이 아니요 산 자의 하나님이시다(마 22:32).

그러나 반대로, 타락한 사람에게는 죽음이 지극히 자연스럽다. 왜냐하면 죄가 장성하여 사망을 낳기 때문이다(약 1:15). 결국 성경에서는 죽음은 멸절(滅絕: annihilation)과 같은 것이 아니다. 이는 삶이 그저 벌거벗은 존재만이 아닌 것과도 같은 이치이다. 삶은 누림이요 복락이요, 풍성함이며, 죽음은 비참이요 결핍이요 굶주림이요 평화와 복락이 없는 것이다. 죽음은 함께 속하여 있던 것들이 와해되고 분리되는 것이다. 하나님의 형상으로 창조된 사람은 하나님과의 교제 속에서 안식을 누린다. 거기서 충만히 영원토록 복되게 산다. 그러나 그 교제가 끊어지면 바로 그 순간 그는 죽고, 또한 언제나 계속해서 더 죽어간다. 그의 삶이 기쁨과 평화와 복락을 빼앗기게 되고, 죄 가운데서 죽어가게 되는 것이다. 그리고 이 영적인 죽음은, 하나님과 사람 사이의 이 분리는, 몸 속에서 계속되며 또한 영원한 죽음에서 절정에 이른다.

육체와 영혼이 분리될 때에 사람의 운명이 결정된다. 그러나 그의 존재는 그것으로 끝나는 것이 아니다. 한 번 죽는 것은 사람에게 정해진 것이요 그 후에는 심판이 있는 것이다(히 9:27).

그러니 그 심판에서 과연 누가 설 수 있겠는가?

제 14 장

은혜 언약

　그 질문에 대해 시대와 장소를 막론하고 인류 전체가 제시해온 대답은, 사람의 모습 그대로는 하나님의 면전에 설 수도 없고, 그의 임재 속에 거할 수도 없다는 것이다. "내가 내 마음을 정하게 하였다 내 죄를 깨끗하게 하였다 할 자가 누구냐?"(잠 20:9). 그럴 사람은 아무도 없다. 누구나 다 스스로 죄악되고 더러워져 있음을 느끼며, 다른 이들에게는 아니라 하더라도 최소한 자기 스스로는 자신이 마땅히 되어야 할 그런 상태가 되지 못하였다는 것을 시인하는 것이다. 마음이 완악한 죄인이라도 불안과 괴로움에 사로잡히는 순간들이 있다. 스스로 의롭다고 여기는 자들이라도 결국은 하나님께서 자신의 부족한 부분을 눈감아 주시고 자신의 행위의 의도를 받아주시기를 계속해서 바라는 법이다.

　물론, 이런 진지한 생각들을 머릿속에서 지워버리려 하고 마치 하나님도 없고 계명도 없는 그런 식의 삶 속에 빠져버리는 이들도 많다. 그러나 그들은 하나님이 없었으면 하는 바람으로(시 14:1), 그가 사람의 죄들에 대해 개의치 않으시고 악을 행하는 자들도 모두 선하게 보셨으면 하는 바람으로(말 2:17), 또한 그가 악을 기억지도 않으시고 보지도 않으셨으면(시 10:11; 94:7), 혹은 하나님이 완전한 사랑으로서 그릇된 것을 찾지도 않으시고 벌하지도 않으셨으면 하는 바람으로(시 10:14), 자기 자신들을 속이는 것이다. 그러나 도덕법의 요구를 인정하며 윤리적 이상을 높이 기리는 사람이라면 누구나 하나님이 그릇된 것을 벌해야 한다는 데에 동의할 수밖에 없을 것이다. 하나님은 과연 사랑이시다. 그러나 하나님께 있는 사랑을 공의와 완전히 조화를 이루는 거룩한 사랑이라는 점을 이해할 때에야 비로소 하나님이 사랑이시라는 영광스러운 고백이 정당한 고백이 되는 것이다. 하나님의 공의가 먼저 확고히 세워져야만 비로소 하나님의 은혜를 위한 여지가 생기는 법이다.

여하튼, 세계 역사 전체가 이러한 하나님의 공의하심에 대해 도저히 반박할 수 없는 증거를 제시해 준다. 하나님의 사랑에 대해 말씀해 주는 그리스도 안의 특별 계시를, 세상을 근거로 해서 사색할 수는 없다. 그렇게 하면 일반 계시의 은혜와 축복마저도 잃어버리고 말 것이다. 또한 그리스도 안의 계시를 한순간이라도 한쪽으로 제쳐둔다면, 사랑의 하나님을 믿을 근거가 별로 남지 않게 될 것이다. 세계 역사가 우리에게 분명하게 가르쳐 주는 것이 있다면, 그것은 바로 하나님이 그의 피조물과 다투신다는 것이니 말이다. 하나님과 세상 사이의 불화와 분리, 갈등이 역사 속에 나타나는 것이다. 하나님은 사람과 일치하지 않으시고, 또 사람은 하나님과 일치하지 않는다. 각기 자기의 길을 가며, 각기 사물들에 대해서 자기의 생각과 의지를 지니고 있다. 하나님의 생각은 우리의 생각과 다르며, 그의 길은 우리의 길과 다른 것이다(사 55:8).

그러므로 세계 역사는 또한 세계의 심판이기도 하다. 어느 시인은 그것을 세계의 유일한 심판이라고 말했지만, 그것은 아니다. 그런 심판은 마지막 날에 올 것이기 때문이다. 그리고 세상에 심판만 있는 것이 아니다. 땅에 여전히 하나님의 풍요로우심이 가득하니 말이다(시 104:24). 그러나 세계 역사는 하나의 심판이다. 심판들이 가득한 역사요, 싸움과 전쟁이, 피와 눈물이, 재난과 환난이 가득한 역사다. 모세는 이스라엘 백성이 자기 눈 앞에서 죽어가는 것을 보면서 다음과 같이 말씀했는데, 그것은 바로 그런 심판의 역사 위에 기록된 말씀인 것이다: "우리는 주의 노에 소멸되며, 주의 분내심에 놀라나이다"(시 90:7).

하나님의 공의하심에 대한 이러한 역사의 증언은 인류가 항상 잃어버린 낙원을, 영구한 복락을, 또한 모든 악에서의 구속을 갈구해왔다는 사실에서 확증된다. 모든 사람에게는 구속에 대한 욕구가 있고, 또한 그것을 찾아다니고 있다. 이것이 특별히 표현되는 것이 바로 종교다. 물론 **구원**(redemption)이라는 단어를, 사람들이 이 땅에서 행하는 모든 수고를 다 포함할 정도로 넓은 의미로 취할 수도 있을 것이다. 사람은 자기 손으로 수고하여 그의 삶의 필요들을 공급하려 애쓰며, 자연과 사람들로부터 오는 온갖 종류의 반대 세력들에게서 자신을 보호하려 애쓰며, 또한 과학과 예술로 온 땅을 정복하려고 애쓰는데, 이 모든 일들이 악으로부터 해방되며 선 가운데로 들어가고자 하는 데 목적이 있는 것이기 때문이다.

그러나 구원이라는 개념은 절대로 이런 유의 인간적인 수고에 적용되는 것이 아니다. 그런 수고를 통해서 아무리 사람의 삶이 더 즐겁고 풍요로운 것이 된다 할지라도, 인류에게는 그런 모든 발전과 문명이 인간의 가장 깊은 욕구들을 만족시켜 주지도 못하고 또한 그들이 당하는 최악의 곤경에서 그들을 구원해 주지 못한다는 인식이 항상 살아 있는 것이다. 구원이란 하나의 종교적 개념이요 오로지 종교의 영역에만 해당되는 것이다. 종교는 모든 문화와 문명보다 앞선 것이며, 오늘날까지 종교는 과학과 예술과 기술에 버금가는 자기 자신의 위치를 계속해서 지켜오고 있다. 아무리 인간이 노력을 기울인다 해도 그것을 대신할 수도 보상할 수도 없다. 종교는 사람 속에 있는 독특한 필요를 공급해 주며, 타락 이후 언제나 사람을 그 구체적인 고뇌들에서 구원해 내는 성향을 지닌다. 그러므로 구원의 관념은 모든 종교들에 다 나타나는 것이다.

때때로 종교들이 자연 종교, 윤리 종교, 구원 종교로 분류되는 것은 사실이다. 그리고 그렇게 분류한 다음, 구원 종교를 특별한 종류로 보아 다른 두 종교들과 구별하기도 한다. 그러나 일반적인 의미에서, 구원의 개념은 모든 종교들에게 있는 것이다. 사람들의 모든 종교들이 전부 구원 종교가 되기를 바라는 것이다. 물론 사람이 구원받기를 바라는 바 악의 본질에 있어서나, 그 구원을 얻을 수 있는 방법, 혹은 사람이 힘써 추구하는 바 최고선에 있어서는 종교들마다 차이가 있는 것이 사실이다. 그러나 모든 종교들은 악으로부터의 구원과 최고선을 이루는 데에 목표를 두고 있는 것이다. 종교에는 언제나 "내가 어떻게 해야 구원을 받을까?"라는 큰 질문이 있는 법이다. 영구한 행복, 영원한 평화, 완전한 복락 같은 것은 문화나 문명으로는, 땅을 정복하고 다스리는 일로는 도저히 얻을 수 없고, 그렇기 때문에 그런 것을 종교에서 추구하는 것이다. 종교에서 사람은 언제나 신과 관계한다. 죄악된 처지에서는 사람이 하나님을 그 본래의 모습과는 달리 잘못 알며, 그릇된 동기로 그릇된 방식으로 그릇된 곳에서 그를 찾는 것이 사실이다. 그러나 그럼에도 불구하고 그는 혹시 하나님을 더듬어 찾으면 발견할까 하여 그를 찾고 있는 것이다(행 17:27).

이처럼 온 인류가 공통적으로 구원을 갈구하고 있고 또한 사람들이 자기 의지로 고안해낸 여러 종교들 속에 그러한 갈구를 만족시키고자 하는 노력 이 있는데, 사실 그러한 갈구 그 자체는, 특히 기독교를 위해서는, 매우 중요 한 것이다. 왜냐하면 하나님께서 친히 이러한 갈구를 계속해서 사람들의 마 음속에 불러일으키시고 계속해서 살아 있게 하시기 때문이다. 그리고 이러 한 사실은 하나님이 아직 인류를 자기들 마음대로 행하도록 완전히 내버려 두신 것이 아니라는 것을 잘 보여 준다. 그것은 지울 수 있는 소망이요, 그것 이 사람들로 하여금 세상을 지나는 길고 두려운 여정 속에서 계속 살아 있고 일하도록 해 준다. 그리고 그것은 그런 구원이 있다는 사실과, 또한 사람들 이 그것을 찾아도 찾지 못하지만 그 구원은 하나님께로부터 값없이 순전히 긍휼로 주어지는 것이라는 사실에 대한 하나의 보증이요 예언으로서의 역할 을 해 주는 것이다.

* * * * *

하나님의 은혜가 그리스도 안에서 예비해 놓은 이 위대한 구원을 올바로 이해하고 인식하기 위해서 잠시 멈추어, 특별 계시의 범위 밖에서 사람들이 악에서 구원받고 최고선을 소유하기 위하여 어떠한 수고들을 기울여왔는지 를 살펴보는 것이 유익할 것이다. 그렇게 하면 그 순간 우리는 그 모든 수고 들의 굉장한 차이에 깜짝 놀라게 되고, 또한 동시에 그 수고들의 천편일률적 인 획일성에 충격을 받게 된다.

지나간 세월 동안 사람들 사이에 수많은 종교들이 존재해왔고 또한 여전 히 존재하고 있다는 사실에서 이미 그 굉장한 차이가 드러난다. 사실 종교의 숫자는 민족들과 언어들의 숫자보다 더 많다. 땅에서 가시와 엉겅퀴가 나듯 이, 거짓 종교들이 인간 본성에서 자라난 것이다. 그것들이 너무 많고 또한 너무도 달라서 그것들을 다 살펴볼 수가 없고 또 만족스럽게 분류하기도 거의 어렵다. 종교가 중심의 위치를 차지하기 때문에 종교는 그것이 하나님과 세상의 관계를, 자연과 영의 관계를, 자유와 필연의 관계를, 운명과 죄책의 관계를, 역사와 문화의 관계를 어떻게 보느냐에 따라 다른 성격을 띠게 된다. 악을 적극적인 것으로 보느냐 소극적인 것으로 보느냐에 따라서, 영구적인 정체성을 지니는 것으로 보느냐 문명의 발전 과정에서 일시적으로 있는 것으로 보느냐에 따라서, 본성적인 것으로 보느냐 도덕적인 것으로 보느냐에 따라서, 감각적인 성격을 지닌 것으로 보느냐 영적인 성격을 지닌 것으로 보느냐에 따라서, 구원의 관념도 바뀌어지고, 사람들이 그 구원을 얻고자 애쓰는 방법도 바뀌어지는 것이다.

그러한 한편, 이 모든 종교들의 본질 속으로 들어가 보면 그 모두가 온갖 유사성과 관계성의 특질들을 지니고 있는 것 같다. 우선 첫째로, 모든 종교는 각기 신과 세상, 영과 사람, 혼과 육체, 그리고 사물의 기원과 본질과 목적 등에 대한 관념들을 전체로 포괄하려고 한다. 각 종교마다 자기 나름대로 교리, 세계관과 인생관, 교의(dogma)를 제시하는 것이다. 둘째로, 어떠한 종교도 이런 관념들을 그저 이성적으로 파악하는 데에서 만족하지 않고, 그런 관념들을 수단으로 하여 사람들을 강권하여 신과 영들의 초자연적인 세계에로 꿰뚫고 들어가 그들과 하나가 되도록 만든다. 종교는 절대로 교의와 교리만 있는 법이 없다. 감정이, 마음의 자세가, 그리고 신적인 호의를 누리는 것이, 함께 개입되는 것이다. 그러나 시대와 장소를 막론하고 모든 사람들은 이러한 신의 호의가 자기들에게 자연히 주어지는 것이 아니라는 것을 잘 알고 있다. 한편으로는 영원한 행복과 영혼의 구원을 얻기 위해서는 그 호의가 반드시 있어야 한다는 사실을 느끼고, 또 다른 한편으로는 이러한 호의가 자기들에게 없다는 것과 자기들의 죄 때문에 신과의 교제를 갖지 못한다는 것을 똑같이 깊이 느낀다. 그리하여 각 종교마다 세 번째 구성 요소가 개입하게 되는데, 곧 이 호의와 교제를 얻고 그것이 미래에까지 확실히 지속되도록 하는 이런저런 방법과 노력이 그것이다. 이와 관련하여 종교마다 제각기 여러 가지 관념들을 수반하며, 특정한 감정과 느낌을 품도록 권장하고 특정한 일련의 행위들을 규정하는 것이다.

이 종교적인 행위들은 다시 두 가지 종류로 구분된다. 첫째는 예배라는 용어로 묶을 수 있는 모든 행위들인데, 이는 주로 종교 집회, 제사, 기도, 노래 등에 관한 것들이다. 그러나 종교는 절대로 이처럼 직접적인 종교 행위들로만 한정되지 않는다. 종교는 삶의 중심에 위치하여 그 삶 전체를 가득 채우며 또한 그 삶을 자기 자신과 일치하도록 만들고자 한다. 종교들마다 각기 무언가 윤리적 이상을 높이 기리며, 도덕법을 선포하고 있어서, 사람은 자신의 개인 생활, 가정 생활, 시민 생활, 사회 생활 등에서 그것에 따라서 행동해야 하는 것이다. 각 종교마다 부분적으로는 예배와 관계되고, 부분적으로는 도덕적인 삶에 관계되는 관념, 느낌, 행동들이 있기 마련이다. 그러므로 이것들을 제의(祭儀)의 행위와 윤리적 행위라 부를 수 있을 것이다.

이 구성 요소 가운데 어느 하나라도 결핍된 종교는 단 하나도 없다. 그러나 그 각 요소의 구체적인 내용이나, 그 요소들끼리의 관계, 그리고 각 요소들이 지닌 가치는 종교들마다 서로 굉장히 다르다. 바울은, 이방인의 이교의 본질은 바로 사람들이 썩지 아니할 하나님의 영광을 썩어질 사람과 금수(禽獸)의 형상으로 바꾸어 버린 데 있다고 말한다. 신이 우주와 자연, 사람이나 짐승과 동일시되는 정도에 따라서 종교적 관념들이 바뀌어지며, 또한 종교적 감정과 행동까지도 바뀌어지는 것이다.

여기서 세 가지 주요 형태를 구별할 수 있을 것이다. 신이 자연의 신비한 힘과 동일시되면, 종교는 터무니없는 미신과 끔찍한 마술로 전락하게 된다. 그렇게 되면 주술사들과 마술사들이 눈에 보이지 않는 신비한 신적인 것들을 제압하는 힘을 사람들에게 부여하게 된다. 또한 신적인 것을 인간적인 것과 유사하게 여기는 경우에는, 종교가 좀 더 인간적인 성격을 띠게 되지만 동시에 제의적인 형상 숭배에나 순전히 도덕지상주의에 쉽게 빠져버린다. 그리고 신적인 것을 하나의 관념, 혼, 혹은 세계의 본체로 생각하는 경우는 종교가 사물의 외견(外見)으로부터 물러나 마음의 신비주의로 숨어들게 되고, 금욕주의(절제)와 무아지경의 엑스타시(ecstasy)를 통해 신과의 교제를 추구하게 된다. 여러 종교들에서 이런 주요 형태들 중 어느 하나가 두드러지게 표현되지만, 결코 다른 형태들을 완전히 배제하는 데까지는 이르지 않는다. 구원을 언제나 지성과 지식, 의지와 행동, 마음과 감정을 수단으로 추구하는 것이다.

철학이 여기에 개입하여 이것을 뒷받침한다. 철학도 구원이라는 관념에 몰두하며, 정신과 감정을 동시에 만족시키는 그런 세계관을 추구한다. 철학은 종교에서 나온 것으로서, 종교에서 여러 요소들을 주기적으로 취하여 자기 체계 속에 집어넣는다. 그리하여 많은 이들이 철학을 일종의 종교로 받아들이는 것이다. 그러나 그 모든 사색과 성찰에도 불구하고 철학은 종교의 기본 관념을 넘어서지 못한다. 자기의 세계관으로부터 삶의 행동 원리를 연역해 내는 순간, 철학은 정신의 지식 속에서, 의지의 도덕적 행위와 마음의 경험 속에서 구원의 길을 열기를 시도하게 되는 것이다. 특별 계시가 없이는 사람들의 종교와 사상가들의 철학은 하나님에 대한 바른 지식을 가질 수가 없고, 따라서 사람과 세상, 죄와 구원에 대해서도 바른 지식을 가질 수가 없다. 둘 다 하나님을 진정 찾으려 하고, 그를 느끼고 발견하려 한다. 그러나 찾을 수가 없는 것이다.

* * * * *

그리하여 특별 계시가 일반 계시에 덧붙여진다. 하나님은 특별 계시를 통해서 친히 자신의 은밀한 곳으로부터 나오사 자신을 사람에게 알리시며 친히 사람 가운데 거처를 예비하신다. 그러므로, 자성(自省)과 자의(自意)에 의한 종교들과, 또한 이스라엘에게 주신 특별 계시와 그리스도에 기초하는 종교는 서로 근원적인 차이가 있는 것이다. 전자의 경우에는 사람이 항상 하나님을 발견하려 애쓰며, 그리하여 언제나 그에 대하여 거짓된 관념을 형성시키게 되며 따라서 죄의 본질과 구원의 길에 대하여 결코 참된 통찰을 얻지 못한다. 그러나 후자, 즉 성경의 종교의 경우는 언제나 하나님이 사람을 찾으시며, 죄와 부정 속에 있는 그들의 모습을 사람에게 드러내시며, 그의 은혜와 자비하심으로 하나님 자신의 모습 그대로를 알려 주시는 것이다. 전자의 경우는 인간의 마음 깊은 곳으로부터 "신이 하늘을 찢고 내려오셨으면 얼마나 좋을까!"라는 탄식이 나온다. 그러나 기독교에서는 그 하늘이 열리고 하나님이 친히 땅으로 내려오신다. 다른 종교들에서는 언제나 일하는 것은 사람이다. 어디까지나 사람이 지식의 성취를 통해서, 온갖 종류의 규율들을 지킴으로써, 혹은 세상으로부터 물러나 자기 자신의 은밀한 내면으로 들어감으로써 악에서 구원받고 신과 교감을 갖고자 애쓰는 것이다. 그러나 기독교에서는 사람의 수고는 아무것도 아니고, 하나님 자신이 행동하시며, 역사에 개입하시며, 그리스도 안에서 구원의 길을 열어놓으시고, 그의 은혜의 권능으로 사람을 그 구원에로 이끄시고, 구원 안에서 행하게 하시는 것이다. 특별 계시야말로, 하나님께서 친히 인도하사 사람의 마음속에 불러일으키시는 갖가지 의문들에 대해 하나님께서 친히 말씀과 행위로 제시하시는 답변인 것이다.

타락 직후부터 이미 하나님께서 사람에게 나아오신다. 사람은 죄를 범하였고, 부끄러움과 두려움에 사로잡혀 있어서, 그의 창조주를 피하여 동산의 어두컴컴한 숲 속에 몸을 숨겼다. 그러나 하나님은 그를 잊지 않으신다. 그를 그냥 내버려 두지 않으시고, 친히 강림하사 그를 찾으시고, 그와 대화를 나누시고, 그를 다시금 하나님 자신과의 교제에로 인도하시는 것이다(창 3:7-15).

타락 직후에 일어난 이런 일이 세대 세대마다 역사 속에서 계속 일어난다. 똑같은 일이 계속해서 반복되어 일어나는 것을 본다. 구원의 역사 전체에서 찾으시고 부르시는 자로서, 또한 말씀하시고 행동하시는 자로서 자신을 드러내시는 분은 오직 하나님뿐이시다. 구원 역사 전체가 하나님 안에서 시작되고 그 안에서 끝나는 것이다. 아벨 대신 셋을 세우시는 것도(창 4:25), 노아에게 은혜를 베푸사(창 6:8) 홍수의 심판 가운데서 그를 보존하시는 것도(창 6:12 이하), 아브람을 부르시고 그와 언약을 세우시는 것도(창 12:1; 17:1), 오직 은혜로 말미암아 이스라엘 백성을 그의 기업으로 택하시는 것도(신 4:20; 7:6-8), 때가 차매 그의 독생자를 세상에 보내시는 것도(갈 4:4), 그리고 이 세대에 영생에 이르도록 택하신 교회를 온 인류 가운데서 모으시며 그들을 하늘의 기업을 위하여 마지막까지 그들을 보존하시는 것도(엡 1:10; 벧전 1:5) 오로지 하나님이시다. 창조와 섭리의 역사에서도 그렇거니와, 구원의 역사, 즉 재창조의 역사에서도 하나님이 알파와 오메가요, 처음과 나중이요, 시작과 끝이시다(사 44:6; 계 22:13). 그렇지 않을 수도 없고, 그보다 못할 수도 없다. 그는 하나님이시니 말이다. 만물이 그에게서 나오고 그로 말미암고 그에게로 돌아가는 것이다(롬 11:36).

구원의 역사(役事)에서 하나님이 처음이시라는 것은 특별 계시가 전적으로 그로부터 온다는 사실에서도 분명하지만, 또한 그 구원 역사 전체가 영원한 경륜에 의존한다는 사실에서도 분명히 드러난다. 하나님의 창조와 섭리 전체가 그런 경륜에서 나온다는 점은 앞에서 살펴본 바 있다. 그런데 그런 영원하고도 불변하는 경륜이 구원의 역사, 재창조의 역사 전체의 기초가 되고 있다는 것을 성경이 더 분명한 언어와 더 강한 표현을 사용하여 제시하고 있는 것이다.

모든 일에 선행하며(사 46:10), 모든 일을 행하며(엡 1:11), 또한 특히 구원의 역사를 그 내용으로 두는(눅 7:30; 행 20:27) 경륜이 있음을 성경 이곳저곳에서 언급하고 있다. 이 경륜은 하나님의 전능하신 뜻의 경륜으로서(엡 1:5, 11), 깨뜨려질 수 없고(사 14:27; 26:10), 불변하며(히 6:17), 또한 영원히 서는 것이다(시 33:11; 잠 19:21). 경륜 이외에도 다른 명칭들이 사용되어 이에 대해 빛을 던져 주기도 한다. 곧, 하나님이 그리스도 안에서 사람들에게 드러내시는 그의 기쁘신 뜻이 언급되고 있는데(눅 2:14) 하나님은 그 기쁘신 뜻에 따라서 그들을 하나님의 자녀로 영접하기를 기뻐하신다(엡 1:5, 9). 또한 선택의 역사에 목적이 있다는 것도 나타나는데(롬 9:11; 엡 1:9), 그 목적은 그리스도 예수 안에서 이루어지며(엡 3:11) 또한 하나님을 사랑하는 자들을 부르시는 데에서 이루어진다(롬 8:28). 더 나아가서, 은혜에서 비롯되는 선택과 미리 아심(foreknowledge)이 있는데(롬 11:5), 이는 그리스도를 그 중심으로 삼으며(엡 1:4) 특정한 사람들을 그 대상으로 삼으며(롬 8:29) 또한 그들의 구원을 그 목적으로 하는 것이다(엡 1:4). 그리고 마지막으로, 하나님의 지혜를 선포함으로써(고전 2:7) 예수 그리스도로 말미암는 양자(養子) 삼음과 영생에서 그 절정에 이르는 바 예정(foreordination)도 나타나는 것이다(행 13:48; 롬 8:29; 엡 1:5).

이 모든 성경의 자료들을 함께 모아놓고 보면, 하나님의 경륜이 특히 세 가지를 그 내용으로 한다는 것이 분명히 드러난다.

그 첫째는 선택인데, 이는 곧 하나님이 사랑 안에서 미리 아신 자들로 하여금 그리스도의 형상을 본받도록 정해 놓으신 바 하나님의 은혜로우신 목적을 뜻한다(롬 8:29). 또한 민족들이나 나라의 선택도 논할 수 있다. 구약 시대에 모든 민족들 중에 이스라엘만이 여호와의 기업으로 선택받았으며, 신약 시대에는 그들이 다른 민족들보다 훨씬 일찍 복음을 접한 사실이 있으니 말이다. 그러나 이처럼 민족을 받아들이는 것이 성경의 선택 개념의 전부는 아니다. 인류 내에서 민족들에게로 나아가듯이, 민족들 중에서도 개개인에 게로 나아가는 것이다. 에서는 버림을 받고, 야곱이 택함을 입는 일이 일어 난다(롬 9:13). 하나님이 미리 아신 자들을, 때가 되어 부르시고 의롭다 하시 며 영화롭게 하시는 것이다(롬 8:30).

그러나 선택이 특정한 사람들을 그 대상으로 삼지만, 그 사람들 자신이 선택의 근거나 기초는 아니다. 그 기초는 오로지 하나님의 은혜인 것이다. 여호와께서는 자신이 긍휼히 여길 자를 긍휼히 여기시고, 자신이 불쌍히 여길 자를 불쌍히 여기시므로, 원하는 사람으로 말미암음도 아니요 달음박질하는 사람으로 말미암음도 아니요 오직 긍휼히 여기시는 하나님으로 말미암는 것 이다(롬 9:15-16). 믿음도 여기서는 해당되지 않는다. 믿음이란 선택의 결과 혹은 열매이지, 선택의 조건이나 근거는 아니기 때문이다. 믿음은 결국 하나님의 선물인 것이다(엡 2:8). 신자들은 창세 전에 그리스도 안에서 택하심을 받고, 정하신 때에 믿음에 이르고, 믿음으로 말미암아 하나님 앞에서 거룩하고 흠이 없게 되는 것이다(엡 1:4). 그러므로 하나님께서 영생을 주시기로 작정하신 자들은 다 믿게 되는 것이다(행 13:48). 하나님의 뜻이야말로 우리에 게는 존재하는 모든 것들과 일어나는 모든 일들의 최종적인 근거이며, 따라서 사람들의 영원한 운명에 차이가 생기는 가장 깊은 원인은 바로 하나님의 기뻐하시는 뜻에서 찾을 수 있는 것이다.

둘째로, 구원의 경륜 속에는 하나님이 그의 택하신 자들에게 베풀고자 하시는 그 구원 전체의 성취가 있다. 구원 계획 속에는 영원한 구원을 기업으로 받을 자들이 포함되어 있으며, 동시에 그들을 위하여 이 구원을 예비하실 중보자도 명시되어 있는 것이다. 이런 점에서 그리스도 자신도 하나님의 선택의 대상이라 부를 수 있을 것이다. 그가 선택을 받으셨다는 것은, 그가 그의 교회의 일원들처럼 죄와 비참의 처지로부터 이 구속과 구원의 상태로 올려졌다는 의미가 아니다. 그가 선택을 받으셨다는 것은, 창조의 중보자이셨던 그가 또한 재창조의 중보자가 되셔서 전적으로 자신의 고난과 죽으심으로 말미암아 그 일을 이루시리라는 의미인 것이다. 그렇기 때문에 그를 가리켜 여호와의 종이라, 하나님의 택하신 자라 불려지시는 것이다(사 42장 이하; 마 12:18). 중보자로서 그는 아버지께 굴복하며 그에게 순종하셔야 하며(마 26:42; 요 4:34; 빌 2:8; 히 5:8), 아버지께서 그에게 맡기신 명령과 일을 수행하셔야 한다(사 53:10; 요 6:38-40; 10:18; 12:49; 17:4). 그리고 그는 그가 성취하신 역사에 대한 상급으로서 그 자신의 영광과, 그의 백성들의 구원과, 그리고 하늘과 땅의 최고의 권능을 받으시는 것이다(시 2:8; 사 53:10; 요 17:4, 24; 빌 2:9).

그러므로 구원의 경륜 역시 창조와 섭리의 경륜과 마찬가지로 아들과 함께 진행되는 것이다. 영원한 목적이 그리스도 예수 안에서 세워졌고(엡 3:11) 또한 때가 되어 믿음에 이르는 자들도 창세 전에 그리스도 안에서 택하심을 받은 자들이라는(엡 1:4) 것이 성경 곳곳에 나타난다. 그렇다고 해서 그리스도께서 선택의 원인 혹은 근거가 되신다는 뜻은 아니다. 왜냐하면 앞에서 살펴본 대로 그 자신부터가 아버지의 선택의 대상이시므로, 창조와 섭리의 경우와 마찬가지로 구원에 대해서도 근거나 원인이 되실 수가 없는 것이다. 그러나 창조와 섭리가 — 경륜으로서와 현실로서 — 아버지께로부터 아들을 통하여 진행되어 이루어졌듯이, 구원 계획 역시 아버지께서 아들 안에서, 아들과 함께 이루어지는 것이다. 그리고 이러한 사실로 미루어, 우리는 선택이 특정한 사람들을 그 대상으로 삼는 것이지만, 그럼에도 불구하고 우연적이거나 임의적인 선택의 가능성이 완전히 배제된다는 점을 추리할 수 있을 것이다. 구원의 목적이 그저 몇 사람을 임의로 추려내어 그들에게 구원을 주고, 그리하여 그들을 서로 간에 느슨하게 서로 엮어져 있는 하나의 개인들로 세우는 데 있는 것이 아니기 때문이다. 선택에서 하나님이 의도하시는 목적은 다름이 아니라 중보자 그리스도를 그의 교회의 머리로 세우시고 또한 교회를 그리스도의 몸으로 화하게 하시는 데 있는 것이다(고전 12:12, 27; 엡 1:22-23; 4:16). 유기적인 의미에서 교회 속에서 구원받는 것은 바로 인류이며, 새 하늘과 새 땅에서 세상이 회복되는 것이다.

그리하여 셋째로, 하나님의 경륜 속에는 또한 그리스도께서 성취하신 그 구원을 이루어가고 적용하는 일이 포함되어 있다. 구원 계획은 성자 안에서 성부로 말미암아 세워지지만, 동시에 성령의 교제 안에서 세워지는 것이기도 하다. 창조와 섭리가 성부로부터, 성자로 말미암고 성령 안에서 성부로부터 이루어진 것처럼, 구원 혹은 재창조도 성령의 적용 활동을 통해서만 일어나는 것이다. 그리스도로 말미암아 약속되시고 보내심을 받으며(요 16:7; 행 2:4, 7), 그리스도를 증거하며 그리스도로부터 모든 것을 받으시며(요 15:26; 16:13-14) 또한 교회 안에서 중생을 이루시고(요 3:3), 믿음과(고전 12:3), 양자 됨과(롬 8:15), 새롭게 함과(딛 3:5), 구원의 날까지 인치심을 이루시는(엡 1:13; 4:30) 분이 바로 성령이신 것이다. 성령께서 이 모든 일을 행하시고 성취하실 수 있는 것은, 그가 성부와 성자와 더불어 영원토록 살아 계시고 통치하시는 유일한 참 하나님이시기 때문이다. 성부의 사랑과 성자의 은혜와 성령의 교통하심이 주의 백성들을 위하여 하나님의 영원하고 불변하는 경륜 속에 확고히 서 있는 것이다.

* * * * *

그러므로, 이러한 하나님의 경륜은 말로 다할 수 없는 풍성한 위로를 준다. 그런데 그것을 전혀 달리 — 즉, 실망과 좌절의 원인으로 — 보는 경우가 많다. 이 경륜에 반대하여, 만사가 영원 전부터 결정되어 있다면, 사람은 신적인 변덕에 놀아나는 장난감에 불과하다는 식으로 이야기하는 것이다. 사람이 스스로 덕스러운 삶을 살려고 애를 쓰는 것이 무슨 소용이 있는가? 자신이 유기(遺棄)된 자요 버림받은 자라면, 아무리 해도 결국 버림을 받고 말지 않겠는가? 반대로 사람이 죄 가운데 살고, 극악한 불경건과 부도덕에 굴복한다 해서 무슨 해악이 있겠는가? 택함받은 사람이라면 어떤 식으로든 구원받지 않겠는가? 하나님의 그런 경륜은 사람에게 그 어떠한 자유나 책임도 남겨두지 않는 것이 아닌가? 그렇다면, 사람이 마음 가는 대로 아무렇게 살아도, 죄 가운데 살아도 결국은 은혜가 더 풍성히 거할 것이 아닌가? 라는 식의 논지를 계속 이어가는 것이다.

하나님의 경륜을 고백하는 일이 이런 식으로 학대를 받아온 경우가 허다한 것이 사실이다. 아우구스티누스와 칼빈 이후에만 그런 일이 있었던 것이 아니다. 이미 예수님과 사도들의 시대에도 그런 일들이 있었다. 바리새인과 서기관들이 요한의 세례에서 그들에게 분명하게 제시된 하나님의 경륜을 거부했고, 그리하여 그들에게 회심의 수단으로 작용했어야 마땅할 것이 오히려 그들의 손에서 그들을 멸망케 하는 수단이 되어 버렸다고 말씀하고 있다 (눅 7:30). 사도 바울은 자신이 선을 이루기 위하여 악을 행하기를 조장한다는 비난을 받자, 그런 일이야말로 정죄받을 일이라 하였고(롬 3:8), 감히 하나님을 탓하려 하는 하찮은 사람의 입을 가로막는 것이다(롬 9:19-20). 이러한 바울의 행위는 완전히 정당한 것이다. 왜냐하면 하나님의 경륜이 그 결과들을 결정하는 것은 물론 그 수단까지도 지배하기 때문이다. 결과만이 아니라 원인까지도 하나님의 경륜에 들어 있다. 삶 자체에 존재하는 그런 원인과 결과의 관계들을 하나님의 경륜이 세워주는 것이다. 그러므로 하나님의 경륜은 사람의 이성적이며 도덕적인 본성을 말살시키는 것이 아니라, 오히려 역사 속에서 우리가 알게 되는 바 그대로 그것을 창조하며, 그것을 보증하는 것이다.

하나님의 경륜을 고백하는 일에 대한 이런 학대는 그 경륜이 성경에서 계시되고 선포되고 있기 때문에 더욱더 심각한 문제다. 그것이 그렇게 성경에 분명하게 계시되고 선포되고 있으므로, 우리는 그 실체를 부인해서도 안 되고, 그것을 대적하여 마음을 완악하게 해서도 안 된다. 오히려 그 반대로 우리의 죄악성과 무기력함을 자각하고서 어린아이 같은 믿음으로 그 하나님의 경륜을 의지해야 하며, 또한 모든 어려움과 곤란 중에서도 온 마음으로 그것을 충만히 확신해야 하는 것이다. 왜냐하면 만일 구원이 조금이라도 사람에게 ― 그의 믿음과 선행에 ― 의존하는 것이라면, 사람은 영원히 그 구원과는 거리가 멀게 될 것이기 때문이다. 그러나 하나님의 경륜은 바로 그 구원의 역사(役事)가 처음부터 마지막까지 하나님의 일이요, 그것이야말로 지극히 독특한 신적인 역사라는 것을 가르쳐 준다. 창조와 섭리가 그렇듯이, 구원은 오직 하나님의 일인 것이다. 하나님의 모사였던 자가 아무도 없고, 그에게 드려서 다시 보상을 받은 사람도 아무도 없었다(롬 11:34-35). 성부, 성자, 성령께서 함께 구원의 역사 전체를 생각하셨고 결정하셨으며, 그들이 그 역사를 실행하시고 완성해 가시는 것이다. 거기서 사람이 하는 것은 아무것도 없다. 모든 일이 하나님에게서 나오며, 그로 말미암고, 그에게로 돌아가는 것이다. 그러므로 우리 영혼은 흐트러짐 없는 확신으로 그 경륜 속에서 안식할 수 있다. 교회 안에서 인류가 회복되고 구원받는 것이 하나님의 영원하고도 독자적이며 불변하는 뜻인 것이다.

하나님의 경륜이 그의 생각에 속하는 것만이 아니라 그의 뜻의 역사요 영원의 세계에 속하는 하나의 생각으로만 그치는 것이 아니라 정한 때에 반드시 실현되는 전능한 능력이라는 사실을 기억하면, 선택이 주는 이러한 위로를 더욱 분명하게 납득하게 된다. 하나님의 모든 탁월한 속성들과 완전성들도 마찬가지다. 그것들은 그저 수동적으로 침묵을 지키고만 있는 속성들이 아니라 생명과 활동이 충만한 전능한 능력들인 것이다. 각 속성 하나하나가 하나님의 존재다. 하나님을 가리켜 의로운 자요 거룩한 자라 부를 때에, 이 것은 곧 그가 자기 자신을 그런 모습으로 드러내신다는 것을 시사하며 동시에 그가 이 세상과 사람들의 양심에 그의 의(義)를 나타내시고 그것을 유지시키신다는 것을 시사한다. 그를 가리켜 사랑이라 부를 때에는, 그리스도 안에서 그가 우리를 인정하시는 것은 물론 그가 성령으로 말미암아 우리 마음속에 그 사랑을 드러내시고 부으신다는 뜻이 거기에 내포되어 있는 것이다. 그가 자신을 우리의 아버지라 부르실 때에는, 그가 우리를 중생시키시고 우리를 자녀로 입양시키시며, 또한 그의 성령으로 말미암아 우리의 영과 더불어 우리가 그의 자녀임을 증거하신다는 것을 시사한다. 그가 자신을 은혜로우시며 자비하신 분으로 알리실 때에는, 그저 말로만 그렇게 하시는 것이 아니고 우리의 죄를 용서하시고 모든 환난 가운데서 우리를 위로하시는 바로 그 사실을 통해서 자신이 그런 분이심을 입증하시는 것이다.

이와 마찬가지로 성경이 하나님의 경륜을 말씀할 때에는, 하나님께서 친히 그 경륜을 시행하시고 충만히 성취시키신다는 것을 우리에게 선포하는 것이다. 구원의 경륜 그 자체가 영원 전에 행하신 하나님의 일인 동시에, 그것은 또한 시간 속에서 이루어지는 구원의 역사(役事)의 원리요, 그 동기를 부여하는 힘이요 또한 그 역사의 보증이기도 하다. 그러므로 세상에서 인류에게나 우리 자신에게 일어나는 일과는 관계 없이, 하나님의 무한히 지혜로우신 경륜이 영원토록 보존되며 영원토록 활동하는 것이다. 그 무엇도 하나님의 높으신 결정을 바꾸어 놓을 수가 없다. 그것은 시대를 따라 영원토록 보존될 것이다. 하나님이 그의 지혜와 사랑으로 결정하신 대로 모든 일이 그대로 이루어질 것이다. 그의 전능하심과 은혜로우신 뜻이야말로 인류의 구속과 세상의 구원에 대한 보증인 것이다. 그러므로 크나큰 환난 중에서도 우리의 마음은 주 안에서 평안한 것이다.

* * * * *

그러므로, 사람이 타락하자마자, 즉시 그 구원의 경륜이 역사하기 시작한다. 하나님이 전적으로 자신의 주도적인 뜻으로 내려 오셔서 사람을 찾으시고, 그를 다시 자신에게로 부르신다. 물론 타락의 사실에 대한 조사와 심문이 일어나고, 그 다음 죄책에 대한 선포와 형벌의 선언이 이어지는 것은 사실이다. 그러나 뱀과 여자와 남자에게 선언된 형벌은 동시에 하나의 축복이요 또한 보존의 수단이기도 하다. 결국, 그 모체(母體)가 되는 약속(창 3:14-15)에서 뱀이 징계를 받으며, 뱀을 수단으로 사용했던 그 악한 세력도 정죄를 받았다. 또한 뱀의 후손과 여자의 후손이 서로 대적하게 될 것인데, 하나님께서 친히 그런 적대의 상태를 있도록 만드시고 세우시는 분이시라는 것이 선포되었다. 이러한 적대와 갈등이, 뱀의 후손이 여자의 후손의 발꿈치를 상하게 하고 여자의 후손이 뱀의 후손의 머리를 상하게 하는 일로 절정에 이를 것임을 선포하였다.

이 모체가 되는 약속 속에는 바로 은혜 언약의 선포와 제정이 내포되어 있는 것이다. 물론 언약이라는 단어 자체는 이 문맥에서 나타나지 않는다. 그 단어는 나중에 노아, 아브라함 등의 시대에 사람들이 자연이나 맹수들과 온갖 싸움을 벌이는 동안, 또한 삶의 실질적인 경험들을 통해서, 계약 혹은 언약의 필수성과 유용성을 알게 되는 때에 가서야 비로소 사용될 수 있는 것이다. 그러나 이 모체가 되는 약속에는 은혜 언약의 의미를 이루는 모든 내용이 본질적으로 내포되어 있다. 사람은 범죄로 말미암아 하나님을 향한 순종에서 벗어났고, 하나님과의 교제를 떠났으며, 사탄과의 교제를 추구하였고,

그와 동반 관계에 들어가 있었다. 그런데 이제 하나님이 그의 은혜로 임하사 사람과 사탄 사이의 이러한 언약의 관계를 깨뜨리시고, 그들 사이에 친교의 관계를 제하시고 적대 관계를 일으키시는 것이다. 그의 은혜로우신 뜻에 따라 전능하신 행위로, 하나님은 여자가 사탄에게 굴복시켰던 그 여자의 후손을 다시 자신의 쪽으로 돌려놓으신다. 그리고 하나님은 그 여자의 후손이, 갖가지 역경과 반대에도 불구하고 언젠가는 뱀의 후손에게 완전한 승리를 얻을 것이라는 약속을 거기에 덧붙이신다. 이에 대해서는 아무런 조건도, 불확실한 것도 없다. 하나님께서 친히 사람에게 나아오시고, 그가 친히 적대감을 심으시며, 그가 친히 싸움을 주도하시고, 그가 친히 승리를 약속하시는 것이다. 사람은 여기서 아무런 역할도 담당하지 않고, 그저 그 약속을 듣고 어린아이 같은 믿음으로 그 약속을 받아들일 따름이다. 약속과 믿음이 이제 사람을 위하여 세워지는 은혜 언약의 내용이다. 그 언약은 이 타락하여 방황하는 피조물에게 아버지의 집으로 나아가는 길을 제시해 주며, 영원한 구원을 얻도록 해 주는 것이다.

그러므로 타락 이전에 사람이 영생을 얻도록 되어 있었던 길과, 또한 타락 이후에 사람이 영생을 얻을 수 있게 된 유일한 길은 서로 굉장한 차이가 있다. 타락 이전에는 "이것을 행하라 그러면 살리라"라는 원칙이 소용되었다. 그때에는 하나님의 명령에 대한 완전한 순종을 통해서 영생을 유업으로 받도록 되어 있었다. 그 자체는 아주 좋은 길이었다. 사람이 끝까지 그렇게 순종의 상태에 머물러 있기만 하면, 하늘의 구원에로 들어가게 될 것이 절대적으로 확실했던 것이다. 그리고 하나님 편에서도 그 원칙을 깨뜨리지 않으셨다. 여전히 그것을 고수하고 계신다. 만일 하나님의 법을 완전히 지킬 수 있는 사람이 있다면, 그 사람은 여전히 영생을 상급으로 받을 것이다(레 18:5; 겔 20:11, 13; 마 19:16 이하; 롬 10:5; 갈 3:12).

그러나 사람이 스스로 그 구원의 길을 불가능하게 만들었다. 하나님과의 교제를 깨뜨렸고 또한 더 이상 하나님의 법을 사랑하지 않고 오히려 미워하게 되었기 때문에 그는 더 이상 그 법을 지킬 수 없게 되었다(롬 8:7). 그리하여 이제 은혜 언약이 그에게 전혀 다른, 한층 안전한 길을 열어 놓았다. 그 언약에 의하면 사람은 더 이상 영생에 들어가기 위해서 무슨 일을 행할 필요가 없다. 그 언약에 따르면 사람은 처음부터 곧바로 그 영생을 받으며, 어린 아이 같은 믿음으로 그것을 받아들이며, 그 믿음으로부터 선행(善行)이 나오게 된다. 순서가 뒤바뀌는 것이다. 타락 이전에는 행위를 통해서 영생에 들어가는 것이 원칙이었다. 그런데 타락 이후에는 은혜 언약 가운데서, 영생이 먼저 오고, 그 영생으로부터 선행이 믿음의 열매들로서 뒤따르는 것이다. 타락 이전에는 하나님과의 충만한 교제를 위해서는 사람이 그에게로 올라가야 했다. 그런데 타락 이후에는 하나님께서 사람에게 내려오사 그의 마음속에 거처를 찾으시는 것이다. 타락 이전에는 안식일에 앞서서 노동의 날들이 있었다. 그러나 타락 이후에는 안식일이 한 주간의 첫 날이요 그날이 한 주간의 모든 날들을 거룩하게 해 주는 것이다.

자 이제, 하늘의 성소에 이르는 그와 같은 길이, 절대적으로 확실한 길이 타락한 사람에게 주어졌는데(히 10:20), 이는 전적으로 하나님의 은혜 덕분이요 또한 구원의 경륜 덕분이다. 영원 전에 확정된 구원의 경륜과, 또한 타락 직후 사람에게 주어지고 세워진 은혜 언약은 서로 지극히 긴밀한 관계를 지니고 있다. 그 관계가 너무도 긴밀하여, 둘 다 함께 서 있고 함께 무너진다. 물론 이 둘 사이의 관계를 달리 보는 사람들도 많은 것이 사실이다. 그들은 은혜 언약을 기준으로 삼아 구원의 경륜을 부인하고 공격한다. 복음의 순결이라는 미명 아래, 선택의 교리를 거부하는 것이다. 그러나 그런 일은 사실상 은혜 언약을 파괴시키는 것이요 또한 복음을 다시금 새로운 율법으로 뒤바꾸어 놓는 처사인 것이다.

은혜 언약이 선택과 분리되면, 결국 그것은 은혜 언약일 수가 없고 다시 행위 언약이 되어 버린다. 선택이란 하나님이 사람에게 값없이 은혜로 구원을 베푸신다는 것을 암시한다. 그 구원을 사람이 저버렸고 그리하여 다시는 그 자신의 힘으로는 그것을 절대로 얻을 수가 없게 되었는데, 하나님이 값없이 그것을 주시는 것이다. 그러나 이 구원이 순전히 은혜의 선물이 아니요 어찌어찌해서 사람의 행실에 따라 좌우되도록 되어 버린다면, 은혜 언약이 행위 언약으로 바뀌고 마는 것이다. 그렇게 되면 영생을 유업으로 받기 위해서는 사람이 모종의 조건을 만족시켜야 한다. 그렇게 되면, 은혜와 행위가 서로 반대의 극단에 서 있으며 서로 배타적인 관계에 있게 된다. 구원이 은혜로 말미암는 것이면, 행위로 말미암는 것이 아니게 되고, 그렇지 않으면 은혜가 은혜가 아닌 것이 된다. 그리고 구원이 행위로 말미암는 것이면, 은혜로 말미암는 것이 아니게 되고, 그렇지 않으면 행위가 행위가 아닌 것이 되고 마는 것이다(롬 11:6). 기독교의 특징은 바로 구원의 종교요, 순전한 은혜요, 순결한 종교라는 데 있다. 그러나 기독교가 그렇게 인식되고 그런 상태를 유지하려면, 그 구원이 오직 하나님의 경륜에서 나오는 값없는 선물이어야만 하는 것이다. 선택과 은혜 언약이 서로 배타적이며 모순되기는커녕, 오히려 선택이 은혜 언약의 기초요 보증이요 심장이요 핵심이다. 그리고 이러한 긴밀한 관계를 고수하는 것이 절대적으로 중요하다. 왜냐하면 그 관계를 조금이라도 약화시키게 되면, 구원의 성취와 적용에 대한 참된 통찰을 할 수 없게 될 뿐 아니라, 영적 생활의 실천에서 얻는 유일하고도 확실한 위로가 신자들에게서 사라지고 말기 때문이다.

은혜 언약을 단순히 선택의 맥락만이 아니라 구원의 경륜 전체의 맥락 속에서 보면, 이러한 관계를 더욱 풍성하게 볼 수 있게 된다. 선택은 구원의 경륜 전체가 아니고, 그 일부분에 — 물론 가장 첫째 가는 주요한 부분이지만 — 불과하다. 그 경륜 속에는 선택이 현실화되는 방식까지도 포함되어 있다. 요컨대, 구원의 성취와 적용 전체가 그 경륜 속에 들어 있다는 말이다. 선택이 그리스도 안에서 이루어졌다는 것과, 하나님의 경륜이 성부의 사역인 것만이 아니라, 성자와 성령의 사역이기도 하다는 것은 주지의 사실이다. 그것은 성 삼위일체의 사역인 것이다. 다시 말하면, 구원의 경륜 그 자체가 하나의 언약이다. 즉, 이를테면 성 삼위께서 각자의 사역을 부여받고 각자의 임무를 이행하시는 그런 언약이라는 것이다. 시간 속에서 맺어지고 시대를 넘어 계속되는 그 은혜 언약은 다름 아닌 영원하신 하나님 속에서 확정된 그 언약이 시행되는 것이요 또한 그 언약의 복사판이요 인쇄물과도 같다 할 것이다. 하나님의 경륜의 경우와 마찬가지로, 역사 속에서도 삼위 하나님이 개입하신다. 성부께서는 구원의 근원이시요, 성자께서는 구원의 성취자시요, 성령께서는 구원을 우리에게 적용시키시는 분이시다. 그러므로, 역사(歷史)가 은혜로우시며 전능하신 하나님의 뜻 가운데 내리고 있는 바 그 든든한 닻을 느슨하게 함으로써 그 영원한 토대를 시간에서 제거해 버리면, 그 순간 그와 똑같이 성부와 성자와 성령의 사역을 부당하게 대하게 되는 것이다.

* * * * *

한편, 영원이 없이는 시간이 있을 수 없고, 또한 역사가 하나님의 생각과 지극히 밀접한 관계 속에 있는 것은 사실이지만, 영원과 시간은 모든 면에서 똑같은 것이 아니다. 이 둘 사이에는 다음과 같은 큰 차이가 있다. 곧, 시간의 역사 속에서 하나님의 영원한 뜻이 계시되고 실현된다는 것이다. 구원의 경륜과 은혜 언약은 서로 분리될 수도 없고 분리되지도 않을 것이다. 그러나 후자는 전자가 실현된 것이라는 점에서 서로 차이가 있다. 구원 계획은 그 자체로만은 충족하지 못하다. 시행이 되어야 하는 것이다. 하나의 결정으로서, 그 계획 속에는 그 계획의 이행과 성취가 포함되어 있고, 그 계획 자체가 이행과 성취를 이루는 것이다. 만일 그 계획이 시간 속에서 성취되지 못하고 드러나지 못한다면, 그것은 경륜과 계획으로서의 성격 자체를 상실하고 말 것이다. 타락 직후, 은혜 언약이 사람에게 알려지고, 그와 더불어 맺어지며, 그 이후 역사 속에서 각 세대마다 지속되어오고 있다. 경륜을 구성하는 한 가지 요소인 그 언약이 세계 전체에서 그 모습을 드러내며, 세월을 지나는 과정 속에서 스스로 발전해 가는 것이다.

은혜 언약의 이러한 역사적 발전에 주의를 기울이면, 거기서 다음과 같은 세 가지 괄목할 만한 특징들을 보게 된다.

첫째로, 은혜 언약은 언제나 어디서나 본질상 하나이지만, 여러 세대들을 거치면서 언제나 새로운 형태로 자신의 모습을 드러낸다는 것이다. 율법 이전이든, 율법 아래든, 율법 이후든 간에, 그것은 본질적으로 하나요, 언제나 은혜 언약이다. 그것을 은혜 언약이라 부르는 것은 그것이 하나님의 은혜로부터 나오며, 은혜를 그 내용으로 삼으며, 하나님의 은혜를 영화롭게 하는 것을 그 최종 목적으로 삼기 때문이다.

사탄과의 적대 관계를 확정지었고 갈등을 출발시켰고 승리를 약속했던 그 최초의 선언에서도 그랬듯이, 노아든, 아브라함이든, 이스라엘이든, 혹은 신약의 교회든, 은혜 언약의 모든 세대들에 있어서, 하나님이 처음이요 마지막이시다. 그리고 약속, 은사, 은혜가 계속해서 그 내용으로 남아 있다. 세월이 흘러감에 따라서 그 언약에 포함된 내용이 더욱 분명하게 드러나며, 또한 그 언약의 내용이 얼마나 풍성한가 하는 것이 더욱 확연해진다. 그러나 그 모든 것들은 본질상 그 모체가 되는 약속에 이미 다 포함되어 있다. 은혜 언약의 유일하고도 위대한 약속은 바로, 내가 네 하나님이 되겠고, 네 후손의 하나님이 되리라는 것이다. 그것은 포괄적인 것으로 모든 것을 다 내포한다. 구원의 성취와 적용 전체도, 그리스도와 그가 베푸시는 은택들도, 성령과 그의 모든 은사들도 거기에 다 포함되는 것이다. 창세기 3:15의 모(母) 약속으로부터 고린도후서 13:13의 사도적 축복에 이르기까지 모든 것이 일직선상에 놓여 있다. 성부의 사랑과, 성자의 은혜와, 성령의 교통하심이 죄인을 위한 구원 전체 속에 포함되어 있는 것이다.

　그러므로 우리는 이 약속이 조건적이 아니고, 지극히 긍정적이고 확실하다는 점을 특별히 주의해야 할 것이다. 하나님은, 우리가 이것저것을 행하면 그가 우리의 하나님이 되시겠다고 말씀하시지 않는다. 오히려 그는 자신이 친히 적대감을 심으실 것이요, 자신이 친히 우리 하나님이 되실 것이요, 자신이 친히 그리스도 안에서 모든 것들을 우리에게 베푸실 것이라고 말씀하신다. 은혜 언약은 시대를 막론하고 언제나 동일하다. 왜냐하면 그것이 전적으로 하나님께 의지하는 것이요 또한 하나님은 불변하시는 분이시요 신실한 분이시기 때문이다. 타락 이전에 사람과 더불어 세워진 행위 언약은 위반할 수 있는 것이었고, 실제로 위반하는 일이 발생했다. 왜냐하면 그것은 변할 수 있는 사람에게 의존하는 것이었기 때문이다. 그러나 은혜 언약은 오직 하나님의 긍휼하심으로 말미암아 확정되었고 세워졌다. 사람들은 불성실해질 수 있으나, 하나님은 결코 자기의 약속을 잊지 않으신다. 그는 자기의 언약을 깨뜨리실 수도 없고 깨뜨리지도 않으신다. 그는 친히 자유로이 주신 고귀한 맹세로써 그것을 유지시키신다. 그의 이름과 그의 존귀와 그의 명성이 그것에 달려 있는 것이다. 그가 그 백성들의 범죄들을 도말하시고 그들의 죄를 더 이상 기억하지 않으시는 것은 그 자신을 위하여 그렇게 하시는 것이다(사 43:25; 48:9; 렘 14:7, 21). 그러므로, "산들이 떠나며 언덕들은 옮겨질지라도 나의 자비는 네게서 떠나지 아니하며 나의 화평의 언약은 흔들리지 아니하리라 너를 긍휼히 여기시는 여호와께서 말씀하셨느니라"(사 54:10).

　은혜 언약이 그 본질에 있어서는 불변하지만, 그 형식은 변하며 여러 세대들마다 각기 다른 양상을 띤다. 대홍수 이전의 시대에도 셋 족속과 가나안 족속들이 서로 구별되었으나, 그 약속은 아직 한 개인과 민족에게로 제한되지 않았고, 모든 사람들에게 해당되었다. 형식적인 구별이 아직 일어나지 않았고, 일반 계시와 특별 계시가 아직 한 강(江)에서 흐르고 있었던 것이다. 그러나 그런 상황에서 그 약속이 소멸될 위기를 맞았을 때, 홍수가 필요하게 되었고, 노아가 그 약속을 취하고서 방주 속에서 보존되었다. 그 당시에도 그 약속은 오랜 동안 보편적인 성격을 띠며 계속 이어졌다. 그러나 홍수 이후 새로운 위험 요소가 등장하여 은혜 언약의 진보를 가로막게 되자, 하나님은 또다시 사람들을 진멸하시는 대신, 그들을 자기 마음대로 행하도록 내버려두시고, 아브라함을 구별하여 택하사 그 약속을 간직하게 하신다. 그리하여 그때에 족장들의 가족들 내에서 은혜 언약이 실현되는 것이다. 이 가족들은 의의 표징인 할례로써, 또한 마음의 할례의 표징인 믿음으로써, 다른 민족들과 구별되었다.

　그리고 시내산에서 은혜 언약이 아브라함의 후손인 이스라엘과 더불어 세워진다. 그러나 이스라엘은 한 민족이요 하나님 앞에서 거룩한 백성으로 살아야 하기 때문에, 은혜 언약은 이제 하나의 민족적 형식과 성격을 취하게 된다. 그 언약은 이제 율법을 — 도덕법만이 아니라 시민법과 의식법까지 모두를 — 하나의 초등 교사 혹은 훈련자로 사용하는데, 이는 그 백성을 그리스도께로 인도하기 위함이었다. 약속은 율법보다 더 오래된 것이었고, 또한 율법은 그 약속을 대치시키기 위해 주어진 것이 아니고, 그 약속에 첨가된 것인데, 이는 바로 그 약속을 더 발전시키고 때가 차서 그것이 성취되도록 준비시키기 위함이었다. 그리스도 안에서 그 약속이 성취되며, 그림자가 그 실체를 얻으며, 법조문이 그 영을 얻고, 종노릇하던 상태가 자유의 상태로 바뀐다. 그리고 그때에 그 약속은 모든 외적 · 민족적 경계들에서 벗어나며, 처음과 같이 다시 인류 전체에게로 미치게 된다.

　그러나 은혜 언약이 어떠한 형식을 취하든지 간에, 그 본질적인 내용은 언제나 동일하다. 그것은 언제나 같은 복음이요(롬 1:2; 갈 3:8), 같은 그리스도요(요 14:6; 행 4:12), 같은 믿음이요(행 15:11; 롬 4:11), 또한 언제나 죄 사함과 영생이라는 같은 은택을 베풀어 준다(행 10:43; 롬 4:3). 신자들이 나아갈 때에 그들에게 비치는 빛은 다르지만, 그 나아가는 길은 언제나 같은 것이다.

은혜 언약의 두 번째 특별한 특징은 그 모든 시행에서 유기적인 성격을 띤다는 점이다.

선택은, 하나님이 미리 아셨고 그리하여 때가 되어 부르심을 받고 의롭다 하심과 영화로움을 얻을 특정한 개인들에게 관심을 고정시키고, 이 개인들 사이의 관계에 대해서 아직 아무것도 시사하지 않는다. 그러나 성경은 더 나아가서 선택이 그리스도 안에서 이루어졌고(엡 1:4; 3:11), 따라서 그리스도께서 그의 교회의 머리로 나타나시고 교회가 그리스도의 몸을 구성하도록 그런 방식으로 작용한다는 점을 말씀하고 있다. 그러므로 택한 자들은 서로 별 관계 없이 그냥 함께 서 있는 것이 아니라, 그리스도 안에서 하나인 것이다. 구약 시대에 이스라엘 백성이 하나님의 거룩한 백성이었듯이, 신약의 교회가 택한 족속이요, 왕 같은 제사장들이요, 거룩한 나라요, 그의 소유가 된 백성이다(벧전 2:9). 그리스도께서 신랑이요 교회는 그의 신부다. 그는 포도나무요 그들은 가지들이다. 그리스도께서 모퉁잇돌이요 그들은 하나님의 집의 산 돌들이다. 그는 왕이시요, 그들은 신하들이다. 그리스도와 그의 교회가 서로 이처럼 긴밀하게 연합되어 있으므로, 바울은 그 둘을 그리스도라는 이름으로 포괄하고 있는 것이다: "몸은 하나인데 많은 지체가 있고 몸의 지체가 많으나 한 몸임과 같이 그리스도도 그러하니라"(고전 12:12). 교회는 평안의 매는 줄로 성령이 하나 되게 하신 것을 힘써 지키는 하나의 교제요 한 공동체다. "몸이 하나요 성령도 한 분이시니 이와 같이 너희가 부르심의 한 소망 안에서 부르심을 받았느니라. 주도 한 분이시요 믿음도 하나요 세례도 하나요 하나님도 한 분이시니 곧 만유의 아버지시라. 만유 위에 계시고 만유를 통일하시고 만유 가운데 계시도다"(엡 4:3-6).

그러므로 선택은 그저 임의적인 우연한 행위일 수가 없다. 선택의 목적이 그리스도께서 머리가 되시고 교회가 그의 몸이 되도록 하는 데 있다면, 그것은 하나의 유기적인 성격을 지니는 것으로서 이미 언약의 관념이 그 속에 내포되어 있는 것이다.

그러나 선택이 그리스도 안에서 이루어졌다는 증언 속에는 또 다른 어떤 사실이 시사되어 있다. 인류가 한 머리 아래서 유기적으로 통일되어 있다는 사실은 우선 그리스도 안에서가 아니라 아담 안에서 밝히 드러난다. 바울은 아담을 가리켜 오실 자의 표상이라고 분명히 부르며(롬 5:14) 또한 그리스도를 마지막 아담이라고 부른다(고전 15:45). 여기서 은혜 언약은 행위 언약의 기본 관념과 방향을 취하는 것 같다. 마치 믿음이 율법을 없이하는 것이 아니라 오히려 그것을 굳게 세우듯이(롬 3:31), 은혜 언약도 행위 언약을 폐기하는 것이 아니라 오히려 그 언약을 성취하는 것이다. 위에서 언급한 대로, 한편으로는 행위 언약과 은혜 언약이 서로 매우 예리하게 구별된다. 그러나 다른 한편으로는 그 둘이 서로 매우 밀접하게 관련을 맺고 있는 것이다. 그 둘 사이의 큰 차이는 바로, 아담이 인류의 머리의 위치를 저버려 그것을 잃어버렸고, 그가 그리스도로 말미암아 대치되었다는 데 있다. 그리스도께서 친히 아담의 언약을 성취하신 것이다. 비단 그 첫 사람이 잘못 저지른 일만이 아니라, 그가 마땅히 행했어야 했는데 행하지 못한 일까지도 다 성취하셨다. 그는 도덕법이 요구하는 것들을 우리를 위해서 만족시키시고, 이제 그의 온 교회를 그를 머리로 삼는 새로워진 인류의 형태로 하나의 통일체로 모아들이시는 것이다. 때가 차매 하늘에 있는 것이나 땅에 있는 것이나 모든 것을 하나님이 다시금 그리스도 안에 모으시는 것이다(엡 1:10).

그렇게 모아들이는 일은 오로지 유기적인 방식으로밖에는 일어날 수가 없다. 은혜 언약 그 자체가 그리스도 안에서 유기적인 성격을 취하는 것으로 생각한다면, 또한 그 언약이 세워지고 지속되는 것도 유기적으로 되어야만 할 것이다. 그러므로 우리는 역사 속에서 그 언약이 한 특정한 개인과만 맺어지는 경우가 한 번도 없고, 언제나 한 개인과 그의 가족 혹은 세대와, 아담, 노아, 아브라함, 이스라엘과, 또한 교회와 그 후손과 맺어지는 것이다. 약속은 절대로 한 사람의 신자에게만 해당되는 것이 아니다. 그 신자 안에서 그의 집 혹은 가족도 거기에 해당되는 것이다. 하나님은 그저 아무렇게나 인류 가운데서 몇 사람을 뽑아 나머지 세상과 분리시켜서 이들을 한 덩어리로 모으심으로써 그의 은혜 언약을 실현시키지 않으신다. 오히려 그는 그의 언약을 인류 속으로 지니고 들어가셔서 그것을 세상의 일부로 만드시고, 그리하여 세상 속에서 그것이 악으로부터 보존되도록 하신다. 하나님은 그가 만물의 창조주요 지탱자요 통치자로서 그어놓으신 선(線)을 구속자로서나 재창조주로서도 그대로 따르시는 것이다. 은혜는 본성과는 다르며 그보다 훨씬 고상한 것이지만 그럼에도 불구하고 본성과 결합하며, 본성을 파괴시키는 것이 아니라 오히려 그것을 회복시킨다. 은혜는 본성적인 출생으로 말미암아 전해지는 어떤 유산이 아니다. 오히려 그것은 인류의 본성적인 관계들 속에서 파헤쳐진 강바닥 속에서 흘러가고 있는 것이다. 은혜 언약은 제멋대로 아무렇게나 행해지는 것이 아니라, 역사적으로 유기적으로 가족들과 세대들과 민족들 속에서 계속 실현되어 가는 것이다.

마지막 세 번째 은혜 언약의 특징은 두 번째 특징과 쌍을 이루는데, 곧 그것이 사람의 이성적이며 도덕적인 본성을 충만히 존중하는 방식으로 실현된다는 것이다. 은혜 언약은 과연 하나님의 경륜에 근거하는데, 이러한 사실에서 절대로 물러설 수가 없다. 은혜 언약 이면에는 하나님의 주권적이며 전능하신 뜻이 개재되어 있으며, 하나님의 열심이 이를 이루어가며, 따라서 하나님의 나라가 모든 죄의 권세를 이기고 승리할 것이 보장되어 있는 것이다.

그러나 그 뜻은 외부로부터 사람에게 부과되는 어떤 필연 혹은 운명 같은 것이 아니다. 오히려 그것은 천지를 지으신 창조주의 뜻이요, 그는 그 자신의 창조와 섭리의 역사를 부인하실 수도 없고, 그가 창조하신 인간을 마치 막대기나 돌처럼 취급하실 수도 없는 그런 분이시다. 더 나아가서, 그 뜻은 자비하시고 긍휼이 풍성하신 아버지의 뜻이요, 그는 절대로 야만적인 횡포로 어떤 일들을 강요하시는 법이 없고 오히려 우리의 모든 저항을 사랑이라는 영적인 힘으로 제압하시는 그런 아버지이시다. 하나님의 뜻은 어떤 맹목적이며 비이성적인 힘이 아니다. 그것은 지혜롭고 은혜로우며, 사랑이 풍성한 뜻이요, 동시에 자유롭고 전능한 뜻인 것이다. 그러므로 하나님은 과연 우리의 어두운 지성과 또한 우리의 죄악된 의지와의 갈등 속에서 일하신다. 그렇기 때문에 바울은 복음에 대해서 그것이 **사람의** 뜻을 따라 된 것이 아니라고 말씀하고 있다(갈 1:11). 곧, 타락한 인간의 어리석은 통찰과 그릇된 욕심을 따라 난 것이 아니라는 뜻이다. 복음이 사람의 뜻을 따라 된 것이 아닌 것은 바로 하나님의 뜻이 역사하도록 하기 위함이다. 하나님은 모든 오류들에서 우리를 구원하시고 우리의 이성적이며 도덕적인 본성을 온전하고 건전한 상태로 회복시키기를 원하시기 때문이다.

그렇기 때문에 은혜 언약이 어떤 요구를 한다든가 조건을 내거는 일이 전혀 없음에도 불구하고 우리에게 하나의 명령의 형식으로 주어져서 우리들에게 믿음과 회개를 권면하는 것이다(막 1:15). 그 자체만을 보면, 은혜 언약은 순전히 은혜일 뿐이요 행위가 일체 배제된다. 자기가 요구하는 바를 자기가 베풀어주며, 자기가 정하는 바를 자기가 성취하는 것이다. 복음은 순전히 복된 소식이요, 요구가 아니라 약속이며, 의무가 아니라 선물이다. 그러나 그것이 약속과 선물로서 우리 속에서 실현될 수 있게 하기 위해서, 그것은 우리의 본성에 걸맞도록 도덕적인 권면의 성격을 취한다. 우리를 강압하려는 것이 아니라, 하나님이 우리에게 주고자 하시는 바를 우리가 믿음으로 자유로이 기꺼운 마음으로 받아들이게 되기를 바라는 것이다. 하나님의 뜻은 다름이 아니라 바로 우리의 이성과 우리의 의지를 통하는 방식으로 이루어지는 것이다. 그렇기 때문에 어떤 사람이 자기가 받은 은혜로 말미암아 스스로 믿고 스스로 죄에서 돌이켜 하나님께로 돌아온다는 발언이 성립되는 것이다.

은혜 언약이 이처럼 역사적이며 유기적인 양태로 인류 속에 들어오기 때문에, 이 땅에서는 그 어떠한 형식도 그 속에 담긴 본질을 완전히 드러내지 못한다. 참 신자들에게도 그 언약의 요구 — 내 앞에서 바르게 행하며 내가 거룩하니 거룩하라 — 와 일치하는 삶과 정반대되는 모습이 많이 남아 있을 뿐만 아니라, 우리의 눈에는 은혜 언약 속에 들어와 있는 것 같으나 불신앙과 회개하지 않는 마음을 가져서 그 언약의 모든 영적 은택들을 전혀 누리지 못하는 사람들도 있을 수 있다는 것이다. 지금에만 그런 것이 아니라 시대를 막론하고 언제나 그래왔다. 구약 시대에도 이스라엘 사람 모두가 이스라엘에 속한 것이 아니었다(롬 9:6). 씨로 여기심을 받는 것이 육신의 자녀가 아니요 오직 약속의 자녀이기 때문이다(롬 9:8; 2:29). 그리고 신약의 교회에도 알곡 가운데 쭉정이가 있고, 포도나무에 나쁜 가지들이 있고, 금그릇이 있는가 하면 질그릇도 있으며(마 3:12; 13:29; 요 15:2; 딤후 2:20), 경건의 모양은 드러내 보이면서도 경건의 능력은 부인하는 자들이 있는 것이다(딤후 3:5).

본질과 외양(外樣)이 이처럼 상충된다는 것에 근거하여, 어떤 이들은 오직 참된 신자들에게만 해당되는 내적인 언약과, 겉으로 고백하는 자들 모두를 포괄하는 외적인 언약을 서로 구분하기도 한다. 그러나 성경의 가르침에 비추어 볼 때에, 그런 식의 구분은 성립될 수가 없다. 하나님이 하나로 합치셨으니, 사람이 그것을 분리해서는 안 된다. 본질과 외양이 서로 일치해야 한다는 요구나, 입으로 시인하는 것과 마음으로 믿는 것이 서로 일치해야 한다는 요구(롬 10:9)에서 아무도 물러설 수가 없는 것이다. 그러나, 물론 두 개의 언약이 있어서 서로 나란히 서 있지는 않으나, 하나의 은혜 언약에 두 가지 면이 있다고는 말할 수 있다. 그 한 면은 우리에게 보이고, 나머지 한 면은 오직 하나님께만 완전히 보인다. 우리로서는 우리가 마음을 판단할 수가 없고 오로지 겉으로 드러나는 행실만을, 그것도 아주 불완전하게, 판단할 뿐이라는 법칙을 지켜야 할 것이다. 사람의 눈으로 보기에 언약의 길로 행하고 있다고 여겨지는 자들은 모두 사랑의 판단에 따라서 은혜 안에 있는 우리의 동료로 간주하고 그렇게 대하여야 한다. 그러나 결국 최종적인 판단은 우리에게 있는 것이 아니라 하나님께 있는 것이다. 그는 마음을 아시는 자요 기질을 시험하시는 자시다. 그가 보는 것은 사람과 같지 아니하니 사람은 외모를 보거니와 그는 중심을 보시는 것이다(삼상 16:7).

그러므로, 각자 자기가 믿음 안에 있는가, 예수 그리스도께서 자기 안에 계시는가를 시험하여야 할 것이다(고후 13:5).

제 15 장

언약의 중보자

구원의 경륜은, 그 시행이 온갖 예측하지 못한 상황에 따라 좌우되며 그리하여 지극히 불확실한 어떤 인간의 계획이 아니다. 그것은 하나님의 은혜로우시고 전능하신 뜻의 결정이기 때문에, 절대적으로 확실하게 시행된다. 영원 전에 확정된 그대로 시간 속에서 시행되어 가는 것이다. 그러므로 믿음의 도리가 아직도 더 다루어야 할 것은 인류의 구원에 관한 여호와의 불변하는 경륜이 어떤 식으로 시행되며 적용되느냐 하는 문제다. 그런데 그 경륜이 주로 세 가지 큰 문제 — 즉, 구원을 얻게 하시는 중보자, 그 구원을 적용시키시는 성령, 그리고 그 구원이 베풀어지는 사람들 — 와 관련되므로, 기독교 신앙을 가르치면서 그 세 가지 문제들에 대해서도 반드시 다루어야 할 것이다.

먼저, 고난과 죽으심으로 말미암아 구원을 이루시는 그리스도의 인격 (person)을 다루어야 하고, 그 다음으로 성령께서 택한 자들로 하여금 그리스도와 그의 모든 은택에 참여하게 하시는 방식을 다루어야 하고, 세 번째로, 그리스도께서 이루시는 구원에 참여하게 되는 사람들에 대해서 주의를 기울여야 하고 또한 그리스도의 몸인 교회에 대해서도 다루어야 할 것이다. 그리고 마지막으로, 이러한 가르침은 훗날 신자들에게 임할 그 구원의 완성에서 그 절정에 이르게 될 것이다. 이렇게 전체를 다루고 나면, 구원의 경륜의 각 부분이 모두 질서정연하고 안정되어 있다는 사실을 알게 될 것이다. 하나님의 말할 수 없는 은혜와 무한한 지혜, 그리고 그의 전능하신 능력이 그 속에서 드러나는 것이다.

이 모든 탁월한 속성들이 그리스도의 인격 속에서 즉시 분명하게 드러난다. 물론 중보자에 대한 믿음이 기독교에만 고유한 것이 아닌 것은 사실이다. 모든 사람들과 모든 민족은 자기들이 구원을 누리지 못한다는 관념을 갖고 살 뿐 아니라, 그들 모두가 특정한 사람들이 이런저런 방식으로 이 구원을 지시해 주고 베풀어 주어야 한다는 생각을 마음에 품고 있다. 현재의 상태로는 사람이 신에게 가까이 갈 수도 없고 그의 임재 속에 거할 수도 없고, 따라서 신에게 나아가는 길을 밝혀주는 어떤 중간적인 존재가 필요하다는 인식이 보편적으로 퍼져있는 것이다. 그러므로 한편으로는 신의 계시들을 사람들에게 알려주고 다른 한편으로는 사람들의 기도와 제물들을 신에게 전달해 주는 중보자들이 각 종교들마다 있는 것을 볼 수 있다.

때로는 저급한 신들이나 영들이 그런 중보자의 역할을 담당하기도 하나, 초자연적인 지식과 능력을 지니고 있고 특별한 거룩의 기운을 부여받은 사람들이 그런 역할을 담당하는 경우도 많다. 민족들의 종교적 삶에서 그 중보자들은 매우 중요한 위치를 차지하며, 재난이나 전쟁, 질병, 중요한 계획 등 사적인 생활과 공공 생활의 모든 중요한 계기가 있을 때마다 자문을 담당한다. 주술사든 마술사든, 성자든 사제든 간에, 그들은 신에게 호의를 얻게 하는 길을 자기들 나름대로 제시하지만, 그러나 그들 자신이 그 길은 아니다. 민족 종교들은 그 중보자들의 인격과는 전혀 관계가 없다. 심지어 특정한 사람들이 제창한 종교들의 경우도 마찬가지다. 석가모니와 공자, 차라투스트라, 마호메트 등은 모두 종교를 처음 창시한 사람들이지만, 그들 자신이 그 종교의 내용은 아니다. 그들과 그들의 종교의 관계는 어떤 점에서 우연한 것이요 외형적인 것이다. 그들의 이름이 잊혀지거나 그들 대신 다른 사람들이 들어선다 해도 그들의 종교는 전혀 변함없이 그대로 있는 것이다.

그러나 기독교의 경우는 모든 것이 전적으로 다르다. 물론, 그리스도께서는 자신이 유일한 중보자가 되기를 전혀 원치 않으셨고, 자신의 원리와 영이 교회 안에 살아있기만 하면 자신의 이름이 잊혀진다 해도 기꺼이 묵인하려 하셨을 것이라는 식의 사고가 가끔씩 표현되어온 것은 사실이다. 그러나 기독교와 일체의 관계를 스스로 끊어버린 다른 사람들은 오히려 불편부당하게 이런 사고를 공격하고 반박하여왔다. 기독교와 그리스도의 관계는 다른 종교와 그 종교의 최초의 고백자의 관계와는 전혀 다른 것이다. 예수님은 그의 이름을 따라 이름이 붙여진 그 종교의 최초의 고백자가 아니셨다. 그는 기독교 안에서 전적으로 유일무이한 위치를 차지하고 계신다. 그는 일상적인 의미의 기독교 창시자가 아니요, 그리스도시요 아버지께로부터 보내심을 받은 분이시요 그의 나라를 이 땅에 세우셨고 이제 그 나라를 마지막 종말에 이르기까지 확장하시고 보존하시는 분이시다. 그리스도 그 자신이 기독교다. 그는 기독교 바깥이 아니라 그 속에 서 계신다. 그분의 이름과 그분 자신과 그의 사역이 없이는 기독교라는 것은 존재할 수가 없는 것이다. 한 마디로, 그리스도는 기독교로 나아가는 길을 지시하는 존재가 아니라 그 길 자체이시다. 그분이야말로 하나님과 사람 사이의 유일하고 참되시며 완전한 중보자이시다. 갖가지 종교들이 중보자에 대한 믿음으로 추측하고 소망해온 그것이 그리스도 안에서 실질적으로 완전하게 성취되는 것이다.

* * * * *

이처럼 독특한 그리스도의 의의를 충실히 이해하기 위해서는, 그리스도께서는 우리처럼 그의 잉태와 출생 시에 존재하기 시작하신 것이 아니라 그보다 이미 오래 전부터 존재하고 계셨으며, 사실 영원 전부터 그가 성부의 사랑하는 독생자이셨다는 성경의 가르침에서 출발해야 한다. 구약에서 이미 메시야는 영존하시는 아버지, 곧 그의 백성들에게 영원한 아버지가 되시는 분으로(사 9:6), 또한 그 근본이 상고(上古)에, 영원에 있는 분으로(미 5:2) 지칭되고 있다. 신약도 그 사상을 그대로 유지하는 한편, 그리스도의 영원하심을 더 분명하게 표현하고 있다. 그리스도의 지상 사역을 하나님께서 그에게 지워주신 일의 성취로 제시하는 모든 구절들 속에 그 점이 시사되어 있다. 물론 세례 요한에 대해서도 그가 제2의 엘리야로서 와야 할 사람이었고 실제로 그렇게 왔다고 말씀하는 것은 사실이다(막 9:11-13; 요 1:7). 그러나 그리스도께서 그의 사역을 이루기 위하여 세상에 오셨다는 사실이 강조되고 있고, 또한 그 사실이 아주 빈번하게 말씀되고 있다는 점을 볼 때에, 이 표현이 아주 특별한 의미로 사용되고 있는 것이 사실임을 알 수 있다.

그리스도께서 아버지께로부터 오신 것이 전도하기 위함이었다는 말씀이나(막 1:38), 그가 오신 것이 죄인들을 불러 회개케 하고 자신의 영혼을 많은 사람의 대속물로 주기 위함이었다는 말씀을(막 2:17; 10:45) 우리는 그저 일 반적인 의미로 읽지 않는다. 거기에는 좀 더 특별한 의미가 담겨 있다. 그가 복음을 전하기 위하여 보내심을 받았으며(눅 4:43), 그를 보내신 것이 아버지 시며(마 10:40; 요 5:24 이하), 그가 아버지께로부터 그의 이름으로 오셨으며 (요 5:43; 8:42), 그가 하늘로서 내려와 세상에 임하셨다(요 3:13; 6:38; 12:46; 18:37)는 것도 분명하게 언급되고 있다. 그처럼 예수께서는 자신이 아버지의 사랑하시는 유일한 아들로서 다른 많은 종들보다 후에 포도원에 보내심을 받으셨음을 친히 알고 계셨다(막 12:6). 다윗의 아들이셨던 그는 이미 다윗의 주님이셨고(막 12:37), 아브라함보다 먼저 계셨고(요 8:58), 세상이 있기 전에 아버지와 영광을 나누신 분이셨던 것이다(요 17:5, 24).

자신의 영원한 존재에 관한 예수님의 이러한 자각은 사도들의 증언에서 특히 더 확실하게 드러난다. 태초에 하나님과 함께 계셨고 그 자체가 하나님 이셨던 그 영원하신 말씀이 그리스도 안에서 육체가 되셨다(요 1:1, 14). 그 는 하나님의 영광의 광채시오 그 본체의 형상이시요 모든 천사보다 훨씬 뛰 어나시며 그들에게 경배를 받으시는 분이시요, 친히 영원하신 하나님이시요 영원하신 왕으로서 언제나 여전하여 연대가 다함이 없으신 분이시다(히 1:3-13). 그는 부요하시며(고후 8:9), 친히 하나님의 형체를 입으셔서 본체에 있어서나 형체와 지위와 영광에 있어서 아버지와 동등하셨으나, 그는 이처 럼 하나님과 동등됨을 자신을 위해 취하여 사용할 것으로 여기지 아니하시 고(빌 2:6), 오히려 자기를 비워 종의 형체를 가지사 사람들과 같이 되셨고 (빌 2:7-8), 그 후에 하늘로부터 오셔서 땅의 사람 아담과 대조를 이루는 주 님으로 올리심을 받으셨다(고전 15:47). 한 마디로, 그리스도께서는 아버지 와 마찬가지로 알파와 오메가요 처음과 나중이요 시작과 끝이신 것이다(계 1:11, 17; 22:13).

그러므로, 하나님의 독생자의 활동은 그가 이 땅에 나타나신 때에 시작된 것이 아니라, 창조에까지 거슬러 올라간다. 말씀으로 말미암아 모든 만물이 지어진 것이다(요 1:3; 히 1:2, 10). 그는 모든 피조물의 처음 나신 자요, 머리 요 시작이시다(골 1:15; 계 3:14). 그는 만물보다 먼저 계시다(골 1:17). 피조 물들이 그로 말미암아 지음받은 것은 물론, 그것들이 그로 말미암아 세워지며(골 1:17) 순간순간마다 그의 능력의 말씀으로 붙들림을 받는다(히 1:3). 또한 피조물들은 그를 위하여 창조되었으니(골 1:16), 이는 하나님이 아들이신 그를 만물의 상속자로 지명하셨기 때문이다(히 1:2; 롬 8:17). 그러므로 처음부터 아들과 세상 사이에 긴밀한 관계가 있으며, 그 아들과 사람들 사이에는 그보다 더 친밀한 관계가 있다. 그에게는 생명이 있었으니, 충만하고 부요하며 다함이 없고 세상의 모든 생명의 근원이 되는 생명이었다. 그러나 그 생명은 하나님의 형상대로 창조함을 받아 이성적이며 도덕적인 본성을 소유한 사람들을 위한 빛이었고(요 1:4), 사람들이 알고 누려야 할 하나님의 진리의 근원이었다(요 1:14). 사람이 죄로 말미암아 어두워졌으나, 그 말씀의 빛이 그 어둠 속에 비쳤고(요 1:5) 세상의 온 각 사람에게 비쳤다(요 1:9). 말씀이 세상에 그대로 계셨고, 세상이 알지 못할지라도 세상 속에서 계속해서 역사한 것이다(요 1:10).

그러므로 그에 관한 성경의 기사에 따르면, 때가 이르러 이 땅에 나타나신 그리스도는 다른 사람들과 똑같은 그런 사람도, 종교의 창시자도, 새로운 도덕법을 전하는 전도자도 아니시다. 그의 입장은 매우 독특하다. 그는 영원 전부터 아버지의 독생자이셨다. 그는 만물의 창조자시요 지탱자시요 통치자이셨다. 그 안에 생명이 있었으니 그것은 곧 사람들의 빛이었다. 그가 세상에 오실 때에, 그는 낯선 자로 오신 것이 아니라, 세상의 주(主)로서, 세상과 관계를 맺고 있는 자로서 오셨다. 구원 혹은 재창조가 창조와 관련을 맺으며, 은혜가 본성과 관련을 맺으며, 또한 성자의 일은 성부의 일과 관련을 맺고 있다. 창조 속에 놓여져 있는 토대 위에 구원이 세워지는 것이다.

* * * * * *

그리스도의 의의는 이스라엘과의 관계를 살펴보면 더욱더 분명해진다. 온 세상과 모든 사람들 속에는 말씀(로고스)의 특정한 내주(內住)와 내적 역사가 있었다. 그러나 빛이 어둠 속에 비쳤으나 어둠이 그것을 깨닫지 못했고, 말씀이 세상 속에 있었으나 세상이 그를 알지 못했다(요 1:5, 10). 그러나 그 말씀은 이스라엘과는 아주 친밀한 관계에 있었다. 모든 민족들 가운데서 이스라엘은 하나님의 기업으로 인정된 민족이었고, 그리하여 요한복음 1:11의 말씀처럼 이스라엘은 태초에 하나님과 함께 계셨고 스스로 하나님이셨던 그 말씀의 소유였기 때문이다. 이스라엘은 "자기 백성", 즉 그 말씀의 소유된 백성이었고, 따라서 그 말씀은 다른 사람들의 경우와는 다른 방식으로 이스라엘 중에 계셨던 것이다. 그는 의도적으로 수 세기 동안의 준비기(準備期)가 지난 후에 이스라엘에게 오셨다. 육체를 근거로 보면 그리스도께서는 조상들에게서 나오셨다(롬 9:5). 그런데 그는 "자기 백성"에게서 거절을 받았다. 세상에 대해서는, 세상이 그를 알지 못했다고 기록하고 있으나(요 1:10), 유대인들에 대해서는, 그들이 그를 영접하지 않았고 오히려 그를 멸시하고 거부하였다고 기록하고 있는 것이다. 그러나 그렇다고 해서 그의 오심이 헛된 것이 된 것은 아니었다. 왜냐하면 그를 영접하는 자들마다 하나님의 자녀가 되는 권세를 받았기 때문이다(요 1:12).

요한복음 1:11에서 말씀이 자기 백성에게 오신 사실이 기록되어 있는데, 이는 의심의 여지 없이 성육신(成肉身: incarnation), 즉 그리스도께서 육체로 오신 것을 지칭한다. 그러나 이 진술은, 말씀과 이스라엘 간에 존재하는 소유자와 소유물의 관계가 성육신을 통해서 비로소 처음 생겨난 것이 아니라 그보다 훨씬 오래 전부터 이미 그 관계가 존재해오고 있었음을 시사해 준다. 이스라엘은 그의 소유였고 그렇기 때문에 때가 차서 그가 자기의 소유에게로 오신 것이다. 여호와께서 이스라엘을 자기의 소유로 받아들이신 그 순간 그 백성은 말씀(로고스)과도 특별한 관계를 맺게 된 것이다. 그는 여하튼 이스라엘이 구하던 주님 자신이시며, 옛날부터 이스라엘 중에 사셨고 그들 가운데서 역사해오셨고 또한 갑자기 그의 성전에 임하시게 될 그 언약의 사자이시다(말 3:1). 구약의 여러 곳에서 우리는 언약의 사자 혹은 여호와의 사자에 대한 언급을 보게 된다. 삼위일체의 교리와 관련하여 이미 지적한 바와 같이, 여호와께서는 바로 그 사자로 말미암아 그의 백성들에게 자기 자신을 특별한 방식으로 계시하셨다. 물론 여호와와 구별되기는 하지만, 그와 동시에 이 사자는 그와 너무나도 하나를 이루고 있어서 하나님 자신에게 돌리는 것과 똑같은 이름과 특징과 사역과 존귀가 그에게 돌려지는 것이다. 이 사자는 벧엘의 하나님이시요(창 31:13), 조상의 하나님이시요(출 3:2, 6), 하갈에게 그 후손의 번성을 약속하신 자요(창 16:10; 21:18), 족장들을 인도하시고 구원하신 자시요(창 48:15, 16), 이스라엘 백성을 애굽에서 구하여 내사 가나 안으로 안전하게 이끄신 자시다(출 3:8; 14:21; 23:20; 33:14). 언약의 사자는 이스라엘에게 여호와께서 친히 그들 가운데 구속과 구원의 하나님으로서 그들 가운데 계시다는 확신을 주신다(사 63:9). 그의 나타나심은 장차 때가 되어 성육신으로 일어나게 될 그 완전한 하나님의 자기 계시를 예비하는 것이요 또한 그것을 미리 선포하는 것이었다. 구약의 경륜 전체는 언제나 그의 백성들에게 더 가까이 나아오시는 하나님의 역사(役事)였고, 그것이 그리스도께서 그 백성들 중에 영원히 살아 계시는 것으로 종결되는 것이다(출 29:43-46).

인류의 역사를 올바로 해석하고 이스라엘 백성과 그들의 신앙을 올바로 바라보기 위해서는, 그리스도께서 육체로 오시기 이전의 말씀의 존재와 활동에 대한 이러한 가르침이 지극히 중요하다. 이런 가르침을 올바로 인식해야만 이교도 세계에서 지금도 접할 수 있는 모든 참되고 선하며 아름다운 것들을 인정할 수 있고, 그러면서도 동시에 이스라엘 백성에게 주어진 특별 계시를 바로 대할 수 있게 되기 때문이다. 하나님의 말씀(로고스)과 그의 지혜가 온 세상에 역사했으나, 이스라엘에게는 그것이 언약의 사자로서, 여호와의 이름의 현현(顯現)으로서 자신을 드러낸 것이다. 구약에서든 신약에서든 은혜 언약은 하나다. 구약의 신자들도 우리와 동일한 방식으로 구원을 받으며, 우리 역시 그들과 동일한 방식으로 구원받는다. 그때나 지금이나 구원을 얻게 해 주는 것은 하나님의 약속에 대한 동일한 믿음이요, 하나님의 은혜에 대한 동일한 신뢰다. 그때의 신자들에게나 오늘날의 신자들에게나, 죄 사함과 중생, 새롭게 됨과 영생의 은택들이 동일하게 베풀어진다. 구약의 신자들에게와 신약의 신자들에게 비쳐지는 빛이 그 밝기에 있어서 차이가 있기는 하지만, 그들은 모두 동일한 길을 걷는 것이다.

그런데 또 다른 중요한 내용이 이와 함께 나타나고 있다. 바울은 에베소 사람들에게 말씀하기를, 과거에 아직 이교도로 살고 있을 동안에는 그들이 약속의 언약들에 대하여 외인(外人)들이요 세상에서 소망이 없고 하나님도 없는 자들이었다고 한다(엡 2:11-12). 다시 말해서, 그들은 그리스도께서 오시기 전의 유대인들과는 전혀 다른 상황에서 살았다는 것이다. 그들은 하나님의 약속을 붙잡을 처지도 아니었다. 세상에서 소망도 없고, 마음으로 알고 섬길 수 있는 하나님도 없는 처지였다. 사도의 이런 말씀은 이교도들이 신을 전혀 믿지 않았다는 뜻이 아닌 것은 물론이다. 그는 다른 곳에서, 예컨대 아덴 사람들에 대해서 말하기를, 그들이 범사에 종교심이 많다고도 하며, 또한 하나님께서 그들에게도 부분적으로 계시를 허락하셨음을 말씀하고 있으니 말이다(행 17:24 이하; 롬 1:19 이하). 비록 그들이 하나님을 알았지만, 그러나 그들은 그분을 참 하나님으로 영화롭게도 하지 않고, 감사하지도 않았다. 그들은 상상 속에 허망하게 빠져, 본래 신들이 아닌 것들을 신들로 섬겼다(롬 1:21; 갈 4:8). 그러므로 바울은 이교도들이 남은 여생이든 죽은 이후든 간에 미래에 대해서 온갖 기대를 갖고 있다는 것을 부인하지 않으며, 그들이 섬기는 신들을 포함하여 그들의 모든 기대들은 그리스도 안에서 주어진 확고하고 불변한 약속에 기초하지 않은 것들이기 때문에 결국 다 헛된 것이라는 사실을 피력하고 있는 것이다.

그러나 이스라엘의 경우는 그렇지 않았다. 하나님은 그 백성들에게 그의 말씀들을 맡기셨다(롬 3:2). 그들을 자녀로 입양시키셨고, 그의 영광으로 그들 가운데 거하셨고, 시대마다 이어지는 언약의 여러 경륜들을 율법과 예배의 형태로 그들에게 주셨고, 특별히 메시야의 오심을 바라보도록 하며 또한 그가 육체로 이스라엘에게서 나오실 것을 가리키는 그런 약속들을 주셨다(롬 9:4-5). 그러나 육체에 관해서는 그리스도께서 조상들에게 나시지만, 그러나 그는 사람 이상의 존재이시다. 그는 만물 위에 계셔서 영원토록 찬양받으실 하나님이시며(롬 9:5), 그는 구약 시대에도 존재하셨고 일하셨다. 에베소의 그리스도인들은 과거 이교도일 때에 그리스도 바깥에서 살았으나, 구약 시대의 이스라엘 사람들은 그리스도와 관계를 맺고 있었다. 즉, 그 당시에도 메시야로서 존재하셨고 활동하신 그 약속되신 그리스도와 관계를 맺고 있었던 것이다. 그는 그의 은택을 베푸시는 일에 적극적으로 활동하셨으나, 그 뿐 아니라 말씀과 예언과 역사를 통하여 자신이 육체로 오실 것을 미리 예비하고 자신의 오심의 그림자를 이스라엘 모든 백성들에게 드리우셨다는 점에서도 적극적으로 활동하신 것이다. 그 그림자는 때가 차서 그가 친히 성취하고 베푸시게 될 그 영적인 유익이라는 실체의 그림자였던 것이다.

사도 베드로도 이러한 사상을 그의 서신서 첫 장에서 명확하고도 분명하게 말씀한다. 그는 거기서 신자들이 현재 원리적으로 누리고 있고 또한 장차 완전히 누릴 것이 기대되는 그 큰 구원이라는 주제를 다루면서, 구약의 선지자들이 그것을 연구와 사색의 대상으로 삼은 사실을 특별히 언급하여 그 구원의 영광을 입증하는 것이다. 모든 선지자들은 한결같이 지금 신약 시대에 신자들에게 베풀어지는 은혜에 대해서 예언했던 것이다. 그들은 계시를 통해서 이에 대한 지식을 얻었으나, 그들이 계시에만 의존하고 그저 수동적으로 있었던 것은 아니다. 오히려 그들은 이를테면 자기들 스스로 수고를 들여 노력했다. 계시로 말미암아 자극을 받아 각성하여 부지런히 연구하고 살피는 일을 게을리 하지 않았던 것이다.

그러나 철학자들의 방식을 따라서 창조의 신비들을 자기들의 이성으로 이해하려 한 것이 아니라, 하나님의 거룩한 사람들로서 특별 계시와 그리스도 안에서 이루어질 미래의 구원을 연구의 대상으로 삼은 것이다. 그렇게 연구하는 동안 그들은 자기들 자신의 사상의 인도를 받은 것이 아니라, 하나님의 성령의 인도하심을 받았다. 그들이 살피고 연구한 문제는 바로, 그들 속에 계신 그리스도의 영이 그들에게 그리스도께서 받으실 고난과 또한 그 후에 받으실 영광을 미리 증언하심으로써 알리시고자 하는 때가 과연 어떠한 때인가 하는 것이었다(벧전 1:10-11). 구약 시대에 선지자들에게 그의 영을 주신 분도 그리스도 자신이었고, 또한 그리하여 그 영을 통하여 자기 자신의 오심과 사역을 미리 알리시고 또한 그림자로 보이신 분도 그리스도 자신이었다. 예수께서 선지자들의 마음속에서 자기 자신에 관하여 증언하셨다는 것이야말로 그들이 예언의 영을 소유하였다는 사실의 증거인 것이다(계 19:10).

이러한 성령의 증언을 통하여, 이스라엘은 메시야 대망(Messianic expectation)이라는 명칭으로 정리되는 바 그 풍성하고도 영광된 소망에 이르게 된 것이다.

* * * * *

이 메시야 대망(大望)은 보통 두 가지로 구분된다. 첫째는 하나님 나라의 미래와 전반적으로 관련되어 있는 기대들이다. 이 대망들도 매우 중요한 것들로서 은혜 언약과 지극히 긴밀한 관계를 맺고 있다. 분명 은혜 언약의 약속에는 하나님이 그 백성과 그 후손의 하나님이 되실 것이라는 것이 내포되어 있다. 그러므로 그 약속은 과거와 현재만이 아니라 미래에까지도 해당되는 것이다. 물론 이 백성이 불충성과 타락의 죄를 범하고, 주를 저버리고 언약을 깨뜨리는 죄를 계속해서 짓는 것이 사실이다. 그러나 그것이 은혜의 언약이기 때문에, 그 백성이 불충하고 불순종한다 해도 그것 때문에 하나님의 신실하심이 무효가 되는 것이 아니다. 은혜 언약은 그 본질상 영원한 언약이요 따라서 자손대대에 이르기까지 계속 재생되는 것이다. 그러므로 그 백성이 언약의 도로 행하지 않을 때에, 하나님은 잠시 그것을 접어두시고 그 백성을 징계하시고 심판하시고, 포로로 끌려가게 하실지언정, 자신의 언약을 파기하실 수는 없는 것이다. 왜냐하면 그 언약은 은혜의 언약으로서 사람의 행실에 따라 좌우되는 것이 아니라, 오직 하나님의 자비하심에 근거하는 것이기 때문이다. 그의 이름과 영광과 존귀가 그 언약과 결부되어 있으므로, 그는 그 언약을 파기하실 수가 없다. 그리하여, 진노를 발하신 후에는 변함 없이 그의 자비하심이 환히 비치며, 심판 이후에는 긍휼이 오며, 고난 후에는 영광이 오는 것이다.

이스라엘은 여러 세기 동안 예언을 통해서 이 모든 것을 가르침받았다. 예언을 통해서 그들은 역사의 본질과 목적에 대해서 다른 어느 민족에게서도 유례를 찾을 수 없는 그런 놀라운 통찰을 얻은 것이다. 구약 성경은, 하나님의 뜻이, 그 하나님의 나라가, 임하고 이루어지는 것이 역사의 내용이요 과정이요 목적이라는 것을 분명하게 드러내 준다. 하나님의 경륜이, 그의 은혜와 구속의 경륜이 영원 전부터 존재하며, 그것이 모든 저항을 다 이길 것이다. 고난 뒤에는 영광이 있고, 십자가 뒤에는 면류관이 있다. 하나님이 언젠가는 그의 모든 원수들을 무찌르고 승리하실 것이요 또한 그의 백성으로 하여금 그의 모든 약속들의 성취를 누리게 하실 것이다. 의와 평강의 나라가 오고 있으며, 영적이며 물질적인 복락의 나라가 오고 있다. 그리고 이스라엘이 그 나라의 영광에 참여할 것이요, 다른 민족들도 거기에 참여할 것이다.

하나님이 한 분이시라는 사실에는 인류의 하나됨과 역사의 하나됨이 수반되기 때문이다. 그때에 여호와를 아는 지식이 온 땅에 가득하게 될 것이요, "나는 너희 하나님이 되고 너희는 내 자녀가 되리라"는 그 언약의 약속이 완전한 성취에 이르게 될 것이다.

선지자들과 시편 기자들은 이러한 소망으로 가득 차 있다. 아니 그것이 전부가 아니다. 계속해서, 하나님의 나라가 미래에 세워지고 성취될 방식까지도 말씀하는 것이다. 여기서 그 소망들이 좁은 의미에서의 메시야 대망이 되어, 이 땅에서의 하나님의 통치가 장차 한 특정한 인물, 즉, 메시야에 의해서 결정되며 그로 말미암아 이루어질 것임을 말씀한다. 오늘날 어떤 이들은 이 모든 메시야 대망들을 이스라엘의 본래의 신앙과 분리시켜서 바벨론 포로 시대에 비롯된 것으로 간주하려 하기도 한다. 그러나 이런 입장은 다른 이들에게서 강력한 공격을 받고 또한 만족스럽게 반박되고 있다. 메시야 대망은 모두 두 가지 사상과 결부된다. 곧, 이스라엘과 열방에게 심판의 날이 될 여호와의 날과, 또한 그때에 구원을 시행하시게 될 메시야가 그것이다. 그런데 이 두 가지 사상은 8세기 선지자들에게서 처음 나타나는 것이 아니고, 그보다 훨씬 전부터 존재했고, 지금 우리에게까지 보존되어온 선지서들의 저자들인 선지자들에 의해서 한층 구체적으로 발전되어온 것이다.

성경 그 자체가 그런 미래에 대한 대망을 가장 초기에까지 추적하고 있다. 물론 초기에는 그 대망들이 그저 일반적인 성격을 띠고 있는 것은 사실이다. 그러나 그 사실이야말로 그 고대성(古代性)의 증거가 되며, 또한 그 이후 그 대망들이 점차로 발전되어간 사실은 그 고대성을 더욱 보강해 주는 강력한 증거가 된다. 창세기 3:15의 모(母) 약속에서 이미 여자의 후손과 뱀의 후손 사이에 적대 관계가 주어지고, 여자의 후손이 뱀의 후손의 머리를 상하게 할 것이 약속되고 있다. 여자의 후손에 대해서 우리는 칼빈(John Calvin)과 더불어, 무엇보다도 은혜 언약으로 말미암아 하나님 편으로 되돌아오는 인류를 생각해야 할 것이다. 그들이 하나님을 대적하는 모든 권세들에 대해 공격을 시행하며, 그들이 그리스도를 그 머리와 주(主)로 받아들이게 되는 것이다. 이처럼 뱀의 후손과 싸움을 벌이는 인류가 절대로 모든 사람들을 다 포괄하는 것이 아니라 점점 그 범위가 축소되고 제한된다는 것을 역사가 입증하고 있다. 그 약속은 오직 셋의 계열에서만 유지되는 것이다.

최초의 인류가 홍수로 멸망하고 난 후에 노아의 집에 분리의 역사가 일어난다. 곧, 함과 야벳의 가문과, 그리고 셈의 가문이 서로 분리되는 것이다. 그리고 이제 여호와께서 셈의 하나님이 되시고, 야벳이 창대하여 후에 셈의 장막에 거하게 되고, 또한 가나안이 그들의 종이 되는 방식으로, 그 약속이 구체적으로 실현되어 간다(창 9:26-27). 그리고 후에 하나님을 아는 순결한 지식과 예배가 다시금 소멸될 위기에 봉착할 때에 아브라함이 셈의 계열에서 택함을 받고, 그가 여호와의 축복을 받아 많은 사람들에게 복이 되리라는 약속을 받는다. 사실상 땅의 모든 세대들이 하나님이 아브라함과 그의 후손에게 베푸시는 축복을 지극히 사모하고 구하며, 그리하여 그들 모두가 그 안에서, 즉 아브라함의 후손 안에서 복을 얻게 될 것이라는 것이다(창 12:2-3). 야곱의 아들들 중에서도 후에 유다가 그의 모든 형제들보다 높은 지위를 누리게 될 자로 지명된다. 유다는 찬송받을 자라는 그의 이름에 걸맞게(창 29:35), 그의 형제들보다 뛰어난 자가 되었다(대상 5:2). 형제들은 그를 높이 기렸고 찬송했으며, 그의 원수들은 그에게 굴복하였다. 그리고 이러한 유다의 통치는 사람들에게서 복종받을 자가 오시기까지 계속될 것이다(창 49:8-10). 창세기 49장 10절의 실로라는 명칭은 이해하기가 어려워 다양하게 해석되나, 유다에게 축복이 임할 것이 선포되고 있다는 사실은 너무도 분명한 것이다. 유다는 이스라엘 모든 지파 중에서 첫째 가는 자리를 차지하며, 유다가 그의 형제들을 다스리며, 그에게서 미래의 열방의 통치자가 나올 것이다.

이 약속은 다윗에게서 일차적으로 성취되었고, 동시에 그에게서 새로운 발전 단계로 이어지게 된다. 다윗이 모든 원수들을 무찌르고 안식을 얻게 된 이후, 그의 머릿속에 여호와를 위하여 전을 건축할 계획이 일어났기 때문이다. 그러나 다윗이 여호와를 위하여 전을 건축하는 대신, 여호와께서는 나단 선지자의 입을 통해서, 그가 친히 다윗의 자손 대대로 왕위를 계승케 함으로써 그의 집을 세우시리라고 말씀하셨다. 여호와께서 땅의 용사의 이름처럼 다윗의 이름을 크게 하실 것이며, 또한 다윗이 죽은 후에는 여호와께서 그의 아들 솔로몬을 왕위에 세우시고 그의 아버지가 되시며, 그가 그의 집과 나라를 영원히 세울 것이라는 것이었다(삼하 7:9-16; 시 89:19-38). 이때부터 이스라엘의 성도들의 소망은 다윗의 가문에 고정되고, 때때로 예언이 바로 그 점에서 머무르고, 예언이 그 점을 전반적으로 취하는 것이다(암 9:11; 호 3:5; 렘 17:25; 22:4).

* * * * *

　그러나 역사는 다윗의 가문의 왕 중에서 그런 대망을 만족시킨 사람이 하나도 없었음을 가르쳐 준다. 그리고 이러한 역사와 관련하여, 예언은 장차 다윗의 참된 아들이 일어나 그의 아버지의 보좌에 영원토록 앉게 될 것임을 더욱 분명하게 지적해 주었다. 점차로, 이 미래에 올 다윗의 아들이 메시야라는 명칭으로 지칭되기 시작하였다. 메시야는 오랜 동안 일반 명사로 남아 있어서, 이스라엘에서 이런저런 직분을 위하여 택함받고 기름부음받는 사람이면 다 메시야로 지칭되었다. 동방에서는 기름 붓는 일이 일반적으로 시행되는 행위였고, 태양에 그을린 피부를 부드럽게 하고, 몸의 신선함과 부드러움을 회복시키는 데도 사용되었다(시 104:15; 마 6:17). 그것은 기쁨의 표시였고(잠 27:9), 따라서 슬픈 때에는 삼갔으며(삼하 14:2; 단 10:3), 그것은 환대와 친밀감의 증표이기도 했고(시 23:5; 대하 28:15; 눅 7:46), 질병에 대한 치료법으로 사용되기도 했고(막 6:13; 눅 10:34; 약 5:14), 또한 죽은 자에 대한 공경의 표시이기도 했다(막 16:1; 눅 23:56; 요 19:40).

　그런데 기름 붓는 일이 예배 시에도 채택되어 종교적 의의가 거기에 개입되었다. 야곱은 브엘세바에서 머리의 베개로 삼았던 돌을 기념물로 세우고 거기에 기름을 부어, 자기에게 나타나셨던 여호와를 향한 자신의 헌신의 증표로 삼았다(창 28:18; 31:13; 35:14). 그리고 후에는 모세에게 주신 율법에 따라서 성막과 그 기물들과 그 제단에도 기름을 부어, 여호와를 섬기는 일을 위하여 그것들을 거룩하게 구별하였다.

　선지자들을 기름 부은 예를 몇 차례 볼 수 있다. 엘리야는 엘리사에게 기름을 부었고(왕상 19:16), 시편 105:15에서는 "기름 부은 자"라는 단어가 "선지자들"이라는 단어와 동일한 의미로 사용되고 있다. 또한 제사장들도 — 특히 대제사장들도 포함하여 — 기름 부음을 받았다(레 8:12, 30; 시 133:2). 그리하여 대제사장을 가리켜 기름 부은 제사장이라 부르기도 하는 것이다(레 4:3, 5; 6:22). 그리고 왕들을 기름 부은 사례들을 접할 수 있다. 사울(삼상 10:1), 다윗(삼상 16:13; 삼하 2:4), 솔로몬(왕상 1:34) 등이 기름 부음을 받았다. 그리하여 왕들을 가리켜 여호와의 기름 부은 자라 불리는 것이다(삼상 26:11; 시 2:2). 이때 이후로 기름 붓는 일이 다른 목적을 위해서도 시행된다. 성경에서는, 문자적인 의미에서는 실제로 기름 붓는 일이 없는데도 불구하고, 하나님이 그를 섬기는 일을 위해서 택하시고 자격을 구비시키시는 사람들에 대해서도 기름 부은 자라는 용어가 여러 차례 사용된다. 시편 105:15에서는 족장들을 가리켜 기름 부은 자와 선지자들이라는 단어로 지칭하고 있다. 다른 곳에서는 이스라엘 백성 혹은 그들의 왕이 기름 부은 자로 불려진다(시 84:10; 89:39; 합 3:13). 이사야 45:1에서는 고레스에게 그 용어를 적용시키고 있다.

여하튼, 기름을 붓는 일이 한편으로는 하나님을 섬기는 일에 헌신한다는 표지이며, 다른 한편으로는 하나님께서 친히 그런 섬김을 위하여 택하시고 부르시며 예비하신다는 표지인 것이다. 다윗이 사무엘에게 기름 부음을 받을 때에, 여호와의 영이 그날로부터 그에게 임하여 있었다(삼상 16:13).

이런 의미에서 메시야라는 — 즉, 기름 부은 자라는 — 이름은, 특별히 장차 올 다윗 가문의 왕에게 아주 적절해졌다. 그는 특별한 의미에서 기름 부은 자이시다. 하나님께서 친히 그에게 기름을 부으셨고, 그저 기름의 증표로써만이 아니라 성령을 한량없이 부으심 받았기 때문이다(시 2:2; 사 61:1). 언제부터 메시야라는 이름이 관사 없이 고유명사로 사용되기 시작했는지는 확실히 알 수가 없다. 그러나 다니엘서 9:25에서 이미 그 명사가 이런 형태로 나타나는 것 같고, 예수님이 이 땅에 오셨을 때에는 그 이름이 이런 의미로 일반적으로 사용되고 있었다.

요한복음 4:25에서 사마리아 여인은 예수께, "메시야가 오실 줄을 내가 아노라"고 말씀하고 있는데, 여기에 관사가 나타나지 않는다. 기름 부은 자라는 용어가 처음에는 일반적인 의미를 지녔고 그리하여 여러 종류의 사람들을 지칭하는 뜻으로 사용되긴 했으나, 점차 고유명사가 되었고, 오직 다윗 가문에서 나실 그 미래의 왕을 지칭하는 뜻으로만 사용되었다. 그가 유일무이하게 메시야요 기름 부은 자시요, 오직 그만이 메시야이신 것이다.

* * * * *

그 메시야의 이미지가 이제 구약의 예언에서 온갖 방식으로 발전되고 나타난다. 전면에는 언제나 메시야의 왕권의 사상이 나타난다. 그가 기름 부은 자라 불리는 것은 그가 왕으로서 기름 부음을 받았기 때문이다(시 2:2, 6). 그에게 주어진 약속에 근거하여, 다윗이 친히 그의 가문에서 의로 다스릴 사람들의 통치자가 나올 것을 기대한다. 하나님이 그와 영원한 언약을 맺으셔서 모든 일을 견고하게 하셨기 때문이다(삼하 23:3-5). 또한 선지자들과 시편 기자들 모두의 기대가 그와 같다. 미래에 이루어질 이스라엘의 구원이 다윗 가문과 불가분리의 관계로 엮어져 있으며, 또한 다윗 가문의 미래의 왕은 동시에 하나님 나라의 왕이시다.

하나님의 나라는 시적(詩的)인 비유나 철학적인 개념이 아니라 하나의 현실이요 역사를 구성하는 일부분이다. 그것은 위로부터 임하며, 영적이며 이상적인 것이지만, 그럼에도 불구하고 다윗 가문의 왕의 통치 하에 역사 속에 존재하게 되는 것이다. 그것은 하나님의 나라이지만, 동시에 철저히 인간적이며 지상적이며 역사적인 나라다. 그러므로 예언에서는 미래의 하나님의 나라를 당시에 현존하던 상황들에서 취한 색조와 명암들을 사용하여 묘사하고 있는 것이다. 물론 그런 묘사들을 문자적인 의미로 취해서는 안 되지만, 그럼에도 불구하고 그 묘사들은 그 나라의 현실성에 대해 깊은 인상을 남겨주는 것이다. 그것은 꿈을 묘사하는 것이 아니다. 그것은 역사 속에, 이 땅 위에 다윗 가문의 왕의 통치 아래 실현되는 나라인 것이다.

그러나 이 메시야의 나라가 손에 잡히는 현실성 면에서 이 땅의 그 어떠한 나라에도 뒤지지 않는 것은 사실이지만, 다른 나라와는 굉장한 차이가 있다. 그 나라가 언제나 모든 원수들과의 싸움과 정복 속에서 나타나는 것은 사실이지만(시 2:1 이하; 72:9 이하; 110:2), 그럼에도 불구하고 그 나라는 완전한 의와 평화의 나라요(시 2:8; 45:7; 72:5, 8, 17; 110:2, 4), 그 의가 특히 궁핍한 자가 구원받고 가난한 자가 도움받는 사실에 있는 그런 나라인 것이다(시

72:12-14). 그러나 그 밖에 그 나라는 땅 끝까지 이르러 모든 원수들 위에 임하며, 영원토록 견고히 서는 것이다.

그 나라의 머리에는 한 왕이 있는데, 그는 과연 사람이지만 동시에 그 존귀와 영광에 있어서 다른 모든 사람들을 초월하는 분이시다. 그는 사람이요, 다윗의 가문에서 나는 바 다윗의 자손이요, 인자라 불린다(삼하 7:12 이하; 사 7:14 이하; 9:5; 미 5:2; 단 7:13). 그러나 그는 사람 이상의 존재이시다. 그는 하나님 우편의 존귀의 자리에 앉으시며(시 110:1), 다윗의 주(主)가 되시는 자요(시 110:1), 또한 특별한 의미에서 하나님의 아들이신 분이신 것이다(시 2:7). 그는 임마누엘, 즉 우리와 함께 계시는 하나님이시요(사 7:14), "여호와 우리의 공의"이시요(렘 23:6; 33:16), 그의 안에서 여호와께서 친히 은혜로 그의 백성에게 오사 그들 중에 거하시는 그런 분이시다. 예언에 있어서는 여호와께서 그의 백성을 다스리든, 메시야가 그의 백성을 다스리든, 둘 다 동일한 것이다. 때로는 여호와께서 열방을 심판하시고 이스라엘을 구속하시기 위해 오실 것이라고 말씀한 다음, 이어서 다시 그의 기름 부은 왕이 오실 것이라고도 말씀한다. 예를 들어서, 이사야 40:10-11에서는 이렇게 말씀하고 있다: "주 여호와께서 장차 강한 자로 임하실 것이요 친히 그의 팔로 다스리실 것이라 … . 그는 목자 같이 양 떼를 먹이시며." 에스겔 34:23에서는, 여호와께서 한 목자를, 즉 그의 종 다윗을 세우사 그의 백성들을 먹이고 그들의 목자가 되게 하실 것이라고 말씀한다. 새 예루살렘에 대해서 에스겔 선지자는 그 성의 이름이 여호와삼마, 즉 "여호와께서 거기에 계시다"가 될 것이라고 말씀하며(겔 48:35), 이사야 역시 메시야 안에서 하나님이 우리와 함께 계시다고 말씀함으로써 동일한 사실을 제시하고 있다(사 7:14). 에스겔은 이 두 가지 사상을 하나로 결합시켜서, "나 여호와는 그들의 하나님이 되고 내 종 다윗은 그들 중에 왕이 되리라"고 말씀하며(겔 34:24), 또한 미가 선지자 역시 메시야가 여호와의 능력과 그의 하나님 여호와의 이름의 위엄을 의지하여 이스라엘 백성을 먹일 것을 말씀하고 있다(미 5:4). 그렇기 때문에 신약에서 그 두 가지 종류의 본문들이 메시야를 의미하는 방식으로 해석되고 있는 것이다. 메시야 안에서 하나님께서 친히 그의 백성들에게 임하시는데, 그는 사람 이상의 존재시요, 하나님의 완전한 계시요 거하심이며, 따라서 신적인 이름들을 지니신다. 그는 기묘자(奇妙者)라, 모사(謀士)라, 전능하신 하나님이라, 영존(永存)하시는 아버지라, 평강의 왕이라 불려지는 것이다(사 9:6).

* * * * *

그러나 이 메시야의 존귀와 권능이 지극히 크지만, 예언은 거기에 아주 두드러진 한 가지 특질을 덧붙이고 있다. 곧 그가 아주 위험한 시기에 아주 비천한 처지에서 나실 것이라는 것이다. 이러한 사상은 이사야의 진술에서 이미 시사되고 있다고 볼 수 있다. 이사야는 동정녀가, 젊은 여자가 잉태하여 아들을 낳을 것이며 이 아들이 그 백성의 고난에 동참할 것을 말씀한다. 그가 버터와 꿀만을 먹을 것이라고 하는데, 이 음식은 황폐화된 상태에 있고 아직 재건되지 않은 땅에서 나는 주산물인 것이다(사 7:14-15). 그러나 이사야 11:1에서는 이 점이 분명히 표현되고 있다(사 53:2과 비교하라). 거기서 선지자는 말씀하기를, 이새의 줄기에서 한 싹이 나며, 그 뿌리에서 한 가지가 돋을 것이라고 말씀한다. 다시 말해서 메시야가 탄생하실 시기에 다윗의 왕가가 계속 존속할 것이지만, 왕위가 없는 상태요 따라서 잘려진 그루터기와 같은 처지이지만 거기서 한 가지가 돋아날 것이라는 것이다.

미가 선지자 역시 표현은 다르지만 동일한 사상을 제시하고 있다. 그는 다윗의 왕 가문인 에브라다의 족속 — 즉, 다윗의 왕 가문을 뜻하는데, 이를 에브라다라 부른 것은 그곳이 다윗의 탄생지인 베들레헴의 한 지역이기 때문이다 — 이 유다의 수많은 족속 중에서 가장 작은 족속이지만 거기서 땅 끝까지 위세를 떨칠 한 다스리는 자가 나올 것이라고 말씀하는 것이다(미 5:2). 그리하여 예레미야 23:5과 33:15, 그리고 스가랴 3:8과 6:12에서는 메시야를 가리켜 싹(혹은, 가지)이라는 말로도 지칭하는 것이다. 이스라엘이 망하였고, 유다가 재난을 당하고 있어서 모든 소망이 사라져 있고 모든 기대가 꺼져 있을 때에, 여호와께서 다윗의 왕 가문에서 한 가지를 일으키사 그로 하여금 주의 성전을 건축하고 그의 나라를 이 땅에 세우게 하실 것이다. 그러므로 메시야가 아무리 권능과 영광 가운데 나타날지라도, 그는 또한 비천한 가운데 나타나실 것이요, 군마를 타지 않으시고 평화의 표시로서 나귀, 즉 지극히 작은 나귀 새끼를 타실 것이다(슥 9:9). 그는 왕이시며 동시에 제사장이 되실 것이다. 멜기세덱의 경우처럼 이 두 직분이 그에게서 하나로 합쳐질 것이고, 그가 그 두 직분을 영원토록 지니실 것이다(시 110:4; 슥 6:13).

메시야가 비천하시다는 이런 사상은 또 다른 사상, 즉 이사야가 장차 오실 자를 여호와의 고난의 종으로 묘사하는 데에서 나타나는 그런 사상에로 옮아가는 하나의 고리 역할을 한다. 이스라엘 백성은 제사장적인 왕국(priestly kingdom)이 되어야 했다(출 19:6). 제사장으로서 하나님을 섬겨야 했고, 또한 왕으로서 땅을 다스려야 했다. 마치 사람이 하나님의 형상대로 창조되었으므로 온 땅을 다스릴 권세를 부여받은 것처럼 말이다. 그러므로 미래에 대한 묘사에서 그 두 가지 면이 번갈아 전면에 드러나는 것이다. 예언들과 시편들에서 우리는 하나님이 그의 백성으로 말미암아 공의를 행하시고 그들에게 모든 원수들에 대한 승리를 주실 것이라는 말씀을 거듭거듭 읽을 수 있다. 때로는 그 승리를 아주 강한 단어들로 묘사하기도 한다. 하나님이 일어나시고, 그의 원수들이 궤멸될 것이며, 그를 미워하는 자가 그의 얼굴을 피하여 도망할 것이며, 그가 마치 연기를 내쫓듯이 그들을 내어쫓으실 것이며, 불 속에서 양초가 녹듯이 불경한 자들이 여호와 앞에서 사라질 것이며, 그가 그 원수들의 머리를 상하게 하시고 괴로움 중에 있게 하실 것이며, 깊은 바다에서 그 백성들을 다시 돌이키시고 그들이 그의 원수들의 피로 그 발을 적시게 하실 것이요, 그들의 개들의 혀가 그들의 피로 빨갛게 물들게 될 것이라고 하는 것이다(시 68:2-3, 21-24; 28:4; 31:18; 55:9; 69:23-29; 100:6-20; 137:8-9 등).

이 모든 저주들은 개인적인 복수의 표현이 아니라, 구약의 언어에 나타나는 묘사로서 하나님의 백성들의 원수들에 대한 하나님의 진노를 표현하는 것이다. 그러나 악인들을 그렇게 벌하시는 동일한 하나님께서 그의 백성들에게는 의와 평화와 기쁨을 주실 것이요, 그 백성이 한결같이 그를 섬기게 될 것이다. 압제와 고난을 통하여 그의 백성들이 영광과 구원의 상태에 이르게 될 것이며, 그때에 여호와께서는 새 언약을 세우시고, 그들 속에 그의 법을 기록하시며, 그들에게 새 마음과 새 영을 주실 것이요, 그리하여 그들이 그의 율례에 행하며, 그의 규례를 지켜 행하게 하실 것이다(겔 36:25 등).

미래의 이스라엘의 모습에 나타나는 이 두 가지 특징은 또한 메시야에게서도 나타난다. 그는 철장(鐵杖)으로 그의 원수들을 산산조각 내고 질그릇을 깨뜨리듯 그들을 깨뜨리는 왕이 되실 것이다(시 2:9; 110:5, 6). 이사야 63:1-6처럼 이러한 하나님의 원수들에 대한 승리를 사실적으로 표현해 주는 곳이 없다. 거기서 우리는 여호와께서 붉게 물들인 옷을 입고 오시는데, 그의 의복이 화려하며 그의 능력이 위대하시며, 공의를 말씀하시며 구원하는 능력을 가지신 자이심을 보게 된다. 그때에 선지자는, "어찌하여 당신의 의복이 붉으며 당신의 옷이 포도즙 틀을 밟는 자 같으니이까?"라고 묻는데, 이에 여호와께서 대답하시기를, "만민 가운데 나와 함께 한 자가 없이 내가 홀로 포도즙 틀을 밟았는데, 내가 노함으로 말미암아 무리를 밟았고, 분함으로 말미암아 짓밟았으므로 그들의 선혈이 내 옷에 튀어 내 의복을 다 더럽혔음이니, 이는 내 원수 갚는 날이 내 마음에 있고 내가 구속할 해가 왔음이라"고 하신다.

요한계시록 9:13-15에서는 이 묘사에 나타나는 몇 가지 특징들이 그리스도께 적용되고 있다. 그가 마지막 날에 재림하셔서 모든 원수들을 무찌르실 그때에 그런 모습을 취하실 것이라는 것이다. 이는 지극히 당연한 일이다. 왜냐하면 그는 구주시요 동시에 심판자이시며, 어린양이시요 동시에 사자(獅子)이시기 때문이다.

그는 과연 구속자시요 구주이시다. 여호와께서 의로우시고 자비하시듯이, 여호와의 날이 진노의 날이요 또한 구속의 날이듯이, 이스라엘이 왕적인 권위로 그 원수들을 다스리며 또한 제사장으로서 하나님을 섬기게 될 것이듯이, 메시야께서도 동시에 하나님의 기름 부은 왕이시요 또한 여호와의 고난의 종이신 것이다. 이사야서에서는 특히 그가 후자의 모습으로 나타나신다. 이와 관련하여 선지자는 먼저 포로된 상태에서 살고 있어서 고난을 통해서 이방인들을 향하여 이행해야 할 소명을 지닌 이스라엘 백성을 상정한다. 그러나 그에 대한 예언이 발전해 감에 따라서, 이 고난의 종의 모습은 점차 구체적인 인물의 성격을 띠게 되는데, 그는 제사장으로서 자신의 고난을 통하여 그의 백성의 죄들을 위하여 화목 제사를 드리시며, 선지자로서 땅 끝까지 이 구원을 선포하시며, 또한 왕으로서 존귀한 자와 함께 몫을 받으며 강한 자와 함께 탈취물을 나누는 분이시다(사 52:13-53:12).

여호와께서는 이 기름 부은 왕에게서 그의 영광과 능력과 그의 이름의 위엄과 높으심을 계시하시며(미 5:3), 또한 여호와의 고난의 종에게서는 그의 은혜와 풍성하신 긍휼하심을 계시하신다(사 53:1). 이스라엘 가운데 베풀어진 예언은 이 두 모습에서 종결되며, 또한 그 예언은 역사에 뿌리를 박고 있다. 이스라엘은 그 자체가 하나님의 아들의 백성이요(호 11:1), 제사장 나라로서(출 19:6), 여호와의 영광으로 옷 입고 있다(겔 16:14). 그러나 동시에 이스라엘은 하나님의 종으로서(사 41:8-9), 원수들이 여호와를 훼방하는 훼방에 참여하며(시 89:51-52), 그를 위하여 종일 살육당하며, 도살할 양으로 간주된다(시 44:22). 이스라엘의 영광과 고난이 모두 — 이스라엘 백성이 전체로서 당하는 영광과 고난과 또한 다윗이나 욥 등과 같은 이스라엘의 종들이 당하는 영광과 고난이 — 예언의 성격을 띠는 것으로, 모두가 그리스도를 지칭하는 것이다. 구약의 율법과 제도, 그 직분들과 직무들, 그 사실들과 약속들은 모두가 그리스도에게 임할 고난과 그 다음에 따라올 영광을 그림자로 보여 주는 것이다(벧전 1:11).

신약 시대의 교회가 그리스도와 하나가 되어 죄에 대하여 죽고 하나님에 대하여 사는 것처럼(롬 6:11), 또한 그리스도의 고난의 남은 부분을 그 몸에 채우며(골 1:24) 또한 그리스도의 형상으로 화하여 영광에서 영광으로 이르는 것처럼(고후 3:18), 구약의 교회도 그 모든 고난과 영광 속에서, 장차 이 땅에 하나님 나라를 세우실 그 제사장이요 왕이신 분의 낮아지심과 높아지심을 예표하며 미리 그림자로 보여 주는 것이었다.

신약이 자신을 이런 견지에서 바라보며 또한 이런 식으로 구약과의 관계를 이해한다는 것은 의심의 여지가 없는 사실이다. 예수께서는 성경이 자신에 대해 증거한다고 말씀하시는데(요 5:39; 눅 24:27), 이것이 신약 전체의 기본에 깔려 있는 사상이요 또한 자주 명확하게 진술되는 사상인 것이다. 예수님의 첫 제자들이 그를 그리스도로 깨달은 것은 그에게서 모세와 선지자들이 말씀한 그분을 발견했기 때문이었다(요 1:45). 바울은 그리스도께서 성경대로 죽으시고 장사 지낸 바 되시고 다시 살아나셨다고 증언하고 있다(고전 15:3-4). 베드로도 그리스도의 영이 선지자들에게서 장차 올 그리스도의 고난과 영광에 대해 미리 증언하였다고 기록하고 있다(벧전 1:11). 그리고 신약의 모든 책들이 구약 전체가 그리스도 안에서 성취되었다는 것을 직접적으로 공언하기도 하고 혹은 간접적으로 암시하기도 한다. 도덕법, 의식법, 시민법을 통틀어서 율법 전체와, 성전과 제단과, 제사장직과 제사 제도와, 또한 다윗 가문의 기름 부은 왕에 대한 약속과 여호와의 고난의 종에 대한 약속을 포함하는 예언 등 — 이 모든 것들이 그리스도를 그 성취로 지시한다는 것이다. 이스라엘 백성과 그들의 역사에서 미리 그림자로 나타났고, 율법에서 민족적인 형식으로 미리 묘사된 그 하나님 나라 전체가 그리스도 안에서 가까이 임하였고, 그와 그의 교회 안에서 하늘로부터 이 땅에 임한 것이다.

구약과 신약 사이의 이러한 친밀한 관계는 기독교 신앙의 당위성과 순수성을 위해서 지극히 중요하다. 예수께서 그리스도시요, 이스라엘에게 약속되신 메시야라는 고백이 기독교 신앙의 행심을 이루며, 또한 다른 모든 종교들과 구별지어 주는 것이기 때문이다. 그러므로 유대인들과 이슬람교도들과 기타 이교도들은 이것을 극심하게 공격해왔고, 또한 오늘날 기독교인이라는 이름을 지닌 사람들 중에서도 많은 이들이 이를 공격하고 있는 것이다. 그들은 예수는 절대로 자기 자신을 메시야로 생각한 적도 없고 자기 자신을 메시야로 제시하지도 않았으며, 기껏해야 자신의 내적인 종교 의식과 자신의 고상한 도덕적 소명을 그런 일시적인 형식으로 표현한 것뿐이며, 따라서 이 형식은 오늘날 우리에게는 아무런 의미도 없다는 식으로 주장하려고 애쓴다.

그러나 신약의 증언들은 너무도 많고 너무도 강력하여 그런 식의 자세를 결코 오래 유지할 수가 없다. 그리하여 최근에는 사람들이 그보다 훨씬 더 나아간다. 예수께서 자신을 메시야로 아셨다는 것이나 그가 온갖 초자연적인 특성들과 능력들을 자신의 것으로 여기셨다는 것을 부인할 수가 없으므로, 이 사실에다 비중을 두어 예수님을 그가 말씀하신 그대로 받아들이는 대신, 예수는 헛된 망상과 열정과 온갖 비정상적인 것에 사로잡힌 인간이었다는 식으로 추리하는 것이다. 사실, 어떤 이들은 예수께서 온갖 종류의 정신적·육체적 질병을 앓고 있었다고 주장하기까지 하며, 예수께서 자신에 대해 가지셨던 그 고상한 사상을 그런 식으로 설명해치우는 데까지 나아가기도 한다. 과거에 일어났던 예수님의 인격에 대한 이러한 논쟁이 다시금 일어나 이처럼 심각한 데까지 나아가고 있다는 사실은, 그 옛날 역사 속에서 제기되었던 "너는 그리스도를 누구라 생각하느냐?"라는 질문이 다시금 사람들의 마음에 자리잡고 있고 또한 그들을 분열시키고 있다는 것을 여실히 증명해 주는 것이다. 유대인들이 예수에 대해 갖가지 생각들을 갖고 있었고, 어떤 이들은 그를 세례 요한이라 여겼고, 어떤 이들은 엘리야로, 또 어떤 이들은 예레미야로 보았고, 또 어떤 이들은 선지자 중의 한 사람으로 여겼던 것처럼(마 16:13-14), 또한 어떤 이들은 예수를 정신 나간 사람으로 혹은 귀신 들린 사람으로 여기기도 했던 것처럼(막 3:21-22), 그런 일이 여러 세기 동안 계속되었고, 지금도 여전히 계속되고 있는 것이다. 그리스도를 망상주의자요 열광주의자로 여기는 사람들을 한 쪽으로 제쳐둔다 해도, 그를 선지자의 한 사람으로 인정하면서도 그가 하나님의 그리스도이심을 고백하지 않는 사람들이 수없이 많이 있는 것이다.

그러나 그리스도께서는 그러한 호칭으로 자신을 충만히 주장하시며 또한 다른 고백으로는 절대로 만족하지 않으신다. 그는 사람이시며, 신약 전체에서 사람으로 묘사되고 있다. 그는 영원한 말씀이시지만, 시간 속으로 나신 분이요(요 1:14; 빌 2:7), 우리와 혈육을 함께 공유하시며 범사에 형제들과 같이 되신 분이시다(히 2:14, 17). 그는 육신으로는 조상들에게 나셨고(롬 9:5), 아브라함의 자손이요(갈 3:16), 유다에게서 나셨고(히 7:14; 계 5:5), 다윗의 혈통에서 나셨으며(롬 1:3), 또한 여자에게서 나셨다(갈 4:4). 그는 육체와(마 26:26), 혼과(마 26:38) 영과(눅 23:46), 인간의 정신과(눅 2:52), 인간의 의지와(눅 22:42), 기쁨과 슬픔, 분노와 자비 등 인간의 감정을 지니셨고(눅 10:21; 막 3:5), 또한 휴식과 쉼, 음식과 음료를 필요로 하는(요 4:6-7 등) 진정한 의미에서의 완전한 인간이시다. 신약 성경 어디에서나 언제나 예수께서는 인간적인 것이 전혀 낯설지 않은 완전한 인간으로 자기 자신을 드러내신다. 사실 그는 우리와 똑같이 모든 일에 시험을 받으셨으나, 죄는 없으신 분이었다(히 4:15). 그는 육체에 계실 때에 심한 통곡과 눈물로 간구와 소원을 올리셨고, 자신이 친히 당하신 고난으로 순종함을 배우셨다(히 5:7-8).

따라서 그와 동시대 사람들은 그의 진정한 인성(人性)을 한순간도 의심하지 않았다. 그는 복음서에서 대개 그저 예수라는 평범한 이름으로 불리셨다.

물론 이 이름은 천사의 분명한 지시를 받아 그에게 붙여졌고, 그가 그의 백성의 구주라는 의미를 지니는 것이 사실이다(마 1:21). 그러나 이 이름 자체는 옛적부터 이스라엘에서 알려진 이름이요, 그 이름을 지닌 사람들이 그 외에도 많았다. 예수라는 이름은 여호수아 혹은 요슈아라는 히브리식 이름을 헬라어식으로 바꾼 것으로, "구원하다" 혹은 "구하다"라는 의미를 지닌 동사에서 파생된 것이다. 모세의 후계자는 처음에는 호세아라 불렸으나, 후에 모세가 그를 여호수아 혹은 요슈아로 불렀고(민 13:16), 사도행전 7:45과 히브리서 4:8에서는 예수라는 이름으로 불리고 있다. 그리고 신약에서도 예수라는 이름을 지닌 다른 사람들이 언급되고 있다(눅 3:29; 골 4:11). 그러므로 그 이름만으로는 유대인들이 마리아의 아들을 그리스도로 여기게 될 수 없었던 것이다.

그러므로, 그들은 보통 그를 예수라 하는 사람으로(요 9:11), 목수 요셉의 아들로 그 형제 자매들을 잘 알고 있는 사람으로(마 13:55; 요 6:42), 나사렛 사람 요셉의 아들로(요 1:45), 나사렛 예수로(마 2:23; 막 10:47; 요 18:5, 7; 19:19; 행 22:8), 갈릴리 사람 예수로(마 26:69), 또한 갈릴리 나사렛에서 나온 선지자 예수 등으로(마 21:11) 불렀다. 그리고 예수께서는 보통, 선생 혹은 스승, 혹은 나의 스승을 뜻하는 랍비나 랍오니 등의 호칭으로 불려지셨는데(요 1:38; 20:16), 서기관들과 바리새인들이 그 호칭을 보통 사용했고(마 23:8), 그는 이 호칭을 친히 전용하신 것은 물론 거기에 독특한 의미를 부여하기도 하셨다(마 23:8-10). 그러나 이 호칭들이, 사람들이 그를 그리스도로 인정했음을 시사해 주는 것이 아님은 물론이다. 심지어 그를 주(主)라는 일반적인 용어로(막 7:28), 다윗의 자손으로(막 10:47) 칭한 경우나, 그를 선지자로 부르는 경우에도(막 6:15; 8:28), 그런 의미는 전혀 들어있지 않았다.

* * * * * *

그러나, 예수께서 물론 진정 참된 사람이시지만, 그는 처음부터 자신이 사람 이상의 존재임을 인식하셨고, 또한 그의 모든 제자들이 갈수록 더욱 분명하게 그렇게 인정하고 고백하였다. 흔히 이것이 요한복음과 사도들의 서신서에서만 나타난다는 주장들이 있으나, 결코 거기에만 한정되는 것이 아니고, 마태복음, 마가복음, 누가복음에서도 그 사실을 분명하게 읽을 수가 있다. 오늘날 사람들이 흔히 역사적 예수와 교회의 그리스도를 서로 구분하여 제시하려 하지만, 그런 구분은 전적으로 근거가 없는 것이다. 그들은 이런 식으로 논지를 전개한다. 즉, 예수는 그저 경건한 이스라엘 사람이나 종교적 천재로, 혹은 뛰어난 교사나 선지자 등 과거 이스라엘에 수없이 일어났던 그런 사람 중의 하나 이상 아무것도 아니었고, 그 스스로도 그 이상이 되기를 원치 않았다는 것이다. 그리고 이 역사적 예수에 관하여 교회가 고백해온 모든 내용들 — 그의 초자연적인 잉태, 그의 메시야직, 그의 속죄의 죽으심, 그의 부활, 그의 승천 등 — 은 그저 상상의 산물일 뿐이요, 그 스승의 본래의 모습에다 제자들이 덧붙여놓은 것들이라는 것이다.

그러나 이런 사고 전체에 대한 반론들이 너무도 많고 너무도 심각하기 때문에, 그런 사고는 아무도 만족시킬 수가 없다. 만일 위에 언급한 그 많은 사실들이 진짜가 아니고 상상으로 꾸며내어 예수의 전설 속에 집어넣은 것들이라면, 제자들이 어떻게 해서 그렇게 꾸며내게 되었으며 또한 그렇게 기술적으로 고안한 설화의 재료를 그들이 대체 어디서 빌려왔는지에 대해서 무언가 설명을 제시해야 할 것이다. 예수님의 비범한 인격이 주는 인상은 결코 그런 환상에서 빌려온 것일 수가 없다. 그런 인상은, 그것이 아무리 고귀한 사람의 인상이라 할지라도, 교회가 고백하는 그리스도가 지닌 것과 같은 구성 요소를 단 하나도 지니고 있지 않기 때문이다. 그러므로 그런 구성 요소들을 그 당시의 유대교 분파들 가운데서나, 헬라 종교, 페르시아 종교, 인도 종교, 애굽 종교, 바벨론 종교들 가운데서 찾을 수밖에 없고, 그들은 실제로 그런 종교들에서 구성 요소들을 찾음으로써, 기독교의 독자성과 독특성을 빼앗고 기독교를 이교 분파들과 유대교 이단들에서 나온 것으로 취급하는 것이다.

그러나, 그 세 편의 복음서들은 예수가 그리스도시라는 확고한 믿음을 지닌 사람들이 기록한 책들이다. 그 책들이 기록될 때에는 이미 교회가 한동안 존재해 있었고, 사도들의 전도가 그 당시 알려진 세계 사방에 이미 퍼져 있었으며, 바울이 이미 수많은 서신들을 기록한 다음이었다. 그럼에도 불구하고 복음서들은 보편적으로 받아들여졌고 인정을 받았다. 초기 교회들에서는 사도들과 동료 사역자들 사이에 그리스도의 인격에 대해 갈등이 있었다는 그 어떠한 흔적도 나타나지 않는다. 그들 모두가 예수께서 그리스도시며, 유대인들이 십자가에 못 박은 이 예수를 하나님이 주와 그리스도가 되게 하셨으며, 또한 그의 이름으로 회개와 죄 사함이 이루어진다는 믿음에 서 있었던 것이다(행 2:22–38).

이 믿음은 처음부터 기독교 교회의 기초였다. 바울은 고린도전서 15장에서 성경의 그리스도, 곧 죽으시고 장사 지낸 바 되었고 다시 사신 그리스도가 사도의 설교의 내용이요 또한 기독교 신앙의 대상이었으며, 또한 그 두 가지 사실이 없이는 설교와 신앙이 모두 허사가 되고 그리스도 안에서 잠자는 자들의 구원도 헛것이 될 것이라고 주장하고 있다. 다음 두 가지 중 어느 한 가지일 수밖에 없다. 곧, 사도들이 하나님의 거짓된 증인들이든가, 아니면 그들이 태초부터 있었던 생명의 말씀에 관하여 눈으로 목격했고 주목했고 손으로 만진 바를 그대로 증언하고 선포했든가, 둘 중의 하나일 수밖에 없는 것이다. 이와 마찬가지로, 예수가 거짓 선지자였든가, 아니면 신실한 증인이요 죽은 자 가운데서 먼저 나신 자요 땅의 왕들의 왕으로서 우리를 사랑하셨고 자기 피로 우리의 죄를 씻으셨고 우리를 하나님과 그의 아버지께 왕과 제사장이 되게 하신 분이시든가(계 1:5, 6) 둘 중의 하나일 수밖에 없다. 역사적 예수와 교회의 그리스도 사이에는 전혀 모순이 없다. 선지자들의 증언은 성령의 인도하심으로 주어진 바 그리스도의 자기 증거를 드러내는 것이요 그것에 대한 해석인 것이다. 교회라는 구조물은 사도와 선지자들의 터 위에 세워져 있고, 그리스도께서 그 모퉁잇돌이 되신다(엡 2:20). 그리고 그들이 닦아둔 것 외에 아무도 다른 터를 닦아 둘 수가 없다(고전 3:10).

* * * * *

이 문제가 비록 매력적이긴 하지만, 이 시점에서는 그리스도께서 자신에 대해서 제시하신 증거들과 사도들이 그들의 스승과 주(主)에 대해 제시한 증거들의 내용을 완전히 다룰 수는 없다. 그러나 몇 가지 구체적인 내용에 대해서는 잠시 주의를 기울일 필요가 있다.

세례 요한이 그랬던 것처럼, 예수께서도 하나님 나라가 가까웠고 믿음과 회개를 통해서만 그 나라의 시민이 될 수 있다는 설교부터 시작하셨다(막 1:15). 그러나 그는 그 나라에 대해서 요한이나 다른 선지자들과는 전혀 다른 관계 속에 계시다. 그들은 모두 그 나라에 대해 예언했으나(마 11:11-13), 예수님은 그 나라의 주인이요 소유자시다. 물론 그가 그 나라를 아버지께로부터 받으셨고, 아버지께서 영원하신 경륜 가운데서 그를 위하여 그 나라를 작정하신 것은 사실이다(눅 22:29). 그러나 바로 그렇기 때문에 그것은 그의 나라요, 그는 그의 제자들을 위하여 그 나라를 주권적인 통치로 다스리신다. 그 아들을 위하여 혼인 잔치를 예비하신 분은 바로 아버지이시다(마 22:2). 그러나 신랑은 아들이요(막 2:19; 요 3:29), 미래에 그의 백성들과 연합할 때에 자신의 혼인 잔치를 벌이는 당사자는 아들인 것이다(마 25:1). 아버지가 포도원의 주인이시지만, 그 상속자는 바로 아들이다(마 21:33, 38). 그리하여 예수께서는 하나님의 나라를 그의 나라로 부르시며, 그는 자신에 대한 고백의 반석 위에 그의 교회를 세우실 것을 말씀한다(마 16:18). 그는 요나나 솔로몬보다 더 크신 분이시다(마 12:39, 42). 그를 위해서라면, 부모나 형제나 처자나 집이나 밭이나 자기 목숨까지도 부인하고 버려야 한다. 부모나 처자를 그보다 더 사랑하는 자는 그에게 합당치 못하다. 사람들 앞에서 그를 부인하거나 시인하는 자에 대해서는, 그가 하늘에 계신 그의 아버지 앞에서 똑같이 부인하고 시인하실 것이다.

예수께서는 천국에서 자기 자신에게 이처럼 높은 위치를 부여하시며, 또한 그의 모든 말씀과 행위들이 거기에 부합되며 그의 아버지의 뜻과도 완전히 일치한다. 예수께서는 절대로 죄가 없으신 분이시다. 그는 단 한 번도 하나님의 뜻을 거스른 일이 없음을 스스로 인식하시며, 또한 단 한 번도 실수나 죄를 고백하신 일도 없다. 물론 그가 스스로 요한에게서 세례를 받으신 것은 사실이나, 다른 사람들처럼 죄 사함을 받기 위하여 그렇게 하신 것은 절대로 아니다(마 3:6). 요한은 자신의 세례가 회개와 죄 사함의 세례였기 때문에, 예수님에게 세례를 베풀지 않으려 했다. 예수께서는 그런 반대를 아시고서, 자신이 세례를 받고자 하는 것이 죄 사함을 받기 위함이 아니라 의를 이루기 위함이라고 분명히 말씀하심으로써 그런 반대를 무마시키셨다(마 3:13-14). 뿐만 아니라 그는 젊은 부자 관원이 그를 가리켜 "선한 선생"이라 부르는 것을 말리셨다(막 10:18). 그러나 그렇다고 해서 그가 자신의 도덕적인 완전함을 부인하신 것은 절대로 아니다. 그 젊은 관원은 그 당시 사람들이 온갖 찬사와 존경의 말로 서기관들과 바리새인들에게 나아갔던 것처럼 그런 자세로 예수께 나아왔다(마 23:7). 그는 예수께 아첨하고자 했고, 그를 선한 선생이라 부름으로써 예수께 환심을 사려 한 것이다. 그러나 예수님은 아첨으로 섬김을 받으시는 분이 아니다. 그는 서기관들처럼 찬사를 듣고 인사를 받기를 원치 않으셨다. 모든 축복과 은택들의 근원이라는 절대적인 의미에서는 오직 하나님 한 분만이 선한 분이시다. 따라서 예수께서는 여기서 결코 자신의 도덕적인 완전하심을 부인하시는 것이 아니라, 그 젊은 관원의 생각 없는 아첨을 나무라신 것이다. 겟세마네의 일도 마찬가지다. 자신을 기다리고 있는 고난이 크게 다가오는 것을 그의 인성이 보시고, 이 잔이 지나가기를 기도하심으로써 그 고난이 실재한다는 것을 증명하신다. 그러나 그와 동시에 그는 "나의 원대로 마옵시고 아버지의 원대로 하옵소서"(마 26:39)라고 청하심으로써 자신의 완전한 굴복과 순종을 드러내 보이시는 것이다.

그러나 겟세마네에서나 골고다에서도, 죄에 대해서는 단 한 차례의 고백도 나타나지 않는다. 오히려 그 반대로, 그의 모습, 그의 말씀, 그의 행위 등 모든 것이 하나님의 거룩하신 뜻에 완전하게 일치하는 것이다. 그가 하나님과 그의 나라에 관하여 그의 말씀과 행위로 계시하시는 모든 것들은 아버지께서 그에게 주신 것들인 것이다(마 11:27).

그는 서기관들처럼 학식을 늘어놓는 식으로 가르치지 않으셨고, 권위를 지니신 자답게 하나님 자신으로부터 충만한 예언의 권위를 받으신 자로서 가르치셨으며(마 7:29), 또한 그와 동일한 권위가 그의 행위들에서도 드러났다. 하나님의 영으로 말미암아(마 12:28), 또한 하나님의 손을 힘입어(눅 11:20) 귀신을 내어쫓으셨고, 죄를 사하는 권세를 지니셨으며(마 9:6), 또한 자기 목숨을 버릴 권세도 있고 다시 얻을 권세도 있으신 분이었다(요 10:18). 그는 이 모든 권세를 아버지께로부터 받으셨다. 예수께서는 그의 모든 말씀과 사역들을 그의 아버지의 명령에 근거를 두신다(요 5:19, 20, 30; 8:26, 28,

38; 12:50; 17:8). 아버지의 뜻을 행하는 것이 그의 양식이며(요 4:34), 그리하여 그의 생애 마지막에 그는 자신이 아버지를 영화롭게 하셨고, 그의 이름을 드러내셨고, 그의 일을 이루셨다고 말씀하실 수 있었다(요 17:4, 6). 예수께서 그의 인격과 그의 말씀과 그의 행위 속에 담으시는 하나님 나라와의 이러한 관계는 그의 메시야적인 성격에서 표현된다.

예수께서 과연 자신을 약속하신 메시야로 여겼는가 하는 문제와, 만일 그렇다면 그가 어떻게 이런 인식을 갖게 되었는가 하는 문제에 대해서 오래 전부터 많은 탐구가 있어왔고, 현재도 계속 진행 중에 있다. 첫 번째 문제에 대해서는, 아무런 편견 없이 복음서를 — 요한복음만이 아니라 마태복음, 마가복음, 누가복음까지도 — 읽는 사람에게는 전혀 의심의 여지가 있을 수 없다. 그저 몇 가지를 언급해 보기로 하자. 나사렛 회당에서 그리스도께서는 이사야의 예언이 그날에 성취되었다고 선언하셨다(눅 4:17 이하). 그가 과연 메시야이신지에 대한 세례 요한의 질문에 대해, 그는 자신의 일을 지적하심으로써 긍정적으로 답변하신다(마 11:4 이하). 그는 "주는 그리스도시요 살아 계신 하나님의 아들이시니이다"라는 베드로의 고백을 그대로 인정하셨고, 그 고백 속에서 아버지의 계시를 보신다(마 16:16-17). 세베대의 아들들의 모친의 간구는 예수께서 메시야라는 믿음에서 나온 것이므로, 예수께서는 그 간구를 그렇게 해석하신다(마 20:20). 시편 110편에 대한 그의 설명(마 22:42), 예루살렘 입성(마 21:2 이하), 성전에 들어가신 일(마 21:12 이하), 성찬을 제정하신 일(마 26:26 이하) 등은 모두 그가 메시야이시며 다윗의 자손이요 주님이시라는 가정에, 그리고 그가 옛 언약을 새 언약으로 대체시킬 수 있다는 가정에 근거를 두는 것이다. 그리고 결정적인 사실은 그가 정죄를 받으시고 죽임을 당하신 것이 다름이 아니라 바로 그가 그리스도요 하나님의 아들이라는 고백 때문이었다는 점이다(막 14:62). 나사렛 예수, 유대인의 왕이라는 십자가의 비명이 이 사실의 당위성을 확증해 준다 하겠다.

예수께서 이런 인식을 어떻게 갖게 되었느냐 하는 것은 또 다른 문제다. 그러나 오늘날 매우 널리 받아들여지고 있는 견해는, 예수께서 처음에는 그것에 대해 아무것도 모르셨다가 나중에 그가 세례를 받은 후에, 혹은 베드로의 고백을 통해서 그런 생각이 들었다는 것이다. 그리고 이 견해는 그가 자신이 메시야라는 인식을 강제로 수용하게 되었거나, 아니면 자신에게 부적절하기는 하지만 받아들이지 않을 수 없는 자신의 종교적·도덕적 소명으로 여기게 되었다고 가정한다. 그러나 그런 모든 추측은 현실성과는 거리가 멀고, 성경의 증언이나 예수님의 인격의 본질과도 완전히 반대되는 것이다. 물론 그리스도의 인간적인 의식에 발전이 있었다는 것은 의심의 여지가 없다. 그가 지혜와 키가 자라가며 하나님과 사람에게 더 사랑스러워 가셨다는 분명한 증거가 있기 때문이다(눅 2:52). 그 자신의 인격, 아버지께서 그에게 행하라고 맡기신 일, 그가 세우기 위해 오신 그 나라의 본질 등에 대한 그의 인간적인 통찰은 나사렛의 조용한 가정에서 어머니의 지도 아래, 구약 성경의 도움을 받아, 점점 깨어져갔고 깊어져간 것이다.

그러나, 이미 어린 소년 시절 성전에서 그는 자신이 아버지의 집에 있어야 할 줄을 알고 있었다(눅 2:49). 요한이 자신에게 세례를 베풀기를 허락하기 전에, 그는 자신이 죄 사함을 위해서는 세례를 받을 필요가 없으나 모든 일에서 하나님의 뜻에 순종하기 위해서는 세례를 받아야 한다는 것을 알고 있었다. 그러므로 예수께서 받으신 세례는 죄악된 과거와의 단절을 의미하는 것이 아니었다. 그에게는 그런 과거가 없었기 때문이다. 오히려 그의 세례는 그의 편에서는 아버지께서 그에게 행하라고 주신 그 일에 전적으로 굴복하며 헌신하는 것이요, 또한 하나님의 편에서는 그 일을 위하여 그를 전적으로 구비시키시고 준비시키시는 것을 의미했다. 요한은 즉시 그가 메시야이심을 깨달았고, 그 이튿날 예수께서 택하신 제자들도 그를 메시야로 인정하였다 (요 1:29-52).

* * * * *

그러나 이런 고백은 이를테면 예비적인 고백에 불과했다. 그 고백은 마땅히 있어야 할 그런 고백은 절대로 아니었다. 메시야직의 본질에 관하여 온갖 오류를 내포하고 있었기 때문이다. 제자들도 예수를 그 당시 유대인들이 일반적으로 그리고 있었던 그런 메시야로 생각하였다. 이방 나라들과 싸워 승리하여 이스라엘의 영광을 드높일 그런 왕으로 생각한 것이다. 예수께서는 대중 앞에 모습을 드러내신 이후 이런 기대에 부응하지 않으셨고, 그리하여 심지어 세례 요한조차도 의심을 갖게 되기까지 했다(마 11:2 이하). 그리고 제자들도 그 점에 대해 예수께 그들의 잘못된 생각을 끊임없이 교정받아야 했고, 더 나은 가르침을 받아야 했다. 그 그릇된 유대인의 메시야 대망 사상이 그들의 영혼 속에 어찌나 깊이 새겨져 있었던지, 예수께서 부활하신 이후에도 그들은 이제는 예수께서 이스라엘 나라를 회복하실 때가 되었느냐고 물을 정도였다(행 1:6).

당시 일반 사람들은 물론 제자들까지도 이런 그릇된 사고에 가득 젖어 있었기 때문에, 예수께서는 그의 설교에서 아주 특별히 교육적인 해석의 방향을 따르지 않을 수가 없었다. 예수께서 공생애 사역 초기에는 자신이 그리스도라는 말씀을 구체적으로 하신 일이 절대로 없다는 것은 잘 알려진 사실이다. 그 시절 그의 설교의 내용은 주로 천국이었고, 그는 그 나라의 본질과 기원, 과정과 성취를 특히 비유를 사용하여 설명하셨다. 그리고 그의 사역도 주로 긍휼을 베푸는 사역이었으니, 사람들의 온갖 질병들을 고치는 것이 그 것이었다. 그 사역들이 그가 누구신가를 증거해 주었고, 따라서 그의 제자들은 ― 세례 요한도 ― 그 사역들을 근거로 하여, 그가 과연 누구시며 메시야직의 성격이 어떤 것인지에 대해서 결단을 내려야 했다. 심지어 좀 더 강하게 말해서, 그의 메시야직이 마치 공개해서는 안 될 하나의 비밀이었던 것 같기도 하다고 할 수 있다. 그의 사역들로 인해서 그 주위의 사람들이 그가 그리스도라는 생각을 가졌는데, 그가 아무에게도 말하지 말라고 강하게 명하신 예가 여러 번 나타나는 것이다(마 8:4; 9:30; 12:16; 막 1:34-44; 3:12; 5:43; 7:36; 8:26; 눅 5:13). 사실, 그의 생애가 막바지에 이를 무렵 그의 제자들이 그를 더 잘 알게 된 시점에서도, 그는 자신의 메시야직을 발설하지 말 것을 명하셨다. 가이사랴 빌립보로 향하는 길에서 베드로가 그를 그리스도시요 살아 계신 하나님의 아들로 고백하자, 그는 아무에게도 이야기하지 말라고 엄히 명하신 것이다(마 16:20; 막 8:30).

예수께서 과연 그리스도이셨으나, 그는 그 당시 유대인들이 생각하던 것과는 다른 의미의 그리스도이셨던 것이다. 그는 그들이 기대하던 메시야가 되기를 원치 않으셨고, 그런 메시야가 되실 수도 없었다. 사람들이 그렇게 되기를 위협하자, 그는 억지로 그들에게 붙들려 왕이 되지 않기 위해서 그들을 피하시기까지 했다(요 6:14-15). 그는 과연 메시야이셨고 또한 메시야이기를 원하셨다. 그러나 사람들의 뜻과 기호에 맞는 그런 메시야가 아니라, 아버지의 뜻과 경륜에 맞고 구약의 예언과 일치하는 그런 메시야이기를 원하신 것이다.

그가 인자(人子: Son of man)라는 특별한 호칭으로 자기 자신을 지칭하신 것은 바로 그런 이유 때문이었다. 복음서에서 그는 계속해서 그런 호칭으로 자기를 나타내시는 것이다. 그 호칭은 의심의 여지도 없이 다니엘 7:13에서 비롯된 것이다. 거기에는 세상의 나라들이 각종 동물들의 모습으로 제시되고, 하나님의 통치가 인자라는 형식으로 나타난다. 일부 유대인들은 이 구절을 메시야를 가리키는 의미로 해석했고, 따라서 최소한 몇몇 사람들은 그 인자라는 명칭을 메시야를 지칭하는 것으로 알고 있었다(요 12:34). 동시에 그 호칭은 흔히 쓰이는 명칭이 아니었던 것 같고, 그렇기 때문에 그 의미가 고정되어 있지 않았던 것 같다. 다윗의 자손, 이스라엘의 왕 등의 명칭에 대해 사람들이 가졌던 육신적인 기대들이 이 명칭에는 없었던 것이다. 그러므로, 이 명칭이야말로 예수께 지극히 적절한 것이었다. 한편으로는 그가 예언에서 약속한 그 메시야이시라는 것을 표현하면서도, 다른 한편으로는 유대 백성들에게 만연되어 있는 사고와 일치하는 그런 메시야는 아니라는 것을 표현하는 것이었기 때문이다.

이러한 사실은 예수께서 그 호칭을 사용하신 용법(用法)에서 입증된다. 그는 두 가지 종류의 본문들에서 이 호칭을 자기 자신에 대해 사용하신다. 곧, 그가 자기 자신의 빈곤과 고난과 낮아지심에 대해서 말씀하시는 본문들과, 또한 그의 힘과 위엄과 높아지심에 대해서 말씀하시는 본문에서 그 호칭을 사용하시는 것이다. 첫째 종류의 본문의 경우, 예를 들어서 그는, "인자가 온 것은 섬김을 받으려 함이 아니라 도리어 섬기려 하고 자기 목숨을 많은 사람의 대속물로 주려 함이니라"(마 20:28)고 말씀하신다. 둘째 종류의 본문의 경우, 그는 대법정에서 자신이 과연 메시야이심을 선포하시면서, "이후에 인자가 권능의 우편에 앉아 있는 것과 하늘 구름을 타고 오는 것을 너희가 보리라"는 진술을 덧붙이신다(마 26:64). 마태복음 8:20, 11:19, 12:40, 17:12,

18:11, 20:18 등의 본문과 마태복음 9:6, 10:23, 12:8, 13:41, 16:27, 17:9, 19:28, 24:27, 25:13 등의 본문들을 서로 비교해 보아도 동일한 생각을 갖게 된다. 예수께서는 이 호칭으로 자신의 메시야적인 성격을 충만히 드러내신 다. 메시야로서 그가 당하실 낮아지심과 높아지심, 그의 은혜와 그의 능력, 그리고 구주시요 동시에 심판자이심을 드러내시는 것이다.

그리고 그 이름으로 그는 메시야에 관한 구약의 예언 전체를 포괄하신다. 앞에서 언급한 바와 같이, 메시야 대망은 다윗 가문의 기름 부은 왕에 대한 대망과 또한 여호와의 고난의 종에 대한 대망 등, 두 가지 방향으로 발전되 어 왔다. 구약 전체를 통틀어서 이 두 가지 대망이 대체로 함께 나란히 이어 지는데, 다니엘서에서 이 두 가지가 하나로 만난다. 하나님의 나라는 미래에 충만한 의미에서 하나의 통치가 될 것이요, 그 통치는 인간의 통치, 즉 인자 (人子)의 통치가 될 것이라는 것이다. 그리고 이제 예수께서 오셔서, 자신이 이스라엘의 왕이시요, 하나님이 약속하시고 기름 부으신 왕이시라는 사실을 말씀하신다. 그러나 그의 말씀은 유대인들이 생각하는 것과는 다른 의미를 지닌다. 그는 나귀 새끼를 타시는 왕이요, 의와 평화의 왕이요, 제사장이신 왕이시요, 또한 동시에 구주이신 왕이시다. 권능과 사랑, 의와 은혜, 높으심 과 낮으심, 하나님과 사람이 그의 안에서 하나가 되는 것이다.

그는 구약의 율법과 예언 전체의 완전한 성취이시다. 그는 이스라엘에게 서 예비적으로 예표된 모든 고난과 모든 영광의 완전한 성취이시요, 이스라 엘의 ― 이들은 제사장 나라가 되어야 했고 왕 같은 제사장이어야 했다 ― 왕 들과 제사장들을 통해서 예표된 실체이시요, 이스라엘 백성 그 자체를 통해 서 예표된 실체이시기도 한 것이다. 그는 왕이요 동시에 제사장이신 분이시 요, 제사장인 동시에 왕이신 분이시며, 임마누엘, 곧 우리와 함께 계신 하나 님이시다. 그러므로 그가 오셔서 전파하시고 세우시는 나라는 내면적인 동 시에 외형적이며, 불가시적(不可視的)인 동시에 가시적이며, 영적인 동시에 육적이며, 현재적인 동시에 미래적이며, 제한적인 동시에 보편적이며, 위로 부터 임하는 것인 동시에 땅 위에 존재하는 것이다. 그리고 예수께서는 다시 오실 것이다. 그는 세상을 보존하고 구원하기 위하여 과거에 오셨고, 이제 세상을 심판하기 위해서 다시 오실 것이다.

　예수님의 이런 모습에다 복음서가 제시하는 대로 한 가지 특질을 덧붙여야 할 것이다. 그것은 곧, 그가 자신이 지극히 특별한 의미에서 하나님의 아들이심을 의식하고 계셨다는 것이다.

　구약에서는 이 하나님의 아들이라는 명칭이 천사들에 대해서도(욥 38:7), 이스라엘 백성에 대해서도(출 4:22; 신 14:1; 사 63:8; 호 11:1), 이스라엘 백성 중의 관원들에 대해서도(시 82:6), 그리고 왕들에 대해서도 사용되었다(삼하 11:14; 시 2:7; 89:27, 28). 그리고 신약에서는 아담이 하나님의 아들이라 불려지며(눅 3:38), 하나님의 자녀들도 그렇게 부르며(고후 6:18), 특별히 그 명칭을 그리스도께 적용시키기도 한다. 여러 사람들에 의해서, 여러 가지 정황에서 그가 하나님의 아들이라 불려지고 있는 것이다. 세례 요한과 나다나엘도 그렇게 부르며(요 1:34, 49), 사탄과 귀신들린 자들도 그렇게 부르며(마 4:3; 8:29; 막 3:11), 대제사장과 유대인 무리들과 백부장도(마 26:63; 27:40, 54), 제자들도(마 14:23; 16:16), 또한 복음서 기자들도 그렇게 부른다(막 1:1; 요 20:31). 예수님 자신은 보통 자신을 그 이름으로 부르지 않는 것이 사실이다. 그러나 그는 자신이 하나님의 아들이시라는 이런 고백을 아무런 반대 없이 수용하셨고, 때로는 자신이 하나님의 아들이심을 분명히 진술하기도 하셨다 (마 16:16-17; 26:63-64; 27:40, 43).

　물론 예수님을 그 이름으로 부른 그 다양한 사람들이 모두 그 심오한 의미를 깨닫고 그런 의미로 사용한 것이 아니라는 것은 분명하다. 백부장의 경우나(마 27:54), 대제사장의 경우나(마 26:63), 또한 베드로의 경우(마 16:16) 모두 동일한 의미로 그 명칭을 사용한 것이 아니다. 백부장은 이교도였고, 따라서 그는 예수를 하나님의 유일한 아들(the Son of God)로 부른 것이 아니라, 신의 여러 아들 중의 하나(a son of God)로 불렀다. 대제사장은 특별히 메시야의 정체성을 생각하고 그 이름을 사용하였다. 그는 예수를 심문하면서 그가 과연 그리스도, 곧 하나님의 아들이신지를 묻고 있었으니 말이다. 그러나 베드로는 오랜 동안 예수님과 함께 다닌 사람으로서 그가 과연 영원한 생명의 말씀을 지니신 그리스도시요 살아 계신 하나님의 아들이심을 강조하여 고백했는데, 이러한 베드로의 고백이 다른 사람들의 진술보다 더 깊은 의미를 지니고 있다는 것은 의심의 여지가 없다. 그리고 제자들은 후에 예수님의 부활 이후에 점점 더 그 의미를 더 충만하고도 풍성하게 깨닫게 되는 것이다.

구약적인 신정적(神政的) 의미에서도 예수님을 하나님의 아들이라는 이름으로 칭할 수 있는 것이 사실이다. 하나님께 기름 부음받은 왕으로서 그는 얼마든지 하나님의 아들이라 칭함을 받으실 수 있는 것이다. 그는 지극히 높으신 자의 아들이시요, 여호와 하나님이 그의 조상 다윗의 왕위를 주실 분이시다(눅 1:32). 그는 마리아에게서 나신 거룩한 씨요(눅 1:35), 귀신들린 자의 말처럼 그는 하나님의 거룩한 자시다(막 1:24). 그는 대제사장이 좀 더 구체적으로 메시야를 한정짓기 위해 사용한 표현대로 찬송받을 이의 아들이시다(막 14:61). 그러나 이러한 신정적 아들이라는 관념은 예수님에게서는 다른 이들이 알고 있던 것보다 더 깊은 의미를 지니며, 그와 성부 간의 남다른 관계에서 나오는 것이다. 그가 하나님의 아들이 되신 것은 그저 마리아에게서 초자연적으로 나신 것 때문만도(눅 1:35), 세례 시에 성령을 한량없이 받으신 것 때문만도 아니었다(마 3:16). 또한 그가 부활하신 덕분에 하나님으로 말미암아 주와 그리스도가 되셨기 때문도 아니다(행 2:36). 물론 그런 여러 경우에 성부께서 그를 아들로서 인정하신 것은 사실이지만, 그의 메시야로서의 존귀함이 그때에 비로소 처음 있게 된 것은 아니다. 그것은 그보다 훨씬 이전으로 거슬러 올라간다. 성경은 예수께서 이스라엘의 기름 부은 왕이요 메시야이기 때문에 그가 하나님의 아들이라 불려지는 것이 아니라, 오히려 그와 정반대로, 그가 전혀 유일무이한 의미에서 하나님의 아들이셨기 때문에 하나님께서 그를 왕으로 삼으신 것으로 가르치고 있는 것이다.

성경 다른 곳에서도 그 문제가 언제나 똑같이 이런 방식으로 제시되고 있다는 것은 의심의 여지가 없는 사실이다. 이스라엘을 다스릴 자의 나오심이 상고(上古)부터요 영원 전부터라는 것이 미가 5:2에 이미 나타나고 있다. 히브리서 1:5과 5:5은 "오늘 내가 너를 낳았도다"라는 시편 2:7의 말씀을, 하나님의 아들이시요 그의 영광의 광채시요 그 본체의 형상이신 그리스도께서 영원 전에 성부께 나신 사실과 결부시켜서 설명하고 있다. 그리고 로마서

1:4에서 사도는 그리스도께서 죽은 자 가운데서 부활하심으로써 그가 하나님의 아들이심이 능력 있게 증명되었다(proved: 한글 개역 개정판은 이를 "선포되셨으니"로 번역하고 있다: 역자주)고 증거하고 있다. 그는 특별한 의미에서 영원 전부터 하나님의 아들이셨고(롬 8:32; 갈 4:4; 빌 2:6), 그의 초자연적인 잉태, 그의 세례받으심, 그리고 그의 부활을 통해서 그 사실이 더욱더 충만하게 드러난 것이다.

마태복음, 마가복음, 누가복음에서도 이와 동일한 가르침을 볼 수 있다. 예수께서는 자신이 다른 사람들의 경우와는 본질적으로 다른 관계를 아버지와 맺고 계시다는 것을 스스로 인식하고 계셨다. 이미 소년 시절부터 그는 자신이 아버지의 집에 있어야 할 줄을 알고 계셨다(눅 2:49). 그가 세례를 받으실 때에, 그리고 후에 산에서 영광스럽게 변화되셨을 때에, 하나님께서는 이 사실을 공개적으로 선언하셨다. 곧, 하늘로부터 소리가 나서 이르기를, "이는 내 사랑하는 아들이요 내 기뻐하는 자라"고 한 것이다(마 3:17; 17:5).

그는 자기 자신에 대해서 천사들보다 훨씬 높으신 아들로 말씀하신다(마 24:36; 막 13:32). 하나님께로부터 보내심을 받은 다른 사람들은 종에 불과하나, 그 자신은 아버지의 사랑하시는 아들이요 그의 상속자이시다(막 12:6-7). 그가 통치하시는 나라는 아버지께서 그에게 맡기신 것이다(눅 22:29). 그는 제자들에게 그 아버지의 약속하신 바를 보내신다(눅 24:49). 그리고 그는 언젠가 그의 아버지의 영광으로 오실 것이다(막 8:38). 그는 언제나 우리 아버지가 아니라 그의 아버지에 대해 말씀하시고, 따라서 그의 제자들에게 "우리 아버지"라고 기도하도록 하신다(마 6:9). 한 마디로 말해서, 그의 제자들 모두가 그들의 아버지의 자녀들이지만(마 5:45), 그는 유일하신 아들이신 것이다(마 13:32). 아버지께서 그에게 모든 것을 주셨으므로 아버지 외에는 아들을 아는 자가 없고, 아들과 또 아들의 소원대로 계시를 받는 자 외에는 아버지를 아는 자가 없다(마 11:27). 그리고 그는 부활하신 후 제자들에게, 모든 민족들을 가르치고 아버지와 아들과 성령의 이름으로 세례를 베풀고, 그가 그들에게 분부하신 모든 것을 가르쳐서 지키게 하라는 명령을 주신다(마 28:19).

복음서 기자요 사도인 저자가 말씀하는 요한복음은 여기에 특별히 새로운 내용을 첨가시키는 것은 없으나, 세 복음서의 보도 내용을 더욱 깊고도 폭넓게 전개시키고 있다. 요한복음서에서도 하나님의 아들이라는 명칭이 때로 신정적 의미로 나타나기도 하지만(요 1:34, 50; 11:27; 20:31), 대개는 그보다 더 깊은 의미를 지닌다. 여러 사람들이 흔히 예수님을 하나님의 아들로 부르는 것은 물론(1:34, 50; 6:69), 그 자신이 자신을 그렇게 부르기도 하신다(요 5:25; 9:35; 10:36; 11:4). 그리고 아무런 단서를 붙이지 않고 자신을 그냥 아들이라 부르는 경우도 더 많다. 그는 아들이신 자기 자신에게 이적을 행하는 능력과(9:35; 11:4), 죽은 자를 영적으로 육적으로 일으키는 능력(5:20 이하)이 있음을 말씀하시며, 또한 유대인들이 이해한 대로 그가 하나님과 동등하심을 말씀하신다(5:18; 10:33 이하). 그리하여 그는 아버지에 대해서 아들로서 말씀하시되, 하나님이 지극히 특별한 의미에서 그의 아버지시요 또한 그가 자기 자신의 아버지시라야만 타당할 만큼 그렇게 친밀하게 말씀하시는 것이다(5:18). 그는 아버지께 돌리는 모든 것을 자기 자신에게도 돌리신다. 아버지께서는 그에게 만민을 다스리는 권세를 주셨고(17:2), 그리하여 모든 사람들의 운명이 그 아들과 갖는 관계에 달려 있게 되었다(요 3:17; 6:40). 그는 아버지와 마찬가지로, 원하는 사람을 살릴 권세와(5:21), 모든 이들에게 심판을 시행할 권한과(5:27), 아버지께서 행하시는 모든 일을 행할 권세와(5:19), 아버지께로부터 생명을 지닐 권한을 받으셨다(5:26). 그와 아버지는 하나이시다(10:30). 그는 아버지 안에 있고 아버지는 그 안에 계시며(10:38), 따라서 아버지를 보는 것은 곧 그를 보는 것이다(14:9). 사실 아버지가 그보다 크신 것은 사실이다(14:28). 예수께서 거듭거듭 천명하시는 대로 아버지께서 그를 보내셨으니 말이다(5:24, 30, 37). 그러나 그렇다고 해서, 그가 성육신 이전부터 하나님의 영광 속에 계셨고, 또한 그가 그 영광의 상태로 다시 돌아가실 것이라는 사실이 사라지는 것은 아니다(17:5). 그의 아들 되심이 그의 사명에 근거한 것이 아니요, 그의 사명이 그의 아들 되심에 근거하고 있는 것이다(요 3:16, 17, 35; 5:20; 17:24). 그러므로 그는 유일하신 아들이요, 독생자요(요 1:18; 3:16; 요일 4:9), 아버지의 독생자이시며(1:14), 태초에 하나님과 함께 계셨고 스스로 하나님이신 그 말씀이시요(1:1), 도마가 자신의 주요 하나님으로 고백하는 바(20:28) 세상의 구주이신 것이다(4:42).

제 16 장

그리스도의 신성과 인성

성경에 나타나는 바 그리스도께서 자기 자신에 대해서 베푸신 증거는 사도들의 설교를 통해서 발전되고 확증된다. 예수라는 이름을 지닌 사람이 그리스도요 아버지의 독생자라는 고백은 우리의 경험과 우리의 모든 사고와 직접적으로 상충되며, 특히 우리 마음의 모든 성향과 모순되는 것이어서, 성령의 납득하게 하시는 활동이 없이는 그 누구도 전심으로 정직하게 받아들일 수가 없는 것이다. 모든 사람이 본성적으로 이 고백을 대적하는 처지에 있다. 왜냐하면 그런 고백은 사람이 자연스럽게 납득할 수 있는 것이 아니기 때문이다. 성령으로 말미암지 않고는 누구든지 예수를 주라 고백할 수가 없고, 성령으로 말하는 자는 누구도 예수를 저주받을 자라고 할 수가 없다(고전 12:3). 오직 성령으로 말미암아서만 그를 구주와 왕으로 인정하게 되는 것이다.

그러므로, 그리스도께서 이 땅에 임하셔서 자신이 하나님의 아들이시라고 친히 고백하시지만, 그는 그것으로 그냥 그치신 것이 아니고, 그 고백이 세상 속에 들어가고, 교회가 그 고백을 받아들이고 믿도록 계속해서 보살피시는 것이다. 그는 사도들을 부르사 그들을 가르치셨고, 그들을 그의 말씀과 행위에 대한 증인으로, 그의 죽으심과 부활에 대한 증인으로 삼으셨다. 그는 그들에게 성령을 주셨고, 성령은 그들로 하여금 예수께서 그리스도시요 살아 계신 하나님의 아들이시라고 고백하도록 하셨고(마 16:16), 훗날 오순절 이후부터는 생명의 말씀에 관하여 그들의 눈으로 보고 듣고 손으로 만진 바를 전하는 전도자들로 사역하게 하신 것이다(요일 1:1). 사도들은 사실 실질적인 증인들이 아니었다. 아버지께로서 나오시는 진리의 영이 그리스도를 증거하는 무오하고 전능한 본래의 증인이시며, 사도들은 오직 성령 안에서 성령으로 말미암는 증인들인 것이다(요 15:26; 행 5:32). 그리고 바로 그 동일하신 진리의 성령께서 사도들의 증언을 수단으로 하여 모든 시대의 교회로 하여금, "주여 영생의 말씀이 주께 있사오니 우리가 누구에게로 가오리이까 우리가 주는 하나님의 거룩하신 자이신 줄 믿고 알았사옵나이다"(요 6:68-69)라고 고백하게 하시며 또한 그 고백 속에 교회를 보존하시는 것이다.

사복음서 기자들은 예수님의 생애의 사건들을 정규적인 순서대로 보도하면서, 대개는 아무런 단서가 없이 그냥 예수라는 이름으로만 그를 지칭하고 있다. 그들은, 예수께서 베들레헴에서 나셨고, 예수께서 광야로 이끌림을 받으셨고, 예수께서 무리를 보시고 산에 올라가셨다는 식으로 이야기한다. 팔레스타인에서 사셨고 죽으신 그 역사적인 예수가 그들의 보도의 대상이신 것이다. 그리고 사도들의 서신에서도 몇 차례 예수를 그냥 그 역사적인 이름으로 지칭하는 것을 보게 된다. 예를 들어서, 바울은 성령으로 말미암지 않고는 누구든지 예수를 주라 할 수가 없다고 말씀한다(고전 12:3). 요한은 누구든지 예수가 그리스도이심을 믿는 자마다 하나님께로서 났다고 증언한다(요일 1:5; 또한 2:22과 4:20을 비교하라). 그리고 계시록에서는 예수의 믿음에 대해, 예수의 증인들과 증언에 대해 읽을 수 있다(계 14:12; 17:6; 19:10; 20:4).

그러나 사도들의 서신서에서는 아무런 단서 없이 그냥 예수라는 이름이 쓰이는 예는 매우 드물다. 그 이름은 보통 주, 그리스도, 하나님의 아들 등과 연결되어 나타나며, 대개 "우리 주 예수 그리스도"가 그 완전한 호칭으로 나타난다. 그러나 예수라는 이름이 홀로 사용되든, 아니면 다른 명칭들과 연결되어 사용되든 간에, 그것이 베들레헴에서 나셨고 십자가에서 죽으신 그 역사적 인물을 지칭하는 것이라는 의미가 언제나 거기에 담겨 있는 것이다.

신약 성경 전체는 ─ 복음서는 물론 복음서까지도 ─ 역사적 사건들의 기초 위에 서 있다. 그리스도라는 인물은, 과거 많은 이들의 주장과 오늘날의 사람들의 주장처럼, 하나의 관념도 아니요 인간 정신의 어떤 이상(理想)도 아니며, 특정한 시기에 예수라는 사람으로 자기 자신을 드러내신 실제적인 역사적 인물인 것이다.

예수님의 생애의 갖가지 사건들이 서신서의 배경에 스며들어 있다. 서신서들은 복음서와는 다른 목적으로 기록되었다. 그것들은 예수님의 생애의 역사를 연대적으로 제시하는 것이 아니라, 그 생애가 인류의 구원을 위하여 갖는 의의를 지적해 주는 것이다. 그러나 모든 사도들은 예수님 그 자신과 그의 생애를 잘 알고 있고, 그의 말씀과 행위를 친숙하게 접하였고, 그런 그들이 우리에게 이 예수야말로 그리스도시요 하나님의 우편으로 올리우셔서 회개와 죄 사함을 주시는 분이심을 보여 주는 것이다(행 2:36; 5:31).

그러므로 사도들의 서신에서 예수님의 생애의 사건들이 자주 언급되는 것을 보게 된다. 그들은 청중들과 독자들의 눈 앞에 그를 그려준다(갈 3:1). 그들은 세례 요한이 그의 사자요 선구자였으며(행 13:25; 19:4), 예수께서 유다 지파와 다윗의 혈통에서 나오셨으며(롬 1:3; 계 5:5; 22:16), 여자에게서 나셨고(갈 4:4), 팔일 만에 할례를 받으셨고(롬 15:8), 나사렛에서 자라나셨으며(행 2:22; 3:6), 또한 그에게 형제들이 있다는 것(고전 9:5; 갈 1:19) 등을 강조한다. 그들은 예수께서 완전히 죄가 없으시며(고후 5:21; 히 7:26; 벧전 1:11; 2:22; 요일 3:5), 그가 친히 우리의 본이 되셨으며(고전 11:1; 벧전 2:21), 또한 그가 우리에게 권위 있는 말씀을 주셨다는 것을 말씀한다(행 20:35; 고전 7:10-12). 그러나 우리에게 의미가 깊은 것은 특히 그의 죽으심이다. 십자가는 사도들의 설교에서 중심을 이루고 있다. 자신이 택하신 열두제자 중 하나에게 배반당하셨고(고전 11:23; 15:5), 이 세상의 관원들에게서 영광의 주로 인정받지 못하여(고전 2:8), 유대인들에게 죽임을 당하셨고(행 4:10; 5:30; 살전 2:15), 저주받은 자로 십자가 위에서 죽으셨다(갈 3:13; 골 2:14). 그러나 그가 겟세마네와 골고다에서 크나큰 고난을 당하셨으나(빌 2:6; 히 5:7-8; 12:2; 13:12), 그는 자신의 피를 쏟아 부으심으로써 화목과 영원한 의를 이루셨고(롬 3:25; 5:9; 골 1:20), 그러므로 하나님이 그를 다시 살리셨고, 그를 그의 오른편에 올리시고 그를 주와 그리스도요, 모든 민족의 주권자요 구주로 삼으셨다(행 2:32, 33, 36; 5:30, 31; 롬 8:34; 고전 15:20; 빌 2:9 등).

* * * * *

사도들이 기독교의 사실들을 부인하거나 무시하거나 소홀히 한 것이 아니고 오히려 그 사실들을 충만히 존귀하게 여겼고 그 영적 의미를 꿰뚫어 알았다는 사실은, 이 몇 가지 자료만으로도 충분히 입증되고도 남는다. 그들에게서는 구원의 사건과 구원의 말씀 사이에 그 어떠한 분리나 모순의 흔적도 찾아볼 수가 없다. 과거에 그런 모순을 입증하려고 여러 사람들이 애를 썼지만 모두 성공을 거두지 못했다. 구원의 사건은 구원의 말씀이 현실화된 것이요, 구원의 말씀 속에서 구원의 사건이 그 진정한 구체적인 형식을 취하며, 따라서 구원의 말씀은 구원의 사건에 대한 조명이요 해석인 것이다.

이에 대해서 조금 의심이 남아 있다 할지라도, 사도들이 그들의 시대에 겪은 싸움을 통해서 그것이 완전히 제거된다. 2세기나 3세기 혹은 그 이후의 시대만이 아니라 사도들의 시대에도 이미 특정한 사람들이 나타나서, 기독교의 사실들을 그저 부수적이며 일시적인 중요성밖에는 지니지 못하는 것들로 간주하거나 아예 그것들을 완전히 무시하고, 또한 관념이 주된 것이라거나 혹은 관념만으로 족하다는 식의 가르침을 퍼뜨린 예들이 있었던 것이다. 그들은, 그리스도께서 육체적으로 무덤에서 일어났거나 일어나지 않았거나 무엇이 달라지느냐는 식으로 주장하였다. 그가 영으로 살아 계시기만 하다면, 우리의 구원이 충족히 확실하지 않겠느냐는 것이다. 그러나 사도 바울은 그 점에 대해서 매우 달리 생각하였고, 고린도전서 15장에서 그는 부활의 실재성과 의의에 대해 지극히 명확하게 제시하고 있는 것이다. 그는 성경대로 그리스도를 전파하였다. 곧, 아버지의 경륜에 따라 죽으시고 장사지낸 바 되시고 다시 살아나시며, 부활 후에 여러 제자들에게 보이셨으며, 또한 그의 부활이 우리 구원의 기초요 보증이 되는 그런 그리스도를 전파한 것이다.

그리고 요한은 자신이 눈으로 보았고 손으로 만진 바 된 생명의 말씀을 선포한다는 사실을 더욱더 강조하여 진술하고 있다(요일 1:1-3). 적그리스도는 그 말씀의 성육신을 부인하며, 반면에 그리스도인의 고백은 그 말씀이 육체로 오셨고, 하나님의 아들이 물과 피로 오셨음을 믿는 데 있다(요 1:14; 요일 3:2-3; 5:6). 서신서와 복음서에 나타나는 사도적 설교 전체는 — 그러므로 신약 전체는 — 바로 마리아에게 나셔서 십자가에 달리신 예수가 바로 하나님의 아들 **그리스도**시라는 주장으로 귀결되는 것이다(요 20:31; 요일 2:22;

4:15; 5:5).

여기서 주목할 만한 사실은, 사도들의 설교의 내용과 목적과 관련하여, 아무런 단서 없이 그냥 예수라는 이름만을 사용하는 예가 서신서에서 매우 드물다는 점이다. 사도들은 보통 "예수 그리스도"나 "그리스도 예수", 혹은 좀 더 충실하게 "주 예수 그리스도"나 "우리 주 예수 그리스도"라는 호칭을 사용한다. 심지어 연대기적인 묘사를 통해서 주로 예수님에 대해서 서술하는 복음서 기자들조차도, 처음 시작 부분이나 혹은 중요한 전환점에서 예수 그리스도라는 완전한 이름을 사용하기도 한다(마 1:1, 18; 16:20; 막 1:1; 요 1:17; 17:3). 그들은 자기들이 쓰고 있는 그 복음의 주인이신 분이 과연 누구신가를 시사하는 방식으로 그런 이름을 사용하고 있는 것이다. 사도행전과 서신서에서는 이런 용법이 더 확연하게 사용된다. 사도들은 그저 예수라는 이름을 가진 한 인간을 말씀하는 것이 아니라, 거기에 그리스도와 주라는 용어를 첨가시켜서 그 사람이 과연 어떤 분이신가에 대한 그들 자신의 인식을 표현하고 있는 것이다. 그들은 복음, 곧 하나님의 그리스도께서 예수라는 사람 속에서 이 땅에 나타나셨다는 사실을 선포한 설교자들이었던 것이다.

그들은 예수님과 함께 지내는 동안 점차 그를 알기를 배워갔다. 그리고 특히 가이사랴 빌립보에서의 그 중요한 시각 이후 그가 누구신가에 대하여 하나의 서광이 비쳐왔고, 그들은 모두 베드로와 함께, 그가 그리스도시요 살아계신 하나님의 아들이심을 고백하였다(마 16:16). 예수께서는 이렇게 그들에게 자기 자신을 계시하셨다. 처음에는 인자라는 이름으로 다소 감추어진 상태로 계시하셨었으나, 그의 생애의 마지막이 다가올수록 점점 더 분명하고도 명확하게 계시하신 것이다. 대제사장적인 기도에서 그는 자기 자신을 아버지께서 보내신 예수 그리스도라는 이름으로 자신을 지칭하셨다(요 17:3). 그는 자기 자신을 그리스도요 하나님의 아들로 제시하신 것 때문에 유대인의 법정에서 신성모독의 죄명을 쓰시고 정죄를 받아 사형을 얻고 받으셨다(마 26:63). 그의 십자가 위의 명패에는 유대인의 왕 나사렛 예수라 기록되었다(마 27:37; 요 19:19).

제자들은 이처럼 자신이 메시야시라는 예수님의 주장들과 그에게 다가오고 있는 고난과 죽음을 도저히 조화시킬 수가 없었던 것이 사실이다(마

16:22). 그러나 부활을 통해서, 그리고 부활 이후에, 그들은 십자가의 필연성과 십자가의 의미를 깨닫게 되었다. 이제 그들은 하나님이 부활을 통해서, 유대인이 죽인 이 예수를 주와 그리스도가 되게 하셨고, 그를 높이 올리사 임금과 구주로 삼으셨다는 것을 깨달은 것이다(행 2:36; 5:31). 그렇다고 해서 부활 이전에는 예수께서 아직 그리스도와 주가 아니셨고 부활 이후에 비로소 그렇게 되셨다는 뜻은 아니다. 그리스도께서는 그 전부터 이미 그리스도로 자신을 선포하셨었고, 그때에 이미 제자들도 그를 그리스도로 시인하고 고백하였기 때문이다(마 16:16). 그러나 부활 이전에는 그가 메시야이셨으나, 종의 모습으로, 하나님의 아들로서의 자신의 위엄이 감추어진 모습으로 사람들의 눈 앞에 나타나셨었다. 그러나 부활 이후 그는 종의 모습을 제쳐두시고, 창세 전에 그가 아버지와 함께 지니셨던 그 영광을 다시 취하셨고(요 17:5), 그리하여 그의 속에 거하는 바 거룩의 영을 따라 권능으로 하나님의 아들로 인정되신 것이다(롬 1:3).

그러므로 바울은 이제 하나님이 그의 아들을 그에게 계시하신 후에는 그리스도를 육체를 따라 알지 않는다고 말할 수 있었다(고후 5:16). 회개하기 전 그는 육체를 따라서만 그리스도를 알았고, 그저 외모로만, 그가 이 땅에서 취하셨던 종의 형체에 따라서만 그리스도를 판단했다. 그 당시 그는 아무런 영광도 없고 심지어 십자가에 달려 죽은 이 예수가 그리스도시라는 것을 믿을 수가 없었다. 그러나 그의 회심으로 모든 것이 변화되었다. 이제 그는 외모로, 외형적이고 일시적인 종의 형체를 따라 그리스도를 알고 판단하지 않고, 영을 따라서, 그리스도께서 부활로 겉으로 드러내신 바 그의 진정한 내적인 모습에 따라서 그를 알고 판단하게 된 것이다.

어떤 의미에서 모든 사도들에 대해서도 똑같은 말을 할 수 있을 것이다. 그리스도의 고난과 죽으심 이전에도 그들이 그의 메시야적인 실체를 믿고 고백하게 되었던 것은 사실이다. 그러나 그 당시 그들의 마음으로는 메시야적인 실체와 그의 고난과 죽음을 도저히 조화시킬 수가 없었다. 그런데 부활이 이런 모순 같은 사실을 말끔히 해결해 주었다. 이제 그는 낮고 천한 이 땅에 강림하셨다가 모든 하늘보다 훨씬 높이 오르셔서 모든 일을 이루시는 그 동일하신 그리스도이신 것이다(엡 4:9). 그리스도에 대해 말씀할 때에, 사도들은 죽으신 그리스도와 다시 사신 그리스도를, 십자가에 달리신 그리스도와 영광을 입으신 그리스도를 동시에 한꺼번에 생각한다. 그들은 그들이 전하는 복음을, 얼마 전 팔레스타인에 사셨고 거기서 죽으신 역사적 예수하고만 연관짓는 것이 아니라, 동시에 높이 오르사 하나님의 권능의 우편에 앉으신 그 동일하신 예수와도 연관짓는 것이다. 이를테면 그들은 과거와 직결되며 역사와 결부되는 수평선과 또한 하늘에 살아 계신 주님과 연결되는 수직선이 서로 만나는 지점에 서 있다고 할 수 있을 것이다. 그러므로 기독교는 하나의 역사적 종교요, 동시에 영원에서부터 비롯되어 현재를 사는 종교이기도 한 것이다. 예수의 제자들은 그의 역사적 이름을 따르는 예수인들(Jesuites)이 아니고, 그의 직분의 이름을 따라서 그리스도인들(Christians)인 것이다.

* * * * *

부활 이후 사도들은 설교에서 이처럼 특별한 입장을 취하였기 때문에, 그들은 예수를 더 이상 그의 역사적인 이름으로만 지칭하지 않고, 거의 언제나 그를 예수 그리스도나, 그리스도 예수, 혹은 우리 주 예수 그리스도 등으로 지칭하게 되었다. 사실상 제자들 내부에서는 그리스도라는 명칭이 곧 그 직분을 뜻하는 의미를 상실하고 하나의 고유 명사의 의미를 갖기 시작하였다. 예수께서 그리스도시라는 확신이 너무도 강하여 그를 그냥 그리스도로 불렀고, 심지어 그 앞에 정관사를 붙이지 않고 그냥 그 이름으로만 부르기도 했다. 복음서에서도 이런 예가 여러 차례 나타난다(마 8:2, 6, 21; 15:22; 17:15 등). 그러나 사도들에게서는, 특히 바울에게서는 이것이 하나의 원칙이 된다. 더 나아가서, 예수와 그리스도라는 두 이름이 서로 뒤바뀌어 사용되게 되며, 특히 바울의 경우는 그리스도의 메시야적 실체를 더욱 두드러지게 하고자 그렇게 사용하며, 그리하여 그 이름이 그리스도 예수가 되었다. 초대 교회에서는 예수 그리스도 혹은 그리스도 예수라는 이 호칭이 가장 두드러진 이름이었다. 구약에서 나타난 그 이름의 용법과 의의가 신약에서 그리스도라는 이름에게로 옮겨지는 것이다. 구약에서는 주라는 이름이 계시된 하나님의 영광을 드러내는 이름이었다. 신약 시대에는 그 영광이 예수 그리스도에게서 나타났고, 그리하여 이제 교회의 능력이 그의 이름 안에 있게 된 것이다. 사도들은 그 이름으로 세례를 베풀고(행 2:38), 말하고 가르치며(행 4:18), 앉은뱅이를 고치고(행 3:6), 죄 사함을 전하였다(행 10:43). 이 이름이 반대를 받고 공격을 받았다(행 26:9). 그 이름을 고백하다가 고난을 받기도 했다(행 5:41). 그리고 그 이름에 호소하기도 했고(행 22:8), 그 이름을 높이기도 했다(행 19:17). 이런 의미에서 예수 그리스도라는 이름은 교회의 고백의 일종의 대요(大要)였고, 교회의 믿음의 힘이요 교회의 소망의 닻이었다. 그 옛날 이스라엘이 여호와라는 이름을 영화롭게 했듯이, 신약의 교회는 예수 그리스도라는 이름에서 힘을 찾았던 것이다. 이 이름 속에서 여호와라는 이름이 그 충만한 계시에 이른 것이다.

신약에서 계속해서 예수 그리스도라는 이름과 연결되어 나타나는 주라는 이름 역시 동일한 방향을 가리키고 있다. 복음서에서는 제자들에 속하지 않은 사람들이 예수께 도움을 청하면서, 여러 차례 주라는 이름으로 그를 부르는 것이 나타난다. 그럴 경우 그 이름은 대개 랍비나 선생 이상의 의미를 지니지 않았다. 그러나 제자들이 이 이름을 자주 사용한 예도 나타난다(마 14:28, 30; 26:22; 11:3; 21:15, 16, 17, 21). 더욱이 누가복음과 요한복음의 기사들에서는 예수라는 이름이 주라는 이름과 때때로 혼용되기도 한다(눅 1:43; 2:11, 38; 7:13, 31; 101; 11:39; 17:6; 요 4:1, 6:23; 11:2; 20:2, 13, 18, 25, 28). 그리고 마지막으로 예수께서도 친히 그 이름을 사용하시며 자기 자신을 주라 칭하기도 하신다(마 7:21; 12:8; 21:3; 22:43-45; 막 5:19; 요 13:14).

예수께서 친히 주라는 이름을 쓰실 때에는 ― 제자들이 그 이름을 쓸 경우도 마찬가지다 ― 그저 랍비나 선생이라는 명칭에 담겨진 의미보다 훨씬 더 깊은 의미를 지닌다. 예수께 와서 도움을 청한 사람들이 주라는 이름을 무슨 의미로 사용했는지는 확실히 알 길이 없다. 그러나 예수님은 자기 자신의 의식 속에서도 교사요, 선생이요, 탁월하신 주이셨으며, 그는 서기관들의 권위를 훨씬 뛰어넘는 권위를 자기 자신에게 부여하신 것이다. 마태복음 23:1-11, 마가복음 1:22, 27 등 예수께서 자신을 다른 모든 선생을 능가하는 유일한 선생으로 높이시는 구절들에서도 이미 그 정도는 분명하게 드러난다. 그러나 예수께서 자신을 안식일의 주로 부르시며(마 12:8. 한글 개역 개정판은 "주인"으로 번역하고 있다: 역자주), 또한 자기 자신을 다윗의 자손이요 동시에 다윗의 주라고 부르신 데에서(마 22:43-45), 그런 사실이 가장 선명하게 표현되고 있다. 이런 주장들에는, 그 자신이 바로 하나님 우편에 앉으시고 그의 권능을 함께 공유하시며 산 자와 죽은 자를 심판하시는 메시야시라는 의미가 들어 있는 것이다(마 21:4, 5; 13:35; 24:42 이하; 25:34 이하).

주라는 이름에 이러한 깊은 의미가 배어 있게 된 것은, 부분적으로는 구약의 여호와와 아도나이라는 이름이 신약에서 주(主)를 뜻하는 헬라어 퀴리오스로 번역되었고, 그 단어가 그리스도께도 적용되게 된 사실에 기인한다 할 것이다. 그리스도께서 자기가 누구신지를 더 분명하게 설명해가시고, 그리하여 제자들이 그리스도 안에서 그들에게 임한 하나님의 계시가 어떤 것인지를 점점 더 명확하게 깨달아가면서, 주라는 명칭이 점점 더 풍성한 의미를 지니게 되었다. 하나님에 대해 말씀하는 구약의 본문들이 신약에서 전혀 주저함 없이 그리스도께 적용되었다. 마가복음 1:3에서는 "주의 길을 준비하라 그의 오실 길을 곧게 하라"라는 이사야서의 본문을 세례 요한의 사역을 지칭하는 것으로 보고, 그에게서 성취되는 것으로 본다. 그리스도 안에서 주이신 하나님께서 친히 그의 백성에게로 임하신 것이다. 그리고 제자들은 예수를 주로 고백함으로써 하나님께서 친히 그들에게 그리스도 안에서 자기 자신을 계시하셨고 주셨다는 것을 더욱더 분명하게 표현한 것이다. 예수님의 지상 생애 동안 이런 고백은 도마에게서 그 절정에 이르렀다. 그는 부활하신 그리스도의 발 앞에 엎드려 "나의 주님이시요 나의 하나님이시니이다"라고 고백하였던 것이다(요 20:28).

부활 이후에 주라는 이름은 제자들 사이에서 예수를 지칭하는 통상적인 이름이 된다. 사도행전과 서신서에서 특히 바울 서신에서 그 이름이 계속해서 나타나는 것을 보게 된다. 때로는 주라는 이름만 사용하기도 하나, 대개는 다른 호칭들과 함께 주 예수, 혹은 주 예수 그리스도, 혹은 우리 주 예수 그리스도, 혹은 우리 주요 구주이신 예수 그리스도 등의 표현이 사용된다. 주라는 이 이름을 사용함으로써 신자들은 십자가에서 죽으시기까지 낮아지신 예수 그리스도께서 완전한 순종으로 말미암아 주요 주권자로 높아지셨고

(행 2:35; 5:31), 하나님의 우편에 앉아 계시며(행 2:34), 만유의 주가 되심을 (행 10:36) 표현하는 것이다. 그는 우선 자기의 피로 값 주고 사신 교회의 주이시며(행 20:28), 더 나아가 모든 피조물의 주로서 장차 심판자로 오셔서 산 자와 죽은 자를 심판하실 것이다(행 10:42; 17:31).

그러므로 누구든지 그리스도시요 주이신 예수의 이름을 부르는 자는 구원을 얻을 것이다(행 2:21; 고전 1:2). 그리스도인이라는 것은 곧 하나님이 그를 죽은 자 가운데서 살리셨다는 것을 입으로 고백하고 마음으로 믿는 것을 뜻한다(롬 10:9; 고전 12:3; 빌 2:11). 설교의 내용은 바로 그리스도 예수가 주시라는 것이다(고후 4:5). 기독교의 본질이 이 고백 속에 완전히 농축되어 있기 때문에, 바울의 저작에서는 주라는 이름을 거의 성부와 성령과 구별하여 그리스도를 지칭하는 고유명사처럼 사용하고 있는 것이다. 그리스도인으로서 우리에게는 만물의 주인이신 성부 하나님이 계시고, 또한 한 분 주 예수 그리스도가 계시니 만물이 그로 말미암아 있는 분이요, 또한 그로 말미암아 한 분 성령이 계시니 이는 그의 뜻대로 각 사람에게 각양 은사를 주시는 분이시다(고전 8:6; 12:11). 하나님이라는 이름이 바울의 저작에서 성부를 지칭하는 데 전용되는 이름이듯이, 주라는 이름은 그리스도를 지칭하는 데 전용되는 이름인 것이다.

그리하여 사도의 축복은 주 예수 그리스도의 은혜와, 하나님의 사랑과 성령의 교통하심이 교회에 있기를 기도하고 있다(고후 13:13). 하나님이라는 한 이름이 성부, 성자, 성령의 삼위 안에서 스스로 해석되고 있는 것이다(마 28:19).

* * * * *

사도들의 증언대로 그리스도가 과연 그렇게 높은 위치를 차지하신다면, 온갖 신적 속성들과 사역들이 그에게 돌려진다는 것이나, 심지어 신성이 그에게 있다는 사실을 인정한다는 것이 전혀 무리가 아니다.

성경에서 우리가 그리스도에게서 접하는 인물은 과연 독특한 인물이다. 한편으로 그는 분명 사람이시다. 그는 육체가 되셨고 육체로 오셨다(요 1:14;

요일 4:2-3). 그는 죄 있는 육신의 모양을 취하셨다(롬 8:3). 그는 육신으로는 조상들에게서 나셨고(롬 9:5), 아브라함의 자손이요(갈 3:16), 유다로부터 나셨고(히 7:14), 다윗의 혈통에서 나셨다(롬 1:3). 그는 여자에게서 나셨고(갈 4:4), 혈과 육에 속하셨으며(히 2:14), 영과(마 27:50) 혼과(마 26:38), 몸이 있으셨고(벧전 2:24), 충만하고도 참된 의미에서 사람이셨다. 그는 어린아이로서 자라셨고, 지혜와 키가 자라며 하나님과 사람에게 더욱 사랑스러워 가셨다(눅 2:40, 52). 그는 주리셨고 목마름을 느끼셨으며, 슬퍼하셨고 기뻐하셨으며, 감동을 받으셨고 분노를 발하기도 하셨다(마 4:2; 요 11:35; 19:28 등). 그는 스스로 율법 아래 계셨고 죽으시기까지 율법에 복종하셨다(갈 4:4; 빌 2:8; 히 5:8; 10:7, 9). 그는 고난당하셨고, 십자가 위에서 죽으셨으며, 무덤에 장사 지낸 바 되셨다. 그는 고운 모양도 없고 풍채도 없었고, 사람들이 보기에 흠모할 만한 아름다운 것도 없으셨다. 그는 멸시를 받으셨고, 사람들에게 버림받았으며 간고를 많이 겪었고, 질고를 아는 분이셨다(사 53:2-3).

그러나 그럼에도 불구하고 이분은 모든 사람들과는 구별되셨고 그들보다 높이 계시는 분이셨다. 그의 인성에 따라서 성령으로 말미암아 잉태되셨으며, 평생토록 온갖 시험에도 불구하고 죄가 없는 분이셨고, 죽으신 후 다시 살아나셔서 하늘로 올리신 것은 물론, 자신을 낮추사 종의 형체를 지니시고 십자가에 죽으시기까지 순종하신 그 동일한 주체가, 그 동일한 분이, 그 동일한 "나"가, 그의 성육신과 낮아지심이 있기 훨씬 전부터 다른 존재 형식으로 이미 존재하고 계셨던 것이다. 그때에 그는 하나님의 본체로 존재하셨으나, 하나님과 동등됨을 취할 것으로 여기지 아니하셨다(빌 2:6). 부활과 승천 시에 그는 창세 전에 아버지와 함께 지니셨던 그 영광을 다시 받으신 것뿐이다(요 17:5). 그는 하나님 자신과 마찬가지로 영원하시며, 태초에 이미 하나님과 함께 계셨다(요 1:1; 요일 1:1). 그는 알파와 오메가요, 처음과 나중이요 시작과 끝이시다(계 22:13). 그는 편재(遍在)하시므로 땅의 표면을 두루 행하실지라도 동시에 하늘에서 아버지의 품에 계시며(요 1:18; 3:13), 영화롭게 되신 후에도 그의 교회와 함께 남아 계셔서 모든 일을 이루시며(마 28:20; 엡 1:23; 4:10), 변함이 없으시고 신실하시며 어제나 오늘이나 영원토록 동일하신 분이시며(히 13:8), 그는 전지(全知)하셔서 기도를 들으시는 분이시며(행

1:24; 7:59; 16:13; 롬 10:13), 모든 사람의 마음을 아시는 분이시며(행 1:24, 이 본문이 성부를 지칭하는 것이 아닐 경우), 그는 전능하셔서 모든 것이 그에게 굴복하며, 하늘과 땅의 모든 권세가 그에게 주어져 있는 바 만왕의 왕이시다(마 28:18; 고전 15:27; 엡 1:22; 계 1:4; 19:16).

그는 이런 모든 신적 속성들을 소유하심은 물론, 신적인 사역들도 공유하신다. 성부, 성령과 더불어 그는 만물의 창조자이시다(요 1:3; 골 1:5). 그는 모든 피조물의 처음 난 자요, 근본이시요, 머리이시다(골 1:15; 계 3:14). 그는 능력의 말씀으로 만물을 붙드시며, 만물들이 그의 안에서 그로 말미암아 계속해서 서 있도록 하신다(히 1:3; 골 1:17). 또한 무엇보다도 그는 만물을 보존하시고 화목시키시고 회복시키시며, 자기 자신을 머리로 하여 하나로 모으신다. 그러므로 그는 특히 세상의 구주라는 이름을 취하신다. 구약에서는 구주 혹은 구속자라는 이름이 하나님께 사용되었으나(사 43:3, 11; 45:15; 렘 14:8; 호 13:4), 신약에서는 성부는 물론 성자께서도 이 이름을 취하신다. 어떤 곳에서는 하나님께 사용되며(딤전 1:11; 2:3; 딛 1:3; 2:10), 또 어떤 곳에서는 그리스도께 사용되는 것이다(딤후 1:10; 딛 1:4; 2:13; 3:6; 벧후 1:11; 2:20; 3:18). 때로는 그 명칭이 하나님을 지칭하는지 그리스도를 지칭하는지가 분명치 않을 경우도 있다(딛 2:13; 벧후 1:1). 그러나 하나님의 구원 사역은 전적으로 그리스도 안에서, 그리스도로 말미암아 효력을 발생하는 것이다.

이 모든 사실들은 성부와 성자 사이의 하나됨(a unity)을, 하나님과 그리스도 사이의 하나됨을 지적해 주는데, 이런 하나됨은 창조주와 그의 피조물 사이에서는 결코 존재하지 않는 것이다. 그리스도께서는 물론, 유한하며 제한적이며 또한 시간 속에서 존재하기 시작한 인간의 본성을 취하셨으나, 그리스도 그 자신은 성경에서 피조물 쪽이 아니라 하나님 쪽에 서 계신 것이다. 그는 하나님의 속성들을 지니셨고 그의 사역에 참여하신다. 그는 동일한 신적 본성을 지니신 것이다. 이 점은 그리스도께 하나님의 형상, 하나님의 말씀, 그리고 하나님의 아들이라는 세 가지 명칭이 주어진다는 사실에서 특별히 분명하게 표현되고 있다.

그리스도는 하나님의 형상이시요, 하나님의 영광의 광채시며, 그의 본체의 형상이시다(고후 4:4; 골 1:15; 히 1:3). 눈에 보이지 않는 하나님이 그리스도 안에서 눈에 보이게 나타나신 것이다. 누구든지 그를 보는 자는 아버지를 보는 것이다(요 14:9). 하나님이 누구시며 어떤 분이신지를 알기를 원하면 그리스도를 바라보아야 한다는 말이다. 그리스도의 어떠하심이 곧 아버지의 어떠하심인 것이다. 더 나아가서, 그리스도는 하나님의 말씀이시다(요 1:1; 계 19:13). 성부께서 그리스도 안에서 자기 자신을 — 그의 지혜, 그의 뜻, 그의 속성들, 그의 전 존재를 — 완전히 표현하셨다. 그는 그리스도께도 생명을 주어 그 속에 있게 하셨다(요 5:26). 인류와 세상을 향하신 하나님의 생각과 하나님의 경륜과 하나님의 뜻을 알기를 원하는 자는 누구든지 그리스도의 말을 들어야 한다(마 17:5). 마지막으로, 그리스도는 하나님의 아들이시다. 혹은 요한이 아무런 다른 단서 없이 묘사하는 대로 아들이시다(요일 2:22 이하; 히 1:1, 8). 그는 성부께서 기뻐하시며 사랑하시는 유일한 독생자이시다(마 3:17; 17:5; 요 1:14; 롬 8:32; 엡 1:6; 골 1:13). 하나님의 자녀가 되고자 하는 자는 누구든지 그리스도를 영접해야 한다. 그를 영접하는 자는 누구나 하나님의 자녀가 되는 권세가 주어지기 때문이다(요 1:12).

성경은 또한 그에게 신적인 이름을 허용함으로써 성경의 이러한 증거 위에 결정적으로 면류관을 씌워 놓는다. 도마는 그가 승천하시기 전에 이미 그를 주요 하나님으로 고백한 바 있다(요 20:28). 요한은 말씀으로서 태초에 하나님과 함께 계셨고 스스로 하나님이셨던 그분을 증거하고 있다. 바울은 그가 육신으로는 조상들에게서 나셨으나 그의 본체로는 무엇보다도 세세에 찬양을 받으실 하나님이심을 선포하고 있다(롬 9:5). 히브리서는 그가 천사들보다 높이 계시며, 하나님께서 친히 하나님이라는 이름으로 부르시는 분이심을 진술하고 있다(히 1:8-9). 베드로는 그를 우리의 하나님이요 구주이신 예수 그리스도라 칭하고 있다(벧후 1:1). 마태복음 28:19에 기록되어 있는 예수님의 세례의 명령에서나, 사도들의 축복 기도에서는(고후 13:13; 벧전 1:2; 계 1:4-6), 그리스도께서 성부와 성령과 동일선상에 서 계시다. 신격의 이름과 본체, 그 속성과 사역들이 성부에게서는 물론 성자에게서도(물론 성령에게도) 인정되고 있는 것이다.

살아 계신 하나님의 아들 그리스도 예수 — 바로 이 반석 위에 교회가 세워져 있는 것이다. 처음 시초부터 그리스도의 이처럼 전적으로 독특한 의의가 모든 신자들에게 확고했다. 그들은 모두 그를, 그의 가르침과 삶으로 구원과 죄 사함과 영생을 이루신 분으로, 그리하여 아버지께서 그의 오른편으로 올리신 분으로, 또한 곧 다시 오셔서 산 자와 죽은 자를 심판하실 심판자로 고백하였다. 사도들의 서신서에서 그에게 사용된 동일한 이름들이 초기 기독교 저작들에서도 그에게 사용되고 있다. 초기의 기도들과 찬송들에서 그를 그런 이름들로 칭하고 있는 것이다. 그들 모두가 한 분 하나님이 계시다는 것과, 그들이 그 하나님의 자녀라는 것과, 또한 하나님의 사랑을 그들에게 확실히 베푸신 한 주님이 계시다는 것과, 또한 그들 모두로 하여금 새 생명 안에서 행하게 하신 한 분 성령께서 계시다는 것을 분명히 인정하였다. 마태복음 28:19의 세례의 명령이 사도 시대 말기부터 보편적으로 사용되었는데, 이 명령이야말로 그런 확신의 보편성을 보여 주는 증거인 것이다.

그러나 그리스도인들이 이 고백의 내용에 대해 생각하기 시작한 그 순간부터, 온갖 종류의 견해의 차이들이 드러나게 되었다. 과거에 유대교나 이교 세계에서 교육을 받았었고, 또한 대부분 전혀 교육을 받지 못한 시골 사람들인 교회의 회원들로서는 사도들의 가르침을 생각 속에 온전히 수용할 수 있는 처지가 못되었다. 그들은 온갖 종류의 사상의 조류들이 교차하는 그런 사회 속에서 살고 있었고, 그리하여 그들은 계속해서 온갖 유혹과 오류에 노출되어 있었던 것이다. 심지어 사도들이 살아 있는 동안에도, 갖가지 이단적인 교사들이 교회에 들어와 그 확고한 믿음을 뒤틀어 버리려 했던 사실을 볼 수 있다. 예를 들어서, 골로새에는 그리스도의 위격과 사역을 왜곡시키고 복음을 하나의 새로운 율법으로 바꾸어 버린 자들이 있었다(골 2:3 이하, 16 이하). 고린도에는 그리스도인의 자유를 오용하여 그 어떠한 법에도 매이지 않으려 하는 일단의 자유주의자들이 일어나기도 했다(고전 6:12; 8:1). 사도 요한은 요한일서에서 그리스도께서 육체로 오신 것을 부인하여 그의 인성의 순결함을 해치는 특정한 자칭 선지자라 하는 자들에 대해 반론을 제기하기도 한다(요일 2:18 이하; 4:1 이하; 5:5 이하).

속사도 시대(post-apostolic period)에도 그런 사정이 계속되었다. 사실, 2세기 이후부터 오류와 이단들이 다양해졌고, 교회에 세력을 골고루 퍼뜨렸다. 그리스도의 진정한 인성(人性)과, 그의 초자연적인 탄생, 그의 부활과 승천을 믿으면서도, 그리스도의 신성(神性)을 그저 이례적으로 성령의 은사와 권세를 많이 받은 것 정도로밖에는 인식하지 않는 자들이 있었다. 그리스도로 하여금 그의 종교적·도덕적 사명을 완수하도록 위하여 그의 세례 시에 그런 은사와 권세가 그에게 주어진 것으로 생각한 것이다. 이런 운동의 추종자들은 하나님과 세상의 관계에 대한 이신론적(理神論的: deistic)이며 유대교적인 사고의 영향을 받은 자들이었다. 그들로서는 하나님과 사람 사이에는 은사와 능력을 공유하는 정도 이상의 친밀한 관계는 생각조차 불가능한 것이었다. 따라서 예수님은 과연 풍성한 능력을 부여받은 분이요, 종교적 천재이기는 하나, 그는 여전히 사람이었고 사람으로 남아 있었던 것이다.

그러나, 과거 이교 세계에서 자라난 다른 사람들은 오히려 다신론적(多神論的)인 관념에 이끌리고 있었다. 그들은 그리스도께서 그의 내적 본성대로는 모든 신적 존재들 가운데 하나요, 어쩌면 그 중에 최고의 존재이심을 아주 잘 이해할 수 있다고 생각하였다. 그러나 그들로서는 그런 신적이며 순결한 존재가 물질적이요 육체적인 본성을 취할 수 있었다는 것은 믿을 수가 없었다. 그리하여 그들은 그리스도의 진정한 인성을 희생시키고서, 그가 이 땅에서 행하신 모습은 구약에서 천사들에 대해 자주 보도하는 것처럼 그저 일시적인 것이요 또한 그저 겉모양일 뿐이었다는 식으로 주장하였던 것이다. 이 두 가지 사조, 이 두 가지 운동이 오늘날까지도 계속되어오고 있다. 한 때는 그리스도의 인성에 밀려 그의 신성이 희생당하였고, 또 다른 때는 그리스도의 신성에 밀려 그의 인성이 희생당하기도 했다. 사실 때문에 관념을 희생시키거나, 관념 때문에 사실을 희생시키는 극단론자들이 언제나 존재해왔다. 그들은 신성과 인성의 통일성과 조화를 납득하지 못하는 것이다.

* * * * *

그러나 기독교 교회는 처음부터 전혀 다른 근거 위에 서 있었고, 그리스도의 위격(位格) 안에서 하나님과 사람의 가장 친밀하며 가장 심오하며 따라서 전적으로 유일무이한 연합의 교통을 고백하였다. 가장 초기에는 교회의 대표자들이 때때로 이를 어색한 방식으로 표현하기도 했다. 그들은 먼저 실체에 대해 어느 정도 명확한 개념을 형성하고, 그 다음에는 그 개념을 명확한 언어로 표현하는 일을 위해 씨름해야 했다. 그러나 그 때문에 교회가 그 기반에서 밀려나 버리지는 않았다. 오히려 교회는 양 극단을 피하고 그리스도의 위격에 관한 사도들의 가르침을 굳게 붙잡았다.

그러나, 한 위격적인 존재가 신적 본성을 공유하면서도 동시에 진정한 사람이라면, 그것에 대해 명확한 정의를 하고자 하는 노력이 뒤따를 수밖에 없었고, 그 위격적 존재가 신격과 세상에 대해 어떤 식으로 관계하는지에 대해서도 명확한 설명이 있어야 했다. 그런데 이런 노력이 기울여지자, 오류와 이단의 노선이 또다시 좌우로 명확히 드러났다.

다시 말해서, 하나님의 하나이심 — 이는 기독교의 근본 진리이다 — 에 대해서, 하나님의 존재가 성부의 위격과 완전히 겹치고(coterminous) 완전히 일치하므로(coincident) 따라서 그리스도에게는 신격의 여지가 남아 있지 않게 된다는 식으로 이해한 것이다. 그리하여 그리스도는 신격의 범위 바깥으로 밀려났고, 사람과 동일선상에 위치하게 되었다. 창조주와 피조물 사이에는 점진적인 전환이라는 것이 없기 때문이다. 그렇기 때문에 신자들은 아리우스(Arius)와 더불어, 시간과 지위에 있어서 그는 온 세상을 초월하셨고 존귀와 위치에 있어서 온 세상보다 우월하신 분이셨다고 말할 수 있었다. 그러나 그렇게 되면 그리스도는 피조물로 남아 있게 된다. 그가 존재하지 않은 때가 있었고, 그는 다른 피조물들처럼 시간 속에서 하나님에 의하여 존재하게 된 것이 되는 것이다.

그러나 하나님의 하나이심을 유지하면서 동시에 그리스도의 위격을 그에게 합당한 존귀의 위치에 올리려 하다 보면, 또 다른 오류에 — 그 가장 두드러진 주장자인 사벨리우스(Sabellius)의 이름을 딴 오류에 — 빠지기가 쉽다. 그의 가르침에 의하면, 성부 성자 성령의 삼위는 신격의 존재 속에 담겨 있는 외형적인 실체들이 아니고, 한 분이신 신적 존재가 역사의 과정을 따라 — 구약에서와 그리스도의 지상 생애 동안과 오순절 이후에 — 순차적으로 자기 자신을 드러내시는 형식들이요 현현(顯現)들이라는 것이다. 이 두 가지 이단들을 따르는 추종자들이 줄곧 있어왔다. 소위 흐로닝겐 신학(Groningen Theologie)은 본질적으로 아리우스의 가르침을 새롭게 한 것이요, 또한 현대

신학(Modern Theology)은 처음부터 사벨리우스의 길을 좇아온 것이다.

이 모든 이단들을 물리치고 교회가 올바른 길을 취하는 데에는 많은 기도와 많은 갈등이 필요했고, 그 각 이단들이 여러 가지 양상으로 수정되고 뒤섞여졌기 때문에 더더욱 그러했다. 그러나 위대한 사람들의 ― 이들은 사고력은 물론 경건에 있어서도 탁월한 사람들로서 교부(敎父: fathers of the church)들이라 불렸다 ― 지도력 덕분에, 교회는 사도들의 가르침에 충실한 상태로 남아 있게 되었다. 325년 니케아 공의회에서 교회는, 가시적이고 불가시적인 만물의 창조자이시며 전능하신 한 분 성부 하나님과, 성부로 말미암아, 즉 하나님의 존재로부터, 독생하신 하나님의 아들이시며, 하나님의 하나님이시요, 빛의 빛이시요, 참 하나님의 참 하나님이시요, 지으심받지 않고 나셨으며, 성부와 본질이 동일하시며, 하늘과 땅의 만물이 그로 말미암아 지음받으신 한 분 주 예수 그리스도와, 성령을 믿는 믿음을 고백하였다.

이러한 니케아 공의회의 결과가 지극히 의미 있는 것이긴 했으나, 그것이 교리 논쟁을 종식시킨 것은 결코 아니었다. 오히려 그 반대로, 니케아 신조는 새로운 의문들과 다른 대답들이 생겨나는 기회를 제공했다. 그리스도께서 하나님의 존재와 사람의 세계에 대해 가지신 관계가 이제 그의 위격 안에서 그가 두 가지를 공유한다는 의미로 결정되었고, 따라서 그가 그 위격 안에서 하나님이요 동시에 사람이시라는 것이 결정되었으나, 그 한 위격 속의 이 두 가지 본성 사이의 관계의 본질의 문제에 대해서는 다루지 않은 것이다. 그리고 그 문제에 대해서 갖가지 답변들이 제시되었다.

네스토리우스(Nestorius)는, 만일 그리스도에게 두 본성이 있었다면, 거기에는 또한 두 인격이, 두 자아(自我)가 있어야 했고, 그 두 인격이나 두 자아는 남녀의 결혼을 통해서 이루어지는 그런 식의 도덕적인 결속으로만 하나가 될 수 있었을 것이라고 결론지었다. 또한 유티케스(Eutyches)는 인격과 본성이 하나라는 전제에서 출발하여, 만일 그리스도 안에 오직 한 인격이나 한 자아밖에 없었다면, 그 두 본성은 함께 뒤섞이고 혼합되었을 수밖에 없으며, 그렇게 뒤섞임으로 말미암아 오로지 하나의 본성이, 하나의 신인(神人)의 본성이 나오게 되었을 것이라고 결론지었다. 네스토리우스의 경우는 본성의 구별을 유지하느라 인격의 단일성을 무시해 버렸고, 유티케스의 경우는 인격의 단일성을 유지하느라 본성의 구별을 무시해 버린 것이다.

그러나 길고도 격렬한 논쟁 끝에, 교회는 드디어 이 문제를 종결지었다. 451년 칼케돈 공의회(the Council of Chalcedon)에서 교회는, 그리스도의 한 인격이 두 본성으로 되어 있으며, 그 두 본성은 변하지도 않고 혼합되지도 않으며(이는 유티케스의 논지를 반박하는 것이다), 분리되지도 않고 나뉘지도 않으며(이는 네스토리우스의 논지를 반박하는 것이다), 그 두 본성은 서로 병행하여 존재하며, 한 인격 속에서 하나를 이루고 있다고 진술하였다. 이 결정 ─ 이는 680년 콘스탄티노플 공의회에서 한 가지 세부적인 요점과 관련하여 확충되고 완성되는데 ─ 으로 말미암아, 드디어 그리스도의 위격에 대한 오랜 논쟁이 종식되게 되었다. 이런 논쟁들 속에서 교회는 기독교의 본질과 기독교 신앙의 절대적인 성격을 보존했고, 그리하여 기독교 자체의 독립성을 보존한 것이다.

* * * * *

물론 니케아 신조와 칼케돈의 신앙고백이 무오(無吳)하다는 주장을 제기해서는 안 된다는 것은 자명한 일이다. 교회와 그 신학이 사용해온 위격, 본성, 본체의 단일성 등의 용어들은 성경에는 없는 것들로서, 오랜 동안 기독교가 이 구원의 신비에 대하여 성찰하는 과정에서 나온 것들이다. 사방에서, 교회 안팎에서, 이단들이 끼어 들었기 때문에, 교회로서는 이러한 성찰을 하지 않을 수가 없었던 것이다. 교회의 고백과 신학의 언어에서 사용되는 그 모든 표현들과 진술들은, 교회가 대면한 그 구원의 신비를 해명하기 위하여 의도된 것이 아니라, 오히려 그 신비를 약화시키거나 부인하는 자들을 대적하여 그 신비를 순결하게 해를 받지 않은 상태로 유지하기 위해 의도된 것이다. 말씀의 성육신은 우리가 해결해야 하거나 해결할 수 있는 문젯거리가 아니요, 오히려 하나님께서 친히 그의 말씀 속에서 우리에게 제시하시는 방식대로 감사하며 고백하는 하나의 놀라운 사실인 것이다.

그러나 이렇게 이해할 때에, 교회가 니케아와 칼케돈에서 확정한 그 고백은 큰 가치가 있다. 이 두 본성의 교리를 무시하여 다른 단어들과 문구들로 대치시키려 하는 사람들이 과거에도 많았고, 지금도 많다. 그들은 처음에는, "우리가 이 교리에 동의하든 하지 않든 과연 정말 달라지는 것이 무엇인가?"라는 질문을 제기하며, 이 어색한 고백보다 훨씬 높고 고귀한 자리에 서 계시는 그리스도를 우리가 소유하고 있다는 것이 중요하다고 말한다. 그러나 얼마 지나지 않아서 이 사람들도 자기들이 받아들이는 그리스도를 묘사하기 위해서 자기들 스스로 단어들과 용어들을 도입하기 시작한다. 아무도 이런 상황을 피할 수 없다. 왜냐하면 우리가 알지도 못하는 바를 소유한다고 주장할 수가 없기 때문이다. 그리스도를 소유한다는 것이나, 그와 교제를 누린다는 것이나, 우리가 그의 것이라는 것을 믿는다면, 그런 믿음을 입으로 고백하고, 이런저런 단어나 용어나 표현이나 묘사를 사용해서 발설하지 않을 수가 없는 것이다. 그런데 두 본성의 교리를 공격하는 자들의 용어들이 그 가치나 효과 면에서 훨씬 더 빈약했으며, 또한 그들이 성경이 우리에게 해명해 주는 대로의 성육신의 사실을 부당하게 처리하는 경우가 많았다는 것을 역사가 가르쳐 주고 있는 것이다.

현대에 들어서도 예를 들어서, 두 본성 교리를 불합리성의 극치로 여기고서 자기들의 마음속에 전혀 다른 그리스도를 그리는 자들이 많다. 그리스도를 모든 사람들과 구별짓고 그를 모든 사람 위로 높이 올려 주는 무언가가 있다는 것은 그들도 부인하지 못한다. 그러나 그리스도 안에 나타나는 이 신적인 요소를 그들은 신적인 본성에 해당하는 것으로 보지 않고, 그리스도에게 탁월하게 부여된 하나의 신적 은사 혹은 힘으로 본다. 그리고 그리하여 그리스도에게 신적인 면과 인간적인 면이 있다고 말하기도 하고, 혹은 그를 두 가지 관점에서 바라볼 수 있다고도 하고, 혹은 그가 낮아지심과 높아지심의 두 가지 계속되는 처지에서 살았다고도 하며, 혹은 그가 비록 인간이지만 하나님의 말씀을 전파하고 그의 나라를 세움으로써 하나님의 계시의 비범하고도 완전한 통로가 되었고, 그리하여 우리가 하나님의 가치를 그에게 부여하게 된 것이라고도 한다. 그러나 아무런 편견이 없이 읽는 독자라면 누구나, 이런 이야기들이 교회에서 제기된 언어들을 여러 가지로 수정한 것들임은 물론, 동시에 모든 시대의 교회가 사도들이 고백한 증언을 기초로 하여 견지한 그리스도의 모습과는 전혀 다른 모습을 제시하는 것이라는 느낌을 받을 것이다.

신적인 은사와 능력은 어떤 의미에서 모든 사람에게 주어진 것이다. 선하고 완전한 모든 선물들이 위로부터 빛들의 아버지에게서 내려온 것이니 말이다. 그리고 예를 들어서 선지자들이 아무리 비범한 은사들을 소유했다 할지라도, 그 은사 때문에 선지자들이 인간의 범위를 넘어서는 데에까지 높이 올려지는 것이 아니다. 선지자와 사도들은 우리와 성정이 같은 사람들이었다. 그러므로 만일 그리스도께서 비범한 은사와 능력을 받으신 것에 불과하다면, 그는 인간 이상의 존재였을 수가 없으며, 그렇게 되면 그에게서 말씀이 성육신하신 사실 같은 것은 있을 수가 없다. 그리고 다른 사람들은 그가 부활과 승천으로 말미암아 하나님의 존재에로 높이 올려지셨고 우리에게 하나님의 가치와 존귀를 얻게 되셨다고 주장하지만, 그런 주장도 타당성이 있을 수가 없는 것이다. 하나님과 사람은 서로 정도의 차이가 아니라 본질의 차이로 분리되어 있기 때문이다. 그들 사이의 관계는 어디까지나 창조주와 피조물의 관계이며, 피조물은 그 존재의 본질상 절대로 창조주가 되는 법이 없고, 우리 인간에게 창조주의 가치와 존귀를 지니는 법도 없다. 피조물은 절대적으로 창조주에게 의존하는 존재이니 말이다.

그러므로, 오늘날 몇몇 사람들이 그리스도의 위격에 관한 이런 새로운 주장들을 교회와 성경의 가르침과 비교한 후, 결국 교회의 가르침이 성경의 가르침을 가장 정당하게 대하고 있다는 정직한 결론에 이르렀다는 것은 참 놀라운 일이 아닐 수 없다. 그리스도가 한 위격 속에서 하나님이시요 동시에 사람이셨다는 가르침은 이교도 철학의 산물이 아니요, 사도적 증거에 근거하는 것이다.

태초에 하나님과 함께 계셨고 친히 하나님이셨고(요 1:1), 하나님의 본체시요 하나님과 동등됨을 부당히 여기지 않으셨고(빌 2:6), 친히 하나님의 영광의 광채시요 그의 본체의 형상이신 그분께서(히 1:3), 때가 차매 육체가 되시고(요 1:14), 여자에게서 나시고(갈 4:4), 자기를 낮추사 종의 형체를 취하시고 사람의 모양으로 나타나셨다는 사실은(빌 2:7) 분명 구원의 신비가 아닐 수 없는 것이다.

* * * * *

그리스도는 하나님이셨고, 하나님이시며, 영원토록 하나님으로 계실 것이다. 그는 성부도, 성령도 아니셨고, 성자이셨으며, 아버지의 사랑하시는 독생하신 아들이셨다. 그리고 때가 차매 사람이 되신 것은 하나님의 본체도, 성부도, 성령도 아니었고, 성자 자신이었다. 그리고 그가 사람이 되사 사람으로서 이 땅에 다니실 때에, 심지어 겟세마네에서 고뇌하시고 십자가에 달리실 때에도, 그는 여전히 아버지께서 기뻐하시는 하나님의 아들이셨다. 물론 사도의 말씀처럼, 하나님의 본체이신 그리스도께서 하나님과 동등됨을 취할 것으로 여기지 않으시고 자기를 비우신 것은 사실이다(빌 2:6, 7). 그러나 몇몇 사람들이 하는 것처럼, 그리스도께서 성육신하실 때에, 낮아지심의 상태에서 그의 신성을 스스로 완전히 또는 부분적으로 박탈하시고 그의 신적 속성들을 옆으로 제쳐두셨다가, 후에 높아지심의 상태에서 점차 그것들을 다시 취하셨다는 식으로 본다면 그것은 잘못된 것이다. 하나님이 자기 자신을 부인하실 수가 없고(딤후 2:13), 또한 그 자신이 불변하시는 분으로서 모든 생성과 변화를 무한히 초월하여 계시는데 어떻게 그런 일이 있을 수가 있었겠는가? 아니다, 그가 본래 자신의 모습이 아니었던 모습이 되셨을 때에도, 그는 여전히 그의 모습 그대로 아버지의 독생자로 남아 계신 것이다. 사도의 그 말씀은 그리스도께서 자기 자신을 무명의 존재로(of no reputation) 만드사, 하나님의 본체이신 그가 사람과 종의 형체를 취하셨다는 의미인 것이다. 이를 다음과 같이 단순하게 표현할 수 있을 것이다. 성육신 이전 그리스도는 본체와 속성에 있어서 아버지와 동등하셨을 뿐 아니라 그가 하나님의 형체를 지니셨다. 그는 하나님처럼 보였고, 그의 영광의 광채요 그의 본체의 형상이었다. 만일 누구든지 그를 볼 수 있었다면, 곧바로 그를 하나님으로 알았을 것이다. 그의 성육신에서 이런 상태가 바뀌었다. 그때에 그가 사람의 모양과 종의 형체를 취하신 것이다. 이제는 누가 그를 보든 간에 믿음의 눈으로 보지 않는 이상 그에게서 아버지의 독생자를 볼 수가 없게 되었다. 그가 자신의 신적인 모양과 광채를 벗으셨기 때문이다. 그는 종의 형체 뒤에 자신의 신성을 감추셨고, 이 땅에서 우리와 똑같이 되셨고, 우리와 똑같은 모습을 하고 계셨던 것이다.

그러므로 둘째로, 성육신은 그 자신의 모습 그대로 남아 계셨던 그가 또한 그 이전의 모습이 아닌 모습이 되셨다는 것을 시사해 준다. 시간 속의 어느 시점에, 역사의 어느 구체적인 순간에, 즉 성령께서 마리아에게 임하시고 지극히 높으신 이의 능력이 그녀를 덮으신 그 시각에(눅 1:35), 그가 그렇게 되신 것이다. 그러나 동시에 이 성육신은 그 이전에 미리 예비된 일이었다.

성육신을 올바로 이해한다면, 우리는 성자의 발생(generation)과 세상의 창조가 말씀의 성육신을 예비하는 것이었다고 말할 수 있을 것이다. 그렇다고 해서 그 발생과 창조에 이미 성육신이 포함되어 있다는 뜻은 결코 아니다. 성경은 언제나 성자의 성육신을 죄로부터 구속하는 일과 구원을 이루는 일과 연관짓기 때문이다(마 1:21; 요 3:16; 롬 8:3; 갈 4:4-5). 그러나 발생과 창조는, 특히 하나님의 형상대로 사람을 창조하신 사실은, 하나님이 — 절대적인 의미에서는 신적 존재 내부에서, 그리고 상대적인 의미에서는 그 외부에서도 — 공유할 수 있는(sharable) 분이시라는 것을 가르쳐 준다. 그렇지 않다면, 하나님의 성육신 역시 가능성이 전혀 없어지고 만다. 하나님의 성육신을 원리적으로 불가능하다고 생각하는 자는 동시에 세상의 창조와 성자의 발생도 부인하게 된다. 그리고 창조와 발생을 인정하는 자는 누구든지 하나님이 인간 본성을 입고 성육신하신 사실을 원리적으로 반대할 수가 없는 것이다.

좀 더 직접적으로 보면 말씀의 성육신은, 타락 직후 시작되어 이스라엘의 역사에서 계속되었고 마리아의 축복에서 그 절정에 이르는 계시 속에서 예비되었다 할 것이다. 구약 전체는 하나님께서 때가 찰 때에 사람 안에서 영구히 거하시기 위하여 사람에게 끊임없이 더 가까이 나아가시는 역사인 것이다.

마리아에게서 인성을 취하신 하나님의 아들이 이미 영원 전부터 아들의 위격으로 존재하셨으므로, 마리아의 몸에 그가 잉태되신 일은 육체의 뜻이나 사람의 뜻으로 된 것이 아니요, 오직 성령의 덮으시는 역사로 말미암아 된 것이다. 성육신이 그 이전의 계시와 연관되며 그 계시를 완성시켜 주는 것은 사실이다. 그러나 성육신 자체는 자연의 산물도, 인간의 산물도 아니다. 그 일은 하나님의 역사하심이요, 최고의 계시인 것이다. 아들을 세상에 보내신 것이 아버지시요, 또한 마리아를 능력으로 덮으신 분이 성령이시듯이, 우리의 혈과 육을 취하신 것은 바로 아들 자신이셨다(히 2:14). 성육신은 아들 자신의 일이었다. 그 일에 관하여 그는 수동적이 아니셨고, 그 자신의 뜻과 그 자신의 행위로 육체가 되신 것이다. 그러므로 그는 육체의 뜻과 사람의 뜻을 제쳐두시고, 성령의 능력의 덮으심을 통하여 마리아의 태에 자기 자신을 위한 인성을 예비하신 것이다.

그 인성은 그 이전에는 존재하지 않았다. 그의 인성은 그리스도께서 하늘로부터 지니고 임하신 것도 아니요, 말하자면, 외부로부터 마리아의 몸 속에 집어넣으신 것도 아니다. 재새례파들(Anabaptists)은 그리스도 안의 인성이 무죄하다는 것을 설명하기 위하여 그렇게 가르친다. 그러나 그런 입장을 취하는 것은 사실 고대의 영지주의(靈知主義: gnosticism)의 예를 좇아서, 육체와 물질 그 자체가 죄악되다는 사상에 근거하는 것이다. 그러나 성경은 성육신에 있어서도 창조의 선하심과 물질의 신적 기원을 굳게 가르치고 있는 것이다.

그리스도는 마리아에게서(from Mary) 그의 인성을 취하셨다(마 1:20; 눅 2:7; 갈 4:4). 육체에 관한 한, 그는 다윗에게서와 조상들에게서 나셨다(행 2:30; 롬 1:3; 9:5). 그러므로 그에게 있는 이 본성은 참되고도 완전한 인간 본성이요, 우리와 모든 점에서 같되, 다만 죄가 없을 뿐이었다(히 2:14, 17; 4:15). 그리스도께는 그 어떠한 인간적인 것도 낯설지 않았다. 그리스도께서 육체로 오신 것을 부인하는 것은 바로 적그리스도의 시초인 것이다(요일 2:22).

그리스도의 인성이 마리아에게서 잉태되기 전에는 존재하지 않았던 것처럼, 그 인성은 그 전이나 그 이후나 결코 그리스도와 분리된 상태로 존재하지 않았다. 마리아에게 잉태된 씨와 그녀에게서 난 어린아이가 처음에는 독자적으로 자라나 사람이, 한 인격이, 한 자아가 되었고, 그 다음에 그리스도께서 그를 취하셔서 자기와 하나가 되게 하신 것이 아닌 것이다. 이런 이단을 지지하는 자들이 초기에도 나중에도 있었다. 그러나 성경은 이것에 대해서 아무것도 아는 바가 없다. 마리아의 몸에 잉태된 거룩한 존재는 처음부터 하나님의 아들이셨고 처음부터 그 이름을 지녔었다(눅 1:35). 말씀이 후에 인간을 자기에게 취한 것이 아니라, 말씀이 육신이 된 것이다(요 1:14). 그러므로 기독교 교회는 그 고백 중에 말하기를, 성자가 인간의 인격(human person)을 취한 것이 아니라 인간의 본성(human nature)을 취한 것이라고 한 것이다. 그렇게 해야만 두 본성과 한 인격이 유지될 수가 있는 것이다.

이는 — 이것은 이와 관련해서 우리가 주목해야 할 세 번째 논지이기도 한데 — 그리스도께서 말씀이셨고, 그가 육체가 되셨으며, 육체를 따라서는 조상들에게서 나셨으나 그의 본체에 따라서는 그는 영원토록 찬양받으실 하나님이심을 성경이 지극히 분명하게 진술하고 있지만, 그럼에도 불구하고 성경은 여전히 그 그리스도 안에서 한 인격을 우리에게 제시하고 있기 때문이다. 탄생한 아기는 전능하신 하나님, 영존하시는 아버지라는 이름을 취한다(사 9:6). 다윗의 자손은 동시에 다윗의 주다. 내려오신 자가 바로 모든 하늘 위에 오르신 자다(엡 4:10). 육체에 따라서 조상들에게 나신 그가 바로 그의 본질에 따라서는 만물 위에 계셔서 영원토록 찬양을 받으실 하나님이시다(롬 9:5). 땅에서 두루 다니실지라도, 그는 하늘에 계셨고 거기에 남아 계셨으며, 아버지의 품 안에 계셨다(요 1:18; 3:13). 시간 속에서 나셨고 시간 속에서 사셨으나, 그럼에도 불구하고 그는 아브라함보다 먼저 계신 분이셨다(롬 8:58). 신성의 충만하심이 그의 속에 육체로 거하시는 것이다(골 2:9).

요컨대, 신적이며 인간적인 속성들과 사역들이, 영원과 시간이, 편재하심과 제한되심이, 창조자의 전능함과 피조물의 연약함이 동일한 한 주체에게와 동일한 한 분에게 돌려지고 있다는 것이다. 이것이 사실이라면, 그리스도 안의 두 본성의 연합은 두 인격의 연합이었을 수가 없다. 두 인격이 사랑으로 말미암아 서로 무한히 친밀하게 연합될 수는 있다. 그러나 그 둘이 한 인격이나 한 자아가 될 수는 없는 것이다. 사실상 사랑이란 두 인격을 시사하며 오로지 신비한 윤리적 연합만을 가져올 뿐이다. 만일 하나님의 아들과 인간 본성의 연합이 이런 성격의 것이라면, 그 연합은 하나님과 그의 피조물들의, 특히 하나님과 그의 자녀들의 연합과 본질 면에서 차이가 없고 다만 정도 면에서만 차이가 있다고 밖에는 말할 수 없을 것이다.

그러나 그리스도께서는 유일무이한 위치를 차지하고 계시다. 그는 모종의 도덕적인 방식으로 자기 자신을 사람과 연합시키거나 기존의 인간적인 존재를 자기와의 교제 속으로 취하신 것이 아니라, 자기 자신을 위하여 마리아의 몸 속에 인간 본성을 예비하사 자신이 인간이 되셨고 종이 되신 것이다. 인간이 어떤 한 삶의 처지에서 다른 삶의 처지로 옮아갈 수 있고, 동시에 혹은 연이어서 두 가지 서로 다른 삶의 처지에서 살 수 있는 것처럼, 비유컨대, 하나님의 형체로 계셨던 그리스도께서도 종의 형체로 이 땅에서 활동하신 것이다. 그의 성육신 안에서 이루어진 연합은 두 인격 사이의 도덕적인 연합이 아니라, 한 인격 내에서 두 본성의 연합이었다. 남녀가 아무리 사랑으로 친밀하게 서로 연합되어 있다 해도, 그들은 여전히 두 인격체로 남아 있다. 하나님과 사람도, 아무리 지극히 친밀한 사랑으로 연합된다 할지라도, 본질상 서로 다른 존재인 것이다. 그러나 그리스도 안에서는 태초에 하나님과 함께 계셨고 친히 하나님이셨던 말씀이나 사람이나 똑같이 동일한 주체인 것이다. 이것은 유일무이하며 유례가 없고 그 깊이를 헤아릴 수 없는 하나님과 사람의 연합인 것이다. 그리고 모든 지혜의 시작과 끝이 바로 이것이다: "말씀이 육신이 되어 우리 가운데 거하시매 우리가 그의 영광을 보니 아버지의 독생자의 영광이요 은혜와 진리가 충만하더라"(요 1:14).

이러한 연합 속에서 그리스도는 그의 인격의 단일성 가운데서 두 본성에 합당한 모든 속성들과 능력들을 발휘하신다. 어떤 이들은 두 본성의 연합을 이보다 더 강하고 긴밀하게 하고자, 그 두 본성이 성육신 직후에 하나의 신인적(神人的) 본성으로 혼합되었다거나, 혹은 신성이 그 특징들을 스스로 버리고 인성의 한계에게로 자신을 낮추었다거나, 혹은 인성이 그 속성을 버리고 신성의 속성(그 속성 전부가 여기에 해당되든, 혹은 그 중에서 전능하심, 편재하심, 전지하심, 혹은 생명을 주는 능력 등만 해당되든지 간에)을 받아들였다는 식으로 가르치기도 한다.

그러나 개혁주의의 신앙고백은 그처럼 두 본성이 하나로 혼합된다는 가르침이나 본성끼리 속성들을 교류시킨다는 가르침을 언제나 반박해왔고 거부해왔다. 두 본성을 그렇게 보면, 결국 그 둘이 서로 뒤섞이고 혼합되는 결과가 발생하며, 그렇게 되면 하나님과 사람 사이의, 창조주와 피조물 사이의 본질적인 차이를 부인하는 범신론적인 사고가 나타나고 마는 것이다.

그 두 본성과 그 속성들과 능력들 사이에 긴밀한 관계가 있는 것은 사실이다. 그러나 그 관계는 인격의 단일성 속에서 생겨나는 그런 관계다. 그보다 더 강하고, 더 깊고, 더 긴밀한 연합은 도저히 생각조차 불가능하다. 말하자면 ― 이는 그저 비유로 설명하기 위한 것이지 둘을 동일시하고자 하는 것은 아니다 ― 영혼과 육체가 한 인격 속에 연합하여 있으나 그럼에도 불구하고 본질과 속성에서 서로 구별되는 것처럼, 그리스도에게서도 동일한 인격이 두 본성의 주체인 것이다. 영혼과 육체가 서로 다르다는 것이 한 인간 속에서 나타나는 그 둘의 내적인 연합의 전제요 조건인 것처럼, 신성과 인성이 서로 다르다는 것이 바로 그리스도 안에서 나타나는 그 두 본성의 연합의 조건이요 근거인 것이다. 두 본성을 하나로 혼합시키고 속성을 서로 교류시키는 것은 더 친밀한 관계를 이루는 것이 아니라 서로 뒤섞고 혼합시켜서 사실상 그리스도 안에 있는 충만을 무력하게 만드는 것이다. 신성의 일부가 제거되든지 혹은 인성의 일부가 제거되든지, 아니면 두 본성 모두 약화되어, 그리스도 안에 신성의 **충만**이 육체로 거하신다는 성경의 말씀(골 2:9; 1:19)이 흐려지고 마는 것이다. 두 본성이 서로 구별되고, 그 속성들을 서로서로 교류하는 것이 아니라 한 인격을 섬기도록 사용하여야만, 그런 충만이 유지되는 것이다. 그래야만 언제나 부요하신 동일한 그리스도께서, 낮아지심에서나 높아지심에서나 동일하게 두 본성의 속성들과 능력들을 발휘하시며, 그리하여 한편으로는 하나님의 사역과 구별되며 또한 다른 한편으로는 사람의 사역과는 구별되는 바 중보자의 사역으로서 세계 역사상 유일무이한 위치를 차지하는 그 사역들을 행하실 수 있는 것이다.

이 두 본성의 교리를 통해서, 우리는 성경이 그리스도의 위격에 대해 말씀하는 모든 내용과 또한 성경이 그에게 돌리는 모든 내용을 정당하게 취급하는 이점을 얻게 된다. 그렇게 되면 한편으로는 그가 영원하신 한 분 하나님의 아들로, 성부 성령과 더불어 만물을 지으시고 지탱시키시고 다스리시는 분으로(요 1:3; 골 1:15-16; 히 1:2) 남아 계시며, 그리하여 언제나 우리의 예배의 대상이 되신다. 그는 사도들의 시대에도 이미 예배의 대상이셨다(요 14:13; 행 7:59; 9:13; 22:16; 롬 10:12-13; 빌 2:9; 히 1:6). 그때에도 그러하셨으니, 지금도 마찬가지로 그의 모든 제자들이 믿고 신뢰해야 할 대상이신 것이다(요 14:1; 17:3; 롬 14:9; 고후 5:15; 엡 3:12; 5:23; 골 1:27). 그러나 그가 참되신 하나님이 아니시라면, 그렇게 될 수도 없고 그렇게 되어서도 안 될 것이다. "주 너의 하나님께 경배하고 다만 그를 섬기라"(마 4:10)고 기록되어 있기 때문이다. 그리스도를 신앙적으로 예배하는 근거는 오직 그의 신성에 있으므로, 이것을 부인하면서도 그를 예배할 것을 주장하는 사람은 피조물을 신격화시키는 죄와 우상숭배의 죄를 범하는 것이 될 것이다. 그리스도의 신성은 하나의 추상적인 교리가 아니고, 교회의 생활을 위하여 가장 중요한 사실인 것이다.

그러나 동시에, 그리스도께서는 참되고 완전한 사람이 되셨고, 죄만을 제외한 모든 점에서 우리와 같이 되셨다. 그는 어린아이이셨고, 소년이셨으며, 성인이셨고, 지혜가 자라며 하나님과 사람 앞에서 사랑스러워 가셨다(눅 2:40, 52). 신성의 속성들이 인성에 속해 있다고 주장하는 자들이 주장하듯 그저 겉모양으로만 그렇게 보인 것이 아니고, 그가 진실로 그렇게 되신 것이다. 그리스도께 점진적인 발전이 있었고, 육체와, 영혼의 능력과, 또한 하나님과 사람에게 사랑스러워 가신 면에서 성장이 있었다. 성령의 은사들이 그에게 한꺼번에 모조리 주어진 것이 아니라, 계속해서 점점 많이 주어진 것이다. 그가 배우셔야 할 것들도 있었고, 처음에는 모르셨던 것도 있었다(마 13:32; 행 1:7). 그가 죄를 지을 수 없는 존재 상태를 소유하고 계셨지만, 그의 연약한 인성 때문에 유혹과 고난과 죽임을 당하실 가능성이 그에게 있었다. 이 땅에 계시는 동안, 그는 자신의 인성에 따라서는 하늘에 계시지 않았고, 따라서 그 역시 보이는 것이 아니라 믿음으로 행하셨다. 그는 싸우셨고 고난 당하셨으며, 그 모든 일에서 하나님의 말씀과 약속을 확고히 붙드셨다. 그리하여 그는 친히 받으신 고난을 통하여 순종함을 배우셨고, 계속해서 순종 가운데 자신을 세우셨으며, 그리하여 스스로 거룩하게 하셨다(요 17:19; 히 5:8, 9). 그리고 동시에 이로써 우리에게 모범을 남기셨고, 자기에게 순종하는 모든 자에게 영원한 구원의 근원이 되신 것이다(히 5:9).

제 17 장

낮아지심에서의 그리스도의 사역

성육신이 그리스도의 지상 사역의 시작인 것은 사실이다. 그러나 그것으로 의미가 다하는 것도 아니고, 그것이 가장 중요한 의미인 것도 아니다. 이에 대해 참된 이해와 올바른 사상을 갖는 일이 중요하다. 왜냐하면 인간 본성을 취하신 사실 그 자체가 하나님과 사람 사이의 충만한 화목과 연합을 완성시키는 것으로 생각하는 자들이 있기 때문이다. 그들은 종교가 하나님과 사람이 서로 필요한 것을 채워주는 일종의 둘 사이의 교제라는 생각에서 출발하여, 이 교제가 죄로 인하여 방해를 받았고, 혹은 저급한 감각적인 수준의 사람으로서는 누릴 수 없었으나 그리스도로 말미암아 최초로 역사 속에서 표현되고 실현되었다고 주장한다. 그러므로 그들에게 있어서 기독교의 독특한 점은 바로 인간 본성 속에 본능과 핵심으로 심겨져 있는 종교의 관념이 그리스도라는 분에게서 성취에 이른다는 사실에 있는 것이다.

하나님의 본체로, 아버지의 품 안에 계신 독생자께서 사람의 형체를 취하셨다는 것은 인류에게는 분명 큰 영광이 아닐 수 없다. 사람의 형체를 취하심으로써 그리스도께서 모든 사람들과 관계를 맺으시는 것이니 말이다. 그는 사람들과 혈과 육을 함께 나누셨고, 또한 사람들과 동일하게 영혼과 육체를, 머리와 가슴을, 지성과 의지를, 생각과 감정을 지니셨다. 이런 의미에서 그리스도는 우리 모두의 형제요, 우리의 살 중의 살이요 뼈 중의 뼈이시다. 그러나 이러한 육체적인 유사점이 아무리 중요하다 할지라도, 이것을 영적이며 도덕적인 교통(communion)과 혼동하거나 동일시해서는 안 된다. 사람들 가운데서도, 동일한 가족과 혈족의 구성원들끼리도 영적인 의미에서는 서로 멀리 분리되어 있거나 심지어 서로 완전히 반대하는 처지에 있을 수가 있다는 것을 기억해야 한다. 예수께서도 친히, "내가 온 것은 사람이 그 아버지와, 딸이 어머니와, 며느리가 시어머니와 불화하게 하려 함이니 사람의 원수가 자기 집안 식구리라"(마 10:35-36)고 말씀하신 바 있다. 그러므로 자연적인 혈통은 영적인 관계와는 아무런 관계가 없다. 혈연적 관계와 영혼의 교제가 완전히 다른 경우가 비일비재한 것이다.

만일 예수께서 인간 본성을 취하셔서 하나님과 사람의 연합을 표현하신 것 이외에 아무것도 하신 일이 없다면, 우리가 과연 어떻게 하나님과의 교제 속에 들어가며 어떻게 하나님과 화목될 수 있을지 도저히 상상할 수조차 없을 것이다. 만일 그렇다면 그는 오히려 죄 없는 인간 본성을 취하시고 하나님과의 끊임없는 교제 속에서 사심으로써, 우리들 사이에 더 큰 분열을 일으키셨을 것이고, 우리 자신을 무력감 속에 깊이 빠뜨려 버리셨을 것이다. 왜냐하면 연약하고 죄악된 존재들인 우리로서는 그의 높은 모범을 도저히 따라갈 수가 없을 것이기 때문이다. 그러므로 하나님의 아들의 성육신이 이루어졌다고 해도, 오로지 그것으로 그쳐버렸다면, 그것은 결코 화목도, 구원도 이룰 수가 없는 것이다. 성육신은 화목과 구원의 행위의 시작이요, 그 준비요, 그 도입이다. 그러나 성육신이 화목과 구원의 행위 그 자체는 아닌 것이다.

만일 성육신 그 자체가 하나님과 사람 사이의 화목과 연합을 이루었다면, 주 예수님의 생애와 특히 그의 죽으심이 있을 필요가 없었을 것이다. 잉태와 탄생의 방식으로든 아니면 무언가 다른 방식으로든, 그가 인간의 본성을 취하시고, 잠시 이 땅에 머무르시다가 다시 하늘로 돌아가시는 것으로 충분했을 것이다. 그리스도께서 전적으로 깊이 낮아지시는 일이 있을 필요가 없었을 것이다.

그러나 성경은 이와는 전연 다른 것을 가르친다. 하나님의 아들이 사람이 되시되 그냥 우리와는 모든 점에서 동일하시고 다만 죄만 없이 되셨다고만 하지 않고, 그가 종의 형체를 가지사 자신을 낮추시고 십자가에서 죽기까지 복종하셨다고도 말씀한다(빌 2:7-8). 모든 의를 이루며(마 3:15) 또한 고난을 통하여 스스로 거룩하게 되는 일(히 2:10)이 그에게 어울리는 일이 되었다. 그 일이 그에게 합당하고 어울릴 뿐 아니라 반드시 그래야 했던 것이다. 그리스도께서 반드시 고난을 당하시고 사흘 만에 죽은 자 가운데서 살아나야 한다고 기록되어 있다(눅 24:46; 고전 15:3-5). 그가 땅에서 사명을 이루시도록 아버지께서 그를 보내셨고(요 4:34), 심지어 그에게 자기의 목숨을 버릴 권세와 다시 취할 권세까지도 주셨다(요 10:18). 그러므로 그리스도께서 경험하신 모든 일은, 하나님의 권능과 뜻이 미리 예정하신 바대로 시행되는 것이었다(행 2:23; 4:28). 그리스도께서는 십자가 위에서 비로소, 모든 것이 다이루어졌으며 아버지께서 그에게 행하라고 주신 모든 일을 다 행하셨다고 말하실 수 있었다(요 17:4; 19:30). 복음서는 예수님의 생애를 비교적 간략하게 그리면서도, 그의 마지막 고난과 죽으심은 아주 상세하게 보도하고 있다. 이와 마찬가지로 사도의 설교도 예수님의 잉태와 탄생에까지 거슬러 올라가는 예는 거의 드물고, 그리스도의 십자가와 죽으심과 보혈을 주로 강조하고 있다. 우리가 하나님과 화목하게 되는 것은 그의 아들의 탄생이 그의 죽으심으로 말미암는 것이다(롬 5:10).

성경의 가르침을 이렇게 바라보면, 그리스도의 전 생애가 우리에게 독특한 의미를 지니게 되고 더할 나위 없는 가치를 갖게 된다. 아버지께서 그에게 행하라고 주신 일(work: 혹은 "사역")은 완전한 일이다. 그러한 그리스도의 일은 갖가지 관점에서 볼 수 있고 여러 다양한 면에서 접근할 수 있다. 그일의 내용과 범위를 개관하기 위해서는 반드시 그 일을 바라보고 접근해야한다. 그러나 절대로 잊지 말아야 할 것은 그것이 한 가지 일이라는 사실이다. 그 일은 잉태로부터 십자가에서의 죽음에 이르기까지 그리스도의 생애전체를 다 포괄하는 것이다. 그리스도에게 두 본성이 있으나 그의 위격은 하나이듯이, 그의 일 역시 하나의 일이다. 그것은 과연 이 땅에서 이루어진 하나님의 그 고귀한 일인 것이다. 그 일은 뒤로 바라보면 하나님의 경륜과 예지 및 이스라엘에게 주어진 계시와 열방들에 대한 인도하심과 관련되며, 앞으로 바라보면 그리스도께서 그의 높이 오르신 상태에서 지금도 여전히 행하고 계시는 일 속에서 변형된 형태로 계속되고 있는 것이다. 그 일은 그 중심이 이 땅 위에 있고 시간 속에 있으나, 영원으로부터 나오며, 영원 속에 뿌리를 박고, 영원 속으로 뻗어 가는 일인 것이다.

* * * * * *

이러한 그리스도의 한 가지 일은 옛적부터 그의 삼중 직분의 교리 속에 포함되어 왔는데, 그리스도의 일을 다루는 이런 체계가 구원론에 전반적으로 도입된 것은 특히 칼빈에 의해서였다. 그러나 이에 대해 계속해서 반론이 제기되었고, 특히 예수님의 생애에서는 그 세 가지 직분들이 구별되지 않는다는 논지와 또한 그 직분들의 활동들이 서로 겹친다는 논지가 전면에 부각되어왔다. 그러나 이런 논지는 세 가지 직분들에 대한 오해를 반대하는 것이지, 그의 직분을 세 가지로 구분하는 것 그 자체를 반대하는 것이 아니다.

만일 예수께서 선지자와 제사장과 왕의 세 가지 직분을 완전히 구분하여 동시에 함께 행하셨거나, 혹은 그 하나하나를 연차적으로 수행하셨다는 식의 생각을 갖는다면, 그리스도의 일을 그렇게 구분하는 것 자체가 그릇된 것일 것이다. 물론 어느 때에는 그리스도의 한 가지 직분이 전면에 드러나고 그 다음에는 다른 직분이 전면에 드러나는 것이 — 예를 들어 그의 공생애 사역에는 그의 선지자 직분이 주로 부각되며, 그의 마지막 고난과 죽으심에서는 그의 제사장 직분이 주로 나타나며, 그가 높이 오르사 아버지의 우편에 앉아 계시는 데에서는 그의 왕 직분이 주로 나타나는 등 — 사실이지만, 본질적으로 예수께서는 언제나 그 세 가지 직분 모두를 동시에 시행하셨기 때문이다.

그가 말씀하실 때에 그는 선지자로서 하나님의 말씀을 선포하셨으나, 여기서 그는 동시에 그의 제사장적인 긍휼과 그의 왕적인 권능을 드러내 보이신 것이다. 그의 말씀으로 병든 자들을 고치셨고, 죄를 사하셨고, 폭풍을 가라앉히셨으니 말이다. 그는 진리의 왕이셨다. 그의 이적들은 그가 하나님께로부터 보내심을 받은 사실의 증표였고, 또한 그의 말씀이 참이라는 증표였다. 그러나 그것들은 동시에 온갖 괴로움 당한 자들에 대한 그의 자비하심과, 질병과 죽음, 그리고 사탄의 권세에 대한 그의 통치를 드러내는 것이었다. 그의 죽음은 그의 삶에 인을 치는 것이었으나, 동시에 완전한 순종의 희생이요 또한 자기 목숨을 내어놓으시는 기꺼운 능력의 행위였다. 요컨대, 그의 말씀과 행위와 일 전부가 동시에 선지자 직분과 제사장 직분과 왕 직분의 성격을 지닌 것이다.

이 진리를 전면에서 바라보았으니, 이제 계속해서 그리스도의 위격과 사역을 그 세 가지 직분의 관점에서 바라보아야 할 것이다. 이런 방법에는 여러 가지 유익한 점이 있다.

첫째로, 그렇게 다루게 되면, 그리스도의 오심은 물론 그의 이 땅에서의 전 생애가 아버지께서 그에게 주신 직분을 수행하는 것이었다는 진리를 강조하게 된다. 예수님과 관련해서는 사업이나 직업, 혹은 심지어 그 자신이 택하신 도덕적 소명에 대해서도 거론할 수가 없다. 성경에 따르면, 그에게는 하나의 직분이 맡겨졌다. 직분과 직업은 서로 차이가 있다. 직분은 당사자가 선택할 수 없고 그보다 더 높은 권세로부터 임명받아야만 받을 수가 있다. 모세는 사환이었으나 그리스도는 그의 집의 아들로서 모든 일에서 아버지께 충실하셨다는 점에서 그는 모세와는 구별되는 것이 사실이다(히 3:5-6). 그러나 동시에 그는 자기를 우리의 믿는 도리의 사도요 대제사장으로 세우신 그분께 충성을 다하셨다(히 3:2). 그는 스스로 대제사장이 되는 영광을 취하신 것이 아니다. 하나님께서 그에게 "너는 내 아들이니 내가 오늘 너를 낳았다"(히 5:5)라고 말씀하심으로써, 그가 하나님께 영광을 받으신 것이다. 그러므로 예수께서는 아버지께서 자신을 보내셨다는 사실을, 아버지의 뜻을 행하는 것이 그의 양식이라는 사실을, 그가 무엇을 행하고 말할지에 대한 명령을 아버지께로부터 받으셨다는 사실을, 또한 그가 이 땅에서 아버지의 일을 다 이루셨다는 사실을 끊임없이 강조하신 것이다(요 4:34; 5:20, 30; 6:38; 7:16; 8:28; 10:18; 12:49, 50; 14:10, 24; 17:4).

이렇게 그를 직분에 임명하신 일은 분명 그리스도께서 사람이 되시기 전에 일어났다. 성경은 그리스도께서 태초에 하나님과 함께 계셨고 그가 친히 하나님이셨음을 가르치는 것은 물론, 히브리서 10:5-7에서는 그가 세상에 임하실 때에 "하나님이 제사와 예물을 원하지 아니하시고 오직 나를 위하여 한 몸을 예비하셨도다(이 몸을 죽음에 굴복시킴으로써 이 몸으로 하나님의 뜻을 행하도록 하기 위하여). 번제와 속죄제는 기뻐하지 아니하시니 이에 내가 말하기를 하나님이여 보시옵소서, 두루마리에 나를 가리켜 기록된 것과 같이 하나님의 뜻을 행하러 왔나이다"라고 말씀했다고 분명히 진술하고 있기 때문이다. 그러므로 그리스도의 성육신과 그의 세상에 임하심이 이미 아버지께서 그에게 행하라고 주신 그 일을 수행하는 것에 속하는 것이었다. 이처럼 그를 보내시는 일이 성육신 이전에 있었고, 시간 속에서가 아니라 영원 전에 일어난 것이다.

그러므로 다른 곳에서는, 그리스도께서 창세 전에 미리 정해지셨으며(벧전 1:20), 창세 전에 그리스도 안에서 우리가 은혜를 받아 선택을 받았으며(엡 1:4; 딤후 1:9), 창세 전에 하나님 앞에 펼쳐져 있는 생명책이 죽임을 당한 어린양의 것이라고(계 13:8; 17:8) 말씀하고 있다. 그리스도의 일을 그의 직분의 수행으로 생각한다는 것은 바로 그 일을 영원한 경륜과 연관짓는 것이 된다. 그는 메시야, 그리스도, 기름 부은 자라는 이름을 취하시는데, 이는 그가 영원 전부터 아버지의 작정하심을 받으셨으며 또한 때가 되어 성령으로 기름 부음을 받았기 때문이다.

두 번째로, 그리스도께 맡겨진 그 세 가지 직분들은 본래 사람에게 맡겨진 소명과 목적과 연관된 것이다. 그리스도께서 다른 직분들을 맡지 않고 오로지 선지자 직분, 제사장 직분, 왕 직분 등, 세 가지 직분만을 맡으신 것은 결코 우연한 일도 임의적인 일도 아니다. 오히려 그 일은 인류를 위하여 하나님께서 인간 본성에 대해 가지신 목적에 근거하는 것이다. 아담이 하나님의 형상으로, 참된 지식과 의와 거룩함으로 창조함받은 것은, 그가 선지자로서 하나님의 말씀을 선포하고, 왕으로서 피조물들을 의롭게 다스리며, 제사장으로서 자기와 자기의 모든 것을 향기로운 제물로 하나님께 드리도록 하기 위함이었다. 그가 지성을 부여받은 것은 알기 위함이요, 손을 부여받은 것은 다스리기 위함이요, 마음을 부여받은 것은 모든 것을 사랑으로 감싸기 위함이다. 하나님의 형상을 펼치며, 그의 모든 재능과 능력들을 조화롭게 발전시키며, 선지자와 제사장과 왕의 세 가지 직분을 시행하는 데에 사람의 목적과 나아갈 길이 있었던 것이다. 그러나 사람이 이 고귀한 부르심을 저버렸다. 그러므로 그리스도께서 사람의 참된 형상을 다시 드러내시고 사람의 목적을 완전히 이루시기 위하여 이 땅에 오신 것이다. 이렇게 해서 세 직분의 교리는 자연과 은혜, 창조와 구속, 아담과 그리스도를 서로 확고하게 연관지어 주는 것이다. 첫째 아담은 마지막 아담의 모형이요, 사자(使者: herald)요, 또한 그에 대한 예언이요, 마지막 아담은 첫째 아담의 성취인 것이다.

세 번째로, 세 직분의 교리는 구약의 계시와 직결되어 있다. 아담 안에서 타락한 인류가 점점 더 부패해지자, 하나님은 특정한 한 백성을 자기 소유로 택하셨다. 그 소명과 관련하여 이스라엘이 다시 하나의 민족으로서 선지자와 제사장과 왕의 사명을 부여받았다. 이스라엘은 여호와께 제사장 나라와 거룩한 백성이 되어야 했던 것이다(출 19:6). 그러나 특별한 의미에서 그 사명은 이스라엘 내에서 각기 선지자로, 제사장으로, 왕으로서 하나님을 섬기도록 부르심을 받은 사람들에게 부과되었다. 이스라엘 민족 전체가 여호와의 기름 부은 자라 일컬음을 받을 수 있었으나, 그럼에도 불구하고 이 칭호는 특별히 선지자들과 제사장들과 왕들에게 사용되었던 것이다. 그러나 이들은 모두 죄인들이었고, 따라서 그들의 직분을 진정으로 이행할 수가 없었다. 이스라엘 백성 전체도 그렇지만, 이들은 동시에 선지자요 제사장이요 왕이 되실 분이며 또한 유일무이한 의미에서 여호와의 기름 부은 자라 불리게 될 또 다른 어떤 분을 가리켰던 것이다(사 61:1). 그리스도야말로 구약 계시 전체의 성취이시다. 그는 모든 이스라엘이 예표해온 분이시요, 또한 이스라엘의 선지자들과 제사장들과 왕들이 예표해온 분이시다. 사실, 그들 속에서 그들로 말미암아 그리스도께서 자기 자신을 증거하시며 또한 자신의 오심을 예비하신 것이다(벧전 1:11).

마지막으로, 그리스도의 일을 세 직분과 관련지어 다루어야만 그것을 정당하게 다루게 된다. 합리주의자들처럼 그리스도를 오로지 선지자로만 보거나, 신비주의자들처럼 그를 오로지 제사장적인 고난과만 결부시키거나, 혹은 천년왕국론자들(chiliasts)처럼 그리스도를 오로지 왕으로만 대하는 식의 한쪽으로 치우친 경향들이 기독교 교회에 언제나 있어왔다. 그러나 우리에게는 동시에 세 직분 모두를 지니신 그런 그리스도가 필요하다. 우리에게는 하나님을 우리에게 선포하시는 선지자가 필요하며, 우리를 하나님과 화목시키시는 제사장이 필요하며, 또한 하나님의 이름으로 우리를 다스리시고 보호하시는 왕이 필요한 것이다. 하나님의 온전한 형상이 사람에게서 회복되어야 한다. 지식이 회복되어야 한다. 그러나 동시에 거룩과 의가 회복되어야 하는 것이다. 영혼과 육체가 모두, 머리와 마음과 손이 모두 구원받아야 한다. 모름지기 전인(全人)이 구원받아야 하는 것이다. 우리에게는 우리를 완전히 전적으로 구속하시며 또한 우리 속에서 우리의 본래의 목적을 충만히 실현시키시는 그런 구주가 필요하다. 그런데 그리스도께서 그 일을 행하신다. 그 자신이 선지자요 제사장이요 왕이시기 때문에, 그는 다시 우리를 그의 아버지 하나님께 선지자들로, 제사장들로, 왕들로 만드시는 것이다(계 1:6).

* * * * *

그리스도께서는 물론 영원 전에 기름 부음을 받으셨고, 또한 구약 시대에 은혜 언약의 중보자로서 예비적인 방식으로 이미 활동하셨지만, 그가 처음으로 선지자직과 제사장직과 왕직을 충만히 실질적으로 취하신 것은 바로 그가 세상에 임하신 때였다. 그때에 그는 "하나님이여 보시옵소서, 내가 하나님의 뜻을 행하러 왔나이다"(히 10:7)라고 말씀하셨다. 그때에 그가 비로소 중보자의 일을 행할 수 있도록 처음으로 인성을 취하신 것이다. 하나님의 이름을 사람들에게 계시하기 위하여, 십자가에서 고난당하고 죽기 위하여, 그리고 진리의 왕으로서 진리를 증언하기 위하여, 사람이 되셔야 했던 것이다.

그러므로 그가 성령으로 말미암아 잉태되신 일은 동시에 그리스도께서 후에 부르심을 받게 될 그 일을 위하여 그에게 미리 인성을 예비하시는 일이었던 것이다. 그리스도께서 성령으로 잉태되시고 동정녀 마리아에게서 나셨다는 고백에 대해서 오늘날 온갖 종류의 반론들이 제기되고 있고, 마태복음과 누가복음에 나타나는 이 기사를 본래의 복음에 유대교적인 혹은 이교적인 요소가 끼어 든 것으로 설명하려는 노력들이 많이 있다. 그러나 그 결과 오히려 이 역사의 진리가 그 이전보다 더 확증되고 더 한층 굳건해졌다. 유대교나 이교에서 그런 것을 빌려왔을 수가 없으니 말이다. 그 기사를 보도하는 언어에서 분명히 드러나듯이, 그것은 요셉과 마리아 자신들의 증언에 근거하는 하나의 이야기요 하나의 역사인 것이다. 아마 상당 기간 동안은 이 이적적인 잉태의 사실이 오로지 요셉과 마리아, 그리고 주변의 몇몇 측근들만이 알고 있었을 것이다. 사안의 성격으로 볼 때에, 그 이야기는 공공연하게 유포되고 전달될 성질의 것이 아니었다.

나중에, 그리스도의 사역과 말씀들, 특히 그의 부활로 인하여 그가 과연 누구셨고 어떤 분이셨는가 하는 것이 분명히 드러났을 때에, 그때에 비로소 마리아가 나서서 제자들의 적은 무리들에게 예수님의 잉태의 비밀을 털어놓았을 것이다. 그러나 그때 이후에도 이처럼 성령으로 잉태되신 사실은 사도들의 설교에서 한 번도 전면으로 부각된 일이 없다. 여러 군데에서 기정 사실로 받아들이기는 하나(막 6:3; 요 1:13; 7:41, 42; 롬 1:3, 4; 9:5; 빌 2:7; 갈 4:4), 마태복음과 누가복음을 제외하고는 그 어디에서도 분명하게 진술되지 않는다. 그러나 그것은 복음의 본질적인 요소이며 또한 성경이 가르치는 바 그리스도의 위격의 교리 전체와도 전적으로 일치한다. 우리가 기억하기에 그는 말씀으로서 태초에 하나님과 함께 계셨고 친히 하나님이셨으며 잉태에서 스스로 적극적으로 활동하였고 또한 성령의 활동을 통하여 마리아의 태에 친히 인성을 예비하신 그런 독생자이셨다(빌 2:6-7). "처녀(혼인하지 않은 젊은 여자)가 잉태하여 아들을 낳을 것이요 그의 이름을 임마누엘이라 하리라"는 이사야 7:14(마 1:25와 비교하라)의 예언과, 또한 그 아들의 이름이 "기묘자라 모사라 전능하신 하나님이라 영존하시는 아버지라, 평강의 왕이라 할 것이라"는 이사야 9:6의 예언이 그에게서 성취된 것이다.

이처럼 성령으로 말미암아 잉태되심으로써 그리스도의 이 인성은 처음부터 인간의 모든 죄에서 자유하였다. 하나님의 아들이 그 이전부터 삼위 중의 한 위로서 존재하셨으므로, 또한 그 위격이 기존의 인간과 연합한 것이 아니라 성령의 활동을 통하여 마리아의 태에 친히 한 인성을 예비하신 것이므로, 그는 행위 언약에 포함되지 않으셨고, 감당해야 할 원죄도 없으셨고, 따라서 죄의 오염으로 인하여 더러워질 수가 없었던 것이다. 마리아 자신이 예수를 잉태할 때에 흠이 없고 순결하였으며 또한 그 후에도 거룩하게 살았다는 로마 교회의 가르침은 근거도 없고 불필요하며 심지어 성경이 마리아에 대해 말씀하는 바(요 2:4; 막 3:31; 눅 11:28)와 모순되기까지 한 것이다. 마리아는 선지자들과 사도들이 누린 것보다 훨씬 큰 존귀함을 누렸다. 그녀는 여자들 중 축복을 입고 은혜를 입은 자요 주의 모친이었다(눅 1:42-43). 그러나 그녀 자신은 모든 사람과 동일하였고, 그녀에게서 나신 자가 거룩한 것은(눅 1:35)

그녀의 본성적인 순결함 덕분이 아니라, 그녀의 태에서 역사하신 성령의 창조하시고 거룩하게 하시는 활동 덕분이었던 것이다.

그러나, 그리스도께서 마리아에게서 취하신 인성은 거룩한 것이긴 했으나, 그럼에도 불구하고 연약한 인간의 본성이었다. 성경은 이 점을, 그가 그저 사람이 되신 것만이 아니라 육신이 되셨다는 진술에서(요 1:14), 그가 죄 있는 육신의 모양으로 보내심을 받으셨다는 진술에서(롬 8:3), 그가 친히 종의 형체를 취하셨다는 진술에서(빌 2:7), 그리고 그가 모든 점에서 우리와 같이 되셨으되 죄는 없으셨다는 진술에서(히 2:17; 4:15) 잘 표현하고 있다. 그리스도께서 시험받으시기 위해서는, 고난을 통해 순종을 배우시기 위해서는, 환난을 통하여 자신을 거룩하게 하시기 위해서는, 우리의 연약함을 동정하시는 자비하시고 신실하신 대제사장이 되시기 위해서는, 요컨대 고난당하시고 죽으실 수 있기 위해서는, 그가 반드시 그런 연약한 인간의 본성을 취하셔야 했던 것이다. 죄가 없으셨다는 점에서는 타락 이전의 아담과 매우 비슷하셨으나, 그는 다른 점에서는 아담과 전혀 다르셨다. 아담은 단번에 성인(成人)으로 창조되셨으나 그리스도는 마리아의 태에 잉태되셔서 갓난아기로 탄생하셨다. 아담이 창조되었을 때에는 그를 위하여 모든 것이 구비되어 있었으나, 그리스도께서 이 땅에 오셨을 때에는 아무도 그의 오심을 미리 준비하고 있었던 자가 없었고 또한 사관에 누일 자리조차 없었다. 아담은 온 땅을 그의 통치 아래 굴복시키고 다스리러 왔으나, 그리스도는 섬김을 받기 위해서가 아니라 섬기러 오셨고, 자기 목숨을 많은 사람들의 대속물로 주시기 위하여 오신 것이다.

그러므로 하나님의 아들의 성육신은, 높아지심의 상태에 여전히 계시는 것처럼, 자신을 낮추시는 선한 행위였을 뿐 아니라, 동시에 깊은 낮아지심의 행위이기도 했다. 낮아지심은 잉태로 시작되었고, 그의 죽으심과 무덤에 장사지낸 상태에 이르기까지 계속되었다. 그리스도는 엑셀시오르(Excelsior: 더 높이)를 모토로 하는 영웅이 아니셨다. 온갖 장애를 극복하고 마침내 최정상에 오른 그런 인물이 아니셨다. 오히려 그 반대로 그는 언제나 더 낮고 더 깊게 자신을 낮추셨고, 우리와의 교제 속으로 더욱 친밀하게 들어오셨다. 이처럼 깊은 데까지 자신을 낮추시는 길에는, 잉태와 탄생, 나사렛에서의 비천한 생활, 세례받으심과 시험받으심, 반대를 당하심, 오해와 핍박당하심, 겟세마네의 고뇌, 가야바와 빌라도 앞에서의 정죄, 십자가에 달리심, 죽으심, 장사되심의 단계들이 두드러지게 나타났다. 언제나 아버지의 집에서 더 멀어지시고 우리의 죄와 우리의 죽음과의 교제 속으로 더 가까이 나아오셨고, 드디어 가장 깊은 고난 속에서 하나님께 버림받으시는 일에 대해 안타까이 절규하기까지 되셨으나, 그리고 나서 그는 또한 "다 이루었다!"라는 승리의 외침을 발하신 것이다.

잉태와 탄생 그 자체 이외에도, 베들레헴 말구유에 나시고, 헤롯에게서 핍박을 당하셔서 강제로 애굽으로 도피하셨고, 또한 나사렛에서 어린 시절을 고요히 보내신 일 같은 단순한 정황들도 이러한 낮아지심에 속한다. 복음서에는 그의 어린 시절에 관한 내용이 거의 보도되지 않는다. 복음서는 새로이 유행하는 의미처럼 "예수님의 생애"를 제시하려는 의도가 아니었고, 오히려 우리로 하여금 그리스도께서 하나님의 아들이시요 세상의 구주시며 아버지의 독생자이심을 알게 하기 위하여 기록된 것이기 때문이다. 그 목적이 그렇기 때문에, 예수님의 어린 시절과 소년 시절에 대해 현재 기록되어 있는 그 정도로 족한 것이다.

마태복음은 예수께서 애굽에서 돌아오신 후 부모와 함께 갈릴리 나사렛으로 가셔서 그곳에서 사셨다고 보도하고 있다(마 2:23). 그의 모친이 그 전부터 그곳에 살았었고(눅 1:26), 예수께서는 공생애 기간 전까지 거기서 지내셨다(눅 2:39; 막 1:9). 그리고 회당에 섰다가 마을 사람들에게 배척을 받으신 후에는 가버나움으로 거처를 옮기셨다(눅 4:28 이하; 마 4:13). 그러나 그는 언제나 나사렛 사람이라는 이름을 그대로 지니셨다. 이 사실에서 마태복음은 구약 예언의 성취를 보았다(마 2:23). 어떤 구체적인 진술의 성취가 아니라 ― 나사렛이나 나사렛 사람이라는 말은 구약 어디에도 언급되지 않는다 ― 구약의 예언 전체의 성취로 본 것이다. 즉, 그리스도께서 비천한 출신에서 나실 것(사 11:1)과 이방의 갈릴리의 흑암에 빛이 비치리라는 것(사 8:22; 9:1) 등 선지서 전반에 나타나는 예언들의 성취로 본 것이다.

나사렛에서 조용히 사신 여러 해 동안 예수께서는 부모에게 순종하는 아린아이셨다(눅 2:51). 어린아이로서 육신과 정신이 자라면서 하나님과 사람에게 사랑스러워 가셨다(눅 2:40, 52). 열두 살이 되자 그는 부모와 함께 ― 처음인지, 그 전에도 그런 일이 있었는지는 모르나 ― 유월절을 지내기 위해 예루살렘으로 가셨고(눅 2:41 이하), 거기서 그는 유대인 서기관들 중에서 질문과 응답을 나누어 자신의 지혜를 드러내셨을 뿐 아니라, 부모들에게 자신이 소명을 의식하고 계심을 드러내기도 하셨다. 아들로서 자기 아버지의 일에(혹은 아버지의 집에) 전념하셔야 한다는 것을 말씀하신 것이다(눅 2:49). 안식일에는 습관대로 회당에 가셨고(눅 4:16), 주중에는 아마도 아버지를 도우셨을 것으로 보인다. 그 자신이 훗날 목수라 불리는 것은 최소한 사실이다(막 6:3).

그의 후기의 생애에 비추어 볼 때에, 이 어린 시절에 대해 최소한 다음과 같은 사실들은 확실히 알 수 있다. 곧, 그가 읽기와 쓰기를 하실 줄 알았고, 구약 성경에 능통하셨으며, 바리새인들과 사두개인들을 꿰뚫어 보셨으며, 백성들의 도덕적인 필요를 알고 계셨고, 그 당시의 시민 생활과 정치적 상황을 잘 파악하고 계셨으며, 그가 자연을 사랑하셨고 하나님과의 교제를 위하여 혼자 물러가 계신 적이 많았다는 것 등이다. 이 자료가 미약하긴 하나, 그것들은 모두 예수께서 이렇게 홀로 계신 그 기간 동안 후에 다가올 공생애의 사명을 위하여 스스로 준비하고 계셨다는 사실을 시사해 준다 하겠다. 자기가 누구이시며 또한 해야 할 일이 무엇인가 하는 것이 점점 더 분명해졌다. 그의 아들 되심과 그의 메시야 되심이, 또한 이와 관련된 모든 사실들이 그에게 언제나 더욱더 분명해져 갔던 것이다. 그리하여 삼십 세가 되자, 그가 이스라엘 앞에 나서실 때가 마침내 이른 것이다(요 1:31).

그가 대중 앞에 모습을 드러내시게 된 계기는 바로 남쪽 유대 광야에서 세례 요한이 시작한 설교였다. 세례 요한은 하나님으로부터 보내심을 받아, 이스라엘이 비록 아브라함의 자손들이요 할례도 받았고 스스로 의롭다 여기나 죄악되고 오염되어 있으므로 죄 사함을 얻게 하는 회개의 세례가 필요하다고 선포하였다. 이처럼 회개를 선포하는 세례 요한의 사역으로 말미암아 유대 백성들 가운데 큰 운동이 일어났고, 그리하여 장차 오실 메시야를 위하여 길을 예비한 것이다. 예루살렘과 유대와 온 지역에서 수많은 사람들이 그에게로 몰려들어 세례를 받고 죄를 고백하였다. 예수께서 그에게 나아가셨을 때에, 세례 요한은 예수께서 홀로 성령과 불로 세례를 베푸실 메시야이심을 알아보고서 그에게 세례를 베풀기를 반대하였으나, 예수께서는 세례를 받음으로 모든 의를 이루는 것이 합당하다고 강하게 말씀하셨다(마 3:15).

그러므로 예수께서는 자신이 회개와 죄 사함이 필요하기 때문에 세례를 받아야 한다고 말씀하신 것이 아니다. 요단 강가의 다른 사람들처럼 그는 죄를 고백하지 않으셨다. 그는 요한을 선지자로 아셨고, 오히려 그보다 더 나아가 자기 자신의 사자요 길을 예비하는 자로 보셨고(마 11:7-14), 자신의 세례를 요한이 생각해 낸 하나의 임의적인 예식이 아니라 자신이 하늘로부터 받은 바 하나의 임무요 하나의 사명으로 보았다(막 11:30). 그러므로 요한에게서 세례받으신 일은 하나님의 뜻에 근거하는 것이었고, 예수께서 수행하셔야 할 의(義)의 일부였던 것이다. 예수께서는 이 세례를 받으시면서 한편으로는 아버지의 뜻에 자신을 굴복시키셨고, 또 한편으로는 세례를 통해서 회개와 죄 사함을 얻는 백성들과 친히 지극히 친밀한 관계 속으로 들어가신 것이다. 요한의 세례는 예수님께 하나님의 모든 뜻에 대한 전적인 굴복이요, 공적으로 그의 모든 백성과의 교제 속으로 들어가는 것이요, 메시야의 활동 무대에 들어가는 왕적인 입장(入場)이었던 것이다.

그러므로 그의 세례는 다른 사람들의 세례와는 전혀 의미가 달랐다. 그는 회개와 죄 사함의 표징과 인침을 받으신 것이 아니라, 성령과 불로 세례를 받으신 것이다. 오직 그만이 그런 세례를 베푸실 분이셨기 때문이다. 후일 일부 분파에 속한 사람들은, 예수께서 세례를 받으시는 순간 처음으로 신성이, 혹은 그리스도의 권능이 인간 예수와 연합하였다고 생각하기도 했다. 그러나 이런 생각은 이단이다. 왜냐하면 그가 잉태되실 때에 말씀이 성육신하신 사실을 망가뜨리는 사고이기 때문이다. 그러나 확실한 것은 곧, 예수님의 세례가 그의 사명을 위한 준비의 완성이었다는 것이다. 그가 물에서 나오실 때에 하늘이 열리고 하나님의 영이 그에게 임하였고, 하늘로부터 소리가 나서 이르기를, "이는 내 사랑하는 아들이요 내 기뻐하는 자라"고 하였으니 말이다(마 3:16-17). 이것을 깨달은 사람은 별로 없었으나, 예수님이 세례를 받으신 날이야말로 그가 이스라엘 앞에 나타나신 날이요 메시야로서의 공생애를 시작하신 날이었던 것이다.

그러나 자신의 일을 시작하기에 앞서서 그는 며칠 동안 광야로 물러가 홀로 계셨다. 그는 단 한 사람도 만나지 않으셨고, 홀로 고요한 자연과 야생 짐승들에게 둘러싸여 계셨고, 스스로 금식과 묵상과 기도에 전념하셨다. 이 묵상의 본질이 어떤 것이었는지는 그 다음에 이어지는 시험의 기사에서 다소간 드러나고 있다. 사십 일이 지난 후 그에게 다가온 사탄의 시험에 대해 마태복음은 이에 대해 아주 상세히 보도하고 있는데, 이 시험이야말로 예수께서 치르신 싸움의 하나의 절정이었다. 그러나 마태복음만 그 사건에 대해 보도하는 것이 아니다. 누가복음 역시 여러 말씀으로 그가 그 사십 일 동안 마귀에게 시험받으신 사실과(4:2), 마귀가 모든 시험이 끝난 후 얼마 동안 그를 떠난 사실을 진술하고 있다(4:13). 예수께서는 과연 모든 점에서 우리와 같이 시험을 받으셨으되, 죄는 없으신 분이셨던 것이다(히 4:15).

그러나 광야에서 임한 시험은 그리스도의 공적 사역의 계획과 관련된 것이었다. 세례받으신 후 그는 성령으로 충만하셨고(눅 4:1) 또한 그 성령께서 그를 광야로 이끄사 마귀에게 시험을 받게 하신 것이다(마 4:1). 이제 예수께서는 자신이 하나님의 아들 메시야이시며 또한 자신이 하나님의 권능을 지니고 계시다는 사실을 완전히, 매우 분명하게 인식하고 계셨다. 그러나 이제 그 권능들을 어떤 용도로 사용하시려 하는가? 이기적으로 자기 자신의 필요를 채우는 데에 쓰시겠는가, 아니면 이 땅의 권세에 무릎을 조아려 이 땅의 나라를 얻으려 하시겠는가, 그것도 아니면 극적인 표적과 기사를 통해서 백성들을 자기 편으로 끌어들이려 하시겠는가?

사탄은 이 세 가지 점 전부에 대해서 그를 시험하였다. 그러나 예수께서는 시종일관 굳건하셨다. 그는 하나님의 말씀을 견고히 붙드셨고, 그 말씀으로 모든 시험을 다 물리치셨다. 그는 친히 아버지의 뜻과 아버지의 방법에 굴복시키셨고, 그의 순종으로 자신을 세우시며, 또한 하나님께 드리는 하나의 희생 제물로 자신을 거룩히 구별하신 것이다. 그러므로 그는 자신의 경험을 통해서, 시험받는다는 것이 과연 무엇인가를 아셨고, 또한 우리의 연약함을 동정하실 수 있다. 그러나 그는 아담처럼 그 시험에 넘어지지 않으셨으므로, 시험받는 자들을 도우실 수 있는 것이다(히 2:18; 4:15).

* * * * * *

이렇게 해서 예수께서는 그의 직분들의 공적인 수행을 위하여 준비하셨고, 또한 그 직분들을 취하셨다. 그의 사역 첫 기간 중에는 세 직분 가운데 선지자 직분이 가장 두드러지게 나타나고 있다. 사실, 그는 공적인 사역을 시작한 직후 백성들에게서 교사(즉, 랍비, 선생)로 인식되셨을 뿐 아니라 선지자로도 환영을 받으셨다. 나인 성에서 죽은 청년을 일으키자, 무리들이 소리지르며 환호하여 이르기를, "큰 선지자가 우리 가운데 일어나셨고 하나님께서 자기 백성을 돌아보셨다"고 하였다(눅 7:16). 그의 생애 마지막까지 그런 일이 계속되었다. 사람들이 그의 제사장 직분과 왕 직분에 대해 전혀 알지 못했고 심지어 그 직분들에 대해 혐오하기까지 했으나, 많은 이들은 그의 말씀과 그의 이적들로 인하여 그를 선지자로 여겼다. 사실 오늘날에 이르기까지, 종교에 조금이라도 가치를 부여한 사람들은 모두가 그를 한 선지자로서나 한 인간으로서, 즉 하나님과 하나님의 일에 대해 다른 사람들보다 더 나은 것을 가르칠 수 있는 인물로서 존경해오고 있다. 그러나 그들도 그리스도가 제사장이요 왕이시라는 관념에 대해서는 케케묵은 유대적인 관념으로 배척하고 있다. 그는 선지자로서만 높임을 받는 것이다. 심지어 마호메트까지도 코란경에서 선지자로서의 그의 위엄을 인정하고 있다.

그러나 예수님 자신은 유대인들이 인식하던 것과는 전혀 다른 의미를 지닌 선지자이기를 원하셨다. 요한에게서 세례를 받으시고 광야에서 시험을 받으신 이후, 갈릴리로 돌아가 곧 나사렛의 회당에 들어가셨고, 거기서 이사야 11:1의 예언을 자기 자신에게 적용시키셨다: "주의 성령이 내게 임하셨으니 이는 가난한 자에게 복음을 전하게 하시려고 내게 기름을 부으시고 나를 보내사 포로된 자에게 자유를, 눈 먼 자에게 다시 보게 함을 전파하며 눌린 자를 자유롭게 하고 주의 은혜의 해를 전파하게 하려 하심이라"(눅 4:18-19). 그는 자기 자신을 선지자의 한 사람으로가 아니라, 그들보다 훨씬 위에 계신 자로 제시하신 것이다. 과거의 선지자들은 종들이었으나, 그는 아들이시다(마 21:37). 그는 유일한 선생이시다(마 23:8, 10; 요 13:13-14). 물론, 부르심과 기름 부음, 계시와 하나님의 말씀 선포, 예언과 이적의 능력의 은사들에 있어서는 그가 모든 선지자들과 동일하다. 그러나 그는 그들 모두를 무한히 초월하시며 그들 위에 높이 계시는 분이시다. 그의 부르심과 기름 부음은 영원 전에 이루어졌고, 그의 구별과 준비는 성령으로 말미암은 잉태 때부터 시작되었으며, 세례 시에 그는 성령을 한량없이 받으셨고, 하늘로부터 소리가 있어 그를 아버지께서 기뻐하시는 사랑하는 아들로 밝히 드러냈다. 그는 이따금씩 계시를 받으신 것이 아니라, 그 자신이 충만한 하나님의 계시이시며, 하나님과 함께 계셨고 그 스스로 하나님이신 말씀이 육신이 되신 분이시다. 그는 아버지의 품 안에 계속해서 계셨으며, 그의 전 생애 동안 하나님이 행하라고 명하신 것 이외에는 아무것도 말하지도 행하지도 않으셨다. 그러므로 그가 계시의 일부 내용을 주셔서 후에 다른 이들이 그것을 확충시킬수 있었던 것이 아니었고, 그 자신이 하나님의 완전한 계시요, 또한 그 이전의 모든 예언을 성취하고 결론짓는 그런 계시였던 것이다. 그러므로 하나님이 옛적에 선지자들로 여러 부분과 여러 모양으로 조상들에게 말씀하셨으나, 이 모든 날 마지막에 아들을 통하여 우리에게 말씀하신 것이다(히 1:1). 사실 구약 시대에 조상들에게서 나온 예언도 그로 말미암은 것이다. 그리스도의 영이 선지자들 속에서 증언하였으며(벧전 1:11), 그리스도께서 그 증언의 내용이었던 것이다(계 19:10).

그러므로 그리스도의 선포는 가장 깊은 의미에서 자기 계시(self-revelation)였다. 그것은 그 자신의 위격과 사역을 선포하는 것이었다. 그는 공적으로 자신을 드러내실 때에 세례 요한과 구약을 출발점으로 삼으셨다. 하나님의 나라가 가까웠으니 회개하고 복음을 믿으라고 하신 것이다(마 3:2; 4:17). 그러나 과거의 선지자들과 세례 요한은 길을 예비하는 자들로서, 하나님의 나라를 미래에 올 것으로 보았다(마 11:10-11). 그런데 이제 때가 찼고 그리스도 안에서 하나님의 나라가 이 땅에 임한 것이다. 하나님이 그 나라의 왕이시요 아버지이신 것은 사실이다(마 5:16, 35, 45). 그러나 그 아버지께서는 그 나라를 그리스도께 맡기셨고, 그리하여 그가 아버지의 기뻐하시는 뜻에 따라서 그 나라를 제자들에게 베푸시는 것이다(마 11:27; 눅 12:32; 22:29).

그의 설교에서 그리스도는 그 나라의 기원과 본질과, 그 나라에로 나아가는 길과, 그 나라가 주는 은택들과, 그 나라의 점진적인 발전과 그 최종적 성취 등을 밝히 드러내신다. 그는 이 내용들을 철학적인 논증이나 신학적 강론을 통해서가 아니라, 금언과 비유를 통해서 제시하신다. 그는 자연의 현상이나 일상적인 사건들, 혹은 실질적인 생활과 빗대어서 비유적으로 말씀하셔서 무리들이 들을 수 있고 이해할 수 있도록 언제나 살아 있고도 생생한 방식으로 그 내용을 제시하신 것이다(막 4:33). 그러나, 그런데도 많은 사람들이 그의 말씀을 깨닫지 못하거나 이의를 제기하였는데, 이는 그들의 마음의 완악함의 증거인 동시에 그 나라의 일을 지혜롭고 명철한 자들에게는 숨기시고 어린아이들에게는 나타내고자 하신 아버지의 선하신 뜻의 증거였다(마 11:25; 13:13-15). 그러나, 물론 그의 말씀이 하나님의 나라의 깊고 깊은 신비들을 다루는 것이긴 하나, 그의 말씀 그 자체는 언제나 단순했고 이해할 수 있는 것이었다. 아들이요 상속자이신 그가 친히 그 신비들의 주관자요 분배자이시며, 계시자요 해석자이시니 말이다. 그의 나타나심에서, 그의 말씀과 그의 행위에서, 예수께서는 아버지를 우리에게 선포하셨다(요 1:18). 누구든지 그를 본 자는 아버지를 본 것이다(요 14:9).

그러므로 그리스도께서 전하신 말씀은 본질상 과거 구약 시대에 선포되었던 말씀과 다른 것이 아니었다. 그의 말씀에는 율법과 복음이 다 들어있었으나, 예수님은 구약의 하나님의 율법을 확충시키고 개선시킨 새로운 율법제정자가 아니셨다. 그리스도께서 전하신 복음은 하나님께서 처음 낙원에서 계시하셨던 것과 다른 것이 아니었다. 예수께서 이 땅에 오신 것은 율법이나 선지자를 폐하기 위함이 아니라 성취하기 위함이었다(마 5:17). 그리고 그는 그릇된 해석과 인간이 첨가시킨 것들을 깨끗이 씻어내고 그 자신의 사역에서 충만히 실현시키심으로써 율법과 선지자를 성취하셨다. 그러므로 그리스도께서는 율법에 대해서 모세와 다른 관계 속에 계시고, 복음에 대해서도 선지자들과 다른 관계 속에 계시는 것이다. 율법이 모세로 말미암아 주어졌고 복음이 선지자들로 말미암아 선포된 것이 사실이지만, 은혜와 진리는 오직 예수 그리스도로 말미암아 왔기 때문이다(요 1:17). 모세는 율법의 두 돌판을 그의 손으로 가지고 내려왔으나, 이런 일은 다른 이들이 얼마든지 대신할 수 있는 일이었다. 이와 마찬가지로 선지자들도 과연 복음의 선포자들이었으나, 그들 자신이 복음은 아니었다. 그러나 그리스도께서는 그 자신의 깊은 곳에 율법을 품으셨고 하나님의 뜻을 흠 없이 완전하게 이루셨다. 그러므로 그는 복음의 선포자이셨던 것은 물론 그 자신이 그 복음의 내용이셨고, 하나님께서 세상에 베푸신 가장 큰 선물이셨다. 은혜와 진리가 그로 말미암아 임하였으며, 그 은혜와 진리가 그 자신과 분리할 수가 없는 것이다.

* * * * *

예수님의 말씀들에 그의 일들이 뒤따랐고, 또한 그 일들이 그의 말씀들을 확증해 주는 역할을 했다. 그의 일들은 그의 직분에 속한 것이요, 아버지의 뜻을 이루는 것이었다(요 4:34). 그는 자기 임의로 그 일들을 행하신 것이 아니다. 아버지께서 만물을 그의 손에 맡기셨고(마 11:27; 요 3:35), 아들은 아버지께서 하시는 바를 본 것 외에는 아무 일도 행하지 않으셨다(요 5:19). 그 일들을 이루신 것은 아들 속에 계시는 아버지 자신이셨다(요 14:10). 그리고 그 일들의 기원이 신적인 데 있었던 것처럼, 그 모든 일들은 또한 신적인 성격을 지닌 것들이었다. 그 일들이 이적들로서 자연의 일상적인 과정에서 벗어나는 것들이었기 때문이기도 하지만, 또한 그 일들이 지극히 이례적인 것들이어서 다른 사람들이 행하지 못하는 것들이었기 때문이기도 하다. 다른 사람들은 언제나 자기들 자신의 뜻을 따랐으나, 예수님은 절대로 자기 자신의 유익이나 자기 자신의 만족을 구하지 않으셨고(롬 15:3), 오히려 자기를 부인하시고 아버지의 뜻을 이루신 것이다.

그러나 그 모든 일들 가운데서 이적들이 매우 중요한 위치를 차지하고 있다. 한편으로 보면, 그것들은 예수님의 신적인 사명과 그의 권능에 대한 표증이요 증거이며(요 2:11; 3:2; 4:54; 7:31; 9:16; 10:37; 11:4), 다른 한편으로는 인간의 육신적이며 영적인 필요를 채우기 위한 의도로 행해진 행위들이기도 하다. 예수님의 이적들은 모두가 구원과 치유의 이적들이요, 따라서 그의 제사장 직분의 시행에 속하는 것들이라 하겠다.

이 점은 예수께서 이적을 행하실 때에 스스로 취하신 제한 요건들에서 분명히 드러난다. 광야에서 그는 자신이 지닌 신적인 능력을 자기 자신의 유익을 위해 사용하라는 사탄의 시험을 이기신 바 있는데, 그 후 그의 전 생애를 통틀어서 그런 시험을 다 이기신 것이다. 그는 겟세마네 동산에서 "내가 내 아버지께 구하여 지금 열두 군단 더 되는 천사를 보내시게 할 수 없는 줄로 아느냐?"라고 말씀하셨는데(마 26:53), 그런 자세가 그의 공생애 활동 전체에 적용되는 것이다. 그는 백성들의 호기심을 만족시키기 위해서는 언제나 표적을 행하기를 거부하셨고(마 12:38; 16:1; 요 4:48), 또한 백성들의 불신앙으로 인하여 계시가 제한을 받는 것을 보신 것도 한두 번이 아니었다(마 13:58). 또한 그는 자신에게서 이적적으로 치유를 받은 사람들에게 그것에 대해 아무 말도 하지 말라고 거듭거듭 명령하신다(막 1:34, 44; 3:12). 예수께서는 자신의 이적들로 말미암아 백성들이 메시야에 대해 그릇된 사고를 갖기를 원치 않으신 것이다.

더 나아가서, 예수께서 행하신 일들은, 그것들이 그의 내적인 긍휼의 표현들이라는 점에서도 제사장 직분에 속하는 것들이었다. 그의 자비에 대한 내용이 거듭거듭 언급되고 있고(마 9:36; 14:14; 15:32 등), 마태복음 기자는 그 치유 행위를, "우리의 연약한 것을 친히 담당하시고 병을 짊어지셨도다"라는 이사야의 예언의 성취로 보고 있기도 하다(마 8:17). 물론 다른 곳에서는 이 예언을 그리스도께서 우리 죄를 속하기 위하여 당하신 죽으심에 적용하기도 한다(요 1:29; 벧전 2:24). 그러나 죄와 질병은 함께 가는 것이다. 긍휼이 풍성하신 대제사장으로서, 그리스도께서는 우리의 죄를 제거하셨을 뿐 아니라, 그렇게 하시는 가운데 우리의 비참한 처지의 모든 원인까지도 제거하신 것이다. 귀신을 내어쫓으시고, 맹인과 귀머거리를 고치시며, 절름발이와 앉은뱅이를 고치시고, 죽은 자를 살리시며, 자연에게 명령하시는 등, 갖가지 이적들을 통해서 그는 자신이 과연 우리를 모든 비참함에서 완전히 구원하실수 있다는 사실을 결정적으로 증거해 주시는 것이다. 예수님의 제사장적인 긍휼과 그의 왕적인 권세는 아무리 큰 죄라도, 아무리 깊은 비참한 상황이라도 얼마든지 제거하고도 남는 것이다.

그의 제사장적인 활동은 특히 그의 마지막 고난과 죽으심에서 표현되게되지만, 그의 목숨을 많은 사람을 위한 대속물로 내어 주는 일은 그가 행하시기 위하여 이 땅에 오셨고 또한 그의 생애를 통틀어 이루신 그 섬김의 성취인 것이다(마 20:28). 하나님의 어린양으로서 그는 끊임없이 세상의 죄를 짊어지셨다. 그의 낮아지심은 그의 성육신으로 시작되었고, 고난으로 말미암는 순종의 삶을 통해서 계속되었고, 십자가의 죽으심으로 완성되었다(빌 2:8; 히 5:8). 그리스도께서 선지자로만이 아니라 제사장으로 세우심을 받은 것은 아버지께서 하신 일이었다. 그리고 그는 선지자의 직분을 행하심과 동시에 그의 전 생애를 통하여 제사장의 직분도 함께 이행하신 것이다.

그러나, 신약 성경에서 히브리서 외에는 그리스도께서 제사장이란 이름을 지니는 곳에 단 한 군데도 없다는 사실이 두드러진다. 물론 그의 삶과 죽음을 계속해서 하나의 희생으로 제시하고 있기는 하나, 그 이름 자체는 오로지 히브리서에만 나타나는 것이다. 그러나 거기에는 합당한 이유가 있다. 그리스도는 분명 제사장이시다. 그러나 그는 구약 시대에 모세의 율법 아래 있던 제사장들과는 전혀 다른 의미를 지니는 제사장이시다. 그 제사장들은 레위 지파와 아론의 가문에서 나온 자들이었다. 그들은 그저 제사장들일 뿐이었고, 동시에 선지자 직분과 왕 직분을 지닌 것이 아니었다. 그들은 이 세상에 사는 잠시 동안만 제사장으로 섬겼고, 그 후에는 다른 사람들이 그 직무를 계승하였다. 그들은 소와 염소를 제물로 드렸고, 그것들 자체는 죄를 없이 할 수 없었다. 그러나 그리스도는 그렇지 않다. 그는 친히 유다 지파에서 나셨고, 따라서 모세의 율법으로는 제사장 직분을 지니실 수 없는 분이셨다(히 7:14).

그러므로, 히브리서에 따르면, 그리스도는 아론의 반차를 따르는 제사장이 아니라, 멜기세덱의 반차를 따르는 제사장이셨다. 이는 시편 110편에서 이미 예언된 바 있다. 메시야는 제사장으로서 그 직분에 왕적인 위엄을 함께 지니시며 영원토록 제사장으로 계실 분이시라는 것이다. 히브리서는 이 사상을 한 걸음 더 발전시켜 그리스도는 아론의 반차가 아니라 멜기세덱의 반차를 따르는 제사장이시라고 완전하게 증거하고 있다. 그가 제사장인 동시에 왕이시기 때문이요, 그가 완전히 의로우시고 무죄하시기 — 의(義)의 왕이시기 — 때문이요, 그가 영원토록 제사장으로 계셔서 절대로 다른 사람에 의해 승계되지 않으시기 때문이요, 그가 황소와 염소가 아니라 자기 자신의 몸과 피를 드리시기 때문이요, 이 제사로 말미암아 그가 그의 백성을 위하여 완전한 구원을 이루시기 때문이요, 또한 마지막으로 그가 친히 영원한 평화를 이루시는 평화의 왕이시기 때문이다(히 7~10장). 이 모든 사실이 유대인 그리스도인들에게 ─ 이들은 배도(背道)의 위협에 노출되어 있었다 ─ 주는 실천적인 권면은 다시 거꾸로 돌아갈 이유가 단 하나도 없고 오직 앞으로 전진해야 한다는 것이다(6:1). 구약의 제사장들이, 그들의 희생 제사와 백성들을 위한 중보 기도가 하나의 예표와 상징으로 제시하고 있는 그것, 즉 백성들이 하나님의 임재 속으로 나아가는 일이, 바로 그리스도 안에서 완전하고도 영원하게 성취되는 것이다. 그가 영생으로 나아가는 새롭고 산 길을 열어 놓으셨으므로, 그리스도인들은 그 길을 통해서 담대하게 믿음의 확신을 갖고서 은혜의 보좌 앞에 나아갈 수 있는 것이다(4:16; 10:19 이하).

* * * * *

그리스도의 제사장 직분은 이처럼 선지자 직분과 연결되어 있기도 하지만, 동시에 그의 왕 직분과도 지극히 밀접하게 연결되어 있다. 그리스도의 제사장 직분의 특이한 점 가운데 하나는 바로 그것이 왕 직분과 연결되어 있다는 점이다(시 110:4; 히 7:17). 이스라엘부터가 여호와의 제사장 나라로 부르심을 받았다(출 19:6). 그리고 이스라엘에 여러 직분들이 구별되어 있었으나, 선지자는 메시야, 곧 자기 처소에서 돋아 나와서 여호와의 전을 건축하게 될 싹이 영광(왕적인 위엄)을 얻고 그 자리에 앉아 다스릴 것임을 예언하였다. 그 메시야가 왕의 기능과 제사장의 기능을 친히 하나로 지니실 것이고, 그 연합으로 말미암아 그 백성들이 필요로 하는 바 완전한 평화를 그들에게 주실 것이라는 것이다(슥 6:12-13).

그리스도의 왕 직분은 이처럼 제사장 직분과 연관됨으로써, 독특한 성격을 지니게 된다. 그는 다윗의 가문에서 나실 것이다(삼하 7:16). 그러나 그는 다윗의 집이 무너지고 쇠하게 될 때에 나실 것이다(미 5:2). 그는 의로운 왕이 되실 것이며 구원을 베푸시며 겸손하시고, 또한 그 겸손의 징표로서 나귀 새끼를 타실 것이다(슥 9:9). 또한 메시야의 외모가 이 땅의 영광과 권세를 드러내 보이지 않을 것이며, 동시에 그의 나라도 그와 같이 폭력과 무기로써 세워지는 것이 아니다. 사실 그날에 그가 에브라임의 병거와 예루살렘의 말

(馬)을 끊어버리실 것이며, 전쟁에 쓰는 활도 끊으실 것이며, 또한 이방 사람에게 평화를 전하실 것이요, 그의 통치가 바다에서 바다까지 이르고, 강에서 땅 끝까지 이를 것이다(슥 9:10; 시 72편과 비교하라).

오실 메시야에 대한 이 예언이 그리스도에게서 완전히 성취되었다. 신약성경은 그가 다윗 가문에 속하였으므로 이스라엘 왕국의 법으로 보아도 그의 왕 직분이 당연하다는 것을 계속해서 강력하게 진술하고 있다. 두 개의 족보(마 1장; 눅 3장)는 그를 다윗의 자손으로 제시하고 있다. 천사는 마리아에게 선언하기를, 주께서 그녀에게 아들을 주실 것이니 그 아들은 지극히 높으신 이의 아들이라 일컬어질 것이요, 주께서 그 조상 다윗의 왕위를 그에게 주시리니 그가 야곱 집을 영원히 왕으로 다스리실 것이라고 하였다(눅 1:32-33). 그는 일반적으로 다윗의 자손으로 인정되었다(마 9:27; 12:23; 15:22; 20:30; 21:9; 롬 1:3). 이렇게 다윗의 혈통에서 나왔다는 사실은 그가 왕으로서 한 나라를 다스린다는 사상이 연관되어 있는 것이다(눅 23:42).

그러나 그는 그 당시 유대인들이 메시야에게 기대하던 것과는 전혀 다른 의미를 지닌 왕이셨다. 유대 백성들의 통치자들 앞에서나, 헤롯 왕 앞에서나, 로마인 가이사 앞에서나 그는 절대로 그의 조상 다윗의 왕위에 대하여 자신의 법적인 권리를 주장하신 일이 없다. 그는 세상의 권력들을 이용하여 세상에 대한 지배권을 성취하라는 시험을 이겨내셨다(마 4:8-10). 그가 이적적으로 무리를 먹이신 후에 무리들이 그를 억지로 붙잡아 왕으로 삼고자 했으나, 그는 그들을 회피하시고 홀로 산에 들어가 기도하셨다(요 6:15; 마 14:23). 그가 끊임없이 그의 왕적인 권능을 드러내신 것은 사실이다. 그러나 열국의 통치자들이 하듯 그렇게 통치권을 과시하여 드러내신 것이 아니라, 자기 목숨을 많은 사람을 위하여 대속물로 내어주시는 그런 섬김의 방식으로 자신의 왕적인 권능을 드러내신 것이다(마 20:25-28). 그가 왕이시라는 사실은 그의 말씀하시는 권위 속에서 표현되었다. 그는 그러한 왕적인 권세로 천국의 법을 선포하셨고, 자연의 힘을 자신에게 굴복시키셨으며, 질병과 죽음을 명하여 복종시키셨으며, 친히 십자가에서 자기의 목숨을 내어놓으시고 후에 다시 취하셨으며, 장차 왕이요 심판자로서 산 자와 죽은 자를 심판하실 것이다.

그러나 그리스도께서 구약의 예언과 일치하여 자신의 왕 직분에 대해 이렇게 영적인 의미를 부여하신다고 해서, 그가 진짜 왕은 아니고 다만 비유적인 의미에서 왕의 이름을 지니실 뿐이라는 식으로 생각해서는 안 될 것이다. 그가 아론의 반차가 아닌 멜기세덱의 반차를 좇은 제사장이시므로, 그 때문에 그가 구약의 다른 제사장들보다 더 나은 제사장이시듯이, 그가 열국의 통치자들과는 다른 왕이시므로, 그가 더 나은 왕이신 것이다. 그가 진정 참되신 왕이시요, 이 땅의 왕들은 그저 모양과 형상만을 지닌 왕들에 불과하다. 그는 왕중의 왕이시요, 땅의 군주들의 왕이시며, 내적(內的)으로 외적(外的)으로, 영적으로 육적으로, 하늘에서와 땅에서, 땅 끝까지 영원토록 다스리시는 왕이신 것이다.

그는 하나님을 위해서든 사람을 위해서든, 이 완전하고도 영원한 왕권에 대한 자신의 정당한 권리를 터럭만큼도 버리지 않으신다. 이 땅에 거하시는 동안에도 그는 절대로 자신의 신적인 권리나 인간적인 권리를 버리지 않으셨다. 그는 폭력으로 자신의 권리를 찾으려 하지 않으셨고, 오로지 하나님께 완전히 복종하시는 방식으로 그 권리들을 찾기를 원하신 것이다. 그러나 그렇게 하심으로써 오히려 그는 자신의 권리를 한층 더 강화시키셨다. 그의 낮아지심 가운데서 그는 자신이 하나님의 아들이시며 따라서 마땅히 만물의 상속자가 되셔야 한다는 것을 증명해 보이신 것이다.

자신이 진정 왕이심을 드러내 보이기 위하여, 그는 예루살렘으로 들어가는 승리의 입성을 고난 주간이 시작되는 첫 날인 일요일에 거행하셨다. 그때에는 그의 왕 직분의 본질에 대해서 잘못 오해할 위험이 사라진 때였다. 그가 말씀과 행위로써 이 땅의 모든 권세를 스스로 멀리하셨던 순종의 섬김의 삶이 이제는 이미 과거의 일이 된 상태였던 것이다. 그와 백성 사이의 적대 관계가 이제 최고조에 이르러 있었고, 이제 한 주간 내에 그들이 그를 폭력으로 붙잡아 죽음의 희생물로 드리게 될 상황이었다. 물론 그 전에는 그가 자신을 왕으로 삼으려는 시도들을 물리치셨으나, 이제는 그 자신이 친히 예루살렘으로의 왕적인 입성을 주도하시는 것이다(마 22:1). 그러므로 그는 죽으시기 전에 다시 한 번 모든 백성들 앞에서 공개적으로 자기 자신이 하나님께로부터 보내심을 받고 다윗에게서 나신 메시야이심을 알리려 하신 것이다. 그리고 그는 이때에 자신에 대한 계시를, 미래의 왕이 겸손하여 나귀 새 끼를 타실 것이라는 예언과 일치시키신 것이다. 그가 산헤드린과 빌라도에 게 정죄를 받은 것은 그가 메시야요 하나님의 아들이요 다윗 가문의 왕이시 기 때문이었다. 그는 과연 왕이셨다(마 27:11). 유대인들의 바람과는 달리, 십자가의 명패가 이러한 사실을 다시 한 번 증거해 주었던 것이다(요 19:19-22).

* * * * *

선지자로서, 제사장으로서, 왕으로서의 활동들로 점철된 그리스도의 전 생애는 결국 죽음을 가져왔다. 죽음이야말로 그의 삶의 성취였다. 예수께서 죽으시기 위해 오셨으니 말이다. 그 자신이 그 점을 분명히 의식하고 계셨 다. 처음 나사렛 회당에서 대중 앞에 나타나셨을 때에, 이미 그는 여호와의 고난의 종에 대한 예언을 자기 자신에게 적용하신 바 있고(눅 4:16 이하), 따 라서 그는 자신이 양으로 도살당하도록 끌려가리라는 사실을 분명히 인식하 고 계셨던 것이다. 그는 세상 죄를 지고 가는 어린양이셨다(요 1:29). 그의 육 체의 성전이 무너지나 사흘 만에 다시 세워질 것이었다(요 2:19). 모세가 광 야에서 뱀을 든 것 같이, 하나님의 경륜에 따라서 인자도 십자가에 들려져야 했다(요 3:14; 12:32, 33). 그는 땅에 던져져 죽어서 열매를 내어야 할 한 알의 밀이셨던 것이다(요 12:24).

이렇듯 예수께서는 그의 공생애 시초부터 이미 여러 가지 비유적인 언사 들을 통해서 자신의 삶의 목적이 죽음에 있음을 드러내고 계신 것이다. 그리 고 마지막이 가까워올수록, 그는 더욱더 직접적으로 이 사실을 표현하셨다. 특히 가이사랴 빌립보에서의 그 결정적인 순간에 베드로가 모든 사도들을 대표하여 예수님을 그리스도시요 살아 계신 하나님의 아들이시라고 고백한 이후부터, 그는 자신이 예루살렘으로 가서 장로들과 대제사장들과 서기관들 에게 여러 가지 고난을 당하시고 죽으시며 사흘 만에 다시 살아나셔야 할 것 을 그들에게 말씀하기 시작하셨다(마 16:21). 제자들은 그 말씀을 깨닫지 못 했고, 또한 그런 일을 당하기를 원치 않았다. 베드로는 심지어 확신을 갖고서 예수님을 무시하고 그를 질책하기까지 했다: "주여, 그리 마옵소서. 이 일이 결코 주에게 미치지 아니하리이다!" 그러나 예수님은 그의 말 속에 시험이 있음을 보시고서, "사탄아 내 뒤로 물러가라. 너는 나를 넘어지게 하는 자로다. 네가 하나님의 일을 생각지 아니하고 도리어 사람의 일을 생각하는도다"라고 강력하게 책망하셨다(마 16:22-23). 이렇듯 자신을 죽음에 내어놓고자 하는 그리스도의 단호하신 자세는 며칠 후 변화산 상에서 신적인 확증을 얻는다. 그가 예루살렘으로 나아가시는 일이야말로 율법과 선지자(모세와 엘리야)의 의미와 일치하는 것이요 또한 아버지의 뜻과도 일치하는 것이다. 그는 여전히 아버지께서 기뻐하시는 사랑하는 아들로 남아 계신다. 따라서 제자들은 베드로처럼 그를 질책해서는 안 되고, 순종하는 마음으로 그에게 굴복하여 그의 말씀을 들어야 하는 것이다(마 17:1-8).

그러나 예수께서는 아직 죽음으로 나아갈 길을 일부러 찾지는 않으셨다. 그는 바리새인과 서기관들의 화를 촉발시켜 자기를 붙잡아 가도록 하지 않으셨다. 그의 때가 왔음을 알고 계셨으나(요 12:23; 17:1), 유다가 자발적으로 그를 배반하고 그를 팔아 넘겼으며, 대제사장과 바리새인들의 종들이 그를 붙잡았고, 산헤드린 회원들과 본디오 빌라도 총독이 그를 정죄하여 죽음에 넘긴 것이다. 하나님의 경륜이 있다고 해서 역사적 정황이 배제되는 것도 아니요, 사람의 죄책이 사라지는 것이 아니다. 오히려 그 반대로, 하나님의 명확한 경륜과 예지로 말미암아 그가 넘겨지신 것이요, 유대인들이 그를 취하고 불의한 자들의 손으로 그를 십자가에 못 박고 죽이는 방식으로 그 일이 이루어지는 것이다(행 2:23; 4:28).

그리스도의 이러한 죽으심은 후기에는 물론 처음부터 사도들의 설교의 핵심 주제였고(행 2:23 이하; 3:13 이하; 4:10 이하), 바울의 설교만이 아니라 모든 사도들의 설교에서 중심을 이룬다. 사도들이 예수님의 고난과 죽으심의 필연성과 의의를 깨닫게 된 것은 그리스도의 부활 이후 성령의 가르치심을 받아서 된 일이었다. 그때에 사도들은 그리스도의 고난과 죽으심이 그의 선지자적 활동의 성취요, 그의 가르침이 참이라는 증거요, 그의 생애 전체에 대한 하나의 보증으로 인식하였다. 본디오 빌라도 앞에서 그는 선한 증언을 하셨고(딤전 6:13), 또한 죄 없이 인내로 당하신 고난을 통해서 우리에게 본을 끼치사 그 자취를 따라가게 하셨다(벧전 2:21). 그는 충성된 증인이시요 (계 1:5; 3:14), 우리의 믿는 도리의 사도시며 대제사장이시며(히 3:1), 우리 속에 믿음을 일으키시는 분이시요 완성케 하시는 분이시다(히 12:2). 또한 이와 마찬가지로 그리스도의 죽으심은 그의 왕권에 대한 계시였다. 그의 죽으심은 그가 반드시 겪으셔야 할 하나의 운명이 아니라, 그 자신이 기꺼이 자의로 행하신 행위였기 때문이다(요 10:17-18). 그의 십자가 위에서 죽으심은 이 땅 위로 높이 오르시는 것이요 그의 원수들에 대한 승리였다(요 3:14; 8:28; 12:32, 34). 왜냐하면 그것은 아버지의 명령에 대한 가장 완전한 순종이었기 때문이다(요 14:31).

그러나, 사도들의 가르침에 따르면, 그리스도의 이러한 죽으심에 머물러서는 안 된다. 그의 죽으심에 있어서, 예수님은 증인이요 인도자요 순교자요 영웅이요 선지자요 왕이셨다. 그러나 그는 무엇보다 제사장으로서 그 일에 적극적으로 임하셨다. 그의 죽으심에서 가장 전면에 드러나는 것이 바로 그의 대제사장적인 기능인 것이다. 성경 전체의 가르침에 따르면, 그의 죽으심은 그가 아버지께 자유로이 드리신 하나의 제사였던 것이다.

신약 성경이 그리스도의 죽으심을 제사라는 이름으로 제시하는데, 이는 구약 성경과 직결되는 것이다. 제사는 가장 오랜 시기부터 존재했다. 가인과 아벨의 기사에서도 읽을 수 있고, 노아와 족장들에게서도 나타나며, 모든 민족들과 모든 종교들에서도 볼 수 있다. 일반적으로 제사의 목적은 물질적인 헌물을 드림으로써, 생물이나 무생물을 지정된 의식에 따라 엄숙한 방식으로 파괴하여 드림으로써 신의 호의와 교제를 공고히 하거나 새로이 획득하는 데 있다고 말할 수 있을 것이다. 이스라엘 백성의 경우도, 여호와께서는 그런 제사들을 그의 율법에 포함시키셨다. 그러나 이스라엘에 있어서는 제사가 다른 역할과 의미를 지녔다.

첫째로, 이스라엘 백성의 경우 제사가 짐승(소, 양, 어린양, 염소, 수소, 비둘기)과 땅의 소산물들(밀가루, 기름, 포도주, 유향)을 드리는 것으로 제한되었고, 오직 이스라엘의 하나님 여호와께만 드릴 수 있었다. 인간을 제물로 드리는 행위나, 피를 마시는 행위, 신체의 일부를 절단하는 행위는 금지되어 있었다(창 22:11; 신 12:23; 14:1; 18:10). 더 나아가서 우상들에게, 죽은 자에게, "거룩한" 짐승들에게 제물을 드리는 일체의 행위는 하나님의 뜻을 거스르는 것이었다(출 32:4 이하; 민 25:2 이하; 호 11:2; 렘 11:12; 겔 8:10; 시 106:28). 둘째로, 순종이 제사보다 낫고, 듣는 것이 수양의 기름보다 낫다. 여호와께서는 긍휼을 원하시고 제사를 원치 않으시며, 하나님을 아는 지식을 번제물보다 더 원하신다(삼상 15:22; 호 6:6; 14:2, 미 6:6; 시 40:7; 50:7-14; 51:18, 19; 잠 21:3). 셋째로, 이스라엘의 제사는, 제사장 제도나 성전이나 제단, 그리고 의식적인 규례 전체가 그렇듯이, 약속을 섬기는 것이었다. 제사로 말미암아 은혜 언약이 성립되는 것이 아니었다. 왜냐하면 그 언약은 오직 하나님의 은혜로우신 선택에 근거하기 때문이었다. 제사들은 다만 이스라엘에서 그 언약을 유지하고 굳게 세우는 데에만 이바지하는 것이었다.

이스라엘 백성 전체가 하나님의 부르심과 택하심 덕분에 제사장 나라였고(출 19:6) 제사장 제도가 잠정적이요 종속적인 제도였던 것처럼, 제사들(특히 번제와 속죄제와 속건제)도 이스라엘이 언약의 범위 내에서 저지른(즉, 고의가 아니라 실수로 자기도 모르는 새에 저지른) 죄들을 속할 수 있는 길을 의식(儀式)적으로 지시해 주는 것일 뿐이었다(레 4:22, 27; 5:15, 18; 민 15:25 이하; 35:11; 수 20:3, 9). 고의로 저질러서 언약을 깨뜨리고 하나님의 진노를 촉발시킨 위중한 죄들의 경우는, 백성들 내에서 형벌을 받는 경우도 많았으나, 오로지 하나님의 긍휼하심에 호소하는 길밖에는 없었고, 하나님이 긍휼하심으로 그 죄들을 사하셨고, 때로는 아브라함이나(창 18:23-33), 모세나(출 32:11-14; 민 14:15-20). 비느하스(민 25:11)나 혹은 아모스(암 7:4-6; 렘 15:1) 등 특정한 사람들의 간구가 있은 후에 사하기도 하셨다(출 33:19; 34:6; 시 78:38; 79:8, 9; 사 43:25; 미 7:18).

이러한 의식 전체를 통해서 하나님께서는 그의 백성들에게 첫째로 은혜 언약과 그 모든 은택들이 오직 긍휼하심으로 말미암는 것임을 가르치셨다. 그 언약은 값없는 자비하심에서 비롯되며 그것에 근거를 두는 것이다: "나는 은혜 베풀 자에게 은혜를 베풀고 긍휼히 여길 자에게 긍휼을 베푸느니라"(출 33:19). 뿐만 아니라, 이 의식적인 제도들을 통해서 여호와께서는 이스라엘로 하여금 오직 속죄의 길을 통해서만 그가 죄 사함의 은택을 베푸실 수 있다는 것을 깨닫게 하셨다. 다시 말해서, 죄는 언제나 하나님의 진노를 촉발시키는 것이요 또한 사람에게 죄책을 지우며 그를 오염되게 만드는 것이라는 것이다. 그러므로 일반적으로 하나님의 진노를 가라앉히고, 사람을 그의 죄책과 오염에서 구원하며, 또한 다시 한 번 하나님의 사랑과 교제를 누리도록 하기 위해서는 희생 제사가 필수적인 것이다. 물론 율법이 속죄의 수단으로 구체적인 제사를 명시하지 않은 죄들도 있는 것은 사실이다. 그런 경우에는 말하자면, 속죄하는 일이 하나님 자신에게 맡겨진 것이었다. 그 경우 죄를 속하여 그들을 사하는 것이 바로 하나님 자신이시다. 죄 사함이 속죄를 전제로 하고 속죄를 그 자체 속에 내포하는 것이다(시 65:4; 78:38; 79:9; 잠 16:6; 사 27:9; 렘 18:23; 겔 16:63). 그러나 심지어 부지중에 범한 죄들과, 율법에 구체적인 제사가 지정된 죄들의 경우도, 결국은 하나님께서 친히 제사장과 제단을 제공하심으로써 죄를 덮으시고 제거하시는 것이다(레 17:11; 민 8:19). 속죄의 수단 전체가 하나님께로부터 나오며 또한 하나님께서 그것을 제정하신 것이다.

속죄 혹은 화목의 진정한 수단은 제물로 드려진 짐승의 피였다. 피는 영혼의 좌소(座所)요, 육체적인 생명의 원리의 좌소이며, 따라서 여호와께서는 그것을 영혼을 위하여 속죄하는 물질로서 제단에 드리도록 하신 것이다(레 17:11). 그러나 그 피가 죄를 속하는 것으로 사용되기 위해서는, 죄를 범한 사람이 그 짐승을 성전으로 가져와서 그 위에 손을 얹고 난 후 죽여서 피를 쏟게 한 다음, 그 피를 제사장이 가져다가 단 사면에 뿌려야 했다(출 29:15 이하). 손을 얹는 일과, 죽이는 일과, 또한 제단에 뿌리는 일은 피가 영혼의 좌소로서 속죄의 물질로 쓰여지게 되는 방식을 제시해 주었다. 그리고 그런 방식으로 피가 죄를 속하고 죄를 덮고 죄를 제거한 다음에는, 죄책이 사해지고, 오염이 깨끗이 씻겨지며, 하나님과의 언약의 교제가 회복되었다. 제사장과 백성이, 성전과 제단이, 성전 봉사에 쓰이는 모든 기명(器皿)들이 피로써 여호와께 드려졌다. 여호와께서 이스라엘 자손들 가운데 거하시며 그들에게 하나님이 되시기 위해서는 그것들 모두가 거룩해져야 했던 것이다(출 29:43-46).

그러나 이러한 희생 제사 전체는 예비적인 것들로서 장차 오늘 좋은 일의 그림자일 뿐이었고(히 10:1), 광야의 성막은 참된 성소의 모형일 뿐이었다(히

8:5). 제사장들도 죄인들이었고, 따라서 백성들을 위해서는 물론 자기 자신들을 위해서도 죄를 속해야 했으며(히 7:27; 9:7), 그들 역시 죽을 수밖에 없는 존재들이므로 항상 남아 있지를 못했다(히 7:23). 황소와 염소의 피는 죄를 없이할 수 없었고, 양심을 깨끗이 씻을 수도 없었으며(히 9:9, 13; 10:4), 따라서 이 짐승들을 계속해서 가져와야 했다(히 10:1). 한 마디로, 과거의 제사는 모두 외형적이며, 연약하고, 무익하며, 흠이 있는 것으로서(히 7:18; 8:7), 더 나은 미래의 제사를 지시하는 것이었다.

경건한 이스라엘은 오랜 세월 동안의 과정을 통해서 이 사실을 더 잘 알기를 배웠다. 곧, 주께서 새 언약을 세우시고, 그가 친히 참된 속죄를 행하시며, 또한 그의 백성으로 하여금 죄 사함과 새롭게 함의 은택들을 누리게 하실 그날을 사모했던 것이다(렘 31:33 이하; 33:8; 겔 11:20; 36:25 이하). 이사야서에서 특히 이러한 기대가 가장 아름답게 표현되고 있다. 이사야 선지자의 위로의 책은 예루살렘에게 그의 싸움이 끝났고 그의 죄악이 사함받았으며, 그 모든 허물에 대하여 여호와의 손을 배나 받았다는 선언으로 시작하고 있다(사 40:2). 그리고 그 이후부터 친히 우리의 질병과 슬픔과 우리의 허물과 형벌을 담당하시며 그리하여 우리에게 치유와 평화를 가져다주시는 여호와의 종에 대한 예언이 펼쳐지고 있다(사 53:2 이하).

* * * * *

신약도 구약과 똑같이 그리스도의 죽으심을 우리 죄를 위하여 드려지는 제사로 본다. 예수께서는 그가 율법과 선지자와 모든 의를 성취하기 위해 오셨다고 말씀하실 뿐 아니라(마 3:15; 5:17), 동시에 이사야의 예언을 자기 자신에게 적용시키시면서, 자기 자신을 여호와의 영으로 기름 부음받으시고 가난한 자들에게 복음을 전할 사명을 받으신 그 여호와의 종으로 인식하셨다(눅 4:17 이하). 그가 오신 것은 아버지의 명령에 따라서 자신의 목숨을 버리고 다시 취하시며, 자신의 목숨을 양들을 위해 주시고, 자신의 죽음을 통해서 그의 살과 피를 영생에 이르는 양식과 음료로 예비하시기 위함이었다(요 2:19; 3:14; 6:51; 10:11, 15, 18; 12:24; 15:13). 그의 죽으심은 참된 제사요 또한 구약 시대에 율법의 규례에 따라 드려진 모든 제사들의 완전한 성취인 것이다.

그리스도의 죽으심은 결국 아버지의 뜻에 대한 가장 완전한 굴복이요, 그가 섬김을 받으러 오신 것이 아니라 섬기러 오셨다는 하나의 증거이며, 또한 많은 사람들을 죄의 권세에서 자유케 하기 위해 지불된 대속물이다(마 20:28). 그의 죽으심은 옛 언약서에 제시된 언약의 피의 성취요(출 24:7), 또한 새 언약의 기초를 세우는 것이다(마 26:28; 히 9:15-22). 그의 죽으심은 하나의 제사요 제물이라 불려지며(엡 5:2; 히 9:14, 26), 또한 유월절 희생(요 1:29; 고전 5:7; 벧전 1:19; 계 5:6), 속죄 제물과 속건 제물(롬 8:3; 고후 5:21; 히 13:11; 벧전 3:18), 또한 대속죄일에 드려진 제사의 관념을 실현시키는 것이다(히 2:17; 9:12 이하).

구약의 희생 제사들만이 아니라, 그 제사들이 만족시켜야 할 모든 요건들과 또한 그 제사들에 따르는 모든 조치들도 그리스도에게서 성취된다. 제사를 드리는 일을 행하는 제사장은 흠이 없는 사람이어야 했는데(레 21:17 이하), 그리스도께서 바로 그런 대제사장으로서, 거룩하시고, 흠이 없으시며, 티가 없으시고, 죄인에게서 떠나 계시는 분이시다(히 7:26). 희생 제물로 드려질 짐승은 온전하고 흠이 없어야 했는데(레 22:20 이하), 그리스도께서 흠도 티도 없으시다(벧전 1:19). 희생 제물로 드려진 짐승이 제사장의 손으로 죽임당해야 했던 것처럼(출 29:11), 그리스도께서 어린양으로서 죽임을 당하셨고 그리하여 그의 피로 값 주고 우리를 사셨다(계 5:6-9). 유월절 어린양은 뼈가 꺾여서는 안 되었고(출 12:46), 따라서 그리스도께서도 뼈가 꺾이지 않으신 상태로 죽으셨다(요 19:36). 제사장은 짐승을 죽인 다음 그 피를 취하여 뿌리되, 속죄 제물일 경우는 성소에(레 16:15; 민 19:4) 뿌렸고, 언약의 제물일 경우는 백성들에게 뿌렸는데(출 24:8), 이와 마찬가지로 그리스도께서도 단번에 자기 자신의 피로써 성소에 들어가셨고(히 9:12), 그 피를 그의 백성들에게 뿌리신다(벧전 1:2; 히 12:24). 속죄 제물을 드릴 때에는 짐승의 피를 성소에 가지고 들어갔으나, 그 몸은 진 바깥에서 불로 태웠다(레 16:27). 이와 마찬가지로 그리스도께서도, 그 백성을 자기 피로 거룩하게 하시기 위하여 성문 바깥에서 고난을 당하셨다(히 13:12). 구약의 의식에서 짐승이 죽임당하여 생명의 좌소인 피가 제단에 부어지고 뿌려져서 속죄의 수단이 되었듯이, 신약에서는 그리스도의 피가 속죄와 죄 사함과 죄 씻음을 이루는 유효한 수단인 것이다(마 26:28; 행 20:28; 롬 3:25; 5:9; 고전 11:25; 엡 1:7; 골 1:20; 히 9:12, 14; 12:24; 벧전 1:2, 19; 요일 1:7; 5:6; 계 1:5; 5:9).

그러므로 신약이 이런 의미에서 그리스도의 고난과 죽으심을 제사로 말씀할 때에, 비유적인 언어를 사용하여 말씀하며 또한 구약의 제사 의식에서 사용되는 용어들을 빌려서 말씀하고 있는 것이 사실이다. 그러나 그렇다고 해서 신약이 말씀하는 바를 우연한 것이요 실질적이 아닌 것이요, 그저 무시하고 내버려도 무방한 것쯤으로 생각해서는 안 될 것이다. 오히려 그와 반대로, 성경은 구약 시대의 제사들이 그리스도의 제사로 말미암아 성취될 그것의 모형이요 그림자였다는 사상에서 출발하여 전개해 나가는 것이다. 그리스도께서 그저 비유적인 의미가 아니라 진정으로 선지자요 제사장이요 왕이셨던 것처럼, 그가 죽음에 굴복하신 일도 비유적인 의미가 아니라 지극히 본질적이며 참된 의미에서 제사였던 것이다. 그러므로 우리로서는 그리스도의 죽으심을 제사로 부르지 않을 수가 없다. 제사라는 말을 잃어버린다면, 곧바로 그 말이 뜻하는 바 실체를 버리게 되기 때문이다. 그리고 그 실체야말로 우리에게는 모든 실체들 중에서 가장 중요한 것이요, 과연 우리의 구원의 근원인 것이다.

그리스도의 죽으심을 제사라 부를 때에는, 그가 자기 자신을 버리사 향기로운 제물과 희생 제물로 하나님께 드리셨다는 뜻이 거기에 함축되어 있다(엡 5:2). 그리스도께서는 과연 선물이었고, 하나님의 사랑을 드러내는 증거였다(요 3:16). 하나님께서는 우리가 아직 죄인들이었을 때에 그리스도께서 우리를 위하여 죽으심으로 우리에게 대한 자기의 사랑을 확증하신 것이다(롬 5:8). 그는 자기 아들을 아끼지 아니하시고 우리 모두를 위하여 그를 내어 주셨다(롬 8:32). 그리스도의 탄생과 생애, 그리고 그의 고난과 죽으심이 하나님의 사랑을 우리에게 증명하고 보증해 주는 것이다. 그러나 이 하나님의 사랑은 그의 공의를 무시하지 않는다. 오히려, 올바로 바라보면, 그 사랑에 그 공의가 내포되어 있음을 알 수 있다. 그것은 죄에서 그 죄악된 성격을 빼앗아 버리는 그런 사랑이 아니라, 속죄를 통해서 용서의 길을 찾는 그런 사랑이다. 그리스도께서 죽으셔야 했던 것은 아버지의 명령에 따른 일이었고(마 26:54; 눅 24:25; 행 2:23; 4:28), 그가 죽으심으로 하나님의 공의를 만족시키신 것이다(마 3:15; 5:17; 요 10:17, 18; 롬 3:25, 26). 하나님은 전에 길이 참으시는 중에 사람들이 범한 죄들을 그리스도의 죽으심으로 말미암아 용서하심으로써 그의 공의를 완전히 보존하셨고, 동시에 친히 그의 공의를 보존하심과 아울러, 믿음으로 예수께 속하는 모든 자들을 의롭다 하시는 길을 활짝 열어 놓으신 것이다.

둘째로, 그리스도의 제사는 그의 "수동적" 순종과 "능동적" 순종을 드러내 보이는 것이다. 과거에는 수동적 순종이 전면에 드러나고 능동적 순종이 사실상 그 뒤로 사라졌었다. 그러나 최근에는 능동적인 순종을 강조한 나머지 수동적인 순종을 무시해 버리는 경향이 나타났다. 그러나 성경에 의하면, 그 두 가지 순종이 함께 가며, 따라서 한 가지 문제의 두 가지 면으로 보아야 할 것이다. 그리스도께서는 그의 잉태되심과 탄생 이후 언제나 끊임없이 아버지께 순종하셨다. 그의 전 생애는 하나님의 공의와 그의 율법과 그의 계명을 성취하는 것으로 보아야 한다. 세상에 임하실 때에 그는, "하나님이여 보시옵소서. 내가 하나님의 뜻을 행하러 왔나이다"라고 하였다(히 10:5-9). 그러나 그 순종은 그의 죽으심에서, 좀 더 구체적으로 말하면 십자가의 죽으심에서, 비로소 처음 완전히 드러났다(빌 2:8). 신약은 그리스도의 고난과 죽으심을 통하여 비로소 죄가 속해지며, 사함받고, 제거된다는 사실에 대한 말씀으로 가득 차 있다. 율법을 이루는 일은 물론, 죄책을 담당하는 일도 그리스도께서 행하셔야 할 하나님의 뜻에 속한 것이었다.

그리하여 셋째로, 그리스도의 제사는 우리의 죄와 관계된다. 구약에서도 이미 아브라함이 그의 아들 대신 수양을 번제로 드린 사실(창 22:13)과, 이스라엘 백성이 손을 얹어서 제사용 짐승에 손을 얹어서 자기를 대신하게 한 사실(레 16:1), 또한 여호와의 종이 우리의 허물을 위하여 상함을 입고, 우리의 범죄를 인하여 찔림을 받으실 것을 말씀하는 것을 볼 수 있다(사 53:5). 이와 똑같이 신약은 그리스도의 제사와 우리의 죄를 서로 긴밀하게 연관짓고 있다. 인자가 세상에 오신 것은 그의 목숨을 많은 사람들의 대속물로 주기 위함이었다(마 20:27; 딤전 2:6). 그는 우리의 죄들을 위하여 내어 줌이 되셨고

(롬 4:25), 그는 우리 죄로 인하여 죽으셨으며(롬 8:3; 히 10:6, 18; 벧전 3:18; 요일 2:2; 4:10), 혹은 보통 나타나는 표현대로 하면, 우리의 죄를 대신하여 죽으셨다(눅 22:19-20; 요 10:15; 롬 5:8; 8:32; 고전 15:3; 고후 5:14, 15, 21; 갈 3:13; 살전 5:10; 히 2:9; 벧전 2:21).

성경에 나타나는 바 그리스도께서 우리와 함께 하신 교제(communion)는 너무나 친밀하고 깊어서 우리가 이렇게 저렇게 개념화하거나 그릴 수가 없을 정도다. 그것을 대리적인 고난(substitutionary suffering)이라는 용어로 표현하지만, 그것으로는 본래 뜻하는 바를 희미하고 아주 부족하게 밖에는 전달해 주지 못한다. 그 실체는 우리의 상상과 우리의 생각을 훨씬 초월하는 것이다. 이 교제의 가능성을 확실하게 해 주는 몇 가지 유사한 것들이 있는 것은 사실이다. 자녀들을 위해서 그들과 함께 고난당하는 부모들도 있고, 나라를 위하여 자기를 희생시키는 영웅들도 있으며, 다른 이들이 거두도록 씨앗을 심는 고상한 사람들도 있다. 몇 사람이 수고하고 고생하며 싸워서 다른 사람들이 그들의 수고의 열매를 얻고 그 유익을 누린다는 법칙이 시행되는 것을 도처에서 볼 수가 있다. 한 사람의 죽음이 다른 사람의 생명이 된다. 한 알의 밀이 죽어야 비로소 열매를 거둘 수 있다. 어머니는 고통 중에 아기를 탄생시킨다. 그러나 이 모든 사례들이 유사하기는 하나, 그리스도께서 우리와 함께 하신 교제와는 결코 동일한 것이 아니다. "의인을 위하여 죽는 자가 쉽지 않고 선인을 위하여 용감히 죽는 자가 혹 있거니와, 우리가 아직 죄인 되었을 때에 그리스도께서 우리를 위하여 죽으심으로 하나님께서 우리에 대한 자기의 사랑을 확증하셨느니라"(롬 5:7-8).

우리와 그리스도 사이에는 본래 교제가 없었고, 오로지 분리와 반목뿐이었다. 그는 아버지의 사랑하시는 독생자이셨고, 우리는 모두 탕자(蕩子)와 같은 처지였기 때문이다. 그는 의로우시고 거룩하시며 죄가 없으셨으나, 우리는 죄인들로서 하나님 앞에서 죄책이 있고 머리부터 발끝까지 부정한 상태였다. 그런데 그리스도께서 친히 우리와의 교제 속으로 들어오셨다. 우리의 본성과 우리의 살과 피를 취하심으로 육체적인 의미에서 우리와의 교제 속으로 들어오셨을 뿐 아니라, 법적인 의미와 윤리적인(도덕적인) 의미에서도 우리의 죄와 죽음과의 교제 속에 들어오신 것이다. 그가 우리 자리에 대신

서신다. 우리가 하나님의 율법에 대해 서 있는 그 관계 속에 그가 자기 자신을 집어넣으시고, 우리의 죄책과 우리의 질병과 우리의 슬픔과 우리의 형벌을 친히 지신다. 죄를 알지도 못하신 그분께서 우리를 위하여 죄가 되사 우리가 그의 안에서 하나님의 의가 되게 하신 것이다(고후 5:21). 율법의 저주에서 우리를 속량하기 위하여 그가 친히 우리를 위하여 저주가 되시는 것이다(갈 3:13). 그가 모든 사람을 대신하여 죽으신 것은, 살아 있는 자들로 하여금 다시는 그들 자신을 위하여 사지 않고 오직 그들을 대신하여 죽었다가 다시 사신 자를 위하여 살게 하기 위함이었다(고후 5:15).

　이것이야말로 구원의 신비요 하나님의 사랑의 신비다. 우리는 그리스도의 대리적인 고난을 이해할 수가 없다. 우리는 하나님을 미워하고 서로를 미워하는 자들이어서, 사랑이 과연 어떤 일을 할 수 있게 하며, 영원하고 무한한 신적인 사랑이 과연 무엇을 성취할 수 있는지를 도저히 계산조차 할 수가 없기 때문이다. 그러나 이 신비를 구태여 이해하지 않아도 된다. 그것을 감사함으로 믿고, 그 안에서 안식하며, 그것을 높이며 그 안에서 즐거워하기만 하면 되는 것이다. "그가 찔림은 우리의 허물 때문이요, 그가 상함은 우리의 죄악을 인함이라. 그가 징계를 받으므로 우리가 평화를 누리고 그가 채찍에 맞으므로 우리는 나음을 받았도다. 우리는 다 양 같아서 그릇 행하여 각기 제 길로 갔거늘 여호와께서는 우리 모두의 죄악을 그에게 담당시키셨도다"(사 53:5-6).

　"그런즉 이 일에 대하여 우리가 무슨 말 하리요? 만일 하나님이 우리를 위하시면 누가 우리를 대적하리요 자기 아들을 아끼지 아니하시고 우리 모든 사람을 위하여 내주신 이가 어찌 그 아들과 함께 모든 것을 우리에게 주시지 아니하겠느냐 누가 능히 하나님께서 택하신 자들을 고발하리요 의롭다 하신 이는 하나님이시니 누가 정죄하리요 죽으실 뿐 아니라 다시 살아나신 이는 그리스도 예수시니 그는 하나님 우편에 계신 자요 우리를 위하여 간구하시는 자시니라"(롬 8:31-34).

제 18 장

높아지심에서의 그리스도의 사역

그리스도께서 그의 크신 사랑으로 우리를 위하여 이루신 은택들은 도저히 계산할 수도 없고 그 정당한 가치를 헤아릴 수 없을 만큼 풍성하다. 우리의 완전한 구원이 모두 거기에 포함된다. 악 중에서 가장 큰 악인 죄와 그 모든 비참과 죽음의 결과들로부터 구속된 것을 포괄하며, 또한 선 중에서 최고의 선인 하나님과의 교제와 그 교제의 모든 축복들을 다 포괄하는 것이다. 나중에 그 은택들을 상세히 논의할 기회가 있을 것이다. 그러나 그리스도의 일의 그 깊은 의미를 이해하기 위해서는 여기서 그것들을 잠시 언급하고 지나가야 할 것이다.

그리스도께서 깊이 낮아지심으로 말미암아 우리가 얻는 모든 은택들 가운데서 가장 첫째 가는 것이 속죄(贖罪: atonement)다. 그것은 신약에서 원어로 두 가지 단어로 표현되는데, 화목, 속죄 등으로 다양하게 번역된다. 그 첫째 단어 — 엄밀히 말하면 어근이 동일한 여러 개의 단어들이다 — 는 로마서 3:25, 히브리서 2:17, 요한일서 2:2과 4:10 등에 나타나며, 본래 "덮다"(to cover)라는 의미를 지닌 단어로서 그리스도의 제사로 이루어진 속죄를 지칭한다. 그 단어에서 나타나는 사상은 그 제사가, 아니 그 제사의 피가 — 피가 생명의 좌소이므로, 또한 그것이 부어지거나 뿌려질 때에 그것이 속죄물이 되므로 — 그 제사를 드리는 사람의 죄(죄책, 오염)를 하나님의 면전에서 덮어 주며, 그리하여 그 결과로 하나님의 진노가 촉발되는 것을 막아 준다는 것이다. 피를 붓고 뿌리는 것 때문에 — 무죄하고 흠 없는 짐승의 생명이 거두어졌으므로 — 하나님이 그의 진노를 누그러뜨리시고, 죄인을 향한 자신의 적의를 바꾸시며, 그의 허물을 용서하시고 그를 다시금 그의 임재와 교제 속으로 받아들이신다는 것이다. 그리고 속죄 이후에 일어나는 죄의 용서가 너무나도 완전하여 그것을 가리켜 도말하는 것으로도(사 43:25; 44:22), 등 뒤로 던지는 것으로도(사 38:17), 혹은 죄를 깊은 바닷속에 던지는 것으로도 부른다(미 7:19). 속죄가 죄를 너무도 완전하게 제거하므로 마치 그 죄들을 전혀 범하지 않은 것처럼 되는 것이다. 속죄가 진노를 사라지게 하며, 하나님께서 아버지의 사랑과 기뻐하심으로 그의 얼굴을 그의 백성에게 비추시도록 만드는 것이다.

구약에서는 이 모든 것들이 미래에 있을 그리스도의 제사를 지시하였다. 그리스도는 그가 제사에서 흘리신 피로 말미암아 우리의 죄들을 하나님 앞에서 덮으시고 우리를 그의 은혜와 사랑에 참여하게 하시는 대제사장이시다. 그는 진노를 누그러뜨리는 수단이시요(롬 3:25), 그 자신이 친히 진노를 누그러뜨리는 화목 제물(propitiation)이시다(요일 2:2; 4:10). 대제사장으로서 그는 우리를 대신하여 하나님 앞에서 적극적으로 일하시며, 그 백성의 죄들을 속죄하신다(히 2:17). 물론 하나님과 우리 사이에 그리스도로 말미암아 객관적인 화목이 있다는 논지를 거부하는 이들이 많은 것이 사실이다. 그들은 말하기를, 하나님은 사람이시며, 화목이 필요 없는 분이시요, 따라서 그런 속죄의 관념은 원시적이며 율법주의적인 구약의 신관(神觀)에나 합당한 것이며, 신약은 그런 관념을 무시하고 정죄하고 있다고 한다.

그러나 이 사람들은, 모세의 율법 아래서만 죄가 그 죄악되고 부정한 성격 때문에 하나님의 진노를 촉발시키며 형벌을 받아 마땅한 것이 아니라 신약에서도 그러하다는 사실(창 2:17; 3:14 이하; 롬 1:18; 5:12; 6:23; 갈 3:10; 엡 2:3)을 잊고 있는 것이다. 그리스도와 그의 제사가 하나님의 사랑의 선물이요 계시임은 물론 그의 공의의 계시이기도 하다는 사실을(행 4:28; 롬 3:25), 또한 하나님의 용서하시는 사랑이 속죄를 배제하는 것이 아니라 오히려 그것을 전제로 하며 그것을 확증한다는 사실을 잊고 있는 것이다. 죄 용서는 언제나 완전히 자발적이며 은혜로운 하나님의 행위이기 때문이다. 죄 용서는 벌하실 권리가 하나님께 있다는 조건을 전제로 하는 일종의 사면인데, 이는 공의를 유지하는 것과 모순이 아니다. 그런데 벌하실 권리가 하나님께 있다는 것을 부인한다면, 이는 죄의 죄악되고 부정한 성격을 부당하게 취급하는 것이 되며, 동시에 하나님의 은혜로우신 용서의 사랑이 그 백성들에게 임하는 것도 부인하는 것이 될 것이다. 그렇게 되면, 속죄는 인격적이며 자의적이요 은혜로운 행위에서 하나의 자연스런 과정으로 바뀌어지고 마는 것이다. 그러나 성경은, 시온이 공의로 구속함을 받는다는 것과, 그리스도께서 그의 제사로써 그 공의를 만족시키셨고 우리의 죄로 인한 하나님의 진노를 무마시키셨음을 가르치는 것이다(사 1:27; 롬 5:9, 10; 고후 5:18; 갈 3:13).

그리스도께서 우리를 위하여 하나님과 이루신 이 객관적인 속죄와는 구별되는 다른 개념이 있는데, 신약은 이를 다른 단어로 표현하고 있다. 이 단어는 로마서 5:10, 11과 고린도후서 5:18, 19, 20에서 사용되며, 본래 "교환하다", "다시 계산하다", "정산하다" 등의 의미를 지니는데, 그리스도께서 드리신 제사를 근거로 하나님이 세상을 향하여 취하신 새로운 은혜의 자세를 지칭하는 것이다. 그리스도께서 그의 죽으심으로 우리의 죄를 덮으시고 하나님의 진노를 무마시키셨기 때문에, 하나님은 세상에 대해서 화목의 자세를 취하셨고, 이를 그의 복음에서 우리에게 말씀하고 계신다. 그러므로 그 복음을 가리켜 "화목하게 하는 말씀"(고후 5:19)이라 부르는 것이다.

이 화목 역시 객관적인 것이다. 그것은 우리의 믿음과 회개 덕분에 비로소 처음 생겨난 것이 아니라, 그리스도께서 이루신 속죄(만족)에 근거하는 것이요, 또한 하나님과 우리가 서로 화목하는 은혜로운 관계를 이루는 것이요, 우리는 그것을 믿음으로 받아들이고 수용하는 것이다(롬 5:11). 그리스도의 죽으심을 근거로 하여 하나님께서 우리를 향한 자신의 적대적인 자세를 물리셨기 때문에, 우리 편에서도 적대적인 자세를 제거하고 하나님과 화목을 이루며 또한 하나님께서 친히 우리를 향하여 세우신 새로운 화목의 관계 속에 들어갈 것을 명령받고 있는 것이다. 모든 것이 다 이루어졌다. 우리가 행하도록 남겨진 것이 아무것도 없다. 우리는 그리스도께서 이루신 그 완전한 구속 안에서 전심으로 항상 안식을 누릴 수가 있다. 하나님이 그의 진노를 물리셨고, 그가 죄악되고 부정한 죄인들에 대하여 그리스도 안에서 화목의 하나님과 아버지가 되신다는 사실을 믿음으로 받아들여야 하는 것이다.

누구든지 이 화목의 복음을 진정으로 믿는 자는 즉시 그리스도께서 성취하신 모든 다른 유익들을 받는다. 하나님이 그리스도 안에서 세상을 향하여 취하시는 평화의 자세 속에 은혜 언약의 모든 다른 유익들이 다 포함되기 때문이다. 그리스도는 한 분이시므로 그를 나눌 수도, 부분적으로 받아들일 수도 없다. 구원의 쇠사슬은 끊어질 수가 없다. "하나님이 미리 정하신 그들을 또한 부르시고 부르신 그들을 또한 의롭다 하시고 의롭다 하신 그들을 또한 영화롭게 하셨느니라"(롬 8:30). 그러므로 그 아들의 죽으심으로 말미암아 하나님과 화목되는 자들은 모두 죄 사함을 얻고, 양자가 되며, 하나님과 평화를 이루고, 영생과 하늘의 기업을 얻을 권리를 받는 것이다(롬 5:1; 8:17; 갈 4:5). 그들은 그리스도와의 교제의 상태에 있으며, 그리스도와 함께 십자가에 죽고, 장사 지낸 바 되며, 그와 함께 다시 살아나며, 또한 하늘에 앉아 있고, 또한 점점 더 그의 형상을 닮아가게 되는 것이다(롬 6:3 이하; 8:29; 갈 2:20; 엡 4:22-24). 그들은 성령을 받는데, 그는 그들을 새롭게 하시며, 그들을 진리 가운데로 인도하시며, 그들의 양자 됨을 확증하시며, 구원의 날까지 그들과 동행하시는 분이시다(요 3:6; 16:3; 롬 8:15; 엡 4:30). 성부, 성자, 성령과의 이러한 교제 속에서 신자들은 율법에서 자유하며(롬 7:1 이하; 갈 2:19; 3:13; 4:5; 5:1), 세상과 사망, 지옥과 사탄의 모든 권세를 이기게 된다(요 16:33; 롬 8:38; 고전 15:55; 요일 3:8; 계 12:10). "하나님이 우리를 위하시면 누가 우리를 대적하리요"(롬 8:31).

* * * * * *

그리스도께서 십자가에서 이루신 그 완전한 제사는 무한한 능력과 가치를 지닌 것으로 온 세상의 죄를 화목시키기에 충족하다. 성경은 언제나 온 세상을 구속과 재창조와 결부시키고 있다. 세상이야말로 하나님의 사랑의 대상이었다(요 3:16). 그리스도께서 세상에 오신 것은 세상을 심판하기 위함이 아니라 세상을 구원하기 위함이었다(요 3:17; 4:42; 6:33, 51; 12:47). 그리스도 안에서 하나님은 세상을, 하늘과 땅의 만물을 자기와 화목하게 하셨다. 따라서 그리스도는 어느 한 시기에 그를 믿는 자들의 죄만이 아니라 온 세상을 위한 화목제물이셨다(요일 2:2). 세상이 아들로 말미암아 창조된 것처럼, 세상은 또한 반드시 그 아들이시요 상속자이신 그에게 속하게 되어 있다(요

1:29; 고후 5:9; 골 1:20). 때가 차서 머리이신 그리스도께 만물을, 즉 하늘에 있는 것과 땅에 있는 것들 모두를 하나로 다시 모으시는 것이 아버지의 기뻐하시는 뜻인 것이다(엡 1:10). 만물을 회복하실 때가 오고 있으며(행 3:21), 또한 우리는 하나님의 약속에 따라서 의가 있는 곳인 새 하늘과 새 땅을 바라보는 것이다(벧후 3:13; 계 21:1).

그리스도의 제사가 온 세상을 위하여 이처럼 충족하기 때문에, 화목의 복음은 모든 피조물들에게도 전파되어야 한다. 십자가에 달리신 그리스도를 믿는 자는 누구든지 멸망하지 않고 영생을 얻는다는 것이 복음의 약속이므로, 하나님이 그 기뻐하시는 뜻대로 복음을 보내시는 모든 나라와 백성들에게 차별 없이 그 복음을 선포하고 제시하여야 한다. 그리고 회개와 믿음에 대한 명령이 거기에 함께 수반되어야 한다. 성경은 이 점에 대해 추호도 의심이 없다. 구약에서도 이미 여호와께서는 악인의 죽음을 기뻐하지 아니하고 돌이켜 떠나 사는 것을 기뻐하신다고 말씀하고 있다(겔 18:23; 33:11). 또한 더 나아가, 모든 민족이 언젠가는 이스라엘의 축복에 참여할 것임을 말씀하기도 한다(창 9:27; 12:3; 신 32:21; 사 42:1, 6 등). 구약의 은혜 언약의 약속에 이미 선교적인 사상이 포함되어 있다. 그리고 그리스도께서 친히 이 땅에 오셔서 그의 일을 이루셨을 때에, 그 사상이 명확하게 표현된다. 그는 세상의 빛이시며, 세상에 생명을 주시는 구주시며(요 3:19; 4:42; 6:33; 8:12), 이스라엘 외에도 이끌어야 할 다른 양떼들이 그에게 있었고(요 10:16), 그리하여 그는 복음이 온 세상에 전파될 것을 미리 예언하시고 또한 명령하신 것이다(마 24:14; 26:13; 28:19; 막 16:15).

오순절 이후 사도들은 이 복음을 유대인들과 이방인들에게 전하였고 곳곳에 교회들을 세웠는데, 이때에 그들의 소리가 온 세상에 퍼져나갔고, 그들의 말씀이 세상 끝까지 전해졌으며(롬 10:18), 또한 하나님의 구원의 은혜가 모든 사람에게 나타났다(딛 2:11)고 말할 수 있다. 사실, 모든 사람을 위하여, 특히 권세의 위치에 있는 왕들과 모든 사람들을 위하여 간구하는 일은 선한 일이요 하나님께서 기뻐하시는 일이다. 왜냐하면 그는 모든 사람이 구원을 받으며 진리를 아는 데에 이르기를 원하시기 때문이다(딤전 2:4). 그리고 그리스도의 재림이 지연되는 것은 하나님의 오래 참으심의 증거이다. 주께서는 아무도 멸망하지 않고 다 회개하기에 이르기를 원하시기 때문이다(벧후 3:9).

복음이 이처럼 온 세계에 전파된다는 사실은 온 세계 전체와 또한 그리스도를 결코 구주로 믿지 않을 자들에게도 유익이 있다. 그리스도께서는 그의 성육신으로 온 인류를 존귀하게 하셨고, 육체를 따라서 모든 사람의 형제가 되셨다. 빛이 어둠 속에 비치고, 그가 세상에 오심으로써 각 사람에게 빛이 비치게 된 것이다. 세상이 그로 말미암아 지은 바 되었고, 세상이 그를 알지 못한다 해도 그 사실은 그대로 남아 있다(요 1:3-5). 그리스도께서는 복음 아래 사는 모든 사람들을 향하여 믿음과 회개를 촉구하시며, 또한 이를 통해서 가정과 사회, 교회와 국가에 많은 외적인 축복들을 베푸시는데, 마음속에 복음을 받아들이지 않는 자들까지도 이를 누리는 것이다. 그들도 말씀의 지배권 내에 있으며, 끔찍한 죄들로부터 보호받으며, 이교적인 민족들과는 달리 많은 외적인 특권을 누리는 것이다. 더욱이 그리스도께서는 그의 고난과 죽으심으로 피조물을 썩어짐의 종노릇하는 데에서 해방시키는 일을 이루셨고, 하늘과 땅을 새롭게 하시며, 만물을 — 천사들과 사람들을 포함하여 — 회복시키시고 서로 화목시키시는 일을 이루셨다는 사실을 잊어서는 안될 것이다. 그리스도 안에서 인류라는 유기체가, 하나님의 창조로서의 세계가, 보존되고 회복되는 것이다(엡 1:10; 골 1:20).

그러나, 복음을 선포하고 은혜를 베푸는 일이 이렇듯 절대적으로 보편성을 띤다는 사실을 주장해야 하지만, 그렇다고 해서 그리스도의 은택들이 모든 개개인 하나하나에게 다 베풀어진다는 식으로 추론해서는 안 된다. 이는 구약 시대에 하나님이 이방인들은 제 길로 가도록 허용하시고 오직 이스라엘 백성을 자기 소유로 택하셨다는 사실에서부터 이미 확실하게 부인되고 있다. 또한 복음 선포가 원리적으로 보편성을 띰에도 불구하고, 때가 차매 그가 여러 세기 동안 그의 은혜의 약속들을 인류 가운데 적은 일부에게만 제한시키셨다는 사실 역시 이를 부인하고 있다.

성경 이곳저곳에서 나타나는 일반적인 진술들은, 절대적인 의미로 보아서는 안 되고 상대적인 의미로 취해야 한다. 그 진술들은 모두가 구약의 경륜과 신약의 경륜 사이의 구별에 대한 깊은 인식 하에서 기록된 것들이다. 우리들로서는 거의 상상할 수 없는 일이겠으나, 유대교의 선민 사상 속에서 자라난 사도들로서는 그리스도께서 민족들의 관계 속에 일으키신 그 엄청난 변화를 깊이 느끼고 있었다. 그들은 그것이 여러 세기 동안 비밀로 남아 있었으나 이제 그의 거룩한 사도들과 선지자들에게 성령을 통해서 계시된 바 위대한 비밀에 속하는 것임을 계속해서 말씀하고 있다. 이방인들이 동일한 몸을 함께 상속받을 자가 되고, 그들이 그리스도의 약속에 함께 참여한다는 것을 큰 비밀로 본 것이다. 그 둘 사이에 막혔던 담이 무너졌다. 십자가의 피가 평화를 이루었다. 그리스도 안에는 유대인도, 이방인도, 야만인도, 스구디아인도 없다. 나라와 방언, 혈통과 피부색, 나이와 가문, 시간과 장소 등의 모든 제한 조건들이 사라졌다. 그리스도 안에서 모두가 새로운 피조물이다. 각 종족과 방언과 나라와 백성 중에서 교회가 모이는 것이다(롬 16:25, 26; 엡 1:10; 3:3-9; 골 1:26, 27; 딤후 1:10, 11; 계 5:9 등).

그러나 성경은, 그리스도께서 누구를 위해서 그의 은택들을 이루셨으며, 그 은택들을 누구에게 베푸시고 적용하시며, 과연 누가 그 은택들을 누리게 되는가 하는 등의 질문을 다루면서, 언제나 그리스도의 사역을 교회와 관련시킨다. 구약 시대에 하나님이 그의 상속자로 택하신 특별한 백성이 있었던 것처럼, 이러한 하나님의 특별한 백성의 사상이 신약에서도 계속 살아 있는 것이다. 신약의 백성들이 아브라함의 육체적인 혈통으로 제한되지 않는 것은 사실이다. 이제는 오히려 유대인과 이방인 중에서, 모든 나라와 민족들 중에서 그 백성들이 형성되는 것이다. 그러나 이 신약의 교회는 이제 하나님의 백성이 모이는 것이요(마 16:18; 18:20), 신약의 이스라엘이요(고후 6:16; 갈 6:16), 참 아브라함의 자손이다(롬 9:8; 갈 4:29). 이 백성을 위하여 그리스도께서 그의 피를 흘리셨고 구원을 이루셨다. 그가 오신 것은 그의 백성을 구원하고(마 1:21), 그의 양들로 하여금 그의 생명을 얻게 하며(요 10:11), 하나님의 모든 자녀들을 모아 하나가 되게 하고(요 11:52), 아버지께서 그에게 주신 모든 자들에게 생명을 주고 그들을 마지막 날에 다시 살리며(요 6:39; 17:2), 그의 피로써 하나님의 교회를 값 주고 사며 또한 말씀으로 씻어 교회를 정결케 하기 위함이다(행 20:28; 엡 5:25-26). 그리스도께서는 대제사장으로서 세상을 위해서가 아니라, 아버지께서 그에게 주신 자들과 또한 사도들의 말씀을 통하여 그를 믿게 될 자들을 위해서 기도하시는 것이다(요 17:9, 20).

그러므로, 성부와 성자와 성령의 사역은 서로 지극히 완전한 일치를 이룬다. 성부께서 택하신 자들을 성자께서 값 주고 사시며, 또한 성령을 통해서 그들을 거듭나게 하시고 새롭게 하시는 것이다. 성경은 이 사람들을 허다한 무리라고 분명하게, 매우 분명하게 말하고 있다(사 53:11, 12; 마 20:28; 26:28; 롬 5:15, 19; 히 2:10; 9:28). 성경이 이를 가르치는 것은 우리의 부족한 생각과 임의적인 기준으로 이 숫자를 한정시키고 줄이도록 하기 위해서가 아니라, 온갖 싸움과 배도(背道)의 상황 가운데서도 우리가 처음부터 마지막까지 구원이 하나님의 역사이며 따라서 아무리 반대가 있다 할지라도 이 역사가 계속될 것이라는 확신을 든든히 갖도록 하기 위함인 것이다. 마침내 여호와의 기뻐하시는 뜻이 그의 종의 손으로 성취될 것이다(사 53:10).

구원의 역사가 오직 하나님의 역사(役事)이므로, 만일 그리스도께서 죽은 자 가운데서 살아나사 하나님의 우편으로 높이 올라가시는 일이 없었다면, 그의 은택들이 절대로 우리에게 베풀어지지 못할 것이다. 만일 기독교가 그저 우리의 지성으로 납득해야 할 하나의 가르침이나 우리가 본받고 따라야 할 하나의 도덕적 규범과 모범에 지나지 않으며 또한 그 이상이 될 필요도 없다면, 우리에게는 십자가에서 죽으신 예수만으로 족할 것이다. 그러나 기독교는 그런 것과는 전연 다르며, 그보다 훨씬 이상 가는 것이다. 기독교는 전인(全人)의, 인류라는 유기체 전체의, 또한 온 세상 전체의 완전한 구원인 것이다. 그리고 그리스도께서도 이 충만한 의미로 세상을 구원하시기 위해서 이 땅에 오신 것이다. 그가 우리 모두를 구원할 가능성을 얻기 위해 오셨고 또한 우리가 그 가능성에서 유익을 얻느냐 얻지 못하느냐 하는 그 나머지 문제는 우리의 자유 의지에 맡겨두신 것이 아니다. 오히려 그가 자기를 낮추시고 십자가에서 죽으시기까지 순종하신 것은 우리를 진정으로 완전하게 영원하게 구원하시기 위함인 것이다.

그러므로 그리스도의 사역은 그의 죽으심과 장사되심에서 종결되는 것이 아니다. 물론 그가 대제사장적인 기도에서 아버지께서 행하라고 주신 일을 다 행하셨다고 말씀하며(요 17:4), 또한 십자가 위에서도 "다 이루었다"고 외치신 것은(요 19:30) 사실이다. 그러나 이 진술들은 그리스도께서 이 땅에서 행하셔야 할 일, 곧 그의 낮아지심의 일과 우리 구원의 성취를 지칭하는 것이었다. 그리고 그 일이 다 이루어졌다. 완전무결하게 이루어진 것이다. 그의 생애와 죽으심으로 말미암아 구원이 완전하게 성취되었으므로, 그 어떠한 사람에게도 그보다 더한 것이 필요 없으며, 또한 그보다 더한 것을 첨가할 수도 없다. 그러나 구원의 성취는 구원의 적용과 분배와는 구별해야 한다. 구원의 성취에 못지않게 구원의 적용과 분배도 필수적이다. 보물이 아무리 귀하다 한들 우리가 그것에게 절대로 다가갈 수도 없고 소유할 수도 없다면 무슨 소용이 있겠는가? 그리스도께서 우리 죄를 위해 죽으셨다 한들, 그가 우리의 의롭다 하심을 위해 다시 사신 일이 없다면, 과연 그리스도가 우리에게 무슨 소용이 있겠는가? 죽으셨으나 아버지의 우편으로 높이 올라가지 않으신 주님이 과연 무슨 유익이 있겠는가?

그러나 우리 그리스도인들은 십자가에 달리신 주님이 동시에 부활하신 주님이시요, 낮아지신 구주이시며 동시에 영광을 입으신 구주이시며, 처음이시요 동시에 나중이시며, 죽으셨으나 이제 영원히 살아 계시며, 또한 지옥과 사망의 열쇠를 가지신 왕이심을 고백하며 그 안에서 즐거워한다(계 1:18). 그리스도께서 죽으셨다가 다시 살아나신 것은 산 자와 죽은 자를 모두 다스리시기 위함이다(롬 14:9). 그는 죽으심으로 건물의 기초를 놓으셨고, 높아지심으로 그 건물을 완성하신다. 그는 모든 통치와 권세와 능력과 주권 위에 뛰어나도록 높아지시며, 교회의 머리가 되셨으니 이는 만물 안에서 만물을 충만하게 하기 위함이다(엡 1:20-23). 부활로 말미암아 그가 주와 그리스도가, 임금과 구주가 되셨으니, 이는 이스라엘에게 회개와 죄 사함을 주시고 모든 원수들을 그의 발 아래 두시기 위함이다(행 2:36; 5:31; 고전 15:25). 하나님께서는 그를 지극히 높여 모든 이름 위에 뛰어난 이름을 주셨고, 하늘에 있는 자들과 땅에 있는 자들과 땅 아래 있는 자들로 모든 무릎을 예수의 이름에 꿇게 하시고 모든 입으로 예수 그리스도를 주라 시인하여 하나님 아버지께 영광을 돌리게 하셨다(엡 2:9-11).

그러므로 그리스도의 높아지심(exaltation:승귀)은, 그가 육체로 계실 때에 당하신 낮아지심(humiliation)에 그저 우연히 임의적으로 덧붙여진 부록 같은 것이 아니다. 낮아지심과 똑같이, 그것은 그리스도께서 완성하셔야 할 구속 사역의 필수적인 구성 요소다. 높아지심에서 그의 낮아지심이 그 인증과 면류관을 얻는 것이다. 땅 아래 낮은 곳으로 내려오신 그리스도께서 또한 모든 하늘 위로 오르셨으니, 이는 만물을 충만하게 하려 하심이다(엡 4:9-10). 낮아지심의 일이 그에게 부과되었듯이, 높아지심의 일도 그에게 부과되었고, 그는 그 일을 행하셔야 했다. 그것은 그의 일이었고, 다른 누구도 할 수 없는 일이었다. 아버지께서 그를 지극히 높이 올리신 것은 그리스도께서 그렇게도 깊이 자기 자신을 낮추셨기 때문이다(빌 1:9). 아버지께서 아들에게 모든 심판을 맡기신 것은 그가 기꺼이 인자(人子)가 되셨기 때문이다(요 5:22). 그리고 그 아들이 높아지셨고, 그 높아지신 상태에서도 그는 그의 일을 계속하심으로써 그가 완전하시고 참되시며 전능하신 구주이심을 증명하신다. 그리고 마침내 나라를 완전하게 아버지께 돌려드리시고 그의 신부인 교회를 점이나 흠이 없이 아버지께 드리시기까지 그 일을 계속하실 것이다 (고전 15:24; 엡 5:25). 그리스도의 영광 자체가 이 구원의 일을 완성하는 데에 달려 있으며, 거기에 그의 이름이 결부되어 있고, 그의 명성이 걸려 있는 것이다. 그는 자기 백성을 높이시고 자기가 있는 곳으로 데려가사 그들로 그의 영광을 보게 하시며(요 17:24), 그리고 마지막 날에 강림하사 그의 성도들에게서 영광을 받으시고, 모든 믿는 자들에게서 놀랍게 여김을 얻으실 것이다(살후 1:10).

* * * * *

개혁주의 신앙고백에 따르면, 그리스도의 높아지심은 그의 부활로 시작되나, 수많은 다른 고백들은 그보다 더 일찍, 곧 지옥에 내려가심으로 시작되었다고 한다. 이 지옥 강하(降下)는 여러 가지로 달리 해석되고 있다. 그리스 정교회(the Greek Church)는 이를 그리스도께서 그의 신성과 그의 인간적인 영혼을 지니시고 지하 세계로 내려가셔서 죽은 성도들의 영혼을 해방시키시고 이들을 십자가상의 강도의 영혼과 더불어 낙원에 데리고 가셨다는 뜻으로 이해한다.

로마 가톨릭 교회에 따르면, 그리스도께서 실제로 그의 영혼으로 지하 세계에 내려가셨고, 그의 몸이 무덤에 안치되어 있는 동안 거기 머물러 계시면서, 구원이 성취되기까지 고통이 없이 그곳에 남아 있던 성도들의 영혼을 죽음의 상태에서 해방시키고 그들을 하늘로 데리고 가시며, 그리하여 하나님을 바라보는 복된 상태 속에 들어가게 하셨다고 한다. 루터 교회는 그리스도의 실질적인 살아나심과 그의 부활 즉 무덤 이후 육체적으로 나타나신 것을 서로 구분하면서, 이 둘 사이의 짧은 간격 사이에 그리스도께서 영혼과 몸으로 지옥에 내려 가셔서 거기서 마귀들과 정죄받은 자들에게 그의 승리를 선포하셨다고 가르친다. 그리고 특히 현대에 이르러서는, 부활하시기 전 그리스도께서 — 영혼만으로든 혹은 몸도 함께든 — 지하 세계에 내려가셔서, 죄 가운데서 죽은 자들에게 복음을 전파하셨고 그들에게 회개하고 믿을 기회를 주셨다고 주장하는 신학자들이 많다.

이에 대해서 이렇게 의견이 다양하다는 사실은 "지옥에 내려가시고"라는 말의 원 의미를 잃어버렸다는 것을 입증해 준다. 사도신경의 이 문구의 출처나 그것이 본래 무슨 의미인가에 대해서는 알 길이 없다. 성경은 문자적이며 실질적이며 공간적인 의미의 지옥 강하에 대해서는 아무런 말씀도 하지 않는다. 사도행전 2:27에서 베드로는 "이는 내 영혼을 음부에 버리지 아니하시며 주의 거룩한 자로 썩음을 당하지 않게 하실 것임이로다"라는 시편 16편의 말씀을 그리스도에게 적용시킨다. 그러나 여기서 음부(혹은 지옥)라는 단어는 무덤을 의미하는 것이 분명하다. 그리스도께서 그의 영으로 낙원에 계셨으나 그의 몸으로는 무덤에 누워 계셨으므로, 그의 죽으심과 부활 사이의 기간 동안 그는 죽음의 상태에 계셨던 것이다.

에베소서 4:9에서 바울은, 올라가신 그분께서 또한 땅 아래 낮은 곳으로 내려가셨음을 말씀한다. 그러나 이것은 지옥 강하를 지칭하는 것이 아니라, 오히려 그리스도께서 이 땅에 강림하신 성육신을 지칭하거나, 아니면 그가 무덤 속으로 내려가신 그의 죽으심을 지칭하는 것이다. 그리고 베드로전서 3:19-21에 나타나는 베드로의 진술도, 그리스도께서 그의 죽으심과 부활 사이에 행하신 일을 말씀하는 것이 아니다. 그는 오히려 그리스도께서 성육신 하시기 이전 노아의 시대에 그의 성령을 통하여 행하신 일이나, 혹은 그가 부활하신 후 이미 영으로 살아 계시게 된 상태에서 행하신 일을 말씀하고 있는 것이다. 그리스도께서 공간적인 의미로 지옥에 내려가셨다는 가르침에 대해서 성경은 조금도 근거를 제시하지 않는다.

그리하여 개혁 교회는 사도신경의 이 조항에 대한 이런 식의 해석을 버리고, 오히려 그리스도께서 그의 죽으심 이전에 겟세마네와 골고다에서 당하신 지옥의 고통과 고뇌를 지칭하는 것으로 보거나, 아니면 그리스도께서 그의 몸으로 무덤 속에 누워 계신 동안의 그 죽음의 상태를 지칭하는 것으로 해석해왔다. 이 두 가지 해석은 그리스도께서 죽음에 굴복하시던 때가 그의 원수들의 때요 어둠의 권세의 때라는 성경적 관념에서 그 근거를 얻는다(눅 22:53). 그리스도는 이때가 오고 있음을 알고 계셨고, 자발적으로 자기 자신을 거기에 넘겨주셨다(요 8:20; 12:23, 27; 13:1; 17:1). 그때야말로 그가 자신의 사랑과 순종의 영적인 힘을 가장 최고로 드러내 보이신 때였는데(요 10:17-18), 그때에 그는 오히려 전혀 무기력한 모습으로 드러나셨다. 원수들이 그를 마음대로 대하였다. 어둠이 그를 이기고 승리한 것 같았다. 공간적인 의미가 아니라 영적인 의미에서 그는 과연 지옥에 내려가신 것이다.

그러나 어둠의 권세는 어둠의 것이 아니었다. 그것은 아버지께서 주신 것이다(요 19:1). 예수님의 원수들은 자기들이 그저 도구들에 불과하다는 것을 이해하지 못했고, 그리하여 그들은 자기들의 지식과 의지와는 관계 없이 하나님의 손과 경륜이 이미 이루어지도록 결정하신 바를 시행하고 있었던 것이다(행 2:23; 4:28). 그리스도께서는 그의 낮아지심에서도 친히 자기 생명을 자유로이 버리시고 자기 목숨을 많은 사람들의 대속물로 주신 힘있는 용사이셨다. 어둠의 권세의 때는 바로 그리스도 자신의 때였던 것이다(요 7:30; 8:20). 친히 죽으심으로 그는 그의 사랑의 능력으로 말미암아, 그의 완전한 자기 부인으로 말미암아, 아버지의 뜻에 대한 그의 절대적인 순종으로 말미암아, 죽음을 정복하신 것이다. 그러므로, 거룩하신 그가 죽음의 지배를 받거나 하나님으로부터 버림을 받아 썩게 되는 것은 불가능한 일이었다(행 2:25-27). 오히려 반대로, 아버지께서 그를 일으키셨고(행 2:24; 3:26; 5:30; 13:37; 롬 4:25; 고전 15:54 등), 그리스도께서 친히 자기의 권한과 자기의 힘으로 일어나신 것이다(요 11:25; 행 2:31; 롬 1:4; 14:9; 고전 15:21; 살전 4:14).

말하자면, 죽음의 고통은 바로 새 생명을 낳는 산고의 고통이었다(행 2:24). 그리스도는 과연 죽은 자들 가운데서 먼저 나신 자이신 것이다(골 1:18).

이 부활은 그의 죽은 몸이 살아나는 것과 그가 무덤에서 일어나는 것으로 이루어졌다. 부활을 반대하는 자들은 이 사실 때문에 심각한 어려움에 봉착한다. 과거에 그들은 예수께서 그저 겉모양으로만 죽었었다고 하거나, 그의 시체를 제자들이 훔쳤다거나, 제자들이 망상에 빠져서 마치 그를 직접 본 것으로 상상했을 뿐이라는 식으로 이 사건의 기록을 설명하려 했다. 그러나 이 모든 설명들은 하나씩 사라졌다. 좀 더 최근 들어서는, 많은 사람들이 심령술(spiritism)에 도피하여, 예수님의 부활을 그것과 관련지어 설명하는 것이 환호를 받고 있다. 그리하여 그들은 무언가 객관적인 사건이 일어난 것은 분명하다고 말한다. 제자들이 무언가를 보았다. 몸으로는 죽었으나 영으로는 계속해서 살아 있는 그리스도의 모습이 그들에게 나타났었다. 그리스도의 영이 그들에게 나타났고 그들에게 친히 자신을 드러냈다는 것이다. 심지어 어떤 이들은 여기에 경건한 발언을 첨가시키기까지 한다. 곧, 하나님께서 친히 그리스도의 영으로 그들에게 나타나게 하셔서 그들의 슬픔을 위로하시고 죽음에 대한 승리와 생명의 견고함을 확신하게 하셨다는 것이다. 다시 말해서 그리스도께서 여러 차례 나타나신 것은 그리스도의 영적 권세에 대한 신적인 메시지를 담은 "하늘로부터 내려온 수많은 전보(電報)"였다는 것이다.

그러나 이런 식의 심령술적인 설명은 성경에는 전혀 합당하지 않으며, 성경의 증언과 정반대되는 것이다. 모든 복음서에 따르면, 제삼일에 무덤이 빈 상태임이 발견되었고, 바로 그날에 그리스도께서 처음 나타나셨다고 한다(마 28:6; 막 16:6; 눅 24:3; 요 20:2; 고전 15:4-5). 일정한 순서를 따르지도 않고, 완전한 개요를 제시하지도 않지만, 복음서 기자들과 바울은 예수께서 여자들 — 특히 막달라 마리아 — 에게와 베드로에게 나타나셨고, 또한 도마가 없을 때에 제자들에게, 그리고 도마가 있을 때에 제자들에게 나타나셨으며, 그 외에 오백여 형제들에게 동시에 나타나셨다고 말씀한다. 처음에는 이렇게 나타나신 일이 예루살렘과 그 근처에서 일어났고, 후에는 갈릴리에서도 일어났는데, 마가복음이 분명히 진술하듯이, 그가 제자들보다 먼저 그리로 가셨다(막 16:7). 그리고 그리스도께서 그가 무덤에 들어가실 때와 동일한 몸으로 나타나셨다는 것에 모두가 일치하고 있다. 그것은 살과 뼈가 있는 몸이었는데, 영에게는 그런 것이 없는 것이다(눅 24:39). 그 몸은 손으로 만질 수도 있었고(요 20:27), 음식을 섭취할 수도 있는 몸이었다(눅 24:41; 요 21:10).

그러나, 그리스도께서는 부활하신 이후 그 전과는 매우 다른 인상을 사람들에게 남기셨다. 그를 본 사람들은 깜짝 놀라고 두려워했고, 그 앞에 엎드려 경배하였다(마 28:9, 10; 눅 24:37). 그는 과거에 나타나신 것과는 다른 모양으로 나타나셨고(막 16:12), 때로는 제자들이 그를 곧바로 알아보지 못하기도 했다(눅 24:16, 31). 나사로의 부활과 예수님의 부활은 서로 굉장한 차이가 있다. 나사로의 경우는 죽음의 상태에서 죽기 이전의 지상의 삶의 영역으로 되돌아가는 것이었으나, 예수님의 경우는 그 이전 상태로 되돌아가신 것이 아니라, 승천으로 이어지는 그 길로 계속 나아가신 것이다. 마리아는 주님을 죽음의 상태에서 다시 맞은 것으로 생각하였으나, 예수께서는 그녀를 막으시면서 말씀하기를, "나를 만지지 말라. 내가 아직 아버지께로 올라가지 못하였노라. 너는 내 형제들에게 가서 이르되 내가 내 아버지 곧 너희 아버지, 내 하나님, 곧 너희 하나님께로 올라간다 하라"고 하셨다(요 20:17). 부활 이후 그리스도께서는 땅이 아니라 하늘에 속하게 되신 것이다. 그리고 그렇기 때문에 그가 무덤에 누인 그 동일한 몸을 입으셨으면서도 그의 형체가 변화된 것이다. 바울은 이를 이렇게 진술한다. 곧, 죽을 때에 육의 몸으로 심으나 부활할 때에는 (그리스도나 신자나 마찬가지로) 신령한 몸으로 다시 살아난다는 것이다(고전 15:44). 두 경우 모두 한 몸이다. 왜냐하면 신령한 몸은 육체적인 몸에 반대되는 것이 아니라, 자연적인 상태의 몸에 반대되는 것이기 때문이다. 그러나 첫 사람이 받은 육체적인 몸에서는 생명의 큰 부분이 영의 경계를 넘어 다소 독자적으로 존재하는 것이다. 그리고 신령한 몸에서는 "음식과 배(腹)"가 다 폐하여지며(고전 6:13) 물질적인 것 모두가 영에 굴복하고 영을 섬기도록 될 것이다.

* * * * *

그리스도의 육체적인 부활은 그저 하나의 고립된 역사적 사실이 아니라,

그리스도 자신을 위해서나 교회를 위해서나 온 세상을 위해서 결코 다함이 없는 풍성한 의미를 갖는다. 일반적으로 그것은 근본적으로 죽음에 대한 승리를 의미한다. 한 사람으로 말미암아 죽음이 세상에 들어왔다. 하나님의 율법을 어김으로써 죽음의 길이 인류에게 열렸다. 죄의 삯이 바로 죽음이기 때문이다(롬 5:12; 6:23; 고전 15:21). 그러므로 죽음을 정복하는 것도 오로지 한 사람에 의해서만 일어날 수 있었다. 한 사람이 죽은 자들로부터 부활을 이루어야 했던 것이다. 천사나 혹은 하나님의 아들이 죽은 자의 영역 속으로 내려갔다가 다시 하늘로 올라갔다 해도, 우리에게는 아무런 유익이 없었을 것이다. 그러나 그리스도는 아버지의 독생자이셨고 동시에 참되고 완전한 사람이셨다. 그는 하나님이셨고 인자이셨다. 그는 사람으로서 고난당하시고 죽으시고 장사되셨으며, 사람으로서 죽은 자의 세계로부터 살아나셨다. 그리스도의 부활로 말미암아, 죽음에 묶여 있을 수 없고, 사탄에게, 또 썩어짐의 권세에게 지배를 받을 수 없으며, 무덤과 죽음과 지옥보다 더 강한 한 사람이 있었다는 것이 입증된 것이다. 그러므로 사탄은 사실상 원리적으로 더 이상 죽음에 대한 지배권이 없다. 그리스도께서 죽으심으로 죽음을 이기셨기 때문이다(히 2:14). 그리스도만 홀로 부활하셨고, 다른 사람은 하나도 무덤에서 살아나지 못했다 할지라도, 여하튼 누구보다도 강한 한 사람이 계시다. 그를 가두어 두었던 죽음의 세계의 문들이 그의 명령에 다시금 열릴 수밖에 없었다. 이 세상의 임금은 그에게 관계할 것이 없는 것이다(요 14:30).

이것이 사실이라면, 그리스도의 부활에서 중요한 것은 바로 육체적인 부활이라는 것이 자명해진다. 영적인 부활로는 부족했을 것이요, 절반 정도의 승리밖에는 되지 못했을 것이다. 아니, 사실 전혀 승리가 아니고 오히려 패배가 되고 말았을 것이다. 그의 부활이 영적인 부활이었다면, 전인(全人)이, 영혼과 육체를 지닌 그가 죽음의 권세를 깨뜨리고 나오지 못한 것이 되고 말 것이다. 그랬다면, 사탄이 여전히 상당 부분 정복자로서 그대로 남아 있었을 것이다. 어쨌든, 영적인 부활은, 즉 중생과 새로워짐은, 그리스도 안에서 일어날 수 있는 것이다. 왜냐하면 그가 거룩하시며, 죄책이 없으시고, 흠이 없으시며 죄가 없으시기 때문이다. 그가 죄에 대한 자신의 능력을 입증하기 위해서는, 오직 죽은 자의 세계에서 육체적으로 다시 살아나시는 길밖에는 없었고, 그리하여야 물질의 세계에서 그의 영적인 권세를 드러내 보일 수 있었던 것이다. 그의 육체적 부활을 통해서, 그가 십자가에 죽으시고 무덤에 들어가시기까지 행하신 순종으로 말미암아 죄와 그 모든 결과들을 ― 죽음까지도 포함하여 ― 완전히 정복하셨고, 말하자면 인간 세계에서 완전히 내어던지셨고, 썩지 않는 새 생명을 예고하셨다는 것이 처음으로 입증된 것이다. 그러므로, 한 사람으로 말미암아 죽음이 세상에 들어온 것처럼, 죽은 자의 부활도 한 사람으로 말미암아 온 것이다(고전 15:21). 그리스도께서 친히 부활이시요 생명이신 것이다(요 11:25).

이 정도로도 그리스도의 부활의 의의를 입증하기에 충족하지만, 좀 더 상세하게 그 점을 ― 그리고 무엇보다도 부활이 그리스도 자신에게 갖는 의의를 ― 제시할 수 있을 것이다. 만일 십자가에서의 죽으심이 예수님의 생애의 마지막이요 그 이후에 부활이 이어지지 않았다면, 유대인들의 정죄의 정당함이 입증되었을 것이다. 신명기 21:23은 나무에 달린 자는 하나님께 저주받은 자라고 말씀한다. 그 본문의 논지는 바로, 범죄자가 죽은 후 그 시체를 밤새도록 나무에 매달아놓지 말고 그 당일에 옮겨서 장사지내야 하며, 나무 위에 그냥 그대로 남겨두면 여호와께서 그의 백성에게 주신 그 땅이 더럽혀질 것이라는 것이다. 모세의 율법에는 십자가 형벌에 대한 내용은 없다. 그러나 예수께서는 이방인들에게 넘겨지시고(마 20:19) 악인들의 손에 의해 십자가에 못 박히셨는데(행 2:23), 이때에 그는 ― 그의 죽으심 이후만이 아니라 죽으시기 전과 죽으실 당시에도 ― 율법이 금하는 잔혹함의 표본이셨고, 하나님 앞에 저주받은 자의 표본이셨던 것이다. 율법을 아는 유대인들에게는, 십자가에서의 죽음은 고통스럽고 치욕스런 형벌일 뿐 아니라 그 십자가에 달린 자가 하나님의 진노와 저주를 받았다는 하나의 증거이기도 했다. 그러므로 십자가에 달린 예수님은 유대인들의 눈에는 하나의 거리낌이요 저주였던 것이다(고전 1:23; 12:3).

그러나 이제 부활이 이어져서 그 모든 판단이 뒤집어진다. 하나님이 우리를 위하여 죄가 되게 하신 자가 개인적으로 죄를 몰랐던 분이시다. 우리를 위하여 저주받은 자가 아버지의 복된 자이시다. 십자가 위에서 하나님께 버림받은 자가 아버지께서 기뻐하시는 그의 아들이시다. 땅에서 거부당한 자가 하늘의 면류관을 쓰신 자시다. 그러므로 부활이야말로 그리스도의 아들 되심의 증거인 것이다. 육신으로는 다윗의 혈통에서 나신 자가, 그의 안에 있는 성결의 영으로는 부활로 말미암아 하나님의 아들이심이 능력으로 선포되었다(롬 1:3-4). 그리스도께서는 가야바와 본디오 빌라도 앞에서 자신이 하나님의 아들이심을 증언하셨는데, 그때에 그는 진실을 말씀하신 것이요 진정한 고백을 하신 것이다. 유대인들과 로마인들의 판단과 선고가 올바른 것으로 입증된 것이 아니라, 그리스도의 고백이 옳은 것임이 입증된 것이다. 악인의 손을 빌어 십자가에 못 박혀 죽임당하신 그가 의로운 자이시다. 그러므로 부활은 세상이 예수님께 내린 선고를 하나님이 뒤집으셨다는 의미를 지니는 것이다.

그러나, 그리스도의 부활의 의의는 그 부활이 그가 하나님의 아들이시며 메시야이시라는 증거라는 사실만으로 끝나는 것이 아니다. 그것은 그리스도께서 전혀 새로운 생명의 상태 속으로 들어가는 것이요, 계속 진행되어갈 높아지심의 시작을 의미하는 것이었다. 영원 전에나(히 1:5), 그가 대제사장으로 지명받을 때에는 물론(히 5:5), 그의 부활에서도(행 13:33) 하나님은 그에게, "너는 내 아들이라 오늘 너를 낳았다"고 말씀하셨다. 부활은 그리스도의 면류관을 쓰시는 날이었다. 그는 성육신 이전에도 이미 아들이요 메시야이셨다. 또한 그의 낮아지심에서도 역시 그러하셨다. 그러나 그때에는 그의 내적 존재가 종의 형체 뒤에 감추어져 있었다. 그러나 이제 하나님은 그가 주요 그리스도요 임금과 구주이심을 공공연히 외치시고 선언하신다(행 2:36; 5:31; 빌 2:9). 이제 그리스도는 그가 과거에 아버지와 함께 지니셨던 그 영광을 다시 취하신다(요 17:5). 부활 이후 그는 "다른 형체", 다른 모습, 다른 존재 양식을 취하신다. 죽으셨던 그가 살아 계시고, 세세토록 살아 계시며, 사망과 음부의 열쇠를 가지고 계시다(계 1:18). 그는 생명의 주시요, 구원의 근원이시요, 하나님이 산 자와 죽은 자의 재판장으로 정하신 분이신 것이다(행 3:15; 4:12; 10:42).

더 나아가서, 그리스도의 부활은 그의 교회와 온 세상을 위하여 선한 샘이다. 부활은 성자의 "다 이루었다"에 대한 성부의 아멘이다. 그리스도는 우리 범죄 때문에 내어줌이 되었고 우리의 의롭다함을 위하여 살아나셨다(롬

4:25). 우리의 죄와 그리스도의 죽으심이 서로 긴밀히 관련되듯이, 그리스도의 부활과 우리의 칭의도 서로 밀접하게 관련되는 것이다. 그가 우리의 칭의(稱義)를 성취하신 것은 그의 부활이 아니라 그의 죽으심으로 말미암은 것이다(롬 5:9, 19). 그의 죽으심이야말로 죄를 완전히 대속하여 영원한 의를 가져온 제사였기 때문이다. 그러나 그가 그의 고난과 죽으심으로 말미암아 완전한 화목과 또한 우리의 모든 죄에 대한 용서를 이루셨기 때문에, 그가 다시 살아나셨고, 또한 살아나셔야만 했다. 부활에서 그 자신의 의가 드러났으며 또한 그와 더불어 우리가 의롭다 함을 받은 것이다. 그의 살아나심이야말로 우리의 사면(赦免)에 대한 공적인 선언이었다.

그리고 그것이 전부가 아니다. 그리스도는, 그가 그의 부활에 함축되어 있는 바 사면을 우리들 개개인에게 적용시키실 수 있었다는 또 다른 의미에서도, 우리의 의롭다 함을 위하여 살아나신 것이다. 그가 살아나지 않으셨다면, 그의 죽으심으로 말미암아 이루어진 화목이 시행되고 적용될 수가 없었을 것이다. 그랬다면 그것은 마치 무용지물이 된 자본과도 같은 것이 되었을 것이다. 그러나 이제 그리스도께서 부활하심으로 주와 임금과 구주의 위치로 일으킴받으셨으므로, 그가 우리로 하여금 믿음을 수단으로 하여 그 성취된 화목에 참여하게 하실 수가 있는 것이다. 그리스도의 부활은 우리의 칭의의 증거인 동시에 그 근원인 것이다.

그리스도께서 그가 성취하신 화목과 죄 용서를 우리에게 개인적으로 나누어주고자 하는 목적으로 다시 살아나셨는데, 이때의 그의 역사(役事)는 또 다른 유익들을 함축하고 있다. 화목이 먼저 있어야 죄 용서가 있는 것처럼, 죄 용서 뒤에는 반드시 성화(聖化: sanctification)와 영화(榮化: glorification)가 뒤따르는 것이다. 칭의와 성화 사이의 이 불가분리의 연관성에 대한 객관적인 근거가 바로 그리스도 자신에게 있는 것이다. 그는 죽으실 뿐 아니라 다시 살아나셨다. 그리고 그의 죽으심은 죄에 대하여 죽으심이었으므로(즉, 죄를 위한 화목 제물로서 죄를 없이하기 위한 죽으심이었으므로), 그의 살아나심은 하나님께 대하여 살아나심이다(롬 6:10). 그가 죽으심으로 죄의 결박을 완전히 풀어놓으셨으므로, 이제 그의 생명은 오로지 하나님께 속하는 것이다. 그러므로 그리스도께서 믿음을 수단으로 하여 그의 죽으심의 열매들 —

즉, 회개와 죄 사함 -을 개인에게 베푸실 때에, 그는 동시에 그 사람에게 새생명도 주시는 것이다. 그는 자기 자신을 나눌 수도, 그의 죽으심과 부활을 서로 분리할 수도 없다. 사실, 그가 그의 죽으심의 열매들을 베풀어주시고 적용하실 수 있는 것은 그 자신이 살아나셨기 때문이다. 생명의 주이신 그가 홀로 그의 죽으심의 은택들을 좌우하신다. 그 자신이 죄에 대하여 단번에 죽으셨고 후에는 오직 하나님께 대하여 사시는 것처럼, 그가 모든 사람들을 대신하여 죽으신 것은 살아 있는 자들(즉, 그리스도와 함께 죽고 그와 함께 살아남으로 말미암아)로 하여금 다시는 그들 자신을 위하여 살지 않고 오직 그들을 대신하여 죽었다가 다시 살아나신 이를 위하여 살게 하기 위함인 것이다(고후 5:15; 갈 2:20).

이와 마찬가지로, 죄 용서와 생명을 새롭게 하는 역사는, 주관적인 시각으로 볼 때에, 서로 불가분리의 관계가 있다. 누구든지 믿는 마음으로 죄 용서를 받아들이는 자는 그 순간, 마치 그리스도께서 그의 죽으심에서 그러셨던 것처럼, 죄와의 모든 관계를 단절한 것이기 때문이다. 그는 죄에게 작별을 고한 것이다. 믿음으로 죄 용서를 기꺼이 받았으므로, 그 용서함받은 죄를 미워할 수밖에는 없기 때문이다. 바울의 말씀처럼 그런 사람은 죄에 대하여 죽은 것이요(롬 6:2) 따라서 더 이상 죄 가운데서 살 수가 없다. 믿음으로 말미암아 — 그리고 그 믿음의 표징과 인침인 세례로 말미암아 — 그는 그리스도의 교제 속에 들어간 것이요, 그리스도와 함께 십자가에 못 박혔고, 죽었고 장사된 것이니, 이는 그 이후로 새 생명 가운데서 행하게 하기 위함이다(롬 6:3 이하).

이 성화(聖化)에 영화(榮化)가 또한 결부되어 있다. 부활로 말미암아 신자들은 산 소망으로 거듭난다(벧전 1:3). 그 소망으로 말미암아 그들은 구원의 일이 이미 시작되어 계속되고 있을 뿐 아니라 마지막까지 계속 진행될 것이라는 흔들림 없는 확신을 얻었다. 하늘에는 썩지 않고 더럽지 않고 쇠하지 아니하는 유업이 그들을 위하여 간직되어 있고, 땅에서는 그들이 말세에 나타내기로 예비하신 구원을 얻기 위하여 믿음으로 말미암아 하나님의 능력으로 보호하심을 받고 있다(벧전 1:4-5). 어떻게 그렇지 않을 수가 있겠는가? 우리가 아직 죄인들이었을 때에 그리스도께서 우리를 위하여 죽으셨다는 사실에서 하나님이 우리를 향하신 그의 사랑을 드러내 보이셨다. 그러므로, 우리가 그리스도의 피로 말미암아 의롭다 하심을 받았으니, 우리는 더욱더 하나님의 진노로부터, 특히 마지막 심판에서 드러나게 될 그 진노로부터, 보호하심을 받게 될 것이다.

그리스도 안에 있는 자들에게는 진노도 정죄도 없고, 오직 하나님과의 평화와 그의 영광에 대한 소망만이 있을 뿐이다. 과거에 그들이 아직 하나님과 원수된 상태에서 그의 진노하심 아래 있을 때에, 하나님이 그 아들의 죽으심을 통하여 친히 그들과 화목하셨다. 그리하여 이제 하나님이 그들을 향한 진노를 누그러뜨리셨고 그들에게 평화와 사랑을 베푸셨으므로, 하나님은 부활로 말미암아 그리스도께서 소유하신 그 생명으로 그들을 보존하실 것이요, 또한 그동안 그리스도께서는 그들을 위하여 간구하는 자로서 아버지와 함께 역사하시는 것이다(롬 6:8-10). 이렇게 해서 그리스도의 부활의 역사는 영원에 이르기까지 계속 진행된다. 때가 이르러 신자들의 부활과, 신자들의 중생과, 또한 하늘과 땅에서의 승리를 가져오는 것이다(행 4:2; 롬 6:5; 8:11; 고전 15:12 이하).

그리스도의 부활의 이러한 풍성하고도 영원한 의의를 깨달아야만 비로소 바울을 비롯한 사도들이 그 부활의 역사적 성격을 그렇게 강조한 이유를 이해할 수 있다. 사도들은 모두 그 부활의 증인들이다(행 1:21; 2:32). 또한 바울은 부활이 없다면 사도들의 전하는 것도 모두 헛것이요 거짓이라고까지 진술한다. 부활이 없다면, 화목에 근거하고 믿음으로 받아들이는 죄 사함도 일어나지 않은 것이 되고, 복된 부활에 대한 소망도 전혀 근거 없는 것이 되어 버릴 것이다. 그렇다면, 그리스도가 하나님의 아들이시요 메시야라는 것도 사라질 것이요, 그리스도는 덕(德)을 가르치는 선생 이상 아무것도 아닌 존재가 되어 버릴 것이다. 그러나 부활이 과연 일어났다면, 그 부활 속에서 아버지께서는 그리스도를 죄의 화목자요 또한 생명의 주요 세상의 구주로 선언하신 것이며 또한 그를 그렇게 영화롭게 세우신 것이 되는 것이다.

* * * * *

부활은 예수님의 높아지심의 시작이요, 부활 이후 40일 만에 승천(昇天)이 뒤따라 일어난다. 승천 사건은 아주 간략하게 보도되고 있으나(막 16:19; 눅 24:51; 행 1:1-12), 그리스도께서 예언하신 일이요(마 26:64; 요 6:62; 13:3, 33; 14:28; 16:5, 10, 17, 28), 또한 사도들의 설교의 중요한 내용이기도 하다(행 2:23; 3:21; 5:31; 7:55; 엡 4:10; 빌 2:9; 3:20; 살전 1:10; 4:14-16; 딤전 3:16; 벧전 3:22; 히 4:14; 6:20; 9:24; 계 1:13 등). 사도들은 어디서나 그리스도께서 그의 인성에 따라 육체와 영혼으로 하늘에 계신다는 사상에서부터 나아간다. 그리스도께서 부활하신 후 이 땅에서 보내신 40일은 그의 승천에 대한 준비였고 또한 승천에로 나아가는 하나의 전환점이었다. 부활 이후 모든 것이 그가 더 이상 땅에 속하지 않으신다는 것을 보여 주었다. 그의 형체도 죽으시기 이전과는 달랐다. 그는 신비한 방식으로 나타나셨다가 다시 사라지셨다. 그의 부활 후 제자들은 그리스도와 자기들의 관계가 과거 그 이전에 그와 함께 하던 것과는 매우 다르다는 것을 느꼈다. 그의 삶은 더 이상 땅에 속하지 않았고, 하늘에 속하여 있었던 것이다.

승천 시에 그가 눈에 보이지 않게 되셨으나, 그것은 영화(靈化)의 과정이나 신격(神格)으로의 전환 등을 통해서 그렇게 되신 것이 아니라, 사실 장소가 변화된 것이다. 땅에 계시던 그가 하늘로 올리우신 것이다. 그는 예루살렘에서 베다니 방향으로 1마일도 채 못되는 감람산이라는 특정한 장소에서 올라가셨다(눅 24:50; 행 1:12). 제자들과 헤어지기 전에, 그는 그들을 축복하셨다. 그렇게 축복하시는 자세로 땅을 떠나 하늘로 올라가신 것이다. 그는 그렇게 오셨었고, 그렇게 사셨고, 이제 그렇게 돌아가셨다. 그는 친히 하나님의 모든 축복의 내용이시며, 그 모든 축복들의 성취자요, 소유자요, 분배자이신 것이다(엡 1:3).

승천은 또한 그 자신의 행위였다. 그는 승천할 권한도, 능력도 있으셨다. 그는 자기 자신의 힘으로 올라가신 것이다(요 3:13; 20:17; 엡 4:8-10; 벧전 3:22). 그의 승천은 그의 부활보다 더 강한 의미에서 하나의 승리다. 승천으로 말미암아 그는 온 땅에 대해, 모든 자연의 법칙에 대해, 물질의 중력(重力)에 대해 승리하시는 것이다. 더 나아가서 그의 승천은 그를 대적하는 모든 마귀의 권세와 인간의 세력들에 대한 승리이다. 그들이 그리스도의 십자가로 말미암아 하나님께 무장해제(武裝解除)를 당했고 그 무기력함 속에 드러나 있고 그리스도의 승리의 병거에 매여 있으니 말이다(골 2:15). 그들은 이제 그리스도께 포로가 되어 끌려가고 있는 것이다(엡 4:8). 베드로 역시 동일한 사상을 다른 방식으로 표현하고 있다. 곧, 그리스도께서 영으로 살리심을 받아 하늘에 오르셨다고 말씀하며(베드로전서 3:19과 22의 "가서"와 "오르사"는 헬라어로 동일한 단어이므로 22절에 덧붙여진 "하늘에"라는 표현은 그가 어디로 가셨는지를 말씀하는 것이다), 또한 그가 승천 시에 옥에 있는 영들에게 그의 승리를 선포하셨고, 하나님의 우편에 계시사 천사들과 권세들과 능력들을 그의 휘하에 두셨음을 말씀하는 것이다.

승천은 그리스도 자신의 행위이지만, 동시에 하나님에 의해서 하늘로 취하여 가신 것이기도 하다(막 16:19; 눅 24:51; 행 1:2, 9, 11, 22; 딤전 3:16). 그리스도께서 아버지의 일을 완전히 이루셨기 때문에, 아버지께서 그를 살리실 뿐 아니라 그의 직접적인 임재에로 불러 올리시는 것이다. 하늘이 그에게 열려 있고, 천사들이 나가 그를 맞으며, 그들이 그를 호위하였다(행 1:10). 그는 심지어 하늘 너머에까지 가셨고, 하늘보다 훨씬 더 높이 오르셔서(히 4:14; 엡 4:10) 하나님의 위엄의 보좌 우편에 앉으신 것이다. 하나님 옆의 최고의 자리가 바로 그리스도의 것이다. 부활이 승천의 준비이듯이, 승천도 하나님 우편에 앉는 준비다. 구약에서부터 이미 이 자리는 메시야에게 약속된 것이다(시 110:1). 예수께서는 자신이 곧 그의 위엄의 보좌에 앉으실 것이요(마 19:28; 25:31; 26:64) 또한 승천 후에 그 자리를 소유하실 것을(막 16:19) 여러 번 말씀하신 바 있다. 그리고 사도들의 설교에서도 하나님 우편에 앉으시는 일이 자주 언급되고, 그 의미가 제시되고 있다(행 2:34; 롬 8:34; 고후 5:10; 엡 1:20; 골 3:1; 히 1:3; 8:1; 10:12; 벧전 3:22; 계 3:21 등).

높아지심의 이 단계에 대한 성경의 보도에서는 몇 가지 상이한 표현들이 눈에 띈다. 때로는 그리스도께서 앉으셨다고 말씀한다(히 1:3; 8:1). 그리고 아버지께서 그에게 "내 우편에 앉아 있으라"(행 2:34; 히 1:13)고 말씀하시거나 혹은 아버지께서 그를 거기에 앉히신다는 표현이 나타나기도 한다(엡 1:20). 때로는 자리를 취하는 행위를 강조하기도 하고(막 16:19), 때로는 앉아 계시는 상태를 강조하기도 한다(마 26:64; 골 3:1). 그리스도께서 앉으신 장소도,

"권능의 우편"(마 26:64), "하나님의 권능의 우편"(눅 22:69), "높은 곳에 계신 지극히 크신 이의 우편"(히 1:3), "하늘에서 지극히 크신 이의 보좌 우편"(히 8:1), "하나님 보좌 우편"(히 12:2) 등, 다양하게 표현되고 있다. 일반적인 표현은 그리스도께서 거기 앉아 계신다는 것이나, 때로는 그가 거기 계시다고 도 하고(롬 8:34), 거기 서 계시다고도 하고(행 7:55-56), 일곱 금 촛대 사이로 다니신다고도 표현한다(계 2:1 등). 그러나 언제나 나타내고자 하는 사상은 동일하다. 곧, 그의 부활과 승천 이후 그리스도께서 온 우주에서 하나님 옆 최고의 자리를 취하셨다는 것이 그것이다.

이러한 사상이 땅의 관계들에서 빌려온 사실에 빗대어 표현되고 있다. 우리로서는 하늘의 것들을 오로지 인간적인 방식으로, 비유적으로밖에는 말할 수가 없기 때문이다. 솔로몬이 그의 모친 밧세바를 그의 우편 자리에 앉게 함으로써 그녀를 존귀하게 높인 것처럼(왕상 2:19; 또한 시 45:9; 마 20:21과 비교하라), 아버지께서도 그와 보좌를 함께 나누심으로써 아들을 영화롭게 하시는 것이다(계 3:21). 이로써 나타내고자 하는 뜻은, 그리스도께서 그의 완전한 순종을 근거로 하여 최고의 주권, 위엄, 존귀함, 영광에로 높아지셨다는 것이다. 그는 그의 신성에 따라서 창세 전에 아버지와 함께 가지셨던 그의 영광을 다시 받으셨을 뿐 아니라(요 17:5), 그의 인성에 따라서도 존귀와 영광으로 면류관을 쓰신 것이다(히 2:9; 빌 2:9-11). 만물을 그리스도 아래 두신 그분을 제외하고는 모든 만물이 그에게 굴복하였다(고전 15:27). 그리고 지금은 만물이 그에게 굴복하는 것을 보지 못하지만, 우리는 그가 왕으로서 모든 원수를 그 발 아래 둘 때까지 통치하실 것임을 알고 있다(히 2:8; 고전 15:25). 그가 산 자와 죽은 자를 심판하러 오실 때에 그 일이 일어날 것이다. 하나님 우편에 앉으심을 비롯하여 그의 높아지심 전체가 심판을 위하여 재림하시는 데에서 종결되고 그 절정에 이르는 것이다(마 25:31-32).

* * * * * *

이 높아지심의 상태에서도 그리스도는 이 땅에서 시작하신 그의 일을 계속하신다. 그리스도께서 낮아지심의 상태에서 이루신 일과 높아지심의 상태에서 행하시는 일은 서로 현격한 차이가 있는 것이 사실이다. 그의 위격이 다른 형태로 나타나듯이, 그의 일도 다른 형태와 모양을 취하는 것이다. 부활 이후 그는 이제 종이 아니요 주(主)시요 임금이시다. 그러므로 그의 현재의 일도 더 이상 그가 십자가에서 죽으심으로 완전히 이루신 그런 순종의 제사가 아니다. 그러나 중보자의 사역은 여전히 다른 형태로 계속된다. 그는 승천하실 때에 비생산적인 안식에 들어가신 것이 아니라 — 아버지께서 언제나 일하시듯 아들도 언제나 일하신다(요 5:17) — 그가 성취하신 완전한 구원을 그의 교회에게 적용시키는 일을 행하시는 것이다. 그리스도께서 그의 고난과 죽으심으로 부활과 승천에서 교회의 머리로 올려지셨듯이, 교회도 이제 그리스도의 몸에 일치해야 하며 하나님의 충만하심으로 충만해야 한다. 중보자의 사역은 위대하고 능력 있는 신적인 사역으로서 영원 전에 시작되었고 또한 영원까지 계속되는 것이다. 그런데 부활의 순간에 그것이 두 부분으로 나뉘어졌다. 부활 이전에는 그리스도의 낮아지심이 일어났고, 부활 이후에는 그의 높아지심이 시작되었는데, 이 둘은 구원의 역사에 똑같이 없어서는 안 될 요소인 것이다.

따라서, 그리스도는 높아지심의 상태에서도 여전히 선지자, 제사장, 왕으로 활동하신다. 그는 영원 전에 그 직분들을 부여받으셨고, 낮아지심의 상태에서도 그 직분들을 수행하셨으므로, 지금 하늘에서도 여전히 — 물론 방식이 달라지긴 했으나 — 그 직분들을 계속 수행하시는 것이다.

그가 부활 이후에도 선지자로서 계속 활동하셨다는 것은 그의 설교에서 잘 드러난다. 그는 승천하시기까지 제자들에게 설교를 계속하셨다. 부활 이후 예수께서 이 땅에서 보내신 사십 일은 그의 생애와 가르침의 중요한 부분을 이룬다. 우리는 보통 이 부분에 대해서 별로 주의를 기울이지 않지만, 그 사십 일 동안 예수께서 말씀하시고 행하신 것을 주의 깊게 살펴보면, 그 기간이 그의 위격과 사역에 아주 새로운 빛을 비추어준다는 것을 감지하게 될 것이다. 우리는 사도들만큼 이에 대해 깊은 깨달음을 얻지를 못한다. 우리는 사도들 이후에 사는 자들이요 또한 그들의 가르침을 받은 자들이니 당연한 일일 것이다. 그러나 사도들은 예수님과 몸소 함께 다녔던 사람들이요 또한 그가 죽으실 때에 모든 소망을 다 잃어버렸던 사람들인데, 그 부활 후 사십 일 동안 그들은 매우 다른 사람들이 되었고, 예수님의 위격과 사역에 대해 그 전에는 전혀 깨닫지 못했던 바를 깨닫게 된 것이다.

부활 그 자체가 그리스도의 죽으심은 물론 그 이전의 그의 생애 전체에 대해서 놀라운 빛을 비추어 주었다. 그러나 이 부활이라는 구원의 사건 역시 그 사건 자체로만 남아 있었던 것이 아니다. 부활 이전에도 말씀이 있었듯이, 이제 부활 이후에도 구원의 말씀이 이어지는 것이다. 천사들은 무덤에서 예수님을 찾던 여자들에게 곧바로 선언하기를, "그가 여기 계시지 않고 그가 말씀하시던 대로 살아나셨느니라"라고 하였다(마 28:5-6). 그리고 예수께서도 친히 엠마오로 가던 제자들에게 나타나셔서, 그리스도께서 고난을 당하시고 그의 영광에 들어가셔야 한다는 것을 설명하셨고, 또한 성경에 그에 관하여 기록된 모든 내용들을 근거로 그 사실을 증명하셨다(눅 24:26-27, 44-47).

제자들은 이제 예수님을 과거에 그들과 함께 다니시던 모습과는 전혀 다른 모습으로 깨닫게 되었다. 이제 그는 더 이상 섬김을 받고자 함이 아니라 섬기기 위해 오셨고 또한 많은 사람들을 위해 자기 목숨을 대속물로 주시기 위하여 오신 비천한 인자(人子)가 아니시다. 그는 종의 형체를 물리시고 영광의 형체를 입은 자신을 보여 주셨다. 이제 그는 다른 세계에 속하여 계신 것이다. 그는 아버지께로 가시나 제자들은 이 땅에 남아서 맡겨진 사명을 감당해야 한다. 과거에 있었던 것과 같은 그런 막역한 교제는 다시는 돌아오지 않는다. 물론 예수님과 그의 제자들 사이에 과거와는 다르나 오히려 그보다 더 친밀한 관계가 있을 것이고, 그리하여 예수님이 가신 것이 그들에게 유익이라는 것을 깨닫게 될 것은 사실이다. 그러나 그것은 영적인 교제이며, 그들이 과거에 누린 교제와는 굉장히 다른 것이다. 그리고 이제 부활 이후 예수께서는 제자들에게 놀라운 영광과 지혜 가운데서 자기 자신을 계시하시므로, 도마는 예수님께 "나의 주님이시요 나의 하나님이시니이다"라는, 다른 어느 누구도 한 적이 없는 고백을 하게 될 정도였던 것이다(요 20:28).

그 사십 일 동안 예수께서는 자신의 위격과 사역에 대해 점점 더 많은 빛을 비추어 주신다. 그리고 동시에 특히 제자들의 부르심과 사명이 과연 무엇인지에 대해 더 구체적으로 설명해 주신다. 예수께서 장사 지낸 바 되셔서 모든 것이 다 끝난 것 같았을 때에, 제자들 사이에는 갈릴리로 돌아가 그 옛날 하던 일을 다시 시작하려는 계획이 은밀하게 형성되었을 것이다. 그러나 그로부터 사흘만에 막달라 마리아에게와 다른 마리아에게(마 28:1, 9; 요 20:14 이하), 베드로에게(눅 24:34; 고전 15:5), 또한 엠마오로 가던 제자들에게(눅 24:13 이하) 주께서 나타나신 일을 듣고, 그들은 잠시 동안 예루살렘에 머물게 되었던 것이다. 그날 저녁 도마를 제외한 제자들에게 주께서 나타나셨고, 그로부터 팔일 후 도마가 함께 있는 중에 제자들에게 주께서 다시 나타나셨다. 그리고 그들은 예수님을 따라갔고 — 예수께서 그들보다 먼저 갈릴리로 가셨다(마 28:10) — 그 이후 여러 차례에 걸쳐서 주께서 그들에게 나타나셨다(눅 24:44 이하; 요 21장). 그때에 주께서는 그들에게 예루살렘으로 돌아가 그의 승천의 증인들이 되라는 분부를 주셨다.

이렇게 나타나실 때마다 주님은 제자들에게 그들의 미래의 사명이 무엇인지를 설명하셨다. 과거에 하던 일로 돌아가서는 안 되고 그의 증인들로서 예루살렘에서부터 시작하여 모든 민족들에게 나아가 회개와 죄 사함을 전파해야 했던 것이다(마 28:19; 막 16:15; 눅 24:47, 48; 행 1:8). 사도들은 온갖 교훈들을 받았고(행 1:2), 특히 하나님 나라의 일들에 대해 가르침을 받았다(행 1:3). 그들에게 임할 능력에 대해서도 가르침을 받았고(요 20:21-23; 21:15-17), 이제 모든 사람들에게 복음을 전하여야 할 사명이 그들에게 있다는 사실이 그들의 마음에 새겨졌다. 이제 그들은 무엇을 해야 할지를 알게 되었다. 우선 예루살렘에 머물면서, 위로부터 능력을 덧입기를 기다려야 하고(눅 24:49; 행 1:4, 5, 8), 그 이후에는 그리스도의 증인들이 되어 예루살렘과 유대와 사마리아와 땅 끝까지 나아가야 할 것이었다(행 1:8).

사십 일 동안의 그리스도의 가르침의 모든 내용이, 그가 제자들에게 하신 마지막 말씀 속에 집약되어 있다(마 28:18-20). 그 말씀에서 그는 먼저, 하늘과 땅의 모든 권세가 자기에게 주어져 있다고 말씀하신다. 물론 그 이전에도 그가 권세(혹은, 능력)를 받으신 것은 사실이다(마 11:27). 그러나 그는 이제 자신의 공로를 근거로 그 권세를 소유하게 되셨고, 그가 이루신 은택들을 자신의 피로 값 주고 사신 교회에게 베푸시는 목적으로 그 권세를 행사하시게 된 것이다. 그는, 말하자면, 이 완전한 권세의 이름으로, 제자들에게 성부와 성자와 성령의 이름으로 세례를 주어 모든 민족들을 제자로 삼고 그들을 가르쳐 그가 그들에게 분부하신 모든 것을 지켜 행하게 하라는 명령을 주신다. 하늘과 땅의 모든 권세가 자기에게 있기 때문에, 예수께서는 이제 모든 민족들을 제자로 삼을 자신의 권리를 주장하시는 것이다. 그리고 그는 세례로 말미암아, 완전한 계시에서 자기 자신을 성부와 성자와 성령으로 알게 하신 그 하나님과의 교제 속에 취하여 들인 바 되고 또한 계속해서 그의 계명 안에 행하는 자들을 그의 제자로 인정하신다. 그리고 마지막으로, 그가 세상 끝날까지 그들과 항상 함께 계실 것이라는 격려의 말씀을 덧붙이신다. 육체로는 그들을 떠나시지만, 영으로는 그들과 함께 계시며, 따라서 그리스도의 교회를 모으시고, 그 교회를 다스리시며 보호하시는 것은 그들이 아니라 바로 그리스도 자신이신 것이다.

승천 이후에도 그리스도는 여전히 선지자로서의 활동을 계속하신다. 사도들의 설교가 — 구두로 하는 것이든 서신들을 통한 것이든 — 예수님의 교훈들과 하나로 묶여 있다. 그의 죽으심 이전에 그로부터 받은 교훈들은 물론, 그의 부활과 승천 사이의 그 사십 일 동안 그로부터 받은 교훈들과도 하나로 묶여있는 것이다.

이 마지막 사실을 간과해서는 안 된다. 그리스도께서 죽으셨으나 다시 살아나셨고 주와 그리스도로, 임금과 구주로서 하나님의 우편에 앉으셨으며, 또한 죄인들의 구원 전체가 아버지의 사랑과 아들의 은혜와 성령의 교제에 달려 있다는 확신을 사도들이 과연 어떻게 처음부터 그렇게 견고히 가질 수 있었는지를 해명해 주는 것이 오로지 그 사실이기 때문이다.

사도들의 설교는 예수님의 교훈과 하나로 묶여 있는 것만이 아니라, 그 설교 자체가 예수님의 교훈에 대한 설명이요 해석이기도 하다. 예수께서는 성령으로 말미암아 친히 그 제자들의 마음속에서 예언의 역사를 계속하고 계셨던 것이다. 그가 진리의 성령으로 말미암아 그들을 모든 진리 가운데로 인도하시는 것이다. 성령께서 자기 자신을 증거하지 않고 그리스도를 증거하시며, 그들로 하여금 그리스도께서 하신 말씀을 기억하고 생각하게 하시며, 또한 장차 올 일들을 선포하셨기 때문이다(요 14:26; 15:26; 16:13). 그리하여 사도들은 그 신약이라는 성경을 있게 할 만한 자질을 부여받았고, 그 신약 성경이 구약 성경과 더불어 교회의 발에 등이요 그 길에 빛이 되는 것이다 (시 119:105). 이 말씀을 그의 교회에게 주신 것은 바로 그리스도 자신이시다. 그는 그 말씀을 수단으로 하여 그의 직분을 점진적으로 수행하신다. 그는 그 말씀을 보존하시며 배포하시고, 그 말씀을 해명하시고 해석하신다. 그 말씀이야말로 그리스도께서 민족들을 그의 제자들로 만드시고, 그들을 삼위 하나님의 교제 속으로 들어가게 하시고, 그의 계명 안에 행하도록 만드시는 도구다. 그리스도께서는 지금도 언제나, 세상 끝날까지, 그의 말씀과 그의 성령으로 우리와 함께 계시는 것이다.

* * * * *

그리스도의 선지자 직분에 해당되는 사실은 그의 제사장 직분에도 적용될 수 있다. 제사장 직분은 그가 잠시 동안만 부여받은 직분이 아니다. 그는 그 직분을 영원토록 수행하신다. 구약에서도 아론 가문과 레위 지파를 성전 봉사를 위하여 구별한 사실에서 이 제사장 직분의 영원한 성격이 미리 예표되고 있다. 그 일을 섬긴 개개인들 모두가 차례로 죽은 것은 사실이지만, 그 즉시 다른 사람들이 그 일을 계승하였다. 제사장 직분은 그대로 남아 있었던 것이다. 그러나 장차 오실 메시야는 그저 잠시 동안 섬기다가 후계자에게 일을 넘겨주는 보통 제사장이 아니라, 멜기세덱의 반차를 좇는 영원한 제사장이 되실 것이었다(시 110:4). 죽음으로 인하여 항상 제사장으로 남아 있지 못하는 아론과 레위의 자손들과는 달리(히 7:24), 멜기세덱은 그의 신비에 싸인 모습 속에서 그리스도의 대제사장 직분이 영구히 계속될 것을 보여 주는 하나의 모형이다. 그는 의의 왕이요 동시에 평화의 왕으로서, 그의 계보나 출생이나 죽음에 대해 아무런 언급이 없다는 점에서 계시의 역사 전체에서 지극히 독특한 인물이다. 그리하여 그는 하나의 모형으로서 하나님의 아들과 유사하며 영원토록 제사장으로 남아 있었던 것이다(히 7:3).

멜기세덱은 그저 모형적으로만 영원한 제사장이었으나, 그리스도는 진짜로 지극히 충만한 의미에서 영원한 제사장이시다. 왜냐하면 그는 영원 전부터 존재하신 하나님의 아들이시기 때문이다(히 1:2-3). 물론 이 땅에서 시간 속에서 자신을 제물로 드리셨으나, 그는 위로부터 오셨고 본질상 영원에 속한 분이시며, 따라서 성령으로 말미암아 시간 속에서 자기 자신을 제물로 드리실 수 있는 분이셨다(히 9:14). 그리스도께서 하나님의 아들로서 세상에 오셔서 하나님의 뜻을 이루시기를 영원 전부터 예비되셨다는 점에서 보면(히 10:5-9), 그는 영원 전부터 이미 제사장이셨다. 그러나 그가 육체에 계실 때에 하나님의 뜻을 이루신 점을 생각하면, 예수님의 제사장 직분이 이 땅에서 시작되었다고 말할 수도 있다(히 2:17; 5:10; 6:20; 7:26-28). 그리고 이 땅에서의 제사장 직분은 또한, 그리스도께서 부활과 승천을 통하여 하늘 나라에서 대제사장이 되시고 영원토록 그 직분에 남아 계시게 되는 하나의 수단이었다. 그리스도의 삶과 일을 최종적인 것으로 보지 않고 그가 하늘에서 담당하실 영원한 제사장 직분을 위한 준비로 보는 것이 히브리서에 나타나는 흥미로운 사상인 것이다.

어떤 이들은 이 사실을 근거로 하여, 히브리서에 따르면 그리스도는 이 땅에 계시는 동안 제사장이 아니셨고, 그가 하늘로 올리셔서 하늘의 지성소에 들어가셨을 때에 비로소 처음 제사장 직분을 취하셨다고 주장하기도 한다. 그들은 이런 주장의 근거로서, 특히 이 땅의 제사장들이 레위 지파에 속한 자들이요 율법에 합당한 제사를 위해서는 마땅히 그래야 했으나 예수께서는 레위 지파가 아닌 유다 지파에 속하셨고 따라서 예루살렘 성전에서 제사장으로서 제물을 드린 일이 한 번도 없으시다는 사실을 제시한다(히 7:14; 8:4). 그러므로, 만일 그럼에도 불구하고 그리스도께서 제사장이셨다면, 오직 하늘에서만 제사장일 수 있었고, 또한 그에게 무언가 드릴 것이 있어야 했을 것이고(히 8:3), 따라서 그는 자기 자신의 피로써 하늘의 지성소에 들어가 거기서 그 피를 드리셨다는 식으로 주장하는 것이다(참조. 히 9:11-12).

그러나 이런 추론은 분명 부정확한 것이다. 다른 모든 사도들의 기록과 마찬가지로, 히브리서 역시 그리스도께서 단 한 번 십자가에서 자기 자신을 드리심으로 영원한 구원이 있게 하셨다는 사실을 가장 강력하게 강조하고 있기 때문이다(히 7:27; 9:12, 26, 28; 10:10-14). 죄 사함이 ― 새 언약의 그 위대한 은택이 ― 그 단 한 번의 제사로 말미암아 충만히 이루어졌고, 그의 피로 세워진 새 언약이 옛 언약을 종결시켰다(히 4:16; 8:6-13; 9:14-22). 죄와 사망과 마귀가 그의 제사로 말미암아 멸하여졌고(히 2:14; 7:27; 9:26, 28), 그가 그에게 순종하는 모든 자들을 그의 피로 말미암아 거룩하게 하셨고 온전하게 하셨다(히 10:10, 14; 13:12). 그리스도께서 십자가에서 이 단 한 번의 완전한 제사를 드리셨기 때문에, 그가 하나님의 우편에서 대제사장으로서 자리를 취하실 수 있는 것이다(히 8:1). 그는 더 이상 고난당하시거나 죽으시지 않고, 정복자로서 그 보좌에 앉으신다(히 1:3, 13; 2:8, 9; 10:12). 그리고 사도의 호소에서 중요한 것은 우리에게 하늘에서 위엄의 보좌 우편에 앉으신 대제사장이 계시다는 사실이다(히 8:1). 그리스도께서 이 땅에서 드리신 그런 제사는 이제 하늘에서는 전혀 불가능한 것이다.

그러나 그리스도는 하늘에서도 여전히 대제사장으로 남아 계시다. 그는 대제사장으로서 하나님 우편에 앉아 계시는 것이다. 물론 어떤 의미에서는 히브리서를 따라, 그리스도께서 하늘에서 비로소 처음 멜기세덱의 반차를 좇은 대제사장이 되셨고, 거기서 처음 영원한 제사장 직분을 취하셨다고 말할 수도 있을 것이다(히 2:17; 5:10; 6:20). 그의 지상 생애 전체는 하나의 준비였고, 이제 하늘에서 영원한 대제사장으로서 그가 우리를 대신하여 일하실 수 있게 되었다고 말이다. 그는 아들이셨고, 그가 우리의 대제사장이 되실 수 있기 위해서는 그가 아들이셔야 했다(히 1:3; 3:6; 5:5), 그러나 그것만으로는 부족했다. 그가 아들이시면서도 고난을 통해서 순종을 배우셔야 했다(히 5:8). 그가 아들로서 소유하신 순종을(히 10:5-7) 인간으로서 당하신 고난 중에 드러내 보이셔야 했고, 그래야만 우리의 대제사장이 되실 수 있었다(히 2:10 이하; 4:15; 5:7-10; 7:28). 그리스도께서 당하신 모든 고난과, 그에게 닥친 모든 시험들과, 그가 굴복하셨던 죽음 — 이 모든 것들이, 하늘에서 하나님 앞에서 행하셔야 할 그 제사장의 임무를 위하여 그리스도를 거룩하게 하고 완전하게 하는 수단으로 쓰임받은 것이다. 그러나, 그리스도를 거룩하게 하고 완전하게 하는 일을 도덕적인 의미로 보아서 마치 그가 고난을 통해서 점차 순종하게 되었다는 식으로 생각해서는 안 된다. 오히려 사도는 그 거룩하게 하심을 적극적이며 직분과 관련한 의미로 생각하고 있는 것이다. 그리스도께서는 아들로서 모든 시험에 대항하여 순종을 유지하셔야 했고, 그리하여 영원토록 대제사장이 되실 자격을 완전히 갖추신 것이다.

그리스도께서는 순종으로 말미암아 하나님 우편의 위엄의 보좌에 앉으신 이 대제사장의 직분을 완전히 취하셨다. 그의 고난과 죽으심을 근거로, 단번에 드리신 그의 완전한 제사를 근거로, 그는 이제 지극히 높은 하늘의 위엄의 보좌 우편에 앉으신 것이다. 그가 지성소에 단번에 들어가신 것은 그의 피와 함께가 아니라 그의 피로 말미암아 된 것이다(히 9:12). 그리고 그는 거기 하나님께서 친히 지으신 참 장막에 계신다. 그는 거기서 섬기는 자이시다(히 8:2). 이제 그는 처음으로 충만히, 영원히, 멜기세덱의 반차를 좇은 제사장이시다(히 5:10; 6:20). 구약에서 대제사장이 일년에 한 차례씩 대속죄일에 자신을 위하여 죽임당한 염소의 피와, 또한 백성을 위하여 죽임당한 염소의 피를 갖고 지성소에 들어가서 속죄소 사면에 뿌렸던 것처럼, 그리스도께서 자신이 십자가에서 흘리신 자기의 제사의 피로 말미암아 하늘의 참 성소에 들어갈 길을 열어 놓으셨다(히 9:12). 그가 문자 그대로 골고다에서 흘린 피를 취하여 하늘로 올라가신 것도 아니고, 하늘에서 문자 그대로 그 피를 드리거나 뿌리신 것도 아니다. 다만 그가 자신의 피로 말미암아 참 장막에 들어가셨다는 것이다. 그는 **죽으셨다**가 다시 살아나셨고, 죽으셨으나 이제 영원토록 살아 계신 그리스도로서 하늘로 돌아가신다(계 1:18). 그는 **죽임당하신 어린양**으로서 보좌 사이에 서 계신다(계 5:6). 그는 친히 화목의 수단이시며, "우리 죄를 위한 화목 제물이니 우리만 위할 뿐 아니요 온 세상의 죄를 위하심이라"(요일 2:2).

따라서, 그가 하늘에서 행하시는 대제사장의 사역은 우리를 위하여 하나님 앞에 나타나심에 있다(히 9:12). 거기서 그는 그의 백성들의 죄에 대하여 하나님께 행하셔야 할 모든 일을 행하심으로 친히 자비하시고 신실하신 대제사장이심을 입증하신다(히 2:17). 그는 시험받는 자들을 도우시며(히 2:18; 4:15), 많은 아들들을 이끌어 영광에 들어가게 하신다(히 2:10). 그는 순종을 통해서, 친히 그로 말미암아 하나님께로 가는 모든 사람들의 대장(大將: captain)이 되셨다. 그는 믿음의 대장이시요 인도자시다. 그는 친히 믿음을 시행하셨고 따라서 다른 이들을 믿음으로 이끄시고 끝까지 믿음 안에서 그들을 보존하실 수 있는 분이시다(히 12:2). 그는 그들의 생명의 주(captain)이시다(행 3:15). 그가 먼저 그의 죽으심으로 그 생명을 얻으셨고 따라서 이제 그것을 다른 사람들에게 주실 수 있기 때문이다. 그는 그들의 구원의 대장이 시니(히 2:10. 한글 개역 개정판은 "구원의 창시자"로 번역하고 있다: 역자 주), 그 자신이 구원의 길을 열어 놓으시고 그리로 걸어가셨고, 따라서 다른 사람들을 그 길로 인도하시고 그들을 성소로 이끄실 수 있기 때문이다(히 10:20).

그러므로 그리스도는 언제나 범사에 아버지와 함께 계시는 우리의 대언자 이시다. 이 땅에서 그의 제자들을 위해서 기도하셨고 또한 그의 원수들을 위하여 기도하셨고(눅 23:34), 또한 대제사장적인 기도에서 온 교회를 아버지께 부탁하셨듯이(요 17장), 하늘에서도 그는 그 백성을 위하여 이 간구를 계속하시는 것이다. 그렇다고 해서 마치 그리스도께서 아버지 앞에 엎드려서 자비를 베푸시기를 간청하시는 것처럼 이해해서는 안 된다. 아버지께서도 친히 우리를 사랑하시며, 그 사랑의 증거로 그의 아들을 보내셨으니 말이다. 그리스도의 간구는 아버지의 이러한 사랑이, 십자가에서 죽으시기까지 순종하신 그 아들 안에서가 아니고서는 절대로 우리에게 베풀어지지 않는다는 것을 시사하는 것이다. 그러므로 그리스도의 간구하심은 은혜를 바라는 간청이 아니라, 아들의 권세 있는 의지의 표현이요(요 17:24), 열방을 그의 기업으로, 또한 땅 끝까지 모든 것을 그의 소유로 달라고 하시는 요구인 것이다(시 2:8). 순종하셨고 또한 위엄의 보좌에 높이 오르신 것은 십자가에 달리셨고 영광을 입으신 그리스도시요, 아버지의 친아들이시다. 하늘에서 제사장의 직무를 거룩하게 하셨고 완전하게 하신 분은, 또한 아버지께 드리는 간구의 중보가 되시는 분은, 바로 자비하시고 신실하신 대제사장이신 그리스도이신 것이다.

율법과 사탄과 우리 자신의 마음이 우리를 대적하여 제기하는 모든 참소들에 대하여, 그가 스스로 우리를 변호하신다(히 7:25; 요일 2:2). 그는 우리가 시험당할 때에 언제나 우리를 도우시며, 우리의 모든 연약함들을 동정하시며, 우리의 양심을 정결케 하시며, 그로 말미암아 하나님께로 나아가는 모든 사람들을 완전히 거룩하게 하시고 구원하신다. 그는 거할 집도 많고 방도 많은 아버지의 집에 그들을 위하여 처소를 예비하시며(요 14:2, 3), 그들을 위하여 하늘의 기업을 보존하신다(벧전 1:4). 그러므로 신자들은 아무것도 두려워할 것이 없다. 담대히 은혜의 보좌 앞으로 나아갈 수도 있고(히 4:16; 10:22), 또한 하늘에 계신 그리스도로부터 그들 스스로 양자의 영을 받았으므로 아빠 아버지라고 부르짖으며, 그 성령으로 말미암아 하나님의 사랑이 그들의 마음에 부은 바 되는 것이다(롬 5:5; 8:15). 그리스도께서 하늘에 계시사 아버지께 그들을 위하여 대언자가 되시는 것처럼, 성령께서도 그들의 마음속에서 아버지의 대언자가 되신다(요 14:16, 26; 15:26; 16:7). 그러므로 우리의 기독교 신앙고백의 한 가지 중요한 요목은 바로 이것이니, 곧 우리에게 하늘에서 지극히 크신 이의 보좌 우편에 앉으신 그러한 대제사장이 계시다는 것이다(히 8:1). 그러니 우리에게는 더 이상 이 땅에서 제사장도, 제사도, 제단도, 혹은 성전도 필요 없는 것이다.

* * * * *

그리스도께서는 부활 이후 하늘에서 왕의 직분도 계속해서 수행하신다. 부활과 승천으로 말미암아 아버지께서 그를 높이사 주와 그리스도와 임금과 구주가 되게 하셨고 보좌 우편에 앉으셨고, 모든 이름 위에 뛰어난 이름을 주셨으므로(행 2:36; 5:31; 빌 2:9-11; 히 1:3-4), 이 사실에 대해서는 견해 차이가 좀 덜하다. 그리스도의 왕 직분은 그의 낮아지심에서보다는 오히려 그의 높아지심에서 더 분명히 드러나는 것이다.

성경은 이 하나의 왕 직분을 두 가지로 구별하고 있다. 시온과 그의 백성과 교회를 대상으로 한 그리스도의 왕 직분이 있고(시 2:6; 72:2-7; 사 9:6; 11:1-5; 눅 1:33; 요 18:33), 또한 그가 그의 원수들을 향하여 시행하시는 왕의 직분이 있다(시 2:8, 9; 72:8; 110:1, 2; 마 28:18; 고전 15:25-27; 계 1:5; 17:14). 전자는 은혜의 왕권(王權)이요, 후자는 권능의 왕권이다.

신약 성경은 교회와의 관계에서 "왕"이라는 명칭을 "머리"라는 명칭과 혼용하는 경우가 많다. 그리스도는 자기 피로 사신 교회와 어찌나 친밀한 관계 속에 계시는지, 한 가지 명칭으로는 그 내용을 충분히 표현할 수 없을 정도다. 그리하여 성경은 온갖 비유법들을 동원하여 그리스도께서 그의 교회에게 어떤 의미를 지니시는지를 분명히 나타내고자 하였다. 신부에게 신랑이

(요 3:29; 계 21:2), 아내에게 남편이(엡 5:25; 계 21:9), 다른 형제들에게 맏아들이(롬 8:29; 히 2:11), 건물에게 모퉁잇돌이(마 21:42; 행 4:11; 벧전 2:4-8), 가지들에게 포도나무가(요 15:1-2), 몸에게 머리가 갖는 의미를 그리스도에게 빗대어 말씀하는 것이다. 그리스도는 그의 교회에게 그와 같은 모든 의미를 지니시고 그보다 훨씬 더한 의미도 지니시는 것이다.

특히 모퉁잇돌에 관한 언급이 거듭거듭 나타난다. 예수께서는 마태복음 21:42에서, "건축자들이 버린 돌이 모퉁이의 머릿돌이 되었나니 이것은 주로 말미암아 된 것이요 우리 눈에 기이하도다"라는 시편 118:22의 진술이 자기에게서 성취되었음을 말씀하신다. 모퉁잇돌이 건물의 벽들을 서로 이어주고 세워주듯이, 하나님께서는 유대인들에게 버린 바 되신 그리스도를 택하사 모퉁잇돌로 섬기게 하셔서 신정통치(神政統治), 곧 그의 백성을 다스리는 하나님의 통치가 그의 안에서 실현되도록 하신 것이다. 사도 베드로는 사도행전 4:11에서 이 사실을 되새기며, 베드로전서에서 좀 더 구체적으로 이를 해명한다. 거기서 그는 시편 118:22뿐 아니라, 이사야 28:16도 거론하면서, 그리스도를 하나님이 시온에 세우신 산 돌로 제시하고, 거기에 신자들이 산 돌로서 덧붙여지는 것으로 말씀한다(벧전 2:4-6). 그리고 바울은 이것을 발전시켜서, 교회가 사도들과 선지자들로 말미암아 그들의 복음 선포에 기초를 두고 세워지며, 또한 그리스도께서 친히 그 기초 위에 세워진 교회라는 건물의 모퉁잇돌이심을 말씀한다(엡 2:20). 다른 곳에서는 그리스도 자신을 가리켜 교회의 터라 부르나(고전 3:10), 여기 에베소서 2:20에서는 그를 가리켜 모퉁잇돌이라 부르고 있다. 건물의 견고함이 모퉁잇돌에 있듯이, 교회는 오로지 살아 계신 그리스도 안에서만 존재하는 것이다.

건물이라는 표상이 그리스도를 모퉁이의 머릿돌로 제시하기는 하나, 그리스도와 그의 교회 사이의 관계의 친밀함을 나타내기에는 아직 부족했다. 모퉁잇돌과 건물이 서로 연결된다는 것은 여하튼 인위적인 관계이지만, 그리스도와 그의 교회의 연합은 살아 있는 연합이기 때문이다. 그리하여 예수께서는 자기 자신을, 하나님이 일으키사 모퉁이의 머릿돌로 세우신 돌로도 묘사하셨으나, 또한 가지들에게 영양을 공급하여 자라게 하는 포도나무로도 묘사하셨다(요 15:1-2). 베드로는 이 표현을 대담하게 이용하여 산 돌에 대해 말씀하였고, 바울은 성전이 되어가는 건물과 세워지는 몸에 대해서 말씀할 뿐 아니라(엡 2:21; 4:12), 계속해서 그리스도를 교회라는 몸의 머리로 제시하고 있는 것이다.

각 지교회는 그리스도의 몸이요, 또한 그 교회의 지체들은 동일한 몸의 지체들로서 서로 관계를 맺으며, 서로를 필요로 하고 서로를 섬긴다(롬 12:4-5; 고전 12:12-27). 그러나 또한 그리스도의 온 교회 전체가 그의 몸이기도 하다. 부활과 승천으로 말미암아 그리스도께서는 교회의 머리가 되신 것이다(엡 1:22-23; 4:15, 16; 5:23; 골 1:18; 2:19). 교회의 머리로서 그는 교회의 생명의 원리이시다. 그는 애초에 그 교회에 생명을 부여하시지만, 또한 교회를 먹이시고, 돌보시며, 보존하시고 보호하신다. 그는 교회로 하여금 번창하고 번영하게 하시며, 그 지체 하나하나로 하여금 충만히 장성하게 하시며, 또한 그들 모두를 하나로 연합시키시고 각자가 다른 사람의 유익을 위하여 일하게 하신다. 한 마디로, 그는 하나님의 충만하심에 이르기까지 교회를 충만케 하시는 것이다.

사도 바울 당시에는 이단적인 교사들이 있어서, 신적 존재의 그 깊은 곳으로부터 온갖 종류의 영적인 존재들이 줄줄이 흘러내리는데 그것들 모두가 모여서 하나님의 충만 즉 플레로마를 이룬다고 가르쳤다. 바울은 이를 대적하여, 하나님의 모든 충만이 오직 그리스도 안에 거하며, 그것이 그의 안에 육체적으로 거하며(골 1:19; 2:9; 또한 요 1:14, 16과 비교하라), 그리스도께서 다시 이 충만으로 하여금 그의 몸인 교회 안에 거하게 하시니, 교회가 곧 만물 안에서 만물을 충만하게 하시는 이의 충만함(즉, 그리스도로 충만하게 채워진 몸)이라는 사실을 제시하고 있다(엡 1:23). 교회에는 그리스도로부터 오는 것 이외에는 아무것도 — 은사도, 능력도, 직분도, 직임도, 믿음도, 소망도, 사랑도, 구원도 — 없다. 그리고 그리스도께서는 이 충만케 하심(완성케 하심: 골 2:10)으로 계속 역사하셔서, 교회 전체와 그 각 부분들이 하나님의 충만으로 가득 채워지게 하신다(요 1:16; 엡 3:19; 4:13). 그때에 교회가 완성되어 하나님께서 만유의 주로서 만유 안에 계실 것이다(고전 15:28).

그러나 그리스도를 가리켜 다른 의미에서 머리라 부르기도 한다. 고린도전서 11:3에서 바울은 그리스도께서 각 남자의 머리라고 말씀한다. 골로새서

2:10에서는 그를 가리켜 모든 통치자와 권세, 즉 모든 천사들의 머리라 부르는데, 이는 그가 피조물보다 먼저 나신 분이시기 때문이다(골 1:15). 그리고 에베소서 1:10에서 그는 하나님의 목적이 때가 차면 하늘에 있는 것이나 땅에 있는 모든 것들이 그리스도 안에서 통일되게 하시는 데 있음을 말씀한다(헬라어는 모든 것들을 한 머리 아래에 묶어 정리하는 것을 의미한다). 그러나 이 문맥에서는 머리라는 명칭이, 그리스도를 그의 교회의 머리라 부를 때와는 전혀 다른 의미를 지니고 있는 것이 분명하다. 후자의 의미로는, 바울은 특히 그리스도와 그의 교회 사이의 유기적인 관계와 하나로 연합시키는 생명의 원리를 생각하고 있다. 그러나 그리스도를 가리켜 남자의 머리라거나, 천사들의 머리라거나, 혹은 세상의 머리라 부를 때에는, 군주와 왕으로서의 의미를 강조하는 것이다. 모든 피조물은 하나의 예외도 없이 모두가 그리스도께 굴복하여 있다. 그리스도께서도 친히 중보자로서 아버지께 굴복하시니 말이다(고전 11:3). 그리스도께서 교회에 대하여 은혜의 주권을 행사하시며 그리하여 자주 교회의 머리라 불리시지만, 동시에 그는 모든 피조물에 대한 권능의 주권을 부여받고 계시는데, 이 관계에서는 그를 머리라 부르는 경우는 거의 없고 거의 언제나 왕과 주(主)로 부른다. 그는 만왕의 왕이시요 만주의 주이시며, 땅의 모든 왕들의 우두머리가 되시며, 또한 그의 원수들을 그의 발 아래 두시기까지 왕으로서 통치하실 것이다(고전 15:25; 딤전 6:15; 계 1:5; 17:14; 19:16).

이러한 권능의 왕권을, 그리스도께서 그의 신성에 따라 성부 및 성령과 공유하시는 그 절대적 주권과 동일한 것으로 볼 수는 없다. 영원 전부터 아들의 것인 전능하심은, 그리스도께서 마태복음 28:18에서 말씀하시는 바 특별히 신성과 인성을 지니신 중보자이신 그에게 주어진 권세와는 구별되어야 한다. 중보자로서 그리스도는 그의 교회를 모으시고 다스리시고 보호하셔야 하며, 그 일을 하시기 위해서는 그가 이미 그의 모든 원수들과 교회의 원수들보다 더 강하셔야만 한다. 그러나 그것이 그리스도께 권능의 왕권이 부여된 유일한 이유는 아닌 것이 분명하다. 거기에는 또 다른 이유가 있다. 곧, 그가 그의 모든 원수들에 대해 승리하셔야 한다는 것이다. 그는 그 원수들을 들판에서 만나셔서 그의 신적인 전능하심으로 그들을 무찌르시는 것이 아니라, 그의 고난과 죽으심으로 말미암아 얻으신 그 권능을 그들에게 보여 주시는 것이다. 하나님과 그의 피조물 사이의 싸움은 공의와 의의 싸움이다. 교회가 공의를 수단으로 구원받는 것처럼, 그리스도의 원수들은 언젠가 공의를 수단으로 정죄를 받게 될 것이다. 하나님은 분명 그의 전능하심을 사용하실 수 있지만, 그들에게는 그의 전능하심을 사용하지 않으시고, 십자가를 통해서 그들에게 승리하실 것이다(골 2:15). 만일 하나님이 그의 전능하심으로 그 원수들을 대하신다면, 그들은 한순간도 존재하지조차 못할 것이다. 그러나 하나님은 그들로 하여금 자손대대로 세기마다 나게 하시고 살게 하신다. 그리고 그들에게 은택을 부어주시고, 그들에게 모든 은사들을 허락하셔서 영혼과 육체 가운데 소유하게 하신다. 그러나 그들은 그것들을 오히려 하나님을 대적하여 악용한다. 하나님은 그런 일을 하실 수 있고, 또한 그렇게 하신다. 그리스도께서 중보자이시기 때문이다. 지금은 아직 만물이 그에게 굴복하지 않으나, 그럼에도 불구하고 그는 존귀와 영광으로 면류관을 쓰시며, 또한 그의 원수들이 스스로 그에게 굴복하기까지 왕으로 통치하실 것이다.

끝으로, 마지막 때에 세상과 세상에 속한 각 개개인의 역사가 끝나고 난 후, 그리스도께서 하나님이 그 중보자를 위하여 베푸신 영적이며 물질적인 모든 은사들을 제시하실 때에 그들 각자가 양심으로 그것에 동의하게 될 것이다. 원하든 원치 않든 모든 무릎이 그리스도에게 꿇고 모든 입이 그리스도를 주라 고백하여 하나님 아버지께 영광을 돌리게 될 것이다(빌 2:10-11). 그리고 언젠가는 그리스도께서 인자로서 각 피조물에게 마지막 심판을 선고하실 날이 올 것이다. 그때에 그는 성령으로 말미암아 양심으로 이미 정죄를 받은 자들 이외에는 아무도 정죄하지 않으실 것이다(요 3:18; 16:8-11).

제 19 장

성령을 주심

그리스도께서 높아지신 이후 아버지의 우편에서 행하신 첫 번째 일은 성령을 보내시는 일이었다. 그의 높아지심(승귀)에서 그 자신이 구약에 약속되신 성령을 아버지께로부터 받으셨으므로, 이제 그가 제자들에게 약속하신 대로 성령을 그들에게 주실 수 있다(행 2:33). 그가 주시는 성령은 아버지께로부터 나오시며, 아버지께서 그에게 주시는 것이요, 그가 교회에게 주시는 것이다(눅 24:49; 요 14:26).

오순절에 이렇게 성령이 임하신 일은 그리스도의 교회 역사상 유일한 사건이다. 창조와 성육신과 마찬가지로, 그 일은 단 한 번만 일어난 사건이다. 그 이전에도, 또한 그 이후에도 성령이 부어지신 일들이 계속 있었지만, 오순절 성령 강림처럼 중요한 의미를 지니는 일은 일어난 적이 없다. 그리스도께서 잉태되실 때에 인성을 취하시고 다시는 그것을 벗지 않으셨듯이, 성령께서도 오순절에 교회를 그의 거처와 성전으로 택하셨고 다시는 거기서 떠나지 않으신 것이다. 성경은 오순절에 일어난 그 사건을 성령의 부으심(outpouring) 혹은 쏟으심(shedding)으로 말씀하여, 그 사건의 고유한 의의를 분명히 시사하고 있는 것이다.

그렇다고 해서 오순절 이전에는 성령의 갖가지 활동과 역사에 대한 언급이 없다는 뜻은 아니다. 앞에서도 살펴보았듯이, 성령은 성부와 성자와 함께 만물의 창조자이시요, 또한 구원의 영역에서는 그가 모든 생명과 구원과 모든 은사와 능력을 베푸시는 분이시다. 그러나 구약 시대와 신약 시대의 성령의 활동과 역사는 서로 근본적인 차이가 있다. 이러한 점은 무엇보다도, 구약 시대는 언제나 여호와의 종 ― 그에게 여호와의 영, 즉 지혜와 총명의 영이요 모략과 재능의 영이요 지식과 여호와를 경외하는 영이 충만히 강림하게 되어 있었다(사 11:2) — 의 나타나심을 아직 기다리는 시대였다는 사실에서 잘 드러난다. 그 다음으로, 그때에 이미 성령의 활동과 역사가 있기는 했으나, 마지막 때가 오기 전에는 성령께서 모든 육체에게 — 자녀들과 늙은이와 젊은이들과 남종과 여종들에게 — 부어지는 일은 없을 것임을 구약 자체가 예언하고 있다(사 44:3; 겔 39:29; 욜 2:28 이하).

그 두 가지 약속들이 신약에서 성취되었다. 예수님은 그리스도시요 유일무이한 하나님의 기름 부은 자시다. 그는 성령으로 마리아의 몸에 잉태되셨고 세례 시에 그 성령으로 한량없이 기름 부음을 받으셨음은 물론, 계속해서 그 성령을 통해서 사셨고 일하셨다. 그는 그 성령으로 말미암아 광야로 이끌림을 받았고(눅 4:1), 그로 말미암아 갈릴리로 돌아오셔서(눅 4:14) 복음을 전파하셨고 병든 자들을 고치셨고 귀신을 내어쫓으셨고(마 12:28; 눅 4:18, 19), 자기를 죽음에 내어드리셨고(히 9:14), 다시 살아나셔서 하나님의 아들로 권능으로 나타나셨다(롬 1:4). 그리고 그의 부활과 승천 사이의 사십 일 동안에는 제자들에게 성령으로 명하셨다(행 1:2; 요 20:21-22과 비교하라). 그리고 승천하실 때에 모든 원수들을 자기에게 굴복시키시고, 모든 천사들과 권세들과 능력들을 자기에게 복종시키셨으며(엡 4:8; 벧전 3:22), 성령과 그의 모든 권능들을 충만히 받으셨다. 그리고 그는 승천하시면서 사로잡혔던 자들을 사로잡으시고 그들에게 선물을 주셨고, 하늘 위로 오르셔서 만물을 충만하게 하셨다(엡 4:8-10).

이렇듯 그리스도께서 성령을 소유하시는 것이 절대적이므로, 사도 바울은 그것에 대해서 고린도후서 3:17에서 주는(즉, 높아지신 주이신 그리스도는) 영이시라고 말씀할 수 있었다. 물론 바울은 두 분 사이의 구별을 제거하고자 그런 진술을 한 것이 아니다. 그는 그 다음 절에서 곧바로 다시 "주의 영"(혹은, 다른 역본처럼, "영의 주")에 대해서 말씀하기 때문이다. 그러나 성령께서는 전적으로 그리스도의 소유가 되셨고, 이를테면 그리스도께 완전히 흡수되셨거나, 완전히 동화(同化)되셨다고 할 수 있다. 부활과 승천으로 말미암아 그리스도께서 살리는 영이 되셨다(고전 15:45). 그는 이제 일곱 영을(즉, 성령을 충만하게) 소유하고 계시며, 일곱 별을 소유하고 계신다(계 3:1). 성부 하나님의 영이 아들의 영, 그리스도의 영이 되셨으며, 성령은 신적 존재에서는 물론 그 존재와의 조화에 있어서나 구원의 경륜에 있어서도, 성부와 성자로부터 나오시며, 성부는 물론 성자에게서도 보내심을 받으시는 것이다 (요 14:26; 15:26; 16:7).

그리스도께서는 그의 완전한 순종을 근거로 성령과 및 성령의 모든 은사들과 권능들에 대한 완전하고도 자유로운 운용권을 얻으셨으며, 따라서 그는 이제 자기가 원하는 자들에게 자기가 원하는 분량만큼 성령을 나누실 수가 있다. 그리고 그것은 아버지와 성령의 뜻 모두와 모순된 것이 아니라 완전히 일치한다. 왜냐하면 아들이 아버지의 영을 보내시며(요 15:26), 또한 아버지께서 아들의 이름으로 성령을 보내시기 때문이다(요 14:26). 그리고 성령은 자기 자신에 대해서 말씀하지 않고 그가 듣는 바를 말씀하실 것이다. 그리스도께서 이 땅에서 언제나 아버지를 영화롭게 하셨듯이, 성령이 또한 그리스도를 영화롭게 하시며, 모든 것을 그리스도로부터 받으시고 그것을 그리스도의 제자들에게 보여 주실 것이다(요 16:13-14). 그러므로 성령은 스스로 그리스도를 섬기는 처지에 계시는 것이다. 그리하여 성령 안에서 성령으로 말미암아 그리스도께서 자기 자신과 자신의 모든 은택들을 교회에 주시는 것이다.

그러므로 그리스도께서는 아버지께서 그에게 주신 그 나라를 힘이나 무력으로 통치하시지 않는다. 그의 낮아지심에서도 그렇게 하시지 않았고, 그의 높아지심에서도 그렇게 하시지 않는다. 그는 하늘의 그의 자리에서 자신의 선지자적·제사장적·왕적 활동 전체를 영적인 방식으로 계속 수행하시는 것이다. 그는 오직 영적인 무기들로만 싸우신다. 그는 은혜의 왕이시요 동시에 권능의 왕이시지만, 언제나 성령을 통해서 그의 군대를 인도하시며, 또한 성령께서는 말씀을 은혜의 수단으로 사용하신다. 그는 그 성령으로 말미암아 교회를 가르치시고, 위로하시고, 인도하시며, 교회 안에 거하시는 것이다. 그리고 그 같은 성령으로 말미암아 죄에 대하여, 의에 대하여, 심판에 대하여 세상을 책망하신다(요 16:8-11). 결국 그리스도께서 그 모든 원수들에 대해서 얻으실 최후의 승리는 곧 성령의 승리가 될 것이다.

* * * * *

이제 그리스도께서 하나님 우편에 오르셨으니, 성령이 모든 육체에게 부어질 것이라는 구약의 두 번째 약속이 실현될 수 있게 되었다. 그리스도께서 먼저 성령을 얻으시고 친히 소유하게 되셔야만 비로소 그가 그 성령을 교회에게 주실 수가 있기 때문이다. 그때가 되기 전에는, 즉 승천 이전에는, 성령께서 아직 임하지 않으셨다. 그리스도께서 아직 영광을 받지 않으셨기 때문이다(요 7:39). 그러나 그렇다고 해서 그리스도께서 영광을 받으시기 이전에는 성령께서 존재하지 않으셨다는 뜻이 아니다. 구약에서도 성령에 대해서 거듭거듭 언급하고 있을 뿐 아니라, 복음서도 세례 요한이 성령에 충만했으며(눅 1:15), 시므온이 성령으로 말미암아 성전에 나아갔고(눅 2:26-27), 예수께서도 성령으로 잉태되셨고 또한 성령으로 세례를 받으셨다는 사실 등을 보도하고 있기 때문이다. 또한 제자들이 오순절 이전에는 성령의 존재를 알지 못했다는 뜻도 아니다. 구약을 통해서, 또한 예수님께로부터 성령이 계시다는 것을 가르침 받았기 때문이다.

또한 요한의 제자들이 에베소에서 바울에게 자기들은 성령을 받은 일이 없고 성령이 계시다는 것도 들어보지 못했다고 말했는데(행 19:2), 이 말은 성령의 존재 여부에 대해서 그들이 무지했음을 시사하는 뜻이었을 수가 없다. 그들의 말은, 자기들은 성령의 이례적인 활동 사실에 대해서, 즉 오순절 사건에 대해서 들은 바가 없다는 뜻이었다. 그들은 요한을 하나님께로부터 보내심을 받고 성령으로 말미암아 자격을 부여받은 선지자로 알고 있었다. 그리하여 그들은 요한의 제자로 계속 남아 있었고, 예수님과 그 그룹에 속하지 않았으며, 그리하여 오순절에 성령을 받은 교회의 범위 바깥에서 살고 있었던 것이다. 그 이전에는 한 번도 없었던 놀라운 성령의 부으심이 그날에 일어난 것이다.

구약은 이미 이 약속을 표현한 바 있고, 예수께서도 그 약속을 계속해서 거론하여 가르치셨다. 세례 요한도, 메시야가 자기 뒤에 오실 것이요 요한 자신과는 달리 그는 물로 세례를 베푸시지 않고 성령과 불로(즉, 성령의 깨끗이 씻음과 태우는 역사로) 세례를 베푸실 것임을 이미 말씀한 바 있다(마

3:11; 요 3:11). 이러한 진술과 일치하여, 예수께서는 자신이 높아지신 후에 아버지께로부터 성령을 받아 제자들에게 보내실 것이요 그 성령께서 그들을 모든 진리 가운데로 인도하실 것이라고 약속하셨다. 이 말씀을 하시면서, 그는 분명 성령의 활동을 두 가지로 구분짓고 계셨다. 그 한 가지는 성령께서 제자들의 마음속에 부어지신 바 된 후에 그들을 위로하시고 진리 가운데로 인도하시며 그들과 영원토록 함께 계신다(요 14:16; 15:26; 16:7). 그러나 이 위로와 인도의 성령은 오로지 예수님의 제자들에게만 주어진다. 세상은 이 성령을 받을 수가 없다. 세상은 그를 보지도 못하고 알지도 못하기 때문이다 (요 14:17). 오히려 그 반대로, 세상에서는 성령께서 매우 다른 활동을 하신다. 곧, 교회 안에 사시며 그리로부터 세상에 대해 영향을 행사하시며, 죄에 대하여, 의에 대하여, 심판에 대하여 세상을 책망하시며, 또한 그 세 가지에 대해 세상을 정죄하시는 것이다(요 16:8–11).

예수께서는 승천하시기 전에도 좁은 의미에서의 그의 제자들 — 즉, 사도들 — 에게 그의 약속을 이행하신다. 부활하신 당일 저녁 처음으로 제자들에게 다시 나타나셨을 때에, 그는 그들에게 위엄 있게 사도적 사명을 주시고서 그들에게 숨을 내쉬면서, "성령을 받으라. 너희가 누구의 죄든지 사하면 사하여질 것이요 누구의 죄든지 그대로 두면 그대로 있으리라"고 말씀하셨다 (요 20:22–23). 그들이 앞으로 수행하여야 할 그 사도의 직분을 위해서 성령의 구체적인 은사와 힘이 필요했고, 그리스도께서는 승천하시기 전에 그것들을 그들에게 주신 것이다. 이는 오순절에 모든 신자들과의 교제 속에서 제자들이 받게 될 그것과는 구별되는 것이다.

성령이 본격적으로 부어지시는 일은 그로부터 사십 일 후에 일어났다. 그때에 유대인들은 수확과 시내산에서 율법을 주신 일을 기념하여 오순절 절기를 지내고 있었다. 제자들은 예루살렘에서 예수님의 약속이 이루어지기를 기다리고 있었고, 늘 성전에서 하나님을 찬송하고 있었다(눅 24:49, 53). 그러나 그들만 그랬던 것이 아니고, 여자들과 예수님의 모친 마리아와 그의 형제들을 비롯하여 모두 백이십 명이나 되는 사람들이 계속해서 마음을 같이하여 기도와 간구에 힘쓰고 있었다(행 1:14, 15; 2:1). 그들이 그렇게 함께 모여 있을 때에, 홀연히 급하고 강한 바람 소리 같은 소리가 하늘로부터 들리

더니, 제자들이 모여있는 방과 온 집안에 가득하였다. 그리고 동시에 마치 불의 혀처럼 갈라지는 것들이 나타나 각 사람 위에 하나씩 임하였다. 성령의 깨끗하게 하시고 조명하시는 활동을 상징하는 이러한 표적들과 더불어, 성령의 부으심이 일어났고, 그들 모두가 성령의 충만함을 받았다(행 2:4).

그와 동일한 표현이 그 이전에도 이미 나타나지만(출 31:3; 미 3:8; 눅 1:41), 그 차이가 분명히 드러난다. 그 이전에는 성령께서 몇몇 개개인들에게 임하셨고, 그것도 특정한 목적을 위하여 일시적으로만 임하셨었다. 그런데 이제는 온 교회와 그 모든 지체들에게 임하셨고, 또한 영구적으로 거하시면서 일하시는 것이다. 구약 시대에도 하나님의 아들이 여러 번 나타나셨으나 마리아의 몸에서 잉태되실 때에 비로소 인성을 영구히 취하셨던 것처럼, 그 이전에도 성령의 각종 활동과 부으심이 있었으나, 오순절 날에 비로소 그가 교회를 그의 성전으로 삼으시고 그 성전을 계속해서 거룩하게 하시고, 세우셨으며, 또한 그 교회를 절대로 버리지 않으실 것이다. 성령의 거하심으로 말미암아 그리스도의 교회는 독자적으로 존재하게 된다. 그 교회는 더 이상 이스라엘 민족이나 팔레스타인의 영역에 속하지 않고, 이제 그 속에 거하시는 성령으로 말미암아 독자적으로 살며, 온 땅에까지 퍼져나간다. 하나님께서 시온의 성전으로부터 진행하셔서 그리스도의 교회라는 몸 속에 거하시며, 그리하여 그날에 이 교회가 사명을 감당하는 교회요 세계적인 교회로서 탄생하게 된 것이다. 성령의 강림하심은 그리스도의 승천의 필연적인 결과였고 또한 그 실재성에 대한 증거였다. 이 성령이 먼저 고난을 통하여 그리스도를 거룩하게 하시고 그를 완전하게 하셨고, 또한 그를 지극히 높은 곳으로 이끄셨듯이, 그는 이제 교회가 충만한 성숙에 이르러 만유 안에서 만유를 충만케 하시는 하나님의 충만함을 이루게 되기까지 그와 똑같은 방식으로 그리스도의 몸을 세워나가시는 것이다.

* * * * * *

이처럼 성령께서 부어지신 이후 초창기에는 그리스도의 제자들에게서 온갖 종류의 특별한 능력들과 역사(役事)들이 일어난다. 오순절 날 그들이 성령의 충만함을 받자마자, 그들은 성령이 말하게 하심을 따라 다른 방언들로 말하기 시작하였다(행 2:4). 누가의 묘사에 따르면, 이 이적은 청취(聽取)의 이적이 아니라 말과 언어의 이적으로 보아야 한다. 누가는 바울의 동역자로서, 예컨대 고린도에서 일어난 예와 같은 방언 현상에 대해서 잘 알고 있었다. 그는 사도행전 10:46-47과 19:6에서 자신이 직접 그 현상에 대해 언급하고 있다. 오순절의 현상은 의심의 여지도 없이 방언으로 말하는 것과 관계되는 것이었다. 그렇지 않다면, 베드로는 고넬료와 및 그와 함께한 자들이 베드로와 다른 사도들과 똑같이 성령을 받았다고 말할 수가 없었을 것이다(행 10:47. 또한 11:17; 15:8과 비교하라).

그러나 둘 사이에는 분명 차이가 있었다. 고린도전서 14장이나 사도행전 10:46과 19:6의 경우도 방언을 언급하지만 거기에는 "다른"이라는 형용사가 붙어 있지 않다. 그러나 사도행전 2:4에서는 분명히 "다른" 방언이라고 언급되고 있다. 고린도 교회의 사람들의 경우는 방언을 말할 때에 해석이 뒤따르지 않으면 이해할 수가 없었다(고전 14:2 이하). 그러나 오순절 사건의 경우, 제자들은 무리들이 몰려와 듣기 전에 이미 다른 방언들로 말씀을 하고 있었다. 그러므로 청취의 이적은 가당치도 않다(행 2:4). 그리고 백성들의 무리가 그 방언을 듣자, 그 내용을 이해하였다. 각 사람이 제자들이 자기들이 자라난 곳의 방언으로 말씀하는 것을 들었기 때문이다(행 2:6, 8). 4절에 "다른 언어들"로 말하였음을 언급하고 있는데, 이 언어들은 바로 6절에서 청중들의 방언으로 언급하는 것과 동일한 것이요, 또한 8절에서는 그보다 더 구체적으로 "각기 난 곳 방언"이라고 말씀하는 것이다. 그러므로 제자들이 발설한 그 언어들은 알아들을 수 없는 소리들이 아니라 다른 방언들이었고, 마가가 그의 복음서 16:17에서 말씀하는 대로 "새 방언"이었고, 학식이 없는 갈릴리 사람들에게서는 도저히 기대할 수 없는 그런 것이었다(행 2:7). 그 모든 언어들로 그들은 하나님의 놀라운 역사하심을 선포하였고, 특히 가장 최근에 일어난 그리스도의 부활과 승천의 역사들을 선포하였다(행 2:4, 14 이하).

그러나 우리는 누가의 이러한 보도가 마치 예수님의 제자들이 그 순간에 이 땅의 가능한 모든 언어들을 다 알았고 말할 수 있게 되었음을 뜻하는 것처럼 보아서는 안 된다. 또한 이 기사를 모든 제자들이 모든 다른 방언들을 말했다는 의미로 보아도 안 된다. 심지어 제자들이 외지인들이 이해할 수 있도록 그들의 언어로 복음을 전파하게 하는 것도, 이 언어의 이적의 목적은 아니었다. 9–11절에 열거된 열다섯 가지 이름들은 언어들을 지칭하는 것이 아니라, 외지인들이 오순절에 예루살렘에 나아온 외지인들의 출신 지역들을 지칭하는 것이었기 때문이다. 그리고 그 외지인들은 모두 아람어나 헬라어를 할 줄 아는 자들이었으므로, 의사소통을 위해서라면 사도들이 구태여 새로운 언어로 말할 필요가 없었던 것이다. 신약 성경은 다시는 이 다른 언어의 은사에 대해서 언급하지 않는다. 그런 은사를 받았을 법한 인물을 들자면, 누구보다도 이방인의 사도인 바울이야말로 가장 적임자였을 것인데, 그는 그것에 대해 한 번도 말하지 않는다. 그 당시의 세계에서 그는 아람어와 헬라어로도 얼마든지 의사소통이 가능했던 것이다.

그러므로 오순절 날에 일어난 다른 방언의 이적은 유일무이한 사건이었다. 물론 다른 곳에서도 일반적인 방언에 대해서 언급하고 있으나, 오순절의 방언은 종류도 특별하고 보다 고상한 형태의 방언이었다. 바울은 그 일반적이요 평범한 종류의 방언을 예언보다 중요성이 낮은 것으로 간주하였다. 그러나 오순절 날 예루살렘에서 일어난 일은 방언과 예언이 결합된 것이었다. 그날 처음으로 충만히 부어지신 성령의 역사가 너무도 강력하여 그것이 사도들의 의식 전체를 지배했고, 듣는 이들이 자기들의 언어로 지각할 수 있도록 명확한 소리들로 말하는 것으로 그 능력이 표현된 것이다. 그러므로 이이적의 목적은 제자들에게 다른 언어들에 대한 지식을 갖도록 하는 데 있었던 것이 아니고, 무언가 비범한 방식으로 그날에 일어난 그 위대한 사건에 대하여 강력한 인상을 남기는 데 있었던 것이다. 그리고 그렇게 강력한 인상을 남기는 데에, 이제 막 세워진 작은 세계적 교회가 여러 언어들로 하나님의 놀라우신 역사를 선포하는 것보다 더 나은 것이 어디 있었겠는가? 창조시에 새벽별들이 함께 노래했고, 하나님의 모든 자녀들이 즐거워하였다. 그리스도의 탄생 때에는 허다한 천군이 하나님의 축복을 찬양하였다. 그러니 교회가 탄생하던 그날에도 교회 자체가 수많은 언어로 하나님의 놀라운 역사하심을 노래하는 것이다.

* * * * *

　물론 여러 방언들로 말하는 일이 오순절의 표적 중에 아주 중요한 위치를 차지하기는 하지만, 우리는 그 첫 시기에 성령의 부으심이 여러 가지 다른 놀라운 능력과 역사들을 통해서 드러났다는 점을 기억해야 할 것이다. 대개 사람이 믿음으로 나아온 후에 성령이 임하셨다. 어떤 경우는 세례 시에(행 2:28), 또 어떤 경우는 세례 전에 안수할 때에(행 9:17), 혹은 세례 후에 안수할 때에(행 8:17; 19:6) 성령이 임한 것을 볼 수 있다. 그러나 대개의 경우 성령이 임하실 때에는 특별한 능력이 베풀어지는 역사가 있었다. 그리하여 우리는 성령으로 말미암아 제자들이 담대하게 말씀을 전하게 되었고(행 4:8, 31), 특별히 강한 믿음을 갖게 되었고(행 6:5; 11:24), 위로와 기쁨(행 9:31; 13:52), 지혜(행 6:3, 10), 방언(행 10:46; 15:8; 19:6), 예언(행 11:28; 20:23; 21:11), 여러 가지 현상과 계시들(행 7:55; 8:39; 10:19; 13:2; 15:28; 16:6; 20:22), 그리고 이적적인 병 고침(행 3:6; 5:5, 12, 15, 16; 8:7, 13 등) 등이 있는 것을 보게 되는 것이다. 예수께서 행하신 이적들의 경우처럼, 교회 안에 분명히 나타난 이 놀라운 능력들도 큰 두려움과 동요를 야기시켰다(행 2:7, 37, 43; 3:10; 4:13; 5:5, 11, 13, 24). 한쪽으로는 그것들로 인해서 반대가 촉발되었고, 원수들의 마음에 증오와 박해의 자세를 갖게 만들었으나, 다른 한쪽으로는 그 일들로 인해서 복음의 씨앗을 받아들일 토양이 준비되기도 했다. 그 첫 시기에 기독교 신앙이 세계 속으로 들어가는 데에 그런 역사가 필수적이었던 것이다.

　이러한 성령의 이례적인 역사는 사도시대 전체를 통틀어 그대로 계속되었다. 우리는 특히 사도 바울의 증언을 통해서 이를 알게 된다. 그는 자기 자신부터가 이러한 성령의 특별한 은사를 풍성히 부여받았다. 그는 다메섹으로 가던 중에 아주 이례적인 방식으로, 즉 예수 그리스도 자신의 계시로 말미암아 회개하게 되었고 사도로 부르심을 받았으며(행 9:3 이하), 그 후에도 계시들이 계속 그에게 임하였다(행 16:6, 7, 9; 고후 12:1-7; 갈 2:2). 그는 자신이 지식과 예언과 가르침과 방언의 은사를 소유하고 있음을 알고 있었다(고전 14:6, 18). 그는 표적과 기사와 능력을 행하였고, 이로써 자신이 사도임을 입증하였으며(고후 12:12), 또한 성령의 나타남과 능력으로 복음을 전하였다 (고전 2:4). 그리스도께서 친히 그를 통하여 역사하셔서 이방인들을 순종하게 하셨고, 말씀과 행위로, 표적과 기사를 통하여, 하나님의 성령의 능력으로 역사하신 것이다(롬 15:18-19).

그러나, 바울이 이처럼 자신의 사도직과 그 엄숙함을 충실히 의식하여 언제나 그 직분을 가능한 한 절대적으로 시행하였으나, 동시에 그는 그런 성령의 은사들이 자기에게만이 아니라 모든 신자들에게 주어져 있다는 것을 잘 알고 있었다. 고린도전서 12:8-10에서(로마서 6:8과 비교하라) 바울은 이 갖가지 은사들을 언급하면서, 성령께서 그것들을 그의 뜻에 따라서 각 사람에게 각기 다른 분량으로 나누어주시는 사실을 말씀한다. 그는 그 모든 은사들을 매우 귀하게 여긴다. 그 은사들은 신자들 자신 때문에 주어진 것이 아니다. 그들이 가진 것 중에 받지 않은 것이 아무것도 없으므로, 자기에게 있는 것으로 자랑하고 다른 이들을 멸시할 하등의 이유가 없는 것이다(고전 4:6-7). 그 모든 은사들과 능력들은 바로 성령께서 베푸시는 것이다. 그것들은 구약에서 행한 예언의 성취요(갈 3:14), 또한 큰 수확을 미리 알리는 첫 열매들이요 우리가 장차 받게 될 하늘의 기업에 대한 보증물로 여겨야 할 것이다(롬 8:23; 고후 1:22; 5:5; 엡 1:14; 4:30).

그러나 바울은 동시에 교회의 많은 지체들의 은사들과 상당히 다른 이 특별한 은사들에 대해서 특별한 교훈을 제시하고 있다. 고린도의 신자들 중에는 성령께서 자기에게 주신 은사들을 근거로 자신을 높이며, 자기보다 낮은 은사를 받았거나 전혀 은사를 받지 못한 자들을 멸시하는 자들이 있었다. 이 사람들은 자기들이 받은 은사들을 다른 이들의 유익을 위하여 행하지 않고, 오히려 그것들을 과시하고 있었다. 그리고 그들은 특히 도저히 이해할 수 없는 방언의 은사를 중요하게 여겼다. 그러나 바울은 그들의 잘못을 지적하고 있다(고전 12-14장). 우선 그는 그 모든 은사들을 가늠하는 기준을 지적한다. 누구든지 하나님의 영으로 말미암아 말씀하는 자는 예수를 저주받을 자라 부를 수가 없다. 오직 예수를 주로 고백하는 자라야만 자기들이 성령으로 말한다는 것을 입증하는 것이다. 성령과 그의 모든 은사와 역사를 판별하는 증표는 바로 예수를 주로 고백하는 데 있는 것이다(고전 12:3).

그 다음, 바울은 성령의 은사들 모두가 한 가지 규범에 따르는 것이나, 은사들이 서로 크게 차이가 나며, 또한 은사들이 각 사람의 공로나 가치에 따라서 주어지는 것이 아니고 성령의 주권적인 뜻에 따라서 주어진다는 점을 지적한다(고전 12:4-11). 그러므로 은사들이 스스로 교만하거나 다른 사람을 멸시하고 깔보는 근거가 되어서는 안 되며, 오히려 그 모든 은사들이 이웃의 유익을 위하는 마음으로 시행되어야 한다. 왜냐하면 모든 신자들이 한 몸의 지체들로서 서로를 필요로 하기 때문이다(고전 12:12-30). 그러나 동시에 그는, 은사를 그 목적에 맞게 사용하여 유익을 끼치는 것을(고전 12:7), 즉 다른 이들에게 유익을 주고 교회에 덕을 세우는 일에 기여하는 것을 전제로 한 다음(고전 14:12), 은사들 가운데 차등이 있음을 지적한다. 곧, 교회에 덕을 끼치는 데에 더 유익한 것이 있고 덜 유익한 것이 있으며, 따라서 좋은 은사들이 있고, 더 좋은 은사들이 있고, 가장 좋은 은사들이 있다는 것을 지적한다. 그리하여 사도는 고린도전서 12:31에서 신자들에게 가장 좋은 은사를 사모하라고 권면한다(한글 개역 개정판은 "더욱 큰"으로 번역하고 있다: 역자주).

그처럼 가장 좋은 은사들을 열심히 사모하는 데 있어서, 사랑이 최고의 길이다. 사랑이 없이는, 아무리 큰 은사들이라도 아무 가치가 없다(고전 13:1-3). 사랑은 그 덕성에 있어서 다른 모든 것들을 초월한다(고전 13:4-7). 사랑은 그 영구성에 있어서도 모든 은사들을 초월한다. 모든 은사들은 언젠가는 사라지지만, 사랑은 영원하기 때문이다. 믿음, 소망, 사랑, 이 세 가지 덕 가운데 사랑이 최고의 가치를 지닌다(고전 13:8-13). 그러므로, 영적 은사들을 사모하는 것도 격려할 만한 일이지만, 다른 무엇보다도 사랑을 추구해야 한다(고전 14:1). 이를 추구할 때에 교회에 덕을 세우는 데 이바지하고 그리하여 사랑을 가장 시행하는 그런 은사들을 주목해야 한다. 이런 견지에서 볼 때에, 예언이 방언보다 훨씬 높은 가치가 있다. 방언은 듣는 이들이 알아들을 수가 없는 신비들을 허공에다 발설하는 것으로 지성과 판단이 개입할 여지가 없고, 따라서 믿지 않는 자를 믿음에로 인도하지 못하고 오히려 정신 이상이라는 인상을 주기 때문이다. 이 은사를 소유한 사람이 있다면, 그 은사를 절제하여 사용하여야 하며, 통역이 있을 때에 시행해야 할 것이다. 통역을 할 수 없는 경우는 교회에서 잠잠해야 할 것이다! 그러나, 예언의 경우는 성령의 계시로 말미암아 하나님의 말씀을 선포하며, 덕을 세우는 권면의 말씀을 하고 사람들을 위로한다. 그들은 교회에 덕을 세우고, 믿지 않는 자들을 얻는다. 그러므로 사람이 어떤 은사를 받든지 간에, 은사를 가늠하는 규범은 예수를 주로 고백하는 것에 있으며, 또한 그 목적은 교회에 덕을 세우는 데 있다. 하나님은 무질서의 하나님이 아니시요 오직 화평의 하나님이신 것이다(고전 14:33).

신령한 은사들에 대해서 이렇게 멋지게 다룸으로써, 고린도 교회에 그 열매가 맺어졌음은 물론, 이러한 사도의 말씀은 모든 시대의 교회에게 의의가 있는 것이다. 중생과 회심과 새로운 삶에서 나타나는 성령의 역사하심보다는 이례적인 현상들이나 계시와 이적들을 더 중요시하는 사람들과 집단들이 언제나 있기 때문이다. 비정상적이고 이례적인 것은 언제나 사람의 주목을 끄는 반면에, 정상적이고 일상적인 것은 눈에 띠지 않는 법이다. 사람들은 계시들이나, 이상한 표적들이나, 영혼의 이동이나 어떤 극적인 행위들에 대해서는 관심을 기울이나, 점진적이고 꾸준한 하나님 나라의 성숙에 대해서는 눈을 닫아 버리는 것이다. 성령의 이례적인 은사들을 존중하면서도, 그는 고린도의 형제들에게 이렇게 권면한다: "지혜에는 아이가 되지 말고 악에는 어린 아이가 되라. 지혜에는 장성한 사람이 되라"(고전 14:20).

이렇게 해서 사도는 성령의 일시적이고 잠정적인 계시들로부터, 그가 교회 안에서 계속해서 행하시는 바 일상적인 신앙적·도덕적 일들에게로 무게중심을 옮기고 있다. 그런 성령의 일상적인 역사에 대한 관념은 이미 구약시대부터 예비된 것이다. 그때에도 온갖 비범한 은사들과 능력들이 성령께 돌려졌으나, 선지자들과 시편 기자들은 이스라엘 백성의 배도(背道)와 인간의 마음의 교활함과 사악함에 더 깊이 착념하면서, 오직 성령으로 말미암는 새롭게 하는 역사만이 이스라엘 백성을 진정한 의미에서 하나님의 백성으로 만들 수 있음을 더욱 분명하고 더욱 강력하게 선포하였다. 구스인이 그의 피부를, 표범이 그의 반점을 변하게 할 수 없음 같이, 악에 익숙한 그 백성들도 선을 행할 수가 없는 것이다(렘 13:23). 하나님께서 그의 영으로 말미암아 그 백성의 마음을 변화시키셔야만 한다. 그래야만 그들이 그의 길로 행하며 그의 명령과 규례를 지키게 된다. 오직 여호와의 영만이 참되고 신령하고 도덕적인 삶을 이루시는 것이다(시 51:12, 13; 사 32:15; 겔 36:27).

요한복음에 나타나는 예수님의 설교가 이 모든 사실을 확증해 준다. 니고데모와의 대화에서 예수께서는 중생을 통하지 않고서는 하나님 나라에 들어갈 수도 없고 그 나라를 누릴 수도 없고, 또한 그 거듭남은 오직 성령으로만 일어날 수 있음을 설명하신다(요 3:3-5). 그리고 그의 고별 강화(요 14~16장)에서는 그가 영광을 받으신 후 아버지께로부터 보내실 성령이 제자들 중에서 그를 대신하실 것이며, 그러므로 예수께서 떠나가시는 것이 그들에게 유익이 된다는 사실을 상세히 가르치신다. 그렇지 않으면 보혜사께서 그들에게 오실 수가 없다. 그러나 그가 아버지께로 가시면 그가 성령을 보내실 수 있고 또한 보내실 것이다. 그리스도께서 아버지께로 가시는 것이 그가 이 땅에서 그에게 맡겨진 일을 완전히 이루셨다는 증거가 되기 때문이다. 그는 하늘에 오르셔서 아버지 우편에 앉으시고, 대제사장이요 지상의 교회를 위한 대언자로서 활동하시며, 교회가 필요로 하는 모든 것을 아버지께로부터 구하실 수 있게 되었다. 다시 말해서, 그때에 그는 충만하신 성령을 그의 제자들에게 보내주시기를 아버지께 간구하실 수 있게 되었고, 그때에 성령께서 그들 가운데 거하시게 된 것이었다. 장차 성령께서 그들의 위로자가 되시고, 인도자가 되시고, 대언자가 되시고, 보혜사가 되실 것이었다.

그러니 예수께서 가시더라도 제자들에게는 아무런 손해가 없을 것이다. 예수께서 이 땅에 계시는 동안 제자들과 함께 동행하신 것은 사실이지만, 그때에는 그들 가운데 온갖 거리감과 오해가 있었다. 그러나 장차 오실 성령은 그들 바깥에서 서 계시거나, 그들 옆에 계시는 것이 아니라, 그들 속에 거하실 것이다. 그리스도께서 땅에 머무신 것은 일시적이었으나, 그가 보내실 성령은 결코 그들을 떠나지 않으시고 영원토록 그들과 함께 남아 계실 것이다. 사실, 그리스도께서 그 성령 안에서 친히 그들에게 다시 오시는 것이다. 그는 그들을 고아처럼 내버려두지 않으시고, 성령 안에서 그들에게 다시 오셔서 친히 그들과 함께 계실 것이니, 이는 그 전에는 불가능했던 일이다. 그때에 그들은 그를 다시 볼 것이요, 그가 살아 계시듯이 그들도 살 것이다. 그들은 그리스도께서 아버지 안에 계시고 그들이 그 안에 있고 그가 그들 안에 계심을 깨닫게 될 것이다. 그리고 그리스도 안에서 아버지께서 그들에게 오신다. 성령으로 말미암아 그 두 분이 오시는 것이다. 아버지와 아들이 제자들에게 오셔서 성령 안에서 그들 속에 거하시는 것이다. 그러므로 성령께서 첫째로 이루실 일은 바로 아버지와 아들 사이의 하나 된 교제요, 또한 제자들 사이의 교제이며, 그것은 과거에는 전혀 존재한 일이 없는 그런 교제인 것이다.

그리고 제자들이 이러한 교제를 나누며 그 교제로 말미암아 살 때에, 마치 가지가 포도나무와 하나를 이루듯이 그들이 그리스도와 함께 하나가 될 때에, 그들이 종이 아니라 친구들이 될 때에, 그들로 하여금 이 교제에 참여하게 하신 그 동일한 성령께서 또한 진리의 영으로서 그들을 모든 진리 가운데로 인도하실 것이다. 그는 그리스도께서 개인적으로 그들에게 말씀하시고 가르치신 바를 생각나게 하실 뿐 아니라, 끊임없이 그들에게 그리스도를 증거하실 것이다. 그는 그리스도께로부터 들은 바를 말씀하실 것이요, 장래에 될 일을 그들에게 알리실 것이다. 그때에 제자들은 그리스도와 아버지와 더불어 교제를 나눌 뿐 아니라, 또한 그 교제를 나눈다는 사실을 의식하게 될 것이다. 성령께서 그들에게 그리스도에 관하여, 그가 아버지와 하나이심에 관하여, 또한 아버지와 아들에 대한 그들의 관계에 관하여 알게 하실 것이다. 그리고 그 최종적인 목적은 모든 신자들이 하나가 되는 것이요, 또한 "아버지여, 아버지께서 내 안에, 내가 아버지 안에 있는 것 같이 그들도 다 하나가 되어 우리 안에 있게 하사 세상으로 아버지께서 나를 보내신 것을 믿게 하옵소서"(요 17:21)라는 그리스도 자신의 말씀이 실현되게 하는 데 있는 것이다.

오순절 날 성령의 부으심이 일어났을 때에, 성령의 그 풍성한 부으심이 놀라운 현상들을 통해서 드러나서 모든 사람들의 주목을 끌었다. 그러나 그렇다고 해서 사실 그보다 훨씬 더 의미 있는 다른 사실을 간과해서는 안 될 것이다. 곧, 성령의 부으심으로 말미암아 제자들이 지극히 친밀한 방식으로 하나의 독자적인 거룩한 교회로 연합되었다는 사실이 그것이다. 그리스도께서 그 교회의 주요 구주이셨고, 모든 신자들은 함께 사도들의 가르침을 받아 서로 교제하며 떡을 떼며 기도에 힘썼다(행 2:42). 그리스도께서 말씀하셨던 그 하나됨이 한때 예루살렘의 교회에서 실현된 것이다. 그 처음의 감격이 후에 좀 더 냉정한 마음과 정신의 자세로 바뀌어지고, 다른 지역에 다른 민족들로 구성된 교회들이 생겨나고, 그보다 더 후에 온갖 분파들과 분열이 기독교 교회에 생겨나게 되자, 모든 신자들을 하나로 묶는 그 하나됨이 다른 형식을 취하였고, 그 생명과 깊이가 덜해졌으며, 때로는 매우 약해지거나 전혀 느낄 수 없게 되기도 했다. 그러나 모든 차이와 갈등 속에서도 교회의 하나됨이 본질상 오늘날까지 남아 있다는 점을 잊어서는 안 된다. 장차 그것이 과거 예루살렘에 잠시 있었던 것보다 더욱더 영광스럽게 드러날 것이다.

* * * * *

사도들 가운데 이러한 교회의 하나됨의 이상을 우리 앞에 가장 선명하게 제시한 사람은 바울이다. 그는 그의 시대에 이미 모든 분열상을 눈으로 목도했음에도 불구하고 그것을 굳게 붙들었던 것이다. 교회는 한 몸이요 그 모든 지체들은 서로를 필요로 하며 서로를 섬겨야 한다(롬 12:4; 고전 12:12 이하). 그러나 그것이 그런 연합인 것은 그것이 그리스도의 몸이기 때문이다(롬 12:5; 엡 1:23; 골 1:24). 교회의 하나됨은 그리스도와의 교제에 뿌리를 박으며, 거기서부터 나온다. 그리스도는 개개인 신자의 머리시요, 각 지교회의 머리시며, 또한 교회 전체의 머리이시다. 모든 신자들은 그리스도 예수 안에서 선한 일을 위하여 지으심을 받은 새로운 피조물들이다(고후 5:17; 엡 2:10). 그리스도께서 그들 안에 살아 계시고 거하시며, 그들은 또한 그리스도 안에서 살고 움직이며 존재한다. 그리스도께서 그들의 생명이신 것이다(롬 6:11; 8:1, 10; 고후 13:5; 갈 2:20; 빌 1:21; 골 3:4). 그리스도 안에("주 안에," "그의 안에")라는 구문이 신약에 백오십 회 이상 나타나는데, 이는 그리스도께서 영적인 삶의 끊임없는 근원이실 뿐 아니라, 그러한 근원으로서 그가 신자 속에 즉시로 직접 거하신다는 것을 시사하는 것이다. 그러한 하나됨은 모퉁잇돌과 성전처럼, 남편과 아내처럼, 머리와 몸처럼, 포도나무와 가지처럼 서로 긴밀하다. 만물이 창조와 섭리로 말미암아 하나님 안에 있듯이, 신자들은 그리스도 안에 있다. 물고기가 물에서 살고, 새들이 공중에서 살며, 사람이 그 사업장에서 살며, 학자가 서재에서 살 듯이, 그들은 그리스도 안에서 산다. 그들은 그리스도와 함께 십자가에 못 박혔고, 죽었고, 장사지낸 바 되었고, 부활하였고, 하나님의 우편에 앉아 있고, 또한 영화롭게 되는 것이다(롬 6:4 이하; 갈 2:20; 6:14; 엡 2:6; 골 2:12, 20; 3:3). 그들은 그리스도로 옷 입었고, 그의 형상을 이루며, 그들의 육체 속에서 그리스도의 고난과 생명을 보여 주며, 그리스도 안에서 완전해진다(충만해진다). 요컨대, 그리스도께서 만유이시며 만유 안에 계시는 것이다(롬 13:14; 고후 4:11; 갈 4:19; 골 1:24; 2:10; 3:11).

이러한 친밀한 관계는 그리스도께서 성령을 통하여 자기 자신을 신자들과 함께 나누신다는 사실로 말미암아 가능해진다. 그의 고난과 죽으심으로 말미암아 성령과 성령의 모든 은사와 권능들을 완전히 얻으셨기 때문에, 그리스도께서는 스스로 영이라 불리실 수 있었고(고후 3:17), 또한 그가 원하시는 자들에게 그 성령을 주실 권한도 부여받으신 것이다. 하나님의 영이 그리스도의 영이 되었고, 아들의 영, 주의 영이 되셨다(롬 8:9; 고전 2:16; 고후 3:18; 갈 4:6; 빌 1:19). 그 영을 받았다는 것은 그 사람이 그리스도를 영접했다는 것을 의미한다. 그리스도의 영이 없으면 그리스도께 속하지도 않으며, 그의 소유도 아니기 때문이다(롬 8:9-10). 하나님이 그리스도를 세상에게 주시듯이, 그리스도께서는 그의 영으로 말미암아 교회에게 자신을 주신다. 신자들은 그리스도와 합한 한 영이다(고전 6:17). 하나님께서 친히 성령을 통하여 그들 가운데 거하시며, 따라서 그들은 성령의 전(殿)이다(고전 3:16, 17; 6:19). 신자들은 성령 안에서 존재하며, 고백하고, 행하며, 기도하고, 즐거워한다(롬 8:4, 9, 15; 14:17; 고전 12:3). 그들은 신령한 자들로서 성령의 일들을 깨닫고 분변한다(롬 8:2; 고전 2:14). 그들은 끊임없이 성령의 인도하심을 받으며, 성령께서 구속의 날까지 그들과 함께 행하신다(롬 8:15-16; 고후 1:22; 엡 1:13; 4:30). 이 성령으로 말미암아 그들 모두 아버지께 나아감을 얻고, 사도들과 선지자들의 터 위에 하나님의 거하실 처소로 함께 지어져 가는 것이다(엡 2:18, 22).

성경은 이런 진술들로써 그리스도와 그의 교회 사이에 존재하는 그 놀라운 연합을 묘사하고 있는데, 이것이 후에 신비한 연합(mystical union)이라는 용어로 표현되게 되었다. 사실상 우리는 이 연합의 깊이와 그 친밀함을 다

깨달을 수가 없다. 우리의 사고를 훨씬 초월하는 문제이기 때문이다. 그것은 분명 삼위 하나님 사이에 존재하는 연합과는 본질과 종류 자체가 다른 것이다. 왜냐하면 삼위 하나님은 모두가 유일하고도 동일한 신적 존재를 함께 공유하고 계시나, 그리스도와 신자들은 이 본체에 있어서 서로 분명히 구별되기 때문이다. 물론 그리스도와 교회 사이의 연합을 그리스도와 성부 사이의 연합에 빗대어 표현되는 경우가 여러 번 나타나기는 한다(요 10:38; 14:11, 20; 17:21-23). 그러나 그때는 그리스도께서 자기 자신에 대해 아들로서, 독생자로서 말씀하는 것이 아니라, 장차 하나님의 우편에 오르실 것이요 또한 아버지께서 기뻐하시는 뜻을 이루실 중보자로서 말씀하시는 것이다. 아버지께서 그에게 속한 자들을 창세 전에 그리스도 안에 택하셔서(엡 1:3) 그가 그의 사랑하는 자 안에서 그들을 받아들이신 그 은혜의 영광을 찬송하게 하신 것처럼(엡 1:6-7; 행 20:28), 아버지께서는 또한 그들 모두를 그리스도 안에서 하나로 통일되게 하신다(엡 1:10). 아버지께서 그리스도 안에 중보자로 거하시며 그리하여 그 자신과 그의 축복들을 교회에게 주시는 것이다.

아버지와 중보자 사이에 서로 떨어질 수 없는 친밀한 관계가 있듯이, 그리스도와 신자들 사이에도 그와 동일한 관계가 있는 것이다. 그 관계는 내적 능력에 있어서 피조물들 사이에서 볼 수 있는 모든 연합의 관계를, 심지어 하나님과 그의 세상 사이에 존재하는 연합의 관계를 능가한다. 모든 범신론적 혼합의 관계와 완전히 구별되는 한편, 또한 모든 이신론적인 병렬(竝列)의 관계와 모든 계약적인 관계보다 훨씬 우월한 것이다. 성경은 그 관계를 포도나무와 그 가지들의 관계에, 몸의 머리와 그 지체들 사이의 관계에, 남편과 아내 사이의 관계에 빗대어 말씀함으로써, 그 관계의 본질이 어떤 것인지를 어느 정도 시사해 준다. 그것은 그리스도를 그의 교회 및 그 지체들과, 그들의 존재의 깊이와 그들의 인격성의 본체에 이르기까지 완전하게 영원히 연합시켜 주는 그런 관계다. 그것은 영원 전에 하나님의 아들이 자신이 중보자가 될 준비가 되셨음을 선언하셨을 때에 시작된 관계이며, 또한 때가 차서 그리스도께서 인성을 입으시고 그의 백성들과의 교제 속으로 들어오시고 또한 그들을 위하여 자기 자신을 죽음에 내어 주셨을 때에 객관적으로 존재하게 되었다. 그리고 그 관계는 성령께서 각 개개인에게 임하셔서 그를 그리스도 안으로 화합시키실 때에, 또한 개개인이 자기 편에서 이러한 그리스도와의 연합을 깨닫고 시행할 때에, 각 개개인에게서 인격적으로 실현되는 것이다.

그리스도와의 이러한 교제로 말미암아, 신자는 그의 모든 축복들과 은택들을 함께 누리게 된다. 우리가 그리스도 자신에게 동참하지 않는 한, 그리스도의 은택들을 누리는 일도 없다. 왜냐하면 은택들이 그리스도 자신과 분리될 수가 없기 때문이다. 만일 그리스도께서 베푸시는 은택들이 물질적인 것이라면, 그리스도 자신과 그 은택들이 어느 정도까지는 분리될 수 있을 것이다. 사람이 자기 자신은 주지 않더라도 얼마든지 자기의 돈이나 재산은 줄 수 있다. 그러나 그리스도께서 주시는 은택들은 영적인 것들이다. 그것들은 무엇보다도 그의 사랑, 그의 자비, 그의 긍휼하심이요, 이것들은 철저하게 인격적인 성격을 띤 선물들로서 그리스도의 인격과 도저히 분리될 수가 없는 것이다. 그 은택들의 보화(寶貨)는, 예컨대 교황이나 사제나, 교회나 혹은 성례 등, 이 땅에 쌓여 있는 것이 아니다. 그것은 오직 그리스도 자신에게 있는 것이며, 그가 바로 그 보화이시다. 아버지께서는 그리스도 안에서 우리를 향하여 그의 자비하시고 은혜로우신 얼굴을 돌리시며, 바로 그것이 우리의 구원의 전부인 것이다.

그리고 반대로, 그리스도의 보화와 은택들을 누림이 없는 그리스도와의 교제란 없다. 성부와 그리스도 사이의 관계가 이런 점에서도 다시 그리스도와 그의 교회 사이의 관계의 근거와 모범이 된다. 성부께서는 자기 자신을 성자에게 주셨고, 특히 하나님과 사람 사이의 중보자로서의 성자에게 그렇게 하셨다. 아버지께서는 자기를 위하여 아무것도 남기지 않으시고 그리스도께 전부를 주셨다. 아버지께서 그에게 모든 것을 주셨으니(마 11:27; 요 3:35), 아버지의 것은 다 그의 것이다(요 16:15; 17:10). 아버지와 그리스도는 하나이시며, 아버지께서 그의 안에, 그가 아버지 안에 계신 것이다(요 10:38; 17:21-23). 이와 같이 그리스도께서도 자기 자신과 자기의 모든 은택들을 성령을 통하여 교회에게 주시며(요 16:13-15), 자기 자신을 위해서는 아무것도 남기지 않으신다. 그리스도 안에 신성의 모든 충만이 육체로 거하는 것처럼(골 1:19; 2:9), 그는 또한 그의 장성한 분량이 충만한 데까지 교회를 온전케 하시사 하나님의 모든 충만하신 것으로 충만하게 하신다(엡 1:23; 3:19; 4:13, 16). 그리스도께서 만유시요 만유 안에 계시는 것이다(골 3:11).

우리가 그리스도 안에서 얻는 것은 충만이다. 신적인 충만이요, 은혜와 진리의 충만이요, 결코 소멸되지 않고 은혜 위에 은혜가 더해지는 충만이다(요 1:14, 16). 그리스도의 낮아지심의 상태에서도 또한 그의 높아지심의 상태에서도, 그 자신 속에, 그의 신성 속에와 그의 인성 속에 이 충만이 거하는 것이다. 그의 성육신에도 은혜의 충만이 있다: "우리 주 예수 그리스도의 은혜를 너희가 알거니와 부요하신 이로서 너희를 위하여 가난하게 되심은 그의 가난함으로 말미암아 너희를 부요하게 하려 하심이라"(고후 8:9). 그의 사심과 죽으심에도 은혜의 충만이 있다. 그는 육체에 계실 때에 친히 당하신 고난을 통해서 순종함을 배우셔서 완전하게 되셨고, 그리하여 자기에게 순종하는 모든 자에게 영원한 구원의 근원이 되셨기 때문이다(히 5:7-9). 그의 부활에도 은혜의 충만이 있다. 부활로 말미암아 그가 능력으로 하나님의 아들이심이 드러났으며, 또한 부활로 말미암아 우리를 거듭나게 하사 산 소망이 있게 하셨기 때문이다(롬 1:4; 벧전 1:3). 그의 승천에도 은혜의 충만이 있다. 승천으로 말미암아 그가 사로잡은 자들을 사로잡으셨고 사람들에게 선물을 주셨기 때문이다(엡 4:8). 그의 간구하심에도 은혜의 충만이 있다. 그것을 통해서 그가 자기를 힘입어 하나님께 나아가는 모든 자들을 온전히 구원하실 수 있기 때문이다(히 7:25). 그에게는 과연 은혜의 충만이 있으니, 이로써 죄사함과 중생, 새롭게 함, 위로, 보존, 인도, 성화, 영화가 이루어지는 것이다. 그것은 은혜 위에 은혜를, 은혜 대신 은혜를 주는 충만이요, 한 가지 은혜를 곧바로 또 다른 은혜로 보충하며, 그 이전의 은혜와 대치하며, 교환시켜 주는 그런 충만인 것이다. 거기에는 중지도 없고, 단절도 없다. 그리스도 안에서 교회에 임하는 것은 모두가 은혜요 오직 은혜 이외에는 없는 것이다.

* * * * *

그러므로 그리스도께서 그와의 교제 속에서 베푸시는 은택들은 은혜라는 말로 포괄할 수 있을 것이다. 그리고 그렇게 되면 그 은혜라는 말은 도저히 가늠할 수 없는 충만을, 축복의 부요함을 내포하게 된다. 앞장 서두에서, 그리스도께서 그의 만족스런 제사로써 아버지와 이루신 그 화목에 대해서 언급한 바 있다. 그리스도 안에서 하나님이 그의 진노를 가라앉히시고 세상을 향하여 은혜의 자세를 취하셨으므로(고후 5:19), 믿는 마음으로 이 화목을 받아들이는 자들에게는 갖가지 은택들이, 아니 구원 그 자체가 흘러 들어온다. 성경은 그 가운데 여러 가지를 ─ 부르심, 중생, 믿음, 칭의, 죄 사함, 양자 삼으심, 율법으로부터의 자유, 영적 해방, 소망, 사랑, 평화, 기쁨, 즐거움, 위로, 성화, 보존, 견인(堅忍), 영화 등 ─ 언급하고 있다. 그 전체를 다 열거한다는 것은 실질적으로 불가능하다. 왜냐하면 교회 전체와 각 개개인 신자가 모든 시대를 통틀어서, 모든 처지에서, 역경과 순경 속에서, 삶과 죽음 속에서, 이 세상에서와 영원한 저 세상에서, 이미 받았고 또한 장차 받을 그리스도의 충만이 거기에 다 포함되기 때문이다.

이처럼 은택들이 무수하고 풍부하기 때문에, 그것들을 다 완전히 밝힌다는 것은 도저히 불가능할 뿐더러, 그것들 모두를 상세히 살핀다는 것도 지극히 어려운 일이다. 그리고 그것들을 일정하게 질서 있게 다루며, 또한 각 은택을 전체의 맥락에서 그 합당한 자리에 지정한다는 것도 상당히 위험스런 일이다. 따라서 신학자들마다 그 은택들에 대한 분류가 제각각이다. 그러나 크게 나누어, 그 은택들을 세 가지 그룹으로 정리할 수 있을 것이다.

첫째로, 사람을 은혜 언약을 위하여 사람을 준비시키고, 그 언약 속으로 인도하며, 그 언약의 축복들을 받아들이는 기꺼운 마음을 갖게 하고, 그리하여 그것들을 받아들이게 하는 그런 은택들이 있는데, 부르심, 중생(좁은 의미에서), 믿음, 회개의 은택들이 여기에 속한다.

둘째로, 하나님 앞에서 사람의 신분을 변화시키고, 그를 죄책에서 자유케 해 주고, 그리하여 그의 마음을 새롭게 해 주는 그런 축복들이 있는데, 칭의, 죄 사함, 양자 삼음, 성령께서 우리 영과 더불어 증거하심, 율법으로부터의 자유, 영적 해방, 평화와 기쁨 등이 여기에 속한다.

그리고 그 다음 셋째로, 그 사람의 상태에 변화를 일으키며, 죄의 오염으로부터 구속하고 하나님의 형상을 따라 그를 새롭게 하는 은택들이 있는데, 특히 중생(넓은 의미에서), 그리스도와 더불어 죽는 것과 다시 사는 것, 지속적인 변화, 성령 안에서 행함, 마지막까지 이르는 견인 등이 여기에 속한다. 이 모든 은택들은 하나님이 그의 자녀들을 위하여 장차 예비하시는 그 하늘의 영광과 구원에서 완전해지고 완성된다. 이에 대해서는 본서 마지막에 별도로 한 장을 할애하여 다루게 될 것이다.

이 세 가지 그룹들을 하나하나 좀 더 구체적으로 주목하기 전에 반드시 명심해야 할 것은, 이 모든 은택들이, 심지어 그리스도 자신도 그렇지만, 오직 성령을 통해서만 베풀어질 수 있다는 사실이다. 앞에서 살펴본 바와 같이, 아버지께서는 그리스도 안에 계시고, 오직 그리스도 안에서만 그가 우리를 향하여 은혜를 베푸시며, 또한 오직 그리스도 안에서만 아버지께서 우리를 그의 거처로 삼으신다. 그런데 그와 똑같이, 그리스도께서는 성령 안에 계시고, 오직 그 성령을 통해서만 우리에게 오시고 우리에게 오기를 바라시는 것이다. 그리스도께서는 그 성령으로 말미암아 자신을 우리에게 주시고 그의 은택들을 우리에게 주시는 것이다. 그 영을 가리켜 성령이라 부르는 것은, 정확히 그가 아버지 및 그리스도와 특정한 관계 속에 계시며, 그리하여 그가 우리를 아버지 및 아들과 함께 하는 특정한 관계 속으로 이끄시기 때문이다. 그러므로, 성령을 통하지 않고서도 아버지 및 그리스도와의 교제 속에 들어갈 다른 방도가 있다는 식의 생각은 절대로 금물이다. 그리스도의 이름을 부르는 자마다 불의에서 떠날지어다(딤후 2:19).

성경에 따르면, 성령이야말로 중생과 믿음의 요인이시요 또한 베푸시는 자시다(요 3:5; 고전 12:4). 그는 우리의 의식 속에서 우리를 의롭다 하시고, 우리의 양자 됨을 증거하신다(롬 8:15; 고전 6:11; 갈 4:6). 그는 하나님의 사랑을 우리 마음속에 부어주시며, 우리에게 평화와 기쁨을 주시고, 우리를 율법과 육체, 죄와 사망으로부터 구원하신다(롬 5:5; 8:2; 14:17). 그는 보혜사시요 대언자로서 우리를 변호하시고, 보호하시고 지원하시며, 인성을 지니신 그리스도께서는 우리를 떠나가셨으나 그는 우리를 떠나지 않으시고 언제나 우리와 함께 계시며 우리를 위로하시고 우리를 위해 간구하신다(요 14:16; 행 9:31; 롬 8:26). 그는 영적 생명을 일깨우실 뿐 아니라, 그 생명을 계속해서 유지하시고 이끄신다. 그가 바로 그 생명의 법이요 원리이신 것이다(롬 8:2, 14; 갈 5:18). 그는 그 생명을 새롭게 하시며 거룩하게 하시고, 그 생명으로 하여금 열매를 맺게 하시며, 하나님을 기쁘시게 하도록 만드신다(롬 15:13, 16; 갈 5:23; 살후 2:13; 딛 3:5; 벧전 1:2). 그리스도인의 삶 전체는 바로 성령 안에서 행하는 것이다(롬 8:4 이하; 갈 5:16, 25). 그가 모든 신자들을 한 몸으로 묶으시며, 그들을 한 성전으로, 하나님의 거하실 처소로 세워 가신다(엡 2:18-22; 4:3-4). 그는 하늘의 기업을 보증하시며(고후 1:22; 5:5; 엡 1:13; 4:30), 언젠가는 그들의 부활과 영화(榮化)를 이루실 것이다(롬 8:11; 고전 15:44).

한 마디로, 그리스도와 그의 모든 은택들, 아버지의 사랑과 아들의 은혜는 오직 성령의 교제 속에서만 우리의 소유가 되는 것이다.

제 20 장
그리스도인의 소명

우리를 그리스도 자신과 또한 그의 은택들의 교제 속에 들이기 위하여, 그리스도께서는 그가 교회 안에 부어 주신 성령을 사용하시며, 뿐만 아니라 교회를 가르치고 교훈하시기 위하여 그가 주신 말씀도 사용하신다. 그리고 그는 그 둘을 서로 연결시키셔서, 그 둘이 그의 선지자적 · 제사장적 · 왕적 직분 수행을 섬기도록 하시는 것이다. 그러나 이 둘 사이의 관계에 대해서 건전한 사고를 갖거나 혹은 그 관계를 명확하게 규정하기가 그리 쉬운 일은 아니다. 그리하여 말씀과 성령의 관계에 대해서 언제나 매우 다른 견해들이 있어왔고, 또한 이 다른 견해들이 현재까지도 계속해서 함께 존재해 오고 있다.

한 쪽에는, 말씀의 선포 그 자체로서 충족하다고 생각하며 성령의 역사하심을 부당하게 대하는 이들이 있다. 먼 과거나 최근에나 이런 이단을 따르는 펠라기우스(Pelagius)의 추종자들이 있다. 그들은 기독교를 순전히 하나의 교리로만 바라보며, 예수님에게서도 오로지 숭고한 모범만을 보며, 복음을 그저 하나의 새로운 율법으로 만들어 버린다. 그들은 죄가 사람을 연약하게 만들었다고 주장하면서도, 사람이 죄 때문에 영적으로 죽어 있다는 것은 인정하지 않는다. 그들은 사람에게 자유 의지가 있으며, 따라서 사람이 원하기만 하면 복음을 선포하는 것만으로도 얼마든지 예수님의 일과 행위의 모범을 따르게 되기에 족하다고 주장한다. 성령의 중생케 하시는 역사에 대한 필요성은 전혀 느끼지 않고, 그리하여 성령의 인격성과 신성을 부인하고 공격하는 것이다. 아주 잘 보아야, 성령을 그저 하나님께로부터, 혹은 좀 더 구체적으로 예수님에게서 나오는 하나의 힘 정도로, 일종의 도덕적인 기질과 이상적인 목적을 교회에 불러일으키는 힘 정도로만 생각하는 것이다.

그리고 다른 쪽에는, 그와 전혀 다른 입장을 따르는 자들이 있다. 그들은 광신자들, 반(反)율법주의자들, 열광주의자들, 혹은 신비주의자들로 불리는 자들로서, 성령에 대해 많이 이야기하면서 사람의 회심에서 말씀이 하는 역할을 과소 평가한다. 그들은 말씀은, 성경은, 복음 선포는 영적 실체 그 자체가 아니고 그저 그 실체의 증표요 상징일 뿐이라고 본다. 말씀 그 자체는 죽은 조문(條文)으로서 사람의 마음을 꿰뚫을 수가 없고, 새 생명의 원리를 그 마음에 심을 수도 없다고 한다. 말씀은 기껏해야 그저 지성에 빛을 비추어 주는 영향력밖에는 없고, 마음을 변화시키고 바꿀 수 있는 능력이나 힘은 발휘하지 못한다. 그런 일은 오직 성령을 통해서만 일어날 수 있으며, 성령은 하나님께로부터 직접 사람의 내적 존재 속으로 곧장 들어가 그 사람을 그 실체 속에 참여하게 하지만, 말씀은 그저 그 실체의 표징에 불과하다고 한다. 그러므로 신령한 사람은 하나님께로부터 직접 나며 하나님께로부터 직접 가르침을 받으며, 오직 그런 사람만이 성경을 깨달으며, 조문 이면으로 들어가 그 핵심과 본질을 깨우친다고 한다. 이 신령한 사람이 일시적으로 성경을 하나의 규범과 지도 원리로 사용하지만, 그것이 그 사람의 신앙적 지식의 근원은 아니라고 한다. 그 사람은 하나님의 영으로 말미암아 주관적으로 가르침을 받으며, 점점 자라나서 성경을 넘어서기 때문이라는 것이다.

성령의 영향력을 성경과는 별개로 취급하면 할수록, 그 사람의 마음은 그리스도에게서와 역사적 기독교 전체에게서 더 멀어지고 독자적으로 서게 된다. 그런 방향으로 더 나아가면, 신비주의가 합리주의로 바뀌게 된다. 성령의 내적 활동을 성경 말씀과 분리시키게 되면, 그 활동이 특별한 성격을 잃어버리고 그리하여 사람의 이성과 양심에 이루어지는 하나님의 성령의 일상적인 활동과 구별할 수 없게 되고 마는 것이다. 그리하여 이 견해는, 하나님은 본성적으로 성령과 더불어 각 사람 속에 거하시며 사람은 날 때부터 마음 속에 기록된 내적인 말씀을 지니고 있으며 그리스도는 이 말씀에게 그저 어느 정도 변화를 주기밖에는 하지 않았다는 식으로 본다. 성경에 기록되어 있기 때문에 진리인 것이 아니라, 그것이 진리이기 때문에 진리라는 것이다. 결국 기독교는 근원적인 자연 종교가 된다. 그것은 세상만큼 오래 되었고,

그 본질상 역사상의 모든 종교들의 기초에 자리잡고 있는 것이 된다 신비주의가 언제나 합리주의에로 빠지며, 합리주의는 주기적으로 신비주의에 다시 빠져 들어간다. 양 극단은 서로 상합하며 손을 맞잡는 법이기 때문이다.

기독교 교회는 언제나 이런 이단들을 피하고 말씀과 성령의 상호 관계를 유지시키기 위해 애써왔다. 그러나 그럼에도 불구하고 이 과정에서 여러 가지 다른 고백들을 통해서 여러 다른 방향으로 나아갔다. 예를 들어, 로마 교회는 성경과 교회의 전통을 실질적인 은혜의 수단으로 보지 않고, 오로지 진리의 근원으로만 보며, 이 진리를 이성적으로 받아들이는 것을 믿음이라 부른다. 그러나 이런 믿음은 순전히 찬동(approbation)에 불과하기 때문에, 그것으로는 구원을 위하여 부족하며, 따라서 구원을 위해서는 하나의 예비적인 기능 정도로밖에는 볼 수가 없다. 로마 교회는 진정한 구원의 은혜는 성례에서 비로소 처음 베풀어진다고 보았고, 그리하여 성령의 사역을 무엇보다도 가르침과 목양과 제단에서 섬기는 직분들로 교회를 세우고 보존하는 데에서 찾으며, 그리고 그 다음으로 성례를 수단으로 하여 신자들에게 주어지는 초자연적인 은혜와 덕성과 은사들에서 찾는 것이다.

이처럼 성령의 구원하시는 활동을 말씀과 분리시키고, 그 활동을 오로지 성례에만 결부시키는 처사에 대항하여, 종교개혁이 일어났다. 종교개혁은 성경을 전통을 포함하여 진리의 유일하고 명백하며 충족한 원천으로 회복시켰을 뿐만 아니라, 또한 그것을 은혜의 한 수단으로 높였으며 성례와의 관계에서 말씀의 우위성을 회복시켰다. 따라서 종교개혁은 스스로 말씀과 성령의 관계에 대해 더 깊이 심사숙고하지 않을 수가 없었다. 왜냐하면 사방에서 옛 이단들이 되살아났고 그 이단들을 추종하는 강력한 지지자들이 일어났기 때문이다. 한편에서는 소치니파(Socinians)가 일어나 아리우스와 펠라기우스의 가르침에로 되돌아가서 복음을 하나의 새로운 율법으로 간주하며 성령의 구체적인 활동의 필요성을 부인하는 한편, 재세례파(Anabaptists)가 다시 신비주의의 노선을 취하여 내적인 말씀을 높이고 성경을 하나의 죽은 조문이요 알맹이가 없는 상징으로 취급하였던 것이다.

이런 상태에서 올바른 길을 찾는 데에는 굉장한 노력이 소모되었다. 루터 교회와 개혁 교회는 각기 다른 노선을 취하였다. 루터 교회는 말씀과 성령을 거의 완전하게 연합시킨 나머지 그 둘을 동일한 것으로 만들어 그 둘 사이의 구별을 완전히 상실해 버릴 위험에 처하였다. 그들은 심지어 성령의 구원하는 은혜를 말씀 속에 가두어 두고서 성령이 오로지 말씀을 통해서만 사람에게 임할 수 있다고 보는 데까지 나아갔다. 성경이 성령으로 말미암아 생기게 되었으므로, 그 성령이 그의 회심시키는 능력을 말씀 속에 두셨고, 이를테면, 그 능력을 마치 그릇 속에 담아 두듯이 말씀 속에 저장해 두셨다. 빵이 영양을 주는 능력을 속에 지니고 있듯이, 성경도 그것을 생겨나게 하신 성령으로부터 사람을 구원하는 내적인 영적 능력을 받았다는 것이다. 그리하여 루터 교회는 성경이 지성에 빛을 비추어 주고 도덕적으로 의지에 영향을 미치는 능력이 있는 것만이 아니라, 성령의 내주하시는 영향으로 말미암아 마음을 새롭게 하여 구원시키는 내적인 능력까지도 있다고 본다. 그리고 성령은 말씀을 통하는 것 이외에는 그 어떠한 방식으로도 일하시지 않는다고 보는 것이다.

개혁 교회들은 결코 이런 견해를 취할 수가 없었다. 유한한 것이 무한한 것을 결코 포용하고 납득할 수 없다는 그들의 원리가 이 문제에도 그대로 해당되었기 때문이다. 그들은, 말씀과 성령이 매우 친밀하게 서로 관련을 맺고 있으나, 그 둘은 서로 구별되어 있다고 보았다. 성령께서는 말씀 없이도 역사하실 수 있고, 때때로 그렇게 역사하신다. 성령이 친히 말씀과 함께 역사하실 경우는 그가 친히 그렇게 하시기로 자유로이 정하셨기 때문이다. 그의 선하신 뜻에 따라서, 그는 보통 말씀과 연결되어 역사하시며, 말씀이 있고 또한 선포되는 곳에서, 즉 은혜 언약의 영역에서, 교회의 교제 속에서 그렇게 역사하신다. 그러나 그때에도 성령께서는 루터파의 생각처럼 성경이나 선포된 말씀 속에 사시는 것이 아니라, 그리스도의 살아 있는 몸으로서의 교회 속에 사시는 것이다. 또한 성령은 말씀이 마치 그의 능력의 통로라도 되는 것처럼 그것을 통해서 역사하시는 것도 아니다. 말씀의 역사와 자신의 활동을 함께 묶으시기도 하지만, 성령께서는 개별적으로 사람의 마음을 꿰뚫으시고 그것을 새롭게 하셔서 영생에 이르게 하시는 것이다.

＊　＊　＊　＊　＊

말씀과 성령의 관계를 올바로 이해하기 위해서는, 하나님은 그리스도와 그의 모든 은택들을 베푸시는 일에서는 물론, 세상에 대해서 행하시는 모든 일에 있어서도, 언제나 말씀을 수단으로 사용하신다는 사실에서부터 출발해야 한다. 성경은 말씀이 절대로 공허한 소리나 무의미한 기호가 아니고, 언제나 능력과 생명이 있는 것임을 가르친다. 말씀은 말씀하시는 분의 인격성과 마음을 그 속에 담고 있으며, 따라서 절대로 헛되이 돌아오지 않고 언제나 무언가 효과를 내는 것이다.

하나님이 말씀하시매 그대로 이루어졌다(시 33:9). 그의 말씀은 헛되이 그에게로 되돌아가지 않고, 그가 기뻐하시는 일을 이루며, 그 보내심을 받은 일이 효력을 발생하는 것이다(사 55:11). 하나님은 태초에 그의 말씀으로 만물을 무로부터 생겨나게 하셨고(창 1:3 이하; 시 33:6), 그의 능력의 말씀으로 만물을 붙드신다(히 1:3). 이 말씀이 그처럼 창조적이며 지탱시키는 능력을 지닌 것은 하나님께서 아들 안에서와(요 1:3; 골 1:15) 성령을 통하여(시 33:6; 104:30) 말씀하시며, 말하자면 그 두 분 안에서 자기 자신을 그의 피조물들에게 주시기 때문이다. 모든 피조물에게는 하나님의 음성이 있다. 그것들 모두 그가 말씀하신 내용에 근거하고 있다. 피조물 모두가 존재하며 또한 현재의 모습을 지니고 있는 것은 모두가 하나님의 말씀 덕택인 것이다.

그러나 하나님께서 세상 속에 구체화시키신 이 생각들은 모든 피조물들이 다 이해할 수 있는 것이 아니고, 오로지 이성적인 피조물인 사람만이 이해할 수 있다. 사람은 하나님의 형상대로 창조되었기 때문에, 스스로 생각하고 말할 수 있으며, 하나님께서 그의 창조 세계에 제시하신 생각들을 지각할 수 있고, 그것들을 그의 영적 재산으로 삼고 다시 그것들을 자신의 말로 내어놓을 수가 있다. 처음 창조주의 손에서 완전하게 지어졌을 때에, 그는 그의 마음에 기록된 도덕법 속에서 내적으로 그에게 다가오며 또한 그 도덕법에 첨가된 시험적인 명령 속에서 그에게 다가오는 바 하나님의 말씀하심(a speech of God)을 이해할 수 있었다. 그때에 하나님은 사람과 함께 다니셨는데, 이는 다른 피조물과의 관계에서는 전혀 없었던 것이다. 하나님은 사람과 언약을 맺으시고 자신과의 교제 속으로 취하여 들이셨고, 의식적으로 또한 기꺼이 그의 길로 행할 것을 그에게 요구하셨다. 도덕법은 하나님이 새로 창조된 사람과 세우신 이 최초의 언약 관계의 내용이요 선언이요 또한 규범이요 규칙이었던 것이다.

그런데 사람이 고의적인 불순종으로 말미암아 그 언약을 깨뜨렸고, 하나님의 법을 지키고 영생을 얻을 영적 능력을 스스로 상실하고 말았다. 그러나 하나님은 그의 편에서 창조 세계에서 물러나지도 않으셨고, 인류를 완전히 버려두지도 않으셨다. 물론 이방인들에 대해서는 하나님이 이스라엘과는 달리 자기들의 길로 가도록 내버려두셨다고 말할 수 있으나, 하나님은 계속해서 그의 능력과 신성을 그들에게 보이셨고, 그들 가운데 증인이 없이 그냥 버려두지 않으셨으며, 그들의 연대와 거주의 경계를 정하셨고, 그리하여 그들이 주를 혹 더듬어 찾아 발견할 수 있도록 하셨다(행 14:17; 17:26; 롬 1:20).

그러므로, 각 사람에게 계속해서 나아가는 하나님의 말씀하심이 있는 것이다. 개혁 신앙을 고백하는 자들은 기독교 세계 밖에서도 접할 수 있고 또한 모든 사람들과 모든 민족들이 누리는 바 "질료적 소명"(a material call)에 대해 논함으로써 이 점을 항상 인정해왔다. 이방인들은 복음의 말씀을 통한 소명에는 참여하지 못하나 그렇다고 해서 그들이 전혀 소명을 받지 않는 것은 아니다. 하나님은 자연에서(롬 1:20), 역사에서(행 17:26), 이성에서(요 1:9), 또한 양심을 통하여(롬 2:14-15) 그들에게도 말씀하시는 것이다. 물론 이런 소명은 구원을 위해서는 부적절한 것이 사실이다. 왜냐하면 아버지께로 가는 유일한 길이시요 또한 하늘 아래 구원을 얻을 만한 유일한 이름이신 그리스도를 알지 못하기 때문이다(요 14:6; 행 4:12). 그러나 그럼에도 불구하고 그 소명은 큰 가치가 있으므로 그 의의를 가볍게 보아서는 안 되는 것이다.

여하튼, 하나님이 그의 일반 은혜로 모든 사람들에게 미치게 하시는 이 소명은 복음의 선포는 아니라 하더라도, 율법의 선포인 것은 분명하다. 사람이 그 이성의 어둠 때문에 잘못 생각하고, 해석하고 그릇 적용하는 경우가 많지만, 그럼에도 불구하고 그 소명은 하나님이 본래 사람에게 주시고 그 마음에 기록해 놓으신 도덕법과 본질적으로 내용이 동일한 것이다. 그러므로, 아무리 부패해 있고 본질이 파괴되어 있다 하더라도, 여전히 그 소명은 무엇보다도 하나님을 사랑해야 하고 이웃을 자기 자신처럼 사랑해야 한다는 요건을 사람에게 제시하고 있는 것이다. 이방인들은 하나님이 후에 이스라엘에게 주신 것과 같은 그런 완전한 형태의 율법은 갖고 있지 않다. 그러나 그럼에도 불구하고 그들도 율법의 행위들을 행한다. 그들의 모든 생각과 행동에서 그들은 도덕적인 규범들에 인도함을 받으며, 그리하여 이 율법의 행위들이 그들의 마음속에 기록되어 있으며 그들 스스로도 양심으로 그 일들에 매여 있음을 느끼고 있다는 것을 입증하는 것이다(롬 2:14-15).

그러므로, 죄가 개입하였음에도 불구하고 하나님과 사람 사이의 결속 관계가 완전히 끊어진 것은 아니었다. 하나님은 사람을 자기 마음대로 내버려 두지 않으시며, 사람도 하나님께로부터 도망칠 수가 없다. 사람은 여전히 하나님의 계시의 한계 내에 그대로 남아 있으며, 그의 율법의 끈 아래 남아 있다. 하나님은 자연과 역사 속에서, 이성과 양심 속에서, 축복과 심판 속에서, 인생의 갖가지 일들과 영혼의 경험 속에서 계속해서 사람에게 말씀하신다. 그는 사람으로 하여금 종교와 도덕적인 삶을 추구하게 하시며, 범죄한 후에는 자기 자신의 양심으로 책망을 받고 정죄를 받게 하신다. 그것은 외적인 강제력이 아니라, 사람을 하나님 및 그의 계시와 관계를 맺게 하는 바 내적인 도덕적 의무다. 그것은 타락한 사람 안에서도 여전히 선한 일을 듣게 하고 또한 행하도록 권고하는 바 하나님의 성령의 증언이다. 하나님의 전반적인 음성이 있고 말씀(로고스)으로 말미암아 사람 속에 전반적인 조명이 있는 그 정도만큼, 성령의 사역도 거기에 있는 것이기 때문이다. 하나님은 그 성령으로 말미암아 각 피조물 속에 거하시며, 우리가 그를 힘입어 살며 기동하며 존재하는 것이다(행 17:28). 이 일반적인 "질료적" 소명은 자연과 역사, 이성과 양심을 통해서 하나님의 계시를 — 구체적으로 사람을 향하신 그의 법을 — 선포한다는 점에서 외적이며 객관적이지만, 또한 각 개개인에게 그 계시에 대하여 도덕적으로 의무를 갖게 하며 또한 하나님의 법을 유지할 책임을 갖게 한다는 점에서 내적이며 주관적인 면도 있는 것이다.

물론 하나님께서 이 율법의 선언을 통해서 사람을 새롭게 하시거나 구원하시는 것은 아니다. 이 율법은 육신으로 말미암아 연약하여 그런 일을 할 수가 없기 때문이다(롬 8:3). 그러나 하나님은 이 수단을 사용하셔서 죄를 억제하시고, 정욕을 누르시고, 불의의 흐름을 통제하신다. 그것으로 인하여 인간 사회와 시민적 정의가 가능해지며, 이로써 더 높은 문명과 더 풍성한 문화에로 나아가며, 예술과 과학이 꽃을 피우는 길이 열리는 것이다. 사실 땅은 여전히 하나님의 선한 것들로 가득 차 있다. 주께서 모든 것에게 선하시고, 그의 모든 역사하심에 자비가 있다. 그는 악인과 선인에게 똑같이 그의 해가 떠오르게 하시며 의로운 자와 불의한 자에게 똑같이 비를 내리신다. 하나님이 자기를 증언하지 아니하시는 것이 아니라, 하늘로부터 비를 내리시고 결실기를 주시는 선한 일을 하사 음식과 기쁨으로 우리의 마음에 만족하게 하시는 것이다(시 104:24; 145:7; 마 5:45; 행 14:17).

* * * * *

자연과 양심 속에서 우리에게 오는 바 이러한 일반적인 하나님의 증언 혹은 말씀하심(speech)은, 기독교 세계의 영역 내에 살고 있는 모든 자들을 향하며 복음의 말씀 속에 담겨 있는 특별 소명과는 구별되는 것이다. 그러나 일반적 소명은 이 특별 소명 안에서 폐기되거나 사라져 없어지는 것이 아니라, 오히려 특별 소명 속에 흡수되고 강화된다. 이 점은 특별 계시의 말씀인 성경이 자연과 역사 속의 일반 계시를 인정하고 확인하며, 모든 거짓된 혼합 사상들을 일소한다는 사실로 입증된다. 하늘이 하나님의 영광을 선포하며 궁창이 그의 솜씨를 나타낸다는 것이나(시 19:1), 창세로부터 하나님의 보이지 않는 것들이 그가 만드신 만물에 분명히 보여 알려지고 있다는 것이나(롬 1:20), 율법의 행위가 사람들의 마음에 새겨져 있다는 것이나(롬 2:15), 이 모든 것들은 이성의 빛으로만 사는 사람보다는 성경의 가르침을 받는 그리스도인이 훨씬 더 잘 깨닫는 사실들이다.

일반 계시가 계속해서 타당성을 갖는다는 더 강력한 증거는 바로, 이방인들에게 불완전하고도 순결하지 못한 상태로 알려진 도덕법을 하나님이 시내산에서 순결하고도 완전하게 선포하셨고 그의 백성 이스라엘이 그것을 삶의 규범으로 지켰다는 사실에 있다. 그리스도께서는 이 땅에 오셔서 이 율법을 폐하신 것이 아니라 완성시키셨다(마 5:17). 무엇보다 그 자신의 삶 속에서 완성시키셨고, 더 나아가 그의 발자취를 따르며 성령 안에서 행하는 모든 사람들의 삶 속에서 완성시키셨다(롬 3:31; 8:3; 11:8-10; 갈 5:14). 이 모범에 따라서 그리스도의 교회는 그 신앙고백과 설교와 가르침 속에서 복음에 못지않게 율법에도 합당한 위치를 부여한 것이다.

율법과 복음은 하나님의 말씀을 구성하는 두 가지 부분이다. 이 둘은 서로 구분되지만, 서로 완전히 분리되는 일은 절대로 없다. 계시의 처음부터 마지막까지 성경 전체를 통틀어서 이 둘이 함께 나아간다. 그러므로 율법과 복음의 구별은 구약과 신약의 구별과는 매우 다른 것이다. 그런데 율법에서 불완전한 복음을 보고 또한 복음에서 불완전한 율법을 보는 사람들은 모두 그렇게 혼동하여 율법과 복음의 구별을 구약과 신약의 구별과 동일한 것으로 본다. 그러나 그 두 가지 구별은 서로 전혀 다른 것이며 따라서 혼동되지 않도록 조심스럽게 다루어야 하는 것이다. 구약과 신약은 동일한 은혜 언약의 두 가지 연속적인 경륜들을 일컫는 이름들이며, 또한 이 두 경륜들과 일치하는 성경의 두 가지 부류의 책들을 일컫는 이름들이다. 그러나 율법과 복음 사이의 구별은 이와는 전혀 다르다. 이 용어는 하나의 동일한 언약의 두 경륜이 아니라 서로 전혀 다른 두 가지 언약들을 지칭하는 것이다. 율법은 첫 사람 아담에게서 종결된 소위 행위 언약에 속하는 것이다. 행위 언약은 아담에게 완전한 순종에 따라서 영생을 약속했던 것이다. 그러나 복음은 사람의 타락 이후에 처음 알려지게 된 은혜 언약의 선포로서, 그리스도를 믿는 믿음으로 말미암아 은혜로 영생을 베풀어 주는 것이다.

그러나 은혜 언약은 행위 언약을 폐기하거나 멸하지 않고 오히려 완성시키는 것이다. 그 둘 사이의 차이는 주로, 하나님이 행위 언약으로 말미암아 우리에게 지우시는 그 요건들을 우리를 대신하여 그리스도께서 성취하신다는 데에 있다. 그리하여 은혜 언약은 물론 그 자체로는 순전한 은혜이지만, 처음부터 행위 언약의 법으로 하여금 자기를 섬기도록 했고, 스스로 그 법과 연합하며, 그리스도의 영으로 말미암아 그 법이 신자들 속에서 성취되도록 하는 것이다. 은혜 언약에서도 율법이 그 자리를 지키지만 그것을 준행함으로써 영생을 얻으려 하게 하기 위해서가 아니라 — 육신의 연약함 때문에 율법은 이를 행하지 못하기 때문이다 — 첫째로, 율법을 통하여 우리의 죄와 우리의 죄책과 우리의 비참함과 무기력함을 알게 하고, 그리하여 죄책에 대한 의식으로 인하여 완전히 무너져서 그리스도 안에 있는 하나님의 은혜에서 피난처를 찾게 하기 위함이요(롬 7:7; 갈 3:24), 또한 둘째로, 우리가 그리스도와 함께 죽고 그와 함께 부활한 후에 새로운 생명 속에서 행하게 하고 그리하여 율법의 의를 이루게 하기 위함이다(롬 6:4; 8:4).

그러므로 기독교는 반(反)율법주의나 율법을 멸시하는 자세나 율법을 깨뜨리는 자세에 대해서는 조금도 틈을 주지 않는 것이다. 성경이 말씀하는 대로, 율법과 복음은 함께 가야 하고, 설교와 가르침에서도, 교리와 생활에서도 함께 가야 하는 것이다. 그 둘은 서로 분리할 수 없는 관계에 있으며, 하나님의 하나의 완전한 말씀을 구성하는 두 부분이다. 그러나 그 둘을 똑같은 것으로 보는 것은 그 둘을 완전히 분리시키는 것만큼이나 나쁘다. 복음을 하나의 새로운 율법으로 만들어 버리는 율법주의(nomism)는 반(反)율법주의에 못지 않은 오류인 것이다. 율법과 복음은 서로 정도가 아니라 종류 자체가 다르다. 그 둘은 마치 수요와 공급이 다르듯이, 명령과 약속이 다르듯이, 요구와 제공이 다르듯이, 그만큼 서로 다른 것이다. 복음은 물론 율법도 하나님의 뜻을 내포하고 있으며, 그 뜻이 거룩하며 지혜롭고 선하고 신령한 것은 사실이다(롬 2:18, 20; 7:12, 14; 12:10). 그러나 율법은 죄 때문에 무기력해졌고, 의롭다 하기는커녕 오히려 죄를 악화시키며, 진노와 심판과 죽음을 촉발시킨다(롬 3:20; 4:15; 5:20; 7:5; 8:9, 13; 고후 3:6 이하; 갈 3:10, 13, 19). 그러나 복음은 이것과 대조적으로, 그리스도를 그 내용으로 하며(롬 1:3; 엡 3:6), 오로지 은혜와 화목과 죄 사함과 의와 평화와 영생을 가져온다(행 2:38; 20:34; 롬 3:21-26; 4:3-8; 5:1-2 등). 율법이 우리에게 요구하는 바를 복음이 값없이 우리에게 주는 것이다.

* * * * *

율법과 복음이 이런 식으로 서로 구분된다면, 자연과 양심 속에서 모든 사람에게 미치는 일반적 소명과 또한 기독교 세계에 사는 각 사람에게 미치는 특별 소명도 서로 정도가 아니라 본질과 종류 자체가 다른 것이 된다. 그 차이는 기독교가 이방인들이 아는 것보다 더 낮고 더 완전한 율법을 우리에게 제시한다는 사실에 있는 것이 아니라, 오히려 기독교가 전혀 새로운 것을 선포하며, 우리에게 복음을 가져다주며, 또한 그 복음 속에서 그리스도를 대면하게 한다는 사실에 있는 것이다. 기독교와 이교(異敎) 사이나, 일반 계시와 특별 계시나, 모든 사람에게 주어지는 소명과 그리스도인들만이 누리는 소명 사이의 차이는 율법에만 있는 것이 아니고 특히 하나님의 은혜의 복음에 있는 것이다. 모든 사람들을 향하여 주어진 일반 소명은 기록된 분명한 하나님의 말씀으로 구체화되어 있지 않고, 하나님이 이성과 양심 속에서, 또한 그들이 하는 일들 속에서, 이방인들에게도 주시는 일반 계시 속에 아주 미묘한 형태로 들어 있으며, 그것은 탐구와 깊은 추론을 통하여 연역해내야만 하는 것이다. 그러나 그렇게 탐구하고 생각하고자 하는 순간, 이방인들은 신앙에 있어서나 도덕성에 있어서 똑같이 오류에 빠져들고 말았다. 특별 계시 바깥에서도 사람이 하나님을 알기는 하나, 하나님을 영화롭게 하지도 않고 그에게 감사하지도 않으며, 오히려 그 생각이 허망하여지고 그들의 미련한 마음이 어두워져서 온갖 우상숭배와 부도덕에 빠지고 만 것이다(롬 1:21 이하).

따라서 자연에 나타난 계시나 이성과 양심 속에 주어지는 소명은 부족할 수밖에 없다. 그러므로 하나님은 특별 계시에서 더 이상 자연의 피조물들을 통해서 말씀하지 않으시고, 사람이 스스로 그의 생각의 최고 최상의 표현으로 사용하는 바 독특한 문자로 된 말씀을 사용하신다. 이처럼 특별 계시에서 말씀을 사용하시는 데에는 또 다른 이유가 있다. 사람 바깥에서나 사람 안에서나, 자연은 언제나 동일한 상태로 남아 있다. 천 년 전이나 수천 년 전이나 지금이나, 하늘은 여전히 동일한 방식으로 하나님의 영광을 선포한다. 그리고 문화와 문명이 발달했으나, 사람의 본질이나 본성은, 그의 마음과 양심은, 그 옛날의 선조들과 여전히 동일한 것이다.

그러나 특별 계시는 자연의 질서 속에 포함되지 않는다. 그것은 오랜 역사 속에서 역사적인 방식으로 주어졌으며, 그리스도라는 역사적인 인물이 그 중심이 되신다. 자연은 우리를 구원할 수가 없고, 오로지 사람이라야 한다. 그러나 하나님의 계획에 따라, 우리는 말로 주어진 것이든 기록된 것이든,

문자로 기록된 것이든 다른 기호로 기록된 것이든 간에, 말씀이 아니고서는 역사적인 사건들과 인물들에 대해서 절대로 무언가를 알게 될 수가 없다. 잘 아다시피 그것들은 자연물처럼 항상 있는 것이 아니고, 왔다가는 가고, 나타 났다가는 다시 사라지기 때문이다. 이처럼 특정적이고 역사적인 성격상, 특 별 계시는 반드시 말씀을 사용하여야 하고, 그래야만 한 세대에서 다음 세대 로, 한 곳에서 다른 곳으로 알려질 수가 있는 것이다. 일반적 소명은 자연을 통해서 오지만, 특별 소명은 말씀을 통해서 온다. 전자는 특히 율법을 그 내 용으로 하며, 후자는 특히 복음을 그 내용으로 한다.

복음은 이미 에덴 동산에서부터 그 진행을 시작하였다. 하나님은 거기서 처음으로 복음을 계시하셨고, 그 이후 족장들과 선지자들로 하여금 그것을 선포하게 하셨고, 제사들을 비롯하여 율법의 여러 가지 의식들로써 나타내 게 하셨고, 마지막으로 그의 독생자를 통하여 그것을 성취하신 것이다. 그러 나 그것이 다가 아니다. 그는 또한 복음의 말씀을 구약과 신약으로 기록하게 하시고, 그것을 교회에 맡기셔서 보존하고 선포하며 해석하고 수호하며 널 리 퍼뜨리게 하셨고, 그리하여 복음이 모든 사람들에게 알려지도록 하신 것 이다.

그리스도의 교회가 이 사명을 받아 수행하기 시작한 바로 그날, 성령의 부 으심이 일어났다. 그리고 반대로, 성령이 교회를 그의 거처로 삼으신 그 순 간, 신자들의 독자적인 공동체요, 또한 복음의 말씀을 맡은 자요, 또한 진리 의 기둥과 터인 교회가 시작되었다. 그 이전에도 예비적인 방식으로 말씀과 성령이 연합되긴 했으나, 그 말씀과 성령이 충만하게 결정적으로 연합한 것 은 바로 오순절 날이었다. 그 둘이 함께, 교회의 왕이시요 영의 주님이시며, 또한 우리를 위하여 말씀 속에 그려지시고 또한 성령으로 말미암아 우리의 분깃으로 주어지시는 그리스도를 섬기는 것이다. 그리스도께서 진리와 은혜 가 충만하기 때문에(요 1:14) 진리와 은혜가 함께 나아가는 것이다.

* * * * * *

말씀을 수단으로 하는 소명은 자연을 수단으로 하는 소명을 훨씬 초월한다. 자연을 수단으로 하는 소명은 율법의 소리만 듣게 하며 사람 앞에 "이것을 행하라 그리하면 살리라"라는 요구 조건을 제시하는 반면에, 말씀을 수단으로 하는 소명은 그리스도께로부터 나오며, 하나님의 은혜를 그 내용으로 하여, 믿음과 회개를 통하여 얻는 죄 사함과 영생 등, 가장 바람직한 은택들을 값없이 제공하기 때문이다. 오직 이 소명의 내용에만 주목하게 되면, 그 소명을 듣자마자 모든 사람들이 곧바로 기쁨과 즐거움으로 받아들일 것이라는 기대를 갖게 될 것이다. 죄인으로서 멸망을 향해 나아가는 인간이, 하나님의 은혜를 확신케 해 주며 또한 그에게 완전한 구원을 주기를 원하고 있는 그 복음을 어떻게 거부할 수가 있겠는가? 인간 편에서는 그저 어린아이 같은 믿음으로 이 복된 소식을 받는 것 외에는 아무런 노력도 필요가 없으니 말이다.

그러나 현실은 그런 것과는 상당히 다르다. 지나간 세월을 통틀어서, 주를 섬기는 자들과 주를 섬기지 않는 자들이 서로 분리되는 현상이 계속 있어왔다. 아담의 가문에서도 아벨과 가인이 각기 다른 길을 갔다. 홍수 이전의 인류는 셋의 계열과 가인의 계열로 나뉘어졌다. 그리고 홍수 이후에도 이러한 분리는 셈의 계보와 그 형제들의 계보에서 그대로 지속되었다. 족장들의 가문에서도 그러한 분리가 분명히 드러났다. 이삭과 이스마엘에게서, 야곱과 에서에게서, 그리고 후에는 이스라엘과 다른 민족들에게서 그것이 여실히 드러난 것이다. 심지어 언약 백성 중에도 아브라함의 혈통에서 난 모든 사람이 이스라엘이 아니요, 약속의 자녀가 아브라함의 자손으로 인정을 받았다(롬 9:6-8). 그리고 신약 시대에도 동일한 사실이 나타난다. 청함을 받는 사람은 많으나 택함을 받는 사람은 적은 법이다(마 22:14). 교회와 세상 사이에 예리한 대조가 있는 것은 물론, 교회 자체 내에도 말씀을 듣기는 하나 행하지 않는 자들이 수없이 많은 것이다(약 1:22). 기독교를 완전히 거부해 버린다 할지라도, 이러한 대조는 사라지지 않는다. 선과 악이, 정의와 불의가 어디에나 남아 있기 때문이다. 계급과 지위에서, 능력과 힘에서, 부유함과 존귀에서 사람마다 차이가 있다. 그러나 사람 사이에는 그보다 더 깊은 차이가 있으니, 그것은 종교적이며 도덕적 성격의 차이다.

이러한 불평등의 사실은 너무나 명백하고도 심각하여 누구나 생각하지 않을 수가 없는 사실이다. 그러나 이런 도덕적인 불평등을, 사람 사이의 다른 차이들을 설명할 때와 마찬가지로, 사람들에게 주어진 자유 의지를 근거로 설명하려는 사람들이 언제나 많이 있어왔다. 그들은 사람이 죄를 지었으나 사람의 의지는 여전히 자유로운 상태로 남아 있어서 선을 행할 능력을 그대로 보유하고 있다고 주장하며, 그렇지 않으면, 인간의 의지가 죄로 인하여 다소 약화되긴 했으나, 그럼에도 불구하고 말씀(로고스. 요 1:9)의 전체적인 조명을 통하여나 또는 세례 전이나 세례 중에 베풀어지는 성령의 은혜를 통하여 강화되었으므로 복음의 소명을 받아들이기에 충분한 힘을 받은 것이라고 주장하기도 한다.

이러한 설명은 절대로 용납할 수가 없다. 그 자체만으로도 성경의 가르침에서 거리가 멀기 때문이다. 이 설명에 따르면, 사람들을 구별짓는 것은 하나님이 아니라 사람들 자신이다. 그러나 하나님이 하나님이시라면, 그의 경륜이 모든 것을 지배하며, 그가 천지의 창조주시며, 또한 그의 섭리로 모든 만물을 지탱시키시고 다스리시는 것이다. 하나님이 자연 전체와 만물의 세세한 것들까지 다 지배하시면서도, 모든 것을 포괄하며 영원에 이르기까지 계속 역사하는 그 큰 사실 — 즉, 사람들 간의 영적인 차이와 불평등의 사실 — 은 그의 경륜에서 제외시키시고 사람의 결정에 맡기셨다는 식의 생각은 지극히 불합리한 것이다. 누구든지 이런 식의 사고를 갖는 자는 근본적으로 하나님의 경륜과 섭리의 다스림의 관념을 파괴하는 것이요, 세계 역사 전체를 하나님의 손길에서 닿지 않게 만들어 버리며, 또한 역사의 목적과 종말을 제거해 버림으로써 그 미래를 예측 불가능한 것으로 만들어 버리며, 하나님께는 수동적인 자세로 그저 기다리는 역할만을 부여한다. 그러나 이는 하나님의 존재는 물론 그의 일하심과도 완전히 모순된 것이다.

사람들 사이의 이런 영적인 구별은, 물론 가장 중요한 구별이기는 하지만, 그것이 유일한 구별은 아니다. 피조물들 간에는, 특히 그 중에도 이성을 지닌 사람들 간에는 온갖 차이와 다양한 구별이 존재한다. 사람들은 지위와 신분에 따라, 성별과 나이에 따라, 지성의 능력과 육체의 힘에 따라 서로 각기 다르다. 또한 기독교 세계 안에 출생하였느냐 혹은 그 바깥에 출생하였느냐, 복음의 소리를 들을 수 있느냐 혹은 없느냐 하는 점에서도 서로 다르다. 이 모든 차이와 구별들은 사람의 결정이나 자세 때문으로 설명할 수가 없다. 그런 것들은 그러한 사람의 결정과 자세보다 앞서며, 오히려 그런 것들이 사람의 결정과 자세에 다소간 영향을 미치기 때문이다. 그러나 하나님의 기뻐하시는 뜻을 이 일의 결정 요인으로 인정하고 거기에 만족하기를 원치 않으면, 그리고 사람들의 변화무쌍한 자세들에서 계속 해결책을 찾으려 한다면, 그 사람은 전혀 근거가 없는 가정들을 피난처로 삼을 수밖에 없을 것이다. 예를 들어서, 루터파 사람들은 한 사람은 복음의 빛을 받는 상태에 출생하고 또 다른 사람은 그렇지 못한 상태에 출생한다는 사실에서 하나님의 주권적인 섭리를 인정하기를 원치 않았고, 그리하여 말씀의 부르심은 아담의 시대나 노아의 시대나 사도 시대나 마찬가지로 모든 사람들에게 주어졌는데(그들은 특히 롬 10:18; 골 1:23에 호소하였다) 그들이 스스로 잘못하여 다시 버려진 상태에 빠진 것이라고 주장하였다. 오리게네스(Origen)에게서 나타나는 사상도 이와 같은 종류로서 오늘날에도 이를 주장하는 이들이 많은데, 곧 본래 인간의 영혼들은 동일하게 동시에 창조되었으나 이들이 그 선재(先在) 상태에서 달리 처신함에 따라서 땅에서도 다른 몸들을 받았다는 것이다.

이런 모든 가정들은 문제를 해결하기는커녕 오히려 어려움만 덧붙여준다. 하나님의 아버지다우신 마음에서 안식하며 또한 하나님의 주권적이며 도저히 헤아릴 길 없는 경륜을 피조물들의 불평등의 가장 깊은 근거로 인정하기 전에는, 이 문제를 해결할 길이 없는 것이다. 일반적 소명과 특별 소명이 달리 나타나는 것은 특정한 사람들의 우월함 때문도, 자연의 빛을 더 잘 사용했기 때문도 아니며, 하나님의 주권적인 뜻과 값없이 베푸시는 그의 사랑 때문인 것이다(도르트 신조 제3장 4조 7항). 또한 믿음으로 복음의 소리를 듣는 자들과 또한 그것을 무시하고 자기 방식을 고집하는 자들 사이에서 나타나는 영적인 불평등 역시 이와 마찬가지다. 구별을 짓는 것은 사람이 아니라 하나님이시다. 전자의 사람들과 후자의 사람들에게 임하는 소명 자체가 다른 것이다, 그리고 말씀을 통해서 부르시는 이 소명을 성경은 다시 외적 소명과 내적 소명으로 구분한다.

* * * * *

그러나 이런 구분의 정당한 근거를 제시하기에 앞서서, 먼저 강조해 둘 사실은 이렇게 구분하는 것이 소위 외적 소명이 갖는 능력과 가치를 없애 버리려는 의도가 있는 것이 절대로 아니라는 점이다.

왜냐하면, 첫째로, 하나님 편에서는 이 외적 소명이 여전히 진지하고 그 의도가 충실하기 때문이다. 복음으로 말미암아 부르심을 받는 사람들은 모두가 진지하게 부르심을 받는다. 하나님은 자신이 기뻐하시는 것이 무엇인지를 ― 그것은 곧, 부르심을 받은 자가 그에게 나아오는 것이다 ― 그의 말씀 속에서 진지하고도 성실하게 말씀하신다. 그리고 그는 자기에게 나아오는 모든 자들에게 영혼의 안식과 영생을 주실 것을 진지하고도 성실하게 약속하신다(도르트 신조 제3장 4조 8항). 외적 소명과 내적 소명의 구분을 반대하는 자들은 외적 소명이든 내적 소명이든 소명 전체가 갖는 능력과 의의를 인정하나, 그 구분을 용납하는 자들은 외적 소명이 갖는 능력과 의의를 계속해서 인정한다. 그들이 그렇게 소명을 구분하지만, 그것이 구분을 반대하는 자들이 보는 것보다 인류를 처지를 더 불행한 것으로 묘사하는 것은 아니다. 외적 소명을 사람들에게 임하게 하는 수단인 복음의 말씀이 죽은 조문이 아니라, 믿는 자를 구원에 이르게 하는 하나님의 능력이요(롬 1:16), 살아 있고 활력이 있어 좌우에 날선 어떤 검보다도 예리하며(히 4:12), 거듭남의 수단이 되기 때문이다(벧전 1:23). 하나님께서는 내적 소명에서도 동일한 말씀을 사용하시므로, 성령의 역사하심에서 말씀이 배제되는 것이 결코 아니다. 성령께서는 신자들의 마음속에서 그들이 하나님의 자녀임을 증거하심은 물론(롬 8:16), 그들의 양심을 꿰뚫어서 죄에 대하여 의에 대하여 심판에 대하여 책망하기도 하신다. 그리하여 칼빈은 외적 소명과 짝을 이루어 역사하는 성령의 단순한 활동에 대해 언급하는데, 이는 잘못된 것이 아니다.

그러므로 둘째로, 외적 소명을 거부하게 되면 반드시 그에 대한 책임이 따른다. 복음을 멸시하는 자들은 자기들의 어쩔 수 없음을 호소할 수 없다. 왜냐하면 그들이 어쩔 수 없이 복음을 거부하는 것이 아니기 때문이다. 만일 그들이 어쩔 수 없는 상태라면, 그들에게 구원을 베푸시는 하나님의 은혜에 호소할 수 있었을 것이다. 그러나 그들이 복음을 거부하는 것은 오히려 그들이 스스로 자기를 구원할 수 있다고 느끼기 때문이요, 그리하여 하나님의 은혜가 없이 구원받으려 하기 때문인 것이다. 복음의 부르심을 받은 많은 사람들이 돌아오지 않고 회개하지도 않는 것은 복음의 잘못도 아니요, 복음에서 제시되는 그리스도의 잘못도 아니요, 복음으로 그들을 부르시며 또한 부르심을 받는 그들에게 많은 선물들을 친히 베푸시는 하나님의 잘못도 아니다. 오히려 잘못은 부르심을 받는 당사자들에게 있다. 그들 중의 일부는 무관심하여 생명의 말씀을 받아들이지 않으며, 또 일부는 그 말씀을 받아들이되 그들의 마음의 가장 깊은 중심에는 두지 않으며 그리하여 일시적인 믿음에서 나오는 기쁨을 잠시 누리다가 다시 타락한다. 그리고 또 어떤 이들은 세상의 근심과 쾌락의 가시밭으로 말씀을 질식시켜 버리고 그리하여 아무 열매도 맺지 않기도 한다. 구주께서 씨뿌리는 자의 비유에서 바로 이런 상태를 가르치고 계신 것이다(도르트 신조 제3장 4조 9항).

그리고 셋째로, 이 외적 소명이 열매가 없는 것이 아니다. 일반적으로 말해서, 하나님께서는 외적 소명을 사용하셔서 그의 목적을 성취하신다고 말할 수 있다. 이 외적 소명의 말씀에 대해서도, 그것이 헛되이 돌아오지 않고 하나님의 기뻐하시는 뜻을 이루며 그가 보내신 일에 형통하다고 말할 수 있기 때문이다(사 55:11). 하나님은 외적 소명의 말씀을 통하여 피조물들에 대하여 자신의 권리를 주장하시며 또한 그의 이름의 존귀를 얻으신다. 그리고 더 나아가서, 사람들이 외적 소명에 대해 사람들이 이렇게 아니면 저렇게만 반응하는 것이 결코 아니다. 이교도들 가운데서도 자연의 소명에 대한 반응이 매우 다양하게 나타난다. 소크라테스와 플라톤을 칼리굴라(Caligula: 로마의 악명 높은 황제)와 네로(Nero: 로마의 악명 높은 폭군)와 동일하게 취급할 수는 없는 것이다. 이와 마찬가지로, 복음을 조롱하고 저주하는 것과, 역사적인 믿음 혹은 일시적인 믿음으로 복음을 받아들이는 것은 결코 같은 것일 수가 없는 것이다. 물론 역사적인 믿음과 일시적인 믿음이 구원 얻는 믿음과 근본적인 차이가 있는 것은 사실이다. 그러나 그렇다고 해서 역사적인 믿음과 일시적인 믿음이 전적인 불신앙과 같은 것일 수는 없다. 오히려 그 반대로, 그런 믿음들은 하나님의 일반 은혜의 열매들이요, 거기에는 여러 가지 일시적인 축복들이 함께 수반된다. 그런 믿음들은 사람들을 진리에 대해 의무감을 갖게 하며, 여러 가지 끔찍한 죄들을 삼가게 하고, 순전하고 덕스러운 삶을 살게 하며, 인간의 생활과 교회의 영향력을 위해서 크나큰 의의를 지니는 바 기독교 사회의 형성에 상당히 기여하는 것이다.

뿐만 아니라, 하나님께서는 이러한 외적 소명을 그의 택한 백성들의 마음 속에 은혜의 역사를 준비시키는 데 사용하시는 경우도 많다는 점도 주목할 필요가 있다. 물론 선행 은혜(prevenient grace)가 있으나, 그렇다고 해서 외적 소명이 아무런 변화 없이 내적 소명으로 옮아간다거나, 자연인이 점점 자라나 하나님의 자녀가 되는 일은 결코 없다. 자연의 경우나 은혜의 경우나 마찬가지로, 사망에서 생명으로나 어둠에서 빛으로 점점 전환되는 일은 없는 것이다. 선행 은혜 혹은 예비적 은혜(preparatory grace)라는 것이 있으나, 그것은 모든 은혜를 베푸시는 분이신 하나님께서 또한 자연의 창조주가 되시며, 그가 자연과 은혜를 서로 끈으로 연결시키시고 그 이후로 그 연결을 항상 지속시키신다는 뜻이다. 구원의 경륜을 시행함에 있어서 하나님은 그 자신이 창조와 섭리의 일에서 그어놓으신 선을 그대로 따르신다. 하나님께서 삭개오의 마음에 예수님을 뵙고자 하는 간절한 갈망을 일으키셨고(눅 19:3), 또한 베드로의 설교를 들은 군중들 속에 마음에 찔림을 일으키신 것처럼(행 2:37), 하나님은 그의 백성들을 보살피시고 다스리사, 그가 그들 속에 그의 은혜를 영광스럽게 베푸실 바로 그 시각을 위하여 그들을 준비시키시며, 또한 그가 친히 그의 전능하신 팔로 그 시각을 위하여 그들을 인도하시는 것이다.

* * * * *

그러나 이 외적 소명이 진정한 능력과 가치가 있으나, 그 자체만으로는 사람의 마음을 변화시키고 그로 하여금 복음을 믿음으로 받아들이도록 효과적으로 움직이기에는 부족하다. 그러나 외적 소명이 불충분하다는 사실을 올바로 이해해야 한다. 외적 소명이 선포하는 바 복음이 불충분한 복음이라는 것이 아니다. 그 복음은 구원의 경륜 전체를 포괄하며, 그리스도와 그의 모든 은택들을 제시하는 것으로 그 내용을 다시 확충시킬 필요가 없기 때문이다. 또한 이 복음이 성령으로 말미암아 살아나야 할 죽은 조문인 것도 아니고, 그 지시하는 바 실체와는 전혀 관계가 없는 공허한 소리나 헛된 상징인 것도 아니다. 바울은 심는 이나 물 주는 이가 아무것도 아니라고 — 다른 사람이 그 일을 대신할 수도 있고, 그들을 완전히 무시할 수도 있기 때문에 — 말하지만(고전 3:7), 복음에 대해서는 절대로 그렇게 말하지 않는다. 오히려 그 반대로, 복음은 구원에 이르는 하나님의 능력이며(롬 1:16; 고전 15:2), 사람의 말이 아니라 살아 있고 능력 있는 하나님의 말씀이요(요 6:63; 히 5:12; 벧전 1:25), 또한 어떤 이에게는 사망으로부터 사망에 이르는 냄새요 또 어떤 이에게는 생명으로부터 생명에 이르는 냄새로서, 어떤 의미에서 언제나 자기의 역할을 담당하고 있음을 말한다(고후 2:16). 복음의 내용이신 그리스도는 그 누구도 중립적인 입장에 있도록 내버려두지 않으신다. 그는 세상에 위기와 심판과 분리를 가져오시며(요 3:19; 9:39), 사람의 존재 밑바닥에까지 침투해 들어가는 그의 말씀으로써 마음의 성향과 생각들을 드러내시는 것이다(눅 2:35; 히 4:12). 그는 피할 반석이신 자신을 거부하는 자들에게 거치는 돌이 되시며, 지혜이신 자신을 거부하는 자들에게는 미련한 것이 되시며, 또한 부활이신 그를 거부하는 자들에게는 멸망을 주시는 것이다(눅 2:34; 고전 1:18; 벧전 2:7, 8).

그러나 복음의 말씀의 이러한 이중적인 역사는, 그것을 받아들이는 자들과 거부하는 자들에게 나타나는 다른 결과가 그 말씀 때문이 아니요 따라서 외적 소명 때문일 수가 없다는 것을 확실히 입증해 준다. 복음의 말씀은 누가 전하든, 누구에게 전하든 간에 언제나 살아 있고 능력 있는 하나님의 말씀이다. 그러나 하나님의 말씀이라는 표현은 성경에서 언제나 동일한 의미로 쓰이지 않는다. 때때로 그것은 그가 세상을 창조하시고 지탱하시는 바 하나님의 능력을 의미한다(창 1:3; 시 33:6; 마 4:4; 히 1:3). 또 다른 경우에는 하나님이 선지자들에게 무언가를 알리시는 수단이 되는 특별 계시를 지칭하기도 한다(렘 1:2, 4; 2:1 등). 그리고 율법에 관한 내용이든 복음에 관한 내용이든 간에, 계시의 내용 혹은 의미를 지칭하는 뜻으로도 몇 차례 사용된다(출 20:1; 눅 5:1 등). 위의 마지막 경우에, 그 말씀이 여전히 하나님의 말씀인 것은 사실이지만, 창조와 섭리에서 사용되는 것처럼 하나님이 직접 말씀하신 말씀은 아니다. 오히려 그것은 인간의 말의 형식을 취하여 인간들이 발설하고 기록할 수 있는 것이요, 그리하여 독자적인 존재를 지니게 된 것이라 할 것이다. 물론 이런 의미에서도, 그 내용으로 볼 때에 그것이 여전히 살아 있고 능력 있는 말씀이지만, 그러나 인간의 말의 특징들이 거기에 들어 있어서 그런 면에서는 그저 도덕적인 영향력밖에는 행사할 수가 없다. 그러나 이러한 도덕적인 영향력을 가볍게 보아서는 안 된다. 그것은 그저 이성적인 교훈보다는 훨씬 강력한 것이다. 왜냐하면 복음의 말씀은 하나님과 신적인 문제들에 대한 우리의 지식의 근원인 동시에 은혜의 수단이기도 하기 때문이다.

그러나 그런 식의 복음의 합리적이며 종교적 · 도덕적 역할만으로는 부족하다. 사람이 타락하지 않았거나, 혹은 타락을 했어도 사람이 영적 자유를 잃어버리지 않았더라면, 그것으로 충분할 것이다. 그러나 사람의 마음이 어두워져 있고(엡 4:18; 5:8), 사람의 의지가 죄의 종으로 매여 있으며(요 8:34; 롬 6:20), 사람이 죄와 허물 가운데서 죽어 있다는 것을(엡 2:1-2) 성경이 증언하며 우리의 일상 생활이 확증하고 있다. 그러므로 사람은 하나님의 나라를 볼 수도 없고(요 3:3), 하나님의 영에 속한 일들을 깨닫거나 납득할 수가 없으며(고전 2:14), 스스로 하나님의 법에 굴복할 수도 없고(롬 8:7), 스스로 선을 품거나 행할 수도 없는 것이다(요 15:5; 고후 3:5). 복음은 분명 사람을 위한 것이지만, 사람에게 맞추어진 것은 아니다. 즉, 사람의 생각과 바람에 맞추어져 있는 것이 아니라는 뜻이다(갈 1:11). 그렇기 때문에, 사람이 자기 자신의 뜻에 내버려둠을 당하여 있을 때에는 복음을 거부하고 반대할 수밖에 없는 것이다.

그러나 하나님의 은혜의 풍성함이 여기 있으니, 곧 이 모든 사실에도 불구하고 하나님께서 그의 택하신 모든 자들을 영생에 이르게 하시기 위하여 말씀의 소명에다 성령의 역사를 첨가시키신다는 것이다. 구약에서도 이미 성령께서 영적 삶을 베푸시는 분이시요 인도하시는 분이셨다(시 51:12; 143:10). 그러나 구약에서는 그를 신약 시대에 모든 사람들을 가르치시며 새로운 마음을 주시고 여호와의 법을 그 마음에 기록하실 분으로 특별히 약속하고 있다(사 32:15; 렘 31:33; 32:39; 겔 11:19; 36:26; 욜 2:8). 바로 그 목적을 위하여 그가 오순절 날에 부어지셨다. 사도들과 더불어, 또한 그들을 통하여, 성령께서 그리스도를 증언하시고 교회 안에 거하셔서 교회를 거듭나게 하실 것이요(요 3:5), 예수를 주라 고백하게 하실 것이요(고전 12:3), 교회를 위로하시고 인도하실 것이요, 교회와 영원히 함께 계실 것이다(요 14:16; 롬 8:14; 엡 4:30). 그리고 교회 바깥에서는, 성령께서 세상 속으로 침투해 들어가셔서 죄에 대하여, 의에 대하여, 심판에 대하여 세상을 책망하실 것이다(요 16:8-11).

구원의 일은 객관적으로만이 아니라 주관적으로도 하나님의 일이요, 오직 그만의 일이다. 구원은 "원하는 자로 말미암음도 아니요 달음박질하는 자로 말미암음도 아니요 오직 긍휼히 여기시는 하나님으로 말미암음"이다(롬 9:16). 많은 사람들에게 임하는 외적인 소명이 있으나(마 22:14), 또한 선택의 결과인 내적인 유효적 소명도 있다(롬 8:28-30). 하나님께서는 복음을 주시기만 하는 것이 아니라 또한 능력으로 성령 안에서 그 복음을 선포하게 하시며(고전 2:4; 살전 1:5, 6), 또한 그가 친히 자라게 하신다(고전 3:6-9). 그가 마음을 여시며(행 16:14), 마음의 눈을 밝히시며(엡 1:18; 골 1:9-11), 뜻을 굽히게 하시며(행 9:6), 그의 기쁘신 뜻을 향한 소원을 갖게 하시고 또한 그 뜻을 행하게 하시는 것이다(빌 2:13).

그렇게 부르심을 받는 자들이 그리스도께로 나오고 회심한다는 사실을 인간적인 공로에 의한 것으로 간주해서는 안 된다. 마치 사람이 자기의 자유의지로 스스로 다른 사람들과 구별될 수 있기라도 한 것처럼 말이다. 그 모든 일은 하나님께서 행하시는 일이다. 하나님이 창세 전에 그리스도 안에서 자기 백성을 선택하셨으므로, 또한 시간 속에서 그들을 능력으로 효력 있게 부르시고, 그들에게 믿음과 회개를 주시며, 어둠의 권세로부터 그들을 구하신 후에 그들을 그의 아들의 나라로 옮기셔서, 그들을 어두운 데서 불러내어 그의 기이한 빛에 들어가게 하신 그분의 아름다운 덕을 선포하게 하시며, 또한 그들로 하여금 자기를 자랑하지 않고 사도의 말씀들이 계속해서 증언하듯이, 그들로 하여금 자기를 자랑하지 않고 주 안에서 자랑하게 하시는 것이다(도르트 신조 제3장 4조 10항).

* * * * *

이 내적 소명의 본질에 대해서 성경은 여러 가지 방식으로 시사하고 있다. 이 내적 소명이라는 용어 그 자체는 성경에 나타나지 않는다. 그러나 그 용어로 지칭하는 실체는 성경에 거듭거듭 언급되고 있다. 심지어 자연도 은혜의 영역에서 일어나는 그 일에 대해 실마리를 제공해 준다. 창조가 구속에 빛을 비추어주며, 구속이 다시 창조에 빛을 비추어주는 것이다. 예수께서는 자연과 일상 생활에 근거하여 비유로 천국의 본질, 천국의 특성, 천국의 법을 설명하셨다. 특히 씨뿌리는 자의 비유에서 그는 복음의 말씀이 사람들의 마음속에 이루는 갖가지 다른 효과들을 설명하고 계신다.

사람이 어떤 사물을 인지하거나 그것에 대한 지식을 갖기 위해서는 먼저 그 사람과 그가 보거나 알기를 원하는 대상물 사이에 명확한 관계가 필요하다는 법칙이 자연의 영역에서도 작용한다. 사람이 무언가를 보고자 하면, 반드시 그 대상이 있어야 하며, 볼 수 있는 눈이 있어야 하고, 동시에 빛이 있어야 한다. 사람이 무언가를 듣고자 하면, 공기의 파장이나 소리는 물론, 그 소리를 들을 수 있는 열린 귀가 있어야 한다. 사람이 감각 기관으로 지각한 대상물을 이해하기 위해서는, 그것을 알 수 있는 마음이 있어야 한다. 우리가 무언가를 흡수하고 우리의 영적 재산으로 전용하고 싶으면, 그 사물과 관계를 가져야 한다. 눈먼 맹인은 볼 수 없고, 귀머거리는 들을 수 없다. 그러나 무관심한 마음도 이해할 수가 없는 것이다. 음악적으로 감각이 무딘 사람은 음(音)의 세계를 인지할 수가 없고, 미적 감각이 무딘 사람은 시(詩)나 그림에서 즐거움을 얻을 수가 없다. 어떤 각성이나 지식이 있으려면, 반드시 어떤 관계가 존재해야 하고, 사람과 세계 사이에 조화의 끈이 있어야만 하는 것이다.

자연의 영역에서는 일반적으로 말해서 그러한 관계가 계속해서 힘을 발휘해왔다. 물론 여기에도 죄가 그 흔적을 남겨놓아서 맹인이나 귀머거리나 정신이상자 등 많은 불행한 사람들이 그런 관계를 전혀 갖지 못하며, 또한 모든 사람들이 그 관계가 다소 약화되고 혼란스러워져 있는 것을 깨닫는 것은 사실이다. 그러나 일반적으로 볼 때에, 하나님께서는 자연의 영역에서는 그 관계가 계속되도록 허용하셨다고 말할 수 있다. 사람은 여전히 보고 들으며, 지각하고 생각하며, 배우고 아는 것이다.

그러나 영적인 영역에서는 이 관계가 죄로 인하여 완전히 깨어져버렸다. 사람의 마음의 생각이 어려서부터 악할 뿐이다(창 8:21). "소는 그 임자를 알고 나귀는 주인의 구유를 알건마는 이스라엘은 알지 못하고 주의 백성은 깨닫지 못하는도다"(사 1:3). 사람의 세대는 마치 장터에 앉아서 친구들을 불러서, "우리가 너희를 향하여 피리를 불어도 너희가 춤추지 않고 우리가 슬피 울어도 너희가 가슴을 치지 아니하였다"라고 말하는 어린아이들과도 같다(마 11:16-17). 이 백성은 볼 수 있는 눈이 없고, 들을 수 있는 귀가 없으며, 깨달을 수 있는 마음도 없다(사 6:9; 마 13:14-15). 하나님이 자연 속에서 자기 자신을 계시하셨을 때에도, 그들은 그를 알지 못했고 감사치도 않았으며(롬 1:21), 그가 복음 안에서 자기 자신을 계시하실 때에도, 그들은 하나님의 영의 일들을 깨닫지 못하며, 십자가의 미련한 것에 걸려 넘어지며, 쓸데없이 대항하여 넘어지는 것이다(행 9:5; 고전 1:23; 2:14). 사람은 본성적으로 하나님과 그의 계시와 모든 영적인 일들과 하늘의 일들에 대해 죽어 있다. 사람은 그런 것들에 대해 무관심하며, 전혀 관심이 없고, 오로지 이 땅의 것들만을 생각하며, 하나님의 길을 아는 것을 전혀 즐거워하지 않는다. 하나님과 사람 사이의 관계가 깨어져버렸고, 그들 사이에는 영적인 교제나 연합이 더 이상 존재하지 않는 것이다.

그리하여 내적 소명은 일반적으로, 그 관계의 끈을 다시 회복시켜서 사람을 영적으로 하나님과 관계를 맺게 하고, 그리하여 하나님의 말씀을 듣고 깨닫도록 만드는 사실에 있다. 성경은 내적 소명에서 역사하는 성령의 이러한 영향력을 "나타내심"(혹은, "계시")이라는 말로 부른다. 시몬 베드로가 가이사랴 빌립보에서 예수님을 그리스도요 살아 계신 하나님의 아들로 고백하자, 주께서는 그에게, "바요나 시몬아 네가 복이 있도다 이를 네게 알게 한(나타나게 한) 이는 혈육이 아니요 하늘에 계신 내 아버지시니라"라고 말씀하셨다(마 16:17). 이와 마찬가지로 사도 바울은 자신이 회심할 때에 하나님은 그의 아들을 그에게 나타내시기를 기뻐하셨다고 증언하고 있다(갈 1:16). 이러한 나타내심은 그리스도께서 객관적으로 나타나신 것을 가리키는 것이 아니다. 베드로가 주님을 그리스도로 고백했을 때에, 주님은 이미 수년 전부터 살아 계시고 일하고 계셨고, 자기 자신이 메시야이심을 여러 번 선언하신 바 있었고(예를 들어서, 마 11:5 이하), 다른 사람들에게서 이미 그를 메시야로 인정받으시기도 했기 때문이다(마 8:29; 14:33). 그러나 그때에 비로소 예수님이 메시야요 하나님의 아들이심을 베드로가 명백하고도 단호하게 고백하였으므로, 주님은 베드로의 마음과 지성에 하나의 주관적인 나타내심(계시)이 주어졌기 때문에 그렇게 담대하고도 분명하게 고백할 수 있게 된 것이라고 말씀하시는 것이다. 하나님께서 친히 사도를 내적으로 조명하셨고, 그리하여 그가 과거에는 절대로 그렇게 명백하게 보지 못했던 사실을 이제 그리스도 안에서 보게 된 것이다.

다시 말해서, 이 문맥에서 언급되고 있는 "나타내심"이란 곧 내적인 조명(internal illumination)을 지칭하는 것이다. 자연의 영역에서는 태양으로부터 우리의 눈이 빛을 받고, 마치 촛불이 집안을 밝히듯이 그로 말미암아 온 몸이 밝아진다(마 6:23). 태초에 하나님과 함께 계셨고, 만물을 지으셨고, 친히 사람들의 빛이셨으며 지금도 여전히 그 말씀이 세상에 태어나는 각 사람의 지성과 이성에 빛을 비추시는 것이다(요 1:1-9). 사람은 이 지성에 역사하는 조명으로 인하여 세상을 지각하고, 탐구하고, 알 수가 있다. 또한 사람의 지혜가 그의 얼굴을 밝게 해준다(잠 8:1). 이와 마찬가지로 영적인 영역에도 조명이 있는 법이다. 이미 구약 시대에 시편 기자는 다음과 같이 그러한 조명을 구하고 있다; "내 눈을 열어서 주의 법의 기이한 것을 보게 하소서"(시 119:18). 그리고 신약에서는 바울이 "나타내심"을 거론하며(갈 1:16), 또한 다른 곳에서도 자신이 받은 바 조명에 대해서 언급하고 있다. 빛을 창조하신 하나님께서 그의 마음에도 빛을 비추사 그가 사도로서 그 빛을 전함으로써 다른 사람들에게도 하나님의 영광이 비치게 하고, 또한 그것을 알도록 그들을 인도하게 하신 것이다(고후 4:6; 엡 3:9).

다른 곳에서는 내적 소명에서 역사하시는 성령의 이러한 활동을 주 그리스도께서 마음을 여시고(행 16:14), 혹은 깨닫게 하셔서(눅 24:45) 하나님의 말씀을 올바른 의미로 깨닫고 받아들이게 하는 것으로 묘사하고 있다. 또한 이 성령의 활동을, 사도들이 전한 말씀을 자라게 하시는 것으로 묘사하기도 한다(고전 3:5-9). 사도들은 그저 종들이요, 하나님과 함께 일하는 자들이요, 그의 손에 쓰임받는 도구들일 뿐이며, 따라서 수고하는 것은 그들이 아니요 그들과 함께 하시는 하나님의 은혜인 것이다(고전 15:10). 과연 그들은 아무 것도 아니요, 하나님이 전부이시다. 그가 말씀의 씨를 자라게 하시는 것이 요, 따라서 교회는 전적으로 하나님의 역사요 하나님의 건물인 것이다. 죽어 있는 죄인을 살리는 일은 사람이나 피조물이나 사도의 능력 밖의 일이다. 그 일을 위해서는 오직 그리스도를 죽은 자 가운데서 살아나게 하신 그러한 하 나님의 전능하신 능력이 필요한 것이다.

사도 바울은 에베소의 신자들을 위하여 기도하기를, 하나님이 그들에게 지혜와 계시의 영을 그들에게 주사 그들로 하여금 하나님을 알게 하시고, 그 들의 마음(지성)의 눈을 밝혀주셔서, 첫째로, 하나님이 그 부르신 자들에게 베푸시는 바 소망과 기대가 얼마나 놀라운 것인가를 알게 해주시고, 둘째로, 그들에게 주어질 그 기업의 영광이 얼마나 풍성한가를 알게 해 주시며, 또한 셋째로, 신자들을 부르셨을 때부터 그들의 생애 동안, 그리고 마지막 영광에 이르기까지 그가 그들에게 드러내 보이시는 그 능력의 지극히 크심이 어느 정도인가를 알게 해달라고 한다. 하나님께서 그리스도를 죽은 자 가운데서 다시 살리시고 그를 하늘에서 자기의 오른편에 앉히사 모든 통치와 권세 위 에 높이실 때에 하나님이 그리스도 안에서 보이신 그 능력에 맞추어 생각하 면, 신자들에게 약속되어 있는 그 능력이 얼마나 큰가를 어느 정도 가늠할 수 있을 것이다. 신자들의 소명과 중생, 보존과 영화에서도, 그리스도의 부 활과 승천과 높아지심에서 드러난 것과 동일한 하나님의 능력이 나타나는 것이다(엡 1:17-22).

그러므로 개혁 교회는 성경의 가르침에 따라서, 하나님은 택한 자들에게 그의 기뻐하시는 뜻을 행하시사 그들에게 참된 회개를 일으키실 때에, 그들 에게 복음을 외적으로 전하시고 또한 성령을 통하여 그들의 마음에 강력하 게 빛을 비추사 그들로 하여금 하나님의 영에게 속하는 것들을 올바로 깨닫 고 분별하도록 하실 뿐 아니라, 또한 그 거듭나게 하시는 성령의 강력한 역 사하심으로 속 사람에게까지 침투하신다고 고백한다. 그리고 그 동일한 신 앙고백의 표현으로 하자면, 이런 역사하심은 전적으로 초자연적이며 지극히 강력하며 동시에 지극히 감미롭고 경이로우며 신비스럽고 말로 표현할 수 없는 역사요, 성경(이 역시 그렇게 일하시는 그분의 감동으로 주어진 것임을 기억해야 한다)의 증언에 따르면, 창조에서나 죽은 자의 부활에서 나타나는 것보다 결코 능력이 뒤지지 않는 역사인 것이다(도르트 신조 제3장 4조 12항).

* * * * *

성령의 이런 역사하심으로 말미암아 사람에게서 일어나는 변화를 가리켜 중생(重生)이라 부른다. 이 중생이라는 말은 성경에만 나오는 것도, 성경에서 처음 나오는 것도 아니고, 고대의 인도 종교에서도 영혼이 죽을 때에 영혼에게 일어나는 변화를 지칭하는 뜻으로 그 말을 사용한 바 있다(이를 "환생"[還生]이라 한다: 역자주). 그 인도 종교에 따르면, 사람이 죽은 후 그 영혼은 분리의 상태 속에 사는 것이 아니라, 생전의 행실에 따라서 사람이든 짐승이든 식물이든 즉시 다른 몸 속으로 들어간다고 한다. 출생은 반드시 죽음으로 이어지며, 또한 죽음은 반드시 또 다른 출생으로 이어진다고 한다. 각 사람은 이렇게 오랜 세월 동안 계속되는 일련의 "환생들"에 속하여 있다. 곧, 동일한 영혼이 항상 새로운 몸을 입는다는 것이다. 불교에 따르면, 이 끔찍한 법칙과 세상의 모든 고통으로부터의 구원은 오직 사람이 스스로 존재에 대한 열망을 잠재우는 방법을 알고 또한 온갖 금욕과 절제의 행위를 통하여 자기를 멸하기 위하여 수고하거나 혹은 최소한 무아지경에 이르도록 애쓸 때에만 얻을 수 있다고 한다. 이러한 "환생" 교리가 고대에 유럽으로 들어왔고, 지난 세기에도 다시 나타났다. 그리고 심지어 오늘날에도 이 교리를 모든 지혜의 정수로 보는 이들이 있다.

그러나 성경은 사람들의 중생을 전혀 다른 의미로 말씀한다. 성경은 두 곳에서 이 명사를 사용하고 있다. 마태복음 19:28에서 예수님은, 영광의 나라가 오기 전에 세상이 새롭게 되는 것을 염두에 두고서 이 명사를 사용하시며, 또한 디도서 3:5에서 바울은, 하나님이 우리가 행한 바 의의 행위로 말미암아 우리를 구원하신 것이 아니라 중생의 씻음과 성령의 새롭게 하심으로 그의 긍휼하심을 따라 구원하신 것이라고 말한다. 바울이 이 시점에서 세례를 중생의 표징과 인표로서 염두에 두고 있는지, 아니면 중생과 성령의 새롭게 하심의 은택들을 신자들이 물에 내려가 행하는 목욕(씻음)에 빗대어 말하는지는 확실히 규명하기가 어렵다. 그것은 그렇다치고, 성령의 새롭게 하심이라는 말을 덧붙인 것은, 중생을 생각할 때에는 반드시 신자들이 회심할 때에 일어나는 영적·도덕적 변화를 생각해야 한다는 사실을 입증해 준다 하겠다. 전후의 문맥이 이런 이해를 확증해 준다. 과거에는 그들이 어리석은 자요 순종하지 않은 자요 속은 자요 여러 가지 정욕과 행락에 종 노릇 한 자요 악독과 투기를 일삼은 자요 가증스러운 자요 피차 미워한 자였었으나(딛 3:3), 이제는 구원함을 받고, 거듭나고 새로워졌으며, 영생의 소망을 따라 상속자들이 되었다고 말씀하고 있는 것이다(딛 3:4-7). 그리하여 그들에게 선한 일을 계속 힘쓰라고 권면하고 있다(8절). 왜냐하면 중생과 새롭게 하심으로 말미암아 그런 일을 할 수 있는 능력과 소원을 얻게 되었기 때문이다.

명사로는 이렇듯 성경에 두 번밖에는 나타나지 않으나, 중생의 실체는 다른 단어들과 표현들로 자주 언급되고 있다. 구약에서도 이미 이스라엘 백성들에게 할례의 외형적 표시를 자랑하지 말고 마음의 할례를 행하고 목을 곧게 하지 말라고 경고하고 있다(신 10:16). 구약은 또한 여호와 하나님이 친히 그들과 그 후손들의 마음에 할례를 베푸사 여호와 그들의 하나님을 마음과 성품을 다하여 사랑하게 하실 것임을 약속하고 있다(신 30:6). 이 약속은 이스라엘 역사 속의 성도들에게서 성취되지만(시 51:12), 장차 하나님이 그의 백성과 새 언약을 맺으시고, 그의 영을 만민들에게 부으시고, 그들에게서 돌같이 굳은 마음을 제하고 부드러운 마음을 주시며, 그들의 마음에 그의 법을 기록하실 때에 그보다 더욱더 풍성하게 성취될 것이다(렘 24:7; 31:31-34; 32:39; 겔 11:19; 36:26-28; 욜 2:28 등).

그 약속한 미래가 가까워지고 천국이 임박하였을 때에, 세례 요한이 등장하여 그 나라에 들어가는 조건으로 회개할 것을 선포하였다. 이스라엘 백성은 그 외형적인 특권들에도 불구하고 철저하게 부패하여 있었다. 할례를 받은 자들이었으나, 그들에게는 세례가 필요했다. 회개와 죄 사함의 세례, 새 사람이 새 생명으로 나오도록 몸을 완전히 담그는 세례가 필요했던 것이다(마 3:2 이하). 그리고 예수님이 그 회개와 믿음에 대한 동일한 말씀을 전하시고, 친히 세례를 받으시고, 그의 제자가 되기를 원하는 모든 사람들에게 세례를 베푸신다(막 1:14-15; 요 4:1, 2). 그 나라에 들어가고자 하는 자는 누구든지 자신의 과거의 삶과 단절해야 하고, 자기 목숨을 버려야 하고(마 10:39), 모든 것을 버려야 하고(눅 14:33), 자기 십자가를 지고 그를 좇아야 하고(마 10:38), 어린아이가 되어야 하며(마 18:3), 죄를 고백하며 아버지께로 돌아가야 하고(눅 15:18), 좁은 문과 좁은 길로 영생에 들어가야 한다(마 7:14). 누구든지 이를 행하는 자는 하나님께서 친히 그렇게 되게 하신 것이니, 이는 사람들이 악하기 때문이다(마 7:11). 그들의 마음에서는 불의밖에는 나오지 않는다(마 15:19). 못된 나무는 좋은 열매를 맺을 수 없다(마 7:17). 그러므로 좋은 열매를 맺기 위해서는 그 나무가 먼저 좋아야 하는데, 오직 하나님만이 그렇게 하실 수 있다(마 19:26). 하늘 아버지께서 심으시는 자들이 하나님의 자녀들이요 천국 시민이며(마 15:13), 아들이 그들에게 아버지를 나타내셨고, 또한 아버지께서도 그들에게 아들을 나타내셨다(마 11:27; 16:17). 과거에는 영적으로 죽어 있었으나, 그들은 이제 참 생명에 참여한 바 되었고 영생을 기다리고 있는 것이다(마 8:22; 눅 15:24; 18:30).

처음 세 복음서에 나타나는 그리스도의 이 모든 가르침에는 중생이라는 단어는 나타나지 않으나 그 실체는 분명히 제시되고 있다. 그러므로, 예수께서 니고데모와의 대화에서 물과 성령으로 거듭나지(혹은, 위로부터 나지) 않고서는 하나님의 나라를 볼 수도 없고 그 나라에 들어갈 수도 없다고 말씀하시는 요한복음의 보도(요 3:3-8)는 다른 세 복음서의 가르침과 모순된 것이 아니다. 오히려 예수께서는 다른 곳에서 좀 더 폭넓게 대중적으로 제시하신 내용을 니고데모와의 대화 속에서 간결하고도 예리하게 정리해 주고 계신 것이다. 우리가 아다시피 니고데모는 이스라엘의 선생이요 산헤드린의 회원으로서 두드러진 인물이었다. 그는 예수님의 이적에 대한 소문을 들었고, 그리하여 그를 하나님께로부터 보내심을 받은 선생으로 여기고 있었다. 그러나 그는 아직 확실히 알지 못했고, 의심에 싸여 있었다. 그리하여 그는 밤에 — 유대인들의 불신과 적의를 불러일으키지 않도록 밤에 — 예수님을 찾아가서 직접 대화함으로써 그가 과연 메시야이신지를 알아보려고 하였다. 그리하여 니고데모는 대화의 첫 머리에, 자신이 예수님을 하나님께로부터 오신 선생이요 또한 그가 행하신 모든 이적들을 행할 만한 자격을 하나님께로부터 부여받은 분으로 여기고 있음을 시인하였다. 그리고 이어서 사람이 천국에 들어가려면 어떻게 해야 하느냐 하는 질문을 덧붙이고 싶었던 것이 분명하다. 그러나 예수께서는 그에게 질문의 기회를 주지 않으시고 곧바로 대답하셨다: "진실로 진실로 네게 이르노니, 사람이 거듭나지 아니하면 하나님의 나라를 볼 수 없느니라"(요 3:3). 그리하여 예수께서는 인간의 공로와 바리새인들의 율법을 지키는 행위를 그 나라에 들어가는 수단으로 생각하는 니고데모의 모든 사고를 단번에 완전히 일축해 버리시는 것이다.

이로써 예수께서는 문자 그대로 거듭(두 번째로 다시) 출생하는 것이 아니라, 위로부터 나는 것을 말씀하신다. 물론 중생을 거듭나는 것으로 지칭할 수도 있으나, 본문의 강조는 하나님 나라에 들어가기 위해서 두 번째로 출생하는 것이 필요하다는 사실에 있는 것이 아니다. 오히려 니고데모를 향하여, 예수님은 특히 위로부터 나야만(3절), 즉 물과 성령으로 나야만(5절), 성령으로 나야만(8절) 사람에게 하나님의 나라가 열린다는 사실을 강조하고자 하신 것이다. 이러한 출생은 육체적인 출생과는 대조를 이룬다. 육으로 난 것은 육이기 때문이다(6절). 그런 출생은 혈통으로나 육정으로나 사람의 뜻에 의한 것이 아니라 오직 하나님께로부터 난 것이다(요 1:13). 그러므로 그것은 마치 바람처럼 어디로부터 와서 어디로 가는지를 알 수가 없으나, 그럼에도 불구하고 그런 일이 가능하니, 이는 그것이 성령으로 출생하는 것이기 때문이다(8절). 예수께서는 먼저 개략적으로 그것이 물과 영(원어로는 모두 관사가 붙어 있다)으로 나는 것임을 말씀한 후에(5절), 7절과 8절에서는 다시 구체적으로 그 영(관사가 붙어 있다. 한글 개역 개정판은 "성령"으로 번역함: 역자주)으로 나는 것을 말씀하셔서 하나님의 영인 이 영이 거듭나는 위대한 역사를 이룰 수 있음을 시사하고 계신다. 물에 대한 언급에서는(5절) 예수께서 세례를 염두에 두신 것이 아니라, 오히려 위로부터 나는 일의 본질을 묘사하고 계신 것이다. 그것은 새롭게 함과 씻음의 성격을 띤 그런 출생이라는 것이다. 물이 이를 상징한다(겔 36:25; 마 3:11의 성령과 불이라는 표현과 비교하라). 그리고 그것은 새로운 영적 생명을 존재하게 하는 그런 출생이다. 이처럼 위로부터 나는 일이 이루어질 수 있는 것은 그것이 그 영, 곧 하나님 자신이 이루시는 출생이기 때문인 것이다(6-8절).

신약의 다른 구절들도 이 그리스도의 기본 가르침을 확충시키고 있다. 중생이란 하나님의 일이다. 신자들은 하나님께로부터 나며(요 1:13; 요일 3:9; 5:18), 하나님이 효과적으로 그들을 부르시며(롬 8:30), 그들을 살리시고(엡 2:1), 그들을 낳으시며(약 1:18), 거듭나게 하시는 것이다(벧전 1:2). 그러나 하나님은 오직 그리스도와의 교제 속에서만 이 축복을 베푸신다. 하나님께서는 자기 백성을 그리스도에게 주셨고(요 6:37, 39), 그들을 그에게로 이끄시며(요 6:44), 또한 그들을 그와 연합하게 하신다(롬 6:4; 엡 2:1; 갈 2:20). 하나님은 사람의 마음속을 꿰뚫으시고 친히 새 생명의 원리가 되시는 성령을 주심으로써 이 일을 행하신다(요 3:3, 5, 8; 6:63; 롬 8:9; 고전 12:3; 벧전 1:2). 하나님께로부터 출생함으로 말미암아 신자들은 그리스도 안에서 지으심을 받은 하나님의 작품들이요(엡 2:10), 그의 밭이요 집이며(고전 3:9), 새로운 피조물이다(고후 5:17). 중생이란 인간의 힘으로 되는 결과도 아니요, 자연적인 생명이 오랜 동안 점진적으로 발전하여 생겨나는 것도 아니요, 오히려 과거의 존재 양식과의 단절이요 또한 새로운 영적 생명의 창조적인 시작이다. 그것은 옛 사람이 죽고 새 사람이 다시 살아나는 것이다(롬 6:3 이하).

그러나 한편, 중생은 첫 창조처럼 무(無)로부터 되는 제2의 창조가 아니라, 부모로부터 출생을 통하여 첫 생명을 받은 사람의 재창조다. 중생에서도 그 사람은 본질적으로 동일한 사람이요 동일한 자아요 동일한 인격을 지닌다. 바울은 자기 자신에 대해서 말하기를, 자기는 그리스도와 함께 십자가에 못 박혔고 따라서 자기가 사는 것이 아니요 그리스도께서 자기 속에서 사시는 것이라고 한다. 그러나 이어서 그는 말하기를, "이제 내가 육체 가운데 사는 것은 … 하나님의 아들을 믿는 믿음 안에서 사는 것이라"고 한다(갈 2:20). 그의 자아가 그리스도와 함께 죽었고 장사 지낸 바 되었으나, 곧바로 그리스도와 함께 다시 살아난 것이다. 그의 자아가 멸절되고 또 다른 자아로 대치된 것이 아니라, 본래의 자아가 다시 났고 새로워진 것이다. 그리하여 그는 또한 고린도의 특정한 신자들에 대해서 말하기를, 그들이 전에는 음행하는 자나 우상 숭배하는 자나 간음하는 자들이었으나, 그들이 예수 그리스도의 이름과 우리 하나님의 성령 안에서 씻음과 거룩함과 의롭다 하심을 받았다고 한다(고전 6:9-11). 중생으로 말미암아 인간 존재의 연속성과 통일성과 연대성이 깨어지는 것이 아니고, 오히려 거기에 엄청나게 중대한 변화가 일어나는 것이다.

이 변화는 영적 성격을 띤 변화다. 영으로 난 것은 영이니(요 3:6), 성령으로 말미암아 살고, 성령을 좇아 행한다. 중생은 새 생명의 원리가, 곧 성령께서 그리스도로부터 모든 것을 받으사 그의 부활과 관련하여 창조적으로 생겨나게 하시는 하나의 원리가(벧전 1:3) 사람에게 주입되는 것이다. 성령께서는 마음속에 하나의 씨를 심으시는데(벧전 1:23), 거기서부터 전혀 새로운 인격이 자라나는 것이다. 중생은 지극히 신비하고 은밀한 방식으로 사람의 인격의, 그 사람의 자아의 핵심부에서 시작되고 거기에 중심을 두지만(갈 2:20), 거기서부터 그 사람의 모든 능력들에게까지 퍼진다. 그의 지성에도(롬 12:2; 고전 2:12; 엡 4:23), 그의 마음에도(히 8:10; 10:16; 벧전 3:4), 그의 의지에도(롬 7:15-21), 그의 감정과 기질에도(롬 7:22), 또한 그의 영과 혼과 육체에까지 퍼지는 것이다(살전 5:23; 롬 6:19). 아직 성숙한 상태에 이르지 못했고 그리하여 온갖 육체의 죄들과 싸워야 하지만(갈 5:17), 그럼에도 불구하고 성령의 새롭게 하시는 역사 속에서 살기를 사모하는 온전한 사람이 나는 것이다(롬 6:4; 7:8).

신자들은 그 새 사람을 따라 참된 의와 거룩함으로 그리스도의 형상으로 재창조된다(롬 8:29; 엡 4:24; 골 3:10). 그들은 더 이상 첫 사람 아담의 형상을 지니지 않고, 둘째 사람, 곧 하늘에 속한 주님의 형상을 입는다(고전 15:48-49). 그들은 세상에 대하여 십자가에 못 박혔고, 따라서 더 이상 자기들 스스로 살지 않고 그들을 위하여 죽으시고 부활하신 그분 안에서 산다(고후 5:15; 갈 2:20; 6:14). 그들은 그들의 모든 사고와 행동의 중심을 새로이 부여받았다. 왜냐하면 그리스도 안에서 살고 움직이며 존재하며, 세례에서 그리스도로 옷 입었으며, 그의 형상을 드러내고 언제나 주의 영으로 말미암아 점점 더 그의 형상을 좇아 영광에서 영광에 이르도록 변화되기 때문이다(고후 3:18; 갈 3:27; 4:19). 그리고 그리스도와의 그러한 교제 속에서 그들은 하늘에 계신 아버지의 자녀들로서 하나님과 형제들을 사랑하며 또한 언젠가는 하나님이 계신 그대로 보게 되어 하나님처럼 될 것이다(요일 3:2; 5:2 등). 성경은 중생에 대해서 이렇듯 풍성하고도 영광스럽게 말씀하고 있는데, 성경이 이렇게 말씀하는 주목적은 우리로 하여금 이 교리를 올바로 분별하도록 하기 위함이 아니라, 오히려 우리 개개인이 하나님의 은혜로부터 나오는 이 큰 은택 속에 참여하고 또한 이 악한 세상에서 하나님의 자녀로 살기를 배우도록 하기 위함인 것이다. 교회가 그리스도의 형상을 그 신앙고백 속에 기록해두기만 하지 않고, 교회 안과 교회 주변의 모든 사람들의 실제적인 삶 속에서 그것을 드러내 보인다면, 과연 교회로부터 얼마나 큰 능력이 놀랍게 나타나겠는가!

* * * * *

열매로 그 나무를 안다는 것, 이것은 분명한 사실이다. 좋은 나무가 좋은 열매를 맺고, 선한 사람은 그 마음의 선한 보고(寶庫)에서 선한 것을 내어놓는 법이다(마 7:17; 12:33, 35). 중생이 과연 마음속에 생명의 새로운 원리를 부어 넣는다면, 그 영적 생명에게서 나오는 행위에서 그 원리가 반드시 분명히 드러나야 하고 또한 드러나게 된다. 이는 주로 두 가지이다. 지성의 편에서는 믿음이요, 의지의 편에서는 회개다.

아주 일반적으로 우리의 일상 생활에서 말하는 대로 말하자면, 믿음이란 어떤 증언을 받아들이는 것이다. 우리 스스로는 보지 못했거나 알지 못했다 하더라도, 과거에나 현재나 어느 다른 믿을 만한 사람이 구두로나 문서로 그 사실에 대해 이야기했을 경우에, 우리는 그 사실을 믿게 된다. 종교적인 영역에서도 이 단어의 기본 의미가 그대로 보존된다. 그리고 그 의미가 그대로 보존되어야만 한다. 왜냐하면 사도들의 증언을 통해서 받은 것 이외에는, 복음의 내용 전체에 대해서나, 그리스도의 위격과 사역에 대해 우리가 아는 바가 전혀 없기 때문이다. 오직 그들의 말씀을 통해서만 우리가 그리스도를 믿을 수 있고(요 17:20), 사도들과의 교제를 통해서만 아버지와 또한 그의 아들 예수 그리스도와의 교제에 들어가게 되는 것이다(요일 1:3).

그러나 믿음이라는 단어가 종교적인 영역에서 사용되고 특히 성경에서 천국에 이르는 길을 지칭하는 데 쓰일 때에는, 이런 특별한 용례로 인하여 그 의미가 상당히 바뀌어진다. 마치 어떤 역사적 인물이나 사건에 대한 증언을 받아들이는 식으로 복음을 받아들일 수도 있으나, 그것은 복음을 복음으로 받아들이는 것이 아니며, 그 경우 그것을 받아들이는 믿음도 참된 믿음이 아니다. 모든 선지자들과 설교자들과 사도들과 말씀의 종들이 교회 내에서나 이교도 세계에서 얻은 경험은 — 그렇다, 예수님 자신의 경험도 마찬가지다 — 언제나 말씀을 받아들이지 않고 그리하여 아무런 효과도 없는 사람들이 많았다는 것이다. "우리가 전한 것을 누가 믿었느냐? 여호와의 팔이 누구에게 나타났느냐?"(사 53:1). 복음을 듣는 사람들이 그 복음에 대해서 매우 다른 태도들을 취하며, 매우 상이한 입장들을 취한다는 사실이다.

예수님은 이러한 다양한 태도와 입장들을 씨뿌리는 자의 비유에서 묘사하신 바 있다. 어떤 사람들의 경우는 믿음의 씨가 밭과 경계하고 있는 길가에 떨어져 새들이 와서 먹어버린다. 이들은 무관심한 자들이요, 무감각하고, 전혀 반응이 없는 자들로서, 말씀을 듣지만 자기들과는 전혀 상관 없는 일로 받아들이는 자들이다. 그들은 개인적으로 복음에 조금도 관심이 없고, 그것이 자기들을 위한 것이 아니라고 생각한다. 말씀이 그들의 마음 밭에 떨어지지 않고, 그 옆에, 딱딱하고 메마른 길 위에 떨어지는 것이다. 대개의 경우 그들은 복음의 말씀을 기억조차 하지 않는다. 한쪽 귀로 듣고 한쪽 귀로 흘려보내버리므로, 조금만 지나면 마치 복음을 전혀 듣지 않는 것처럼 되어 버린다. 악한 자가 새들을, 곧 온갖 종류의 모순과 가볍게 여기는 자세와 불신앙과 망령된 자세들을 도구로 사용하여 그 말씀을 그들의 생각에서 지워버린다. 그것을 듣기는 들어도 무슨 뜻인지를 모르는 것이다(마 13:4, 19).

또 어떤 사람들의 경우는 말씀의 씨가 흙이 깊지 않은 돌밭에 떨어진다. 흙이 깊지 않기 때문에 속히 자라지만, 태양이 떠오르면 뿌리가 없어서 말라죽고 마는 것이다. 이들은 깊이가 없고 얄팍하며 변덕스런 자들이다. 이들은 말씀을 그냥 듣기만 하는 것이 아니라 즉시 기쁨으로 그 말씀을 받아들인다. 복음이 그 아름다움과 그 숭고함과 그 단순함 혹은 사랑스러움 때문에 그들에게 매력을 주고, 그들에게 어느 정도 감동을 주기까지 한다. 복음으로 말미암아 감동을 받고 격려를 받으며, 그 속에서 일종의 힘 같은 것을 느끼고, 그 결과로 온갖 좋은 결단들을 행한다. 그러나 진리가 그들에게 깊은 인상을 남기고 그 마음속에 깊이 뿌리를 내리도록 하지는 않는다. 진리에 대해 기억하기도 하고 생각하기도 하고 추리도 하지만, 그들의 존재의 깊은 곳은 진리에게 열어주지 않는다. 말씀이 떨어지는 곳 표면에 얇은 흙이 있으나, 그 밑에는 온통 차갑고 무기력하며 딱딱한 바위뿐인 것이다. 그리하여 그들은 반대가 오고 유혹이 오며, 박해가 오고 환난이 오면 그것을 견디지 못한다. 그런 것들이 오면 곧바로 넘어져 버리는 것이다. 그들의 믿음은 일시적인 것이다(마 13:5, 6, 20, 21).

그 다음에는 씨가 가시떨기에 떨어지는 경우에 해당되는 사람들이 있다. 씨 주변에 가시들이 자라고 있어서(눅 8:7), 그것들이 기운을 막아 버리고 결국 열매를 맺을 수 없게 된다. 이들은 세상적인 마음을 갖고서 말씀을 듣는 자들이다. 그들의 마음은 가시들, 곧 세상의 염려와 재리(財利)에 대한 유혹으로 가득 차 있으며, 세상의 온갖 근심거리들과 유혹거리들에 완전히 사로잡혀 있는 자들이다. 이들은 말씀을 듣고 받아들이기까지 한다. 때로는 말씀이 그 모든 세상의 염려와 쾌락을 꿰뚫고 마음에까지 이르기도 한다. 그리하여 때로는 세상과 결별하고 하나님의 나라를 구하는 것이 더 낫겠다는 생각이 들기도 하고, 때로는 심판에 대한 두려움에 휩싸이기도 한다. 그러나 말씀의 씨가 싹이 돋는 시점에 이르면, 가시들이 나타나고, 세상의 염려와 정욕이 나타나 질식시켜서 새 생명의 탄생을 막는 것이다. 이 사람들은 모든 것을 버리고 자기 십자가를 지고 예수님을 따르는 데까지는 절대로 이르지 못한다. 그들에게는 세상의 힘이 너무나도 큰 것이다(마 13:7, 22).

그러므로, 복음에 찬동하고 받아들이나 그럼에도 불구하고 참된 믿음이 아닌 것이 있다. 물론 빌라도와 같이 복음을 하찮게 여기고 경멸하는 미소로 물리치는 교만하고 무관심한 자들도 있다(요 18:38). 그리고 교만한 바리새인들과 지혜로운 헬라인들처럼 십자가를 거침돌과 미련한 것으로 여기며, 맹렬한 적의와 증오로 대적하는 자들도 있다(마 12:24; 요 8:22; 고전 1:23). 그러나 믿기는 믿으면서도 공개적으로 고백하는 데까지는 이르지 않는 자들도 있고, 하나님의 영광보다 사람의 칭찬을 더 사랑하는 자들도 있다(요 12:42-43). 그런 사람들은 죽을 때까지 평생토록 말씀을 듣는 자들로 남아 있으면서도 말씀을 행하는 자들은 되지 않는다(요 1:11; 3:3; 3:19-20; 6:44; 8:47; 고전 2:14 등). 사마리아의 시몬처럼, 그들은 복음을 통해서 일어나는 표적과 큰 이적 때문에 복음을 받아들이기도 한다(행 8:13 이하). 아그립바처럼 그들은 어느 한순간에 마음에 감동을 받아 그리스도인이 되려 하기도 한다(행 26:27-28). 데마처럼 그들은 여러 해 동안 복음을 섬기다가 다시 이 세상을 사랑하는 데 빠지기도 한다(딤후 4:10). 믿음에는 온갖 종류가 있다. 일시적인 믿음, 역사적인 믿음, "이적적인" 믿음, 즉 표적과 기사로 인하여 일어나는 믿음 등이 있는데, 이 모든 것들은 믿음이라는 이름을 갖고는 있으나, 실제로는 믿음이 아니다. 경건의 모양은 드러내 보이나 경건의 능력은 부인하는 것이다(딤후 3:5).

구원 얻는 참된 믿음은 세 가지 점에서 다른 종류의 믿음들과 구별된다. 첫째로, 그 믿음은 기원이 다르다. 역사적 믿음이나, 일시적 믿음, 혹은 이적적인 믿음도 그 자체는 그릇된 것이 아니다. 전적인 불신앙과 맹렬한 적의(敵意)보다는 낫다. 그러나 그것들은 그저 하나님의 일반 은혜의 선물들일 뿐이며 따라서 자연인들에게도 주어지는 것이다. 그러나 구원 얻는 믿음은, 모든 구원이 그렇듯이 하나님의 선물이다(엡 2:8). 그것은 하나님의 특별 은혜의 선물이요(빌 1:29), 선택의 결과다(행 13:48; 롬 8:30; 엡 1:5). 그것은 성령의 역사하심이요(고전 12:3) 또한 회개의 열매인 것이다(요 1:12-13).

자연적인 출생만을 누리는 자들은 세상에 속한 자들이요, 아래로부터 난 자들이요, 빛보다는 어둠을 더 사랑하며, 말씀을 깨닫지 못한다. 그러나 어떤 이들은 복음의 부르심을 따르고 그리스도를 영접하는데, 이는 중생으로 인하여 그렇게 되는 것이다(요 1:12-13). 그들은 하나님께로부터 나며, 진리에 속하며, 아버지로 말미암아 그리스도께로 이끌림을 받으며, 그의 음성을 듣고 그의 말씀을 깨달으며 그를 따른다(요 3:3, 5; 6:44; 8:47; 10:5, 27). 그들은 성령으로 나며, 또한 성령은 그들의 영으로 더불어 그들이 하나님의 자녀임을 증거하시고(롬 8:16), 그들로 하여금 그리스도께서 주이심을 입으로 시인하게 하신다(고전 12:3).

둘째로, 구원 얻는 참된 믿음은 이러한 기원 덕분에 또한 그 본질에서도 다른 믿음들과 구별된다. 그 믿음에는 물론 지식의 요소가 있다. 왜냐하면 그 믿음은 우리 스스로 본 일도 없고 볼 수도 없는 불가시적이요 영원한 것들에 대한 증언과 결부되는 것이기 때문이다. 거듭난 생명을 근거로 진리를 세울 수 있는 것도 아니요, 그렇다고 주관적인 종교적 경험과 느낌에 근거해서 진리를 세울 수 있는 것도 아니다. 왜냐하면, 신자가 비록 거룩하신 자 곧 그리스도로부터 성령을 기름 부음받아서 모든 것을 안다 할지라도(요일 2:20), 그들이 받은 바 그 성령은 그리스도로 말미암아 주어진 것이요, 따라서 그들은 그들이 처음부터 들은 바 진리의 말씀에 여전히 매여 있는 것이요 (요일 2:21-24), 또한 온 교회와 더불어 사도들과 선지자들의 터 위에 세워지는 것이기 때문이다(엡 2:20).

그러나 구원 얻는 믿음에게만 있는 그 지식은 특별한 종류에 속하는 지식이다. 그것은 오로지 지성과 기억으로만 취하고 그 이외에는 사람을 차갑고 무관심하게 내버려두는 그런 순전히 이론적인 지식이 아니다. 그 지식은 탐구와 사고를 통해서 얻어지는 과학적인 지식과 동일한 수준에 있는 것도 아니요, 과거에 일어난 어떤 일에 대한 역사적인 보도를 받아들이는 것과 같은 것도 아니다. 믿음의 지식은 실천적인 지식이다. 머리보다는 마음의 지식이요, 인격적이며, 깊이가 있고, 영혼 전체를 사로잡는 그런 지식이다. 그 지식은, 자아의 가장 깊은 내면의 본질과 결부되는 문제, 나의 존재와 나의 삶, 나의 영혼과 나의 구원이 개입되는 문제에 관한 것이기 때문이다. 그러므로 믿음은 어떤 한 분을 인정하고 받아들이는 것이요, 그분에 대한 증언에 대한 지식이며, 동시에 그 증언을 인정하고 그것을 자기 자신에게 적용시키는 것이요, 하나님을 전하는 말씀을 사람의 말이 아니라 하나님의 말씀으로 받아들이는 것이다(살전 2:13). 그것은 복음을 하나님이 특별히 나 개인에게 보내시는 메시지로 받아들여서 내 것으로 삼는 것이다.

이와 관련하여 셋째로, 구원 얻는 믿음은 다른 믿음들과는 그 대상이 다르다. 역사적 믿음은 외형적인 보도(報道)에서 멈추고 더 이상 깊이 들어가지 않는다. 일시적인 믿음은 그 보도에 어느 정도 매력을 느끼고 그것을 즐거워하지만, 그 진정한 내용과 의미에 대해서는 사실 인정하기를 거부한다. 그리고 이적적인 믿음은 그 보도에다 표적과 기사를 결부시키지만, 그 이적들을 이루시는 그분에 대해서는 정작 무관심한 것이다. 그러나 우리가 참된 마음으로 복음을 하나님이 우리 개개인에게 주시는 말씀으로 받아들이게 되면, 그런 구원 얻는 믿음은 우리를 그냥 텅 빈 채로 열매 없이 내버려두지를 않는다. 마치 여행을 하는 중에 자기 가족이 큰 위험에 처하여 있는 것을 알았을 때에 그냥 묵묵히 여행을 계속할 사람이 없듯이, 복음을 믿고 그것을 진정 자기에게 적용시키는 사람은, 그리하여 자신이 죄악되며 잃어버린 상태에 있다는 사실과 오직 그리스도 예수 안에만 구원이 있다는 것을 진정 깨달은 사람은 그 모든 사실에 대해서 차갑고 무관심한 상태로 있을 수가 없다. 오히려 그와 반대로, 참된 믿음은 복음을 받아들인 사람들 속에서 즉시 활동하기 시작한다. 그들을 가만히 있게 내버려두지 않고, 그들을 몰아서 그리스도께로 나아가게 하는 것이다. 그런 믿음은 외형적인 보도에 만족하지 않고, 그 보도가 다루고 있는 바로 그분 자신에게까지 나아가는 것이다.

구약에서도 이미 그랬었다. 우리 앞에 나타나는 성도들은 모두가 항상 하나님 자신에게 관심을 가졌고 그와 더불어 살았다. 이것을 가리켜 "믿는다"는 말로 부르는 경우가 여러 차례 있으나(창 15:6; 출 14:31; 대하 20:20; 사 28:16; 합 2:4), 이 "믿는다"는 것은 그저 하나님이 존재하신다는 것을 이성적으로 납득한다는 뜻이 아니라, 온 영혼으로 그 하나님께 의지하며 그의 말씀대로 산다는 뜻이다. 그러므로, 이처럼 "믿는 것" 혹은 "믿음" 혹은 "신앙"을 다른 용어들로 표현하는 예가 자주 나타난다. 구약의 성도들에 대해서, 그들이 하나님을 신뢰하며, 하나님께 피하며, 하나님을 바라며, 하나님을 경외하며, 하나님에게서 모든 일을 기대하며, 하나님을 기다리며, 하나님께 기대며, 하나님을 찾는다는 등등의 표현들이 계속 나타나는 것이다.

신약의 경우도 마찬가지다. 복음을 우리들에게 전해 준 사도들은 일상적인 의미의 역사적 작가들이 아니고, 생명의 말씀에 관하여 그들이 보고 듣고 손으로 만진 바를 증언하는 자들이다. 그들은 그리스도와의 교제 속에 살며, 그 교제를 말씀하는 것이다. 믿는다는 것은 그저 사도들이 제시한 바 그리스도에 관한 증언을 받아들이는 것이 아니라, 그리스도를 받아들이는 것이다. 그것은 그리스도 자신을 영접하는 것이다(요 1:12). 그것은 그리스도로 옷 입는 것이요(갈 3:27), 더 나아가서 그리스도와 함께 죽고 그리스도와 함께 다시 사는 것이요(롬 6:4), 그와의 교제 속에서 사는 것이요(갈 2:20), 참 포도나무이신 그 안에 머물러 있는 것이다. 그리고 그리스도 안에서, 그리스도로 말미암아, 하나님이 성도들의 아버지가 되시며, 그들이 그의 아들들과 딸들이 되는 것이다(고후 6:18).

요컨대, 구원 얻는 믿음은 하나님의 말씀인 선지자들과 사도들의 증언에 대한 지식이요, 견고한 확신이며, 의심 없는 확실함일 뿐 아니라, 동시에 마치 한 사람이 다른 사람에 대해 신뢰하는 것과 같이, 하나님으로 말미암아 은혜와 진리를 충만히 드러내시는 그리스도 자신을 든든히 신뢰하는 것이다. 이러한 요소들은 서로 분리될 수가 없다. 지식이 없이는 신뢰도, 의지(依支)도 불가능하다. 알지도 못하는 그분을 어떻게 신뢰한단 말인가? 그러나 반대로, 지식이 신망과 신뢰로 이어지지 않는다면, 그것은 애초부터 올바른 지식이 아니었다. 여호와의 이름을 아는 자는 반드시 그를 신뢰하고 의지하는 것이다(시 9:10). 그러나 그를 신뢰하지 않는 자는 아직 그의 말씀에서 그를 알기를 — 그가 과연 누구신지 알기를 — 배우지 못한 사람이다. 하나님의 말씀 바깥에서 오로지 성령으로 말미암아서만 그리스도를 찾는 사람은 누구든지 영을 시험할 기준을 상실하게 되고 결국 자기 자신의 영을 그리스도의 영과 동일시해 버리는 데에까지 나아가게 된다. 그리고 그리스도의 영이 없이 말씀을 연구하는 자는 누구든지 초상화는 연구하면서도 정작 그 초상화가 그리고 있는 그분은 무시하는 것이 되는 것이다.

그렇기 때문에 그리스도께서는 그의 말씀과 그의 영, 둘 다를 주신 것이다. 그리스도의 영은 성경 말씀에서와 신자들의 마음속에서 동일하게 증거하신다. 중생에서 성령께서는 우리 마음속에 말씀을 심으시고(약 1:18, 21; 벧전 1:23, 25), 신자들의 영적 삶을 그의 본성에 따라 지도하셔서 언제나 말씀으로 돌아가 양식을 얻어 그 삶을 강건하게 유지하도록 하신다. 이 땅에 있는 동안 우리는 절대로 성경을 필요로 하는 상태를 넘어서지 못한다. 왜냐하면 이 성경이야말로, 십자가에서 죽으셨고 이제 하나님의 우편에 앉으신 살아 계신 그리스도와의 교제 속으로 우리를 인도하는 유일한 수단이기 때문이다. 기독교는 역사적 종교이나, 동시에 현재의 종교이기도 하다. 기독교에는 우리를 위해 그리스도의 모습을 그려주는 말씀이 있고, 동시에 살아 계신 그리스도께서 친히 우리 마음속에 거하게 하시는 성령이 있는 것이다. 그렇기 때문에 믿음이 지식이며 또한 신뢰인 것이다. 말하자면, 그리스도께서는 성경이라는 의복을 입고 계신데, 믿음은 바로 그 의복 속에 계신 그리스도 자신을 영접하는 것이다.

* * * * *

　믿음이 지성의 편에서 중생의 열매인 것처럼, 회개는 의지의 편에서 나타
나는 새 생명의 표현이다. 구약에서 이미 이 사실을 거듭거듭 거론하고 있
다. 이스라엘은 애굽에서 해방된 후 여호와의 이끌림을 받아 시내산에 이르
렀고 거기서 그와 언약을 맺었다. 하나님의 백성이 된 이스라엘은 그 언약을
지키고 하나님의 음성을 순종해야 했다. 이스라엘은 제사장 나라와 거룩한
백성이 되어야 했던 것이다(출 19:5-6). 그러나 광야에서 벌써 그 백성은 불
성실함과 불순종의 죄를 범하고 말았다. 그리고 가나안에 들어가서는 이러
한 배도(背道)의 상태가 더욱 심화되었다. 이스라엘이 그 땅에서 이방 백성들
과 어울려 살았기 때문이다. 처음 세대가 죽고 그 후에 여호와를 알지 못하
고 여호와께서 이스라엘을 위하여 행하신 일도 알지 못하는 다음 세대가 일
어나자, 이스라엘 자손은 여호와 목전에 악을 행하여 바알들을 섬긴 것이다
(삿 2:10-11).
　그리하여 회개에 대한 설교가 이스라엘에게 절실하게 되었다. 처음에는
여호와께서 사사들을 세우셔서 그 백성을 원수들의 손에서 건져내시고 이스
라엘로 하여금 다시 여호와를 섬기도록 이끄셨다. 그리고 사무엘 이후부터
는 선지자들을 세우사 이스라엘이 그 악한 행위를 회개하고 그가 조상들에
게 주신 바 율법에 따라 하나님의 계명과 규례를 지키도록 그들에게 경고하
게 하셨다(왕하 17:13). 사무엘이 맨 먼저 이런 경고를 개시하였고(삼상 7:3),
모든 선지자들이 이 경고의 설교를 되풀이했다. 그들은 모두 회개와 회심을
전한 설교자들이었으나, 동시에 죄 사함과 완전한 구속을 전한 선포자들이
기도 했다(렘 3:12, 14; 18:11; 25:5; 겔 14:6; 18:30-32; 33:11; 호 12:6; 14:3;
욜 2:12-13 등). 그리하여 때때로 회개의 모습이 백성들 가운데서 보이기도
했다. 원수들에게 종이 되어 압제를 당할 때에, 그들은 여호와께 부르짖기
시작하였다(삿 3:9, 15; 4:3 등). 아사, 여호사밧, 요시아, 히스기야 등 경건한
왕들이 각기 정도의 차이는 있으나 그 백성들 중에서 개혁을 이루었다(왕상

15:11 이하; 22:47; 왕하 23:15; 대하 33:12). 요나는 심지어 니느웨로 갔고, 그의 설교를 들은 니느웨 백성들이 하나님을 믿고 금식을 선포하고 베옷을 입으며 그들의 악행을 회개하였다(욘 3:5, 10). 아합에 대해서는, 엘리야의 심판의 경고가 있은 후 그가 여호와의 앞에서 자신을 낮추었다고 말씀하며(왕상 21:27, 29), 또한 므낫세에 대해서도, 생애 말기에 그가 여호와께 돌이켰고 여호와께서 하나님이심을 인정하였다고 보도하고 있다(대하 33:12).

그러나, 물론 이 회개가 진실하고 진지한 마음에서 우러나오는 경우도 있었겠으나, 대다수의 백성들에게는 그저 겉모양의 변화 이상 아무것도 아니었다. 예레미야가 보도하듯이, 그들은 진심으로 회개하지 않고 그저 거짓으로 할 뿐이었다(렘 3:10). 그리하여 선지자들은 회개를 촉구하는 설교를 계속하였다. 계속해서 회개를 요구하였고, 회개의 의무를 전했다. 백성 전체만이 아니라 각 개개인이 반드시 회개하고, 악행을 버리고, 여호와께로 돌아올 것을 계속해서 강조하였던 것이다(겔 18:23, 32; 33:11). 그러나 백성들이 계속해서 이러한 권고들을 무시하자, 선지자들 가운데서 그들의 설교가 백성들에게 심판의 결과를 가져올 것이며(사 6:10), 이스라엘이 포도나무의 악한 가지가 되어버렸고(렘 2:25), 구스인이 그의 피부를, 표범이 그의 반점을 변하게 하지 못하는 것처럼 이스라엘도 회개할 수가 없으며(렘 13:23), 그리하여 하나님이 회개를 허락하시고 새 마음을 주셔야 한다는 생각이 무르익었다(시 51:12; 렘 31:18; 애 5:21). 그리고 그들은 하나님이 새 언약을 세우시고 그 백성의 마음에 할례를 행하시고 그의 법을 그들에게 기록하실 그날을 사모하고 기다렸다(신 30:2, 6; 시 22:28; 호 3:5; 렘 24:7; 32:33).

세례 요한과 예수님의 설교에 따라, 천국이 가까이 올 때에 그날이 동터온다. 이들은 모두, 율법을 지키려는 노력도 바리새인의 자기의(自己義)도 소용 없고, 오직 회개와 믿음으로만 그 나라와 그 모든 은택을 누리는 길이 열릴 수 있다고 선포하였다(막 1:4, 5). 이러한 회개를 신약 성경은 원문에서 두 단어를 사용하여 표현한다. 그 첫째는 명사 혹은 동사인데(마 3:2, 8, 11; 9:13; 11:20; 행 2:38; 고후 7:9, 10), 내적인 영적 변화, 도덕적 기질의 변화를 의미한다. 나머지 용어(마 13:15; 눅 1:16, 17; 22:32; 행 9:35; 11:21; 14:15; 15:19; 26:18, 20 등)는 외형적인 변화, 삶의 방향의 변화, 내적인 변화의 결과요 표현인 그런 변화를 지칭한다. 사도행전 3:19과 26:20에서는 이 두 단어가 함께 합쳐져서 나타난다. 곧, "회개하고 돌이키라"가 그것인데, 이는, 너희의 기질과 너희의 행실을 바꾸고, 너희 자신을 돌아보고 얼굴을 돌이키라는 뜻이다.

사도 시대에 복음이 유대인과 이방인들에게 전해지고 그들이 그 복음을 받아들였을 때에, 그 복음은 또한 다른 사람들이 볼 수 있는 겉모양의 변화도 요구하였다. 유대인들은 모세의 율법을 지키는 행위, 특히 할례와 희생제사 의식 전체를 중단해야 했고, 이방인들은 그들의 우상숭배와 온갖 종교적 행위들과 결별해야 했다. 기독교로 개종하는 데에는 굉장한 자기부인과 용기가 필요했다. 그렇게 행한 사람들은 대개 진지하고도 참된 마음의 확신 때문에 그렇게 했다. 그렇게 한다고 해서 명예나 이득이 생기는 것이 아니었기 때문이다. 그러므로 회개와 회심을 나타내는 두 헬라어 단어에서 표현하는 그 두 가지 문제는 서로 밀접하게 연관된 것이다. 내적인 변화와 외적인 변화가 함께 나아간 것이다.

이처럼 내적이며 외적인 근본적인 전환은 거룩한 세례로 인침을 얻는다(행 2:38). 세례를 받는 사람은 누구든지 과거와 단절했고, 친족을 버렸고, 세상에 대하여 십자가에 못 박혔고, 그리스도와 함께 죽었고, 그와 함께 장사된 사람이다. 그러나 그는 동시에 그리스도와 함께 새 생명에로 살아났고, 그리스도로 옷 입었고 — 즉, 그리스도께서 세상에 자신을 내어 보이시는 그 새롭고 다른 옷을 입었고 — 그리스도의 제자, 동역자, 종, 군사가 되었고, 그의 몸의 지체가 되었으며, 성령의 전(殿)이 되었다(롬 6:3 이하; 갈 3:27; 골 2:11, 12). 기독교 교회가 유대인과 이방인의 세계 속에 퍼져 나가는 동안에는, 그저 내적인 변화만이 아니라 외적인 변화가 함께 나타났다. 곧, 말 못하는 우상을 섬기는 일과(고전 12:2; 살전 1:9), 천하고 허약한 종교적 원리들과 초등 학문과(갈 4:3; 골 2:8, 20), 죽은 행실과(히 9:14; 살전 1:9), 공적인 죄와 허물들(고전 6:10; 엡 2:2-3; 골 3:5, 7; 딛 3:3)을 청산하고, 그때부터 살아 계시고 참되신 하나님을 섬기고(히 9:14; 살전 1:9), 주를 따르는 일(고전 6:15-20)이 나타났던 것이다.

그러나 이러한 선교의 시기가 지나고 교회 자체가 대대로 영속화되자, 회심이 물론 그 본질에 있어서는 변하지 않았으나, 과거에 표현되던 회심의 특정한 외적인 형식이 상황에 따라서 뒤로 제쳐지게 되었다. 자녀들이 날 때부터 언약 속에 취하여졌고, 그것에 대한 표징과 인침으로 거룩한 세례를 받았고, 그리하여 그들 개인이 의식(意識)과 시인이 있기도 전에 그리스도의 교회의 일원이 되었다. 자연히, 어린 시절에나 혹은 장성하여 세례를 받은 교회의 일원들 중에서 후에 가벼운 혹은 위중한 죄를 범하는 사례가 자주 일어났다. 몬타누스주의자들(Montanists)과 노바티아누스주의자들(Novatians) 등의 분파들은 위중한 죄는 교회가 사해서도 안 되고 사할 수도 없다고 주장하였다. 그러나 교회 자체는 이와 입장을 달리하여, 과거에 타락했거나 범죄했더라도 안타까운 마음으로 돌아와 자기들의 죄를 고백하고 스스로 교회가 지정하는 징계에 복종할 경우에는 다시 교제 속으로 복귀시켰다.

이로부터 점차 고해 성사(告解聖事)가 생겨났다. 곧, 신자들이 가볍거나 위중한 죄를 지었을 경우 이를 사제 앞에서 고백하고, 완전한(자신이 하나님을 거역하여 죄를 범한 사실에 대해 안타까워할 경우) 혹은 불완전한(죄의 결과를 두려워하여 안타까워할 경우) 후회나 뉘우침을 보이며, 또한 고해 신부가 회개하는 그 당사자에게 지정하는 기도와 선행들을 수행한 것이다. 이렇듯 로마 교회에서는 회개가 전적으로 외형적인 것이 되어 버렸다. 문제의 핵심이 내적인 기질의 변화로부터 고백과 보속(補贖)에로 옮겨가 버린 것이다. 불완전한 후회로도 죄 사함을 얻기에 충분하기 때문이었다. 그리고 범죄자들에게 일시적으로 지정된 형벌들은 면죄부(免罪符: indulgence)를 통해서도 얼마든지 면할 수가 있었다.

루터가 종교개혁의 출발점으로 삼은 것이 바로 이 점이었다. 그는 신약을 읽음으로써 성경적인 의미에서의 회심이란 로마 교회가 만들어낸 고해와는 전혀 다른 것이라는 사실을 발견하게 되었다. 그러나 루터는 아직 회개와 믿음을 서로 너무 멀리 분리시켰다. 그는 자기의 양심으로 율법의 저주를 느꼈고 오직 믿음으로 말미암은 죄인의 칭의(稱義)에서 위로를 찾았다. 그는 이 문제를 생각하면서, 후회, 뉘우침이라는 의미에서의 회심은 율법을 수단으로 오며, 믿음은 복음을 수단으로 온다고 보았다. 그 후에 칼빈은 이 관계의 본질을 더 면밀하게 보고, 다소 다르게 가르쳤다. 성경이 그렇게 하듯이, 그는 거짓 회심과 참된 회심을(렘 3:10), 세상적인 근심과 경건한 근심을(고후

7:10), 죄악된 행위에 대한 후회와 근심과, 또한 우리의 죄 때문에 하나님의 진노를 촉발시켰다는 것 때문에 마음에 뉘우침이 있는 상태를 서로 구별하였다. 세상에 속한 사람들에게서도 죄악된 행위에 대한 뉘우침(후회)이 얼마든지 일어날 수 있다. 죄로 인하여 기대한 것과는 다른 결과가 나타날 때에, 죄로 인하여 손실과 수치가 생겨날 때에, 세상도 얼마든지 죄를 뉘우치는 것이다. 가인도(창 4:13), 에서도(히 12:17), 유다도(마 27:3) 이를 증명한다. 그러나 그런 뉘우침은 참된 회개로 이어지는 것이 아니라, 죽음에로 이어지고 절망과 쓰라림과 마음의 완악함을 가져오는 것이다.

그러나 참된 회심과 회개는 그저 죄의 결과들을 뉘우치는 그런 근심이 아니라, 오히려 상한 마음이나(시 51:19; 행 2:37), 혹은 죄 그 자체 때문에 — 죄가 하나님의 뜻을 거스르며 하나님의 진노를 촉발시키기 때문에 — 오는 슬픔에 있으며, 진지한 뉘우침과 죄를 미워하고 죄를 멀리하는 것에 있다. 그런 회개는 옛 사람이 아니라 새 사람에게서 나오는 것이다. 그런 회개는 구원 얻는 믿음을 전제로 하며, 또한 구원 얻는 믿음의 열매다. 그것은 하나님께서 뜻하시고 하나님이 이루시고 또한 하나님을 향하여 일어나는 뉘우침이요, 또한 그것은 후회할 것이 없는 구원에 이르게 하는 회개를 이룬다(고후 7:10). 탕자는 정신을 차리고서 집으로 돌아가기로 결심하고 말하기를, "내가 일어나 아버지께 가서 이르기를 아버지 내가 하늘과 아버지께 죄를 지었나이다"(눅 15:18)라고 한다. 그는 아버지께로부터 멀리 있으면서도 아버지의 이름을 입에 올린다. 그는 감히 아버지께로 나아가서 그를 대면하고 그의 죄를 고백한다. 그의 마음 깊은 곳에서 그 아버지가 자기의 아버지이심을 믿기 때문이다. 성령을 통하여, 하나님께서 아버지로서 우리의 죄의 고백을 받아들여 주시고 용서해 주신다는 내적인 확신이 우리의 영혼 속에 주어지지 않는다면, 감히 하나님께로 돌아갈 생각을 하지 못하는 것이다. 참된 회개는 구원 얻는 참된 믿음과 불가분리의 관계에 있는 것이다.

그러므로 사람의 회심은 비참과 구원의 교리에서만이 아니라 오히려 감사의 교리에서 충만히 다루어지는 것이다(하이델베르크 요리문답: 서른세 번째 주일). 때로는 회심이라는 말이 좀 더 넓은 의미로 사용되어, 한 개인이 하나님의 자녀가 되고 하나님 나라의 시민이 되는 데에서 일어나는 그런 변화 전체를 포괄하는 뜻을 지니기도 한다. 예수께서 요한복음 3장에서는 거듭남에 대해서만 말씀하시고, 다른 곳에서는 — 예를 들어서 마가복음 16:16에서는 — 오로지 구원에로 인도하는 길로서의 믿음에 대해서만 말씀하시는 것처럼, 마태복음 4:17에서는 오로지 회개만을 말씀하시는 것이다. 여하튼, 다른 유익이 없이 한 가지 유익만을 소유할 수는 없는 것이다. 믿음과 회개는 근본적으로 중생의 새 생명에 포함되어 있고, 따라서 시간이 지나면서 반드시 겉으로 표현될 수밖에 없는 것이다. 그러나, 물론 이 둘이 서로 분리될 수는 없으나, 서로 구별될 수는 있다. 그렇게 보면 회개는 중생의 열매요, 이는 믿음을 전제로 한다. 그러나 그것은 언제나 하나님의 선물이요 하나님의 역사다. 시초에만 그런 것이 아니고 계속해서 그런 것이다(렘 31:18; 애 5:21; 행 5:31; 11:18). 그러나 그것은 또한 사람에게 부어진 새 생명으로 인하여 나타나는 바 사람의 행위로서(행 2:38; 11:21; 계 2:5, 16 이하) 한순간도 제한을 받지 않고 평생토록 지속되는 것이다.

회개는 그 본질에 있어서는 하나이지만, 그것이 일어나는 사람에 따라서, 또한 그것이 일어나는 정황에 따라서 여러 가지 다양한 형태를 취한다. 하나님의 자녀들이 걷는 길은 한 길이지만, 그들이 그 길로 인도되는 양상은 매우 다양하며, 매우 다양한 경험을 하는 것이다. 여러 족장들을 인도하신 하나님의 역사하심이 얼마나 서로 다른가! 므낫세의 회심과 바울의 회심과 디모데의 회심이 서로 얼마나 다른가! 다윗과 솔로몬의 경험이, 요한과 야고보의 경험이 또한 서로 얼마나 다른가! 또한 성경 바깥에서도 교부들의 삶이나, 종교개혁자들의 삶이나, 모든 성도들의 삶에서도 동일한 차이를 접하게된다. 영적 삶의 이러한 풍성함을 보게 되면, 그 순간 우리의 하찮은 분량으로 다른 사람들을 판단하는 행위를 버리게 될 것이다. 오직 한 가지 방법밖에는 모르기 때문에, 자기와 똑같은 영적 체험을 고백하지 않으면 결코 회개한 것으로 인정하지 않는 사람들도 있다. 그러나 성경은 그런 사람들의 편협한 사고보다도 훨씬 더 풍성하고 넓은 것이다. "은사는 여러 가지나 성령은 같고 직분은 여러 가지나 주는 같으며, 또 사역은 여러 가지나 모든 것을 모든 사람 가운데서 이루시는 하나님은 같으니"(고전 12:4-6)라는 말씀이 이런 점에서도 그대로 적용된다. 참된 회개는 사람이 이리저리 이야기하는 것에 있는 것이 아니라, 하나님이 말씀하시는 것에 있는 것이다. 거기에는 다양하신 섭리와 경험이 있으며, 동시에 반드시 옛 사람이 죽고 새 사람이 다시 사는 일이 있어야 하는 것이다.

옛 사람이 죽는다는 것이 무엇인가? 우리가 죄로 인하여 하나님의 진노를 촉발시켰다는 마음에서 우러나오는 뉘우침이요, 그로 인하여 점점 더 그런 죄들을 미워하고 거기서 피하는 것이다.

그리고 새 사람이 다시 산다는 것은 무엇인가? 그것은 그리스도로 말미암아 하나님 안에서 진심으로 기뻐하는 것이요, 또한 하나님을 위하여 모든 선한 행실로써 사는 일에 대한 욕망과 사랑을 갖는 것이다.

제 21 장

칭의

중생은, 믿음과 회개의 열매들 속에 그 모습을 드러내는 것으로, 하나님 나라에 들어가는 길을 열어 준다. 이 나라의 시민인 사람은 누구든지 그 나라의 내용인 그 모든 은택들을 현재의 삶 속에서 누리게 된다. 그 은택들은 의, 거룩, 축복의 트리오(trio)로 정리할 수 있다. 여기서는 그 중의 첫 번째인 "의"(義: righteousness)에 대해서 살펴보기로 하자.

의란 보통, 이성적인 존재가 자기 자신에게 부여하는 바 확고부동하며 변함없는 의지로 정의된다. 그것은 첫째로, 그것이 있다고 인정받는 사람의 편에서 갖는 영적인 기질이나 자세를 포함하며, 둘째로, 다른 사람들에 대한 행동 — 이는 자신의 기본적인 기질이나 자세에서 나오며 또한 자기 자신의 권리를 인식하는 데서 나온다 — 을 포함한다. 이제 살펴보게 되겠지만, 성경도 "정의"(正義: justice)나 "의"에 대한 이런 일상적인 기본 관념에서 출발하여 거기에 독특한 수정을 가한다. 의란 개인이 스스로 소유한 정의로움이요 또한 그가 다른 사람들과의 관계에서 행하는 바 정의로운 행동이라는 것이다.

이런 의미에서 구약은 "정의" 혹은 "의"를 하나님의 것으로 돌린다. "그는 반석이시니 그가 하신 일이 완전하고 그의 모든 길이 정의롭고 진실하고 거짓이 없으신 하나님이시니 공의로우시고 바르시도다"(신 32:4). 성경에 나타나는 이 "의"는 신적 존재를 반성하는 데에서 연역되는 것이 아니라, 하나님의 계시를 근거로 그에게 돌려지는 것이다. 하나님께서 처음부터 그의 백성들에게 자신을 의로우신 분으로 알리셨다. 그는 감추어진 곳과 캄캄한 땅에서 말씀하지 않으셨고, 야곱 자손에게 "너희가 나를 혼돈 중에서 찾으라"고 말씀하신 적도 없다. 그는 의를 말씀하시며 정직한 것을 알리시는 여호와시다. 이방인들이 자기들을 구원하지 못하는 신을 섬기나, 하나님은 이스라엘에게 자신을 여호와로, 그 외에는 다른 신이 없는 분으로, 공의를 행하며 구원을 베푸는 하나님으로 알리셨다(사 45:19-21). 하나님은 의로우신 여호와로 이스라엘 중에 거하시며, 불의를 행하지 않으시니, 아침마다 빠짐없이 자기의 공의를 비추신다(습 3:5).

하나님의 이러한 의는 무엇보다도 그가 백성들에게 주신 율법에서 표현되었다. 우리가 보기에는 의란 바로 우리의 존재와 우리의 행실이 어떤 법에 일치한다는 사실에 있다. 그러나 하나님의 의를 그런 의미로 논할 수는 없다. 왜냐하면 하나님께는 그가 일치하셔야 할 그보다 높은 법이 없기 때문이다. 그의 의는 그가 자기 자신과 완전히 일치하신다는 사실에 있다. 모든 법들이 하나님께 그 기원이 있다. 그리고 이 법들이 의로운 것은 하나님이 그 자신의 존재와 뜻과 일치하여 그것들을 주셨기 때문이다. 모세는 언젠가, "오늘 내가 너희에게 선포하는 이 율법과 같이 그 규례와 법도가 공의로운 큰 나라가 어디 있느냐?"고 물은 바 있다(신 4:8). 그리고 성도들은 이에 대해 이렇게 대답한다; "여호와의 교훈은 정직하여 마음을 기쁘게 하고, 여호와의 계명은 순결하여 눈을 밝게 하도다. 여호와를 경외하는 도는 정결하여 영원까지 이르고, 여호와의 법도 진실하여 다 의로우니, 금 곧 많은 순금보다 더 사모할 것이며 꿀과 송이꿀보다 더 달도다"(시 19:8-10; 119편).

그러나 더 나아가서, 하나님의 의는 그가 이 율법을 능력으로 지키시며 그의 백성에게 그 법에 따라 살 것을 요구하신다는 사실에서 드러난다. 하나님은 첫 사람 아담에게도 이미 그의 명령을 주셨다(창 2:16). 그리고 타락 이후에도, 그 명령들을 하나도 철회하지 않으셨다. 대홍수와 언어를 혼잡케 하신 일 등의 하나님의 심판이 이를 증명한다. 하나님은 모든 이방인들도 그들의 양심으로 하나님의 법에 매여 있게 하신다(롬 1:20, 32; 2:15). 그러나 하나님은 특별히 이스라엘 백성에게 자신의 권리를 주장하시니, 하나님은 그의 주권적인 사랑으로 그들을 자기 백성으로 받아들이셨고, 따라서 그들은 하나님과의 언약을 지키고 그의 음성에 순종하고 그의 길로 행하여야 했다(출 19:5). 여기서 하나님은 그의 백성들에게 정당하지 않은 것을 요구하시는 것이 아니다. 왜냐하면 하나님이 친히 그의 포도원에 값진 좋은 포도를 심으셨으므로 그가 좋은 포도가 맺히기를 기대하시는 것이 당연한 일이기 때문이다(사 5:4). 여호와께서 선한 것이 무엇인지를 그들에게 보이셨으니, 곧 그가 요구하시는 것이 오직 정의를 행하며 인자를 사랑하며 겸손히 그들의 하나님과 함께 행하는 것이 아니었는가?(미 6:8; 암 5:14, 15; 사 1:16, 17).

마지막으로, 하나님의 의는 그가 모든 백성들과 그의 백성 이스라엘을 철저하게 정의로 심판하시며 또한 심판하실 것이라는 사실에서 드러난다. 하나님은 율법 제정자요 왕이시다. 그러나 그는 동시에 재판장이시다(사 33:22). 때로는 하나님이 스스로 의로우시기 위해 정죄하신다고 불평하는 사람들에 대해서(욥 40:2) 하나님의 행위의 절대적 주권을 강조하며, 그가 땅의 모든 사람들을 없는 것 같이 여기시며 하늘의 군대에게든지 땅의 사람에게든지 자기의 뜻대로 행하시니 그의 손을 금하든지 혹은 그에게 네가 무엇을 하느냐고 할 자가 아무도 없다는 사실을 강조하기도 하는 것은 사실이다(단 4:35). 그는 만물을 지으신 자시니, 그 어떠한 피조물도 그와 논쟁하거나 항의할 수가 없다(사 45:9). 그는 토기장이와 같으시며, 이스라엘은 그의 손에 있는 진흙과도 같은 것이다(렘 18:6; 사 10:15). 그러나 이런 진술들은 결코 하나님을 자기 임의대로 마구 행동하는 하나의 폭군처럼 제시하는 데 이바지하는 것들이 아니다. 오히려 이 진술들은 사람에게 자신을 낮추고 하나님의 그 높으신 생각과 그 헤아릴 수 없는 길 아래 고개를 숙일 것을 촉구하는 것이다(사 55:8-9). 그는 처절한 위엄이 있으시고 권능이 있으시지만, 그는 아무도 무시하지 않으신다. 오히려 사람에게 주목하시고 정의로 그들을 대하시는 것이다(욥 36:5; 37:23).

그리고 그가 전지(全知)하시고 절대적으로 의로우시기 때문에, 그 일을 하실 수 있는 것이다. 세상의 통치자들은 그렇지 않은 경우가 허다하기 때문에, 구약에서는 그들에게 거듭거듭 권고하기를, 재판을 외모로 시행하지 말고(신 1:17; 레 19:15; 잠 24:23), 뇌물을 받지 말고(신 16:19; 출 23:8; 사 5:23), 가난한 자와 나그네, 고아와 과부를 압제하지 말고(출 23:6, 9; 시 82:2-4; 사 1:12), 의인을 의롭다 하고 불의한 자를 불의하다 하며, 백성을 올바른 재판으로 재판하라고 하는 것이다(신 16:19; 25:1). 악인을 의롭다 하고 의인을 정죄하는 자는 여호와께 미움을 받는다(잠 17:15, 26; 18:5; 24:24). 그러나 여호와는 의로우사 의를 좋아하시므로, 정직한 자가 그의 얼굴을 뵙는다(시 11:7; 33:5; 99:4; 렘 9:23). 그의 오른손에는 의가 가득하며, 공의와 정의가 그의 보좌의 기초다(시 48:11; 89:14; 97:2). 그는 치우침도 없으시고 사람을 외모로 판단치도 않으시고 뇌물을 받는 일도 없으시며(신 10:17; 대하 19:7), 부자나 가난한 자나 모두 그의 손으로 지은 바 된 자들이다(욥 34:19). 그는 외모를 보지 않으시고 그 마음을 보시고(삼상 16:6; 대상 28:9), 그는 마음과 폐부와 심장을 판단하시는 분이시다(시 7:10; 렘 11:20; 20:12). 언젠가는 그가 세상을 의로 심판하실 것이요, 정직으로 백성을 심판하실 것이며(시 9:8; 96:13; 98:9), 정의로우시므로 높임을 받으시며 공의로우시므로 거룩하다 일컬음을 받으실 것이다(사 5:16).

* * * * *

그러나 하나님의 의가, 그가 그의 거룩한 율법의 표준에 따라서 모든 사람들을 철저하게 정의로 대하시고 판단하시는 데 있다면, 과연 하나님께로부터 무죄하다는 선고를 받고 그로부터 영생의 권리를 얻을 사람이 대체 어디 있겠는가?

단 한 사람의 예외도 없이 모든 사람이 하나님의 율법을 범한 죄를 지고 있어서 하나님이 그런 범죄에 대하여 지정하신 그 형벌을 받아 마땅한 처지에 있다는 사실에 대해서는 조금도 의심의 여지가 없다. 아담이 불순종한 이래로 불의(不義)의 시냇물이 끊임없이 인류에게 흘러 내려왔다. 사람의 마음의 계획하는 바가 어려서부터 계속 악하다(창 6:5; 8:21). 모두가 부정한 상태로 출생하였고(욥 14:4; 25:4-6; 시 51:7), 모두가 다 치우쳐 선을 행하는 자가 없으니 하나도 없다(시 14:3). 죄를 범하지 않는 사람이 하나도 없고, 또한 "내가 내 마음을 정하게 하였다 내 죄를 깨끗하게 하였다"고 할 사람도 하나도 없다(왕상 8:46; 잠 20:9; 전 7:20). 자, 이것이 인간의 처지라면, 과연 사람이 하나님 앞에서, 또한 하나님으로 말미암아, 의롭다 함을 받는 일이 어떻게 있을 수 있겠는가?

그러나 구약 성경은 온 인류의 죄악성과 불의를 그렇게도 분명하게 선언하고 있으면서도, 동시에 의인과 마음이 정직한 자에 대해서 거듭거듭 언급하며 그런 자들이 횡포가 가득한 세상에 살고 있음을 말씀하고 있다. 성경은 노아를 가리켜 당대에 의인이요 완전한 자라 부른다(창 6:9; 7:1). 그리고 욥에 대해서는 하나님이 친히 증거하시기를, 그와 같이 온전하고 정직하여 하나님을 경외하며 악에서 떠난 자가 세상에 없다고 하신다(욥 1:1, 7; 2:3). 시편에서도 역시, 악인들의 틈에서 악인들과 다른 삶을 살며 그들에게 온갖 고통을 당하는 소수의 의인들을 계속해서 언급하고 있다(시 1:5; 14:5; 32:11; 33:1; 34:16 등). 잠언에서도 사람들 가운데 그러한 대조가 나타나는 현상에 대해 계속해서 말씀하고 있다(잠 2:20-22; 3:33; 4:18; 10:3 등). 이와 마찬가지로 선지자들도 여호와께 충성을 다하는 소수의 백성들과 우상숭배와 악행에 빠져버린 대다수의 사람들을 서로 구별하고 있다(왕상 19:18; 사 1:8-9; 4:3; 6:5). 에스겔은 특히 의인과 악인을 서로 지극히 예리하게 구별하고 있으며, 그러는 중에 그는 백성들 가운데 어느 그룹이 아니라 개개인을 염두에 두고 있다(겔 3:18 이하; 18:5 이하; 33:8 이하).

구약에서 나타나는 이례적인 사실은 이것만이 아니다. 이보다 더 놀라운 것은, 이 의로운 자들이 하나님의 의를 전혀 두려워하지 않고 또한 단 한 번도 자기들이 하나님의 심판으로 멸망할 것이라는 두려움을 품는 일이 없다는 사실이다. 불경한 자들에게는 하나님의 의가 몸서리쳐지도록 무서운 것인데 말이다(사 59:16-18; 렘 11:20; 20:12; 시 7:12; 9:5-6; 28:4; 129:4). 그러나 성도들은 바로 이 하나님의 의를 자기들의 호소의 근거로 삼고 그것에 호소한다. 그들은 하나님이 의의 하나님이시니 자기들의 소원에 응답하시고 구원해 달라고 기도하며(시 4:1; 143:1), 또한 하나님이 과연 심장과 폐부를 감찰하시는 의로우신 하나님이시기 때문에 그가 과연 그들을 세우시고(시 7:9), 구원하시고(시 31:2), 구속하시고(시 34:22), 그들에게 정의가 시행되게 하시고(시 35:23 이하), 그들을 용서하시고(시 51:16), 그들에게 응답하사 그들을 살리시고(시 119:40; 143:1), 그들의 영혼을 환난에서 구하실 것임을(시 143:11) 기대하고 믿는 것이다.

때로는 여기서 한 걸음 더 나아가서, 의인이 하나님의 의에 호소하는 것이 언뜻 보면 도저히 믿을 수 없을 그런 형식을 취하기도 한다. 곧, 그들 자신의 의에 근거하여 그들을 구해주시기를 하나님께 구하는 것이다. 욥은 자기의 죄책을 인정할 수가 없었고, 자기의 순결하고도 정직한 행실을 의식하고 있었으며(욥 29:12 이하; 31:1 이하), 또한 마지막에 여호와께서는 욥의 친구들을 상대로 욥의 의를 인정하신다(욥 42:7). 시편에서도 다음과 같은 간구들을 자주 듣게 된다: 여호와여, 나의 의에 따라서, 나의 성실함에 따라서 나를 판단하소서(시 7:9; 17:1; 18:20-25; 24:4-6; 26:1; 37:18 등). 이사야에게 백성들은 이렇게 탄원한다: "내 길은 여호와께 숨겨졌으며 내 송사는 내 하나님에게서 벗어난다"(사 40:27). 그러나 선지자는 사실이 그렇지 않다는 것을 여호와의 이름으로 그들에게 선포하기 위하여 그들에게 보내심을 받은 것이다. 징계와 채찍이 있은 후에 구원과 구속이 이어질 것이다. 그 노역의 때가 끝났고 그 죄악이 사함을 받았으며(사 40:2), 여호와께서 그의 공의를 가깝게 할 것이며 그의 구원이 지체하지 아니할 것이다(사 46:13). 여호와께서 그의 성도들의 삶 속에 거듭거듭 개입하셔서 그들을 판단하시며(시 17:2), 가난한 자들과 눌린 자들을 위하여 정의를 시행하시듯이(시 103:6; 140:13; 146:7), 결국에 가서는 그가 그의 백성들의 대의를 이루실 것이다(사 49:25; 51:22; 렘 50:34; 51:36; 미 7:9). 그는 열방이 보는 앞에서 그의 거룩한 팔을 드러내시고 그의 입에서 의의 말씀을 내시며, 그의 백성을 의로 세우실 것이다(사 45:23; 51:5; 52:10; 54:15). 그는 의로우신 하나님이시요 구주이시다(사 45:21). 그의 안에 공의와 힘이 있으며, 그들의 모든 의가 그로부터 말미암으며, 이스라엘의 모든 자손이 여호와 안에서 의롭다 함을 얻고, 그들의 모든 자랑이 그에게 있을 것이다(사 45:24-25; 54:17).

그러므로, 이스라엘에 의인들이 있을 뿐 아니라 이들이 그들의 복지와 구원을 하나님의 의에게서 구한다는 것이 구약에서 분명히 드러난다. 이런 현상을 우리는 다소 의아스럽게 여기게 될 것이다. 우리는 하나님의 정의를 그의 긍휼하심과 서로 반대되는 것으로 보는 경향이 있기 때문이다. 그렇기 때문에 우리는 흔히 하나님의 정의로 말미암아서는 우리가 정죄를 받고, 그의 긍휼하심으로 말미암아서는 구원을 얻는다는 식으로 생각하는 것이다. 그러나 구약의 성도들은 그 둘을 그렇게 서로 반대되는 것으로 보지 않는다. 그들은 하나님의 정의를 곧바로 그의 은혜와 긍휼, 그의 선하심과 진실하심, 그의 호의와 신실하심과 연관시키는 것이다(시 33:5; 40:11; 51:16; 89:15; 103:17; 143:11; 렘 9:24; 호 2:18). 그들은 여호와께서 은혜로우시며 의로우시다고 말하고(시 112:4; 116:5), 또한 그의 구원의 역사가 그의 의로우심의 증거라고도 말한다(삿 5:11; 삼상 12:7; 미 6:5). 그리고 그렇기 때문에, 구약의 성도들은 하나님의 긍휼하심 못지않게 그의 의를 계속해서 높이 기리고 찬양하는 것이다(시 7:17; 22:31; 35:28; 40:10; 51:16; 71:15 등).

* * * * *

그런데 어떻게 이런 모든 일이 가능하단 말인가? 모두가 죄인들인 그 백성들이 하나님의 거룩하신 임재 앞에서 의로운 백성으로 의롭다 인정받은 자들로 설 수 있단 말인가? 그들이 어떻게 자기들 편에서 정의를 지닐 수 있으며, 또 어떻게 하나님의 정의에 따라서 그들의 죄와 허물들이 사함받고 하나님의 복된 교제 속으로 들어갈 수가 있단 말인가?

이것이 혹시 구약 시대에 이스라엘이 하나님의 백성이었고, 그들 가운데 성전이 있었고, 수송아지들과 수소들을 열심히 제물로 드렸기 때문인가? 사실 이스라엘 중에도 이것들을 의지하여, 이것들이 있기 때문에 악이 가까이 오지 못할 것이라고 생각했던 자들이 많았다. 그러나 여호와의 이름으로 일어난 선지자들은 백성들을 전혀 다른 방향으로 가르쳤다. 이스라엘이 그런 외형적인 특권들에 근거하여 스스로 교만해질 때, 선지자들은 모두 이구동성으로 선언하기를, 그것들은 신뢰성이 없는 갈대와 같아서 그것들을 향하여 내미는 손을 찌르는 것이라고 하였다. 선지자 아모스는 이렇게 말씀한다: "이스라엘 자손들아, 너희는 내게 구스 족속 같지 아니하냐? 내가 이스라엘을 애굽 땅에서, 블레셋 사람을 갑돌에서, 아람 사람을 기르에서 올라오게 하지 아니하였느냐?"(암 9:7). 그리고 거짓 것을 신뢰하여 "이것이 여호와의 성전이라, 여호와의 성전이라, 여호와의 성전이라"(렘 7:4)고 외치는 거짓된 사람들에 대해서 예레미야는 말씀하기를, "내가 실로에 행함 같이 너희가 신뢰하는 바 내 이름으로 일컬음을 받는 이 집에 행하리라"고 한다(렘 7:14). 더 나아가서 희생 제사와 제물에 대해서는, 이스라엘의 성도들은 그것들 자체로는 여호와를 기쁘시게 할 수 없다는 것을 잘 알고 있었다(시 40:9; 51:6). 선지자들의 입을 통해서 여호와께서 친히 이렇게 말씀하셨다: "나는 숫양의 번제와 살진 짐승의 기름에 배불렀고 나는 수송아지나 어린 양이나 숫염소의 피를 기뻐하지 아니하노라"(사 1:11; 66:2-3; 렘 6:20; 호 6:6; 암 5:21; 미 6:6-8; 잠 15:8; 21:27 등).

구약의 성도들 가운데서 구원의 소망을 가졌던 것이 혹시 그들 자신의 의 때문이었을까? 그것 때문에 그들이 미래에 대해서 그렇게도 훌륭한 소망을 가졌던 것일까? 그들이 과연 자기들의 선행이 하나님의 심판 앞에 설 수 있다고 생각했을까? 예를 들어 욥 같은 사람의 경우를 보더라도, 그들이 자기들의 무죄함을 얼마나 강하게 주장하며(욥 29:12 이하; 31:1 이하), 자기들의 정직함과 성실함과 의에 호소하는 경우가 얼마나 자주 나타나며(시 7:9; 18:21; 26:1; 102:2 등), 얼마나 끊임없이 자기들의 정당함과 완전함을 거론하며(욥 27:2; 시 17:2; 26:1; 35:24; 43:1; 사 40:27 등), 또한 마지막으로 여호와께서 친히 그들을 의로운 자로 간주하시는 예가 얼마나 많이 나타나는가(사 53:4-6; 59:12; 64:6)? 이런 예들을 보면, 잠시나마 그런 생각이 들기도 할 것이다. 그러나 이를 좀 더 깊이 살펴보게 되면, 이 근거 역시 무너지고 만다는 것을 깨닫게 된다.

구약 성도들의 편에서 이렇게 자기들의 의에 호소하는 사실 뒤에는, 지극히 자신을 낮추어 죄를 고백하는 사실이 뒤따르고 보충된다. 욥은 자신이 젊은 시절에 지은 죄들을 거론하며 또한 마지막에 가서는 자기 자신을 혐오하여 티끌과 재 가운데서 회개한다(욥 13:26; 42:6). 시편 7:9에서 다윗은 자신의 정직함을 이야기하지만, 다른 곳에서는 자신의 모든 의를 던져버리고, 여호와 앞에서 자신의 범죄를 고백하며 오직 죄 사함에만 영광을 돌린다(시 32:5). 다니엘은 자신의 의에 호소하지 않고, 주의 크신 긍휼을 의지하여 호소한다(단 9:18). 이사야서에서는 이스라엘의 성도들이 고백하기를, 그들의 모든 의는 더러운 옷 같으며, 모두가 목자 없는 양 같이 흩어졌고 각기 제 길로 갔으나 여호와께서 그들의 모든 불의를 그의 종에게 담당시키셨다고 한다(사 53:4-6; 59:12; 64:6). 시편 130:3-4에서 시편 기자는 말하기를, 여호와께서 죄악을 지켜보실진대 아무도 주 앞에 설 수 없으나, 사하심이 주께 있어서 주를 경외하게 하신다고 한다. 구약의 모든 성도들은, 이스라엘을 벌하시는 하나님의 역사가 의로우며, 그들과 그들의 조상들이 죄를 범하였고 하나님을 대적하여 반역하였음을 전적으로 인정하고 있다(암 3:2; 애 1:18; 스 9:6; 느 9:33; 단 9:14 등).

이스라엘의 성도들이 자기들의 의를 언급할 때에, 그들의 올바른 행실과 여호와 앞에서의 성실함도 염두에 두고 있는 것이 분명하다. 그들은 심지어, 마음을 살피시는 여호와께서 그들을 감찰하시고 거기에 악한 길이 있는지를 보시라고까지 기도한다(시 7:9-10; 17:3; 18:21-25). 그러나 이런 그들의 의와 정직함은 훗날 바리새인들이 말하는 것과 같은 그런 도덕적인 완전함을 의도한 것이 아니다. 오히려 그들은 신앙적인 순전함에 근거하고 거기에 뿌리를 둔, 다시 말해서 믿음의 의에 근거하는 그런 도덕적인 순전함을 염두에 두고 있는 것이다. 이 점은, 의인들을 가리켜 가난한 자, 핍절한 자, 눌린 자, 신실한 자, 겸손한 자, 온유한 자, 여호와를 경외하며 그 외에는 달리 소망이 없는 자 등으로 묘사하는 경우가 비일비재하다는 사실에서 잘 드러난다. 그들은 훗날 예수께서 심령이 가난한 자, 애통하는 자, 의에 주리고 목마른 자, 수고하고 무거운 짐진 자, 어린 소자라 부르시는 사람들과 동일한 사람들인 것이다(마 5:3 이하; 11:25, 28).

이 사람들에게서 나타나는 표시는 그들이 죄가 없다는 것이 아니라, 오히려 세상의 온갖 사람들에게서 억눌림과 핍박을 받는 가운데서도 여호와께 신뢰를 두고 오직 그에게서만 그들의 구원과 축복을 구한다는 사실에 있다. 세상 어디에도 그들을 구원해 줄 것이 없다. 그들 자신에게도 다른 사람에게도 없고, 오직 그들의 하나님 여호와께만 있는 것이다. 그리고 하나님이 그들의 하나님이시요, 그들의 해요 방패시며, 그들의 피난처요 그들의 높은 요새요, 그들의 바위와 산성이요, 그들의 구원자요 구속자시며, 그들의 영광이요 그들의 모든 것이라는 사실도, 그들에게서 나타나는 표시가 된다(시 18:3; 73:25 이하). 그들은 그 하나님의 백성이요, 그의 초장에서 기르시는 양이요, 그의 종들이요 그의 은택을 받은 자들이다(시 33:12; 95:7; 100:3). 그들은 그의 구원을 기다리며, 그의 말씀을 굳게 믿으며, 그의 율법을 즐거워하며, 오직 그에게서만 모든 것을 기대한다. 그들은 훗날의 바리새인들처럼 하나님을 대적하며 자기들의 권리와 특권을 고집하는 사람들이 아니고, 오히려 하나님의 편에 서서 그분과 함께 하며, 그와 그들의 원수들을 대적하여 서는 사람들이다.

그 백성들이 기도와 간구로 자기 자신의 의와 여호와의 의에 호소할 때에, 그것은 곧 여호와께서 그의 언약으로 말미암아 — 그들이 그의 이름으로 칭하는 백성이며 그의 이름을 경외하여 행하기 때문에 — 그 백성들을 그 원수들 앞에서 정의롭게 대하실 의무를 지니고 계시다는 뜻이다. 그가 그 백성을 택하신 것은 그들의 규모나 숫자 때문도, 그들의 의나 정직함 때문도 아니었다. 오직 여호와께서 자발적으로 사랑하셨기 때문에, 또한 그가 그들의 조상들에게 행하신 맹세 때문에 그들을 택하신 것이다(신 7:7 이하; 9:5-6). 이 백성과의 언약은 오로지 하나님 자신의 기쁘신 뜻에, 그의 호의에 기초한 것이다. 그러나 그 언약으로 말미암아 하나님이 그 백성들에게 매이셨고, 또한 이를테면, 스스로 그 백성을 유지하고 보존하며, 또한 아브라함에게 약속하신 그 모든 구원을 그들에게 베푸실 의무를 스스로 지시게 되었다는 것을 부인할 수가 없다. 하나님은 과거 아브라함에게, "내가 내 언약을 나와 너 및 네 대대 후손 사이에 세워서 영원한 언약을 삼고 너와 네 후손의 하나님이 되리라"고 약속하셨던 것이다(창 17:7).

결국, 이스라엘의 성도들이 압제 가운데서 끊임없이 호소했던 바 그 하나님의 의는, 그의 언약으로 말미암아 여호와께서 그의 백성을 모든 원수들에게서 구원하실 의무를 지고 계시는 바 그의 속성이다. 그 의무는 그의 백성 때문에 하나님이 지시게 된 것이 아니라, 하나님 자신 때문에 하나님이 지시게 된 것이다. 하나님은 더 이상 자유롭지 않으시다. 그는 자의로 자신을 그의 백성과 연관지으시고, 그리하여 그 자신이 맺으신 언약과 그 자신이 행하신 맹세에, 그 자신의 말씀과 약속에 매이셨고, 그리하여 그들의 모든 불의에도 불구하고 그 백성의 하나님으로 계셔야 했던 것이다. 그리하여, 하나님이 그의 백성에게 약속하신 축복들을 베푸시는 것이 그의 이름을 위함이요, 그의 언약을 위함이요, 그의 영광과 존귀를 위함이라는 말씀을 그렇게도 자주 접하게 되는 것이다(시 25:11; 31:3; 79:9; 106:8; 109:21; 143:11; 사 49:9,

11; 렘 14:7, 21; 겔 20:9, 14, 22, 44; 단 9:19 등). 그 백성들이 불성실하고 배도한다 할지라도, 그는 그의 언약을 기억하시고 그 언약을 영원토록 지키신다(시 105:8; 111:5; 사 54:10). 경건한 이스라엘이 호소하는 바 하나님의 의는 그의 선하심과 구원과 대조를 이루는 것이 아니라, 그것과 결부되며 또한 그의 참되심과 신실하심과도 긴밀하게 연관되는 것이다. 그것은 하나님으로 하여금 그 자신의 말씀과 약속에 견고히 서시게 하며, 또한 순전히 은혜로 말미암아 그의 백성을 모든 압제에서 구원하시도록 의무를 지우는 것이다.

하나님께서는 과거에 이스라엘을 그 대적들에게서 구원하실 때마다 언제나 그렇게 행하셨다(출 2:24; 삿 2:1; 사 37:20). 그러나 장차 그가 그 백성 중에 그의 나라를 세우실 때에는 그보다 훨씬 더 풍성하게 행하실 것이다. 이것이 그들의 생각이었다. 하나님 자신의 의로 말미암아서, 즉 그가 의와 신실함과 진리의 하나님이시기 때문에, 그가 그들과 새 언약을 세우실 것이며, 그들의 죄를 용서하시고, 그의 영을 그들에게 부으사 그들로 하여금 그의 길로 행하게 하실 것이다(렘 31:31-34 등). 그러나 그들을 위하여 그렇게 하시는 것이 아니라, 하나님 자신을 위하여, 그의 크신 이름을 위하여 그렇게 하시는 것이다. "나 곧 나는 나를 위하여 네 허물을 도말하는 자니, 네 죄를 기억하지 아니하리라"(사 43:25). 이스라엘에게 필요한 의를 하나님이 친히 베풀어주시는 것이다(사 45:24, 25; 46:13; 54:17). 그가 새 하늘과 새 땅을 창조하시니, 이전 것은 기억되거나 마음에 생각나지 아니할 것이다(사 65:17). "그의 날에 유다는 구원을 받겠고 이스라엘은 평안히 살 것이며 그의 이름은 여호와 우리의 공의라 일컬음을 받으리라!"(렘 23:6; 33:16; 또한 사 62:2과 비교하라)

* * * * *

하나님께서 친히 그의 백성에게 의를 베푸시고 그리하여 그들을 의롭다 인정하신다는 사상은 신약에 와서 그리스도께서 이 땅에 오사 그의 삶과 죽으심으로 말미암아 그의 교회를 위하여 모든 의를 이루실 때에 더욱 풍성하게 발전된다.

예수께서는 이 땅에 오셔서, 때가 찼고 하나님의 나라가 가까웠음을 설교하셨다(막 1:15). 이는 곧 얼마 있지 않아서 그 나라가 오리라는 뜻일 뿐 아니라 또한 그 자신과 그의 일에서 원리적으로 그 나라가 이미 왔다는 뜻이기도 하다. 그는 여호와의 종에 관한 구약의 예언을 성취하는 메시야이시며(눅 4:17-21), 그가 친히 그의 일을 통하여 이 사실을 입증하게 될 것이기 때문이다. 그가 병든 자를 고치시고, 죽은 자를 살리시며, 귀신을 내어쫓으시고, 가난한 자들에게 복음을 전하시고, 죄를 사하시는데, 이것이야말로 그가 구약의 예언이 약속한 바로 그분이시며 또한 하나님 나라가 이 땅에 임하였다는 분명한 증거인 것이다(마 9:2; 10:7, 8; 11:5; 12:28). 그리스도께서 주시는 은택들에서, 영적이며 육체적인 구원에서, 천국의 보화(寶貨)가 분명하게 드러나는 것이다.

그 나라의 보화 가운데, 예수께서는 특별히 의를 언급하신다. 마태복음 6:33에서는 이 의가 하나님의 나라와 또한 그의 의와 가장 밀접하게 관련되고 있다. 혹은 달리 읽으면, 32절에 언급되는 하늘 아버지의 나라와 의를 먼저 구하라는 뜻으로도 볼 수 있다. 하나님의 나라가 그렇듯이, 그 나라의 의는 바로 하나님이 그리스도를 통하여 베풀어주시는 그의 소유요 선물이다. 하나님의 나라를 구하고 찾는 자는 누구든지 그와 동시에 그 나라의 시민에게 필수적인 그 의를 받게 된다.

그렇기 때문에 예수께서는 다른 곳에서 그 의를 소유하는 것이 하나님의 나라에 들어가는 조건임을 말씀하실 수 있었다. "너희 의가 서기관과 바리새인보다 더 낫지 못하면 결코 천국에 들어가지 못하리라"(마 5:20; 또한 마 7:21; 고전 6:10; 갈 3:18, 21; 엡 5:5; 계 22:14과 비교하라). 예수께서 그의 제자들에게 요구하시는 이 의는 유대인들이 율법을 외형적으로 지키고서 이루었다고 만족해하는 그런 의와는 전혀 다른 의로서, 그보다 더 깊고 더 친밀한 의다. 그것은 신령하고도 온전한 의요, 아버지의 의와도 같은 의다(마 5:20, 48). 물론 예수께서 그런 의를 하나님의 나라에 들어가는 필수적인 조건으로 말씀하셨으나, 그렇다고 해서 사람이 자기 힘으로 그 의를 이룰 수 있다는 뜻은 아니셨다. 만일 주님의 말씀이 그런 뜻이었다면, 그도 메시야가 아니셨을 것이요, 그의 복음도 복된 소식이 아니었을 것이다. 오히려 주님의 그 말씀의 목적은 하나님의 나라의 본질과 그 신령한 성격과 완전함에 대해 빛을 비추기 위함이었다. 곧, 하나님의 율법과 완전히 일치되고 완전한 의에 참여하지 않고서는 그 어느 누구도 그 나라에 들어갈 수 없다는 것이다.

그러나, 한편으로는 그 나라에 들어가는 조건이요 요구 사항인 이 의가 다른 한편으로는 그 나라의 선물이다. 그 나라의 모든 은택들을, 또한 그 나라의 의를 베푸시는 분은 바로 그리스도 자신이시다. 그 나라는 하나님의 나라요 그 나라의 의는 바로 하나님의 의다(마 6:33). 그러나 아버지께서 그 나라를 그에게 맡기신 것처럼, 그가 또한 그 나라를 그 제자들에게 맡기신다(눅 22:29; 12:32). 아버지께서 아들을 사랑하사 모든 것을 그의 손에 주셨기 때문이다(마 11:27; 요 3:35; 13:3; 16:15). 그러나 아버지께서 그에게 이 모든 것을 주신 것은 그가 인자이시기 때문이다(요 5:27). 즉, 죽기까지 순종하심으로 그가 스스로 그것을 이루시도록 하기 위함이다. 그가 오신 것은 섬김을 받으려 함이 아니라, 도리어 섬기려 하고 자기 목숨을 많은 사람의 대속물로 주려 함이었다(마 20:28). 그가 십자가에 죽으심으로 그의 몸이 깨어지고 그의 피가 흐르게 하셨으니, 이는 새 언약이 세워지고, 그 백성의 모든 죄가 사함받게 하기 위함이었다(마 26:26–28).

아버지께서 그에게 모든 것을 맡기신 사실과 또한 그 자신의 희생 제사를 근거로 하여, 그는 그의 죽으심 이전과 이후에, 그 나라의 모든 은택들을 그의 제자들에게 나누어주셨다. 그는 병든 자를 고치셨을 뿐 아니라, 죄를 사하시고 영생을 베풀어 주셨다. 그는 스스로 의롭다 여기는 바리새인들이 아니라 세리와 죄인들에게, 수고하고 무거운 짐진 자들에게, 심령이 가난한 자들에게, 그리고 의를 위하여 주리고 목마른 자들에게 이 은택들을 베풀어주신 것이다. 그는 의인을 부르러 오신 것이 아니라, 죄인을 불러 회개시키고(마 9:13) 또한 잃어버린 자를 찾아 구원하시기 위하여 오신 것이다(눅 19:10). 자기 자신의 의가 아니라 거듭남, 믿음, 회개가 하나님 나라와 그 모든 은택들에 이르는 방도가 된다. 그리고 그 거듭남 또는 중생 그 자체가 성령의 선물이요 역사하심이다(요 3:5).

* * * * *

그리하여 사도들은 오순절 날 성령이 부어지자마자 즉시, 십자가에 못 박히신 그리스도께서 하나님이 이스라엘에게 회개와 죄 사함을 주시기 위해 높이 세우신 임금과 구주이심을 전파하였다(행 2:36, 38; 5:30-31). 그리스도의 죽으심에서 그 구속의 사건이 일어난 이후, 그 사건이 지니는 중대한 의의가 부활의 조명을 받고 성령의 인도하심을 받은 사도들에 의해서 충실하게 설명되고 해명되었다. 그런데 사도들 중에 누구보다도 이를 풍성하고도 명확하게 행한 이는 바울이었으니, 그는 팔일 만에 할례를 받았고, 이스라엘 자손이요 베냐민 지파에 속하며, 히브리인 중의 히브리인이었고, 율법으로는 바리새인이요, 열심으로는 교회를 핍박하였고, 율법의 의로는 흠이 없는 사람이었으나, 이제는 무엇이든 전에 유익하던 것을 그리스도를 위하여 다 해로 여기게 된 사람이었다(빌 3:5-7).

그 자신의 증언에 따르면, 바울은 수년 동안 율법에 속한 의를 이루기 위하여 정말 열심히 수고하였다. 그리고 거기에 완전히 젖어 있었다. 율법에 속하며 율법에서 얻어지는 의에 대해서는(빌 3:6, 9; 롬 10:5; 9:32), 인간적으로 판단할 때에 흠이 없었다. 그 어느 누구도 그를 나무랄 만한 것이 없었다. 오히려 그 반대로 모든 사람이 그를 칭찬했고, 그는 그 의로 인하여 존경받고 명성을 얻었고, 그리하여 그 길로 계속 나아갔더라면 그의 백성 중에서 유명하게 되는 길이 열렸을 것이다. 그는 그것으로 인하여 많은 유익을 얻었었다(빌 3:7). 그러나 하나님께서 그의 아들을 그에게 나타내기를 기뻐하실 때에, 그는 그의 주님 예수 그리스도를 아는 고상한 지식을 위하여, 과거에 의로 여기던 모든 것들을 해로 여기게 되었고, 그것들을 없애야 할 것으로, 아무 짝에도 쓸모 없는 것으로 여겨서 던져버렸다. 이는 그리스도를 얻고 그 안에서 발견되기 위함이었고, 율법에서 난 의가 아니라, 그리스도를 믿음으로 말미암아 얻는 의, 곧 믿음으로 하나님께로서 나는 의를 얻기 위함이었다.

율법의 행위에 속하는 의가 어째서 부적절한지를 사도는 다른 곳에서 여러 번 설명하고 있다. 율법은 과연 거룩하며, 의롭고, 신령하며, 선하다. 그러나 사람은 육신적이어서 죄 아래 팔려 있다(롬 7:12, 14). 율법은 살릴 수 없으며, 그 판단으로 죄를 없이할 수도 없다. 왜냐하면 육체로 말미암아 연약하여 할 수가 없기 때문이다(롬 8:3; 갈 3:21). 율법은 요구를 하나, 아무것도 주지 못하고, 아무런 은택도 베풀지 못한다. 율법은 그저 이런 일들을 행하는 자가 그로 말미암아 살리라고만 말할 뿐이다(롬 10:5; 갈 3:10, 12). 그러나 육체로는 하나님의 율법에 굴복치 아니할 뿐 아니라, 굴복할 수도 없기 때문에, 율법은 이 생명을 베풀어줄 수가 없다(롬 8:7). 그러므로 의롭다 함과 생명을 주기는커녕, 율법은 이제 죄의 권능이 되어 있다(고전 15:56). 율법이 없었더라면, 죄도 없고 범죄도 없었을 것이다(롬 4:15; 7:8). 그러나 사람의 죄악된 상태 속에서 율법이 죄를 부추기고, 욕심을 일으키며, 사람으로 하여금 금지된 것들을 사모하도록 만든다. 혹은 사람 속에 살고 있는 죄가 계명을 기회로 삼아서 온갖 정욕을 마음에 부추기고 죄를 범하게 만드는 것이다(롬 5:20; 7:8; 갈 3:19). 결국 율법이 할 수 있는 일은 그저 죄를 알게 하며(롬 3:20; 7:7), 진노를 이루며(롬 4:15), 사람들을 저주 아래 가두는 것이다(갈 3:10). 그러나 율법의 행위로는 아무도 의롭다 함을 받을 수가 없는 것이다(행 13:39; 롬 3:20, 28; 8:3, 8; 갈 2:16; 3:11). 율법으로 판단할 때에, 온 세상이 하나님 앞에서 죄악된 처지에 있고, 죄의 형벌에 예속되어 있다(롬 3:19). 사람들의 모든 경건치 않음과 불의에 대하여 하나님의 진노가 나타나기 때문이다(롬 1:18; 엡 5:6; 골 3:6).

그러나 만일 그런 것이 하나님이 율법에 따라서 사람에게 선언하시는 의로운 심판이라면, 과연 누가 구원받을 수 있겠는가? 그러나 예수께서는 마태복음 19:26에서, "사람으로는 할 수 없으나 하나님으로서는 다 하실 수 있느니라"라고 대답하시고, 이와 같이 바울도, 하나님이 악인을 의롭다 하시면서도 그럼에도 불구하고 스스로 완전히 의로우시다고 대답한다(롬 3:26; 4:5). 하나님이 그의 거룩한 율법에서 가장 철저하게 정죄하는 것이 악인을 의롭다 하는 것인데(신 25:1; 시 82:2; 잠 17:15; 사 5:23), 하나님 스스로도 그 일을 절대로 행하지 않으시리라고 말씀하시면서도(출 23:7) 그가 그 일을 행하시며, 그러면서도 그 자신의 의를 결코 침해하지 않으신다는 것이다. 이것이야말로 복음의 놀라움이 아닐 수 없다.

하나님은 율법에서 뿐 아니라 복음에서도 그의 의를 선포하셨기 때문이다. 하나님의 의가 율법이 없이, 율법의 도움이 없이, 율법과 관계 없이, 또한 율법과 반대하여 복음에서 나타나는 것이다(롬 1:17; 3:20). 이 복음은 오래 전부터 존재했고, 에덴 동산에서부터 이미 시작되었다. 복음에서 나타난 하나님의 의는 율법과 선지자 및 구약 성경 전체가 증거한다(롬 3:21). 아브라함은 아직 무할례의 상태에 있을 때에 그 복음의 의로 말미암아 의롭다 하심을 받았다(롬 4:1 이하). 다윗 역시 행위가 없이도 하나님으로 말미암아 의를 전가(轉嫁)받은 사람의 복된 상태를 묘사하며(롬 4:6), 하박국도 "의인은 믿음으로 말미암아 살리라"는 일반적인 진술을 하고 있다(롬 1:17; 갈 3:11). 그러나 지금에 와서(롬 3:21, 26) 그 하나님의 의가 훨씬 더 분명하게 드러났다. 그리스도께서 나타나사 우리에게 의가 되셨기 때문이다(고전 1:30).

이스라엘에게 주어진 의는 그 자체가 복음에 나타난 하나님의 의의 충만한 계시를 돕는 것이었다. 율법은 죄를 부추기고 죄에 대한 지식을 갖게 함으로써, 또한 진노를 불러일으키고 사람을 저주 아래 둠으로써, 초등교사요 인도자가 되어 우리를 그리스도께로 인도하여, 때가 차매 그 지도 아래 있는 자들을 그리스도께로 이끌어 믿음으로 말미암아 의롭다 함을 얻도록 하였다(갈 3:22-25). 그리하여 율법의 훈육으로 말미암아 사람들이 장차 복음이 나타날 때를 위하여 준비를 갖추게 된 것이다. 그러나 하나님의 편에서 볼 때에도 율법은 그의 약속의 성취를 위해 이바지하였다. 그리스도 이전에는 하나님이 오래 참으심으로 이방인들은 제 길로 가도록 내버려두셨고(행 14:16), 또한 그의 백성들에 대해서는 그들의 죄를 그 공과에 따라서 벌하지 않으시고 간과하시고 허용하셨기 때문이다(롬 3:25). 그렇기 때문에 하나님께서는 율법과는 전혀 관계 없이 복음이라는 다른 방식으로 그의 의를 드러내실 필요가 있게 된 것이다(롬 3:25-26). 하나님은 율법으로 말미암아 만물을 죄의 주관 아래 있게 하셨는데, 이는 율법의 행위에 따라서가 아니라 예수 그리스도를 믿는 믿음에 따라서 기업에 대한 약속이 신자들에게 베풀어지도록 하기 위함이었다(갈 3:22; 롬 3:9; 11:32).

따라서 하나님이 복음에서 나타내시는 그 의는 그 자체의 고유한 성격을 지닌다. 그 의는 율법이 없이 이루어지면서도 율법과 조화를 이룬다(롬 3:21). 그 의는 정죄하는 동시에 보존시킨다. 그 의는 하나님의 정의의 표현인 동시에 그의 은혜의 표현이기도 하다(롬 3:23-24). 그 의는 하나님이 그것으로 악인을 의롭다 하실 수 있고 그러면서도 친히 완전히 의로운 상태로 남아 계실 수 있는 그런 의다(롬 3:26; 4:5). 그런데 그런 일은 객관적으로는 그리스도를 그의 피로 말미암는 화목 제물로 제시하심으로써 일어나며, 주관적으로는 그러한 그리스도를 믿는 믿음을 의로 간주하심으로써 일어난다(롬 4:4-5; 갈 3:6). 요컨대, 하나님이 복음에서 나타내시는 의는 믿음의 의를 베푸시는 데 있다. 그런데 그 믿음의 의는 율법의 행위로 말미암는 의나 사람의 자기의(自己義)와는 정반대되는 것이다(롬 3:21; 4:2-6; 9:32; 10:3; 빌 3:9). 그 의는 그리스도를 믿는 믿음으로 말미암아 하나님께로부터 나는 의인 것이다(빌 3:9).

* * * * *

그러므로, 죄인의 칭의에 대한 성경의 가르침에서 가장 힘주어 강조하는 것은, 우리를 죄책과 형벌에서 면하게 하는 바 이 칭의가 하나님의 선물이라는 사실이다. 만일 우리가 율법의 행위로 말미암아, 율법의 계명들을 지킴으로 말미암아, 의롭다 함을 얻는다면, 하나님의 심판 앞에 우리 자신이 스스로 얻은 의를 갖고 설 수 있을 것이고, 그렇게 되면, 어떤 의미에서 우리가 우리 자신을 자랑할 거리가 있게 될 것이다(롬 4:2). 그러나 성경은 이와는 달리 가르친다. 아브라함은 하나님 앞에서 자랑할 것이 아무것도 없었다. 그가 의롭다 하심을 받은 것이 행위로 말미암은 것이 아니었고, 그의 믿음으로 말미암아 그것이 그에게 의로 여겨진 바 되었으며, 그에게 주어진 상급이 죄책에 의한 것이 아니라 은혜에 의한 것이었기 때문이다(롬 4:3-5).

그러므로, 하나님이 그리스도 안에서 우리에게 주시고 또한 오직 그것으로만 하나님의 임재 앞에 설 수 있는 바 그 의는 그 어떠한 의미에서도 우리의 수고의 열매가 아니요, 절대적인 의미에서 하나님의 선물이요 그의 은혜의 선물이다. 우리는 그리스도 예수 안에 있는 구속으로 말미암아 값없이 의롭다 하심을 얻는 것이다(롬 3:24). 하나님의 은혜야말로 우리의 칭의의 가장 깊은 근거요 최종적인 원인이다. 그러나 이 은혜를 하나님의 의와 대조를 이루는 것으로 보아서는 안 되고, 오히려 그 의와 서로 연관된 것으로 보아야 한다. 어쨌든 바울은 복음 안에서 하나님의 의가 나타났다고 거듭거듭 말하며(롬 1:17; 3:5, 21, 22, 25, 26; 10:3), 이와 마찬가지로 요한도 그의 첫 서신서에서, 하나님은 미쁘시고 의로우시므로 우리가 우리 죄를 자백하면 우리 죄를 사하시고 우리를 모든 불의에서 깨끗하게 하신다고 기록하고 있다(요일 1:9). 또한 베드로도 그의 둘째 서신에서 말하기를, 우리가 하나님과 구주 예수 그리스도의 의를 힘입어 믿음을 받았다고 한다(벧후 1:1).

여기에는 정의의 하나님이 율법 아래서 얻는 것과는 다른 정의의 질서를 복음 안에서 창조하셨다는 관념이 내포되어 있다. 이 옛 질서도 하나님의 의를 드러내는 것이긴 했으나, 그가 그의 율법을 사람들에게 주시고 그들을 이 율법에 대한 순종에 묶어 놓으시며 그리하여 결국 그들의 행위에 대한 그의 심판에 따라서 그들을 벌하시든지 상을 주시든지 하시는 그런 방식으로 그의 의를 드러내는 것이었다. 그러나 죄로 인하여 그 율법이 효과가 없게 되었기 때문에, 하나님은 복음 안에서 또 다른 정의의 질서를 세우신 것이다. 그 질서에도 사람이 스스로 굴복해야 했다(롬 10:3). 그러나 그 질서는 그 자체가, 하나님의 보좌 앞에 서기 위하여 사람에게 필요한 그 의를 믿음을 통하여 베풀어주는 그런 질서다. 따라서, 복음은 동시에 정의의 질서요 또한 은혜의 질서다. 은혜란 곧, 하나님이 우리를 율법 조항에 묶어두시고 그것으로 우리를 정죄하실 수 있는데도 불구하고, 그가 그리스도 안에서 의와 생명을 얻는 또 다른 길을 열어 놓으셨다는 데에 있다. 그리고 정의란 곧, 하나님이 의와 거룩함이 없는 우리를 그냥 그대로 그의 나라로 이끌지 않으시고, 그 대신 그리스도의 제사에서 성취된 완전한 의를 은혜로 우리에게 주시고 그것을 우리의 것으로 간주하신다는 사실에 있다. 그리스도야말로 하나님의 사랑의 선물이시다(요 3:16; 롬 5:8). 그리고 그는 동시에 하나님의 의의 현현이시다(롬 3:25). 골고다의 십자가에서 의와 은혜가 하나로 합쳐졌다. 결국 칭의는 하나님의 법적인 행위인 동시에 또한 그의 은혜로우신 행위인 것이다.

정의와 은혜가 이렇게 하나가 된 것에 대해서 우리는 그리스도와 그의 모든 은택에게 감사해야 한다. 또한 하나님의 심판대 앞에 서기 위해서 우리에게 필요한 의도 그리스도 덕분에 얻은 것이다. 그러나 믿음으로 우리에게 주어지는 이 의는 하나님의 존재의 속성인 의와는 — 또한 그리스도의 신성과 인성의 의와는 — 조심스럽게 구별해야 한다. 만일 하나님의 속성인 의나 그리스도의 존재의 의가 우리의 칭의의 근거였다면, 그리스도의 고난과 죽으심 전체가 그 가치를 잃어버리게 되고, 뿐만 아니라 창조주와 피조물 사이의 경계선이 지워져 버리고 이 둘의 본성들이 서로 뒤섞여버리는 범신론적인 양상이 나타나고 말 것이기 때문이다. 그러나 믿음으로 말미암아 우리의 것이 되는 의, 또한 하나님 앞에서 우리를 의롭다 인정받게 하는 그 의는 그리스도의 고난과 죽으심으로 말미암아 얻어진 것이다. 하나님은 그리스도를, 그의 피를 믿음으로 말미암는 화목 제물로 세우셨다. 즉, 그의 흘리신 피의 능력으로 말미암아, 또한 믿음을 수단으로, 죄를 씻는 일을 이루는 화목의 수단으로 그를 세우셨다는 뜻이다(롬 3:25). 그가 우리를 위하여 죄가 되사 우리로 하여금 그의 안에서 하나님의 의가 되게 하려 하셨다(고후 5:21; 갈 3:13). 그리스도와 그의 백성 사이에 일종의 교환이 이루어진다. 그리스도께서 친히 그들의 죄와 저주를 취하시고, 그 대신 그의 의를 그들에게 주시는 것이다. 그가 하나님께로부터 그들에게 지혜와 의와 거룩함과 구속이 되신 것이다(고전 1:30).

그리스도의 이 의는 완전하고도 충족하여, 우리 편에서 그것을 완성시키거나 보충시킬 필요가 절대로 없다. 사실 그 어떤 방법으로도 우리가 그 의를 증가시키거나 확충시킬 수가 없다. 그 의는 하나의 유기적인 전체를 이루고 있기 때문이다. 율법이 하나의 전체이기 때문에, 그것을 완전히 지키고서도 그 중 어느 한 계명을 지키지 못하면 전체를 범한 죄를 짓게 되듯이(약 2:10), 율법의 요구를 만족시키는 의도 마치 위에서부터 통으로 짠 예수님의 이음새 없는 의복처럼(요 19:23) 완전한 전체요 통일체인 것이다. 이 의는 조각 조각을 하나로 묶어 놓은 것이 아니다. 그 전부를 소유하든지 아니면 하나도 소유하지 못하든지 둘 중의 하나밖에 없다. 그 중 일부만을 얻고 그 나머지는 우리 스스로 채울 수 있는 것이 아니다. 그리고 그런 의를 채울 수 있도록 우리가 줄 수 있는 것이 대체 무엇이란 말인가? 믿음을 얻기 이전에 행한 선행은 분명 아닐 것이다. 성경은 너무도 분명하게, 사람의 마음의 계획하는 바가 어려서부터 악하다고 하며, 육으로 난 것은 육이라고 하고, 육체의 생각은 하나님을 대적하며 그의 율법에 굴복할 수도 없다고 하며, 육체의 모든 의가 더러운 옷에 불과하다고 말씀하고 있으니 말이다.

만일 그리스도께서 이루신 의를 선행이 보충하고 채워야 한다면, 그런 일을 해 줄 만한 것으로 볼 수 있는 유일한 선행은 바로 중생한 사람이 믿음으로 행하는 행위일 것이다. 왜냐하면 신자들이 선행을 할 수 있다는 것이 완전히 사실이기 때문이다. 좋은 나무가 아름다운 열매를 맺듯이, 선한 사람은 그 쌓은 선에서 선한 것을 내는 법이다(마 12:35). 하나님의 성령으로 말미암아 새롭게 된 신자는 속 사람을 따라 하나님의 법을 즐거워하는 것이다(롬 7:22). 그러나 믿음에서 나오는 이 모든 행위들은 여전히 매우 불완전하며 죄로 얼룩져 있다. 신자는 선을 행하고자 하는 마음이 있으면서도 동시에 언제나 악이 자기에게 있는 것을 깨닫는 것이다(롬 7:21). 더 나아가서, 이 모든 선행들은 그리스도께서 베푸셨고 또한 믿음으로 받아들인 의를 이미 전제로 하는 것이다. 신자는 하나님이 전에 이미 정하신 대로 선행을 행하는 것일 뿐이니, 하나님은 그를 그리스도 예수 안에서 선행을 위하여 하나님의 피조물로 지으신 것이다(엡 2:10).

그러므로 이 칭의의 문제에 있어서 우리의 위안은, 우리에게 필요한 그 의가 전부 우리 바깥에서 그리스도 안에서 온다는 사실에 있다. 그 의를 생겨나게 해야 하는 것이 우리가 아니라는 것이다. 그런데 여기서 하나님은 친히 그리스도의 희생 제사로 말미암아 의를 제공하심으로써 복음에서 자신의 의로우심을 드러내신다. 우리를 의롭다 인정받게 하는 의는 그리스도를 믿는 믿음으로 말미암아 베풀어지는 하나님의 의다. 그 의는 전부든 일부분이든 우리의 선행에 의존하지 않고, 전적으로 완전하고 충족한 하나님의 선물이요, 값없이 베풀어지는 은혜의 선물인 것이다(빌 3:9; 딤후 1:9; 딛 3:5). 그리고 만일 그 의가 은혜로 말미암는 것이라면, 그것은 행위에 의존하는 것이 아니다. 그렇지 않으면 은혜가 은혜가 될 수 없으니 말이다(롬 11:6). 요컨대, 그리스도 자신이 "의"이시요(고전 1:30), 우리는 오직 그 의로만 하나님 앞에 설 수가 있다. 그는 자신의 고난과 죽으심으로 말미암아 자기와 자기 백성을 위하여 영생에 들어가며, 모든 죄책과 형벌을 면하며, 또한 하나님의 우편에 오르실 권한을 얻으신 것이다.

그러므로 우리를 의롭다 하시는 의는 그리스도 자신과 분리할 수가 없다. 그 의는 그리스도 자신과는 관계 없이 그가 우리에게 베푸시는 물질적이고 영적인 선물에 있는 것도 아니고, 그리스도 자신과는 관계 없이 우리가 받을 수 있는 것도 아니다. 그리스도 자신과의 교제 가운데 있지 않고서는 절대로 그리스도의 은택들을 누릴 수가 없는 것이요, 그리스도와의 교제는 반드시 그에 따르는 은택들을 누리게 해 주는 것이다. 하나님의 심판대 앞에 서서 모든 죄책과 형벌을 사면받고, 하나님의 영광과 영생에 참여하게 되기 위해서는, 반드시 그리스도를 소유해야 한다. 그분의 일부가 아니라 그분 자신을 소유해야 한다. 은혜와 진리가 충만하시며, 인성과 신성을 지니시며, 낮아지신 상태에도 계셨고 높아지신 상태에도 계신 그분을 소유해야 하는 것이다. 십자가에 달리시고 영광을 입으신 그리스도야말로 하나님이 은혜로 칭의에서 우리에게 베풀어주시는 "의"이시다. 하나님이 이 그리스도를 그의 모든 은택들과 더불어 은혜로 값없이 — 우리 편에서 아무런 공로가 없음에도 불구하고 — 우리에게 베푸시는 바로 그때에, 그가 우리를 의롭다 하시는 것이다. 하나님께서 우리를 모든 죄책과 형벌이 없다고 선언하시며, 영생과 하늘의 영광과 끝이 없는 복된 그 자신과의 교제 속에 들어갈 권리를 우리에게 주시고, 그리하여 우리는 마치 우리가 전혀 죄를 지은 일도 없고 죄를 짓지도 않는 것처럼, 마치 그리스도께서 우리를 위하여 이루신 순종을 우리 스스로 이룬 것처럼, 그렇게 하나님의 임재 앞에 설 수 있게 되는 것이다.

* * * * *

그러나 어떤 사물이 우리에게 주어질 수 있는 길은 두 가지가 있다. 법적인 판결을 통해서 그것을 소유할 수가 있다. 그런 법정의 판결을 근거로 하면 조만간 그것을 소유하게 되는 것이다. 법적인 유언장에 상속인으로 지명된 자는 누구든지 그 사실로 말미암아 장차 재산을 물려받을 권한을 얻게 된다. 그러나 그 재산을 실제로 소유하게 되는 일은 몇 년이 지난 후라야 가능하다. 그리고 그 법적 권리와 실제로 재산을 소유하는 것이 시기적으로 일치한다 하더라도, 그 둘은 서로 굉장한 차이가 있는 것이다. 권리는 어떤 사물을 법적으로 전용하는 것이요, 소유는 그것을 실질적으로 전용하는 것이다. 이런 구분은, 최소한 이런 형태의 구분은, 동물들에는 없는 것이다. 동물은 그냥 자기가 취할 수 있는 것을 취하면 그뿐이다. 그러나 사람의 경우는 다르다. 하나님의 형상대로 창조되었으므로, 무엇을 소유하고 사용하기 위해서는 반드시 그것에 대한 권리를 지녀야 하는 것이다. 사람이 탈취와 침입의 행위로 살지 않고, 스스로 수고하여 얻은 자기의 빵을 먹는다는 사실이야말로 사람의 존귀와 특권인 것이다.

이러한 사실은 영적인 영역에서도 그대로 적용된다. 우리는 하나님과 온갖 종류의 관계 속에 서 있기 때문이다. 그는 우리의 창조주시요 우리는 그의 피조물들이다. 그는 토기장이시요 우리는 그의 손 안에 있는 진흙이다. 그는 건축자요 설계자시요 우리는 그의 전(殿)이다. 그는 포도원 농부시요 우리는 그의 포도나무의 가지들이다. 그는 우리의 아버지시요 우리는 그의 자녀들이다. 성경은 세상에서 신랑과 신부, 남편과 아내, 부모와 자녀, 통치자들과 신민들 등의 사이에 존재하는 모든 관계들을 들어서, 일반 사람들이 또한 신자들이 하나님과 맺고 있는 그 풍성하고도 다면적(多面的)인 관계를 가르쳐 주고 있다. 그러므로 이런 관계들 가운데 어느 것 하나라도 소홀히 하게 되면, 그 관계의 친밀함을 손상시키게 될 수밖에 없다. 예컨대, 우리는 하나님께 대하여 자녀의 관계를 갖고 있다. 아버지 집을 떠나 헤매고 다니는 동안에도 탕자는 여전히 아들의 이름은 지니고 있다. 그러나 그는 잃어버린 아들이요 죽은 아들이다. 아버지께로 돌아와 죄를 고백할 때에 비로소 다시 찾은 아들이 되고 살아있는 아들이 되는 것이다.

그러나 동시에 우리는 하나님과 법적인 성격을 지닌 관계를 맺고 있기도 하다. 그는 우리의 창조주이신 동시에, 우리의 법 제정자이시요 왕이시요 재판관이시기도 하다. 성경이 이 점을 거듭거듭 밝히고 있고(창 18:25; 시 47:3, 8; 사 33:22; 히 4:12; 약 4:12), 우리의 마음 역시 이를 이야기하고 있다. 법에 대한 자각이 우리 영혼 깊숙이 자리잡고 있기 때문이다. 사실, 법에 대한 자각은 어디서나 언제나 동일하게 있다. 내용에 대해서는 차이가 있고, 구체적인 법규에 대해서는 차이가 있을 수 있으나, 법 자체에 대한 개념이나 인식에 있어서는, 마치 시간, 장소, 운동, 생명, 선, 악 등과 마찬가지로 차이가 없는 것이다. 법에 대한 인식은 인간 본성에 심어진 관념 가운데 하나로서 점차 의식적으로 구체화되는 것이다. 이런저런 경우에 침해를 당했다는 느낌이 들어서 무기를 들고 자기의 권리를 수호하려 하는 일이 전혀 없을 만큼 그렇게 야만적이고 그렇게 무지한 사람들은 하나도 없다. 그런데 하나님과의 관계 역시 이처럼 가장 넓은 의미의 법 개념 속에 포함되어 있다. 모든 사람이 그 양심으로 하나님을 섬기고 그의 법에 따라 살아야 한다는 의무감을 느끼고 있다. 그리고 이를 행하지 않으면 자신이 죄를 짓고 있고 따라서 형벌을 받아 마땅하다는 의식이 각 사람에게 있다. 깨뜨려진 행위 언약의 법이 각 사람의 마음속에 작용하고 있는 것이다. 그리고 하나님이 시내산에서 공포하신 도덕법은 그 명령들의 내용을 예리하게 하였고, 또 따라서 그것들을 지킬 의무도 더 예리하게 된 것이다.

오늘날 많은 사람들은 복음이 이 법적인 관계를 폐지시켰다고 주장하나, 그런 것이 아니고, 오히려 복음이 그 관계를 회복시키고 성취시키는 것이다. 율법과 복음의 차이는, 율법 속에서는 하나님이 순전히 재판관으로만 자신을 계시하시고 복음에서는 순전히 아버지로만 자신을 계시하신다는 데 있는 것이 아니다. 그렇다고 해서 율법과 복음의 차이를 구약과 신약의 차이와 같은 것으로 볼 수는 더더욱 없다. 구약에서도 하나님은 그의 은혜의 복음과 그 백성 이스라엘을 향한 긍휼하심을 계시하셨고, 율법이 은혜 언약을 돕는 처지에 있었고, 율법이 약속에 뒤따라 주어졌고 약속에 속하여 있었으며, 따라서 이런 의미에서는 율법이 하나님의 아버지다우신 사랑과 그의 지혜의 선물이었던 것이다. 구약에서 가능했던 것보다는 그리스도 안에서 하나님의 그 깊으신 긍휼하심이 훨씬 더 분명하게 드러나는 것은 사실이지만, 그럼에도 불구하고, 은혜의 복음이 이스라엘에게 알려지지 않았던 것이 아니었고, 또한 그리스도 안에서 나타난 충만한 복음이 율법과 선지자를 폐하는 것이 아니라 완성하는 것이었던 것이다(마 5:17; 롬 3:31).

그리하여 사도 바울도 복음에서 하나님의 의가 나타났음을 매우 힘있게 강조한다(롬 1:17; 3:21-26). 하나님의 의가 율법과 복음 모두에서 나타난다는 사실에서 그 둘이 하나요 일치한다는 사실이 대두된다. 동시에, 율법에서는 의가 "이를 행하는 자는 살리라"는 법칙에 따라 나타나는 반면에, 복음에서는 의가 율법과는 관계 없이 "행위에 의지하지 않고, 악인을 의롭다 하시는 이를 믿는 자에게는 그의 믿음을 의로 여기신다"(롬 4:5)는 법칙에 따라서 나타난다는 사실에서 율법과 복음의 차이가 드러난다. 율법에서는 각 개인의 완전하고도 적절한 의를 요구한다. 그러나 복음에서는 완전하고도 적절한 의를 하나님께서 은혜로 그리스도 안에서 베풀어 주시는 것이다. 사람이 하나님의 율법에 구체화되어 있는 바 하나님의 정의를 지킬 수도 없었고 또한 지키기를 원치도 않았기 때문에, 하나님께서 친히 그리스도 안에 있는 의를 선물로 베푸심으로써 그의 정의를 회복시키시고 확증시키신다. 그의 사랑과 긍휼로 그의 의를 세우게 하시며, 자기 자신을 주심으로써 그 자신의 법을 친히 성취하시는 것이다. 그리고 그는 은혜 가운데서 그리스도의 의를 우리의 의로 여기셔서 우리가 그의 율법의 공의를 충만히 성취하게 하시며, 우리의 모든 죄를 완전히 씻게 하시며, 담대히 그의 하늘 나라에 들어가게 하시는 것이다.

* * * * *

그러므로, 칭의란 분명 하나님의 은혜의 행위이다. 그러나 동시에 그것은 하나님의 법적인 행위로서, 그가 재판관으로서 우리의 죄책과 형벌을 사면하시고 우리에게 영생에 이를 권리를 주시기 위하여 행하시는 하나의 선언이다. 로마 가톨릭 교도를 비롯해서, 우리의 칭의의 근거를 부분적으로든 전적으로든 사람 자신에게서(사람의 믿음에서든, 그의 선행에서든, 우리 속에 계신 그리스도에게서든, 새 생명의 원리에서든) 찾는 모든 사람들은 언제나 이러한 법적인 의의 선언에 대하여 반론을 제기한다. 그것은 비현실적이며 하나님께는 가당치 않은 일이라는 것이다. 그들은 주장하기를, 만일 우리의 칭의의 근거가 우리 바깥에 오직 그리스도 안에 있다면, 그리하여 믿음이든 선행이든 아니면 그 무엇이든 간에 하나님이 그것을 우리의 의의 일부로 여겨주지 않으신다면, 의롭다 함을 받는 그 당사자는 진정 의로운 자가 아닌 것이 되고, 그렇게 되면 하나님께서는 현실과는 다른 거짓 심판을 그 사람에게 선고하는 것이 된다고 한다. 하나님이 의롭다고 선언하시지만, 사실 사람은 그렇지 않기 때문이라는 것이다.

이러한 반론을 반박하기 위해서는, 성경은 언제나 칭의라는 용어를 법적인 행위로 본다는 사실만으로도 족할 것이다. 성경은 죄인의 하나님 앞에서의 칭의에 대해 거듭거듭 말씀하며, 또한 그 과정에서, 법정에서 사용하는 ― 따라서 언제나 법적인 의미를 갖는 ― 한 단어를 채용하고 있다. 이스라엘의 재판관들에게 하나님은 의인을 반드시 의롭다고 선언할 것과, 불의한 자를 반드시 정죄할 것을 명령하셨다(신 25:1; 시 82:2-3; 잠 17:15; 24:24; 사 5:23). 그리고 하나님 자신이 여기서 자신의 의로우심을 보여 주신다. 곧, 그는 악인을 의롭다 하지도 않으시고 의인을 죽이지도 않으신다는 사실이다(창 18:25; 출 23:7; 대하 6:23). 이런 하나님의 말씀을 영적인 영역에 적용시켜도, 그 법적인 의의가 그대로 유지된다. 그리하여 예컨대 예수께서는 자신에게서 나타난 지혜가 그 자녀들로 말미암아 의롭다 함을 받는다고 말씀하신다(마 11:19). 즉, 지혜가 그 열매를 통해서 지혜로 인정받는다는 뜻이다. 그리고 누가복음 7:29에서도, 요한의 말을 들은 사람들과 그에게 세례를 받은 세리들이 그로써 하나님을 의롭다 하였다고 말씀한다. 즉, 하나님을 의로우신 자로 인정했다는 뜻이다. 이 구절들에는 의롭게 만든다는 도덕적인 의미가 전혀 들어있지 않은 것이다.

그 단어가 죄인들을 구원하는 일과 관련하여 사용될 경우에도 마찬가지다. 바울은 복음에서 하나님의 의가 나타났다고 말씀함은 물론(롬 1:19; 3:20 이하), 또한 하나님이 믿음 안에 있는 자들을 의롭다 하시며 그러면서도 그자신이 의로운 자로 계신다고도 선언하며(롬 3:26), 또한 행위가 없이, 불경한 자들을 의롭다 하시는 이를 믿는 자에게는 그의 믿음이 의로 여김을 받는다고도(롬 4:5) 말한다. 그는 의인을 죄인과 정죄받은 자와 대비시키면서 이렇게 외친다: "누가 능히 하나님께서 택하신 자들을 고발하리요? 의롭다 하신 이는 하나님이시니 누가 정죄하리요?"(롬 8:33-34). 더 나아가서 바울은 의로 여김과 의를 전가시킴(롬 4:3, 6, 11), 또한 의롭게 만듦이라는 용어들을(롬 5:19) 동일한 의미로 서로 혼용하며(롬 4:3, 6, 11), 또한 로마서 5:18에서 이렇게 말한다: "한 범죄로 많은 사람이 정죄에 이른 것 같이 한 의로운 행위로 말미암아 많은 사람이 의롭다 하심을 받아 생명에 이르렀느니라." 그러므로 시종일관 의롭다 함을 법적인 행위로, 하늘의 재판관이 죄인에게 무죄의 선고를 내리는 행위로 여기고 있는 것이다. 율법의 표준으로는 죄인이지만, 하나님께서 친히 그리스도 안에서 주신 의를 믿음으로 받아들였으므로 그것으로 판단할 때에 그 사람은 의인인 것이다.

칭의의 교리를 반대하는 자들에게, 성경이 매우 명확하게 칭의를 하나의 법적인 행위로 말씀한다는 사실 외에도, 그들이 칭의가 무엇인지에 대해서 그릇된 개념을 갖고 있다는 사실도 지적해야 할 것이다. 그들은 사람의 바깥에 있는 의를 근거로 그 사람의 무죄를 선고한다는 것은 그 사람에게 합당치 않으며, 또한 그 사람은 그냥 변화되지 않은 상태 그대로 남아 있게 된다고 말한다. 그러나 이런 비난은 그렇게 반대하는 자들에게 되돌아가고 만다. 만일 사람에게 있는 의를 근거로 그 사람을 의롭다 한다면, 그 사람이 이 땅에서 갖고 있는 그 의는 매우 미미하고 불완전할 수밖에 없다는 것을 그들도 인정해야 할 것이고, 그렇게 되면 하나님이 지극히 불완전한 의를 근거로 사람을 의롭다 하시는 것으로 결론짓게 되어 결국 하나님 자신을 거짓 심판의 오류를 범하시는 것으로 만들어 버리기 때문이다. 그러나 그리스도 안에 있는 의에 근거한 무죄 판결은 완전히 의로운 것이다. 왜냐하면 하나님께서 친히 그 사랑하시는 아들 안에서 완전하게 베푸신 것이기 때문이다. 더 나아가서, 죄인의 칭의가, 죄인의 무죄 판결이 오직 그리스도 안에 있는 의를 근거로 하는 것이긴 하지만, 그것은 시간이 지나면서 믿음을 통하여 사람의 의식 속에 작용해서 거기서 중요한 변화를 이루게 된다. 심각한 범죄의 혐의를 지닌 사람도 이 땅의 재판관에게서 무죄 판결을 받으면 전혀 다른 사람이 된다. 법과의 모든 관계가 바뀌어지는 것이다. 이와 마찬가지로 하나님의 의롭다 하심 역시 사람의 의식 속에 작용하여 그 사람을 모든 죄책감에서 해방시키는 것이다.

어떤 의미에서는 죄인의 의롭다 하심이 이미 선택의 경륜에서 일어났다고 볼 수 있다. 그것은 우리 죄를 위하여 내어주신 바 되었다가 우리의 의롭다 하심을 위하여 다시 사신 그리스도의 부활에서(롬 4:25), 또한 그리스도의 죽으심으로 하나님께서 세상과 화목과 평화의 관계에 서 계신다는 복된 소식을 선포하는 복음에서(고후 5:19) 객관적으로 선언된다. 그리고 주관적으로는 이 칭의가 내적인 소명으로 사람에게 임하며 또한 사람의 편에서 믿음으로 그것을 받게 된다. 칭의는 구원의 사슬에 속하는 한 가지 고리에 불과하다. 그것은 한편으로는 미리 아심(foreknowledge) 및 소명과 연결되어 있고, 다른 한편으로는 성화(聖化: sanctification) 및 영화(榮化: glorification)와 연결되어 있다(롬 8:30). 따라서 하나님의 법정에서 일어나는 의롭다 하심의 역사는 때가 이르러 사람의 의식 속에 있는 믿음을 통해서 표현된다. 그리고 그리스도께서 이루신 의는 그리스도의 바깥에 놓여져 있는 죽은 자본(資本)과 같은 것이 아니라 그의 위격 속에 포함되어 있다. 그리고 그리스도께서 살아나신 것은 바로 그의 때에 그가 성령으로 말미암아 그의 모든 은택들을 그의 백성과 함께 나누시고자 하는 목적을 위한 것이었다. 사람이 믿음의 눈으로 이런 실체를 보게 되면, 그 즉시 율법에 대한 그의 관계가 완전히 바뀌게 된다. 가난하던 그가 그리스도 예수 안에 있는 부요함을 통해서 갑자기 부요하게 되며, 하나님의 모든 계명들을 범한 죄책을 지고 있던 그가 갑자기 모든 죄책과 형벌이 사면되는 것을 스스로 보게 된다. 영원한 형벌을 받아야 할 그가 영생에 들어갈 권리가 자기에게 주어지는 것을 보게 되는 것이다! 그런 사람은 바울과 더불어 이렇게 찬양하게 된다: "누가 능히 하나님께서 택하신 자들을 고발하리요 의롭다 하신 이는 하나님이시니 누가 정죄하리요 죽으실 뿐 아니라 다시 살아나신 이는 그리스도 예수시니 그는 하나님 우편에 계신 자요 우리를 위하여 간구하시는 자시니라!"(롬 8:33-34).

마지막 한 가지는, 칭의와 성화는 동일한 것이 아니며, 따라서 서로 아주 분명하게 구별되어야 한다는 것이다. 이러한 구별을 소홀히 하거나 지워버리면, 그것은 사람 속에 자기의를 세우는 것이요, 그리스도 안에서 나타난 하나님의 의의 완전함과 충족함을 해치는 것이요, 복음을 또 하나의 새로운 율법으로 바꾸어 버리는 것이요, 사람의 영혼에게서 그 유일한 위로를 빼앗는 것이요, 구원을 인간의 공로에 의존하는 것으로 만들어 버리는 것이 된다. 칭의에 있어서, 믿음은 마치 물건을 받는 손의 역할처럼 그저 받아들이는 역할밖에는 하지 않는다. 믿음으로 말미암아 영혼이 오직 그리스도와 그의 의만을 의지하게 되는 것이다. 물론 성경이 믿음이 사람에게 의로 여겨진다는 식의 표현을 여러 번 사용하고 있고(창 15:6; 롬 4:3, 5, 9, 22; 갈 3:6),

또한 율법이 요구하나 죄인이 소유하지 못하고 있는 그 의를 믿음이 대신한다는 것이 이 표현의 의미인 것은 사실이다. 그러나 여기서 의문이 생겨난다. 곧, 어째서 이 믿음이 율법이 요구하는 바 그 의를 대신하며, 또 대신할수 있단 말인가? 믿음이 탁월한 도덕적 가치를 지녔고 또한 충분히 그렇게할 수 있을 만큼 선하고 덕스러운 것이기 때문인가?

이런 견해를 취하여, 믿음의 내용이나 그 대상은 전혀 상관없이 믿음 그자체가 오직 그 고유한 성격으로 말미암아 의롭게 만드는 것이라고 주장하는 사람들이 많다. 그러나 이것은 분명 성경의 가르침은 아니다. 만일 믿음이 그 도덕적인 가치 때문에 의롭게 만든다면, 그 믿음이 행위나 공로와 반대편에 서는 것이 아니라 다시 그것들과 같은 편에 자리를 잡게 될 것이다. 그런데 우리가 잘 아다시피, 바울은 지극히 단호하게, 믿음으로 말미암아 복음 안에서 일어나는 칭의는 율법의 행위로 말미암는 칭의와는 전적으로 반대되는 것이라고 진술하고 있는 것이다(롬 3:20-28; 4:4 이하; 갈 2:16; 3:11). 더욱이 때로는 이런 표현과 더불어, 믿음으로 말미암는 칭의를 은혜로 말미암는 칭의로 간주하여 결국 모든 인간의 자랑과 공로를 완전히 배제시키는 말씀도 나타난다(롬 3:24; 4:4 이하; 딛 3:5). 로마서 4:16에서 사도는, 기업이 은혜로 말미암는 것이 되기 위해서 믿음으로 된다고 확실하게 진술하고 있다. 그러나 만일 믿음이 그 자체의 고유한 가치와 능력 때문에 사람을 의롭게 만든다면, 결코 이런 말을 할 수가 없는 것이다. 또한 마지막으로, 만일 믿음이 그 자체의 가치로 사람을 의롭게 만든다는 식으로 해석하게 되면, 그리스도는 칭의의 일에서 모든 의미를 다 잃어버리고 말 것이다. 그렇게 되면, 오직 사람이 믿는다는 사실만이 의미가 있게 될 것이고, 그 사람이 믿는 대상이 누구냐 하는 것은 전혀 의미가 사라져 버릴 것이다. 그리고 그렇게 되면 우상을 믿는 믿음이든, 귀신의 능력을 믿는 믿음이든, 아니면 거짓 선지자를 믿는 믿음이든 간에, 그 대상이야 어떻든 믿음이 있으면 무조건 의롭다 함을 얻게 될 것이다. 그렇게 되면, 예를 들어서 불신자인 의사가 환자들에게 "믿음"이 "치유 능력"이 있으니 루르드(Lourdes:기적의 치유 장소)나 아니면 그 비슷한 사당(祠堂)에 가보라고 추천할 경우에, 그 불신자인 의사에게도 믿음이 있다고 얼마든지 주장하게 될 것이다.

그러나 성경의 증언은 이런 견해와는 정반대의 입장을 취한다. 성경에서 중요한 것은 믿음의 내용과 그 믿음의 대상이다. 믿음이 율법에서 요구하는 의를 대신할 수 있고 또한 그것이 의로 여겨질 수 있는 것은, 바로 그것이 그리스도 예수 — 그는 하나님께로서 그의 피의 능력으로 말미암는 화목 제물로 보내심을 받았고(롬 3:25), 우리를 위하여 저주를 받으셨고(갈 3:13), 우리를 위하여 죄가 되셨으며(고후 5:21), 죽으시고 다시 살아나셔서 하나님의 우편에 앉으셔서 우리를 위해 간구하시며(롬 8:34), 우리에게 의가 되시며(고전 1:30), 또한 그 안에서 우리가 하나님의 의가 된다(고후 5:21) — 를 믿는 믿음이기 때문이다. 요컨대, 믿음이 의롭다 함을 얻게 하는 것은, 그리스도 안에서 그것이, 율법이 요구하는 것과 똑같이 완전하고 충족한 의에, 또한 하나님이 은혜로 복음으로 말미암아 이제 그리스도 안에서 베푸시는 의에 참여하게 되기 때문이다(빌 3:9). 믿음이 의롭다 함을 얻게 하는 것은 그 자체의 고유한 도덕적 가치로 말미암는 것이 아니라, 그 내용이 되는 그리스도의 의로 말미암는 것이다.

그러나 칭의와 성화 사이의 구별을 분명히 바라보고 그 구별을 순전하게 유지하는 것이 지극히 중요한 일이기는 하지만, 이 둘은 절대로 한순간도 서로 떨어지지 않는다. 하나님의 경륜에서는 그 둘이 서로 분리되지 않는다. 왜냐하면 칭의는 구원의 사슬의 한 고리에 지나지 않기 때문이다. 하나님이 미리 아신 자들을 그의 아들의 형상을 본받게 하기 위하여 미리 정하셨고, 미리 정하신 그들을 또한 부르셨고, 부르신 그들을 의롭다 하셨고, 의롭다 하신 그들을 영화롭게 하셨다(롬 8:29-30). 그것들은 그리스도의 위격에서나 그의 사역에서도 분리되지 않는다. 왜냐하면 의가 그리스도 바깥에 있어서 그의 위격과는 상관없이 받을 수 있는 것이 아니기 때문이다. 그리스도 자신이 우리의 의이시요, 동시에 그가 우리의 지혜요, 성화요, 구속이신 것이다(고전 1:30). 그리스도의 은택 가운데 한 가지만 골라서 받아들일 수는 없다. 그 모두가 그리스도 자신 속에 함께 들어 있기 때문이다. 누구든지 믿음으로 말미암아 그리스도를 자기의 의로 받아들이는 자는 동시에 그를 자기의 성화로도 받게 된다. 그리스도를 일부분만 받아들일 수가 없는 것이다. 누구든지 그리스도를 소유하는 자는 그를 전체로 소유하는 것이요, 그의 은택이 없는 자는 그리스도 자신도 없는 것이다. 마지막으로, 믿음 안에서도 역시 칭의와 성화가 불가분리의 관계로 서로 엮어져 있다. 칭의에 관한 한 이 믿음은 오로지 하나님의 은혜를 신뢰하며, 그리스도를 받아들이며 또한 하나님이 그리스도 안에서 베푸시는 의를 받아들이는 바 그 종교적 성격으로만 고려된다. 그러나 믿음이 실제로 있고 그 일을 한다면, 그 믿음은 구원을 얻게 하는 산 믿음이며, 그것은 하나님의 탁월하신 역사하심이요(요 6:29) 또한 그 본질과 능력이 선행으로 나타나는 그런 믿음인 것이다(갈 5:6; 약 2:20 이하). 칭의란 살아 있게 만드는 것과는 같은 것이 아니다. 그러나 마치 죄와 사망이 서로 밀접하게 서로 엮어져 있는 것처럼, 의와 생명도 마찬가지로 서로 엮어져 있다. 의인은 믿음으로 말미암아 살리라(롬 1:17). "한 범죄로 많은 사람이 정죄에 이른 것 같이 한 의로운 행위로 말미암아 많은 사람이 의롭다 하심을 받아 생명에 이르렀느니라"(롬 5:18)

* * * * *

그러므로 칭의에는 두 가지 은택이 포함된다. 곧, 죄 사함과 영생에 이르는 권리가 그것이다. 이 둘은 서로 관련되어 있고, 마치 그리스도의 수동적인 순종과 능동적인 순종의 관계와도 같은 관계를 서로 유지하고 있다. 그리스도께서는 아담이 그의 한 가지 범죄로 망쳐놓은 것을 회복시킬 뿐 아니라, 또한 아담이 율법을 지켜서 성취해야 했던 그것, 즉 영생을 성취하신 것이다. 누구든지 그리스도를 믿는 자는 그 믿음 덕분에 죄 사함을 얻고(마 9:2; 롬 4:7; 엡 4:32), 또한 바로 그 순간 영생을 받는 것이다(요 3:16, 36).

죄 사함에 대해서는 대부분의 사람들이 아주 가볍게 생각하는 경향이 있다. 그들은 하나님이 죄를 용서하시며 인간의 부족함에 대해 눈감아 주신다는 것이 지극히 자연스런 일이라고 생각한다. 마치 하나님이 죄를 용서하시지 않으면 그 스스로 사랑의 하나님이 아니심이 입증되기라도 하는 것처럼, 하나님이 당연히 죄를 용서하셔야 한다고 생각하는 것이다. 그러나 인생의 경험을 보면, 그들은 마땅히 이 문제를 달리 생각해야 옳았다. 용서한다는 것은, 진정으로 용서하여 마음에 상처가 전혀 없도록 그렇게 용서한다는 것은 그야말로 우리 편에서 굉장한 노력을 요하는 것이요, 그것을 행한다면 그것은 우리 자신을 이기는 어려운 일에 성공을 거둔 것이 되는 것이다. 상처를 받은 느낌이 우리 속에 부당하게 일어나는 경우가 많은 것이 사실이다. 상처를 받지 말아야 할 것에서 상처를 받고, 정작 크게 상처를 받아야 할 것들은 그냥 지나치는 것이다. 권리와 명예에 대한 지각이 아직 사라지지 않았다. 그러나 그것이 망가져서 그릇된 방향으로 왜곡되어 버린 것이다. 여하튼, 이런저런 것들에 깊이 상처를 받아서 우리의 명예와 이름이 침해를 받았다고 느끼는 일이 얼마든지 일어날 수 있다. 그럴 경우에, 우리 마음에서 화(禍)의 흔적을 완전히 지우고 그 당사자를 진정으로 용서하여 그에게서 입은 상처를 잊고 다시는 머리에 떠올리지 않게 되기까지는 우리 편에서 굉장한 갈등과 씨름이 소용되는 것이다. 용서란 언제나 권리의 포기를 전제로 하며 또한 적절한 형벌의 사면이 거기에 개입되는 것이다.

이 모든 사실들이 사람들에게 그대로 적용되는 것은 물론이다. 그러나 죄가 하나님께 저질러지고 또한 하나님께로부터 용서를 받을 때에는 그 내용이 훨씬 더 무거워지는 법이다. 하나님 역시 권리를 주장하신다. 즉, 언제나 어디서나 모든 일에서 사람들에게서 하나님으로 인정받으시고, 섬김을 받으시고, 존귀를 받으실 권리를 주장하시는 것이다. 바로 이 권리가 모든 권리의, 모든 법의 원리요 기초다. 누구든 이 권리를 손상시키면 그것은 바로 법의 모든 질서를 손상시키는 것이요, 세계의 도덕 체계 전체를 손상시키는 것이다. 왜냐하면 세상의 법의 기원과 견고함이 바로 하나님으로부터 비롯되는 것이기 때문이다. 누구든지 죄를 이런 식으로 알게 되는 사람은, 누구든지 죄를 성경에 비추어 아는 사람은, 누구든지 죄를 하나님이 아시는 것과 동일한 방향으로 아는 사람은 죄 사함의 중요성에 대해 달리 생각하기 시작할 것이다. 그런 사람은 죄 사함이라는 것이 도저히 믿어지지 않을 것이다. 왜냐하면 그것은 자연스런 사물의 이치를 정면으로 거스르는 것이기 때문이다. 우선 자기 자신을 정죄하고 하나님 앞에서 죄가 있다고 선포하는 그 자신의 마음이 있다. 그리고 그 다음에는 율법이 있어서, 이것이 그에게 저주를 선언하고 그를 죽어 마땅한 자로 간주한다. 그 다음에는 사탄이 있어서 그를 참소하는데, 이때에 사탄은 심판과 율법에 호소하여 참소한다. 그리고 사람들이 그를 홀로 내버려두고 오히려 그의 죄목들을 그에게 주지시킨다. 그리고 이 모든 것 외에 그는 하나님의 의의 음성을 듣는다. 그 음성이 그를 찾으며, 그를 붙잡고, 그를 심판에 넘겨준다. 이 모든 것을 생각하고 경험하는 사람이 과연 어떻게 자기 죄들이 완전히 용서함받은 사실을 믿을 수 있단 말인가?

그러나 그리스도의 교회는 감히 그것을 믿으며, 또한 믿을 수 있고, 믿어도 좋다. 마음이 낮아지고 흥분되어 있는 상태에서 교회는 "죄 사함을 믿습니다"라고 고백한다. "눈으로 보지는 못하지만 그것을 믿습니다. 내가 하나님의 모든 계명들을 심각하게 거슬러 죄를 범하였고, 그 중에 하나도 지키지 못했고, 여전히 모든 악에 빠질 소지가 있음을 내 양심이 내게 참소하나, 그래도 나는 죄 용서를 믿습니다"라고 고백하는 것이다. 그리고 교회는 견고한 근거 위에 서서 이렇게 신앙을 고백하는 것이다. 누구든지 그리스도 바깥에서 죄 용서를 구하는 자들도 그것을 바라고 소망하지만, 결코 죄 용서의 사실을 진정으로 확신 있게 믿을 수는 없다. 그는 죄 용서를 죄에 대해 눈을 감는 것과 같은 것으로 보며, 그리하여 죄의 심각함과 위중함을 망각한다. 그러나 복음은 우리에게 그리스도께서 하나님의 권리를 충만히 보상하셨기 때문에 하나님이 죄를 사하시는 것이요, 죄를 사하실 수 있는 것임을 가르쳐준다. 하나님의 거룩하심을 보상해야 할 필연성이 죄 사함을 불가능하게 만드는 것이 아니라, 오히려 죄 사함의 길을 열어주며, 죄 사함을 보장해 주며, 우리로 하여금 그것을 믿게 만들며, 또한 흔들림 없는 확신으로 그것을 받아들이게 만드는 것이다. 이렇듯 우리의 모든 죄의 용서가 너무나도 완전하므로 성경에서는 그것을 가리켜 더 이상 기억하지 않는 것으로, 등 뒤로 던지는 것으로 말씀한다(사 38:17; 43:25; 히 8:12). "여호와께서 야곱의 허물을 보지 아니하시며 이스라엘의 반역을 보지 아니하시는도다"(민 23:21).

이러한 용서는 하나님의 경륜 속에 이미 포함되어 있고, 그리스도의 부활로 온 교회에 공적으로 선언되었다(롬 4:25). 죄 사함은 복음에서 모두에게 선언되며(행 5:31), 또한 각 신자에게 주어진다. 그러나 신자가 그의 모든 죄에 대한 용서를 누리지만, 그럼에도 불구하고 계속해서 날마다 믿음으로 죄 용서를 전용해야만 죄 용서를 확신하고 거기서 위로를 얻을 수 있다. "한 번 회심하면 영원히 회심한 것이다"라는 식의 태도를 갖고서도 우리 마음의 바람대로 평생을 살 수 있다면 얼마나 손쉽겠는가? 그리고 과거의 경험에 의지하여 계속해서 삶을 이어가고 과거의 경험으로 만족하는 사람들이 많은 것이 사실이다. 그러나 그리스도인의 삶은 그런 것이 아니다. 그리스도 예수 안에 있는 의(義)도, 성령께서 우리 속에 심으시는 믿음도, 결코 한 조각 쓸모 없는 자본 같은 것이 아니다.

우리가 마침내 죄 사함과 또한 그것에 대한 확신과 확실함에 참여하게 되는 것은 오직 구원 얻는 믿음을 시행하는 가운데 그리스도 자신과의 교제를 시행함으로써 이루어지는 것이다. 그러므로 예수께서는 제자들에게 죄 사함을 위해서 기도하게 하신 것이다(마 6:12). 겸손히 우리의 죄를 고백하는 것이야말로 하나님이 그의 신실하심과 의로우심을 입증하시고 우리의 죄를 사하시며 우리를 모든 불의에서 깨끗하게 하시는 길이다(요일 1:9). 그리고 우리로 하여금 죄 사함을 통해서 우리에게 베풀어지는 은택을 언제나 끊임없이 깊이 지각하도록 하시기 위하여, 그리스도께서는 죄 사함을 간구할 때에 "우리에게 죄 지은 자를 사하여 준 것 같이"라는 말을 덧붙여 가르치신다. 이 덧붙여진 문구는 우리가 감히 하나님께서 우리를 우리 죄에서 구원해 주시기를 구하는 근거가 되는 것이 아니다. 그것은 우리가 우리를 재어보시라고 하나님께 내미는 잣대가 아니다. 오히려 그것은 죄 사함의 은택을 누리기 위해 기도하는 사람에게 반드시 있어야 할 마음의 자세를 묘사하는 것이다. 그런 자세가 있어야만 비로소 하나님께서 그리스도 안에서 죄 사함을 베푸실 때에 그에게 어떤 희생이 있는지를 어느 정도라도 깨닫게 된다.

우리 스스로가 모든 적대감을 우리 마음에서 뽑아버리고 또한 우리에게 죄 지은 자를 진정으로 용서한 다음에야 비로소 하나님께서 우리를 위하여 어떤 일을 하셨는지를 깨닫게 된다. 그러므로 우리가 마음으로 우리의 이웃을 향하여 용서하는 자세를 가질 때에야 비로소 우리가 이 위대하고도 값진 은택을 위하여 영혼의 정직함으로 기도할 수 있는 것이다. 물론 하나님께는 죄 사함이 즉시 완전하게 일어난 것은 사실이다. 그러나 죄 사함은 우리 평생토록 믿음과 회개를 수단으로 우리에게 주어지며 또한 우리가 누리는 것이다. 성찬 역시 이 사실에 대한 증거다. 왜냐하면, 그리스도께서 우리 죄를 사하시기 위하여 그의 몸을 버리시고 그의 피를 쏟으셨다는 사실을 우리가 성찬을 통해서 거듭거듭 기억하기 때문이다(마 26:28).

이 죄 사함의 은택의 다른 면에 해당하는 것이 영생을 얻을 권리이다. 요한은 영생을 말씀할 때에, 하나님께로서 나며 성령으로 말미암아 우리에게 심어지는 새 생명을 구체적으로 염두에 두고 있다(요 1:13; 3:5). 그가 말하는 바 이 하나님 자녀가 되는 일은 중생에서 나며 특히 하나님의 형상을 닮는 데 있다(요 1:13; 요일 1:1-3). 그러나 바울은 보통 이 하나님의 자녀가 되는 것을 또 다른 의미로 말한다. 그는 그리스도 안에 있는 의를 근거로 하여 하나님께서 우리를 그의 자녀요 상속자로 받아들이신다는 뜻으로 그 말을 사용하는 것이다.

로마인들에게 있어서는 가족들이 서로 예리하게 구별되어 있었다. 각 가족은 그 고유한 특권과 권리들을 갖고 있었고, 특히 고유한 종교적 행사들을 갖고 있었다. 그러므로 어린아이가 한 가족에서 다른 가족으로 옮길 경우 오직 공식적이고 법적인 절차를 통해서만 그렇게 할 수 있었다. 곧, 친아버지는 법적인 절차를 통해서 자기 아이를, 이를테면 그 아이를 받기를 원하는 또 다른 아버지에게 파는 형식을 취한 것이다. 친아버지가 이미 사망했을 경우는 공적인 모임에서 가족 구성원들이 공식적으로 선언함으로써만 아이의 소속이 바뀔 수 있었다. 이렇게 해야만 한 어린아이가 한 가족에서 담당한 의무에서 해방되어 다른 가족으로 소속되어 해당 의무를 질 수 있었던 것이다.

사도 바울은 십중팔구 양자 됨의 개념을 이러한 정황에서 빌려와서, 신자가 하나님과 맺게 되는 새로운 관계를 분명히 밝히고자 했을 것으로 보인다. 구약에서도 그러한 입양이 이미 이스라엘이 누린 특혜였고(롬 9:4), 따라서 이스라엘이 하나님의 아들로 불리는 경우가 많았다(출 4:22-23; 신 8:5; 호 11:1 등). 그러나 그럼에도 불구하고 그러한 양자 됨은 새 언약의 축복이다. 왜냐하면 구약의 신자들은 여전히 율법 아래 있었기 때문이다(갈 3:23; 4:1-3). 그러나 이제 때가 차매 그리스도께서 오사 자기 자신을 율법 아래 두시고 그 저주를 지심으로써, 율법 아래 있는 자들로 하여금 구속함을 받게 하셨고 또한 우리로 하여금 자녀로 입양되도록 하셨다(갈 4:4-5). 그리스도께서 그의 죽으심으로 말미암아 율법과 죄에게 종노릇하는 상태에서 우리를 값 주고 사셔서 자유를 주셨고, 그리하여 우리가 이제 죽은 자 가운데서 살아나신 그분께 속하게 되었고(롬 7:1-4) 또한 하나님의 자녀와 상속자들로 인정받게 된 것이다(갈 4:7). 그런 상태에서 우리는 또한 아들의 영을, 양자의 영을, 이 기업에 속한 영을 받았다. 이 성령으로 말미암아 우리는 우리의 입양된 사실을 깨달으며, 하나님을 우리의 아버지로 여겨 그에게 담대히 말할 수 있게 되고, 계속해서 인도함을 받는다(롬 8:14-16; 갈 4:6). 이 자녀로 입양하는 일은 하나님의 영원한 계획 속에 뿌리를 박고 있듯이(엡 1:5), 또한 미래 속으로 깊이 뻗어나간다. 신자들이 이미 자녀들이요 이미 상속자의 특권을 지니고 있지만(롬 8:17; 갈 4:7), 그럼에도 불구하고 모든 피조물과 더불어 하나님의 아들들이 나타나기를, 즉 그들의 몸의 구속을 기다리기 때문이다(롬 8:18-23). 죽은 자 가운데서 부활할 때에, 즉 몸이 완전히 구속될 때에 가서야 비로소 자녀로 입양되는 일이 완성되는 것이다.

* * * * *

오직 믿음으로 말미암는 칭의의 은택에는 그리스도인을 위한 풍성한 위로가 있다. 죄 사함과, 미래에 대한 소망과, 영원한 구원에 대한 확실성은 우리가 인생에서 성취한 거룩의 정도에 따라 좌우되는 것이 아니라, 하나님의 은혜와 또한 그리스도 예수 안에 있는 구속에 확고히 뿌리를 박고 있는 것이다. 이 은택들의 확실함이 그리스도인의 선행에서 비롯된다면, 그것이 언제나, 심지어 죽을 때까지도, 불확실한 상태로 남아 있을 것이다. 왜냐하면 지극히 거룩한 사람들이라 할지라도 완전한 순종에는 아직 작은 시작 정도밖에는 안 될 것이기 때문이다. 그러므로 신자들은 두려움과 걱정에서 끊임없이 헤어날 수가 없게 되고, 그리스도께서 누리게 하신 그 자유 안에 결코 설 수가 없을 것이고, 그러면서도 확신을 갖고 살 수가 없으니 교회와 사제와, 제단과 성례와, 종교 의식과 행위에 의지할 수밖에 없게 될 것이다. 로마 교회 안과 바깥의 수많은 그리스도인들의 처지가 과연 그렇다. 그들은 값없는 칭의의 영광과 그 위로를 이해하지 못하는 것이다.

그러나 이 은택의 풍성한 것들에 대해 눈이 열린 신자는 이 문제를 전혀 달리 보게 된다. 그런 사람은 선행이 — 감정적인 흥분 상태든, 영혼의 체험이든, 아니면 외형적인 행위든 간에 — 절대로 믿음의 기초가 될 수 없고, 오직 믿음의 열매일 뿐이라는 것을 겸손하게 시인하는 것이다. 그의 구원이 그 자신의 바깥에서 그리스도와 그의 의(義)로 말미암아 이미 확정되어 있으며, 따라서 다시는 흔들림이 있을 수 없다. 그의 집이 반석 위에 세워져 있어서 비가 오고 홍수가 나며 바람이 불어도 든든히 견딜 수 있다. 물론 믿음의 다른 강령들의 경우처럼, 이 고백도 악용할 소지가 있는 것은 사실이다. 그리스도와 그의 의를 취하는 믿음을 역사적 진리를 이성적으로 인정하는 것으로 이해하게 되면, 그와 더불어 사람이 여전히 차갑고 무관심하며 죽어 있을 수가 있다. 그리고 그렇게 되면, 그런 믿음에서 선행이 나오지 않게 되고, 사실상 그리스도 자신을 받아들이지 않은 상태 그대로 있게 될 것이다. 그러나 참된 믿음은 사람을 죄책감에 짓눌리고 완전히 패배한 상태로 만들어 그리스도 자신에게로 몰아가는데, 그 믿음은 오직 하나님의 은혜에만 의지하며 값없는 죄 사함을 찬송하며 그 순간에 이미 선행이 생겨나게 되는 것이다.

사실, 그리스도 안에 있는 하나님의 은혜만을 의지하며 따라서 죄 사함을 의식하는 이 믿음이야말로 참된 선행으로 이어지는 유일한 믿음이다. 죄 사함이 전적으로나 혹은 부분적으로, 우리가 누리는 감정적인 흥분 상태나 혹은 우리가 행하는 선행에 의존하게 되면, 우리는 계속해서 두려움과 근심 속에서 살게 된다. 그런 상태라면 우리는 아직 사랑에서 우러나와서 일을 하는 자녀들이 아니고, 여전히 상급을 바라고 일을 하는 종들과 노예들의 상태에 있는 것이다. 그런 상태에서는 우리가 선이 선하기 때문에, 즉 하나님을 위하여 선을 행하는 것이 아니라, 여전히 개인적인 이득을 위하여, 그것을 수단으로 하나님 앞에서 사랑을 얻고 또한 우리를 잘 보이게 하고자 하는 목적을 갖고서, 선을 행하는 것이다. 그러나 믿음으로 우리가 우리의 구원이 완전히 하나님의 은혜와 그리스도의 의에만 근거한다는 것을 깨닫게 되면, 이 모든 것이 바뀌게 된다. 그렇게 되면 우리가 자기의를 쌓기를 중지하게 되고, 우리 자신의 구원을 위해 애쓰지 않게 된다. 왜냐하면 그것들이 이미 그리스도 예수 안에서 우리에게 주어져 있기 때문이다. 이처럼 그리스도 안에 있는 구원을 확신하면, 우리는 우리 아버지께 영광을 돌리기 위하여 선을 행하는 데에 모든 관심을 쏟을 수가 있다. 그런 선행을 우리를 위해서가 아니라 우리주님을 위해서 행하게 되는 것이다. 우리가 죽은 자 가운데서 살아나신 그리스도께 속하였으니, 이는 우리가 하나님을 위하여 열매를 맺게 하려 함이다(롬 7:4). 우리는 율법으로 말미암아 율법에 대하여 죽었으니, 이는 하나님께대하여 살려 함이다(갈 2:19). 하나님의 뜻을 좇아서, 하나님의 영광을 위하행하는 일들이 과연 믿음에서 나오는 참된 선행인 것이다.

따라서, 칭의 안에서 누리게 되는 그리스도인의 자유는 곧 그가 율법의 요구와 저주로부터 해방되었다는 사실에 있다. 신자가 율법에서 해방되었다는것은 자기 마음의 정욕에 따라 마구 살 수 있다는 의미도 아니요, 자기의 죄악된 본성의 성향과 기질에 따라서 자기 인생을 살 수 있다는 의미도 아니다. 오히려 신자는 과거보다도 더 율법에 견고하게 매여 있다. 왜냐하면 믿음이 율법을 무효로 만드는 것이 아니라 오히려 율법을 굳게 세우기 때문이다(롬 3:31). 육신을 따르지 않고 성령을 따라 행하는 자들에게 율법의 요구가 이루어지는 것이다(롬 8:4). 죄에 대하여 죽은 자들이 어떻게 계속 죄 안에서 살겠는가(롬 6:2)? 그러나 신자가 율법과 갖는 관계는 과거와는 판이하게 달라진다. 그는 감사의 법으로 율법에 매여 있지만, 그러면서도 율법의요구와 그 저주에서는 자유로운 것이다.

이런 점에서 신약 시대의 신자는 사실 구약 시대의 신자들보다 상당한 유익을 누린다. 구약에서는 신앙을 대부분 여호와를 경외하는 것(두려워하는것)으로 묘사하고 또한 신자들도 흔히 여호와의 종들이라 칭한다. 그들이 자녀인 것은 사실이었으나 어린 자녀들이었고, 그리하여 아버지께서 정하신시기가 오기까지 종들처럼 후견인과 청지기들 아래 있었다(갈 4:1-2; 3:23-24). 그러나 때가 차매 하나님이 그의 아들을 보내사 여자에게서 율법 아래나게 하셨다(갈 4:4). 그가 친히 우리를 대신하여 모든 의를 이루심으로(마4:14), 우리를 위하여 저주가 되심으로(갈 3:13), 또한 친히 우리를 위하여 죄가 되심으로(고후 5:21), 그리스도께서는 우리를 율법의 저주와 그 요구에서우리를 해방시키셨고, 또한 그 일을 완전히 이루셨다. 우리는 더 이상 율법에 종노릇하지 않는다. 율법으로 말미암아 우리가 율법에 대해 죽었으며, 이제는 그리스도의 종들로서 하나님께 대하여 살아 있는 것이다(롬 7:1-4; 갈 2:19). 우리는 더 이상 율법 아래 있지 않고 은혜 아래 있으며(롬 6:15), 그리스도께서 우리를 자유롭게 하신 바 그 자유 속에 있다(갈 5:1). "이를 행하면 그로 말미암아 살리라"는 법칙이 더 이상 우리에게 해당되지 않는다. 그 순서가 완전히 뒤바뀌어진 것이다. 우리는 믿음으로 살며 또한 율법에 따라서 행한다. 우리 속 사람으로 그런 삶을 즐거워하기 때문이다. 그리하여 율법이 신자들에게 효력을 발휘하지 못하게 되었다. 이미 그리스도께서 그들의 죄책을 담당하셨고 또한 그 요구를 만족시키셨으니, 율법이 더 이상 그들을 참소할 수가 없다. 그리스도께서 친히 율법의 저주를 담당하셨고 그 모든 형벌을 당하셨으니, 율법이 더 이상 그들을 정죄할 수가 없는 것이다. 심지어 사탄도 더 이상 율법에 의지하여 형제들을 참소할 수가 없다. 그들을 의롭다 하시는 이가 하나님 자신이신데, 그들을 위하여 하늘에서 간구하시는 이가 과연 죽으시고 영광을 받으신 그리스도이신데, 과연 그 누가 하나님의 택한 자들을 참소할 수 있단 말인가?

칭의로 말미암아 율법과 그 요구와 저주에 대한 신자들의 관계에 변화가 발생함과 동시에, 만물과 온 세상에 대한 그들의 관계에도 변화가 생긴다. 하나님과 화목하게 되면, 만물과도 화목하게 되기 때문이다. 하나님과 올바른 관계에 서 있게 되면, 세상에 대해서도 올바른 관계에 서 있게 된다. 그리스도 안에 있는 구속은 죄책과 죄의 형벌로부터의 구속이지만, 그것은 또한 우리를 억누르고 묶을 수 있는 세상으로부터의 구속이기도 하다. 우리가 아다시피 아버지께서는 세상을 사랑하셨고, 그리스도께서는 세상을 이기셨다. 그러므로 세상이 아직 우리를 짓누를 수는 있으나, 우리의 선한 용기를 빼앗아갈 수는 없다(요 16:33). 하늘 아버지의 자녀로서 신자들은 무엇을 먹을까, 무엇을 마실까, 무엇을 입을까 하는 문제에 대해서 염려하지 않는다. 아버지께서 그 모든 것들이 그들에게 필요하다는 것을 알고 계시기 때문이다(마 6:25 이하). 그들은 땅 위에 보물을 쌓아두지 않고, 좀이나 동록이 해하지 않고 도둑이 구멍을 뚫지도 못하고 도둑질하지도 못하는 하늘에 쌓아둔다(마 6:19-20). 그들은 무명한 자 같으나 유명한 자요, 죽은 자 같으나 살아 있으며, 징계를 받는 자 같으나 죽임을 당하지 않으며, 근심하는 자 같으나 항상 기뻐하고, 아무것도 없는 자 같으나 모든 것을 가진 자들이다(고후 6:9-10). "맛보지도 말고 만지지도 말라"는 식의 태도로 스스로 괴롭게 하지 않고, 하나님의 모든 피조물을 선한 것으로 여겨 감사함으로 취한다(골 2:20; 딤전 4:4). 그들은 부르심을 받은 그대로 지내고 일하며, 종이 아니요 그리스도께만 속한 자유인들이다(고전 7:20-24). 그들은 자기들에게 임하는 시련을 형벌이 아니라 징계, 곧 하나님의 사랑의 증표로 본다(히 12:5-8). 그들은 모든 피조물들에 대해서 자유롭다. 아무것도 그들의 주님 그리스도 예수 안에 있는 하나님의 사랑에서 그들을 끊을 수 없기 때문이다(롬 8:35, 39). 그들이 그리스도의 것이므로, 과연 모든 것이 그들의 것이며(고전 3:21-23), 또한 하나님을 사랑하는 자, 곧 그의 목적에 따라 부르심을 받은 자들에게는 모든 것이 합력하여 선을 이루는 것이다(롬 8:28).

그리스도 안에서 의롭다 하심을 받은 신자는 세상에서 가장 자유로운 피조물이다. 최소한 그렇게 되어야 마땅한 일이다.

제 22 장

성화

하나님의 형상이 지식과 의만이 아니라 거룩함으로 되어 있기 때문에, 사람이 온전히 회복되려면 하나님과의 올바른 관계가 회복되어야 함은 물론, 하나님의 거룩한 율법의 요구에 따라 내적으로 새롭게 되어야 한다. 죄는 죄책(罪責: guilt)이지만 동시에 오염(pollution)이기도 하다. 칭의는 사람을 죄책에서 구해내는 것이며, 성화(聖化: sanctification)는 사람을 죄의 오염에서 구해내는 것이다. 칭의를 통해서는 사람의 의식이 변화되며, 성화를 통해서는 사람의 존재가 변화된다. 칭의를 통해서는 다시금 하나님과의 올바른 관계에 서게 되고, 성화를 통해서는 다시 선해지며 선을 행할 수 있게 되는 것이다.

"거룩하다"라는 단어는 사실상 성경의 각 페이지마다 나타난다. "거룩하다"로 번역된 히브리어 단어의 본래의 자연적인 의미가 무엇인지에 대해서는 확실히 규명할 수가 없다. 성경에서는 그 단어가 본래의 자연적인 의미로 쓰이는 일이 한 번도 없고, 언제나 종교적인 의미로 쓰이기 때문이다. 그럼에도 불구하고 성경에서 사용되는 그 단어는 십중팔구 "잘려지다," 혹은 "분리되다"라는 의미를 지닌 어근에서 파생된 것으로 보인다. 또한 그 단어가 과연 무슨 의미로 처음 종교적인 논의에 도입되었는가 하는 것도 명확히 말할 수가 없다.

어떤 이들의 논지에 의하면, 처음에 사람들이나 사물들을 거룩하다고 부르게 된 것은 그것들이 일상적인 다른 사람들이나 사물들과 분리되었고, 말하자면 일상적인 사용에서 제거되었기 때문이며, 따라서 "거룩하다" 하는 말의 반대는 "거룩하지 않다", "부정하다", "속되다", "천하다" 등이라고 한다

(레 10:10; 삼상 21:5; 겔 22:6). 또 다른 이들의 견해에 따르면, 처음에 그 단어는 종교적인 일을 지칭하면서 사람이나 어떤 사물이 하나님과의 특별한 관계 속에 있다는 것을 의미했고, 그런 의미에서 다른 것들과 다르다는 뜻을 지녔다고 한다. 곧, 사람이나 사물 그 자체가 본질적으로 거룩한 것이 절대로 아니고, 오로지 그것들에게 행해지는 어떤 명확한 행동을 통해서 거룩하게 될 수 있다는 것이다. 그것들이 자기 자신을 거룩하게 할 수는 없다. 모든 거룩과 성별(聖別)은 하나님께로부터 나오기 때문이다. 여호와께서 거룩하시므로, 그는 거룩한 백성과 거룩한 제사장과 거룩한 성전을 원하신다(출 19:6; 29:43; 레 11:45 이하; 19:2). 여호와께서 친히 자기에게 속한 자가 누구인지, 거룩한 자가 누구인지를 보이시는 것이다(민 16:5).

그리하여 구약에서는 거듭거듭 하나님을 거룩하신 자라 부른다. 느부갓네살 역시 자기의 거룩한 신들을 거론하지만, 그것은 오로지 다니엘서 4:8, 9, 18과 5:11에만 나타난다. 신적인 존재에 대하여 이 "거룩하다"라는 말을 사용할 때에는 그가 소유하고 계시는 여러 가지 속성들 가운데 한 가지 속성을 지칭하는 것이 아니라, 오히려 그의 신적 위대하심과 숭고하심, 도저히 가까이 나아갈 수 없는 그의 위엄 등을 표현하는 뜻으로 쓰인다. "여호와 같이 거룩하신 이가 없으시니 이는 주 밖에 다른 이가 없고 우리 하나님 같은 반석도 없으심이니이다"(삼상 2:2). 그는 하나님이시요 사람이 아니시다(호 11:9). 아무도 이 거룩하신 하나님 앞에 설 자가 없다(삼상 6:20). 그는 신들 위에 높이 계신 분이시요, 거룩함으로 영광스러우며 찬송할 만한 위엄이 있으며 기이한 일을 행하시는 분이시다(출 15:11). 그는 성소에서 위엄을 나타내시는 분이시며(시 68:35), 그의 이름은 크고 두려우며(시 99:2, 3), 그의 거룩함을 두고 맹세하시는 것은 곧 그 자신을 두고 맹세하시는 것과 같다(암 4:2; 6:8). 요컨대, 거룩하심이란 하나님께서 모든 피조물과 분리되어 계시고 그들 위에 지극히 높이 계심을 나타내는 것이다. 그가 거룩한 자이신 것은 그가 바로 하나님이시기 때문이다. 이사야는 특히 하나님에 대해서 "거룩한 자"라는 단어를 즐겨 사용하고 있다(사 5:16; 6:3; 29:23; 30:11-12. 또한 겔 37:28; 39:7; 합 1:12; 3:3과 비교하라).

하나님의 거룩하심은 그가 그의 백성과 친히 가지시는 모든 관계들에서 드러난다. 이스라엘에게 율법을 주신 그 근본 원리가 여호와의 거룩하심에 있고 또한 그 목적이 그 백성을 거룩하게 하는 데 있다. 그는 그의 모든 계시에서 거룩하시며, 그로부터 나오는 모든 것이 거룩하다. 그의 이름이 거룩하며(레 20:3), 그의 팔이 거룩하며(시 98:1), 그의 언약이 거룩하며(단 11:28), 그의 말씀이 거룩하며(시 105:42), 그의 영이 거룩하시다(시 51:11; 사 63:10, 17). 그러므로 그는 그의 백성도 거룩하기를 원하신다(출 19:6; 29:43-46; 레 11:44; 19:2). 그리고 백성들 중에서도 특히 거룩한 일을 섬기며 또한 그 직분을 위하여 특별한 의식으로 거룩하게 구별된 제사장들과 레위인들이 거룩하기를 원하신다(출 29장). 사실, 장소든, 시간이든, 제물이든, 제사장들의 의복이든, 성전이든, 하나님을 섬기는 일에 관계되는 모든 것들이 여호와께 전적으로 드려져야 하고 또한 거룩해야 하는 것이다. 율법을 제정하신 일의 의미는 바로 이스라엘이 여호와께 제사장 나라가 되고 거룩한 백성이 되어야 한다는 데 있다(출 19:6). 그리고 무슨 일에서든 여호와께서 주신 율법에 부응하면, 이스라엘 백성은 실제로 거룩한 것이다.

여기서 기억해야 할 것은 이스라엘에게 주신 이 율법에 도덕적인 계명만이 아니라 또한 수많은 시민적인 계명들과 의식적(儀式的)인 계명들도 포함된다는 사실이다. 그러므로, 거룩이란 율법에 전적으로 일치하는 완전함인데, 이 완전함은 도덕적인 것만이 아니라 시민적이며 의식적인 성격을 지니는 것이다. 그러나 이스라엘 백성은 흔히 한쪽으로 치우쳐서 신앙의 본질을 외형적인 레위인의 순결함에서 찾는 어리석음에 빠지곤 했다. 그리하여 선지자들이 이에 대하여 항거하며, 순종이 제사보다 낫고 듣는 것이 숫양의 기름보다 나으며(삼상 15:22), 하나님께서는 인애(仁愛)를 원하시고 제사를 원치 아니하시며 또한 번제보다 하나님을 아는 것을 원하신다는 말씀을(호 6:6) 선포하지 않을 수가 없었다.

선지자들은 여호와께서 그들에게 요구하시는 것이 정의를 행하며 인자(仁慈)를 사랑하며 겸손하게 하나님과 함께 행하는 것임을 설교하지 않을 수가 없었다(미 6:8). 그들은 하나님의 거룩하심이 특히 그의 도덕적인 완전하심에, 피조물을 초월하심에, 또한 죄악된 피조물과 완전히 다르심에 있다는 것을 지적하였다(사 6:3-7). 백성들이 그의 이름과 그의 언약을 더럽힐 때에도,

여호와께서는 친히 자신을 거룩하게 하신다(사 5:16; 겔 28:22). 그는 거룩한 자로서 과연 원수들을 징벌하셔서 그가 과연 여호와이심을 그들로 하여금 알게 하신다(렘 50:29; 겔 36:23; 39:7). 그러나 그는 그의 백성을 모든 불의에서 정결케 하시고, 그들과 새 언약을 세우시며, 그들로 하여금 새 마음으로 그의 길을 따라 행하도록 하심으로써 그들을 구원하실 것이다(렘 31:31-34; 겔 36:25-29). 그리고 그가 그렇게 행하시는 것은 이스라엘을 위함이 아니라 그 자신의 위대한 이름을 위함인 것이다(사 43:35; 겔 36:22).

* * * * *

신약에서 하나님은 그리스도 안에서 그의 백성들에게 의를 주셨는데 이와 마찬가지로 그는 그의 사랑의 아들 안에서 그들에게 거룩함도 주셨다. 그리스도는 우리의 지혜요 우리의 구속이신데, 이와 똑같은 방식으로, 이와 똑같은 의미로, 그는 우리의 거룩함이시요 우리의 성화(聖化)이시다. 우리는 그가 무엇보다 먼저 친히 거룩함을 소유하신 분이셨음을 알아야 한다. 그렇지 못하셨더라면, 그가 우리를 위해서 거룩을 성취하지 못하셨을 것이니 말이다. 성령으로 마리아에게 잉태되어 그녀에게서 난 자는 "거룩한 이"로서 하나님의 아들이라는 이름을 받으신 분이시다(눅 1:35). 나중에 세례를 받으실 때에, 그는 성령을 한량없이 받으셨고 또한 성령으로 충만하셨다(눅 3:22; 4:1). 귀신 들린 자들도 그가 하나님의 거룩한 자이심을 알아보았고(막 1:24; 눅 4:34), 제자들도 베드로의 입을 통해서 "주여 영생의 말씀이 주께 있사오니 우리가 누구에게로 가오리이까? 우리가 주는 하나님의 거룩하신 자이신 줄 믿고 알았사옵나이다"(요 6:68-69)라고 고백하였다. 사도행전 4:37에서는 (3:14과 비교하라) 베드로가 그를 "하나님의 거룩한 종"(혹은 "하나님의 거룩한 소자(小子)")으로 말씀하며, 요한계시록 3:7에서는 그가 친히 자신을 "거룩하고 진실한 이"로 부르신다. 그리스도께서도 자신의 죄 없으심을 의식하고 계셨고(마 12:50; 요 4:34; 8:46), 또한 그의 모든 사도들도 그가 그릇 행하신 것이 없고 그의 입에 거짓이 없었음을 증언하고 있다(고후 5:21; 히 4:15; 7:26; 벧전 1:19; 2:22; 3:18; 요일 2:1; 3:5).

그러나 우리는 그리스도께서 본성적으로 소유하신 거룩함과 또한 그가 자신의 완전한 순종을 통해서 이루신 거룩함을 서로 구별해야 할 것이다. 그가 거룩하게 잉태되시고 탄생하신 사실에는 무엇보다도 그가 우리의 중보자가 되실 수 있었다는 유익이 있었고(하이델베르크 요리문답 제16문답), 더 나아가서 그가 우리의 중보자로서 잉태되신 그 순간부터, 죄 속에서 잉태되고 출생한 우리의 그 죄를 그의 하나님 앞에서의 무죄하심과 완전한 거룩하심으로 덮어주신다는 유익이 있다(하이델베르크 요리문답 제36문답). 그는 자신이 탄생하실 때에 지니신 거룩함을 곧바로, 죽으심에 이르기까지 그의 생애를 통틀어서, 그의 교회를 위하여 성취하셔야 할 그 거룩함의 일부로 삼으셨다. 예를 들어서 우리는 그의 성육신 이전에 이미 아버지께서 그를 거룩하게 하사 그를 중보자의 직분에 세우셨고, 정확히 그 목적으로 그를 세상에 보내셨다는 것을 잘 안다(요 10:36). 그리고 그리스도께서는 마리아에게 잉태되시고 그에게서 탄생하시기 이전에 자기 자신을 거룩하게 하셨고 자기를 아버지의 뜻에 온전히 드리셨다. 그의 성육신 자체가 이미 아버지의 뜻의 성취요 또한 거룩한 행위였던 것이다(히 10:5-9). 그리스도께서 거룩하셨다는 것만으로는 부족하였다. 그는 잉태되신 그 순간부터 죽으시는 순간까지 자기 자신을 거룩하게 하셔야 했던 것이다.

여하튼 중보자로서 그는, 특히 세례를 받으시고 성령으로 기름 부음을 받으시고 그의 공생애 사역을 시작하신 직후에, 가장 극심한 시련과 유혹을 당하셨다. 우리가 복음서에서 읽는 그때의 사탄의 시험은 싸움으로 가득 찬 생애의 시작이었다. 이 시험이 끝났을 때에, 마귀는 얼마 동안만 그에게서 물러갔을 뿐이다(눅 4:13). 이 시험들이 과연 어떤 것들이었는지 우리로서는 가늠할 수가 없으나, 성경은 그가 모든 일에 형제들과 같이 되셨음을(히 2:17; 4:15) 분명하게 가르치고 있다. 그리스도께서 모르시는 우리의 연약함은 없으며, 그가 도우실 수 없는 유혹도 없는 것이다. 우리는 매 순간마다 유혹과 시험에 넘어지지만, 그는 끝까지 신실함을 유지하신다. 그는 십자가에 죽으시기까지 순종하셨다(빌 2:8). 그는 죽음을 그냥 넘어가기를 위해 기도하지 않으셨다. 그는 자기를 죽음에서 능히 구원하실 이에게, 고난을 굳건히 당하시고 또한 그의 죽으심으로 말미암아 생명을 이루시기 위하여 심한 통곡과 눈물로 간구와 소원을 올리셨고, 그리하여 들으심을 얻었다(히 5:7).

그러나, 그가 아들이셨으나, 그럼에도 불구하고 친히 고난을 당하셔서 순종함을 배우셔야 했다(히 5:8). 그는 처음부터 순종하셨으며 또한 순종하기를 원하셨다. 아버지의 뜻을 행하는 것이 그의 양식이었던 것이다(요 4:34). 그러나 그는 그의 고난에서 그 순종을 입증할 기회를 얻으셨다. 고난을 철저히 당하심으로써 순종하고자 하는 그의 기질과 의지를 행동으로 옮기셔야 했던 것이다. 그리하여 그는 친히 당하신 고난을 통해서 거룩하게 되셨다(히 2:11; 5:9). 여기서 거룩하게 되셨다는 것은 도덕적인 의미에서 거룩하게 되셨다는 뜻이 아니라, 그가 줄곧 바라보고 계셨던 그 일을 그의 죽으심의 고난을 통해서 결말지으셨고, 영광과 존귀로 면류관을 쓰셨다는 뜻이다(히 2:9; 12:2). 그리하여 그는 하나님의 자녀들의 구원의 창시자가 되셨고 또한 그들의 믿음의 완성자("온전하게 하시는 이")가 되셨다(히 2:10; 12:2). 낮아지심 이후에 그에게 올 그 기쁨을 위하여 십자가를 참으시고 부끄러움을 개의치 아니하심으로써, 그는 그의 백성들의 구원의 창시자요, 선구자요, 주역이 되셨고, 동시에 그들 속에 믿음을 시작하시며 또한 온전하게 마치시는 분이 되신 것이다(히 12:2). 순종의 길에서 자신을 완전하게 하심으로써, 다른 길이 아니라 가장 깊이 자신을 낮추심으로 아버지의 우편에 있을 영광을 구하심으로써, 그는 자기에게 순종하는 모든 자에게 영원한 구원의 근원이 되셨다(히 5:9). 제자들이 진리로 거룩하게 되도록, 그가 자신을 거룩하게 하신 것이요, 자신을 죽음의 제사로 넘겨주셨고(요 17:19), 그리하여 그는 우리의 성화(聖化: sanctification: 한글 개역 개정판은 "거룩함"으로 번역하고 있다: 역자주)를 위하여 하나님께로부터 우리에게 주어지신 것이다(고전 1:30).

* * * * *

신자들의 성화를 올바로 이해하기 위해서는, 그리스도께서 우리의 의가 되시는 것과 동일한 의미로 그가 우리의 거룩함이시라는 것을 분명하게 보아야 한다. 그는 완전하고도 충족한 구주시다. 그는 그의 일을 부분적으로만 이루시는 것이 아니라 실질적으로 완전하게 우리를 구원하신다. 그리고 우리가 영생과 하늘의 복락을 충만히 누리게 되기까지 그의 일을 놓지 않으시는 것이다. 그러므로 그는 그의 의로 말미암아 우리를 의의 상태로, 하나님의 심판에서 의로운 자로 서 있는 그런 상태로 회복시키시고, 그 나머지 일은 우리 손에 맡겨두셔서, 말하자면, 우리 자신이 선을 행하고 우리 스스로 하나님의 형상을 닮아감으로써 영생에까지 나아가도록 내버려두시는 것이 아니라, 그리스도께서 친히 이 일을 우리를 위하여 끝까지 완성하시는 것이다. 그는 우리를 위하여 죄책과 죄의 형벌을 지셨고, 또한 우리를 위하여 율법을 지키셔서 영생을 얻으셨다. 그의 순종은 **수동적**인 것이었고 동시에 **능동적**인 것이었다.

그리스도의 부활이 이를 증명해주는 증거였다. 그 부활을 통해서 우리는 하나님이 그의 영혼을 음부(이를 저주받은 자의 장소로 생각해서는 안 된다. 그리스도께서 죽으신 후 그의 영혼이 낙원에 있었기 때문이다. 오히려 이를 무덤으로, 즉 죽은 자의 영역으로 보아서, 그리스도께서 죽음의 상태에 남아 계시는 동안 그 상태에 계신 것으로 보아야 할 것이다)에 버려 두지 않으시고 그의 거룩한 자로 썩음을 당하지 않게 하셨으며, 주께서 생명의 길을 그에게 보이셨고 그에게 기쁨이 충만하게 하셨다는 것을 알게 되는 것이다(행 2:27-28; 13:35-37). 그의 안에 거하는 성결의 영에 따라, 그는 죽은 자 가운데서 부활하신 후 능력으로 하나님의 아들로 선포되셨고(롬 1:4), 이스라엘에게 회개함과 죄 사함을 주시려고 임금과 구주가 되셨으며(행 5:31), 영생을 얻으셨고 이제 그것을 그의 백성들에게 주시는 생명의 구주(행 3:15)가 되신 것이다.

그러나 그리스도께서 그의 교회를 위하여 성취하신 이 성화는 우리의 바깥에 머무는 것이 아니라 우리가 진정으로 누리는 것이다. 칭의에서는 우리가, 우리 바깥에 있고 예수 그리스도 안에 있는 의를 근거로 죄책과 죄의 형벌에서 해방되었음이 선언되며, 또한 하나님의 은혜로 그 의가 우리의 것으로 간주되며 또한 우리 편에서 믿음으로 그것을 받는다. 그러나 성화에서는 그리스도의 거룩하심이 지극히 분명하게 성령을 통하여 우리 속에 부어지는 것이다. 그러므로 로마 가톨릭 교회가 우리 속에 부어지는 은혜를 거론할 때에, 우리는 그 자체에 대해서는 반대하지 않는다. 우리가 반대하는 것은 다만, 이 은혜를 우리가 하나님 앞에서 죄 없다고 선포되는 근거가 되는 그 의의 일부로 본다는 사실이다. 왜냐하면 만일 그렇다면, 칭의와 성화가, 죄책으로부터의 해방과 죄의 오염의 제거가, 서로 혼동될 것이고, 그렇게 되면 그리스도께서 성취하신 그 의의 완전함이 제거될 것이고 따라서 신자의 영혼은 위로와 확신을 잃게 될 것이기 때문이다. 그러나 우리에게 부어지는 바 은혜라는 것이 실제로 있으며, 우리를 위하시는 그리스도뿐 아니라 우리 속에 계신 그리스도도 있으며, 의의 상태에로 옮겨지는 것만이 아니라 하나님의 형상을 좇아 새롭게 되는 것도 있으며, 하나님 앞에서의 우리의 신분만이 아니라 우리의 도덕적인 상태의 변화라는 것도 있는 것이다.

사실 칭의에 못지않게 이 성화의 사실도 단호하고도 강력하게 견지해야 한다. 죄 사함을 그리스도께서 베푸시는 유일한 큰 은택으로 여기면서, 하나님의 형상을 따라 사람이 내적으로 새롭게 되는 것을 부인하거나 최소한 소홀히 하여 그냥 내버려두는 사람들이 언제나 있어왔다. 이들은 사람이 의롭다 하심을 얻었고 이 사실을 믿음으로 의식하고 있으면, 그 이상 다른 일이 더 일어날 필요가 없다고 주장한다. 죄 사함에 대한 의식이 이미 그 사람을 다른 사람으로 만든다는 것이다. 요컨대, 그런 사람들은 칭의와 중생을 서로 이름만 다를 뿐 결국 동일한 것으로 보는 것이다.

그런데, 자기의 모든 죄가 순전히 은혜로 오직 그리스도의 공로 때문에 사함받았다는 것을 참된 믿음으로 믿는 그리스도인이 그런 깨달음으로 말미암아 사람이 달라지는 것은 분명한 사실이다. 모든 죄책이 사라졌으며, 믿음으로 의롭다 함을 받았고, 하나님과의 평화를 찾았다는 것을 그 스스로 느낀다. 그리스도께서 그를 자유하게 하신 그 자유함 속에 서 있고, 다윗과 더불어, "허물의 사함을 얻고 그 죄의 가리움을 받은 자는 복이 있도다. 여호와께 정죄를 당치 않은 자는 복이 있도다!"라고 즐거이 외칠 수 있다. 그런 변화도 어떤 의미에서는 중생이라, 의식의 새로워짐이라 부를 수 있을 것이다.

그러나 여기서 더 나아가서 칭의와 중생이 완전히 동일한 것이라고 주장하게 되면, 그것은 오류로서 성경의 증거를 완전히 뒤집는 것이 된다. 여하튼, 구원 얻는 참된 믿음은 그리스도의 의를 받아들이며 죄 사함을 깨닫게 되는데, 이 믿음은 자연인에게서 나오는 것이 아니요 중생의 열매이며, 따라서 이미 성령을 통해서 일어난 영적 변화를 전제로 하는 것이다. 그리고 신자들이 죄 사함에 대한 확신 때문에 누리는 마음의 기쁨과 평안이야말로, 죄 안에 죽어 있는 상태에서 그리스도와 연합하여 다시 살아난 신령한 사람의 속성인 것이다.

더 나아가서, 사람이 처해 있는 신분과 또한 그 자신이 느끼는 자신의 상태도 서로 구별해야 한다. 이 둘은 서로 완전히 구별된 것이므로 무죄한 사람도 때로는 정죄를 받기도 하고, 유죄한 사람도 때로는 무죄 방면되는 경우가 있다. 그러므로 사람의 신분이 바뀌어도 그 사람의 상태는 아직 바뀌어지지 않는 경우가 있으며, 그 사람의 상태는 바뀌었으나 신분은 아직 바뀌어지지 않기도 하는 것이다. 물론 자연의 영역에서도 그렇거니와, 영적인 영역에서도 그러하다. 죄는 비단 죄책만이 아니라 오염이기도 한데, 칭의로는 죄책에서 해방되며, 성화로는 오염에서 해방된다. 완전한 구원은 지식과 의만이 아니라 성화와 구속까지도 포함하는 것이다. 그러므로 그리스도께서는 죄 사함과 영생 모두를 베풀어주신 것이다.

그리고 이 점에 대해서 결정적인 사실은, 성경이 칭의와 중생을 분명하게 구별하고 있다는 점이다. 구약의 약속에는 여호와께서 새 언약 안에서 그 백성의 불의를 사하신다는 사상이 내포되어 있다. 그러나 거기에는 또한 여호와께서 새 마음을 주시고 거기에다 그의 율법을 기록하신다는 사상도 내포되어 있는 것이다(렘 31:33-34; 겔 36:25-26). 여호와께서 그의 영을 그들 속에 두셔서 그들로 하여금 그의 율례대로 행하게 하시며 그의 규례를 지켜 행하게 하실 것이라는 것이다(겔 36:27). 그 약속을 이루시기 위하여, 그리스도는 그의 영혼을 많은 사람들을 위하여 대속물로 주실 뿐만 아니라, 아버지의 우편에 오르신 후 또한 성령을 보내셔서 이 영이 교회 안에 거하시고 일하시도록 하신 것이다. 성령께서 교회 안에서 이루시는 일에 대해서는 앞에서 이미 살펴본 바 있다. 성령을 통하여 그리스도께서는 그 자신과 그의 모든 은택들을 그의 백성들과 나누시는 것이다.

그리하여 바울은 로마서에서, 먼저 칭의의 주제를 다룬 다음 6장에서 성화의 주제로 넘어간다. 훗날에도 그렇지만, 사도 시대에도 값없는 칭의의 교리가 도덕적인 생활에 해를 끼칠 것이라고 생각하는 사람들이 있었다. 그들은 사람들이 그런 칭의의 고백에 고무되어, 오히려 선이 나오도록 하고 은혜가 풍성해지도록 하기 위하여 죄를 짓는 데로 나아가지 않을까 두려워하였다(롬 3:8; 6:1). 바울은 이런 우려를 반박하면서, 죄에 대하여 죽은 사람이 더 이상 그 속에서 산다는 것은 불가능한 일이라고 말한다(롬 6:2).

그는 믿음으로 죄 사함을 얻고 하나님과의 화평을 얻은 신자들은 그들의 세례가 증거하듯이 그리스도와 함께 죽어 장사 지낸 바 되었고 또한 그와 함께 새 생명으로 다시 살아났다는 점을 지적하여 이를 입증한다(롬 6:3-11). 바울에게 있어서 신자들이란 언제나, 그리스도 안에서 죄 사함에 이르는 하나님의 의를 받았을 뿐 아니라 또한 그리스도와의 연합을 통하여 개인적으로 죽었고 다시 살아나 죄에 대하여 죽었고 하나님에 대하여 살아 있는 자들이다(갈 2:20; 3:27; 골 2:12). 다시 말해서, 그리스도의 죽으심은 칭의의 능력뿐만 아니라 성화의 능력도 있는 것이다(고후 5:15). 그리고 참된 인침이 있는 믿음은 그리스도를 칭의로서만이 아니라 성화로서도 받아들인다. 사실, 이 둘 중 어느 하나가 없으면 그 나머지도 불가능해지는 것이다. 그리스도는 나뉘어질 수 있는 분이 아니며, 또한 그의 은택들도 그 자신과 분리시킬 수도 없기 때문이다. 그는 동시에 우리의 지혜요 우리의 의요, 우리의 성화요 우리의 구속이신 것이다(고전 1:30). 그가 우리를 위하여 하나님께로부터 그렇게 되셨고, 하나님께서 그를 그런 모습으로 우리에게 주신 것이다.

그러므로 우리가 누려야 할 성화는 그리스도 안에서 완전히 성취되는 것이다. 그런데 그리스도인들 가운데는 ― 최소한 실제의 삶 속에서는 ― 이와 상당히 달리 생각하는 자들이 많다. 그들은 자기들이 그리스도께서 이루신 의를 통하여 의롭다 하심을 받았음을 인정하면서도, 자기들 스스로 거룩함(holiness)을 성취해야 하고 또한 그 거룩함으로 말미암아 성화되어야 한다고(sanctified) 주장하거나 혹은 최소한 그렇게 믿는 것처럼 행동하는 것이다. 그들의 주장이 사실이라면, 사도의 증거(롬 6:14; 갈 4:31; 5:1, 13)와는 완전히 모순되게 우리는 은혜 아래에서 자유로이 사는 것이 아니라 율법에 매인 상태에서 사는 것이 될 것이다. 그러나 복음에서 계시되는 하나님의 의가 율법이 요구하는 의와 ― 그 내용에 있어서가 아니라 그것이 베풀어지는 방식에 있어서 ― 구별되는 것처럼, 복음에서 제시되는 성화 역시 율법적인 성화와는 구별되는 것이다. 복음에서 제시되는 성화는 바로 그리스도 안에서 하나님이 우리에게 칭의와 더불어 완전한 성화를 주신다는 것이요, 또한 그가 중생케 하시고 새롭게 하시는 성령의 역사를 통하여 우리에게 내적인 소유로 베푸신다는 데 있는 것이다.

그러므로 성화는 하나님의 일이다. 곧, 그의 의(義)의 일이요 또한 동시에 그의 은혜의 일이다. 하나님은 먼저 그리스도와 그의 모든 은택을 우리의 것으로 간주하시고, 그 다음 그의 안에 있는 모든 충만함 속에서 그리스도를 우리에게 베풀어주신다. 왜냐하면 마음에 할례를 베푸시며(신 31:6), 돌 같은 마음을 제하시고 살 같이 부드러운 마음을 주시며(겔 12:19), 그의 영을 그들에게 부으시며(욜 2:28), 그들 속에 새로운 영을 창조하시며(겔 11:19; 36:26), 그들의 마음속에 그의 율법을 기록하셔서 그들로 하여금 그의 길로 행하게 하시고 그들을 그의 백성으로 만드시는 등 — 이 모든 일을 하시는 분이 바로 하나님 자신이시기 때문이다(렘 31:33; 32:38; 겔 36:27, 28). 신약에서는 이 문제를 이보다 더 강하게 제시하고 있다. 곧, 신자들이 그리스도 예수 안에서 창조함 받은 하나님의 작품들이요(엡 2:10), 새로운 피조물이요(고후 5:17; 갈 6:15), 하나님의 사업이라고(롬 14:20) 말씀하는 것이다. 또한 신자들을 가리켜 하나님의 밭이요 하나님의 건물이라 부르며(고전 3:9; 엡 2:20; 골 2:7; 벧전 2:5), 또한 모든 것이 하나님께로서 났다고도 말씀한다(고후 5:18). 그들이 그리스도와 함께 장사 지낸 바 되었다가 그와 함께 다시 살아났으면, 그들은 또한 씻음받고 거룩하게 된 것이요(고전 1:2; 6:11; 딛 3:5), 미래에도 계속해서 거룩하여질 것이요(요 17:17; 고후 3:18; 살전 5:23; 엡 5:26; 딛 2:14; 히 13:20-21), 그리하여 마침내 전적으로 아들의 형상을 닮게 될 것이다(롬 8:28; 고전 15:49; 빌 3:21). 이러한 구원의 사슬은 끊어질 수가 없다. 처음부터 마지막까지 그것이 하나님의 일이기 때문이다. 그가 미리 아시고, 부르시고, 의롭다 하신 자를 그가 또한 영화롭게 하신 것이다(롬 8:30).

＊　＊　＊　＊　＊

성경은 하나님께서 그리스도의 영으로 말미암아 교회에서 이루시는 이 성화의 역사(役事)를 근거로 하여, 신자들을 흔히 성도(聖徒)라 칭한다. 그 옛날 이스라엘도 이미 그렇게 불리었다(출 19:6). 이스라엘이 이방 민족들에게서 분리되었으니, 이는 여호와의 것이 되기 위함이요(레 20:26), 또한 여호와의 도를 행하기 위함이었다(출 19:5). 그리고 미래에 하나님이 그의 새 언약을 세우실 때에 가서는, 더 바르고 더 깊은 의미로 그의 거룩한 백성을 여호와의 구속하신 자라 부르실 것이다(사 62:12; 욜 3:17; 옵 17; 슥 8:3; 14:20). 신약 시대에, 대제사장이신 그리스도께서 그 백성으로 하여금 진리 안에서 거룩하게 하시려고 그들을 위하여 자기 자신을 거룩하게 하셨을 때에(요 17:19), 신자들은 또한 즉시 거룩한 자들 혹은 성도들이라는 이름을 얻게 된다(행 9:13, 32, 41; 26:10; 롬 1:7; 고전 1:2 등). 그 이름은 그들이 도덕적인 의미에서 죄가 전혀 없고 죄를 초월한다는 것을 시사하는 것이 아니라, 오히려 신약 교회가 이제 고대의 이스라엘을 대신하여 여호와의 소유가 되었음을 시사한다(고후 6:16; 갈 6:16; 벧전 2:5). 왜냐하면 교회가 그리스도 안에서 거룩하게 되었고, 그리하여 성령의 전(殿)이 되었기 때문이다(요 17:19; 고전 1:30; 3:16; 6:11, 19).

그러나 그리스도께서 교회에게 주셨고 또한 처음에 성령으로 말미암아 주어진 이 성화는 신자들에게 무거운 의무를 지워준다. 성화는 하나님의 일이다. 그러나 신자들 스스로도 하나님의 능력 안에서 적극적으로 힘쓰도록 하는 그런 일로 주어진 것이다. 구약에서는 여호와께서 친히 그 백성을 거룩하게 하신다고도 말씀하고(출 31:13; 레 20:8; 21:8), 또 백성들이 자신을 거룩하게 해야 한다고도 말씀한다(레 11:44; 20:7; 민 11:18). 때로는 여호와께서 마음에 할례를 행하신다고 말씀하며(신 30:6), 또한 이스라엘에게 스스로 마음의 가죽을 베어 할례를 행할 것을 명령하기도 한다(신 10:16; 렘 4:4). 때로는 중생을 가리켜 하나님의 일이라 부르며(렘 31:18; 애 5:21), 또 어떤 때는 그것을 사람의 책임으로 간주하기도 한다(렘 3:12-13 등). 이와 마찬가지로, 신약에서도 성화를 그리스도 안에서 주어지는 하나님의 선물로 제시하기도 하고 신자들을 거룩하게 하시는 성령의 일로도 말씀한다(요 17:17-19; 고전 1:2; 살전 5:23). 그러나 이 신자들에게 하늘에 계신 아버지께서 온전하신 것처럼 그들도 온전할 것을(마 5:48), 하늘에 계신 아버지를 영화롭게 하도록 선행을 할 것을(마 5:16; 요 15:8), 그들의 지체를 의와 거룩함에게 종으로 드릴 것을(롬 6:19), 그들의 모든 삶과 행위에서 거룩할 것을(벧전 1:15; 벧후 3:11), 거룩함을 추구하고 하나님을 경외함으로 그 일을 이룰 것을(고후 7:1; 살전 3:13; 4:3), 또한 거룩함이 없이는 주를 보지 못할 것이므로 이를 행할 것을(히 12:14) 거듭거듭 당부하고 있는 것이다.

이러한 두 가지 사실은 결코 서로 모순된 것이 아니다. 오히려 신자들의 그들 자신의 성화를 위하여 애쓰는 수고가 가능한 것은 오로지 그 수고가 하나님께서 그들 속에서 이루시는 일이기 때문이다. 은혜가 자연을 말살하기는커녕 오히려 그것을 회복하는 것임이 분명하다. 사람이 죄로 인하여 여호와의 도로 행하고자 하는 열심도 능력도 없었으나, 재창조로 말미암아 다시금 하나님의 명령을 따라 — 그 명령의 일부가 아니라 그 전체를 따라 — 올바르게 살고자 하는 마음이 생기고 또한 최소한 원리적으로는 그럴 자질을 갖추게 되는 것이다. 하나님께서는 중생하게 하시는 성령의 능력의 역사로 인간의 은밀한 깊은 부분을 꿰뚫으실 때에, 닫힌 마음을 여시고, 돌같이 굳은 것을 부드럽게 하시며, 할례받지 않은 상태로 있는 부분에 할례를 행하신다. 의지 속에 새로운 가능성을 심으시사, 죽어 있던 의지를 다시 살아 있게 하시며, 악했던 의지를 선하게 바꾸시며, 순종하기를 원치 않던 의지를 하나님의 도를 따르도록 만드시며, 반역적이던 의지를 순종하는 의지로 바꾸시는 것이다. 하나님께서 그 의지를 움직이시고 강건하게 하셔서 마치 아름다운 나무가 아름다운 열매를 맺듯이 그렇게 선행을 열매로 맺도록 하시는 것이다.

그리하여, 개혁 교회들은 스스로 그들의 신앙고백에서 이렇게 표현하고 있는데(도르트 신조), 이때에 그들은 성경의 근거 위에 든든히 서 있으며, 또한 사도 바울의 다음의 진술에서 분명한 뒷받침을 받고 있는 것이다: "너희가 항상 복종하여 두렵고 떨림으로 너희 구원을 이루라. 이는 (한글 개역 개정판에는 나타나지 않는다: 역자주) 너희 안에서 행하시는 이가 하나님이시니, 그가 자기의 기쁘신 뜻을 위하여 너희에게 소원을 두고 행하게 하심이니라"(빌 2:12-13). 칭의의 경우 죄 사함이 그리스도 안에서 완전히 예비되었으나, 살아 있는 적극적인 믿음을 통해서만 우리 편에서 그것을 받아들이고 누릴 수 있는 것처럼, 성화의 경우도 하나님께서는 우리 자신을 사용하셔서 우리 자신에게서 이루어지도록 하시는 것이다. 우리의 인격을 말살하시는 것이 아니라 그것을 높이 들어올리신다. 우리의 이성과 우리의 의지와 우리의 욕망을 죽이시는 것이 아니라 오히려 그것들이 죽어 있었기 때문에 그것들을 살리셔서 일하게 하시는 것이다. 하나님이 우리를 그의 동역자요 일꾼으로 삼으시는 것이다.

그러나 그렇다면 신자들의 성화를 올바로 이해해야 할 것이다. 법적인 성화가 되어서는 안 된다. 그것은 어디까지나 복음적인 성화이며, 따라서 복음적인 성화로 남아 있어야 하기 때문이다. 그 성화는 신자들이 거룩함을 수단으로 하여 자신들을 계속 거룩하게 해 나가는 사실에 있는 것이다. 그리고 그 거룩함이란 신자들 자신이 새로이 처음으로 생겨나게 한 것도, 이미 그들에게 존재해오던 것도 아니고, 그들이 수고와 선행을 통해서 소유해야 하는 것이다. 하나님께서 복음 안에서 계시하신 그 거룩함은 그리스도로 말미암아 완전히 예비된 것이요 또한 성령으로 말미암아 우리의 마음에 적용되며 또한 거기에서 일구어지는 것이다. 바울은 에베소서 2:10에서 이를 멋지게 말씀하고 있다: "우리는 그의 만드신 바라. 그리스도 예수 안에서 선한 일을 위하여 지으심을 받은 자니, 이 일은 하나님이 전에 예비하사 우리로 그 가운데서 행하게 하려 하심이니라." 첫 창조가 말씀으로 이루어졌듯이, 재창조도 그리스도와의 교통 가운데서 존재하게 되는 것이다. 신자들은 그리스도와 연합하여 십자가에 못 박히고, 죽고, 장사 지낸 바 되며, 또한 새 생명에로 다시 살아나고 거듭나는 것이다.

그런데 그 재창조에는 명확한 목적이 있다. 곧, 신자들이 행하는 바 선행이 그 목적이다. 하나님은 나무가 아니라 열매에 관심을 갖고 계시며, 그 열매들을 통해서 그 자신이 영광받으시는 일에 관심을 갖고 계신다. 그러나 그 선행들은 신자들 자신이 독자적으로 새로이 생겨나게 하는 것이 아니다. 그것들 하나하나가 모두 개별적으로 하나님의 경륜 안에서 그들을 위하여 완전히 예비되어 있었다. 그리고 그들을 대신하여 모든 의와 온 율법을 성취하신 그리스도께서 그것들을 완전히 이루어 놓으셨다. 그리고 모든 것을 그리스도로부터 취하사 그리스도의 뜻에 따라 각 신자들에게 베풀어주시는 성령께서 그 선행들을 신자들 속에서 이루어 가시는 것이다. 그러므로 우리는 성화 전체와 또한 교회의 — 즉, 모든 신자들 전체와 또한 각 신자의 — 모든 선행들에 대해서, 그것들이 신자들을 통해서 처음 존재하게 되는 것이 아니라, 그것들이 이미 오래 전부터 아버지의 기쁘신 뜻 가운데, 아들의 역사(役事) 가운데, 또한 성령의 적용하시는 활동 가운데 존재하고 있었다고 말할 수가 있다. 그러므로, 성화의 문제에 있어서 사람의 편에서 영광을 받을 일은 하나도 없다. 우리가 선을 행한다 해서 하나님께서 우리의 협력에 신세를 지시는 것이 결코 아니며, 따라서 우리에게 절대로 감사하셔야 할 일이 없다는 것을 알아야 할 것이다. 오히려 그 반대로, 우리의 선행들에 대해서 오히려 우리가 하나님께 신세를 지는 것이요, 따라서 우리가 행하는 선행들에 대해서 우리 자신이 하나님께 감사해야 할 것이다.

* * * * *

여기서 성화의 문제에 있어서 믿음이 어떤 의의가 있는가 하는 문제가 이어진다. 우리가 오직 믿음으로 말미암아 구원받는다는 것은 칭의에만 해당되는 것이 아니라, 성화에도 똑같이 해당된다. 우리 편에서 그리스도와 그의 은택들을 받아들이고 그것들을 우리의 것으로 삼는 것은 오직 믿음으로만 되는 일이기 때문이다. 만일 의와 거룩함이 율법의 산물이라면 우리가 선을 행함으로써 그 둘을 이루어야 할 것이다. 그러나 복음에서는 그것들이 하나님이 그리스도 안에서 우리에게 베푸시는 선물이다. 그에게는 은혜와 진리가 충만하며(요 1:17), 지혜와 지식이 충만하며(골 2:3), 의와 거룩함이 충만하다(고전 1:30). 그의 안에 모든 신령한 축복들이 있고(엡 1:3), 신성의 모든 충만이 육체로 거한다(골 2:9). 그런데 이 그리스도께서 성령으로 말미암아 자신을 우리에게 주시고, 마치 포도나무와 가지처럼(요 15:2 이하), 머리와 몸처럼(엡 1:22-23), 남편과 아내처럼(엡 5:32), 또한 그가 중보자로서 아버지와 하나이신 것처럼(요 14:20; 17:21-23), 자기 자신을 우리와 하나가 되게 하시는 것이다. 그리하여 신자는 그와 한 영이며(고전 6:17), 한 육체이며(엡 5:30-31), 그리스도께서 그들 속에 사시고, 그들이 그리스도 안에 산다(갈

2:20). 그리스도께서 만유시요 만유 안에 계시는 것이다(골 3:11).

이렇게 해서 그리스도께서 우리의 성화를 이루시는 주역이 되신다면, 우리 편에서는 오직 믿음으로만 그 성화의 일을 이룰 수 있을 것이다. 성화는 그리스도의 다른 모든 은택들과 마찬가지로 그리스도 자신과 밀접하게 연관되어 있으므로, 그리스도 자신과 연합하지 않고서는 그것을 받을 수가 없고, 우리의 편에서 보면 그것은 오직 참된 믿음을 통해서만 얻을 수 있고 누릴 수가 있는 것이다. 여하튼 그리스도께서 우리 마음에 거하시며(엡 3:17) 우리가 그리스도 안에 사는 것은(갈 2:20) 오직 믿음을 통해서만 되는 일이다. 우리가 하나님의 자녀가 되는 것도(갈 3:27), 약속의 영을 받는 것도(갈 3:14), 죄 사함과(롬 4:6) 영생을 얻는 것도(요 3:16) 오직 믿음으로만 되는 일이다. 믿음으로 산다는 것은 결국 뒤집어서 말하면, 그리스도께서 우리 속에 거하신다는 것과 같은 말인 것이다(고후 13:5; 갈 2:20). 그리스도의 생애 전체가 믿음의 생애요, 히브리서 11장에 제시되어 있는 성경의 성도들이 믿음의 영웅들인 것처럼, 우리 역시 믿음으로 살고(고후 5:7), 믿음이 사랑으로 역사하게 하며(갈 5:6), 믿음의 방패로 악한 자의 맹렬한 화살을 막고(엡 6:16), 또한 세상을 이기라는(요일 5:4) 권면을 받고 있다. 그리고 이 모든 권면들은, 육체를 좇지 말고 성령을 좇아 행하며(롬 8:4 이하), 옛 사람을 벗어버리고 새 사람을 입으며(엡 4:22-24; 골 3:10; 롬 6:4 이하), 주 예수 그리스도로 옷 입고 모든 일을 그의 이름으로 행하며(롬 13:14; 골 3:17), 주 안에서와 그의 힘의 강력으로 강건해지며(엡 6:10; 딤후 2:1), 또한 우리 주와 구주의 은혜와 지식 안에서 자라가라(벧후 3:18)는 등등의 다른 권면들과 완전히 일치하는 것들이다. 요컨대, 성화란 복음적인 의미에서 믿음의 계속적인 활동이요 실천인 것이다.

많은 사람들이 성경의 이 가르침에 대해 반론을 제기한다. 그들은 그것이 한 쪽으로 치우친 것이요 도덕적인 삶에 위험한 것으로 여긴다. 때로 그들은 칭의에서는 율법이 문제가 되지 않고 오직 믿음만이 결정적인 역할을 한다는 것을 기꺼이 인정한다. 그러나 성화를 논할 때에는, 믿음만으로는 부족하며, 율법이 그 모든 계명과 그 모든 금령과 더불어, 또한 그 상급과 형벌 규정과 더불어 역할을 해야만 한다고 주장한다. 거룩한 삶이 열매 있게 이어지려면, 그리고 선행을 부추기는 어떤 자극제가 있으려면, 율법이 그렇게 역할을 해야 한다는 것이다. 물론 율법이 그리스도인들에게 여전히 삶의 규범으로 남아 있는 것은 사실이다. 그러나 복음은 절대로 거룩한 싸움을 싸우라는 권면을 율법의 두려움에 근거하여 제시하지 않고, 오히려 그리스도 안에서 신자들이 부름받은 그 고귀한 부르심에 근거하여 제시하는 것이다. "하늘에 계신 너희 아버지의 온전하심과 같이 너희도 온전하라"(마 5:48). 예수님은 포도나무요 제자들은 그의 가지들이다. 그의 안에 있는 자들은 열매를 많이 맺나니, 그가 없이는 그들이 아무것도 할 수가 없다(요 15:5). 신자들은 그리스도와 함께 죄에 대하여 죽었고, 그리스도 안에서 하나님께 대하여는 살아 있게 되었다(롬 6:11). 신자들은 율법 아래 있지 않고 은혜 아래에 있으며, 따라서 죄가 그들을 주장하지 못한다(롬 6:14). 그들은 그리스도의 몸으로 말미암아 율법에 대하여 죽임을 당하였으니, 이는 하나님을 위하여 살게 하려함이다(롬 7:4; 갈 2:19). 그들은 육신에 있지 않고 영 안에 있으므로, 영을 따라 행하여야 한다(롬 8:4-5). 밤이 깊고 낮이 가까웠으니, 어둠의 일을 벗고 빛의 갑옷을 입어야 한다(롬 13:12). 신자들의 몸은 그리스도의 지체요 성령의 전이므로, 반드시 간음의 죄를 피해야 한다(고전 6:15 이하). 그들은 값 주고 산 자들이므로 몸과 영으로 하나님께 영광을 돌려야 한다(고전 6:20). 그들은 그리스도께서 그들을 자유롭게 하려고 주신 그 자유 속에 있는데, 그 그리스도 안에는 아무것도 효력이 없고 오직 사랑으로써 역사하는 믿음뿐이다(갈 5:1, 6). 그들은 옛 사람을 벗어버리고 하나님을 따라 의와 진리의 거룩함으로 지으심을 받은 새 사람을 입어야 한다는 것을 그리스도께로부터 듣고 또한 그 안에서 가르침을 받았다(엡 4:21 이하). 그들은 사랑을 받는 자녀 같이 하나님을 본받는 자가 되어야 한다(엡 5:6). 그리스도께서 그들을 사랑하신 것 같이 그들도 사랑 가운데서 행하여야 한다(엡 5:2). 그들은 주 안에서 빛이므로 빛의 자녀들처럼 행하여야 한다(엡 5:8).

요컨대, 신자들로 하여금 거룩한 삶을 살도록 격려하기 위하여 제시된 모든 명령들을 완전히 정리하려면 신약에 나타나는 모든 도덕적인 권면들을 다 기록해 두어야 할 것이다. 그러나 그 권면들 모두가 율법에서가 아니라 복음에서 비롯되는 것임을 입증하기 위해서는 위에서 인용한 구절들만으로도 충분할 것이다. 남자들에게 하든 여자들에게 하든, 부모에게 하든 자녀들에게 하든, 주인에게 하든 종에게 하든, 여주인에게 하든 여종에게 하든, 통치자들에게 하든 신하들에게 하든, 사도들은 권면을 할 때마다 언제나 주 안에서 권면한다(엡 5:22 이하; 6:1 이하; 골 3:18 이하; 벧전 2:13 이하; 3:1 이하). 하나님의 견고한 터가 든든히 서 있으니 거기에는 다음과 같은 인(印)이 쳐 있다: "주의 이름을 부르는 자마다 불의에서 떠날지어다"(딤후 2:19).

* * * * *

그러므로 믿음은, 복음의 원리들에 따라 그리스도인이 그의 성화에서 행하여야 할 하나의 큰 일이다(요 6:29). 물론 성화에서는 칭의에서와는 다른 방식으로 이 믿음이 나타나고 또한 다른 각도에서 그 믿음을 바라보게 되지만, 성화에서나 칭의에서나 믿음이 그것들을 누리게 되는 유일하고도 충족한 수단이다. 복음이 요구하는 것은 바로 다름 아닌 믿음이요, 또한 그리스도 안에 있는 하나님의 은혜를 의지하는 마음인 것이다. 그 믿음이 우리를 의롭다 함을 얻게 할 뿐 아니라, 그 믿음이 또한 우리를 거룩하게 하며 우리를 구원하는 것이다. 그처럼 우리를 거룩하게 하는 믿음의 능력은 다음의 논의를 통해서 매우 선명하게 드러난다.

우선 먼저 생각해야 할 것은, 참되고 거짓 없는 믿음이 우리의 거짓된 자긍심을 깨뜨리며, 우리의 교만을 그 뿌리부터 무너뜨리며, 모든 자기의(self-righteousness)를 종식시킨다는 점이다. 하나님이나 그의 명령에 대해 전혀 개의치 않으며 죄를 마치 물 마시듯이 범하는 자들이나, 또는 형벌이나 손해나 수치가 두려워서 그저 겉으로만 선을 행하는 모든 사람들을 논의 대상에서 제외시켜도, 아직도 여전히 자기의 힘으로 도덕법의 요구들을 이행하려고 진지하게 애쓰는 자들이 남아 있는 것이다. 그러나 그런 사람들은 그렇게 애를 쓰면서도 그 도덕법에 대하여 올바른 시각을 절대로 가질 수가 없고, 그 법을 이행하는 데 필요한 순전한 원리도 발견하지 못하는 것이다. 그들은 율법 위에 초점을 맞추거나 혹은 그 아래에다 맞추고서, 그들 스스로 율법을 섬기게 만들거나, 아니면 율법이 그들을 섬기도록 만들거나 둘 중의 하나일 수밖에 없다. 첫 번째 경우에 해당하는 사람들은, 선을 행함으로써 개인이나 집단에게 유익과 혜택이 있기 때문에 그것을 위해서 선을 행해야 한다고 주장한다. 그리고 두 번째 경우에는 결과적으로 도덕법을 사람의 능력을 훨씬 초월하는 것으로 여겨서 그것을 더 심각하게 여기고, 그리하여 그것을 성취하기가 불가능한 것으로 만들어 버린다. 이렇게 해서 자연인은 결국 사두개주의와 바리새주의 사이에서, 자유와 권위 사이에서, 이리저리 흔들릴 수밖에 없다. 자연인으로서는 도덕법의 요구와 인간의 의지 사이에서 절대로 균형을 찾을 수가 없는 것이다.

그러나 믿음이 이렇게 이리저리 흔들리는 것을 종식시킨다. 믿음은 우리로 하여금, 도덕법이 우리를 초월하는 것이요 또한 그것이 무조건적인 순종을 요구하지만 우리로서는 실제로 그것을 이행할 수가 없고 따라서 도덕법이 우리에게 영생을 줄 수가 없다는 것을 깨닫도록 해 준다. 그리고 이처럼 모순된 현실 속에서 믿음은 하나님의 은혜에 자신을 굴복시키고, 하나님의 긍휼하심을 신뢰하며, 하나님께서 친히 가져다주신 의를 높이게 되는 것이다. 참된 신자는 도덕법의 요구에 따라 행할 수 있다는 식의 거짓된 자세를 완전히 포기한다. 그 도덕적인 이상이 그 숭고한 모든 요구 사항들 속에 높이 서 있다는 것을 그대로 인정하면서도, 동시에 자기가 자기의 노력으로 그것을 이룰 수 있으리라는 소망을 포기하는 것이다. 그리하여 그는 율법에서는 물론 그 이후의 복음에서도 자신의 의를 계시하신 하나님께 모든 소망을 건다. 결국 그런 믿음은 곧바로 온갖 덕행들의 모체(母體)가 된다. 그리하여 사람 속에 겸손을 일으키고, 의지(依支)와 신뢰 등, 도덕적인 삶에 가장 큰 의미를 갖는 모든 덕성들을 불러일으키며, 그리하여 선행이 결국 신앙에게서 확고한 기초와 확실한 힘을 얻는 것이다.

여기에 다른 덕성들이 함께 엮어진다. 하나님께서 친히 교회에 지정하신 순서에 따르면, 복음의 약속들이 율법의 명령들보다 앞선다. 먼저 하나님은 우리에게 그의 사랑과 죄 사함과 성도들과 함께 누릴 우리의 기업에 대해 확신하게 하시고, 그 다음에 그의 증거와 율례의 길로 우리를 인도하시는 것이다. 아름다운 나무가 아름다운 열매보다 먼저 온다. 우리는 선행으로 말미암아 사는 것이 아니라, 선행들을 위하여 사는 것이며, 영생을 얻기 위해서 율법을 행하는 것이 아니라, 영생을 근거로 하여 율법을 행하는 것이다. 그 영생이 이미 믿음을 통하여 우리 마음에 심어졌기 때문이다. 참된 도덕적인 삶은 오직 이 순서에 따라서만 가능하다. 누구든 이 순서를 바꾸기를 바라고, 또한 위로와 확신과 구원을 자기의 행위에서 이끌어 내기를 바라는 사람은, 그 목적을 절대로 이루지 못할 것이요, 끊임없이 의심으로 찢어질 것이요, 평생토록 두려움 속에서 살게 될 것이다. 그러나 하나님은 다른 길을 취하신다. 하나님은 복음에서 우리에게 값없이 죄 사함과 화목, 형벌의 폐기, 구원과 복락 등, 모든 것을 주신다. 그는 우리에게, 그의 은혜를 믿는 믿음으로 말미암아 우리가 그에게 전적으로 기댈 수 있음을 말씀하시며, 또한 그것이 확실하다는 것을 성경의 증거를 통해서 제시하시는 것이다. 따라서 믿음은 그 본질로 말미암아 우리에게 위로와 평화와 기쁨과 행복을 가져다주며, 또한 이것들이 다시 도덕적인 삶을 위해서 귀중한 가치를 지니게 된다. 그것들 모두가 거룩한 행실의 원리와 동기가 되는 것이다. 양심을 모든 죽은 행위에서 깨끗하게 하는 것은 그 목적이 살아 계신 하나님을 섬기게 하는 데 있다(히 9:14). 하나님의 위로를 받는 자들은 다시 하나님으로 말미암아 모든 선한 일과 말에 굳건하게 된다(살후 2:17). 여호와로 인하여 기뻐하는 것이 하나님의 백성의 힘인 것이다(느 8:10).

그 다음으로 지적할 것은, 그리스도 안에 있는 하나님의 은혜에 전적으로 의지하는 구원 얻는 믿음에게는 전유(專有)하는 활동은 물론 끊어내는 활동도 함께 있고, 건설적인 수고는 물론 파괴적인 수고도 함께 있다는 점이다. 믿음은 탕자로 하여금 자신의 죄악된 삶에서 돌이켜 아버지의 집으로 돌아가게 만든다. 믿음은 우리를 그리스도의 죽으심과 또한 그의 부활의 교제 속에 있게 만든다. 믿음은 우리를 십자가에 못 박고 새 생명으로 살아나게 한다. 누구든지 그리스도를 진정으로 믿는 자는 죄에 대하여 죽는다. 자신이 죄로 말미암아 하나님의 진노를 격발시켰음을 깨닫고 죄에 대해 진정 안타까움을 느끼며, 그리하여 죄를 미워하고 도피하게 된다. 자기 자신과 죄를 분리시켜서, 이렇게 올바로 말할 수 있게 된다: "내가 원하는 바 선은 행하지 아니하고 도리어 원하지 아니하는 바 악을 행하는도다"(롬 7:19). 한편 믿음은 그리스도와 그의 의를 전유한다. 믿음은 그리스도 자신이 우리 마음속에 거하시고 그 하나된 교제 속에서 더욱 충만히 사시게 한다. 그리고 믿음은 그리스도께서 우리 속에서 형성되시며, 그의 형상을 좇아 우리를 더욱더 변화시키게 한다. 요컨대, 신자는 다음과 같은 바울의 진술을 그대로 되풀이할 수 있다: "내게 능력 주시는 자 안에서 내가 모든 것을 할 수 있느니라"(빌 4:13).

더 이상 언급하지 않더라도 마지막으로, 믿음을 손(手)에 비유하는 경우가 많은데, 이는 적절한 것이다. 그러나 손은 무엇을 취하여 우리 것으로 만들 때에 사용되는 기관이지만, 동시에 우리의 생각과 우리의 의지를 객관화시킬 때에 쓰는 도구이기도 하다. 그러니 믿음은 받아들이는 기관일 뿐 아니라 동시에 능동적인 힘이기도 하다. 의롭다 하심을 얻게 하고 구원하는 믿음은 죽은 믿음이 아니라 살아 있는 믿음이다. 그것은 본질적으로 선행의 열매를 맺고, 사랑으로 역사하는 것이다(갈 5:6). 사람이 사랑으로 의롭다 함을 얻지는 않으나, 그를 의롭다 함을 얻게 하는 믿음이 그에게 사랑 안에서 역사하는 살아 있는 힘이 있음을 증명해 보이는 것이다. 사랑이 없는 믿음은 참된 구원 얻는 믿음이 아니요(고전 13:1), 사랑의 역사가 언제나 참된 믿음과 결부된다(살전 1:3). 법(즉, 사도들의 가르침 전체)의 목적이 청결한 마음과 선한 양심과 거짓이 없는 믿음에서 나오는 사랑이기 때문이다(딤전 1:5). 그리고 믿음의 열매인 이 사랑은 두려움을 내어쫓는 완전한 사랑이요(요일 4:18), 동시에 율법의 완전한 성취인 것이다(마 22:37-40; 롬 13:8-10; 갈 5:14; 약 2:8).

따라서, 복음은 율법을 무효화시키는 것이 아니라, 오히려 그것을 회복시키고 세운다. 율법의 요구와 저주가 종식된 것은 사실이다. 그리스도께서 친히 율법 아래 처하셔서 그 요구를 만족시키셨고, 그 저주를 담당하셨기 때문이다(마 3:15; 갈 3:13; 4:4). 그리하여 우리는 다시는 종이 아니요 자유로이 성령 안에서 행한다(롬 7:1-6; 갈 4:5, 26 이하; 5:1). "주의 영이 계신 곳에는 자유가 있느니라"(고후 3:17; 갈 5:18). 그러나 이러한 믿음의 자유가 율법을 제거하는 것이 아니라, 그것을 성취하게 한다. 율법이 그 명령들 속에서 요구하는 바 율법의 의가, 육신을 따라 행하지 않고 성령을 따라 행하는 자들에게서 정확히 이루어지는 것이다(롬 8:4). 육신은 율법에 굴복하지도 않고 할 수도 없기 때문에, 육신이 율법을 무효로 만들지만(롬 8:3, 7), 사람에게 생명을 주시는 분은 바로 그리스도의 영이시며(고후 3:6), 또한 하나님의 선하시고 온전하신 뜻이 무엇인가를 분별하도록 빛을 주시는 분이 바로 성령이신 것이다(롬 12:2; 엡 5:10; 빌 1:10).

그리고 위에서 논의한 그런 의미에서는 율법이 폐지되었으나, 그럼에도 불구하고 하나님의 뜻이 구약에서 계속해서 알려진다는 것이 예수님과 사도들의 가르침이다. 예수님은 율법과 선지자를 폐하러 오신 것이 아니라 온전케 하러 오셨다(마 5:17). 그는 예루살렘과 성전과 시민 통치 전체와 공 예배의 파괴를 예언하시는 경우를 제외하고서는 율법의 폐지를 언급하지 않으셨다(마 24장; 요 4:21-24). 그는 오히려 유대인들이 율법에다 첨가시킨 인간의 교리들을 제거하고 깨끗하게 하신 것이다(마 5:20 이하). 그는 율법에 대한 사상에 있어서는 바리새인들에게서 선지자들에게로 돌아가시며, 그 율법의 내적 성격에까지 관통하시며, 내적인 특성들을 외형적인 특성들보다 우위에 두시며(막 7:15), 긍휼을 제사보다 우위에 두고(마 9장; 12:7), 선지자와 율법을 하나님에 대한 사랑과 이웃에 대한 사랑으로 하나로 묶으시는 것이다(막 12:28-34; 마 7:12과 비교하라). 결국 도덕법은 그 효력을 그대로 유지하는 것이다.

모든 사도들도 율법과 선지자에 대해서 동일한 태도를 취한다. 그들에게 있어서 구약은 여전히 신적인 권위를 보유하고 있다. 그것은 하나님이 주신 것이요(딤후 3:15), 하나님의 영의 인도하심을 받아 거룩한 사람들이 기록한 것이요(벧후 1:21), 우리의 교훈과 위로를 위하여 주신 것이다(롬 15:4; 고전 10:11; 딤후 3:15; 벧전 1:12). 그리하여 사도들은 기독교 교회로 하여금 하나님의 뜻을 알게 하기 위하여 거듭거듭 구약을 인용한다. 예를 들어서, 바울은 고린도전서 14:34에서 아내가 남편에게 복종해야 한다는 것을 창세기 3:16에 호소하여 가르치며, 고린도후서 9:9에서는 가난한 자들에게 풍성히 베풀 것을 권고하기 위해서 시편 112:9을 인용하며, 고린도전서 1:31에서는 오직 주님만을 자랑할 것을 권면하기 위해 이사야 9:23에 호소한다. 다시 말해서, 도덕법은 그 내용에 있어서는 구약이나 신약이나 동일한 것이다. 그것은 사랑의 법 속에 포섭된다(롬 13:8-10; 갈 5:14; 약 2:8). 물론 그리스도께서는 제자들이 서로 시행해야 할 사랑을 하나의 새로운 계명으로 말씀하신다(요 3:34; 15:12; 살전 4:9; 벧전 4:8; 요일 3:23; 4:21; 요이 5). 그러나 주님은, 신자들끼리 서로 사랑하라는 그 명령이 전에는 전혀 알려진 바 없었던 것처럼 그렇게 그 명령을 하신 것이 아니다. 레위기 19:18도 이를 명확히 가르치고 있고, 시편 133편도 형제들이 서로 연합하여 동거하는 것을 아름다운 일로 말씀하고 있기 때문이다.

그러나 신약에서는 신자들을 서로 묶어주는 이 사랑이 새로운 성격을 띤다. 구약 시대에는 교회와 민족이 하나였으므로, 형제 사랑과 이웃 사랑이 아직 분명하게 구별되지 않았다. 그러나 신약에서는 이것이 바뀐다. 교회가 이스라엘 민족의 역사로부터 단절되어 하나의 독자적인 공동체가 되었고, 성령 안에서 그 생명의 원리를 받는 것이 된 것이다. 그러므로 이제는 형제에 대한 사랑과 모든 사람에 대한 사랑이 서로 구별되기 시작하였다(갈 6:10; 살전 3:12; 벧후 1:7). 이런 의미에서는 형제 사랑을 하나의 새로운 계명으로 부를 수 있다. 그것이 세상과는 분리된 신자들을 하나로 묶어 주는 것이다. 그러나 그 나머지는 구약이나 신약이나 신앙과 도덕법이 모두 동일한 것이다. 물론 어떤 면에서는 분명하게 해명하는 점도 있고, 또한 달리 발전하고 적용되는 면도 있다. 그러나 외형적으로 덧붙인다든가 기계적으로 확대시키는 일은 전혀 없는 것이다. 그리스도는 모세보다 더 위대한 자로 그의 옆에서 새로운 율법 제정자가 되신 것이 아니다. 오히려 그는 친히 자신의 생애와 죽으심으로 율법을 성취하셨고 또한 그의 제자들이 되는 모든 자들에게서 그 영으로 말미암아 율법을 이루게 하시는 것이다.

* * * * *

그리스도와 그의 사도들이 모두 구약의 도덕법을 하나님에 대한 사랑과 이웃에 대한 사랑과 연관지어 가르쳤으나, 기독교의 도덕적인 가르침에서는 사람의 덕성과 의무를 십계명과 연관지어 설명하는 습관이 점점 생겨나게 되었다. 특히 종교개혁자들이 이런 설명을 선호하였다. 그들은 선행이라면 반드시 하나님의 뜻에 따라서 행해져야 한다고 보았기 때문이다. 그 과정에서 그들은 로마 가톨릭 교회를 반대하는 입장을 취하였다. 로마 교회는 인간이 만든 규정과 법령에 기초하는 행위들도 선행 가운데 포함되는 것으로 간주하였던 것이다(하이델베르크 요리문답 제91문답과 비교하라).

로마 교회는 계명과 권고(advices)를 서로 구별하며, 그리스도께서 새롭고 더 높은 율법 제정자로서 이 권고들을 모세의 율법에 덧붙이신 것이라고 주장한다. 초기의 기독교 교회는 이런 구별을 몰랐었다. 그러나 박해의 시기가 지나가고 온갖 사람들이 교회에 들어와 속하게 되었고, 그 중에는 명예와 특권만을 바라고 교회에 속하는 사람들도 생겼고, 그리하여 도덕적인 수준이 떨어지고, 진지한 성향을 지닌 많은 사람들이 홀로 숨어 버리는 현상이 생겼다. 그리하여 수도원주의(monasticism)가 그 모습을 드러내어 도덕적인 이상을 추구하려 했는데, 그들이 추구한 방식은 가정과 직업이 있는 일반 그리스도인들로서는 도저히 따라갈 수 없는 것이었다. 그리하여 점차 종교적인 자들 혹은 성직자들과 일반 신자들 사이에 구별이 생기게 되었고, 높은 도덕성과 낮은 도덕성이 서로 구분되었고, 계명과 권고가 서로 구별되는 현상이 일어났다.

다시 말해서, 십계명에 들어있는 계명은 모든 그리스도인들이 지켜야 할 것이지만, 권고들은 사람들의 취사 선택에 맡겨진 것이다. 그리고 곧바로 마태복음 19:11-12과 고린도전서 7:7 이하에 근거한 소위 순결, 혹은 독신(獨身) 상태와, 또한 마태복음 19:21과 고린도전서 9:14에 근거한 청빈(淸貧), 혹은 땅의 모든 소유를 버리는 것과, 또한 마태복음 16:24과 누가복음 14:26-27과 근거한 상급자에 대한 절대적 복종 등이 권고에 속하는 것으로 간주되었다. 그러나 수도원의 질서에서는 마태복음 5:29, 39, 42 등에 근거하여 온갖 종류의 금욕 행위들, 고행들, 징계들이 거기에 덧붙여지는 경우가 허다했다. 이를 행하는 가운데, 로마 교회가 도덕적 완전의 이상은 모든 신자들에게 동일하며 따라서 모두가 계명에 순종하여 그 이상을 추구해야 한다는 것을 주장하기를 원한 것은 사실이다. 그러나 계명에다 권고들을 더하여 행하는 자는 누구든지 그 이상을 이루는 더 빠르고 더 안전한 길을 따르는 것이요, 또한 더 큰 가치와 더 풍성한 상급을 얻는 것으로 여겼다. 일반 신자는 율법을 이루어도 한낱 무익한 종으로 남아 있고, 그저 자기에게 요구되는 것만을 행한 자로 남아 있으나(눅 17:10), 권고들을 따라 행한 다른 그리스도인은 친히 작은 일에 충성한 착하고 충성된 종으로 인정받고 많은 것들을 맡게 된다고(마 25:21) 여긴 것이다.

종교개혁이 이런 구별을 받아들일 수가 없었다는 것은 지극히 자연스런 일이다. 개혁자들은 인간의 본성적인 부패성을 깊이 인식하여, 중생한 자들도 율법을 완전히 지킬 수가 없고, 아무리 최선의 노력을 기울여도 역시 죄로 얼룩질 수밖에 없으며, 심지어 아무리 거룩한 사람도 완전한 순종의 작은 시작 정도밖에는 이룰 수가 없다고 가르쳤다(하이델베르크 요리문답 제62, 114문답). 다시 말하면, 계명들만을 이행하는 데에도 할 일이 차고 넘치기 때문에, 신자가 권고들을 이행하는 데까지는 절대로 나아갈 수가 없다는 것이다. 여하튼, 하나님은 도덕법에서 마음을 다하고 힘을 다하여 그를 사랑하고 또한 이웃을 우리 자신과 같이 사랑할 것을 우리에게 요구하신다(마 22:37; 눅 10:27). 그러니 그런 계명에다 어떻게 다른 무엇을 더 갖다 붙일 수가 있겠는가? 하나님은 언제나 어느 곳에서나 우리 전체를 드려 그를 섬기라고 요구하시는데, 그렇다면 그것은 우리의 재량으로 취하거나 무시하거나, 혹은 하나님께 드리거나 드리지 않거나 할 수 있는 것이 우리에게 하나도 남아 있지 않다는 것이다.

그러므로 그리스도께서 모세의 율법이 요구하는 계명에다 이런저런 것들을 일종의 자유로운 율법으로 덧붙이셨다는 주장은 전혀 근거가 없다. 물론 한 개인이 결혼을 하지 말아야 하고, 재산을 버려야 하고, 일상적인 생활 환경과 직업에서 물러나야 할 경우들이 있기는 하지만, 그 사람에게 어떤 특별한 선택권이 있어서 자기 재량으로 선택할 수 있는 것이 아니기 때문이다. 오히려, 한 가지 동일한 법이 이런저런 처지에 따라서 구체적인 적용을 요하며 이 적용이 하나의 의무가 되는 것이다. 젊은 부자 관원은 그리스도로부터 자기가 거부할 수도 있고 받아들일 수도 있는 어떤 제안을 받은 것이 아니라, 그의 마음의 순전함과 결단을 가늠하는 시금석으로서 자기가 가진 모든 것을 팔아 가난한 자에게 주라는 계명을 받은 것이다. 그 계명을 지키는 여부에 따라서 그가 그리스도와 그의 나라에 전적으로 헌신되어 있는지의 여부가 드러나게 되어 있었던 것이다. 그러므로 우리는 도덕법과 의무를 서로 구별해야 한다. 도덕법은 모든 사람들에게 한 가지요 동일하지만, 의무는 그 일반적인 도덕법이 각 개개인의 처지에 따라서 그에게 적용되는 구체적인 방식인 것이다.

따라서 종교개혁자들은 사람들의 결정이나 혹은 교회의 규정들에 의존하는 모든 행위들을 거부하고, 선행의 규범이 되는 하나님의 뜻으로 돌아갔다. 그들은 그 뜻이 십계명에 간결하게 원리적으로 표현된 것으로 보았다. 그러나 십계명의 도덕법은 그 자체로 독자적으로 서 있는 것이 아니라, 풍성한 환경 속에 서 있는 것이다. 그 중심 내용은 본래 하나님이 친히 사람을 창조하셨을 때에 그의 마음속에 기록되었고, 아직도 부분적으로 사람의 마음속에 보존되어 있다. 사람들이 본성으로 계속해서 율법의 일을 행하므로, 율법의 행위가 그들의 마음속에 기록되어 있다는 것이 입증되기 때문이다(롬 2:14-15). 사람은 누구나 자기의 존재와 자기의 행실 속에서 자신이 분명한 도덕법들에게 매여 있다는 것을 자각하고 있으며, 또한 그것들을 범할 경우에는 그의 양심이 그를 찌르는 것을 느끼는 것이다. 그런데 이스라엘 중에서 그 도덕법이 구체적인 계시를 통해서 그 본래의 순수한 상태로 회복되었고, 은혜 언약을 섬기게 되었는데, 그 은혜 언약은, 그 서론적인 말씀에 따르면, 하나님이 그의 백성과 더불어 세우신 것으로서 그 백성의 삶 전체를 지배할 율례와 규례들로 표현된 것이다. 게다가 이스라엘 역사 전체를 통틀어서 시편 기자들과 잠언 기록자들과 선지자들이 이 법을 해명하고 발전시키고 적용시켰으므로, 예수께서는 온 율법과 선지자가 하나님을 향한 사랑과 이웃을 향한 사랑이라는 이 두 가지 계명에 달려 있는 것으로 말씀하실 수 있었던 것이다(마 22:40).

따라서, 그리스도께서는 구약에 나타난 구원의 약속들을 성취하시면서, 율법을 폐하시지 않고 오히려 율법의 모든 의를 성취하시며, 그의 완전한 순종으로 길을 여시며, 성령으로 능력을 베푸사 제자들로 하여금 원리적으로 율법의 계명들에 따라서 행할 수 있고 또한 행하도록 하시는 것이다. 사실, 복음의 의도는 바로 육신을 따르지 않고 성령을 따라 행하는 자들에게서 율법의 의가 이루어지는 데 있다고 말할 수 있을 것이다. 중생자의 신령한 생명이 도덕적인 생활을 회복하는 데 기여하도록 되어 있는 것이다. 사도들은 대개 갖가지 권면들을 길게 제시함으로써 서신서들을 끝마치는데, 그 권면들은 하나님의 거룩한 율법의 구체적인 해명이요 적용이다. 그리고 그것들은 신자들이 갖가지 인간 관계와 처지들 속에서 하나님의 뜻을 좇아 살며 또한 하나님의 이름을 영화롭게 하도록 그들을 돕고자 하는 의도로 주어진 것이다. 그러므로 십계명의 도덕법을 이처럼 풍성한 맥락과 분리시켜서는 안 될 것이다. 십계명은 과연 자연과 성경에 나타나 있는 하나님의 계시 전체의 빛 속에서 바라보아야 하고 해명해야 하는 것이다.

이런 견지에서 보면, 십계명은 기독교 윤리를 간결하게 정리해 놓은 것으로서 우리의 삶을 위한 뛰어난 법칙이 된다. 물론 십계명 외에도 우리에게 적용되는 다른 법들이 많이 있다. 하나님은 우리의 사고를 위해서도, 아름다움에 대한 인식을 위해서도, 사회 생활을 위해서도, 자연을 탐구하고 사용하는 일을 위해서도 법들을 제시해 놓으셨다. 그는 그의 모든 피조물들을 위해서도, 하늘과 땅을 위해서도, 해와 달과 별들을 위해서도, 낮과 밤을 위해서도, 여름과 겨울을 위해서도, 씨 뿌리는 시기와 거두어들이는 시기에 대해서도 법들을 제시해 놓으셨다(창 8:22; 렘 31:35; 33:25). 그러나 도덕법은 이런 모든 법들을 뛰어넘는다. 그 나머지 모든 법들과는 달리 도덕법은 사람의 의지에, 혹은 의지를 가진 존재로서의 사람 자신에 관계하는 것이요, 따라서 사람의 존재의 가장 은밀한 본질에, 사람의 인격의 핵심에 관계하는 것이기 때문이다. 그러므로 도덕법은 그것을 말과 행위로만이 아니라 생각과 욕구로도 지킬 것을 요구한다. 도덕법은 신령한 것이다(롬 7:14). 우리는 하늘에 계신 아버지께서 온전하심과 같이 온전해야 하는 것이다(마 5:48). 십계명을 통해서 도덕법이 죄의 뿌리에까지, 탐심과 정욕에까지 파고 들어가며, 이를 하나님 앞에 죄책과 부정함으로 내어놓는 것이다.

그 외에도, 이 도덕법은 사람이 갖는 모든 관계를 다 지배한다. 하나님과의 관계든, 이웃 사람과의 관계든, 자기 자신과의 관계든, 자연 세계 전체와의 관계든, 모두가 이 법의 다스림을 받는 것이다. 그 법은 갖가지 지위와 신분, 삶과 직업, 재물 등의 문제로 겪는 동료 사람들과의 관계도 지배하며, 사람의 이성의 진실성과 그 마음의 정직성과의 관계도 지배하며, 주변의 환경이 되는 모든 자연과의 관계도, 자신의 직분과 소명, 일과 여가와의 관계도, 생물과 무생물 전체와의 관계도 다 지배하는 것이다. 그리고 이런 풍성한 관계들 속에서는 물론이요 자기 자신의 존재의 가장 깊은 내면의 중심에서도, 이 도덕법은 모든 일을 하나님의 영광을 위하여 할 것을 요구하는 것이다(고전 10:31; 골 3:17).

도덕법의 이처럼 깊은 영적인 의미를 지각하게 되면, 섬뜩함을 느끼게 되고 그것을 실행할 수 없다는 절망감을 느끼게 된다. 율법이 우리에게 요구하는 의 이외에 다른 의가 전혀 없다면, 우리는 그 의를 이행할 처지도 못되고, 이행할 의욕도 가질 수가 없을 것이다. 그렇게 되면, 우리는 우리의 타락한 처지에 맞추기 위해서 언제나 율법의 신령한 내용을 제거하려 할 것이고, 그 것을 형식화시켜서, 우리도 정숙한 시민 생활을 통해서 율법의 높은 요구들을 만족시킬 수 있다고 믿어 우리 자신을 속이려 하게 될 것이다. 율법의 영적인 의미에 대해, 즉 율법의 완전함에 대해, 자연인은 거부감을 갖고, 그것이 요구하는 절대적인 의와 거룩함을 마음속으로 거부하기 마련인 것이다. 그러나 하나님께서 그리스도 안에서 그와는 다른 의와 거룩함을 우리에게 주사 믿음으로 그것을 우리의 것으로 만들어 주셨다는 사실을 알게 되면, 그 순간 율법에 대한 우리의 태도와 또한 율법의 의의에 대한 우리의 지각이 완전히 바뀌게 된다.

물론 우리 자신이 여전히 죄 아래에 육신적으로 팔려 있는 상태라고 바울처럼 탄식할 수도 있지만, 그러면서도 우리는 율법이 그 높고 숭고한 위치에 그대로 서 있도록 할 것이고, 그 높은 위치에서부터 그것을 끌어내리려 애쓰지는 않을 것이며, 오히려 율법을 거룩하고 의로우며 선한 것으로 높이 기릴 것이다. 그것은 하나님의 율법이 아닌가! 그리고 율법이 그처럼 영적인 성격을 지녔다는 것 때문에 그것을 사랑할 것이다. 우리의 속 사람에 따라 율법을 즐거워하며, 비단 복음에 대해서만이 아니라 율법에 대해서도 하나님께 감사할 것이다. 그 율법이 거룩하고 의롭고 완전하기 때문이다. 율법 역시 우리에게 하나님의 은혜의 계시요 선물이 되는 것이다. "내가 주의 법을 어찌 그리 사랑하는지요! 내가 그것을 종일 묵상하나이다"(시 119:97).

* * * * *

신자들이 중생 시에 즉시 내적인 욕망과 사랑을 받으며, 그리하여 모든 선행으로 하나님의 뜻을 좇아 살기를 사모하게 되지만, 그렇다고 해서 즉시 완전하게 되는 것은 아니다. 사실, 이 세상의 삶 속에서는 그런 완전함을 이룰 수가 없다. 성화를 칭의와 구별해야 한다. 칭의는 신적인 무죄 사면으로서 단번에 완성되는 것이다. 칭의의 무죄 사면이 계속해서 양심에 적용되는 것은 사실이다. 그러나 발전되거나 증가되지는 않는다. 그러나 성화의 생명은, 모든 피조물의 생명과 똑같이, 성장의 법칙에 종속되어 있다. 그것은 중생에서 기원하며, 강하게 성장하기 위해서 자양분을 필요로 하며, 또한 그리스도와 함께 충만히 나타날 때에 비로소 그 정점(頂點)에 이르는 것이다.

구약에서 이미 메시야에 대해서, 그가 목자와 같이 그의 양 떼들을 먹이시고, 어린양들을 그의 팔로 모아 품에 안으시며, 젖먹이는 암컷들을 온순히 인도하실 것이라고 말씀한 바 있다(사 40:11). 그리고 다른 곳에서는 그에 대해서 더 상세하게 말씀하고 있기도 하다: "주 여호와의 영이 내게 내리셨으니 이는 여호와께서 내게 기름을 부으사 가난한 자에게 아름다운 소식을 전하게 하려 하심이라. 나를 보내사 마음이 상한 자를 고치며, 포로된 자에게 자유를, 갇힌 자에게 놓임을 선포하며, 여호와의 은혜의 해와 우리 하나님의 보복의 날을 선포하여 모든 슬픈 자를 위로하되, 무릇 시온에서 슬퍼하는 자에게 화관을 주어 그 재를 대신하며, 기쁨의 기름으로 그 슬픔을 대신하며, 찬송의 옷으로 그 근심을 대신하시고 그들이 의의 나무 곧 여호와께서 심으신 그 영광을 나타낼 자라 일컬음을 받게 하려 하심이라"(사 61:1-3. 겔 34:16과 비교하라).

그리하여 그리스도께서는 그의 지상 사역의 기간 동안 이스라엘의 성숙한 자들에게만이 아니라 또한 어린아이들에게도 나아가시며, 천국이 그런 자들의 것임을 선포하시는 것이다(마 18:1-6; 19:13-14). 그는 고라신과 벳새다와 가버나움과 예루살렘의 거민들에게만이 아니라 세리들과 죄인들에게도 회개할 것을 촉구하시며, 수고하고 무거운 짐을 지고 있는 모든 사람들에게 안식을 주시고자 그들을 초청하신다. 그는 하나님 나라의 상속자들을 갖가지 명칭들로 부르며, 그들을 가난한 자들로, 애통하는 자들로, 주리고 목마른 자들로, 온유한 자들로, 화평케 하는 자들로 칭하시며(마 5:3-9), 하나님 나라에서 작은 자들과 큰 자들을, 처음 되는 자들과 나중 되는 자들을 구별하여 말씀하신다(마 11:11; 20:16). 예수께서는 그의 제자들이 믿음이 작고 더디고 무딘 것에 대해 자주 탄식하시며(마 6:30; 8:26; 14:31; 16:8; 눅 24:25), 또한 믿음이 큰 것을 보실 때에는 매우 기뻐하신다(마 8:10; 15:28). 이렇게 하여 예수님은 자신이, 모든 양 떼들을 한 무리로 모으시고 그들 모두에게 풍성한 생명을 주시며 그들 모두를 보호하시고 그 중에 하나도 잃어버리지 않으시는 선한 목자가 되신다는 사실을 모든 사람들에게 친히 증명하시는 것이다(요 10:1-30).

사도 시대의 교회들의 신자들 가운데도 이와 비슷한 구별들이 나타난다. 구약 시대의 신자들은 후견인과 청지기 아래 있어서 아직 종과 다를 바 없는 처지에 있는 어린아이들이었다(갈 4:1-2). 이들과 비교할 때에, 신약 시대의 신자들은 자유로운 아들과 딸들로서 하나님이 그의 자녀와 상속자들로 받아들이신 자들로서 그리스도께서 자유하게 하신 그 자유 속에 서 있는 자들이다(갈 4:4-7). 그러나 신약 시대의 신자들 가운데도 온갖 종류의 차이들이 나타난다. 물론 교회의 지체들에게 주어진 믿음은 모두에게 동일하다. 그러나 그 믿음이 각 사람에게 그 분량대로 주어지는 것이다(롬 12:3). 성령께서 교회 안에 나누어주시는 은사들도 각기 다르다(롬 12:6-8; 고전 12:4-11). 몸의 각 지체들이 그렇듯이 교회의 지체들이 차지하는 위치도 각기 다르다(롬 12:4-5; 고전 12:12 이하). 그러나 이런 은사와 기능의 차이와는 전혀 별개로, 신자들 가운데는 강한 자들이 있고 연약한 자들이 있으며(롬 14:1 이하; 15:1; 고전 8:7 이하; 9:22; 10:25), 젖을 먹어야 할 어린아이가 있고(고전 3:2; 5:12) 또한 단단한 음식을 먹을 수 있고 또한 분별력이 있어서 선과 악을 분별하는 온전하고 장성한 자들이 있다(고전 2:6; 3:2; 14:20; 빌 3:15; 히 5:14). 더 나아가서 교회 안에는, 흉악한 자를 이겼으나 그럼에도 불구하고 그러한 승리를 잃어버리지 않도록 조심해야만 하는 청년들이 있고, 또한 오랜 세월 동안 싸움을 경험하였고 태초부터 계신 그리스도를 더 깊이 알고 있는 아비들도 있다(요일 2:12-14). 게다가 사도 시대에는 믿음으로 충성을 다하며, 사랑이 풍성하고, 고난 중에 인내하는 교회들이나 신자들과, 또한 온갖 종류의 오류로 인하여 그릇 나아가며 온갖 종류의 죄에 빠지는 교회들이나 신자들도 서로 구별되었다. 사도들의 서신들과 또한 소아시아의 일곱 교회들에게 보내는 그리스도의 편지에서(계 1-3장) 이런 갖가지 상황들이 상세히 묘사되고 있다.

이 모든 것들은, 사람의 육신적인 생명처럼 영적인 생명도 작고 연약하며 미미한 상태로 나므로, 우리 주 곧 구주 예수 그리스도의 은혜와 그를 아는 지식에서 점점 자라나야 한다는 것을 가르쳐준다(벧후 3:18). 영적인 생명이 정상적으로 건강하게 자라나면, 그 생명이 영적인 양분을 섭취하고 영적인 음료 — 이는 곧 그리스도시다 — 를 마시게 되면(요 6:48 이하; 고전 10:3-4), 은혜 안에서 지속적인 성장이, 은혜 안에서 세워지는 역사가, 그리고 그리스도의 형상을 좇아 점진적으로 새로워지는 역사가 일어난다(롬 12:2; 고후 3:18; 4:16; 엡 3:16; 벧전 5:10). 그러나 이러한 정상적인 성장의 길에는 온갖 장애들이 있는 법이다. 그리스도인의 생명은 그저 조용히 자라나는 것이 아니라, 계속적인 싸움 속에서 자라나는 것이다. 곧, 외부의 원수들과의 싸움이 있고, 또한 그것에 못지않게 우리 가슴속에 자리잡고 있는 원수와의 싸움이 있는 것이다.

이러한 싸움의 본질을 올바로 이해하기 위해서는, 중생하지 않은 자들에게도 싸움이 있을 경우가 많다는 점을 먼저 이해하여야 한다. 그러나 그 싸움은 영적인 것이 아니다. 그것은 이성적인 싸움이요, 한 쪽의 이성과 양심, 그리고 다른 쪽의 의지와 욕심 사이의 갈등인 것이다. 이성과 양심으로 사람은 여전히 도덕법에, 보이지 않는 세계와 영원한 것들에, 매여 있어서, "너는 … 할지니라"라는 양심의 소리를 마음으로 듣고 있다. 그래서 악을 행하기를 원하는 순간, 더 나은 판단이 그것에 대해 저항하고, 그를 경계하며, 가로막으려 한다. 이처럼 자신의 존재 속에 있는 둘 사이의 긴장에 대해서 전혀 모를 만큼 그렇게 멀리 벗어나 있거나 그렇게 깊이 잠겨 있는 사람은 아무도 없는 것이다. 그리하여 때때로 사람이 바람직한 처지에서 이 싸움에서 승리자가 되기도 한다. 자기의 욕심과 정욕들을 이성으로 막고 억누르며 잠잠케 할 수도 있다. 그리고 그렇게 하면, 용감하고 덕스러운 사람이 되며 존경받는 삶을 살게 된다. 그러나 그것은 아직 참된 도덕성은 아니다. 그것은 그리스도인의 성화가 아니다. 자연인에게 있는 싸움은 이성과 감성 사이의, 의무와 욕구 사이의, 양심과 정욕 사이의 싸움이기 때문이다. 모든 죄들에 대해서 싸움을 거는 것이 아니라, 극히 일부의 죄들에 대해서만, 그것도 대부분 겉으로 드러나고 대중적으로 거스르는 특정한 죄들에 대해서만, 싸움을 거는 것이다. 죄가 하나님의 진노를 촉발시키기 때문에 죄에 대해서 싸움을 거는 것이 아니라, 세상이 악으로 간주하는 것들 가운데 아주 현저하게 드러나는 특정한 죄들에 대해서, 그것도 그 죄들이 손해나 수치를 가져다주기 때문에 싸움을 거는 것이다. 상황이 좋을 때에는 사람이 때때로 악한 성향을 삼가고 그것을 억제할 수도 있다. 그러나 그것을 완전히 뿌리째 뽑아낼 수도 없고, 그의 마음속에 내적인 변화를 일으킬 수도 없는 것이다.

그러나 신자들이 그들의 영혼 속에서 치르는 영적 싸움은 그런 것과는 성격이 매우 다르다. 그것은 이성과 감성 사이의 싸움이 아니라, 육체와 영 사이의 싸움이요, 옛 사람과 새 사람 사이의 싸움이고, 신자들 속에 계속해서 거하는 죄와 그들의 마음속에 심겨진 영적 생명의 원리와의 싸움인 것이다 (롬 6:6; 7:14-26; 8:4-9; 갈 5:17-26; 엡 4:22-24; 골 3:9-10). 이 두 가지 세력은 공간적으로 분리되어 있는 것이 아니다. 마치 신자의 한 부분이 — 예컨대, 이성이 — 중생된 상태요, 또한 그의 다른 부분이 — 예컨대, 마음이 — 중생되지 못한 상태이기라도 한 것처럼 말이다. 오히려 이 두 가지 세력은 신자의 전인(全人)에, 그의 모든 능력과 힘에 퍼져 있어서 그 중에 어느 것이든 사람이라 부를 수 있다. 그 하나는 옛 사람이라고 하고, 다른 하나는 새 사람이라고 할 수 있는 것이다.

바울은 보통 그런 표현으로 그 두 가지를 지칭한다. 그러나 로마서 7장에서는 다른 명칭들을 사용한다. 거기서 그는 새로운 영적인 사람을, 선(善)을 사랑하고 그것을 행하기를 원하는 의지로 지칭하며, 하나님의 법을 즐거워하는 속 사람으로 지칭한다. 그리고 옛 사람을 육체로, 그에게 거하는 죄로, 영의 법과 싸워 그를 그의 지체 속에 있는 죄의 법 아래 사로잡는 다른 법이라 부른다. 이는 표현은 다르지만, 결국 동일한 문제다. 바울에게 있어서 육체란 신자 속에 계속 존재하며 또한 속 사람 속에, 그의 영과 마음과 혼에, 계속해서 거하는 죄악성을 뜻하는 명칭으로 자주 쓰인다. 간음과 음행 같은 것만이 아니라, 우상숭배와 미움과 분쟁과 분냄 같은 것도 육체의 일에 속하는 것이다(갈 5:19-20). 그리고 속 사람의 경우도, 바울은 비단 인간 속에 깊이 자리잡은 — 그래서 거기에 계속 숨어 있어서 절대로 겉으로 드러나지 않는 — 그 무엇만을 염두에 두는 것이 아니다. 그는 신자들이 영을 좇아 행한다고 말씀하며 또한 그 지체들을 가리켜 의의 병기들이라고 말씀한다. 그러나 그는 이와 관련하여 새 사람을 속 사람이라 부른다. 왜냐하면 육체와의 끔찍한 싸움 가운데서도 마음속 깊은 곳에 감추어져 있어서 그 모습을 드러내는 경우가 거의 없기 때문이다.

이 두 가지 세력 사이의 싸움은 바로 이것이다. 곧, 신자들 속에 거하는 그리스도의 영이 그 마음과 정신과 의지 속에 온갖 선한 생각과 성찰과 성향과 충동을 — 예를 들어서 사랑, 희락, 화평 등(갈 5:22) — 불러일으키려 하는 반면에, 다른 쪽에서는 육체가 그 목소리를 내고 전인(全人)을 그 악한 정욕과 욕심으로 더럽히려 한다는 것이다(갈 5:19-20). 그런데 이 싸움에서 육체가 너무도 강하여 신자들이 자기가 의도하는 방식으로나 의도하는 만큼 그 원하는 바를 행하지 못하는 일이 거듭거듭 나타난다(갈 5:17). 선을 행하기를 원하나 그들 속에 악이 함께 있는 것이다(롬 7:21). 과연 영으로는 원하나, 육체가 약한 것이다(마 26:41).

다시 말해서, 그 싸움은 이성과 의지 사이의, 의무와 욕망 사이의 싸움이 아니라, 의지와 실천 사이의 싸움이요, 내적인 기질과 중간에 가로막는 죄악된 행위 사이의 싸움이요, 참된 의와 거룩함으로 하나님께로 재창조된 마음의 속 사람과, 또한 속에서 중심의 위치를 잃어버렸으나 계속해서 자기를 주장하며 터전을 잃어버릴수록 그 만큼 더욱 강력하게 공격하는 옛 사람 사이의 싸움인 것이다. 그 싸움은 마치 머리와 마음이 싸우고, 이성과 감성이 싸우듯이, 사람의 두 가지 기능 혹은 두 부분이 서로 싸우는 것이 아니다. 오히려 이 두 가지 세력은 똑같이 무장을 갖추고 서서 사람의 인격 전체를 놓고 서로 싸우는 것이다. 한 사람의 한 가지 동일한 이성 속에서 믿음과 불신앙이, 진리와 거짓이 서로 싸우는 것이요, 한 가지 동일한 마음속에 순결한 충동과 욕망과 부정한 충동과 욕망이 서로 대적하는 것이요, 한 가지 동일한 의지 속에서 악한 정욕이 선한 욕망을 대적하며, 악한 기질이 순결한 기질과 싸우는 것이다. 그 싸움은 사실상 하나의 동일한 존재 속에 있는 두 가지 존재 사이의 싸움인 것이다.

심리적으로 보면 이런 현상은 의식의 영역 속에서 두 종류의 관념들이 서로 갈등을 일으키며, 마음과 욕망의 영역에서는 두 종류의 감성들이 서로를 대적하는 것이라고 설명할 수 있을 것이다. 물론 우리가 신자의 옛 사람과 새 사람을 논하며, 그리하여 새 생명 속에서 전인이 본성적으로 변화되었으나 동시에 죄의 능력이 그의 기능과 지체들 속에 계속해서 거하고 있다는 사실을 그 용어로 설명하는 것은 사실이다. 그러나 사실은, 신자에게 두 종류의 관심과 생각과 성향 등이 있어서 그 둘이 서로 싸우고 있고, 그 중 어느 한 쪽도 사람의 단 한 가지 기능조차도 완전히 장악하지 못하고 있는 상태인 것이다. 만일 하나님의 진리가 신자의 의식을 완전히 장악하고 정복했다면, 오류나 거짓이 개입될 여지가 전혀 없는 것이 당연한 일일 것이다. 그리고 하나님의 사랑이 전적으로 마음을 가득 채웠다면, 미움이나 시기나 분노 같은 것이 있을 여지가 없을 것이다. 그러나 모든 사람이 경험으로 다 아는 바와 같이, 사실은 그렇지 않다. 그리고 성경도 이 세상의 삶에서 그런 완전한 상태를 기대할 수가 없다는 것을 증거하고 있다. 믿음, 소망, 사랑을 비롯한 그리스도인의 모든 덕목들이 이 세상에서는 절대로 완전하게 되지 않을 것이므로, 마지막까지 싸움이 계속해서 있을 것이며, 따라서 우리의 영혼 속에 불신앙과 의심, 실망과 두려움 같은 것들이 생겨날 여지가 항상 있는 것이다.

그러므로 신자의 모든 생각과 행동 속에 선과 악이 서로 뒤섞여 있는 것이다. 그 두 가지가 어느 정도나, 얼마만큼의 분량이나 있느냐 하는 것은 물론 신자의 특정한 생각이나 행동마다 각기 매우 다르다. 그러나 그럼에도 불구하고 신자의 모든 행동과 생각 속에는 옛 사람에 속하는 면과 새 사람에 속하는 면이 함께 공존하고 있다. 그러므로 우리의 생각과 말과 행동은 모두가 죄로 얼룩져있고, 그것들 모두가 화목과 정결케 함을 요하는 것이다. 그러나 그 모든 것들은 믿음과 뒤섞여 있는 정도만큼 선행이라 부를 수 있다. 이 모든 이유들 때문에, 우리는 반율법주의(反律法主義: Antinomianism)를 경계해야 한다. 이 이단은 옛 사람을 새 사람과 분리시키고, 그 둘을 마치 정신을 물질과 구분하고 영혼을 육체와 구분하는 것과 비슷한 방식으로 서로 공간적으로 구분하는 것이다.

이 그릇된 사고는 결국, 죄악된 생각들과 행위들을 옛 사람 때문인 것으로 생각하며 새 사람과는 전혀 관계가 없는 것으로 보는 해로운 교리를 낳게 된다. 그러나 성경과 우리의 경험은 모두 그런 사고와는 정반대로, 신자는 두 존재들이 외형적으로 결합된 것이 아니요, 언제나 하나의 존재요, 단일한 자아요, 단일한 의식과 마음과 의지로 남아 있으며, 또한 두 가지 독립적인 존재가 있는 것이 아니라 두 종류의 욕망과 기질들이 단일한 사람 속에서 서로 싸우고 있다는 것을 가르치는 것이다.

* * * * *

이 싸움이 이렇게 심각하므로, 새 사람이 승리를 얻기까지 기나긴 시간이 걸릴 것이라는 것을 충분히 짐작케 한다. 그런데도 많은 그리스도인들이 신자들이 이 땅에서도 완전을 이루며 이 땅에서도 모든 죄악된 행위와 성향을 완전히 억누를 수 있다는 식의 생각을 갖고 있다. 펠라기우스주의자들이 오래 전에 그렇게 가르쳤다. 트렌트 공의회(the Council of Trent: 1545-1563)에서 로마 교회도 그 비슷한 입장을 취했고, 수많은 개신교 그룹들도 그것을 인정하고 있다. 사람들은 성경이 그리스도인의 상태를 그처럼 영광스러운 표현을 써서 묘사하는 경우가 많다는 사실에 호소하곤 한다. 예를 들면, 베드로전서 2:9-10, 베드로후서 1:4, 또한 요한일서 2:20 등이 그것이다. 그들은 바울이 회심 이후 자신의 구원을 충만히 확신하였고, 자신의 죄악된 과거를 그저 추억으로만 기억한다는 것을 지적하며, 또한 성도들에게 흠 없이 행하라고 권면하면서도 그 요구가 절대적인 성격을 띠며(마 5:48), 이 권면들이 완전에 이를 수 있는 가능성을 전제로 하고 있으며(빌 2:5; 살전 2:10; 3:13), 또한 기도로써 얻을 수 있는 하나님의 은혜가 모든 것들을 가능케 한다는 것을(요 14:13-14; 엡 3:20; 고후 12:10; 빌 4:13) 지적한다. 그리하여 이들은, 신자의 도덕적인 완전함을 이 땅의 삶에서는 절대로 이를 수 없는 것으로 본다면 그것은 하나님의 사랑의 풍성함을 왜곡시키는 것이요, 또한 동시에 그런 완전한 상태를 향해서 모든 힘을 기울여 힘쓰고자 하는 강한 동기를 신자들에게서 다 빼앗아 버리는 것이라고 주장한다.

성경이 하나님의 백성들의 특권과 신분에 대해서 지극히 인상적으로 말씀한다는 사실에는 의심의 여지가 없다. 성경은 구약의 이스라엘을 가리켜 하나님이 땅의 모든 민족들 가운데서 그의 소유로, 그의 사랑의 대상으로, 그의 존귀와 그의 분깃으로, 그의 아들이요 그의 종으로, 그가 친히 치장하시고 그의 영광으로 완전케 하신 신부로 택하여 내신 제사장 나라로 말씀한다 (출 19:5-6; 29:43; 신 7:6 이하; 32:6 이하; 사 41:8 이하; 겔 16:14). 그리고 신약의 신자들에 대해서는 땅의 소금으로(마 5:13), 세상의 빛으로(마 5:14), 하나님께로서 났고 하나님께서 받으시는 하나님의 자녀들로(요 1:13; 갈 4:5), 택하신 자요, 부르심을 받은 자요, 거룩한 자들로(고전 1:2), 택하신 족속이요 왕 같은 제사장으로(벧전 2:9-10), 신의 성품에 참여한 자들로(벧후 1:4), 성령으로 기름 부은 자들로(요일 2:20), 그리스도로 말미암아 왕과 제사장이 된 자들로(계 1:5), 하나님의 후사요 그리스도와 함께 한 후사들로(롬 8:17) 부른다. 신약 시대에 "하나님이 자기를 사랑하는 자들을 위하여 예비하신 모든 것은 눈으로 보지 못하고 귀로 듣지 못하고 사람의 마음으로 생각하지도 못하였다"(고전 2:9). 죄와 은혜에 관한 성경의 가르침을 거부하는 자는 누구든 이 모든 것에 대해서 그저 터무니없이 과장된 것밖에는 보지 못한다. 그런 경우에는 칭의와 중생에서 일어나는 것과 같은 본질적인 변화는 필요치도 않고 가능하지도 않다. 그러나 성경에 의하면, 믿음과 회심에서 사람이 겪는 변화는 어둠에서 빛으로, 죽음에서 생명으로, 종노릇하는 상태에서 자유의 상태로, 거짓에서 진리로, 죄에서 의로, 하나님의 진노를 기대하던 상태에서 영광에 대한 소망을 갖는 상태로 변화하는 것이다. 구약과 신약에서 우리 앞에 그 모습을 드러내는 신자들은 이러한 엄청난 변화를 인식하고 있으며, 그들의 구원의 하나님께 영광을 돌리고 또한 하나님과 누리는 교제 속에서 즐거워할 수밖에는 없는 것이다. 이처럼 믿음의 기쁨 가운데 있는 그들에 비해 우리는 얼마나 많이 뒤처져 있는지 모른다!

더욱이 성경은 신자들 앞에 최고의 도덕적 이상을 제시한다. 그런데 이 사실을 깎아 내리는 경향이 사람들에게 있다. 그들은 말하기를, 기독교가 원하는 도덕적인 삶은 한 쪽으로 치우친 것이요, 지나치게 영적이며, 오로지 하늘의 삶만을 위한 것이요, 이 땅의 근심 걱정을 포용하기를 혐오하며, 문화를 반대하는 것으로 가난하고 눌린 자들에게 내세의 영생을 뇌물로 주지만 그들의 현 생활 조건을 개선하는 데에는 전혀 무관심하고, 수동적인 덕들에서는 풍성하고 또한 굴복, 오래 참음, 인내 같은 것에 대한 지침은 가득할지 모르지만, 세상을 정복하고 개혁할 수 있는 능동적인 덕들에서는 매우 빈약하다고 이야기한다. 그리하여 그보다 더 낮고 더 높은 도덕성을 동경하며, 인류 봉사를 최고의 의무로 제시하며, 또한 오로지 이 땅에서의 삶에만 관심을 갖는 그런 윤리적 가르침을 동경하는 자들이 많았다.

그러나, 이 땅의 일에 관심을 갖는 것 그 자체는 기독교 도덕과 거의 모순이 없는 것이어서 사실상 그런 태도가 사람이 하나님의 형상대로 창조된 사실에 근거하고 그 사실에 기초한다고 말할 수 있을 정도다. 사람은 하나님의 형상을 지닌 존재였고, 어떤 의미에서는 지금도 여전히 그렇다. 그렇기 때문에 사람이 땅을 정복하고 바다의 물고기와 공중의 새와 지면에 기어다니는 짐승들을 다스리라는 명령을 받고 있는 것이다(창 1:26-28; 시 8편). 성경만큼 자연 세계 전체를 정당하게 대하는 책이 없다. 이교는 언제나 세계를 교만하게 남용하는 태도와 또한 세계의 신비한 힘을 미신적으로 두려워하는 노예의 태도 사이에서 언제나 왔다 갔다 한다. 그러나 모세와 선지자들과 그리스도와 사도들은 세계에 대해서 완전히 자유로운 위치를 지키고 있다. 왜냐하면 그들은 하나님과의 교제로 말미암아 세계 위로 높이 올라 있기 때문이다. 물론 성경이 우리에게 먼저 하늘 나라를 구하라고 명령하고 있는 것이 사실이고, 또한 각 시대마다 그리스도인들이 작은 무리들로서 무수한 사람들로부터 물러나 있을 수밖에 없었고 또한 당시 세상에서는 사실상 모든 것이 이교도 정신에 젖어 있었기 때문에 많은 것들을 삼갈 수밖에 없었던 것이 사실이지만, 기독교는 근본적으로, 세상을 정복하고 땅을 다스리는 일을 할 수 있는 자유를 허용하는 것은 물론 그런 일들을 사람의 의무와 소명으로 만든 그런 요인들을 그 자체 속에 포함하고 있었던 것이다.

여하튼, 기독교 윤리는 다른 것이 아니라 십계명 속에 간결하게 요점적으로 들어 있는 것이요, 또한 그밖에 성경 전체를 통틀어서 조명되고 해석된 것이다. 이 계명들에서는 하나님을 향한 사랑이 전면에 나타나나, 그 다음

두 번째 법으로 이웃에 대한 사랑이 나타난다. 이웃에 대한 사랑에는, 올바로 이해하면, 불교적인 수동적 의미의 사랑이 아니라 기독교적인 능동적 성격을 지닌 사랑이, 선교와 개혁과 문화에의 의무가 들어 있는 것이다. 선교를 통해서 기독교의 그 신앙적 · 도덕적 자산들이 모든 백성들과 모든 민족들에게 미친다. 개혁을 통해서는 — 이 개혁은 그리스도의 교회의 한 시기에만 한정된 것도 아니요 그리스도인의 삶의 한순간에만 한정된 것도 아니고 언제나 계속되어야 하는 것이다 — 주의 뜻의 요구에 따라 가족과 사회에 마음과 삶의 점진적인 갱신이 일어난다. 그리고 문화를 통해서는 땅을 정복하여 사람의 통제권 아래 놓으며, 물질이 정신에 의해 지배를 받으며, 자연이 이성에 의해 지배를 받는 일이 일어나는 것이다.

우리는 천국을 먼저 추구해야 하는데, 이 천국이 다른 모든 것들을 가져온다(마 6:33). 경건은 모든 일에 유익하니 금생과 내생에 약속이 있다(딤전 4:8). 무엇이든지 그 자체가 속된 것이 없고, 하나님께서 지으신 모든 것이 선하므로 감사함으로 받으면 버릴 것이 없다(롬 14:14; 딤전 4:4). 기독교는 모든 문화의 기초를 사람이 하나님의 형상을 따라 창조된 사실에서 찾으며, 그 회복을 그리스도의 부활에서 찾으며, 또한 신앙을 고백하는 자들에게 무엇이든 참되며 무엇이든 경건하며 무엇이든 옳으며 무엇이든 정결하며 무엇이든 칭찬 받을 만한 일을 생각하며, 혹 무슨 덕이 있거나 무슨 기림이 있을 경우에 그런 일을 생각하라고 촉구하는 것이다(빌 4:8).

사실 복음 안에서 우리에게 선포되는 것보다 더 높은 도덕성이나 더 높은 신앙은 생각조차 할 수 없다. 물론 다른 것을 추구하는 데로 나아갈 수 있다. 그러나 그렇게 하면 곧바로 곁길로 빠져버리고 만다. 우리가 현재 살고 있는 시대가 이에 대한 가장 강력한 증거를 제시해 준다. 성경이 제시하는 도덕을 거부하지만, 그것을 대신하여 제시해 놓은 것이 윤리적 삶의 가장 단순한 법칙과도 계속해서 모순을 일으키는 것이다.

맨 처음 일어나는 현상은 하나님에 대한 사랑과 관련된 모든 계명들을 도덕적인 가르침에서 제거시키는 일이다. 그렇게 되면 하나님이나 그의 이름이나 그의 진리나 그의 섬김을 사랑하는 것에 대한 일체의 관심이 사라지게 된다. 하나님을 알 수가 있다는 것이나 그가 자신을 계시하신다는 것이나 또는 심지어 그가 존재하신다는 것까지도 사실상 의심하거나 부인하는데, 사람들이 어떻게 하나님을 사랑할 수가 있겠는가? 그런데 첫 번째 계명들의 당위성을 부인하는 자들은 그렇게 함으로써 두 번째 돌판의 계명들도 무시하게 된다. 이웃을 사랑하는 일을 사람의 의무로 만드시는 하나님이 존재하지 않는데, 그런 사랑이 거기에 존재할 근거가 대체 어디 있단 말인가? 결국, 신앙과는 상관 없이 독자적으로 도덕적인 가르침을 주장하는 자들은 이웃에 대한 사랑 이면에 과연 어떠한 원리가 있느냐 하는 문제에 대해서는 형편없이 의견이 엇갈린다. 어떤 이들은 이 사랑을 자기 자신에 대한 관심에 기초하는 것으로 보고, 어떤 이들은 그것이 가져다주는 행복감에 기초하는 것으로 보며, 혹은 연민과 동정의 덕성에 기초하는 것으로 보고, 또 어떤 이들은 양심에 근거하는 것으로 보기도 한다. 그러나 그들은 모두 한결같이, 양심에게 의무를 부여하는 신적 권위를 상정하지 않고서는 그런 명령 자체가 있을 수 없다는 것을 증명할 뿐인 것이다.

결국 그런 도덕성을 주장하는 자들은 이웃에 대한 사랑을 좀 더 특별하게 다루고 지침을 제시하는 구체적인 계명들 하나하나에 대해서 어려움에 부딪치게 된다. 종교에 있어서는 서로 크게 다를지라도 도덕의 영역에 있어서는 사람들 모두가 거의 비슷한 사고를 갖고 있다는 것이 일반 사람들의 생각이다. 이런 생각이 어느 정도 일리가 있을 수도 있을 것이다. 왜냐하면 다행히도 본성이 이론보다 더 강하고, 또한 율법의 행위가 각 사람의 마음에 기록되어 있기 때문이다. 그러나 현실은 우리에게 매우 다른 것을 가르쳐 준다. 십계명의 두 번째 돌판의 계명들 가운데 오늘날 도전을 받지 않는 것이 하나도 없다. 부모와 우리 위에 있는 분들의 권위가 노골적으로 공격을 받고 거절을 받고 있다. 세월이 흘러갈수록 살인도 점점 덜 심각하게 취급되고 있다. 자살의 경우도 부드럽게 넘어가는 예가 많고, 임신중절의 경우는 그것을 변호하는 경우가 적지 않다. 결혼에 대해서도 임의적인 기간 동안 유효한 하나의 계약으로 간주하며, 간음에 대해서도 지지하고 변호하는 자들이 많다. 수많은 사람들의 판단에 의하면 소유란 이름만 다를 뿐 도둑질과 마찬가지다. 진실은 실리(實利)를 위한 것이요 진화론적인 발전에 의존하는 것이 되어 버리고, 거짓과는 그저 시간과 장소, 혹은 형식과 정도만 다를 뿐 결국 차이가 없는 것이 되어 버리고 있다. 그리고 탐심의 경우는, 그것이 현 시대의 배금주의(拜金主義) 정신에서 승리를 구가하고 있는 것이다.

이런 모든 도덕의 타락상에 대응하여 성경은 도덕적인 이상을 온전하고도 순결한 형태로 주장한다. 성경의 가르침은 절대로 하나님의 거룩하심과 그의 율법의 신성함을 해치는 일이 없고, 거듭거듭 그것들을 사람의 양심 앞에 위엄 있게 제시한다. "하늘에 계신 너희 아버지께서 온전하심과 같이 너희도 온전하라"고 하신 예수님의 말씀이, 물론 표현은 다르지만, 모든 사도들을 통해서 신자들에게 주는 권면들 가운데서 되풀이되고 있다. 죄는 절대로 존재할 권리가 없다. 최소한 그리스도의 이름으로 칭하는 모든 사람들에게는 그렇다. 도덕법의 요구에서 하나도 감해서는 안 된다. 최소한 그리스도와 함께 죽고 그와 함께 새 생명으로 다시 살아난 모든 사람들에게는 그렇다. 그리고 하나님의 섭리 가운데서 신자에게서 옛 사람이 점차 죽어가고 새 사람이 점차 자라나며 후에 완전에 이르게 된다면, 이 모든 일은 결국 하나님의 크신 오래 참으심과 인내를 드러내는 것이다. 하나님이 그런 인내를 시행하실 수 있는 것은 그리스도께서 그의 의와 거룩함으로 교회의 죄를 덮으시며 또한 그의 백성이 완전하게 될 것을 보장하시기 때문인 것이다.

신자들에게 삶의 규범이 되는 도덕법이 다름 아닌 하나님과 이웃에 대한 완전한 사랑으로 만족될 수 있는 것은 사실이지만, 단 한 사람의 신자도 이 세상의 삶에서 그 사랑의 완전함에 도달한 적이 없고 또한 도달할 수도 없다는 것이 성경에서 분명히 드러난다. 성경의 성도들은 모두가 자주 비틀거리고 넘어지는 사람들이요, 다윗이나 베드로처럼 심각한 죄에 빠지는 ─ 물론 후에 깊고 깊은 회한 가운데서 그 일을 뉘우치고 고백하지만 ─ 사람들도 있다. 누구의 말을 엿듣든 간에, 그리스도인들에게서 종종 들을 수 있는 "더 이상 내게는 죄가 없네"라는 식의 단언은 절대로 듣지 못하는 것이다. 오히려 그 반대로, 아브라함(창 12:12), 이삭(창 26:5), 야곱(창 26:35), 모세(민 20:7-12; 시 106:33), 다윗(시 51편), 솔로몬(왕상 8:46), 이사야(사 6:5), 다니엘(단 9:4) 등을 비롯해서 그 비슷한 모든 사람들이 자기들의 허물을 고백하며 자기들의 죄와 실수들을 인정하고 있는 것이다.

사도 바울의 경우도 마찬가지다. 그는 그리스도와 함께 십자가에 못 박혔고, 성령의 새롭게 하심 속에서 행하였다. 그는 하나님 앞에서 의롭다 하심을 받은 상태로 서 있고, 자신의 구원에 대해서도 충만한 확신을 갖고 있다. 인간적으로 말해서, 그는 자신의 사도의 사역으로 영광을 얻으며 또한 자신의 소명을 신실하게 감당해왔음을 스스로 의식하고 있다(롬 15:17 이하; 고전 4:3; 9:15; 15:31; 고후 1:12; 6:3 이하; 11:5 이하; 빌 2:16 이하; 3:4 이하; 살전 2:10 이하). 그러나 그는 이 모든 일들을 하나님의 은혜의 탓으로 돌리면서(고전 15:10; 고후 12:9; 빌 4:3), 자신의 육체에는 선이 거하지 않으며(롬 7:18), 육체의 정욕이 성령을 거스르며(갈 5:17), 의지와 행동이 계속해서 자기 속에서 싸우고 있으며(롬 7:7-25), 완전을 좇아가나 아직 완전에 이르지 못했다고(빌 3:12) 고백하고 있다.

모세와 선지자들도 이스라엘 백성에 대해서 비슷한 증언을 하며, 그리스도께서도 그의 제자들에 대해서, 사도들도 그들이 보살핌을 맡은 교회들에 대해서 똑같은 증언을 하고 있다. 예수께서는 제자들에게 완전할 것을 요구하시나(마 5:8), 그러면서도 그들에게 죄 용서를 위하여 기도하라고 가르치신다(마 6:12). 로마의 그리스도인들은 그리스도와 함께 다시 살아나 새 생명 가운데 거하고 있었으나(롬 6:3 이하), 그럼에도 불구하고 그들의 지체를 의에게 드려 거룩함에 이르라는 권면을 받는다(롬 6:19). 고린도 사람들은 하나님의 성령으로 말미암아 주 예수의 이름으로 씻음과 거룩함과 의롭다 하심을 받았으나(고전 6:11), 그럼에도 불구하고 그들은 아직 육신에 속하여 있었다(고전 3:1-4). 갈라디아 사람들은 듣고 믿음으로써 성령을 받았으나(갈 3:2), 그럼에도 불구하고 그들은 진리에 대해 불순종하는 유혹을 허용하고 있었다(갈 3:1). 빌립보 사람들 속에 착한 일이 시작되었으나, 아직 완성되지는 않았다(빌 1:6). 모든 교회들에는 그리스도인의 삶과 일치하지 않는 오류들과 부족한 상태들이 있는 법이다. 그리고 사도들도 모두 신자들이 이 세상에 사는 동안 죄가 계속해서 그들에게 달라붙을 것임을 잘 알고 있었다. 우리가 다 실수가 많다(약 3:2). 만일 우리가 죄가 없다고 말하면, 그것은 우리 스스로를 속이는 것이요 진리가 우리 속에 있지 않은 것이다(요일 1:8).

물론 완전히 이 세상의 삶에서는 이룰 수 없는 것이지만, 완전에 이르라는 권면과 호소들은 계속해서 유용하며 또한 중요하다. 신자들이 이 세상의 삶에서 완전에 이를 수 있음을 주장하는 자들은 반박하기를, 그런 권면들이 실제로 이룰 수 없는 것이라면 그 권면들은 반드시 그 힘을 잃게 되고 시간이 지나면서 신자들의 열심도 사그라질 것이라고 주장한다. 그러나 이것은 그릇된 논지다. 사람이 어떤 일을 해야 한다고 해서 반드시 그 사람이 그 일을 할 수 있다는 것은 아니다. 일정 금액을 지불해야 하지만 지불할 수 없을 경우도 있을 수 있다. 그러나 그렇더라도 그 사람은 여전히 지불해야 할 의무를 지고 있는 것이다. 이와 마찬가지로, 도덕법은 절대로 그 요구를 제시하기를 중지할 수가 없다. 인간이 죄 때문에 그 요구를 만족시킬 수 없다 할지라도 말이다. 그러므로 오히려 그 반대로, 신자들이 완전에 이를 수 있다고 가르치는 사람은 언제나 도덕적인 이상을 낮추게 되고 동시에 죄를 덜 심각하게 여기게 된다는 것이 더 공정한 주장일 것이다.

누구든 죄를 그저 겉으로 드러나는 죄악된 행위들로만 생각하지 않고 죄악된 생각과 성향들까지도 그 속에 포함되는 것으로 보는 사람은, 이 세상의 삶에서 신자들이 거기서부터 전적으로 구원받을 수 있다고 주장할 수는 없을 것이다. 사람의 죄악된 본성을 심각하게 취급하지 않는 자만이, 사람의 죄악된 생각과 성향들을 죄로 간주하지 않는 자만이, 그리고 율법의 절대적인 거룩함을 손상시키는 자만이, 성도가 이 세상에서 완전에 이를 수 있다고 주장할 수 있는 법이다. 개혁 교회들의 성찬 시행 규정에서는, 우리의 의지에 반하여 우리 속에 어떠한 죄나 연약함이 남아 있다 할지라도 그것이 은혜 안에서 하나님을 받지 못하도록 가로막을 수 없음을 말씀한다. 과연 중생한 자가, 연약함에서 오는 것이 아니고 고의적인 성격을 띠고 계획적인 악한 죄로 보아야 할 그런 죄들에 빠질 수 있는지 없는지에 대해서 많은 논란이 있었다. 그러나 두 가지는 분명하다. 그 하나는, 진정 거듭난 사람들에게는 양심만이 아니라 새 생명과 기질과 의지가 — 물론 정도의 차이는 있으나 — 그런 죄들을 대적하게 된다는 사실이요, 또 하나는 우리의 의지를 거슬러서 범하게 되는 연약함의 죄들도 여전히 죄요 따라서 율법의 거룩함과 상충된다는 사실이다.

더 나아가서, 거룩한 행실을 위한 권면들이 무익하기는커녕 오히려 그것들이 그리스도께서 신자들에게 주어진 의와 거룩함을 적용시키시며 또한 이루어 가시는 수단이 되는 것이다. 그리스도께서는 그의 대제사장적인 기도에서, 아버지께서 그의 제자들을 진리 안에서, 즉 진리인 그의 말씀을 수단으로 거룩하게 하시기를 기도하신다(요 17:17; 15:3). 하나님께서 우리에게 주신 말씀이 과연 우리의 성화의 주요 수단이다. 말씀을 공적으로 선포할 때뿐 아니라 가정에서 홀로 말씀을 읽고 공부하고 묵상할 때에 그리스도인의 삶의 성장을 위하여 측량할 수 없는 축복이 임하는 것이다. 성화의 수단에는 이 말씀 외에 예수님의 이름으로 드리는 기도가 있는데(요 14:13-14; 16:23-24), 그것은 신적 위엄 앞에 나아가게 해 주며 확신으로 가득 채워준다. 왜냐하면 하늘에도 땅에도 예수 그리스도보다 우리를 더 사랑하는 자가 결코 없기 때문이다. 여기에 또한 시와 찬미와 신령한 노래를 부르는 일이 덧붙여진다(엡 5:19; 골 3:16). 이것들은 마음의 자세와 의지의 발동에 깊은 영향을 미치는 것이다. 그리고 마지막으로 간구와 금식이 있는데(마 17:21; 26:41; 엡 6:18), 안타깝게도 이 행위들은 사실상 전혀 행하지 않는 상태에 빠지고 말았다. 이 모든 성화의 수단들은, 하나님께서 성화의 일에서 수단 사용을 멸시하지 않으신다는 것을 입증해 준다.

하나님은 전능자시므로, 원하기만 하셨다면 그의 모든 자녀들을 중생 시에 즉시 완전히 거룩하게 하실 수 있었을 것이다. 그러나 그것은 그의 뜻이 아닌 것으로 보인다. 재창조에서도 그는 자기 자신이 창조주이심을 부인하지 않으시는 것이다. 피조물의 모든 생명은 출생하여 자라나고, 서서히 성숙에 이른다. 영적 생명도 실제로 생명이므로, 그것 역시 이와 똑같은 방식으로 자라는 것이다. 하나님은 그리스도의 의와 거룩함을 우리 속에 기계적으로 주입시키시거나, 혹은 그릇에 물을 붓듯이 그렇게 부어주시지 않고, 우리 속에서 유기적인 방식으로 그것을 이루어 가신다. 그러므로, 성경이 그 문제를 제시하면서 신자가 의롭고 거룩하게 되어야 할 것을 말씀하고, 동시에 그들이 이미 그렇게 되어 있는 것으로 말씀한다 해도, 그 두 요소가 전혀 모순이 아닌 것이다. 천국은 하나님의 선물이지만(눅 12:32), 그것은 신자가 찾아야 할 값진 보화이기도 하다(마 6:33; 13:46). 신자들은 포도나무 가지들이요 따라서 그들은 그리스도를 떠나서는 아무것도 할 수가 없다. 그러나 그리스도는 그들에게 그의 안에, 그의 말씀 안에, 그의 사랑 안에 남아 있으라고 말씀하신다(요 15장). 그들은 창세 전에 이미 그리스도 안에서 택함을 받았으나, 그들은 힘써서 그들의 부르심과 택하심을 견고하게 하여야 한다(엡 1:4; 벧후 1:10). 그들은 그리스도께서 단번에 드리신 제사로 말미암아 거룩하게 되었으나, 그럼에도 불구하고 성화를 추구해야 하고, 그것이 없으면 아무도 주를 보지 못할 것이라고 한다(히 10:10; 12:14). 그들은 완전하나, 그럼에도 불구하고 끊임없이 완전함과 세워짐을 추구해야 한다(골 2:10; 벧전 5:10). 그들은 새 사람을 입었으나, 그럼에도 불구하고 끊임없이 그리스도로 옷 입어야 한다(엡 4:24; 골 3:10). 그들은 육체와 함께 그 정욕과 탐심을 십자가에 못 박았으나, 그럼에도 불구하고 여전히 땅에 있는 지체를 죽여야 한다(갈 5:24; 골 3:5). 그의 기뻐하시는 뜻을 위하여 그들에게 소원을 두고 행하도록 역사하시는 분이 하나님이시지만, 그럼에도 불구하고 그들이 두렵고 떨림으로 그들의 구원을 이루어 가야 하는 것이다(빌 2:12-13).

이런 가르침은 서로 모순되는 것이 아니다. 그 하나가 다른 하나의 근거요 보장일 뿐이다. 구원 전체가 하나님의 일이지만, 특히 성화가 하나님의 일이기 때문에, 우리가 새로운 순종을 위하여 권면을 받고 의무를 부여받는 것이요, 그렇기 때문에 우리가 성화의 자격이 있는 것이다. 그가 풍성한 은혜를 베푸시는 것은 우리가 즉각적으로 거룩해지고 그 거룩함 속에 계속 안식하게 하기 위함이 아니라, 우리가 싸움에서 끝까지 인내하며 견고히 서도록 하기 위함이다. 하나님께서 우리의 기도들을 들으시지만, 그가 영적인 생명을 위하여 고정시켜 놓으신 그 법과 질서에 따라서 응답하시는 것이다. 그러므로 우리는 언제나 선한 용기를 갖는다. 왜냐하면 우리 속에서 착한 일을 시작하신 하나님께서 예수 그리스도의 날까지 이루실 것이기 때문이다. 그리스도 안에서 신자들이 거룩하기 때문에, 그들이 거룩하게 될 수 있고 또한 거룩하게 되어 가는 것이다.

* * * * *

혹시 이것이 지나치게 대담한 발언인가? 신자들이 과연 그들이 그리스도의 교회의 살아 있는 지체들이라고도 고백하며, 또한 그들이 영원토록 그렇게 남아 있을 것이라고 고백해도 괜찮은 것인가? 이에 대해서 많은 사람들이 도전을 제기한다. 일반적으로, 이 세상에서 성도들이 완전에 이를 수 있다고 주장하는 사람들이 동시에 성도들의 타락과 배도(背道)의 가능성을 주장하는 것을 보게 된다. 이 두 입장은 서로 면밀히 연관되어 있다. 둘 다 같은 뿌리에서 나온 것이다. 이 두 가지 사상의 밑바닥에는 사람의 성화가 사람 자신이 이루는 일이요 또한 사람의 의지로써 이루어야 할 것이라는 사고가 자리잡고 있는 것이다. 곧, 신자가 은혜의 도움을 받아 그의 의지를 선하게 사용하며 그 모든 힘을 기울이면 이 세상의 삶에서도 전적인 완전에 이를 수가 있고, 반대로, 신자가 그 점에 느슨해져서 뒤로 처지고 죄를 짓기 시작하면, 처음에 들어가 있던 그 은혜의 상태에서 스스로를 내던져버릴 수도 있고, 다시 불신자가 되어 영원히 버림받을 수도 있다는 것이다. 이 두 가지 사상이 성화에서의 사람의 의지와 노력에 관한 동일한 이단에서 비롯되는 것이듯이, 또한 둘 다 동일한 두려움의 지지를 받는다. 곧, 성도의 견인(堅忍)을 가르치게 되면, 도덕적인 삶이 손상을 입게 되고 신자의 수고와 노력이 동기를 잃게 된다는 것이요, 또한 "한 번 버림받으면 항상 버림받은 것이다!"라는 사고가 생겨서 오히려 불경한 생활이 조장되는 현상이 발생한다는 것이다.

그러나 성도의 견인 교리(the doctrine of the perseverance of the saints)를 주장하면서 우리의 모든 힘을 사람의 의지와 능력에서 찾는다면, 우리가 딛고 있는 모든 근거를 잃어버리게 되고 또한 모든 신자의 믿음의 견실함을 의심할 수밖에 없게 될 것이다. 모든 성도들이 갖고 있는 것이라곤 그저 완전한 순종의 조그만 시작 정도밖에는 안 되기 때문이다. 신자들 자신의 양심의 증거에 따르며, 그들은 아직도 모든 악에 이끌리고 있고, 날마다 온갖 일들에서 비틀거리며, 매 순간마다 죄를 범하고, 그들에게 베풀어지는 은혜를 저버리는 것이다. 모든 것이 신자들 자신에게 달려 있다면, 신자들 가운데 끝까지 인내하게 될 사람이 하나도 없을 것이다. 성도의 견인 교리를 반대하는 자들로서 이런 결론을 피할 수 있는 방법은 오로지 죄의 종류를 구별하는 것밖에는 없을 것이다. 모든 신자들이 여전히 하나님의 법을 온갖 방식으로 범하게 되기 때문에, 이 반대자들은 성도들의 타락이 가능할 뿐 아니라 모든 신자들에게 실제적인 현실이라고 가르쳐야 마땅할 것이다. 그리고 그들이 반대로, 신자들 중 몇몇이, 많은 숫자가, 혹은 대부분이, 이 은혜를 보존하고 그 은혜 안에 끝까지 인내한다고 주장할 때에도, 그 주장이 성립되려면, 용서받지 못하는 치명적인 죄들과 용서받을 수 있는 죄들을 서로 구별한 다음 은혜에서 버림받는 일은 후자의 죄가 아니라 전자의 죄를 통해서만 일어날 수 있다고 주장하는 길밖에는 없는 것이다.

그러나 이는 죄론(罪論)에다 지극히 의심쩍은 구별을 도입시키는 것이다. 왜냐하면 갖가지 죄들이 서로서로 독자적으로 서 있는 것이 아니라 모든 죄들이 동일한 한 가지 부정한 근원에서 나오는 것이요, 결국 모두가 사망으로 이어지며 또한 성령을 훼방하는 죄를 제외하고는 모두가 그리스도 예수 안에 있는 하나님의 은혜로 용서받을 수 있기 때문이다. 더욱이 어떤 특정한 경우에 사람이 소위 용서받을 수 없는 치명적인 죄를 지었는지 아니면 용서받을 수 있는 죄를 지었는지를, 그리하여 그 사람이 은혜를 저버렸는지 아니면 아직도 은혜를 보존하고 있는지를, 과연 그 사람 스스로 어떻게 판단하겠으며, 혹은 어떤 사제가 다른 사람을 위해 그 문제를 판단해 줄 수 있겠는가? 사람들이 보기에는 아주 하찮고 작은 범죄들이 사람의 마음을 살피시고 폐부를 시험하시는 하나님이 보시기에는 무겁고 클 경우도 있으며, 잔혹한 세상이 아주 치욕스러운 것으로 여기는 죄들이라도 모든 처지와 상황을 아시는 하나님께서는 전혀 달리 보시기도 하시는 것이다. 그렇다면 결과는, 신자가 혹시 자신이 소위 치명적인 죄를 범하여 은혜를 저버리지 않았나 하여 끊임없이 두려움 가운데 있든가, 아니면 사제의 판단에 의존하여 거짓된 안도감 속에 있든가, 둘 중의 하나밖에는 없게 될 것이다.

그러나, 성도의 견인을 인간의 의지의 성취로가 아니라 처음부터 마지막까지 하나님께서 친히 이루시는 하나님의 역사로 생각하면, 이런 모든 의심과 불확실한 것들이 즉시 사라질 것이다. 다시 말해서, 성도의 견인을 먼저 하나님의 견인으로 여기고 그 다음에 그 결과로 나타나는 인간의 견인으로 보면, 모든 의심과 불확실한 것들이 사라진다는 말이다. 성경은 이 점에 대해서 의심의 여지를 조금도 남기지 않고, 아버지와 아들과 성령의 사역에서, 은혜 언약과 그 모든 은택들과 관련하여 무수한 증거들을 제시하고 있다.

아버지께서는 창세 전에 그리스도 안에서 신자들을 택하셨고(엡 1:4), 그들에게 영생을 주시기로 작정하셨고(행 13:48), 그들을 그의 아들의 형상을 본받게 하셨으며(롬 8:29), 또한 이러한 선택은 불변하며(롬 9:11; 히 6:17), 때가 되면 부르심과 의롭다 하심과 영화롭게 하심이 이어진다(롬 8:39). 하나님의 모든 약속들이 그리스도 안에서 예와 아멘이 되는데(고후 1:20), 그리스도께서는 아버지께서 그에게 주신 자들을 위하여 죽으셔서(요 17:6, 12) 그들에게 영생을 주시고 그들 가운데 하나도 잃어버리지 않도록 하셨다(요 6:39; 10:28). 또한 그들을 중생케 하시는 성령은 영원히 그들과 함께 계시며(요 14:16), 그들을 구속의 날까지 인치신다(엡 4:30). 은혜 언약은 확실하며 맹세로써 확증된 것으로(히 6:16-18; 13:20), 결혼처럼(엡 5:31-32) 또한 유언처럼(히 9:17) 깨뜨릴 수가 없다. 그리고 하나님께서는 그 언약에 따라 그의 택한 자들을 부르시고, 그들의 마음에 그의 법을 기록하시고, 그를 경외함을 두신다(히 8:10; 10:14 이하). 또한 하나님은 그들의 힘에 벅찬 시험은 받도록 하지 않으시고(고전 10:13), 그가 그들 속에서 시작하신 착한 일을 세우시고 완성시키시며(고전 1:9; 빌 1:6), 그들을 보존시키사 그리스도와 함께 하늘의 기업에 참여하게 하신다(살전 5:23; 벧전 1:4-5). 그리스도께서는 아버지께 간구하심으로써 언제나 그들을 위하여 활동하셔서 그들의 믿음이 떨어지지 않게 하시고(눅 22:32), 그들이 세상에서 악한 자에게서 보존되게 하시며(요 17:11, 20), 온전히 구원받게 하시며(히 7:25), 죄 사함을 얻게 하시고(요일 2:1), 장차 그와 함께 있게 하시며 그의 영광을 보게 하신다(요 17:24). 그리고 마지막으로 성령께서 그들에게 누리게 하시는 바 그리스도의 은택들은 모두 후회함이 없고(롬 11:29), 서로 불가분리의 관계로 연결되어 있다. 곧, 부르심을 받은 자는 의롭다 하심을 얻고 영화롭게 하심을 얻으며(롬 8:30), 하나님의 자녀로 영접받는 자는 영생의 상속자이며(롬 8:17; 갈 4:7), 믿는 자는 즉시 영생을 얻는 것이다(요 3:16). 그리고 그 영생은 잃어버릴 수가 없다. 그것은 죄를 지을 수도 없고(요일 3:9) 죽을 수도 없는 생명인 것이다(요 11:25-26).

그러나 성화의 경우와 마찬가지로, 신자들의 보존이 신자들에게 적용되고 시행될 때에, 하나님께로부터 베풀어지는 은혜 안에서 그들 스스로도 인내하는 것이다. 하나님께서는 절대로 강제로 일하시지 않고, 반드시 합리적인 방식으로 사람을 대하신다. 중생에서 하나님은 새로운 가능성을 부여하시며, 반역적이던 의지를 변화시키셔서 더 이상 반역하지 않도록 바꾸신다. 그리고 중생 이후에도 그런 영적인 방식으로 신자들 속에서 계속 일하신다. 그러나 신자들을 수동적으로 만드시는 것이 아니라, 그들을 격려하시며 그들을 위하여 예비하신 선행을 행하도록 하시며, 이때에 그는 말씀을 그의 수단으로 사용하신다.

그는 그들에게 권고하기를 절대로 쉬지 않으신다. 끝까지 인내하라고 하시며(마 10:22; 24:13; 롬 2:7-8), 그리스도와 그의 말씀과 그의 사랑 안에 거하라고 하시며(요 15:1-10; 요일 2:6, 24, 27; 3:6, 24; 4:12 이하), 깨어 근신하라고 하시며(마 24:42; 25:13; 살전 5:6; 벧전 5:8), 믿음을 보존하며 죽기까지 신실하라고 하신다(골 1:23; 히 2:1; 3:14; 6:11; 계 2:10, 26). 그는 높은 마음을 품지 말라고 경고하시며 또한 배도에 대해서도 무거운 형벌로 위협하시며(요 15:2; 롬 11:20-22; 히 4:1; 6:4-8; 10:26-31; 벧후 2:18-22), 동시에 성화와 견인에 대해서는 풍성한 상급을 약속하신다(마 5:12; 6:4; 10:22; 16:27; 24:13; 25:21 이하; 롬 2:7; 계 2:7; 22:12 등). 사실상, 다윗과 베드로라는 인물을 통해서 깊은 타락의 실례를 보며, 또한 후메내오와 알렉산더(딤전 1:19-20; 딤후 2:17-18), 데마(딤후 4:10) 등 여러 사람들(히 6:4-8; 벧후 2:1)의 경우를 통해서 전적인 배도에 대해서 실례를 통해서 경계를 받는다.

그러나 이런 모든 경고들과 권면들이 있다고 해서, 참된 성도들이 배도할 수 있다는 것이 입증되는 것은 아니다. 위에서 마지막으로 언급한 실례들의 경우에는, 그들이 교회에서 나갔으나 그들이 교회에 속하지 않았다는 요한의 진술이 그대로 적용된다(요일 2:19). 그리고 다윗과 베드로의 경우는 그들이 타락했으나 하나님이 그들을 버리지 않으시고 오히려 그들을 보존하시며 그들의 죄를 고백하고 회개하도록 인도하시는 것이 분명히 드러난다. 그들은 교훈을 위하여 주어진 실례들일 뿐만 아니라, 우리도 연약하여 죄에 빠질 경우에 하나님의 은혜를 의심하거나 죄 속에 그대로 있지 말고, 하나님과 맺은 영원한 은혜 언약이 우리에게 있음을 생각하고 — 또한 하나님께서 그의 말씀과 성령으로 말미암아 그 언약의 길로 행하게 하신다는 것을 생각하고 — 스스로 힘을 내도록 우리를 위로하기 위하여 주어진 실례들인 것이다. 누구든지 성도가 타락하여 떨어져나갈 수 있다고 가르치는 자들은, 하나님의 신실하심을 해치며, 구원과 견인을 인간의 노력에 의존하는 것으로 — 따라서 얼마든지 바뀔 수 있는 불확실한 것으로 — 만드는 것이요, 또한 영적 생명의 통일성과 성숙도 망가뜨리는 것이다. 그런 사람은 또한 이 영적 생명이 계속해서 확실하게 깨어지기도 하고 또한 계속해서 새로이 시작되기도 한다는 입장을 취할 수밖에 없을 것이다. 그러나 성도의 견인을 믿는 자는 그의 출발점도 종착점도 하나님의 은혜 속에 두며, 하나님의 성실하심을 찬송하며, 동시에 영적인 생명과 영생이 일치한다는 것을 주장한다. 왜냐하면, 물론 옛 사람이 계속해서 살아 있는 동안에는 신자의 삶에 온갖 변화와 흔들림이 있으나, 그럼에도 불구하고 하나님께서 심으신 씨가 그 속에 거하므로(요일 3:9) 그 새 생명은 결코 파괴될 수 없기 때문이다.

그러나 이처럼 보존에 대한 확신이 신자들에게서 교만을 부추기거나 속된 안정감을 갖도록 부추기기는커녕, 오히려 그런 확신이야말로 겸손과 경외, 참된 경건, 모든 환난에서의 인내, 열정적인 기도, 진리에 대한 변함없는 고백, 그리고 하나님 안에서 즐거워하는 견고한 자세의 진정한 근원이 된다. 그러므로, 성경의 증언들과 성도들의 모범에서 드러나듯이, 이런 은택을 생각함으로써 오히려 감사와 선행을 끊임없이 진지하게 시행하도록 자극을 받게 되는 것이다(도르트 신조 제 5장 12조).

* * * * *

이런 귀중한 열매를 맺기 위해서는, 성도의 견인 교리를 하나님께서 원하시는 그대로 믿어야 한다. 그렇다면, 하나님께서 그것을 그의 말씀 속에 계시하신 목적이 바로, 우리로 하여금 그것을 하나의 교리로 받아들이고 또한 다른 이들에게 맞서서 그것이 과연 건전한 가르침이요 순결한 진리임을 확고히 수호하기 위함인가? 하나님께서는 과연 그것을 원하셨고 그의 계시에서 그것을 의도하셨다. 진리 그 자체만 해도 이미 큰 가치를 지니기 때문이다. 그러나 그것이 유일한 목적도 아니고, 또한 그것이 주된 목적도 아니다. 성도의 견인을 참된 믿음으로 받아들이게 되면, 또한 하나님께서 이렇게 그의 자녀들과 함께 계속해서 일하신다는 것도 고백하게 된다. 성도의 보존은 역사적인 진리도 아니요, 과거 어디에선가 일어난 사실도 아니다. 그것은 덧셈표나 곱셈표를 모두 합쳐놓은 것 같은 과학적인 진리도 아니다. 그것은 오히려 영원한 진리요, 하나님이 시대시대마다, 세대세대마다, 자신을 매어놓으시는 진리요, 우리가 속에서 살아가는 하나의 현실이요, 하나님이 그의 모든 자녀들의 삶 속에 생겨나게 하시고 또한 유지하시는 진리인 것이다.

자신이 성도의 견인의 대상이라는 것을 알며 또한 그 현실성을 경험을 통해서 아는 자들은 오로지 이런 의미로밖에는 그 교리를 믿을 수 없다. 그러므로, 참된 믿음으로 말미암아 그리스도가 그 속에 심겨진 사람이 감사의 열매를 맺지 않을 수가 없듯이, 성도의 보존을 그렇게 믿는 자는 누구든지 그 고백을 기회로 삼아 육체에 빠질 수가 없다는 것이 자명한 것이다.

여기에서 또 다른 것이 이어진다. 만일 성도의 보존이 하나님께서 모든 신자들의 마음과 삶 속에서 계속 시행하시는 그의 일이라면, 세월이 흐르면서 이 신자들의 의식 속에서 이 현실에 대한 든든한 확신이 또한 생겨나게 될 것이다. 만일 성도의 보존이라는 것이 없다면, 그 누구도 자기의 구원에 대한 완전한 확신을 한순간도 가질 수가 없을 것이다. 오늘이나 내일 혹시 무슨 심각한 죄를 범하여 하나님의 은혜를 잃어버리지 않을까 늘 두려움에 싸여 살 것이기 때문이다. 그러나 하나님이 그의 백성을 보존하신다면, 신자는 마음에 이 사실에 대한 든든한 확신을 가질 수 있을 뿐만 아니라, 그런 확신을 실제로 갖게 될 것이다. 그런 구원의 확신이 없다면, 성도의 보존이 신자들의 실생활에서 그 가치를 모두 잃어버리고 말 것이기 때문이다. 신자들이 자기들이 하나님의 자녀라는 것을 도무지 확신 있게 알 수가 없다면, 성도의 보존 교리가 과연 하나님의 자녀들에게 무슨 소용이 있겠는가! 그러므로 성도들의 보존과 구원의 확신은 불가분리의 관계로 서로 연결되어 있다. 전자가 없이는 후자도 불가능해지며, 후자는 전자를 신자들을 확실히 뒷받침해 주고 그들의 마음을 위로해 주는 것으로 만들어 주는 것이다.

그러므로, 구약과 신약에 나타나는 모든 성도들은 그런 확신을 지닌 자들이었다. 아브라함이나(창 15:6; 롬 4:18 이하), 야곱이나(창 49:18), 다윗이나(삼하 22:2 이하), 하박국만이 아니라(합 3:17-19), 시편 기자들과 잠언 기자들과 선지자들이 묘사하는 모든 신자들이 그러했다. 그들은 흔히 비참한 상태에 처하고, 원수들에게서 눌림 당하고, 핍박을 당하였으며, "네 하나님이 지금 어디 있느냐? 네가 여호와께 의탁하니 그가 구원하셔야 하지 않느냐!" 라고 조롱을 당하기도 했다(시 22:8; 42:3; 71:11). 때로는 마치 하나님이 그들을 잊으시고 진노 중에 그의 긍휼하심을 접하지 못하게 하신 것처럼, 그들의 영혼에 절망이 가득하기도 했다(시 10:1, 11 이하; 13:2; 28:1; 44:10 이하; 77:8 이하 등). 그들은 또한 하나님의 심판의 공의를 인정하고, 그들의 죄를 고백한다(시 51:5; 느 9:33; 단 9:14 등). 그러나 그럼에도 불구하고 하나님께서 그들의 아버지이시며, 그들은 그의 백성이요 그의 기르시는 양들이다(시 95:7; 100:3; 사 63:16; 64:8). 하나님은 그의 이름 때문에, 그의 언약 때문에라도 그들을 버리실 수가 없다(시 79:8-9). 그의 노여움은 잠깐이요 그의 은총은 평생이다(시 30:5). 그는 그들의 죄들을 따라 그들을 대하지 않으시며, 그들의 죄악을 따라 갚지 아니하신다(시 103:10). 그는 그들의 허물을 사하시고 그들의 죄들을 덮어주신다(시 32:1). 여호와께서 그들의 바위요 그들의 산성이시요, 그들의 요새요 높은 망대이시며, 그들의 방패와 구원의 뿔이시요, 그들의 빛이요 기쁨이시며, 그들의 기업이요 모든 것이 되신다(시 18:2; 73:25 등).

사도들을 비롯하여 신약의 신자들이 그들의 구원에 대해 말씀하는 것도 이와 마찬가지로 확실하고 분명하다. 거기에는 의심이 전혀 없다. 그들은 하나님이 자기 아들을 아끼지 아니하시고 그들 모두를 위해 내어주셨으니 이제 모든 것을 그들에게 주실 것임을 알고 있었고(롬 8:32), 그들이 믿음으로 의롭다 하심을 받았고, 하나님과 더불어 화평을 누리고 있으므로 아무도 그들을 정죄할 수 없다는 것을 알고 있었으며(롬 5:1; 8:33), 또한 그들이 거듭나서 산 소망을 가졌고, 사망에서 생명으로 옮겨졌다는 것도 알고 있었고(벧전 1:3; 약 1:18; 요일 3:14), 그들이 양자의 영을 받았으며 또한 그 성령께서 그들의 영과 더불어 그들이 하나님의 자녀임을 증거하신다는 것도 알고 있었다(롬 8:15-16).

그리고 이러한 그들의 지식은 비단 그들의 현재 상태에만 관계되는 것이 아니라, 그들의 미래의 모습과도 관계를 갖는다. 하나님이 미리 아신 자들을 부르셨고, 의롭다 하셨으며, 그들을 또한 영화롭게 하셨기 때문이다(롬 8:30). 그들이 자녀들이면 그들은 또한 상속자들이기도 하다(롬 8:17). 그들은 믿음으로 이미 영생을 받았고, 그것을 결코 잃어버릴 수가 없다(요일 3:9; 5:1). 그들은 거듭나서 산 소망을 가졌고, 그리하여 하나님의 능력으로 말미암아 구원에 이르기까지 보존함을 받는다(벧전 1:3-5). 그들 속에 시작된 착한 일이 예수 그리스도의 날까지 이루어질 것이다(빌 1:6). 요컨대, 그들은 약속의 날이 이르기까지 보증자이신 성령으로 인침을 받은 것이다(롬 6:23; 고후 1:22; 5:5; 엡 1:13; 4:30).

만일 신자들이 이런 믿음의 견고한 확신 가운데 서 있다면, 그들에게서 더 큰 힘과 영향력이 발휘될 것이다. 그러나 그들은 그들 자신의 대의(大義)에 대해 확신을 갖지 못하는 경우가 많다. 그러니 그들이 어떻게 기쁨에 가득 찬 증언을 통해서 열정적으로 증거하여 세상으로 하여금 부러워하게 만들 수가 있겠는가? 로마 가톨릭 교회에서는 심지어 믿음에서 이 확신을 부인하기까지 한다. 그저 소수만이 그들에게 주어지는 특별한 계시를 통해서 자신의 구원에 대해 절대적인 확신을 가질 수 있고, 나머지 모든 신자들은 그저 추측하고 소망을 가질 수 있는 정도밖에는 안 된다고 가르치는 것이다. 그리고 로마 교회는, 이 사실이 불리한 것이 아니고, 적절한 걱정을 유발시킴으로써 성화를 위하여 촉진제가 되기 때문에 유익이 된다고 생각한다. 그리하여 로마 교회의 신자들은 자기 마음속에 있는 성령의 증거에 의지하지 않고, 사제(司祭)의 선언에 의지하며, 교회가 자기의 구원에 대해 제시하는 확신에 의지하며, 그리하여 그 문제에 대해 전반적으로 높은 신뢰를 갖게 되는 것이다.

그러나 종교개혁자들은 칭의와 믿음에 대해, 그리고 또한 구원의 확신에 대해 매우 다른 사상을 가졌다. 로마 교회의 경우, 믿음은 단순히 교회의 가르침을 찬동하고 받아들이는 것이다. 칭의는 초자연적인 은혜가 부어지는 것이요, 그 기능은 사람으로 하여금 다시 한 번 선행을 행하도록 자질을 부여하며 그리하여 영생을 벌어들이도록 하는 데 있다. 그러므로, 믿음은 그 본질상 누구에게도 자신의 구원에 대해 확신을 줄 수가 없다. 사랑이나 선행이 뒷받침되는 정도만큼 확신이 가능하므로, 절대적인 확신이란 항상 불가능하며, 약해지기도 하고 강해지기도 하는 이런저런 추정이나 소망밖에는 없는 것이다. 그러나 종교개혁자들은 칭의에 하나의 독자적인 의의가 있음을 인식하였고, 거기에서 하나님과 사람의 관계의 회복을 보았고, 따라서 믿음에서도 그저 진리에 찬동하는 것과는 무언가 다르고 무언가 그보다 더한 것을 보지 않을 수가 없었는데, 그리스도 예수 안에 있는 하나님의 은혜에 대한 마음의 인격적인 신뢰가 바로 그것이었다.

이 믿음은 확신을 수반하는 것이었다. 그러나 루터파와 항변파(抗辯派: Remonstrants)는 이 확신이 오로지 현재에만 해당되는 것으로 보았다. 신자들이 지금 이 순간에는 자기가 신자라는 것을 절대적으로 확신할 수 있지만, 언제나 신자로 있어서 실제로 나중에 구원받게 될 지에 대해서는 확신을 할 수가 없다는 것이다. 그러나 개혁 교회들은 확신의 범위에 미래까지도 포함시켰고, 그리하여 성도들의 삶에서 구원의 확신을 추구하는 일이 매우 큰 자리를 차지했다. 처음 거듭난 능력의 삶이 있을 때에는 구원의 확신을 찾는 의도적인 일이 필요 없다. 우리의 신앙고백과 신조와 기도들에서 그렇게도 분명하게 드러나는 대로, 사람들이 마음의 풍성함에 따라 살고 말하기 때문이다. 그러나 믿음이 시들어질 때에는 그 믿음에 대한 성찰이 이어지고, 믿음의 증표들을 찾는 일이 이어지는 것이다. 그런데 여기서 사람들은 확신을 찾지 못하고 오히려 더욱더 의심의 회오리에 휩싸이게 된다. 믿음의 확신은 어떤 추론의 과정이나 논리적인 사고를 통해서는 얻을 수가 없다. 그것은 오로지 믿음 그 자체에서 나오는 것이다. 그러므로 믿음이 쇠약해져서 그 모습이 감추어지면, 확신 또한 마음에서 사라지게 되고, 그렇게 되면 그 어떠한 인위적인 수단으로도 다시 회복시킬 수가 없는 것이다.

도르트 신조는 이 점을 다음과 같이 매우 멋지게 표현하고 있다: "물론 정도도 다양하고 분량도 다르지만, 택한 자는 정한 때가 되면 그들의 영원하고도 불변하는 선택에 대하여 확신에 이르는데, 하나님의 비밀한 깊은 일들을 직관적으로 엿봄으로써가 아니라, 하나님의 말씀에서 지적하는 바 그 무오한 선택의 열매들을 — 즉, 그리스도를 믿는 참된 믿음, 하나님에 대한 경외, 죄에 대한 경건한 안타까움, 의에 주리고 목마름 같은 것들을 — 신령한 기쁨과 거룩한 즐거움으로 그들 자신의 속에서 관찰함으로써 그렇게 되는 것이다."

도르트 신조 제1장 12조와 제5장 9, 10조에서도 이렇게 진술하고 있다: "택한 자가 구원에 이르도록 보존되는 일과 또한 믿음의 견인에 대해서는, 참된 신자들은 그들의 믿음의 분량에 따라서 그들 스스로 확신을 얻을 수 있고 또 얻으며, 이로 말미암아 그들이 현재 교회의 참되고 살아 있는 지체들이며 언제나 그럴 것이며 또한 죄 사함과 영생이 그들에게 있음을 확실히 믿는다. 그러나 이 확신은 하나님의 말씀과 반(反)하거나 혹은 그 말씀과 별개인 어떤 특별한 계시를 통해서 생기는 것이 아니라, 하나님께서 우리를 위로하시기 위하여 그의 말씀 속에 지극히 풍성하게 계시해 놓으신 바 그의 약속들과, 또한 우리의 영과 더불어 우리가 하나님의 자녀들이요 상속자임을 증거하시는 성령의 증언과, 또한 마지막으로, 선한 양심을 보존하며 또한 선을 행하고자 하는 진지하고도 거룩한 열심에서 생겨나는 것이다."

따라서, 구원의 확신은 외부로부터 믿음의 삶에 덧붙여지는 무엇이 아니라, 오히려 그 믿음의 삶 그 자체로부터 꽃피어나는 무엇이다. 그러므로 확신은 "믿음의 분량에 따라" 달라진다. 또한 이 세상의 삶에서 신자들은 갖가지 육신적인 의심들과 싸워야 하며, 또한 때때로 시험에 빠져 비통한 심정이 되기도 하므로, 이런 충만한 믿음의 확신과 견인에 대한 확신을 항상 느끼는 것이 아니다(도르트 신조 제5장 11조와 비교하라).

그러나 그럼에도 불구하고, 성경이 제시하며 또한 종교개혁이 회복시킨 그 구원 얻는 믿음은 그 내적인 본질상 확신(certainty)이 아니라는 것과 또한 믿음이 강해지는 만큼 이 확신이 강해진다는 사실은 그대로 사실로 남아 있다. 구원 얻는 믿음은 지식을 반대하는 것이 아니라, 모든 의심을 반대하는 것이다. 의심은 새 사람이 아니라 옛 사람에게서 나오며, 성령이 아니라 육체로부터 나오는 것이다. 믿음은 하나님의 모든 약속들에 대해 "예"와 "아멘"으로 화답하며, 그 약속들을 포용하며, 그 약속들에 기댄다. 믿음이 그렇게 하는 정도에 따라서, 믿음의 그 기대는 신뢰가 확실한 신뢰가 되며, 또한 신자에게 하나님의 모든 약속들을 자기 자신에게 적용하고 또한 그 약속들을 내 것으로 삼을 수 있는 자유를 베풀어준다. 그리고 그렇게 자라나는 신뢰가 확고한 신뢰가 되어, 다른 사람에게만이 아니라 내게도 죄 사함과 영원한 의와 구원이 순전히 은혜로 말미암아 오로지 그리스도의 공로로 하나님께로부터 베풀어졌다는 것을 확신하게 되는 것이다.

그리고 그런 신뢰는 또한 — 이성적인 추리를 통해서가 아니라 그 자체의 본질과 존재에 따라서 — 미래에까지 확대된다. 만일 믿음이 "지금은 내가 하나님의 자녀임이 틀림없다. 하지만 내일도 여전히 그럴지는 모르겠다!"라고 말한다면, 그것은 정말 이상한 믿음일 것이다. 믿음이 참되며 능력이 있다면, 그 믿음은 자연히 "여호와는 나의 목자시니 내가 부족함이 없으리로다. 내가 사망의 음침한 골짜기로 다닐지라도 해를 두려워하지 않을 것은 주께서 나와 함께 계심이라. 주의 지팡이와 막대기가 나를 안위하시나이다"라고 기뻐 소리칠 것이다. 믿음이 그렇게 기뻐하며 그렇게 증언하는 것은 그것이 자기 자신을 의지하기 때문이 아니라, 그것이 하나님의 약속들을 의지하기 때문이다. "내가 지금부터 영원토록 너희 하나님이 될 것이라," "내가 영원한 사랑으로 너를 사랑하였고, 절대로 너를 버리거나 너를 떠나지 아니하리라"와 같은 약속들이 그 약속들의 일부이기 때문이다. 다시 말해서, 현재와 미래에 대해 확신이 되지 않는 믿음은 하나님의 약속들의 진실성과 그의 사랑의 신실함을 해치고 마는 것이다.

두 번째로, 이러한 논의에 성령의 증언이 추가되어야 한다. 성령은 그리스도의 위대하고 전능하신 증인으로서 우리 마음속에서 그리스도에 대해 증거하시며, 우리를 그의 이름을 믿는 믿음에로 이끄시며, 그리스도 안에서 하나님께서 우리에게 베풀어주신 것들을 깨닫게 하시는 분이시다(요 15:26; 16:13-15; 고전 12:3; 고후 4:3-6 등). 그러나 그 그리스도의 영께서는 동시에 우리로 하여금 우리 자신들을 깨닫게도 하신다. 우리의 죄와 부정함을 깨닫도록 하심은 물론, 그리스도와의 교제 가운데 있는 우리의 처지와 그 안에서 우리가 얻는 분깃을 깨닫게 하시는 것이다. 성령께서는 먼저 죄와 의와 심판에 대해서 우리를 책망하신 다음, 믿음의 영으로서(고후 4:13) 우리 속에 믿음을 이루셨고, 또한 그 믿음에 대하여 우리를 확신시키심으로써 그의 일을 계속 진행하시는 것이다. 그는 또한 양자의 영이 되신다(갈 4:6). 곧, 자녀들에게 합당하고 또한 자녀들 속에 사시는 영이 되시며(롬 8:15), 우리가 자녀들임을 우리로 알게 하시는 분이 되시는 것이다.

그는 여러 가지 방식으로 그 일을 행하신다. 우리의 영으로 더불어 우리가 하나님의 자녀임을 증거하시며(롬 8:16), 우리를 강력하게 이끄셔서 아빠 아버지라고 기꺼이 고백하게 하시며(롬 8:15), 우리에게 하나님과 함께 하는 평안을 주시고 하나님의 사랑을 우리 마음속에 부으시고(롬 5:1, 5), 우리 속에 새 생명을 주시고, 그리스도인의 삶 속에서 점차로 우리를 인도하시며, 또한 과거에는 알지 못하던 기쁨을 우리 영혼 속에 가득 채우신다(롬 8:10-11; 14:17; 15:13). 그리고 그렇게 하심으로써 — 물론 다른 일도 많지만 그것들에 대해서는 생략한다 — 구속의 날까지 우리를 인치시는 것이다.

"인치다"는 말은, 때로는 사람이나 사물들(편지 등)을 다른 모든 이들이 접근하지 못하도록 보관하고 해치지 못하도록 보호하는 것을 뜻하기도 하고(신 32:34; 아 4:12; 사 8:16; 29:11; 단 6:17; 12:4; 겔 9:1-6; 마 27:66; 계 5:5-6; 7:1-4; 20:3; 22:10), 때로는 특정한 사람이나 증인들이 정당하고 권위가 있음을 입증하고 그들을 세워주는 의미로도 쓰인다(에 3:12; 8:8; 왕상 21:8; 느 9:38; 렘 32:10; 요 3:13; 6:27; 롬 4:11; 고전 9:2). 신자들은 후자의 의미에서 구속의 날까지 보증자이신 성령으로 말미암아 인침을 받는다(롬 8:32; 고후 1:22; 5:5; 엡 1:13; 4:30). 신자들에게 주어지셨고, 그들 속에 믿음을 심으셨고, 또한 계속해서 그 믿음을 지속시키시고, 그들에게 증거하시고, 그들을 이끄시는 성령께서 그들의 구원을 인치시는 것이다. 이 모든 일들을 통해서 그는 자신이 신자들을 구속의 날까지 보존시키시고 그들로 하여금 하늘의 복락을 기업으로 받도록 하시는 보증자이심을 입증하신다. 성령께서는 절대로 그들에게서 떠나지 않으시고 영원토록 그들과 더불어 남아 계시기 때문이다(요 14:16). 그러므로 성령이 있는 자는 그리스도의 것이요, 또한 그의 소유이며(롬 8:19), 또한 영원토록 그로 말미암아 보존함을 받는 것이다(요 17:24). 하늘에 계신 그리스도와 이 땅에 계신 성령이 택한 자들의 구원에 대한 보증이요, 신자들의 마음속에 이를 인치시는 것이다.

이처럼 구원의 확신이 신자들에게 두 가지 방식으로 임하는데, 이 두 가지 방식은 서로 분리되는 것이 아니고, 서로 평행선을 그으면서 함께 나아가는 것도 아니다. 사실상 그 둘은 하나요, 다만 보는 관점이 다르기 때문에 달리 보이는 것일 뿐이다. 여하튼, 성령께서는 믿음과는 별도로 그것과 병행하여 신자들에게 활동하시고 증거하시고 인치시는 것이 아니라, 언제나 믿음을 수단으로 하여 그 일들을 행하신다. 그러므로 그 믿음은 죽은 믿음이 아니라 살아 있는 믿음이다. 그것은 선행으로 그 본질을 드러내며 그 능력을 입증하는 것이다.

그러므로 우리는 이 선행을 하나님의 약속들에 대한 믿음과 성령의 증거와 연결되는 것으로, 또한 하나님께서 신자들에게 그들이 그리스도 안에서 양자가 되었음을 확신케 해 주는 세 번째의 수단으로 주목할 수가 있다(하이델베르크 요리문답 86문답; 도르트 신조 제5장 10조). 그러나 여기서 조심스럽게 명심해야 할 것은, 확신을 찾으려 할 때에 이 선행들로 시작해서는 안 된다는 것이요, 믿음이 절대로 그 선행들에 기대거나 의지할 수가 없다는 것이요, 또한 그 선행들을 수단으로 구원의 확신을 얻으려고 해서는 더더욱 안 된다는 것이다. 모든 선행들이 다 불완전하며 그것들을 내는 믿음이 강한가 약한가에 따라서 그 선행들도 더 완전하고 덜 완전해지기 때문이다. 그러나 그 선행들이 참된 믿음에서 나오는 한, 그것들을 우리의 확신을 돕는 보조 자료 정도로는 사용할 수 있다. 믿음이 선행으로 자신을 입증하며 또한 자신을 드러내듯이, 선행들을 통해서 믿음이 확증되며 강화되기도 하는 것이다. 그리고 사람들이 우리의 선행을 보게 되면, 그들이 하늘에 계신 아버지께 영광을 돌리게 되는 것이다.

제 23 장
그리스도의 교회

그리스도께서 그의 신자들에게 이 땅에서 베푸시는 그 모든 풍성한 은택들은 영화(榮化: glorification)에서 그 성취와 면류관을 받는데, 이 일은 신자들이 죽을 때에 부분적으로 이루어지며, 심판의 날 이후에 비로소 충만히 이루어진다. 그러나 이 영화의 은택에 대해서는 아직 논의할 단계가 아니다. 왜냐하면 먼저 부르심과 중생, 믿음과 회개, 칭의와 양자 삼음, 새롭게 하심과 성화 등의 은택들을 그리스도께서 이 땅의 신자들에게 베푸시며 그들을 지탱시키시며 강건케 하시는 방식에 대한 내용부터 어느 정도 살펴보아야 하기 때문이다. 하나님께서 그의 말씀과 그의 성령을 수단으로 이 모든 은택들을 베풀어 주신다는 것은 이미 살펴보았으니, 이제는 오로지 신자들 모두를 하나로 묶는 교제 속에서만 그리스도께서 그 은택들을 베푸신다는 것을 살펴보아야 할 것이다. 하나님은 그 은택들을 신자들 개개인에게나 혹은 소그룹의 신자들에게 베풀어주시는 것이 아니라, 큰 무리들에게, 즉 창세 전에 성부께서 그리스도 안에서 택하신 새 인류 전체에게(엡 1:4) 베풀어 주시는 것이다.

그러므로 신자는 결코 자기 혼자 별도로 서 있는 것이 아니다. 그는 절대로 혼자가 아니다. 자연의 세계에서도 인간은 누구나 부모와의 교제 속에서 출생하며, 따라서 아무런 노력도 하지 않고서도 한 가족과 한 민족과 또한 인류 전체의 일원이 된다. 영적인 세계에서도 마찬가지다. 신자는 위로부터 하나님께로부터 출생한다. 그러나 그가 새 생명을 받는 것은 오로지 그리스도께서 머리가 되시고 동시에 그 내용이 되시는 바 은혜 언약의 교제 속에서만 이루어지는 일이다. 이러한 중생으로 말미암아 하나님께서 그 사람의 아버지가 되신다면, 교회를 가리켜 그 사람의 어머니라 부르는 것도 충분히 일리 있다 할 것이다. 이교도 세계에서도, 그리스도의 교회가 파송하는 선교사들의 사역을 통하지 않고서는 신자나 혹은 신자들의 모임들이 존재하지 못한다. 그러므로 중생의 첫 순간부터 신자는, 그의 뜻이나 그 자신의 처신과는 전혀 관계 없이, 하나의 거대한 전체에 속하게 되고, 풍성한 교제 속으로 들어가게 된다. 그는 하나의 새로운 민족의 일원이요, 또한 왕께서 무수한 백성들 속에서 영광을 받으시는(잠 14:28) 하나의 영적 왕국의 시민인 것이다.

이러한 교제는 각 신자를 뒷받침해 주는 강력한 지주(支柱)가 된다. 우리는, 우리가 홀로 있을 때에도, 루터의 진술처럼 마귀들이 지붕 위의 기왓장처럼 많이 있다 할지라도, 전혀 의심하지 않고 두려워하지 않을 만큼 강건해져야 한다. 만일 하나님이 우리를 위하시면 누가 우리를 대적하리요? 여호와께서 우리와 함께 하시면, 사람이 우리에게 어찌하리요?(시 56:12; 118:6; 롬 8:31). 그러나 대개의 경우 우리는 그처럼 홀로 독자적으로 고립되어 있는 상황을 견디지 못한다. 물론 사람이 여호와의 음성의 부르심을 좇아서 주위의 환경과 완전히 절연하고, 자기 세대를 향하여 이의를 제기하기도 하고, 또한 필요하다면 예컨대 아브라함이나 모세나 엘리야에게 베푸셨던 것처럼 하나님께서 특별한 은혜와 비범한 능력을 베푸시는 그런 특별한 경우들이 있는 것은 사실이다. 그러나 그런 경우들에도 역시 홀로 고립되는 일은 매우 힘든 일이다. 엘리야는 신실한 하나님의 백성 가운데 자기 혼자만 남았다고 탄식하였고(왕상 18:22; 19:10), 바울은 그의 생애 말기에 이르러 자신이 모든 사람들에게 버림받은 것을 보면서 마음에 슬퍼하였다(딤후 4:10). 인간은 사회적인 피조물로서 홀로 있기를 좋아하지 않는 것이다.

하나님의 택하심은 모든 세대들과 언어들과 민족들과 나라들에서 뽑아낸 무수한 무리들에게 주어진다. 물론 그 선택은 인격적인 것이요 개인적인 것이며, 또한 하나님이 친히 이름으로 알고 계시는 특정한 사람들에게 주어지는 것이지만, 그러나 그 선택은 그들 모두가 함께 하나님의 성전을 이루고, 그리스도의 몸과 그리스도의 신부를 이룰 수 있는 그런 방식으로 이루어지는 것이요, 또한 그런 방식으로 그들을 하나로 묶는 것이다. 선택의 목적은 하나의 유기체의 창조에 있다. 곧, 하나님의 탁월하심을 선포하고 그의 이름을 이마에 붙인 중생한 인류를 구속하고, 새롭게 하며, 영화롭게 하는 것이 그 목적이다. 하나님께서 이러한 선택을 시간 속에서 시행하실 때에, 그는 오직 은혜 언약을 수단으로 하여 행하신다. 그리고 그는 아무도 다른 모든 사람들과 동떨어져 있는 상태로 홀로 그 언약 속에 포함시키는 법이 없으시고, 동시에 그 한 개인 속에서 그의 가족과 세대를 불러들이시는 것이다. 아담에게도, 노아에게도, 아브라함에게도 그렇게 하셨고, 세상을 섬기던 데에서 그와의 교제 속으로 옮기시는 모든 사람 하나하나에게 여전히 그렇게 하신다. 그런 사람과는 물론 그의 후손과도 더불어 언약을 세우시며 또한 그 언약을 세대세대마다 확증하시는 것이다.

모든 신자들의 마음속에는 이런 하나님의 유기적인 활동에로 향하는 사회적 경향이 있으며, 그런 하나님의 유기적 활동에 대한 반응으로서 그것과의 교제에 대한 갈망이 있다. 한편으로는 세상의 그 어떠한 권력도 사람들을 그렇게 크게 갈라놓는 것이 없고, 또 한편으로는 세상의 그 어떠한 권력도 사람들을 그렇게 강력하게 하나로 묶어놓는 것도 없다. 그러나 기독교 바깥에서는 종교적 교제가 거의 언제나 종족이나 민족의 통일성과 일치한다. 다시 말해서, 부족의 뒷받침이 없이도 자기 발로 설 수 있을 만큼 종교가 강하지 못하다는 반증이라 하겠다. 그러므로 이교도 세계에서는 정당한 의미에서의 교회란 존재하지 않는다. 그러나 기독교 세계에서는 사정이 매우 다르다.

물론 이스라엘의 경우 전반적으로 볼 때에, 국가와 교회가 일치하였던 것 (coextensive)은 사실이다. 그러나 처음부터 종교적 통일성이 국가적 통일성에 의존하기보다는 오히려 국가적 통일성이 종교적 통일성에 의존하였다. 이삭의 놀라운 출생이 이를 증명해 준다. 곧, 은혜 언약이 그 언약을 수종드는 아브라함과 함께하는 한 고유한 민족을 창조하는 것이다. 족장 아브라함 안에서 하나님은 전능자로서 자연으로 하여금 은혜를 섬기게 하신다. 그러므로 구약에서는 언약의 하나님과 이스라엘 백성과 가나안 땅이 그렇게도 밀접하게 서로 연관되어 있는 것이다. 이스라엘의 민족성과 통일성은, 하나님이 그들을 택하셨다는 사실(출 19:5; 신 4:20; 7:6)과 또한 가나안이 여호와께서 값없는 은혜로 아브라함과 그의 자손에게 기업으로 주신(창 12:7; 레

20:24) 여호와의 땅이라는 사실에 기인한다(레 25:23; 삼상 26:19). 룻은 시어머니와 함께 유다 땅으로 돌아오면서, "어머니께서 가시는 곳에 나도 가고, 어머니께서 머무시는 곳에서 나도 머물겠나이다. 어머니의 백성이 나의 백성이 되고 어머니의 하나님이 나의 하나님이 되시리라"(룻 1:16)라고 말했는데, 여기서 그러한 사실이 표현되고 있다. 그리고 그렇기 때문에 백성들이 점점 타락해 가고 결국 포로로 끌려가 흩어졌을 때에도, 여전히 하나님과 그를 섬기는 일에 신실한 남은 자들이 남아 있었고, 그들이야말로 수많은 백성들 가운데서 참 이스라엘이요 또한 참된 아브라함의 자손이었다(암 5:15; 사 1:9; 4:3; 8:18 등). 그리고 이 성도들은 불경한 자들과 자신들을 분리시키면서 서로서로에게 이끌렸고 또한 그들 상호 간의 교제를 통해서 견고해졌던 것이다(시 1:1; 16:3; 22:23; 26:4-12; 35:18; 40:10; 66:16; 122:1 이하; 133:1 이하).

이러한 분리가 계속되었고 신약에서 완성되었다. 세례 요한이 회개와 죄 사함을 설교하여 길을 예비한 다음, 예수께서 친히 그의 사역을 시작하셨고, 먼저 이스라엘 백성들을 대상으로 사역하셨다. 그는 갈릴리와 유대의 도시들과 마을들에서 가르치셨고, 온 나라를 다니시며 선을 행하시고 마귀에게 눌린 모든 자들을 치유하셨다(행 10:38). 그러나 그는 곧바로, 서기관들과 바리새인들의 지도하에 있는 백성들이 그가 메시야라는 사실과 그의 영적인 나라에 대하여 아무것도 듣기를 원치 않는다는 것을 경험으로 아셨다. 그가 사역을 계속하실수록 이 백성들은 더욱더 그를 대적하였고 마침내 그를 십자가에 못 박도록 내어주고 만 것이다. 그러므로 예수께서는 자신의 최후가 다가올수록 고라신과 벳새다와 가버나움 등의 도시들에 대해(마 11:20 이하), 바리새인들과 서기관들에 대해(마 23:13 이하), 예루살렘과 그 자녀들에 대해(마 23:37), 이스라엘 백성에 대해(마 21:19 이하; 눅 23:38 이하), 예루살렘과 그 성전에 대해(마 24장) 말씀하셨고, 이 모두를 향하여 그의 무서운 심판을 선언하셨다. 이스라엘이 그 메시야를 거부했으므로, 다른 사람들이 그들을 대신하게 되리라는 것이었다.

처음에는 오로지 제자들의 작은 무리만이 예수를 주(主)로 고백하였으나, 이 고백은 주께서 떠나신 이후에도 계속해서 한 마음으로 기도와 간구에 전념하리 만큼 그들 모두를 하나로 묶어 주었다(행 1:14). 오순절 날 그들은 위로부터 능력을 받았으며, 성령으로 말미암아 독자적인 생명의 원리를 부여받았고, 그 원리로 말미암아 모든 민족적 결속으로부터 해방되었으며 그리하여 세상의 민족이나 나라들과는 완전히 별개인 하나의 특별한 교제 속으로 조직화되었다. 성령의 부으심이 그리스도의 교회로 하여금 독자적으로 존재하도록 만든 것이다.

* * * * *

예수를 주(主)로 고백하는 신자들의 모임은 처음부터 교제 혹은 교회라는 명칭으로 불려졌다. 히브리어 구약 성경은 이스라엘 백성의 모임들을 지칭하는 단어로 두 가지를 이미 소유하고 있었으나, 그 둘을 명확히 구분하지는 않았다. 그런데 후기의 유대인들이 그 둘을 서로 구분하여, 그 하나로는 실제의 상황 속에 있는 교회를 지칭하고, 나머지 하나로는 이상적인 상태의 교회를, 즉 하나님께서 그의 구원에로 불러내신 백성의 모임을 지칭하는 식으로 사용한 것으로 보인다. 첫째 단어는 헬라어로 쉬나고게로 번역되었고, 둘째 단어는 에클레시아로 번역되었다. 이처럼 유대인들 사이에 이미 그런 구분이 받아들여진 상태이므로, 그리스도인들은 그 두 단어 가운데서 결국 둘째 단어를 선호하게 되었다. 여하튼 기독교 교회는 옛 이스라엘을 대신하는 신자들의 모임이었고, 하나님의 선택적 사랑의 사상을 구체화시키는 모임이었던 것이다.

유대인들과 그리스도인들이 서로 영구히 갈라서자, 유대인들의 모임을 쉬나고게라는 명칭으로 부르고, 그리스도인들의 모임을 에클레시아(신자들의 공동체, 혹은 교회)라는 이름으로 부르는 관행이 점점 발전되었고, 오늘날까지도 그런 용례가 그대로 존속되어왔다. 그러나 본래는 두 용어 사이에 그런 의미상의 차이가 없었다. 야고보서 2:2에서는(그리고 히브리서 10:25에서도) 쉬나고게라는 단어가 기독교 교회의 모임을 뜻하는 것으로 사용되고 있고, 사도행전 7:38에서는(그리고 히브리서 2:12에서도) 에클레시아라는 단어가 이스라엘 백성의 모임을 뜻하는 것으로 사용되고 있다. 사실 사도행전

19:32, 39, 41에서는 에클레시아라는 단어가 일반적인 대중의 모임을 뜻하는 것으로 사용되기도 한다. 그런데 유대인과 그리스도인들이 서로 분리됨으로써 그 두 단어들이 서로 다른 의미들을 지니게 된 것이다.

예루살렘의 예수의 제자들은 오순절 이후에도, 유대교의 도덕법에 따라 기도 시간을 거룩하게 지키며 동시에 백성들에게 복음을 전하기 위하여, 성전에서나 혹은 성전의 부속 건물에서 모이는 관행을 계속하였다(행 2:46; 3:1; 5:12). 사도들의 설교는 오순절에나 그 후에도 풍성한 축복을 받았다. 구원받은 사람들이 수천 명씩 교회에 들어온 것이다(행 2:41; 2:47; 4:4; 5:14; 6:7). 그러나 그때에 박해가 일어나 결국 스데반이 돌에 맞아 죽은 최초의 순교자가 되는 사건이 일어났고(행 6:8-7:60), 그리하여 예루살렘의 제자들은 유대와 사마리아 땅 전역으로 흩어졌고, 베니게와 구브로와 안디옥까지도 나아갔다(행 8:1; 11:19). 제자들의 설교로 말미암아 수많은 곳에서 많은 유대인들이 믿음을 갖게 되었고, 많은 교회들이 세워졌고, 또한 이 교회들은 한동안 평화를 누렸고 또 그 숫자가 크게 증가하였다(행 8:4, 14, 25; 9:31, 35, 38). 이렇게 그리스도인이 된 유대인들이 한동안 계속해서, 온 이스라엘 백성이 주께로 돌아오리라는 소망을 갖고 있었다는 것은 자명한 사실이다(행 3:17-26). 그러나 갈수록 그 소망이 사라졌고, 무게 중심이 유대인 기독교 교회에게서 이방인 기독교 교회로 서서히 이동하게 되었다.

예수의 생애 동안에도 이미 헬라인들로서 유대교에 개종한 사람들 몇몇이 있어서, 절기에 예배하러 올라왔다가 예수를 만나고자 하는 바람을 표현하기도 했다(요 12:20 이하). 예루살렘 교회의 회원들 중에도 헬라인들이 있었는데(행 6:1), 이들은 아마도 스데반처럼 그리스도인들과 성전 및 율법과의 관계에 대해 상당히 자유로운 사고를 가졌을 것으로 보인다(행 6:13-14). 사방으로 흩어지면서 제자들은 예루살렘에서 나와서 사마리아인들에게와(행 8:5 이하), 에디오피아 내시에게(행 8:26 이하), 로마의 백부장 고넬료와(행 10장), 또한 안디옥의 헬라인들에게까지(행 11:20) 복음을 전하였다.

이 모든 사건들은 바울이 바나바와 함께 성령의 강권하심으로 안디옥 교회의 안수를 받은 후 시행하게 될 그 위대한 선교 사역(행 13:2 이하)을 예비하는 것이었다. 그 선교 사역에서 바울은 먼저 유대인들에게 호소한다는 원칙을 따랐다(행 13:5, 14. 또한 롬 1:16; 2:9; 3:1; 9:3; 11:13 이하; 고전 11:22 이하; 9:20 등과 비교하라). 그러나 늘 그랬듯이 유대인들이 그의 사역을 멸시하자, 그는 이방인들에게로 향하였다(행 13:46; 17:17; 18:4, 6; 28:25-28). 바울에게는 그의 동족이 그리스도의 십자가에 대해 거리낌을 갖고 자기들 자신의 의를 세우려고 애쓴다는 것이 큰 안타까움이었고 슬픔이었다(롬 9:2). 그는 그들을 시기하게 하여 그들 중에서 얼마라도 구원하고자 하는 노력을 절대로 멈추지 않았다(롬 11:14). 그리고 은혜의 택하심을 따라 남은 자가 있었다. 바울 자신이 그 사실에 대한 산 증거였다(롬 11:1-5).

그러나 이방인의 충만한 수가 들어오기까지 이스라엘이 부분적으로 우둔하게 되었다는 것도 부인할 수 없는 사실이었다(롬 11:25). 감람나무의 가지들이 불신앙으로 인하여 꺾어졌고, 그 대신 돌감람나무의 가지들이 접붙임을 받았다(롬 11:17-24). 육신을 따라 난 이스라엘과 영으로 난 이스라엘이 서로 다르다(롬 2:28-29; 9:8; 고전 10:18). 그리스도의 교회가 이제 아브라함의 참된 씨요 하나님의 백성이요 하나님의 이스라엘인 것이다(행 15:14; 롬 9:25-26; 고후 6:16-18; 갈 3:29; 6:16; 히 8:8-10; 약 1:1, 18; 벧전 2:9; 계 21:3, 12). 유대인들 중에 그리스도를 거부하는 자들은 참된 유대인이 아니며, 할례당이 아니요 분리자들이며(빌 3:2), 불순종하고 헛된 말을 하며 속이는 자들이요 신자들을 핍박하는 자들일 뿐이다(살전 2:14-16; 딛 1:10-11). 서머나 교회를 비방하는 유대인들은 스스로 유대인들이라고 칭하나 그들은 사실 사탄의 회당이다(계 2:9; 3:9). 이러므로 유대인과 그리스도인들은 서로 갈라서서 자기의 길을 간 것이다. 예수를 고백하는 자들이 처음에는 유대인의 일파로 간주되었으나(행 24:5, 14; 28:22), 안디옥에서 그리스도인이라는 이름이 그들에게 주어졌다(행 11:26). 유대인의 모임과 그리스도인들의 모임이 서로 구별되기 시작했고, 그에 따라서 전자를 쉬나고게라는 명칭으로, 후자를 에클레시아라는 명칭으로 각기 달리 부르게 되었다.

에클레시아라는 단어는 우리의 성경에서 "교회"(教會: 영어로는 "church")로 번역되는데, 이는 그리스도께서 최초로 그를 고백하는 무수한 사람들을 일컫는 뜻으로 사용하셨다(마 16:18; 18:17). 예수께서 사용하신 히브리어 단어가 구약에 계속해서 나타나며 또한 전반적으로 잘 알려진 단어였다는 것을 기억하면, 예수께서 그 단어를 사용하셨다는 것이 전혀 이상할 것이 없다. 다만 새로운 점이 있다면, 그리스도께서 그 단어를 자신의 제자들 그룹에 적용시키셨고 그리하여 그의 교회가 이스라엘 백성을 대신할 것임을 선포하셨다는 점이다. 더욱이 예수께서는 그 단어를 특정한 장소에서 모이는 신자들의 모임을 지칭하는 뜻으로 사용하시지 않고, 사도들의 말씀으로 말미암아 그를 믿게 될 모든 사람들을 그 단어 속에 다 포함시키신다. 그는 최대한 포괄적인 의미로 그 단어를 사용하시는 것이다. 그리고 그 후에 가서 비로소, 교회가 발전함에 따라서, 그 단어가 좀 더 구체적인 의미로 쓰이게 되는 것이다.

사도행전 2:47, 5:11, 8:1, 11:22에서는 교회라는 이름이 예루살렘의 신자들의 국지적인 모임들에 적용되고 있다. 그 당시는 예루살렘의 교회가 사실상 유일한 교회였다. 십중팔구 유대와 사마리아와 갈릴리 지방 이곳저곳에도 제자들 몇몇이 살고 있었을 것이고, 나중에 예루살렘에서 박해가 일어나 제자들이 흩어졌을 때에 그들이 유대인들을 향한 선교 사역을 위한 거점의 역할을 했을 것으로 보인다. 그러나 신자들의 모임인 교회는 처음에는 예루살렘에만 존재했었다. 그러나 제자들이 말씀을 전파함으로써 다른 곳에도 그런 모임들이 생기게 되자, 교회라는 용어가 그 지역 그룹들에도 적용되었다. 예루살렘 교회는 그 지부를 다른 곳에 세우는 그런 식의 조직체가 아니었다. 오히려 예루살렘 교회와 병행하여 신자들의 다른 모임들이 자라났고 그 모임들을 교회들로 부른 것이다.

그리하여 예컨대, 안디옥 교회(행 11:26; 13:1), 루스드라와 더베와 그 인근 지역의 교회들(행 14:23)에 대한 언급이 나타난다. 바울은 로마, 고린도, 에베소, 빌립보, 골로새 등의 신자들의 각 모임 하나하나를 계속해서 교회라는 명칭으로 부르며, 이런 관행에 따라서 갈라디아 지방(갈 1:2)과 유대 지방(갈 1:22)에 있는 교회들에 대해 복수형을 써서 언급하고 있다. 그것만이 아니다. 특정한 지역에 살고 있는 신자들이 곧 정기적으로 ─ 때로는 날마다(행 2:46), 그러나 매 주일마다(고전 16:2; 행 20:7; 계 1:10) ─ 모이기 시작했다. 그러나 그들은 교회의 전용 건물이 없었다. 아마도 야고보서 2:2의 회당이라는 단어가 신약에서 특정한 모임 장소를 지칭하는 최초의 실례일 것이다. 그렇기 때문에 그들은 목적에 적합한 형제나 자매의 집에서 함께 모여야 했다.

예루살렘의 경우, 신자들이 처음에는 한동안 성전에서 모였으나(행 2:1, 46; 3:11; 5:12, 20, 42), 그와 더불어 몇몇 형제들의 집에서(행 2:46; 5:42) 특별한 모임도 가졌다(행 1:14; 2:42). 그리하여 처음에는 마가 요한의 모친 마리아의 집이(행 12:12), 그리고 나중에는 야고보의 집이(행 21:18) 예루살렘의 교회 생활의 중심이 되었다. 교회가 규모가 컸기 때문에, 자연히 여러 그룹들로 나누어 서로 시간대를 달리하여 같은 집에 모였고, 혹은 같은 시간에 여러 다른 집들에서 모이기도 했다. 이런 관행은 데살로니가(행 17:11), 드로아(행 20:8), 에베소(행 20:20), 고린도(고전 16:19), 골로새(몬 2), 라오디게아(골 4:15), 로마(롬 16:5, 14, 15) 등 다른 곳에서도 그대로 행해졌다. 그런데 놀라운 사실은 이 갖가지 가정 교회 혹은 가옥 교회들 모두에게 교회라는 분명한 명칭이 주어졌다는 점이다(롬 16:5; 고전 16:19; 골 4:15; 몬 2). 그 교회들 중 어느 하나가 다른 하나에게 종속된 것이 아니라, 그 교회들 각자가 독립적이요, 다른 교회들과 동일한 권리를 지니고 있었던 것이다.

그럼에도 불구하고 그 교회들은 모두 하나였다. 예수께서는 그의 제자들 모두를 함께 뭉뚱그려서 그의 교회라 칭하셨고(마 16:18; 18:17), 사도들도 신자들 전체를 동일한 방식으로 칭하였는데, 특히 바울이 그렇게 하고 있다. 교회를 전체로 취할 때에 그것이 그리스도의 몸을 이루며 그는 그 머리가 되신다(엡 1:22-23; 4:15; 골 1:18, 24). 교회는 신랑을 위하여 단장한 어린양의 신부이며(엡 5:32; 고후 11:2; 계 21:2), 그리스도의 터 위에 사도들이 세운 — 혹은 다른 표현을 빌면, 선지자와 사도들의 터 위에 세워진 — 하나님의 집이요 성전이며(고전 3:10-16), 그리스도께서 친히 모퉁잇돌이시며, 신자들은 산 돌들이다(엡 2:20-22; 딤전 3:15; 벧전 2:5; 계 21:3). 교회는 택하신 족속이요 왕 같은 제사장들이요 거룩한 나라요 그의 소유가 된 백성이니, 어두운 데서 불러내어 그의 기이한 빛에 들어가게 하신 이의 아름다운 덕을 선포하도록 부르심을 받은 존재다(벧전 2:9).

어떤 이들은 사도들이 교회의 것으로 말씀하는 바 그 영광스러운 덕목들을 의식하고서, 경험적 교회(empirical church)와 이상적 교회(ideal church)를 서로 구분하기도 했다. 그러나 그런 서구식의 구별은 신약 성경에는 전혀 낯선 것이다. 사도들이 특히 요한복음 14-17장에 나타나는 그리스도의 모범을 좇아서 교회에 대해 그렇게도 영광스럽게 말씀하고 있으나, 이때에 그들은 그저 생각 속에서만 추상적으로 존재하는 어떤 것이나, 우리가 추구해야 하지만 아마도 절대 도달하지는 못할 그런 하나의 이상(理想)을 생각한 것이 아니다. 오히려 그들은 언제나 현실의 전체 교회를, 여러 지역들과 나라들과 여러 시대의 신자들의 모임들이 구체적으로 드러내는 바 그 교회의 총체를 염두에 두고 있는 것이다. 물론 그렇게 드러나는 모임들 모두가 여전히 결함이 많은 것이 사실이고, 사도들의 모든 서신서들에서 그 점이 입증되고 있다. 그러나 그럼에도 불구하고 그 모임들은 그것들 이면에 있는 실체가 그 모습을 드러낸 것들이요, 시대시대마다 시행되는 하나님의 경륜이 구체적으로 실현되는 것들인 것이다.

그러한 경륜 혹은 작정(decree) 가운데서 하나님은 그의 앞에 있는 그리스도의 온 교회를 그 완전한 상태로 바라보신다. 마치 열매가 씨앗 속에 있듯이, 교회는 자신의 피로 값주고 사신 그리스도 안에 속하여 있는 것이다. 교회의 존재의 뿌리와 또한 그 성취에 대한 보장이, 그리스도께로부터 모든 것을 취하시는 성령께 있는 것이다. 그러므로 교회는 하나의 관념이나 하나의 이상이 아니요, 이미 무엇인가가 되어 있기 때문에 그 무언가가 되어가고 있고 또한 계속해서 되어갈 하나의 현실체(a reality)인 것이다. 그러므로 교회는 계속해서 끊임없는 변화 속에 있다. 교회는 창세로부터 시작하여 계속해서 모아들여지고 있으며, 또한 세상 끝날까지 모아들여질 것이다. 싸움을 싸우고, 믿음을 지켜 의의 면류관을 얻은 사람들이, 그리고 승리적 교회(church triumphant)를 구성하며, 장자들과 온전하게 된 의인의 영들의 교회를(히 12:23) 구성할 자들이 날마다 세상으로부터 분리되어 나오는 것이다. 그리고 날마다 지상의 교회에, 곧 전투적 교회(the militant church)에 새로운 사람들이 덧붙여지는데, 이들은 교회 자체 내에서 나기도 하고, 선교의 사역을 통하여 들어오기도 한다.

교회의 이 두 부분들은 함께 속한다. 그들은 그리스도의 위대한 군대의 선두주자들과 후위주자들이다. 앞서 간 사람들은 이제 구름 같이 허다한 증인들로 우리를 둘러싸고 있으며, 그들의 평생을 통하여 믿음을 고백하여 우리에게 신실함과 인내를 교훈하고 있다. 우리가 없으면 그들이 완전해질 수가 없으며, 그들이 없으면 우리가 완전해질 수가 없다(히 11:40). 오직 모든 성도들이 다 함께 해야만, 그리스도의 사랑의 위대함을 충만히 알고 하나님의 모든 충만하신 것으로 충만하게 될 수 있는 것이다(엡 3:18-19). 그러므로 우리 모두가 하나님의 아들을 믿는 것과 아는 일에 하나가 되기까지, 그리스도의 장성한 분량에 이른 온전한 사람이 되기까지(엡 4:13) 역사는 계속될 것이다.

* * * * *

사도들이 교회 전체에 놀라운 특징들을 부여하면서 어떤 관념이나 이상을 염두에 둔 것이 아니라 하나의 현실체를 염두에 두었다는 점은, 그들이 각 지교회와 심지어 각 개개인 신자에 대해서도 동일하게 말하고 있다는 사실에서 가장 극명하게 드러난다. 예를 들어서, 고린도의 지교회는 갖가지 오류와 결점들이 있음에도 불구하고 성령이 거하시는 하나님의 성전으로, 또한 그리스도의 몸으로 불리고 있으며(고전 3:16; 12:27), 이와 마찬가지로 각 신자에 대해서도 그 몸이 성령의 전이라고도 말하고 또한 육체와 영으로 하나님께 속하여 있다고도 말하는 것이다(고전 6:19-20). 그들 모두가, 교회 전체가, 각 지교회가, 그리고 개개인 신자가, 동일한 은택을 누리며, 동일한 그리스도에게 참여하며, 동일한 성령을 소유하며, 또한 그 성령으로 말미암아 한 분이신 아버지께로 인도함을 받는 것이다(고전 8:6; 엡 2:18; 4:3-6). 그리스도께서 그의 신자들 각 사람에게 베푸시는 은혜의 분량이 서로 다르고(롬 12:6; 엡 4:7), 또한 은사나 직분이나 사역이 각 사람마다 다르나(고전 12:4-6), 이런 차이가 신자들의 통일성을 해치는 것이 아니라 오히려 그것을 촉진시키고 강화시키는 것이다.

만일 교회가 진정 하나의 유기체요 살아 있는 몸이라면, 이는 곧 교회에 갖가지 지체들이 있고, 그 지체들마다 나름대로 이름과 위치가 있으며, 전체 속에서 각기 나름대로 기능과 소명이 있다는 것을 시사한다. 만일 모두가 다 한 지체뿐이면 몸은 어디에 있게 되겠는가(고전 12:19)? 몸이 하나인데 많은 지체가 있고, 모든 지체들이 그 한 몸의 지체들이듯이, 교회도 그러하다(고전 12:12). 따라서, 교회의 각 지체마다 그리스도로부터 자신의 은사를 — 크 든 작든 간에 — 부여받는데, 각 지체는 그 은사로 자기 자신이 아니라 교회를 섬겨야 하는 것이다. 각 신자는 자신이 받은 바 은사의 본질에 따라, 하나님의 각양 은혜를 받은 선한 청지기답게 형제들을 섬겨야 한다(벧전 4:10). 그런 능력을 받은 것이 자기 자신을 위해서가 아니요, 전체의 유익을 위함이요(고전 12:7), 교회의 덕을 세우기 위함이며(고전 14:12), 서로서로 남을 돌보기 위함인 것이다.

그러므로 그리스도의 교회는 이처럼 풍성한 다양함 속에서도 여전히 하나의 단일체(a unity)로 남아 있다. 이는 곧, 언제나 하나의 교회밖에는 없었고, 앞으로도 언제나 하나의 교회밖에는 없을 것이라는 뜻이요, 동시에 이 교회는 언제나 어디서나 동일하며, 동일한 은택들과 특권들과 복을 누린다는 뜻이기도 하다. 단일성이란 외부로부터 교회에게 생기는 것도, 강제로 교회에게 부과되는 것도, 계약을 통해서 생겨나는 것도, 혹은 공통의 적을 대적하기 위해서 잠정적으로 조직되는 것도 아니다. 그 단일성은 심지어 신앙 생활의 사회적 본능들로부터 나오는 것도 아니다. 오히려 교회의 단일성은 영적인 성격을 띤다. 그것은 아버지와 중보자 그리스도 사이에 존재하는 단일성에 의존하며 또한 그 기초와 모범을 거기에 두는 단일성이다(요 17:21-23). 그것은 모든 가지들을 일으키시고 그들을 양육하시는 포도나무이시며(요 15:5), 온 몸을 그 안에서 자라나게 하는 바 머리이신(엡 4:16) 그리스도께로부터 나오는 단일성이며, 또한 우리를 한 분 아버지께로 인도하시는 한 분 성령으로 말미암아 생겨나는 그런 단일성인 것이다(고전 12:13; 엡 2:18; 4:4). 아버지의 사랑과 아들의 은혜, 그리고 성령의 교통하심은 각 신자의 몫이요, 각 지교회의 몫이요, 동시에 전체 교회의 몫이기도 하다. 깊고도 불변하는 교회의 단일성이 바로 여기에 있는 것이다.

이 단일성은 지상의 교회에서는 계속해서 매우 불완전하고 결점이 많은 상태로 있을 수밖에 없다. 교회 자체가 그렇듯이, 그 단일성 역시 아직 되어가는 과정 속에 있기 때문이다. 시종일관 단일성이 존재하고 있지만, 그것이 점진적으로 그 모습을 이루고 적용되는 것이다. 예수께서는 그것을 위하여 기도하셨고(요 17:21), 또한 사도 바울은 그것을 미래에 가서야 충만히 이루어지는 것으로 제시하였다(엡 4:13). 그러나 그럼에도 불구하고, 그것은 현실에서는 전혀 근거가 없이 그저 상상 속의 장난에 지나지 않는 것이 결코 아니다. 오히려 그 반대로, 그 단일성은 분명 존재하는 것이요 교회의 삶 속에서 다소간 표현되는 것이다. 그것은 불가시적인 교회에도 존재하며, 동시에 가시적으로 드러나는 교회의 모습에서도 표현되는 것이다. 예루살렘 교회의 경우에는 세례를 통하여 교회에 들어온 형제들과 자매들이 모두 사도들의 가르침과 교제와 떡을 뗌과 기도로 인내하였고(행 2:42), 그들 모두가 한 마음과 한 뜻이 되어 각자 필요한 것들을 서로 나누었는데(행 2:44; 4:32-35), 교회의 단일성이 그 교회에서 이런 식으로 나타났다. 그리고 후에 여러 곳에 교회들이 세워질 때에도 이러한 교회의 단일성이 그대로 지속되었다.

동시에, 유대인 출신의 그리스도인들과 이방인 출신의 그리스도인들의 배경과 관습들이 매우 다양하여 그로 인하여 교회의 이 단일성이 크게 장애를 겪기도 했고, 또한 그 두 부류의 그리스도인들이 함께 섞여 있는 교회들의 경우에 그 두 그룹이 서로 첨예하게 대립하는 일도 자주 있었고, 때로는 치열한 분쟁이 일어나기도 했다. 심지어 베드로도 안디옥에서 그런 갈등이 있을 때에 한순간 연약해져서 바울에게 책망을 듣기도 했다(갈 2:11-14). 그러나 이방인의 사도(바울)는 유대인에게는 유대인이 되었고, 모든 사람들에게 모든 사람이 되었으며, 그 단일성을 드러내는 위대한 목표를 언제나 바라보고 있었고, 모든 교회들에게 사랑과 평안을 권면하였다. 바울은 말하기를, 그들 모두가 한 몸이요 성령도 한 분이시며, 주도 한 분이시요, 믿음도 하나요, 세례도 하나요 만유 위에 계시고 만유 안에 계신 하나님 아버지도 한 분이시라고 하였다(엡 4:4-6). 신자들 모두가 서로 정확히 똑같을 필요가 없다. 왜냐하면 몸에는 여러 다른 지체들이 있고, 그 지체들이 각기 자신의 능력들로 전체의 몸을 섬기도록 되어 있기 때문이다(고전 12:4 이하). 그러므로 각 지체들은 서로 상대방의 자유를 존중해야 한다(롬 14장). 그리스도의 죽으심으로 말미암아 중간에 막힌 담이 무너졌으므로, 유대인과 이방인은 서로 화목하였고, 새 사람이 된 것이다(엡 2:14 이하). 그들은 그리스도를 주로 고백하는 데에서 하나요(고전 12:3), 또한 모두가 한 가지 의무, 즉 모든 일을 하나님의 영광을 위하여 행하여야 할 의무를 지고 있는 것이다(롬 14:6-8; 고전 10:31; 골 3:17). 그리고 바울은 그의 사역에서 축복을 받았으니, 곧 유대인과 이방인 사이의 반목이 점차 사라졌고, 교회의 단일성이 보존되었던 것이다.

그러나 그 이후에 이어지는 시대에서 그리스도의 교회는 온갖 종류의 이단과 분파로 인하여 분열되었다. 현 시대에 나타나는 무수한 교단들과 분파들은 정말로 애처로운 불일치의 장면을 연출하고 있다. 그러나 그럼에도 불구하고 그 옛날의 단일성을 부분적으로나마 아직도 볼 수가 있다. 모든 기독교 교회들이 여전히 동일한 세례로 말미암아 세상과 분리되어 있으며, 12조의 신앙고백으로 사도들의 가르침이 여전히 지속되고 있고, 비록 형식은 다르지만 여전히 동일하게 떡을 떼며 기도하고 있기 때문이다. 단일성을 지닌 교회야말로 우리의 믿음의 목표다. 비록 그것을 볼 수 없을지라도, 혹은 원하는 것만큼 선명하게 볼 수 없을지라도, 여전히 그 단일성이 지금도 존재하고 있으며 또한 언젠가는 완전하게 될 것이다.

교회의 또 다른 특징, 즉 거룩성도 마찬가지다. 애초부터 교회에 들어가는 유일한 길은 믿음과 회개를 통하는 것이었다. 누구든 회개하는 자는 세례를 받고 죄 사함과 성령을 선물로 받았다(행 2:38). 예수께서도 친히 세례를 베푸신 일은 없고(요 4:2), 사도들도 대개는 세례를 베풀지 않았으나(행 10:48; 고전 1:14-17), 교회에 속하기를 원하는 모든 사람들에게 세례가 시행되었다. 이 세례는 줄곧, 눈에 보이는 표징과 눈에 보이지 않는 영적 의미가 하나라는 사실을 통해 이해되었고, 육체의 더러움을 제거하는 것인 동시에 하나님을 향한 선한 양심의 간구로 이해되었으며(벧전 3:21), 그리하여 세례가 이제 폐하여진 할례를 대치하게 된 것이다. 이렇게 볼 때에 세례는 사실상, 노아를 구원한 방주가 그랬듯이 하나의 보존(a preservation)이었고(벧전 3:20-21), 그리스도와 함께 죽고 그와 함께 다시 사는 것이었으며(롬 6:3-4), 죄를 씻어내는 것이요(행 22:16), 세상과 단절하고 새로운 교제 속으로 들어간다는 것을 의미하는 것이었다.

그러므로 세례는 세상을 향한 전혀 다른 태도를 시사하는 것이었고, 따라서 사람이 세례를 받아 그리스도의 교회에 합류하기 위해서는 큰 용기가 필요했다. 교회에 주로 무지하고 평범한 사람들이 많았으나(고전 1:25-29), 멸시와 박해를 무릅써야 하는 사람들도 많았기 때문이다. 처음에는 이런 적대적인 자세와 핍박이 유대인들 쪽에서 왔다. 권세자들이 그런 태도를 취하기도 했고(행 4:1 이하; 5:17 이하; 6:12 이하; 9:1 이하), 일반 유대인들이 이방인들을 선동하여 소요를 불러일으키는 경우도 있었다(행 9:23 이하; 13:50; 14:2; 17:5 등). 때로는 이방인들 스스로 그리스도인들을 적대시하기도 했으나 그것은 예외적인 경우였고, 정부도 대개는 그리스도인들을 향하여 불편한 태도를 갖지는 않았다(행 17:9; 18:17; 19:35 이하; 21:32; 23:17 이하).

로마 당국이 처음 교회를 박해하기 시작한 것은 네로 황제의 재위 시절인 64년이었다. 그러므로 그리스도인들은 로마 당국으로부터 박해가 아니라 오히려 보호를 바랐고(행 16:37; 22:25; 25:10; 살후 2:7), 로마 정부를 하나님께서 정하신 권위로 인정하였으며, 그리하여 신자들에게 그 법에 스스로 복종하며 그 복지를 위하여 기도하라고 격려하였던 것이다(롬 13:1-7; 딤전 2:2; 딛 3:1; 벧전 2:13-17).

사회 생활에 대해서도, 사도들은 신자가 자기 배우자를 떠나보내서는 안 되며(고전 7:12; 벧전 3:1), 결혼할 때에는 주 안에서 하듯이 해야 한다고 권면하였다(고전 7:39; 고후 6:14). 그들은 남종이든 여종이든 각자가 부르심을 받은 그 부르심 그대로 지낼 것과(고전 7:20), 신자들이 불신자들과의 사귐을 완전히 절연해서는 안 된다는 것과(고전 5:10), 신자들이 연회의 초청을 수락할 수는 있으나 양심과 모범을 위하여 우상에게 드려진 제물은 양심과 모범을 위하여 먹지 말아야 한다는 것을 권면하였다(고전 10:27, 28; 8:12; 10:20). 더 나아가서 사도들은 신자들이 모든 사람과 — 원수와도 — 평화와 사랑 가운데 살아야 하며(롬 12:14, 17; 13:10; 갈 6:10; 골 4:5; 살전 3:12; 벧후 1:7), 하나님께서 창조하신 모든 것이 선하므로 아무것도 본래 부정한 것으로 여기지 말 것을 가르쳤다(롬 14:14; 딤전 4:4).

그러므로 세상에 대하여 교회가 갖는 관계는 자유의 관계요, 또한 그릇되고 부자연스러운 단절이나 도피에서도 완전히 자유로운 것이다. 그러나 그런 관계는 교회가 그 부르심을 의식하며 하나님 앞에서 거룩하게 행할 때에만 성립될 수 있는 것이다. 교회는 거룩하며, 거룩한 백성이며, 신자들은 거룩한 사람들 혹은 성도들이니(롬 1:7; 고전 1:2), 이는 그들 모두가, 또한 그

한 사람 한 사람이 성령의 전이기 때문이다(고전 3:16-17; 6:19). 그 성령으로 말미암아 예수 그리스도 안에서 씻음받아 거룩하게 되었으므로(요 17:17, 19; 고전 1:2; 6:11; 엡 5:26-27), 신자들은 모든 죄들과, 모든 육체의 일들과, 모든 세상적인 정욕들을 삼가고 그것과 죽기까지 싸워야 하며(갈 5:19; 골 3:5; 히 12:1, 4), 또한 그 반대로 모든 덕행들을 행하고 선한 것들을 따라야 한다(갈 5:22; 빌 4:8; 골 3:12; 딛 2:14 등). 그리스도인의 삶은 사랑의 삶이어야 한다(엡 5:2). 사랑이야말로 모든 덕 가운데 가장 큰 것이요(고전 13:3), 온전하게 매는 띠이며(골 3:14), 율법의 완성이기 때문이다(롬 13:10).

그리고 권징이 있는데, 이는 교회의 거룩한 성격을 보존하도록 하기 위하여 그리스도께서 교회에게 주시는 하나의 수단이다. 권징은 한 형제가 다른 형제에게 은밀하게 시행하여야 하는 것일뿐 아니라(마 18:15-22; 살전 5:14; 히 10:24), 공개적인 죄가 범해졌을 경우에는 교회가 그 지체들에게 권징을 시행하여야 한다(마 18:17; 고전 5:5; 고후 2:5-10; 딛 8:10). 사도 시대에 이 거룩함이 얼마나 사라지고 있었는지를 각 서신서들 모두가 보도하고 있고, 후 시대에도 흔히 심각한 종교적·도덕적 부패가 생겨났다. 그러나 그런 타락과 부패가 있은 후에는 그리스도의 성령께서 거듭거듭 부흥과 갱신의 역사를 일으키셨다. 교회의 이러한 거룩함은 또한, 그리스도께서 교회를 위하여 획득하신 특징으로서 그가 교회 안에서 교회를 통하여 이루시는 것이기도 하다.

그리고 마지막으로, 교회는 보편성(catholicity, 혹은 universality)의 특징을 지닌다. 이 특징은 무엇보다도 속사도 시대의 한 기록에서 그 명칭이 나타나는데, 그 의도는, 온갖 이단과 분파들이 있으나, 보편적인 공교회 전체가 하나요 그 속에 그리스도께서 계시므로, 참된 교회는 감독에게 복종하며 그 본체(本體)에 붙어 있는 것임을 선포하고자 하는 것이었다. 그 후에 온갖 다른 설명들이 그 명칭에 붙여졌다. 그리하여 그 명칭을 통해서 사람들은 교회가 온 세상에 퍼져 있으며, 처음부터 현 시대까지 모든 시대의 모든 신자들이 그 속에 포함되며, 또한 교회가 모든 진리와 은혜를 나눔으로써 모든 이들에게 구원을 위한 정당한 수단이 된다는 것을 깨닫게 되었다. 이런 설명들은 잘못된 것들이 아니다. 단, 여기서 교회라 할 때에, 예컨대 로마 가톨릭 교회와 같은 하나의 교회 조직체로만 생각해서는 안 되고, 모든 교회들 속에서 그 모습을 드러내는 — 따라서 그 순결함과 건전함의 정도가 각기 달리 나타나는 — 기독교 교회를 지칭하는 것으로 보아야 한다. 왜냐하면 그 교회가 사실상 보편의 교회이기 때문이다. 심지어 구약에서도 아담과 하와에게, 따라서 온 인류에게, 모체가 되는 약속(mother-promise)이 주어졌다. 그리고 후에 시대의 상황에 따라서 아브라함 안에서 특정한 백성을 택하여 계시를 맡은 자로 세우게 되지만, 그럼에도 불구하고 그 계시는 온 인류를 위한 것이었고 또한 온 인류를 위한 것으로 남아 있었다. 아브라함의 자손 안에서 땅의 모든 족속들이 복을 받을 것이었다(창 12:2). 그리고 선지자들의 예언은 계속해서 꾸준히 구속의 이러한 보편성에 시선을 두어왔다(욜 2:32; 미 4:1-2; 습 2:11; 사 25:6-10).

그리스도께서 그의 사역을 시작하셨을 때에, 그가 친히 이스라엘 집의 잃어버린 양들에게만 말씀하신 것은 사실이다(마 15:24). 그러나 그럼에도 불구하고 그가 선포하신 그 나라는 보편적인 성격을 띠고 민족적인 제한이 전혀 없는 것으로, 믿고 회개하는 모든 사람들에게 열려 있는 것이었다(막 1:15). 그는 말씀하기를, 유대인들이 그의 복음을 거부하면, 그 나라의 본 자손들은 내어쫓길 것이요, 동서로부터 많은 사람이 이르러 아브라함과 이삭과 야곱과 함께 천국에 앉을 것이라고 하셨다(마 8:11-12). 그가 친히 한 알의 밀처럼 땅에 떨어져 죽으실 것이요, 후에 많은 열매를 맺으실 것이다(요 12:24). 그에게는 이스라엘 외에도 다른 양들이 있으므로, 그들도 한 목자 아래에서 하나가 되도록 함께 인도하셔야 한다(요 10:16; 11:52). 부활하신 후 그는 제자들에게 모든 사람들에게 복음을 전하며 모든 족속으로 하여금 그를 따르게 할 것을 명하신다(마 28:19; 막 16:15). 그리고 사도들은 이 명령을 시행하였다. 예루살렘과 온 유대와 사마리아와 땅 끝까지 나아가 그의 증인들이 된 것이다(행 1:8).

여기서 주목할 만한 사실은, 예수께서는 계속해서 천국에 대해 말씀하시면서도 교회에 대해서는 그저 한두 차례만 말씀하셨는데, 사도들은 그 반대로 하나님 나라에 대해서는 별로 언급하지 않으면서도 그리스도의 교회에 대해서는 아주 상세히 말씀하고 있다는 점이다. 그러나 이에 대해서는 한 가지 설명이 가능하다.

예수께서 말씀하신 천국이란 우선 사람들의 모임이나 시민들의 단체가 아니고, 영적인 유익과 축복들을 집약시킨 것이요, 하나의 보화요(마 13:44), 진주요(마 13:45), 의와 평강과 성령 안에 있는 희락(마 6:33; 롬 14:17)이다. 그 나라는 하늘에 속한 것인데, 이제 그리스도와 함께 이 땅에 임하는 것이다. 아버지께서는 그리스도 안에서 모든 축복과 유익들을 베풀어주시기 때문이다(고전 1:30; 엡 1:3). 아버지께서는 그 나라를 그리스도께 맡기셨고, 또한 그리스도께서도 그 나라를 제자들에게 맡기신다(눅 22:29). 그는 이 땅에서 이미 그 일을 행하신다. 하나님의 영으로 말미암아 그가 귀신들을 내어쫓으실 때에, 그것이 바로 하나님의 나라가 임하였다는 증거이며(마 12:28), 또한 이 나라는 신자가 믿음으로 그 나라와 그 보화들을 누릴 때에 계속해서 임한다(눅 17:21). 이 나라는 나무가 자라듯이, 누룩이 온 덩어리를 부풀게 하듯이 그렇게 발전하며(마 13:31-33), 그리스도께서 재림하실 때에 그 모든 충만함 가운데 완성될 것이다(마 5:3 이하; 6:10; 눅 12:32; 행 14:22; 고전 15:24-28; 살후 1:5 등).

이렇게 이해할 때에, 이 나라는 그리스도의 초림(初臨)부터 그의 재림 시까지, 물과 성령으로 거듭나는 사람들에게, 또한 그리스도의 이름을 믿는 사람들에게 주어지는 것이다(요 1:12-13; 3:3-5). 그렇기 때문에 그 나라를 열매를 거두기 위하여 땅에 심어진 씨로 비유하며, 또한 온갖 물고기들을 잡기 위하여 바다에 던져지는 그물에 비유하는 것이요(마 13:24, 46), 또한 사도들을, 그물을 가지고 나아가 사람들을 잡아 들여서 그 나라의 현재의 축복과 미래의 축복에 함께 동참하도록 만드는 어부들로 비유하는 것이다(마 4:19).

그러므로, 예수께서는 그 나라의 복음을 선포하시고 또한 그 나라의 본질과 성격과 발전을 설명하시는 반면에, 그의 사도들은 그 나라의 복음을 수단으로 교회를 — 그 나라의 보화를 누리며 언젠가는 그 모든 것들을 충만히 받아 누리게 될 그런 교회를 — 모으는 일을 위하여 예수께 부르심을 받은 자들이었다. 그 나라의 말씀은 특히 그리스도 안에서 아버지께서 베푸시는 보화와 은택들과 축복들에 시선을 고정시키게 한다. 그러나 이와는 달리, 교회는 우리로 하여금 이미 그 은택들을 받은 상태에서 그것들을 충만히 누리게 될 미래를 향하여 움직여 나아가고 있는 사람들의 모임을 생각하게 만드는 것이다. 다시 말해서, 교회는 그리스도 안에서 하나님 나라의 소유자요, 주인이요, 보존자요, 분배자요, 상속자가 되는 것이다. 그것이 교회의 보화요 교회의 영광이며, 그 이외에는 다른 가치가 없다. 베드로가 한 다음의 말씀을 그 이후의 교회도 그 나름대로 반복할 수 있는 것이다: "은과 금은 내게 없거니와 내게 있는 이것을 네게 주노니 나사렛 예수 그리스도의 이름으로 일어나 걸으라"(행 3:6).

교회가 소유하고 있는 그 나라의 모든 보화들이 영적인 성격을 띠며, 금이나 은이나 권력이나 무력으로 된 것이 아니라, 의와 평강과 성령으로 말미암는 기쁨이므로, 보편성이라는 교회의 특징적인 속성이 교회에 생기게 된다. 교회는 땅이나 민족이나 때나 장소나, 어느 세대나, 돈이나 재물에게 매여있지 않고, 지상에서 구별되고 대비되는 모든 것들에게서 벗어나 독자적으로 존재하는 것이다. 교회는 모든 사람들에게 복음을 제시하며, 그 복음은 언제나 변함없는 유일한 복음이요, 모든 상황과 모든 처지에 있는 모든 시대의 모든 사람들에게 적합하며 또한 그들에게 필수적인 기쁜 소식이다. 하나님의 나라는 죄 이외에는 아무것과도 대적하지 않는 것이다.

* * * * *

처음 시작부터 신자들의 모임으로 간주되어온 이 교회는 구체적인 조직을 가졌다. 인간의 모든 조직체는, 혼란과 와해를 막기 위해서, 또한 그것이 세워진 본래의 목적을 정당하게 지향하기 위해서, 그 모임과 활동을 지배하는 규정들이 반드시 있어야 한다. 그리스도의 교회 역시 이러한 인간 사회의 일반적인 원리에 종속된다. 하나님은 무질서의 하나님이 아니시요 오직 화평의 하나님이시며, 따라서 그의 모든 피조물들을 위하여 규례를 세우셨고, 또한 교회 안에서도 역시 모든 일을 품위 있고도 질서 있게 하도록 의도하시는 것이다(고전 14:33, 40). 그리고 하나님께서 그런 규례를 특수한 목적을 위하여 사용하기를 원하시기 때문에, 규례를 세우는 일이 더더욱 교회의 삶에 필수적인 일이 되는 것이다. 어쨌든 이 땅에 존재하는 한 교회는 여전히 불완전할 수밖에 없고, 그 각 지체와 또한 모든 지체들이 함께 끊임없이 죄와 대적하여 싸워야 하고 거룩함을 좇아가야 한다. 그러니 어느 때에나 이들에게는 교훈과 지도와 방향 제시, 격려와 위로, 권면과 책망이 필요한 것이다. 그리고 그 뿐만 아니라, 교회는 대대(代代)로 자신을 재생산해야 한다. 교회는 언제나 동일한 지체들을 지니는 것이 아니다. 날마다 승리적 교회에로 옮겨가는 자들이 생겨나 그들을 잃게 되며, 또한 교회 안에서 양육받는 새 지체들이 끊임없이 생겨나며, 그들이 교회의 삶 속으로 들어오기 때문이다. 게다가, 교회는 그리스도께로부터 온 세상과 온 인류를 향하여 복음을 전파할 명령을 받았다. 그러므로 교회는 그 속에서나 바깥에서나 반드시 수행해야 할 거룩하고도 막중한 소명이 있는 것이다.

하나님은 이러한 명령을 교회에 맡기시면서, 동시에 그것을 수행하는 데 필요한 자질들과 장비를 주신다. 그는 교회가 그 어깨에 매어진 사명을 수행할 수 있도록 교회에게 은사와 능력과 운영을 주시도록 그런 방식으로 일을 주장하시는 것이다. 바울의 표현처럼, 하나님은 교회에게 사도와 전도자, 목사와 교사들을 주셔서 이들로 하여금 교회에서 사역의 일을 수행하게 하시고, 그리하여 그리스도의 몸을 세우시며 성도들을 온전케 하게 하셨다. 그러므로 그 목적이 이루어져서 모두가 함께 하나님을 믿는 일과 아는 일에 하나가 되어 온전한 사람들이 되고, 그리스도의 장성한 분량이 충만한 데까지 이르게 되기까지, 그러한 체제 전체가 계속해서 힘을 발휘해야 하는 것이다(엡 4:11-13). 다시 말해서, 이 땅에서 감당해야 할 소명을 생각할 때에, 교회는 신자들의 모임으로서 그 받은 바 소명에 부응할 수 있도록 그리스도께로부터 구체적인 제도, 곧 은사와 능력들과 직분들과 봉사들의 특별한 체제를 부여받은 것이다. 이처럼 법규와 규정들을 제정한 일은 후대에 와서 교회에 첨가된 것이 아니라, 처음 시초부터 있었던 것이다. 한꺼번에 모든 것을 다 논의할 수가 없기 때문에, 먼저 신자들의 모임으로서의 교회를 논하고, 그 다음에 그 교회의 삶과 활동을 지배하는 규정들에 대해서 논의하는 것이 좋을 것이다. 그러나, 후자의 것들이 생겨나기 전에 전자의 사실이 있었다거나, 혹은 후자가 없는 상태로 전자가 존재했었다는 식으로 생각해서는 안 될 것이다. 하나님께서는 처음부터 교회를, 세상에서 차지하는 위치와 또한 세상에서 담당해야 할 사명에 합당한 모습으로 세우신 것이다.

물론 전자와 후자가 시간적으로는 차이가 없는 것은 사실이나, 그 둘은 분명 서로 차이가 있다. 이는 교회에게 주어진 제도가 시간이 경과함에 따라 현저하게 바뀌었다는 사실에서 분명히 드러난다. 에덴 동산의 시대 이후부터 땅에 신자들이 있었고 그들은 분명 서로 함께 모여 서로 관계를 맺으며 살았다. 창세기 4:26에서 우리는, 에노스의 시대에 사람들이 여호와의 이름을 부르기 시작하였다는 기사를 읽게 되는데, 이는 가인 족속의 시대에 셋 족속들이 스스로 분리하여 여호와의 이름을 고백하는 일을 중심으로 함께 모여 집회를 가졌다는 사실에 대한 진술인 것이 틀림없다. 그러므로, 그때부터 공 예배가 있었다. 그것은 주로 설교와 제사와 기도로 이루어졌다. 그러나 그 이외에 조직에 대한 언급은 거의 없었다. 그 당시의 교회는 가정에 중심을 두고 있었다. 족장 시대에는 가장이 그 가족의 왕이요 또한 제사장이었다. 가장이 할례를 행하였고(창 17:23) 또한 희생 제사를 드렸다(창 22:2; 26:1).

그 후 시내산에서 율법이 주어지고, 하나님이 그의 백성과 언약을 세우시자, 큰 변화가 일어났다. 그때에 제사장직과 레위인 제도가 구체적으로 제정되었고, 희생 제사를 위하여 명확한 장소와 시간이 지정되었다. 그리고 제물들도 서로 구별되었고, 분명한 질서에 따라 정리되었다. 그리고 거룩한 사람, 시간, 장소, 행위와 관련된 모든 내용들이 철저하게 규정되었고 상세히 제시되었다. 율법은 지기에 무거운 멍에였으나(행 15:10), 그 시대에 죄에 대한 지각을 예리하게 하며, 죄 사함의 필요성에 대한 각성을 일으키며, 제사의 의미와 필연성에 대해 빛을 비추며, 그리하여 그리스도께로 인도하기 위해서는, 그것이 필요하였던 것이다.

그러나 이러한 공식적이며 합법적인 제도와 더불어, 이스라엘의 종교적 삶이 또 다른 방식으로 조직화되어갔다. 여기서 우리는 그 백성이 가나안 땅 전체에 살았고, 요단강 동편 지역에서도 살았음을 기억해야 한다. 그러니 이 백성들 가운데 상대적으로 적은 숫자만 큰 절기마다 예루살렘으로 올라갈 수 있었던 것이 자명한 사실이다. 게다가 그들은 모두 안식일을 철저하게 지킬 의무가 있었으며, 그들은 모두 자기들의 거주지에서 그날을 지켰다. 그날에 신자들이 종교적인 집회를 가졌고, 율법을 묵상하며, 노래를 부르고 함께 기도했다는 것은 당연한 일이다. 그러므로, 사도행전 15:21에서는 옛적부터 각 성에서 모세를 전하는 자들이 있었으며 또한 안식일마다 회당에서 그 글을 읽었다는 보도가 나타나는 것이다.

이 회당들의 기원은 알려져 있지 않으나, 포로기 동안과 그 이후 유대인들이 온 땅에 흩어져 고국과 성전으로부터 멀리 떨어져 살던 때에, 이 회당들이 새롭고 풍성한 의의를 가졌었다는 것은 확실하다. 유대인들이 사는 곳마다 회당이 세워졌고, 유대인들은 안식일과 절기 등 정해진 시간에, 또한 주중에도, 그곳에 모여 공통의 신앙을 고백하며, 함께 기도하며, 율법과 선지자의 일부분을 낭독하고 들었으며, 독자적인 강론도 들었고(눅 4:21), 또한 제사장의 축복을 받았다. 장로들의 회의가 교회를 다스렸고, 그들에게 권징과 출교를 시행하는 권한이 위임되었고, 그들이 봉사의 여러 부분들을 담당했고, 예배를 주관하였다(막 5:22, 35 이하; 눅 8:49; 13:14). 직분자들 중에는 구제를 위하여 헌금을 수납하는 회계가 있었고, 또한 성경책을 가지고 나오고 다시 가져가는 일을 맡은 사환(눅 4:20)이 있었다. 이러한 회당을 지배하는 규정 전체는 유대인들의 종교 생활을 위해서 지극히 중요했으며, 기독교 교회의 조직에도 갖가지 방식으로 모범이 되기도 했다.

예수께서는 습관적으로 이 회당의 집회들을 방문하셨고(눅 4:16), 친히 모세의 율법 전체에 스스로 굴복하셔서 그것들을 이행하심으로써 모든 의를 성취하셨다(마 3:15). 그러나 그가 오신 것은 그렇게 율법을 지키심으로 그것을 성취하셔서 그의 제자들의 어깨에 율법처럼 무거운 멍에와는 전혀 다른 가벼운 짐을 져주시기 위함이었다. 이 다른 멍에는 부드럽고 가벼워서 그들의 영혼에 안식을 가져다주는 것이었다(마 11:29-30). 그는 하나님 나라의 복음을 전하셨고, 그 주위에 제자들을 모으셨는데, 그들은 그를 주로 인식하였고, 점점 그분 자신과 그의 사역에 대해 더 깊이 알게 되었다.

이 제자들의 무리 가운데서, 그리스도께서는 이스라엘 열두 지파를 의식하시고(마 19:28) 열두 명을 택하셨고, 그들에게 사도라는 이름을 주셨다(눅 6:13). 이러한 선택이 얼마나 진지하고도 중요한 것이었는지는, 그가 홀로 산에 올라가셔서 하나님께 기도하심으로 밤을 지새우시고 그 이후에 그 일을 행하셨다는 사실에서도 잘 드러난다(눅 6:12). 인간적으로 보면, 하나님 나라의 미래의 많은 부분이 바로 이 선택에 달려 있었다. 주께서 열두 제자들 하나하나에게 주신 사도라는 이름은 사신(使臣), 혹은 사자(使者), 혹은 선교사를 뜻하는 말로 그 당시 흔히 쓰이던 말이었다. 유대인들 중에서도, 성전을 위한 자금을 위하여 예루살렘으로부터 보내심을 받은 사람들도 십중팔구 사도라는 이름으로 불렸을 것이다. 신약에서는 예수님 자신도 사도라 불려지시며(히 3:1), 또한 바나바도 그렇게 부르는데(행 14:4, 14), 아마도 몇몇 복음을 섬기는 다른 사람들도 그런 이름으로 불려졌던 것 같다. 그러나 사도라는 이름은 곧 예수께서 택하신 열두 사람과 또한 후에 특별한 방식으로 이방인을 위한 사도로 부르심을 받는 바울에게로 제한되었다(행 1:2; 2:37; 갈 1:17; 고전 9:5; 15:7; 계 2:2; 18:20; 21:14).

이렇게 사도들을 택하신 직접적인 목적은 그들로 하여금 예수와 함께 있게 하고, 그리하여 그로 말미암아 보내심을 받아 복음을 전파하고 병든 자를 고치게 하기 위함이었다(막 3:14-15). 마태복음 10:1 이하(막 6:7 이하; 눅 9:1 이하)에 따르면, 예수께서는 그렇게 그들을 갈릴리의 여러 마을과 도시들로 보내셨다. 이러한 파송 사역을 통해서 예수께서는 그 자신이 미치지 못하는 유대인들에게 복음을 전하고자 하셨으며, 동시에 그 사도들이 미래에 담당하게 될 사명을 미리 준비시키신 것이다. 그 미래의 사명이란 다름이 아니라, 예수의 승천 이후 그의 증인이 되어 온 세상에 나아가 그 증언 위에 그리스도의 교회를 세우는 일이었다. 그리스도께서는 이 일을 위해서 구체적으로 그들을 구비시키셨다. 곧, 그들과 함께 다니셨고, 그들을 가르치셨으며, 그의 말씀과 일들과 그의 생애와 고난과 그의 죽으심과 특히 그의 부활을 증거하게 하셨고(행 1:8, 22; 2:32; 3:15 등), 또한 그들을 모든 진리 가운데로 인도하시며 위로하시며 영원토록 함께 계실 진리의 성령(요 14:17; 15:26; 16:17; 20:23)을 보내주실 것을 그들에게 약속하신 것이 그것이다. 이러한 준비와 더불어 그는 그들에게 특정한 권세를 주셨다. 즉, 선포하고 가르치며, 각색 병든 자들을 고치고 세례를 시행하고 주의 성찬을 시행하며, 권징을 시행하고 죄를 사하고 또한 거부함으로써 천국을 열기도 하고 닫기도 하는 권세를 주신 것이다(마 16:19; 18:18; 28:19; 요 20:23). 사도들은 그리스도의 종들이었고 하나님의 비밀을 맡은 청지기들이었다(고전 4:1).

사도들 가운데 베드로가 첫째 자리를 차지했다. 그는 요한의 아들이요 벳새다의 어부였으며(요 1:43-44), 예수께서 그를 만나시기 전 이미 가버나움에서 결혼한 상태였다(막 1:21, 29). 그의 이름은 본래 시몬이었으나, 예수께서 처음 만나셨을 때에 그에게 반석을 뜻하는 게바 혹은 베드로라는 이름을 주셨다(요 1:42). 이 이름은 그의 성격과 사명, 그의 독립심, 그의 정직함과 확고부동함을 표현하는 것이었다. 예수의 생애 동안 그의 모습에서 그런 면이 나타났다. 그는 사도들 가운데 가장 먼저 택함받은 자였고(막 3:13), 사도들의 대표 혹은 대변인의 역할을 맡았다. 그의 확고부동함은 그리스도의 고난 중에 철저하게 입증되어야 마땅했으나, 그의 끔찍한 부인에 굴복하고 말았다. 그러나 예수로 말미암아 다시 회복되어(눅 22:32; 요 21:15 이하), 그는 형제들을 견고하게 할 수 있었다(눅 22:32). 그리하여 예수께서 승천하신 이후 그가 곧바로 다시 지도력을 발휘하였다. 맛디아를 택하는 과정에서(행 1:15 이하), 오순절의 설교에서(행 2:14 이하), 이적을 행하는 일에서(행 3:6), 공회 앞에서 교회를 옹호하는 일에서(행 4:8), 아나니아와 삽비라에 대한 심판 선언에서(행 5:4 이하), 사마리아 방문에서(행 8:14), 이방인들에게 복음을 전한 일에서(행 10:1 이하), 그리고 예루살렘 공의회에서(행 15:7 이하) 그의 지도력이 나타나고 있다.

로마 가톨릭 교회는 이 모든 정황을 근거로 베드로가 다른 사도들보다 더 높은 지위에 있었고, 그가 훗날 로마에서 최초의 교황이 되었다고 주장한다. 그러나 이는 전혀 근거가 없는 주장이다. 그가 최초의 사도요 또한 두드러진 사도였던 것은 사실이지만, 그가 다른 사도들보다 지위가 높았던 것도 아니요, 그들 위에 권세를 가진 것도 아니다. 그 나머지 열한 명도 그와 똑같은 사도들이었다. 복음을 전하고 가르치는 권세나, 세례와 성찬을 시행하는 권세나, 천국을 열고 닫는 권세는 그에게만 주어진 것이 아니라(마 16:19), 다른 사도들에게도 똑같이 주어진 것이었다(마 18:18; 28:19; 요 20:23). 사실상 사도행전 15장 이후에는 베드로가 뒤로 물러나기 때문에 그 이후의 그의 동정에 대해서는, 그가 안디옥과(갈 2:11) 바벨론(벧전 5:13)에 있었다는 것과 후에 로마에서 순교하였다는 것(요 21:18-19) 정도밖에는 알 수가 없다. 그는 바울에게 길을 내어주는데, 바울은 스스로 사도들 중에 가장 작은 자라 칭하면서도(고전 15:9), 동시에 그들보다 계급이나 직분이나 능력이나 사역에서 뒤지기를 원치 않으며(고전 15:10; 고후 11:23 이하; 12:11), 심지어 안디옥에서 베드로를 책망하기까지 한다(갈 2:11).

마태복음 16:18에서는 베드로가 예수의 메시야이심을 담대하고도 분명하게 고백하자, 주님은 다음과 같이 말씀하신다: "너는 베드로라 내가 이 반석 위에 내 교회를 세우리니 음부의 권세가 이기지 못하리라." 이 말씀을 하실 때에 예수께서 염두에 두신 것은 베드로 개인도, 그 자신과는 별개인 그의 고백도 아니었다. 오히려 그는 고백하는 베드로(즉, 고백자 베드로, 좀 더 구체적으로 말하면 모든 사도의 이름으로 그리스도를 고백하는 베드로)를 염두에 두신 것이다. 그리고 베드로 혼자만 그런 고백자였던 것이 아니다. 다른 사도들도 그렇게 고백하였으며, 따라서 교회는 베드로 한 사람 위에 세워진 것이 아니라 사도들 전체 위에 세워진 것이다(엡 2:20; 계 21:14). 사도회(the apostolate)야말로 교회의 기초다. 그들과 그들의 말씀과의 교제를 통하지 않고서는 그리스도와의 교제가 불가능한 것이다(요 17:20; 요일 1:3).

* * * * *

이 사도들은 예수의 승천 직후 예루살렘의 교회의 머리에 섰고, 이를테면 그 교회의 당회(consistory)를 구성하고 있었던 셈이다. 그들은 모든 권세를 갖고 있었다. 그들은 그 권세를 교회로부터 받은 것이 아니라, 그리스도 자신으로부터 받았다. 그러나 그 권세는 베드로의 다음과 같은 훗날의 묘사에서 나타나듯이, 하나님의 양 무리를 치기 위한 것이었다: "너희 중에 있는 하나님의 양 무리를 치되 억지로 하지 말고 하나님의 뜻을 따라 자원함으로 하며 더러운 이득을 위하여 하지 말고 기꺼이 하며 맡은 자들에게 주장하는 자세를 하지 말고 양 무리의 본이 되라"(벧전 5:2-3). 사도회가 교회 위에 서 있으나, 그것은 동시에 교회를 섬기기 위함이요 그 유익을 위함이다. 사도회는 교회를 위하여 제정된 것이다(엡 4:11-12). 우리는 예루살렘 교회에서 이를 분명히 볼 수 있다. 사도들은 신자들의 모임들을 인도하며(행 1:15), 말씀을 전하고 세례를 베풀며(행 2:38), 진리의 순결을 유지하고 떡을 떼며 교제와 기도를 지속시켰다(행 2:42). 그들은 표적과 기사를 행하였고(행 2:43), 가난한 형제 자매들에게 구제물을 나누어주었다(행 4:37; 5:2). 처음에는 교회에 사도 외에는 다른 직분이 없었다. 오늘날 교사들과 목사들과 장로들과 집사들이 행하는 모든 일을 그들이 담당했던 것이다.

그러나 이런 상태는 오래 계속될 수가 없었다. 교회가 밖으로 퍼져나가고, 특히 예루살렘 지역 바깥의 유대와 사마리아와 갈릴리에, 그리고 후에 이교도 세계에 교회들이 세워지면서, 권면과 도움을 제공해야 할 필요가 제기되었다. 그 일은 두 가지 방식으로 이루어졌다. 모든 교회들을 하나의 단일체로 간주하는 방식과, 동시에 각 교회를 개별적으로 대하는 방식이 그것이다.

예루살렘 바깥의 다른 도시와 마을들에서 점차 자라난 몇몇 교회들은 예루살렘 교회에 종속되지 않았고, 그 교회와 독립적으로 대등한 위치에서 함께 서 있었다. 예루살렘 교회가 최초의 교회였고 다른 교회들이 그 교회의 선교의 수고로 생겨났다는 점에서는 예루살렘 교회를 모교회(母敎會)라 부를 수도 있을 것이다. 그러나 다른 교회들이 예루살렘 교회와 의존적인 관계를 지녔다는 뜻으로 그 용어를 사용한다면, 그것은 잘못이다. 그런 의미라면 모교회라는 것은 있지도 않고 있을 수도 없다. 왜냐하면 각 교회는, 아무리 작고 미미한 교회라 할지라도, 또한 예루살렘 교회의 선교 사역을 수단으로 생겨났다 할지라도, 그 기원과 존재가 오로지 그리스도와 그의 성령으로부터 비롯된 것이기 때문이다. 그러므로 각 교회는 그리스도의 교회요, 다른 교회의 — 예루살렘 교회든, 로마 교회든 간에 — 지부(支部)나 지회(支會)가 아닌 것이다. 그러나, 팔레스타인 내부와 또한 그 나라 바깥에 점차로 생겨난 교회들이 예루살렘 교회의 자(子)교회가 아니고 그 자매 교회들이지만, 그 교회들은 전혀 차별이 없이 모두가 사도들의 권위에 의지했고 또한 그 권위에 복종하였다.

사도들은 그저 지역적인 치리회보다 훨씬 더한 존재들이었다. 그들은 교회가 어디에 세워지든 간에 기독교 교회 전체의 치리회였고 그런 상태로 남아 있었다. 그러므로 사마리아가 하나님의 말씀을 받았을 때에, 사도들은 베드로와 요한을 그곳에 보내어 신자들을 위해 기도하고 그들에게 안수하여 성령을 받게 하였고 그들에게 말씀을 선포하게 한 사실을 보게 된다(행 8:13-25). 후에 베드로는 유대와 사마리아와 갈릴리 지방의 모든 새 교회들을 순회하며 그들을 강건케 했고 그들 모두와의 교제를 돈독하게 했다(행 9:31-32). 그러므로 교회들이 독자적으로 존재하며 서로 느슨한 교제를 유지하면서 각자 자기들 나름대로 길을 가도록 내버려졌던 것이 아니다. 오히려 이 교회들은 사도회를 그 기초와 중심으로 삼고 나아갔던 것이다.

그러나 이로 인하여 사도들의 임무가 과중하게 되는 사태가 발생하였다. 임무를 분담하는 일은 물론 일꾼들을 늘리는 일이 절실하게 된 것이다. 그리하여 예루살렘 공의회에서, 예루살렘의 사도들은 유대인들에게로 가고 바울은 이방인들에게로 가도록 모두가 동의하고 승인함으로써, 임무의 분담이 이루어졌다(갈 2:6-9). 그러나 그런 임무의 분담이, 바울이 유대인들에게 다시는 말씀을 전할 수 없고 예루살렘의 사도들이 절대로 이방인들과 일을 할 수 없게 될 정도로 엄격하게 시행된 것은 아니었다. 바울은 그가 그렇게도 사랑한 그의 동족과 골육에 대해 가장 먼저 염려하였고, 베드로와 요한과 야고보도 이방인 출신의 그리스도인들 가운데서 적극적으로 활동하였다는 것이 그들의 서신서에서 드러나고 있다. 그러나, 그때에 결정된 임무의 분담은 개략적인 경계선을 제시함으로써 양쪽 모두에게 어느 정도 사역의 편이와 자유를 가져다주었다.

그 다음 두 번째로, 사도들이 동역자들을 취하여 다양한 활동들에서 그들의 보좌를 받았다는 사실을 고려해야 할 것이다. 바나바(행 13:2), 마가와 누가(행 12:25; 13:5; 몬 1, 24), 디모데(롬 16:21; 살전 3:2), 디도(고후 8:23), 실라(행 15:40) 등이 이에 해당되는 인물들이었다(롬 16:9; 빌 2:25; 4:3; 골 4:10-11과 비교하라). 때로는 빌립의 경우처럼(행 5:8, 40; 21:8) 이 사람들을 전도자로 부르기도 했다(엡 4:11; 딤후 4:5). 더 나아가서 사도들은 선지자들 — 이들은 특정한 직분은 없었으나 하나님께로부터 특별한 은사를 받은 사람들이었다 — 에게서도 도움을 받았다. 아가보(행 11:28; 21:10)와 빌립의 딸들(행 21:9)이 그런 사람들이었다. 이들은 교회를 일깨우고 또한 교회를 진리 가운데 서게 하는 일에도 함께 도움을 주었다(고전 12:28; 14:4; 엡 4:11).

이 모든 직분들 — 사도와 선지자와 전도자들 — 은 그 직분을 수행하는 자들이 죽음으로써 사라졌고, 그 직분의 성격상 다른 사람들로 대치되지 못했다. 그들은 교회가 땅 위에 세워져야 할 그 독특한 시기에 필요한 사람들이었다. 그러나 주님이 보시기에는 그들의 수고가 헛되지 않았다. 우선, 그들은 과연 예수 그리스도라는 유일한 기초 위에 교회를 세웠고(고전 3:11), 둘째로 그들의 증언들이 복음서와 서신서, 사도행전과 계시록 등, 신약의 책들 속에 계속 살아 있으며, 오늘날까지 온 교회 속에 살아 있기 때문이다. 교회가 어느 때에나 사도들의 가르침과 교제와, 떡을 떼는 일과 기도로 인내할 수 있는 것은 바로 이 증언 때문이다(행 2:42). 교회가 온 세상에 가득 퍼지고 또한 여러 시대들을 넘어 존재하는 동안, 먼저 말로 전해졌고 그 후에 기록된 사도들의 말씀이 교회의 단일성을 유지시켜주고 보장해 주는 것이다.

사도들은 교회를 다스리는 일과 관련하여 대체로 선지자들과 전도자들의 특별한 직분자들의 도움을 받았는데, 이와 마찬가지로, 각 지교회를 돌보는 일에 대해서는 장로들과 집사들의 지원을 받았다. 처음에는 사도들 자신이 구제물을 분배하는 일을 담당했었다(행 4:37; 5:2). 그러나 교회의 규모가 커지자, 그들이 이 일을 직접 처리할 수가 없게 되었다. 매일의 구제로 인하여 교회 내에 논란이 일어나자, 사도들이 제안하여 믿음과 성령이 충만한 일곱 사람을 택하여 식탁 봉사(service of tables)를 맡도록 하였다(행 6:1-6). 이 일이 과연 집사 직분의 제정에 관한 것이냐 아니냐에 대해 계속해서 상당한 이견들이 있어왔다. 사도행전 6장에서 사도들이 제정한 이 일곱 사람의 직분이 훗날의 집사 직분에 맡겨지는 것보다 더 많은 봉사와 일을 담당하였다고 보는 것도 전혀 불가능한 일은 아니다. 그러나 사도들 자신은 말씀과 기도의 사역을 전담하였고(행 6:4), 또한 새로 택한 일곱 사람에게는 식탁 봉사가 맡겨졌다는 것이 분명히 드러난다. 여기서 식탁 봉사란 일상적인 식사 혹은 연회 — 이는 대개 마지막에 성찬으로 마무리되었다 — 에 관계되는 규정을 세우며, 또한 신자들이 연회를 위하여 제공한 음식이나 음료나 돈을, 그리고 연회 후에 남은 것들을, 가난한 자들에게 분배하는 일이었다.

다른 교회들에서도 역시 집사의 직분이 제정되었다. 빌립보에도(빌 1:1), 에베소에도(딤전 3:8. 또한 롬 12:8; 고전 12:28과 비교하라) 집사들이 있었다. 디모데전서 3:8 이하에서 바울은 집사가 만족시켜야 하는 자격 조건들을 정리하여 제시하고 있다. 예루살렘의 사도들도 역시 그렇게 했었다. 그들은 교회에 일곱 사람을 택할 것을 제안하였고, 그 직분을 위하여 자격 조건과 그 직분의 본질과 기능을 알려 주었고, 그리하여 교회가 그들을 선출하였다. 그러나 나중에는 다시 사도들이 그들 위에 안수하여 그들을 집사 직분에 임명하였다.

집사들과 더불어 장로들도 활동하였다. 이 직분의 기원에 대해서는 전혀 알 수가 없다. 그러나 유대인들의 경우 시민 생활에서든 회당에서든 최연장자가 통치를 하는 것이 관행이었다는 사실을 생각하면, 교회의 지체들 가운데서 몇몇을 택하여 감독과 권징의 책무를 수행하게 했다는 것이 전혀 놀랄일이 아니다. 가장 먼저 사도행전 11:30에서 장로에 대한 언급이 나타난다. 거기서는 바나바와 사울이 유대에 사는 형제들에게 보내는 부조를 가지고 갔을 때에 그들이 그것을 받은 것으로 말씀하고 있다. 그리고 사도행전 15:2 이하에서는 유대인과 이방인들을 대상으로 한 선교 사역의 규정을 위하여 소집한 모임에 그들이 참여한 것이 언급되고 있다.

이 장로 직분 역시 다른 교회들에게 곧바로 도입되었다. 바나바와 바울은 그들의 선교 여행에서 세운 교회들마다 장로들을 택하여 세웠다(행 14:23; 21:18). 그리하여 에베소와(행 20:28) 빌립보(빌 1:1)에도 장로들이 있었다. 이 경우에는 그들을 가리켜 감독으로도 불렀다. 고린도전서 12:28의 "다스리는 것"이라는 표현은 아마도 장로를 가리키는 것으로 보이며, 에베소서 4:11의 "목사와 교사" 역시 장로를 지칭하는 것이다(살전 5:12; 고전 16:15-16; 롬 12:8; 히 13:7; 벧전 5:1; 약 5:14-16; 딤전 4:14; 5:17-22; 딛 1:5-9). 디모데전서 3:1 이하와 디도서 1:6-9에서 바울은 그들의 자격 조건을 제시하며, 디도서 1:5에서는 디도에게 각 교회에 장로들을 임명하라고 요구한다. 이 장로들은 교회를 감독하는 임무를 맡았고(행 21:28; 엡 4:11; 벧전 5:2), 또한 심지어 사도 시대 동안에도, 다스리는 자들로서 또한 그 이외에 말씀 사역과 진리를 가르치는 일에 수고하는 자들로 구별되었다(딤전 5:17; 히 13:7; 벧전 4:11; 딤전 3:2). 요한삼서 9에서 교회에서 으뜸이 되기를 좋아하면서도 자기 권세를 남용한 자로 나타나는 디오드레베와, 또한 일곱 교회의 사자들(계 2:1-8) 역시 동료 장로들과 구별되어 말씀 사역에 수고하였고 그리하여 독특하고도 중대한 위치를 차지했던 교사들이었을 것으로 보인다.

*　*　*　*　*

    사도들이 교회의 다스림을 위하여 발전시킨 단순한 정치 체제의 모습이 그러했다. 그들이 제정한 직분들은 그 숫자가 매우 적다. 사실 그 직분들은 두 가지뿐이다. 곧, 장로 직분 — 물론 이 직분은 가르치는 장로와 다스리는 장로로 다시 구분될 수도 있으나 — 과 집사 직분이 그것이다. 사도들이 실제로 제정한 직분들은 이 두 가지뿐이다. 그들은 그 직분들을 위하여 임무와 자격 조건들을 제시하긴 했으나, 사람들을 선출하는 일은 교회에 위임하였고, 그리하여 일단 선출되고 나면 그들이 안수하여 그 직분에 세웠다. 주도권을 행사하는 일 따위는 없었다. 그리스도께서 교회의 유일한 머리시요(엡 1:22), 한 주인이시요(마 23:8-10) 주님이시므로(요 13:13; 고전 8:6; 빌 2:11), 그리스도의 권세와 대등하거나 그 권세를 대적하는 권세는 교회 내에서 절대로 일어날 수가 없고, 오로지 그리스도께서 친히 세우시고 또한 그에게 치리를 받는 권세만이 일어날 뿐인 것이다.

    이러한 사실은 사도와 전도자, 선지자 등 교회가 세상에 세워지기 전인 그 첫 시기에 제정된 비범한 직분들에도 그대로 적용되었다. 그들은 그들의 직분과 권세를 교회로부터가 아니라 그리스도께로부터 받았고, 그 받은 바 권세를 교회를 섬기는 일을 위하여 적용해야 했다(마 20:25-27; 벧전 5:3). 오늘날까지 교회에 존재하는 일상적인 직분들도 마찬가지다. 아니, 그들에게는 더 강력한 의미로 그 사실이 적용된다. 목사와 교사들과 장로와 집사들 역시 그 직분과 권위를 그리스도께로 부여받았다. 그리스도께서 이 직분들을 제정하신 분이요, 그들을 계속해서 지탱시키시는 분이요, 교회를 통하여 그들을 임명하신 분도 바로 주님이시다(고전 12:28; 엡 4:11). 그러나 그 은사와 권위가 그들에게 주어진 목적은 그것들을 사용하여 교회의 유익을 도모하고, 성도들을 온전케 하는 데 있는 것이다(엡 4:12). 직분이 제정된 것은 교회가 사도들의 가르침과 교제와 떡을 떼는 일과 기도로 보존되도록 하기 위함이었던 것이다(행 2:42).

이러한 규례 혹은 제도가 단순하면서도 아름다운 것이었으나, 사도 시대 이후 그것이 곧바로 왜곡되고 손상되었다. 가장 먼저 감독의 직분 혹은 소위 감독제(episcopacy)가 등장하였다. 신약에서는, 그리고 속사도 시대의 특정한 저작들에서는, 장로와 감독이 여전히 동일한 사람을 지칭하는 뜻으로 사용되었다. 감독의 역할이, 즉 감독하고 권징하는 역할이, 선택된 장로(혹은 장로들)에게 주어진 임무의 정의(定義)였던 것이었다.

그러나 2세기 초부터 몇몇 교회들에서 이미 이 둘을 서로 구분하는 관례가 나타났다. 감독이 장로와 집사보다 계급상 더 높여졌고, 구체적인 직분을 지닌 자로, 즉 사도들의 후계자로, 교리의 순결을 보존하는 자로, 또한 교회의 모퉁잇돌로 간주되었다. 결국 이것이 성직 계급체제로 이어지게 되었고, 그리하여 한편으로는 장로와 집사들에게서 그 독립성을 모두 박탈하고 신자들을 그저 성숙하지 못한 평신도로 전락시키는 데로 이어졌고, 또 한편으로는 감독들과 사제들을 교회 위로 높이 추켜세우고, 그들 중에서도 로마 감독을 교회 전체의 군주의 지위로까지 높이 떠받들게 되었다. 이 로마 감독이 베드로의 후계자로서 하나님 나라의 열쇠를 지닌 자로, 또한 지상에 있는 그리스도의 대리자로 간주되었고, 교황으로서 신앙과 삶의 문제들에서 신적인 무오한 권세로 옷 입은 것으로 간주되었다.

그리스도의 교회에서 사제들의 다스림이 이런 식으로 발전해 가면서, 한 걸음 한 걸음 나아갈 때마다 반대와 장애에 부딪혔다. 그러나 이러한 갈등이 커지고 커져서 결국 기독교 세계가 둘로 갈라지게 되는 일은 종교개혁 시대에 가서야 비로소 일어나게 된다. 이들 중 재세례파 등은 더 극단적으로 치달아서, 어떤 형태든 간에 직분과 권위, 혹은 권세는 모두가 그리스도의 교회와 모순된 것이라고 주장하였다. 잉글랜드의 성공회는 로마의 교황과의 관계를 절연했으나, 감독제는 그대로 존속시켰다. 루터파는 설교의 직분을 회복시켰으나, 교회의 다스림과 가난한 자들을 돌보는 임무를 전적으로 시민 정부의 손에 넘겨버렸다. 이렇듯 교회의 정치 체제에 대한 온갖 종류의 제안들이 서로 공존하게 되었다. 그리고 오늘날까지 교회의 신앙고백에 관한 문제에 못지않게 교회 정치 체제에 대해서도 갖가지 교파들마다 의견이 분분한 상태인 것이다.

그러나 칼빈은 로마 교회의 성직 계급체제에 맞서 싸워서 설교의 직분은 물론 장로와 집사의 직분까지 회복시켰다. 그를 통하여 교회가 다시 한 번 그 자신의 영역과 그 자신의 독립적인 기능을 확보하게 된 것이다. 그는 교회의 독립성을 위하여, 권징의 자유로운 시행을 위하여, 말씀과 성례의 집행에서 순결을 유지하기 위하여 수년 동안 처절하게 싸웠다. 교회를 생각함에 있어서, 그는 교회의 직분들이나, 조직으로서의 교회를 먼저 생각하지 않았다. 오히려 그는 무엇보다도 교회를 신자들의 — 이들은 신앙 고백과 삶을 통해서 스스로 하나님의 백성들임을 증명해 보여야 하는 자들이요, 또한 모두가 인격적으로 그리스도께 선지자로 제사장으로 왕으로 기름 부음을 받은 자들이다 — 모임 혹은 교제로 보았다. 교회는 신자들의 어머니인 동시에 신자들의 공동체다. 교회란 그저 설교를 듣기 위해 일요일에 한 장소에 모이는 무리인 것만이 아니다. 그것은 주중(週中)에도 내내 안팎으로 발휘되는 그 영향력을 느끼고 체험하는 그런 공동체요 교제인 것이다. 설교의 직분은 여러 직분들 중의 하나일 뿐이요, 그 직분과 더불어 장로 직분이 있는데, 이 역시 개별적인 방문, 감독, 권징을 통해서 담당해야 할 일이 있다. 그리고 집사 직분이 있는데, 이는 가난한 자들과 병든 자들을 자비를 베풀어야 하며, 마지막으로, 박사(doctor) 혹은 교사의 직분이 있는데, 이는 진리를 해명하며 교훈하며 수호하는 기능을 지니고 있다.

교회마다 각기 독립하여 있고, 그 기초와 존재, 그 은사와 능력, 그 직분들과 그 집행의 근거를 오직 그리스도께만 두지만, 그럼에도 불구하고 각 교회는 그와 동일한 근거 위에 서 있는 모든 교회들과 긴밀한 관계를 맺고 있다. 사도 시대에도 그랬다. 아무리 작고 미미하다 할지라도 모든 교회 하나하나가 다 그리스도의 교회였고, 그리스도의 몸이요 성전이었다. 그러나 각 교회는 또한 그 문제에 대해서 결정이나 판단을 한 일이 전혀 없이, 처음부터 모든 다른 교회들과 영적으로 하나가 되어 있었던 것이다. 모든 교회들이 합쳐서 한 교회를 이루는 것이었다(마 16:18). 그 교회들 모두가 사도들의 권위 아래 있었고, 사도들은 그들의 말씀으로 온 교회의 터를 세운 것이다(엡 2:20). 교회들은 모두 생명과 고백에서 하나요, 또한 모두에게 한 세례, 한 믿음, 한 성령, 한 주가 있으며, 만유 위에 계시고 만유 안에 계신 한 분 하나님과 아버지가 계시다(엡 4:3-6). 교회들은 이곳저곳을 다니는 회원들(예컨대, 아굴라와 브리스길라, 행 18:2, 18; 롬 16:3; 딤후 4:19)을 통해서, 상호 간의 문안을 통해서(롬 16:16; 고전 16:20; 고후 13:12 등), 그리고 사랑의 선물들로 서로를 섬김으로써(행 11:29; 고전 16:1; 고후 8:1; 9:1; 갈 2:10) 서로서로 교제를 유지하였다. 교회들은 또한 사도들이 보낸 서신들을 서로 교환하기도 했고(골 4:16), 어떤 문제들에 대해서 함께 논의하고 공동의 결정을 내리는 중요한 선례(先例)를 남겼다(행 15장).

모든 교회 정치체제들 가운데, 칼빈이 회복시킨 형태의 장로회 정치 체제가 사도 시대의 정치 체제와 가장 잘 부합된다.

* * * * *

그리스도께서 교회에 제정하신 모든 직무들과 직분들은 말씀에 중심을 둔다. 그리스도께서 제자들에게 주신 것은 세상의 권세도 아니요(마 20:25-27), 사제의 군림도 아니다(벧전 5:3). 그들 모두가 신령한 사람들이요(고전 2:10-16), 성령의 기름 부음을 받은 자들이요(요일 2:20), 함께 왕 같은 제사장들이기 때문이다(벧전 2:9). 교회의 은사들과 직분들의 유일한 목적은 바로 그것들을 받는 자들이 그것들을 통해서 사랑으로 서로를 섬기는 데 있다(롬 13:18; 갈 5:13). 그들이 싸우는 무기는 순전히 영적인 것들로서(고후 10:4), 진리의 허리띠와 의의 흉배와, 믿음의 방패, 구원의 투구와 성령의 검 등이 바로 그것이다(엡 6:14-17).

그렇기 때문에 말씀이 또한 그리스도의 교회가 과연 진리와 순결함 속에 있는지를 가늠하는 유일한 표지이다. 교회의 모든 참된 회원들이 거듭나고 믿음과 회개에 이르고, 정결하게 되고 거룩하게 되며, 모이고 세워지는 것이 바로 말씀을 통해서 이루어진 것이요, 그들은 다시 바로 그 말씀을 보존하고(요 8:31; 14:23), 연구하며(요 5:39), 그것으로 영들을 분별하며(요일 4:1), 이 말씀을 가르치지 않는 모든 자들을 삼가라는 부름을 받고 있다(갈 1:8; 딛 3:10; 요이 9). 사실상, 칼빈의 표현을 빌면, 하나님의 말씀이야말로 사실 교회의 혼인 것이다.

하나님의 말씀은 오로지 교회 조직체에게, 직분자들에게만 주어진 것이 아니고, 모든 신자들에게 주어진 것인데(요 5:39; 행 17:11), 이는 인내로 또는 성경의 위로로 소망을 가지게 하고(롬 15:4) 또한 서로 가르치고 권면하도록 하기 위함이다(롬 12:7-8; 골 3:16; 히 10:24-25). 로마 교회는 이를 망가뜨렸으나, 종교개혁이 성경을 다시 모든 사람들의 손에 돌려주어 가족과 학교가, 과학과 예술이, 사회와 국가가, 각 개개인 신자가 이 가르침과 교훈의 근원을 접할 수 있도록 만든 것이다. 게다가 하나님께서는 말씀을 섬기는 직분을 주셨다. 그는 교회에 목사와 교사들을 주셨고 또한 계속해서 주시는데(고전 12:28; 엡 4:11; 딤전 5:17; 딤후 2:2), 이들은 공적으로나 가정에서 말씀을 섬기고(행 20:20), 신앙이 어린 자들에게는 젖을 주고 성숙한 자들에게는 단단한 식물을 주며(고전 3:2; 히 5:12; 벧전 2:2), 각 교회와 각 개개인의 사정과 처지에 따라 필요한 대로 이 일을 행하는 책임을 지닌 자들이다(행 20:20, 27; 딤후 2:15; 4:2). 다시 말해서, 말씀을 보존하며, 번역하며, 해석하며, 전파하며, 수호하고, 모든 사람들에게 선포하는 일 등이 모두 말씀 봉사에 포함된다. 그런 일들을 통해서 교회가 사도와 선지자의 터 위에 세워진 상태를 유지하며(엡 2:20), 또한 진리의 기둥과 터로서 서 있게 되는 것이다(딤전 3:15).

말씀은 성례에서도 확증되는데, 성례는 은혜 언약의 표징(sign)과 인(印: seal)이요 따라서 믿음을 강건케 하는 데 도움을 준다. 구약에서는 하나님께서 그 목적을 위하여 할례와(창 17:7) 유월절(출 12:7 이하)을 사용하셨다. 둘 다 신령한 의미를 지닌 표징들이었다. 할례는 믿음으로 된 의와(롬 4:11) 또한 마음의 할례의 인(印)이었다(신 30:6; 롬 2:28-29). 그리고 유월절은 그리스도를 지시하는 속죄제요 제사의 음식이었다(요 1:29, 36; 19:33, 36). 따라서 그 둘 모두가 그리스도의 고난과 죽으심에서 성취되었고(골 2:11; 고전 5:7), 신약에서는 세례와(마 28:19) 성찬으로(마 26:17) 대치되었다. 보편적으로 "성례"("비밀": 고전 4:1)로 알려진 이 두 가지 표징들 외에, 성경의 증거도 없이 다섯 가지 성례들(견진, 고해, 혼인, 서품, 종부)이 덧붙여졌고, 거기에 무수한 의식들이 덧붙여졌다. 그러나 성례가 공간적으로나 물질적으로나 그것들 자체 속에 하나님의 은혜를 포함하는 것으로 보아서는 안 되며, 오히려 하나님이 성령을 통하여 신자들의 마음에 베푸시는 은혜를 기억하게 하며 확증해 주는 것으로 보아야 한다. 은혜 언약 전체와 그 모든 은택들이 그두 성례의 내용이 된다. 다시 말하면, 그리스도 자신이 그 성례들의 내용이되시며, 따라서 믿음이 없이는 성례들이 그 은택을 전달해 줄 수가 없다. 그러므로, 그 성례들은 신자들을 위해서 제정되었으며, 이 신자들에게 그리스도 안에 있는 그들의 분깃을 확신시켜주는 것이다. 성례들은 말씀보다 선행하지 않으며, 말씀을 뒤따를 뿐이다. 또한 성례가 말씀이 줄 수 없고 믿음으로 받을 수도 없는 무슨 특별한 은혜를 베풀어주는 능력이 있는 것도 아니다. 오히려 성례는 하나님 편에서 제정하시고 사람 편에서 확증하는 바 은혜언약에 근거하는 것이다.

분명히 단언하건대, 세례는 죄 사함과(행 2:38; 22:16) 중생(딛 3:5)의 은택의 표징과 인(印)이요, 또한 그리스도와 그의 교회의 교제 속에 들어와 있다는 표징이요 인이다(롬 6:4). 그러므로 세례는 선교 사역을 통하여 그리스도께로 돌아온 성인들에게만 행하는 것이 아니라, 신자들의 자녀들에게도 행한다. 왜냐하면 그들도 그 부모와 함께 은혜 언약에 포함되어 있고(창 17:7; 마 18:2-3; 19:14; 21:16; 행 2:39), 교회에 속하여 있으며(고전 7:14), 주님과의 교제 속에 들어와 있기 때문이다(엡 6:1; 골 3:20). 그리고 이 자녀들이 자라나 분별할 수 있는 연령이 되어 공적인 고백을 통해서 스스로 이 언약을 인정하게 되면(고전 11:28), 그들은 다시 온 교회와 더불어 주의 죽으심을 그가 오실 때까지 선포하여 그리스도와의 교제 속에서 자신을 강건케 할 사명을 받는 것이다. 세례와 성찬이 물론 똑같이 은혜 언약을 그 내용으로 하며, 또한 둘 다 죄 사함의 은택을 확신케 해 주지만, 성찬은 그리스도와 그의 모든 지체들과의 교제 속에 들어왔다는 표징과 인이 아니라, 그 교제 안에서 성숙되고 강화된다는 사실의 표징과 인이라는 점에서(고전 10:16-17) 세례와 다르다.

그리고 마지막으로, 말씀과 성례의 시행에다 권징의 시행과 구제의 봉사가 덧붙여져야 할 것이다. 권징은, 처음에 베드로에게 주어졌고(마 18:18; 요 20:20) 그 다음에 공식적으로 조직화된 교회 전체에 주어진(마 18:17; 고전 5:4; 살후 3:14) 열쇠의 권세라고도 불리는데, 이것은 교회가 그 직분자들을 통해서 의인들에게는 주의 이름으로 형통할 것을 말씀하고 또한 불경건한 자들에게는 그들이 행한 그대로 거둘 것을(사 3:10-11) 말씀하는 것이다. 교회는 신자들의 각 모임에서 말씀을 집행하는 중에 전체적으로 공적으로 이를 행하며, 또한 공식적인 가정 방문 시에 구체적으로 개별적으로 이를 행한다. 개혁 교회에서는 이것은 로마 교회의 고해 성사를 대신하게 되었는데, 이것은 사도적 모범에 근거하는 것이다(마 10:12; 요 21:15-17; 행 20:20; 히 13:17). 그리고 마지막으로 교회는 그런 권징을 완고하게 죄 가운데 있기를 고집하는 자들에게 구체적인 권면을 통해서도 시행하며, 또한 교회의 교제로부터 출교시키는 일(excommunication)로도 시행한다(마 18:15-17; 롬 1:16-17; 고전 5:2; 5:9-13; 고후 2:5-10; 살후 3:6; 딛 3:10; 요이 10; 계 2:2).

그러나 교회는 이처럼 그리스도의 이름으로 주의 성례들을 시행하며 죄인들을 그 교제 바깥에 두는 일을 행하는 것은 물론, 가난한 자들과 병든 모든 사람들을 큰 자비로 불쌍히 여기며 그들의 영적·육체적 궁핍을 채워줌으로써 그들을 보살핀다. 그리스도께서 친히 이 일을 행하셨고(마 11:5), 그의 제자들도 그 일을 명령하였다(마 5:42-45; 6:1-4; 25:34 이하; 막 14:7 등). 교회의 회원들은 성도들의 쓸 것을 공급하고(롬 12:13), 검소하게 살며 나누어주고 즐거움으로 긍휼을 베풀며(롬 12:8), 고아와 과부를 그 환난 중에 돌보고(약 1:27), 병든 자를 위하여 주의 이름으로 기도하며(약 5:14), 요컨대 서로서로 짐을 지고 그리하여 그리스도의 법을 성취하여야 하는 것이다(롬 12:15; 갈 6:2).

믿음과 사랑이 주의 교회의 힘이요, 이 둘에다 소망이 덧붙여진다. 어디로 가고 있는지도 모르고 실망과 좌절 때문에 부패에 빠지곤 하는 세상 속에서, 교회는 그 복된 소망을 드러내는 것이다. "죄를 사하여 주시는 것과, 몸이 다시 사는 것과, 영원히 사는 것을 믿사옵나이다."

제 24 장

영생

사람이 이성으로 아무리 궁리해도, 만물의 마지막과 종착점은 그 시작과 존재와 마찬가지로 캄캄한 안개 속에 가려져 있다. 과학의 빛을 받아 이 신비에 도달하려 하는 자들은 누구나 곧바로 다음과 같은 현대 학자들의 말을 인정하게 되고 만다: "역사의 마지막과 목적이 대체 무엇인지는, 나도 모르고 아무도 모른다."

그런데도 불구하고, 이 혼란스런 문제들을 해결하거나 아니면 그 문제 자체를 없애버리고 사람의 마음에서 지워버리고자 하는 새로운 시도들이 끊임없이 행해지고 있다. 근래에 들어서면서, 많은 학자들이 이런 입장을 취하게 된 것이다. 당시에 유물론이 유행했는데, 그것은, 사람이 죽으면 그것으로 모든 것이 끝나며 따라서 불멸을 믿는다는 것은 웃음거리에 불과하다고 강력하게 외쳤던 것이다. 그 대변인격인 한 사람은 공개적으로 선언하기를, 무덤 이후의 존재에 대한 믿음이야말로 과학이 싸워 무찔러 정복해야 할 마지막 원수라고도 했다. 결국 눈에 보이고 손에 잡히는 세계만이 존재하는 유일한 세계였다. 그리고 이 세계에 대해서는 어느 누구도 그 기원이나 종말을 논할 수가 없다. 그 세계가 영원한 미로 속에서 떠돌기 때문이다. 피상적이고 아무런 위로도 주지 못하는 이런 가르침 때문에, 사람이 영원에 대해 해명하고자 하는 모든 노력을 헛된 것이라 선언하며, 그저 이 감각적인 삶이 허용하는 만큼 누리면 그 뿐이라고 생각하게 되는 실질적인 결과가 초래된 것이다: "내일 죽을 것이니 먹고 마시자!"

지금도 여전히 그런 식으로 생각하고 행동하는 사람들이 많다. 그러나 사고의 방향에 변화가 일어났다. 곧, 면밀히 조사해 보면 영원에 대한 질문들이 그렇게 어리석거나 헛된 것 같지는 않으며, 처음 생각처럼 그렇게 쉽게 대답할 수 있는 것이 아닌 것 같다는 것이었다. 각양각색의 사람들의 종교들을 연구함으로써, 불멸에 대한 믿음이 모든 사람에게 공통적으로 있으며 심지어 지극히 야만적이며 원시적인 종족들에게도 있다는 사실이 빛을 보게 된 것이다. 이 분야에서 막강한 명성을 얻은 화란의 한 학자는 몇 년 전에 증언하기를, 철학적인 사색들이 무시하거나 아니면 기타 원인들이 억제하지만 않는다면, 이러한 불멸에 대한 지각을 어디서나 볼 수 있고, 모든 사람들에게서, 문명이 발달되어 가는 모든 단계에서 볼 수 있다고 하였다. 그리고 그는 더 나아가서 이 불멸에 대한 지각은 어디서나 종교와 연관되어 있다고도 했다. 사실, 모든 종족들과 민족들은 사람이 본성적으로 불멸하다는 것과 또한 죽음을 설명할 수 없을 뿐이지 불멸은 입증할 필요가 없는 사실이라는 확신에 근거하여 행동하는 것이다. 어디서나 죽음을 무언가 부자연스런 것으로 느낀 것이다. 많은 사람들의 믿음에 따르면, 죽음이란 적대적인 영들이 하는 일이다. 다시 말해서 이 사람들은, 죽음이 존재하지 않았고, 삶이 끊어지지 않고 계속되던 때가 인류에게 있었다고 생각하는 것이다.

죽음 이후의 영혼의 상태에 대해서도 이교도 세계에는 온갖 생각들이 많다. 어떤 이들은 영혼이 무덤 속에 있는 시신과 함께 그대로 남아 있어서 살아 있는 자들과 계속해서 교제를 가지며, 그들에게 영향력을 행사하고, 그들에게 나타날 수도 있다고 주장한다. 다른 사람들은 죽음 이후 모든 영혼들이 하나의 거대한 죽음의 영역 속에 함께 들어가 거기서 창백한 유령의 상태로 살거나, 아니면 전혀 무의식과 잠 속에 빠져든다고 생각하기도 한다. 또한, 영혼들이 인간의 몸에서 벗어난 후 즉시로 다른 몸 속으로 들어가는데, 이 땅에서 사는 동안 행한 일에 따라서 나무의 몸이나, 이런저런 동물의 몸이나, 인간의 몸이나, 아니면 무언가 더 높은 존재의 몸 속으로 들어간다는 생각이 오늘날 광범위하게 퍼져 있다. 그리고 마지막으로, 불멸이라는 관념이 흔히, 선과 악이 죽음 이후에 다른 운명을 맞게 되고 다른 처소들에서 계속 존재하게 된다는 식으로 표현되기도 한다. 죽음 이후의 영혼의 상태와 조건에 대해서 달리 생각하는 것에 따라서, 시신을 매장하거나 화장하는 의식들이나 죽은 자를 대하는 예법도 달라진다. 때로는 이교도들의 종교 전체가 실질적으로 조상 숭배의 형식을 취하기도 한다. 이교도들의 견해는 죽음 이후의 영혼의 상태에만 제한되는 경우가 많으나, 가끔 그 시야가 더 넓혀져서 세상의 종말에까지 관심을 갖는 경우도 있다. 그리고 그럴 때면, 선이 악에 대해, 빛이 어둠에 대해, 하늘의 세력과 권세가 땅과 땅 아래의 세력과 권세들에게 승리를 거두게 될 것이라는 식의 기대가 계속해서 다시 나타나는 것이다.

이런 모든 이교도적 사상들 — 이는 기독교에 의해서 이미 굴복되었고 정화되었다 — 이 현대에 들어서 다시 나타나고 수많은 사람들의 지지를 받고 있다. 유물론도 시간이 지나자 사람들을 거의 만족시키지 못하게 되었고, 일부가 정반대의 극단으로 돌아선 것이다. 사람은 언제나 동일하며, 마음도 변하지 않으며, 소망이 없이는 살 수가 없는 법이다. 죽음 이후에도 영혼이 계속해서 산다는 것이나, 아직 살아 있는 자들에게 그 영혼들이 나타나 계시를 주기도 한다는 것이나, 죽는 즉시 살아 있을 때의 행실에 따라서 다른 몸을 입게 되고 다시 살게 된다는 것이나, 이런 모든 사고들이 이제 여러 계층에서 새로운 지혜로, 최고의 지혜로, 환영받고 있는 것이다. 사실 어떤 경우에는 죽은 자들을 다시 불러 올리기도 하고, 예배하기도 하고, 두려워하기도 한다. 정령 숭배나 심령술이 유일하시고 참되신 하나님께 드리는 예배를 대신하여 다시 나타나고 있는 것이다.

이러한 정령 숭배가 진화론과 긴밀하게 연관된다는 것은 특히 괄목할 만한 시대적 표증이다. 언뜻 보면, 이러한 연관성이 이상하게 여겨지기도 할 것이다. 사람이 동물로부터 발달되었다는 것을 받아들이는 사람이 어떻게 죽음 이후의 영혼의 계속적인 존재를 믿을 수 있단 말인가? 그러나 면밀히 생각해 보면, 이런 연관성은 지극히 단순하고도 자연스런 것임이 드러난다. 만일 산 자들이 죽은 자들로부터 나오고, 영혼이 물질로부터 나오며, 인간이 동물로부터 나오는 일이 과거에 가능했다면, 미래에 인간이 이 땅에서든 아니면 죽음 저쪽에서든 더 높은 상태로 발전하게 된다는 것이 어째서 불가능하겠는가? 죽음으로부터 삶이 나올 수 있다면, 죽음이 또한 더 높은 삶의 수준으로 이어질 수도 있을 것이다. 동물이 사람이 될 수 있다면, 사람이 천사가 되는 일도 가능하지 않겠는가? 그런 진화론적 사고가 모든 것을 가능케 만들고 모든 것을 설명해 주는 것처럼 보였던 것이다.

그러나 이러한 종이 집이 조심스럽게 건축되어 이런 소망을 갖는 바로 그 순간, 그것을 떠받치는 기초가 흔들리기 시작하였다.

사실, 불멸의 이론들과 진화를 주장하는 자들은 죽음과 무덤, 심판과 형벌에 관한 성경의 가르침을 전혀 듣고 싶어하지 않는다. 그들의 판단으로는 죽음이란 죄에 대한 형벌이 아니고, 그저 더 높고 더 나은 삶에로 전환되는 수단일 뿐이다. 각 사람이 자기의 소원과 행위의 결과를 져야 한다는 것 이외에는 죽음에는 심판의 요소가 전혀 없다. 누구나 진화의 과정 속에 들어가 있으므로 오류와 방황의 시기를 길게 혹은 짧게 지나고 나면 조만간 적절한 시점에서 다시 나오기 때문에, 지옥이란 있을 수가 없는 것이다. 그런데 과연 영생이라는 것이, 끊임없는 복락과 영광을 누리는 삶이, 가능한가 하는 질문을 받으면, 이들은 갑자기 말문이 막혀 버린다. 그들은 기독교의 죽음과 무덤, 심판과 형벌의 교리를 오랜 동안 반대해왔고, 또한 이런 교리들이 사라지기를 학수고대해오던 터여서, 그런 기독교의 교리가 사라지면 영생에 대한 소망도, 영원한 복락에 대한 소망도 함께 사라지지 않겠느냐 하는 질문을 스스로 제기하기를 잊어버린 것이다. 그런데 그런 질문을 제기하는 순간, 그 뜨거운 싸움의 와중에서 영생에 대한 소망이 사라져버린 것이 분명해진다. 사람의 마음에서 모든 두려움을 잘라내는 데 사용되었던 그 칼이 모든 소망도 함께 잘라내어 버린 것이다.

최소한 분명한 사실은, 만일 진화가 세계와 인류를 — 이 땅의 삶에 대해서나 미래에 대해서도 — 지배하는 유일한 법칙이라면, 영생에 대한 소망이 그 확실한 기반을 상실하고 만다는 것이다. 결국 나중에 가서 모든 것이 만족스런 상태가 될 것이라는 사고는 그 자체가 이미 하나의 추측이며, 성경과 양심에서도, 자연과 역사에서도 전혀 뒷받침을 받지 못하는 사고인 것이다. 그러나 설사 잠시라도 이런 추측이 옳다고 가정한다 해도, 절대로 그런 상태는 계속 유지될 수 없다. 과거에 작용하여 이 새로운 상태를 가져오게 만든 그 동일한 발전의 법칙이 계속해서 작용하여, 인간을 전혀 다른 상태에 들어가게 만들 것이기 때문이다. 진화론에는 그 어디에도 안식처나, 목표나 목적이 없다. 많은 사람들이 진화론이 복락의 상태를 가져올 것으로 기대하고 있으나, 그 복락의 상태도 역시 언제나 변화하는 과정 속에 있을 뿐이다. 영원한 복락의 삶 따위는 불가능한 것이다. 그리하여 어떤 이들은 안식처가 불가능하다는 것을 납득하고서, 만물의 영원한 회귀(回歸)를 가르친 고대의 이교도의 교리를 다시 불러들여서, 이 개념을 세계의 문제에 대한 해결책으로 제시하기도 한다. 기존의 세계가 그 발전의 정점에 이르면, 다시 붕괴하고 모든 것을 새로 시작하게 된다. 밀물이 있은 다음에는 썰물이 오며, 썰물이 지나면 다시 밀물이 온다. 발전이 있은 이후에는 쇠퇴가 있고, 그것이 다시 새로이 발전을 일으키며, 그렇게 끝없이 나아가는 것이다. 그러니 영원이란 없고, 오로지 시간밖에는 없는 것이다. 존재(being)는 없고 오로지 생성(生成: becoming)만이 있을 뿐이다. 오로지 피조물만 있을 뿐이요, 지금도 계시고 과거에도 계셨고 미래에도 계실 창조주란 없는 것이다.

이 모든 것들은, 그리스도 바깥에 있고 이스라엘 나라 바깥에 있으며 약속의 언약들에 대하여 외인(外人)인 자들은 세상에서 소망도 없고 하나님도 없다(엡 2:12)는 성경의 말씀을 확증해 준다. 그들이 그것이 사실이라고 추측하기도 하고 그렇게 바랄 수도 있고, 사실 끊임없이 그렇게 하고 있지만, 그들의 그런 소망에는 견고한 기초가 전혀 없다. 그리스도인의 소망이 갖는 확실성이 거기에는 없는 것이다.

* * * * *

그러나 이스라엘에게로 시선을 돌리면, 전혀 다른 사고를 접하게 된다. 구약은 소위 영혼의 불멸성에 대해 전혀 말씀하지 않고, 그것에 대해 단 하나의 증거도 제시하지 않는다. 그러나 그러면서도 구약은 삶과 죽음에 대하여 전혀 다른 사상을 제시하는데, 이는 다른 어느 곳에서도 찾을 수 없는 것으로서 미래를 전혀 다른 시각으로 바라보는 것이다.

성경에서 죽음은 결코 멸절(滅絶: annihilation)이나 무존재(無存在)와 동등한 개념이 아니다. 죽는다는 것과 죽은 상태에 있다는 것은 성경에서, 이 땅에서 하나님과의 교제 속에서 인간이 본래 누렸던 그 온전한 삶, 풍성한 삶, 충만한 삶과 대조되는 의미로 사용되는 것이다. 그렇기 때문에 사람이 죽을 때에 육체만이 아니라 그 사람의 영혼도 영향을 받는 것이다. 전인(全人)이 죽는 것이요 또한 그때에는 그 사람이 육체와 영혼으로 죽음의 상태로 존재하는 것이다. 그 사람은 더 이상 땅에 속하지 않고 죽은 자의 영역(스올, 혹은 음부)의, 땅의 깊음 속에 — 물 밑에, 산들의 터 밑에 — 있는 것으로 여겨지는 한 장소의(민 16:30; 신 32:22; 욥 26:5; 시 63:9) 거민(居民)이 된다. 물론 죽은 자들이 거기서 여전히 존재하는 것은 사실이지만, 이 존재는 삶이라 부를 만한 가치가 없고 마치 무존재와 흡사하다(욥 7:21; 14:10; 시 39:12). 그들은 연약하며 무기력하고(시 88:4; 사 14:10), 침묵 속에 살며(욥 3:13, 18; 시 94:17; 115:17). 어둠과(욥 10:20–21) 썩음의 땅에서(욥 26:6; 28:22) 사는 것이다. 생명의 성격을 지닌 모든 것들이 거기서는 끊어진다. 하나님과 사람도 거기서는 보이지 않고(사 38:11) 여호와께 드리는 찬송도 감사도 없으며(시 6:5; 115:17), 여호와의 탁월하신 일들을 선포하지도 않고 그의 기이한 일이 보이지도 않는다(시 88:10–12). 죽은 자들은 지식도 지혜도 학문도 없고, 해 아래 일어나는 모든 일에 참여할 수가 없다(욥 14:21; 전 9:5, 6, 10). 죽음은 잊음의 땅이다(시 88:12).

그리하여 이스라엘의 성도들은 죽음을 생명과 빛의 세계로부터 전적으로 버려지는 것으로 여겼다. 그리고 이것과는 대조적으로 삶은 안녕과 구원의 충만함으로 여겼다. 일종의 벌거벗은 존재라는 식의 추상적이고 철학적인 방식으로 삶을 바라보지 않았다. 삶은 본질 그대로 축복의 충만함을 지닌 것이었다. 무엇보다도 하나님과의 교제가 충만하며, 또한 그의 백성들과의 교제가 충만하며, 여호와께서 그의 백성에게 주신 그 땅과의 교제가 충만한 상태가 바로 삶이었던 것이다. 영혼과 육체가 하나된 상태로, 또한 하나님과 하나된 상태로, 주위의 모든 것들과 조화된 상태로 누리는 충만하고도 풍성한 실존 — 삶은 이 모든 것들을 포괄하는 것이요, 또한 거기에 복락과 영광, 덕과 행복, 평화와 기쁨이 포함되어 있는 것이다. 만일 사람이 하나님의 명령에 순종하는 상태로 남아 있었더라면, 그는 이 풍성한 삶을 맛보았을 것이요 죽음을 보지 않았을 것이다(창 2:17). 그랬다면, 사람의 육체와 영혼이 갈라지는 일도 없었을 것이고, 하나님과, 인류와, 땅과의 관계를 이어주던 든든한 결속도 깨어지지 않았을 것이다. 그리고 사람이 태초에 그가 누렸던 그 풍성한 교제 속에서 영원토록 살게 되었을 것이다. 그리고 사람으로서 그의 존재의 하나됨과 충만함을 그대로 지니고 있는 불멸의 존재가 되었을 것이다.

죄로 말미암아 사망이 세상에 들어오게 되었으나, 그럼에도 불구하고 하나님은 은혜로 사람과의 교제를 새롭게 하시고, 이스라엘과 언약을 세우신다. 이 언약에서 그 충만한 교제가 원칙적으로 다시 세워진다. 그 언약은 구약 시대에 존재했던 대로, 하나님과의 교제를 포함하고 있었고, 그 결과로 그의 백성과 그의 땅과의 교제도 거기에 포함되었다. 하나님과의 교제야말로 그 언약이 주는 가장 첫째 가는 중요한 은택이다. 그 교제가 없이는 사실 삶에 대해서 논의할 수조차 없다. 하나님은 아브라함과 그의 자손에게 "내가 너와 네 후손의 하나님이 되리라"(창 17:7)고 말씀하심으로써, 친히 언약으로 자기 자신을 그들에게 매이게 하셨다. 그는 이스라엘을 애굽에서 이끌어내셨고 시내산에서 그들과 언약 관계에 들어가셨다(출 19:5; 20:2; 겔 16:8).

그러므로 이스라엘 백성과 또한 그 백성의 각 구성원들로서는 여호와와의 교제 속에 있지 않고서는 결코 기쁨이 없는 것이다. 불경건한 자들은 이를 깨닫지 못하고 언약을 깨뜨렸고, 자기들의 방식대로 삶과 평화를 구했다. 그들은 생수의 근원을 버렸고, 물을 가두지 못할 터진 웅덩이들을 팠다(렘 2:13). 그러나 성도들은 하나님과의 교제가 생명임을 알고 그것을 기도와 노래로 표현하였다. 여호와께서 그들의 기업의 분깃이며, 그들의 반석이요 요새이시며, 그들의 방패와 산성이셨다(시 16:5; 18:2). 그들에게는 주의 인자하심이 생명보다 나았다(시 63:3). 주께서 그들의 최고 선이셨고, 하늘에서나 땅에서나 주밖에는 사모할 이가 없었다(시 73:25). 모든 것을 잃어버리고 원수들에게 쫓김을 당하고 그들에게 패퇴한다 할지라도, 그들은 그들의 구원의 하나님 안에서 기쁨을 누렸다(합 3:18). 하나님과의 이러한 교제 속에서 그들은 이 땅의 삶의 모든 비참한 일들을 초월할 수 있었고, 또한 무덤에 대한 두려움과 죽음의 처절함과 스올의 어둠까지도 초월할 수 있었다. 불경건한 자들이 잠시 번영을 누릴 수도 있으나, 결국에는 망하고 만다(시 73:18-20). 그들의 길은 곧바로 사망으로 이어진다(잠 8:36; 11:19), 그러나 성도들에게는 여호와를 경외함이 생명의 샘이다(잠 8:35; 14:27). 그는 이 땅의 삶에서도 그들을 자주 구원해 주시나, 그는 또한 죽음의 영역에 대해서도 권세를 지니고 계시다. 그의 영으로 거기에도 계시는 것이다(시 139:7-8). 그에게서는 아무것도 감추어지는 것이 없으니, 사람의 마음도 다 아신다(욥 26:6; 38:17; 잠 15:11). 여호와께서는 멸하기도 하시고 살리기도 하신다. 그는 깊은 곳으로 내려가실 수도 있고 거기서 다시 나오실 수도 있다(신 32:39; 삼상 2:6; 왕하 5:7). 그는 에녹과 엘리야를 죽음을 보지 않고 취하여 갈 수도 있으시고(창 5:24; 왕하 2:11), 또한 죽은 자를 다시 살릴 수도 있으신 분이다(왕상 17:22; 왕하 4:34; 13:21). 사실 그는 죽음을 멸하실 수도 있고, 죽은 자들을 죽음에서 다시 살리심으로 죽음에 대해 완전히 승리하시는 것이다(욥 14:13-15; 19:25-27; 호 6:2; 13:14; 사 25:8; 26:19; 겔 37:11-12; 단 12:2).

물론, 구약 시대의 신자들이 여호와의 교제가 파괴될 수가 없고, 죽어 무덤에 내려가거나 죽음의 상태에 머물러 있다 해도 그 교제가 잠시라도 깨어질 수가 없다는 것을 다소간 인식하고 있었던 것은 사실이다. 그러나 그럼에도 불구하고 그들 대부분은 그런 것과는 좀 다른 사상적 기류 속에서 살았다. 그들은 이에 대해서 우리와는 상당히 다르게 느낀 것이다. 우리는 미래에 대해 생각할 때에 우리 자신의 죽음에 대해서만 거의 생각하고 우리의 영혼이 천국에 있는 것으로 상상한다. 그러나 이스라엘 사람들은 우리가 생각하는 것보다 훨씬 더 풍성한 삶을 생각하였다. 그들의 경우는 하나님과의 교제에 대한 인식이 그의 백성과 그의 땅과의 교제와 결부되어 있었던 것이다. 참되고 충만한 삶은 모든 분리를 이기는 승리였다. 그것은 사람이 본래 창조함을 받을 당시의 그 풍성한 교제를 회복하고 확증하는 것이었다. 하나님께서는 한 사람과 언약을 세우신 것이 아니라, 그의 백성과 또한 그가 그들에게 기업으로 주신 땅과 언약을 세우신 것이다. 그러므로 오직 미래에 여호와께서 친히 임하셔서 그의 백성들 중에 거하시고 그 모든 불의를 씻으시고 모든 원수들에 대한 승리를 베푸시고, 그 백성을 그 번영과 평화의 땅에서 안전히 살게 하실 때에야 비로소 죽음이 충만히 극복되고, 삶이 찬란하게 밝아오게 될 것이었다. 그러므로 이스라엘의 성도들의 믿음의 눈이 자신의 개인적인 삶의 종말에 시선을 두는 경우는 비교적 희귀했다. 대개의 경우 그들은 그보다 훨씬 더한 것을 바라보았다. 곧, 그들의 땅과 그들의 백성들의 미래까지도 바라보았던 것이다. 그들은 자기들이 언제나 전체의 일부임을 느끼고 있었다. 가문과 종족과 지파와 민족의 일부임을, 곧 하나님께서 친히 언약을 맺으셨고 따라서 그가 절대로 버리거나 멸하지 않으실 그런 민족의 일부임을, 분명히 느끼고 있었던 것이다. 그러므로 이스라엘의 신자는 그 백성의 미래에서 자기 자신의 미래를 확신하였고, 자신의 불멸과 영생이 신정정치에 속한 자신의 분깃에 보장되어 있음을 보았다. 여호와의 진노가 하루 정도 계속될 수도 있으나, 그의 인자하심이 평생토록 이어질 것이다. 현재의 형편이 마치 하나님이 그 백성을 잊으신 것처럼 보이고, 또한 하나님께서 그들의 권리를 지나쳐버리신 것처럼 보일 수도 있으나, 징계의 채찍이 지나면 하나님께서 다시 돌이키시고 절대로 깨어지지 않을 새 언약을 세우실 것이다. 이스라엘의 성도들의 사모함은 그들의 영혼의 모든 소원과 더불어 바로 그 미래에로 향하였다. 그들은 소망의 백성이었고, 메시야에 대한 약속이 그들의 기대의 핵심이었다.

그 모든 기대들은 하나님이 그의 백성과 세우셨던 그 언약에 근거하여 거기에 터를 둔 것이었다. 이스라엘이 여호와의 음성에 불순종하고 자기 마음대로 행하면 여호와께서 극심하게 벌하시고 온갖 전염병으로 때리실 것이라는 그 언약의 법도 마찬가지였다. 이스라엘의 성도들이 땅의 모든 족속들에서 택함받은 존재이기 때문에, 하나님께서 그들의 모든 죄악에 대해 그들을 벌하시는 것은 당연한 일이다(암 3:2). 그러나 그 징계는 일시적이요, 그 후에는 여호와께서 그의 백성에게 다시 긍휼을 베푸시고 그들로 하여금 구원을 누리게 하실 것이었다(레 26:42 이하; 신 4:29 이하; 30:1-10; 32:15-43).

여호와께서 그의 언약을 잊으실 수가 없기 때문에(레 26:42), 그는 그의 백성을 징계하시되 억제하시고, 그들을 버리시되 잠깐 동안만 그렇게 하신다(사 27:7 이하; 54:7-8; 렘 30:11). 그는 그의 백성을 영원한 사랑으로 사랑하시므로(미 7:19; 렘 31:3, 20), 그의 평화의 언약은 사라지지 않을 것이다(사 54:10). 그는 자신의 이름과, 또한 이방인들 가운데 그의 영광이 걸려 있으므로, 형벌의 기간이 끝나면 그 백성을 구속하시고 그들로 하여금 그 모든 원수들에게 승리하게 하실 것이다(신 32:27; 사 43:25; 48:9; 겔 36:22).

따라서, 여호와께서 그의 백성에게 자비를 베푸시고, 그의 원수들에게 보응을 쏟아부으실 그 "여호와의 날"이, 그 크고 무서운 날이 오고 있다(욜 2:11, 31; 말 4:5). 그날에 여호와께서 세우실 그 나라는 그 백성의 도덕적인 능력으로 말미암아 점진적인 발전을 통해서 임하는 것이 아니다. 오히려 그 나라는 위로 하늘로부터 임하며, 여호와의 기름 부은 자로 말미암아 이 땅에 임하게 된다. 그러한 기름 부은 자에 대한 약속은 이스라엘과 온 인류 전체의 역사를 통틀어 가장 오래된 시기까지 거슬러 올라간다. 이미 에덴 동산에서부터 여자의 후손과 뱀의 후손 사이의 싸움이 선언되고 있으며, 여자의 후손의 승리가 약속되고 있다(창 3:15). 아브라함은 그 안에서 땅의 모든 족속이 복을 받을 것이라는 말씀을 듣는다(창 12:3; 26:4). 유다는 그의 형제들보다 크게 칭송받는다. 그에게서 실로가 올 것이요, 그에게 모든 백성이 순종하게 될 것이기 때문이었다(창 49:10).

다윗은 이스라엘 전체의 왕으로 지명될 때에 그의 집이 영원토록 이어질 것이라는 말씀을 듣는데(삼하 7:6; 23:5), 이때에 그 약속이 특별히 견고한 형태를 취하게 된다. 그 이후 예언들이 이 약속을 매우 상세하게 제시한다. 하나님이 그의 나라를 세우실 통치자가 다윗의 왕 가문에서 나되, 베들레헴에서 날 것이다(미 5:1-2). 그는 다윗의 줄기에서 나는 싹으로(사 11:1-2), 다윗의 가지에서 임할 것이다(사 4:2; 렘 23:5-6; 33:14-17; 슥 3:8; 6:12). 그는 궁핍한 환경 속에서 자랄 것이요(사 7:14-17), 온유하고 겸손하여 나귀 새끼를 타실 것이요(슥 9:9), 여호와의 고난받는 종으로서 그 백성의 죄악을 친히 지실 것이다(사 53장). 그러나 이 겸손한 다윗의 자손은 동시에 다윗의 주이시요(시 110:1; 마 22:43), 기름 부은 자, 혹은 메시야시요, 이스라엘의 참된 왕으로서 왕적인 고귀함과 더불어 선지자의 능력과 제사장의 능력들을 지니실 분이시다(신 18:15; 시 110편; 사 11:2; 53:1 이하; 슥 5:1 이하; 6:13; 말 4:5 등). 그는 모든 민족들이 굴복하게 될 통치자시요(창 49:10; 시 2:12), 그는 또한 임마누엘, 여호와 우리의 의, 놀라운 모사, 전능하신 하나님, 영존하시는 아버지, 평강의 왕 등의 이름을 지니실 것이다(사 7:14; 9:5; 렘 23:6).

이 메시야가 세우실 나라는 의와 평화의 나라로서 영적이며 물질적인 축복들의 보화를 가져다 줄 것이다. 시편과 선지자들은 그 메시야 왕국의 영광으로 가득 차 있다. 여호와께서는 그의 기름 부은 자로 말미암아 그의 백성을 포로에서 돌아오게 하실 것이요, 동시에 이 귀환과 더불어 그들에게 참된 마음의 회개를 베푸실 것이다. 물론 그들 모두가 귀환하는 것도 아니요, 모두가 여호와께로 돌아올 것도 아니다. 그의 백성에게도 임하게 될 심판에서 많은 자들이 멸망할 것이다(암 9:8-10; 호 2:3; 겔 20:33 이하). 그러나 은혜의 선택에 따라서 남은 자들이 있을 것이다(사 4:3; 6:13; 렘 3:14; 습 3:20; 슥 13:8-9). 그리고 이 남은 자들이 여호와께 거룩한 백성이 될 것이요, 여호와께서는 그들에게 영원토록 신실하실 것이다(호 1:10; 2:15; 사 4:3; 11:9). 그는 그들과 새 언약을 세우실 것이요, 그들의 죄를 사하시고, 그들의 모든 부정함을 깨끗이 씻으시고, 그들에게 새 마음을 주시고, 그의 법을 그들의 마음에 기록하시며, 그의 영을 그들에게 부으시고 친히 그들 가운데 거하실 것이다(욜 2:28; 사 44:21 이하; 43:25; 렘 31:31; 겔 11:19; 36:25 이하 등).

그 나라와 함께 온갖 영적인 은택들은 물론 온갖 물질적인 축복들이 임할 것이다. 전쟁도 없을 것이고, 칼들이 보습으로 바뀌고 창들이 쟁기로 바뀔 것이며, 그들 모두 그들의 포도나무와 무화과나무 아래에서 평안히 앉을 것이다. 그 땅이 놀랍게 비옥할 것이며, 짐승들에게도 과거와는 전혀 다른 본성이 주어질 것이며, 하늘과 땅이 새로워질 것이며, 질병도, 슬픔도 눈물도 없을 것이요, 사망이 삼킨 바 되어 승리하게 될 것이다. 죽은 이스라엘 사람들도 함께 죽은 자 가운데서 살아나 이런 축복에 참여하게 될 것이요(사 26:19; 단 12:2), 또한 이방 민족들이 마지막에 여호와께서 하나님이심을 인정하고 그에게 영광을 돌릴 것이다(렘 3:17; 4:2; 16:19; 겔 17:24 등). 성도들의 나라가 땅의 모든 나라들을 다스릴 통치권을 받게 될 것이요(단 7:14, 27), 또한 다윗의 집의 그 기름 부은 왕이 바다에서부터 바다까지, 강에서부터 땅 끝까지 다스리실 것이다(시 2:8; 22:28; 72:8 이하).

* * * * *

이 모든 구약의 약속들의 성취가 그리스도께서 육체로 오심으로 시작되었다. 오랜 세월을 통해 기대되어왔던 그 천국이 그리스도 자신에게서와 그의 사역을 통해서 이 땅에 세워졌기 때문이다. 그리스도께서는 자신의 피로써 여호와께서 과거에 그의 백성들과 세우셨던 언약보다 더 나은 새 언약을 확증하셨고, 오순절에 은혜와 기도의 성령을 교회에 보내셔서 그들을 모든 진리 가운데로 인도하시며, 마지막까지 교회를 온전케 하시는 것이다. 그러나 구약의 예언이 하나의 큰 인물 속에서 파악한 내용이 후에 가서 여러 부분들로 나뉘어졌다. 이런저런 것이 거기에 병행하여 생겨난 것이다. 그 예언은 한순간에나 혹은 한 날에 실현될 것이 아니고, 오랜 기간에 걸쳐서 조금씩 조금씩 성취될 것이었다. 좀 더 구체적으로 말하면, 신약은 선지자들이 예견한 메시야의 강림이 초림과 재림으로 분리되어야 한다는 것을 가르치는 것이다. 예언과 일치하여, 그 메시야가 구속과 심판의 목적을 위하여, 즉 하나님의 백성을 구속하고, 그의 원수들을 심판하기 위하여, 반드시 오셔야 했다. 그러나 이 예언이 성취될 즈음에 이르자, 이 두 가지 목적들이 모두 제각기 그리스도의 구체적인 강림을 요한다는 것이 분명히 드러난 것이다.

어쨌든 예수께서는 이 땅에 계시는 동안 자신이 오신 것이 이제 잃어버린 자들을 찾아 구원하기 위함이요(눅 19:10), 자기 목숨을 많은 사람들을 위한 대속물로 주시기 위함이요(마 20:28), 세상을 정죄하기 위함이 아니라 구원하기 위함(요 3:17; 12:47; 요일 4:14)이라는 사실을 거듭거듭 표현하셨다. 그러나 동시에 그는 그가 비추시는 빛으로 말미암아 세상에 심판과 분열을 가져오시며(요 3:19; 9:39), 그가 언젠가 다시 오셔서 산 자와 죽은 자를 심판하실 것임을(요 5:22, 27-29) 분명하고도 힘있게 진술하시는 것이다. 그가 십자가에 못 박혀 죽임을 당하셔야 하는 것은 사실이다. 그러나 그 후에 그는 다시 살아나시고 하늘로 다시 오르실 것이요(마 16:21; 요 6:62), 그리하여 마지막에 다시 오셔서 모든 백성들을 그 앞에 모으시고 각기 행위에 따라서 상급을 내리실 것이다(마 16:27; 24:30; 25:32 등).

그러므로, 주님의 이 두 차례의 강림은 서로 큰 차이가 있다. 초림 시에는 그리스도께서 육체의 연약한 모습을 지니고, 종의 형체로 나타나셔서 그의 백성들의 죄를 위하여 고난당하시고 죽으셨다(빌 2:6-8). 그러나 재림 시에는 그가 크나큰 권능과 영광 가운데서 자기 자신을 정복하시는 왕으로 모든 사람에게 드러내 보이실 것이다(마 24:30; 계 6:2; 19:11). 그러나 주님의 이 두 차례의 강림은 서로 밀접하게 연관되어 있다. 초림은 재림을 위하여 길을 예비해 준다. 성경의 사상과 천국의 기본법에 따르면, 오직 고난을 통해서만 영광에 들어갈 수 있으며, 십자가만이 면류관으로 이어질 수 있고, 낮아지심만이 높아지심으로 이어질 수 있기 때문이다(눅 24:26).

그의 초림 시에는 그리스도께서 터를 세우셨고, 그의 재림 시에는 하나님의 건물을 완성하신다. 초림은 그리스도의 중보자 사역의 시작이요, 재림은 그 사역의 끝이다. 그리스도께서는 완전한 구주로서 그저 구원의 가능성만이 아니라 구원의 현실을 가져다주시는 분이시기 때문에, 그에게 속한 자들이 그의 피를 값으로 산 바 되고, 그의 성령으로 새롭게 되고, 그가 있는 곳으로 인도되어 거기서 그의 영광을 함께 바라보며 누리게 되기까지는 절대로 쉴 수가 없고, 쉬지도 않으실 것이다(요 14:3; 17:24). 아버지께서 그에게 주신 사람들에게 반드시 영생을 주셔야 하며(요 6:39; 10:28), 그의 교회를 흠도 티도 없이 아버지께 드리셔야 하며(엡 5:27), 그 나라가 완성되고 성취된 후 그 나라를 아버지께 돌려드리셔야 하는 것이다(고전 15:23-28).

그리스도의 초림과 재림이 이렇듯 서로 밀접하게 연관되어 있기 때문에, 또한 그 중 하나가 없이는 다른 하나도 결코 생각할 수가 없기 때문에, 성경은 그 두 강림 사이의 시간적 간격의 길고 짧음에 대해서 거의 강조하지 않는다. 성경에서는 내용적 연관성이 시간적 연관성보다 훨씬 더 중요하다. 두 강림 사이의 시간이 아주 짧은 것으로 제시되는 경우가 많다. 신약의 신자들은 말세를 사는 자들이다(고전 10:11; 벧전 1:20; 요일 2:18). 그들이 당할 고난이 얼마 남지 않았다(벧전 1:6; 5:10). 왜냐하면 그날이 다가오고 있고(히 10:25, 37), 미래가 가까웠고(약 5:8), 때가 가까웠고(계 1:3; 22:10), 심판주가 문 밖에 서 계시며(약 5:9), 그리스도께서 속히 오고 계시기 때문이다(계 3:11; 22:7, 20). 바울은 그와 그 당시 사람들이 살아서 그리스도의 재림을 보리라는 것을 가능성이 있는 일로 보았다(살전 4:15; 고전 15:51).

그러나 이런 일들을 말씀하면서도, 성경은 그 간격이 어느 정도인가에 대해서는 전혀 구체적인 지침을 주지 않는다. 오히려 다른 곳에서는 분명히 말씀하기를, 그날과 그 시는 사람들과 천사들에게 숨겨져 있고 오직 아버지께서 그의 권능으로 정하셨다고 한다(마 24:36; 행 1:7). 그 미래의 시점을 계산하려는 노력은 부당한 것이요 열매도 없는 일이다(행 1:7). 주의 날이 한밤

중 사람들이 알지 못하는 시각에 도둑 같이 임할 것이기 때문이다(마 24:42-44; 살전 5:2, 4; 벧후 3:10; 계 3:3; 16:15). 사실상 그날은 복음이 모든 백성들에게 선포되기까지(마 24:14), 저 불법의 사람이 나타나기까지(살후 2:2 이하)는 임할 수가 없다. 주께서는 우리와 시간을 재는 기준이 다르시다. 그에게는 하루가 천년 같고 천년이 하루 같다. 주께서 더디신 것처럼 보이지만, 이는 아무도 멸망하지 않고 다 회개에 이르게 하시고자 사람들을 향하여 오래 참으시는 것이다(벧후 3:8-9).

그러나 성경이 그리스도의 두 강림 사이의 기간에 대하여 이처럼 다양하게 말씀하는 것은 그 둘이 서로 밀접한 관계가 있다는 것을 가르치기 위함이다. 아버지께서 그리스도에게 행하라고 주신 일은 하나의 일이요, 그 일은 모든 시대를 다 포괄하며 인류의 전 역사를 다 포괄한다. 그 일은 영원 전에 시작되었고, 시간 속에서 계속되었고, 영원 속에서 다시 끝날 것이다. 그리스도께서 이 땅에서 육체로 사신 잠깐 동안의 기간은 그가 주와 임금으로 지정되신 그 모든 시대에 비하면 아주 미미한 일부분에 지나지 않는다. 그 기간 동안 고난과 죽으심으로 그가 성취하신 일은 그의 승천 때로부터 그의 말씀과 성령을 통하여 교회 안에 적용되며, 또한 그의 재림 시에 그가 그 일을 완성시키실 것이다. 그가 하늘로 오르신 것은 사실 그의 백성들에게 더 가까이 계시기 위함이요, 그들과 더불어 끊임없이 더 친밀하게 관계하시기 위함이요, 언제나 그들 가까이 오시기 위함이었다. 그의 초림과 재림 사이의 시간은 사실상 그리스도께서 세상에 계속해서 임하시는 시간인 것이다.

구약 시대에 온갖 현현들과 활동들을 통해서 그가 육체로 오실 것을 미리 전하셨듯이, 그는 지금도 심판과 분리의 역사를 위하여 오실 그의 재림을 준비하고 계신다. 그는 지금 그의 말씀과 성령으로 말미암아 사람들의 세상에 심판과 분리의 역사를 일으키고 계신 것이다. 신약의 신자들은 바로 이러한 그리스도의 계속적인 강림을 증거하고 있는 것이다. 그들은 인자가 하나님의 권능의 오른편에 앉으신 것과 하늘 구름을 타고 오시는 것을 본다(마 26:64). 그들은 말씀 선포와 그의 성령의 역사하심 속에서 그의 강림을 본다(요 14:18-20; 16:16, 19 이하). 그리스도께서 한 번 이 땅에 오셨다는 말은 사실이 아니다. 오히려 그가 계속해서 오신다고 말하는 것이, 그가 오시는 분이시요 장차 오실 분이시라고 말하는 것이 옳을 것이다(히 10:37; 계 1:4, 8).

　이런 이유들 때문에 신약의 신자들은 그리스도의 재림을 크나큰 갈망으로 기대한다. 구약의 성도들처럼, 신약의 성도들도 그들의 죽음을 종말로 보지도 않았고, 그런 죽음에 대해서 별로 말하지 않았다. 그들의 모든 기대는 그리스도의 재림과 하나님 나라의 완성에 향하여 있었다. 그들은 자신들이 성취의 날에, 구약의 예언이 여호와의 큰 날로 표현했던 바로 그날에, 곧 그리스도의 승천에서부터 그의 재림에까지 이어지는 그날에, 살고 있다는 사실을 분명하게 의식하고 있었다. 그들이 이 재림이 가까웠다고 생각하였으나, 그것은 그들이 그것을 절대적인 확신으로 기다렸다는 또 다른 표현이다. 그들의 강력한 믿음이 그들의 흔들림 없는 소망의 뿌리인 것이다.

　예수께서는 제자들과 함께 머무실 때에 믿음과 사랑에 대해 많은 말씀을 하셨으나, 소망에 대해서는 거의 말씀하지 않으셨다. 이는 그 당시에 가장 중요했던 것은 예수님 자신과 그의 사역에 모든 주의를 기울이는 것이었기 때문이다. 그러나 그는 자신의 부활과 승천, 성령을 보내심, 그의 영광 중의 재림에 대해서 많은 약속들을 주셨다. 그리스도의 고난과 죽으심으로 제자들이 잠시 동안 충격을 받아 실망하였으나, 그의 부활로 말미암아 그들에게 산 소망이 다시 살아났다(벧전 1:3, 21). 이제 그리스도께서 친히 그들의 소망이요, 그들의 모든 기대의 대상이요 내용이시다(딤전 1:1). 그가 다시 오셔서, 그의 모든 약속들을 이루시고 그를 고백하는 자들에게 완전한 구원과 영생을 베푸실 것이기 때문이다. 그러므로 그들은 소망 가운데서 살며, 계속해서 복된 소망을 갖고 그 위대하신 하나님이요 구주이신 예수 그리스도의 영광 가운데 나타나기를 기대하는 것이다(딛 2:13). 그리고 허무한 데 굴복하여 있는 모든 피조물 전체가 탄식으로 이 기대를 함께 표현하며, 또한 썩어짐의 종노릇하는 데에서 해방되어 하나님의 자녀들의 영광의 자유에 이르기를 사모하고 있는 것이다(롬 8:21).

　물론 신약의 신자들이 사실상 그리스도의 재림에 온 관심을 집중시켰으나, 죽음이 점하고 있는 위치에 대해 어느 정도 빛을 밝혀주는 그런 내용들이 신약에 나타나 있기도 하다. 로마 가톨릭 교회에 따르면, 선행을 통해 이 땅에서 많은 것을 이루어서 죽을 때에 곧바로 하늘로 올려지는 성도들과 순교자들은 비교적 몇 사람 안 된다고 한다. 그들의 견해에 따르면, 대다수의 신자들은 죽을 때에 연옥(煉獄: Purgatory)에서 길게 혹은 짧게 있으면서 그들이 지상에서 범한 죄들을 통해 벌어놓은, 그리고 지상의 삶으로 갚지 못한, 형벌들을 갚아야 한다고 한다.

그러므로 연옥이란, 불신자들과 불경건한 자들에게 구원받을 기회가 한 번 더 주어져 있는 그런 회개의 장소가 아니다. 불신자들과 불경건한 자들은 즉시 지옥에 떨어지기 때문이다. 그렇다고 해서 연옥이 깨끗이 씻고 성화시키는 장소도 아니다. 그곳에 가는 신자들이 그곳에서 새로운 덕이나 공로를 쌓을 수가 없기 때문이다. 오히려 연옥은 단순히 형벌의 장소로서, 한편으로는 복된 자들이요 또 한편으로는 불쌍한 영혼들인 신자들이 물리적인 불로 오랫동안 형벌을 받아 땅에서 지은 범죄의 형벌에 합당한 분량을 채우는 곳이다. 그러므로, 로마 교회의 가르침에 따르면, 지상의 전투적 교회와, 하늘의 승리적 교회가 있고, 그 외에 연옥에 있는 수동적 교회 혹은 고난받는 교회가 있는 것이다. 지상의 신자들은 기도와 선행, 금욕을 통해서, 특히 미사를 드림으로써 연옥에 있는 자들을 도울 수 있다. 그리고 연옥에 있는 자들이 신자들보다 앞서간 자들이요 구원에 더 가까이 있기 때문에, 천사들과 하늘의 성도들에게 하듯 이들에게도 도움과 협력을 구할 수가 있다는 것이다.

로마 교회의 이런 고백을 올바로 이해하지 못한 사람들이 많았기 때문에, 그들은 흔히 그 가르침을 과도하게 자랑하였고, 또한 신자들이 죽음 이후에도 계속해서 깨끗이 씻음받기 위해서 간구하도록 하는 데에 이 연옥 교리를 사용하는 경우가 많았다. 그 사람들은 죽는 순간까지 불완전하고 온갖 악에 기울어지기 쉬운 상태에 있던 신자들이 죽어서 갑자기 모든 죄에서 해방되어 천국에 들어갈 준비를 갖추게 된다는 것을 도무지 이해하지를 못했다. 그리고 그보다 더 멀리 나아간 자들도 있었다. 진화의 개념을 죽음 이후의 삶에 적용시켜서 그 문제를 이렇게 설명하였다. 곧, 죽음 이후에도 전혀 차별이 없이 모든 사람이 이 땅에서 시작했던 것과 — 어쩌면 그 이전의 삶에서 살았던 것과도 — 똑같은 그런 방향의 삶을 계속한다는 식으로 주장한 것이다. 그렇게 되면 죽음이란 이 땅의 삶과의 단절도, 죄에 대한 형벌도 아니고, 마치 애벌레가 나방이 되는 것처럼 그저 한 종류의 존재에서 또 다른 종류의 존재로 전환되는 것일 뿐이다. 그리고 이 진화는 모든 것이 다시 올바로 정리되거나 혹은 무(無)의 상태로 돌아갈 때까지 계속될 것이라고 한다.

그러나 성경은 이런 모든 헛된 가르침들에 대해 아무것도 말씀하지 않는다. 성경은 지상의 삶이야말로 회개와 죄 씻음을 위한 유일한 장소임을 도처에서 천명하고 있다. 무덤 저쪽에 있는 자들에게 복음을 전하는 일에 대해서는 어디서도 아무것도 언급하지 않는다. 마태복음 12:32에서도, 베드로전서 3:18-22에서도, 베드로전서 4:6에서도 그것에 대해서는 말씀하지 않는다. 죽음이 죄에 대한 형벌로서 지상의 삶과의 완전한 단절이며, 또한 마지막 심판에서도 죽음 이후의 중간기에 대해서는 전혀 고려가 되지 않는다. 심판은 선하든 악하든 간에 오로지 육체로 있는 동안에 일어난 일에만 관계되는 것이다(고후 5:10). 그러나 그리스도를 믿는 자들에게는 죽음과 심판 모두에 대해 두려워할 필요가 전혀 없다. 우리 주 예수 그리스도로 말미암는 하나님과의 교제 속에 있으므로 죽음이 더 이상 죽음이 아니기 때문이다. 하나님께서 은혜로 그의 백성과 세우시는 그 언약이 완전한 구원과 영생을 보장해 주는 것이다. 하나님은 죽은 자의 하나님이 아니요 산 자의 하나님이신 것이다(마 22:32). 누구든지 그리스도를 믿는 자는 죽어도 살겠고, 살아서 그를 믿는 자는 누구든지 영원히 죽지 아니하고(요 11:25-26), 심판에 이르지 아니할 것이니, 이는 사망에서 생명으로 옮겼기 때문이다(요 5:24).

그러므로, 신자들은 사망 시에 즉시 그 영혼이 그리스도와 함께 하늘로 취하여 감을 입는다. 만일 칭의와 성화가 사람의 역사로서 자기가 자기 자신의 힘으로나 혹은 그에게 부어진 어떤 초자연적인 은혜의 힘으로 이룬 것이라면, 그가 그 인생의 짧은 기간 동안 그 일을 이룰 수 있다는 것을 도무지 이해할 수가 없을 것이다. 그러므로 그런 식의 생각을 갖는 자들은 연옥을 상정하게 되고, 죽음 이후에도 깨끗하게 하는 일이 계속된다고 여기는 것이다. 그러나 그리스도께서 그의 백성을 위하여 모든 일을 다 성취하셨다. 그들을 위하여 형벌을 지셨고, 그들의 모든 죄에 대하여 충만한 용서를 취득하셨으며, 동시에 그들을 대신하여 율법을 성취하셨고 썩지 않는 영생을 밝히 제시하신 것이다. 그러므로 믿는 자는 곧바로 하나님의 진노에서 구원받으며 또한 영생의 상속자가 되며, 바로 그 순간 하늘에 들어갈 준비를 갖추게 된다.

만일 그가 땅에 남아 있어야 한다면, 그것은 그가 자신을 완전케 하고 선행을 통해서 영생을 취득해야 하기 때문이 아니라, 오히려 형제들이 하나님이 예비하신 선행 가운데 행하도록 그들을 돕기 위함이다(빌 1:24; 엡 2:10). 그런 사람에게는 이 땅에서 아직 자주 감당해야 할 고난이 있는데, 그 고난은 형벌도, 책벌도 아니요, 그를 올바로 자라게 해 주는 아버지의 꾸지람과 징계요(히 12:5–11), 그리스도께서 육체에 계실 때에 그의 몸인 교회를 위하여 — 교회를 진리 가운데 세우시기 위하여 — 당하신 고난 가운데 남은 부분을 채우는 것이다(골 1:24).

그러므로 그리스도께서 완전히 이루신 일에 근거하여, 신자들이 죽을 때에 그 즉시 하늘이 그들에게 열려 있는 것이다. 연옥 같은 곳에서 죄에 대한 형벌을 받을 필요가 없다. 그리스도께서 이미 모든 것을 성취하셨고 모든 것을 이루셨기 때문이다. 누가복음 16장의 비유에 의하면, 가난한 나사로는 죽은 후 곧바로 천사들을 통하여 아브라함의 품에 안겨서 그와 교제를 나누며 영원한 복락을 누린다. 예수께서도 십자가에 죽으실 때에 자신의 영혼을 그의 아버지의 손에 의탁하셨고, 그 전에 함께 십자가에 달린 강도에게 그날 그가 주님과 함께 낙원에 있을 것임을 약속하셨다(눅 23:43, 46). 최초의 그리스도인 순교자인 스데반은 돌에 맞아 쓰러지면서 주 예수께 자신의 영혼을 받아달라고 외치며 구하였다(행 7:59). 바울은 그가 육체에서 놓임 받으면 그리스도와 함께 있을 것이고 주 안에 거할 것임을 확신하고 있다(고후 5:8; 빌 1:23). 요한계시록 6:8과 7:9 등에 의하면, 순교자들과 모든 구원받은 자들의 영혼들이 하늘에서 하나님의 보좌 앞에와 어린양 앞에서 흰 세마포 옷을 입고 그 손에 종려나무 가지들을 들고 서 있다. "지금 이후로 주 안에서 죽는 자들은 복이 있도다 … 그들이 수고를 그치고 쉬리니 이는 그들의 행한 일이 따름이라"(계 14:13; 히 4:9). 또한 그들이 살아서 그리스도의 재림 시까지 그리스도와 함께 왕 노릇 할 것이다(계 20:4, 6).

* * * * *

물론 신자들이 죽을 때에 곧바로 그들의 영혼으로 하늘의 복락들을 누리게 되지만, 그들의 상태는 어떤 의미에서 여전히 하나의 예비적인 것이요 여전히 불완전한 것이다. 어쨌든 그들의 육체는 여전히 무덤 속에 있고 거기서 썩고 있으며, 영혼과 육체가 아직 분리되어 있고 그 둘이 하나가 된 상태에서 영원한 복락을 누리지는 못하는 상태다. 그러므로 전체적으로 볼 때에, 신자는 이 중간기(中間期) 동안 여전히 죽음의 상태에 있는 것이다. 예수께서도 그의 죽으심과 부활 사이에 물론 그의 영혼이 낙원으로 올라가시기는 했으나 계속해서 죽음의 상태에 계셨던 것이다. 따라서 그 상태에 있는 신자들을 가리켜 그리스도 안에서 잠자는 자들이라고도 부르고, 예수 안에서 죽은 자들이라고도 하며(살전 4:14, 16; 고전 15:18), 그들의 죽어 있는 상태를 가리켜 잠자는 상태로 말씀하며(요 11:11; 고전 11:30) 또한 썩음을 당하는 상태로 말씀한다(행 13:36).

이 모든 진술들은 그 중간적인 상태가 아직 최종의 상태는 아니라는 것을 입증해 준다. 그리스도께서 완전한 구주이시므로, 그는 영혼의 구속으로 만족하지 않으시고 육체의 구속도 이루어내시는 것이다. 그러므로, 오직 그리스도께서 모든 통치와 모든 권세와 능력을 멸하시고, 그 모든 원수를 그 발 아래에 두시며, 또한 마지막 원수인 사망을 정복하신 다음에야 비로소 하나님의 나라가 완성되는 것이다(고전 15:24-26).

그러므로 하늘에나 땅에나, 그 마지막 일격이 가해져서 완전한 승리가 얻어질 그 미래에 대한 간절한 사모함이 있는 것이다. 하늘의 순교자의 영혼들은 이렇게 큰 소리로 외친다: "거룩하고 참되신 대주재여, 땅에 거하는 자들을 심판하여 우리 피를 갚아 주지 아니하시기를 어느 때까지 하시려 하나이까?"(계 6:10). 그리고 성령과 이 땅의 신부는, "오소서! 주 예수여 속히 오소서"라고 외친다(계 22:17). 그리고 그 뿐만 아니라, 그리스도께서도 친히 그의 재림을 준비하시되, 땅에서와 하늘에서 그 일을 준비하신다. 그는 그의 아버지의 집에서 그의 백성들을 위하여 처소를 예비하시고, 그것을 예비하시면 다시 오셔서 그의 백성을 그에게로 인도하여 그가 계신 곳에 그들도 함께 있게 하실 것이다(요 14:2-3). 그리고 그의 모든 택한 자들을 모으시고 그의 모든 원수를 정복하시기까지(고전 15:25), 그는 이 땅에서 — 교회 안에서는 그의 은혜로, 세상에서는 그의 권능으로 — 왕으로 다스리신다. 그는 쉬지 않고 항상 일하시며, 또한 그 일을 하시는 중에 그의 재림을 이렇게 표현하신다: "보라 내가 속히 오리니, 내가 줄 상이 내게 있어 각 사람에게 그가 행한 대로 갚아 주리라"(계 22:12, 20).

예수의 승천과 재림 사이의 기간 중의 세계 역사는 그리스도의 계속되는 강림하심이요, 지상의 그의 교회를 점차 모으심이요, 그의 원수들의 계속적인 굴복의 역사인 것이다. 우리가 잘 보지 못하고, 잘 깨닫지 못하지만, 사실상 그리스도야말로 온 시대의 주이시요, 온 시대의 왕이시다. 그는 알파와 오메가시요 처음과 나중이요 시작과 끝이시다(계 22:13). 아버지께서 아들을 사랑하셨기 때문에, 그는 세상을 아들 안에서 창조하셨고, 교회, 곧 그에게 주신 모든 자들을 택하사 그들로 하여금 아들과 함께 그의 영광을 목도하게 하시는 것이다(요 17:24).

그러므로 하나님 나라의 완성은 자연이 점차로 발전하여 생기는 결과도 아니요, 인간의 노력의 산물도 아니다. 비록 천국이 겨자씨와 같고, 누룩과 같고, 밀알과 같지만, 그것은 사람들이 전혀 모르는 사이에 그들의 노력이 전혀 없는 상태에서 자란다(막 4:27). 바울이 심고, 아볼로가 물을 줄지라도, 자라게 하시는 이는 오직 하나님이시다(고전 3:6). 성경은 스스로 충족한 자연(self-sufficient nature)도 자율적인 인간(autonomous man)도 전혀 아는 바 없다. 세상을 장중에 붙드시고 역사를 만드시는 분은 언제나 하나님이신 것이다. 특히 종말이 가까워올수록, 그는 놀라운 방식으로 역사 속에 개입하실 것이요 또한 그리스도의 나타나심으로 역사를 잠잠케 하시며 시간이 영원 속으로 들어가게 하실 것이다.

그리스도께서 아버지로부터 보내심을 받아(행 3:20; 딤전 6:15) 하늘 구름을 타고 나타나시는 것이야말로 정말 처절한 사건이 될 것이다. 그가 이 땅을 떠나 하늘로 올리실 때의 모습처럼, 그의 재림 때에도 하늘로부터 땅으로 다시 오실 것이다(빌 3:20). 그가 승천하실 때 구름이 그를 가려서 제자들이 보지 못하였는데, 그가 오실 때에도 마치 승리의 위대한 병거처럼 둘러싼 하늘 구름을 타시고 이 땅에 임하실 것이다(마 24:30; 계 1:7). 초림 시에는 이 땅에 종의 형체로 나타나셨으나, 재림 시에는 큰 권능과 영광으로 오실 것이요(마 24:30), 만왕의 왕이요 만주의 주로서 백마를 타시고 그의 입에서 예리한 검이 나오며 천사들과 성도들의 호위를 받으며 임하실 것이다(마 25:31; 살전 3:13; 계 19:14). 그리고 그의 오심을 천사장의 음성과 천사들의 나팔소리로 선포할 것이다(마 24:31; 고전 15:52; 살전 4:16).

그리스도의 강림의 위엄과 영광을 표현하기 위해서, 성경은 우리가 이해할 수 있는 단어들과 표현들을 사용하고 있고 또 사용해야만 한다. 그렇기 때문에 일어날 사실 그 자체와, 그 사실에 대한 묘사를 구별해 내기가 어려울 경우가 많다. 그러나 다음과 같은 사실은 확실하다. 곧, 마리아에게서 나시고 본디오 빌라도에게서 고난당하시고 죽으시고 장사 지낸 바 되셨다가 하늘에 오르신 바로 그 그리스도께서 산 자와 죽은 자를 심판하러 영광 중에 다시 오시리라는 것 말이다. "내리셨던 그가 곧 모든 하늘 위에 오르신 자니 이는 만물을 충만하게 하려 하심이라"(엡 4:10). 자기를 낮추신 바로 그 예수를, 하나님께서 지극히 높이사 모든 이름 위에 뛰어난 이름을 주시고 하늘에 있는 자들과 땅에 있는 자들과 땅 아래에 있는 자들로 모든 무릎을 예수의 이름에 꿇게 하시고 모든 입으로 그를 주라 시인하여 아버지께 영광을 돌리게 하셨다(빌 2:6-11). 많은 사람의 죄를 담당하시려고 단번에 희생되신 그가, 자기를 바라는 자들을 구원에 이르게 하기 위하여 죄와 상관 없이 두 번째 나타나실 것이다(히 9:28). 이러한 "마라나타"("주여 오시옵소서"를 뜻하는 아람어. 고전 16:22: 역자주)야말로 교회의 위로다. 영원 전부터 교회를 사랑하사 교회를 위하여 자기를 버려 죽게 하신 그가 다시 오셔서 교회를 취하시고 그의 영광을 영원토록 함께 누리게 하실 것이다. 교회의 구주와 심판자는 동일한 한 분이시다.

그런데, 전천년설을 주장하는 소위 천년왕국론자들은 이러한 신자들의 위로의 사실에 굉장한 수정을 가한다. 그들은 그리스도의 재림을 다시 첫째 재림과 둘째 재림으로 나눈다. 첫째 재림에서는 그리스도께서 적그리스도의 세력들을 무찌르시고, 사탄을 결박하시고, 죽은 신자들을 다시 살리시며, 교회를 — 특히 회개하는 이스라엘의 교회를 — 모으시고, 이 교회를 통하여 민족들을 다스리실 것이라고 한다. 이 왕국이 잠정적으로 존재한 다음, 그리고 사탄이 다시 놓임을 받은 다음, 그리스도께서 다시 한 번 재림하셔서 모든 죽은 자들을 다시 살리시고, 그들에게 심판을 선고하시고, 완성된 하나님의 나라를 새 땅 위에 세우실 것이라는 것이다.

그리스도의 재림이 이같이 둘로 나뉘기 때문에, 세계 역사의 종말이 그렇게도 오랜 시간 연기되는 것이라고 한다. 그러므로 그리스도께서 하늘 구름을 타시고 재림하셔도, 아직 종말이 완전히 임한 것이 아니고, 그저 주권과 권세, 영적·물질적 축복이 시행되는 하나의 예비적인 기간일 뿐이다. 그러나 천년왕국론자들도 그 기간에 대해 명확한 내용을 제시하기를 매우 어려워하고, 더구나 그 기간이 어느 정도나 될 것인지에 대해서는 그들 사이에 굉장한 의견 차이가 있는 것이다.

진리로부터 이탈해 있는 이 천년왕국론의 근본적인 오류는 구약과 신약의 상호 관계에 대한 그릇된 사고에 있다. 하나님께서 아브라함과 그의 자손을 선택하신 것은 미래의 어느 시기에, 혹은 완성된 천국에서 이스라엘 백성을 모든 민족들의 머리로 두시고자 하는 목적이 아니었다. 오히려 그들을 택하신 것은 아브라함의 참된 자손이신 그분 안에서 땅의 모든 족속들을 복 주시고자 하는 목적이었다(갈 3:16; 창 12:3; 갈 3:8, 14). 인류를 희생시키고 인류 대신 이스라엘을 택하신 것이 아니고, 인류의 유익을 위하여 이스라엘을 택하신 것이다. 따라서, 그리스도께서 이 땅에 나타나셨을 때에 구약의 모든 약속들이 그의 교회 안에서 성취되기 시작한 것이다. 그 약속들이 신약 시대 전체의 기간 동안 가만히 앉아서 후에 성취될 날을 기다리고 있는 것이 아니라, 그리스도의 초림에서부터 그의 재림에 이르기까지 끊임없이 성취되고 있는 것이다. 그리스도께서 친히 참된 선지자요 제사장이요 왕이시며, 여호와의 참된 종이실 뿐 아니라, 또한 그의 제사가 참된 속죄제요, 참된 할례요, 참된 유월절일 뿐 아니라(롬 3:25; 고전 2:11 등), 그의 교회 역시 아브라함의 참된 자손이요, 참된 이스라엘이요, 참된 하나님의 백성이며, 참된 성전이요, 참된 시온인 것이다. 아브라함의 모든 축복들과 구약의 모든 약속들이 그리스도 안에서 교회에게 성취되며, 오랜 세월을 따라 그들에게 시행되는 것이다(롬 9:25-26; 11:17; 고후 6:16-18; 갈 3:14, 29 등).

그러나 그리스도의 생애를 낮아지심의 상태와 높아지심의 상태로 분리할 수 있는 것처럼, 그의 교회와 각 신자 개개인도 고난의 학교를 통하지 않고서는 영광의 나라에 들어갈 수가 없는 법이다. 로마 교회의 주장처럼 교회가 별도로 연옥에서 고난을 당하는 일 따위는 없고, 고난당하는 교회란 바로 지상의 전투적 교회와 동일한 것이다. 신약 어디에서도 그리스도의 교회에게 그들이 다시 한 번 이 시대 가운데서 능력과 주권을 누리게 될 것이라는 전망을 제시하지 않는다. 오히려 그 반대로 제자는 그 스승보다 크지 못하고, 종이 그 주인보다 크지 못하다. 그들이 예수를 박해하였으니, 그를 따르는 자들도 박해할 것이 당연한 일이다(요 15:19-20). 세상에서는 그들이 환난을 당할 것이다(요 16:33). 그리고 오직 오는 시대에 가서야 그들이 영생을 얻을 것이다(막 10:30), 그리스도와 함께 고난을 받으면 그와 함께 영광도 받을 것이니 말이다(롬 8:17). 사실상 신약은 마지막 때에 즈음하여 악이 증가할 것이고, 배도가 더욱 횡행할 것이라는 사상을 표현하고 있다(마 24:37 이하; 눅 17:26 이하; 18:8). 그리스도의 날 이전에 큰 배도가, 불법의 사람과 적그리스도가 나타날 것이다(살후 2:3 이하). 물론 그 이전에도 수많은 거짓 선지자들과 거짓 그리스도들이 예비적으로 나타날 것이나(마 7:5; 25:5, 24; 요일 2:22; 4:3), 마지막에는 적그리스도 자신이 친히 나타나서 세상 나라에서 그의 모든 세력을 집결시킬 것이요(계 11:7과 13:1-10에 나타나는 바다 혹은 깊음에서 나오는 짐승), 이를 거짓 종교가 지지할 것이요(계 13:11-18의 땅에서 나오는 짐승), 바벨론에 자리를 잡고(계 17, 18장), 거기서부터 그리스도와 그의 나라에 대해 최후의 처절한 공격을 감행할 것이다.

그러나 그리스도께서 영광 중에 나타나셔서(계 19:11-6) 바다와 땅에서 나온 짐승의 세력을 영원히 잠재우시고(계 19:20) 또한 사탄도 정복하신다. 그러나 이 마지막 사건에는 두 가지 면이 있다. 먼저 사탄이 그리스도인들을 미혹하는 자로서 사로잡혀 결박당할 것이며(계 20:1-3; 12:7-11), 그 다음에는 사탄이 땅 사면에 거하는 민족을 미혹하는 자로서 결박당할 것이라는 것이다(계 20:7-10). 한편 예수의 증언과 하나님의 말씀에 대해 죽기까지 충성을 다한 신자들은 그 동안 내내 하늘에서 왕들로서 그리스도와 함께 살며 왕노릇(지배)할 것이며(계 20:3, 4, 6-7에서는 이 기간을 상징적으로 천년으로 표현하고 있다), 그 기간 동안 사탄이 교회가 퍼져 있는 민족들로부터 내어 쫓김을 당하여 이교도 민족들 가운데서 그리스도의 나라를 대적하여 새로운 힘을 결집시키게 될 것이다(계 20:4; 또한 2:26; 3:21과 비교하라). 그리스도와 함께 살며 왕 노릇 하는 이것이 곧 첫째 부활이요, 그 나머지 짐승과 그의 표를 좇은 자들은 죽어 있어서 살거나 왕 노릇 하지 못하나, 첫째 부활에 속한 자들은 살아서 왕 노릇 하는데, 이들은 둘째 사망도 지옥의 형벌도 두려워할 필요가 없다. 그들은 이미 하나님과 그리스도의 제사장들이며(계 20:6), 부활과 세상의 심판 후에 새 예루살렘의 시민으로 취하여지는 것이다.

* * * * *

그리스도의 나타나심 이후에 죽은 자의 부활이 이어진다. 물론 이 죽은 자들의 부활이 때때로 개괄적으로 하나님의 일로 제시되기도 하지만(고전 6:14; 고후 1:9), 그러나 좀 더 구체적으로 말하면 친히 아버지께서 생명을 주신 그 아들의 일이다(요 5:26). 그는 친히 부활이요 생명이시며(요 11:25), 무덤 속에 있는 자가 다 그의 음성을 듣고 살아 나오는 그런 권위를 받으신 분이신 것이다(요 5:28-29). 여기서는 물론 다른 곳에서도(단 12:2; 마 10:28; 행 24:15; 계 20:12-13), 이 모든 사실은 모든 사람들이 ─ 의로운 자나 불의한 자나 상관 없이 다 ─ 부활하게 될 것임을 분명히 가르쳐 준다.

그러나 그 둘의 부활은 서로 큰 차이가 있다. 불의한 자들의 부활은 예수 그리스도의 권능과 의의 증거요, 의로운 자들의 부활은 그의 자비와 은혜의 증거다. 전자는 그저 심판을 위하여 영혼과 육체가 다시 결합하는 것일 뿐이지만(요 5:29), 후자는 생명에로의 부활이요, 전인(全人)을 살리는 것이요, 영혼과 육체를 성령으로 말미암아 그리스도와의 교제 속에서 새롭게 하는 것이다(요 5:29; 롬 8:8; 빌 3:21). 그렇다고 해서 두 부활이 시간적으로 다르거나, 의로운 자들의 부활이 불의한 자들의 부활보다 시기적으로 앞서는 것은 아니다. 그러나 두 부활의 본질과 성격은 분명 다른 것이다. 오로지 의로운 자들의 부활만이 복된 부활이요, 그리스도의 부활이 원인이 되며 보증이 되는 것이다. 그리스도께서 죽은 자들의 첫 열매요, 죽은 자들 가운데 처음 난 자요, 그의 재림 시에 그의 안에 있는 자들의 부활이 이어지게 되는 것이다(고전 15:20-23).

그 부활에서는 인격의 통일성이, 영혼과 육체의 연합된 상태가, 그대로 보존된다. 죽음이라는 그 끔찍한 격변을 지난 상태에서 어떻게 그런 일이 있는 지에 대해서는 알 수 없다. 그렇기 때문에 많은 사람들이 육체의 부활을 거부하고, 영혼이 인간의 몸이든, 짐승의 몸이든, 혹은 좀 더 세련된 몸이든 아니면 좀 더 조잡한 몸이든 간에, 다른 몸을 취한다고 주장한다. 그러나, 그 사람들은, 그렇게 되면 영혼의 통일성을 보존하는 문제도 — 물론 이는 다른 문제이지만 — 근본적으로 굉장한 난제에 빠지게 된다는 것을 망각하고 있는 것이다. 그리하여 많은 이들은, 사람의 영혼이 의식의 통일성이 보존되지 않은 상태에서 계속 살아 있다는 뜻으로 영혼의 불멸을 가르친다. 그러나 이 것은 불멸성 자체를 아예 내어버리는 것이다. 왜냐하면 자아 의식과 기억이 죽을 때에 완전히 사라져버린다면, 죽음 이후에 계속 살아 있는 그 사람은 과거 땅에 살았던 그 사람과는 전혀 다른 사람이 되어 버리는 것이기 때문이다.

그러나 인간의 자아 의식에는 영혼은 물론 육체를 소유하는 것도 포함된다. 육체는 영혼의 감옥이 아니고, 사람의 본질에 속하는 것이다. 그렇기 때문에 완전한 구주이신 그리스도께서 영혼만이 아니라 육체까지도 구속하시는 것이다. 전인이 하나님의 형상대로 창조되었고, 전인이 부패하였으므로, 따라서 전인이 그리스도로 말미암아 죄와 사망에서 구속함을 받으며, 하나님의 형상대로 재창조함을 받고 그의 나라에 들어가게 되는 것이다. 그러나 신자들이 부활 시에 받는 몸은 그 겉모양이나 그 특징들이나 물질적인 양(量)이 아니라 오직 그 본질에 있어서만 지상의 몸과 일치하게 된다. 그것은 자연의 몸이 아니라 신령한 몸이다. 그것은 성적인 생활을 초월하며(마 22:30), 먹고 마시는 것을 초월한다(고전 6:13). 그것은 불멸하며, 썩지 않으며, 신령하고, 영광스러운 몸이요(고전 15:42-44), 부활 이후의 그리스도의 몸과 같은 몸이다(빌 3:21).

부활 이후에는 심판이 이어진다. 처음부터 하나님이 여인의 후손과 뱀의 후손 사이에 적대 관계를 세우신 이래로, 그 둘 사이의 큰 분리가 사람들 가운데 있다(창 3:15). 구약에서는 이 분리가 셋과 가인, 셈과 야벳, 이스라엘과 민족들 사이에 계속 진행되었고, 또한 이스라엘 내에서도 약속의 자녀들과 육체의 자녀들 사이에 계속 진행되었다. 그리스도께서도 이 땅에 임하셔서 이러한 분리를 확증하시고 더 예리하게 하셨다. 물론 그의 초림은 정죄보다는 세상을 구원하시는 데에 목적이 있었지만 말이다(요 3:17). 그의 말씀과 그 자신을 통해서 사람들 사이에 심판과 분리를 심으셨다(요 3:19-21). 그것은 현재까지도 계속되는 심판이요, 마지막 심판에 가서 그 절정에 이르게 될 것이다. 사실상 모든 민족들과 족속들과 가문들과 사람들의 역사를 통하여 심판이 계속되고 있는 것이다. 만일 사람의 마음의 은밀한 곳을 꿰뚫어보게 된다면, 이에 대해 더 많은 것을 알게 되고, 더욱 깊이 이 점을 납득하게 될 것이다. 그러나 세계의 역사는 최후의 심판이 아니다. 너무도 많은 불법이 처벌받지 않은 채 지나가고, 너무도 많은 선이 상급을 받지 못하고 있기 때문에, 현 시대가 이대로 끝난다면 우리의 양심이 도무지 만족을 얻을 수가 없을 것이다. 인류의 머리와 마음이, 이성과 양심이, 철학과 종교가, 또한 세계 역사 전체가 의롭고도 결정적인 최후의 심판을 촉구하고 있는 것이다.

성경의 증언에 따르면, 우리가 바로 그런 심판을 향하여 나아가고 있는 것이다. 한 번 죽는 것은 사람에게 정해진 것이요 그 후에는 심판이 있다(히 9:27). 하나님 홀로 모든 사람들의 율법 제정자시요 심판자이시지만(창 18:25; 시 50:6; 사 33:22; 약 4:12), 그럼에도 불구하고 좀 더 구체적으로 보면, 마지막 심판은 그리스도께서 시행하신다. 그가 인자이시기 때문에 아버지께서 그에게 심판권을 위임하신 것이다(요 5:22; 행 10:42; 17:31; 롬 14:9). 산 자와 죽은 자를 심판하시는 일이야말로 중보자로서의 그의 사역을 완결짓는 일이요, 그의 높아지심의 마지막 단계다. 그가 아버지께서 그에게 행하라고 주신 모든 일을 완전하게 이루셨다는 사실이, 그가 그의 모든 원수들을 발 아래 두셨다는 사실이, 또한 그가 그의 온 교회를 완전하고도 영원히 구속하셨다는 사실이 그 마지막 심판에서 드러나는 것이다.

그러나 우리는 그리스도께서 행하시는 심판이 과연 어떤 성격을 띨 것인지를 잘 알고 있다. 곧, 자비하고 은혜로운 심판이요 동시에 절대적으로 의로운 심판이 될 것이다. 그는 사람의 본성과 사람에게 있는 모든 것을 다 아신다. 그는 마음의 은밀한 것을 다 아시며, 그 속에서 모든 악한 것과 부패한 것들을 다 끄집어내신다. 그러나 그는 동시에 마음속에 있는 믿음과 사랑의 작은 시작도 보신다. 그는 사람의 외모에 따라 심판하시지 않고, 진리와 의를 따라서 심판하시는 것이다. 율법과 복음을 기준으로 사용하셔서, 그는 사람의 행위와(마 25:35 이하), 사람의 말과(마 12:36), 또한 사람의 생각들을 심판하실 것이다(롬 2:16; 고전 4:5). 그때에는 아무것도 감추어져 있지 않고 모든 것이 낱낱이 드러나기 때문이다(마 6:4; 10:26). 베드로처럼 "주께서 모든 것을 아시옵니다. 내가 주님을 사랑하는 줄을 주께서 아시나이다"라고 말할 수 있는 모든 사람에게는 이 심판이 위로를 가져다 줄 것이다. 그러나 이 그리스도께서 그들의 왕이 되기를 원치 않는 모든 자들에게는 그것이 두려움과 끔찍한 공포의 원인이 될 것이다.

이 심판은 사람과 사람 사이에 완전하고도 영원한 분리를 가져온다. 이스라엘 중에도, "여호와께서 보지 못하시고, 야곱의 하나님이 돌아보지 않으리라"고 말하는 자가 있고, "모든 악을 행하는 자는 여호와의 눈에 좋게 보이며 그에게 기쁨이 된다"거나 "정의의 하나님이 어디 계시냐?"라고 말하는 자들이 있었던 것처럼(말 2:17), 지금도, 최후의 심판 같은 것은 없다거나, 이 세상의 삶 이후에도, 혹은 세상 역사가 끝난 후에도 회개의 가능성이 열려 있으므로 결국 모든 사람들이 — 심지어 마귀들까지도 — 구원에 함께 동참할 것이라거나, 불경한 자들이 계속해서 죄악 가운데 완악해져서 결국 영원히 멸절될 것이라는 식으로 생각하며 스스로 아첨하는 자들이 있는 것이다.

그러나 양심과 성경은 똑같이 이 헛된 상상들을 거부한다. 심판의 밤에 두 사람이 한 침상에 누워 있을 것인데 그 중에 하나는 데려감을 얻고 하나는 버려둠을 당할 것이다. 두 여자가 함께 맷돌을 갈고 있을 때 하나는 데려감을 얻고 하나는 버려둠을 당할 것이고, 두 사람이 밭에 있는데 하나는 데려감을 당하고 하나는 버려둠을 당할 것이다(눅 17:34-36). 의인은 영생에 들어가나 불경건한 자들은 영벌에 들어갈 것이다(마 25:46). 영광의 하늘이 있으나, 구더기도 죽지 않고 불도 꺼지지 않으며(막 9:48), 슬피 울며 이를 갊이 있으며(마 8:12), 어둠과 부패와 죽음이 영원토록 왕 노릇 하는(마 7:13; 8:12; 계 21:8) 곳인 게헨나, 즉 지옥도 있다. 그곳이야말로 하나님의 진노가 그 모든 처절한 공포와 함께 드러나는 곳이다(롬 2:8; 9:22; 히 10:31; 계 6:16-17).

그러나 또한 모든 악인들에게 임하는 영원한 형벌에도 큰 차이 — 정도의 차이, 혹은 강도(强度)의 차이 — 가 있을 것이다. 모세의 율법을 알지 못한 상태에서 본성으로 그들에게 알려진 법을 어겨 죄를 범한 이교도들은 율법이 없이 버린 바 될 것이다(롬 2:12). 심판의 날에 고모라나 두로와 시돈이 가버나움과 예루살렘보다 견디기 쉬울 것이다(마 10:15; 11:22, 24). 주의 뜻을 알면서도 행하지 않은 자들은 그만큼 더 많이 맞을 것이다(눅 12:47). 악령들 가운데도 그 악의 정도에 차이가 있다(마 12:45). 그리하여 모든 사람이 각기 그의 행위에 따라서 그에게 마땅한 상급을 받게 될 것이다(마 16:27; 롬 2:6; 계 22:12). 그 심판이 너무도 완전할 것이므로 어느 누구도 어떤 점에서도 그 심판을 비판하지 못할 것이고, 개개인의 양심이 그것을 완전히 인정할 수밖에 없을 것이다. 그리스도께서 이 땅에서 오직 영적인 무기로만 싸우셨듯이, 그 심판의 날에도 그는 그의 말씀과 심판으로 모든 사람들의 양심에게서 의로우심을 얻을 것이다.

그는 신실하시고 참된 분이시며, 따라서 오직 의로 싸우시며, 그의 입에서 나오는 예리한 검이야말로 말씀의 검이다(계 19:11, 15, 21). 그러므로 마지막 종말에, 원하든 원치 않든 각 사람이 예수의 이름에 무릎을 꿇고 그리스도를 주라 고백하여 아버지 하나님께 영광을 돌리실 것이다(빌 2:11). 악인의 형벌 그 자체가 최종의 목적이 아니다. 그리스도의 승리로 말미암아 그의 모든 원수들 앞에 하나님의 영광을 드러내는 것이 최종적인 목적인 것이다. "죄인들을 땅에서 소멸하시며 악인들을 다시 있지 못하게 하시리로다. 내 영혼아 여호와를 송축하라. 할렐루야"(시 104:35).

* * * * *

마지막 심판과 악인의 사라짐 이후에 세상을 새롭게 하는 일이 이어진다. 성경은 이에 대해서 자주 매우 강한 언어로 말씀한다. 하늘과 땅이 연기처럼 사라질 것이요, 의복처럼 낡아질 것이라고 말씀하며, 또한 그때에 하나님께서 새 하늘과 새 땅을 창조하실 것이라고 말씀하는 것이다(시 107:27; 사 34:4; 51:6; 65:17; 66:22; 마 24:35; 히 1:11-12; 벧후 3:10, 12-13; 요일 2:17; 계 21:1). 그럼에도 불구하고 여기서 절대적으로 새로운 창조를 생각해서는 안 될 것이다. 하늘과 땅의 현재의 모습이 사라질 것이라는 것이나(고전

7:31), 홍수로 심판받은 그 옛날의 땅처럼 이것들이 불로 태워져 깨끗이 씻어질 것이라는 것은 사실이다(벧후 3:6, 7, 10). 그러나 사람이 그리스도로 말미암아 재창조되지만, 그렇다고 해서 멸절된 상태에서 다시 완전히 창조되는 것이 아니듯이(고후 5:17), 세상도 마찬가지로 그 형식은 새 하늘과 새 땅으로 불려질 정도로 크게 변화되지만, 그 본질은 그대로 보존될 것이다. 세상 전체도 그 위대한 중생의 날을 향하여 나아가고 있는 것이다(마 19:28).

그리고 그때에 이 새 창조에서 하나님께서 그의 나라를 세우실 것이다. 그리스도께서 중보자로서 주어진 모든 일을 완성하셨고, 그가 왕으로서 그의 모든 원수들을 발 아래 두셨고, 아버지께서 그에게 주신 모든 자들을 생명에로 다시 살리셨기 때문이다. 물론 그 후에도 그는 영원토록 교회의 머리로 남아계실 것이요, 교회에게 그의 영광을 보게 하실 자로, 또한 그의 충만하심으로 교회를 충만케 하실 분으로 남아계실 것이다(요 17:24; 엡 1:23). 그러나 그의 구속 사역은 이제 그 과정을 다 마친 것이다. 그는 그 나라를 다 이루셔서 이제 아버지 하나님께 그 나라를 바치시며, 그리하여 친히 중보자로서, 만물을 복종하게 하신 하나님께 복종하시며, 그리하여 하나님이 만유의 주로서 만유 안에 계시게 하실 것이다(고전 15:24, 28). 그 나라는 하늘과 땅 전체를 포괄하며, 영적인 축복들과 물질적인 축복들을 풍성하게 가져다준다. 구약에서는 물론 신약에서도 성도들이 땅을 기업으로 받을 것임을 분명하게 가르친다(마 5:5). 피조물 전체도 언젠가는 썩어짐에 종 노릇 하던 데에서 하나님의 자녀들의 영광스러운 자유에로 구원을 받을 것이다(롬 8:21). 하나님이 그의 백성과 함께 거하시는 하늘의 성(城)인 예루살렘이 땅으로 내려올 것이다(계 21:2). 그리고 하나님의 직접적인 임재 속에 있는 이 새 예루살렘에는 더 이상 죄도, 질병도, 죽음도 없고, 오직 영광과 썩지 않음이 물질 세계에서 왕 노릇 할 것이다(고전 15:42-44; 계 7:16-17; 21:4). 이것은 또한 그 성의 모든 시민들이 하나님과의 교제 속에서 누리는 바 영원하고 거룩하며 복된 삶의 계시이기도 하다(고전 13:12; 요일 3:2; 계 21:3; 22:1-5).

그 나라에도 역시 하나된 교제 내에 다양한 차이가 있을 것이다. 거기에 작은 자와 큰 자가 있을 것이요(계 22:12), 처음 된 자와 나중 된 자가 있을 것이다(마 20:16). 각 사람이 이 땅에서 행한 믿음과 사랑의 행위에 따라 각기 자기 이름과 자기 위치를 받을 것이다(계 2:17). 적게 심는 자는 적게 거두고 많이 심는 자는 많이 거두는 법이기 때문이다(고후 9:6). 예수의 제자들이 그를 위하여 당한 모든 환난에 대하여, 그의 이름으로 행한 모든 행위에 대하여, 하늘에서 상급이 있을 것이다(마 5:12; 6:1, 6, 18). 각 사람이 자기에게 주어진 달란트를 얼마나 신실하게 사용했느냐에 따라서, 하나님 나라에서 큰 존귀와 권세를 받을 것이다(마 25:14 이하). 제자의 이름으로 주님의 작은 자 하나에게 준 냉수 한 그릇까지도, 심판의 날에 잊혀지지 않을 것이다. 그리스도께서 그 자신 안에서 그의 백성들을 통하여 이루게 하신 그 선행들을 갚으시고 상주시는 것이다. 그리하여 모든 성도가 동일한 축복과 동일한 영생과 동일한 하나님과의 교제에 참여하는 것이 사실이지만, 그럼에도 불구하고 그 찬란함과 영광에서 개인마다 차이가 있다. 그들의 신실함과 열심에 따라서, 교회가 그들의 주와 왕으로부터 다른 면류관과 상급을 받는 것이다(계 2~3장). 아버지의 집에는 거할 곳이 많은 것이다(요 14:2).

성도들의 교제는 이런 서열과 위치와 임무의 차이로 인해서 풍성해진다. 찬송의 하모니가 각기 다른 음성들의 질로써 향상되고, 빛의 아름다움이 그 색깔과 명암의 풍성함 속에서 더욱 증대되듯이, 그리스도께서도 그의 성도들의 무리들 속에서 영광을 받으실 것이요, 그의 이름을 믿는 천천의 사람들에게서 놀라운 분이 되실 것이다. 새 예루살렘의 모든 거민이 하나님의 얼굴을 목도할 것이고, 그들의 이마에 그의 이름을 지닐 것이기 때문이다. 그리고 그들 모두가 함께 보좌 앞에서 모세의 노래와 어린양의 노래를 부를 것이요, 각자가 자기 나름대로 하나님의 위대하신 역사를 선포할 것이다: "주 하나님 곧 전능하신 이시여, 하시는 일이 크고 놀라우시도다. 만국의 왕이시여 주의 길이 의롭고 참되시도다. 주여, 누가 주의 이름을 두려워하지 아니하며 영화롭게 하지 아니하오리이까? 오직 주만 거룩하시니이다. 주의 의로우신 일이 나타났으매 만국이 와서 주께 경배하리이다"(계 15:3-4).

만물이 그에게서 나오고 그로 말미암고 그에게로 돌아가리니, 그에게 영원토록 영광이 있을지어다! 아멘.

해설

네딜란드 개혁교회, 즉 헤르포름더 교회(Hervormde kerken)와 구별되는 허르포르미르더 교회(Gereformeerde)의 역사를 아주 잘 알고 있는 사람들은 1834년의 분리(Afscheiding: 압스헤이딩)와 1886년의 애통(Doleantie: 돌레안시)의 후계자들 사이에서 아브라함 카이퍼와 헤르만 바빙크만큼 존경받는 사람들이 없다는 것을 알 것이다. 이 두 사람은 기독교적 활동에서 거대한 업적을 이룬 영웅적 인물들이었다. 그들의 생애는 마지막에 가서 대체로 거의 같은 시기에 끝난다. 20세기 초는 유럽에서나 미국에서나 모두 역사적인 기독교 신앙의 혜택에 있어서 하나님께 특별한 은총을 받은 시기로 간주해야 할 것이다.

이 두 사람이 그동안 많이 비교되고 대조되었는데, 요즘 때맞춰 네딜란드에서 개혁교회 대의에 충실한 두 선봉장으로 사람들의 입에 아주 자주 오르내리게 되었다. 어떤 사람은 두 사람의 차이를 이렇게 이야기한다.

"카이퍼에게서 우리는 재기가 번뜩이는 천재의 모습을 보고, 바빙크에게서는 두뇌가 명석한 인물을 보게 된다."

바빙크의 첫 번째 전기작가인 란트베어(J. H. Landwehr) 목사는 차이점을 또 다르게 이야기한다.

"바빙크는 아리스토텔레스주의적인 인물이었고, 카이퍼는 플라톤의 정신을 따르는 사람이었다. 바빙크는 개념이 명확한 사람이었고 카이퍼는 창조적인 생각의 소유자였다. 바빙크는 역사적으로 주어진 것을 가지고 일을 하였고, 카이퍼는 직관에 의지하여 생각을 사색적으로 밀고 나갔다. 바빙크는 주로 귀납적으로 사고를 하였고, 카이퍼는 주로 연역적으로 사고하였다."

두 사람은 19세기 네딜란드의 생활과 사상에서 칼빈주의의 활력을 되살리는데 서로를 보완하였다.

헤르만 바빙크는 1854년 12월 13일에 태어났다. 1954년에 네덜란드에서는 그의 탄생 100주년 기념행사가 대대적으로 거행되었다. 사람들이 그의 공헌에 감사를 표하며 그 성격과 범위를 재음미하였다. 바빙크는 드렌테(Drenthe) 지방의 호허페인(Hoogeveen)이라는 마을에서 태어났다. 그의 가족은 원래 벤트헤임(Bentheim) 주(州) 혹은 영지(領地) 출신이었다. 그의 부친 얀 바빙크는 1834년에 네덜란드 국가 교회(the State Church of Holland)에서 분리하여 역사적인 기독교 전통을 순수하게 유지하는 입장에 선 교회의 목사였다.

젊은 바빙크는 즈볼러(Zwolle)에 있는 고등학교에서 우수한 성적으로 학업을 마친 뒤에 캄펜(Kampen)에 있는 그의 교회 신학교에 들어갔다. 그는 이 신학교에서 1년밖에 공부하지 않았다. 그는 신학 수업을 더 받기 위해 레이던(Leiden)으로 가기로 결심하였다. 레이던 대학교는 그에게 적어도 두 가지 점에서 유익을 주었다. 그것은 실질적인 학문에 관심을 갖게 된 것과 자유주의에 영향을 받은 현대 신학을 직접 접하게 된 것이었다. 이 두 가지 면에서 그는 매우 유익한 교훈을 배웠다. 정통 개혁신앙을 위한 견실한 신학이라는 이상이 일생 그의 생활에서 높은 위치를 차지하였다. 그리고 좀 더 새로운 종교 사상을 익숙하게 앎으로써 그는 또한 그의 칼빈주의 신념들을 깊이 있게 생각하게 되었고, 당대의 문제들을 현실적으로 다루는 신학에 적합한 인물이 되었다.

1880년에 그는 레이던 대학교를 졸업하면서 츠빙글리의 윤리학에 대한 논문을 썼다. 그는 프라네커르(Franeker)에 있는 교회에서 1년 동안 목회한 후에, 캄펜 신학교의 교의학 교수로 임명되었다. 그의 취임 강연 주제인 "거룩한 신학의 학문"(De Wetenschap der Heilige Godgeleerdheid, 1882)은 일생 동안 그를 매혹시킨 주제였다. 10년 동안 캄펜 신학교에서 왕성하게 연구하고 효과적으로 가르치는 동안 그는 암스테르담의 자유 대학교로부터 세 번에 걸쳐 신학교 교수직을 제의받았다. 제의를 세 번이나 받은 후에, 그리고 양심적으로 생각할 때 자신이 자기 교회의 신학 교육의 순전함을 해치게 되지 않으리라는 것을 확인하고 나서야 비로소 그 제의를 받아들였다(그의 소책자 <거절하느냐 받아들이느냐, Decline or Accept>[Blijen of Heengaan, 캄펜, 1902], 참조). 바빙크가 자유 대학교에서 카이퍼의 후임자가 된 것은 아브라함 카이퍼가 암스테르담에서 교수직을 내려놓고 헤이그에서 정부의 장관직을 맡았을 때였다.

바빙크는 첫째로 신학자였고, 교의학자였다. 그의 걸작은 네 권으로 된 <개혁 교의학, Reformed Dogmatics: Gereformeerde Dogmaitiek>이다. 이 책은 캄펜에서 수행한 학문적 노력의 결과였는데, 1895년에서 1901년에 걸쳐 초판이 나왔고, 그 다음 1906년에서 1911년에, 그리고 그 후에 개정판이 나왔다. 이 걸작 중의 한 권으로 헨드릭슨(W. Hendriksen)이 편집하고 번역한 <하나님의 교리, The Doctrine of God>가 1951년 그랜드 래피즈(Grand Rapids)에서 출판되었다. 1909년에 <하나님이 행하신 놀라운 일들, The Wonderful Works of God>(Magnalia Dei)이라는 제목으로 출판된 이 책, <우리의 합리적인 신앙, Our Reasonable Faith>은 네 권으로 된 <교의학, Dogmatics>의 요약 혹은 개요이다. <우리의 합리적인 신앙>은 <교의학>보다는 덜 전문적이고 좀 더 일반적인 것으로, 대중이 좀 더 쉽게 읽을 수 있도록 쓰여진 책이며, 성경 구절의 인용과 주석이 좀 더 충분히 뒷받침 된 책이다. 그러나 이것은 대작인 <교의학>과 마찬가지로 기본적인 기독교 교리에 관한 책이다.

바빙크가 신학자라기보다는 철학자에 가깝다고 말한 사람들이 있다. 그의 신학이 훈련받은 박식한 철학자의 면모를 보이는 것은 사실이다. 그러나 바빙크는 그의 교의학에서 무엇보다도 성경적인 신학자가 되고자 하였다. 그것은 란트베어(Landwehr)가 말한 것과 같다.

"칼빈이 그의 사상들을 성경에서 그러모았듯이 바빙크도 언제나 그의 사상들을 얻기 위해 성경을 조사하였고, 그 사상들을 체계화하는 일에 성경의 지도를 받았다."

또한 그는 신학이라는 직업에서 종교의 현실을 들여다보면서도 확실한 의견을 말하지 않고 그저 초연하게 바라보기만 하는 구경꾼이 아니었다. 암스테르담 자유 대학교에서 행한 취임 강연인 신앙과 신학(Godsdienst en Godgeleerdheid, 1902)에서 그는 이렇게 말했다.

"그러므로 신앙, 곧 하나님을 경외함이 모든 신학적 연구에 활기와 영감을 불어넣는 요소가 되어야 합니다. 바로 그것이 신학이라는 학문의 감흥이 되어야 합니다. 신학자는 하나님으로부터 말하고, 하나님을 통해서 말하기 때문에 하나님에 대해 담대히 말하는 사람입니다. 신학을 하는 것은 거룩한 일을 하는 것입니다. 그것은 하나님의 집에서 제사장의 직무를 행하는 것입니다. 신학 자체가 예배의 일입니다. 즉 하나님의 이름을 명예롭게 하는데 마음과 지성을 바치는 것입니다."

바빙크는 신학이라는 학문을 이런 식으로 수행하였다. 그의 제자였던 란트베어(Landwehr)는 강의실에서 상황이 어떻게 진행되었는지를 다음과 같이 이야기한다. 바빙크 교수는 진리에 감동을 받으면 강의가 설교가 되었다고 전한다. 그리고 그의 전기 작가들 대부분이 바빙크가 마지막으로 병석에 있을 때 한 말을 기록하고 있다. "이제 나의 학문은 내게 아무 소용이 없고 내 교의학도 소용이 없습니다. 오직 내 믿음만이 나를 구원할 수 있을 뿐입니다." 이 것은 그가 신학이라는 학문의 연구에 바친 생을 낮추어 말하고 있는 것이 아니라 단지 중요성의 바른 순서를 이야기하고 있었던 것뿐이다.

룰만 박사(Dr. J. C. Rullman)가 바빙크에 대한 글을 <기독교 백과사전, Christelijke Encyclopaedie>에 실었을 때, 그는 자유 대학교에서 바빙크의 동료였던 헤이싱크(Geesink)의 말을 인용하는 것만큼 바빙크의 활동을 특징적으로 잘 표현할 수 있는 길은 없다고 생각하였다. 그 인용문이 여기에서도 유용하다. 헤이싱크 박사는 물론 네덜란드어로 아래와 같이 썼다.

"교수로서 바빙크는 어느 대학의 교수단에서도 높은 자리를 차지하였을 것이다. 그의 박식함과 폭넓은 독서가 교실에서 충분히 드러났다. 예리한 통찰력을 지닌 학자로서 그는 문제들을 발견하는데 재능이 있었다. 그리고 문제를 발견하였을 때는 그것을 청중에게 평이한 말로 알아듣기 쉽게 전달할 줄 알았다. 문제에 대한 해결책이 있으면, 그는 그 해결책을 다른 사람들에게 알리되 성급하게 하지 않고, 신중하고 조용히 이야기하였다. 그런데 해결책을 아직 찾지 못했을 때는 학자적 양심 때문에 그는 문제의 한 측면은 만족시키지만 대신에 다른 측면을 희생시키게 되는, 사람을 속이는 해결책을 마치 바른 해결책인 양 소개하는 일을 하지 못하였다. 논리를 존중하고 학교에서 철저히 훈련을 받는 것을 존중하였기 때문에 그는 해결할 수 없는 문제들이 있다는 것을 인정하지 않는 불합리한 태도의 위험을 아주 잘 알았다.

신학자이자 교의학자로서 바빙크는 그의 개혁 신학에서 칼빈의 입장으로 돌아갔다. 이렇게 함으로써, 그리고 현대의 학문과 과학도 고려함으로써, 물론 거기에 대한 비판과 유보적인 태도가 없지 않았지만, 그는 1750년경 이래로 개혁주의 신학이 계속해서 굳어지고 고정화되었는데, 그런 과정에서 개혁주의 신학을 해방시키는데 도움을 주었다 … 바빙크가 4세기 전후의 모든 사상가들의 맨 앞자리에 세운 아우구스티누스 처럼 그는 삶과 세계의 문제들에 대한 답을 찾기 위해 계시의 철학에 눈을 돌렸다."

바빙크는 신앙과 신학, 철학과 응용 윤리학 분야에서, 그리고 특별히 심리학과 교육학 분야에서 실질적인 책들을 적지 않게 저술하였다. 그의 출판된 저작 목록에는 정식 책들 외에도 취임 강연과 학장으로서 연설, 그밖에 학문적인 연설들이 많이 포함되어 있는데, 이 목록이 란트베어의 표에서는 60개 항목에 이른다. 그가 부지런히 잡지에 기고한 글들은 여기에 포함되지 않았다. 신앙과 신학의 분야에서, <개혁 교의학, Reformed Dogmatics>과 <우리의 합리적인 신앙, Our Reasonable Faith> 외에도 다음의 출판물들은 언급할 만한 가치가 있는 것들이다. 1888년에 그는 <기독교의 보편성과 교회, The Catholicity of Christianity and the Church>(De Katholiciteit van Christendom en Kerk)라는 제목을 붙인, 세계 교회 운동에 대한 작지만 항구적인 가치를 지닌 걸작을 발표하였다. 1894년에는, 맨 처음 칼빈이 대략적으로 설명하였고 또 아브라함 카이퍼가 크게 발전시킨 주제, 즉 일반 은혜(Common Grace: De Algemeene Genade)에 대해 결정적인 강연을 발표하였다. <찬미의 제사, The Sacrifice of Praise>(De Offerande des Lofs, 1901)라는 그의 아름다운 명상집은 그가 죽을 때까지 6판(版)을 거듭하였고, 1922년에는 영어로 번역되어 미국에서 출판되었다. 그리고 그 책에 대한 일종의 자매 편인 <신앙의 확신, The Assurance of Faith>(De Zekerheid des Geloofs)이 같은 해에 출판되었다. 그리고 1911년에 현대사상과 정통신앙(Modernisme en Orthodoxie)이라는 제목으로 발표한 강연과, 1903년에 발표한 소명과 중생(Roeping en Wedergeboorte)이라는 강연이 또한 중요하다.

좀 더 철학적인 경향을 띤 그의 책들 가운데는 프린스턴 대학교에서 행한 스톤 강좌의 강연들(the Princeton Stone Lectures)이 있다. 이 강연들은 1908년에 시행되었고, 다음 해에 <계시의 철학, 이 시대의 윤리학, The Philosophy of Revelation, the Present Day Ethics>(Hedendaagsche Moraal, 1902)이라는 제목을 붙여 영어로 출판되었고, 1904년에 행한 두 번의 철학 강연은 <기독교 철학, Christian Philosophy>(Christelijke Wetenschap)과 <기독교 세계관과 인생관, The Christian World and Life View>(Christelijke We-reldbechouwing)이라는 제목으로 출판되었다. 바빙크의 마음을 거듭거듭 사로잡았고, 그가 가장 원숙한 사고를 기울인 주제는 신앙과 학문의 상호관계라는 것이었다. 정통 신앙에 입각한 기독교 고등 교육을 실시하는 어떤 기관도 이 주제에 관한, 다음의 그의 많은 출판물들을 결코 무시할 수 없을 것이다. <신앙과 신학, Religion and Divinity>(Godsdienst en Godgeleerdheid, 1902), <교육과 신학, Education and Theology>(Opleiding en Theologie, 1896), <신학 박사 혹은 신학 교수의 직무, The Office of Doctor or Professor of Theology>(Het Doctorenambt, 1899), <학문과 철학, Learning and Philosophy>(Geleerdheid en Wetenschap, 1899), <교회의 권위와 학문의 자유, The Authority of the Church and the Freedom of Science>(Het Recht der Kerken en de Vrijheid der Wetenschap, 1899), <신학교와 자유대학교, The Theological School and the Free University>(Theologishce en Vrije Universiteit, 1899).

바빙크가 이 외에도 생활과 사상이라는 두 분야에서, 즉 응용 윤리학과 도덕에 기반을 둔 심리학 분야에서 생각을 표현한 것은 그의 교수 생활 후반기였다. 첫 번째 관심 분야, 곧 생활 분야에 속한 그의 저작들로는 이와 같은 것들이 있다. <현대 사회에서 여성의 역할, The Role of Woman in Modern Society>(De Vrouw in de Hedendaagsche Maatschappij, 1918), <그리스도인 가정, The Christian Family>(Het Christelijke Huisgezin, 1908), <현대 생활에서 그리스도를 본받음, The Imitation of Christ in Modern Life>(De Navolging van Christus in het Moderne Leven, 1918), <전쟁의 문제, The Problem of War>(Het Problem van den Oarlog, 1915), <기독교, 전쟁, 국가 연합, Christianity, War, and a League of Nations>(Christendom, Oarlog, Volkenbond, 1920). 마지막에 언급된 책을 보면, 바

빙크가 금세기의 문제들에 얼마나 깊은 관심을 보였는지 알게 된다. 정말로 바빙크는 "자기 시대에 대해 예민한 분별력"을 갖추고 있었다고 말해야 할 것이다. 이 점이 그가 심리학과 교육의 원칙들에 대해 그처럼 깊은 관심을 보인 것을 부분적으로 설명해 준다. 1915년에 <잠재의식에 대하여, On the Sub-Conscious>(Het Onbewuste)라는 논문을 발표하였고, 1897년에는 <심리학의 원칙들, The Principles of Psychology>(Beginselen der Psychologie), 1920년에는 <성경적 · 종교적 심리학, Biblical and Religious Psychology>(Bijbelsche en Religieuse Pshychologie)이라는 논문을 발표하였다. 교육 이론에서 그의 주요 저작은 <교육학의 원리들, Pedagogical Principles>(Paedagogische Beginselen, 1904)이다. 이 분야에서 이룩한 그의 성취가 자연스럽게 많은 사람의 이목을 끌었다. 그렇게 해서 나온 책들의 대표적인 저술로 코넬리우스 야르스마(Dr. Cornelius Jaarsma)의 <헤르만 바빙크의 교육 철학, The Educational Philosophy of Herman Bavink>(Grand Rapids, 1935)과 판 데르 즈베이프(L. Van der Zweep)의 <바빙크의 교육학, De Paedagogiek van Bavink>(Kampen, n. d.)이 있다.

바빙크는 두 번에 걸쳐 아메리카를 방문하였다. 첫 번째는 1892년에 방문하였는데, 이때 그는 장로교회 체제를 유지하고 있는 개혁교회 연맹(Alliance of Reformed Churches)의 초대를 받아 토론토에서 열린 연맹 회의에서 "프로테스탄트 종교개혁이 민족과 국가들의 도덕과 종교적 상태에 미친 영향"(The Influence of the Protestant Reformation on the Moral and Religious Conditions of Peoples and Nations)이라는 주제로 강연을 하였다. 다음에는 1908년에 방문하였는데, 이때 그는 프린스턴 대학교의 스톤 강좌의 강연들을 통해서 자신이 현대 칼빈주의 신학자들 가운데서 카이퍼(Kuyper), 워필드(Warfield), 하지(Hodge), 그리고 오르(Orr)와 함께 걸출한 신학자로 언급될 만한 가치가 있음을 입증하였다. 실제적인 정치 활동에서 그는 카이퍼보다는 훨씬 덜 적극적이었다. 그의 경향은 정치보다는 정치 철학 쪽에 더 기울어 있었다. 그러나 그는 1911년 이후로 계속해서 네덜란드 의회에서 사우스 홀랜드(South Holland)를 대표하는 상원 의원으로 지냈다. 상원 의원의 자격으로서 그가 행한 최고의 봉사는 교육 분야에서 고문과 자문의 역할을 한 것이었다. 그의 저작들을 영어로 번역하는 일은 일정치 않았고, 또 드문드문 이루어졌다. 지금까지 <찬미의 제사,

The Sacrifice of Praise>, <하나님의 나라, The Kingdom of God>, <계시의 철학, The Philosophy of Revelation>이 번역되었고, <진화, Evolution>라는 작은 논문이 번역되었을 뿐이다. 따라서 여기에 <우리의 합리적인 신앙, Our Reasonable Faith>이라는 영어 번역본이 추가된 것은 중요한 일이다. 아직까지 명확하게 그의 전기라고 할 만한 책은 없었다. 그러나 전기(傳記)의 전 단계라고 할 만한 책들이 세 권 집필되었다. 그 가운데 첫 번째는 란트베어가 1921년에 쓴 <바빙크에 대한 기억, In Memoriam>이고, 그 다음은 헵 박사(Dr. V. Hepp)가 같은 해에 쓴 <헤르만 바빙크, Dr. Herman Bavinck>이다. 이 책의 후편으로 두 번째 책을 내기로 약속했는데, 그 책은 나오지 못했다. 그리고 세 번째 책은 코크(A. B. W. Kok)가 1945년에 쓴 <헤르만 바빙크, Herman Bavinck>이다. 네덜란드에서 주기적으로 이루어진 연구는 많은 경우에 바빙크의 사상을 분석하는데 할애되었다. 이 나라에서는 야르스마(Jaarsma)의 책 외에도 안토니 후크마(Anthony Hoekema)가 프린스턴 대학교에서 바빙크의 언약의 교리에 대해 쓴, 미 출판된 박사 학위 논문이 있다.

성경적인 개혁주의 기독교 신앙을 변호하는 일에서 바빙크는 대립되는 네 가지 영향력을 염두에 두고 있었다. 그 네 가지 가운데 두 가지는 개혁신앙 진영 밖에 있는 것이고, 나머지 두 가지는 진영 안에 있다고 말할 수 있을 것이다. 개혁신앙 밖에 있는 두 가지 영향력은 현대의 종교적 자유주의와 로마 가톨릭교회였다. 안에 있는 두 가지 영향력 가운데 하나는 죽어가고 있는 형식적인 정통신앙이고, 다른 하나는 현실회피적인 경건주의였다. 그는 종종 이 세력들 모두를 강하게 비판하였다. 예를 들면, 그가 세상이 분파주의적인 경건주의로 회피하기보다는 전체적으로 칼빈주의에 열중해야 한다는 것을 얼마나 열렬하게 또 어떠한 시각으로 옹호했는지를 보면 그 점을 알 수 있다.

"우리는 분파가 아닐 수도 있다. 우리는 하나가 되기를 원치 않을 수 있고, 또 진리의 절대적인 성격을 부인하지 않고서는 하나가 될 수도 없다. 사실 천국은 이 세상에 속해 있지 않다. 그러나 천국은 이 세상에 있는 모든 것이 천국에 이바지하도록 요구한다. 천국은 배타적이고 질투심이 강하다. 그래서 천국과 나란히 독립적이거나 중립적인 세상 나라를 용납하려고 하지 않는다. 그러므로 자연히 이 시대가 자기 방식대로 가도록 내버려 두고, 우리는 조용히 물러나는데서 힘을 얻으려고 하는 것이 훨씬 더 쉬울 것이다. 그러나 그런 안식은 이 세상에서 우리에게 허락되지 않는다. 모든 피조물이 다 선하고, 모든 것이 하나님 말씀과 기도로 거룩하여지므로 감사함으로 받는다면 버릴 것이 아무것도 없기 때문에, 어떤 피조물이든지 거절하는 것은 하나님께 감사하지 않는 것이고, 하나님의 선하심과 선물들을 잘못 판단하거나 과소평가하는 것이다. 우리의 싸움은 오직 죄에 대해서만 치러져야 할 수 있다. 그러므로 그리스도를 고백하는 사람들이 이 시대에서 처하게 되는 관계들이 아무리 복잡할지라도, 또 사회적·정치적 문제들, 특별히 학문적인 문제들이 아무리 심각하고 어려우며, 사실상 극복할 수 없는 것이라 할지라도, 마치 기독교적인 동기에서 그렇게 하는 양 자랑스럽게 이 싸움에서 물러나고, 이 시대의 문화를 마귀적인 것이라고 하며 거절하는 것은 우리 안에 있는 불신앙과 약함이었다.

이것이 바빙크가 신앙을 변호할 때 즐겨 주장하였던 점들 가운데 하나이다. 그는 기독교의 보편성과 교회(The Catholicity of Christianity and the Church)라는 제목의 강연에서 이 점을 말하였다. 그것이 그의 주장을 대표적으로 보여주는 진술이다. 이어서 그는 "신앙은 세상에 대해 승리할 것이라는 약속을 지니고 있다"고 말하였다. 헵 박사(Dr. Hepp)는 바빙크의 전기를 끝내면서 이같이 썼는데, 매우 적절한 말이다.

"바빙크가 일찍이 칼빈에 대해서 말한 것이 그에게도 적용이 된다. 후손들이 '만물이 주에게서 나오고 주로 말미암고 주에게로 돌아감이라 그에게 영광이 세세에 있을지어다(롬 11:36)라는 말씀을 마음과 입으로 고백하는 것만큼 자기들의 선구자를 명예롭게 하고 또 길잡이 역할을 잘 하는 일은 없다.'"

1955년 8월
헨리 자일스트라(Henry Zylstra)

🔵 **독자 여러분들께 알립니다!**
'**CH북스**'는 기존 '**크리스천다이제스트**'의 영문명 앞 2글자와
도서를 의미하는 '**북스**'를 결합한 출판사의 새로운 이름입니다.

세계기독교고전 57
하나님의 큰 일
개혁교의학 개요

초판 1쇄 발행 2004년 2월 25일
2판 1쇄 발행 2017년 12월 22일
2판 3쇄 발행 2023년 9월 1일

발행인 박명곤 **CEO** 박지성 **CFO** 김영은
기획편집 채대광, 김준원, 박일귀, 이승미, 이은빈, 강민형, 이지은, 성도원
디자인 구경표, 구혜민, 임지선
마케팅 임우열, 김은지, 이호, 최고은
펴낸곳 CH북스
출판등록 제406-1999-000038호
전화 070-4917-2074 **팩스** 0303-3444-2136
주소 서울시 강서구 마곡중앙6로 40, 장흥빌딩 10층
홈페이지 www.hdjisung.com **이메일** main@hdjisung.com
제작처 영신사

"크리스천의 영적 성장을 돕는 고전"
세계기독교고전 목록